उन्नीसवीं सदी का औपनिवेशिक भारत

नवजागरण और जाति-प्रश्न

उन्नीसवीं सदी का औपनिवेशिक भारत

नवजागरण और जाति-प्रश्न

रूपा गुप्ता

राजकमल प्रकाशन

ISBN : 978-93-94902-79-4

मूल्य : ₹1395

पहला संस्करण : 2022

प्रकाशक : राजकमल प्रकाशन प्रा.लि.
1-बी, नेताजी सुभाष मार्ग, दरियागंज
नई दिल्ली-110 002

शाखाएँ : अशोक राजपथ, साइंस कॉलेज के सामने, पटना-800 006
पहली मंज़िल, दरबारी बिल्डिंग, महात्मा गांधी मार्ग, प्रयागराज-211 001
36 ए, शेक्सपियर सरणी, कोलकाता-700 017

वेबसाइट : www.rajkamalprakashan.com
ई-मेल : info@rajkamalprakashan.com

मुद्रक : बी.के. ऑफसेट
नवीन शाहदरा, दिल्ली-110 032

Unneesaveen Sadi Ka Aupniveshik Bharat
NAVJAGARAN AUR JAATI-PRASHNA
by Rupa Gupta

मेरे भतीजे नैवेद्य के लिए
जो अभी तक तो जाति तंत्र से अपरिचित है

क्रम

भूमिका

उन्नीसवीं सदी के औपनिवेशिक काल में भारत में घट रही परिघटनाओं का विश्लेषण करने पर समाज में सक्रिय कई समूहों और प्रवृत्तियों में उल्लेखनीय गतिशीलता दिखाई पड़ती है। इस गतिशीलता की समावेशी प्रवृत्ति आधुनिकता की ओर उन्मुख दिखाई पड़ती है तो विभिन्न समूहों में परस्पर विरोधी धारणाएँ और प्रवृत्तियाँ पुनः उन्हीं आधारों की ओर उन्मुख होती हैं जिनसे उनका जन्म हुआ था। इस सदी की सक्रियता के उल्लेखनीय बिन्दुओं स्त्री, जाति और देशप्रेम में दोनों ही प्रकार की जटिल और अन्योन्याश्रित स्थितियाँ महत्त्वपूर्ण बनती हैं। इस शताब्दी का इतिहास अपने सांस्कृतिक राष्ट्रवाद से ठोस राष्ट्रीय चिन्तन की ओर बढ़ता है और इस क्रम में अपने राष्ट्रवाद को केवल संस्कृति की सीमा में बाँधे जाने को अस्वीकार करता है। उन्नीसवीं सदी अपने इतिहास की खोज, पहचान और पड़ताल की सदी है। इस क्रम में उसे तर्क और विज्ञान की चाहे बहुत सहायता न मिली हो, किन्तु विज्ञान के उत्पाद जैसे छापाख़ाना और यातायात के साधनों ने इस दिशा में सकारात्मक योगदान दिया है। इस समय तत्कालीन भारत की राजनैतिक-आर्थिक अवस्था घोर पतनशीलता की ओर बढ़ती है, उन्नीसवीं सदी में उपस्थित अराजकता का शोर विभिन्न समूहों को विभाजित इकाई के रूप में अधिक दर्शाता है।

आरम्भ में इस सदी में अपनी गति से चलता इतिहास प्रत्यक्षतः अठारहवीं सदी के इतिहास की मंथरता की तुलना में तीव्र गति से परिवर्तित होता दिखाई देता है, किन्तु यह तीव्रता बाह्य स्तर पर ही अधिक प्रतीत होती है। विभिन्न दशकों या पूर्वार्द्ध और उत्तरार्द्ध में विभाजित सदी बाहरी परिवर्तनों को त्यागती-आत्मसात् करती सूक्ष्म और स्थूल दोनों रूपों में परिवर्तित होती है। भारतीय समाज की उन्नीसवीं सदी अपने अन्य प्रश्नों के साथ स्त्री और जाति जैसे प्रश्नों पर अपने आन्तरिक परिवर्तन की न्यूनता और उसकी प्रस्तुति की नवीनता पर अधिक बल देती दिखाई पड़ती है।

उन्नीसवीं शताब्दी की विचारधारा की बौद्धिक क्षमता पर कुछ प्रश्न उठाए जाते रहे हैं। प्रत्येक युग की बौद्धिक क्षमता को युग सापेक्ष मानकर उसे उसके विशिष्ट ऐतिहासिक सन्दर्भ में ही देखा जाना उचित है। एक ओर इस सदी का सांस्कृतिक संघर्ष अपने युग और समाज को नए प्राणों की ऊर्जा से स्पन्दित करना चाहता है तो दूसरी ओर वह अपनी धार्मिक और आध्यात्मिक उपलब्धियों की विरासत को भी बनाए रखना चाहता है। इस सदी के बौद्धिक परस्पर विरोधी दो मानसिकताओं—पारम्परिक और आधुनिक के बीच सन्तुलन बैठाने के कष्टसाध्य कार्य में अपनी रचनात्मकता और ऊर्जा का बड़ा

भाग व्यय करते हैं। इस प्रक्रिया में सबसे समर्थ भावना राष्ट्रवाद की उभरती है जो सदी के उत्तरार्द्ध के अन्त की ओर सारे आकलनों की शंकाओं को नकारती हुई एक ठोस वास्तविकता बनकर भारतीय राजनीति की जनक और स्वतंत्रता प्राप्ति का कारण बनती है। आरम्भ से इसका सांस्कृतिक रूप प्रमुख है।

भारतीय उन्नीसवीं सदी की विचारधारा पर औपनिवेशिक दृष्टि-सम्पन्न इतिहासकारों-विश्लेषकों के वर्चस्व ने एक ऐसी वैचारिक धुन्ध बनाई है जिसमें यह सदी पूर्णत: पश्चिमी ज्ञान से चालित और संचालित विचारकों की सदी मान ली गई है। औपनिवेशिक शासन की इस सदी में हमारी बौद्धिक मान्यताओं, हमारे दृष्टिकोणों एवं सांस्कृतिक व्यवहारों का कहीं-कहीं अपूर्ण और पूर्वग्रह ग्रस्त विश्लेषण भी हुआ है। देशी बुद्धिजीवियों के सारे विचारों और संघर्ष को नकारने तथा नकार न पाने की स्थिति में उपहासास्पद बनाने के प्रयास ने इस सदी के विश्लेषण को अधूरा और जटिल बना दिया है। भारतीय समाज के विभिन्न घटकों और समग्रत: भारतीय समाज के विवेचन में पूर्व के प्रति अवमानना और पश्चिम के प्रति श्रद्धा का भाव स्पष्टत: परिलक्षित किया जा सकता है। इन इतिहासकारों ने औपनिवेशिक सिद्धान्तकारों के लक्ष्य को ही जाने-अनजाने में आगे बढ़ाया और पोषित किया है। यहाँ तक कि उन्हीं के द्वारा निर्धारित कोटियों—समाज सुधारक, रूढ़िवादी, पुनरुत्थानवादी, आमूल परिवर्तनवादी का अन्धानुसरण करते हुए पाश्चात्यीकरण और आधुनिकीकरण को भारतीय समाज के उद्धार का एकमात्र सत्य मान लिया है। इसमें सबसे बड़ी चूक भारतीय समाज की आन्तरिक क्षमताओं के अवमूल्यन की रही है।

आधुनिकता के इतिहास में उन्नीसवीं सदी अत्यन्त महत्त्वपूर्ण सदी है। विशेषकर भारतवर्ष के सन्दर्भ में यह सदी न केवल 'राजनैतिक' गतिविधियों की ओर उन्मुख होती है वरन् सांस्कृतिक प्रश्नों को भी फिर से सम्बोधित करती है। अपने बदलते हुए परिवेश में उन्नीसवीं शताब्दी अठारहवीं सदी से भिन्न परिवर्तनों की शताब्दी है। यह राष्ट्रवाद की सदी है। परम्परा और आधुनिकता, तर्क और आस्था, विज्ञान और धर्म के घात-प्रतिघात-संघात की सदी है। यह विभिन्न आलोड़नों की सदी है। यह भारत के प्रथम स्वाधीनता संग्राम 'सन् सत्तावन' की सदी है।

छापाख़ाना का विकास और मध्यवर्ग का उदय उन्नीसवीं सदी की ही उपलब्धियाँ हैं। समसामयिक चेतना से सम्पन्न औपनिवेशिक शासन काल में विकसित होने की खूबियों-खामियों से भरपूर इस मध्यवर्ग की चेतना ही परवर्ती काल के वैचारिक विकास की आधारभूमि बनती है। बीसवीं शताब्दी का चिन्तन उन्नीसवीं सदी के विचारों का अगला पड़ाव है पर दोनों के विचारों में भिन्नता एक स्वाभाविक प्रक्रिया है।

चूँकि 'आधुनिकता' उन्नीसवीं शताब्दी की परिघटना है इसलिए अगली सदी के 'आधुनिक मानव' ने अपनी समस्याओं का निदान खोजने के लिए बार-बार पिछली सदी की ओर रुख किया। इस क्रम में एक ओर जहाँ इस भावना का प्राधान्य था कि समस्या को उसकी आरम्भिक अवस्था से समझकर उसका निराकरण किया जाए, वहाँ अगली सदी में होनेवाली समस्याओं के सन्दर्भ में यह भावना भी बलवती रही कि बाद की सदी ने कोई भूल नहीं की 'सब किया धरा' पिछली सदी का है। ऐसे में कई बार तटस्थता का निर्वाह नहीं हो सका।

इस पुस्तक में उन्नीसवीं सदी के नवजागरणकालीन हिन्दी साहित्य में जाति-प्रश्न को सामाजिक दृष्टिकोण सहित तथ्यपरक रूप में सामने रखकर दृष्टि सन्तुलन बनाए रखने का प्रयास है। कई बार पाठ और तथ्य की अनुपस्थिति में समाज बहुत-सी भ्रान्तियाँ पाल लेता है। हिन्दी-नवज़ागरण पर लगातार हो रहे शोधों ने पूर्व स्थापित बहुत से निष्कर्षों का रूप-परिवर्तन ही नहीं भाव परिवर्तन भी किया है।

पुस्तक के प्रथम अध्याय 'उन्नीसवीं शताब्दी और हिन्दी-नवजागरण' में ब्रिटिश औपनिवेशिक शासनकाल में उन राजनैतिक और आर्थिक परिस्थितियों का सविस्तार वर्णन है जिसने देश को युद्ध, अकाल, महामारी, भ्रष्टाचार, बेरोज़गारी, भुखमरी और घोर निर्धनता की गहरी खाई में धकेल दिया। इस अध्याय में किसी भी प्रकार की औद्योगिक उन्नति से वंचित रसातल में जाते देश की दुर्दशा पर हिन्दी साहित्यकारों की सजग भूमिका की विशेष चर्चा है। मुग़लकालीन भारत अंग्रेज़ों की गिरफ़्त में किस प्रकार निचोड़ा गया इसकी समझ बनाते समय तत्कालीन बौद्धिकों की बात सुनी जानी आवश्यक है। अंग्रेज़ों द्वारा भारत की आर्थिक 'लूट की मुट्ठी' कितनी ख़तरनाक थी और उसके दुष्परिणामों से हिन्दी बौद्धिक सजगता से परिचित थे, उसका परिचय दिया गया है। देश की सभी जातियों और पेशों—किसान, मज़दूर, कारीगर और व्यवसायियों की दुर्दशा को उन्नीसवीं सदी के विचारक साहित्यकार ने अपने साहित्य का केन्द्रीय विषय बनाया है। यह अध्याय उसी की सोदाहरण प्रस्तुति है। इस अध्याय में भारत को अंग्रेज़ों की 'अनुपम देनों' की नीयत के दूसरे पक्ष की भी पड़ताल है।

उन्नीसवीं सदी के भारत का इतिहास अधिकांशतः मध्यवर्ग द्वारा मध्यवर्गीय दृष्टिकोण से मध्यवर्ग का इतिहास रहा था। बाद में बुद्धिजीवियों द्वारा निम्नवर्ग के दृष्टिकोण से किए गए विश्लेषण से इसे सन्तुलित करने के स्थान पर केवल निन्दित करने का भाव ही अधिक रहा जिसने एक दूसरे प्रकार के असन्तुलन को जन्म दिया। इतिहास की अपनी सीमा और विचारधारा से बँधे बुद्धिजीवियों के विश्लेषणों से उपजे ख़ाली स्थान की पूर्ति में साहित्य कई बार बड़ा सहायक सिद्ध होता है। युगीन विचारधारा को समझने में साहित्य का सावधान पर्यवेक्षण महत्त्वपूर्ण उपकरण के रूप में कार्य करता है। उन्नीसवीं सदी का साहित्य, विशेषकर जाति सन्दर्भों में, अपने युग की विचारधारा के स्पष्टीकरण में प्रभावशाली भूमिका का निर्वाह करता है। साहित्य की भाषा और विचार सामाजिक यथार्थ के रूप में अभिव्यक्त होकर प्रामाणिक इतिहास का काम करते हैं। रीतिकालीन साहित्य से भिन्न उन्नीसवीं सदी का हिन्दी साहित्य अपने युगीन प्रश्नों से टकराता हुआ अत्यन्त समृद्ध साहित्य है। अपने युग के प्रश्नों से जूझते हुए वह अपनी ओर से समाधान भी प्रस्तुत करता है।

इस सदी के सबसे महत्त्वपूर्ण रचनाकार भारतेन्दु हरिश्चन्द्र हैं। उनके साहित्य के विस्तृत अवलोकन से उनके काल की विचारधारा की रूपरेखा मिलती है। भारतेन्दु हरिश्चन्द्र एवं उनके सहयोगी रचनाकार जैसे बालकृष्ण भट्ट, पंडित बदरीनारायण चौधरी 'प्रेमघन', प्रतापनारायण मिश्र, पंडित राधाचरण गोस्वामी, पंडित माधव प्रसाद मिश्र, पंडित किशोरीलाल गोस्वामी, पंडित गोविन्दनारायण मिश्र एवं बालमुकुन्द गुप्त ही नहीं, सम्पूर्ण भारतवर्ष में हिन्दी के और हिन्दी से जुड़े रचनाकारों का विपुल साहित्य उन्नीसवीं सदी के जटिल प्रश्नों का सहज उत्तर खोजने का प्रयास है। साहित्य और

समाज के बहुस्तरीय सम्बन्धों से विचारधारा के विभिन्न कोणों को समझने में सहायता मिलती है। इस पुस्तक में इन साहित्यकारों के रचनात्मक साहित्य के शिल्प वैभव पर विचार करने का अवकाश उपलब्ध नहीं है क्योंकि इसमें 'प्रश्नों' से जूझती उन्नीसवीं सदी के कथ्य की आवश्यकता और संवेदना पर तत्कालीन मान्यता, मूल्य, विश्वास और नैतिकता की दृष्टि से विचार किए जाने का प्रयास है। विचारधारा को नकारनेवाला मधुर से मधुर साहित्य भी एक विशेष दृष्टि से संचालित विचारधारात्मक साहित्य होता है। प्रश्न किया जा सकता है कि विचारधारा साहित्य की रचनात्मक समृद्धि में बाधक है या नहीं, किन्तु विचारधारा हीन साहित्य का मनुष्य और मनुष्यता के पक्ष में खड़े होना असम्भव है। मानवता का पक्षधर होना अपने आप में एक विचारधारा है।

इस पुस्तक का द्वितीय अध्याय 'भाषायी वातावरण और सत्ता की भाषा' है। भाषा जीवन, जगत और मनुष्य के बीच सबसे सशक्त माध्यम है। कोई भी समाज या व्यक्ति बस 'उतना भर' है जितनी उसकी भाषा है। भाषा की इकाई 'व्यक्ति भाषा' से 'राष्ट्र भाषा' तक की यात्रा में उसे बोलनेवाले मानव समूह के सभी क्रियाकलाप अभिव्यक्त होते हैं। इन गतिविधियों में से एक गतिविधि—'शासन'—उस मानव समाज की उन्नति-अवनति के लिए उत्तरदायी है। द्वितीय अध्याय इस शासन की सत्ता की भाषा की पहचान का प्रयास है। शोषक किस प्रकार शोषण के उपकरण के रूप में भाषा का उपयोग करता है इसे शासकों द्वारा शासन व्यवस्था में अपनी भाषा लागू किए जाने से समझा जा सकता है। भाषा के क्षेत्र में उन्नीसवीं सदी को केवल पहले से चली आ रही शासन की भाषा फ़ारसी ही नहीं, नए शासकों की भाषा अंग्रेज़ी का आतंक भी झेलना पड़ा। सदियों से वंचित निर्धन वर्ग जिसमें अधिकांशत: तथाकथित निम्न जाति के लोग थे, विद्याध्ययन के अधिकार से वंचित थे। इन्हें और मूर्ख बनाए रखने के षड्यंत्र में शासन ने भाषा का खुलकर प्रयोग किया। सत्ता की भाषा का प्रश्न शोषितों की जाति से सीधे तौर पर जुड़ता है, क्योंकि इस देश में प्रत्येक जाति को समान शिक्षा का अधिकार नहीं था। जब सामान्य जनता सामान्य शिक्षा से ही वंचित थी तो राजभाषा तक उनकी पहुँच का प्रश्न निरर्थक था। उस पर भी यह राजभाषा किसी भी समुदाय की अपनी नहीं थी। प्रशासन और अदालत की भाषा जनसाधारण को कुछ बताने के लिए नहीं छिपाने के लिए थी, ऐसे में इस अध्याय में विभिन्न जातियों की सत्ता की भाषा से अलग-अलग सम्बन्धों और भाषायी संघर्ष को समझने का प्रयास है। प्रसिद्ध इतिहासकार एडवर्ड हॉलेट कार (Edward Hallett Carr) ने अपने प्रसिद्ध आलेख 'The Historian and His Facts' में कहा था, "इतिहास के प्रति निष्पक्षता सम्भव है।" (Neutrality in history is imposible) (What Is History, E.H. Carr, University of Cambridge & Penguin Books,United Kingdom, 1996) इस पुस्तक में उन्होंने इतिहासकारों के तथ्यों पर निर्भरता और उससे निकाले जानेवाले निष्कर्षों की भी मीमांसा की थी। चूँकि निकाले गए निष्कर्ष इतिहासकार की रुचि-अरुचि पर भी निर्भर करते हैं, इसलिए इतिहास-लेखन एक निरन्तर प्रक्रिया है। कोई भी इतिहास अन्तिम इतिहास नहीं होता। वह वर्तमान का अतीत से संवाद है। इतिहासकार का मुख्य कार्य है कि वह अतीत को इस प्रकार समझे कि उससे वर्तमान को समझने

की कुंजी मिल सके। अपनी इसी पुस्तक में ई.एच. कार ने लिखा, 'History is an unending dialogue between the present and the past and the chief function of historians is to master and understand the Past as a key to the understanding of Present.'

कार के इसी कथन के आलोक में तृतीय अध्याय 'वर्ण, धर्म और जाति' में जातियों की उत्पत्ति उनके आपसी संघर्ष के साथ सहजीवन को समझने का प्रयास है। वर्चस्व की लड़ाई में वर्णों के समीकरणों के बनने-बिगड़ने का क्रमिक विकास कैसे जातियों में परिणत होता गया और इस 'शास्त्र' पर लोक की आस्था पर भी विचार किया गया है। इस अध्याय में आर्यों के देशी या विदेशी होने के औपनिवेशिक, बौद्धिक और राष्ट्रवादी दृष्टिकोण पर भी दृष्टिपात किया गया है, क्योंकि 'जाति' का प्रश्न अन्ततः 'जातीयता' से जुड़ता है।

इस पुस्तक का चतुर्थ अध्याय 'उन्नीसवीं सदी का पूर्वार्द्ध और जाति सम्बन्धी विचार' है। इस अध्याय में भारत में अपने-अपने इतिहास को खोजती जातियों के एक तंत्र में बदलते जाने का विवरण है। कैसे एक समाज अपनी सुविधा के लिए बनाई गई व्यवस्था का शिकार हो जाता है। नीचे से ऊपर, ऊपर से नीचे, नीचे से मध्य, मध्य से नीचे, मध्य से ऊपर, ऊपर से मध्य—कोई भी श्रेणी जाति से मुक्ति की बात नहीं सोचती। 'जात' में जनमना है 'जात' में ही मरना है! सारा जीवन जाति केन्द्रित है अतः विचार भी जाति से अलग नहीं जाते। जाति का यह विधान यथास्थिति बनाए रखने की चेष्टा करता है। मगर जैसाकि प्रोफ़ेसर एम.एन. श्रीनिवास ने कहा है, "जाति का जो किताबी रूप भारतीय शास्त्रीय विधान में मिलता है वही रूप वास्तविक जीवन में नहीं मिलता। किताबी दृष्टि और निरीक्षण-जन्य दृष्टि में भिन्नता है। निरीक्षण बताता है कि जाति इतनी बन्द व्यवस्था नहीं है कि आप एक सीमा के अन्दर ऊपर-नीचे न हो सकें। आप किसी भी इलाके में चले जाइए। कहीं भी आपको शास्त्रों में वर्णित जाति का शुद्ध रूप नहीं मिलेगा। जैसे ब्राह्मणों के ही कई भेद हैं। कुछ ऊँचे माने जाते हैं कुछ नीचे। रोटी-बेटी का सम्बन्ध अपनी ही जाति में होता हो, वह बात भी नहीं है। ऐसे ब्राह्मण मिल जाएँगे जिनकी शादियाँ निम्नतर जातियों में हुई हैं भले ही वे कुछ नीचे माने जाते हों। प्राचीन काल में ऐसे अनेक उदाहरण मिलते हैं कि आदमी अपनी जाति या वर्ण बदल सकता था, मध्यकाल में आर्थिक-राजनीतिक और धार्मिक क्षेत्रों में अलग-अलग प्रभुत्वशाली जातियाँ मिलती हैं।" (परिवर्तन और विकास के सांस्कृतिक आयाम, पूरनचन्द्र जोशी, राजकमल प्रकाशन, नई दिल्ली, 1987, पृ. 226) यह अध्याय उन्नीसवीं सदी के पूर्वार्द्ध में हिन्दी-नवजागरण में सम्बोधित जाति-प्रश्नों को तत्कालीन अस्थिर राजनैतिक वातावरण में समझने का प्रयास है। अराजकता और दरिद्रता ने भारतीय समाज विशेषकर आज के हिन्दी प्रदेश और उसके आसपास के क्षेत्र में प्रतिकार की उस ज्वाला की पृष्ठभूमि तैयार की जो सन् सत्तावन के संग्राम में भभक उठी। इस अध्याय में भारत की अन्य जातीयताओं की तरह 'हिन्दी जाति' पर संक्षेप में विचार किया गया है।

पंचम अध्याय 'सन् सत्तावन का प्रथम स्वाधीनता संग्राम : जातियों का जातीय समीकरण' भारतवर्ष में जातियों के आपसी जटिल सम्पर्क को देशभक्ति के सम्बन्ध में समझने का प्रयास है। आज़ादी के इस प्रथम प्रयास की डेढ़ सौवीं जयन्ती पर इससे

सम्बन्धित विपुल सामग्री का प्रकाशन हुआ जिसमें इस बात की भरपूर पुष्टि की गई कि यह प्रथम स्वाधीनता संग्राम ही था सिपाही विद्रोह या बलवा नहीं। इस अध्याय में उन पुस्तकों की भी चर्चा है जो औपनिवेशिक शासन द्वारा लिखवाई या उनसे प्रेरित होकर लिखी गईं—

भारतवर्ष में अंग्रेज़ों का अबाध और न्यायपूर्ण शासन एक गढ़ा गया मिथक था। पिछले दो-तीन दशकों में उन्नीसवीं सदी में हुए विभिन्न आदिवासी विद्रोह, संन्यासियों द्वारा सशस्त्र प्रतिरोध तथा किसानों के प्रतिकार पर विशद शोध हुए हैं। विशेषकर उत्तर आधुनिक विमर्श में स्थानीय अस्मिताओं के आग्रह ने इतिहास में शोध को नया क्षेत्र दिया। इससे उपेक्षित साहित्यिक और ऐतिहासिक सामग्री का सजग उपयोग बढ़ा। सन् सत्तावन को कुछ देशी नवाबों का असंगठित विद्रोह कहनेवालों के लिए भी अब यह सम्भव नहीं रहा कि वे इस संग्राम में सभी जातियों, वर्गों, सम्प्रदायों तथा किसानों, सैनिकों और देशी नवाबों, राजाओं के बड़े समूह के संगठित और सुनियोजित संघर्ष को नकार सकें। अगर अंग्रेज़ हारे होते तो इस संग्राम के विश्लेषण की दिशा आरम्भ से ही कुछ और रही होती। चूँकि हार भारतीयों की हुई थी, इसलिए इस ओर विलम्बित ध्यानाकर्षण हुआ।

यह निस्संकोच कहा जा सकता है कि जाति मुक्त भारतीय समाज की कल्पना उन्नीसवीं-बीसवीं तो क्या आज इक्कीसवीं सदी में भी आकाश कुसुम के अतिरिक्त और कुछ नहीं है। पुस्तक का षष्ठ अध्याय 'उन्नीसवीं सदी का उत्तरार्द्ध और जाति-प्रश्न' तत्कालीन समाज की जाति सम्बन्धी मानसिकता की निष्पक्ष जाँच का प्रयास है। भारतेन्दु युगीन रचनाकारों ने जाति-प्रश्नों पर अलग से बहुत कम साहित्य रचा है। उन्नीसवीं सदी में आज के स्त्री-दलित विमर्श की तरह सीधे स्त्री और जाति सम्बोधित साहित्य कम रचा गया। उनका साहित्य अपने तौर पर पूरी भारतीय संस्कृति और सामाजिक अवस्था पर चिन्तित है। उनका साहित्यिक लक्ष्य पूरे समाज के अन्य प्रश्नों जैसे भूख, निर्धनता, विदेशी लूट, चारित्रिक पतन, नैतिक गिरावट, आलस्य, देश और देशवासियों का अपमान, फूट, आत्मविश्वास का अभाव, रोग, युद्ध, महामारी और अकाल आदि से जुड़कर आकार पाता है। 'जाति' का उल्लेख इन समस्याओं से ग्रस्त होने के कारण आया है किसी समस्या के रूप में नहीं। 'स्त्री' और 'जाति' उनके लिए इसलिए चिन्ता का विषय हैं कि इनकी दुर्दशा देश की दुर्दशा है।

उन्नीसवीं सदी के रचनाकार के लिए जाति समानता का मुद्दा नहीं है। उन्हें अपनी तथाकथित निम्न जातियों को पढ़ा-लिखा कर पैरों पर खड़ा करने की चिन्ता भी नहीं है। उनकी चिन्ता का मुख्य केन्द्र भारतीयों की सदियों पुरानी वह पराधीनता है जिसने इस देश की सर्वतोमुखी उन्नति का मार्ग अवरुद्ध किया है। स्वाधीनता किसी भी जाति और देश का स्वाभाविक अधिकार है। पराधीन जाति को अपनी पराधीनता इसलिए भी अधिक सालती है कि उसके गौरवमय अतीत की तुलना में उसका वर्तमान भयावह रूप से दरिद्र है। उसकी अपनी दृष्टि में उसका सोने-सा देश उपनिवेश में परिणत हो दूसरों की समृद्धि का कारक बना हुआ है। बाहर से आया 'परदेसी' उसकी सभ्यता, संस्कृति, राजनीति, शिल्प-उद्योग, शिक्षा, यहाँ तक कि पूरी अर्थनीति को निगल गया है। उल्लेखनीय है कि औपनिवेशिक भारत में लगभग सभी भारतीय भाषाएँ अंग्रेज़ों द्वारा किए गए आर्थिक शोषण को अपने-अपने तौर

पर साहित्य में प्रस्तुत कर रही हैं। इसमें हिन्दी साहित्य की विशिष्ट भूमिका है। षष्ठ अध्याय में जोतिबा फुले और जाति-प्रश्न तथा बंगाल का नवजागरण और जाति तंत्र, दयानन्द सरस्वती और उनके सुधार से जुड़कर भारतीय नवजागरण की तस्वीर को पूरा करता है। इस अध्याय में 'संस्कृतीकरण' की उस अद्भुत प्रक्रिया को भी समझने का प्रयास है जिससे जाति का बन्धन शिथिल होने के स्थान पर और कसता जाता है। "एम.एन. श्रीनिवास ने संस्कृतीकरण की जो अवधारणा प्रस्तुत की है, उसका आधुनिक भारतीय समाज के इतिहासकार के लिए असाधारण महत्त्व है। उक्त अवधारणा से उस प्रक्रिया का संकेत मिलता है जिसके तहत ज्यों-ज्यों आधुनिकता बढ़ती जाती है, निम्न जातियाँ उच्च जातियों की रूढ़ परम्पराओं और प्रथाओं को ही अपनाती चली जाती हैं। इस प्रकार आधुनिकीकरण अपने बढ़ते क़दमों के साथ स्वयं अपने मार्ग में बाधाएँ खड़ी कर लेता है।" (इतिहास और विचारधारा, इरफान हबीब सम्पा. रमेश रावत, ग्रंथ शिल्पी, दिल्ली, 2005, पृ. 31)

इस युग का हिन्दी साहित्य अपनी राष्ट्रचिन्ता और विपुलता में अप्रतिम है। उसकी राष्ट्रीयतावादी चिन्ताधारा को केवल धार्मिक और साम्प्रदायिक रंग देने के बहुत से प्रयासों के उपरान्त भी उसकी देश चिन्ता का मुखर स्वर दबाया नहीं जा सका है। विशेषकर यूरोप की मार्क्सवादी धारा की छाया में साम्राज्यवाद का विश्लेषण और भारत में राष्ट्रीयतावादी समालोचना के विरोध में मत प्रकट करके एक अत्यन्त प्रभावशाली विचारकों का दल तैयार हुआ है। सन् 1900 में लॉर्ड कर्ज़न के 'रमेशदत्त के साथ वाद-विवाद' से शुरू करके थियोडोर मॉरिशन, वेरा एन्स्टी, परसीवाल ग्रिफिथ्स और उनसे भी पहले जार्ज वेशन रिचर्ड स्ट्रेची आदि इस परम्परा के प्रवर्तक हैं और इसका प्रभाव आज भी अनेक विश्वविद्यालयों में होनेवाले शोधों और प्रकाशित पुस्तकों की लम्बी सूची में देखा जा सकता है। इसका जन्म विभिन्न मतों के फलस्वरूप ब्रिटिश राज की समालोचना के खंडन की कोशिश में हुआ था। इस प्रकार के दल उन्नीसवीं सदी के हिन्दी साहित्य में उपस्थित बौद्धिकता के सजग प्रमाणों को झुठला या अनदेखा कर मानते हैं कि उपनिवेशित देशों का आधुनिकीकरण पश्चिमी देशों के नेतृत्व ने सम्भव किया। रेलमार्ग, सड़क, व्यापारिक केन्द्र, बन्दरगाहों का विकास, बिजली, डाक, तार, अदालत, शिक्षा और क़ानूनी स्थिरता केवल पश्चिम द्वारा ही सम्भव थी अन्यथा उपनिवेशित एशिया, विशेषकर भारत पिछड़े ही रह जाते। संख्या में कम ही सही, किन्तु कई विचारकों और प्रमुख इतिहासकारों द्वारा इस स्थापना का विरोध भी किया गया है। हिन्दी में इस प्रकार के विचारों का रामविलास शर्मा ने सशक्त और निरन्तर खंडन किया है। प्रसिद्ध इतिहासकार प्रोफ़ेसर सब्यसाची भट्टाचार्य ने अपनी पुस्तक 'आधुनिक भारत का आर्थिक इतिहास' में उन्नीसवीं सदी के साहित्य में व्यक्त देशप्रेम की शब्दावली जैसे आर्यावर्त, पितृभूमि, भारतभूमि, हिन्दुस्तान, वतन और कौम के भी ऐसे विचारक दल के उपहास को प्रश्नांकित किया है। पारम्परिक भाषा में अभिव्यक्त देशप्रेम के बिम्ब और प्रतीक जिस जनमानस से आते हैं उस जनमानस की समझ इन विचारकों को नहीं है। यह कहा जा सकता है कि औपनिवेशिक दृष्टि सम्पन्न इस विचारक दल और उन्नीसवीं सदी के साहित्यकार की यह दूरी विचार के 'टूल्स' (औज़ार) के कारण भी है जो इन्होंने औपनिवेशिक साम्राज्यवादी शासन से ही

लिये हैं। सब्यसाची भट्टाचार्य जैसे समर्थ और मान्यता प्राप्त इतिहासकार के हस्तक्षेप से उन्नीसवीं सदी का राष्ट्रचिन्ता युक्त हिन्दी साहित्य 'पिछड़ेपन' के ठप्पे से 'कलंक (Stigma) मुक्ति' पा सकेगा।

उन्नीसवीं सदी का हिन्दी साहित्य अपने आत्मविश्लेषण और आत्मालोचना के लिए भी विशिष्ट ठहरता है। उपरान्त इसके कि आत्मालोचना के ये स्वर सभी स्थानों पर एक से तीव्र और उग्र नहीं हैं फिर भी पारम्परिक समाज के आत्ममंथन की प्रक्रिया समाज के क्रमशः आधुनिकीकरण में सहायक होती है। इस सदी के हिन्दी साहित्य का बहुलतापरक स्वर कभी भी प्रतिगामी और मानवता विरोधी नहीं रहा, जैसाकि समझ लिया जाता है। देश, समाज, स्त्री और जाति-प्रश्नों पर इस सदी के विचारों से अधिकांश स्थलों पर आज असहमत होते हुए भी इन्हें पूर्णतः प्रतिक्रियावादी कहना इनके साथ अन्याय-सा लगता है। इन प्रश्नों पर तटस्थ विश्लेषण से इस सदी के कई विचारकों के अन्तर्विरोध स्पष्ट दिखाई पड़ते हैं। इस सदी के विचारकों के लिये स्त्री दुनिया की आधी आबादी नहीं है, वह पुरुष की समकक्ष तो क्या अर्द्धांश सम्मान की अधिकारिणी भी नहीं है। इसी तरह उनके लिए जातिप्रथा त्याज्य नहीं है (आज ही कौन-सी त्याज्य है!)। यह ईश्वर द्वारा बनाया गया नियम है। 'छोटे' और 'बड़े' उसी के यहाँ से बनकर आते हैं। जातिगत व्यवस्था और स्थिति निर्धारण के लिए बड़े से बड़े विचारक ने पारम्परिक मूल्यों और धारणाओं को ही अधिक महत्त्व दिया है। जैसे धर्म के वहन का सारा भार स्त्रियों को ही सौंपकर उन्हें उनके ही विरुद्ध विचारधारात्मक युद्ध में अत्यन्त कौशलपूर्वक सम्मिलित किया गया है, वैसे ही तथाकथित निम्न और शोषित जातियों में भी जातिप्रथा के प्रति दृढ़ विश्वास एक जातिवादी समाज ही बनाता है।

भारतीय समाज में पश्चिम से आई आधुनिकता का सिंहभाग पुरुषों को ही मिला तथाकथित उच्च जाति के पुरुषों को। स्त्री और निम्न जाति के पुरुषों को उसकी तलछट भी नहीं मिली। धर्म पर आश्रित भारतीय समाज के मूल्यों और नैतिकताओं के भार से दबे देश को आधुनिकता से बस एक ही लाभ मिला—शिक्षा का लाभ। यह शिक्षा आरम्भ से सभी पुरुषों में समान नहीं थी, पर थी। स्त्री जाति को वह चाहे किसी भी 'जाति' की रही हो शिक्षा का सुयोग भिन्न पाठ्यक्रम से प्राप्त था।

भारतेन्दु युगीन प्रश्न आधुनिकता के आरम्भ के प्रश्न हैं। उसी समय आमूलचूल सामाजिक परिवर्तन दुराशा के अतिरिक्त और कुछ नहीं हो सकता। पूरे समाज को ही जाति प्रथा से इनकार नहीं है। शोषण का कारण समझते हुए भी शोषित इस समस्या का खात्मा नहीं चाहता, उलटे उसी जाल में फँसकर 'ऊँची जाति' होना चाहता है इसलिए इस सदी में जाति-प्रश्न बड़ी जटिल अवस्था में दिखाई पड़ता है किन्तु इसकी जटिलता में एक गुणात्मक अन्तर है। जातियाँ एक समूह के रूप में कार्य करती हैं। यद्यपि ऐसा प्रतीत होता है कि सभी प्रश्नों पर धर्म अन्तिम निर्णय सुनाता है फिर भी जाति सामूहिक तौर पर एक 'दबाव समूह' (प्रेशर ग्रुप) के रूप में काम करती है।

जाति है कि जाती नहीं, यह कड़वा सत्य भारतीय समाज में उसके अस्तित्व की सचाई की तरह उपस्थित रहा है। जन्म से निर्धारित इस कोटि से छुटकारा सम्भव नहीं। कोई भी गुण, रंग या सत्ता आपकी जाति नहीं बदल सकते। जाति-प्रश्न पर केवल हिन्दी

भाषी समाज नहीं बल्कि भारतीय समाज धार्मिक और परम्परावादी रहा है। विडम्बना का विषय यह है कि इस प्रश्न पर शोषित और शोषक के एक से विचार हैं। जाति व्यवस्था में दोनों की गहन आस्था है। प्रत्यक्षत: केवल तथाकथित ऊँची जातियों के पक्ष में दिखनेवाली जाति व्यवस्था का पालन तथाकथित नीची जातियों द्वारा भी उतनी ही निष्ठा से किया जाता रहा है।

उन्नीसवीं सदी में जाति-प्रश्नों पर सकारात्मक हलचल दिखाई देती है। पारम्परिक रोज़गारों के नष्ट होने और थोड़ी-बहुत शिक्षा प्राप्ति के अवसर ने वर्णाश्रम व्यवस्था के अनुसार पेशा निर्धारण के ख़ाँचे को तनिक ढीला किया। हिन्दी साहित्य में ब्राह्मणवादी मनुवादी व्यवस्था के अनुसार ब्राह्मण सर्वोच्च पद पर आसीन रहा, किन्तु कभी-कभी विरोध के इतने तीखे स्वर भी उठे कि पंडित माधवप्रसाद मिश्र को 'ब्राह्मणों पर वृथा आक्रमण' लिखना पड़ा।

जाति-प्रश्न पर सबसे रोचक तथ्य यह उभरकर आता है कि भारतीय समाज जाति प्रथा के लिए ब्राह्मणों को मनुवादी कह-कहकर उन्हें इस कुरीति के लिए उत्तरदायी ठहराता है, पर स्वयं किसी जाति मुक्त समाज के निर्माण का प्रयास तो दूर उसकी कल्पना पर भी विश्वास नहीं करता। जाति व्यवस्था के लिए ब्राह्मणों को पानी पी-पी कर कोसनेवाली सभी जातियाँ स्वयं उतनी ही जातिवादी हैं। उन्नीसवीं सदी के उत्तरार्द्ध की पूँजीवादी हलचल में कुछ जातियाँ सम्पन्नता प्राप्त करती हैं। ऐसी सभी जातियाँ 'संस्कृतीकरण' की प्रक्रिया के अन्तर्गत ऊपरी वर्णों में सम्मिलित होने का प्रयास करती हैं, क्योंकि जाति के आधार पर निर्धारित रीति-रिवाज और व्यवहार की रूढ़ता बनी हुई है। फिर भी यह कहा जाना आवश्यक है कि 'मनुस्मृति' के आधार पर शूद्रों और स्त्रियों के कानों में वेदवाक्य पड़ जाने से पिघला हुआ सीसा डालने के जिस प्रावधान पर ब्राह्मणों की घनघोर निन्दा की गई वह बहुत-सी संहिताओं के संकलनकर्ता मनु के विचार के रूप में उनकी संहिता में भले ही उल्लिखित है, किन्तु भारतवर्ष में ऐसी घटना कभी घटित नहीं हुई। दलित विमर्शकारों ने इस कथन का अपने भाषणों में ख़ूब दहाड़-दहाड़कर उपयोग किया, किन्तु दलित अस्मिता ने अपने उभार और उठान के लिए जिस जाति व्यवस्था को गालियाँ दी उसे तोड़ा नहीं, क्योंकि इतिहास के घूमते कालचक्र में उन्हें इसी को बनाए रखने में अपनी सद्‌गति दिखाई दी। उन्नीसवीं सदी के हिन्दी साहित्य में जातियों-उपजातियों में विभाजित समाज आज भी एक सचाई है। बीसवीं सदी के प्रथमार्द्ध में आंबेडकर तक ने कहा था कि भारतीय समाज जाति मुक्त समाज नहीं हो सकता। इक्कीसवीं सदी में दलित विमर्श के अन्तर्गत रचा जानेवाला साहित्य अन्य कारणों से ही सही पर है तो जाति केन्द्रित ही।

नवजागरण कालीन हिन्दी साहित्य में राष्ट्र की उन्नति की राजनैतिक परियोजना के साथ-साथ सामाजिक प्रगति का संकल्प भी समान रूप से प्रभावी रहा। द्विवेदी युग (1900-1920) के साहित्य और पत्रकारिता के सन्दर्भ में सामाजिक उन्नति के लिए राष्ट्रवाद के साथ ही स्त्री और जाति सम्बन्धी विषयों पर साहित्यकारों के बीच हुई व्यापक चर्चाओं का विद्वानों ने उल्लेख किया है। उन्नीसवीं सदी में आरम्भ होनेवाले सामाजिक और धार्मिक सुधार आन्दोलनों का प्रभाव द्विवेदी युगीन साहित्य पर दिखाई देता है। उन्नीसवीं सदी में अनमेल विवाह, वर-कन्या क्रय-विक्रय, स्त्री दासता, गृहकलह, पुरुष

अनाचार साथ ही सामन्ती व्यवस्था में छुआछूत से भरी जाति व्यवस्था पर कुठाराघात करता अमूल्य साहित्य रचा गया। प्रेमचन्द के साहित्य में भी अपनी पिछली सदी की इन्हीं प्रवृत्तियों के विरोध की प्रौढ़ता लक्षित होती है।

भारतेन्दु युगीन साहित्य और पत्रकारिता के परिप्रेक्ष्य में जाति और स्त्री विषयक चिन्तन को लेकर हाल में अत्यन्त विवादास्पद टिप्पणियाँ सामने आई हैं। विवादास्पद होने के साथ ही ये टिप्पणियाँ एकांगी भी हैं। इन दोनों विषयों पर उन्नीसवीं शताब्दी में हुए चिन्तन पर लेखन की आवश्यकता और भी प्रासंगिक हो उठती है, क्योंकि भारतेन्दु युगीन साहित्य में छिटपुट उदाहरणों के आधार पर सुनियोजित ढंग से उस युग के साहित्यकारों को केवल जातिवादी, स्त्री विरोधी और हिन्दूवादी घोषित किया जा रहा है। उनके चिन्तन की व्यापकता, उनके सरोकारों के सम्यक् विश्लेषण के बिना ही उनकी रचनाओं के वे अंश ही सामने रखे जा रहे हैं जिसके आधार पर उन्हें प्रतिक्रियावादी सिद्ध किया जा सके। इन दिनों विभिन्न पत्र-पत्रिकाओं और पुस्तकों के माध्यम से स्त्री विमर्श और दलित विमर्श से जुड़े कुछ विद्वान भी लगभग पूर्ववत् स्थिति को बनाए रखने में अज्ञात कारणों से अपना भला देख रहे हैं।

आज जब इक्कीसवीं शताब्दी में भी हिन्दी प्रदेश को बहुत सम्मान से सम्बोधित नहीं किया जाता, बल्कि अहिन्दी प्रदेशों में रहनेवाले हिन्दी भाषा-भाषियों के सामने निस्संकोच 'बीमारू' कहकर (उन लोगों के समक्ष भी जो पाँच-पाँच पीढ़ियों से इन अहिन्दी प्रदेशों में बसे हुए हैं) उन्हें अपमानित किया जाता है। अंग्रेज़ी में लिखनेवाले जिसे 'काऊबेल्ट' कहकर स्वयं को गौरवान्वित अनुभव करते हैं, यहाँ तक कहा जा सकता है कि किसी भारतीय नागरिक का सम्मान कम करना हो तो उसे बस हिन्दी भाषी कह दीजिए, तब इसके कारणों पर विचार करने पर एक प्रमुख कारण जाति व्यवस्था दिखाई पड़ती है। यह जाति हिन्दी जाति की धारणा को अस्वीकार करने में सबसे अधिक काम आती है। इसी जाति भेद के कारण हिन्दी जातीयता का एक समूचा सुर नहीं लग पाता। इस देश की अन्य जातीय पहचानें ऐसे स्वर भंग का शिकार नहीं हैं जबकि उनका समाज भी जातियों में बँटा है। इस जातिवाद ने राजनीति में अपनी जड़ें इतनी गहरी जमा ली हैं कि मार्क्सवादियों तक को जाति के आधार पर वोट बैंक के होने न होने को स्वीकारना पड़ गया है। हिन्दी पट्टी के आई.ए.एस. डॉक्टर, वकील और प्रोफ़ेसर से लेकर दूसरे प्रान्तों में मिट्टी खोदने, रिक्शा चलाने तक गए लोगों में यह जाति गर्व बोध एक-सी तीव्रता के साथ विद्यमान है। जाति-उपजाति के सघन जाल में उलझी यह हिन्दी प्रजाति उन्नीसवीं शताब्दी में अपनी इस जाति पहचान से जुड़कर जागरण कार्य कर रही थी। हिन्दी में पत्र-पत्रिकाओं की एक लम्बी सूची है जो भिन्न-भिन्न जातियों द्वारा निकाली गई। इस पत्रिका के सभी लोग राष्ट्रहित की साधना का एक माध्यम जाति हित को भी मानते थे। इन 'जाति पत्रिकाओं' ने हिन्दी पत्रकारिता के एक बड़े भू-भाग को घेर रखा था—घेर रखा है।

इसमें पारम्परिक अर्थ में ही परमार्थ खोजनेवालों का विश्लेषण, उन बौद्धिकों के मूल्यांकन का भी प्रयास है जो देश, धर्म, स्त्री और जाति आदि प्रश्नों पर लीक से हटकर सोचने का जोखिम उठा रहे हैं। उनके लिए यह जोखिम दोनों ओर से है—वे अपने समकालीन पारम्परिक समाज की दृष्टि में चुभ रहे हैं, क्योंकि वे "अपनी परम्पराओं

और मूल्यों को समुचित सम्मान नहीं दे रहे" तथा बाद के आधुनिक प्रगतिशील समाज की दृष्टि में सम्मानित नहीं हैं, क्योंकि वे "अपनी परम्पराओं और मूल्यों से ही चिपके हुए हैं।" एक ही 'अपराध' के लिए दो बार फाँसी पर चढ़ाए गए इन लोगों का साहित्य अधिक निरपेक्ष दृष्टिकोण की माँग करता है। पिछली सदियों का अपने बाद की सदियों पर इतना अधिकार तो बनता है। ऐसे में यह पुस्तक सामान्यत: भारतीयों और विशेषत: हिन्दी भाषियों की सबसे बड़ी पहचान 'जाति' को उन्नीसवीं सदी की आधुनिकता के अरुणोदयकाल में उससे जुड़े प्रश्नों और आधे-अधूरे उत्तरों की प्रस्तुति का छोटा-सा प्रयास है।

तकनीकी तौर पर सीधे-सीधे अभिलेखागार (Archives) के दस्तावेज़ सम्मिलित न किए जाने पर इसे इतिहास की पुस्तक मानने में कठिनाई हो सकती है फिर भी इसमें अन्य इतिहासकारों द्वारा प्रयुक्त ऐतिहासिक सामग्री का आवश्यकतानुसार प्रयोग है। साथ ही इसमें विषय से सम्बन्धित इतिहास की पुस्तकों के अध्ययन से जाति सम्बन्धी यथासम्भव तटस्थ समझ तक पहुँचने का प्रयास है। उन्नीसवीं सदी में जाति और उससे जुड़े प्रश्नों की साहित्यिक अभिव्यक्ति की सामग्री के लिए राष्ट्रीय पुस्तकालय (कलकत्ता), जालान पुस्तकालय (कलकत्ता), कुमारसभा पुस्तकालय (कलकत्ता), बड़ा बाज़ार लाइब्रेरी (कलकत्ता), हनुमान पुस्तकालय (सलकिया), वर्धमान विश्वविद्यालय सेंट्रल लाइब्रेरी (वर्धमान), नागरी प्रचारिणी सभा पुस्तकालय (वाराणसी), हिन्दी साहित्य सम्मेलन, प्रयाग (इलाहाबाद), माधव राव सप्रे संग्रहालय (भोपाल), रामपुर रज़ा लाइब्रेरी (रामपुर), भारतीय उच्च अध्ययन केन्द्र (शिमला), चिरंजीव पुस्तकालय (आगरा), जवाहरलाल नेहरू यूनिवर्सिटी सेंट्रल लाइब्रेरी (नई दिल्ली), साहित्य अकादेमी पुस्तकालय (दिल्ली) और तीनमूर्ति लाइब्रेरी (नई दिल्ली) की छानी गई ख़ाक और फाँकी गई धूल है। इस लम्बे सिलसिले को परिमाण और परिणामस्वरूप देखे जाने पर यह पुस्तक पूरी उन्नीसवीं सदी, उससे थोड़ा पहले और थोड़ा बाद तक की ऐतिहासिक पृष्ठभूमि में हिन्दी साहित्य और विभिन्न पत्र-पत्रिकाओं में जाति और उससे जुड़े प्रश्नों और उनका उत्तर खोजते समय का इतिहास है।

यह पुस्तक मेरे भतीजे नैवेद्य को समर्पित है। सात वर्ष पहले उसके पापा को समर्पित मेरी पुस्तक देखकर उसने बड़े मान से पूछा था 'और बुआ जी मेरी किताब?' इन सात वर्षों में नैवेद्य गुप्ता ने अपनी माँग कि 'बुआ जी मेरी किताब?' को धीमा नहीं पड़ने दिया। नैवेद्य और उसकी पीढ़ी के किशोर होते 'मेट्रो' तथा दूसरे शहरों के बच्चे 'वर्ग' (Class) से पहले परिचित होते हैं। वे शहरोन्मुखी गाँवों के बच्चों की तरह 'जाति' की वास्तविकता के अभ्यस्त नहीं होते। पता नहीं यह कितनी राहत की बात है!

मुझसे भी पहले मेरी पुस्तक का हाल पूछनेवाले हितेन्द्र और दोस्तों को आभार कहना उनके लिए भार होगा। मित्रों के प्रति कृतज्ञता जताने से अधिक मन में रहे तो मुदित करती है।

इस पुस्तक की सॉफ्ट कॉपी तैयार करने की पूरी ज़िम्मेदारी मेरी शोध छात्रा रजनी रजक ने उठाई है। अध्यायों में भारी उलटफेर और काट-छाँट के उलझे हुए निर्देशों को समझने और उसे टाइप करने में रजनी के असीम धैर्य ने मुझे इस ओर चिन्तामुक्त रखा। रजनी को अशेष धन्यवाद। कोरोना काल के सदुपयोग के प्रयास

में पुस्तक के लगातार बढ़ते आकार की टाइपिंग का अतिरिक्त सँभालने के लिए अजय सिंह को विशेष धन्यवाद। राजकमल प्रकाशन के मितभाषी अलिंद जी को उनके सहज सहयोग के लिए बहुत धन्यवाद। पुस्तक में रह जानेवाली त्रुटियाँ मुझे आगे का मार्ग दिखाएँगी।

—रूपा गुप्ता
प्रोफ़ेसर, हिन्दी विभाग
वर्द्धमान विश्वविद्यालय
गुलाबबाग, वर्द्धमान-713104

अध्याय एक

उन्नीसवीं शताब्दी और हिन्दी-नवजागरण

भारतवर्ष पर अपने लगभग एक सौ नब्बे वर्ष के अधिकार जमाने और अन्ततः यहाँ से जाने के लम्बे काल में अंग्रेज़ों ने इसकी शासन शिक्षा और न्यायप्रणाली को पूर्णतः परिवर्तित कर दिया। उनकी स्वेच्छा और सुविधानुसार पश्चिम से पूर्व को मिली जिस प्रवृत्ति की सर्वाधिक चर्चा की जाती है वह आधुनिकता है। आधुनिकता को भारतीय नवजागरण की सबसे बड़ी उपलब्धि के रूप में चिह्नित किया जाता रहा है। ध्यातव्य है कि आज हम जिस 'आधुनिकता' को पश्चिमी देन के रूप में स्वीकार करते हैं उसका इतिहास अपने उद्गम स्थल में भी बहुत प्राचीन नहीं है अर्थात् ब्रिटेन और अन्य यूरोपीय देश आरम्भ से ही आधुनिक नहीं थे, जैसाकि समझा जाता है।

यूरोपीय इतिहास में आधुनिकता के विकास के लिए आवश्यक परिस्थितियाँ चौदहवीं सदी से बननी प्रारम्भ हुईं। वहाँ घटित होनेवाले पुनर्जागरण अथवा रेनेसाँ का काल मुख्यतः पन्द्रहवीं और सोलहवीं सदी माना गया। इस प्रकार सन् 1300 से 1600 ई. तक का समय रेनेसाँ काल है। हिन्दी-नवजागरण पर विचार करने से पहले 'रेनेसाँ' या 'रेनेसाँस' (Renaissance) पर चर्चा कर लेना उचित रहेगा जिसे भारतीय नवजागरण की मूल प्रेरणा माना गया है। सामान्यतः हम सभी जानते हैं कि रेनेसाँ या यूरोपीय पुनर्जागरण का प्रारम्भ इटली में हुआ, किन्तु इस तथ्य से लगभग अपरिचित हैं कि इसके उदय का मूल कारण व्यापार था। पश्चिमी सभ्यता के विकास में चौदहवीं, पन्द्रहवीं, सोलहवीं और सत्रहवीं शताब्दी में हुई सांस्कृतिक प्रगति का काल पुनर्जागरण काल या रेनेसाँ कहलाता है। यह रेनेसाँ यूनानी और रोमन सभ्यता-संस्कृति के प्रभाव से घटित हुआ। रोमन साम्राज्य के अन्त के पश्चात् उसके शिक्षा प्रतिष्ठान बन्द होने के कारण यूनानी और लैटिन भाषाओं का ज्ञान लुप्त हो रहा था। ईसाई धर्म अपने विकास और प्रचार के साथ धार्मिक अन्धविश्वासों, सामन्ती मूल्यों और रूढ़ियों का गढ़ बन गया था। चर्च और पादरी इसके सबसे बड़े आश्रयदाता और समर्थक थे। राजसत्ता पर धर्माधिकारियों का अत्यधिक प्रभाव था। मध्ययुग में व्यापार के साथ कला, साहित्य, संस्कृति, दर्शन और विचार इटली व्यापार का सबसे बड़ा केन्द्र था। यहाँ के धनी व्यक्तियों ने विचार, कला, साहित्य और संस्कृति की प्रगति के लिए धन ख़र्च किया। व्यापार के प्रसार के साथ शहरों का विकास हो रहा था। धनी वर्ग के पास पादरियों की ही भाँति विद्याध्ययन के अवसर थे, साथ ही धनपति कला और संस्कृति के प्रश्रयदाता भी बन गए थे। इटली का फ्लोरेंस शहर केवल रेनेसाँ का ही सबसे बड़ा केन्द्र नहीं था, बल्कि सबसे धनी

शहर भी था। इटली के इस नए धनिक वर्ग ने प्राचीन कला, साहित्य और संस्कृति के पुनरुद्धार के साथ धार्मिक अन्धविश्वासों को चुनौती दी। यूरोप की लौकिक विचारधारा को धर्म पर वरीयता दी गई। नगरों के स्वतंत्र वातावरण में व्यापारियों के लिए सामन्तप्रथा और उसके समर्थक पादरियों और चर्च से लड़ना सरल था। व्यापारियों ने चर्च की कटु आलोचना आरम्भ की। अभी तक जनता प्राचीन परिपाटियों से बँधी हुई थी। परिवर्तित होते विचारों से वह अब उसे सन्देह की दृष्टि से देखने लगी। अब प्रत्येक विचार और संस्था पर प्रश्न उठाए जाने लगे। उनके पक्ष-विपक्ष में होनेवाले वाद-विवाद से विचार स्वातंत्र्य और ज्ञान की प्रगति हुई। ज्ञान पर चर्च का एकाधिकार टूटा। कला, दर्शन और विचार के बदलते केन्द्रों ने धर्म की केन्द्रीयता घटाई। चूँकि रेनेसाँ का मूल वैचारिक केन्द्र लौकिकता थी अत: पारलौकिकता से लोगों का मोहभंग हुआ। पश्चिम के अन्धकार युग, जिसकी कालिमा बहुत गहरी थी ने अपनी नवजागरण (रेनेसाँ) के बढ़ते उजालों में खुली साँसें लीं।

पश्चिम में मध्यकाल की समाप्ति में मुख्य कारक विचारधाराओं में 'मानववाद' का प्रमुख स्थान है। पश्चिमी मध्यकाल में वहाँ की धार्मिक मान्यता के अनुसार मानव एक हेय प्राणी था। "मध्यकाल में धार्मिक घटाटोप के कारण समस्त मूल्यों और प्रतिमानों का स्रोत किसी-न-किसी दिव्य सत्ता को माना जाता था। मानववादियों ने इस मान्यता का तिरस्कार किया। उन्होंने यह घोषित किया कि सम्पूर्णतम मनुष्य ही मनुष्य का प्रतिमान है। इसके लिए मानववादियों ने एक ओर मानवोपरि दिव्य सत्ता का निषेध किया और दूसरी ओर अमानवीय यांत्रिकता का। मानववादी यह मानते हैं कि मनुष्यों में जो पाशविक है और जो दिव्य है, उन दोनों के मध्य में कुछ ऐसा है जो पूर्णत: मानवीय है और उसी को नैतिकता, कला, सौन्दर्यबोध तथा अन्य आचार-विचार का प्रतिमान मानना चाहिए।" (हिन्दी साहित्य कोश, भाग-1, प्रधान सम्पा. धीरेन्द्र वर्मा, ज्ञानमंडल, वाराणसी, संस्करण, 2010, पृ. 314) केवल मानव को महत्त्व देने पर अलौकिक शक्तियों के सर्वशक्तिमान रूप पर प्रश्न उठाना सम्भव हो सका। मानव और प्रकृति के केन्द्र में मानव महत्त्वपूर्ण हो उठा। इस प्रकार पश्चिम के रेनेसाँ अथवा पुनर्जागरण अथवा नवजागरण का मुख्य बिन्दु धर्म बनाम मानवता था। मानवतावाद की प्रमुखता के कारण ईश्वर से सम्बन्ध रखनेवाले धर्मशास्त्र का स्थान मानवतावादी दर्शन ने ले लिया। कला, विज्ञान और सभी बौद्धिक एवं व्यावहारिक क्षेत्रों में मनुष्य केन्द्र में आ गया। अब इस संसार का अधिष्ठाता ईश्वर नहीं मनुष्य बन गया। मध्ययुगीन ईसाई धर्मशास्त्री मानव शरीर और बुद्धि को तुच्छ मानते थे। वे मानते थे कि ईसाई प्रेरणा के बिना मनुष्य नैसर्गिक सत्य के दर्शन नहीं कर सकता। रेनेसाँ कालीन दर्शनशास्त्री अपने यूनानी और रोमन पूर्वजों की भाँति मानव सौन्दर्य और प्रतिभा के विश्वासी तथा गुणगानकर्ता बने। इस मानवतावाद ने सामान्य मानव समूह ही नहीं, बल्कि व्यक्ति का भी गुणगान किया। मध्यकालीन पादरी मानव अहंकार को उसका सबसे बड़ा शत्रु मानते थे। वे सब कुछ ईश्वर की कृपा मानते थे। मनुष्य की उपलब्धियाँ ईश्वर की देन थीं। मध्ययुगीन मानव पूर्णत: ईश्वर निर्भर था। जन्म-मरण, लाभ-हानि, यश-अपयश और रोग-शोक ही नहीं प्रकृति का एक पत्ता भी ईश्वर की इच्छा के बिना नहीं हिलता था। प्राणियों के लिए जिन जन्म चक्रों की व्यवस्था थी उनमें उनके

कर्म-अकर्म-कुकर्म सब कुछ हरि इच्छा पर निर्भर थे। भारतीय सन्दर्भ में कबीरदास रेनेसाँ से पहले ही कह चुके थे—

ना कछु किया न करहिंगे ना करने जोग सरीर।
जो कछु किया सो हरि किया भया कबीर कबीर॥

(कबीर ग्रंथावली, सम्पा. श्यामसुन्दर दास, प्रकाशन संस्थान, नई दिल्ली, 2010, पृ. 112)

भारतीय समाज की प्रभु निर्भरता बनी रही, किन्तु पश्चिमी समाज में यह कम हुई।

रेनेसाँ और भारतीय वातावरण

अपने व्यक्तिवादी गुणों के साथ इस मानवतावादी रेनेसाँ ने जब भारतवर्ष में प्रवेश किया तब भी यहाँ पर 'हरि इच्छा' ही मुख्य धार्मिक, सामाजिक और सांस्कृतिक दर्शन थी। अपने देश में रेनेसाँ ने व्यक्ति की चहुँमुखी प्रतिभा के विकास पर अपना गहरा विश्वास व्यक्त किया। ईसाई पादरियों ने अहंकार को सबसे बड़ा शत्रु माना था, किन्तु रेनेसाँ कालीन प्रतिभाशाली कलाकारों को अहंकारी होने पर भी सम्मानित किया गया। केवल अहंकारी ही नहीं बेनवेनुतो सेलिनी जैसे झूठे, चोर, ख़ूनी और बलात्कारी को पुनर्जागरणकाल में प्रतिभाशाली कलाकार होने के कारण सम्मान दिया गया। उनके यहाँ 'चरित्र' की परिभाषा बदली किन्तु अपने 'क्लासिक' साहित्य दर्शन और कला को उन्होंने नकारा नहीं बल्कि उन्हें पुनः आविष्कृत किया। इहलौकिक पुनर्जागरण कालीन सभ्यता नागरी थी। यह ग्रामोन्मुखी नहीं थी। यह अपनी मध्ययुगीन देहाती सभ्यता से भिन्न प्राचीन यूनानी और रोमन सभ्यता की भाँति शहरी सभ्यता थी। रेनेसाँ काल में इटली के शहरी धनिक वर्ग ने सौदागरों और बैंकरों, कलाकारों, शिल्पकारों और साहित्यकारों को प्रश्रय एवं समर्थन दिया था। इसे इस प्रकार भी कहा जा सकता है कि इसका स्वरूप मध्यवर्गीय था। यह मध्यवर्ग मूलतः ईसाई, चर्च, पादरी और सामन्त विरोधी था क्योंकि इसी से इसके हित सधते थे। इस मध्यवर्ग के चिन्तन के केन्द्र में मानवतावाद होने के कारण यह अधिक जनहितकारी प्रमाणित हुआ।

इटली के रेनेसाँ की तुलना में यूरोप के अन्य देशों का पुनर्जागरण आन्दोलन तनिक भिन्न था। इटली में साहित्य के साथ चित्रकारी, स्थापत्य और मूर्तिकला ने अत्यधिक महत्त्वपूर्ण भूमिका निभाई, किन्तु उत्तरी यूरोप के देशों में यह कार्य साहित्य और मानवतावादी दर्शन ने किया। इन देशों ने इटली के रेनेसाँ के ईसाइयत विरोधी मानवतावाद के स्थान पर इनके सहअस्तित्व को अपनाया। यही बात भारतीय नवजागरण, विशेषकर हिन्दी-नवजागरण के सम्बन्ध में निस्संकोच कही जा सकती है। यूरोप के अपने ही रेनेसाँ के विभिन्न स्वरूपों के इस आलोक में हिन्दी-नवजागरण के विश्लेषण को नए कोण मिलते हैं। हिन्दी-नवजागरण के मनीषियों ने कई यूरोपीय देशों की तरह धर्म को मानव के विरुद्ध नहीं माना बल्कि उसके महत्त्व को नए सिरे से रेखांकित किया। भारतीय मध्यवर्ग धार्मिक श्रेणियों से ही जन्मा था, वह धर्महीन तो क्या धर्म विमुख समाज की कल्पना भी नहीं कर सकता था। भगवद्कृपा के बिना उसका संसार असम्भव था। ईश्वर के बिना जीवन और जगत की कल्पना असम्भव थी। पश्चिम से

आई आधुनिकता का सीधा सम्पर्क वैज्ञानिक सोच और तार्किकता से है। पश्चिम को विज्ञान का उपहार सत्रहवीं सदी में मिला। 1642 ई. में गैलीलियो की मृत्यु हुई तो न्यूटन का जन्म हुआ। 1727 ई. में न्यूटन की मृत्यु तक पश्चिम शोध पद्धति वैज्ञानिक पद्धति के रूप में स्थापित हो चुकी थी। वैज्ञानिक खोज नौवहन, खनन, कृषि और विभिन्न उत्पादनों में सफलतापूर्वक प्रयुक्त होने लगी थी। गुरुत्वाकर्षण के सिद्धान्त से न्यूटन ने पृथ्वी तथा विभिन्न ग्रहों के एक-दूसरे को अपनी ओर खींचने को व्याख्यायित किया। पृथ्वी के गुरुत्वाकर्षण के सिद्धान्त ने भौतिक संसार की अनेकों जटिलताओं को सरल कर दिया। खगोल शास्त्री जर्मन भाषी पोलैंड निवासी कॉपरनिकस पहले ही सौरमंडल के केन्द्र में सूर्य और उसकी परिक्रमा करते अन्य ग्रहों तथा पृथ्वी की स्थिति स्थापित कर चुके थे। उनसे एक सदी बाद जर्मन खगोलशास्त्री कैपलर ने उन्हें सही प्रमाणित किया और गैलीलियो की दूरबीन ने इस सिद्धान्त पर मुहर लगा दी। पश्चिम ईश्वर का सहारा छोड़कर अपनी वैज्ञानिक प्रगति की अभूतपूर्व यात्रा पर निकल चुका था। क्या चिकित्साशास्त्र, क्या प्राणीशास्त्र, क्या रसायनशास्त्र और क्या भौतिकशास्त्र हर क्षेत्र में विज्ञान ने अभूतपूर्व छलाँग लगाई। डारविन (1809-1873) के विकासवाद का सिद्धान्त (1859) आने से पहले माइक्रोस्कोप, पेंडुलम घड़ी और थर्मामीटर आ चुके थे। भौतिक दुनिया से सम्बद्ध कुछ अद्‌भुत खोजों ने मनुष्य का अनुभव से अधिक तर्क और प्रमाण में विश्वास दृढ़ किया। फ्रेंच विद्वान देकार्त (1596-1650) बहुत पहले ही प्रत्येक विषय पर सन्देह करने की आवश्यकता पर बल दे चुके थे। अपने अनुभव पर विश्वास और अन्धानुकरण न करने की सलाह तो शंकराचार्य भी बहुत पहले दे चुके थे किन्तु ब्रह्म पर सन्देह नहीं किया जा सकता था। पश्चिमी मनुष्य के पास ईश्वर के बाद एक अत्यन्त शक्तिशाली अस्त्र विज्ञान आ गया था। अब प्रकृति उसके लिए रहस्य और अजेय नहीं रह गई थी। बेकन और देकार्त ने वैज्ञानिक सभ्यता के आरम्भ की उद्‌घोषणा कर दी थी।

भारतीय दर्शन ईश्वर के प्रपंच से मुक्त था, किन्तु बहुत थोड़े से लोगों को ही इसकी समझ थी। पश्चिमी दर्शन के क्षेत्र में भी महत्त्वपूर्ण हस्तक्षेप कर गेटे, कांट, हेगेल, विलियम हगिंस, वुल्फ, शेली, डारविन और मार्क्स जैसे वैज्ञानिकों और दार्शनिकों ने पश्चिमी विचारधारा में क्रान्तिकारी परिवर्तन किए। कहाँ तेरहवीं सदी में यूरोप का धर्मयुग सम्भवत: सबसे भयानक धर्मयुद्ध में लिप्त था! अपनी सामन्ती व्यवस्था में यूरोप दो सौ वर्षों तक रक्तरंजित धर्मयुद्ध लड़ता रहा। धर्मयुद्ध के समाप्त होते न होते इंग्लैंड और फ्रांस में सौ वर्षों तक चलनेवाली लड़ाई छिड़ गई। 15वीं सदी में इंग्लैंड के सामन्त वर्ग में 'गुलाबों का युद्ध' छिड़ गया जिसमें एक ओर उन्होंने आपस में लड़कर अपनी शक्ति नष्ट की दूसरी ओर यूरोप में हिंसा, अव्यवस्था और उपद्रव का असह्य वातावरण बना। एक के बाद एक किसान विद्रोह हुए। 1348 ई. में यूरोप में भीषण महामारी फैली। इस महामारी की चपेट में आकर फ्रांस, इंग्लैंड, हॉलैंड, बेल्जियम और जर्मनी की एक-तिहाई से अधिक जनसंख्या समाप्त हो गई। मिस्र, उत्तरी अफ्रीका, मध्य एशिया में भी यह महामारी फैली। इसे 'काली मौत' कहा जाता है। इस दौरान हुए किसान विद्रोह, जिसमें शिल्पियों, दस्तकारों और निम्न श्रेणी के पादरियों ने भी भाग लिया, को सफलता नहीं मिली पर बाद के विद्रोहों की सफलता के लिए इसने आवश्यक भूमि तैयार की। इस

बीच मुद्रा प्रधान अर्थव्यवस्था के प्रचलन और शहरों की बढ़ती संख्या ने किसानों और मज़दूरों की मुक्ति के लिए नए मार्ग खोले। सामन्त भी अब अपनी जागीर से अधिकाधिक मुनाफ़ा कमाना चाहते थे। इन सबके बीच बड़े रोचक समीकरण बने। इंग्लैंड और फ्रांस के राजा निरंकुश सामन्तों पर अपना नियंत्रण चाहते थे और व्यापारी अपने व्यापार को फलता-फूलता देखना चाहते थे। किसान, व्यापारी, उद्योगपति और मज़दूर ने राजा को अपना हितैषी माना। परिणाम यह हुआ कि पश्चिमी यूरोप के देशों में राजा और व्यापारियों के बीच 'थर्ड स्टेट' अन्योन्याश्रित सम्बन्ध बना। राजा ने व्यापारियों के पक्ष में खुलकर क़ानून बनाए। पहले-पहल ये व्यापारी सौदागर के रूप में दिखे। बाद में बड़े महाजन और बैंकर बन गए। इस तरह पूँजीवाद का आरम्भ हुआ।

पूँजीवाद का यह दौर अधिकतर नगरों में आरम्भ हुआ। सामन्तों का विनाश कर राजा अब वेतनभोगी कर्मचारी और सेना रखने में सक्षम था। पूँजीवाद के उन्मेष में बदली हुई परिस्थिति का सर्वाधिक योगदान था। मध्यपूर्व में ईसाई धर्म-स्थानों को मुसलमानों से मुक्त कराने हेतु लगभग अनवरत चले धर्मयुद्ध (क्रूसेड), वाणिज्य का उन्मेष और विस्तार, शहरों का विकास और राष्ट्रीय राजतंत्र के उत्कर्ष ने पूँजीवाद के लिए उर्वर भूमि तैयार की। अब यहूदी महाजनों के साथ ईसाई महाजन भी सूद लेने लगे। क्रूसेड के दौरान और उसके तुरन्त बाद वाणिज्य का अप्रत्याशित प्रसार हुआ। इटली के नगर इससे सबसे अधिक लाभान्वित हुए। अतः सबसे पहले महाजनी प्रथा या बैंकिंग का उदय इटली में हुआ। इटली के फ्लोरेंस नगर में कुछ परिवारों ने 'बैंकिंग' आरम्भ की। ये परिवार नागरिकों की सम्पत्ति अपने पास सुरक्षित रखते थे और जमा धनराशि को पोप या सामन्तों को ऊँची ब्याज दर पर उधार देते थे। ये बैंकर व्यवसायियों को भी ऊँची ब्याज दर पर क़र्ज़ देते थे। ये बैंकर साहित्य, कला एवं संस्कृति के संरक्षण और प्रसार में भी धन ख़र्च कर रहे थे। समाज में अपनी पकड़ मज़बूत बनाने हेतु उनके इन कार्यों ने संस्कृति के क्षेत्र में नवजागरण का उन्मेष किया। इटली के फ्लोरेंस शहर के महाजनी परिवार जिनमें आरम्भ में मेडिसी परिवार (Medici Family) सर्वाधिक प्रमुख था, नवोदित पूँजीपतियों का मुखिया और पुनर्जागरण का सम्प्रसारक बना। बीतते समय के साथ उत्पादन के तरीक़ों में भी परिवर्तन हुआ। घरेलू या कुटीर उत्पादन प्रणाली अठारहवीं सदी के अन्तिम चरण तक कल-कारख़ानों में परिवर्तित हो गई थी। अब इनमें काम करनेवाले मज़दूरों को केवल मज़दूरी मिलती थी। कच्चे माल, साज़-सामान, औज़ार, उपकरण आदि पर मालिक वर्ग का सम्पूर्ण अधिकार रहता था। पूरा मुनाफ़ा सम्पूर्णतः मालिक का होता था। वाणिज्यवाद (Mercantilism) के विकास के पहले पूर्वी एशिया को जानेवाले नए समुद्री मार्ग तथा अमेरिकी महादेशों की खोज के फलस्वरूप अन्तर्राष्ट्रीय व्यापार फल-फूल रहा था। मध्यकालीन गिल्ड का स्थान चार्टर कम्पनी ले चुकी थी। व्यापार के तौर-तरीक़े तेज़ी से बदल रहे थे।

वाणिज्यवाद को अति संक्षेप में इसकी तीन विशेषताओं द्वारा जाना जा सकता है—(1) आर्थिक राष्ट्रवाद, (2) पैतृकवाद (Paternalism) और (3) साम्राज्यवाद। आर्थिक राष्ट्रवाद ने आर्थिक रूप से आत्मनिर्भर राष्ट्र का मूलमंत्र चुना। नए उद्योगों की स्थापना, निर्यात में वृद्धि और आयात में कमी इनकी कार्यशैली के प्रमुख कारक तत्त्व थे। वाणिज्यवाद के समर्थकों ने सरकार को जनता के सजग अभिभावक के रूप

में काम करने को कहा। पैतृकवाद से पूँजीवाद की पूँजी उसी परिवार के पास सुरक्षित रहनी थी। राज्य की बढ़ती शक्ति और प्रतिष्ठा इन परिवारों को सुरक्षा प्रदान करती थी। पूरे यूरोप में वाणिज्य प्रसार की एक-सी सुगम स्थितियाँ नहीं थीं अत: भिन्न-भिन्न देशों में यह अपनी निजी विशिष्टताओं के साथ फैला।

वाणिज्यवाद के तीसरे प्रकार में राजनैतिक शक्तियों के विस्तार की आवश्यकता की पूर्ति की गई। नए उपनिवेशों से अपनी मनचाही शर्तों पर व्यापार करने के लिए इस साम्राज्यवाद की शक्ति का भरपूर उपयोग किया गया। पूँजी और व्यापार के विस्तार के लिए नए-नए बाज़ारों की खोज होने लगी। विदेशों में व्यापार करनेवाले व्यापारियों को आवश्यक सरकारी समर्थन और सहायता मिली। इंग्लैंड के हेनरी सप्तम ने फ्लैंडर्स की सरकार से सन् 1496 ई. में एक व्यापारिक समझौता किया जिसे 'मैगनस इंटर कर्सस' अथवा 'महान समझौता' कहा जाता है। फ्रांसीसी राजाओं ने सोलहवीं शती में तुर्की सुल्तानों के साथ अनेकों व्यापारिक सन्धियाँ कीं जिनसे पश्चिमी राष्ट्रों में फ्रांसीसी व्यापारियों को अनेकों सुविधाएँ मिलीं। अब वेनिस के सौदागरों की तुलना में फ्रांस और ब्रिटेन जैसे राष्ट्र द्वारा समर्थित व्यापारी अधिक सुविधापूर्ण स्थिति में थे। अब निर्यात बढ़ाने के लिए सरकारें वित्तीय सहायता कर रही थीं। निर्यात की लक्ष्य सामग्री के उत्पादन पर वित्तीय अनुदान या कर में छूट मिलती थी। ये सरकारें अपने देश के उत्पादकों की सहायता हेतु आयात पर भारी कर लगाती थीं जिससे उन्हें प्रतियोगिता का सामना न करना पड़े।

'रेनेसाँ' (पुनर्जन्म) से जन्मी आधुनिकता अपने साथ अर्थ लिप्सा लेकर उन सभी देशों में पहुँची जहाँ-जहाँ इसके जनक देशों ने अपने उपनिवेश बनाए। इंग्लैंड, फ्रांस, डेनमार्क जैसे देश इस दौड़ में पृथ्वी पर बहुत दूर-दूर तक पहुँचे। अपने-अपने देशों द्वारा समर्थित 'ईस्ट इंडिया कम्पनी' जैसे व्यावसायिक प्रतिष्ठान साम-दाम-दंड-भेद से सुदूर पूर्व तक अपनी राजनैतिक एवं आर्थिक शक्ति प्रसार में सफल रहे। इनकी पकड़ से परिस्थितियों के निकलते ही इंग्लैंड ने सीधे अपने हाथों में शासन ले लिया। अंग्रेज़ अंग्रेज़ी और अंग्रेज़ियत के साथ भारतीय सम्पर्क से जो परिवर्तन घटित हुए उन्हें नवजागरण कहा गया। भारतीय नवजागरण के नाम से परिचित परिघटना उन्नीसवीं शताब्दी में घटित हुई। भारतीय इतिहास में उन्नीसवीं सदी की अत्यन्त निर्णायक भूमिका रही है। आज इक्कीसवीं शताब्दी के द्वितीय दशक के मध्याह्न में इसकी पुष्टि और स्वीकृति हेतु तथ्यों और प्रमाणों की भरमार है। लगभग दो शतकों तक औपनिवेशिक शासनाधीन सामान्यत: एशियाई और अफ्रीकी देशों विशेषत: भारतवर्ष की आगामी विचारधारा की नींव मुख्यत: इसी सदी में पड़ी। भारत में आधुनिकता, विज्ञान तकनीक और पूँजी का आगमन उन्नीसवीं सदी में हुआ। इस सदी में भारतीय राजनीति, समाज और धर्म व्यवस्था में विदेशी घात-प्रतिघात की तीव्रता और उससे उत्पन्न प्रतिक्रिया की अनुगूँज अब भी सुनाई देती है। उन्नीसवीं सदी के भारत में औपनिवेशिक हस्तक्षेपों एवं उसके प्रति स्वीकार-अस्वीकार भाव से उद्बुद्ध चिन्तन और उसके व्यावहारिक प्रयोग को सामान्यत: भारतीय नवजागरण कहा जाता है।

भारतीय नवजागरण की प्रधान विशिष्टता यह मानी गई है कि मध्यकालीन अन्धविश्वास, रूढ़िवादिता और धर्म केन्द्रित सामाजिकता की संवेदना और अभिरुचि में परिवर्तन हुआ। विज्ञान के आगमन से तर्क का आग्रह बढ़ा। तर्क की स्वीकृति ने

भारतवर्ष में आधुनिकता की राह सुगम की। भारतीय समाजों के पश्चिम से नए परिचय ने उसे गति प्रदान की और उसमें संरचनागत परिवर्तन किए। चिन्तन के नए उजाले ने भारतीय समाज की बहुत-सी कुरीतियों का विनाश किया। राष्ट्रबोध से सम्पन्न नए वर्ग ने नई संस्थाओं की नींव डाली जिसे नई राजनैतिक शक्ति ने पूरा सहयोग दिया। मुद्रण यंत्र के आविष्कार और प्रसार ने बुद्धि को बढ़ावा दिया।

नए औपनिवेशिक शासन फैलने की ताल पर एक ही काल खंड में नई बुद्धि, शिक्षा और गति से लैस यह जागरण भारतवर्ष के विभिन्न प्रान्तों में घटित हुआ और सामूहिक तौर पर भारतीय नवजागरण कहलाया। इसी सदी में नई राजनैतिक और आर्थिक व्यवस्था का उदय हुआ, पुराने ढाँचे टूटे, और नए का निर्माण हुआ। भारतीय नवजागरण के लिए इस बात का उल्लेख आवश्यक है कि न तो इसका पुराना ढाँचा पूरी तरह तहस-नहस हुआ और न ही नया ढाँचा पूरी तरह निर्मित हो पाया। एक नई औपनिवेशिक राजनैतिक-आर्थिक शक्ति के सामने सर्वथा विवश दिखनेवाले भारतीय समाज ने एकदम घुटने नहीं टेके। विरोध की बहुत-सी गौण धाराएँ मिलकर एक मुख्य धारा बनाने में सफल रहीं जिसका आरम्भिक रूप सांस्कृतिक था। सांस्कृतिक प्रतिरोध के नए स्वर आत्मोन्मुखी भी थे अतः भारतीय समाज को आत्मालोचना की नई शक्ति मिली। सामान्यतः भारतीय नवजागरण और विशेषतः हिन्दी-नवजागरण के इस आत्मालोचनात्मक स्वर की या तो पूर्णतः अनदेखी की जाती है या पूर्वग्रह युक्त विश्लेषण। दोनों ही स्थिति में इसकी तटस्थ आलोचना नहीं हो पाती। नवजागरण में अत्यन्त मद्धम गति से स्त्री, जाति, धर्म, किसान, देश और अपनी पराधीनता के सम्बन्ध में उठ रहे स्वरों का विश्लेषण अधूरा रह जाता है। भारतीय नवजागरण के अन्य अंशों की तुलना में यह अपूर्ण और दुराग्रही विश्लेषण सबसे अधिक हिन्दी-नवजागरण के लिए किया गया। न जाने क्यों आरम्भ से ही बौद्धिक समाज हिन्दी में नवजागरण को मानने के लिए तैयार ही नहीं था।

भारतीय नवजागरण के विभिन्न घटकों में जिन प्रान्तों के नवजागरण को विशिष्टता प्रदान की गई उनमें हिन्दी प्रदेश (अर्थात् तत्कालीन हिन्दी भाषा-भाषी राज्यों का समुच्चय) का नाम लम्बे समय तक नहीं लिया जाता था। हिन्दी से इतर भाषाओं के विद्वानों और अंग्रेज़ी के बुद्धिजीवियों ने ही नहीं, बल्कि ख़ुद हिन्दी के विद्वानों ने भी भारतीय नवजागरण के नाम पर बस मराठी, बांग्ला और पंजाबी नवजागरण की ही चर्चा की। कुछ इतिहासकार उड़िया और गुजराती नवजागरण तक भी गए, किन्तु हिन्दी-नवजागरण का विश्लेषण तो दूर वे इसकी सम्भावना तक पर विचार करने को तैयार नहीं थे। ऐसे विद्वानों ने हिन्दी-नवजागरण को नकारने की चेष्टा की। कुछ ने इसे पूरी तरह बांग्ला नवजागरण का परिणाम बताकर (प्रमाणित कर नहीं) छुटकारा पाया, कुछ एक ने तो इसके विरुद्ध हास्यास्पद कुतर्क भी दिए। हिन्दी-नवजागरण के अस्तित्व विलोपन के ऐसे सघन प्रयासों के उपरान्त भी इसकी सत्ता अपनी जड़ों, विशिष्टताओं, निजताओं और प्रमाणों के साथ स्थापित हुई। इस काल की विपुल सामग्री के प्रकाश में आने के साथ धारणा में भी क्रमशः परिवर्तन हुआ।

भारतीय नवजागरण में अपना स्थान तलाशने के क्रम में हिन्दी के कुछ विद्वानों ने अब तक उपेक्षित हिन्दी-नवजागरण पर चर्चा आरम्भ की। इस सन्दर्भ में सबसे महत्त्वपूर्ण नाम रामविलास शर्मा का है। डॉ. रामविलास शर्मा के हिन्दी-नवजागरण एवं हिन्दी

जाति के अवधारणा सम्बन्धी सुदीर्घ-सुचिन्तित लेखन ने विद्वानों और शोधकर्ताओं को इस ओर प्रेरित किया। उनके इन प्रयासों को दोनों ओर से पूरा सहयोग मिला—समर्थन का भी विरोध का भी।

डॉ. रामविलास शर्मा से पहले हिन्दी-नवजागरण की अवधारणा पर कोई बातचीत ही नहीं थी। रामविलास शर्मा ने अपने अनथक प्रयास से उन्नीसवीं सदी के उपलब्ध साहित्य को विश्लेषित किया। वे उन गिने-चुने विद्वानों में से थे जिन्होंने सन् सत्तावन के प्रथम स्वाधीनता संग्राम को कभी बलवा, विद्रोह, म्यूटिनी नहीं कहा। हिन्दी-नवजागरण के सम्बन्ध में रामविलास शर्मा के स्पष्ट विचारों, ठोस सामग्री और अकाट्य तर्कों ने इसका उपहास उड़ानेवालों की उग्रता का शमन किया। रामविलास शर्मा ने अपने तीस-चालीस वर्षों के अथक एवं सुनिर्दिष्ट परिश्रम से दृष्टि से ओझल कर दिया गया हिन्दी-नवजागरण सामने रखा। रामविलास शर्मा के अतुलनीय कार्य के बाद कई शोधार्थियों ने इस दिशा में काम किया जिसके परिश्रमस्वरूप उन्नीसवीं सदी की विपुल सामग्री सामने आई। रामविलास शर्मा द्वारा हिन्दी-नवजागरण की अवधारणा की स्थापना ने इन शोधार्थियों की राह सुगम की। हिन्दी-नवजागरण पर रामविलास शर्मा का विशद चिन्तन अप्रतिम है।

उन्नीसवीं शताब्दी में घटित हिन्दी-नवजागरण पर विस्तृत चर्चा से पहले भारतवर्ष में औपनिवेशिक आधिपत्य के प्रसार की संक्षिप्त चर्चा अनुपयुक्त न होगी।

मुग़ल कालीन भारत

भारत में अंग्रेज़ों के आगमन के समय यहाँ के विस्तृत भू-भाग पर मुग़लों का शासन था। उन्नीसवीं सदी में नई राजनैतिक और आर्थिक व्यवस्था का उदय मुग़ल साम्राज्य के पतन और ब्रिटिश साम्राज्य की स्थापना के बीच हुआ। इतिहासकारों में इस बात पर कम ही विवाद है। विशाल मुग़ल साम्राज्य का पतन औरंगज़ेब के शासनकाल से ही आरम्भ हो गया था। सन् 1707 में उसकी मृत्यु के पश्चात् इस प्रभुता सम्पन्न साम्राज्य की गिरती साख को सँभालनेवाला कोई उत्तराधिकारी नहीं मिला। शक्तिशाली मुग़लों की सत्ता अन्दरूनी ईर्ष्या, कलह और विद्रोहों से निर्बल होने लगी। बाह्य आक्रमणों की कमी पहले भी कभी नहीं रही थी। शिवाजी के औरंगज़ेब को ललकारने के बाद भी मराठों ने लूटपाट बन्द नहीं की थी। 1738 ई. में एक ओर मराठे दिल्ली के निकटवर्ती क्षेत्रों को लूट रहे थे तो दूसरी ओर सन् 1738-39 में ही नादिरशाह ने दिल्ली पर आक्रमण किया। यद्यपि 1748 ई. में दिल्ली पर प्रथम अफ़ग़ानी आक्रमण असफल रहा, किन्तु अहमद शाह अब्दाली ने 1756-57 में पंजाब हस्तगत कर लिया और दिल्ली को जी भरकर लूटा। इधर सन् 1757 में नवाब सिराजुद्दौला अंग्रेज़ों से प्लासी की लड़ाई में हार गए। दिल्ली में शक्तिहीनता की यह अवस्था थी कि सन् 1761 की पानीपत की तीसरी लड़ाई में मुग़लों और मराठों की संयुक्त सेना अहमद शाह अब्दाली से हार गई। अपनी सेना के विद्रोह के कारण अहमद शाह अब्दाली अफ़ग़ानिस्तान लौट गया अन्यथा दिल्ली की राजगद्दी का इतिहास दूसरा ही होता।

सन् 1612 में जेम्स प्रथम द्वारा मुग़ल बादशाह नूरुद्दीन सलीम जहाँगीर (1605-1627) के दरबार में भेजे गए। सर थॉमस रो ने कम्पनी के व्यापारिक अधिकार प्राप्त

किए। इसके अन्तर्गत अंग्रेज़ों ने सूरत आदि स्थानों पर अपनी व्यापारिक कोठियाँ बनाईं। अंग्रेज़ों ने सन् 1757 ई. के प्लासी युद्ध में बंगाल के नवाब सिराजुद्दौला को पराजित कर भारतवर्ष में शासक के रूप में पहले-पहल पाँव जमाए। बंगाल में टिकने के बाद अंग्रज़ों ने फ्रांसीसी, पुर्तगाली तथा डच औपनिवेशिक शक्तियों को इस देश में निरस्त किया। सन् 1764 ई. में अंग्रेज़ों ने मुग़ल सम्राट शाहआलम को बक्सर युद्ध में पराजित कर तब के बंगाल, बिहार और उड़ीसा की दीवानी ली। अंग्रेज़ों ने अवध पर कब्ज़ा नहीं लिया। उनकी कूटनीतिक समझ ने अवध को मराठों तथा अन्य आक्रमणकारियों के लिए छोड़ दिया। इसके साथ ही अंग्रेज़ों के सामने वह कठिन प्रश्न खड़ा था कि अगर वे मुग़लों के सम्पूर्ण प्रभुत्व को नकारते तो मुग़लों द्वारा प्रदत्त उस दीवानी का कोई महत्त्व नहीं रह जाता। इधर मराठे और सिक्ख अभी भी एक शक्ति के रूप में विद्यमान थे। सत्रह वर्षों बाद एक अंग्रेज़ एजेंट को लिखे अपने पत्र में क्लाइव ने कहा—"I take the Shah's authority to be of as much importance as on Act of Parliament in England if supported by as strong a force." (Major Browne, Memorandum on the Affairs of Delhi, India Office Home Miscellaneous Series, Vol. I, Teen Murti Library, New Delhi, p. 336) अगर क्लाइव मुग़ल सत्ता को उसके साम्राज्य में बनाए रखने में असफल होता तो यह बंगाल पर भी लागू होता। क्लाइव ने मुग़लों को कोटा और इलाहाबाद छब्बीस लाख रुपये में सौंप दिए और बदले में बंगाल की दीवानी ले ली। अवध को अपने पास रखने के लिए नवाब शुजाउद्दौला ने अंग्रेज़ों को पचास लाख रुपये दिए, साथ ही अंग्रेज़ों से एक रक्षा सन्धि की जिसमें सेना के ख़र्च का भार अवध के नवाब पर था और सेना का नियंत्रण और दायित्व अंग्रेज़ों के पास था। शुजाउद्दौला को यह सन्धि मराठों को ध्यान में रखते हुए अधिक सुगम जान पड़ी। उसे यह समझ नहीं आया कि उसके सन्धिकर्ता उसे दिखाई दे रहे शत्रुओं से अधिक ख़तरनाक हैं। बाद के दिनों में इसी सन्धि के मसौदे के आधार पर वेलेजली ने कम्पनी का वह मकड़जाल तैयार किया जिसमें उसने एक के बाद एक भारतीय रियासतें फँसाईं, सन् 1803 ई. तक अंग्रेज़ असी और लासवारी के युद्धों में मराठों को ध्वंस कर चुके थे। औपनिवेशिक शासन ने 1849 ई. में सिक्खों के पतन के बाद 1856 ई. तक के अवध पर क़ब्ज़ा कर लिया। इस बीच धीरे-धीरे वे कई देशी रियासतें हड़प चुके थे। यह 'हड़पना' सन् 1857 ई. के प्रथम स्वतंत्रता संग्राम का एक प्रमुख कारण था। सन् सत्तावन के बाद भारतवर्ष का अधिकार ईस्ट इंडिया कम्पनी से सीधे ब्रिटिश सरकार के पास पहुँचा।

प्रसंगवश उल्लेखनीय है कि ईस्ट इंडिया कम्पनी की स्थापना 31 दिसम्बर, 1600 ई. में हुई थी। जॉन वाट्स और जॉर्ज व्हाइट द्वारा स्थापित यह कम्पनी 1 जून, 1874 तक कार्यरत रही। इसका मुख्य कार्यालय लन्दन था और विश्व का लगभग आधा व्यापार इसके हाथ में था। ईस्ट इंडिया कम्पनी ने अपने स्थापना काल से ही व्यापार के साथ राजनीति में भी सक्रियता रखी। इस स्थान पर मुग़लों की केन्द्रीकृत शासन-व्यवस्था के प्रशासनिक ढाँचे पर संक्षिप्त दृष्टिपात समीचीन होगा। मुग़ल प्रशासनिक ढाँचे के शीर्ष पर बादशाह होता था। चूँकि मुग़ल शासन सैन्य बल पर आधारित था अतः सैन्य संगठन साम्राज्य का प्रमुख कारक था। मुग़ल बादशाह अकबर ने इस सैन्य कुलीन को

मनसबदारी व्यवस्था में संगठित किया था। ये मनसबदार सीधे बादशाह के प्रति जवाबदेह होते थे क्योंकि इनकी नियुक्ति, पदोन्नति, जागीरों का आवंटन और हस्तान्तरण या जागीर से मनसबदार का निष्कासन—सब कुछ बादशाह द्वारा होता था। मनसबदार बादशाह के प्रति निजी तौर पर वफादार या शत्रु होते थे। मुग़ल साम्राज्य के पतन का एक बड़ा कारण इन कुलीनों में बादशाह के प्रति निष्ठा का अभाव था। अठारहवीं सदी के अन्य सुयोग्य शासकों में निजामुल मुल्क, अबुल ख़ाँ, सआदत ख़ाँ, जकरिया ख़ाँ, मुर्शिदकुली ख़ाँ और सवाईजी जैसे योग्य शासकों का नाम लिया जा सकता है। मजे की बात यह है कि मुसलमानों को एक ही समूह माननेवालों ने बिना इसे समझे ही बाद के हिन्दुस्तान को 'हिन्दू' और 'मुसलमान' दो अति स्पष्ट समुदायों में बाँटकर ऐतिहासिक विश्लेषण किए, यही कारण है कि वे सन् 1857 के प्रथम स्वाधीनता संग्राम की साझी विरासत का सही ढंग से विश्लेषण नहीं कर पाए। धार्मिक और मज़हबी आस्था और अक़ीदे में एकदम भिन्न होते हुए भी इनकी राजनैतिक विरासत एक सी थी। वास्तव में मुग़ल काल में "मनसबदार पद की नियुक्ति जैसी बातों के लिए निर्णायक तत्त्व वंश या जातीय पृष्ठभूमि होती थी। मुग़ल कुलीनों का एक बहुत बड़ा हिस्सा बाह्य लोगों का था, जो मध्य एशिया के विभिन्न भागों से आए थे, लेकिन धीरे-धीरे उनका भारतीयकरण होता गया, हालाँकि यह भारतीयकरण साम्राज्य की किसी सुसंगत नीति के बिना ही हुआ। इसलिए कुलीन वर्ग विभिन्न जातीय-धार्मिक समूहों में विभाजित रहा और उनमें तूरानी और ईरानी समूह सबसे महत्त्वपूर्ण थे। जो लोग मध्य एशिया के तुर्की भाषी क्षेत्रों से आए थे, वे तूरानी कहलाए जबकि वर्तमान ईरान, अफ़ग़ानिस्तान और इराक के फ़ारसी क्षेत्रों से आनेवालों को ईरानी कहा जाता था। तूरानी सुन्नी और ईरानी शिया मुसलमान थे और इस कारण उनकी आपसी शत्रुता और जलन को एक धार्मिक रंग मिल गया। यद्यपि मुग़लों का सम्बन्ध एक तूरानी नस्ल से था, पर उन्होंने तूरानियों के प्रति कोई निजी कृपा दृष्टि नहीं दिखाई। कुलीनों में दूसरे समूह अफ़ग़ान, शेखज़ादे या भारतीय मुसलमान और हिन्दू थे। हिन्दुओं में मुख्यतः राजपूत और मराठे थे जिनको साम्राज्य की विविध राजनैतिक आवश्यकताओं के कारण कुलीनवर्ग में शामिल किया गया था।" (Mughal Nobility under Aaurangzeb, Athar Ali, Asia publishing house, Bombay, 1966, p. 175) इस प्रकार मुग़ल कालीन कुलीन वर्ग केवल 'मुसलमानों' का नहीं था।

इसके साथ ही औरंगज़ेब द्वारा जीते गए दकनी राज्य बीजापुर और गोलकुंडा के राज्य सेवा में लिप्त कुलीनों को भी कुलीन वर्ग में सम्मिलित कर लिया गया। ये दकनी समूह कहलाए। इन सभी कुलीनों की आपसी प्रतिस्पर्धा का मूल कारण उनके बीच की आर्थिक असमानता थी। इतिहासकार सतीशचन्द्र ने इसे 'जागीरदारी संकट' कहा है। उनके अनुसार प्रशासन का ख़र्च इतना अधिक था कि उसे उठाने के बाद युद्ध का ख़र्च और जागीरदार-मनसबदार के जीवन स्तर को बनाए रखने के लिए आवश्यक आर्थिक संसाधन उपलब्ध नहीं थे। जिस ठाट-बाट से इनका रसूख बढ़ता था वह बड़ा खर्चीला था। अपनी शानो-शौकत बनाए रखने के लिए अर्थ की आवश्यकता थी, जो बादशाह से मिलता था। मुग़ल दरबार षड्यंत्रों का अड्डा बन गया था। प्रत्येक दल का लक्ष्य बादशाह का सान्निध्य प्राप्त कर अधिकाधिक आर्थिक संसाधन प्राप्त करना था। असन्तुष्ट दलों की बादशाह के प्रति वफ़ादारी ख़त्म होती गई। सेना में बेतहाशा

भ्रष्टाचार बढ़ा। अब मनसबदारों ने अपेक्षित संख्या में सिपाही और घोड़े रखना कम कर दिए जिससे स्वाभाविकत: सैन्य बल दुर्बल हुआ। "सत्रहवीं सदी के अन्तिम तथा अठारहवीं सदी के प्रारम्भिक वर्षों में बार-बार होनेवाले किसान विद्रोहों को भी मुग़ल साम्राज्य के पतन का एक प्रमुख कारण माना जाता है। शासक कुलीनवर्ग के संकट का इससे कुछ सम्बन्ध रहा होगा, यह भी सम्भव नहीं है। ऊपर से आरोपित एक साम्राज्य को और उस पर धीरे-धीरे बढ़ रहे आर्थिक दबावों को सम्भवत: ग्रामीण समाज ने पूरी तरह स्वीकार नहीं किया था और एक केन्द्रीय सत्ता के विरुद्ध क्षेत्रीय भावनाएँ तो थी हीं। इस कारण मुग़ल साम्राज्य की स्थापना के आरम्भ से ही किसानों का असन्तोष उसके इतिहास का एक स्थायी तत्त्व बना रहा। अठारहवीं सदी में जब केन्द्रीय सत्ता की कमजोरियाँ स्पष्ट हो गईं और मुग़ल सेना को बार-बार मात खानी पड़ी और साथ ही साथ जब मुग़ल शासक वर्ग का दमन बढ़ता गया, तब शाही सत्ता का प्रतिरोध व्यापक भी बना और अधिक दृढ़संकल्प भी। अधिकांश मामलों में इन विद्रोहों का नेतृत्व असन्तुष्ट स्थानीय ज़मींदारों ने किया और दमन से पीड़ित किसानों ने उनका पूरा-पूरा साथ दिया।" (प्लासी से विभाजन तक आधुनिक भारत का इतिहास, शेखर बंद्योपाध्याय, ओरिएंट ब्लैक स्वान, हैदराबाद-2006, पृ. 6)

यहाँ पर उन इतिहासकारों को ध्यान देना चाहिए जो सन् सत्तावन के प्रथम स्वाधीनता संग्राम से किसानों का जोड़ नहीं देख पाते और इसे कुछ देशी रजवाड़ों का असन्तोष बताकर 'बलवा' या 'सिपाही विद्रोह' कहते हैं। ऐसे इतिहासकार देशी रियासतों के राजाओं, सामन्तों, जागीरदारों और किसानों के आपसी सम्बन्धों को समझ पाने में असमर्थ हैं। शेखर बंद्योपाध्याय इसे क्षेत्रीय और सामुदायिक पहचान से जोड़कर देखते हैं। औरंगज़ेब की साम्प्रदायिक नीतियों को उत्तरदायी मानते हुए भी इसे मुख्य कारण नहीं मानते क्योंकि आगे चलकर वह साम्राज्य की आवश्यकतानुसार "विधर्मियों (हिन्दुओं) के प्रति अधिक उदारता दिखाने लगा था। वास्तव में वह ठंडे दिमाग़ से सोच-विचार कर अनेक स्थानीय हिन्दू सरदारों को अपनी ओर मिलाने लगा था जिनसे उनकी वफ़ादारी पा सके और अपने शत्रुओं को अलग-थलग करके साम्राज्य की राजनीतिक समस्याओं को हल कर सके।" (वही, पृ. 67) इस प्रकार के इतिहासकारों की यह असमर्थता अकारण नहीं है। इनके विश्लेषण के उपकरण पश्चिमी थे। पूर्व का विश्लेषण पश्चिम के उपकरणों और उसकी दृष्टि से किए जाने पर सम्यकता की आशा नहीं की जानी चाहिए। ऐसे इतिहासकारों की आलोचना करते हुए प्रसिद्ध इतिहासकार सुशोभन सरकार ने बांग्ला नवजागरण की विफलता के जिन तीन कारणों की ओर संकेत किया है : उसमें पहला कारण शिक्षित तबके द्वारा विदेशी ब्रितानी शासकों के शोषक चरित्र को न समझ पाना था। ऐसा केवल उन्नीसवीं ही नहीं बीसवीं सदी में भी हुआ। हमारे इतिहासकारों ने औपनिवेशिक शासक के शोषक चरित्र के प्रति अपनी दृष्टि उसी नासमझी के साथ आगे भी संचालित की। विदेशी मानदंड, विदेशी उपकरण, विदेशी दृष्टिकोण से देशी परिस्थितियाँ, देशी समझदारी-नासमझी, देशी व्यवस्था सही परिप्रेक्ष्य में विश्लेषित हो सकने में पर्याप्त सन्देह रह जाता है। इसे विशेषकर धर्म, किसानों-मज़दूरों की स्थिति, राष्ट्रवाद, जाति और स्त्री के सन्दर्भ में देखा जाना चाहिए। भारत में औपनिवेशिक शासकों के उदार और प्रगतिशील रूप की लगातार वकालत करनेवाले

यदि उनके देशों में इन सन्दर्भों में उपजी भूमि पर तनिक दृष्टिपात कर लेते तो भारतीय इतिहास-लेखन का स्वरूप भिन्न होता।

भारतीय सामाजिक ढाँचे में जाति व्यवस्था एक अटल सचाई रही है। उसका सर्वाधिक दुखद पक्ष यह रहा कि तथाकथित निम्न जातियाँ आर्थिक रूप से अधिकांशतः निम्नवर्ग से सम्बद्ध थीं। विदेशी शासक की लूट ने इन्हीं लोगों को सर्वाधिक त्रस्त किया। जिस मध्यवर्ग की चर्चा की गई है वह इसी वर्ग के सर्वनाश से अधिक क्षुब्ध था। औपनिवेशिक शासकों की दिनोंदिन बढ़ती लूट ने साधारण जनता को नेस्तनाबूद कर दिया। इस पर भी उनका प्रचार-तंत्र जिसमें उन्होंने मध्यवर्ग के एक हिस्से को मिला लिया था, उन्हें उदार और मानवीय रूप में चित्रित कर रहा था। उन्नीसवीं सदी के हिन्दी-नवजागरण की एक अन्यतम विशिष्टता यह है कि वह अपने युग के सत्य से न केवल भलीभाँति परिचित था बल्कि उसके उद्घाटन में सक्रिय भी था। उसका हृदय देशी था। धार्मिक स्तर पर भी जिसे देश की चिन्ता थी। जैसे राजनैतिक केन्द्रीयता के स्तर पर हिन्दू-मुसलमान की पहचान मिली-जुली बन गई थी, वैसे ही सामाजिक आचार-विचार में एक-दूसरे से परे रहते हुए भी उच्च जाति और मध्यवर्ग के शिक्षित लोग देश की निर्धन जनता की अवस्था से पीड़ित थे। अंग्रेज़ों की लूट से हर वर्ग, हर जाति का व्यक्ति दुष्प्रभावित था, इस पर हिन्दी बौद्धिकों ने विपुल साहित्य की रचना की।

ब्रितानी लोभ और लूट

उन्नीसवीं सदी के हिन्दी साहित्य में औपनिवेशिक भारत को अंग्रेज़ों द्वारा तथाकथित रूप से उन्नत किए जाने का पर्दाफ़ाश बार-बार मिलता है—भारतेन्दु ने 9 मार्च, 1874 ई. के कविवचनसुधा में लिखा—"सरकारी पक्ष का कहना है कि हिन्दुस्तान में पहले सब लोग लड़ते-भिड़ते थे और आपस में गमनागमन न हो सकता था, यह सब सरकार की कृपा से हुआ। हिन्दुस्तानियों का कहना है कि उद्योग और व्यापार बाक़ी न रहा। रेल आदि से भी द्रव्य के बढ़ने की आशा नहीं है। रेलवे कम्पनी वाले ने जो द्रव्य व्यय किया है उसका ब्याज सरकार को देना पड़ता है और उसे लेनेवाले बहुधा विलायत के लोग हैं। कुल मिलाकर छब्बीस करोड़ रुपया बाहर जाता है।" (कविवचनसुधा, बनारस, 9 मार्च, 1874) उपरोक्त कथन सन् 1874 ई. का है अर्थात् सन् सत्तावन के प्रथम स्वाधीनता संग्राम के सत्रह वर्षों बाद और स्वाधीनता प्राप्ति से तिहत्तर वर्ष पहले। अंग्रेज़ों द्वारा भारत के आर्थिक दोहन का हिन्दी बौद्धिकों ने खुलकर विरोध किया और वर्नाक्यूलर प्रेस एक्ट के आतंक के साये में किया। इनकी अर्थनीति सम्बन्धी समझ स्पष्ट और व्यावहारिक थी। भारतेन्दु के उसी लेख से स्पष्ट होता है कि जो "भारतवर्ष को अंग्रेज़ों ने समृद्ध किया"—इस धारणा पर आँख मूँदकर विश्वास करते हैं, उन्हें अंग्रेजी राज में कारीगरों और किसानों की दुर्दशा देखनी चाहिए—"कपड़ा बनानेवाले, सूत निकालनेवाले, खेती करनेवाले आदि सब भीख माँगते हैं, खेती करनेवालों की यह दशा है कि लँगोटी लगाकर हाथ में तूम्बा ले भीख माँगते हैं और जो निरुद्यम हैं उनको तो अन्न की भ्रान्ति है।" (वही)

भारत में अकालों और महामारियों का मुख्य कारण अंग्रेज़ों का कुशासन और भयंकर लोभ है—"अब तो प्रतिवर्ष कहीं-न-कहीं दुष्काल पड़ा ही रहता है मुख्य करके अंग्रेज़ी राज में इसका घर है और बहुधा सुनने में आया है कि विसूचिका का रोग

जो अब सम्पूर्ण भारतखंड में छा रहा है अंग्रेज़ों के राज के आरम्भ से इसका प्रारम्भ हुआ है।" सामान्य से सामान्य अंग्रेज़ किस प्रकार इस देश का दोहन करता है इसका प्रमाण है—"जब अंग्रेज़ विलायत से आते हैं प्रायः कैसे दरिद्र होते हैं और हिन्दुस्तान से अपने विलायत को जाते हैं तब कुबेर बन जाते हैं।" (वही) भीख माँग रहा किसान और अकाल-रोग से मरनेवाले साधारण जन सभी जातियों के लोग थे। भारतेन्दु की यह चिन्ता जातीय चिन्ता है। अपने युग के प्रति सचेत और सक्रिय, सबसे पहले स्वदेशी का शपथ-पत्र छापनेवाले भारतेन्दु से आज के अति प्रगतिवादी और रूढ़िवादी दोनों ही तरह के विद्वान देशभक्ति की शिक्षा ले सकते हैं। कहाँ इन विद्वानों की दृष्टि में अंग्रेज़ी राज की प्रगतिशील भूमिका और कहाँ भारतेन्दु की यह चुनौती—"भाइयो! अब तो सन्नद्ध हो जाओ और ताल ठोंक के इनके सामने खड़े हो जाओ। देखो भारतवर्ष का धन जिससे बाहर जाने न पावे वह उपाय करो।" (वही)

अंग्रेज़ों ने अपना व्यापार बढ़ाने के लिए मनमाने क़ानून बनाए जो क्रूरतापूर्वक लागू किए गए। सन् 1816 ई. तक केवल ईस्ट इंडिया कम्पनी ही आयात-निर्यात में संलग्न थी, किन्तु इसके बाद इंग्लैंड के सभी व्यापारियों को भारत में व्यापार करने का अधिकार मिल गया। भारतीय बाज़ार विलायती सामानों से पट गए। सन् 1821 में कुल 6.50 करोड़ रुपये का विलायती माल भारत आया। अंग्रेज़ व्यापारियों ने देशी कारीगरों को बलपूर्वक अपनी कोठियों पर काम में लगाया। इसके पहले तक भारत कपड़ों का एक बड़ा निर्यातक था। अब उसका वस्त्र उद्योग नष्ट कर उसे विदेशी वस्त्रों से भर दिया गया। कार्ल मार्क्स ने इस सम्बन्ध में लिखा—"सन् 1794 में जिस भारत में 156 पौंड से अधिक विलायती सूती कपड़ा नहीं आया था, वहीं सन् 1809 में 1 लाख 18 हज़ार 4 सौ पौंड से भी अधिक मूल्य का कपड़ा ठूँसा गया। सोचने की बात है कि आज कितने ही भारत के सपूत ऐसे हैं जो देशी खद्दर के लिए यह कहा करते हैं कि इतना मोटा कपड़ा कैसे पहना जाएगा, यह तो बदन में गड़ता है, किन्तु उस समय जब मोटा कपड़ा पहनने के लिए लोग क़ानूनन बाध्य किए गए थे, तब देशी को कौन कहे विलायत का बना हुआ मोटे से मोटा कपड़ा उन्हें पहनना पड़ा था।" यदि कोई यह कहे कि विलायती कपड़ा कभी भी मोटा नहीं बनता था, तो उसके लिए स्पष्ट प्रमाण भी दे दिया जाता है। इंडिया ऑफ़िस के काग़ज़ात की रिपोर्ट में लिखा है कि "सन् 1785 में नाटिंघम (विलायत) में कपड़े का कारख़ाना खुला। कहीं दो वर्ष बाद ढाके की मलमल की नकल पर पाँच लाख थान मोटे और खुरदरे कपड़े के तैयार हुए। अस्तु, भारत में विलायती माल की वृद्धि दिन-दूनी रात-चौगुनी होने लगी और विलायत तथा अन्यान्य देशों में भारतीय माल की खपत दिन पर दिन घटने लगी। विलायत में भारतीय रुई सन् 1818 में 127124 गाँठ गई थी, पर केवल दस वर्ष में ही घटकर सन् 1828 में सिर्फ़ 4105 गाँठ हो गई।" (देश की बात, देवनारायण द्विवेदी, सम्पा. मैनेजर पांडेय, स्वराज प्रकाशन, नई दिल्ली, 2012, पृ. 48-49)

दादाभाई नौरोजी भारतीयों की उस आवाज़ को इंग्लैंड उठाने गए थे जो यहाँ पर एक जैसी चिन्ता से उत्पन्न हुई थी। देश हित की रक्षा। इसी तरह सखाराम गणेश देउस्कर का उल्लेख किया जाना चाहिए। सखाराम गणेश देउस्कर एक मराठी भाषी विद्वान थे जिनके पूर्वज आज के झारखंड के देवघर के पास करौं नामक ग्राम में आकर बस गए थे। यह अठारहवीं शताब्दी में मराठा शक्ति के विस्तार काल की घटना थी। इसी ग्राम में

17 सितम्बर, 1869 को जन्मे सखाराम गणेश देउस्कर ने बांग्ला भाषा में 'देशेर कॉथा' नामक पुस्तक लिखी। कलकत्ते के 'हितवादी' अख़बार में देवघर के हार्ड नामक अंग्रेज़ मजिस्ट्रेट के विरुद्ध लिखने के बाद धमकियाँ मिलने पर देउस्कर ने देवघर के आर. मित्र स्कूल से अध्यापक की नौकरी छोड़ दी थी। उन्होंने इसी स्कूल से मैट्रिक की परीक्षा उत्तीर्ण की थी। पहले-पहल उन्होंने कलकत्ते के 'हितवादी अख़बार' में प्रूफरीडर की नौकरी की, फिर इसी अख़बार के सम्पादक बने।

सखाराम गणेश देउस्कर की बांग्ला पुस्तक 'देशेर कॉथा' 1904 ई. में छपी। इसका प्रथम हिन्दी अनुवाद माधव प्रसाद मिश्र ने करना आरम्भ किया था जिसे—श्री वेंकटेश्वर समाचार पत्रिका के सम्पादक अमृतलाल चक्रवर्ती ने 1908 में पूरा कर बम्बई से प्रकाशित किया था। इसकी भूमिका माधव प्रसाद मिश्र ने लिखी थी। सन् 1905 ई. के बंग-भंग आन्दोलन के समय बंगाल में यह पुस्तक अभूतपूर्व रूप से लोकप्रिय हुई। "बरीसाल वीर स्वदेश हितैषी बाबू अश्विनी कुमार दत्त ने अपनी कालीघाट वाली वक्तृता में कहा था कि इतने दिनों तक सरस्वती की आराधना करने पर भी बंगालियों को मातृभाषा में वैसा उपयोगी ग्रंथ लिखना न आया जैसा एक परिणामदर्शी महाराष्ट्र के युवा ने लिख दिखाया। बंगालियो इस ग्रंथ को पढ़ो और अपने देश की अवस्था और निज कर्तव्य पर विचार करो।" (देश की बात, सखाराम गणेश देउस्कर, अनु. बाबूराव पराड़कर, भूमिका एवं पुनर्प्रस्तुति मैनेजर पांडेय, नेशनल बुक ट्रस्ट, इंडिया, नई दिल्ली, 2005, पृ. 7) सन् 1908 ई. में देश की बात के मुखबंध में माधव प्रसाद मिश्र का उपरोक्त उद्धरण 28 दिसम्बर, 1910 में अंग्रेज़ सरकार द्वारा इस पुस्तक को प्रतिबन्धित करने पर इसकी सफलता का पर्याय बन गया। उन्नीसवीं सदी के जिस बांग्ला नवजागरण की असाधारणता की चर्चा होती है उस पर सभी विद्वान एकमत नहीं है। इतिहासकार सुशोभन सरकार का इस सन्दर्भ में नाम लिया जा सकता है। माधव प्रसाद मिश्र भी इसी धारणा से सहमत हैं। 1908 ई. में देश की बात के मुखबंध में उन्होंने लिखा—"जिस समय यह पुस्तक बांग्ला में लिखी गई थी उस समय बंगाल के टुकड़े नहीं हुए थे, स्वदेशी आन्दोलन का विचार भी लोगों के जी में नहीं आया था। लॉर्ड कर्जन के कुचक्रपूर्ण शासन से लोग शंकित हो चुके थे, पर उनकी मोहमयी निद्रा तब तक भी टूटने नहीं पाई थी। बंगाल के शिक्षित लोग आमोद-प्रमोद में लग रहे थे और कितने ही सौन्दर्योपासक 'मूकाभिनय' का अपूर्व कौतुक कर कृत्रिम रमणीयता का बाज़ार खोल रहे थे। उपन्यास और नाटकों में शृंगार रस की प्रधानता हो रही थी और बंगाल के बहुत से बड़े आदमियों का समय उसी के आकलन में पूरा हो रहा था। यह किसी को ध्यान भी न था कि उनके देश की कैसी सोच्य दशा हो रही है और आगे कैसा परिवर्तन होनेवाला है।" (देश की बात, माधव प्रसाद मिश्र, बम्बई, 1908, पृ. 5)

1910 में देउस्कर की पुस्तक पर जब सरकारी प्रतिबन्ध लगा तब वे कलकत्ता में राष्ट्रीय शिक्षा परिषद के विद्यालय में बांग्ला भाषा तथा भारतीय इतिहास पढ़ा रहे थे। पुस्तक के प्रतिबन्धित होने पर राष्ट्रीय शिक्षा परिषद के प्रबन्धकों की आँखों में वे खटकने लगे। अतः सखाराम गणेश देउस्कर ने यहाँ भी शिक्षक पद से त्यागपत्र दे दिया। देउस्कर के पुस्तक के प्रतिबन्धित होने का मुख्य कारण इस पुस्तक के अनुक्रम से ही स्पष्ट हो जाता है। पुस्तक का अनुक्रम इस प्रकार विभाजित है कि तत्कालीन

औपनिवेशिक ब्रितानी सरकार की शोषक आर्थिक नीतियों को परत-दर-परत स्पष्टता से समझा जा सके—

“हमारा देश
अंग्रेज़ी शासन के गुण और दोष
देश की अवस्था
मानसिक अवनति
थ्याकरे की सर्व-घातिनी नीति, उच्चपद पर भारतवासी, अंग्रेज़ों की संगत के गुणदोष, बंग-भंग का नैतिक कुफल, मानसिक अवनति के अन्यान्य कारण, जातीय निन्दा
किसानों का सर्वनाश
काशी, अवध, स्थायी बन्दोबस्त, बंगाल में रोड-केस, दुर्भिक्ष निवारक कोश, मि. थारवर्ण का मन्तव्य, सरकारी रिपोर्ट का रहस्य
रेल और नहर
वाणिज्य-विस्तार से हानि, नहर से लाभ, मिस्र देश की जल प्रणाली, नाव बनाने की कारीगरी
कारीगरों का सर्वनाश
देशी कारीगरी का नाश
स्वदेशी आन्दोलन
आय और व्यय
सरकारी (सार्वजनिक) ऋण, भारतीय राजस्व का वर्णन, कृषि विभाग में सरकारी ख़र्च, शिक्षा विभाग का ख़र्च, होम चार्ज, सेना-विभाग का अपव्यय, “वेतांग पोषण
पादरियों की युक्ति
मि. डोनाल्ड स्मीटन की सारगर्भ उक्ति
प्रतिकार का उपाय
स्वराज्य प्रतिष्ठा
सम्मोहन : चित्त-विजय
बट्टे से हानि
बंग-विभाग
सरकारी सिद्धान्त, 4.5 करोड़ बंगालियों की प्रार्थना निष्फल हुई, भाई-भाई, ठाईं-ठाईं, विभाग का परिणाम, राजपुरुषों की कुटिलता, मुसलमानों की हानि, प्रजा का प्रतिवाद, बंगालियों का कर्तव्य, स्वदेशी का फल, हिन्दू और मुसलमान
परिशिष्ट
सन् 1901 की आदम शुमारी
भारत के कारीगर, भारत में दरिद्रता, “वेतांग-चरित्र, देशी नरेश, स्वतंत्र हिन्दू राज्य का नेपाल, रेसिडेंटों का व्यवहार, ब्रिटिश भारत में आनेवाले विदेशी माल की तालिका।” (वही, 5-6)

ध्यानपूर्वक देखे जाने पर इस पुस्तक के सभी अध्याय और उसके अन्तर्गत उपशीर्षक अंग्रेज़ों द्वारा इस देश के निर्मम दोहन की प्रामाणिक तस्वीर सामने रखते हैं। अपनी पुस्तक 'देश की बात' लिखने के लिए उन्होंने दादा भाई नौरोजी, विलियम डिग्वी, सी.आई.ई. एवं रमेशचन्द्र की पुस्तकों की सहायता ली तथा प्रत्येक अंग्रेज़ी जाननेवाले भारतीय को इन पुस्तकों को पढ़ने के लिए कहा। अंग्रेज़ी राज को भारत के लिए वरदान माननेवालों के लिए वे अंग्रेज़ी शासन के गुणों और दोषों का विवेचन करते हुए 'देश की अवस्था' अध्याय में लिखते हैं—"अंग्रेज़ों के इस देश में पधारने के बाद से ही भारतवासियों को एक नए युद्ध का परिचय मिलने लग गया है। इस युद्ध में वे अपना धन-बल खो बैठे हैं। पाठक समझ गए होंगे कि हम 'वाणिज्य युद्ध' की बात कह रहे हैं। बनियों के राजा अंग्रेज़ों के साथ वाणिज्य-युद्ध कर हमें कहाँ तक विपदा में फँसना पड़ा है, वह बहुतों को मालूम है। एक सौ वर्ष पहले जो भारतवर्ष सब प्रकार की कारीगरी का जन्म-स्थान था, जहाँ की शिल्प-जात वस्तुओं से भरे हुए एशिया और यूरोप के बाज़ार विदेशियों के मन में आश्चर्य और ईर्ष्या उत्पन्न करते थे, उसी भारत के अधिवासियों को आज सामान्य सूई-डोरे से लेकर बड़े-बड़े कल-कारख़ानों की सामग्री के लिए, जीवन-रक्षा और समाज के लिए आवश्यक सब पदार्थों के लिए अति दीन भाव से पराए मुँह की ओर ताकना पड़ता है। आज यहाँ अंग्रेज़ों का राज्य जम गया है। भारतवर्ष का बाहुबल और शस्त्र बल नाश होने के कारण यहाँ शान्ति विराजने लगी है, सुतरां अंग्रेज़ों का बाहु-युद्ध भी बन्द हो गया है। पर उनका वाणिज्य-युद्ध अब तक बन्द नहीं हुआ है। नहीं कह सकते कभी होगा या नहीं। रेल, तार, जहाज़ और बिना लगाम की वाणिज्य-नीति (Free Trade) यही इस लड़ाई के प्रधान शस्त्र हैं। प्रबल राजशक्ति से सहायता पाए हुए गोरे बनिए इस लड़ाई के योद्धा हैं। दुर्बल भारतवासियों का धन लूटना और भारतीय शिल्प-वाणिज्य का नाश करना, इस युद्ध का प्रधान उद्देश्य है। इसी युद्ध में दिन-दिन हमारा धन बल कम हुआ जाता है। अकाल हमारा रोज़ का साथी हो गया है। अस्थि-पिंजर देश-भर में भर गए हैं।" (वही, पृ. 20) बिना लगाम की वाणिज्य नीति ने देश को आर्थिक दुर्दशा के चरम तक पहुँचा दिया।

अंग्रेज़ और अकाल

अंग्रेज़ी राज का इस देश को सबसे अनुपम उपहार था अकाल। अंग्रेज़ों ने अपनी युद्धनीतियों के अन्तर्गत मुस्लिम शासनकाल का जी भरकर स्याह चित्रण किया। उन्होंने अपने लिखे इतिहासों में मुस्लिमों के अत्याचारों और कुशासनों का इतनी बार वर्णन किया कि कुछ अतिरंजना भी सच मान ली गई। अंग्रेज़ी राज के सुशासन की पोल खोलते हुए सखाराम गणेश देउस्कर ब्रिटिश शासन के अन्तर्गत भारत में लगातार पड़े भीषण अकालों का विस्तृत विवरण देते हैं—"अंग्रेज़ों के लिखे इतिहास से जाना जाता है कि अठारहवीं सदी में भारतवर्ष अन्धेर नगर ही रहा था। पर उन सौ वर्षों में भारत में चार बार से अधिक अकाल नहीं पड़ा था। वे अकाल होते भी थे एक ही एक प्रदेश में। उन्नीसवीं शताब्दी में इस देश में धीरे-धीरे अंग्रेज़ों का राज्य फैला। दुर्भाग्यवश उसी समय अकाल-राक्षस ने भी यहाँ अपना अधिकार जमा लिया। गत शताब्दी के पहले पचीस वर्षों में अर्थात् सन् 1801 से 1825 तक भारतवर्ष में दस लाख आदमी अकाल

के कारण भूख से मर गए। दूसरे पचीस वर्षों में और भी पाँच लाख अभागे उक्त राक्षस की बलि चढ़े। उसी शताब्दी के तीसरे चरण में सिपाही युद्ध हुआ। उसका परिणाम यह हुआ कि सारे भारतवर्ष में अंग्रेज़ों का राज्य जम गया। उन्हीं पचीस वर्षों में अकाल ने भी अपना यहाँ शासन मज़बूती के साथ जमा लिया। सरकारी रिपोर्ट से मालूम होता है कि सन् 1850 से 1875 तक ब्रिटिश भारत में छह बार अकाल पड़ा। उससे पचास लाख भारतवासी पेट की ज्वाला से काल-कवलित हुए।

उन्नीसवीं सदी के आख़िरी चरण के अकालों की बातें और भी भयंकर हैं। इन पचीस वर्षों में इस अभागे देश में अठारह बार अकाल की आग जल उठी। इस भयंकर आग में प्राय: 2 करोड़, 60 लाख महाप्राणी ख़ाक हो गए। इनमें केवल गत दस वर्षों में 1 करोड़ 90 लाख भारत के लाल 'हा अन्न! हा अन्न!' कर भूख की घोर यंत्रणा से छटपटा-छटपटा कर मर गए! इस हृदय-विदारक दुर्घटना का वर्णन करते हुए 'दुर्भिक्ष-निहित' हतभागों को सम्बोधन कर महामति विलियम डिग्बी सी.आई.ई. अत्यन्त खेद के साथ कहते हैं—

> You have died. You have died uselessly.
> 'तुम मर गए! तुम बिना कारण मर गए!'

साधारणत: लोग समझते हैं, युद्ध में जितने लोग मरते हैं, उतने और किसी हालत में नहीं मरते। पर भारत के अकालों का इतिहास पढ़ने से साफ़ मालूम हो जाता है कि यह धारणा भूल है। मि. डिग्बी ने दिखाया है कि सन् 1793 से 1900 तक के एक सौ सात वर्ष में सारी पृथ्वी में युद्ध से सब मिलाकर पचास लाख से अधिक आदमी नहीं मरे। पर इसी समय भारत में सवा दो करोड़ आदमी भूख से मरे! चारे के अभाव में गाय, भैंस, आदि पशु कितने मरे हैं, कौन कह सकता है? फलत: भारतवर्ष का अकाल लोक भयंकर युद्ध से भी अधिक भयंकर है! बीसवीं (वर्तमान) सदी के प्रारम्भ में पश्चिम भारत, मन्द्राज और बंगाल में अकाल पड़ा। सन् 1906 की 20 जुलाई को मि. ओग्रेडी नामक एक मेम्बर ने पार्लियामेंट में कहा था कि "गत दस वर्षों में समस्त भारतवर्ष में आठ अकाल पड़े। सन् 1906 में भारतवर्ष में जो भयानक अकाल पड़ा था उसका फल अब तक भारत भोग रहा है। इस वर्ष भी उड़ीसा, युक्तप्रदेश, पंजाब में घोर अकाल पड़ा है।" (वही, पृ. 20-21)

तत्पश्चात् देउस्कर अंग्रेज़ों की अन्यायपूर्ण वाणिज्य नीति की विवेचना करते हैं। वे भारतीय किसानों की दुर्दशा के लिए उत्तरदायी अंग्रेज़ी नीति को परत-दर-परत खोलते हैं। किसान विरोधी ब्रिटिश नीतियों ने भारत में वह वर्ग पैदा किया जिसे आज हम ग़रीबी रेखा से नीचे (Below Poverty Line) की भारतीय जनसंख्या कहते हैं। "सन् 1880 में बरमिंघम नगर में वक्तृता देने के समय प्रसिद्ध ऐतिहासिक डॉ. हंटर ने कहा था, "भारत में चार करोड़ आदमी रोज़ आधा पेट खाकर जीवन बिताते हैं।" बंगाल के भूतपूर्व छोटे लाट सर चार्ल्स इलियट उत्तर-पश्चिम प्रदेश में (वर्तमान युक्त प्रदेश) जिस समय सेटलमेंट अफ़सर का काम करते थे, उस समय उन्होंने देशवासियों की अवस्था का अनुसन्धान कर कहा था—"I do not hesitate to say that half our agricultural population never knows from year's end to year's end what it is to have their hunger fully satisfied." अर्थात् ब्रिटिश भारत के आधे

किसान वर्ष-भर में एक दिन भी पेट-भर खाना नहीं पाते। पेट भर खाने से क्या सुख होता है, सो तो बिचारे जानते ही नहीं। (वही, पृ. 24-25)

भूखों मरता ब्रिटिशकालीन भारत औपनिवेशिक शासकों, इतिहासकारों को न दिखना समझ में आता है, किन्तु अंग्रेज़ी राज में समृद्धि की विरुदावली गानेवालों को यह क्यों दिखाई नहीं दिया कि—"ब्रिटिश भारत में प्रायः बीस करोड़ आदमी खेती कर उदर निर्वाह करते हैं। सर चार्ल्स इलियट के कथनानुसार इन बीस करोड़ों में दस करोड़ किसान केवल आधा पेट भोजन पाते हैं। सर चार्ल्स इलियाट ने जिस समय यह बात कही थी उसी समय अवश्य ही यहाँ 20 करोड़ किसान नहीं थे। पर सन् 1893 के मई महीने में प्रयाग के अर्ध-सरकारी पत्र 'पायनियर' ने भारत प्रजा के दारिद्र्य के बारे में जो कुछ लिखा था, उसगे दस करोड़ भारतवासियों के आधा पेट खाने की बात ही सिद्ध होती है। वह कहता है—"Nearly one hundred millions of people in British India are living in extreme poverty." अर्थात् ब्रिटिश भारत में दस करोड़ आदमी घोर दरिद्रावस्था में दिन काट रहे हैं। (वही, पृ. 153) इसके बाद बारी आती है रोगों और महामारियों की। देउस्कर प्लेग, हैजा और मलेरिया आदि महामारियों में मरे भारतीयों का आँकड़ा प्रस्तुत करते हैं।

हिन्दी-नवजागरण के लगभग सभी मनीषियों ने रोग, महामारी, अकाल और युद्ध में तबाह होते भारतवर्ष पर गहरी चिन्ता व्यक्त की है। उनके सामने यह भलीभाँति स्पष्ट है कि भारत के विभिन्न अंचलों में पड़ते दुर्भिक्ष का मूल कारण अंग्रेज़ और उनकी लूट की नीति है। भारतेन्दु ने लिखा—"अब तो प्रतिवर्ष कहीं-न-कहीं दुष्काल पड़ा ही रहता है। मुख्य करके अंग्रेज़ी राज में इसका घर है और बहुधा ऐसा सुनने में आया है कि विसूचिका का रोग जो अब सम्पूर्ण भारत खंड में छा रहा है। अंग्रेज़ों के राज से इसका प्रारम्भ हुआ है।" (भारतेन्दु समग्र, सम्पा. हेमन्त शर्मा, वाराणसी, 1989, पृ. 1092)

स्थायी बन्दोबस्त की मार ने बंगाल को फिर कभी पनपने नहीं दिया। बंगाब्द 1174 में बंगाल में फ़सल अच्छी नहीं हुई थी, 1175 में अकाल पर गया, लेकिन शासकों ने कृषकों की सूखी हड्डियों से भी कौड़ी-कौड़ी तक वसूल कर ली। दरिद्र बंगाली ने एक वक़्त खाकर शोषक अंग्रेज़ की मालगुज़ारी चुकाई। बंगाब्द 1175 में पुनः अच्छी वर्षा नहीं हुई। फिर भी मालगुज़ारी दस प्रतिशत बढ़ा दी गई। जनसाधारण की बड़ी हानि हुई। हानि भी कोई साधारण नहीं, लाखों-लाखों भारतवासी भूख, रोग-महँगाई और अकाल से मरने लगे। "बंगाल में दुर्भिक्ष क्या है केवल अनीति के बीज का फल है। क्या कारण है कि दिन-दिन महँगाई बढ़ती जाती है और अन्न गत वर्ष में 12 सेर का बिकता था सो इस वर्ष में 8 सेर बिकने लगा। विचार करो कि बीस वर्ष बाद के पूर्व अन्न 40 सेर का बिकता था अब उसका पंचमांश क्यों हो गया।" (वही, 1092) खेती-गृहस्थी नष्ट होने पर अकाल पीड़ित लोग सड़कों पर आ गए—"पहले लोगों ने भीख माँगना शुरू किया। इसके बाद कौन भिक्षा देता है। उपवास शुरू हो गया। फिर जनता रोगाक्रान्त होने लगी। गो, हल, बैल बेचे गए, बीज के लिए संचित अन्न खा गए, घर-बार बेचा, खेती-बारी बेची। इसके बाद लोगों ने लड़कियाँ बेचना शुरू किया, फिर लड़के बेचे जाने लगे। इसके बाद गृहलक्ष्मियों का विक्रय प्रारम्भ हुआ लेकिन इसके बाद लड़के, लड़की, औरतें कौन ख़रीदता? बेचना सब चाहते थे, लेकिन ख़रीदार कोई नहीं। खाद्य के अभाव

में लोग पेड़ों के पत्ते खाने लगे, घास खाना शुरू किया, नरम टहनियाँ खाने लगे। छोटी जाति की जनता और जंगली लोग कुत्ते, बिल्ली, चूहे खाने लगे।" (बंकिम समग्र, सम्पा. निहालचन्द्र वर्मा, वाराणसी, 1988, पृ. 734-35)

"भारतीय जनता दिनोंदिन रसातल में जा रही थी, अंग्रेज़ी साम्राज्य फल-फूल रहा था। ब्रिटेन से भारत आनेवाला साधारण अंग्रेज़ यहाँ आकर धनपति बन जाता था—श्...जब अंग्रेज़ विलायत से आते हैं प्राय: कैसे दरिद्र होते हैं और जब हिन्दुस्तान से अपने विलायत को जाते हैं तब कुबेर बनकर जाते हैं—...इससे सिद्ध हुआ कि रोग और दुष्काल इन दोनों के मुख्य कारण अंग्रेज़ ही हैं।" (भारतेन्दु समग्र, 1092) कुछ लोगों के लिए अकाल हर हाल में फ़ायदेमन्द था। अकाल पीड़ितों के दुख से द्रवित भारतेन्दु इससे अपरिचित नहीं थे। उन्होंने 20 जुलाई, 1874 के *कविवचनसुधा* में रायबहादुर आदि खिताबों पर लिखा। "बंगाल में अकाल पड़ा है। इसके समाप्त होने पर खिताब का भाव निस्सन्देह बहुत सस्ता हो जाएगा। जहाँ तक कि टके सेर बिके तो आश्चर्य नहीं, हम ग्राहकों को समाचार देते हैं कि वे प्रस्तुत हो रहे, केवल थोड़ा-सा काग़ज़ रँगने झूठी-मूठी रिपोर्ट कर देने पर खिताब मिल जाएगा। पर ढंगबाज़ी शर्त है। रायबहादुर, राजा, रौब्बाद स्टार सब बाज़ार में आवेंगे। ग्राहक लोग मियानी खोल रक्खें।" (वही, 1092) लेकिन सच का ग्राहक कोई नहीं था। हिन्दी भाषा के अख़बार वाले जनहित में दिन-रात लिख-लिखकर पन्ने काले कर रहे थे किन्तु व्यर्थ। 31 अगस्त, 1874 के *कविवचन सुधा* में 'सच मत बोल' शीर्षक से भारतेन्दु ने समस्त भारतवासियों के दुखों का कारण अंग्रेज़ों को माना। "अख़बार वाले इतना भूँकते हैं कोई नहीं सुनता अन्धेर नगरी है। व्यर्थ न्याय और आज़ादी देने का दावा है। सब स्वार्थ साधते-साधते ही कहोगे। गवर्नमेंट के लोग तुमसे भला न मानेंगे। सारांश यह कि सच्ची बातें जिनसे कहोगे वे तुम्हें शत्रु जानेंगे।" (वही)

अंग्रेज़ों के सभी छल-प्रपंचों से परिचित हिन्दी बुद्धिजीवी सिवाय लगातार 'विलाप' के कर भी क्या सकते थे। क्योंकि खोट उनमें स्वयं था। एकता नामक बल उनमें कभी नहीं था। 'हरिश्चन्द्र मैगज़ीन' के प्रथम अंक में भारतेन्दु ने लिखा, "अंग्रेज़ों को घूस, सलाम, बन्दगी, एड्रेसी सभी कुछ मिलता है। धन, विद्या, कौशल सभी उनके पास है। उन्हीं के आवभगत के लिए सभाएँ होती हैं। एका और बल उनके पास है। हिन्दुस्तानियों के हिस्से में मूर्खता है। कायरता, धक्के खाना पड़ा है। जो भाग्यशाली हैं वे दरबार में कुर्सी पाते हैं, कौंसिल मेम्बरी और सितारे हिन्द का खिताब पाते हैं।" (वही)

उन्नीसवीं सदी की बहुसंख्यक हिन्दू आबादी के लिए जिस प्रकार अंग्रेज़ विदेशी थे उसी प्रकार मुसलमान भी उनकी स्मृति में विदेशी आक्रान्ता थे, किन्तु इस देश में बस जाने के कारण अंग्रेज़ों और मुसलमानों का अन्तर स्पष्ट था। मुस्लिम शासकों में लाख दोष सही पर जो यहाँ बस गए उनका घर यहीं था। उनके द्वारा किया गया अर्थापहरण घूम-फिरकर इसी देश में रहता था—"मुसलमान लोग अंग्रेज़ों की अपेक्षा सौ गुना अपव्ययी थे, परन्तु वे लोग इस देश के निवासी थे। इससे उनका अर्थ समुदाय इसी देश में व्यय होता था।" मुसलमानों के इस देश में बस जाने के ठीक विपरीत अंग्रेज़ इस देश को लूटकर अपना देश भर रहे हैं जो शिक्षित कहलाते हैं। संख्या में बहुत कम होते हुए भी भारतवासी इनके अत्याचारों से बेहाल हैं। "बीस करोड़ भारतवासियों पर पचास हज़ार अंग्रेज़ शासन करते हैं। ये लोग प्राय: शिक्षित और सभ्य हैं, परन्तु इन्हीं लोगों के

अत्याचार से सब भारतवर्षीगण दुखी रहे हैं।" (वही) यहाँ पर सब 'भारतवर्षी' ध्यातव्य है। इसमें हिन्दू-मुसलमान दोनों हैं। सचेत भारतेन्दु इससे अपरिचित नहीं कि अंग्रेज़ों का दोहन हिन्दुस्तान के सभी निवासियों का जीवन नारकीय बना रहा है।

अंग्रेज़ों ने दोहरी चालाकी की है। एक तो देश में उद्योग-धन्धे पनपने नहीं दिए, दूसरी भारतीयों का ध्यान अंग्रेज़ी शिक्षा पर लगा दिया। भारतीयों को केवल क्लर्क बनाया, उन्हें केवल बहाली दी। 9 फरवरी, 1874 के कविवचनसुधा में भारतेन्दु ने लिखा—"अब भी हम लोगों को कला-कौशल्य की ओर ध्यान देना चाहिए। लोगों को तो अँगरेज़ी वस्तुओं की रुचि लगी है तो अंग्रेज़ों के समान सब पदार्थों के कारख़ाने यहाँ नियत किए जाएँ पर अभी यहाँ के व्यापारियों में इतना सामर्थ्य नहीं है कि अंग्रेज़ों के समान लोहा, पीतल इत्यादि मूल्यवान पदार्थ से लेकर मट्टी की वस्तु तक बनावें जैसे कि अंग्रेज़ी व्यापारी माल भेजने लगे। देखो बढ़ई आदि छोटे-छोटे व्यापारियों को काम मिलना कठिन हो गया है। यहाँ तक कि घर की खिड़कियाँ-दरवाज़े आदि सब विलायत से बनकर आते हैं। इस धोखे का मुख्य कारण यही है जो अंग्रेज़ों ने सबों के चित्त को अंग्रेज़ी भाषा की तरफ़ खींचा जो यथार्थ है कि हम लोगों ने कला-कौशल की ओर ध्यान नहीं दिया और उन्होंने तो इसी मिस से हम लोगों को 'बहाली दी' और द्रव्य सब विदेश ले गए।" (वही, पृ. 1090)

बिना कला-कौशल के विकास से ये पढ़े-लिखे लोग किस काम आएँगे? अंग्रेज़ी न्याय के भरोसे बैठे भारतवासियों का सर्वस्व लुट जाएगा। 16 फरवरी, 1874 के कविवचनसुधा में भारतेन्दु कहते हैं, "जाने को तो यहाँ से तत्त्व खिंचकर जाता है और आने को शीशा, खिलौना और कलम-पेन्सिल आती है। बड़े-बड़े एम.ए. और बी.ए. अब इस दुर्भिक्ष में किस काम आवैंगे? एक राजा अच्छा पढ़ा-लिखा और एक बाँसफोड़ कभी दोनों एक जंगली टापू में छोड़ दिए गए थे। वहाँ के लोग उनकी बोली नहीं समझते थे और क्रूर थे। राजा का सौन्दर्य, बुद्धि, विद्या वहाँ कुछ काम ना आई। उस बाँसफोड़ ने बाँस और लकड़ी लेकर माला बनाई। उसे देखकर जंगली लोग बड़े प्रसन्न हुए और उसी लकड़ी की माला की कृपा से उन दोनों को भोजन मिला। तो हे देशवासियो तुम भी इस निद्रा से चौंको। इनके न्याय के भरोसे मत फूले रहो। ये विद्या कुछ काम ना आवैगी। यदि तुम हाथ के व्यापार सीखोगे तो तुम्हें कभी दैन्य ना होगा नहीं तो अन्त में यहाँ का सब धन विलायत चला जाएगा तुम मुँह बाये रह जाओगे।" (वही, पृ. 1090)

8 फरवरी, 1874 के कविवचनसुधा में भारतेन्दु निर्भीकतापूर्वक अंग्रेज़ों को उनका भारत का विकास कर यहाँ से चले जाने का वादा स्मरण करवाते हैं—"कुछ काल पहले अंग्रेज़ लोग जब हिन्दुस्तान के विषय में व्याख्यान देते थे तब यही प्रकट करते थे हम केवल इस देश के लाभार्थ राज्य करते हैं। यही चिल्ला-चिल्ला कर सर्वदा कहा करते कि हम सदैव हिन्दुस्तान की बुद्धि के निमित्त विचार करते हैं कि हम लोग इस देश की वृद्धि करेंगे और यहाँ के निवासियों को विद्यामृत पिलावैंगे और राज्य का प्रबन्ध किस भाँति करना यह ज्ञान जब प्रजा को स्वत: हो जाएगा तब हम लोग हिन्दुस्तान का सब राज्य प्रबन्ध यहाँ के निवासियों को देकर स्वाधीन कर देंगे और अन्त को सबसे राम-राम कहकर जहाज़ पर पैर रख स्वदेश गमन करेंगे। यह वार्ता हम लोग अपनी गढ़ी हुई

नहीं कहते। फिर इन्हीं अंग्रेज़ों के मुख्य करके पादरियों के जो व्याख्यान प्रसिद्ध हुए हैं उनसे स्पष्ट प्रकट होता है यह प्रकार पाठकजनों के देखने में निस्सन्देह आया ही होगा इसमें सन्देह नहीं।" (वही, पृ. 1091)

यहाँ के निवासियों को उन्होंने न सभ्य बनाया न ही उन्नति की ओर कोई प्रयास किया। सन् 1858 के अपने घोषणा-पत्र को महारानी लागू न कर सकीं बल्कि दिनोंदिन भारत की दीनता बढ़ती जा रही है—"अंग्रेज़ों ने हम लोगों को विद्यामृत पिलाया और उससे हमारे देश बान्धवों को बहुत लाभ हुए इसे हम लोग अमान्य नहीं करते, परन्तु उन्हीं के कहने के अनुसार हिन्दुस्तान की वृद्धि का समय आनेवाला है, सो तो एक तरफ़ रहा पर प्रतिदिन मूर्खता, दुर्भिक्षता और दैन्य प्राप्त होता जाता है। अंग्रेज़ों ने उनमें अपनी विद्या की रुचि जगाकर राजनीति में उनके चित्त को आकर्षित किया लेकिन सच्ची विद्या उन्हें न दी। और यही कारण है कि हम लोग इनकी माया से मोहित हो गए और हम लोगों को अपनी हानि दृष्टि में न पड़ी।" (वही, पृ. 1091)

एक ओर ऐसी आर्थिक लूट दूसरी ओर अकाल। एक ओर व्यवसाय की हानि दूसरी ओर आत्मनिर्भरता का लोप। एक ओर बढ़ती भुखमरी दूसरी ओर युद्ध में झोंका जाता देश। विकराल अकालों के समय भूखी-पीड़ित जनता को अपनी साम्राज्यवादी लालसा के लिए युद्ध में बलि चढ़ाते अंग्रेज़ों से भारतेन्दु ने 'विजय-वल्लरी' (1881) में वर्नाक्यूलर प्रेस एक्ट (1871) से बाध्य होकर यथारीति अंग्रेज़ों के यशोगान के बाद प्रश्न किया कि अपनी बर्बादी पर भारतवासी क्यों प्रसन्न हैं? जो अपने धन, नाश पर युद्धोन्मुखी नहीं होते वे दूसरे के साम्राज्य के लिए अपनी जान क्यों दे रहे हैं—

काबुल सों इनको कहा हिये हरख की आस।
ये तो निज धन-नास सों रन सों और उदास॥
ये तो समुझत व्यर्थ सब यह रोटी उतपात।
भारत कोष विनास कों हिय अति ही अकुलात॥ (वही, पृ. 251)

भारतीय ख़ज़ाने की लूट और यहाँ के युवकों की बलि! किसलिए?

इतिहासकार सब्यसाची भट्टाचार्य इसका विश्लेषण करते हैं—वे क्रमवार अंग्रेज़ों द्वारा शासित भारत सरकार के विदेशी ऋण की मद में दिए जानेवाले सूद को जो रेल के विकास और युद्ध आदि के साथ सम्बद्ध था का विस्तृत ब्योरा देते हैं। यह सूद और मूल चुकाना था भारतीय करदाता को, जिसे भारत की अंग्रेज़ सरकार ने उसके शोषण हेतु उस पर थोपा था—पहले भारत सरकार के विदेशी ऋण की मद में देय सूद। कैसा ऋण? ईस्ट इंडिया कम्पनी युद्धों पर ढेर सारा पैसा ख़र्च करती थी। ये युद्ध अधिकांशत: भारत के विभिन्न भागों को अपने क़ब्ज़े में करने के लिए किए जाते थे। 1858 में ये ऋण ब्रिटिश भारत सरकार के सिर पर लाद दिए गए, जिसका मतलब यह हुआ कि इसका सूद भारतीय करदाता को देना होगा। 1857 के सिपाही विद्रोह को कुचलने में प्रभूत पैसे व्यय हुए, जिसके लिए इंग्लैंड के बाज़ार से ऋण लिया गया। भारतीय करदाताओं पर बोझ आ पड़ा। इसी को कहते हैं, मछली के तेल में मछली को भूनना।" (आधुनिक भारत का आर्थिक इतिहास (1850-1947), सब्यसाची भट्टाचार्य, दिल्ली, 1997, पृ. 165)

ब्रिटिश साम्राज्य के प्रसार के लिए भारतीयों पर युद्ध की मार

मछली के तेल में भूनी जा रही मछलियों के लिए सन् 1881 में ही भारतेन्दु 'विजयवल्लरी' में अंग्रेज़ों की चाल सामने रख चुके थे। पहले से अकाल पीड़ित जनता पर टैक्स का बोझ और उसे युद्ध में झोंका जाना ऊँट की पीठ पर आख़िरी तिनका बनने के क्रम में था :

ईति भीति दुष्काल सों पीड़ित कर को सोग।
ताइ पै धन—नास की यह बिनु काज कुयोग॥
स्ट्रैची डिजरैली लिटन चितय नीति के जाल।
फँसि भारत जरजर भयो काबुल युद्ध अकाल॥ (भारतेन्दु समग्र, पृ. 251)

मात्र काबुल युद्ध नहीं अंग्रेज़ों द्वारा लड़े गए प्रत्येक युद्ध अपने साम्राज्य के विस्तार के लिए लड़े गए। युद्धों का ख़र्च उनके उपनिवेशों से उगाहा गया। अंग्रेज़ों की युद्ध लोलुपता, अन्य देशों से उनका युद्ध और भारत पर उसके दुष्प्रभाव पर भारतेन्दु के अतिरिक्त औरों ने भी लिखा। 'प्रेमघन' का उदाहरण देखें—

अँगरेज़न के हित चित धाय। ब्रह्मा में बाजे अरराय॥
बेचारे थीबा धारि धाय। क़ैद किए भारत में ल्याय॥
करें हाकिमी गोरा जाय। खर्चा भारत सीस बिसाय॥
रोओ सब मुँह बाय-बाय। हय-हय टिक्कस हाय-हाय॥

(प्रेमघन सर्वस्व, प्रथम भाग, सम्पादक—श्री प्रभाकेश्वर प्रसाद उपाध्याय,
श्री दिनेश नारायण उपाध्याय, एम.ए. साहित्य रत्न, पृ. 187)

इस पर टिप्पणी करते हुए प्रसिद्ध आलोचक रामविलास शर्मा कहते हैं—"इसी प्रकार अफ़ग़ानिस्तान के सम्बन्ध में ब्रिटिश राजदूत से नाटक आरम्भ हुआ और लड़ाई में समाप्त हुआ। अफ़ग़ान सरकार ने अपने यहाँ ब्रिटिश राजदूत रखना स्वीकार भी कर लिया, परन्तु उसने अपने पहले कार्यों के लिए क्षमा-याचना न की, इसलिए अफ़ग़ान सरकार का उत्तर अपूर्ण समझा गया। वास्तव में, लड़ाई उत्तर मिलने के पहले ही छेड़ दी गई। विलायत में इस लड़ाई की कड़ी आलोचना हुई परन्तु स्वाधीनता-प्रेमी ब्रिटिश व्यापारियों ने अफ़ग़ानिस्तान में अपनी स्वार्थ-रक्षा करना ही ठीक समझा। रूस के हमले का बराबर डर दिखाया गया था, परन्तु लड़ाई छिड़ने पर रूसी भालू कहीं पास भी न फटका। अफ़ग़ान राजा भाग गया और ब्रिटिश सरकार ने वहाँ एक दूसरा राजा बनाकर उससे सन्धि कर ली, परन्तु असभ्य जनता यहाँ भी ब्रिटिश राज के गुण मानने से इनकार करती रही और खुल्लम-खुल्ला विद्रोह कर बैठी। अफ़ग़ान विद्रोहियों को हराने में सरकारी फ़ौजों को लोहे के चने चबाने पड़े। तलवार के ज़ोर पर व्यापार फैलाने और काले आदमियों को सभ्य बनाने की नीति लोगों की समझ में आ रही थी। 'सारसुधानिधि' और 'भारतमित्र' पत्रों में इन साम्राज्यवादी युद्धों पर बड़े सुन्दर लेख निकले। 'सारसुधानिधि' का लेख 'उन्नीसवीं शताब्दी और ये सभ्यता!!!' उस समय की राजनीतिक चेतना का प्रमाण है। हिन्दी के लेखकों ने देश के जागरण में कौन सा भाग लिया, यह जानने के

लिए ऐसे लेखों को पढ़ना आवश्यक है। लोगों को कहते हुए हम सुना करते हैं कि गांधी बाबा के पहले तो लोग स्वराज का नाम लेते ही डरते थे, सरकार के विरुद्ध एक शब्द कहने का भी साहस न होता था, ऐसे लोगों को या तो साहित्य की जानकारी नहीं है या जानबूझकर वे झूठा प्रचार करते हैं।" (भारतेन्दु युग और हिन्दी भाषा की विकास-परम्परा, रामविलास शर्मा, राजकमल प्रकाशन, नई दिल्ली, संस्करण 1975, पृ. 19)

औपनिवेशिक शासन के अन्तर्गत होनेवाली लूट, पड़नेवाले अकाल और नेस्तनाबूद करती युद्ध की मार का सीधा शिकार तथाकथित निम्न जातियाँ ही अधिक थीं। अत्याचार से पिसता निम्नवर्ग सीधे-सीधे निम्नवर्ण का बहुत ही बड़ा भाग था। कृषक, श्रमिक, बेगार, कारीगर यहाँ तक कि सिपाही इसी बड़े भाग से आता था। सरकार द्वारा युद्ध के ख़र्चे निकालने के लिए बढ़ाए गए टैक्स की मार से इनका सर्वनाश हो जाता था। उन्नीसवीं सदी के तथाकथित उच्च जाति के बौद्धिक सभी पर पड़नेवाली टैक्स की मार पर हाय-हाय कर रहे थे। चौधरी पंडित बदरी नारायण उपाध्याय 'प्रेमघन' ने मेहनतकश और श्रमिकों पर पड़ी इस विपत्ति पर कहा :

दास वृत्ति करि खाय हाय। द्रव्य काज सिर नाय हाय॥
वा जूती चटकाय हाय। करें दलाली धाय हाय॥
जो मिहनत कर खाय हाय। सब टिक्कस दै जाय हाय॥
रोओ सब मुँह बाय-बाय। हय-हय टिक्कस हाय-हाय॥

(प्रेमघन सर्वस्व, प्रथम भाग, पृ. 186)

विलायत दिनोंदिन हर्षित होता जाता है। इधर भारत से धन का बहिर्गमन होता है उधर विलायती मज़े से रहते हैं। भारत में मालगुज़ारी बढ़ती जाती है चाहे अतिवृष्टि-अनावृष्टि से किसान का सर्वनाश हो गया हो। उस अवस्था में भी उसे अपना क़र्ज़ चुकाना है, चुंगी देनी है, टैक्स भरना है—

है विलायत जो हरवाय। भारत सों धन राज कमाय॥
चैन करे जो मजे उड़ाय। तिसका टिक्कस भी छुट जाय॥
...मालगुज़ारी दीन्ह बढ़ाय। तापर एकर और लगाय॥
रात दिना जब ख़ूब कमाय। मेहनत से जब देंह थकाय॥
तबै खेत में अन्न देखाय। पाला फाथर नासऐ आय॥
...इन बिपतन सों जो बचि जाय। तो कुरकी बैठावैं आय॥
करजा लेकर देंय चुकाय। बेचन जाय नगर जब धाय॥
तब वापर चुंगी लग जाय। देयँ बिसार टिकस धरिधाय॥

(वही, पृ. 187)

प्रजा बेहाल है, किन्तु राजा को उसकी चिन्ता तो दूर वह अपने विलास में मस्त है। देशी राजे-रजवाड़ों की तरह निर्धन प्रजा की गर्दन पर पैर रखकर अंग्रेज़ भी अपने ऐशोआराम और राग-रंग में डूबे हुए थे—

श्रावलपिंडी ख़ूब सजाय। भल दरबार कीन्ह हरखाय॥
दिल्ली कृत्रिम युद्ध करवाय। जग से सूरन सुभट बुलाय॥

न्यौता भलविधि तिन्हैं जिवाँय। भरल ख़ज़ाना दिहिन लुटाय॥
रौओ सब मुँह बाय-बाय। हय-हय टिक्कस हाय-हाय॥

(वही, पृ. 87)

उन्नीसवीं सदी में औपनिवेशिक शासन की लूट, थोपे गए युद्ध और टैक्स तथा हिन्दी-नवजागरण की जन संवेदनशील प्रवृत्ति को रामविलास शर्मा ने सटीक ढंग से व्यक्त किया है—"भारतेन्दु-युग का साहित्य हिन्दी-भाषी जनता का जातीय साहित्य है, वह हमारे जातीय नवजागरण का साहित्य है। भारतेन्दु युग की ज़िन्दादिली, उसके व्यंग्य और हास्य, उसके सरल-सरस गद्य और लोकसंस्कृति से उसकी निकटता से भी परिचित हैं, ये उसकी जातीय विशेषताएँ हैं। अंग्रेज़ी साम्राज्यवाद और अंग्रेज़ी साहित्य एक ही वस्तु नहीं है। उसके साहित्य की जड़ें इसी धरती में हैं और ऊपर बताई हुई उसकी जातीय विशेषताएँ उसकी अपनी है, मौलिक हैं। उनके लिए हम किसी के ऋणी नहीं हैं। जो लोग अंग्रेज़ी और बांग्ला से आज और भी अच्छी तरह परिचित हैं, वे कुछ भारतेन्दु, बालकृष्ण भट्ट, राधाचरण गोस्वामी, बालमुकुन्द गुप्त जैसा लिखकर दिखाएँ तो उनकी बात में अधिक सार होगा।" (भारतेन्दु युग और हिन्दी भाषा की विकास परम्परा, पृ. 29)

उन्नीसवीं सदी के हिन्दी के साहित्यकार अपने देश, उसकी जनता, उसकी भाषा के प्रश्न पर संघर्षरत थे। इसी भूमिका में रामविलास शर्मा ने भारतेन्दु का उद्धरण देते हुए लिखा कि भारतेन्दु और उनके साथियों की नीति अंग्रेज़ शासकों की नीति से बिलकुल उलटी थी। अंग्रेज़ हिन्दी को दबाते थे, भारतेन्दु उसके अधिकारों के लिए लड़े थे। अंग्रेज़ हिन्दुओं और मुसलमानों में फूट डालकर अपना राज क़ायम रखना चाहते थे। भारतेन्दु ने इनके एक होने की अपील की थी। अंग्रेज़ भारत को खेतिहर देश बनाकर उसे लूटना चाहते थे। भारतेन्दु ने इस लूट का पर्दाफ़ाश किया था और देश में कौशल और मशीन-सम्बन्धी शिक्षा की माँग की थी। भारतेन्दु ने लिखा था—"परन्तु अब अंग्रेज़ी माया, छल और घात दृष्टि में आने लगा क्योंकि हम लोगों को केवल अंग्रेज़ी भाषा प्राप्त हुई परन्तु कला-कौशल के विषय में हम लोग भलीभाँति अज्ञान संसार में निमग्न हुए हैं इसमें सन्देह नहीं।" (वही, पृ. 29) इसलिए भारतेन्दु-युग के सांस्कृतिक जागरण का श्रेय अंग्रेज़ों को देना सत्य का गला घोटना है।

भारतेन्दु की ही तरह उनके युग के अन्य रचनाकार भी जनता के प्रति संवेदनशील होकर रचना कर रहे थे। 'हिन्दी प्रदीप' ने अपने जनवादी रुझान के अनुसार लिखा—"ये वे ही खेतिहर हैं जो हमको जिलाते हैं, गँवार और दिहकानी कह सभ्य समाज वाले जिनसे घिनाते हैं और अपने से अत्यन्त निकृष्ट जिन्हें मानते हैं। बड़ा-बड़ा क्लेश उठाय ये बेचारे यदि अन्न न पैदा करें तो इनकी सभ्यता की हिमाकत सब धरी रह जाए।" (हिन्दी प्रदीप, बालकृष्ण भट्ट, इलाहाबाद, सितम्बर, 1878)

लगातार पड़ते अकालों पर हिन्दी प्रदीप ने यह आल्हा छापा—

संबत उनइस सौ तिरपन मां, पड़ा हिन्द में महा अकाल।
घर-घर फाके होने लगे, दर-दर प्रानी फिरे बेहाल॥
गेहूँ चावल साँवाँ मकरा, सबै अन्न एक भाव बिकाय।
बिना पैसा सब छाती पीटैं, अब तो हाय रहा नहिं जाय॥
कोई पात पेड़न के चाबै, कोई माटी कोई घास चबाय।

कोई बेटवा बिटिया बेचै, अब तो भूख सही नहीं जाय।
कोई घर-घर भीखौ माँगे, कोई लूट-पाट के खाय।
बहुत लोग जो अन्न देत हैं, राम निहोरे करैं सबाब॥
बहुत लोग देते हैं फाँसी, अरु मलिका से चहैं खिताब।
सी.एस.आई., के.एस.आई., रायबहादुर केर खिताब॥ (वही)

औपनिवेशिक लुटेरे अंग्रेज़ों के वास्तविक चरित्र को भारतेन्दु ने अपनी मुकरी में यूँ व्यक्त किया था—

भीतर-भीतर सब रस चूसै, हँसि हँसि के तन मन धन मूसै।
जाहिर बातन मैं अति तेज क्यों सखि साजन नहिं अंग्रेज़॥

(भारतेन्दु समग्र, पृ. 256)

भारतेन्दु ने अंग्रेज़ों के शोषक रूप को बारम्बार सामने रखा—राजभक्ति, व्यंग्य, प्रहसन यहाँ तक भक्ति की आड़ में भी। राजभक्ति की आड़ का उदाहरण देखें—"तुम इन्द्र हो, तोप तुम्हारा बज्र है, तुम चन्द्र हो, इनकम टैक्स तुम्हारा कलंक है, तुम वायु हो, रेलवे तुम्हारा गमन है, तुम वरुण हो, समुद्र में तुम्हारा राज्य है, अतएव हे अंग्रेज़! मैं तुम्हें प्रणाम करता हूँ।" (वही, पृ. 993)

भारतेन्दु ने काशी में विलियम म्योर के स्वागत में हुई रोशनी में दो नावों पर टैक्स समस्या बड़े-बड़े शब्दों में लिखवाई थी। एक नाव पर 'ओह टैक्स!' तथा दूसरी पर यह दोहा रोशनी से लिखवाया था—

स्वागत-स्वागत धन्य प्रभु—श्री विलियम म्योर।
टिकस छोड़ा बहु सबन को, विनय करत कर जोर॥

(वही, पृ. 993)

भारतेन्दु द्वारा अनूदित अंग्रेज स्तोत्र निबन्ध में उनका जो मौलिक अंश है उसमें भी टैक्स पर प्रहार है—"तुम नृसिंह हो क्योंकि मनुष्य और सिंह दोनों पन तुममें है टैक्स तुम्हारा क्रोध है और परम विचित्र हो, तुम वामन हो क्योंकि तुम वामन कर्म में चतुर हो। कौंसिल तुम्हारा मुख है, मान तुम्हारी नाक है, देश पक्षपात तुम्हारा मोक्ष है और टैक्स तुम्हारे कराल दंष्ट्रा है। अतएव हे अंग्रेज़ हम तुमको प्रणाम करते हैं। हमारी रक्षा करो।" यहाँ भारतेन्दु ने टैक्स को अंग्रेज़ों का क्रोध (अर्थात् भारतीयों के लिए विकट वस्तु) एवं उन्हें वामन कर्म में 'चतुर' बताया है। यहाँ भारतेन्दु ने वामन के तीन डगों में पृथ्वी नाप लेने के रूपक से अंग्रेज़ों के साम्राज्यवादी रूप की ओर संकेत किया है। साम्राज्यवाद की मुख्य नीति लूट की नीति है इस लूट की नीति के क्रियान्वयन में अंग्रेज़ भी पीछे नहीं हैं—"ख़ज़ाना तुम्हारा पेट है, लालच तुम्हारी क्षुधा है, सेना तुम्हारा चरण है, खिताब तुम्हारा प्रसाद है, अतएव हे विराट रूप अंग्रेज़। हम तुमको प्रणाम करते हैं।" (वही, पृ. 993)

अंग्रेज़ी शासन-तंत्र में कौंसिल इत्यादि के अतिरिक्त जो उनके हथियार हैं और भारतीयों के लिए त्रासदायक है वे भी भारतेन्दु के सामने स्पष्ट हैं—"चुंगी और पुलिस तुम्हारी दोनों भुजा हैं, अमले तुम्हारे नख हैं, अन्धेर तुम्हारा पृष्ठ है और आमदनी तुम्हारा हृदय है। अतएव हे अंग्रेज़! हम तुमको प्रणाम करते हैं।" (वही, पृ. 993)

दमनकारी विदेशी शासन की बुराइयों को इससे अधिक खोलकर सामने रखा जाना असम्भव था। भारतेन्दु की राजनैतिक चेतना उनके नाटकों में अधिक सुचिन्तित रूप में व्यक्त हुई है। उनके सुप्रसिद्ध नाटक अन्धेर नगरी चौपट राजा में अन्धेर नगरी और चौपट राजा का अर्थ स्पष्ट करने की आवश्यकता नहीं है। भारतीयों पर युद्ध और उसकी विभीषिका थोप सकने की अंग्रेज़ों की सुविधा ने उन्हें अधिक शक्ति सम्पन्न बनाया। अकेला ब्रिटेन सम्भवत: ऐसा दुस्साहस न करता, किन्तु भारतीय संसाधनों ने उसके आत्मविश्वास को अतिरिक्त बढ़ावा दिया :

सुनियत रूस पहूँच्यो आय। ताहू पर नहिं नेक डराय॥
भारत की सी भूमी पाय। दिहिन टिकस एक और बढ़ाय॥
सीमा करि मज़बूत बनाय। टेवत मोछ हँसत हरखाय॥
तुम सब कहत रोय मुँह बाय। हय-हय टिक्कस हाय-हाय॥

(प्रेमघन सर्वस्व, प्रथम भाग, पृ. 187-88)

अंग्रेज़ों की मूँछों पर ताव देकर हँसने की स्थिति भारतीयों पर एक के बाद एक टैक्स बढ़ाने की असीमित क्षमता और संवेदनहीनता के कारण ही थी।

ब्रिटिश सत्ता द्वारा औपनिवेशिक भारत में भारतीय जनता की ख़ुशहाली, भारतीय उद्योग-धन्धों की उन्नति, विज्ञान एवं शिक्षा के क्षेत्र में भारतीयों की अभूतपूर्व प्रगति, स्त्रियों एवं दलितों के उद्धार हेतु अंग्रेज़ी शासन द्वारा उठाया गया साहसिक क़दम, परिवहन एवं सिंचाई के उन्नत साधनों की प्राप्ति, अभूतपूर्व न्यायव्यवस्था, अपने देश में लागू समता, स्वतंत्रता और भाईचारा के नारे को भारत पर भी चरितार्थ करना आदि-आदि के जिन गुणगानों से भारतवर्ष गूँजता रहा उसकी वास्तविकता पर प्रश्नचिह्न लगानेवाले को घोर उपेक्षा का शिकार होना पड़ा। औपनिवेशिक शासन से सुविधा प्राप्त रियासतों, घरानों, बुद्धिजीवियों और इतिहासकारों ने इस औपनिवेशिक झूठ का ऐसा ताना-बाना बुना कि ब्रिटिश शासकों की सत्ता लोलुपता, निर्ममता, अत्याचार, अनाचार, भ्रष्टाचार, अनीतियाँ और मूर्खताएँ छिप गईं। उँगलियों पर गिने जा सकने लायक़ जो सहृदय अंग्रेज़ प्रशासक भारत आए उनकी सराहना सबने की, विशेषकर सदियों से प्रशासनिक कुप्रबन्ध और अत्याचार झेलती निरीह भारतीय जनता ने। अपने शासन की असफलताओं और दुर्नीतियों को ढकने के लिए अंग्रेज़ इतिहासकार और उनसे आगे बढ़कर औपनिवेशिक दृष्टि सम्पन्न भारतीय इतिहासकारों ने अंग्रेज़ आगमन से पहले के भारतवर्ष और भारतीयों का ऐसा अराजकतापूर्ण चित्र खींचा मानो इस देश में कुछ भी अच्छा नहीं था, सब कुछ अंग्रेज़ लेकर आए और जो ला नहीं पाए उसे उन्होंने अपने सुदीर्घ शासन (1757-1947) में भारतवासियों को कृपापूर्वक प्रदान किया। जिन मूर्ख, बर्बर, असभ्य और अनपढ़ भारतवासियों को सभ्य, सुसंस्कृत, उन्नत और एवं सुशिक्षित बनाने का दायित्व उन्हें 'गॉड' (GOD) के द्वारा सौंपा गया था उससे ठीक उलट उनकी निर्वहन प्रक्रिया ने इस देश को दरिद्रता की उससे भी गहरी खाई में धकेल दिया।

सखाराम गणेश देउस्कर जैसे विचारकों ने इस पर पुस्तक लिखकर और हिन्दी-नवजागरण के विचारकों ने अपने साहित्य में यत्र-तत्र-सर्वत्र इस लूट का उल्लेख और विश्लेषण किया। इस विषय पर पुस्तक लिखने के कारण देउस्कर को विस्तारपूर्वक

विश्लेषण का अवसर मिला। अत्यन्त तार्किक रूप से लिखी गई इस पुस्तक में आँकड़ों सहित भारतवर्ष की आर्थिक लूट को दर्शाया गया है। यह पुस्तक न केवल दादा भाई नौरोजी, रमेशचन्द्र दत्त एवं विलियम डिग्वी की क्रमशः पुस्तकों 'Poverty and un-British Rule in India', 'The Economic History of British India', and 'India in the Victorian age', 'The Prosperous British India' का आधार ग्रहण करती है वरन् विभिन्न अख़बारों में छपी सामग्री एवं सूचनाओं, सरकारी और ग़ैर-सरकारी आँकड़ों तथा कई विद्वानों का मतामत प्रस्तुत कर 'देश की बात' करती है। और देश की असली बात यह है कि अत्यन्त सम्पन्न देश को विदेशी वणिक मनमाने ढंग से जी भरकर लूट रहे हैं। 'देशी कारीगर का नाश' कर अपने देश की महँगी वस्तुएँ इस देश पर लादे चले जा रहे हैं। अपनी बात की पुष्टि के लिए सखाराम गणेश देउस्कर विल्सन की Mill's History of British India से उद्धरण देते हैं—"The cotton and silk goods of India up to the period (1813 A.D.) could be sold for a profit in the British market at a price from 50 to 60 percent lower than those fabricated in England. It consequently became necessary to protect the latter by duties of 70 and 80 percent on their value or by positive prohibition. Had this not be the case, had not such prohibitory duties and decrees existed, the mills of Paisley and Manchester would have been stopped in their outset, and could scarcely have been again set in motion, even by power of steam. They were created by the sacrifice of the Indian manufacture. Had India been independent she would have retaliated, would have imposed prohibitive duties upon. British goods and would thus have preserved her own productive industry from annihilacion. This act of self-defence was not permitted to her; she was at the mercy of the stranger. British goods were forced upon her without paying any duty and the foreign manufacturer employed the arm of political injustice to keep down and ultimately strangle a competitor with whom he could not have contended on-equal term." (देश की बात, पृ., 154)

सारांश यह है कि भारत की कारीगरी का विनाश इसलिए नहीं हुआ था कि यहाँ का माल भाप से चलनेवाले यंत्रों का सामना नहीं कर पाया, बल्कि प्लासी के युद्ध के बाद से गोरे व्यापारियों ने बंगाल के कारीगरों और व्यवसायियों पर इतने भयानक अत्याचार किए कि वे तबाह हो गए। अगर भारतीयों के पास राजनैतिक स्वतंत्रता होती तो इसका भयंकर विरोध होता। अत्याचार का सितम यह था कि अंग्रेज़ों की आज्ञा बिना बंगाल के अधिकांश कारीगर स्वतंत्रतापूर्वक कपड़े नहीं बुन सकते थे। विलायती व्यापारियों ने इंग्लैंड के पार्लियामेंट हाउस ऑफ़ कॉमन्स द्वारा एक कमीशन बनवाया। इस कमीशन ने टॉमस मनरो, जान मैलकम स्ट्राची और वारेन हेस्टिंग्स जैसे भारत जानकारों से प्रश्न पूछे, जिनसे यह निष्कर्ष निकला कि हिन्दुस्तानी अपनी बनाई चीज़ों से अपनी आवश्यकताएँ पूरी कर सकते हैं। यही नहीं, टॉमस मनरो ने कहा, "हिन्दुस्तानी माल विलायती माल की अपेक्षा कई गुना अच्छा होता है, एक हिन्दुस्तानी माल को हम सात वर्ष से काम में ला रहे हैं, किन्तु इतने दिन उपयोग में लाने पर भी उसमें कोई विशेष परिवर्तन नहीं हुआ। सच

बात तो यह है कि यूरोपियन माल मुफ़्त में इनाम मिलने पर भी हम उसका उपयोग करना नहीं चाहते।" (वही, पृ. 155)

भारतेन्दु का स्वदेशी शपथ-पत्र

इस देश के धन-बहिर्गमन के मुख्य-मुख्य कारणों से हिन्दी-नवजागरण के चिन्तक ख़ूब अच्छी तरह परिचित थे। भारतेन्दु जैसे सजग युवक ने सुदूर भविष्य में ही सही किन्तु भारतवर्ष की स्वाधीनता के सपने देखे थे। "...जिस प्रकार अमेरिका उपनिवेशित होकर स्वाधीन हुई वैसे ही भारतवर्ष स्वाधीनता लाभ कर सकता है, परन्तु भारतवर्ष उपनिवेशित होने से इसके विपक्ष में भी बहुत आपत्ति है।" (भारतेन्दु समग्र, पृ. 1092) भारतेन्दु ने अपने विलास में मस्त सामन्ती वृत्ति के समाज को ललकारा। अपना संख्या बल समझाया। "बीस करोड़ भारतवासियों पर पचास हज़ार अंग्रेज़ शासन करते हैं। ये लोग प्राय: शिक्षित और सभ्य हैं, परन्तु इन्हीं लोगों के अत्याचार से सब भारतवासीगण दुखी रहे हैं।" (वही, पृ. 1092) इस कष्ट का एक मुख्य कारण उद्योग पर निर्भरता है। भारतवर्ष एक पेंसिल या दियासलाई तक नहीं बना सकता था। सामान्य वस्तु से विलास तक की वस्तुओं के लिए वह इंग्लैंड पर निर्भर था। अपने धर्म पर गर्व से ऐंठे हुए भारतीयों से भारतेन्दु ने कहा—"भाइयो! अब तो नींद से चौंको, अपने देश की सब प्रकार से उन्नति करो। जिसमें तुम्हारी भलाई हो वैसी ही किताब पढ़ो, वैसे ही खेल खेलो, वैसे ही बातचीत करो।" (वही, पृ. 229)

देश की कारीगरी नष्ट हो गई, कोई नया कला-कौशल नहीं आया। अंग्रेज़ों ने बस दो बातें सिखा दीं—भीख माँगकर पेट भरने की कला और डिग्रियाँ हासिल करना। पर इन ग्रेजुएटों का यह देश क्या करेगा? भारतेन्दु कहते हैं कि—

तीन बुलाए तेरह आवैं।
निज-निज विपता रोइ सुनावैं।
आँखौ फूटे भरा न पेट।
क्यों सखी सज्जन नहिं ग्रेजुएट। (वही, पृ. 256)

भारतेन्दु की राजनीतिक समझ का सबसे सजग प्रमाण है उनका स्वदेशी वस्तुओं के व्यवहार का शपथ-पत्र जो 23 मार्च, 1874 के 'कविवचनसुधा' में छपा—"हम लोग सर्वान्तर्यामी सब स्थल में वर्तमान सर्वद्रष्टा और नित्य सत्य परमेश्वर को साक्षी देकर यह नियम मानते हैं और लिखते हैं कि हम लोग आज के दिन से कोई विलायती कपड़ा न पहिनेंगे और जो कपड़ा कि पहिले से मोल ले चुके हैं और आज की मिती तक हमारे पास हैं उनको तो उनके जीर्ण हो जाने तक काम में लावेंगे पर नवीन मोल लेकर किसी भाँति का भी विलायती कपड़ा न पहिरेंगे। हिन्दुस्तान ही का बना कपड़ा स्वीकार करेंगे और अपना नाम इस श्रेणी में होने के लिए श्रीयुत बाबू हरिश्चन्द्र को अपनी मनीषा प्रकाशित करेंगे और देशी हितैषी इस उपाय की वृद्धि में अवश्य उद्योग करेंगे।" (कविवचनसुधा, बनारस, 23 मार्च, 1874)

यद्यपि भारतेन्दु ने सभी तरह के उद्योग-धन्धों में आत्मनिर्भरता का स्वप्न देखा था, किन्तु उनका विशेष ध्यान बुनकरों की स्थिति पर है। इस शपथ-पत्र में भी उन्होंने विदेशी

कपड़ा न पहनने की प्रतिज्ञा प्रकाशित की है। इसका स्पष्ट कारण अन्य कारख़ानों को खोले जाने की असमर्थता एवं कपड़ा उद्योग में अपने खोए हुए सामर्थ्य को पुन: पा सकने की आशा है। भारतेन्दु समझ रहे थे कि तत्काल आत्मनिर्भरता कपड़ा उद्योग में ही अर्जित की जा सकती है। इसलिए हमारे यहाँ के जुलाहों की स्थिति उनके यहाँ कई बार उल्लिखित हुई। यहाँ से ब्रिटेन कच्चा माल जाने और ब्रिटेन से तैयार माल यहाँ आकर बिकने के नुकसान से दिनोंदिन निर्धन होते भारत के लिए वे कहते हैं—

मारकीन मलमल बिना चलत कछु नहीं काम
परदेसी जुलहान कै मानहु भये गुलाम।
वस्त्र काँच काग़ज़ कलम चित्र खिलौने आदि
आवत सब परदेस सों नितहिं जहाजन लादि।

(वही, पृ. 229)

और भारतीयों को तनिक भी होश नहीं है। वे अपने विलास में मस्त हैं—

तिनही को काम पाइकै साजन निज आमोद
तिन बिन छिन तृण सकल सुख, स्वाद विनोद प्रमोद।

(वही, पृ. 229)

इस विनाश से बचने का एक ही मंत्र है—स्वदेशी का उपयोग। निज भाषा के मूल मंत्र से लेकर भारतेन्दु ने स्वदेशी वस्तुओं के व्यवहार पर बल दिया। राजनैतिक रूप से बीसवीं शताब्दी के प्रथम दशक में गूँजनेवाला 'स्वदेशी प्रयोग' का नारा भारतेन्दु साहित्य में 1874 ई. में ही मुखर हो चुका था। उन्होंने अपने देश की कारीगरी को समुन्नत करने को कहा जिससे हमारे देश का रुपया हमारे देश ही में रहे और उसका आर्थिक दोहन बन्द हो सके। भारतेन्दु ने इस आत्मनिर्भरता की कमी पर दुख व्यक्त करते हुए 'स्वदेशी' के प्रयोग पर बार-बार बल दिया—"हाय अफ़सोस, तुम ऐसे हो गए हो कि अपने निज के काम की वस्तु भी नहीं बना सकते।" (वही, पृ. 229)

अपने निबन्धों में ही नहीं नाटक, कविता आदि रचनात्मक लेखन में भी भारतेन्दु देश की चिन्ता नहीं छोड़ते। उनके प्रसिद्ध नाटक 'अन्धेर नगरी' का पाचक वाला चूरन गान उस समय की सम्पूर्ण राजनैतिक अवस्था को व्यक्त करने में सक्षम है—

हिन्दू चूरन इसका नाम। विलायत पूरन इसका काम।
चूरन जब से हिन्द में आया। इसका ध्यान बल सभी घटाया।
चूरन अमले सब जो खावैं। दूनी रुश्वत तुरन्त पचावैं।
चूरन सभी महाजन खाते। जिससे जमा हजम कर जाते।
चूरन साहब लोग जो खाता। सारा हिन्द हजम कर जाता।
चूरन पुलिस वाले खाते। सब क़ानून हजम कर जाते।
ले चूरन का ढेर, बेचा टके सेर॥

(वही, पृ. 531)

अंग्रेज़ इस देश में व्यापार करने आए थे। व्यापार के लिए वे हर हथकंडा आजमा रहे थे। व्यापार की स्वतंत्र प्रतिद्वन्द्विता में अपने को असमर्थ पाकर उन्होंने राजशक्ति के सहारे केवल कपास ही नहीं अन्य चीज़ों पर भी अत्यधिक महसूल लगाया।

अंग्रेज़ जैसा अनाचार भारतवासियों के साथ कर रहे थे, वैसा अनाचार अपने अधीनस्थ अन्य उपनिवेशों के साथ नहीं कर पा रहे थे। भारत में विदेशी वस्तुओं पर 2.75 रुपये महसूल लगता था, जबकि उसी विलायती वस्तु को कनाडा में बेचने पर 17 रुपये और कपड़े के लिए 23 रुपये, ऑस्ट्रेलिया में 6.25 रुपये और न्यूजीलैंड में 9.25 महसूल लगता था। भारतीयों को अपने देश में बनी हुई वस्तु को अपने देश में बेचने के लिए महसूल देना पड़ता था, ऐसा कारनामा अंग्रेज़ किसी अन्य देश में नहीं कर पाए।

देउस्कर ने भारतवासियों के इस भ्रम कि अंग्रेज़ों ने आकर इस देश का उद्धार कर दिया अन्यथा हम आज भी बैलगाड़ी में चल रहे होते, से विपरीत अपना मत दिया है—"अंग्रेज़ लोग यदि अपनी राजशक्ति के सहारे भारतवासियों की कारीगरी दिखाने की राह रोक न देते तो, बहुत दिन पहले भारत से पश्चिमी विज्ञान के अनुसार कल आदि के सहारे भाँति-भाँति की कारीगरी की वस्तुओं के बनाने का प्रबन्ध हो जाता। यदि भारतवासी पहले-पहल विज्ञान के अनुसार नए-नए यंत्रों का आविष्कार करने में समर्थ न भी होते तो पश्चिम की दूसरी जातियों की भाँति और लोगों के निकाले हुए यंत्र आदि की उन्नति तथा सद्व्यवहार करने में निस्सन्देह समर्थ होते। अनुकरण की बुद्धि में भारतवासी पृथ्वी की किसी भी जाति से हीन नहीं हैं, किन्तु भारत की हिन्दू सन्तान यंत्र विज्ञान के विषय में दूसरी जातियों के पीछे पड़ी हुई है। इसका एकमात्र कारण यह है कि इस विषय में अंग्रेज़ अपनी राज्यशक्ति को भारतवासियों के विरोध के लिए सदैव उद्धत रखते हैं।" (देश की बात, पृ. 162)

अंग्रेज़ों द्वारा अत्यन्त सस्ते मूल्य पर इस देश का कच्चा माल इंग्लैंड ले जाना और वहाँ बनी वस्तु को यहाँ महँगे दाम पर बेचकर बेहिसाब मुनाफ़ा कमाने पर भारतेन्दु हरिश्चन्द्र ने लिखा—

इत की रुई सींग अरु परमहि तितलै जाय।
ताहि स्वच्छ करि वस्तु बहु भेजत इत ही बनाय।
तिनहि को हम पाइकै साजत निज आमोद।
तिन बिन छिन तृन सकल सुख, स्वाद विनोद प्रमोद।
कछु तो वेतन में गयो कछुक राज कर माहिं।
बाक़ी सब त्योहार में गयो रह्यौ कछु नाहिं।
निरधन दिन-दिन होत है भारत युव सब भाँति।
ताहि बचाइ न कोउ सकत निज भुज बुद्धि बल कान्ति।

(भारतेन्दु समग्र, पृ. 229)

भारतीय अपने जुलाहों द्वारा टिकाऊ वस्त्र पहनने से वंचित हो गए। भारतेन्दु का कहना है कि हमारे वस्त्र व्यवसाय के नष्ट हो जाने के कारण हम विदेशी जुलाहों के दास हो गए। केवल वस्त्र उद्योग ही क्यों भारतीय हर क्षेत्र में पीछे रह गए :

ताहू पर महँगी काल-रोग बिस्तारी।
दिन-दिन दूने दुख ईस देत हा-हा री।
सबके ऊपर टिक्कस की आफत भाई।
हा-हा! भारत दुर्दशा न देखी जाई। (वही, पृ. 461)

इससे अधिक देश-दुर्दशा का स्पष्ट वर्णन क्या होगा? देश की ऐसी अवस्था हो गई कि देखी नहीं जाती। अंग्रेज़ी शासन देश को दिनोंदिन दरिद्रता की ओर धकेल रहा है—"मर्दुमशुमारी की रिपोर्ट देखने से स्पष्ट होता है कि मनुष्य दिन-दिन यहाँ बढ़ते जाते हैं और रुपया दिन-दिन कमती होता जाता है। तो अब ऐसा उपाय किए बिना काम नहीं चलेगा कि रुपया भी बढ़ै और वह रुपया बिना बुद्धि न बढ़ेगा। भाइयो, राजा-महाराजों का मुँह मत देखो, मत यह आशा रखो कि पंडित जी कथा में कोई ऐसा उपाय बतलावेंगे कि देश का रुपया और बुद्धि बढ़े। तुम आप ही कमर कसो, आलस छोड़ो। कब तक अपने को जंगली, हूस, मूर्ख, बोदे, डरपोकने पुकरवाओगे। दौड़ो इस घोड़दौड़ में पीछे पड़े तो फिर कहीं ठिकाना नहीं है। 'फिर कब राम जनकपुर ऐहैं।' अबकी जो पीछे पड़े तो फिर रसातल ही पहुँचोगे।" (वही, पृ. 1011)

भारतेन्दु देशवासियों को ललकारते हैं कि आगे बढ़ो आलस्य त्यागो। "अंग्रेज़ों के राज्य में सब प्रकार का सामान पाकर अवसर पाकर भी हम लोग जो इस समय उन्नति न करैं तो हमारा केवल अभाग्य और परमेश्वर का कोप ही है।" (वही, पृ. 1011) अंग्रेज़ों के रहते हमें सारे गुर सीख लेने चाहिए। भारतेन्दु के मन के एक कोने में अंग्रेज़ों से देशमुक्ति की कामना है इसलिए वे उनकी तुलना परदेशी प्रियतम से करते हैं—"भगवान कहते हैं कि पहले तो मनुष्य जनम ही बड़ा दुर्लभ है, सो मिला और उस पर गुरु की कृपा और मेरी अनुकूलता। इतना सामान पाकर भी जो मनुष्य इस संसार-सागर के पार न जाए उसको आत्महत्यारा कहना चाहिए। वही दशा इस समय हिन्दुस्तान की है। अंग्रेज़ों के राज्य में सब प्रकार का सामान पाकर, अवसर पाकर भी हम लोग जो इस समय पर उन्नति न करें तो हमारा केवल अभाग्य और परमेश्वर का कोप ही है। सास के अनुमोदन से एकान्त रात में सूने रंगमहल में जाकर भी बहुत दिन से जिस प्रान से प्यारे परदेसी पति से मिलकर छाती ठंडी करने की इच्छा थी, उसका लाज से मुँह भी न देखैं और बोलैं भी न, तो उसका अभाग्य ही है। वह तो कल फिर परदेस चला जाएगा। वैसे ही अंग्रेज़ों के राज्य में भी हम कुएँ के मेढक, काठ के उल्लू, पिंजड़े के गंगाराम ही रहें तो हमारी कम्बख़्त कम्बख़्ती फिर कम्बख़्ती है।" (वही, पृ. 1011)

भारतेन्दु अपने देश की दुर्दशा और उसके वास्तविक कारणों से भलीभाँति परिचित हैं। देशवासी केवल आवश्यक वस्तुओं पर ही नहीं विलास सामग्री पर भी धन का अपव्यय कर रहे हैं और यह सारा धन अन्ततः विलायत जाएगा। 22 दिसम्बर, 1874 के 'कविवचनसुधा' में भारतेन्दु ने लिखा—"चाहे कैसे भी द्रव्य एकत्र किया हो अन्त में सब जाएगा विलायत में, क्योंकि हमारी शोभा की सब वस्तुएँ वहाँ से आवैंगी, कपड़ा, झाड़-फानूस, खिलौने, काग़ज़ और पुस्तक इत्यादि सब वस्तु विलायत से आवैंगी उसके बदले यहाँ से द्रव्य जाएगा तो परिणाम यह होगा कि चाहे किसी उपाय से द्रव्य लो अन्त में तुम्हारे देश से निकल जाएगा।" (वही, पृ. 1011)

नौरोजी 'धन दोहन' के जिस सिद्धान्त (थ्योरी ऑव ड्रेन ऑव वेल्थ) को रेखांकित कर रहे थे भारतेन्दु ने उसे कविता में अमर कर दिया—

अंग्रेज़ राज सुख साज सजै सब भारी।
पै धन विदेश चलि जात यहै अति ख्वारी॥ (भारतेन्दु समग्र, पृ. 461)

भारतवर्ष में देशी कारीगर और कुटीर उद्योग लगातार नष्ट हो रहा था। सन् 1800 से 1865 के बीच निरुद्योगीकरण हुआ। इसे छिपाने के लिए डैनियल थार्नर जैसे अर्थशास्त्रियों ने आँकड़ों के खेल रचे। कुछ इतिहासकारों ने इन आँकड़ों के रोब में आकर डेविड मौरिस की बात का समर्थन किया कि भारत में कभी निरुद्योगीकरण आया ही नहीं। उन्नीसवीं सदी के सम्पूर्ण निरुद्योगीकरण में भी नहीं। मौरिस का तर्क था कि औद्योगिक पदार्थ के आयात की वृद्धि को निरुद्योगीकरण मानना उचित नहीं। राष्ट्रीयतावादी इतिहासकारों ने ऐसा मानने की भूल की है। मौरिस का कहना था कि जनसंख्या और राष्ट्रीय आय बढ़ने पर देशी उद्योग के सुरक्षित रहने और आय बढ़ने की स्थिति भी हो सकती है। मौरिस ने दूसरा तर्क यह दिया कि विदेशी आयात से किसी एक देशी उद्योग को क्षति हो सकती है तो किसी अन्य देशी उद्योग की उन्नति भी हो सकती है। देशी उद्योगों में सबसे अधिक जुलाहों का नाश हुआ, किन्तु मौरिस का तर्क यह था कि "उन्नीसवीं शताब्दी के आरम्भ में सूत के आयात से सूत कातनेवाले कारीगरों को आघात लगा, किन्तु जुलाहों को सस्ते दर पर सूत मिला और वे सस्ते कपड़े बना सके और विदेशी कपड़ों के साथ प्रतियोगिता में उतर सके। इसी को औद्योगिक आयात का क्षतिपूरक प्रभाव (Compensatory effect) कहा जा सकता है।" (आधुनिक भारत का आर्थिक इतिहास (1850-1947), पृ. 99) मौरिस इस बात का उत्तर नहीं देते कि विदेशी बाज़ार के बड़े आयतन के सामने देशी उद्योग के लिए स्थान ही कहाँ था?

बांग्ला नवजागरण के प्रमुख व्यक्तित्वों में से एक बंकिमचन्द्र चट्टोपाध्याय जैसे विचारक मौरिस की बात से सहमत हो जाते हैं। वे मानते हैं कि बंगाल निर्धन नहीं हुआ वे अपने प्रसिद्ध निबन्ध 'बंगदेशेर कृषक' (बंगदेश का कृषक) में कहते हैं, "यूरोप के किसी राज्य से तुलना किए जाने पर बांग्ला देश अवश्य निर्धन है, किन्तु पहले की अपेक्षा बंगाल आज भी निर्धन है यह मानने का कोई कारण नहीं है वरन् अभी पहले के बंगाल की तुलना में धन वृद्धि हुई है।" (बंकिमचन्द्र चट्टोपाध्याय के निबन्ध : एक संकलन—अनुवाद और सम्पादन—रूपा गुप्ता, स्वराज प्रकाशन, नई दिल्ली, 2010, पृ. 226)

बंकिमचन्द्र धन दोहन के सिद्धान्त (Drain of Wealth) से भी सहमत नहीं हैं। उनका कहना है कि जो विदेशी वणिक इस देश का धन बाहर भेज रहे हैं उसमें उनका थोड़ा-सा मुनाफ़ा है। बस वही धन देश के बाहर जाता है अन्यथा 'इस देश की वस्तुएँ विदेश में ले जाकर बेचने पर उन्हें जो मुनाफ़ा होता है उस सम्बन्ध में सहज ही द्रष्टव्य है कि वह इस देश के लोगों से नहीं होता है। जिस देश में ले जाकर बेचते हैं उसी देश के रुपये से उनका मुनाफ़ा होता है। यहाँ से तीन रुपये टन चावल ख़रीदकर उन्होंने उसे विलायत में पाँच रुपये टन बेचा, जिन दो रुपयों का मुनाफ़ा उन्होंने कमाया वह इस देश के लोगों को नहीं देना पड़ा विलायत के लोगों ने दिया।

बल्कि इस देश के लोगों ने ढाई रुपये का चावल उन्हें तीन रुपये में बेचकर कुछ मुनाफ़ा कमाया। अतएव विदेशी वणिक इस देश की सामग्री विक्रय कर इस देश का रुपया घर नहीं ले जा सके, बल्कि कुछ दे ही गए। (वही, पृ. 227) बंकिमचन्द्र यहीं नहीं रुकते, वे 'Protection' के विरुद्ध अपना मत सामने रखते हैं—"तब यह निर्धारित हुआ कि अगर वे इस देश का कुछ रुपया घर ले जा पाते हैं तो विदेश से लाई हुई चीज़ों को इस देश में बेचकर कमाए गए मुनाफ़े के रूप में। विलायत से चार रुपये में थान ख़रीदकर, इस देश में छह रुपये में बेच, उससे दो रुपये का जो मुनाफ़ा हुआ वह इस देश का रुपया उनके हाथों विदेश गया। देश का रुपया कम हुआ। यह भ्रम केवल इस देश के लोगों में ही नहीं है। यूरोप के सभी देशों के लोगों का बहुत दिनों तक ऐसा ही मानना था एवं कुछ विद्वानों को छोड़कर साधारण जनों के मन से यह यद्यपि दूर नहीं हुआ है। इसका यथार्थ तत्त्व इतना दुरूह है कि कुछ दिनों पहले तक महामहोपाध्याय पंडित जन भी इसे नहीं समझ सके। राजा और मंत्री भी इससे भ्रमित होकर विदेशी सामग्री के स्वदेश आयात को रोकने के उपाय ढूँढ़ने में लग गए। और इसी प्रवृत्ति के वशीभूत होकर विदेश से लाई हुई सामग्री पर गुरुतर शुल्क लगाए। इस महाभ्रमात्मक समाजनीति सूत्र को यूरोप में Protection नाम दिया गया। इसी पर आधुनिक अनर्गल वाणिज्य प्रणाली (Free Trade) संस्थापित कर ब्राइट और कवडेन चिरस्मरणीय बने हैं। फ्रांस में इसे विशेष रूप से स्थापित कर वे नेपोलियन के भी प्रतिष्ठाभाजन बने। फिर भी यूरोप में अभी भी अनेकों का भ्रम दूर नहीं हुआ है। हमारे देश के साधारण लोगों में यह भ्रम रहे तो इसमें आश्चर्य क्या है? Protection से यूरोप का क्या अनिष्ट हुआ—जो यह जानने की इच्छा रखते हों वे बकल के ग्रंथ को पढ़ें।" (वही, पृ. 227)

बंकिमचन्द्र चट्टोपाध्याय आगे बढ़कर बकल के ग्रंथ से असहमत होनेवाले को मिल को पढ़ने की सलाह देते हैं। वे पाठक से कुछ 'देशी बातें' कहते हैं—"हमने छह रुपये देकर विलायत का थान ख़रीदा। छह रुपये क्या मैंने यूँ ही दे दिए? नहीं दिए—उसके विनिमय में हमें एक सामग्री मिली। उसी सामग्री को यदि हमने उचित मूल्य से एक पैसा भी अधिक देकर ख़रीदा तो वह एक पैसा हमारी क्षति हुई। लेकिन यदि हम एक पैसा भी अधिक न दे रहे हों तो हमारी कोई क्षति नहीं हुई। अब हमें यह विवेचना करके देखना चाहिए कि छह रुपये का थान ख़रीदकर एक भी पैसा मूल्य से अधिक दिया है या नहीं? इससे एक पैसे कम में वह थान हम कहीं नहीं पाते, अगर मिलता तो साधारण जन छह रुपयों में क्यों ख़रीदते? यदि छह रुपये से एक भी पैसा कम में वह थान कहीं नहीं मिलता तो यह मूल्य अनुचित नहीं है। जिसने छह रुपये में थान ख़रीदा उसने उचित मूल्य में थान ख़रीदा। यदि सामग्री उचित मूल्य में ख़रीदी गई तो क्रेताओं की क्षति कैसे हुई? कैसे विदेशी वणिक उनके रुपयों का अपहरण कर विदेश पलायन कर गए? उन्हें दो रुपये का मुनाफ़ा ज़रूर हुआ किन्तु क्रेताओं की क्षति करके नहीं क्योंकि उन्होंने उचित मूल्य लिया है। यदि किसी की क्षति न कर मुनाफ़ा कमाया है तो उसमें हमारा अनिष्ट कहाँ है? जिसमें किसी की भी क्षति नहीं है उसमें देश का अनिष्ट कहाँ है? आपत्ति की मीमांसा अभी भी नहीं हुई है। आपत्ति करनेवाले कहेंगे कि देशी बुनकर से इस छह रुपये का थान ख़रीदने पर रुपये देश में ही रहते। अच्छा होता।

किन्तु देशी बुनकर के पास थान है कहाँ? वह यदि थान बुन पाता, इस मूल्य में ऐसा थान दे पाता तो हम उसी से थान ख़रीदते, विदेशी से नहीं ख़रीदते। क्योंकि विदेशी भी हमारे पास थान बेचने नहीं आता। कारण यह कि देशी विक्रेता जहाँ समान दर से वस्तु बेच रहा हो वहाँ उसका लाभ नहीं होता। यह बात समाजनीति की और एक दुर्बोध्य नियम पर निर्भर करती है, उसे अभी रहने दें। मोटी-सी बात इतनी है कि देशी बुनकर को जो ये छह रुपये नहीं मिले उससे किसी की भी क्षति नहीं हुई। क्रेताओं की क्षति नहीं है, यह दिखा चुके हैं। देशी बुनकर की भी क्षति नहीं है, वह थान नहीं बुन रहा है, पर अन्य कपड़ा बुन रहा है। जिस समय में वह इस छह रुपये के लिए थान बुनता उस समय में वह अन्य कपड़ा बुन रहा है। वह पूरा कपड़ा बिक्री हो रहा है। थान बुनकर और अधिक उपार्जन नहीं कर सकता था, थान बुनने पर अन्य कपड़ों का बुना जाना स्थगित रहता। जिस प्रकार थान का छह रुपया मूल्य वह प्राप्त करता, उसी प्रकार छह रुपये मूल्य का वह अन्य कपड़ा नहीं बुन पाता इसलिए लाभ और नुकसान बराबर हो जाते। अतः बुनकर की इसमें कोई क्षति नहीं है। तार्किक कहेंगे, बुनकर की क्षति है। इस थान की आमदनी के कारण बुनकर का व्यवसाय मारा गया। बुनकर थान नहीं बुनकर धोती बुनता है। धोती की अपेक्षा थान सस्ता है इसलिए लोग अब थान पहनते हैं धोती नहीं पहनते। इसलिए अनेक बुनकरों का व्यापार समाप्त हो गया। उत्तर—उसका बुनाई का व्यवसाय समाप्त अवश्य हुआ है लेकिन वह दूसरा व्यवसाय क्यों नहीं करता? दूसरे व्यवसायों का पथ अवरुद्ध नहीं हुआ। कपड़ा बुनकर उसे खाने में कोई बाधा नहीं है। समाजवेत्ता इसे प्रमाणित कर चुके हैं। यदि कपड़ा बुनकर पाँच रुपये का लाभ होता तो थान को बुनकर वही पाँच रुपये का लाभ होगा। थान या धोती से उसे छह रुपये मिलते, थान से उसे वही छह रुपये मिलेंगे। तब बुनकर की क्षति कहाँ हुई?" (वही, पृ. 228-29) बंकिमचन्द्र यहाँ बंगाल के जुलाहों और किसानों का अंग्रेज़ सरकार द्वारा किया गया विनाश भूल जाते हैं, केवल भूल ही नहीं जाते एक प्रकार से अंग्रेज़ों के पक्ष में जा खड़े होते हैं।

बुनकर की इस क्षति को इतिहासकार सब्यसाची भट्टाचार्य अपनी पुस्तक 'आधुनिक भारत का आर्थिक इतिहास' के 'औपनिवेशिक निरुद्योगीकरण और कुटीर उद्योग का हाल' अध्याय में विस्तार से समझाते हैं। इस क्षति के सबसे बड़े दुष्परिणाम को सामने रखते हुए वे कहते हैं, "असल मामला यह है कि कुटीर उद्योग के कारीगरों के टिके रहने की क्षमता का उत्स है अपनी क्रमिक आर्थिक अवनति को स्वीकार करते हुए अपने जातिगत व्यवसाय में लगे रहने का उसका गहरा रुझान। इसका एक कारण है जातिगत व्यवसाय के प्रति उसकी भक्ति। दूसरा कारण है अपनी जीविका उपार्जन करने के और किसी रास्ते का न होना और सबसे ऊपर है क़र्ज़ में फँसे हुए कुटीर उद्योग के कारीगर का महाजन के हाथों में जकड़ा होना। यह अन्तिम मामला वर्गीय शोषण की समस्या है जो राष्ट्रीयतावादी अर्थशास्त्रियों की नज़र में उतना महत्त्व न पा सका, किन्तु इसमें सन्देह नहीं कि औपनिवेशिक अर्थनीति के बँधे हुए पानी में कीड़ों की तरह महाजनी पूँजी बजबजा रही थी; उत्पादन में वृद्धि की तरफ़ विनियोग न करके केवल महाजनी और ख़रीद-बिक्री के व्यवसाय में विनियोजित इस पूँजी के लाभ का एक बड़ा स्रोत था कुटीर उद्योग में लगे कारीगरों को क़र्ज़ अथवा बयाना देकर उन्हें

सूद के जाल में फँसाए रखना और उनके उत्पादनों के विपणन (Marketing) के रास्ते में दलाल के रूप में उनका लाभ वसूल करना। इस राष्ट्रीय अविकसित पूँजीवाद के जाल में फँसे हुए कुटीर उद्योग के कारीगर अपना क़र्ज़ चुकाने में ही हमेशा व्यस्त रहते थे। विपणन के मामले में महाजन पर निर्भर होने के कारण वे कम दाम में अपने उत्पादनों को छोड़ने के लिए बाध्य थे। लाभांश प्रायः सारा का सारा महाजन के हाथ में चला जाता था इसलिए वे पूँजी जमा करने (Capital accumulation) में असमर्थ थे और पूँजी के अभाव में स्थायी रूप से महाजन की ग़ुलामी करने को बाध्य थे। कुटीर उद्योग क्यों टिका रहता है, इस प्रश्न के तमाम उत्तरों के बीच लगता है यही सबसे महत्त्वपूर्ण उत्तर है। इस विषय में मौरिस एकदम चुप हैं।" (आधुनिक भारत का आर्थिक इतिहास (1850-1947, पृ. 99-100)

उपरोक्त उद्धरण से ब्रिटिश शासन में एकदम चौपट होती जाती अर्थव्यवस्था का 'जाति' सम्बन्ध एकदम स्पष्ट हो जाता है। सामान्य कार्यों में लगी तथाकथित निम्न जातियाँ पेट भरना दूभर होने पर भी अपने पारम्परिक जातिगत पेशे से जुड़ी रहने को विवश थीं। शिक्षा तथा अन्य अधिकारों से वंचित इन जातियों को अंग्रेज़ी लूट ने नेस्तनाबूद कर दिया। कुछ भारतीय बौद्धिकों को भले ही उन्नति की लहर दिखाई देती हो किन्तु भारत ब्रिटिशों के निर्लज्ज लोभ से अत्यधिक दुर्दशाग्रस्त था। अंग्रेज़ देश को हर तरह से लूट रहा था। आयात-निर्यात दोनों ही क्षेत्रों में भारत की लूट पर सुप्रसिद्ध इतिहास लेखक विल्सन की टिप्पणी देश की उन्नति के भ्रम का निवारण करती है। देवनारायण द्विवेदी अपनी पुस्तक 'देश की बात' में इसका सारांश प्रस्तुत करते हैं—"हिन्दुस्तान का सूती और रेशमी माल (सन् 1813 तक) ब्रिटेन के बाज़ारों में इंग्लैंड के बने हुए माल के मुक़ाबले में 50 या 60 प्रति सैकड़ा कम दाम पर बेचा जा सकता था और इसीलिए विलायती माल की रक्षा के लिए 70 से 80 तक प्रति सैकड़े भारत के माल पर कर लगाना आवश्यक प्रतीत हुआ। यदि ऐसा न किया जाता और भारतीय माल को रोकने के लिए यह कर न लगाया जाता तो पेसली और मैनचेस्टर के कारख़ाने प्रारम्भ ही से बन्द हो गए होते और भाप की शक्ति से भी शायद ही फिर चले होते। भारत की कारीगरी का नाश करके ही भाप की शक्ति से काम करनेवाले कारख़ाने खोले गए हैं या जिलाए गए हैं, यदि भारत स्वतंत्र होता, तो वह इसका बदला चुकाता और ब्रिटिश माल को रोकने के लिए वह भी कर लगाता तथा इस तरह अपने उद्योग-धन्धों को नाश होने से बचा लेता। भारत को आत्मरक्षा का अवसर बिलकुल ही नहीं दिया गया। वह विदेशियों की दया का भिखारी था। ब्रिटिश माल बिना किसी प्रकार के कर के उस पर लादा गया और विदेशी कारीगरों ने राजनीतिक अन्याय के शस्त्र का अवलम्बन कर भारत के उद्योग-धन्धों को नीचे पटक दिया। अन्ततः उसकी बराबरी में खड़ा न हो सकने के कारण भारत की कारीगरी का गला घोंटा गया।" (देश की बात, देवनारायण द्विवेदी, सम्पा. मैनेजर पांडेय, स्वराज प्रकाशन, नई दिल्ली, 2012, पृ. 42)

भारत और विलायत की आयात-निर्यात नीति अत्यन्त निर्ममता से बनाई गई। अंग्रेज़ों ने सबसे पहले हिन्दुस्तानी माल को विलायत आने से रोका। इंग्लैंड की राजसत्ता का सहायता से उन्होंने हिन्दुस्तानी माल पर कड़ा महसूल बिठाने का क़ानून बनवाया। जो हिन्दुस्तानी कपड़े विलायत जाते थे—उन पर सत्तर से अस्सी रुपये सैकड़े तक महसूल

लगाया गया। मलाबार प्रान्त से क्यालिको नामक छींट का कपड़ा पहले विलायत बहुत जाता था। सन् 1676 ई. में पहले-पहल विलायत में इस कपड़े के बनाने का कारख़ाना स्थापित हुआ। सन् 1700 और 1761 में पार्लियामेंट द्वारा इस आशय के क़ानून पास किए गए कि किसी भी प्रकार की छींट तथा अन्य प्रकार के छपे हुए कपड़े न तो यहीं बनाए जावें और न बिना रोक-टोक भारत से ही आने पावें। इसके सिवा छींट पर फी गज के लिए तीन पेन्स यानी डेढ़ आना टैक्स भी लगाया गया। दो वर्ष बाद पार्लियामेंट ने विदेशी जुलाहों की प्रार्थना पर क्यालिको छींट का टैक्स दूना यानी हर गज पर तीन आना कर दिया। सन् 1720 ई.में क़ानून बना कि, जो लोग विलायत में हिन्दुस्तानी कपड़ा बेचेंगे, उन्हें बीस पौंड (150 रु.) और जो ख़रीदेंगे उन्हें 50 रु. जुर्माना होगा। तदनुसार ही अनेक स्त्रियों को इस क़ानून के भंग करने के कारण उस समय जुर्माने भी देने पड़े थे।

अन्यान्य चीज़ों पर कैसा कर लिया जाता था, सो भी देखिए—

हींग	प्रति सैकड़ा	233 रु. से 622 रु. तक
इलायची	"	150 रु. से 266 रु. तक
काली मिर्च	"	236 रु. से 400 रु. तक
चीनी	"	94 रु. से 393 रु. तक
चाय	"	67 रु. से 100 रु. तक
चटाई	"	83.62
मसलिन (तनजेब)	"	32.50
छींट	"	81 रु.
रेशम	"	1.75 रु. और फी सेर 4 रु.
कपास फी मन लगभग		15 रु.

(वही, पृ. 47-49)

इतिहासकार बिपिनचन्द्र अपनी प्रसिद्ध पुस्तक 'भारत में आर्थिक राष्ट्रवाद का उद्‌भव और विकास' का आरम्भ निम्नलिखित जिन दो उद्धरणों से करते हैं वे ब्रिटिशकालीन भारत की घोर निर्धनता, दरिद्रता और भयंकर शोषण को दर्शाते हैं—"यदि यह सिद्ध किया जा सके कि अंग्रेज़ी शासनकाल में भारत भौतिक सम्पन्नता की दृष्टि से पहले की तुलना में और अधिक पिछड़ गया है तो इसे मैं आत्मनिन्दा मानने को एकदम तैयार हूँ और स्वीकार करता हूँ कि इस स्थिति में हमें भारत को अपने नियंत्रण में रखने का कोई अधिकार नहीं।"

जॉर्ज हैमिलटन, भारत सचिव, "भारत की घोर दरिद्रता इतनी अधिक उद्वेगजनक है कि किसी भी अन्य देश की सरकार इस प्रकार की स्थिति में इस प्रश्न को गम्भीरतापूर्वक सोचने को विवश होती अन्यथा देश में क्रान्ति हो गई होती। जर्नल ऑफ़ पूना सार्वजनिक सभा।" (भारतवर्ष में आर्थिक राष्ट्रवाद का उद्‌भव और विकास, बिपिनचन्द्र, अनामिका प्रकाशन, नई दिल्ली, 2008, पृ. 19)

भारतीयों को अपने देश में पड़ रहे लगातार दुर्भिक्षों ने झकझोर कर रख दिया। यद्यपि उन्नीसवीं सदी के देशहित चिन्तक लम्बे समय तक इस भ्रम में रहे कि अंग्रेज़ इस देश को न समझ पाने और इस देश से अपरिचित होने के कारण इस प्रकार की प्रजा विरोधी नीतियाँ बना रहे हैं, किन्तु 1871 ई. में दादाभाई नौरोजी के उद्‌घोष कि देश निरन्तर दरिद्र

तथा पंगु बनता जा रहा है, ने सबको महारानी विक्टोरिया के घोषणा-पत्र की मोह निद्रा से जगाया। यद्यपि यह जागना प्रथम बार का जागना नहीं था, इससे पहले सन् सत्तावन का प्रथम भारतीय स्वाधीनता संग्राम अंग्रेज़ों के संत्रास से पीड़ित भारतीय कृषक और उनके सिपाही बेटों द्वारा लड़ा गया था। उन्हें उन देशी रियासतों ने नेतृत्व और असलाह प्रदान किया जो अन्यायपूर्ण ढंग से अंग्रेज़ों द्वारा जब्त कर ली गई थीं। सन् सत्तावन का प्रथम स्वाधीनता संग्राम भारतीय हार गए। इस हार ने न केवल भारतवर्ष को और 90 वर्षों तक ग़ुलाम बनाए रखा वरन् हिन्दुस्तानियों का एक और भयंकर नुकसान हो गया। अंग्रेज़ हिन्दुस्तान में हिन्दू और मुसलमान की एकता से परिचित हो गया। हालाँकि सन् सत्तावन के संग्राम, जिसे अंग्रेज़ और अंग्रेज़ी दां इतिहासकारों द्वारा गदर, सिपाही विद्रोह और बलवा जैसे नामों से इतिहास पुस्तकों अतएव जनता की स्मृति में भी दर्ज करवाया, को अधिक सफलता उत्तर-पश्चिम भारतवर्ष में मिली, किन्तु इसकी धमक पूरे देश में फैली। सन् सत्तावन के संग्राम के पीछे केवल धार्मिक भावनाएँ आहत होना नहीं था। इसके पीछे अंग्रेज़ों की वह भयंकर शोषण नीति थी जिसने इस देश को कंगाल कर दिया था। देश की बढ़ती बदहाली से उपजे भयंकर असन्तोष को ही सन् सत्तावन के संग्राम में अभिव्यक्ति मिली थी।

सन् सत्तावन के प्रथम स्वाधीनता संग्राम को सिपाही विद्रोह के रूप में देखा गया था, जिससे ईस्ट इंडिया कम्पनी के हाथों से भारत निकल गया किन्तु फिर भी पढ़े-लिखे भारतीयों ने देश का शासन सीधे ब्रिटेन की संसद के हाथों में जाने पर आकाश कुसुम के स्वप्न देखने आरम्भ कर दिए थे। इन स्वप्नों को देखे जाने का पर्याप्त कारण भी था। ईस्ट इंडिया कम्पनी के हाथों से भारत का शासन सीधे इंग्लैंड की महारानी के हाथों चला गया। महारानी ने अपनी 'काली प्रजा' से भी अपनी प्रजा की तरह संरक्षण देने के कभी पूरे न होनेवाले लम्बे-चौड़े वायदे किए। अति सुन्दर शब्दों में भविष्य के सपने दिखाता महारानी का घोषणा-पत्र झूठ का पुलिंदा ही प्रमाणित हुआ।

आर्थिक रूप से भयंकर त्रस्त भारतीय जनता ने बुरी तरह कुचले गए सन् सत्तावन के स्वाधीनता संग्राम और उसके नेतृत्व को अपने स्मृतियों से विस्मृत न होने दिया। ये स्मृतियाँ कभी वर्नाक्यूलर प्रेस एक्ट को धोखा देती हुई कभी उस एक्ट की पहुँच से बाहर जनमानस और उसके लोकगीतों में सुरक्षित हो गई—उन्नीसवीं सदी के उत्तरार्द्ध की ओर देश में बढ़ते दुर्भिक्षों की निरन्तरता ने—"देश को इस बुरी तरह से जकड़ा कि उसके भयंकर परिणाम ने अंग्रेज़ों द्वारा स्वत: प्रस्तुत विदेशी शासन में शान्तिपूर्वक तथा सामान्य गति से उन्नतिशील भारत के चित्र को झकझोर कर रख दिया और साथ ही विवश प्रजा की स्थिति की ओर ध्यान देने के लिए शासकों को विवश कर दिया।" (वही, पृ. 19)

देश के सभी राष्ट्रवादी विचारकों और चिन्तकों ने देश की इस दुर्दशा पर गहन विचार आरम्भ किया। हिन्दी-नवजागरण के सभी विद्वानों और चिन्तकों ने इसमें महत्त्वपूर्ण भूमिका निभाई। उन्नीसवीं सदी की हिन्दी पत्रकारिता का सर्वप्रमुख उद्देश्य देशहित की चिन्ता है। हिन्दी पत्रकारिता की दृष्टि से उन्नीसवीं सदी को दो भागों में विभाजित करके देखा जाए तो (सन् सत्तावन के पहले और उसके आसपास की हिन्दी पत्रकारिता तथा सन् सत्तावन के बाद उन्नीसवीं सदी के उत्तरार्द्ध की हिन्दी पत्रकारिता) भारतेन्दु हरिश्चन्द्र के कविवचनसुधा के पहले से ही उसकी एक अच्छी-ख़ासी परम्परा मिलती

है। इस परम्परा के दोनों ही भागों में देश चिन्ता की निरन्तरता खंडित नहीं होती। देशहित चिन्तकों ने देश की दरिद्रता को सामने रखा। उन्होंने अपने आँकड़ों की प्रामाणिकता का बड़ा सटीक रास्ता चुना। दादा भाई नौरोजी, सखाराम गणेश देउस्कर, भारतेन्दु हरिश्चन्द्र और बंकिमचन्द्र चट्टोपाध्याय आदि जिन लोगों को इस शोध कार्य में उद्धत किया गया है, उन सभी ने अपने कथन की प्रामाणिकता हेतु औपनिवेशिक प्रशासनिक आँकड़ों और शासकों तथा अधिकारियों के कथन का उपयोग किया। इसका सर्वाधिक सदुपयोग दादा भाई नौरोजी और सखाराम गणेश देउस्कर ने किया। यह निस्संकोच कहा जा सकता है कि राह दिखानेवाले दादा भाई नौरोजी ही थे जिस पर हिन्दी-नवजागरण के कई लेखकों ने पुस्तकें लिखीं। केवल नौरोजी ही नहीं इन लेखकों ने लाला लाजपत राय, लोकमान्य तिलक जैसे समकालीन तथा अन्य प्रेरणास्पद प्राचीन और मध्यकालीन व्यक्तियों की जीवनियाँ लिखीं। समकालीन व्यक्तियों में नौरोजी सबसे प्रेरणास्पद व्यक्ति थे। यह दादा भाई नौरोजी ही थे जिन्होंने 1876 में अपने निबन्ध पॉवर्टी इन इंडिया में घोषणा की : "भारत कई प्रकार से गम्भीर रूप से विपन्न है और दरिद्रता में दबा हुआ है। बहुसंख्यक भारतीय जनता को मूल आवश्यकताओं की पूर्ति के लिए भी उपयुक्त साधन प्राप्त नहीं हैं।" उन्होंने दरिद्रता को 'विशिष्ट विषय' बनाया तथा अपने 'जीवन के लक्ष्य', भारत की वास्तविक स्थिति के प्रति अंग्रेज़ी जनता को जगाना, की पूर्ति के लिए वर्षों तक सारे इंग्लैंड में अभियान जारी रखा। वृद्धावस्था के साथ यह महान वृद्ध पुरुष (ग्रैंड ओल्ड मैन) कोमल होने की अपेक्षा और अधिक उग्र बनते गए तथा कठोर शब्दों का ही नहीं प्रत्युत हिंसापरक भाषा का प्रयोग करने लगे। 1881 में उन्होंने 'भारत की दुर्भाग्यग्रस्त हृदय-विदारक तथा ख़ून खौलानेवाली स्थिति' की भर्त्सना की। 1895 में उन्होंने घोषित किया : 'भारत भूखा मर रहा है।' 1900 में उन्होंने कहा—"सत्य यह है कि भारतवासी एक प्रकार के दास हैं। दशा अमेरिकी दासों से भी बुरी है क्योंकि अमेरिकी दासों के स्वामी अपनी सम्पत्ति से अपने दासों की देखभाल तो करते हैं।" (देश की बात)

औपनिवेशिक 'देन' का मिथ्या राग

उन्नीसवीं सदी में अंग्रेज़ों के लोभ की लूट की पराकाष्ठा बिना इस तथ्य के उल्लेख के पूरी तरह नहीं समझी जा सकती कि उन्होंने अपने आप को इस देश का उद्धारकर्ता माना। अपने अविचार, अन्याय और लूट को न्यायोचित ठहराया। न केवल स्वयं न्यायोचित ठहराया बल्कि भारतीयों के दुर्बल मानस में भी यह तथ्य कील की तरह ठोंक दिया। इतना गहरा कि आज भी भारत को 'अंग्रेज़ों की देन' गिनानेवाले उनकी अनुपम देनों में रेल, बिजली और अदालतों को गिनवाते हैं। वे रेलों के विकास के लिए अंग्रेज़ों द्वारा किए 'उपकार' की भारतीयों द्वारा चुकाई गई क़ीमत की कोई चर्चा नहीं करते। इसकी चर्चा दादा भाई नौरोजी ने भी की थी। अंग्रेज़ों की रेल सम्बन्धी अनुकम्पा के लिए इतिहासकार सब्यसाची भट्टाचार्य का मत औपनिवेशिक इतिहासकारों का अनुमोदन नहीं करता। अपनी पुस्तक 'आधुनिक भारत का आर्थिक इतिहास' में इतिहासकार सब्यसाची भट्टाचार्य रेल के विकास के कारण, अंग्रेज़ों को उससे होनेवाले लाभ, रेलमार्ग पर पूर्णतः भारतीय व्यय, इस व्यय से विलायती व्यवसायियों का फलना-फूलना और भारतीय व्यवसायियों की दुर्गति की तथ्यपूर्ण चर्चा करते हैं। सब्यसाची अपनी

प्रसिद्ध पुस्तक के 'औपनिवेशिक राज और अर्थनीति' अध्याय में दिखलाते हैं कि ब्रिटिश सरकार सड़क, रेल और बन्दरगाह बनाने में अत्यन्त सक्रिय थी जिसका मुख्य कारण अर्थनीतिक व्यवस्था और विकास को सुनिश्चित करना था। यह निस्संकोच कहा जा सकता है कि यह विकास भारत का विकास नहीं था। सन् 1853 में ही डलहौजी ने यह समझ लिया था कि राजनैतिक और सामरिक कारणों से भी रेलमार्ग का निर्माण उन लोगों के लिए लाभकारी होगा। रेलमार्ग के विकास हेतु अंग्रेज़ पूँजीपतियों का भी दबाव था। अंग्रेज़ पूँजीपतियों के मूल उद्देश्य पर चर्चा करते हुए थार्नर और मैक्फर्सन ने दिखाया कि भारत में अंग्रेज़ों ने रेलमार्ग का विकास क्यों किया। इसके मुख्य कारण थे—"(क) भारत में रेल कम्पनियों में ब्रिटिश पूँजी का विनियोग, (ख) रेलमार्ग को निकास-प्रणाली के रूप में इस्तेमाल करके भारत से कच्चा माल, ख़ासकर रुई का इंग्लैंड के कारख़ानों को निर्यात, (ग) इंग्लैंड के रेल इंजनों, इस्पात की रेलों और मशीनरी को भारत में बेचना, और (घ) रेलमार्ग द्वारा भारत के अन्दरूनी बाज़ारों में ब्रिटिश कारख़ानों के मालों, विशेषकर सूती कपड़ों की बिक्री करना। इन सब लाभों का लोभ ही असली बात थी। इस देश की अर्थनीति का आधुनिकीकरण इसमें जरा भी न था। इसके अलावा निश्चय ही सामरिक स्वार्थ के कारण सीमान्त के निकटवर्ती स्थानों पर, जहाँ लाभ की सम्भावना न थी। वहाँ ब्रिटिश रेल कम्पनियाँ भी नहीं थीं। वहाँ सरकार ने अपने ख़र्च पर रेलमार्ग बनाना शुरू किया और उन्नीसवीं शताब्दी के अन्तिम दशकों में करदाताओं के पैसे से कुछ सरकारी रेलमार्ग बनने शुरू हुए। यह काम ब्रिटिश पूँजीवाली रेल कम्पनी के काम के साथ-साथ शुरू हुआ।" [आधुनिक भारत का इतिहास (1850-1947), पृ. 155]

इतिहासकार सब्यसाची भट्टाचार्य सामान्यतः पूछे जानेवाले प्रश्नों को उठाते हैं कि क्या इससे भारत को आधुनिक बनने में सहायता नहीं मिली? क्या भारत के अन्दरूनी बाज़ार इससे आपस में नहीं जुड़ गए? क्या रेल कम्पनियों ने इस देश में इस्पात के कल-कारख़ाने नहीं बैठाए? तथा देशी मिस्त्री तैयार नहीं किए? इससे भारतीय कौशल और कारीगरी में बढ़ोतरी नहीं हुई?

इन प्रश्नों के उत्तर में सब्यसाची लिखते हैं—"सबसे पहले हमें याद रखना होगा कि किन-किन हितों की रक्षा के लिए इस तस्वीर को बनाने पर बल दिया गया था? किस उद्देश्य से रेलमार्गों का निर्माण हुआ था?—देश की समृद्धि के लिए अथवा किसी और उद्देश्य से? यहाँ इस तर्क-वितर्क के लिए कोई जगह नहीं है कि उपरोक्त उद्देश्य सच है या नहीं, क्योंकि इसके पक्ष में काफ़ी प्रमाण हैं।

"इसका एक बड़ा कारण यह है कि रेलमार्गों का भौगोलिक विन्यास और माल ढोने का किराया, जिस दर पर लिया जाता था—ये दोनों ही देश के भीतर के सुदूर अंचलों से कच्चा माल ढोकर लाने और वहाँ औद्योगिक पदार्थों को ढोकर पहुँचाने के अनुकूल थे। उपरोक्त भौगोलिक विन्यास इस प्रकार से किया गया था, जिससे कि भीतरी क्षेत्रों से कच्चा माल बम्बई, कलकत्ता आदि बड़े बन्दरगाह-शहरों तक पहुँचाने का निकटतम रास्ता मिल सके। दूसरी ओर यही रेलमार्ग मैनचेस्टर से सूती कपड़े और बरमिंघम से लोहा-इस्पात आदि औद्योगिक पदार्थ सुदूर भीतरी अंचलों के बाज़ारों तक पहुँचा सकें।

"आन्तरिक वाणिज्य अथवा औद्योगिक सम्भावनाओं की ओर देखकर रेलमार्गों का निर्माण नहीं किया गया था, और माल के ऊपर किराए का निर्धारण भी इसी नीति से

प्रेरित था। कच्चा माल तथा दूसरे कृषि-पदार्थ, जैसे पूर्वी बंगाल का चावल, मध्य प्रदेश और पंजाब का गेहूँ, दक्षिणी भारत की रुई—कम किराए पर बन्दरगाह-शहरों तक लाए जाते थे। इन सब औद्योगिक पदार्थों पर वापसी में रेल किराया ज़्यादा था। दूसरी ओर जो तैयार औद्योगिक माल बन्दरगाह-शहरों से देश के भीतरी हिस्सों में जाता था उसके ऊपर, भीतर से बन्दरगाह की ओर जानेवाले औद्योगिक पदार्थों की तुलना में किराया कम था।" (वही, पृ. 156) अंग्रेज़ों की वास्तविक आकांक्षा और उसके कृत्रिम प्रस्तुतीकरण पर सब्यसाची स्पष्ट राय देते हैं कि रेलमार्गों के निर्धारण और माल के किराए का निर्धारण "ये दोनों नीतियाँ कच्चे माल के निर्यात और औद्योगिक पदार्थों के पक्ष में थीं। इसी कारण भारत के औद्योगिक विकास में इन नीतियों से बाधा पड़ी थी।" (वही, पृ. 157)

इसी अध्याय में इतिहासकार भट्टाचार्य एक ओर रोचक बात कहते हैं। वे रेलमार्ग को देश में विकास की अपनी धारा से बाहर की चीज़ मानते हैं। उनका मानना है कि उद्योग और वाणिज्य की तरह रेलमार्ग भी इस देश की मिट्टी से नहीं उपजा। "हुआ यह कि हमारे देश में जैसे कुछ मशीनें आसमान से आ गिरीं। यूरोप और उत्तरी अमेरिका के देशों में रेलमार्गों के प्रसार का अर्थ था बाज़ार में परिवहन की माँग, देशी पूँजीपतियों का आग्रह, लोहा-इस्पात मशीनरी, उद्योगों का प्रसार और लोहा, कोयला आदि खनिज पदार्थों के उद्योगों में वृद्धि आदि अर्थात् रेलमार्ग के पीछे इंजीनियरी उद्योग, उसके पीछे लोहा-इस्पात-उद्योग, उसके पीछे खनिज पदार्थों की ख़ुदाई—इस प्रकार एक-दूसरे को जोड़नेवाली एक जंजीर इसके पीछे बन गई। (इसे कहते हैं backward linkage)। दूसरी ओर भारत में 1855 से 1910 तक रेलमार्ग, 1940 तक रेल इंजन तथा मशीनरी, 1865 तक कोयला भी इंग्लैंड से मँगाया जाता था, अर्थात् इस पारस्परिक—'शृंखला का लाभ इंग्लैंड के लोहा, इस्पात, इंजीनियरी, खनिज उद्योगों को मिल रहा था। इसीलिए रेलमार्ग के उद्‌भव के फलस्वरूप दूसरे भारी उद्योगों का जो स्वाभाविक विकास होता है भारत में वह नहीं हुआ।" (वही, पृ. 157)

अभी तक ब्रिटिश शासकों की भारत में आधुनिक तकनीक लाने की तथाकथित सदिच्छा पर ही चर्चा हुई है। इस तथाकथित सदिच्छा के कारण भारत में बिछाए जानेवाले रेलमार्ग पर वास्तविक व्यय किसका हुआ तथा लाभ के भागीदार कौन थे, इस पर चर्चा बाक़ी है। ऊपर से रेलमार्ग, दादा भाई नौरोजी जिसे धन का बहिर्गमन (drain of wealth) कहते थे, उसी का एक रास्ता बन गया।" (वही, पृ. 157)

यह अत्यन्त आश्चर्यजनक है कि रेलमार्ग के विकास के लिए ब्रिटिश औपनिवेशिक शासकों की वास्तविक मंशा को बाद के इतिहासकार समझ नहीं सके, किन्तु तत्कालीन अर्थनैतिक परिस्थितियों के प्रत्यक्षदर्शियों और कहा जाए भुक्तभोगियों, तो अत्युक्ति न होगी, को यह समझने में कोई कठिनाई नहीं हुई। अंग्रेज़ों ने भारत में दुर्भिक्ष दमन के लिए रेलमार्ग के विस्तार को आवश्यक बताया। सखाराम गणेश देउस्कर अपनी पुस्तक 'देश की बात' के अध्याय 'रेल और नहर' में महाभारत के सभापर्व में महाराज युधिष्ठिर से नारद द्वारा पूछा गया प्रश्न सामने रखते हैं, "तुम्हारे राजा के किसान तो सुख के दिन बिता रहे हैं न? कृषकों के घर में बीज और अन्न की कमी तो नहीं है? राज्य में स्थान-स्थान पर बड़े-बड़े जलपूर्ण तालाब और सरोवर खोदे तो गए हैं? वृष्टि की परवाह किए बिना खेती का काम तो चल रहा है?" इसके बाद देउस्कर अंग्रेज़ों द्वारा भारतीय कृषि को नष्ट

करने के कृत्यों का उल्लेख करते हैं। अंग्रेज़ों ने भारत में कृषि को 'वृष्टि निरपेक्ष' बनाने के लिए कुछ नहीं किया। इससे पहले के राजागण तालाब, सरोवर, कुएँ और बावड़ियाँ खुदवाया करते थे। अंग्रेज़ों ने प्रजा से मनमाना कर लेकर भी कृषि और कृषकों की सुगमता और भलाई के लिए कुछ नहीं किया। देउस्कर इस बात पर आश्चर्यचकित होकर लिखते हैं, "इस देश के लोग जिन सब घटनाओं को दैवाधीन समझते हैं, अंग्रेज़ों ने विज्ञान के बल से उन सबको अपने अधीन कर लिया है, पर अकाल की बात मुँह से निकलते ही उनके मुँह से दैवशक्ति की अनतिक्रमणीयता सुन पड़ती है। भारतवासियों का विश्वास है कि सरोवरादि खोदकर ज़मीन सींचने (irrigation) की सुव्यवस्था करने में अनावृष्टि का कुफल बहुत कुछ कम हो जाता है। उसी से तत्कालीन हिन्दू नरपतिगण नारदीय नीति के अनुसार तालाबादि खोदने में अधिक परिश्रम किया करते थे। लॉर्ड वेलेज़ली के आज्ञानुसार डॉक्टर फ्रांसिस बुकानन ने दक्षिण भारत के कृषि-कार्य की अवस्था देखकर जो रिपोर्ट लिखी थी, उसमें देखा जाता है कि सौ वर्ष पहले भी दाक्षिणात्य हिन्दू राज्यों में जलागारों 000की ख़ूब उत्तम व्यवस्था थी। उस ग्रंथ में उस समय के सामान्य राज्य के अधिकारी छोटे-छोटे हिन्दू राजाओं के खुदवाए 4 कोस लम्बे और 1.5 कोस चौड़े बहुसंख्यक तालाब और सरोवर का वर्णन पढ़कर आज इस बीसवीं सदी के प्रारम्भ में भी हम लोगों को आश्चर्यचकित होना पड़ता है।" (देश की बात, पृ. 112)

इससे भी अधिक आश्चर्य की बात यह है कि शासकों ने अकाल की भयंकरता कम करने के लिए 58 वर्षों में लम्बा रेलपथ बनाया जिसमें निर्धन भारतीयों की ख़ून-पसीने की कमाई ख़र्च की गई फिर भी भारतीयों को अकाल से मुक्ति नहीं मिली। हाँ पहले से ही भारतीय धन को विभिन्न स्रोतों से हजम कर रही ब्रिटिश हुकूमत का पेट और बढ़ा। राजपुरुषों के मतानुसार अकाल की भयंकरता कम करने लिए सन् 1849 से 31 मार्च, 1907 तक दरिद्र भारतवासी के 404 करोड़ 19 लाख 50 हज़ार रुपयों के ख़र्च से 29 हज़ार मील लम्बा रेल-पथ बनाया गया है। सन् 1909 के लिए भी 15 करोड़ रुपये मंजूर किए गए। दुख की बात तो यह है कि प्रजा की यह पहाड़-सी धनराशि ख़र्च करके भी सरकार इन पचास वर्षों में एक पैसा भी लाभ नहीं कर सकी है। पक्षान्तर में सन् 1900 तक सरकार को इस काम में 60 करोड़ रुपया नुकसान हुआ है। और प्राय: 1 अरब 2 करोड़ 50 लाख रुपया क़र्ज़ करना पड़ा है। हाँ, इस रेल के कारण साढ़े छह हज़ार गोरों को बड़ी-बड़ी नौकरियाँ मिली हैं तथा इंग्लैंड के लोहे के कारख़ानादारों की ख़ूब बन आई है—"श्रीयुत दादा भाई नौरोजी ने दिखाया है कि भारत में रेल के लिए जो रुपया ख़र्च होता है उसमें फी सैकड़ा 31.50 रुपये विलायत के लौह-व्यवसायियों को मिलता है। इसके सिवाय यहाँ जो 23 परदेशी रेल कम्पनियाँ हैं, उनके डाइरेक्टरों के दफ़्तर इंग्लैंड में हैं, उनके लिए जो भी ख़र्च होता है वह भी इंग्लैंड जाता है। रेल बनाने के लिए अधिकांश ऋण विलायत में लिया गया है। उसका सूद भी वहीं जाता है। भारत के राजाओं से थोड़ा-बहुत रुपया—लगभग छह करोड़—क़र्ज़ लिया गया है। परदेशी कम्पनियों का भी बहुत-सा रुपया रेल में लगा है, अस्तु रेल से जो कुछ नफा होता है, वह परदेशियों के पेट में जाता है।" (वही, पृ. 113)

पेट में जाना भी कुछ ऐसा कि रेलमार्ग से होनेवाली पूरी आय ब्रिटिश सत्ता और उसकी कम्पनियों की जेब में और रेलमार्ग के विकास पर होनेवाला पूरा व्यय भारतीय

निर्धन जनता की जेब से। भारतवर्ष में रेल निर्माण से कुल तेईस विदेशी कम्पनियाँ जुड़ी हुई थीं। इसके अतिरिक्त स्वयं औपनिवेशिक सरकार ने पाँच रेल पथ बनाए। दोनों ही कार्यों में विदेशियों को घाटा हुआ। यह घाटा भी भारतीय जनता को सहना पड़ा और इस घाटे पर दिया जानेवाला ब्याज भी उसे ही भरना पड़ा। अंग्रेज़ सरकार ने विदेशी रेल कम्पनियों को वचन दे दिया था कि अगर किसी प्रकार की कोई हानि हुई तो उसकी पूर्ति भारत सरकार करेगी। भारत सरकार अर्थात् भारत में इंग्लैंड की महारानी की अंग्रेज़ सरकार। यह अंग्रेज़ सरकार भारतीय कोष से इस घाटे की भरपाई करेगी। यहाँ रोचक बात यह भी है कि भारत की अंग्रेज़ सरकार ने जो ब्रिटेन की अंग्रेज़ सरकार से ब्याज पर ऋण लिया, उस ऋण और ब्याज को चुकाया भारतीय जनता ने। भारतीय जनता ने केवल यह ऋण और उसका ब्याज ही नहीं चुकाया, बल्कि विदेशी निवेशकों का लाभ, विदेशी इंजीनियरों का ख़र्च, रेल से सम्बद्ध उच्च पदाधिकारियों का ख़र्च—सब कुछ भारतीय जनता ने चुकाया। व्यापार का लाभ किसे मिला? अंग्रेज़ व्यापारियों को। क्या रेल से सम्बन्धित अन्य उद्योग-धन्धे भारत में पनप पाए? नहीं। क्या रेल के विकास से जुड़े सड़क मार्ग भारत में विकसित हुए? नहीं। फिर भी अंग्रेज़ सरकार भारतवासियों के विकास के लिए रेलमार्गों के विकास के लिए इतनी आग्रहशील रही। सखाराम गणेश देउस्कर इस आग्रह के पीछे औपनिवेशिक शक्तियों की इस देश को अन्धाधुन्ध लूटने की मंशा समझते हैं। वे कहते हैं—भला इस आग्रह का भी कुछ ठिकाना है। कई कम्पनियों को अन्य प्रकार से सहायता देकर भारत में रेल-पथ बनाने के लिए सरकार ने उन लोगों को उत्साह दिया है। जी.आई.पी., बी.बी.सी.आई., और मद्रास रेल कम्पनियों के साथ सरकार ने इस प्रकार का बन्दोबस्त किया है—"In the contract renewed with the three railways...it was agreed that the companies should receive intrest at the guaranteed rate of five percent, and half the surplus profits, no account being taken deficits; that remittances to England should be converted at the rate of is, 10 d the ruppee; and the calculations should be half-yearly.—Miss Ethel Farady M.A.—'Paper on Indian guaranteed Railways'—1900.

अर्थात् 'इन तीन रेल कम्पनियों के साथ जो नया ठीका किया गया है उनमें, लिखा है कि कम्पनियों की उनकी मूल पूँजी पर पाँच रुपया सैकड़ा सूद दिया जाए। एक रुपये की जगह इंग्लैंड में उन्हें 1 शिलिंग 10 पेंस दिए जाएँ। हर छह महीने में हिसाब किया जाए।' मतलब उपर्युक्त कम्पनियाँ रेल में जितनी पूँजी लगाएँगी उन पर उन्हें पाँच रुपया सैकड़ा नफा होना ही चाहिए। अगर इतना नफा न हुआ तो सरकार उनकी भरपाई कर देगी। अगर फी सैकड़ा पाँच रुपये से अधिक नफा हुआ तो उसमें से आधा सरकार लेगी आधा कम्पनी। इसके सिवा इस नियम के अनुसार सरकार को एक रुपये की जगह 1 रुपया 6 आना देना पड़ेगा। इंग्लैंड के बाज़ार में ढाई-तीन प्रतिशत ब्याज पर बहुत रुपया मिलता है। कम्पनी वहाँ से रुपया लेकर यहाँ रेल में लगाती है। कम्पनी को मुफ़्त में दो-ढाई प्रतिशत नफा हुआ। इसके लिए भी भारत की ग़रीब प्रजा मारी जाती है। छमाही हिसाब करने में भी सरकार की हानि है। पहले छह महीने में अगर पाँच रुपये सैकड़ा से कम नफा हुआ तो उसमें से आधा लेने के लिए कम्पनी तैयार है ही। उदाहरणार्थ पहले छह महीने में कम्पनी को फी सैकड़ा चार रुपये नफा हुआ तो फी सैकड़ा एक रुपया

सरकार को देना पड़ा। पर अगले छह महीने में कम्पनी को यदि छह रुपया नफा हुआ तो उसमें से सरकार केवल आठ आना पाएगी। अर्थात् समूचे वर्ष में सरकार को प्रति सैकड़ा आठ आना घाटा हुआ। पर यदि वार्षिक हिसाब होता तो सरकार को घाटा कुछ भी न होता। इधर से प्रजा मारी गई। इस नियम के अनुसार सरकार को हर साल इन तीन कम्पनियों को 1 करोड़ 30 लाख रुपया देना पड़ता है। इस प्रकार सब रेल कम्पनियों को आज तक 60 करोड़ से अधिक रुपया सरकारी ख़ज़ाने से दिया गया। इसके सिवा रेलों में जो विदेशी रुपया लगा है, उसके सूद में हमें वार्षिक 9 करोड़ रुपया देना पड़ता है! असभ्य लोगों के धन का और कैसा सदुपयोग हो सकता है—"वेतांग प्रजा का पैसा क्या सरकार इसी प्रकार नष्ट कर सकती?" (वही, पृ. 112)

कुछ इतिहासकारों ने रेलमार्ग के प्रसार को भारतीयों के अनुकूल नहीं माना था। इन इतिहासकारों को राष्ट्रीयतावादी इतिहासकार कहा गया। इनमें से राणाडे और रमेशचन्द्र दत्त जैसे इतिहासकारों ने इस बात को सामने रखा कि भारत में रेल का विस्तार भारतीय अर्थनीति के अनुकूल नहीं है। साथ ही इस तथ्य की ओर भी ध्यानाकर्षण किया कि अंग्रेज़ों ने इसके साथ सड़क मार्गों का विकास नहीं किया, बल्कि रेलमार्गों के निर्माण के लिए भारत से धन-बहिर्गमन का एक और रास्ता बनाया। इतिहासकार सब्यसाची भट्टाचार्य कहते हैं—"इंग्लैंड की पूँजी सुदूर भारत में विनियोग करने की दिशा में जो आगे बढ़ेगा, उसके प्रतिदान के रूप में, इसलिए कि भारत में रेलमार्ग के निर्माण में पैसे लगाने के इच्छुक पूँजीपतियों को पाना मुश्किल था, और कुछ इसलिए भी कि अंग्रेज़ व्यवसायियों के दबाव और इंग्लैंड-स्थित भारतीय साम्राज्य के अधिकारियों के पक्षपात के कारण भारत में रेल कम्पनियों ने एक विशेष व्यवस्था शुरू की। और वह थी—जो लोग इस काम में पूँजी लगा रहे थे, उनके लिए रेल कम्पनी के शेयर में निम्नतम पाँच प्रतिशत सूद की गारंटी (guaranteed interest)। अगर रेल कम्पनियों को व्यापार में मुनाफ़ा न हो, बल्कि नुकसान हो तो भी यह सूद देय होगा। इसका एक परिणाम आसानी से समझ में आता है और वह यह है कि रेलमार्गों के निर्माण पर कमखर्ची की लगाम नहीं थी, क्योंकि ख़र्च ज़्यादा होने के फलस्वरूप भले ही कोई मुनाफ़ा न हो, कम्पनी के मालिकों के हाथ में पाँच प्रतिशत लाभ अपने आप आ जाएगा। यह सूद सरकार अर्थात् भारतीय करदाता की जेब से निकलेगा। एक गणना के अनुसार भारत में प्रति मील रेलमार्ग के निर्माण पर उत्तरी अमेरिका में प्रति मील रेलमार्ग के निर्माण पर होनेवाले ख़र्च का प्रायः डेढ़ गुना था। जो भी हो, मूल बात यह है कि इस शर्त के अनुसार जो सूद देना होता था वह भारतीय रुपये में नहीं, बल्कि इंग्लैंड के पौंड स्टर्लिंग में देना होता था। समयानुसार इंग्लैंड को भारत सरकार द्वारा जो ख़र्च (Home Charges) देना होता था, उसका एक बड़ा अंश यह सूद हो जाता था और यह धन के बहिर्गमन के प्रवाह को और तीव्र करता था। 1890 से यह ख़र्च रुपये के हिसाब में बहुत अधिक बढ़ गया, क्योंकि विश्व बाज़ार में चाँदी का दाम गिर जाने से भारतीय रुपये के साथ पौंड स्टर्लिंग की विनिमय-दर बहुत गिर गई थी।" (आधुनिक भारत का आर्थिक इतिहास : 1850-1947, पृ. 157-58)

इसके पश्चात् भी इतिहासकारों ने भारत में रेलमार्ग के विस्तार को अंग्रेज़ों की अनुपम देन कहा!!!

जिन अंग्रेज़ों के लिए भारतेन्दु ने 'हँसि-हँसि के तन-मन-धन मूसै' कहा उन अंग्रेज़ों की भारत की उन्नति में अति सक्रियता एवं महत्त्वपूर्ण योगदान का गुणगान करनेवाले को एकाध उदाहरण और देना शायद पर्याप्त है—"द्वारिकानाथ गांगुली से लेकर प्रफुल्लचन्द्र राय तक ('चाय पीना या कि कुली का ख़ून पीना') अनेक लोगों ने चाय बागान के कुलियों की ग़ुलामी के बारे में लिखा है, पर जब तक ब्रिटिश पूँजी इस व्यापार में प्रबल थी, तब तक मज़दूरों की स्थिति 1825 के पहले के वेस्टइंडीज के चीनी व्यवसाय अथवा 1860 के पहले के रुई के खेतों में काम करने वाले ग़ुलामों के समान थी।" (वही, पृ. 15)

असल में ब्रिटेन को चाय चीन से आयात करनी पड़ती थी। चाय उत्पादन के क्षेत्र में आत्मनिर्भरता हेतु उसने भारत का उपयोग किया। यहाँ पर इस सन्दर्भ में यह जानना रोचक होगा कि ब्रिटिश आगमन के काफ़ी अरसे बाद तक भारतीय चाय नहीं पीते थे। आज जिस चाय के बिना कार्य-संस्कृति प्रभावित हो जाती है उस चाय को भारतीयों में लोकप्रिय पेय बनाने के लिए अनेक प्रकार के विज्ञापनों का सहारा लिया गया। इन विज्ञापनों में एक विज्ञापन एक पहलवान का था जिसकी 'शक्ति और स्फूर्ति' का रहस्य उसका चायपान था। अंग्रेज़ सरकार ने अंग्रेज़ पूँजीपतियों के लिए नए व्यवसाय के अवसर जुटाने के लिए चाय-बागानों का निर्माण किया। चाय का सबसे बड़ा निर्यातक चीन था और उन्नीसवीं सदी के शुरुआती दो-तीन दशकों में इंग्लैंड भी चीन से ही चाय मँगवाता था। चीन से चाय का आयात अत्यन्त खर्चीला था। ईस्ट इंडिया कम्पनी ने अपनी जेब से जानेवाले इस ख़र्च को बचाने के लिए अपने कर्मचारियों की सहायता से भारत में चाय की खेती आरम्भ की। आरम्भिक दौर में ईस्ट इंडिया कम्पनी ने चीनी चाय के साथ कुछ देशी जंगली पौधों को मिलाकर चाय की खेती आरम्भ की। "1833 में नियमानुसार सरकारी स्वामित्व और निर्देशन में चाय के बगीचे शुरू किए गए और बाद में यही 'असम कम्पनी' नाम से देश की सबसे बड़ी और सबसे पुरानी चाय कम्पनी बनी। यह कम्पनी ब्रिटिश सरकार ने अंग्रेज़ व्यापारियों के हाथ बेच दी। जब यह कम्पनी बेची जा रही थी, उस समय द्वारकानाथ ठाकुर इसे खरीदना चाहते थे, मगर सरकार किसी नेटिव व्यापारी के हाथ चाय कम्पनी बेचने को राजी न हुई। निष्कर्ष यह निकलता है कि चाय के व्यवसाय की पहलकदमी और इसके शुरुआती ख़र्चे भारत सरकार, यानी भारतीय करदाता के सिर पड़े और जब मुनाफ़ा शुरू हुआ तो यह व्यवसाय अंग्रेज़ व्यापारियों के हाथ चला गया। इंग्लैंड में पंजीकृत ब्रिटिश पूँजी से तैयार बहुत-सी कम्पनियाँ सरकार की ख़ास ज़मीन पर, राजस्वमुक्त जगह पाकर, असम चाय व्यापार में जुटीं। स्पष्टत: सरकार ने न केवल चाय व्यवसाय को जन्मने में पहलकदमी की और उत्पादक की भूमिका में आ खत्म हुई, बल्कि चाय बागान मालिकों की ख़ातिर मज़दूर बाज़ार (Labour Market) में हस्तक्षेप करके अपने पक्षपाती रवैये का एक और उदाहरण प्रस्तुत किया।" (वही, पृ. 15)

चाय की खेती हेतु मज़दूरों की आवश्यकता थी और जिन स्थानों में यह खेती की जानी थी वे कम जनसंख्या वाले क्षेत्र थे। वास्तव में जिन स्थानों को खेती के लिए चुना गया था वहाँ खेती नहीं होती थी, इसलिए वहाँ लोग बसे हुए नहीं थे। "जिन स्थानों पर चाय के बगीचे लगाए गए वहाँ प्राय: खेती नहीं होती थी और जनसंख्या बहुत कम थी, इसलिए सरकार ने सुदूर प्रदेशों से (सरकारी आदेश द्वारा) दक्षिण बिहार से ओरांव और

मुंडा जाति के आदिवासियों तथा मध्य प्रदेश के आदिवासियों को 'कुली' के रूप में वहाँ विस्थापित किया। ये लोग मौक़ा पाते ही वापिस अपने जन्मस्थानों को भाग जाते थे, इसलिए 1860 में सरकार ने एक क़ानून बनाया कि आगर 'कुली' शर्त तोड़कर चला जाता है तो उनका यह अपराध फ़ौजदारी क़ानून के तहत सज़ा पाने योग्य माना जाएगा।" (वही, पृ. 15)

कहना न होगा कि ब्रिटिश शासकों की इन शोषक नीतियों का सीधा शिकार हुए तथाकथित निम्न जाति के कृषक, मज़दूर और कारीगर आज भी उस मार से उबर नहीं पाए। अपने शासन के दो सौ वर्षों के शोषण काल में उन्हें किसी जाति विशेष को चुनकर हमला नहीं करना था, उन्हें तो पहले से ही संघर्षरत शोषित समाज से बचे-खुचे संसाधन से छीन लेने थे और यह इकलौता कार्य उन्होंने बखूबी किया।

वर्नाक्यूलर प्रेस एक्ट, राजभक्ति का आरोप और भारतेन्दु युग

ध्यातव्य है कि बंकिमचन्द्र चट्टोपाध्याय डिप्टी मजिस्ट्रेट होने के कारण ब्रिटिश न्याय व्यवस्था से अत्यन्त निकट से परिचित थे। उन्नीसवीं सदी में अंग्रेज़ों द्वारा लगाए गए वर्नाक्यूलर प्रेस एक्ट के कारण भारतीय लेखकों और पत्रकारों के लिए सत्य को ठीक उसी रूप में लिखना सम्भव नहीं था। प्रेस पर क़ानूनी प्रतिबन्ध था, अतः अंग्रेज़ों की स्तुति के आवरण में ही अपना कष्ट निवेदन सम्भव था। उस समय के पत्रकारों की यह रणनीतिक आवश्यकता थी। अधिकांश सजग विचारकों-लेखकों को राजभक्ति के आवरण में 'देशभक्ति' दिखानी पड़ी। इतिहासकार बिपिनचन्द्र ने इस सम्बन्ध में कहा है, "भारतीय पत्रकारों ने बड़ी अक्लमन्दी से काम लेते हुए कई ऐसे तरीक़े खोज निकाले, जिससे उन्हें इस क़ानून की गिरफ़्त में फँसाया न जा सके। मिसाल के तौर पर धारा 124ए से बचने का उन्होंने अनोखा तरीक़ा खोजा। चूँकि ब्रिटिश सरकार के प्रति जिन लोगों की निष्ठा सन्देह से परे होती थी, उन पर धारा 124ए लागू नहीं होती थी, इसलिए भारतीय पत्रकार जब साम्राज्यवादी शोषण के ख़िलाफ़ अपने लेखों में आग उगलते थे, तो उसके साथ ही महारानी और ब्रिटिश सरकार के प्रति गहरी निष्ठा जतानेवाली बातें भी लिख देते थे।" (भारत का स्वतंत्रता संघर्ष, बिपिनचन्द्र, हिन्दी माध्यम कार्यान्वयन निदेशालय, दिल्ली विश्वविद्यालय, दिल्ली, 1990)

भारतेन्दु युगीन लगभग सभी रचनाकारों को इस कौशल का आश्रय लेना पड़ा। हिन्दी-नवजागरण से अज्ञात कारणों से ख़फ़ा रहनेवाले औपनिवेशिक दृष्टि सम्पन्न आलोचकों-इतिहासकारों को अज्ञात कारणों से ही यह कौशल दिखलाई न दिया। दिखलाई देने पर भी समझ में आ जाने की कोई प्रतिभूति देना सम्भव नहीं। ऐसे विद्वानों ने नवजागरणकालीन रचनाकारों को उनकी राजभक्ति के लिए जी भर कोसा। राष्ट्रभक्ति की झलक उन्हें मिली नहीं तो वे भला उस पर क्या लिखते?

किन्तु जहाँ तक राष्ट्र चिन्ता का प्रश्न है भारतेन्दु युग के रचनाकारों के भक्ति साहित्य में भी देश चिन्ता का स्वर मिलता है। भारतेन्दु हरिश्चन्द्र ने तो राजभक्ति के आवरण में देशभक्ति की अभिव्यक्ति को आगे चलकर छोड़ दिया। इस कारण उन्हें कई बार सरकारी कोपभाजन भी बनना पड़ा। सरकार ने उन्हें नोटिस दिया, उनसे 'बालाबोधिनी' की प्रतियाँ लेना बन्द कर दिया। भारतेन्दु हरिश्चन्द्र के राजभक्ति की आड़ में देशभक्ति

के कई उद्‌गार मुहावरे बन गए। 'उनकी अंग्रेज़ राज सुख साज सजै सब भारी' जैसी कविता को प्रसिद्ध इतिहासकार सब्यसाची भट्टाचार्य ने अपनी पुस्तक 'आधुनिक भारत का आर्थिक इतिहास' में उद्धृत किया है। चूँकि इस अल्पायु, किन्तु अति प्रतिभाशाली रचनाकार को गद्य और पद्य दोनों में ही दक्षता हासिल थी, अत: उन्होंने काव्य और निबन्ध दोनों विधाओं का खुलकर उपायोग किया। अंग्रेज़ों द्वारा देश दोहन पर भारतेन्दु ने खुलकर लिखा।

इस उन्नति के लिए कितनों को अपना सर्वस्व लुटा देना पड़ेगा, कितनों को अपना जीवन तक त्यागना पड़ेगा। जो-जो बातें उन्नति के पथ में काँटा बने उन्हें उखाड़ फेंकना होगा। और उसके लिए निर्भय होना होगा—"कुछ मत डरो। जब तक सौ-दो सौ मनुष्य बदनाम न होंगे वरन् जान से न मारे जाएँगे तब तक कोई भी देश न सुधरेगा।" (भारतेन्दु समग्र, पृ. 229)

भारतेन्दु ने केवल स्वदेशी आन्दोलन का ही सूत्रपात नहीं किया वे स्त्री शिक्षा, विधवा-विवाह, विदेश यात्रा के भी समर्थक थे। जनता की पीड़ा से जुड़े हर विषय पर उन्होंने रचना की। महाजनी सभ्यता पर उनकी यह तीखी टिप्पणी द्रष्टव्य है—"सर्वदा से अच्छे लोग ब्याज खाना और चूड़ी पहिरना एक-सा समझते हैं, पर अब के आलसियों को इसी का अवलम्बन है, न हाथ हिलाना पड़े न पैर, बैठे-बैठे भुगतान कर लिया।" (वही, पृ. 229)

भारतेन्दु ने अपने हर प्रकार के लेखन में अपने देशवासियों की चिन्ता की, यहाँ तक कि मुकरियों में भी। भारतेन्दु अंग्रेज़ों की न्यायप्रियता के सम्बन्ध में किसी भ्रम में नहीं थे। वे जानते थे कि किस प्रकार अंग्रेज़ों ने भारत की क़ानून व्यवस्था के नाम पर नए-नए फंदे तैयार किए हैं—

नई-नई नित तान सुनावै।
अपने जाल में जगत फँसावै।
नित-नित हमें करे बल सून।
क्यों सखी सज्जन नहिं क़ानून। (वही, पृ. 256)

जिस देश में क़ानून फंदेबाज़ हो उस देश की पुलिस और अमला कैसे हो सकते हैं?

रूप दिखाकर सबरस लूटै।
फंदे में जो पड़ै न छूटे।
कपट कटारी जिय में हूलिस।
क्यों सखी सज्जन नहिं सखी पूलिस। (वही, पृ. 256)

नवोदिता हरिश्चन्द्र चन्द्रिका में सन् 1884 में प्रकाशित 'नये जमाने की मुकरी' में भारतेन्दु ने अंग्रेज़ों पर सबसे संक्षिप्त और सटीक टिप्पणी की है—

भीतर-भीतर सब रस चूसै।
हँसि-हँसि के तन-मन-धन मूसै।
जाहिर बातन में अति तेज
क्यों सखी सज्जन नहिं अंग्रेज़। (वही, पृ. 256)

स्वाधीनता की आकांक्षा से लेकर अंग्रेज़ों के लूट तक की भारतेन्दु ने स्पष्ट चर्चा की फिर भी लगानेवाले उन पर राजभक्ति का आरोप लगाते रहे। हिन्दी के विकास के लिए अपनी व्यक्तिगत सम्पत्ति के लाखों रुपये ख़र्च करनेवाले, (स्मरण रहे कि यह काल 1867 ई. से 1885 ई. का है) अपना सब कुछ देश चिन्ता के लिए लुटा देनेवाले भारतेन्दु पर जितने आरोप लगे उससे कहीं अधिक सम्मान भी मिला। हरिश्चन्द्र नामक युवक को 'भारतेन्दु' की उपाधि उनके चाहनेवालों ने दी थी। पता नहीं 'सितारे हिन्द' की चमक को चुनौती देने के लिए या प्रेमभरी कृतज्ञता के लिए। यह सर्वविदित तथ्य है कि भारतेन्दु हरिश्चन्द्र ने कुल चौंतीस वर्ष तीन महीने और सत्ताइस दिनों का जीवन पाया था। 9 सितम्बर, 1850 में जन्मे भारतेन्दु हरिश्चन्द्र ने 6 जनवरी, 1885 में देह त्याग दी। हिन्दी के प्रति उनके प्रेम और त्याग ने हिन्दी के विकास को अपेक्षणीय गति प्रदान की। "इसमें सन्देह नहीं कि यदि इनके जैसा पुरुष तन-मन-धन सब अर्पण करके हिन्दी का हाथ उस अवस्था में नहीं पकड़ता जबकि यह मध्य भार में पड़कर निराधार हो रही थी तो आज हिन्दी का इस अवस्था पर पहुँचना कठिन था।" (हरिश्चन्द्र, शिवनन्दन सहाय, हिन्दी समिति, लखनऊ, 1975 (सन् 1905 में प्रकाशित ग्रंथ का अभिनव संस्करण), पृ. 76)

हिन्दी साहित्य और उससे भी बढ़कर हिन्दी जाति को भारतेन्दु की अनन्य देन उनका हिन्दी प्रेम है। निज भाषा के लिए वे किसी से नहीं दबे, किसी से नहीं डरे। हिन्दी भाषा और साहित्य के लिए वरदान सदृश भारतेन्दु का अन्यतम गुण था उनका दानी होना। धन और वस्तुओं का ही दान नहीं वरन् देशहित के लिए अपना सर्वस्व दान। हजारीप्रसाद द्विवेदी ने उनकी दानशीलता पर अत्यन्त सटीक टिप्पणी की है—"उनकी सफलता का दूसरा रहस्य है उनकी अपूर्व दानशीलता। दानशीलता से मेरा मतलब रुपया-पैसा लुटाने से नहीं है। भारतेन्दु ने रुपया-पैसा काफ़ी लुटाया भी था लेकिन मैं दूसरी बात कह रहा था। लुटाना से अभिप्राय है अपना सर्वोत्तम लुटाना। दाता का प्रधान लक्षण है कि उसके इर्द-गिर्द ग्रहीता स्वयं जुटते हैं और विशेषता यह है कि स्वयं आकृष्ट ग्रहीता आगे चलकर महादानी बन जाते हैं। दातृत्व-शक्ति शायद संक्रामक रोग है। जो व्यक्ति अपने सम्पूर्ण रस को निःशेष भाव से देता है, उसके इर्द-गिर्द ऐसे लोग आकृष्ट होते हैं जो अपनी सम्पूर्ण सत्ता को हँसते-हँसते लुटा देने में आनन्द पाते हैं। भारतेन्दु की अपूर्व दातृत्व शक्ति ने उनके इर्द-गिर्द महान साहित्यकारों को खींच लिया था। इस महान सूर्य को घेरकर दीप्तिमान ग्रह मंडली स्वयं उपस्थित हो गई थी। इन कवियों और साहित्यकारों ने हमारी भाषा को अपने हृदय का 'सम्पूर्ण रस' उड़ेलकर दे दिया। भाषाबद्ध अवस्था से मुक्त हो गई। जीवन के प्रभाव की अवरोधक शक्ति का हट जाना ही पर्याप्त है, जीवन आगे का रास्ता स्वयं बना लेता है। भारतेन्दु और उनके सहयोगियों ने अपने आप को देकर उस बाधा को दूर कर दिया। "भारतेन्दु ने सांसारिक अर्थ में भी कम दान-पुण्य नहीं किए।" फ़कीर को क़ीमती दुशाला दे दिया, पुड़िया में रुपये दे दिए, अपना क़र्ज़ चुकाने को क़र्ज़ में ली गई राशि किसी की बेटी के विवाह के लिए दे दी, बच्चे को खेलने के लिए सोने का पानदान दे दिया। एक बार लिए क़र्ज़ को कई बार लौटाया, चोर को पकड़ लेने पर भी कोई सज़ा नहीं दी इत्यादि। स्वयं व्यवसाय में असफल रहने पर भी इन्होंने बहुत से लोगों को व्यापार करने में सहायता की आदि-आदि।" (हिन्दी साहित्य उद्भव और विकास, हजारीप्रसाद द्विवेदी, पृ. 229)

इस पुस्तक के अगले अध्यायों में हिन्दी-नवजागरण के सभी बौद्धिक लेखकों की आवश्यकता अनुसार चर्चा की जाएगी, किन्तु जहाँ तक उन्नीसवीं सदी में भाषा के रूप में हिन्दी की भाव समृद्धि का प्रश्न है, उसके लिए भारतेन्दु का प्रतिनिधि रूप में संक्षिप्त परिचय देना अनुचित न होगा।

आधुनिक हिन्दी साहित्य की कोई विधा ऐसी नहीं है जिसमें भारतेन्दु पायनियर न रहे हों। खड़ी बोली का परिनिष्ठित हिन्दी गद्य, कविता, नाटक, यात्रा वृत्तान्त, जीवनी लेखन, इतिहास-लेखन, आत्मकथा, रिपोर्ताज, प्रहसन, व्यंग्य और एकांकी सभी विधाओं में उन्होंने सफल लेखन किया किन्तु वे मूलत: पत्रकार और नाटककार थे। देशचिन्ता उनके जीवन का अन्यतम ध्येय था। देशवासियों को जगाने और समाज में जागरण फैलाने के लिए उन्होंने साहित्य एवं पत्रकारिता को माध्यम चुना। भारतेन्दु हरिश्चन्द्र ने इस बात पर ध्यान केन्द्रित किया कि भारतवासी अंग्रेज़ जाति से क्यों और किस तरह हीन हैं? उन्होंने कारण और निवारण दोनों को प्रस्तुत किया। चूँकि उनका प्राथमिक कर्मक्षेत्र पत्रकारिता का था और उन्हें अपनी बात साधारण जन तक पहुँचानी थी, अत: उन्होंने अपनी भाषा एवं शैली को सहज रखा। कई भाषाओं के जानकार होने के कारण उनके लिए यह कार्य सुगम प्रमाणित हुआ। वे एक सजग पत्रकार की भाँति अन्य भाषाओं में हो रहे लेखनों एवं प्रयोगों पर भी दृष्टि रख सके। भारतेन्दु ने हिन्दी भाषा का हर प्रकार से भंडार भरने का प्रयास किया। उन्होंने हिन्दी की हर उस कमी को पूरा करने का प्रयास किया जो उन्हें दूसरी भाषाओं की तुलना में हिन्दी में दिखी। हिन्दी-उर्दू विवाद में भारतेन्दु हिन्दी के पक्षधर थे। हिन्दी ही जनता से संवाद की भाषा बन सकती है, इसे उन्होंने बड़ी स्पष्टता से समझा था। उन्हें घर-घर जो सन्देश पहुँचाना था वह फ़ारसी जड़ित उर्दू में नहीं पहुँचाया जा सकता था, वह लोक भाषा में ही सम्भव था। उन्होंने जन हेतु सम्प्रेषणीय भाषा लिखने के क्रम में उर्दू के कठिन शब्दों का निवारण तो किया ही साथ ही साथ संस्कृत शब्दावली युक्त क्लिष्ट हिन्दी से भी स्वयं को बचाया। भारतेन्दु की भाषा सम्बन्धी समझ बिलकुल स्पष्ट थी इसलिए वे सफल शैलीकार की भूमिका का भी निर्वाह कर सके। यहाँ यह स्पष्ट कर देना भी आवश्यक है कि हिन्दी-उर्दू विवाद में हिन्दी का पक्ष लेनेवाले भारतेन्दु उर्दू साहित्य के एकदम भी विरोधी नहीं थे। उर्दू भाषा का वे हिन्दी जैसा ही सम्मान करते थे। उन्होंने उर्दू में 'रसा' उपनाम से काव्य रचना की। यही नहीं उर्दू में वे 'कासिद' नाम का पत्र भी निकालना चाहते थे। 16 सितम्बर, 1872 ई. के 'कविवचनसुधा' के अंक में भारतेन्दु ने निम्न विज्ञापन दिया था—

कासिद
सातवें दिन आवैगा।
नए हितकारी और विचित्र समाचार कहैगा।

यह एक साप्ताहिक उर्दू पत्र निकलेगा। इसमें अनेक हित की नए उद्गार की साम्प्रत समयानुसार लोकवृद्धि की और अनेक शुभ समाचारों की बातें रहेंगी। यह पत्र बहुत उत्तम बड़े-बड़े पृष्ठों में स्वच्छ अक्षरों में छपेगा। मूल्य 10 रु. वार्षिक। (भारतेन्दु समग्र, पृ. 1097)

कविता वर्द्धिनी सभा की भाँति भारतेन्दु ने एक 'मुशायरा' (उर्दू कवि समाज) की भी स्थापना की थी। परम वैष्णव भारतेन्दु की भक्ति भावना का उर्दू में इज़हार देखिए—

जहाँ देखो वहाँ मौजूद मेरा कृष्ण प्यारा है।...
उसी का सब है जलवा जो जहाँ में आशकारा है।
इसी से नेति-नेति ऐ यार वेदों ने पुकारा है।
भला मख़लूक़ ख़ालिक़ की सिफ़त समझ कहीं क़ुदरत।
तुम्हारा नूर है हर शै में कह सो कोह तक प्यारे।
इसी से कह के हर हर तुमको हिन्दू ने पुकारा है॥
गुनह बख़्शी रसाई दो 'रसा' को अपने क़दमों तक।
बुरा है या भला है जैसा है प्यारे तुम्हारा है।

(वही, पृ. 270-71)

भारतेन्दु फ़ारसी और उर्दू इन दोनों भाषाओं के अच्छे जानकार थे। उनके निबन्ध 'क़ानून ताज़ीरात-ए-शौहर' से उनकी फ़ारसी सम्बन्धी जानकारी मिलती है। भक्ति ही क्यों उर्दू के मिज़ाज से मिलती उनकी इश्क़-ओ-माशूक की शायरी भी बहुत ख़ूब है।

फिर मुझे लिखना जो वस्फ़े रू-ए-जाना हो गया।
वाजिब इस जां पर क़लम को सर झुकाना हो गया।

(वही, पृ. 270)

उर्दू शायरी से गहरा लगाव रखनेवाले भारतेन्दु हिन्दी भाषा की अस्मिता के प्रश्न पर उसके विरुद्ध हो गए, किन्तु उन्हें यह कहना कि मुसलमानों की भाषा थी इसलिए वे उर्दू विरोधी थे क्योंकि वे मुस्लिम विरोधी थे, उनके साथ घोर अन्याय है। इस तर्क को मान लेने पर सर सैयद अहमद ख़ान को हिन्दू विरोधी मानना होगा क्योंकि उर्दू को केवल मुसलमानों की भाषा माने जाने पर हिन्दी केवल हिन्दुओं की भाषा ठहरती है और सैयद अहमद ख़ान ने हिन्दी का विरोध किया था अतः वे हिन्दू विरोधी थे। वैसे गुज़रे ज़माने की घटनाओं को अपने आप से पूरी तरह विवेचित करना एक कठिन कार्य है। सन्तुलित दृष्टि के अभाव में यह ख़तरनाक हो जाता है। आम आलोचक भारतेन्दु द्वारा लिखित 'उर्दू का स्यापा' की तो ख़ूब चर्चा करते हैं, किन्तु कोई उनकी उस उर्दू शायरी की बात नहीं करता जो बृहद परिमाण में लिखी गई है। 'रसा' उपनाम से लिखी गई उनकी एक बहुत लम्बी ग़ज़ल का यह नमूना भी देख लिया जाना चाहिए—

...व गैरों को अदा से क़त्ल जब बेबाक़ करते हैं।
तो उसकी तेग को हम आह किस हैरत से तकते हैं।
उड़ा लाए हो यह तर्जे सुखन किस से बताओ तो
दमे तक़दीर गोया बाग़ में बुलबुल चहकते हैं।
'रसा' की है तलाशे यार में यह दश्त पैमाई।
कि मिस्ले शीशा मेरे पाँव के छाले झलकते हैं।

(वही, पृ. 269)

किसी भाषा से नफ़रत करनेवाला उसमें कविताई नहीं कर सकता और कविता भी इतनी सरस जिसका दिल से ताल्लुक़ होना लाज़िमी है।

भारतेन्दु मूलतः पत्रकार और नाटककार थे। उन्होंने सन् 1868 ई. में कविवचनसुधा, 1873 ई. में हरिश्चन्द्र मैगज़ीन और 1874 ई. में बालाबोधिनी का प्रकाशन किया। कविवचनसुधा का सिद्धान्त वाक्य ही भारतेन्दु की राष्ट्रचिन्ता को दर्शाता है—

खल गनन सो सज्जन दुखी
मति होहिं, हरिपद मति रहे।
अपधर्म छूटै, सत्य निज
भारत गहै, कर दुख बहै॥
बुध तजहिं मत्सर, नारिनर
सम होहिं, जग आनन्द लहैं।
तजि ग्राम कविता, सुकवि जन की
अमृत बानी सब कहैं। (हरिश्चन्द्र, पृ. 68)

1873 में आरम्भ की गई हरिश्चन्द्र मैगज़ीन के प्रकाशन के बाद भारतेन्दु ने अपने 'कालचक्र' में लिखा—"हिन्दी नई चाल में ढली 1873"—(भारतेन्दु समग्र, पृ. 780)। अक्टूबर 1873 ई. में भारतेन्दु ने हरिश्चन्द्र मैगज़ीन का प्रकाशन प्रारम्भ किया था। आगे चलकर इसका नाम हरिश्चन्द्र चन्द्रिका कर दिया। सन् 1880 ई. में भारतेन्दु ने इसका भार पं. मोहनलाल विष्णुलाल पंड्या को सौंपा। कुछ दिनों तक यह हरिश्चन्द्र चन्द्रिका और मोहन चन्द्रिका के नाम से काशी में छपी। 1881 ई. में 'विद्यार्थी पत्र' भी इसी में मिला दिया गया। 1884 ई. में भारतेन्दु ने नवोदिता हरिश्चन्द्र चन्द्रिका के नाम से फिर से इसका काशी में प्रकाशन आरम्भ किया। इस पुनःप्रकाशन के दो महीने बाद ही इनकी मृत्यु हो गई। हिन्दी पत्रकारिता को भारतेन्दु की एक और देन बालाबोधिनी 1874 है जिसका प्रकाशन उन्होंने स्त्री-शिक्षा के लिए प्रारम्भ किया। हिन्दी पत्रकारिता के आरम्भिक काल में स्त्रियों के लिए पत्रिका की बात सोचना भारतेन्दु जैसे युग पुरुष के लिए ही सम्भव था। बालाबोधिनी के शीर्ष पर जो दोहा छपता था, उस युग के अनुसार क्रान्तिकारी वक्तव्य है। स्त्री-पुरुष में भेद न देखना, दोनों को समान मनुष्य समझना यह भारतेन्दु के साहित्य में सर्वत्र दिखाई नहीं पड़ता, किन्तु बालाबोधिनी का सिद्धान्त वाक्य वही था, जिसने बहुतों को कुपित भी कर दिया था।

बालाबोधिनी कन्याओं एवं स्त्रियों के मानसिक विकास के लिए प्रकाशित की जाती थी। तत्कालीन समाज में कन्या के शिक्षित होने का अर्थ उन्हें सुगृहिणी बनने में सहायता करना था। और इसमें गुरु सारणी नामक एक कॉलम होता था जिसकी सहायता से घर का हिसाब-किताब रखा जा सके। इस कॉलम को भारतेन्दु के समकालीन कवि हनुमान किशोर ने बनाया था। कालान्तर में इसके पुस्तकाकार छपने पर भारतेन्दु ने इसकी भूमिका लिखी—"प्रथम इस ग्रंथ के बनाने से अभिमत हमारा यह है कि बहुधा लोग अपने पुत्रों को कड़के सबब से पढ़ाने-लिखाने में सुस्ती कर जाते हैं और कहते हैं 'लड़का जब सयाना होगा और जीता रहेगा तो पढ़ लेगा।' होशियार होने पर मनुष्य को अपने कमाने-खाने की फिकर हो जाती है और विद्या पढ़ने में मन नहीं लगता।

कारण इसका यह है कि 'एक मन दो जगह कैसे काम?' तो वही मनुष्य उस अवस्था में व्यावहारिक कर्म में बहुत कठिनता से हिसाब जान सकते हैं। ऐसे मनुष्यों के हेतु यह ग्रंथ जनबा मुहल्ला अलकाव मिस्टर 'सांदर्स' साहेब बहादुर की आज्ञानुसार बनारस के रहनेवाले पंडित हनुमान किशोर ने बनाया और जो हिसाब हर वक़्त के लेन-देन के काम पड़ता है, छन्द प्रबन्ध करके लिखा इस कारण से कि वार्तिक विशेष करके लोगों को स्मरण नहीं रहता।" (वही, पृ. 1002)

भारतेन्दु हरिश्चन्द्र ने हर प्रकार की कविता लिखी, गद्य की हर विधा में लिखा। प्रत्येक स्थान पर उनकी देशहित चिन्ता प्रबल दिखती है। भक्ति काव्य में भी वे बार-बार भारतवासियों के दुख से विगलित दिखते हैं। उनकी प्रेमाश्रुवर्षण 1873 नामक कीर्तन की पुस्तक में उनके द्वारा रचित काव्य निरा भक्ति काव्य न होकर कहीं-कहीं पर उनके सामाजिक सरोकारों को अभिव्यक्त करता है। समस्त भारतवासियों के दुख पर वे केशव को पुकार उठते हैं—

कहाँ करुणानिधि केसव सोए।
जगत नेकुन यद्यपि बहुत विधि भारतवासी रोए। (हरिश्चन्द्र, पृ. 130)

भारतेन्दु ने अपने नाटकों में भी अपनी काव्य प्रतिभा का उपयोग किया है। भारतेन्दु ने मौलिक एवं अनूदित दोनों तरह के नाटकों की रचना की है। नाटक में भी उसके अनेक रूपों—भाषा, प्रहसन, नाटिका इत्यादि को समेटने का प्रयास किया है। भारतेन्दु के प्रमुख नाटक हैं—वैदिकी हिंसा हिंसा न भवति, सत्य हरिश्चन्द्र, विषस्य विषमौषधम, श्री चन्द्रावली, भारत दुर्दशा, भारत जननी, नीलदेवी, अन्धेर नगरी, प्रेम योगिनी, सबै जाति गोपाल की, सती प्रताप (अधूरा नाटक जिसे बाद में बाबू राधाकृष्ण दास ने पूरा किया, वसंत पूजा, ज्ञातिविवेकिनी सभा, भडयो संवाद, श्री रामलीला एवं नाटक निबन्ध तथा अनूदित नाटकों में विद्यासुन्दर, रत्नावली, धनंजय विजय, मुद्राराक्षस एवं दुर्लभ बंधु हैं।

भारतेन्दु की चेतना की प्रायः सभी प्रमुख प्रवृत्तियाँ उनके नाटकों में देखने को मिलती हैं। चन्द्रावली अगर एक वैष्णव भक्त का निवेदन है तो नीलदेवी एक देश-प्रेमी का। अन्धेर नगरी में राजा के बुरे होने पर आक्षेप है तो 'सबै जाति गोपाल की' में सामाजिक धाँधली पर। नाटक निबन्ध इन्होंने नाटकों के भेदोपभेद तथा अंकों के विभाजन आदि पर प्रकाश डाला है। अपने निबन्ध के 'उपक्रम' में उन्होंने उसके उद्देश्य एवं सामग्री संकलन के स्रोत के बारे में लिखा है—"इसके लिखित विषय दशरूपक, भारतीय नाट्यशास्त्र, साहित्य दर्पण, काव्य प्रकाश, विलसन्स हिन्दू थियेटर्स लाइफ ऑफ़ दि एमिनेंट परसन्स ड्रामेटिस्ट्स एंड नोवेलिस्ट, हिस्ट्री ऑफ़ दि इटालिका थिएटर्स और आर्य दर्शन से लिये गए हैं। आशा है कि हिन्दी भाषा में नाटक बनानेवालों को यह ग्रंथ बहुत ही उपयोगी हो।" (भारतेन्दु समग्र, पृ. 555)

भारतेन्दु ने एक उपन्यास लिखना आरम्भ किया था, एक कहानी : कुछ आपबीती और कुछ जगबीती। यह उपन्यास अधूरा ही रह गया। उसमें आपबीती के तथ्य उन्होंने अपने जीवन से लिये थे—कुछ पंक्तियाँ द्रष्टव्य हैं—"मैं भी जवानी की उमंगों से चूर जमाने की ऊँच-नीच से बेख़बर अपनी रसिकाई के नशे में मस्त दुनिया के मुफ़्तख़ोर सिफ़ारिशियों से घिरा हुआ अपनी तारीफ़ सुन रहा था। पर इस छोटी अवस्था में भी

प्रेम को भलीभाँति पहचानता था। कोई कहता था आपसे सुन्दर संसार में नहीं, कोई कसमें खाता था आप-सा पंडित मैंने नहीं देखा, कोई पैगाम देता था चमेली जान आप पर मरती है।...सिद्धान्त यह कि मैं बेचारा अकेला और वाह-वाह इतनी कि चारों ओर से मुझे दबाए लेती थीं और मेरे ऊपर गिरी क्या फिसली पड़ती थीं।" (वही, पृ. 981-82)

उपन्यासों के अतिरिक्त भारतेन्दु ने अन्य भाषा के ग्रंथों की सहायता से भी पुस्तकें लिखीं। अनेक अनुवाद किए। अनुवादों में कई स्थानों पर भारतेन्दु ने अपनी ओर से भी बहुत कुछ जोड़ दिया। वस्तुतः भारतेन्दु का पूरा ध्यान हिन्दी की समृद्धि की ओर लगा हुआ था। उन्होंने हिन्दी हेतु अपना सर्वस्व लगा दिया। वे हर प्रकार से हिन्दी का भंडार भरकर उसे संसार की किसी भी भाषा के समकक्ष बनाने हेतु कटिबद्ध थे। उन पर हिन्दी को सम्पूर्ण करने का जुनून हावी था। उन्होंने अपनी एवं दूसरों की लिखी हुई अनगिनत पुस्तकें छपवाईं एवं कम या बिना मूल्य पर वितरित कीं। पुस्तकों के प्रकाशन में अपना बड़ा हिस्सा फूँक डाला। अपनी सम्पत्ति एवं शक्ति के मूल्य पर उन्होंने हिन्दी के प्रति अन्य लोगों में प्रेम और लगन उत्पन्न की।

उनके मौलिक एवं अनूदित नाटकों की सूची इस प्रकार है—1. विद्या सुन्दर, 2. रत्नावली, 3. पाखंड विडम्बन, 4. वैदिकी हिंसा हिंसा न भवति, 5. धनंजयविजय, 6. मुद्राराक्षस, 7. सत्य हरिश्चन्द्र, 8. प्रेमजोगिनी, 9. विषस्य विषमौषधम, 10. कर्पूरमंजरी, 11. श्री चन्द्रावली, 12. भारतदुर्दशा, 13. भारत जननी, 14. नीलदेवी, 15. दुर्लभबन्धु, 16. अन्धेर नगरी, 17. सती प्रताप, 18. सबै जाति गोपाल की, 19. बसंत पूजा, 20. ज्ञाति विवेकिनी सभा, 21. संड भड्योः संवाद, 22. रणधीर प्रेममोहिनी, 23. श्री राम%लीला, 24. नाटक।

इसमें अन्धेर नगरी नाटक केवल एक दिन में लिखा हुआ बताया जाता है।

भारतेन्दु की ऐतिहासिक रचनाएँ भारतवर्ष में लिखित इतिहास की अनुपस्थिति को पूरा करने का प्रयास करती हैं—

ऐतिहासिक रचनाएँ—1. अगरवालों की उत्पत्ति, 2. चरितावली, 3. विक्रम, 4. कालिदास, 5. रामानुजाचार्य, 6. शंकराचार्य, 7. जयदेव, 8. पुष्पदंताचार्य, 9. वल्लभाचार्य, 10. सूरदास, 11. सुकरात, 12. नेपोलियन तृतीय, 13. जंगबहादुर, 14. द्वारिकानाथ मिश्र, जज्ज, 15. राजाराम शास्त्री, 16. लार्डम्यो (मायो), 17. लॉर्ड लॉरेंस, 18. महाराजाधिराज राज, 19. कुंडलियाँ, 20. बूँदी का राजवंश, 21. कश्मीर कुसुम, 22. बादशाह दर्पण, 23. कालचक्र, 24. रामायण का समय, 25. पंचपवित्रात्मा, 26. मुहम्मद, 27. बीबी फातिमा, 28. अली, 29. इमाम हसन और इमाम हुसैन, 30. तालिका।

भारतेन्दु द्वारा लिखे गए पुरावृत्तों की सूची इस प्रकार है—1. पुरावृत्त संग्रह, 2. अकबर और औरंगज़ेब, 3. कन्नौज के राजा का दान पत्र, 4. क्वींस कॉलेज के फाटकों के लेख, 5. इंडियन म्यूज़ियम अशोक, 6. चारदीवारी तथा बोध गया के लेख, 7. राजा जनमेजय का दान पत्र, 8. मंगलीश्वर का दान पत्र, 9. मणिकर्णिका, 10. काशी, 11. शिवपुर का द्रौपदी कुंड, 12. पम्पापुर का दान पत्र, 13. कन्नौज का दान पत्र, 14. नाममंगला का दान पत्र, 15. चित्रकूटस्थ रमाकुंड, 16. गोविन्ददेव जी की प्रशस्ति, 17. सारनाथ आदि के लेख, 18. प्राचीन काल का संवत् निर्णय,

19. महाराष्ट्र देश का इतिहास, 20. दिल्ली का दरबार दर्पण, 21. उदयपुरोदय, 22. खत्रियों की उत्पत्ति।

उस कठिन समय में भारतेन्दु हिन्दी समाज को जगाने का संकल्प लेकर चले थे। वे सबके विषय में सोच रहे थे। वे समझ रहे थे कि देश में उद्योग लगाए बिना इस देश की गति नहीं है। इस आत्मनिर्भरता के लिए देश की एकता आवश्यक थी—भारतेन्दु भलीभाँति समझ रहे थे कि उद्योग-धन्धों के आरम्भिक प्रयासों में और तेजी लाई जानी चाहिए—9 फरवरी, 1874 के कविवचनसुधा में स्वदेशी वस्तुओं के आह्वान के पश्चात् यहाँ भी कठिनाइयों की चर्चा करने के बाद उन्होंने सभी को एकबद्ध होने को कहा—"अब हम लोग कुछ इस ओर चित्त लगाकर अपने लाभ के विषय में विचार करने लगे हैं और उसका कुछ फल भी दृष्टिगोचर होने लगा है परन्तु यथार्थ में यहाँ का माल तैयार करने के निमित्त जो लोग एकत्र हुए हैं वे कुछ भी नहीं हैं क्योंकि जब तक देशभर के व्यापारी इस विषय में उद्योग न करेंगे तब तक कार्यसिद्धि भलीभाँति नहीं हो सकती। इसलिए केवल इतने ही से एतद्देशीय वस्त्र आदि की वृद्धि होना कठिन है और अंग्रेज़ों के समान वस्तु तैयार करना बिना सबों की सहायता से नहीं हो सकता—

जानि सकैं सब कछू सबहि विविध कला के भेद
बने वस्तु कल की इतै मिटै दीनता खेद।

(वही, पृ. 1090)

इस पुस्तक के द्वितीय अध्याय 'भाषायी वातावरण और सत्ता की भाषा' में यथास्थान भारतेन्दु के हिन्दी भाषा की अस्मिता हेतु संघर्ष की चर्चा होगी।

भारतीय नवजागरण के विभिन्न अंगों के अनेक मनीषी अपनी-अपनी भाषा और क्षेत्र में नवजागरण के पर्याय कहे जा सकते हैं। हिन्दी-नवजागरण में भारतेन्दु हरिश्चन्द्र के सम्बन्ध में यह निस्संकोच कहा जा सकता है कि बहुमुखी प्रभा के धनी भारतेन्दु दर्शनशास्त्र से लेकर साहित्य की सभी विधाओं तक, राजनीति से लेकर पुरातत्त्व तक, धर्म से लेकर आधुनिकता तक और पुराण से लेकर इतिहास तक सभी विषयों पर लिख रहे थे। वर्नाक्यूलर प्रेस एक्ट के उस कठिन दौर में भारतेन्दु का साहस अत्यन्त प्रशंसनीय है। वे अपनी असहमति को बिना भय और संकोच के सामने रखते हैं। वे पश्चिमी विचारकों की जिन स्थापनाओं से असहमत हैं उस पर स्पष्ट मत देते हैं। भारतेन्दु के काल में प्राचीन भारतीय संस्कृति पर अंग्रेज़ों के मनमाने और कुछ बातों के लगातार दोहराव पर भारतेन्दु 'रामायण के समय' में कहते हैं—"दो-चार ऐसी बँधी बातें हैं जिन्हें कहने से ही वे ऐंटिक्वेरियन हो जाते हैं। जो मूर्तियाँ मिलें वे जैनों की हैं, हिन्दू लोग तातार से व और कहीं पच्छिम से आए होंगे। आगे यहाँ मूर्तिपूजा नहीं होती थी, इत्यादि, कई-कई बातें बहुत मामूली हैं, जिनके कहने से ही आदमी ऐंटिक्वेरियन हो सकता है।" (भारतेन्दु समग्र, पृ. 784) रामविलास शर्मा भारतेन्दु को यह श्रेय देते हैं कि "उन्होंने पश्चिमी विद्वानों की स्थापनाओं को आँख मूँदकर नहीं अपना लिया। वह जब आर्य शब्द का प्रयोग करते हैं, तब नस्ल के अर्थ में नहीं।" (भारतेन्दु हरिश्चन्द्र और हिन्दी-नवजागरण की समस्या, पृ. 91)

भारतेन्दु का मूल्यांकन और अधिक गहराई की माँग करता है। स्वदेशी वस्तुओं के व्यवहार की आवश्यकता और अन्धेर नगरी जैसे लेखक की सामाजिक-राजनैतिक-

ऐतिहासिक और सांस्कृतिक समझ को यथोचित सराहना मिलनी चाहिए। ऐसा नहीं है भारतेन्दु हरिश्चन्द्र और उनके सहयोगियों के दृष्टिकोण में कोई अन्तर्विरोध नहीं है, किन्तु जिन बिन्दुओं पर इन्हें प्रश्नचिह्न के घेरे में लिया जाए उनका सम्यक् विश्लेषण अवश्य किया जाए। तटस्थ विश्लेषण से हम हिन्दी-नवजागरण की 'निजता' से परिचित होंगे। हिन्दी-नवजागरण की सीमा और शक्ति का निष्पक्ष आकलन हमारे आज के प्रश्नों को हमारे सम्बोधन की सघनता और अधूरेपन को अधिक स्पष्ट कर सकेगा।

हिन्दी-नवजागरण की निजता

पश्चिम के सम्पर्क में आने के बाद भारतीय विद्वानों ने यहाँ की हर छोटी-बड़ी घटना को वहाँ के किसी-न-किसी सिद्धान्त से जोड़कर देखा। उन्नीसवीं सदी में आधुनिकता की ओर क़दम बढ़ाते देश के जागरण को 'रेनेसाँ' से जोड़ा गया। यह 'रेनेसाँ' प्रेरित नवजागरण पूरे देश में फैला जिसे इतिहासकारों-विचारकों ने अपने-अपने ढंग से स्वीकार-अस्वीकार किया। यहाँ तक कि सम्पूर्ण प्रशंसित बांग्ला नवजागरण की भी कुछ आलोचनाएँ हुईं। सुप्रसिद्ध इतिहासकार सुशोभन सरकार के अनुसार कलकत्ता अवस्थित मध्यवर्गीय बंगाली कुलीन भद्रलोक के वैचारिक आन्दोलन को 'रेनेसाँ' मानने में बहुत-सी कठिनाइयाँ हैं, उनकी आपत्तियों के सम्बन्ध में विस्तार से जानने के लिए पुस्तक 'हिन्दी और बांग्ला नवजागरण, रूपा गुप्ता, स्वराज प्रकाशन, दिल्ली', देखी जा सकती है। हिन्दी प्रदेश के नवजागरण को उन्हीं अर्थों में स्वीकार करने में और भी असुविधाएँ हैं, बल्कि रामविलास शर्मा के पहले हिन्दी प्रदेश में भी जागरण हुआ भी था, इस धारणा पर सोचा ही नहीं गया। डॉ. रामविलास शर्मा हिन्दी के उन बहुत थोड़े लोगों में से हैं जिन्होंने हिन्दी प्रदेश के जागरण पर विधिवत चिन्तन किया है। "उनके हिन्दी-नवजागरण के लेखन के फलस्वरूप हिन्दी-नवजागरण को स्वतंत्र विषय के रूप में मान्यता मिली है। अन्यथा कुछ समय पहले या तो भारतीय नवजागरण की बात होती थी या बंगाल के नवजागरण की। पहले हिन्दी-नवजागरण के विचारकों और साहित्यकारों पर बंगाल के नवजागरण के प्रभाव की ही चर्चा अधिक होती थी। ऐसा लगता था कि हिन्दी के साहित्यकार केवल प्रभाव ग्रहण करने के लिए ही बैठे हुए थे और उनका अपना कुछ था ही नहीं। उन्होंने हिन्दी-नवजागरण के स्वरूप और उसकी विशेषताओं का विश्लेषण करके हिन्दीवालों की आत्महीनता की भावना को दूर किया है और हिन्दी भाषी जनता को हीन समझनेवालों के स्फीत अहं की फुफकार को भी कम किया।" (साहित्य और इतिहास दृष्टि, मैनेजर पांडेय, वाणी प्रकाशन, नई दिल्ली, 1981, पृ. 190) रामविलास शर्मा के बाद मैनेजर पांडेय, नामवर सिंह, वीरभारत तलवार और कर्मेन्दु शिशिर का नाम लिया जा सकता है। सहमति-असहमति के बीच अगली पीढ़ी में भी कुछ शोधार्थियों ने अपना अकादमिक ध्यान हिन्दी-नवजागरण पर केन्द्रित किया है।

जैसाकि पहले उल्लेख किया गया है हिन्दी-नवजागरण की धारणा और उसके प्रमुख प्रतिष्ठाता रामविलास शर्मा हैं। उन्होंने सन् 1857 के प्रथम स्वाधीनता संग्राम से हिन्दी-नवजागरण का आरम्भ माना है। वे हिन्दी प्रदेश के जनजागरण को दो दौर में बाँटते हैं—सामन्त विरोधी जनजागरण और साम्राज्य विरोधी जनजागरण। रामविलास जी उत्तर भारत में सामन्त विरोधी जनजागरण का आरम्भ यहाँ के विभिन्न प्रदेशों में आधुनिक

जातियों के गठन से मानते हैं। दूसरे दौर के अन्तर्गत उन्होंने प्लासी की लड़ाई से प्रथम स्वाधीनता संग्राम (1757-1857) तक के काल को रखा है जिसमें मुख्य लड़ाई विदेशी शत्रु (ब्रिटिशों) से है। डॉ. रामविलास शर्मा ने हिन्दी 'नवजागरण' को चार चरणों में विभक्त किया है। पहला चरण सन् सत्तावन के स्वाधीनता संग्राम से प्रारम्भ होता है। भारतेन्दु का काल हिन्दी 'नवजागरण' का दूसरा चरण है। उन्होंने द्विवेदी युग को तीसरा तथा छायावाद को नवजागरण का चौथा चरण माना है।

रामविलास शर्मा हिन्दी-नवजागरण के पहले भारतीय नवजागरण के स्वरूप और उसकी मुख्य प्रवृत्तियों पर विचार करना नहीं भूलते। अपनी पुस्तक 'भारतीय नवजागरण और यूरोप' (हिन्दी माध्यम कार्यान्वयन निदेशालय, दिल्ली विश्वविद्यालय, दिल्ली, 1996) में उन्होंने ऋग्वैदिक काल को भारत का प्रथम एवं उपनिषद् काल को द्वितीय नवजागरण माना है। इस पुस्तक के अध्याय 'उपनिषदों में दार्शनिक यथार्थवाद' में रामविलास शर्मा कहते हैं, "ऋग्वैदिक काल भारत का प्रथम नवजागरण है, उपनिषद् काल उसका दूसरा नवजागरण है। दोनों के बीच में आता है ब्राह्मण काल। इस मध्य काल में भूस्वामी वर्ग सुदृढ़ हुआ, उसे सुदृढ़ करने में पुरोहित वर्ग ने कर्मकांड का विस्तार किया। ऋग्वैदिक काल में यज्ञ होते थे पर उनका उपयोग सामन्तों का गौरव बढ़ाने के लिए न किया जाता था। पुरोहितों ने ऋग्वेद के मंत्रों को जादू-मन्तर की तरह कर्मकांड के जाल से बाँधकर विविध फलों की प्राप्ति का साधन बना दिया। उपनिषदों ने ऋग्वेद को इस जाल से मुक्त किया। उनके चिन्तन की आधारभूत मान्यताएँ ऋग्वेद की हैं, उन्हें पुनर्जीवित करके उन्होंने दार्शनिक चिन्तन को अधिक स्पष्ट और व्यापक बनाया। उपनिषद् काल को विश्व दर्शन के इतिहास में क्रान्तिकारी युग मानना चाहिए।" (भारतीय नवजागरण और यूरोप, रामविलास शर्मा, हिन्दी माध्यम कार्यान्वयन, दिल्ली, 1996, पृ. 115)

इस प्रकार रामविलास शर्मा इन नवजागरणों के मूल में यहीं की प्रेरणा देखते हैं। उन्नीसवीं सदी के पहले के भारतीय नवजागरण की मूल प्रेरणा उपनिषद् थे। ये उपनिषद् केवल भारतीय नवजागरण ही नहीं वरन् अन्य नवजागरणों की भी प्रेरणा रहे हैं—"भारत में जब भी सामाजिक व्यवस्था को सुधारने के लिए आन्दोलन हुए, उनके सूत्रधारों ने उपनिषदों के चिन्तन को अपना आधार बनाया है। भारत के बाहर जहाँ भी लोगों ने धर्मांध जड़ता से मुक्ति पानी चाही है, उन्होंने जाने या अनजाने उपनिषद् की स्थापना को दोहराया है। उपनिषदों में केवल चिन्तन नहीं है, भावों की अभिव्यक्ति भी है। उदात्त दार्शनिक काव्य में वे ऋग्वेद के सही उत्तराधिकारी हैं।" (महावीर प्रसाद द्विवेदी और हिन्दी-नवजागरण, रामविलास शर्मा, राजकमल प्रकाशन, नई दिल्ली, 1977, पृ. 14)

हिन्दी प्रदेश पर अंग्रेज़ों का स्पष्ट प्रभाव सन् 1830 के दशक में लक्षित किया गया। औपनिवेशिक सत्ता जिस काल में उदारवादी रवैया अपनाकर किसानों की तरक़्क़ी का प्रयत्न, मध्यवर्ग की शिक्षा का प्रयास एवं कुछ संस्थाओं का विकास कर रही थी, उस काल में हिन्दी प्रदेश इन लाभों से वंचित रहा। उस पर जब तक अंग्रेज़ों का प्रभाव बढ़ना शुरू हुआ तब तक सन् सत्तावन के स्वाधीनता संग्राम के कारण औपनिवेशिक शासन अधिक कट्टर और सख्त हो चुका था। इसे सौभाग्य कहें या दुर्भाग्य कि अंग्रेज़ों के दमन चक्र का शिकार सबसे अधिक हिन्दी प्रदेश ही हुआ। आधुनिक मध्यवर्ग के उत्थान के लिए औपनिवेशिक शासन के अन्तर्गत अनुकूल परिस्थितियों

का लाभ हिन्दी प्रदेश को नहीं मिल पाया। इक्का-दुक्का प्रयत्नों के फलस्वरूप कुछ लोगों को पाश्चात्य ज्ञान एवं अंग्रेज़ी शिक्षा सुलभ हुई, किन्तु जिस परिमाण में बंगाल में औपनिवेशिक सत्ता की सहायता से जैसा मध्यवर्ग विकसित हो सका वैसा विकास हिन्दी प्रदेश में नहीं हो सका।

बनारस में अंग्रेज़ी का प्रभाव सन् 1775 से आरम्भ हुआ था। सन् 1795 में वह अंग्रेज़ों के सीधे शासन में आया। इसके बाद अगले पचास वर्षों से इस क्षेत्र का आर्थिक मानचित्र तेजी से बदला। अत: हिन्दी प्रदेश में औपनिवेशिक प्रभाव में संरचनात्मक परिवर्तन बंगाल की तुलना में आधी सदी के पश्चात् प्रारम्भ हो पाया। उन्नीसवीं सदी के प्रथमार्द्ध में हिन्दी प्रदेश के पास कलकत्ता जैसा कोई बड़ा शहर नहीं था जिसके इर्द-गिर्द आधुनिक मध्यवर्ग का विकास हो सके जैसाकि बंगाल में सम्भव हो सका था। हिन्दी प्रदेश में अंग्रेज़ी शिक्षा पर, जिसका नए 'ज्ञान विज्ञान' के प्रसार व रोज़गार के अवसरों के लिए केन्द्रीय महत्त्व था, सन् 1840 के बाद ही ध्यान दिया जा सका। अंग्रेज़ी शिक्षा और पाश्चात्य जीवन पद्धति के प्रति पारम्परिक हिन्दी भाषी समाज में विरोध की भावना थी। यह प्रवृत्ति बहुत बाद तक रही, यद्यपि धीरे-धीरे यह कम होती गई। राधाचरण गोस्वामी ने अपने संस्मरण में लिखा है कि "बचपन में भूल से अगर उनके मुख से कोई अंग्रेज़ी शब्द निकल पड़ता था तो उन्हें इसका प्रायश्चित्त करना पड़ता था। उन्हें गंगाजल से कुल्ला करवाया जाता था।" (राधाचरण गोस्वामी की चुनी हुई रचनाएँ कर्मेन्दु शिशिर (भूमिका), परिमल प्रकाशन, इलाहाबाद, 1990) विलायती भाषा को रोज़गार के दबाव के कारण फिर भी अपना लिया गया किन्तु रहन-सहन और रंग-ढंग के प्रति विरक्ति ही बनी रही। विलायती रहन-सहन जिसका पर्याय 'मॉडर्न' बना के प्रति आज भी पारम्परिक भारतीय समाज में अधकचरी विरक्ति है।

सन् 1857 ई. के प्रथम स्वाधीनता संग्राम के बाद, विशेषकर दो दशकों में ब्रिटिश शासन ने हिन्दी प्रदेश (शेष भारत भी) के प्रति परस्पर विरोधी दो विचारधाराओं का वहन किया। औपनिवेशिक शासन ने दोहरा मानदंड अपनाया। घोषित रूप में उनकी नीति यहाँ की परम्पराओं की और उनकी विभिन्नता की रक्षा का वादा और भारत के आधुनिकीकरण का संकल्प तथा शासन में प्रतिनिधित्व बढ़ाना था, किन्तु व्यावहारिक रूप में इसका पालन नहीं हुआ।

बंगाल के स्थायी बन्दोबस्त ने ज़मींदारों और कृषक समुदाय के बीच की दूरी बढ़ा दी थी जिसमें अंग्रेज़ों ने ज़मींदारों की स्वार्थ रक्षा ही की। प्रगतिशील आवरण के नीचे अंग्रेज़ों ने ज़मींदार वर्ग की प्रतिक्रियावादी विचारधारा को भलीभाँति पोसा। इसका एक रोचक उदाहरण राजा राममोहन राय का दिया जा सकता है। उन्होंने बंगाल में प्रचलित सती प्रथा में स्त्री दाह की संख्या में वृद्धि का ज़िम्मेदार अंग्रेज़ों को ठहराया है। राजा राममोहन राय का कहना है कि बंगाल में जीमूतवाहन द्वारा लिखित ग्रंथ 'दायभाग' के अनुसार पति की सम्पत्ति पर विधवा का अधिकार उसी तर्क द्वारा स्वीकृत था जिससे पिता की सम्पत्ति पर पुत्र का अधिकार माना गया था। अंग्रेज़ों ने इस पर ध्यान न देकर ज़मींदारों और कुलीनों द्वारा किए गए बहु-विवाह और सम्पत्ति के मामले में मनमाने व्यवहार को प्रश्रय दिया। यह बहुत ध्यान देने की बात है कि राजा राममोहन राय कहते हैं कि सती संख्या में वृद्धि के ज़िम्मेदार अंग्रेज ही हैं। इसी प्रकार ईश्वरचन्द्र विद्यासागर

को अपने कर्म जीवन के आरम्भ में तो विधवा विवाह के आन्दोलन में तो सफलता मिली पर उनका उत्तरार्द्ध निराशाजनक रहा। (विस्तार से जानने के लिए कृपया इस लेखिका की पुस्तक 'साहित्य और विचारधारा, रूपा गुप्ता, यश प्रकाशन, दिल्ली, 2006', देखी जा सकती है।)

आधुनिक ज्ञान-विज्ञान के प्रसार में संस्थानों के योगदान को नकारा नहीं जा सकता। अंग्रेज़ों की कृपा से हिन्दू कॉलेज जैसा कोई संस्थान हिन्दी प्रदेश में नहीं था। जहाँ हज़ारों छात्र नए ज्ञान अथवा पाश्चात्य ज्ञान में दीक्षित हो सकें। इसके साथ ही सांस्कृतिक गतिविधियों के प्रभाव का प्रश्न जुड़ा है। हिन्दी प्रदेश में कला, संस्कृति, मनोरंजन सबका स्थान धर्म ने घेर रखा था।

यहाँ बस कुछ 'प्रबुद्ध' (एनलाइटेंड) परिवार, जिसमें भारतेन्दु हरिश्चन्द्र का परिवार भी एक था, घर के बच्चों को अंग्रेज़ी शिक्षा दिलाने के पक्षधर थे। ऐसी स्थिति में स्वाभाविक है कि हिन्दी प्रदेश में मध्यवर्ग के विकास की सम्भावनाएँ बंगाल में मध्यवर्ग विकसित होने के चार-पाँच दशक बाद ही बन पाईं। प्रो. नामवर सिंह ने कहा है कि हिन्दी प्रदेश में प्रखर विचारकों और समाज सुधारकों का न होना भी उसके विलम्बित नवजागरण का एक कारण है।

बनारस के इर्द-गिर्द के हिन्दी-नवजागरण की चर्चा के पूर्व इस बात पर ध्यान देना आवश्यक है कि भारतेन्दु हरिश्चन्द्र के जन्म के पचास वर्ष पूर्व से बनारस तीव्रता से बदल रहा था। जैसाकि पहले कहा जा चुका है ब्रिटिश शासन के फलस्वरूप बनारस राज्य में संरचनात्मक बदलाव घटित हुए। बर्नाड कोन ने कहा है कि सन् 1800 से 1850 ई. के बीच एक नए प्रकार का सामाजिक जीवन विकसित हो रहा था, नए प्रकार के आर्थिक हित सामने आ रहे थे, पुराने प्रभावशाली वर्गों का स्थान नए प्रभावशाली वर्ग ले रहे थे और इन सबके फलस्वरूप एक नई राजनीतिक, आर्थिक और सांस्कृतिक परिस्थिति पैदा हो रही थी। इन सभी प्रवृत्तियों और विकास का सम्पूर्ण प्रतिफल सन् सत्तावन के संग्राम के बाद ही देखा जा सका लेकिन यह तय है कि इस विकास की रूपरेखा सन् 1800 से लेकर 1850 ई. के मध्य की परिस्थिति में विकसित हुई।

समाजशास्त्री बर्नाड कोन ने तीन प्रकार के परिवर्तनों की चर्चा की है। प्रथमतः, उन्होंने एक नए प्रभुत्वशाली वर्ग के उदय के बारे में लिखा है। उनके अनुसार प्रशासनिक पदों पर काम करनेवाले अधिकारी और व्यवसायी एवं बैंकरों ने अपनी स्थिति सुदृढ़ की। कोन के अनुमानानुसार इन पचास वर्षों में लगभग चालीस प्रतिशत भूमि का हस्तान्तरण हुआ। यह हस्तान्तरण पुराने भूमि पतियों, क्षत्रिय एवं मुसलमानों के नए प्रभुत्वशाली वर्ग, बनिया, ब्राह्मण एवं कायस्थ को हुआ। दूसरा बड़ा परिवर्तन अंग्रेज़ी के प्रति रवैये में हुआ। सन् 1840 के पूर्व फ़ारसी का ज्ञान प्रशासन में रोज़गार के लिए आवश्यक था। सन् 1840 के बाद यह स्थान अंग्रेज़ी का हो गया। पढ़े फ़ारसी बेचे तेल, देखो यह क़िस्मत का खेल—यह उक्ति प्रचलित होने में थोड़ा समय लगा। अंग्रेज़ी भाषा और शिक्षा के लाभ समझने में हिन्दी प्रदेश ने देर की फिर भी देर-सवेर ही विशेषकर बनारस में जहाँ अंग्रेज़ी शिक्षा सुलभ थी, इस परिवर्तन के परिणामस्वरूप एक वर्ग उभरा जो आधुनिक होने के लिए इच्छुक था।

तीसरा परिवर्तन नए प्रभुत्वशाली वर्गों के गठन से सम्बन्धित है। यह वर्ग जिसे 'प्रतिष्ठित देशी' (Respectable Natives) कहा जाता था, कुछ वस्तुओं में सचेष्ट था।

इस वर्ग के लोग पारम्परिक उत्सवों, मन्दिर निर्माण, सराय निर्माण, कुआँ खुदवाने से लेकर ब्राह्मण और वृद्ध जनों को सहयोग देने में मुक्त हस्त से दान देते थे। उनके प्रयासों और साधनों के कारण नई चेतना को बढ़ावा देने के लिए सामूहिक प्रयासों को बल मिला।

निस्सन्देह हिन्दी प्रदेश के इस जागरण में अपने स्थानीय विशिष्ट तत्त्व थे जिसमें अंग्रेज़ी उदारवाद के प्रति किसी प्रकार का व्यामोह नहीं था। हिन्दी प्रदेश के प्रबुद्ध जनों में 'देशी अक्खड़पन' अधिक था। इसे जवाहरलाल नेहरू ने अपनी प्रसिद्ध पुस्तक 'डिस्कवरी ऑफ़ इंडिया' में बहुत सटीक ढंग से लिखा है।

लगभग एक सदी के ब्रिटिश शासन के बाद जब बंगाल ने अपने आप को इसके अनुरूप ढाल लिया था, तब किसानों पर आर्थिक दबाव बहुत बढ़ गया था, नया प्रबुद्ध वर्ग पश्चिम की ओर देखते हुए यह आशा लगा रहा था कि अंग्रेज़ी उदारवाद उनके लिए प्रगति लाएगा। लगभग इसी तरह की परिस्थिति भारत के पश्चिम और दक्षिण में भी थी। उत्तर भारत में, किन्तु यह समर्पण और अनुकूलन नहीं था। वहाँ विद्रोह की चेतना बलवती हो रही थी।

अब इस पर विचार करना आवश्यक है कि क्या यह जागरण पुनर्जागरण था? अथवा नवजागरण (रेनेसाँ) था? भक्ति आन्दोलन को यदि हिन्दी प्रदेश का प्रथम जागरण मान लिया जाए तो यह वैचारिक आन्दोलन पुनर्जागरण कहला सकता है, किन्तु रेनेसाँ के अर्थ में इसे नहीं लिया जा सकता। हिन्दी प्रदेश में न तो धर्म बनाम मानवतावाद की विशेष रूप से चर्चा हुई और न ही कला एवं ज्ञान के क्षेत्रों में नई विधाओं का जन्म हुआ। यूरोप के 'रेनेसाँ' में धर्म विषयक चर्चाओं के कारण धर्म का प्रभाव घटता हुआ दिखाई देता है जबकि हिन्दी प्रदेश के जागरण में धर्म की केन्द्रीय भूमिका है। धर्म का सामाजिक प्रभाव राष्ट्रीय चेतना की जागृति के उपकरण के रूप में प्रयुक्त हुआ। धर्म का महत्त्व बंगाल के जागरण में भी कहीं कम नहीं था।

इन जागरणों में भारतीय इतिहास में पहली बार कुछ प्रतीकों के आधार पर हिन्दुओं में एकता स्थापित करने का प्रयास आरम्भ हुआ, भले ही यह प्रयास एक वर्ग विशेष तक सीमित रहा हो। गो-रक्षा आन्दोलन ने हिन्दी प्रदेश में हिन्दुओं के बीच 'हिन्दू पहचान' स्थापित करने में महत्त्वपूर्ण भूमिका निभाई। हिन्दी प्रदेश के परम्परावादी चिन्तकों ने धर्म के सहारे हिन्दू धर्म पर 'दोहरे आक्रमण' का सामना किया। उन्होंने अपने धर्म में सुधार की ओर ध्यान दिया और अपनी आध्यात्मिक श्रेष्ठता की भावना से राष्ट्रीयता के विकास की आधारभूमि को सुदृढ़ करने में सहायता दी। उदाहरणार्थ गोरक्षा आन्दोलन जिसने हिन्दी प्रदेश में हिन्दुओं के बीच 'हिन्दू पहचान' स्थापित करने में महत्त्वपूर्ण भूमिका निभाई। उसके मूल में हिन्दुओं की गाय के प्रति धार्मिक भावना थी। कृषि प्रधान सभ्यता होने के कारण हिन्दी प्रदेश में गाय उनके जीवन का मूलाधार थी जिसे उन्होंने धर्म से जोड़कर अपनी आस्था बना लिया था। इसी आस्था के सहारे परम्परावादियों ने हिन्दू धर्म पर 'दोहरे आक्रमण' का सामना किया। राष्ट्रीयता के विकास की आधारभूमि का हिन्दू स्वरूप भी इसी काल खंड में निर्मित हुआ। इस सन्दर्भ में यह कहना उचित होगा कि हिन्दी प्रदेश में धर्म का राजनीतिकरण इसी युग की देन है।

इस सन्दर्भ में प्रो. नामवर सिंह के विचार उल्लेखनीय हैं—"हमारे इतिहास में राष्ट्रवाद और सम्प्रदायवाद दोनों एक ही साथ पैदा हुए हैं कि कहीं एक ही सिक्के के

दो पहलू तो नहीं हैं—इसकी भी जाँच की जानी चाहिए। ऐसा मैं इसलिए कह रहा हूँ कि राष्ट्रीय चेतना के विकास के साथ-साथ इस देश में पहली बार, धर्म के आधार पर दो बड़े धर्मों को माननेवाले जन-समूहों को एक नाम दिया गया। दोनों को अपनी 'पहचान' (आइडेंटिटी) बनाने की चिन्ता हुई। 'हिन्दू आइडेंटिटी' और 'मुस्लिम आइडेंटिटी'। जिसे हम उन्नीसवीं सदी का जागरण कहते हैं, उस जनजागरण में 'हिन्दू नवजागरण' और 'मुस्लिम नवजागरण' ये दोनों साथ-साथ घटित हुए और इन दोनों नवजागरणों के साथ ही हमारे देश में राष्ट्रीय चेतना और राष्ट्रवाद का भी विकास हुआ। हमारा राष्ट्रीय आन्दोलन उसी नवजागरण की सन्तान है। इसीलिए 'राष्ट्रवाद' और 'हिन्दू जातीयता' 'मुस्लिम कौमियत' ये साथ-साथ पैदा हुए।" (साम्प्रदायिकता का सवाल, रामजन्मभूमि बाबरी मस्जिद विवाद, सम्पा. जगदीश्वर चतुर्वेदी, न्यूमैन्स, कलकत्ता, 1991, पृ. 36-37)

नामवर सिंह साम्प्रदायिकता के दो कुरूप चेहरों का सम्पूर्ण दोषारोपण उन्नीसवीं सदी पर करते हैं। इसमें अतीत के विश्लेषण में वर्तमान दृष्टि की प्रमुखता के बाहुल्य पर ख़तरा है। इससे बाद में साम्प्रदायिकता के तेज़ी से बदलते स्वरूप की आलोचना की आवश्यकता कम कर दी जाती है। भारतीय सन्दर्भ में यह नहीं होना चाहिए कि धर्म यहाँ केवल 'रिलीजन' न होकर जीवन दर्शन भी रहा है। इसे यूँ कहा जाना चाहिए कि भारतीयों का जीवन दर्शन भी धर्म के माध्यम से अभिव्यक्त होता रहा है। धर्म उनके लिए बृहद 'केटेगरी' है जिसमें वे संस्कृति, साहित्य, कला, सिद्धान्त, दर्शन और 'रिलीजन' सबको समेट लेते हैं। अपनी पुस्तक भारतीय नवजागरण और यूरोप में रामविलास शर्मा ने बीसवीं सदी जैसी आधुनिक सदी में जनता में फैल रहे अन्धविश्वासों से लड़ने के लिए उपनिषदों के भौतिकवाद का सहारा लेने की बात कही हैं। बीसवीं सदी के अन्त में रामविलास जी अन्धविश्वास के जिस तूफ़ान से निबटने के लिए उपनिषदों के सम्बन्ध में जानने के लिए कह रहे हैं उन्नीसवीं सदी में सांस्कृतिक राष्ट्रवाद के पुरोधा उसका उपयोग करते हैं। रामविलास जी कहते हैं—"सर्वात्मवाद अथवा ब्रह्मवाद दर्शनशास्त्र का यथार्थवाद है। वह प्राचीन मानवतावाद का सुदृढ़ आधार है। कहीं वह विशुद्ध भौतिकवाद है, कहीं वह भाववाद के आवरण में है, यथार्थ जगत से उसका सम्बन्ध बना रहता है। वह सामन्ती कर्मकांड का विरोधी है, इसलिए विभिन्न समाज सुधारकों ने उसे अपनाया है। भारत में सामन्ती विचारधारा के अवशेष तो क़ायम हैं ही बीसवीं सदी के अन्तिम दशक में अन्धविश्वासों का नया तूफ़ान उठा है। भारत ही नहीं एशिया के अन्य देश भी इसकी लपेट में हैं। ऐसी स्थिति में उपनिषदों की राष्ट्रीय और अन्तर्राष्ट्रीय भूमिका महत्त्वपूर्ण हो सकती है, यदि आज के समाज सुधारक अधिक सक्रिय हों और अपनी प्रगतिशील विचारधारा से उपनिषदों का सम्बन्ध पहचानें।" (महावीर प्रसाद द्विवेदी और हिन्दी-नवजागरण, रामविलास शर्मा, पृ. 143) अगर यह सम्बन्ध पहचान लिया जाता तो भारतीय नवजागरण को समझने की एक और दृष्टि मिली होती। औपनिवेशिक 'हैंगोवर' (Hangover) के शिकार इतिहासकारों और आलोचकों ने भारतीय नवजागरण विशेषकर हिन्दी-नवजागरण की हर विशिष्टता को बाहर से आया हुआ बताया। भारत पर काबिज औपनिवेशिक सत्ता जब अपने ही देशों के ग़रीबों के पक्ष में नहीं थी तो उपनिवेशित देशों के प्रति उसमें कोमल भावनाएँ कैसे उपजतीं। रामविलास शर्मा अंग्रेज़ी राज की प्रगतिशील भूमिका का गुणगान करनेवाले

विद्वानों और शोधार्थियों पर टिप्पणी करते हैं—"कुछ विश्वविद्यालय के प्रोफ़ेसरान और उनके मातहत काम करनेवाले रिसर्च स्कॉलरान का यह मत है कि भारतेन्दु-युग के नए साहित्यिक जागरण का सबब अंग्रेज़ी अमलदारी में अमन की ज़िन्दगी और अंग्रेज़ी शिक्षा के असर से पैदा होनेवाली देशभक्ति थी यानी हिन्दुस्तान के लोगों को देशभक्ति सिखाने का ठेका भी अंग्रेज़ों ने ले रखा था और अंग्रेज़ न आते तो यहाँ के लोग यह भी न जानते कि देशभक्ति किस चिड़िया का नाम है। कहना चाहिए कि ऐसे प्रोफ़ेसरों और रिसर्च स्कॉलरों ने ख़ुद देशभक्ति अंग्रेज़ी किताबों से सीखी है, इसलिए वे भारतेन्दु-युग के व्यापक सामाजिक आधार का और इस आधार पर पनपनेवाली साम्राज्य-विरोधी साहित्यिक चेतना को देखने में असमर्थ हैं। इन पर भारतेन्दु की यह मुकरी पूरी तरह फिट बैठती है—

सब गुरुजन को बुरो बतावै।
अपनी खिचड़ी अलग पकावै॥
भीतर तत्त्व न झूठी तेज़ी
क्यों सखि सज्जन नहिं अंग्रेज़ी॥ (वही, पृ. 18)

'भीतर तत्त्व न झूठी तेज़ी'—यह हाल उस समालोचना का है जो मोटे-मोटे संस्कृत के शब्दों में पाठक को आतंकित करने के लिए लिखी जाती है लेकिन जिसका तत्त्व यही होता है कि भारतेन्दु ने देशभक्ति अंग्रेज़ी शिक्षा से सीखी थी।

विद्यार्थियों के दिमाग़ में यह कूड़ा-कर्कट भरनेवाले गुरु लोग, मौक़ा पड़े तो एक बार अंग्रेज़ों को भी साम्राज्यवाद का पाठ पढ़ा सकते हैं। मैकॉले ने एक बार कहा होगा तो इन्होंने उसे सौ बार दोहराया, 'मेरा मुझमें कुछ नहीं जो कुछ है सो तोर।' ऐसे प्रोफ़ेसरों के लिए भारतेन्दु ने अपने अद्भुत निबन्ध 'एक अद्भुत अपूर्व स्वप्न' में पं. शीलदावानल के 'नीति दर्पण' की प्रशंसा करते हुए लिखा था, "इनसे नीति तो बहुत से महात्माओं ने पढ़ी थी, परन्तु वेणु, बाणासुर, रावण, दुर्योधन, शिशुपाल, कंस आदि इनके मुख्य शिष्य थे। और अब भी कोई कठिन काम आकर पड़ता है, तो अंग्रेज़ी न्यायकर्ता भी इनकी अनुमति लेकर आगे बढ़ते हैं। हम अपने भाग्य की कहाँ तक सराहना करें! ऐसा तो संयोग इस संसार में परम दुर्लभ है।"

हिन्दी प्रदेश के नवजागरण की प्रवृत्ति को और अच्छी तरह से समझने के लिए बांग्ला नवजागरण का उल्लेख अनुचित न होगा। "औपनिवेशिक शासन के दूसरे चरण में 'मुक्त व्यापार' (Free Trade) (1873 से 1888 ई.) के आरम्भिक काल अर्थात् उन्नीसवीं सदी के दूसरे दशक तक बंगाल में पाश्चात्य शिक्षा प्राप्त बुद्धिजीवियों का स्पष्ट अस्तित्व प्रकाश में आया। मुक्त बाज़ार व्यवस्था की आवश्यकताओं को पूरा करने के लिए कृषि उत्पादनों से लेकर यातायात और शिक्षा के क्षेत्र में घटित हो रहे परिवर्तन ने इस अंग्रेज़ी शिक्षा प्राप्त वर्ग को भारतीय समाज का सबसे प्रखर वर्ग बना दिया। नीतिगत दृष्टि से यह वर्ग सबसे सुविधाजनक स्थिति में था। अंग्रेज़ों ने इस वर्ग को अपनी आवश्यकतानुसार सहायता एवं समर्थन दिया। धर्म राजनीति का बहुत बड़ा अस्त्र रहा है। औपनिवेशिक सत्ता ने भी मिशनरियों का उपयोग किया। इन मिशनरियों ने अपनी धर्म प्रचार की गतिविधियों से अंग्रेज़ी शिक्षा का प्रचार तो बढ़ाया

पर साथ ही बांग्ला भाषा के उन्नयन में भी सहायता दी। बंगाल के स्थायी बन्दोबस्त के आलोक में समझा जा सकता है कि किस प्रकार ब्रिटिशों के दमनकारी स्वरूप ने जनता को क्षुब्ध किया।

जातीय नवजागरण के अन्तर्गत अन्य नवजागरणों की चर्चा उनके आन्तरिक रूप से सम्बद्ध होने को दर्शाना है। बंगाल का नवजागरण अग्रणी अवश्य था, किन्तु वह केवल 'बंगालियों' की मेधा का परिणाम नहीं था। हमें यह नहीं भूलना चाहिए कि औपनिवेशिक शासनकाल में बंगाल प्रेसिडेंसी का अर्थ केवल बंगाल नहीं था उसमें बिहार, उड़ीसा और आज के उत्तर प्रदेश के कुछ भाग भी सम्मिलित थे। इनके मनीषियों का भी बांग्ला नवजागरण में योगदान था। बंगाली मनीषियों का अन्य प्रान्तों और भाषाओं के विचारकों से आपसी विनिमय का सम्बन्ध था न कि केवल देने का सम्बन्ध जैसाकि बाद के दिनों में स्थापित किया गया। यह बहुत ही दुर्भाग्यजनक रहा कि औपनिवेशिक दृष्टि से संचालित इतिहासकारों ने बंगाली मनीषियों को 'केवल बंगाली' प्रमाणित करने में अपनी पूरी शक्ति लगा दी। उन्होंने बड़े व्यवस्थित ढंग से राजा राममोहन राय, बंकिमचन्द्र चट्टोपाध्याय, ईश्वरचन्द्र विद्यासागर, विवेकानन्द, राजेन्द्रलाल मिश्र, शरत्‌चन्द्र यहाँ तक कि रवीन्द्रनाथ टैगोर को केवल 'बंगाली' बना दिया। बांग्ला भाषी चिन्तकों को कभी शेष भारत से सम्बद्ध दिखाया भी तो सदैव प्रदाता के रूप में। मानो बंगाल केवल दाता रहा हो उसने कभी किसी अन्य प्रदेश से कोई प्रेरणा ली ही न हो। उन्होंने बांग्ला भाषा को सभी महान विचारों की जननी माना। अगर किसी अन्य भाषा का ऋण स्वीकार किया भी तो अंग्रेज़ी, फ्रांसीसी और जर्मनी आदि भाषाओं का, किसी भारतीय भाषा का प्रभाव तो दूर उससे जो कुछ भी ग्रहण किया गया था, इसे सिरे से नकार दिया। इस सम्बन्ध में हिन्दी-नवजागरण की अपनी निजी सत्ता और बांग्ला से उसके लेन-देन के सम्बन्ध के उदाहरण के रूप में भारतेन्दु हरिश्चन्द्र की असाधारण प्रतिभा और राष्ट्र चिन्ता और उसके उद्रेक का कारण उनकी केवल ग्यारह वर्ष की आयु में की गई पूरी यात्रा को बताया जाता है। यह तथ्य इतनी बार और इस प्रकार दोहराया गया है कि भारतेन्दु की चर्चा होते ही उनका बंगाल से प्रभावित होना उल्लिखित होता है। निस्सन्देह भारतेन्दु जैसे अद्‌भुत व्यक्तित्व का अपनी ग्यारह वर्ष की आयु में अत्यधिक सजग होना एक सहज घटना है, किन्तु इस आयु में अपनी धार्मिक यात्रा में सारी प्रेरणा बंगाल से ही ग्रहण कर लेने का कारण कोई समझ नहीं आता। रोचक तथ्य यह भी है कि भारतेन्दु हरिश्चन्द्र बंगाल से बहुत से रूपों में जुड़े रहे, किन्तु उन रूपों का उल्लेख नहीं किया जाता। न तो बांग्ला इतिहासकार और न ही हिन्दी-नवजागरण की सत्ता अस्वीकार करनेवाले विद्वान इस ओर कोई संकेत करते हैं। मात्र उनकी पूरी यात्रा के उल्लेख की छाया में भारतेन्दु का बंगाल से और बंगाल का भारतेन्दु से लेन-देन का सम्पर्क छिप जाता है विशेषकर 'देन' के सम्पर्क के साथ ऐसा होता है।

इस सन्दर्भ में सर्वप्रथम यह उल्लेख किया जाना चाहिए कि भारतेन्दु हरिश्चन्द्र और बंकिमचन्द्र चट्टोपाध्याय तथा भारतेन्दु हरिश्चन्द्र और ईश्वरचन्द्र विद्यासागर आपस में मित्र थे। यहाँ रोचक तथ्य यह है कि बंकिमचन्द्र चट्टोपाध्याय और ईश्वरचन्द्र विद्यासागर के आपसी सम्बन्ध बहुत सुविधाजनक नहीं थे। बंकिमचन्द्र चट्टोपाध्याय विद्यासागर के विधवा विवाह आन्दोलन से कुपित थे, इतने कुपित कि अपने उपन्यास के पात्रों से

उन्होंने विद्यासागर का नामोल्लेख करवाकर उनकी निन्दा की। जबकि भारतेन्दु हरिश्चन्द्र ने अपनी मुकरियों में विद्यासागर को स्थान देते हुए लिखा—

सुन्दर बानी कहि समुझावै।
विधवागण सो नेह बढ़ावै।
दयानिधान परम गुन आगर।
सखि सज्जन नहीं विद्यासागर। (भारतेन्दु समग्र, पृ. 256)

इससे हिन्दी-नवजागरण के केवल विधवा विवाह विरोधी होने और बांग्ला नवजागरण के केवल विधवा विवाह समर्थक होने के दुष्प्रचार की भी पोल खुलती है। इस सम्बन्ध में विधवा विवाह के प्रचंड राधाचरण गोस्वामी का उल्लेख अति आवश्यक है।

हिन्दी-नवजागरण की निजी विशिष्टता प्रमाणित करनेवाली विपुल सामग्री को नकार देने का कारण समझ नहीं आता। असंख्य छोटे-बड़े पत्रों का प्रकाशन हुआ। पत्रिकाओं में प्रकाशित सामग्री उस भक्ति और मनोरंजनपरक साहित्य से अलग थी जिसे 'सीकरी' से काम नहीं था। जिस भी विधा से हिन्दी शून्य थी उसमें रचनाएँ लिखी गईं—तत्काल अनुवाद से हिन्दी का साहित्य संसार समृद्ध किया गया।

यदि हिन्दी-नवजागरण सम्बन्धी शोध अधिक त्वरित गति से पहले से किए गए होते तो बहुत सारी सामग्री पहले से ही प्रकाश में आ जाती। इस प्रसंग में 'नागरी नीरद' साप्ताहिक पत्र का उल्लेख अप्रासंगिक न होगा।

इसमें सभी प्रकार के समाचारों के साथ साहित्यिक गतिविधियों का उल्लेख रहता था। 1893 ई. में मिरजापुर, सम्पादक—श्री काशीप्रसाद शुक्ल, से प्रकाशित होनेवाले इस साप्ताहिक पत्र में पुनः-पुनः भारतेन्दु हरिश्चन्द्र का स्मरण मिलता है। हिन्दी के किसी साहित्यकार को उसकी मृत्यु के बाद लगातार जिस तरह से याद किया गया है वह तत्कालीन हिन्दी जगत की विशिष्टता है जिसका आज कोई अता-पता नहीं है। हिन्दी के साहित्यकारों का परस्पर सम्मान प्रसाद-प्रेमचन्द तक भलीभाँति परिलक्षित होता है, बाद में स्थिति संशयात्मक होती चली जाती है। 'नागरी नीरद' में 'प्रेरित कलापि कलरव' शीर्षक के अन्तर्गत सन् 1893 ई. में 'भारतेन्दु और उनका जीवन चरित्र' आलेख छपा। इसके लेखक के स्थान पर 'भारतेन्दु का एक चकोर' लिखा हुआ था। (नागरी नीरद, साप्ताहिक पत्र, वर्ष 1, मिरजापुर मि. द्वितीयाषाढ़ शु. 7—गुरुवार, संवत् 1950 वि., 20 जुलाई, 1893, बिन्दु 45, पृ. 1)

बाद में साम्प्रदायिक, प्रतिक्रियावादी और पुनरुत्थानवादी कहे जानेवाले हिन्दी के नवजागरणकालीन बौद्धिकों को अपनी और अपने समाज की शक्ति और सीमा भलीभाँति ज्ञात थी। वे अपने समय की रूढ़ियों से बँधे होते हुए भी देश चिन्ता से विरत नहीं थे। विशेषकर संसाधनहीन जनों की विवशता से, चाहे वह किसी भी सम्प्रदाय का हो, पूर्णतः परिचित थे। 'नागरी नीरद' के सम्पादक ने भारत में सर सैयद अहमद ख़ान द्वारा सिविल परीक्षा के विरोध पर दुख व्यक्त किया। इस दुख का एक कारण यह भी था कि सर सैयद अहमद ने इसका विरोध इस आधार पर किया था कि इससे मुसलमानों को विशेष हानि नहीं होगी अर्थात् हिन्दुओं की हानि हो तो हो। इस पर क्रुद्ध सम्पादक ने लिखा—"इंडियन नेशनल कांग्रेस के विरोधी और भारत की उन्नति में विघ्नकारक अलीगढ़ के बूढ़े सर सैयद अहमद ख़ान साहिब चिल्लाहट को सुन चार वर्ष पीछे चौंककर फिर चैतन्य हो गए, और

देश वैर का पताका फहराने और विरुद्धता का बिगुल बजाने लग पड़े। यद्यपि स्वाभाविक धर्म के अनुसार वे मुदासे राज्य कर्मचारियों के सुर में सुर मिलाते चले आए हैं, और उसकी फल प्राप्ति से आशावान हो बिना विचार के इस शैली को अत्यन्तावश्यक और अपना परम कर्तव्य माना है; परन्तु इसी के साथ उन्होंने यह भी निश्चय कर लिया कि भारत में सिविल सर्विस की परीक्षा न भी हो, तो मुसलमानों को विशेष हानि नहीं है, क्योंकि वे विलायत भी जाकर इस परीक्षा में उत्तीर्ण हो राज सेवा प्राप्त कर सकते हैं। खेद का विषय है कि उन्होंने कुछ भी इसका विचार न किया कि इस मिथ्या बहकावट से बहककर व्यर्थ देश के वैरी बनने और अपने देश के कल्याण पथ में कुबुद्धि के कंटक बिछाने से क्या लाभ होगा? उस राजनीति को जिससे देश को हानि-लाभ होता है आपने पहले हम लोगों को सिखलाया था, आज पक्षपातवश उसे स्वयं भूल गए? परन्तु यह उनकी भद्दी भूल है। देश के दुख से उनके भाई भी नहीं बच सकते हैं, और यदि न्यूनाधिक लाभ का भय है तो जब यह परीक्षा यहाँ होने लगेगी तो ऐसे छोटे-छोटे संशोधन जो उनके बहकानेवाले कहते हैं, सुगमता से संशोधित हो जाएँगे।" (वही, पृ. 2)

जबकि दोनों सम्प्रदायों के निर्धनों के लिए विलायत जाना दूर की कौड़ी थी। सम्पादक को इंग्लैंड की पार्लियामेंट की रेडिकल पार्टी पर विश्वास है, किन्तु अपने ही देश में जो विरोधी हैं उनका क्या करें? उनके आधार पर विरोधी अंग्रेज़ और उनके पिछलग्गू कह देंगे कि—"स्वयं भारतीय प्रजा नहीं चाहती कि उसे कलक्टरी, कमिश्नरी आदि उच्च अधिकार प्राप्त हो।" (वही, पृ. 2)

भारतेन्दु हरिश्चन्द्र ने भारतवर्ष में ख़ूब फलनेवाले दो फलों—फूट और बैर का उल्लेख किया था। इसका लाभ सदा शत्रु पक्ष को मिलता है। जिस समय घर के सदस्यों की आपसी एकता नितान्त आवश्यक हो उस समय देश के स्वार्थी-लोलुप-ख़ुशामदी व्यक्तियों पर क्रोध स्वाभाविक है। "पाठक वर्ग! कहिए तो ऐसे बुद्धिहीन, स्वार्थलोलुप, ख़ुशामदी देश बान्धवों की कुचाल पर कैसा कुछ पश्चात्ताप होता है, जो अपने हाथों अपने पैर पर कुल्हाड़ी मारते नहीं डेराते हैं! सारांश अब हिन्दोस्तानी अंग्रेज़ राजकर्मचारियों को हिन्दू-मुसलमानों को लड़ाकर जो अपने कार्य साधन की कुटिल नीति है, उससे चौकन्ना रहना उचित है। न केवल स्थान-स्थान पर सभा कर हिन्दू मात्र को अपने स्वत्व को पुकार और पार्लियामेंट के गन्तव्य का समर्थन करना चाहिए वरंच सशंक स्वदेश शुभचिन्तक मुसलमान भाइयों का भी इस समय परम कर्तव्य है कि प्रकाश रीति से बड़ी-बड़ी सभा कर प्रकट करें कि—यद्यपि हम लोग परस्पर भिन्न मत के हैं और धर्म विषय में चाहे कैसा ही विरोध क्यों न रखते हों तथापि राजनैतिक विषय में एक और देशोन्नति के समान प्रेमी हैं। आज तक ऐसा कभी नहीं सुना गया कि किसी राजा ने किसी देश पर अपना यथार्थ राज्य स्थापन किया हो, और उसके निवासियों को उच्च अधिकार न प्रदान किया हो। हम लोगों को निश्चय भरोसा रखना चाहिए कि यहाँ चाहे कैसी ही विरुद्धता हिन्दोस्तानी अंग्रेज़ क्यों न कर लें, परन्तु विलायत के हमारे मुख्य शासक न्यायी अंग्रेज़ लोग हमारे उन्नत्ति के विरोधी कदापि नहीं हैं। अवश्य वे चाहते हैं कि विलायत और भारत का सम्बन्ध दृढ़ हो और अब तक यहाँ की प्रजा अंग्रेज़ी राज्य से सम्पूर्ण सन्तुष्ट न हो यह नितान्त असम्भव है।" (वही, पृ. 2)

देश के निवासियों की आपसी फूट और बैर भाव के कारण विलायती शासक पर विश्वास व्यक्त करना पड़ता है। उसी वर्ष के नागरी नीरद के 22 जून (बिन्दु 41)

के अंक में छपा। "सिविल सर्विस परीक्षा के विषय में मिस्टर ग्लैडस्टोन के अस्पष्ट उत्तर ने हम लोगों के जी में भी शंका उत्पन्न कर दी थी, परन्तु वह रिउटर के 14 जून के तार से निवृत्त हो गई। विसकौंट क्रास ने हाउस ऑफ़ लॉड्‌र्स में मिस्टर ग्लैडस्टोन के उत्तर का अर्थ पूछा। जिस पर लॉर्ड केम्बली ने कहा कि भारतीय गवर्नमेंट से पूछा जाएगा कि वह इस विषय पर हर प्रकार से विचार करे और यदि वह इस प्रस्ताव को बुद्धिमानी से बरते जाने का कोई उपाय न पा सके तो वह स्वच्छन्दता से वैसा उत्तर दे। हमारे लॉर्ड केम्बली के उत्तर के अर्थ में कैसी कूट-कूट कर कूटनीति भरी है, पर देखना चाहिए कि इसका निबटारा क्योंकर और कब होता है। प्रधान कर्मचारी तो यों ही चाल चला करते हैं।"

नवजागरण कालीन पत्रकार और साहित्यकार देश से सम्बन्धित प्रत्येक गतिविधि पर न केवल सजग दृष्टि रखते थे, बल्कि यथास्थान अपना मतामत भी व्यक्त करते थे—"हाउस ऑफ़ कॉमन्स में भारतवर्ष के रुपये के भाव घट जाने से राज कर्मचारियों के वेतन बढ़ाने के अर्थ प्रस्ताव हुआ था, जो 121 अधिक सभासदों के अस्वीकार में वर्जित किया गया। मिस्टर दादा भाई नौरोजी जी ने इसी प्रस्ताव के विषय में सभा में कहा था कि भारतीय यथा कर देनेवालों पर अधिक बोझ न रखा जाए। इंग्लैंड ने भारतवर्ष के लिए कभी एक पैसा भी नहीं व्यय किया है, परन्तु यहाँ से बहुत धन खींचा करता है। अस्तु बड़ी कुशल हुई।" (वही, 6 मार्च, 1893, बिन्दु 30, पृ. 1)

भारत के दो महत्त्वपूर्ण माने जानेवाले धार्मिक सम्प्रदायों के बीच वैमनस्य का कारण मुख्यत: धर्म और इससे जुड़े रीति-रिवाज़ ही रहे। इसमें गोवध, बकरीद और मुहर्रम मुख्य कारण रहे। हिन्दुओं के लिए गाय पूज्य रही, मुसलमानों के लिए बध्य। सन् 1890 के बाद से देश में हिन्दू-मुस्लिम दंगे बढ़ने लगे। 6 जुलाई, 1893 ई. के नागरी नीरद (बिन्दु 43) के मुखपृष्ठ पर समाचार छपा—"इस वर्ष भी सदा की नाईं बकरा ईद के अवसर पर कई स्थानों पर घोर उपद्रव और भयावनी लीला हुई। विशेषकर बरेली, रंगून, ग़ाज़ीपुर और आज़मगढ़ में। बरेली में कई दिन बाज़ार बन्द रहा, रंगून में चीफ़ कमिश्नर आदि बड़े-बड़े अंग्रेज़ों के देखते हिन्दू-मुसलमानों में गोहत्या के बखेड़े में बड़ा भारी दंगा हो गया। असिस्टेंट सुपरिंटेंडेंट पुलिस वाले साहिब और छह हिन्दू घायल हुए। आज़मगढ़ में बहुत ही बड़ा बखेड़ा हुआ, यहाँ तक की पुलिस ने 20 मनुष्यों को मार डाला और बहुतों पर गोली चलाई! समस्त ज़िला भर में हलचल है, और हर द्वार पर सैनिक पुलिस का पहरा है। शोक!!" उसी पृष्ठ पर अगला समाचार इस आशय का था कि मिरजापुर में दंगे न होते हुए भी मॉर्निंग पोस्ट ने दंगे की ख़बर छापी—"हमारे नगर में इस वर्ष मुसलमानों का भयंकर त्योहार बकरा ईद सकुशल समाप्त हुआ। तो भी न जाने मार्निंगपोस्ट को कहाँ से स्वप्न दिखलाई पड़ा कि यहाँ भी घोर उत्पात मचने का समाचार उसने प्रकाशित कर दिया है। यह समाचार मिथ्या है लोग भ्रम में न पड़ें।"

हिन्दी-नवजागरण की निजता के सम्बन्ध में यह अवश्य कहा जाना चाहिए कि अन्य भाषाओं के नवजागरण की तरह यह भी अन्तर्विरोध मुक्त नहीं है, किन्तु जिन बिन्दुओं पर इसे प्रश्नचिह्न के घेरे में लिया जाए उनका सम्यक् विश्लेषण अवश्य किया जाए।

अध्याय दो

भाषायी वातावरण और सत्ता की भाषा

इतिहास साक्षी रहा है कि राजा के शासन के अस्त्रों-उपकरणों में भाषा की एक अत्यन्त महत्त्वपूर्ण भूमिका रही है। अक्षर ज्ञान विहीन जनता जितनी दुर्बल होती है, सत्ता की भाषा न जाननेवाली अवाम भी उतनी ही निर्बल होती है। शासक और उससे जुड़ा अभिजात वर्ग शासन की भाषा से दो प्रकार से लाभान्वित होता है—स्वयं सत्ता की भाषा जानकर और अन्य के न जानने से विशेषकर निम्नवर्ग (भारत के सन्दर्भ में इसे निम्नवर्ण भी पढ़ा जाना चाहिए) को इससे लगातार वंचित कर शासक समूह जनता और सत्ता के बीच दूरी बढ़ाता चलता है। भाषा वर्चस्व का बहुत बड़ा और गहरा माध्यम है। भारत के विभिन्न प्रान्तों की जातियों का भाषातंत्र से सम्बन्ध बहुकोणीय शोधों की माँग करता है। हमें यह स्मरण रखना चाहिए कि इन प्रान्तों का गठन भाषावार ही हुआ है। हिन्दी-नवजागरण में विभिन्न जातियों (Caste) में बँटी हिन्दी जाति की भाषायी स्थिति का विश्लेषण संकट और समाधान के विभिन्न आयामों की ओर ध्यान आकृष्ट करता है।

हिन्दी-नवजागरण में औपनिवेशिक शासकों द्वारा भारतवर्ष की निर्द्वन्द्व लूट पर विपुल साहित्यिक सामग्री मिलती है। इस सामग्री को सजग ऐतिहासिक दृष्टिकोण से विश्लेषित करने पर उस युग के इतिहास का एक और पाठ मिलता है। अंग्रेज़ों ने भारत के आर्थिक शोषण के साथ जिन अन्य प्रपंचों से भारतीयों का मनोबल तोड़ा इसमें एक अत्यन्त महत्त्वपूर्ण कुटिलता भारतीय भाषाओं के दमन की थी। कूटनीतिज्ञ अंग्रेज़ों ने हिन्दू-मुस्लिम का बल सन् सत्तावन के प्रथम स्वाधीनता संग्राम में ही देख-समझ लिया था। साथ ही वे हिन्दी की शक्ति को भी भलीभाँति समझ रहे थे। अंग्रेज़ों के आगमन तक इस देश में फ़ारसी को राजभाषा का स्थान प्राप्त था। सुदूर अतीत में संस्कृत और फ़ारसी पांडित्य और शासन की भाषाएँ थीं। आर्थिक रूप से विपन्न सामाजिक समूह इन भाषाओं पर अधिकार और इसके लाभ से पहले ही से वंचित थे। शुद्ध फ़ारसी को शासन की भाषा से अपदस्थ हुए ज़माना बीत चुका था, किन्तु उसके स्थान पर फ़ारसी बहुल उर्दू की प्रमुखता ने उर्दू जाननेवाले मानस पर मरहम लगा रखा था। यहाँ इस पर ध्यान देना उचित होगा कि भारतीय जाति व्यवस्था में अधिकांशत: निम्नवर्ण के लोग निम्नवर्गीय थे। ये पहले से ही शिक्षा अत: शासन की भाषा और उसके लाभों से वंचित थे। ये स्थानीय बोलियों का प्रयोग करते थे। इन स्थानीय बोलियों का प्रयोग करनेवालों में हिन्दू-मुसलमान दोनों ही थे।

भारत के अन्य प्रान्तों की तुलना में आज के हिन्दी प्रदेश की भाषायी स्थिति तब अधिक जटिल थी। सन् सत्तावन के अपने प्रथम स्वाधीनता संग्राम से यह भाग अंग्रेज़ों

को अधिक शंकित करता रहा। शासन के पद पर अंग्रेज़ी भाषा को स्थापित करने के लिए हिन्दी और उर्दू दोनों को अपदस्थ किया जाना आवश्यक था। चूँकि सभी धार्मिक समूहों की तथाकथित निम्न जातियाँ शासन की भाषा से सदैव ही आतंकित रही थीं, अत: उनके लिए भाषायी वर्चस्व की लड़ाई जीने-मरने का प्रश्न नहीं थी। अत: अंग्रेज़ी को शासन की भाषा बनाए जाने के विरुद्ध कोई आन्दोलन होना तो दूर रहा उलटे इसे एक प्रकार से स्वाभाविक मान लिया गया। भारतीय बौद्धिक विशेषकर हिन्दी-उर्दू के जिन बौद्धिकों से यह आशा की जा सकती थी वे अपनी-अपनी भाषा के लिए आपस में लड़ रहे थे। अंग्रेज़ों के सौजन्य से उपजे इस भाषायी विवाद ने इनकी भाषाओं की निजी स्थिति को और भी दुर्बल किया। भाषायी विवाद के क्रमवार विश्लेषण को अंग्रेज़ों के क्रमवार आर्थिक शोषण से जोड़कर देखने पर स्थिति और भी स्पष्ट होगी। पिछले अध्याय में विश्लेषित आर्थिक शोषण की एक मज़बूत कड़ी भाषा की स्थिति जानना दिलचस्प होगा। इस विषय पर विस्तृत अध्ययन आवश्यक है।

ब्रिटिश सरकार द्वारा भारतीय जनता के शोषण को क्रमवार चिह्नित करने की इतिहासकार सब्यसाची भट्टाचार्य अपनी पुस्तक 'अंग्रेज़ी शासन में आधुनिक भारत का आर्थिक इतिहास' में एक विधि निकालते हैं। इसे तद्युगीन भाषायी स्थिति से जोड़कर देखने पर शोषण का नया कोण उद्घाटित होता है। सब्यसाची भट्टाचार्य अपनी पुस्तक के माध्यम से सन् 1850 से आज तक के आर्थिक इतिहास का विकास और प्रकृति समझने का प्रयास करते हैं। वे कहते हैं, "मान लीजिए एक आदमी हमारे देश में 1850 में पैदा हुआ। उसकी उम्र जब तीन साल की थी तब बम्बई से थाना (थाणे) और इसके कुछ महीने बाद कलकत्ता से हुगली तक की पहली रेल लाइन बिछाई गई। उसकी उम्र जब चार साल की थी तब बम्बई में एक पारसी सज्जन के उद्यम से पहली सूती कपड़ा मिल तैयार हुई। इसके दो साल बाद रिसड़ा में अंग्रेज़ों द्वारा पहली जूट मिल खोली गई। हमारे इस प्रतिनिधि नागरिक की उम्र जब सात साल की थी तभी सिपाही विद्रोह का धमाका हुआ और इसके बाद इंग्लैंड की महारानी का राज्य यहाँ शुरू हुआ। ईस्ट इंडिया कम्पनी बीते साल की तरह हुई। 'क्वीन' ने स्वराज्य ख़ास 'प्रोक्लेम' किया, घोड़ा, तोप, रोशनी के बीच आई मायाविनी आशा की क्वीन के ख़ास राज्य में किसी प्रकार का दुख न होगा। गर्भस्थ शिशु जब तक इस दुनिया में न आ जाए तब तक लोगों को यह आशंका बनी रहती है कि पता नहीं लड़का होगा या लड़की। 'क्वीन' के 'प्रोक्लेमेशन' से दुनिया की वही हालत हुई। हमारे काल्पनिक भारतीय नागरिक की उम्र जब 10 साल की थी तब भारत के प्रथम वित्तमंत्री ने, (तब उनको वाइसराय की कौंसिल के वित्त-सदस्य की पदवी दी गई थी।) कहा कि हमारे इस काल्पनिक नागरिक का बाप अगर पैसे वाला हुआ तो उसे पता चल गया होगा कि, इस देश में पहली बार उसी साल आय कर लागू किया गया था और बारह वर्ष की उम्र में वह शायद महारानी द्वारा चलाया गया पहला 'काग़ज़ का रुपया' देखेगा। अगर वह आदमी व्यापारी होता तो प्राय: उन्हीं दिनों वह देखता कि विदेशी वाणिज्य, ख़ासकर रुई का निर्यात काफ़ी तेजी से बढ़ रहा है। भले ही उसे इसका असली कारण मालूम न हो कि संयुक्त राज्य अमेरिका में उन्हीं दिनों अश्वेत लोगों को दास प्रथा से मुक्त करने के सवाल को लेकर गृहयुद्ध छिड़ा हुआ था, जिस कारण अमेरिका से रुई का निर्यात बन्द हो गया था। फलस्वरूप इंग्लैंड में रुई के दाम

बढ़ गए थे और भारत से रुई का निर्यात बढ़ा था। इसका एक लाभ यह था कि बम्बई बन्दरगाह और बम्बई के व्यापारियों की ख़ूब उन्नति हुई। हमारे इस काल्पनिक आदमी की उम्र जब उन्नीस की हुई तब बाहरी देशों के साथ वाणिज्य ने एक नया मोड़ लिया, क्योंकि उसी साल स्वेज नहर खुली। वास्कोडिगामा के समय से चालू सुदूर अफ्रीका के केप अन्तरीप को पार करके यूरोप जाने का रास्ता प्राय: बन्द हो गया। इधर इस देश में रेल लाइनों की लम्बाई बढ़कर 1832 मील लम्बी हो गई। क्या यह सब देश की समृद्धि का परिणाम है?" (आधुनिक भारत का आर्थिक इतिहास, पृ. 16)

सब्यसाची भट्टाचार्य के इस कल्पित पात्र की आयु बढ़ती है और 1877 के दिल्ली दरबार की जय-जयकार तक पहुँचती है। इस समय काल्पनिक भारतीय नागरिक की आयु 27 वर्ष थी। सब्यसाची यहाँ पर रुक जाते हैं। अब वे काल्पनिक भारतीय नागरिक की आयु बढ़ाने को तैयार नहीं हैं क्योंकि "अगर यह औसत भारतीय हो तो इसे इतने दिनों तक ज़िन्दा रहने देना ठीक नहीं होगा, क्योंकि 1881 की जनगणना के अनुसार शिशु-मृत्यु, भुखमरी और महामारी की बदौलत भारत में जन्म लेनेवालों की औसत उम्र पचीस साल थी। कहना न होगा कि ब्रिटिशकालीन भारत के लिए यह औसत उम्र अस्वाभाविक नहीं है: यहाँ 1931 में औसत आयु 26 वर्ष और 1941 में 31 वर्ष थी।" (वही, पृ. 16)

उम्र को आगे न बढ़ाकर सब्यसाची भट्टाचार्य फिर पीछे लौटते हैं। पीछे लौटने पर इस काल्पनिक भारतीय नागरिक की आयु के तीसरे, चौथे और पाँचवें वर्ष में वर्तमान राजस्थान, महाराष्ट्र और तमिलनाडु में अकाल पड़ा। "इसकी दस वर्ष की उम्र में उत्तर प्रदेश से कच्छ तक उत्तरी भारत अकाल से पीड़ित था। उसकी बारह वर्ष की उम्र में महाराष्ट्र और मध्य प्रदेश में भयंकर खाद्याभाव हुआ। 16-17 की उम्र में उड़ीसा और दक्षिण भारत में भयंकर अकाल पड़ा और महामारी फैली। 18 से 20 की उम्र में उत्तर प्रदेश, राजस्थान, मध्य प्रदेश में अकाल पड़ा। 22 से 24 की उम्र तक बिहार और मध्य प्रदेश अकाल-पीड़ित हुए। 26-27 की उम्र में पहले तमिलनाडु, आन्ध्र प्रदेश, कर्नाटक और महाराष्ट्र फिर उत्तर प्रदेश में अकाल पड़ा और महामारी फैली। सरकारी आँकड़ों के अनुसार 1850 से अब (1877) तक अकाल से मरनेवालों की संख्या 42 लाख थी और उससे प्रभावित होनेवालों की संख्या 9 करोड़ 32 लाख थी।" (वही, पृ. 16-17) पिछले अध्याय में 'अंग्रेज़ और अकाल' शीर्षक के अन्तर्गत विवरण को देखने पर स्थिति की भयावहता का सहज अनुमान लगाया जा सकता है।

तत्पश्चात् वे बंकिमचन्द्र चट्टोपाध्याय का प्रसिद्ध कथन कि 'आजकल बड़ा शोर है कि हमारे देश की उन्नति हो रही है...यह उन्नति किन लोगों की हो रही है', और भारतेन्दु की प्रसिद्ध पंक्तियाँ, 'अंग्रेज़ राज सुख साज सजै सब भारी, पै धन विदेश चली जात है यहै अतिख्वारी' उद्धृत करते हैं। इन दोनों वक्तव्यों के आलोक में वे इसी काल में हो रही इंग्लैंड की अभूतपूर्व आर्थिक उन्नति का विवरण देते हैं, "इस काल में हमारी राष्ट्रीय आय का ठीक-ठीक हिसाब नहीं मिलता, पर इंग्लैंड में आँकड़े ही आँकड़े हैं। 1855 में इंग्लैंड में प्रति व्यक्ति राष्ट्रीय आय 18.3 पौंड स्टर्लिंग थी जो 1870 में बढ़कर 28.4 पौंड स्टर्लिंग हो गई। अध्यापक मिचेल और डीन के अनुसार यह प्रति व्यक्ति राष्ट्रीय आय बढ़ती ही जा रही थी। 1890 में 37.8 पौंड स्टर्लिंग और 1910 में 41.9 पौंड स्टर्लिंग। इसे 19वीं शताब्दी में होनेवाली औद्योगिक क्रान्ति का फल माना जाता

है और उलटी दिशा में हिसाब किया जाए तो हम देखेंगे कि 1750 में राष्ट्रीय आय का 40 से 45 प्रतिशत कृषि उत्पादों से आता था। यह अनुपात 1851 से 20 प्रतिशत पर पहुँच गया था और 1881 में औद्योगिक आय में वृद्धि के कारण 10 प्रतिशत पर जा पहुँचा था। उन्नीसवीं शताब्दी के शुरू के वर्षों में 40 प्रतिशत लोग इंग्लैंड में कृषि कार्य में लगे हुए थे। औद्योगिक क्रान्ति के फलस्वरूप 1901 में सिर्फ़ 8.5 प्रतिशत लोग कृषि-उत्पादन में लगे रह गए। औद्योगिक वस्तुओं में निर्यात के कारण साथ ही साथ, विदेशों के साथ वाणिज्य में वृद्धि हुई। 1790 में इस स्रोत से राष्ट्रीय आय का सिर्फ़ 14 प्रतिशत आया था जबकि 1880 में 36 प्रतिशत। कुल मिलाकर इससे समझा जा सकता है कि इंग्लैंड की औद्योगिक क्रान्ति ने वहाँ की अर्थव्यवस्था को दौड़ा दिया था और औद्योगिक उत्पादन की तुलना में खेती वहाँ एकदम गौण हो गई थी। औद्योगिक वस्तुओं के निर्यात से आमदनी बढ़ी और सबसे बड़ी बात यह है कि उनकी प्रति व्यक्ति राष्ट्रीय आय अभूतपूर्व ढंग से बढ़ने लगी।" (वही, पृ. 22) 1790 में विदेशी वाणिज्य से 14 प्रतिशत आय 1880 में 36 प्रतिशत तक पहुँचती है। इस समय अगर सब्यसाची भट्टाचार्य अपने काल्पनिक नागरिक की आयु गणना करते तो वह तीस वर्ष होती और 1885 की जनवरी में चौंतीस वर्ष।

राष्ट्रवाद और हिन्दी भाषी भूखंड में अंग्रेज़ी शिक्षा का प्रसार

यह बड़ा रोचक संयोग है कि सब्यसाची भट्टाचार्य के काल्पनिक भारतीय नागरिक का जन्म वर्ष भारतेन्दु हरिश्चन्द्र का जन्म वर्ष है। भारतेन्दु का जन्म 9 सितम्बर, 1850 ई. में हुआ था। उनकी 6 जनवरी, 1885 में मृत्यु हो गई। अपने संक्षिप्त जीवन में सब्यसाची द्वारा गिनवाई गई और छोड़ दी गई अनेक महत्त्वपूर्ण घटनाओं के वे साक्षी बने। विशेषकर भारतवासियों की दरिद्रता और दुर्दशा पर उन्होंने स्वयं लिखा, दूसरों से लिखवाया। अपने देशवासियों के कष्ट निवारण के लिए वे दूसरे स्तरों पर भी सक्रिय थे। भारतेन्दु के देशप्रेम पर विस्तृत चर्चा पिछले अध्याय में हो चुकी है। भारतेन्दु और उनके देशभर में समकालीन विचारक इन विकट परिस्थितियों में भी देशोद्धार के लिए सक्रिय थे। बीसवीं सदी के बौद्धिकों द्वारा अपनी पिछली सदी के बौद्धिकों के देशप्रेम पर प्रश्नचिह्न लगाने के सन्दर्भ में यहाँ संक्षेप में उन्नीसवीं सदी के राष्ट्रप्रेम और आज के राष्ट्रीयतावाद में अन्तर कर लेना उचित होगा। उन्नीसवीं सदी के राष्ट्रवाद में विदेशी शासन के पंजे में फँसे अपने देश हित की चिन्ता, देशोन्नति के उपाय और देशोद्धार की चिन्ता पाई जाती है। इस राष्ट्रचिन्ता में वे देश में विभिन्न वर्गों और श्रेणियों की असमानता पर अधिक ध्यान नहीं देते। यह उस समय की आवश्यकता थी। "देश में राष्ट्रीयतावादी रणनीति ज़्यादा महत्त्वपूर्ण थी, वर्गीय विषमता नहीं। राजा और प्रजा के बीच की जातिगत विषमता को दरकिनार करके और सम्पूर्ण देश बनाम विदेशी शासकों के बीच विभेद को सामने रखकर वर्ग-निर्विशेष पददलित जाति को एकत्रित करना, राष्ट्रीय चेतना को प्राथमिकता देकर जनसाधारण में प्रचारित करना ही यह रणनीति थी। इस रणनीति की यथार्थपरकता के बारे में बहुत कुछ कहा जा सकता है और कहा भी गया है, फिर भी तत्कालीन परिवेश की यथार्थपरकता एक चीज़ है और ऐतिहासिक विश्लेषण में इस दृष्टिकोण को आज भी बनाए रखना दूसरी चीज़ है।" (वही, पृ. 22)

उन्नीसवीं सदी अपनी जाति के उद्धार के साथ देशोद्धार की चिन्ता जुड़ी हुई है। वे इन दोनों 'उन्नतियों' में कोई विरोधाभास नहीं देखते बल्कि सुधार का कार्य आरम्भ करने का सबसे सुगम बिन्दु 'जाति' को मानते हैं।

इस सन्दर्भ में इतिहासकार सब्यसाची भट्टाचार्य एक अत्यन्त महत्त्वपूर्ण प्रवृत्ति रेखांकित करते हैं। वे राष्ट्रीयतावादी नेताओं के मनोभाव और साधारण नागरिक के देशप्रेम की दूरी को रेखांकित करते हैं। सब्यसाची भट्टाचार्य स्पष्ट कहते हैं कि "अंग्रेज़ शिक्षित शहरी बुद्धिजीवियों द्वारा देशप्रेम की सृष्टि नहीं हुई है। वह पहले भी था। यद्यपि देश की धारणा विभिन्न मातृभाषाओं के गर्भ में भिन्न-भिन्न रूप में प्रस्फुटित हुई थी—आर्यावर्त, पितृभूमि, हिन्दुस्तान, वतन, कौम इत्यादि रूपों में।" (वही, पृ. 22)

इतिहासकार सब्यसाची भट्टाचार्य संकट उठाकर प्रचलित बौद्धिक अवधारणा को चुनौती देते हैं। इनके चुनौती के आलोक में यह प्रश्न कौंधता है कि औपनिवेशिक दृष्टि सम्पन्न या औपनिवेशिक शासकीय विचारधारा की पट्टी आँखों पर बाँधे इतिहासकारों और बुद्धिजीवियों ने कहीं अनजाने में और कहीं जानबूझकर तो यह चूक नहीं की। उन्होंने आर्यावर्त, पितृभूमि और जननी-जन्मभूमि जैसे शब्द आते ही इनके लेखकों को पिछड़ा, पोंगापंथी और प्राचीनतावादी प्रमाणित करने में अपना दम-खम लगा दिया। हिन्दुस्तान, वतन, जातीयता, जाति और कौम जैसे शब्दों के आते ही इन दिव्य-दृष्टि सम्पन्न बुद्धिजीवियों ने देशहित में अपने को झोंक चुके व्यक्तियों पर साम्प्रदायिकता का आरोप लगा दिया। कुछ स्वघोषित बुद्धिजीवी तो ऐसी हड़बड़ी में थे कि उन्होंने उस वक्तव्य को पूरा पढ़ा भी नहीं जिसके आधार पर उन्होंने किसी रचनाकार को साम्प्रदायिक कहकर उसके पूरे कृतित्व पर प्रश्नचिह्न लगाने का अपराध किया। अगर अतीत की दृष्टि से वर्तमान को देखा जाना संकटपूर्ण है तो वर्तमान की दृष्टि से अतीत को देखा जाना भी उससे अधिक संकटपूर्ण है। क्योंकि अतीत के राष्ट्रउपासक अपने पक्ष में कुछ कहने के लिए उपस्थित नहीं हैं। राष्ट्रचिन्ता में अपना सब कुछ झोंक देनेवाले, अपना सर्वस्व स्वाहा कर अपना अन्तसमय अति निर्धनता और कष्ट में बितानेवाले, जेल जानेवाले, कुर्की सहनेवाले, अपने लक्ष्यहेतु मर मिटनेवालों के कृतित्व को केवल 'हिन्दू परम्परा का राष्ट्रीयकरण' या 'बँटा हुआ घर' कहकर ख़ारिज कर दिया। इन महान राष्ट्रवादियों के संघर्ष और कृतित्व को नकारते हुए उन पर विभिन्न आरोप इस तरह लगाए गए मानो देशभक्ति के कार्यों का उन्हें 'ठेका' दिया गया था। उस ठेके के पैकेज में धर्मनिरपेक्षता, जाति निरपेक्षता और प्रगतिशीलता का निर्वाह इन बुद्धिजीवियों की दी हुई परिभाषा, इनकी समझ और इनकी व्याख्यानुसार ही होना चाहिए था। चूँकि उन्नीसवीं सदी की अति विषम सामाजिक, राजनैतिक, सांस्कृतिक, आर्थिक और ऐतिहासिक परिस्थितियों में संघर्षरत विचारकों, मनीषियों और रचनाकारों की मेधा अभी के इन तथाकथित प्रगतिशील आलोचकों के अनुसार व्यवहृत नहीं हुई इसलिए उन्हें बुद्धिजीवी कहलाने का अधिकार नहीं है। इसलिए हिन्दी प्रदेश में कोई विचारक नहीं हुआ। जो लिखने-पढ़नेवाले दिखे वे केवल साम्प्रदायिक और जातिवादी थे। 'बंगाल प्रेसिडेंसी' में जो कुछ शुभ और राष्ट्रहित में घटित हो रहा था वह बंगालियों की देन था और 'बंगाल प्रेसिडेंसी' की सारी प्रतिगामिता के लिए ये हिन्दी भाषी विचारक उत्तरदायी थे। देशभक्ति, राजनीति और दर्शन जैसी बुद्धिजीवी

परिघटनाओं से इनका क्या वास्ता? इस प्रकार हिन्दी-नवजागरण और उसके बौद्धिकों को 'ठिकाने लगाकर' अपने विद्वत्ता की डंका पीटनेवालों की भाषा सम्बन्धी मंशा पर प्रश्नचिह्न लगाने की आवश्यकता है।

अप्रैल 1834 ई. में वेस्टर्न प्रॉविन्सेज़ नामक अलग प्रेसिडेंसी का गठन हुआ। 1837 ई. में गठित अपर प्रॉविन्सेज़ (Upper Provinces) प्रेसिडेंसी के लिए एक अलग प्रशासनिक खंड बना जिसे शिक्षा एवं पुस्तक प्रकाशन का दायित्व दिया गया। अवध के नवाब सादत अली ख़ान ने अपनी रियासत में ईस्ट इंडिया कम्पनी को इसके लिए जगह दी। कम्पनी की ओर से लॉर्ड वेलेज़ली ने हेनरी को यहाँ फैली अशान्ति और हिंसा को सँभालने का भार सौंपा। ईस्ट इंडिया कम्पनी ने सर्वप्रथम 1813 ई. में उत्तर-पश्चिम प्रान्त के निवासियों की शिक्षा में रुचि दिखलाई। "In 1823, the Government appointed a General committee of Public Instruction with J.H. Horington as President, H.H. Wilson as Secretary, Dr. Lumsden and L. Price incharge of Muslim and Hindu education. The committee had Oriental Leanings and followed what is known as the Oriental Policy. (History of Printing and Publishing in India, Vol-III, BS kesavan, National Book Trust India New Delhi, 1997, p. 150) 1823 ई. में सरकार ने जन शिक्षा हेतु एक जनरल कमिटी का गठन किया जिसके अध्यक्ष हेरिंगटन और सचिव एच.एच. विल्सन बनाए गए। डॉ. लुम्सडेन और एल. प्राइस को मुस्लिम और हिन्दू शिक्षा का दायित्व सौंपा गया। इस समिति का ओरियंटल रुझान देखते हुए इसकी अपनाई गई नीतियाँ ओरियंटल नीतियाँ कहलाईं।

इसके पहले बंगाल में काम कर चुके जोनाथन डंकन ने 1791 ई. में उत्तर-पश्चिम प्रान्तों के लिए बनारस पाठशाला स्थापित की थी। 28 अक्टूबर, 1791 में किराए के एक मकान में यह पाठशाला संस्कृत पाठशाला अथवा संस्कृत कॉलेज के नाम से जानी गई। यह मैदागिन टैंक के पास थी। इसमें अस्सी रुपये प्रतिमाह वेतन की दर से दो और सौ रुपये प्रतिमाह वेतन की दर से छह पंडित नियुक्त किए गए थे। इसमें नौ विद्यार्थियों हेतु मुफ़्त शिक्षा का प्रावधान किया गया। 1821 ई. में इसका नाम बनारस कॉलेज कर दिया गया। इस अवसर पर बनारस के महाराज ने एक हज़ार रुपये एवं अन्य रईसों ने चार हज़ार तीन सौ अठहत्तर रुपये दान में दिए। 1830 ई. में जून महीने में बनारस में ही ऐंग्लो इंडियन सेमिनरी स्थापित की गई। कई चढ़ाव-उतार से गुज़रते हुए, सन् 1858 में महारानी विक्टोरिया द्वारा भारत का शासन भार ग्रहण करने के पश्चात् इसका नाम क्वीन्स कॉलेज कर दिया गया। 1823 ई. में अंग्रेज़ों ने आगरा कॉलेज खोला। इस कॉलेज के लिए पंडित गंगाधर शास्त्री के नाम पर मुफ़्त भूमि आवंटित हुई। 1772 ई. में खुले देहली कॉलेज का रुझान भी ओरियंटल ही माना गया। 1828 ई. में इसका नाम देलही ओरियंटल कॉलेज कर दिया गया।

इसी क्रम में 1848 ई. में रुड़की में सिविल इंजीनियरिंग कॉलेज और 1869 ई. में लाहौर कॉलेज खोला गया। 1887 ई. में इलाहाबाद यूनिवर्सिटी की स्थापना हुई जो वास्तव में सर विलियम मूर द्वारा एक किराए के मकान में चलाए जा रहे कॉलेज से विकसित हुई। 1875 ई. में मुस्लिम एंग्लो ओरियंटल स्कूल अलीगढ़ में स्थापित किया जा

चुका था। "For a long time the students of Northern India including the North Western Provinces had to go to Calcutta for medical education in 1854, When the new building of the Thomason Hospital at Agra was ready, Lt. Governor Colivn Sought the permission of the Governor General to make arrangements for Providing medical instruction. The Hospital started medical classes in 1865." (Ibid, p. 153)

उत्तर पश्चिम प्रान्तों में अंग्रेज़ों द्वारा शिक्षा के इन छिटपुट प्रयासों के अतिरिक्त और कुछ भी नहीं किया गया। हाँ, ईसाई मिशनरियों ने अपने धर्म प्रचार के लिए पूरे देश में दूर-दराज़ गाँवों तक कई स्कूल खोले—"By 1850 all over the Northern region of the country, Missions were flourishing. The stations occupied were Agra (BMS 1811, CMS 1813), Allahabad (PN 1836), Almora (LMS 1850), Ambala (PN 1848), Amritsar (CMS 1851), Bareilly (MEFB 1856), Banaras (CMS 1817, IMS 1820), Bhagalpur (CMS 1850), Calcutta (BMS 1801, CMS 1816, SPG 1814, IMS 1817, CSPM & CSPMW 1830, 1840), Kanpur (SPG 1833), Chhapra (GM 1840), Chittor (RCA 1854), Chambal (B 1849), Dehra Dun (PN 1855), Delhi (BMS 1818, SPG 1853), Fatehgarh (PN 1844), Fatehpur (PN 1853), Gazipur (GM 1853), Ghorakhpur (CMS 1823), Hazaribagh (GM 1853), Hyderabad, sindh (CMS 1856), Jessore (BMS 1804), Jabalpur (CMS 1855), Jalandhar (PM 1847), Karachi (CMS 1850), Kishangarh (CMS 1831), Kolhapur (PN 1853), Lahore (PN 1849), Lucknow (MEFB 1858), Ludhiana (PN 1834), Mainpuri (PN 1843), Meerut (CMS 1815), Multan (CMS 1856), Mussorie (PN 1847), MuZaffarpur (GMO 1840), Nagpur (GFS 1846), Nainital (MEFB 1858), Patna (BMS 1816), Peshawar (CMS 1854), Puri (BMS 1825), Rajkot (IP 1841), Ranchi (GM 1845), Rawalpindi (PN 1856), Saharanpur (PN 1836), Sialkot (UP 1855, UPW 1855), Sikandra (CMS 1839)." (Ibid, pp. 153-54)

निश्चय ही ईसाई मिशनरियों का इन दूर-दराज़ देहाती क्षेत्रों में अपने मिशन खोलने का मुख्य उद्देश्य मानवता की सेवा करना था। इसके साथ यह भी निश्चयपूर्वक कहा जा सकता है कि इनका मुख्य उद्देश्य केवल मानवता की सेवा करना नहीं था। अपने धर्म के प्रचार और अन्य धर्मावलम्बियों का ईसाई धर्मान्तरण भी इनके प्रधान उद्देश्य का एक मुख्य अंग था, किन्तु विडम्बना यह है कि आज आँकड़ों को देखकर जिस निष्कर्ष पर सहजता से पहुँचा जा सकता है उसी के उल्लेख मात्र से भारतीय नवजागरण के पुरोधाओं को सम्प्रदायवादी और प्रतिक्रियावादी कहा गया। हिन्दी-नवजागरण के मनीषियों पर सन्दर्भ में विशेष कृपादृष्टि रखी गई। इन्हीं हलचलों के बीच एक और महत्त्वपूर्ण घटना घटित हो गई थी। उत्तर-पश्चिमी प्रान्तों में जिस समय छापाख़ाने की स्थापना और विकास का प्रयास चल रहा था, उसी दौरान फ़ारसी को राजकाज की भाषा से हटाकर उसके स्थान पर हिन्दी अपनाने की घोषणा की गई—"Another change introduced in the administration of revenue at the time was the adoption of the Hindi language in place of the Persian as the medium of official transaction. Secretary, Board of Revenue to comissioners of Divisions on 29 July, 1836. Wrote, "All the oral communications of the revenue officials of every class with the people are in the vernacular dialect. It is obviously desirable that all the records and the written communications should be in the same language similarly intelligible to this great body of the people." The change was how ever brought about to begin with Bundelkhand and Saugar and Narmada Territory were Nagari script and Hindi language were almost universly in use. In 1850 a uniform rate of postage was fixed irrespective of distance and the charge for newspapers was fixed at one anna each." (Ibid, p. 149)

सन् 1857 तक सर विलियम जोन्स के प्रादुर्भाव एशियाटिक सोसायटी, कलकत्ता फोर्टविलियम कॉलेज की स्थापना एवं जॉन बॉर्थविक गिलक्राइस्ट के प्रयासों से छापाख़ाना के विस्तार एवं हिन्दी प्रकाशन के विकास की ओर बहुत सारा कार्य हुआ। स्कूली किताबें छापी गई एवं पाठ्यक्रम तैयार किए गए। आरम्भ में तो पाठ्यक्रमों के अनुरूप किताबें लिखवाई गईं। बाद में अन्यान्य पुस्तकें भी धड़ल्ले से छपकर प्रकाशित होने लगीं।

फोर्ट विलियम कॉलेज और हिन्दी

4 मई, 1800 ई. में कलकत्ते में फोर्ट विलियम कॉलेज की स्थापना हुई। कलकत्ता उन दिनों ब्रिटिशराज की राजधानी था। फोर्ट विलियम कॉलेज की स्थापना एक विशेष ध्येय के अन्तर्गत की गई थी। फोर्ट विलियम कॉलेज की 18 अगस्त, 1800 ई. को हुई सभा की कार्यवाही के विवरण में वेलेज़ली ने इस कॉलेज की स्थापना के कारणों पर प्रकाश डालते हुए कहा—"The British possessions in India now Constitutes one of the most extensive and populous empires in the world. The immediate administration of the government of the various provinces and nations composing thins empire, is principally considered to the European civil servents of the East India company...The duty and policy of the British Government of India therefore, require that the system of confiding the immediate exercise of every branch and department of the government to Europeans educated in its own service, and subject to its own direct control, should be diffused as widely as possible, as well with a view to stability of own interests as to the happiness and welfare of our native subjects." (Ibid, pp. 153-54)

इस घुमावदार, लच्छेदार और प्रशासनिक वक्तव्य का सीधा-सा अर्थ यह था कि 'नेटिवप्रजा' के शासन हेतु यूरोपियनों को यहाँ की भाषा सिखाने के लिए इस कॉलेज की स्थापना की गई। इसे फोर्ट विलियम कॉलेज की नियमावली के नवें नियम की प्रस्तावना में और भी स्पष्ट कर दिया कि इस महान संस्था को भारत में ब्रिटिश साम्राज्य की स्थिरता एवं अच्छे प्रशासन तथा ईस्ट इंडिया कम्पनी के स्वार्थ और सम्मान हेतु स्थापित किया गया है—"The most noble Richard marquis Wellesley, night of the illustrious order of Saint Patrick, etc. etc, Governor General in council, deeming the establishment of Such an Institution and system of discipline, education and study, to be requisite for the good Government and stability of the British Empire in India and for the maintenance of the interests and honour of the honorable the English East India Company." (Ibid, p. 149)

बहरहाल इंग्लिश ईस्ट इंडिया कम्पनी की सुगमता के लिए स्थापित फोर्ट विलियम कॉलेज ने जो पहला काम किया वह हिन्दी और उर्दू में फूट डालना था जिसकी चर्चा आगे भाषायी विवाद में की जाएगी। गिलक्राइस्ट ने कॉलेज काउंसिल के सचिव चार्ल्स रॉथमैन को चौवालीस पुस्तकों की सूची सौंपी जिसमें चौबीस प्रकाशित एवं बीस प्रकाशन हेतु तैयार पुस्तकों के नाम थे। इन पुस्तकों के अन्य विवरणों को छोड़कर इनके नाम एवं लेखकों के नाम पर एक दृष्टिपात करना अनुचित न होगा। प्रकाशित हो चुकी बीस पुस्तकें इस प्रकार थीं—

	पुस्तक का नाम	**लेखक का नाम**
1.	गुलिस्तान	
2.	बाग़ी उर्दू	मीर शेर वली अफ़सोस
3.	नक़लियात-ए लुक़मानी	तरणी चरण मित्र, मौलवी अमानुलुल्लाह, सदल मिश्र, पंडित मीर बहादुर वली, मीर शेर वली अफ़सोस, श्रीलाल कब और ग़ुलाम अशर
4.	लुक़मानी	
5.	लुक़मानी	
6.	क़ुरान-ए-शरीफ़	मीर बहादुर वली, मौलवी अमानुलुल्लाह, मौलवी फ़ज़लुल्लाह और मिर्ज़ा काज़िम वली जवान
7.	हातिमताई	हैदर बख़्श
8.	प्रेमसागर	श्रीलाल कब
9.	नस्त-ए-बेनज़ीर	मीर बहादुर वली
10.	इख़लाक़ी हिन्दी	मीर बहादुर वली
11.	गुल बकावली	निहालचन्द
12.	इख़लाक़-डल-मोहसिन	मीर उम्मन
13.	कला काम	कुंदन लाल
14.	राजनीति	श्रीलाल कब (शुद्ध ब्रजभाषा में हितोपदेश भी लिखी)
15.	गुलदस्त	हैदर बख़्श
16.	हुसैन इख़्लिलात	मीर अबुल क़ासिम
17.	गुल सनोवर	बासित खान
18.	दिलरुबा	तोताराम
19.	फ़िरोजशाह	मुहम्मद बख़्श
20.	मर्सिया ऑफ़ मिस्कीन	मीर जाफ़र

अपने अगले बीस वर्षों में फोर्ट विलियम कॉलेज हिन्दुस्तानी और भाखा के प्रश्न से जूझता रहा। लल्लू लाल जी और तरनी चरण मित्र को हिन्दुस्तानी प्रेस से जोड़ दिया गया। इस दौरान सदल मिश्र की तुलसी कृत रामायण, हैदर बख़्श द्वारा बहार-ए-दानिश का अनुवाद, खलल ख़ान की क़िस्सा-ए-रिज़वान और इंतख़ाब-ए-सुल्तान तथा प्रेमसागर और बेताल पचीसी के पुनर्मुद्रण के अतिरिक्त यहाँ और कोई कार्य नहीं हुआ। इस बीच लल्लूलाल जी ने फ़ारसी छापाख़ाने के नए अक्षरों के लिए आवेदन दिया। वे इन नए अक्षरों में अपनी नकलियात-ए-हिन्दी (लतीफ़-ए-हिन्दी) प्रकाशित करना चाहते थे। पुरानी पुस्तकों के पुनर्मुद्रण के साथ अधिकारी रीबक (Roebuck) ने अपने निर्देशन में बेणी नारायण की दीवान-ए जहान, काशी राज की पंजाबी भाषा में गुलिस्तान (1812), विद्या दर्पण और गुरुमुखी लिपि में पंजाबी डिक्शनरी (1813) के प्रकाशन की व्यवस्था करवाई। 1825 ई. में फिरदौसी का शाहनामा छपने की सूचना मिलती है।

विलियम प्राइस के कार्यकाल 1823-30 के दौरान तरणीचरण ने हिन्दी और हिन्दुस्तानी की पुस्तकों पर काम किया। विलियम प्राइस ख़ुद को हिन्दी प्रोफ़ेसर कहलवाना पसन्द करते थे। उन्होंने हिन्दी की पुरानी कृति पृथ्वीराज रासो की ओर समिति का ध्यान आकृष्ट किया। प्राइस ने आईना-ए-अकबरी मेकेन्ज़ी के संग्रहों की ओर भी ध्यान दिलाया। वे इस संकलन में कुछ नाटक भी रखना चाहते थे। विलियम प्राइस ने हिन्दी को देवनागरी लिपि में टाइप करने पर ज़ोर दिया, साथ ही हिन्दी भाषी क्षेत्र से किसी भाखा मुंशी की नियुक्ति पर बल दिया। विलियम प्राइस प्रेमसागर, राजनीति, सभाविलास और तुलसीकृत रामायण की सहायता से प्रशासनिक अधिकारियों को ब्रजभाषा सिखाते थे। विलियम प्राइस ने लन्दन में सन् 1821-28 में अपनी हिन्दुस्तानी व्याकरण की पुस्तक भी प्रकाशित करवाई जिसका शीर्षक 'अ न्यू ग्रामर ऑफ़ हिन्दुस्तानी लैंग्वेज़ विद सिलेक्शंस फ्रॉम द बेस्ट ऑथर्स (A New Grammar of Hindustani Language with selections from the best authors) था।

फोर्ट विलियम कॉलेज में अध्यक्ष डॉ. जॉन गिलक्राइस्ट के प्रोत्साहन पर हिन्दी खड़ी बोली में पुस्तकें लिखे जाने के पहले अकबर के शासनकाल में गंगकवि की 'चन्द छन्द बरनन की महिमा' (1603) और पटियाला के रामप्रसाद निरंजनी कृत 'भाषा योग वसिष्ठ' (1741) के उत्तम उदाहरण मिले हैं। आचार्य रामचन्द्र शुक्ल अपनी पुस्तक 'हिन्दी साहित्य का इतिहास' के अध्याय आधुनिक काल (संवत् 1900-1980) गद्य खंड प्रकरण-1 के सामान्य परिचय गद्य का विकास में आधुनिक काल के पूर्व गद्य की अवस्था में संवत् 1407 (सन् 1350 ई.) में ब्रजभाषा में गद्य की पुस्तकें मिलने का उल्लेख करते हैं। वे सन् 1343 ई. की ब्रजभाषा के गद्य का नमूना प्रस्तुत करते हैं—"श्री गुरु परमानन्द तिनको दंडवत है। हैं कैसे परमानन्द आनन्दस्वरूप हैं सरीर जिन्हि को, जिन्हि के नित्य तें शरीर चेतन्नि अरु आनन्दमय होतु है। मैं जु हौं गोरिष सो मछन्दरनाथ को दंडवत करता हौं। हैं कैसे वे मछन्दरनाथ! अस्मज्योति निश्चल हैं अन्त:करन जिनके अरु मूलद्वार तैंछक चक्र जिनि नीकी तरह जानैं।" शुक्ल जी स्पष्टत: कहते हैं, "इसे हम निश्चयपूर्वक गद्य का पुराना रूप मान सकते हैं। साथ ही यह भी ध्यान होता है कि यह किसी संस्कृत लेख का 'कथभूति' अनुवाद न हो। चाहे जो हो, है यह संवत् 1400 के ब्रजभाषा गद्य का नमूना।" (हिन्दी साहित्य का इतिहास, आचार्य रामचन्द्र

शुक्ल, हरीश प्रकाशन मन्दिर, आगरा, 2005, पृ. 276) यानी सन् 1343 ई. की ब्रजभाषा का नमूना। यहाँ पुन: उल्लेखनीय है कि विलियम प्राइस अपने कार्यकाल (1823-30) के दौरान प्रशासनिक अधिकारियों को ब्रजभाषा सिखाते थे। यहाँ मन में यह प्रश्न उठता है कि क्या वे ब्रजभाषा की कविता पढ़ाते थे? निश्चय ही प्रशासनिक अधिकारियों को काव्य का रसास्वादन करवाना उनका उद्देश्य नहीं था। बाद में विलियम प्राइस ने हिन्दुस्तानी का जो व्याकरण लिखा उस पर निश्चय ही ब्रजभाषा के व्याकरण का गहरा प्रभाव था।

आचार्य रामचन्द्र शुक्ल ब्रजभाषा गद्य के कुछ और नमूने देते हैं। इनमें वे विट्ठलनाथ, नाभादास जी, बैकुंठमणि शुक्ल और सूरति मिश्र के गद्य का उदाहरण प्रस्तुत करते हैं। सूरति मिश्र के सम्बन्ध में शुक्ल जी कहते हैं—"इन्होंने संवत् 1767 में संस्कृत से कथा लेकर बैताल-पचीसी लिखी, जिसको आगे चलकर लल्लूलाल ने खड़ी बोली हिन्दुस्तानी में किया। जयपुर नरेश सवाई प्रतापसिंह की आज्ञा से लाला हीरालाल ने संवत् 1852 में आईना-ए-अकबरी की भाषा वाचनिका नाम की एक बड़ी पुस्तक लिखी। भाषा इसकी बोलचाल की है जिसमें अरबी-फ़ारसी के कुछ बहुत चलते शब्द भी हैं। नमूना यह है—अब शेख अबुल फजल ग्रंथ को करता प्रभु को निमस्कार करि कै अकबर बादशाह की तारीफ़ लिखने की कसक करे है अरु कहैं है—याकी बड़ाई चेष्टा अरु चिमत्कार कहाँ तक लिखूँ। कहीं जात नाहीं तातें याकें पराक्रम अरु भाँति-भाँति के दसतूर या मनसूबा दुनिया में प्रकट ताकों संखेप लिखत हौं।" (वही, पृ. 280)

तत्पश्चात् शुक्ल जी एक अत्यन्त रोचक बात कहते हैं। वे कहते हैं कि ब्रजभाषा की इन गद्य पुस्तकों से गद्य का विकास नहीं हुआ। बाद के दिनों में गद्य के लिए खड़ी बोली गृहीत हुई जो कि बहुत अच्छा हुआ। "इस प्रकार की ब्रजभाषा गद्य की कुछ पुस्तकें इधर-उधर पाई जाती हैं जिनसे गद्य का कोई विकास प्रकट नहीं होता। साहित्य की रचना पद्य में ही होती रही। गद्य का भी विकास यदि होता आता तो विक्रम की इस शताब्दी के आरम्भ में भाषासम्बन्धिनी बड़ी विषम समस्या उपस्थित होती। जिस धड़ाके के साथ गद्य के लिए खड़ी बोली ले ली गई उस धड़ाके के साथ न ली जा सकती। कुछ समय सोच-विचार और वाद-विवाद में जाता और कुछ समय तक दो प्रकार के गद्य की धाराएँ साथ-साथ दौड़ लगातीं। अत: भगवान का यह भी एक अनुग्रह समझना चाहिए कि यह भाषाविप्लव नहीं संघटित हुआ और खड़ी बोली, जो कभी अलग और कभी ब्रजभाषा की गोद में दिखाई पड़ जाती थी, धीरे-धीरे व्यवहार की शिष्ट भाषा होकर गद्य के नए मैदान में दौड़ पड़ी।" (वही, पृ. 280)

प्रत्येक शासक अपने लिए प्रमुख भाषा का चयन करता है जो उसके मुख्य केन्द्रों के माध्यम से फलती-फूलती है। यहाँ ध्यान देने योग्य बात है कि आचार्य रामचन्द्र शुक्ल हिन्दी खड़ी बोली गद्य की पूर्व पीठिका के रूप में ब्रजभाषा गद्य को रखते हैं। वे शीर्षक में ही इसे 'आधुनिक काल के पूर्व गद्य की अवस्था' कहते हैं। इसके बाद वे देश के विभिन्न भागों में मुसलमानों के फैलने तथा दरबारी शिष्टाचार के प्रचार-प्रसार के साथ दिल्ली की खड़ी बोली के शिष्ट समुदाय के आपसी व्यवहार में प्रयुक्त होने की बात कहते हैं। हम कह सकते हैं कि खुसरो ने 'ब्रजभाषा' के साथ-साथ खालिस खड़ी बोली में कुछ पद्य और पहेलियाँ बनाई थीं। औरंगज़ेब के समय से फ़ारसी मिश्रित खड़ी बोली या रेख़्ता में शायरी भी शुरू हो गई और उसका प्रचार फ़ारसी पढ़े-लिखे लागों में

बराबर बढ़ता गया। इस प्रकार खड़ी बोली को लेकर उर्दू साहित्य खड़ा हुआ, जिसमें आगे चलकर विदेशी भाषा के शब्दों का मेल भी बराबर बढ़ता गया और जिसका आदर्श भी विदेशी होता गया। (वही, पृ. 281)

मुग़ल साम्राज्य के पतन के बाद दिल्ली और आगरा शहर पस्ती की ओर चले। इस तथ्य की पुष्टि के लिए नज़ीर अकबराबादी को उद्धृत करना अनुचित न होगा, साथ ही उनकी कविता हिन्दी साहित्य की अविरल परम्परा के पहले सिरे को भी दर्शाती है। नज़ीर अकबराबादी (1735-1830) का जन्म आगरा में हुआ था। वे वहीं पले-बढ़े, सारा जीवन आगरा में ही रहे। नज़ीर अकबराबादी आगरा छोड़ने के लिए कभी तैयार नहीं हुए, नवाबों के बुलाने पर भी उन्होंने अपना आगरा न छोड़ा। जिस आगरा शहर से उन्हें इतना प्यार था उसकी बदहाली पर उनका हृदय रो उठा। उन्होंने आगरा के लिए दुआ की। अपने उस आगरा के लिए जो कभी सम्पन्न था जो रोज़गार का केन्द्र था। जहाँ बाज़ारों में कभी बहार छाई रहती थी वहाँ अब सन्नाटा है—उद्योग-धन्धे नहीं रहे—हुनर की क़द्र कौन करे?—नज़ीर अकबराबादी की इस रचना में भाषा और सत्ता के केन्द्र में विघटन दोनों का हाल बयान होता है—

अब आगरे में जितने हैं सब लोग हैं तबाह।
आता नज़र किसी का नहीं एक दाम निबाह।
माँगो अज़ीज़ो ऐसे बुरे वक़्त से पनाह।
वे लोग एक कौड़ी के मोहताज अब हैं आह।
क़स्बो हुनर के याद हैं जिनको हज़ार बन्द।

(नज़ीर अकबराबादी रचनावली, सम्पा. रूपा गुप्ता, स्वराज प्रकाशन, नई दिल्ली, 2015, पृ. 249)

जो व्यापारी बनकर आया था राजा बन बैठा। राजा के ही व्यवसायी बन जाने पर राजनीति के अर्थ में बदलाव आया। जातिगत पेशों में एक पेशा पूँजी का भी था। पूँजी दूसरे हाथों में चली गई, इसलिए देशी कारीगर बेकार बैठे हैं। कारीगरों के पास रोज़गार नहीं है क्योंकि पूँजी के केन्द्र बदल गए हैं—

सर्राफ़, बनिये, जौहरी और सेठ, साहूकार।
देते थे सबको नक़द, सो खाते हैं अब उधार।
बाज़ार में उड़े है पड़ी ख़ाक बेशुमार।
बैठे हैं यूँ दुकानों में अपनी दुकानदार।
जैसे कि चोर बैठे हों क़ैदी क़तार बन्द
सौदागरों को सूद, न व्यौपारी को फ़लाह।
बज्जाज को है नफ़ा न पनसारी को फ़लाह।
दल्लाल को है याफ्त, बाज़ारी को फ़लाह।
दुखिया को फ़ायदा न पिसनहारी को फ़लाह।
याँ तक हुआ है आन के लोगों का कार बन्द।

(वही, पृ. 249)

पिसनहारी तक अनाज के लिए तंग है। सामान्य जनता त्रस्त है, फटेहाल है, भूखों मर रही है। जनता के कवि नज़ीर अकबराबादी अपने समय के आर्थिक संकट को अपनी भाषा में—सामान्य जन की भाषा में सामने रखते हैं। (नज़ीर अकबराबादी पर विस्तृत जानकारी के लिए इस लेखिका की पुस्तक देखें—'नज़ीर अकबराबादी रचनावली') पहले जब कवि ने इसे आबाद रखने की दुआ की थी तब यह फलता-फूलता शहर था। नज़ीर अकबराबादी की कविता का शीर्षक ही है—शहर अकबराबाद (आगरा) की तारीफ़—

शहरे सुख़ुन में अब जो मिला है मुझे मकां।
क्यूँकर न अपने शहर की ख़ूबी करूँ बयाँ।
देखी हैं आगरे में बहुत हमने ख़ूबियाँ।
हर वक़्त इसमें शाद रहे हैं जहाँ-तहाँ।
रखियो इलाही इसको तू आबाद जाविदा॥
...बागात पुर बहार, इमारात पुर निगार।
बाज़ार वह कि जिस पै चमन दिल से हो निसार।
महबूब दिलफ़रेब गुलअन्दानो गुलइजार।
गलियाँ कहीं हैं आपको गुलज़ार पुर बहार
कूचे कहीं हैं अपने तईं सहने गुलिस्तां॥

(वही, पृ. 241-42)

जिस आगरे में ताजमहल था, जिसकी हर इमारत ख़ूबसूरत थी जिस शहर में हरे-भरे बाग़ थे, जहाँ बेख़ौफ़ सुन्दरियाँ रास्तों को गुलज़ार करती थीं, जिसकी गलियों को देखकर बगीचे का गुमान होता था, जिस आगरे में ताजगंज (जहाँ नज़ीर अकबराबादी रहते थे) था, इस आगरे का आज ऐसा हश्र हुआ है कि उसके लिए बस ख़ुदा से फ़रियाद करते ही बनता है—

रखता है गो क़दीम से बुनियाद आगरा।
...यारों अजब मुक़ाम है दिलशाद आगरा॥
शद्दाद जर लगा न बनाता बहिश्त को।
गर जानता कि होवेगा आबाद आगरा॥
तोड़े कोई क़िले को कोई लूटे शहर को।
अब किससे अपनी माँगे भला दाद आगरा॥
अब तो ज़रा-सा गाँव है, बेटी न दे इसे।
लगता था वरना चीन का दामाद आगरा॥
एकबारगी तो अब मुझे यारब तू फिर बसा।
करता है अब ख़ुदा से वह फ़र्याद आगरा॥

(वही, पृ. 247)

इस प्रकार व्यापार के पुराने केन्द्र नष्ट होने लगे, नए केन्द्र बसने लगे। दिल्ली और आगरे के उजड़ने से जब मीर और इंशा जैसे शायर पूर्व की ओर प्रस्थान कर

गए तो वणिक जातियों को तो शहर बदलना ही था। दिल्ली और उसके आसपास के प्रदेशों के हिन्दू व्यापारी पूर्वी शहरों जैसे लखनऊ, फैजाबाद, प्रयाग, काशी और पटना में बसने लगे। इन शहरों में अपने व्यवसाय से जमे इन व्यापारियों की भाषा शहरों के बाज़ार के व्यवहार में आनेवाली भाषा बनी। यह भाषा खड़ी बोली थी—"यह खड़ी बोली असली और स्वाभाविक भाषा थी, मौलवियों और मुंशियों की उर्दू, मुअल्ला नहीं। यह अपने ठेठ रूप में बराबर पछाँह से आई जातियों के घरों में बोली जाती है। अतः इन लोगों का यह कहना या समझना कि मुसलमानों के द्वारा ही खड़ी बोली अस्तित्व में आई और उसका मूल रूप उर्दू है जिससे आधुनिक हिन्दी गद्य की भाषा अरबी-फ़ारसी शब्दों को निकालकर गढ़ ली गई, शुद्ध भ्रम या अज्ञान है। इस भ्रम का कारण यही है कि देश के भाषागत साहित्य की—जो संवत् 1900 के पूर्व तक पद्यमय ही रहा—भाषा ब्रज भाषा ही रही और खड़ी बोली वैसे ही एक कोने में पड़ी रही जैसे और प्रान्तों की बोलियाँ। साहित्य या काव्य में उसका व्यवहार नहीं हुआ।" (हिन्दी साहित्य का इतिहास, पृ. 281)

मुंशी सदासुखलाल, इंशाअल्ला ख़ाँ, लल्लूलाल जी, और सदल मिश्र द्वारा खड़ी बोली में साहित्य और पाठ्य पुस्तकों के लिखे जाने से पहले हिन्दी भाषा का परिनिष्ठित रूप विकसित हो चुका था। आचार्य रामचन्द्र शुक्ल के अनुसार विक्रम संवत् 1798 (1741 ई.) में रामप्रसाद निरंजनी ने 'भाषा योगवाशिष्ठ' नामक ग्रंथ बड़ी साफ़-सुथरी खड़ी बोली में लिखा। शुक्ल जी कहते हैं कि जब तक इससे पहले की खड़ी बोली गद्य में कोई पुस्तक उपलब्ध नहीं होती, इसे ही खड़ी बोली हिन्दी की प्रथम परिमार्जित गद्य पुस्तक मान सकते हैं। रामप्रसाद निरंजनी को प्रथम परिपक्व गद्य लेखक और उनकी भाषा योगवाशिष्ठ को खड़ी बोली हिन्दी की प्रथम परिमार्जित पुस्तक माने जाने के लिए आचार्य रामचन्द्र शुक्ल इस पुस्तक के दो उद्धरण प्रस्तुत करते हैं। उनमें से एक उदाहरण देखना उचित होगा। इन उद्धरणों के अन्त में शुक्ल जी की भावविभोर टिप्पणी भी है—"हे रामजी! जो पुरुष अभिमानी नहीं है वह शरीर के इष्ट-अनिष्ट रागद्वेष नहीं करता क्योंकि उसकी शुद्ध वासना है। मलिन वासना जन्मों का कारण है। ऐसी वासना को छोड़कर जब तुम स्थित होगे तब तुम कर्ता होते हुए भी निर्लेप रहोगे। और हर्ष, शोक आदि विकारों से जब तुम अलग रहोगे तब वीतराग, भय, क्रोध से रहित रहोगे। जिसने आत्मतत्त्व पाया है वह जैसे स्थित हो वैसे ही तुम भी स्थित हो। इसी दृष्टि को पाकर आत्मतत्त्व को देखो तब विगतज्वर होगे और आत्मपद को पाकर फिर जन्म-मरण के बन्धन में न आओगे। कैसी श्रृंखलाबद्ध साधु और व्यवस्थित भाषा है।" (वही, पृ. 283)

रामप्रसाद निरंजनी की 'भाषा योगवाशिष्ठ' के बाद उसी प्रकार के परिमार्जित हिन्दी गद्य की परम्परा नहीं मिलती क्योंकि तब पद्य का व्यवहार ही सर्वत्र प्रचलित था। ब्रजभाषा में जो टीकापरक गद्य लिखा जाता था वह परिनिष्ठित नहीं था। श्रृंगार शतक की एक ऐसी ही टीका को आचार्य रामचन्द्र शुक्ल ने लद्धड़ बताया है जिसकी तुलना में मूल काव्य का अर्थ समझना अधिक सहज था। फोर्ट विलियम के लेखकों के गद्य लेखन के पहले मथुरानाथ शुक्ल ने पंचांग दर्शन (1800) की रचना की। इसी के आसपास सदासुख लाल ने कथावाचकों की शैली में विष्णु पुराण पर आधारित

रचना की। सदासुख लाल ने 'सुखसागर' में हिन्दी खड़ी बोली को साहित्यिक रूप देने का प्रयास किया।

चूँकि फोर्ट विलियम कॉलेज ने हिन्दी, हिन्दुस्तानी और उर्दू को साहित्यिक एवं परिनिष्ठत रूप देने का संकल्प भी लिया था इसलिए छापाख़ाने ने भाषाओं की प्रगति और साहित्य की लोकप्रियता में क्रान्तिकारी परिवर्तन किए। फोर्ट विलियम कॉलेज की सातवीं वर्षगाँठ पर 27 फरवरी, 1808 में लॉर्ड मिंटो ने टिप्पणी की—'छापाख़ाने के प्रयोग से नेटिवों की भाषा में निखार आ सकेगा।' (History of Printing and Publishing in India, p. 192) छापाख़ाना का सदुपयोग कर हिन्दी भाषा के लेखकों ने भारी परिमाण में लिखना आरम्भ किया। सैयद इंशाअल्ला ख़ाँ ने रानी केतकी की कहानी लिखी। लखनऊ में रहते हुए भी उन्होंने इसे सुबोध और रुचिपूर्ण भाषा में लिखा। आगरा निवासी लल्लूलाल जी की फोर्ट विलियम में नियुक्ति भाखा मुंशी के रूप में हुई थी। उन्होंने ग्यारह कृतियों का प्रणयन किया जिनमें अनूदित पुस्तकें भी हैं। लल्लूलाल जी ने फोर्ट विलियम कॉलेज में 1823 ई. तक अनुवादक के रूप में काम किया। उनके द्वारा लिखी गई एवं अनूदित पुस्तकें—सिंहासन बत्तीसी, बैताल पचीसी, शकुन्तला नाटक, माधोनल, राजनीति, प्रेमसागर, लतायप्प-ए-हिन्दी, ब्रजभाषा व्याकरण, सभाविलास, माधव विलास तथा लालचन्द्रिका हैं। लल्लूलाल जी की अन्यतम रचना प्रेमसागर है, इसमें ढाँचा, ब्रजभाषा के रुझान के साथ खड़ी बोली का है। इसमें लल्लूलाल जी ने रचना को उर्दू शैली से सायास दूर रखा है।

सदल मिश्र बिहार के आरा के निवासी थे। 1803 में इन्होंने फोर्ट विलियम में अनुवादक के रूप में काम किया। इनकी तीन साहित्यिक कृतियाँ उल्लेखनीय हैं—चन्द्रावती, रामचरित्र एवं नासिकेतोपाख्यान। सदल मिश्र ने नासिकेतोपाख्यान की भाषा को सरस एवं लचीला रखा। उन्होंने उर्दू से एकदम किनाराकशी नहीं की। नासिकेतोपाख्यान यजुर्वेद के आधार पर कठोपनिषद् में वर्णित नचिकेता की कहानी है। इसकी गद्य शैली अच्छी है। संवत् 1860 में यानी 1803 ई. में सदल मिश्र ने चन्द्रावती की कथा कही क्योंकि अब देववाणी कोई नहीं समझता। चन्द्रावती की मूल कथा संस्कृत में होने के कारण नए पाठक को उससे परिचित करवाने हेतु सदल मिश्र ने इसे खड़ी बोली में प्रस्तुत किया—"कन्या बोली, महाप्रभु! मैं राजा रघु की बेटी हूँ। चन्द्रावती मेरा नाम है। मुझसी अभागी दूसरी कोई नहीं। इस सहस्र नृप राजाओं की कन्या के बीच में रह के किसी पुरुष का मुँह अपने जानने में न देखा। वो नाना प्रकार के भोग-विलास छोड़ मैं ठाकुर की सेवा करती थी। न जानूँ कि यह गर्भ कहाँ से हुआ। इस कारण पिता ने देस-निकाला दिया। यह सत्य बात आपके आगे कही, पर विश्वास न कीजिएगा।" (नासिकेतोपाख्यान, सदल मिश्र, सम्पा. श्यामसुन्दर दास, नागरी प्रचारिणी सभा, काशी, 1950, पृ. 1-2)

इसके अतिरिक्त ईसाई धर्म प्रचारकों के साहित्य का उल्लेख किया जाना चाहिए। ईसाई धर्म प्रचारकों की हिन्दी सीधी और सरल होती थी। ईसाई धर्म प्रचार हेतु अंग्रेज़ी पढ़ाने के लिए अनेक स्थानों पर शिक्षण केन्द्र खोले गए। कलकत्ता, मिर्जापुर तथा आगरा आदि स्थानों पर कई संस्थाएँ स्थापित की गईं—जहाँ से ईसाई धर्म सम्बन्धी पुस्तकें हिन्दी में छपने लगीं। सदल मिश्र चन्द्रावती अथवा नासिकेतोपाख्यान की प्रस्तावना में कहते हैं—"चित्र-विचित्र, सुन्दर-सुन्दर, बड़ी-बड़ी अटारिन से इन्द्रपुरी समान शोभायमान,

नगर कलिकता महाप्रतापी वीर नृपति कम्पनी महाराजा के सदा फूल-फल रहे कि जहाँ उत्तम लोग बसते हैं और देश-देश से एक से एक गुणीजन आय-आय अपने-अपने गुण को सुफल कर बहुत आनन्द में मगन होते हैं। नाम सुन सदल मिश्र पंडित भी वहाँ आन पहुँचा वो बड़ी बड़ाई सुनि। सर्व विद्या-निधान ज्ञानवान महाप्रधान—श्री महाराजा जान गिलकृस्त साहब से मिला कि जो पाठशाला के आचार्य हैं। तिनकी आज्ञा पाय दो-एक ग्रंथ संस्कृत से हिन्दी भाषा वा हिन्दी भाषा से संस्कृत में किए।" (वही, पृ. 10)

उन्नीसवीं शताब्दी में औपनिवेशिक शासन के अन्तर्गत हिन्दी-नवजागरण जिन विद्वानों और रचनाकारों के साहित्य और पत्रकारिता के माध्यम से आकार और स्वरूप ग्रहण कर रहा था उसके आरम्भिक भाषा विशारदों और चिन्तकों के रूप में राजा शिवप्रसाद 'सितारे हिन्द' और राजा लक्ष्मण सिंह की भूमिका अत्यन्त महत्त्वपूर्ण है। अपनी फ़ारसी बहुल हिन्दी के साथ राजा शिवप्रसाद 'सितारे हिन्द' अभिजात वर्ग, जिसे तथाकथित उच्चजाति समूह भी कहा जा सकता है, के साथ खड़े थे। राजा लक्ष्मण सिंह अपनी संस्कृत बहुल हिन्दी के साथ लगभग यही काम कर रहे थे। इस सम्बन्ध में भारतेन्दु हरिश्चन्द्र की निर्णायक भूमिका है जो एक ओर पारम्परिक साहित्य और दूसरी ओर तत्कालीन साहित्य और उसकी आवश्यकता से अपनी शैली सँवारती है। भारतेन्दु हरिश्चन्द्र ने राजा शिवप्रसाद 'सितारे हिन्द' और राजा लक्ष्मण सिंह से अपनी असहमति जताते हुए युगानुरूप भाषायी आवश्यकता को पूरा किया। उन्होंने हिन्दी की लोकप्रियता एवं उपयोगिता को ध्यान में रखते हुए उसकी शैली निर्धारण की प्रक्रिया अपनाई। उन्होंने हिन्दी का लोकप्रिय रूप अपनाते हुए उसे हर जाति के लिए सरल और ग्राह्य बनाने का प्रयास किया। वास्तव में राजा शिवप्रसाद 'सितारे हिन्द', राजा लक्ष्मण सिंह एवं भारतेन्दु तथा उनके मंडल के सदस्यों की अपनी भाषा के प्रति सजगता, समर्पण, श्रम और गहरा लगाव हिन्दी-नवजागरण की सुचिन्तित दिशा है जो अपने देश, काल और वातावरण की गहरी समझ से उपजी है।

यहाँ यह स्मरण करवाना अनुचित न होगा कि हिन्दी-नवजागरण (और बांग्ला नवजागरण में भी) में केवल साम्प्रदायिकतावाद खोजनेवाले औपनिवेशिक सत्ता के उस दमनकारी रूप को सुविधापूर्वक भूल जाते हैं जो केवल आर्थिक ही नहीं, सामाजिक और धार्मिक क्षेत्रों में भी वास रोधक बना हुआ था। संस्कृति पर बढ़ते संकट से समाज के सचेत वर्ग में सुगबुगाहट बढ़ना स्वाभाविक था। ईसाई धर्म प्रचारकों के धर्म प्रचार का प्रभाव हिन्दू जनता पर तीव्रता से बढ़ता जा रहा था। इस तथ्य की पुष्टि के लिए हिन्दी-नवजागरण का साहित्य न देखकर उस समय के ईसाई धर्म प्रचारकों द्वारा दर्ज अपनी सफलता के आँकड़े देखे जाने चाहिए। तभी तस्वीर का दूसरा रुख़ समने आया। इस शोध कार्य में ईसाई धर्म प्रचारकों के साहित्य और उनके बढ़ते प्रभाव तथा उसके फलस्वरूप भारतवर्ष विशेषकर उत्तर भारत में स्वधर्म रक्षार्थ उठ खड़े हुए स्वामी दयानन्द सरस्वती और उनके आर्य समाज पर आलोचना नहीं की गई है। स्वामी दयानन्द सरस्वती ने अपना महत्त्वपूर्ण ग्रंथ—सत्यार्थप्रकाश हिन्दी में ही लिखा। स्वधर्म रक्षार्थ उनके प्रयासों की तीव्रता से भाषिक अनुभूति में भी ओज, शुद्धता आरै रुचिरता आई—"पास चोटी की ऊँचाई तथा रात की-सी अँधेरी के कारण मुझे ज्ञात हुआ कि चोटी पर पहुँचना सम्भव नहीं। लाचार मैं घास और सूखी झाड़ियों को पकड़कर नाले

के नीचे किनारों पर पहुँचा और चट्टान पर खड़े होकर जो चारों तरफ़ निगाह की तो सिवाय भयानक पहाड़ियों, टीलों और उन विकट जंगलों के कि जहाँ मनुष्य-मात्र की निर्वाह कठिन है और कुछ भी न देख पड़ा।" (हिन्दी साहित्य का इतिहास, विजयेन्द्र स्नातक, साहित्य अकादेमी, दिल्ली, 1996, पृ. 188)

कहना ही पड़ता है कि हिन्दी-नवजागरण को साम्प्रदायिक, प्रतिक्रियावादी, पुनरुत्थानवादी, प्रमाणित करनेवाले अधिकांश आलोचकों ने तस्वीर का एक रुख सामने रखा है। होना तो यह चाहिए था कि जो जैसा था उसे प्रस्तुत कर देते, किन्तु पता नहीं अज्ञात कारणों से ईसाई और इस्लामी धर्मान्तरण से जूझ रहे हिन्दू समाज को तो साम्प्रदायिक कहा गया, किन्तु जो दूसरे धर्म के लोग अपने धर्म के प्रसार में लगे थे और जिनसे हिन्दुओं का सामना था उन पर साम्प्रदायिकता का ठप्पा कभी नहीं लगा। फ़ारसी बहुल उर्दू एवं अंग्रेज़ी के साम्राज्यवाद से लड़ती हिन्दी पर तो साम्राज्यवादी होने के आरोप लगे, किन्तु उसके अस्तित्व के लिए संकट बनी उर्दू और अंग्रेज़ी के विरुद्ध किसी ने कुछ नहीं लिखा। धर्म, जाति, स्त्री, संस्कृति, साहित्य, राजनीति—हर क्षेत्र में 'हिन्दी वालों' का कोई भी कैसा भी प्रगतिशील हस्तक्षेप इन आलोचकों द्वारा कभी भी सराहा नहीं किया। रामविलास शर्मा ने ऐसे स्वघोषित प्रगतिशील आलोचकों की अच्छी-खासी ख़बर ली है फिर भी औपनिवेशिक दृष्टिभंगी का चश्मा पहने इन आलोचकों ने हिन्दी-नवजागरण को नकारात्मक और केवल नकारात्मक दृष्टिकोण से चित्रित किया है। जिन मानदंडों के कारण भारतीय नवजागरण के दूसरे नवजागरण विशिष्ट ठहराए गए हैं ठीक उन्हीं बिन्दुओं पर हिन्दी-नवजागरण को कठघरे में खड़ा कर दिया गया है। यदि भाषायी अस्मिता के लिए बंगाल का नवजागरण अस्तित्व के लिए लड़ता है तो प्रशंसायोग्य है, किन्तु अपने भाषायी अस्तित्व के लिए हिन्दी-नवजागरण का संघर्ष दूसरों के अधिकार हनन के रूप में प्रस्तुत किया गया। धर्म के सम्बन्ध में पहले ही कहा जा चुका है। अपनी वेशभूषा, खान-पान और रहन-सहन को बचाने के लिए किसी दूसरे प्रान्त के निवासी प्रयास करें तो यह उनका सांस्कृतिक अधिकार है, किन्तु हिन्दी प्रदेश के निवासियों का ऐसा कोई भी प्रयास उनका पिछड़ापन है। यह निस्संकोच कहा जा सकता है कि बहुत से आलोचकों में हिन्दी, हिन्दी प्रदेश और हिन्दी-नवजागरण के प्रति एक प्रकार का पूर्वग्रह देखा जा सकता है जो लगभग घृणा का स्पर्श करता है। हिन्दी-नवजागरण पर शोध कार्य करनेवाले किसी भी शोधार्थी को इस प्रकार की बौद्धिक घृणा से ग्रस्त पूर्वग्रह से जूझना ही पड़ता है।

इतिहासकार सुधीर चन्द्र और विज्ञ महादेव साहा की इस संकीर्णता पर इस लेखिका ने अपनी पुस्तक—साहित्य और विचारधारा (साहित्य और विचारधारा, रूपा गुप्ता, यश पब्लिकेशंस, दिल्ली, 2006) में विस्तार से उदाहरण सहित दिखलाया है कि जिन मानदंडों को दूसरों के लिए अति सुगम बनाया गया है। उन्हीं मानदंडों पर अत्यन्त खरे उतरनेवाले भारतेन्दु हरिश्चन्द्र का इन विद्वानों द्वारा उपहास किया गया है। भाषा के रूप में हिन्दी का विरोध करनेवाले हिन्दी-नवजागरण को भला कैसे स्वीकार सोच-समझकर करते! क्या यहाँ पर हिन्दी-नवजागरण के विरोध का एक सीधा अर्थ हिन्दी का विरोध, अंग्रेज़ी की भक्ति अतः निम्नवर्ण की जानबूझकर यथासम्भव उपेक्षा नहीं निकाला जा सकता?

खड़ी बोली हिन्दी की आधुनिक यात्रा में यह उल्लेखनीय है कि राजा शिवप्रसाद 'सितारे हिन्द' सन् 1856 ई. में शिक्षा विभाग में इंस्पेक्टर नियुक्त हुए थे। वे सर सैयद अहमद स्कूल के इंस्पेक्टर थे और हिन्दी को गँवारों की भाषा मानते थे। उन्होंने इतिहास तिमिरनाशक, राजाभोज का सपना, योगवाशिष्ठ के चुने हुए श्लोक, आलसियों का कोड़ा, स्वयं बोध उर्दू, वर्णमाला, वामामनरंजन, विद्यांकुर, भूगोल हस्तामलक, उपनिषद् सार, मानव धर्मसार, सिक्खों का उदय और अस्त आदि पुस्तकें लिखीं। राजा शिवप्रसाद 'सितारे हिन्द' आमफ़हम और ख़ास पसन्द भाषा के समर्थक थे। सितारे हिन्द उर्दू को इस देश की प्रमुख भाषा मानते थे क्योंकि वह कचहरी की भाषा थी और सारे काग़ज़ात उसी में तैयार किए जाते थे। अपने प्रसिद्ध ग्रंथ इतिहास तिमिरनाशक में उन्होंने जिस भाषा का प्रयोग किया वह मुख्यतः अरबी-फ़ारसी बहुल उर्दू ही है। यद्यपि इस पुस्तक में उन्होंने हिन्दी उर्दू को एक-दूसरे के निकट लाने का प्रयास किया, यद्यपि इस ग्रंथ में कहीं-कहीं भाषा की स्पष्टता है, किन्तु यह प्रवाह इतिहास तिमिरनाशक में सर्वत्र नहीं मिलता। अधिकांश स्थलों पर भाषा में अरबी-फ़ारसी शब्द ज़बरदस्ती ठूँसे गए हैं, जैसे, "तुगलक का भाई मशंकुर ख़ाँ निहायत हसीन था, बगावत का शुबहा हुआ पूछने पर कि उकूबत और सियासत के डर से झूठा इकरार कर दिया। बहुतेरे उकूबत और सियायत से मौत को बेहतर समझते हैं।" बाद में राजा साहब की भाषा क्रमशः ठेठ उर्दू बनती गई। केवल अरबी-फ़ारसी शब्दों की भरमार ही उसमें नहीं थी, फ़ारसी के ढंग का वाक्य-विन्यास भी उसमें आ गया था। वह भाषा इस प्रकार थी : "नीचे लिखी शर्तें अहदनामे की जिनको क़ायम रखना दोनों तरफ़ बारिश और जानशीनों पर क़र्ज़ होगा, वर्मियान राजा रणजीत सिंह और चार्ल्स थियाफिल्स मेटकाफ साहिब की मार्फत सरकार अंग्रेज़ी के अमल में आई।" (हिन्दी साहित्य उद्भव और विकास, हजारीप्रसाद द्विवेदी, राजकमल प्रकाशन, दिल्ली, 1952, पृ. 205)

इस प्रकार राजा शिवप्रसाद 'सितारे हिन्द' क्रमशः उर्दू की ओर झुकते गए, और अन्त तक उनकी भाषा देवनागरी लिपि में लिखी हुई उर्दू बन गई। शिक्षा विभाग के कर्मचारी होने के कारण वे अपने अफ़सरों के विरुद्ध नहीं जा सकते थे। उनकी क्रमपरिणति सरकारी नीति की क्रमपरिणति की ही कहानी है। राजा साहब जो हिन्दी का 'गँवारपन' निकालकर उसे 'फैशनेबुल' बनाना चाहते थे, वह वस्तुतः उस सरकारी नीति की ही प्रतिध्वनि थीं, जो हिन्दी को गँवारू भाषा और उर्दू को शिष्ट जन-भाषा समझती थी।" (वही, पृ. 207)

राजा शिवप्रसाद 'सितारे हिन्द' के बाद राजा लक्ष्मण सिंह का उल्लेख आवश्यक है। वास्तव में हिन्दी भाषा और उसके विकास के प्रयास में लगे इन महानुभावों के कारण ही हिन्दी आरम्भिक बाधाओं से जूझकर आगे बढ़ी। यद्यपि उसके पग-पग पर काँटे ही बिछे थे, किन्तु किसी भाषा को केवल सरकारी नीतियों और अन्य भाषाओं से ही टक्कर नहीं लेनी पड़ती वरन् अपनी एक शैली भी निर्धारित करनी पड़ती है। राजा लक्ष्मण सिंह ने कालिदास के कई ग्रंथों का हिन्दी में अनुवाद किया। उनका मेघदूत और शकुन्तला का हिन्दी अनुवाद बहुत लोकप्रिय हुआ। राजा लक्ष्मण सिंह के शकुन्तला नाटक के हिन्दी अनुवाद के सफल होने का काल पारसी थियेटर के उत्थान का भी शीर्ष काल है किन्तु पारसी थियेटर की व्यावसायिकता ने रंगमंच के स्तर को बहुत नीचे गिरा दिया था। भारतेन्दु ने अपने 'नाटक' निबन्ध में राजा लक्ष्मण सिंह के शकुन्तला

नाटक के सम्बन्ध में लिखा—"हिन्दी भाषा में दूसरा ग्रंथ वास्तविक नाटककार राजा लक्ष्मण सिंह का शकुन्तला नाटक है। भाषा के माधुर्य आदि गुणों से यह नाटक उत्तम ग्रंथों की गिनती में है। तीसरा नाटक हमारा विद्यासुन्दर है। चौथे के स्थान में हमारे मित्र लाला श्रीनिवासदास का तपतासंवरण, पंचम हमारा वैदिकी हिंसा, षष्ठ प्रिय मित्र बाबू तोताराम का केटोकृत्तान्त और फिर तो और भी दो-चार कृतविज्ञ लेखकों के लिखे हुए अनेक हिन्दी नाटक हैं।" (भारतेन्दु समग्र, पृ. 575)

उन्नीसवीं शताब्दी में ब्रिटिश सत्ता के अधीन भारतेन्दु युग में हिन्दुस्तान में हिन्दी भाषा, हिन्दी साहित्य और हिन्दी जाति की चिन्ताधारा अच्छी-ख़ासी आकृति ग्रहण करने लगी थी। इसके लिए हिन्दी-नवजागरण के पुरोधाओं ने अनाथ श्रम और अनकहा संघर्ष किया। राजा लक्ष्मण सिंह के शकुन्तला नाटक की सफलता पारसी थियेटर की फूहड़ता के सामने हिन्दी भाषियों की सफलता का एक बहुत छोटा-सा प्रमाण था। पारसी थियेटरों की फूहड़ता अपने चरम पर थी। भारतेन्दु अपने 'नाटक' निबन्ध में इस सम्बन्ध में लिखते हैं—"काशी में पारसी नाटकवालों ने नाचघर में जब शकुन्तला नाटक खेला और उसमें धीरोदात्त नायक दुष्यन्त खेमटेवालियों की तरह कमर पर हाथ रखकर मटक-मटक कर नाचने और 'पतरी कमर बल खाय' यह गाने लगा तो डाक्टर थिबो बाबू, व्रमदादास मित्र प्रभृति विद्वान यह कहकर उठ आए कि अब देखा नहीं जाता। ये लोग कालिदास के गले पर छुरी फेर रहे हैं।" (वही, पृ. 575)

प्रसंगवश उल्लेखनीय है कि भारतेन्दु हरिश्चन्द्र स्वयं इन मित्रों के साथ थे। नाटक में दुष्यन्त की यह दुर्दशा देखकर उनकी आँखें छलक आई थीं। हिन्दी-नवजागरण में भारतेन्दु से पहले नवीनचन्द्र राय, श्रद्धाराम फिल्लौरी ने भी हिन्दी की भूमि तैयार की। नवीनचन्द्र राय पंजाब में दयानन्द सरस्वती के आगमन से पहले हिन्दी प्रचार का कार्य कर रहे थे। यद्यपि ब्राह्मो धर्म का जन्म बंगाल में हुआ और उसका कार्यक्षेत्र भी प्रधानत: कलकत्ता ही रहा पर पंजाब में बाबू नवीनचन्द्र राय ने हिन्दी भाषा और ब्राह्म धर्म का प्रचार किया। वे उर्दू विरोधी थे। बाबू नवीनचन्द्र राय ने यह समझ लिया था कि ब्राह्म धर्म की सभी पुस्तकें बांग्ला में होने के कारण इसके प्रसार में तीव्रता न आ सकेगी। 1867 ई. में उन्होंने अपने उद्देश्य हेतु 'ज्ञान प्रदायिनी' पत्रिका निकाली। बाबू नवीनचन्द्र की ही तरह राजा राममोहन राय समझ गए थे कि उनके द्वारा आविर्भूत ब्रह्म धर्म केवल बांग्ला भाषा में उन्नति नहीं कर सकेगा। अत: उन्होंने इस सम्बन्ध में कई छोटी-छोटी पुस्तकें हिन्दी में लिखीं। राजा राममोहन राय के एक पैम्फलेट (1816 ई.) से इस बात की भी सूचना मिलती है कि एक वर्ष पहले सन् 1815 में उन्होंने वेदान्तसूत्र का हिन्दी में अनुवाद किया था।

श्रद्धाराम फिल्लौरी भी आर्य समाज के उत्थान के पहले से पंजाब में नूतन सामाजिक चेतना का संचार कर रहे थे। वे हिन्दी और उर्दू दोनों भाषाओं के जानकार थे। पंडित श्रद्धाराम का हिन्दू संस्कृति में दृढ़ विश्वास था। "पंडित श्रद्धाराम ने बहुतों को पथ-भ्रष्ट होने से बचाया। प्रसिद्ध है कि कपूरथला के महाराज रणजीत सिंह सन् 1863 में जब ईसाई होने जा रहे थे, तब पंडित श्रद्धाराम ने ही उनके सब संशय दूर करके उन्हें हिन्दू धर्म में प्रतिष्ठित किया। उन्होंने सत्यामृत-प्रवाह नाम का एक सिद्धान्त ग्रंथ लिखा था, जिसकी भाषा बहुत साफ़ और प्रौढ़ है। उन्होंने आत्म चिकित्सा, तत्त्व दीपक, धर्म रक्षा,

उपदेश संग्रह आदि पुस्तकें लिखी थीं और भाग्यवती नाम का एक सामाजिक उपन्यास भी प्रकाशित कराया था। यह उपन्यास 1873 ई. में प्रकाशित हुआ था। उन दिनों यह उपन्यास पढ़ी-लिखी जनता को बहुत प्रिय हुआ। कहते हैं उन्होंने चौदह सौ पृष्ठों का अपना जीवन-चरित भी लिखा था पर वह प्राप्त नहीं होता। पंडित श्रद्धाराम का गद्य सुलझा हुआ और प्रौढ़ तो है ही उसमें कठिन आध्यात्मिक तथ्यों को सरल भाषा में प्रकट कर देने की पूर्ण क्षमता भी है। वे पद्य भी लिखते थे और सन्तोपदेश नाम से उनका एक दोहा-संग्रह भी छपा था।" (हिन्दी साहित्य उद्‌भव और विकास, पृ. 207)

विधा के तौर पर हिन्दी-नवजागरण पत्रकारिता का सबसे अधिक ऋणी था। उन्नीसवीं सदी के हिन्दी-नवजागरण के सबसे महत्त्वपूर्ण व्यक्तित्व भारतेन्दु हरिश्चन्द्र ने पत्रकारिता के महत्त्व को ख़ूब अच्छी तरह पहचाना था। भारतेन्दु हरिश्चन्द्र के व्यक्तित्व एवं कृतित्व पर कितनी भी संक्षिप्त चर्चा की जाए उसे कम पृष्ठों में समेटना असम्भव है। भारतेन्दु हरिश्चन्द्र (1850-1885) ने अपने अत्यन्त छोटे से जीवन में हिन्दी भाषा के लिए जितना कार्य किया वह अविश्वसनीय लगता है। अठारह वर्ष की छोटी-सी आयु में उन्होंने कविवचनसुधा का प्रकाशन आरम्भ किया। 1874 ई. में बालाबोधिनी और 1873 ई. में हरिश्चन्द्र मैगज़ीन निकाली। भारतेन्दु के कृतित्व पर चर्चा तो इस पूरे शोधकार्य में ही होगी क्योंकि हिन्दी-नवजागरण काल को भारतेन्दु युग कहा जाता है। फिर भी यहाँ उनके कृतित्व का सूचनापरक उल्लेख अत्युक्तिपूर्ण न होगा, किन्तु उससे पहले हिन्दी पत्रकारिता के आरम्भिक विकास की चर्चा कर लेनी चाहिए।

उन्नीसवीं सदी की हिन्दी पत्रकारिता एक संकल्प की, एक लक्ष्य की, एक ध्येय की पत्रकारिता है। आरम्भ से ही हिन्दी पत्रकारिता के समक्ष उसका लक्ष्य स्पष्ट था। अखबार का प्रकाशन क्यों करना चाहिए—इस प्रश्न पर उनके मन में कोई दुविधा नहीं थी। 23 जनवरी, 1861 के मालवा अखबार का सम्पादकीय नवजागरणकालीन हिन्दी पत्रकारिता का प्रतिनिधि वक्तव्य है। "एक मित्र ने हमसे पूछा के अखबार लिखने के क्या मायने हैं और अखबार लिखनेवालों को कौन-सी बातें जाननी चाहिए। मालूम हो के अखबार लिखनेवाला लोगों का अगुआ होता है और उसको सब चीज जाननी चाहिए। नहीं तो वो ही मसल होगी के आँख का अन्धा और नाम नैनसुख। बहुत से हिन्दुस्तानी अखबार वालों ने यह समझ लिया है के खबरें भर देने से अखबार हो जाता है। ये झूठ है, अगर अखबार लिखने के ये मायने हैं फलानी फौज ने फलानी जगे से फलानी जगे को कूच किया। या फलाने कप्तान साहब मर गए। और बकरी ने दो मूका बच्चा दिया, तो हम अखबार लिखने के लायक़ नहीं और हमको चाहिए कि इस्तीफा दे दें और कोई धन्धा कर लें हमको ऐसा अखबार लिखना नहीं आता और न हम इसे अखबार कहते हैं। अगर कहीं लड़ाई होती हो तो वहाँ की खबर लिखनी चाहिए न के फलाने शहर में नाज का भाव ये है। और फलाने साहब पहाड़ों में शिकार को गए हैं। हाँ, जब कहीं काल पड़े तो लिखना चाहिए मगर ये नहीं के हर हफ्ते दो सफे इसी से भर दिए। अखबार लिखनेवाला नुमाइंदा हो तो एक बात भी है और यों तो जो है सो है। दूसरी बात यह है के अखबारवालों के सवालों में बड़ा मजा आता है। एक साहब पूछते हैं के, रजीडंट और अजंट में क्या फ़र्क़ भला ये भी कोई सवालों में सवाल है जिसको जैसी भी अंग्रेजी आती होगी तो किताब देखकर बता देगा।" (23 जनवरी, 1861, मालवा अखबार, सम्पादकीय, मालवा)

जहाँ तक जाति और भाषा का प्रश्न है हिन्दी-नवजागरण और उसके पुरोधा भारतेन्दु हरिश्चन्द्र और उनके समकालीन उस सहज भाषा के पक्ष में खड़े हैं जिसे उनके देश की जनता समझ सके। इन लोगों ने भाषा और शिक्षा के लिए अपने सामाजिक दायित्व का निर्वाह किया। भारतेन्दु ने हिन्दी ही नहीं अन्य भाषाओं तथा अन्य कार्यों के लिए भी मुक्त हस्त से दान दिया—"फ्रांस में जो युद्ध होता था, उसका वर्णन नाटकाकार लिखे जाने के लिए 400 रु. और सर विलियम म्योर की जीवनी लिखने के लिए 250 रु. तथा संस्कृत भाषा के दो सौ कवियों की जीवनी लिखने के लिए प्रति कवि 10 रु. पुरस्कार देने का कविवचनसुधा में विज्ञापन निकला था। इसके अलावा जनसाधारण के हितार्थ तथा सरकारी कामों में भी यह सहस्रों रुपया चन्दा देते थे। सन् 1872 ई. में मेयो मेमोरियल सीरीज़ में 1500 रु. दिए थे। होमियोपैथिक डिस्पेंसरी चलाने के लिए सन् 1868 ई. से 1873 ई. तक 120 रु. प्रति वर्ष देते रहे। सोल्ज़र्स फ़ंड में 100 रु., गुजरात जबनपुर रिलीफ़ फ़ंड में 70 रु. और स्ट्रेंजर्स होम में 50 रु. दिया था। इसी प्रकार प्रिंस ऑफ़ वेल्स हॉस्पिटल कारमाइकेल लाइब्रेरी, नेशनल फ़ंड इत्यादि अनेक कार्यों में चन्दा दिया करते थे।

'पंजाब विश्वविद्यालय' की स्थापना होने के समय भारतेन्दु जी ने 250 रु. से उसकी सहायता की थी।...भारतवर्ष के सभी प्रान्तों के स्कूल से जब बालिकाएँ परीक्षोत्तीर्ण होती थीं तो ये बहुमूल्य साड़ी आदि पारितोषिक दिया करते थे। काशी की आचार्य परीक्षा में उत्तीर्ण बालकों को भी घड़ी दिया करते थे। 1882 ई. में बैठे एजुकेशन कमीशन के द्वारा पूछे गए प्रश्नों के लिए भारतेन्दु हरिश्चन्द्र प्रधान साक्षी चुने गए थे। अस्वस्थ होने के कारण भारतेन्दु शिक्षा कमीशन के समक्ष उपस्थित नहीं हो पाए थे। अत: उन्होंने आयोग द्वारा पूछे गए बहत्तर प्रश्नों का लिखित उत्तर दिया था। इन उत्तरों में भारतेन्दु की शिक्षा, भाषा और देशवासियों की आवश्यकता सम्बन्धी समझ स्पष्टता के साथ प्रकट होती है। शिक्षा आयोग के समक्ष यह लिखित गवाही अंग्रेज़ी भाषा में दी गई थी। इस लिखित गवाही में भारतेन्दु ने अनपढ़ जनता द्वारा शिक्षा आयोग के महत्त्व को न समझने तथा आयोग के पास वैधानिक अधिकार न होने की चर्चा की है। रेवेन्यू और पुलिस विभागों की तरह उनके हाथ में कोई अधिकार न होने के कारण अशिक्षित जनता उनकी बातों पर कान नहीं देती। इस दुर्भाग्यपूर्ण स्थिति के निराकरण के लिए वे कहते हैं—"इस बुराई को दूर करने का सबसे अच्छा उपाय यह है कि इंग्लैंड और अन्य यूरोपीय देशों की तरह भारत में भी प्राथमिक शिक्षा अनिवार्य कर दी जाए, लोगों द्वारा प्रयुक्त भाषा को अदालत की भाषा बनाया जाए और अदालती काग़ज़ों तथा निर्देशों को उस भाषा में रखा जाए जिसे लोग आसानी से समझते हैं। इन प्रान्तों के प्राथमिक विद्यालयों में हिन्दी पढ़ाई जाती है जबकि अदालत की भाषा फ़ारसी है। अत: हिन्दी शिक्षा का कोई मूल्य नहीं है। एक ज़मींदार का बेटा स्कूल में कई वर्षों तक पढ़ने के पश्चात् जब अदालत जाता है तो पाता है कि उसका इतने वर्षों का परिश्रम व्यर्थ गया। वह अपने आपको ठगा हुआ अनुभव करता है। वह अमला वर्ग द्वारा प्रयुक्त भाषा नहीं समझ पाता। अगर किसी ग़रीब का बेटा इस ज्ञान से आजीविका पाना चाहता है तो उसे अवश्य ही शिक्षा विभाग के द्वार खटखटाने चाहिए। दूसरे विभाग उसे अनपढ़ कहकर भगा देंगे। इसका अर्थ यह नहीं कि सरकार उदासीन हो जाए, यह तो शिक्षा पर एक बड़ा कुठाराघात होगा। सरकार

को यह उदासीनता तोड़नी होगी क्योंकि एक लम्बे समय से हिन्दू राजाओं अथवा मुस्लिम नवाबों के अराजक शासन में रहकर जनता में दास्य भाव घर बना चुका है—...अंग्रेज़ सरकार प्रोत्साहन द्वारा स्वतंत्र विचारों को प्रश्रय दे सकती है। सरकारी हस्तक्षेप ही इस दिशा में कुछ सार्थक कार्य कर सकता है। गाँव वालों को उनके गाँव में बना स्कूल टिका कि उखड़ गया इससे कोई सरोकार नहीं है। वे शिक्षा शुल्क को सरकारी टैक्स चुकाने की बाध्यता समझकर देते हैं, न कि अपनी भलाई समझकर। केवल सरकारी हस्तक्षेप द्वारा ही यह देश उन्नति कर सकता है।" (भारतेन्दु समग्र, पृ. 1054)

भारतेन्दु ने इस गवाही में स्पष्ट कहा कि इस देश में लोगों को यह पिछले आठ-नौ वर्षों से भय है कि शिक्षा विभाग सभी शैक्षणिक प्रयासों को बन्द कर देनेवाला है क्योंकि यही अकेला विभाग है जो आमदनी करके नहीं दिखा रहा है। सरकारी पदों के लिए आवेदन करने को इच्छुक नौजवानों को सफलता न मिलने का कारण भी यही शिक्षा विभाग है—"The natives of this country, at least of these provinces, have been under a strict impression for the last eight or nine years, that the Government wishes to shut up the doors of education against them; that it thinks Education Department the most superfluous of all the departments of the state; that this is the on;y department which shows all expenditure and no income; that Indian youths aspire to Government posts, and upon failure turn round and abuse the very Government that educated them." (वही, पृ. 1058)

इस प्रश्न के उत्तर में कि "आपके प्रान्त की वर्नाक्यूलर क्या है?" भारतेन्दु ने लिखा है—"इस प्रश्न का उत्तर थोड़ा कठिन है कि हमारी वर्नाक्यूलर भाषा क्या है? भारत में केवल कहावत नहीं स्थापित तथ्य है कि आठ योजन पर भाषा बदल जाती है। उत्तर-पश्चिमी प्रान्त में कई बोलियाँ हैं, इनमें चार बोलियाँ मुख्य हैं—(1) पूर्वी, जो बनारस तथा उसके आसपास के ज़िलों में बोली जाती है, (2) कन्नौजी, जो कानपुर और उसके आसपास के ज़िलों में बोली जाती है, (3) ब्रजभाषा, जो आगरा और उसके आसपास की बोली है और (4) कैयन या खड़ी बोली, जो सहारनपुर, मेरठ और उसके आसपास बोली जाती है।" (वही, पृ. 1056) तत्पश्चात् भारतेन्दु बनारस की बोली के विभिन्न उदाहरण देकर स्पष्ट करते हैं कि वहाँ एक प्रश्न कितनी तरह से पूछा जा सकता है। वे ज़ोर देकर कहते हैं कि कोई भी भाषा किसी व्यक्ति के पंडित, मुंशी, शहरी, ग्रामीण, जाति, जन्मस्थान, सार्वजनिक स्थानों जैसे राजदरबार, अदालत, जनसभा अथवा पुस्तक के अनुरूप होती है। एक ही प्रश्न कि "आप कैसे हैं?" कई तरह से पूछा जा सकता है—"आपका शरीर कुशल है? क्षेम है? स्वस्थ है? मिज़ाजी मुबारक? मिज़ाजी शरीफ? आपका मिज़ाज कैसा है? तोहार जीउ कइसन बताई? हउ कइसन बा? कइसन हो? आदि-आदि।" (वही, पृ. 1056) शिक्षा की दशा और दिशा पर विचार करने के बाद भारतेन्दु ने पूछे गए प्रश्नों के अनुरूप 'वर्नाक्यूलर' के रूप और प्रयोग को स्पष्ट किया है।

प्रसंगवश यह उल्लेख करना अनुचित न होगा कि "वर्नाक्यूलर शब्द का अर्थ केवल देशी बोली नहीं है। रोमन भाषा में दासों की भाषा को वर्नाक्यूलर कहा जाता था। इसका

एक अर्थ निन्दा और अश्लील भी है जैसे किसी को घटिया बताने के लिए उसे वर्नाक्यूलर कहा जाना। देशी भाषाओं को अंग्रेज़ों द्वारा वर्नाक्यूलर कहे जाने का एक अर्थ यह भी था। सम्भवतः दो दशकों से वर्नाक्यूलर लैंग्वेजेज़ (Vernacular Languages) को मॉर्डन इंडियन लैंग्वेजेज़ (Modern Indian Languages) अर्थात् आधुनिक भारतीय भाषाएँ कहा जाने लगा है। बहरहाल भारतेन्दु का निष्कर्ष है कि हिन्दी और उर्दू में कोई वास्तविक अन्तर नहीं है। ब्रजभाषा साहित्य की भाषा है। खड़ी बोली जब फ़ारसी शब्दों की भरमार के साथ बोली जाती है तथा फ़ारसी लिपि में लिखी जाती है तो वह उर्दू है और इसी खड़ी बोली को विदेशी मिलावट से मुक्त नागरी अक्षरों में लिखा जाता है तब वह हिन्दी कहलाती है। अतः हम इस निष्कर्ष पर पहुँचते हैं कि हिन्दी और उर्दू में कोई वास्तविक अन्तर नहीं है—"Thus it will be seen out of features of the vernacular of this province as noted above, only two, viz., Brajbhasha and Khariboli, attract attention. Brajbhasha is used in Hindi poetical composition, and Khariboli under two different disguises is spoken all over the province. The letter consequently, when spoken with abundant use of Persian words and written in Persian character, is styled 'Urdu', and when written in Nagri character, is termed Hindi. Thus we come to the conclusion that there is no real difference between Urdu and Hindi." (वही, पृ. 1056)

भारतेन्दु हरिश्चन्द्र की हिन्दी और उर्दू सम्बन्धी इस स्पष्ट समझ के साथ हमें पीछे लौटकर उन्नीसवी सदी के प्रथमार्द्ध की ओर जाकर हिन्दुस्तान के मध्यदेश के उस भाषागत विवाद के आरम्भिक स्वरूप को देखना चाहिए जो भारतेन्दु के जीवनकाल और उसके बाद और गहराता गया। ऐसी दो भाषाएँ जो वास्तव में एक थीं, बल्कि कहा जाए कि एक ही भाषा की दो शैलियाँ थीं, एक ही वातावरण में पनपी थीं, आपस में लड़ पड़ीं। इनका संघर्ष हर बढ़ते दिन के साथ अधिकाधिक सघन होता गया। सत्ता की भाषा आम जन की भाषा की इस लड़ाई ने पूरी उन्नीसवीं सदी को तो व्याप ही लिया बीसवीं सदी तक भी यह मामला पहुँचा और लम्बे समय तक अनसुलझा रहा। हिन्दी प्रदेश के हिन्दुओं और मुसलमानों में साम्प्रदायिक वैमनस्य बढ़ानेवाले इस हिन्दी-उर्दू स्यापा पर विस्तार से चर्चा आवश्यक है, क्योंकि अब तक इस हिन्दी-उर्दू की शैली के विवाद से परे साहित्य की सुदीर्घ परम्परा चली आ रही थी।

जिस हिन्दी-उर्दू में लिपि के अतिरिक्त कोई भेद न था उस पर इतना विवाद हो रहा था। उसकी एक समृद्ध परम्परा पर दृष्टिपात कर लेना चाहिए। सबसे पहले रहीम की इस कविता पर ध्यान जाता है—

कलित ललित वाला वा जवाहिर जड़ा था।
चपल चखन वाला चाँदनी में खड़ा था।
पकरि परम प्यारे साँवरे को मिलाओ।
असल अमृत प्याला क्यों न मुझको पिलाओ।

(हिन्दी साहित्य का इतिहास, पृ. 299)

अकबर के दरबार में नरहरि, तानसेन, गंग आदि अनेक हिन्दी के कवि रहते थे और उनके थोड़े-बहुत खड़ी बोली के पद्य भी मिले हैं। इस काल में बहुत से कवियों ने खड़ी बोली में स्फुट रचनाएँ कीं, जिनमें कुलपति (सं. 1727 वि.) सूदन (सं. 1830) आलम, शेख, नागरीदास, रसिक गोविन्द, ग्वाला, ललित किशोरी, ललित माधुरी और मुसलमान कवियों में रसरंग, कारेख़ाँ, तुराब, तालिब अली, ज़फ़र तथा अख़्तर विशेष स्मरणीय हैं। इनके अलावा रीतिकाल में कुछ ऐसे भी कवि हैं जिन्होंने खड़ी बोली में किसी सम्पूर्ण ग्रंथ की रचना की। इनमें घनानन्द, रघुनाथ, बेनी, शीतल आदि के स्वतंत्र खड़ी बोली के काव्य ग्रंथ उपलब्ध हैं।

घनानन्द (सं. 1689-1739) ने खड़ी बोली में विरहलीला ग्रंथ की रचना की। इन्होंने सर्वप्रथम उर्दू के छन्दों का हिन्दी में प्रयोग किया। एक झलक देखिए—

सलोने प्रान प्यारे क्यों न आवो।
दरस प्यासी मरै तिनको जिवावो।
कहाँ हौ जू, कहाँ हौ जू, कहाँ हौ।
लगे ये प्रान तुमसे हैं जहाँ हौ।

(वही, पृ. 302)

इस सन्दर्भ में अन्य महत्त्वपूर्ण पुस्तक का भी उल्लेख किया जाना चाहिए। मीर अब्दुल वाहिद बिलग्रामी (1566 ई.) ने एक पुस्तक 'हकायके हिन्दी' लिखी थी जिसका सैयद अतहर अब्बास रिज़वी ने अनुवाद किया है। इस पुस्तक के प्राक्कथन में आचार्य हजारीप्रसाद द्विवेदी लिखते हैं—"मीर अब्दुल वाहिद का जन्म सन् 1509 ई. के आसपास हुआ था अर्थात् ये सूरदास के समकालीन थे। ये हरदोई ज़िले के प्रसिद्ध बिलग्राम नामक स्थान के निवासी थे जिसके बारे में आचार्य रामचन्द्र शुक्ल ने लिखा है कि 'यहाँ अच्छे विद्वान मुसलमान होते आए हैं। अपने नाम के आगे 'बिलग्रामी' लगाना एक बड़े सम्मान की बात यहाँ के लोग समझते थे।' सन् ईसवी की 18वीं शताब्दी के मध्य भाग में मीर ग़ुलाम अली आज़ाद बिलग्रामी ने 'मआसिरल के राम' नाम की एक पुस्तक लिखी थी जिसमें बिलग्राम के सूफ़ियों और कवियों का इतिहास है। हिन्दी के रसवर्षी कवि सैयद मुबारक अली बिलग्रामी (जन्म सन् 1583 ई.) इसी बिलग्राम के निवासी थे जिनकी 'अलक शतक' और 'तिलक शतक' नामक पुस्तकें काफ़ी प्रसिद्ध हैं। फिर सैयद ग़ुलाम अली 'रसलीन' (रचनाकाल सन् 1736 ई.) भी यहीं के निवासी थे जिनका 'अंग दर्पण' और 'रस प्रबोध' सहृदयों में बहुत समादृत हैं। (हक़ायक़े हिन्दी, मीर अब्दुल वाहिद बिलग्रामी, अनुवाद सैयद अतहर अब्बास रिज़वी, नागरी प्रचारिणी सभा, काशी, 1957, पृ. 3-4)

'हक़ायक़े हिन्दी' बहुत महत्त्वपूर्ण रचना है। मीर अब्दुल वाहिद ने इस पुस्तक में हिन्दी ध्रुपद और विष्णुपद गानों में लौकिक शृंगार के वर्ण्य विषयों को आध्यात्मिक रूप में समझने की कुंजी दी है। इस पुस्तक के सम्बन्ध में सैयद अतहर अब्बास रिज़वी लिखते हैं कि "इन हिन्दी कविताओं में भारतीय तथा हिन्दू संस्कार मूल रूप से विद्यमान रहते थे। 'हक़ायक़े हिन्दी' के अध्ययन से पता चलता है कि ध्रुपद तथा विष्णुपद को सबसे अधिक प्रसिद्धि प्राप्त थी—श्रीकृष्ण तथा राधा की प्रेमकथाएँ सूफ़ियों को भी अलौकिक

रहस्य से पूर्ण ज्ञात होती थीं। इन कविताओं का 'सभा' में गाया जाना आलिमों को भी अच्छा लगता न होगा कदाचित् कुछ सूफ़ी भी इन हिन्दी गानों की कटु आलोचना करते होंगे, अतः इन कविताओं का आध्यात्मिक रहस्य बताना भी परम आवश्यक सा हो गया। अब्दुल वाहिद ने 'हक़ायक़े हिन्दी' में उन्हीं शब्दों के रहस्य की बड़ी गूढ़ व्याख्या की है जो उस समय हिन्दी गानों में प्रयोग आते थे।" (वही, पृ. 22)

रघुनाथ ने (सं. 1790-1810) अपना इश्क़ महोत्सव ग्रंथ खड़ी बोली में लिखा। बेनी के भड़ौवा संग्रह तृतीय भाग की भाषा प्रायः खड़ी बोली हिन्दी ही है। इनकी आलसी ग़ज़ल उधृत की जा रही है—

दुनिया में हाथ पैर हिलाना नहीं अच्छा।
मर जाना पर उठ के कहीं जाना नहीं अच्छा।
छेड़ो न नक्शे पा है मिटाना नहीं अच्छा।
बन्दर की तरह धूम मचाना नहीं अच्छा।
उठ करके घर से कौन चले यार के दर तक।
मौत अच्छी है पर दिल का लगाना नहीं अच्छा।
धोती भी पहने जबकि कोई और पिन्हा दे।
उमरा को हाथ पैर चलाना नहीं अच्छा।
सर भारी चीज़ है इसे तकलीफ़ हो तो हो।
पर जीभ बिचारी को हिलाना नहीं अच्छा।

(खड़ी बोली का आन्दोलन, डॉ. शितिकंठ मिश्र, नागरी प्रचारिणी सभा, काशी, 1956, पृ. 53)

नज़ीर अकबराबादी (1735-1830) ने गिरहबन्द नज़ीर, आटादालनामा, और हंसनामा सब खड़ी बोली में लिखा। इनकी भाषा में चलते उर्दू के शब्दों और छन्दों का प्रयोग हुआ। नज़ीर अकबराबादी ने चूहों और मक्खियों पर लिखा। आम नागरिक चूहों, खटमलों, मच्छर-मक्खियों से सर्वाधिक त्रस्त रहता आया है। एक बार नज़ीर ने दुकान से अचार मँगवाया, पंसारी ने बिना देखे हड़बड़ी में अचार बाँध दिया, उसमें से निकला मरा हुआ चूहा। नज़ीर ने शाम को कविता पाठ के लिए पंसारी को भी आमंत्रित किया और उसकी उपस्थिति में यह कविता पढ़ी—

हमने भी किया खोमचा तैयार चूहों का॥
आगे थे कई अब तो हमीं एक हैं चूहे मार।
मुद्दत से हमारा है इस अचार का व्यौपार॥
...कुछ इसमें न अकेले चूहे सेर पड़े हैं।
घूरा और छछूँदर के कई ढेर पड़े हैं॥
जूँ पिस्सू, मच्छर और कई सेर पड़े हैं।
और खाट के खटमल भी सवा सेर पड़े हैं।
क्या ज़ोर मज़ेदार है अचार चूहों का।

(नज़ीर अकबराबादी रचनावली, पृ. 249)

मक्खियों से कौन परेशान नहीं है। साफ़ हो या गन्दा, दिलबर हो या तवायफ़ तबलची हो या भोजन करता हुआ मनुष्य, हर कोई परेशान है।

दो चनों से जो मुँह चलाता है।
उसमें सौ मक्खियाँ वह खाता है॥
दाल रोटी पे कहर आता है।
और जो भी चीज़ खाता है
उसने अल्लाह जाने खाई कै
इस क़दर धूम मक्खियों की है।

(वही, पृ. 336)

नज़ीर आम ज़िन्दगी की आम मुसीबतों के शायर होने के कारण उर्दू अदब में कोई बड़ी जगह न पा सके। ऐसा नहीं है कि उन्होंने फ़ारसी शब्दों से लदी शायरी नहीं की पर उनका अधिकांश कलाम हिन्दुस्तान के आम अवाम से मुख़ातिब है, ख़ास से नहीं। हम्द (ईश वन्दना) में नज़ीर कहते हैं।

इलाही तू फ़ैयाज है और करीम।
इलाही तू ग़फ़्फ़ार है और रहीम।
मुक़द्दस मुअल्ला मुनज़्ज़म अज़ीम।
न तेरा शरीफ़ और न तेरा सहीम।
तेरी जाते-वाला है यकता क़दीम॥

(वही, पृ. 60)

नज़ीर के नज़रिये से इनसान से प्यार करनेवाले इनसान का सच्चा दीन ओ धर्म केवल प्यार है। उसकी मज़हबी पहचान से उसकी यह विशेषता प्रभावित नहीं होती—

झगड़ा न करे मिल्लतो मज़हब का कोई यां।
जिस राह में जो आन पड़े ख़ुश रहे हर आं॥
जुन्नार गले या कि बगल बीच हो कुरआं।
आशिक तो कलन्दर है न हिन्दू न मुसलमां॥

(वही, पृ. 200)

यह कहने की अनुमति होनी चाहिए कि नज़ीर अकबराबादी के जीवन काल में हिन्दू-मुसलमान के कट्टर धार्मिक अकीदों के बीच एक-दूसरे के ईश्वर-अल्लाह का नाम ले लेने से अपने धर्म को ख़तरे में मान लेने का वहम-ओ-गुमान अनुपस्थित था। कृष्ण भक्त मुसलमान कवियों पर, भारतेन्दु की टिप्पणी 'इन मुसलमानन पै कोटिन हिन्दू वारिये' में विलगाव और लगाव दोनों ही है। कृष्ण भक्तों की हिन्दू और मुस्लिम कवि श्रेणी में विलगाव है तो उन पर करोड़ों हिन्दू न्योछावर कर देने में रीझपूर्ण लगाव। भक्ति और रीतिकाल के कबीर और नज़ीर जैसे रचनाकार आधुनिक काल में एक सपना-सा मालूम होते हैं। प्रेमचन्द के बाद हिन्दुओं और मुसलमानों ने एक-दूसरे के मामलात में

तथाकथित दख़लअंदाज़ी बन्द कर दी है। रसखान और नज़ीर अपनी धार्मिक पहचान के साथ अन्य पर क़लम उठाते हैं और उन्हें कोई कठिनाई पेश नहीं आती है।

इनसान के फ़लसफ़े तभी तक हैं जब तक पेट में रोटियाँ हैं। नज़ीर जैसा शायर इस सचाई को बहुत अच्छी तरह समझता है इसलिए रोटी के सामने मज़हब और जाति को सामने रखकर कहता है—

भटियारियाँ कहावें न अब क्योंकि रानियाँ।
मेहतर खसम है वह हैं मेहतरानियाँ।
जातों में जितने और हैं क़िस्से कहानियाँ।
सब में उन्हीं की जात की ऊँची हैं बानियाँ।
किस वास्ते कि सब यह पकाती हैं रोटियाँ।

(वही, पृ. 286)

और कोई ऊँचा नहीं रोटी पकानेवालों से और कोई ज़्यादा सुखी नहीं रोटी पानेवालों से। संसार में न कहीं अच्छाई है, न कहीं बुराई है, सबसे बड़ी सचाई है रोटी। रोटी का ही दूसरा नाम है चपाती। हालाँकि चपाती का रिश्ता भूख से ठीक वैसा नहीं जुड़ता जैसा रोटी का। रोटी की भूख से ग़रीबी जैसे उभरकर आती है। चपाती की भूख से वही दारिद्र्य अभिव्यंजित नहीं होता, किन्तु भूख तो सभी को लगती है। भूख से बेहाल तन के मन को न भजन सूझता है न नमाज़ भाती है—

जब तलक रोटी का टुकड़ा हो न दस्तरख़्वान पर।
न नमाज़ों में लगे दिल और न कुछ क़ुर्आन पर॥
रात-दिन रोटी चढ़ी रहती है सबके ध्यान पर।
क्या ख़ुदा का नूर बरसे है पड़ा हर नान पर॥
दो चपाती के वरक में, सब वरक रोशन हुए।
एक रकाबी में हमें, चौदह तबक रोशन हुए॥

(वही, पृ. 288)

आधुनिक नवजागरण के पहले भी भारतीय समाज जीवन की महत्त्वपूर्ण सचाइयों को समझता था। अपनी प्रगतिशीलता पर इतरानेवाले आधुनिक कवि से बहुत पहले नज़ीर अकबराबादी (1735-1830) ने कहा था—

रोटी के नाच तो हैं सभी ख़ल्क़ में बड़े।
कुछ भाँड भगतिये यह नहीं फिरते नाचते।
कुछ रंडियाँ जो नाचे हैं घूँघट को मुँह पे ले।
घूँघट न जानो दोस्तो तुम जिनहार (कदापि) इसे।
उस पर्दे में यह अपनी कमाती है रोटियाँ।

(वही, पृ. 285)

प्रतिष्ठा, मर्यादा, नैतिकता, धर्म से बढ़कर हैं रोटियाँ। यहाँ तक कि पाक परवरदिगार से लौ लगाने के लिए सबसे ज़रूरी हैं रोटियाँ—

रोटी न पेट में हो तो फिर कुछ जतन न हो।
मेले की सैर ख़्वाहिशें बाग़ो चमन न हो।
भूखे ग़रीब दिल की ख़ुदा से लगन न हो।
सच कहा है किसी ने कि भूके भजन न हो।
अल्लाह की भी याद दिलाती हैं रोटियाँ।

(वही, पृ. 285)

भूखे मनुष्य की वास्तविक स्थिति जाननेवाले के लिए साम्प्रदायिक सौहार्द की समझ कठिन नहीं है। जीवन की कठिनाइयों से सीधे दो-चार नज़ीर अकबराबादी को हिन्दू-मुस्लिम की साझा संस्कृति और विरासत समझने के लिए किसी शोध कार्य या सैद्धान्तिक विश्लेषण की आवश्यकता नहीं है, किन्तु नज़ीर अकबराबादी की परम्परा न चल सकी क्योंकि उर्दू अदब ने उनके साहित्य को देहाती और कमतर शाइस्तगी वाला पाया। उर्दू और हिन्दी साहित्य के इतिहास अलग-अलग हो गए। नज़ीर आदमी की फ़ितरत बयाँ करके चले गए—

याँ आदमी ही नार है और आदमी ही नूर।
याँ आदमी ही पास है और आदमी ही दूर।
कुल आदमी का हुस्नो कबह में है याँ ज़हूर।
शैतां भी आदमी है जो करता है मको ज़ुहूर॥
याँ आदमी पे जान को वारे है आदमी।
और आदमी पे तेग को मारे है आदमी।
पगड़ी भी आदमी की उतारे है आदमी।
चिल्ला के आदमी को पुकारे है आदमी।
और सुन के दौड़ता है सो है वह भी आदमी। (वही, पृ. 69)

सन् 1857 के प्रथम स्वाधीनता संग्राम तक यही आदमी एक-दूसरे की पुकार पर दौड़ा चला आता था। भाषायी विवाद इसके पहले ही आरम्भ हो चुका था पर जैसाकि बादशाह बहादुरशाह ज़फ़र ने अपने घोषणा-पत्र में हिन्दू-मुसलमान के बीच के दूसरे मसलों को सुलझा लिया था, इस समस्या का भी कोई न कोई हल निकल आता। मगर ये हो न सका और जो हुआ उसने पूरी उन्नीसवीं सदी के भाषायी वातावरण को एक जटिल जाल में उलझा दिया।

भाषायी वातावरण और हिन्दी-उर्दू का स्यापा

उन्नीसवीं शताब्दी के औपनिवेशिक शासन और हिन्दी-नवजागरण के सम्बन्ध के चरित्र को समझने के लिए हिन्दी का दो भाषाओं से संघर्ष का सामान्य परिचय आवश्यक है। हिन्दी ने जब अपने अस्तित्व की स्थापना के लक्ष्य को क्रियान्वयन की दिशाओं में आगे बढ़ाया तो उसके सामने दो भाषाएँ खड़ी थीं—अंग्रेज़ी और उर्दू। फ़ारसी लिपि में लिखी जानेवाली मुग़लों के शासन कार्य में प्रयुक्त फ़ारसी बहुल उर्दू एवं तत्कालीन शासकों की भाषा औपनिवेशिक अंग्रेज़ी। इन दोनों की ही लिपियाँ विदेशी थीं। शासन की भाषाएँ होने के कारण दोनों ही शासकों के काल में अभिजात और पढ़े-लिखे वर्ग ने इन भाषाओं

को सीखा। हिन्दी भाषा की सर्वव्यापकता इसके शासन की भाषा बनने का आधार न हो सकी थी। हिन्दी को तब भी और अब भी अपने जनसामान्य की भाषा होने की शक्ति का सम्बल था। आभिजात्य वर्ग जनभाषा को शासन की भाषा बनाने के पक्ष में नहीं था। इससे उसकी वंश, जाति, कुलीनतागत अधिकार प्राप्ति में बाधा पड़ती थी। मज़े की बात यह है कि उस वर्ग में हिन्दू और मुसलमान दोनों थे। ऐसा नहीं था कि फ़ारसी लिपि में लिखी कठिन उर्दू को केवल साधारण हिन्दू नहीं समझ पाते थे। यह सामान्य मुसलमान के लिए भी उतनी ही कठिन थी। आरम्भ में हिन्दी और उर्दू अलग-अलग सम्प्रदायों की भाषाएँ नहीं थीं। यह दुष्कर्म आगे चलकर हुआ। चूँकि शासक वर्ग शासन की भाषा को जनता से सदैव ही अलग रखना चाहता है इसलिए वह सदा ही जनभाषाओं की उपेक्षा करता है और इसके लिए वह अपमान, उपेक्षा और दमन की नीति का आश्रय लेता है। यदि जनसामान्य की भाषा शासन की भाषा बन जाए तो जनता सीधे सत्ता-विमर्श से जुड़ जाती है, जिससे शासक वर्ग अपनी चालाकियों, अन्यायों और विफलताओं को जनता से छिपा नहीं पाता और उसकी अकड़ कम हो जाती है। आमतौर पर प्रत्येक शासक अपनी मातृभाषा को स्वयं द्वारा शासित देश की सत्ता की भाषा बनाता है। भाषा के माध्यम से वह अपने द्वारा उपनिवेशित देश की मानसिकता पर मनचाहा नियंत्रण रख पाता है। अंग्रेज़ों ने अंग्रेज़ी भाषा द्वारा भारतवर्ष के साथ यही किया। भारत को 'इंडिया' बनाने में उनकी सफलता के पीछे अंग्रेज़ी भाषा का भारी योगदान है, किन्तु मुस्लिम शासकों ने अपनी मातृभाषा को इस देश के शासन की भाषा नहीं बनाया। दिल्ली पर जिन विदेशी आक्रमणकारियों तुर्क, अफ़ग़ान और मुग़ल आदि के आक्रमण हुए उन सबों की मातृभाषाएँ अलग-अलग थीं। भारत के तुर्की शासकों की मातृभाषा तुर्की और अफ़ग़ानी शासकों की मातृभाषा पश्तो थी। मुग़ल शासक बाबर मंगोलों और तुर्कों का ख़ून था। उसने अपने प्रसिद्ध ग्रंथ तुजुक-ए-बाबरी की रचना तुर्की में की थी जो उसकी मातृभाषा थी किन्तु इन सभी शासकों ने अपने शासन की भाषा फ़ारसी चुनी। फ़ारसी भाषा किसी भी मुस्लिम शासक की मातृभाषा न थी वरन् यह अरब देश कहलानेवाले भूखंड की सांस्कृतिक भाषा थी।

एक हज़ारवीं सदी से मुस्लिम शासकों द्वारा भारतवर्ष को अपना घर बना लेने तक शासन की भाषा फ़ारसी नहीं थी। भिन्न धार्मिक सम्प्रदाय से जुड़े विदेशी आक्रमणकारियों की शासन की भाषा से हिन्दुस्तान की उस अवाम को कोई मुहब्बत या सरोकार न था जो आज आम जनता कहलाती है। चूँकि शुद्ध फ़ारसी जिसे मुट्ठी भर लोग जानते थे, से उस देश का शासन न चल सकता था। इसलिए यहाँ के निवासियों को शासित करने, उनसे सम्पर्क बढ़ाने के लिए यहाँ की भाषा की आवश्यकता थी। उर्दू भाषा सैनिक-शिविरों और बाज़ार की घुमन्तू ज़रूरतों की पूर्ति के लिए विकसित हुई। उर्दू का विकास हिन्दुस्तान की बदली हुई राजनैतिक परिस्थितियों की आवश्यकताओं की पूर्ति के लिए हुआ था। उर्दू ने अपना व्याकरण और शब्द भंडार ब्रज भाषा से लिया था। हिन्दी का जन्म संस्कृत से होते हुए अपभ्रंश की भाषा परम्परा से हुआ था। संस्कृत के विकास की परम्परा में विभिन्न अपभ्रंशों से भारतीय भाषाओं का जन्म माना गया। "मध्य काल की अपभ्रंश भाषा से इसका विकास हुआ था। उत्तर भारत के एक बड़े भाग की जनभाषा के रूप में इसका विकास हुआ। यह साहित्य की भाषा के रूप में भी स्वीकार की गई।

तब से लेकर आज तक भारत की प्रमुख जनभाषा के रूप में इसकी प्रतिष्ठा बनी हुई है। दूसरी ओर उर्दू का जन्म अमीर खुसरो से माना जाता है जिनका काल 13वीं और 14वीं शताब्दी था। इस प्रकार उर्दू हिन्दी की तुलना में कम-से-कम तीन-चार सौ साल बाद अस्तित्व में आई थी। जहाँ एक ओर हिन्दी का जन्म भाषाओं के स्वाभाविक परिवर्तन और विकास की परम्परा के अनुसार हुआ था, वहाँ दूसरी ओर उर्दू का जन्म बदली हुई राजनैतिक और सामाजिक परिस्थितियों के कारण हुआ था। दक्षिण में मुहम्मद बिन तुगलक के काल से लेकर औरंगज़ेब तक उत्तर भारत से दक्षिण भारत में जनसमूह का जो विस्थापन हुआ था, उसके कारण दक्खिनी एक सशक्त भाषा के रूप में उभरी थी। यही दक्खिनी या रेख़्ता बहमनी और बहमनी राज्य के विघटन के बाद गोलकुंडा, बीजापुर आदि राज्यों के द्वारा साहित्यिक एवं जनभाषा के रूप में पोषित की गई। 'उर्दू-ए-मुअल्लाश', छावनी, बाज़ार या लश्कर की भाषा को हिन्दवी या रेख़्ता कहा जाता था उर्दू नहीं, हिन्दवी या हिन्दुस्तानी का परिमार्जित रूप 18वीं शताब्दी के पहले दिखाई नहीं देता। उर्दू के पहले कवि औरंगज़ेब के समकालीन दक्षिण के कवि वली माने जाते हैं। इस तरह से साहित्यिक उर्दू का इतिहास अधिक से अधिक 300 वर्ष पुराना है। उर्दू एक मिश्रित भाषा थी, जिसमें स्थानीय भाषाओं हिन्दी-पंजाबी के अतिरिक्त अरबी और फ़ारसी की शब्दावली का प्रचुर मात्रा में प्रयोग किया गया था। इसका व्याकरण ब्रजभाषा का था और लिपि अरबी-फ़ारसी की।" (हिन्दी का नवजागरण काल एवं भाषा विवाद, श्रीश जायसवाल, हिन्दी साहित्य सम्मेलन प्रयाग, इलाहाबाद, 2007, पृ. 113-14)

चूँकि उर्दू की लिपि फ़ारसी की थी, इसलिए इस देश की साधारण जनता में इसे कम स्वीकृति मिली। अदालत और शासन की भाषा होने के कारण इसे अपनाने वाला वर्ग उच्चवर्ग था। अदालती उर्दू अत्यधिक कृत्रिम थी। फ़ारसी शब्दों की भरमार के कारण साधारण जनता के लिए यह अत्यन्त दुरूह थी। सन् 1868 ई. में राजा शिवप्रसाद 'सितारे हिन्द' ने अपने दिए मेमोरेंडम 'कोर्ट कैरेक्टर इन द अपर प्रॉविन्सेज़ ऑफ़ इंडिया' में जो कहा उसका सारांश था कि—फ़ारसी पढ़-पढ़कर हम लोग फ़ारसीमय होते जा रहे हैं, हमारी भावनाएँ दूषित हो रही हैं और हमारी राष्ट्रीयता का विनाश हो रहा है। कचहरियों में काम करनेवाले अल्पसंख्यक अमलों के कारण फ़ारसी की एक शैली को जनता पर ज़बर्दस्ती लादा जा रहा है।

उर्दू को अदालतों की भाषा के पद से अपदस्थ किए जाने की सिफ़ारिश पर उर्दू समर्थकों में बड़ी खलबली मची। उर्दू समर्थकों ने कहा कि यह उर्दू की मौत की साज़िश है। अदालतों में उर्दू की जगह हिन्दी के कामकाज की भाषा बनने पर उर्दू का अस्तित्व ही मिट जाएगा। हिन्दी समर्थक यह तर्क मानने को तैयार नहीं थे। उनका मानना था कि कोई भाषा केवल अदालती और सरकारी कामकाज से हट जाने पर मर नहीं सकती। वे सर सैयद अहमद द्वारा हिन्दी को गँवारू भाषा कहने पर भी अत्यधिक क्षुब्ध थे। उर्दू के सम्बन्ध में उनकी अपनी आपत्तियाँ भी थीं। उर्दू की मृत्यु की घोषणा पर भारतेन्दु ने 'उर्दू का स्यापा' लिखा। स्यापे के साथ इन्होंने इसके लिखे जाने का कारण भी स्पष्ट कर दिया—अलीगढ़ इंस्टीट्यूट गज़ट और बनारस अख़बार को देखने से ज्ञात हुआ कि बीबी उर्दू मारी गई और परम अहिंसा निष्ट होकर भी राजा शिवप्रसाद ने यह हिंसा की। हाय-हाय! बड़ा अन्धेर हुआ मानो बीबी उर्दू अपने पति के साथ सती हो गई। यद्यपि हम

देखते हैं कि अभी साढ़े तीन हाथ की ऊँटनी-सी उर्दू पागुर करती जीती है, पर हमको उर्दू अख़बार वालों की बात पर पूरा विश्वास है—...अरबी, फ़ारसी (जिनकी बेटी बनने का उर्दू दावा करती है), पश्तो, पंजाबी (जो उर्दू की तरह फ़ारसी लिपि को अपनाए हैं इसलिए उर्दू की बहन की तरह है) कई भाषाएँ खड़ी होकर छाती पीटती हैं—

है है उर्दू हाय - हाय। कहाँ सिधारी हाय - हाय॥
मेरी प्यारी हाय - हाय । मुंशी मुल्ला हाय - हाय॥
बल्ला बिल्ला हाय - हाय। रोएँ पीटें हाय - हाय॥
टाँग घसीटें हाय - हाय । सब छिन सोचे हाय - हाय॥
डाढ़ी नोचें हाय - हाय । दुनिया उलटी हाय - हाय॥
रोज़ी बिलटी हाय - हाय। सब मुखतारी हाय - हाय॥
किसने मारी हाय - हाय । ख़बर नवीसी हाय - हाय॥
दांता पीसी हाय - हाय । एडी पोशी हाय - हाय॥
बात फ़रोशी हाय - हाय । वह लस्सानी हाय - हाय॥
चरब जुबानी हाय - हाय । शोख बयानी हाय - हाय॥
फिर नहीं आनी हाय-हाय। फिर नहीं आनी हाय - हाय॥

(भारतेन्दु समग्र, पृ. 209)

उर्दू का स्यापा कविता में हिन्दी समर्थकों की उर्दू पर की गई सभी आपत्तियों की झलक भी मिल जाएगी। हिन्दी समर्थक उर्दू को बाज़ारू, कृत्रिम, प्रदर्शन प्रिय, कचहरी के मुंशियों की प्यारी, कट्टर मुल्लाओं द्वारा अरबी-फ़ारसी में पगी, शोखी से भरपूर और सरकार की दुलारी माने जाने का विरोध कर रहे थे। इन सभी बातों का उसमें उल्लेख है।

हिन्दी और उर्दू का सरकारी आसन के लिए विवाद आरम्भ हो गया था। हिन्दी भाषा के पास जनभाषा और इस देश की और पुरानी भाषा होने का आत्मविश्वास था। "हिन्दी की तुलना में उर्दू की न केवल साहित्यिक परम्परा को अल्पकालीन पाते हैं यह भी देखते हैं कि जन भाषा के रूप में भी हिन्दी की तुलना में इसका इतिहास बहुत नया है। 19वीं सदी के प्रसिद्ध उर्दू लेखक मुहम्मद हुसैन आज़ाद ने उर्दू को ब्रजभाषा की बेटी माना था। 18वीं और 19वीं सदी में जिस उर्दू का विकास दिल्ली-लखनऊ के दरबारों में हुआ था, जिसे मीर, सौदा, अनीस, दर्द आदि ने अपने कलाम से समृद्ध किया था, जिसे बहादुरशाह ज़फ़र ने पीड़ा की अनुभूति दी थी, जिसे ग़ालिब ने रेख़्ता का पुट दिया था, वह तो केवल अदब की ज़बान थी, उसका बाज़ार की उर्दू रेख़्ता या दक्खिनी से नाममात्र का सम्बन्ध रह गया था। इसी तरह हिन्दी की शैली खड़ी बोली एक कृत्रिम भाषा थी। अमीर, कबीर, रहीम और प्राणनाथ ने भले इसका प्रयोग किया हो पर पश्चिमी उत्तर प्रदेश को छोड़कर यह कहीं भाषा के रूप में विकसित नहीं हुई थी। ब्रजभाषा काव्य भाषा थी। अवधी में भी साहित्य रचा जा रहा था। खड़ी बोली के प्रारम्भिक रूप का विकास 19वीं शताब्दी में फोर्ट विलियम कॉलेज से ही सम्भव हो सका। संरचनात्मक दृष्टि से इसके आधार अमीर खुसरो के काव्य में मिलते हैं। भारतेन्दु युग तक आते-आते हिन्दी परिनिष्ठता के काफ़ी समीप आ गई थी। 'हिन्दी नई चाल

में ढली, सन् 1873 ई. का भारतेन्दु का यह वक्तव्य इसे स्पष्ट कर देता है। वास्तव में उर्दू-हिन्दी विवाद जनभाषा हिन्दी और बाज़ार व शहरों की भाषा उर्दू नहीं था, बल्कि यह विवाद हिन्दी और उर्दू की दो कृत्रिम शैलियों में था। यह दो शैलियों ज़बाने उर्दू और खड़ी बोली के मध्य में था।" (हिन्दी का नवजागरण काल एवं भाषा विवाद, पृ. 115) यहाँ यह स्पष्ट कर देना आवश्यक है कि भारतेन्दु ने हिन्दी के नई चाल में ढलने की बात कही थी, हिन्दी के जन्म की नहीं। हिन्दी का पुराना स्वरूप पहले से उपस्थित था, वही स्वरूप नए रूप में ढला।

यह निस्संकोच कहा जा सकता है कि भारत के उत्तर में हिमालय से लेकर विंध्याचल और सतलज से लेकर गंगा और सोन तक का क्षेत्र हिन्दी का क्षेत्र था। मज़े की बात यह थी कि उर्दू भी इसी पर दावा कर रही थी। हिन्दी समर्थकों ने इसकी प्राचीनता, व्यापकता, जन सम्पर्क भाषा के रूप में इसकी स्वीकृति, देश की एक-चौथाई जनसंख्या द्वारा इसका प्रयोग एवं बाक़ी जनता का इसे थोड़ा-बहुत समझना आदि बिन्दुओं को अपने तर्क का मुख्य आधार बनाया। उर्दू को केवल बाज़ारों, रईसों, मदरसों, अदालतों, मकतबों, कोठों, क़िस्से-कहानियों की कुछ किताबों और सरकारी कर्मचारियों की भाषा बताया। उर्दू और हिन्दी के समर्थक अपने-अपने पक्ष पर टिके हुए थे। हिन्दी को पूरे देश से समर्थन मिल रहा था।

पंजाब में हिन्दी प्रचारक ब्रह्म समाजी नेता नवीनचन्द्र राय ने उर्दू का विरोध किया। उनका मानना था कि उर्दू सरकारी कामकाज और शिक्षा प्रसार के माध्यम के रूप में उपयुक्त नहीं थी। सन् 1866 में हुए अंजुमन लाहौर के अधिवेशन में सैयद हादी हुसैन ख़ाँ ने उर्दू को ही देश की भाषा होने के योग्य बताया तो उसका विरोध करते हुए नवीनचन्द्र राय ने कहा—"उर्दू के प्रचलित होने से देशवासियों को लाभ नहीं होगा क्योंकि वह भाषा ख़ास मुसलमानों की है। उसमें मुसलमानों ने व्यर्थ बहुत से अरबी-फ़ारसी के शब्द भर दिए हैं। पद्य या छन्दोबद्ध रचना के लिए भी उर्दू उपर्युक्त नहीं। हिन्दुओं का यह कर्तव्य है कि वे अपनी भाषा की उन्नति करते चलें। उर्दू में आशिकी कविता के अतिरिक्त किसी गम्भीर विषय को व्यक्त करने शक्ति ही नहीं है।" (हिन्दी साहित्य का इतिहास)

बहरहाल सन् 1886 से 1900 ई. तक उत्तर-पश्चिम प्रान्त एवं अवध के लोगों ने पैम्फलेटों एवं प्रतिवेदनों के ज़रिये उर्दू के स्थान पर हिन्दी के प्रयोग के लिए एक आन्दोलन चलाया। 1860 ई. के दशक में बनारस के शिक्षित हिन्दुओं ने इस ओर विशेष प्रयास किया। राजा शिवप्रसाद 'सितारे हिन्द' ने सन् 1868 में 'मेमोरंडम ऑन कोर्ट चार्टर्स' में इस बात की माँग की कि अदालतों में उर्दू के स्थान पर हिन्दी का प्रयोग हो। (राजा शिवप्रसाद 'सितारे हिन्द' ने हिन्दी का प्रयोग देवनागरी लिपि के लिए ही किया।) सन् 1873 में विलियम मूर को इसी आशय का ज्ञापन-पत्र दिया गया। इसमें उर्दू के स्थान पर हिन्दी को लागू करने के लिए यह तर्क दिया गया कि फ़ारसी लिपि इस देश के लिए विदेशी है और इसे आम नागरिकों को अदालत में बोलने-समझने में परेशानी होती है। जबकि हिन्दी इसी देश की भाषा है जिसे यहाँ के लोग आसानी से लिख-पढ़ सकते हैं और साधारण जनों द्वारा भी यह व्यवहृत होती है। इसे इस देश के अधिकांश लोगों द्वारा बोला-समझा जाता है। इस ज्ञापन में यह भी कहा गया कि मुसलमानों को यह परिवर्तन पसन्द नहीं आएगा, किन्तु संख्या में कम मुसलमानों की तुलना में इस देश

की उस बहुसंख्यक हिन्दी भाषी जनता की असुविधा दूर की जानी चाहिए जो केवल हिन्दुओं की नहीं बहुसंख्यक ग्रामीण मुसलमानों की भी है।

बालकृष्ण भट्ट ने अपने प्रसिद्ध निबन्ध ग्रामीण भाषा में लिखा कि हम समझते हैं कि सर्वसाधारण का कुछ ऐसा मत है कि हिन्दी के बारे में जो कोई कुछ लिखना चाहे उनका यह मुख्य कर्तव्य है कि उस पुराने खुर्राट झगड़े को जो हिन्दी, हिन्दुस्तानी या बी उर्दू के बीच उठ रहा है। इससे स्पष्ट होता है कि हिन्दी और उर्दू का कोरा लक्षण दे कोई कृतकार्य और सत्य संकल्प न हो सका इसलिए भाषाओं का भेद दर्शन लक्षण छोड़ हम उनके बोलनेवाले कौन और किस रंग के लोग हैं इस पर ध्यान देते हैं।

"आप जो भाषा बोलेंगे वह किसी-न-किसी साँचे में ढली होगी। तो यह कैसी हो और किस साँचे में ढलै इसको तय करना अत्यन्त आवश्यक है। लोग कहेंगे इसका ढलना अधिकतर कुल और जाति से सम्बन्ध रखता है अर्थात् एक ब्राह्मण का लड़का कभी सम्भव नहीं कि नित्य की बोलचाल में ख़ाकसार को क्या हुक्म होता है, इत्यादि के ढंग की फ़ारसी मिली हुई उर्दू बोलैं। यह भी सम्भव नहीं कि कोई मुसलमान चाहे वह संस्कृत का बड़ा विद्वान क्यों न हो काशी के पंडितों के ढंग की भाषा बोलैं। पर थोड़ा ही सोचने से यह बात खुल जाएगी कि कुल, जाति या मज़हब का बहुत कम असर भाषा पर पहुँच सकता है। इस देश के मुसलमानों की ही भाषा लीजिए। हम समझते हैं, वह आदमी निस्सन्देह मुसलमान है जो मोहम्मद को ख़ुदा का रसूल मानता हो और नित्य नमाज़ पढ़ता हो। अर्थात् धर्म सम्बन्धी सबूत जहाँ तक काम दे सकता है वहाँ तक वह अवश्य मुसलमान है। अच्छा तो अब लखनऊ के एक मुसलमान को लीजिए और उसकी भाषा पर ध्यान दीजिए। देखिए कैसी लच्छेदार शीन काफ़ से जुड़ी हुई उर्दू बोलता है।" (बालकृष्ण भट्ट का श्रेष्ठ निबन्ध, सम्पा. सत्यप्रकाश मिश्र, लोकभारती प्रकाशन, इलाहाबाद,1998, पृ. 11)

पहले-पहल उर्दू और हिन्दी को धर्म से नहीं जोड़ा गया था, इसलिए कायस्थों की उर्दू ज़बान का भी उपहास उड़ाया गया—ये कायस्थ सभी से फ़ारसी मिली उर्दू नहीं बोलते थे। बालकृष्ण भट्ट ने ऐसे कायस्थों के सम्बन्ध में कहा—"इन दिनों कोई-कोई कायस्थ महाशय कुछ लोगों से तो अपनी जन्मभूमि की भाषा बोलते हैं पर बाहर दूसरे लोगों से कुछ और भी चीज़ बोलते हैं और एक विचित्र फ़ारसी शब्द मिली उर्दू बोलते हैं, जिस पर उन लोगों से जिनकी निज की भाषा उर्दू है बिना हँसे नहीं रहा जाता। ऐसों के सम्बन्ध में यह पुरानी कहावत घटित होती है—'कौवा चला हंस की चाल अपनी भी भूल गया', 'आप जो पूजैं द्योहरा भूत पूजनी जोय। एक घर में दोमता कुशल कहाँ से होय।'" (वही, पृ. 11)

इस बीच यह याद कर लेना उचित होगा कि 1835 ई. में मैकाले की भाषा नीति के अनुसार उच्च शिक्षा के माध्यम के रूप में अंग्रेज़ी स्थापित हो गई थी। अंग्रेज़ों ने बड़ी चालाकी से हिन्दी और उर्दू को दो अलग-अलग भाषाओं के रूप में आपस में लड़ाकर बीच में से अंग्रेज़ी भाषा और रोमन लिपि का मार्ग सुगम कर लिया था। हिन्दी-उर्दू के झगड़े का बीच-बचाव करनेवाले इन्हें एक ही भाषा की दो शैलियाँ प्रमाणित करते रह गए किन्तु दोनों पक्षों के सूरमा अपनी-अपनी बात पर डटे रहे। अंग्रेज़ों की इस फूट डालनेवाली नीति पर चन्द्रबली पांडेय ने कचहरी की भाषा और लिपि में गार्सां द तासी को उद्धृत किया—"ईस्ट इंडिया कम्पनी की यह हिकमत असली रही थी कि उर्दू को हिन्दी से अलहद रू तसव्वुर किया जाए। चुनाँचे : उर्दू का जो जदीद अदब इस ज़माने

में पैदा हुआ उसमें अरबी-फ़ारसी के अल्फ़ाज बराबर इस्तेमाल किए जाते थे बल्कि उन अल्फ़ाज को तरजीह दी जाती थी। इस जदीद अदब की सरकारी मन्दारिस में भी हिम्मत अफ़ज़ाई की गई।" (खड़ी बोली का आन्दोलन, पृ. 79)

विद्वानों ने प्रथमतः हिन्दी और उर्दू पर भाषा वैज्ञानिक दृष्टिकोण से विचार किया। रॉयल एशियाटिक सोसायटी जर्नल में सरकारी भाषा और लिपि के प्रश्न पर बहुत से आलेख थे। इन विद्वानों का एक दल अंग्रेज़ी का घोर समर्थक था, दूसरा दल भारतीय भाषाओं के पक्ष में था। अंग्रेज़ी के पक्ष में मैकाले, ट्रेवेलियन, डॉ. डाफ और बीम्स थे। जेम्स प्रिंसेस प्रिंसिपल एच.एच. विलसन और ग्राउस भारतीय भाषाओं के पक्ष में थे। अंग्रेज़ अब अंग्रेज़ी भाषा को शासन की भाषा बनाने के लिए कटिबद्ध थे। मैकाले का वह इतिहास-प्रसिद्ध वक्तव्य कि समस्त एशियाई साहित्य अंग्रेज़ी साहित्य की एक अलमारी के सामने हेय है, आ चुका था। मैकाले ने निरन्तर इस बात पर ध्यान दिया कि शिक्षा प्रसार के लिए निर्धारित राशि अंग्रेज़ी शिक्षा के प्रचार-प्रसार में ही ख़र्च हो। डफ ने तो सन् 1768 में ही अपनी पुस्तक हिन्दी ऑफ़ हिन्दुस्तान में यह स्पष्ट कर दिया था कि वे भारतीय धर्म, दर्शन और विद्याओं का अध्ययन नहीं कर रहे हैं। इस विषय में उनका यह अज्ञान यह दर्शाता है कि एशिया में साहित्य का अध्ययन हमारा मुख्य उद्देश्य नहीं है। (Excuses however may be found for our ignorance concerning the learning religion and Philosophy of the Brahmins. Literary inquiries are by no means a capital object to many of our adventures in Asia) (A Social History of India, Kali Kinkar Datta, The Macmillan Company of India ltd., New Delhi,1975, pp. 2-3)

हिन्दी-उर्दू का विवाद चलता रहा। उस बीच अंग्रेज़ी ने इस देश में कुंडली मारकर बैठ गई। मज़े की बात यह है कि हिन्दी-उर्दू विवाद इसके बाद भी चलता रहा। अढ़ाई-तीन दशक पहले प्रसिद्ध आलोचक नामवर सिंह के आलेख 'बासी भात में ख़ुदा का साझा' ने बहुत-सी आलोचनाएँ सहीं। आज तक उसकी झलकियाँ मिलती हैं। बहरहाल बहुत थोड़े अरसे बाद ही लॉर्ड विलियम बेंटिक ने बंगाल की 'कमेटी ऑफ़ पब्लिक कमीशन' को 29 जून, 1829 को एक पत्र में यह स्पष्ट कर दिया था कि भारत के उत्थान के लिए यूरोपियन आधार और सभ्यता का प्रसार आवश्यक था। ब्रिटिश सरकार की यह घोषित नीति है कि धीरे-धीरे वह अपनी ही भाषा को सार्वजनिक कार्यों के लिए प्रयुक्त किए जाने की दिशा में कार्य करेगी।" (हिन्दी का नवजागरण काल एवं भाषा विवाद, पृ. 68)

डिस्पेच ने यह स्वीकार किया था कि अंग्रेज़ी भाषा व पाश्चात्य शिक्षा का प्रसार भारतीय भाषाओं की बलि देकर भी किया गया है—"हम कई क्षेत्रों में इंग्लिश लेखन और सम्भाषण के महत्त्व से इनकार नहीं करते हैं, लेकिन हमें भय है इन जिलों में देशी-भाषाओं के अध्ययन की आवश्यकता की उपेक्षा की जाने की प्रवृत्ति विकसित हो गई है। भाषा के प्रश्न पर विद्वानों में दो फाड़ हो चुकी थी। वे ओरिएंटलिस्ट और एंग्लोसिस के रूप में बँट गए थे। बंगाल का आंग्लवादी रुझान कुछ अधिक ही था। बंगाल में आंग्लवादियों ने भारतीय भाषाओं के लिए भी रोमन लिपि के प्रयोग की सिफ़ारिश की। प्राच्यवादियों ने इस प्रस्ताव को विचित्र और अतिवादी बताते हुए अस्वीकार कर दिया। रोमन लिपि का समर्थन करते हुए आंग्लवादियों ने इसे यूरोपियनों को भारतीय भाषाओं

पर सरलता से महारत हासिल करने के लिए ज़रूरी बताया। उन्होंने रोमन लिपि को अधिक सुस्पष्ट, टंकन तथा लेखन में सस्ती और भारत की एकता के लिए आवश्यक माना था। इससे शासक तथा शासित के मध्य दूरी में भी कमी आती, परन्तु प्राच्यवादियों की दृष्टि में ऐसा क़दम अतिशयवादी था और भारतीय ऐसी विदेशी लिपि को किसी भी रूप में नहीं अपना सकते थे।" (वही, पृ. ९९)

रोमन लिपि को स्वीकार कर लेने के पक्ष में कहा गया कि—"It would make the learning of vernaculars easier particularly for the Europeans at the same time it would reduce the oppression caused by the multiplicity of languages. The Roman character printed or written were 'more distinct', cheaper and more Expeditious, further it would gradually lead to the formation of a uniform national literature, embodying in it the selected knowledge of the whole world-Lastly, such assimilation if adopted would help the mutual understanding between the ruler and the ruled. The reformers were clubbed as ultraradicalists by the Orientalists who considered that the people would throwout the works written in these strange characters-" (A Social History of India, Kali Kinkar Datta, p. 49)

महारानी के घोषणा-पत्र आने के पहले तक ईस्ट इंडिया कम्पनी ने भारतवर्ष में इंग्लैंड की आर्थिक प्रशासनिक नीतियों की पक्की नींव डाल दी थी। उन अत्यन्त अन्यायपूर्ण शोषणपरक नीतियों का परिणाम ही सन् सत्तावन का जातीय संग्राम था। अंग्रेज़ों की अन्यायपरक नीतियों के सम्बन्ध में हिन्दी समाचार-पत्रों ने तो निडरतापूर्वक लिखा ही "राजा राममोहन राय जैसे अंग्रेज़ी शिक्षा के समर्थकों ने भी प्रशासन व न्याय के क्षेत्र में देशी भाषाओं के प्रयोग पर ज़ोर दिया था। दूसरी ओर फ़ारसी के प्रभुत्व को समाप्त करने के लिए आन्दोलन हो रहा था। फ़ारसी विदेशी भाषा थी, अब यह शासक की भाषा भी नहीं थी, इसलिए 18वीं शताब्दी की स्थिति को बनाए रखना मूर्खतापूर्ण था। सुविधा की दृष्टि से सरकार ने क्षेत्रीय भाषाओं को राजकाज में प्रयुक्त करना प्रारम्भ किया। सन् 1839 में बंगाल में फ़ारसी के स्थान पर बांग्ला को प्रतिष्ठित किया गया। ऐसे ही चौथे और पाँचवें दशक में पूरे ब्रिटिश अधिकृत भारत में क्षेत्रीय भाषाओं को राजकाज व शिक्षा के माध्यम के रूप मान्यता दे दी गई, परन्तु हिन्दी-उर्दू क्षेत्र में यह समस्या और भी जटिल थी, यहाँ अंग्रेज़ी और फ़ारसी का ही नहीं हिन्दी-उर्दू का भी प्रश्न था। पटना के स्कूलों में सिर्फ़ उर्दू ही (सन् 1838 तक) पढ़ाई जाती थी।" (हिन्दी का नवजागरण काल एवं भाषा विवाद, पृ. 16)

अंग्रेज़ों ने अपनी 'फूट डालो राज करो' की नीति के तहत उर्दू को सरकारी प्रोत्साहन देना जारी रखा। डायरेक्टर ऑफ़ पब्लिक इंस्ट्रक्शन स्कूलों में उर्दू और अंग्रेज़ी के सुलेख के लिए प्रतियोगिता आयोजित कर पुरस्कार दिए जाते थे, हिन्दी को इससे बाहर रखा जाता था। सितम्बर 1878 के हिन्दी प्रदीप में बालकृष्ण भट्ट ने लिखा—"उर्दू-फ़ारसी की इतनी क़दर है (शिक्षा विभाग में) कि जनाब मौलाना साहब की संख्या भी शिक्षा विभाग में अधिक रहे और तनख़्वाह भी बड़ी-बड़ी फटकारें।

संस्कृत-हिन्दी अध्यापक दो की जगह एक ही रहे, उसमें भी मासिक मौलवियों की अपेक्षा आधा। काकमांस शुनोच्छिष्टम स्वल्प तदपि दुर्लभम्। आगरा कॉलेज, बनारस कॉलेज, म्योर्स कॉलेज ही नहीं इलाहाबाद, मुरादाबाद, बनारस आदि के ज़िला हाईस्कूलों में मौलवियों की तनख़्वाह हिन्दी अध्यापक से दुगनी थी।" (हिन्दी प्रदीप, बालकृष्ण भट्ट, इलाहाबाद, सितम्बर1878)

यह सर्वविदित है कि सन् सत्तावन का प्रथम स्वाधीनता संग्राम हिन्दुओं और मुसलमानों और उनके अन्तर्गत प्रत्येक जाति ने मिलकर लड़ा। सन् 1947 में मिली भारत की आज़ादी में भी दोनों सम्प्रदायों की हिस्सेदारी थी। अंग्रेज़ सन् 1957 के बाद समझ गए थे इस देश में अगर उन्हें टिकना है तो इन दोनों सम्प्रदायों में फूट डालनी होगी। चूँकि मानव समूहों में भिन्नताएँ होती ही हैं, इसीलिए अलग-अलग सम्प्रदाय होते हैं। सम्प्रदाय आमतौर पर धर्म विशेष के बनते हैं। भारत में भी मुख्यत: सम्प्रदायों का आधार धर्म ही था। इनमें फूट डालने का सबसे कारगर हथियार भी धर्म था। कुटिल अंग्रेज़ों ने सन् सत्तावन के समय समझ लिया था कि मध्य भारत से उसे कड़ी टक्कर मिलती रहेगी। यही वह क्षेत्र था जहाँ हिन्दू-मुस्लिम के बीच भाषा की जंग छिड़वाई जा सकती थी। अंग्रेज़ों की दख़लंदाजी के पहले तक मध्य देशीय ही नहीं पूरा भारतीय समाज—हिन्दू और मुसलमान घर में और बाहर एक जैसी भाषा का प्रयोग करता है। बंगाल, पंजाब, केरल और कर्नाटक कोई भी उदाहरण लें—हिन्दू और मुसलमान बांग्ला, पंजाबी, मलयालम और कन्नड़ भाषा का ही प्रयोग करते हैं। बिहार के दरभंगा क्षेत्र के हिन्दू-मुसलमान मैथिली भाषा का ही प्रयोग करते हैं। कश्मीर में दोनों सम्प्रदायों की भाषा डोगरी ही है फिर भी हिन्दी-उर्दू का विवाद छिड़ गया। हिन्दी हिन्दुओं की और उर्दू मुस्लिमों की भाषा बन गई। मध्य देश में हिन्दी-उर्दू विवाद ने दोनों भाषाओं का दम घोंट दिया। अंग्रेज़ों की इस करतूत के सन्दर्भ में इस लेखिका की पुस्तक 'हिन्दी और बांग्ला नवजागरण', रूपा गुप्ता, स्वराज प्रकाशन, नई दिल्ली, 2013 देखी जा सकती है।

उर्दू और हिन्दी ने अपने-अपने अलग रास्ते चुन लिये। शासन की भाषा बनने के लिए दोनों में होड़ लग गई। 1870 ई. में फ्रांस में बैठकर गार्सां द तासी ने उर्दू के पक्ष में फ़ैसला सुनाया—'हिन्दी में हिन्दू धर्म का आभास है—वह हिन्दू धर्म जिसके मूल में बुतपरस्ती और उनके आनुषंगिक विधान हैं। इसके विपरीत उर्दू में इस्लामी संस्कृति और आचार-व्यवहार का संचय है। इस्लाम भी 'सामी' मत है और एकेश्वरवाद उसका मूल सिद्धान्त है—इसलिए इस्लामी तहज़ीब में ईसाई या मसीही तहज़ीब की विशेषताएँ पाई जाती हैं।...मैं समझता हूँ कि मुसलमान लोग क़ुरान को तो आसमानी किताब मानते ही हैं, इंजील की शिक्षा को भी अस्वीकार नहीं करते, पर हिन्दू लोग मूर्तिपूजक होने के कारण इंजील की शिक्षा नहीं मानते।" (हिन्दी साहित्य का इतिहास, पृ. 228)

कहना आवश्यक है कि फ़ारसी बहुल उर्दू पहले से ही अभिजात वर्ग (एलिट मुसलमानों) की भाषा थी और बाद में तो यह मुस्लिम संस्कृति की अस्मिता से जुड़ गई। किन्तु यह मुस्लिम संस्कृति उन्हीं मुसलमानों की थी जो शहरों और क़स्बों में थे, उच्च पदों पर थे और फ़ारसी बहुल उर्दू का प्रयोग कर स्वयं को उस आम मुस्लिम जनता से उच्च समझते थे जो हिन्दू आबादी की तरह स्थानीय बोलियों का ही प्रयोग करती थी।" (हिन्दी और बांग्ला नवजागरण, पृ. 34) इस आभिजात्य से प्रेरित सर सैयद अहमद ख़ाँ

की टिप्पणी ने भी हिन्दी-उर्दू विवाद की आग में घी का काम किया—"Urdu is the language of gentry and Hindi that of the vulgar." (उर्दू सभ्य लोगों की भाषा है और हिन्दी गँवारों की।) बाद के हिन्दी विरोधी विद्वानों ने सर सैयद अहमद ख़ाँ की इस टिप्पणी को दबा दिया, किन्तु तत्कालीन हिन्दी भाषाभाषी बौद्धिकों में इस टिप्पणी से आक्रोश उपजा। उन लोगों ने अपना क्षोभ प्रकट भी किया। भारतेन्दु ने सर सैयद की इस टिप्पणी पर लिखा, "मैं यह जानकर बहुत दुखी हूँ कि सम्माननीय सैयद अहमद ख़ान बहादुर, सी.एस.आई. ने शिक्षा आयोग के समक्ष अपनी गवाही में कहा है कि उर्दू सभ्य लोगों और हिन्दी गँवारों की भाषा है। यह केवल ग़लतबयानी ही नहीं हिन्दुओं के प्रति अन्याय भी है। थोड़े से कायस्थों को छोड़कर शेष हिन्दू जैसे क्षत्रिय, महाजन, ज़मींदार—यही नहीं ब्राह्मण भी जो हिन्दी ही बोलते हैं सभी गँवार हैं? ये लाला साहब (कायस्थ) सैयद साहब बहादुर को भले ही फ़ारसी में पत्र लिखते हों पर अपनी बीबी को हिन्दी में ही चिट्ठियाँ लिखते होंगे।" (भारतेन्दु समग्र, पृ. 1057)

भारतेन्दु ने सरकार की शिक्षा रिपोर्ट को आधार बनाते हुए हिन्दी भाषा के उर्दू से बहुत अधिक प्रचलन के प्रमाण दिए और कहा कि सरकार के लिए उचित है कि वह बहुसंख्यकों की भावनाओं के अनुरूप कार्य करे। भारतेन्दु ने निम्न आँकड़े प्रस्तुत किए—

	उर्दू	**हिन्दी**
प्राइमरी स्कूल लड़के	34,156	92,528
प्राइमरी स्कूल लड़कियाँ	1,175	6,873
कॉलेज	**मुसलमान**	**हिन्दू**
एंग्लो वर्नाक्यूलर	112	769
मिडिल स्कूल	1,522	6,740
प्राइमरी स्कूल	32,619	1,70,478
नार्मल स्कूल	50	177

उन्होंने यह भी बताया कि बनारस ज़िले में ही 103 वर्नाक्यूलर स्कूलों में केवल 8 में हिन्दू-उर्दू दोनों और शेष में केवल हिन्दी पढ़ाई जाती है। यही नहीं, डाकख़ानों के 50 प्रतिशत पत्रों पर पते हिन्दी में होते हैं। अदालतों में पेश किए काग़ज़ों पर अधिकांशत: हिन्दी में ही हस्ताक्षर मिलते हैं। कार्यक्रमों की सूचना, क्रय-विक्रय के विज्ञापन हिन्दी में छपते हैं। हिन्दी के इसी व्यापक व्यवहार के कारण ईसाई मिशनरी अपना साहित्य हिन्दी में बाँटते हैं।

भारतेन्दु की बात की पुष्टि बंगाल मैगज़ीन से भी हो जाती है। 1874 ई. में बंगाल मैगज़ीन ने लिखा—"उर्दू भारत के किसी देश या जाति की भाषा नहीं है, अंग्रेज़ अफ़सरों तथा उनके अति विशिष्ट भारतीय मित्रों तथा प्रशंसकों की भले ही हो। यदि भारत की किसी भाषा की सर्वसाधारण की भाषा माना जाए तो वह हिन्दी है। यह सम्पूर्ण उत्तरी भारत में बोली जाती है, और बंगाल तथा बम्बई प्रान्तों में भी सुगमता से समझी जाती है, क्योंकि इन प्रान्तों की भाषाएँ उससे बहुत कम भिन्न हैं। तथापि हिन्दी वह भाषा है जिसको कुचलने में तथा जिसका गला घोंटने में सरकार भरसक योग दे रही है। उर्दू

के पक्ष में केवल यही कहा जा सकता है कि वह अदालत की भाषा है और अमला इसे समझता है, परन्तु जहाँ तक लोगों का सम्बन्ध है, जिनके लिए अदालतें बनी हैं, वे इस भाषा (उर्दू) से वैसे ही अनभिज्ञ हैं जैसे अंग्रेज़ी से। उत्तरी भारत के कायस्थ, जो सरकारी नौकरों की संख्या में अधिकांश हैं, और दिल्ली, आगरा और लखनऊ जैसे बड़े नगरों के उच्चवर्गीय मुसलमान उर्दू बोलते हैं, पर जन साधारण चाहे वह हिन्दू हो या मुसलमान इससे पूर्णतया अनभिज्ञ है। (बंगाल मैगज़ीन, 1874) भारत में अंग्रेज़ों ने हिन्दू-मुसलमान के बीच साम्प्रदायिकता के जो बीज बोए और जिसकी ख़ूनी फ़सल इस देश ने काटी उसमें भाषायी विवाद एक महत्त्वपूर्ण कारण प्रतीत होता है। अंग्रेज़ी का बन्दर हिन्दी और उर्दू की बिल्लियों को रोटी बाँटने बैठा था। बन्दर पूरी रोटी खा गया, बिल्लियाँ आज भी लड़ रही हैं।

वास्तव में भाषा का प्रश्न अत्यन्त महत्त्वपूर्ण प्रश्न है। भाषा से मनुष्य की अस्मिता जुड़ी है। मनुष्य की अपनी सामाजिकता उसकी भाषा से ही अभिव्यक्त होती है। उसकी सामाजिक, साहित्यिक, सांस्कृतिक, ऐतिहासिक, धार्मिक और भौगोलिक अस्मिताएँ उसकी भाषा ही अभिव्यक्त करती है। मनुष्य उतना ही है जितनी कि उसकी भाषा। भाषा के पश्चात् कोई समाज धर्म के प्रति संवेदनशील होता है। भाषा को धर्म से जोड़ देने पर समस्या अत्यन्त गम्भीर होती गई। भाषा की समस्या को हल्के तौर पर नहीं लिया जा सकता। इसने कई देशों के भूगोल बदल दिए हैं। रूस और चीन ने इस समस्या को बड़ी कठोरता से निबटाया किन्तु रूस के जर्मन भाषी यहूदियों का क्षोभ बना रहा। फिजी में आज भी हिन्दी भाषी एक विचित्र स्थिति में हैं। भाषा ने पाकिस्तान का भूगोल ही बदल दिया। भाषायी समस्या बड़ी राजनैतिक शक्तियों के पतन का कारण बनी है, नए राष्ट्रों के उन्मेष का कारक रही है। अपनी भाषा के लिए तलवारें खिंची हैं तो भाषाओं ने मेल भी करवाए हैं।

हिन्दुस्तान में यूँ भी हर बात कुछ असामान्य-सी होती है। हिन्दुस्तान जैसे बहुलतावादी देश की भाषागत नीति तय करना, ऐसी नीति तय करना जिससे सब सन्तुष्ट हों, एक कठिन कार्य है। पूरी उन्नीसवीं शताब्दी में हिन्दू-उर्दू की तू-तू, मैं-मैं चलती रही, इस बीच अंग्रेज़ी इस देश में चोर रास्ते से घुसी और डंके की चोट पर शासन की स्वामिनी बन बैठी। इधर हिन्दी-उर्दू वाले एक-दूसरे को कोसने में लगे रहे। इसमें दोनों ही पक्षों ने भाषा के लिए धर्म की चाल चली। उर्दू मुसलमानों के इस देश में चले आ रहे शासक पद की आन बन गई तो हिन्दी आन्दोलन हिन्दू धर्म की प्रतिष्ठा पुनर्स्थापित करने के लिए तत्पर हो गया। मुस्लिम दमन चक्र की प्रतीक उर्दू के प्रभुत्व और प्रचलन की समाप्ति के लिए भी उद्धत हो गया। हिन्दी, हिन्दुस्तान का नारा अनेक हिन्दी समर्थकों की भावना को प्रतिबिम्बित करता था।

इधर उर्दू समर्थकों ने उर्दू विरोधी आन्दोलन को इस्लाम के विरुद्ध षड्यंत्र माना। मुस्लिम सत्ता यद्यपि समाप्त हो गई थी पर मुसलमानों को गौरवशाली इतिहास के चिह्न के रूप में उर्दू को सामने रखा गया। उर्दू मुसलमानों के सुनहरे अतीत की आख़िरी निशानी थी। उसका मिटाया जाना उनके अपने वजूद का मिटाया जाना था। मुसलमान उर्दू को मध्यकालीन सांस्कृतिक एवं सामाजिक समन्वय का सर्वश्रेष्ठ उदाहरण मानते थे। उनके लिए हिन्दुओं द्वारा उर्दू का विरोध करना उनकी सबसे मूल्यवान सांस्कृतिक

धरोहर को मिटाया जाना था। उनके अनुसार उर्दू ने हिन्दुओं को सभ्यता, संस्कृति और शिष्टता सिखाई थी।

हिन्दुओं का कहना था कि मुसलमानों के अधिकांश पुरखे धर्म परिवर्तन करके मुसलमान बने थे, मूलतः वे हिन्दू थे इसलिए उनके प्रयोग की भाषा वे ही स्थानीय बोलियाँ थीं जिनका प्रयोग हिन्दू भी करते और धर्मान्तरण से पहले वे भी जो अब उर्दू के बताए जा रहे थे। अतः भाषा को धर्म से जोड़ना ग़लत था। अभिजात और शिक्षित मुसलमानों के अतिरिक्त अन्य मुसलमान हिन्दी की ही विभिन्न बोलियों को बरतते थे, वही उनकी मातृभाषा थी उर्दू नहीं। उनके अनुसार उर्दू बाज़ार, शिविर और मदरसों की भाषा थी जिसे अदालत की भाषा बनाकर उस जनसाधारण के साथ घोर अन्याय किया जा रहा था जिसकी भाषा हिन्दी थी। काशीनाथ खत्री ने उर्दू को लगभग अंग्रेज़ी के समान विदेशी बताया। हिन्दी समर्थकों का मानना था हिन्दी न केवल इस देश की भाषा है, वह यहीं की लिपि में लिखी जाती है, वह पूरे भारत की सम्पर्क भाषा है बल्कि उसमें शासन का काम-काज होने पर जनता की भलाई हो सकेगी। लोगों को अदालतें ठग न सकेंगी। हिन्दी जनभाषा है। अतः इसकी व्यापकता के आधार पर इसे ही शासन की भाषा बनाया जाना चाहिए।

देश में साफ़-साफ़ दो धड़े बन गए। दोनों पक्ष अपनी-अपनी भाषा के पक्ष में खुलकर सामने आ गए। हंटर कमीशन के समक्ष अपनी गवाही में भारतेन्दु ने मूल रूप से हिन्दी और उर्दू को एक ही भाषा की दो शैलियाँ माना। मुसलमानों, बनारस, इलाहाबाद के कायस्थों और पश्चिमी पश्चिमोत्तर प्रदेश के अग्रवाल और खत्रियों ने फ़ारसी-अरबी के शब्दों से बनी फ़ारसी लिपि में लिखी-बोली जानेवाली भाषा को उर्दू नाम दे दिया था। इसका पूरा भाषा भंडार ब्रजभाषा से लिया गया और व्याकरण हिन्दी का रखा किन्तु चमत्कार प्रदर्शन के लिए अरबी-फ़ारसी के शब्दों को ठूँस-ठूँस कर भरा गया। सरकार द्वारा प्रोत्साहन प्राप्त होने के कारण ही उर्दू की समाज में प्रतिष्ठा थी हिन्दी समर्थकों का हिन्दी को सरकारी मान्यता दिलाए जाने पर उर्दू समर्थकों के लिए रोज़ी-रोटी छिन जाने का ख़तरा था—"अगर उर्दू कचहरी की भाषा नहीं रहेगी तो मुसलमान उन तमाम सरकारी ओहदों को, जैसे पेशकारी, सरिश्तेदारी, मुंसरिम के पद आदि, जिन पर आजकल उनका एक प्रकार से एकाधिकार है, आसानी से हासिल नहीं कर पाएँगे।" (भारतेन्दु कालीन साहित्य की सांस्कृतिक पृष्ठभूमि, कमला कानोड़िया, पृ. 437)

इतना ही नहीं फ़ारसी-अरबी के इन क्लिष्ट शब्दों से भरी अदालती उर्दू को समझ न पाने के कारण आम आदमियों को इन मुंशियों को एक-एक सम्मन, एक-एक अर्जी पढ़वाने के लिए आठ-आठ आने तो कभी-कभी एक-एक रुपया तक देना पड़ा था। 15 फरवरी, 1874 के कविवचनसुधा के अंक में काशीनाथ खत्री ने कॉमन हिन्दुस्तानी लेख में सरकार की इस विषय में आलोचना की थी कि वह हिन्दुस्तान में बोली जानेवाली भाषा को हिन्दुस्तानी न मानकर बिना बात एक सीधी-सादी सचाई को उलझाकर भ्रम और विवाद का विषय बना रही है। "उर्दू भाषा न तो किसी धर्म की भाषा है न किसी जाति की और न ही किसी जाति के किसी अंश की। सिर्फ़ अंग्रेज़ अधिकारी और उनके कुछ ख़ास दोस्तों की ही यह ज़बान थी। जो उर्दू समर्थक यह मानते थे कि उर्दू का प्रसार व्यापक स्तर पर है वे निष्कर्ष निकालते समय अपनी सामान्य बुद्धि का प्रयोग नहीं कर

सके थे, अन्यथा उन्हें पता चल जाता कि जिसे वे सत्य समझ रहे हैं वह उनका भ्रम मात्र हैं।" (हरिश्चन्द्र मैगज़ीन, सम्पा. भारतेन्दु हरिश्चन्द्र, 15 फरवरी, 1874, पृ. 118)

हिन्दी के सरकारी कामकाज की भाषा बन जाने पर ऐसे लोगों के रोज़गार पर बन आती। सन् 1886 में बालकृष्ण भट्ट ने हिन्दी प्रदीप में लिखा—"यदि देश का कुछ भी अभिमान हमको है तो ऐसा उपाय हमें शीघ्र करना चाहिए जिससे हमारी एक जातीय भाषा हो जाए। यहाँ पर इतना हमें अवश्य कहना चाहिए था। यद्यपि जातीय भाषा हम लोगों की कोई नहीं, परन्तु जातीय अक्षर हैं और जो कोई हमारी जातीय भाषा कभी होवेगी इसके अक्षर भी वे ही होने चाहिए जिसमें कि इस समय जातीयता है—वे अक्षर देवनागरी हैं—और भारतवर्ष की वर्तमान भाषाओं में एक भाषा ही ऐसी है जो इन उक्त अक्षरों में लिखी जाती है और वह भाषा ईश्वर की कृपा से हिन्दी है और फिर यह भी है कि यही हिन्दी थोड़ी-बहुत भारतवर्ष के सब भागों में समझी जाती है और अधिक भागों में बोली जाती है। इससे हमारी समझ में यही आता है कि यदि भारतवर्ष की कभी कोई जातीय भाषा होगी तो यह हमारी प्यारी सर्वगुण आगरी नागरी ही होगी और यथार्थ में इसी को ऐसा बनने का अधिकार है।" (हिन्दी प्रदीप, बालकृष्ण भट्ट, इलाहाबाद, दिसम्बर, 1886)

हिन्दी समर्थक इस बात पर बड़े क्षुब्ध थे कि सबसे अधिक संख्या में बोली जानेवाली भाषा अपने ही क्षेत्र में इतनी उपेक्षित क्यों है? उनकी विवशता बार-बार उनके उद्‌गारों में फूट पड़ती थी। हिन्दी-नवजागरण का प्रत्येक लेखक और विचारक हिन्दी के प्रश्न पर लगातार लिखता रहा। किसी भाषा का प्रश्न उस भाषा के बोलनेवाले भाषियों की अस्मिता का प्रश्न होता है। इसलिए जितना ज़ोर उर्दू की तरफ़ से लगा उससे कमज़ोर हिन्दी वालों ने नहीं लगाया। अनुनय, विनय, निवेदन, आवेदन, क्रोध, क्षोभ, अधिकार और व्यंग्य कोई भाव बाक़ी न रहा। 28 अप्रैल, 1884 के 'भारत जीवन' में प्रतापनारायण मिश्र की कविता 'ब्राह्मण' से उद्धृत की गई कविता 'चाहे गाना समझो या रोना' में रवैये की आलोचना की गई—

हक़ में हिन्दी के नहीं अहले कमीशन देते राय,
छूटे हैं ख़रगोश पर कुत्ते शिकारी हाय-हाय,
उम्र भर वक़्फ़े लकद को बेमज़ा रखा हमें,
ख़ाक में मिल जाए ऐसी ख़ाक सारी हाय-हाय।

दोनों भाषाएँ एक-दूसरे के सामने ताल ठोंककर खड़ी थीं। दोनों के अपने-अपने तर्क थे। कभी-कभी तर्क नहीं केवल कष्ट पाए व्यक्ति के हृदय का हाहाकार-सा था। उर्दू ने हिन्दी को गँवार कहा तो हिन्दी ने उसे विदेशी बता दिया, फ़ारसी लिपि लिखने की कठिनाइयाँ गिनवा दीं। साथ ही यह भी स्पष्ट कर दिया कि हिन्दी और उसकी बोलियाँ मुसलमानों का बहुलांश भी प्रयोग करता है।

अंबिकादत्त व्यास ने अपनी पत्रिका 'पीयूष प्रवाह' के 25 दिसम्बर, 1884 के अंक में उर्दू को राहुकेतु तथा हिन्दी को चन्द्रमा बताते हुए सरकार की उर्दू के प्रति पश्चिमोत्तर प्रदेश में पक्षपात की नीति पर कटाक्ष किया था, परन्तु बिहार में हिन्दी के भाग्य चन्द्र का उदय होने पर उन्होंने प्रसन्नता भी व्यक्त की थी। उर्दू दानवी से हिन्दी चन्द्रकला का पूर्णग्रास ग्रहण शीर्षक के इस लेख में उन्होंने कहा था—हिन्दी चन्द्रकला अपनी धीर-

गम्भीर गति से सुधावृष्टि करती हुई हिन्दू राशि का उपभोग करती थी, पर इसके पास यवन राशि पर से उर्दू दानवी ने अतिचारपूर्वक पश्चिम की ओर से इस चन्द्रकला को ग्रास करने का आरम्भ किया। फिर धीरे-धीरे बढ़ते-बढ़ते उस दानवी ने इस चन्द्रकला का पूर्णग्रास ही कर डाला। लोग समझते थे कि पश्चिम से ग्रहण लगने लगा इसलिए पश्चिम ही से मोक्ष भी होने लगेगा पर यह अतिचार से ग्रहण लगा था। समय आने पर इसने पूर्व ही की ओर चन्द्रकला का मोक्ष किया। भारतवर्ष में बिहार प्रदेश पर एकाकी इस चन्द्रकला की चाँदनी छटक गई और धीरे-धीरे पीयूष प्रवाह भी फैला।" (पीयूष प्रवाह, 25 दिसम्बर, 1884, पृ. 4-5)

बिहार ने हिन्दी भाषा को लागू करने में सबसे पहले सफलता पाई। इस सफलता की प्रसन्नता के साथ अन्य स्थानों का वंचित भाव जुड़कर और तीखा हो गया था। असल में हिन्दी-उर्दू विवाद में दोनों पक्षों के अपने-अपने तर्कों को बार-बार दोहराया जा रहा था। जैसाकि पहले भी कहा जा चुका है, ओरियंटल और एंग्लिसिस्ट, दो भागों में बँटे अन्य भाषाओं के विद्वान भी समय-समय पर अपने विचार प्रकट कर रहे थे। अपने Notes on Indian Affairs (नोट्स ऑन इंडियन अफेयर्स में) फ्रेडरिक जान शोर ने, जो कई स्थानों पर उच्चाधिकारी रहने के बाद न्यायाधीश नियुक्त किए गए थे, 1836 में हिन्दी (जिसे उन्होंने 'हिन्दुस्तानी' कहा है।) तथा नागरी लिपि का समर्थन करते हुए लिखा है—"फ़ारसी भाषा के विरुद्ध भारी आपत्ति यह है कि साधारण जनसमूह अदालत की कार्यवाही नहीं समझ पाता। साधारण काम के लिए भी लोगों को गुमाश्ते रखने पड़ते हैं। अंग्रेज़ी भाषा के विरुद्ध भी यही आपत्ति उठाई जा सकती है। अच्छा तो यह होगा कि ये थोड़े से शासक लोग जनसमूह की भाषा सीख लें, बजाय इसके कि जनसमूह को थोड़े से व्यक्तियों की भाषा सीखने के लिए मजबूर किया जाए। यदि फ़ारसी को आवश्यक माना जाए तो प्रश्न यह उठेगा कि फ़ारसी के आने से पहले हिन्दू शासक अपना सरकारी काम कैसे चलाते थे? आज मराठे, नेपाली तथा अन्य सरकारें अपना काम कैसे चला रही हैं? और स्वयं हमारे कुमायूँ तथा गढ़वाल के प्रान्तों में, जहाँ पुलिस की रिपोर्ट तथा कचहरी के काग़ज़ हिन्दुस्तानी भाषा तथा नागरी लिपि में लिखे जाते हैं, काम कैसे चलता है? एक शिक्षित व्यक्ति, जिसे हिन्दुस्तानी भाषा का साधारण ज्ञान है, नागरी लिपि सुगमता से सीख सकता है। प्रतिदिन आध घंटे के अभ्यास से कोई भी अफ़सर छह मास में यह भाषा उतनी आसानी से लिख-पढ़ सकता है जितनी आसानी से वह अंग्रेज़ी लिखता-पढ़ता है।" (स्वतंत्रता-पूर्व हिन्दी के संघर्ष का इतिहास, रामगोपाल, हिन्दी साहित्य सम्मेलन, प्रयाग, शक 1886 (1964 ई.), पृ. 18)

इसी तरह बहुत से देशी-विदेशी विद्वानों ने लगातार हिन्दी के पक्ष में टिप्पणियाँ कीं। सन् 1875 ई. में अमेरिका के एक विद्वान ईसाई धर्मप्रचारक, रेवरेंड एस.एच. केलाग ने हिन्दी व्याकरण की एक बृहत् पुस्तक लिखी। पुस्तक की प्रस्तावना में उन्होंने हिन्दी के विषय में यह लिखा—"भारत के 25 करोड़ लोगों में जो 20 से अधिक विभिन्न भाषाएँ बोलते हैं, चौथाई भाग की, अर्थात् 6-7 करोड़ की भाषा हिन्दी है। शायद यह अनुमान कम है। मिस्टर कस्ट ने अपनी पुस्तक पूर्वी देशों की आधुनिक भाषाएँ में लिखा है कि "भारत की हिन्दी भाषी जनसंख्या आठ करोड़ से कम नहीं हो सकती। यदि इसमें फ़ारसी रंजित हिन्दी को भी शामिल कर लिया जाए (जो उर्दू या हिन्दुस्तानी कहलाती है

और जिसकी आधारभूत शिला हिन्दी है) तब तो हिन्दी को दस करोड़ लोगों की भाषा मानना पड़ेगा। यह भाषा चीनी भाषा को छोड़कर विश्व की भाषाओं में सबसे अधिक लोगों की भाषा है।"

हिन्दी के शासन की भाषा के रूप में स्वीकृत होने का बहुत लम्बा संघर्ष रहा है। हिन्दी भाषियों को कचोटनेवाली बात यह रही कि जिस दौर में तर्क और क़ानून को सबसे अधिक प्रश्रय देने की बात की जा रही थी उस समय हिन्दी अपने अकाट्य तर्कों सहित उसके वैधानिक अधिकारों से वंचित की जा रही थी। उधर फ़ारसी बहुल उर्दू का दुख कुछ कम न था, इधर हिन्दी का संघर्ष जारी था। हिन्दी के लिए लगातार चलनेवाले प्रयासों के तैंतीस वर्ष बाद जान शोर आदि अधिकारियों के सुझाव पर भारत सरकार ने फ़ारसी के बजाय जनता की भाषा हिन्दी को अदालती काम के लिए अपनाने का निर्णय लिया। पश्चिमोत्तर प्रान्त की सरकार ने इस विषय में जो 'इश्तहार-नामः' नागरी लिपि में प्रकाशित किया वह यह था—"पछाँह के सदर बोर्ड के साहबों ने यह ध्यान किया है कि कचहरी का काम फ़ारसी ज़बान में लिखा-पढ़ा होने से सब लोगों को बहुत हर्ज पड़ता है और बहुत कलप होता है और जब कोई अपनी अर्जी अपनी भाषा में लिख के सरकार में दाख़िल करने पावे तो बड़ी बात होगी। सब को चैन-आराम होगा। इसलिए हुक्म दिया गया है कि 1244 की कुवार बदी प्रथम से जिसका जो मामला सदर बोर्ड में हो सो अपना-अपना सवाल अपनी हिन्दी की बोली में और पारसी के नागरी अच्छरन में लिखा के दाख़िल करें कि डाक पर भेजें और सवाल जौन अच्छरन में लिखा हो तोने अच्छरन में और हिन्दी बोली में उस पर हुक्म लिखा जाएगा।" (स्वतंत्रता-पूर्व हिन्दी के संघर्ष का इतिहास, पृ. 19)

हिन्दी अपने संघर्ष में एक क़दम आगे बढ़ी। कम-से-कम प्रश्न (सवाल) प्रस्तुत करने की सुविधा प्राप्त हो गई इस आदेश से जनता को अपनी भाषा तथा अपनी लिपि में अपनी बात दाख़िल करने की सुविधा प्राप्त हो गई, और यह भी बड़ी बात थी कि उस पर उसी भाषा में 'हुक्म' आने की सुविधा की आश्वस्ति दी गई। इस इश्तहार की दूसरी विशेषता यह थी कि लिपि तो कोई भी (नागरी या फ़ारसी) प्रयोग में लाई जा सकती थी, परन्तु भाषा 'हिन्दी की बोली' होनी चाहिए। इससे प्रत्यक्ष रूप से यह निष्कर्ष निकलता है कि उर्दू अर्थात् फ़ारसी मिश्रित खड़ी बोली के बजाय भारतीय रूप की खड़ी बोली अर्थात् हिन्दी को वरीयता दी गई थी।

इस इश्तहार में यह आशा निहित प्रतीत होती थी कि सरकार अपने अगले आदेश में हिन्दी को फ़ारसी के स्थान पर अदालती भाषा मान लेगी; परन्तु जो आदेश जारी हुआ, वह ठीक इसके विपरीत था। "सन् 1837 में सरकार ने यह निश्चय किया कि अदालतों की भाषा उर्दू होगी। इस आकस्मिक नीति-परिवर्तन के पीछे उस बौखलाहट, विवाद, जोश और तर्क का एक उद्वेलन था जो सरकारी अहलकारों तथा फ़ारसी व उर्दू के ज्ञाताओं ने खड़ा किया था।" (वही, पृ. 222)

हिन्दी के साधकों की आशाएँ फलीभूत होने से पहले उन पर तुषारापात हो गया। आज के समय में अपनी उन्हीं सभी विशिष्टताओं बल्कि अतिरिक्त समृद्धि के साथ ही हिन्दी के समर्थन में कोई आन्दोलन नहीं दिखाई पड़ता। ऐसे में उन कठिन परिस्थितियों में संघर्षरत हिन्दी समर्थकों की जिजीविषा आश्चर्य में डाल देती है। हिन्दी के अस्तित्व के लिए संघर्षरत उसके समर्थकों ने भाषा के हर पक्ष पर विचार किया। उन्होंने भाषा

के नैतिक पक्ष का ध्यान रखने का भी आग्रह किया। भारतेन्दु हरिश्चन्द्र ने कहा कि उर्दू साहित्य नवयुवकों के चरित्र निर्माण में बाधक हो रहा है। उर्दू के माध्यम से दी जानेवाली शिक्षा चरित्र निर्माण में सहायक नहीं बल्कि चरित्र पतन के लिए उत्तरदायी थी। भारतवर्ष की कैसे उन्नति हो सकती है? बलिया में दिए गए व्याख्यान में भारतेन्दु ने इसी शिक्षा का परित्याग करने के लिए मुसलमानों से कहा था, "मीर हसन की मसनवी और इन्दर सभा पढ़ाकर छोटेपन ही से लड़कों का सत्यानाश मत करो। होश सँभाला नहीं कि पट्टी पार ली, चुस्त कपड़ा और ग़ज़ल गुनगुनाए—शौक तिफ़्ली से मुझे गुल की जो दीदार का था, न किया हमने गुलिस्तां का सबक याद कभी।" बड़े होने पर वे लड़के क्यों न बिगड़ेंगे। अपने लड़कों को ऐसी किताबें छूने भी मत दो। अच्छी उनको तालीम दो। पिनशिन और वजीफ़ा या नौकरी का भरोसा छोड़ो। लड़कों को रोज़गार सिखलाओ। विलायत भेजो। छोटेपन से मेहनत करने की आदत दिलाओ। सौ-सौ महलों के लाड़-प्यार दुनिया से बेख़बर रहने की राह मत दिखलाओ।" (भारतेन्दु समग्र, पृ. 1013)

कलकत्ता से प्रकाशित *सारसुधानिधि* ने शिक्षा कमीशन के वाद-विवाद से बहुत पहले 1879 में ही उर्दू की तुलना में हिन्दी का श्रेष्ठता सिद्ध की थी। 27 जनवरी, सन् 1879 के अंक में 'हिन्दी भाषा' लेख में कहा गया था—"इसी हिन्दी के साथ ऊपर कही हुई अरबी-फ़ारसी और तुर्की भाषा मिलकर एक प्रकार की अलग ही बोली बन गई और उर्दू अर्थात् लश्कर से इसका निकास हुआ है। इसलिए ये उर्दू के नाम से प्रसिद्ध हुई।" (*सारसुधानिधि*, 27 जनवरी, 1879, पृ. 28) हिन्दी भाषियों का सबसे बड़ा दुख यह था कि चिरकाल से जन-जन में समादृत व प्रचलित हिन्दी की उपेक्षा होने लगी—"दुख का विषय है कि ऐसी उत्तम रसीली, प्रांजल और प्रसाद गुणवाली भाषा रहते भी बादशाही दफ़्तर में नई अनोखी उर्दू बोली में रहने के कारण हर किसी के बोलचाल में आने लगी और चल निकली।" (वही, पृ. 28) *सारसुधानिधि* के इसी लेख में उर्दू का परिचय इस प्रकार दिया गया है—"मैं शाहजहाँ के महल में पैदा हुई हूँ और मेरा इस्म सरीफ उर्दू है और मेरा वजूद इन अरबी अनासिर यानी अलफ़ाज़ तुर्की, तातारी, अरबी और फ़ारसी में मौजूद हुआ है। इसके सिवा आजकल दरबार शाही में मेरी जाद वो मंजजित है।" (वही, 1879, पृ. 28)

दोनों ही भाषाओं ने अपनी-अपनी प्रतिबद्धता में कोई कसर न रख छोड़ी थी। दोनों के लिए ही यह आर-पार की लड़ाई थी। भाषा से सत्ता और रोज़गार का प्रश्न जुड़ा था। भाषा से जीवन का प्रश्न जुड़ा था। प्रतापनारायण मिश्र ने अपने लेख हिन्दी-उर्दू समस्या में मुसलमानों की फसाद कर सकने की क्षमता (न्यूसेंस वैल्यू) से भयभीत होने को सरकार के समर्थन का कारण बताया। हिन्दुओं की अकर्मण्यता और उनकी कायरता सरकार पर किसी प्रकार का दबाव डालकर भय उत्पन्न करने में असमर्थ थी—"क्या सरकार जानती है कि हिन्दुस्तान की बोली हिन्दी ही है। क्या सरकार से छिपा है कि यह हिन्दुओं की बोली हिन्दी ही है। क्या सरकार से छिपा है कि यह हिन्दुओं की अपेक्षा मुसलमान दशमांश से भी कम है। कमीशन वाले अंग्रेज़ जो दुनिया को चरे बैठे हैं, वे न समझते थे कि हिन्दी से प्रजा का बड़ा उपकार होगा? पर हाँ, जेहादी हज़रत से कौन बुरा बने। फूट के लतिहल आलस्य के आदी, ख़ुशामद के पुतले, हिन्दू नाराज़ होकर

कर ही क्या लेंगे? बहुत होगा एक बार रोकर बैठ रहेंगे। बस उर्दू बीबी को कौन मुआ उठा सकता है?" (हिन्दी का नवजागरण काल एवं भाषा विवाद, पृ. 125)

सरकारी सेवाओं के लिए उर्दू का ज्ञान आवश्यक था। सरकारी अमलों को हिन्दी न आने के कारण उर्दू न जाननेवालों को अपनी बात सरकार तक पहुँचाने के लिए उर्दू या अंग्रेज़ी का आश्रय लेना पड़ता था। 'हिन्दी प्रदीप' में दिसम्बर के अंक में कहा गया कि "न्याय प्रकरण में देशी भाषा के पूर्ण ज्ञान की आवश्यकता को समझते हुए हाईकोर्ट की वकालत के कोर्स में हिन्दी भाषा भी सम्मिलित हो।" (वही, पृ. 125) सबसे ज़्यादा हिन्दी की उपेक्षा न्याय विभाग और न्याय की शिक्षा में हो रही थी। क़ानूनी शिक्षा की जटिल फ़ारसीयुक्त उर्दू आम विद्यार्थी के लिए समझ पाना बहुत मुश्किल था। "इसलिए वकालत का पेशा सिर्फ़ उन लोगों के लिए अपना सकना सहज था, जिनके घर में या तो उर्दू का वातावरण हो या वकालत जिनका पुश्तैनी पेशा हो।" (वही, पृ. 125)

'हिन्दी प्रदीप' के सितम्बर 1890 के अंक में साधारण शिक्षा का ढंग और क़ानून पढ़ना शीर्षक लेख में उर्दू को प्रोत्साहन देनेवाली क़ानूनी पढ़ाई की निन्दा की गई थी—"अब इस अंग्रेज़ी राज्य में क़ानून जैसे शैतान की आँत हो रहा है। जैसी बारीकी और हिन्दी की चिन्दी इसमें निकाली गई और रोज़-रोज़ निकलती आती है विद्या के किसी विभाग में नहीं की गई।" (हिन्दी आन्दोलन, सम्पा. लक्ष्मीकान्त वर्मा, पृ. 11) न्याय विभाग में तथा सरकारी दफ़्तरों में मुसलमान और उर्दू समर्थक कायस्थों का प्रभुत्व अवश्य था, परन्तु जनसाधारण उर्दू की तौबा शिकन इबारत और गला खखारनेवाली शीन काफ़ की ज़बान से सर्वथा अनभिज्ञ था। 31 जनवरी, 1887 के कविवचनसुधा के अंक में पश्चिमोत्तर प्रदेश के तत्कालीन लेफ़्टिनेंट गवर्नर एलफ्रेड लॉयल के नाम एक पत्र सरकारी लिखा-पढ़ी और क़ानूनों की भाषा प्रकाशित किया गया। इसमें उर्दू को सरकारी प्रोत्साहन से होनेवाली हानियों को दर्शाया गया।" (वही, पृ. 11)

ऐसा नहीं था कि सभी हिन्दी भाषी अकर्मण्य और डरपोक थे। कुछ ने हिन्दी के पक्ष में पूरी निर्भीकता से आवाज़ उठाई। ऐसे आवाज़ उठानेवालों में मिश्र जी थे। प्रतापनारायण मिश्र एवं उनका 'ब्राह्मण' हिन्दी के समर्थन में उग्रतापूर्वक संलग्न था। प्रतापनारायण मिश्र के 'ब्राह्मण' में उर्दू विरोधी रचनाएँ, लेख की श्रृंखला प्रकाशित हुई। मिश्र जी अपने बैसवाड़ी लहज़े में चुटकियाँ लेते हुए कभी सरकार की दुर्बुद्धि पर छीटें कसते तो कभी उर्दू समर्थकों की ख़ुशामदी प्रवृत्ति पर कटाक्ष करते थे। जनवरी 1885 में 'ब्राह्मण' में मिश्र जी का एक लेख—'पड़े पत्थर अकल पर आपकी समझे तो क्या समझे' प्रकाशित हुआ था। मिश्र जी उर्दू को स्वतंत्र भाषा नहीं मानते थे। फ़तेहगढ़ पंच उर्दू अख़बार से उनकी नोक-झोंक चलती रहती थी। इसी नोक-झोंक में उन्होंने लिखा था—"उर्दू स्वयं कोई भाषा नहीं अन्य भाषाओं का (विशेषत: हमारी हिन्दी का) करकट है। बिचारे उनके जाननेवाले हम नागरी रसिकों का सामना क्या खा के करेंगे।"

मिश्र जी का मानना था कि उर्दू में बाहरी चमक-दमक के सिवा और कुछ नहीं। उर्दू रचना में प्रयुक्त होनेवाले शब्दों में पुनरुक्ति की भरमार है। शब्दों की पुनरावृत्ति के दोष के साथ-साथ विषयों की विविधता की अनुपस्थिति भी उर्दू का सबसे बड़ा दोष था। उर्दू की वास्तविक पूँजी संक्षेप में इतनी सी थी—"माशूक, आशिक, गुल, बुलबुल, बागबाँ, सैयाद, चाँदनी रात और मेघाच्छन्न दिन, खिलवत अर्थात् एकान्त स्थान, जिलवत या

मजलिस, शराब, कबाब, साकी, मुतरिब अर्थात् गवैया, रक़ीब अर्थात् दुश्मन, नासिह, वायज़ अर्थात् उपदेशक ही उर्दू की पूँजी थे—इतनी ही बातें जिन्हें उलट-फेर के वर्णन किया करो, आप बड़े अच्छे उर्दूदां हो जाएँगे। माशूक़ के रूप मुख, नेत्र, केशादि की प्रशंसा, अपनी सर्वज्ञता का घमंड, उसे गुल और शमआ अपने को बुलबुल और परवाना से उपमा दे दिया करो, रक़ीब इत्यादि पर जल-जल के गाली दिया करो, बस उर्दू का सर्वस्व मिल जाएगा। चाहे गद्य हो, चाहे पद्य हो, चाहे कविता हो, चाहे नाटक हो, चाहे अख़बार हो, चाहे उपदेश हो सबमें यही बातें भरी हैं। यदि कोई और विद्या का विषय लिखना हो तो संस्कृत, बांग्ला, नागरी, अरबी, फ़ारसी, अंग्रेज़ी की शरण लीजिए। इन बीबी के यहाँ अधिक गुंजाइश नहीं है।"

प्रतापनारायण मिश्र का स्पष्ट मानना था कि उर्दू की पूँजी बहुत थोड़ी और दिखावा बहुत अधिक था। हिन्दी सोना थी पर क़िस्मत की बात थी कि सोना मिट्टी में पड़ा था और मुलम्मा चढ़ा ज़ेवर हाकिम की गर्दन की शोभा बना था—"हाय न जाने देश का दुर्भाग्य कब मिटेगा कि राजा-प्रजा दोनों मुलम्मे को फेंक के सच्चे सोने को पहचानेंगे। जानते सब हैं कि पूँजी इतनी मात्र है, पर प्रजा का अभाग्य, राजा की समझ-बूझ। और क्या कहा जाए।"

निरन्तर फ़ारसी के भार से लदती जा रही उर्दू केवल लिखने ही नहीं बोलने में भी क्लिष्ट थी। वह केवल सत्ता की भाषा थी जनसाधारण की नहीं। इससे उपजे अन्याय और लूट पर शिक्षा कमीशन को दी गई गवाही में भारतेन्दु ने "यदि हिन्दी अदालती भाषा हो जाए, तो सम्मन पढ़वाने के लिए दो-चार आने कौन देगा, और साधारण-सी अर्जी लिखवाने के लिए कोई रुपया-आठ आने क्यों देगा। तब पढ़नेवाले को यह अवसर कहाँ मिलेगा कि गवाही के सम्मन को गिरफ़्तारी का वारंट बता दें। सभी सभ्य देशों की अदालतों में उनके नागरिकों की बोली और लिपि का प्रयोग किया जाता है। यही ऐसा देश है, जहाँ अदालती भाषा न तो शासकों की मातृ-भाषा है और न प्रजा की। यदि आप दो सार्वजनिक नोटिस—एक उर्दू में और एक हिन्दी में लिखकर भेजें, तो आपको आसानी से मालूम हो जाएगा कि प्रत्येक नोटिस को समझनेवाले लोगों का क्या अनुपात है। जो सम्मन जिलाधीशों द्वारा जारी किए जाते हैं, उनमें हिन्दी का प्रयोग होने से रैयत और ज़मींदारों को हार्दिक प्रसन्नता प्राप्त हुई है। साहूकार और व्यापारी अपना हिसाब-किताब हिन्दी में रखते हैं। हिन्दुओं का निजी पत्र-व्यवहार भी हिन्दी में होता है। हिन्दुओं के परिवारों में हिन्दी बोली जाती है। उनकी स्त्रियाँ हिन्दी लिपि का प्रयोग करती हैं। पटवारी के काग़ज़ात हिन्दी में लिखे जाते हैं, और ग्रामों के अधिकतर स्कूल हिन्दी में शिक्षा देते हैं।" 226 हिन्दी विरोधियों द्वारा जिस हिन्दी के किसी की भी भाषा न होने का दावा किया जा रहा था, भारतेन्दु उसके लिए व्यावहारिक जीवन से आँकड़े जुटाकर हिन्दी के पक्ष में पुख़्ता प्रमाण प्रस्तुत कर रहे थे। जीवन के सभी सामान्य व्यवहारों में हिन्दी का प्रयोग हो रहा था, जिसे हिन्दी विरोधी देखने को तैयार न थे। "जनगणना के आँकड़ों पर दृष्टि डालने से मेरे कथन की और भी पुष्टि हो जाएगी। उनसे ज्ञात होगा कि उर्दू जाननेवालों की तुलना में हिन्दी जाननेवालों की संख्या अत्यधिक है। अभी तक किसी ने इन तथ्यों की समीक्षा की ओर ध्यान नहीं दिया है। यदि दिया होता, तो यह विवाद बहुत पहले हमारे पक्ष में तय हो जाता। इस यथार्थता का प्रमाण आपको डाकघर में मिल सकता है। मैंने एक डाकघर में पूछताछ की और मुझे पता चला कि

आने-जानेवाले पत्रों में आधे से अधिक ऐसे होते हैं, जिनमें पते हिन्दी अक्षरों में लिखे होते हैं। अदालतों में जो काग़ज़ात दाख़िल किए जाते हैं, उनमें भी अत्यधिक ऐसे होते हैं जिन पर हस्ताक्षर हिन्दी में होते हैं। विक्रय नोटिस, मनोरंजन या खेलकूद के कार्यक्रम, बहुधा हिन्दी में ही प्रकाशित किए जाते हैं। लखनऊ तथा मुसलमानी प्रभाव के अन्य स्थानों के सिवाय पश्चिमी प्रान्त के किसी भी नगर में पूछताछ करने से मेरे कथन की सचाई सिद्ध हो सकती है। ईसा मसीह के सन्देश भी, जो ईसाई धर्म प्रचारक जनता में वितरित करते हैं, सामान्यत: हिन्दी में या मराठी, गुजराती, बंगाली जैसी सहपारिवारिक लिपियों में छापे जाते हैं। कुछ व्यक्तियों का कहना है कि वेग गति से लिखनेवाले लेखक हिन्दी में उपलब्ध नहीं हैं। मैं यह दृढ़ आश्वासन दे सकता हूँ कि एक मास में ऐसे हज़ार व्यक्ति प्राप्त कर सकता हूँ।"

हिन्दी के पक्ष में केवल हिन्दीवाले ही खड़े थे ऐसा नहीं था। देश के सभी भागों से विद्वानों ने हिन्दी का प्रबल पक्ष लिया। बंगाल के केशवचन्द्र सेन ने कहा—"यदि एक भाषा के न होने के कारण भारत में एकता नहीं होती है, तो और चारा ही क्या है? तब सारे भारतवर्ष में एक ही भाषा का व्यवहार करना ही एकमात्र उपाय है। अभी कितनी ही भाषाएँ भारत में प्रचलित हैं। उनमें हिन्दी भाषा ही सर्वत्र प्रचलित है। इसी हिन्दी को भारतवर्ष की एकमात्र भाषा स्वीकार कर लिया जाए, तो सहज ही में यह एकता सम्पन्न हो सकती है। किन्तु राज्य की सहायता के बिना यह कभी भी सम्भव नहीं है। अभी अंग्रेज़ हमारे राजा हैं, वे इस प्रस्ताव से सहमत होंगे, ऐसा विश्वास नहीं होता। भारतवासियों के बीच फिर फूट नहीं रहेगी, वे परस्पर एक हृदय हो जाएँगे, आदि सोचकर शायद अंग्रेज़ों के मन में भय होगा। उनका ख़याल है कि भारतीयों में फूट न होने पर ब्रिटिश साम्राज्य भी स्थिर नहीं रह सकेगा।" इन्हीं केशवचन्द्र सेन के कहने पर स्वामी दयानन्द सरस्वती ने संस्कृत को छोड़कर हिन्दी को अपनाया था। उन्हें यह समझ आया था कि सारे देश से हिन्दी में ही संवाद स्थापित किया जा सकता है। दयानन्द सरस्वती की मातृभाषा गुजराती थी और केशवचन्द्र सेन की मातृभाषा बांग्ला थी। दयानन्द सरस्वती घनघोर मूर्तिपूजा विरोधी थे जबकि भारतेन्दु हरिश्चन्द्र जन्मजात वैष्णव। फिर भी हिन्दी-नवजागरण के इस सजग पुरोधा ने 1873 ई. में उनके अति प्रसिद्ध संस्कृत भाषा में हुए शास्त्रार्थ का हिन्दी अनुवाद किया था। इसे "भारतेन्दु हरिश्चन्द्र ने 'लाइट प्रेस' बनारस में छपवाकर प्रकाशित किया। यद्यपि भारतेन्दु हरिश्चन्द्र गोकुलिया गोस्वामी मत के माननेवाले मूर्तिपूजक थे, तथापि वह उपर्युक्त प्रसिद्ध शास्त्रार्थ की शैली से इतने प्रभावित हुए कि उन्होंने उसको हिन्दी में प्रतिमा पूजन विचार शीर्षक देकर प्रकाशित कर दिया। इसकी जनता में इतनी अधिक माँग हुई कि संवत् 1953 (1896 ई.) तक वह पाँच बार छापा गया और ऋषि दयानन्द ने स्वयं ही उसे फिर हिन्दी में प्रकाशित कराया।"

आर्य समाज और दयानन्द सरस्वती के सम्बन्ध में यह निस्संकोच कहा जा सकता है कि हिन्दुस्तान में हिन्दी के प्रचार-प्रसार में ये बहुत बड़े सहायक प्रमाणित हुए। जिस आचार-विचार-व्यवहार की शुद्धता और वातावरण की स्वच्छता का एजेंडा महात्मा गांधी ने अपनी तरह से चलाया था उसकी ज़मीन गोड़ने का श्रेय स्वामी दयानन्द सरस्वती को दिया ही जाना चाहिए। स्वामी दयानन्द के हिन्दू धर्म सुधारक होने के कारण बहुत से विशिष्ट विचारधारा वाहक उन्हें 'सुधारक' मानने को तैयार नहीं। इस प्रकार वे हिन्दी

प्रदेश में किसी भी सुधारक के आविर्भाव से भी मुकर जाते हैं। इस प्रसंग में यह कहा जा सकता है कि गुजराती भाषी मोहनदास कर्मचन्द गांधी की ही तरह गुजराती भाषी ऋषि दयानन्द सरस्वती ने हिन्दी की आवश्यकता को समझते हुए अपने भाषा विवेक के अनुसार सत्ता की भाषा उर्दू को नहीं अपनाया। उर्दू के प्रचंड प्रताप काल में भी उन्होंने वेदभाष्य का उर्दू अनुवाद प्रकाशित नहीं करवाया। उर्दू ही क्यों वे अंग्रेज़ी में भी इसका अनुवाद करवाने के लिए तैयार नहीं थे। दयानन्द सरस्वती ने वेद प्रचार के लोभ में न पड़कर संस्कृत एवं हिन्दी रक्षार्थ अपने मन्तव्य को स्पष्ट करते हुए 16 जनवरी, 1878 ई. के पत्र में—श्री बी.एच. चिन्तामणि को इस प्रकार लिखा—

"प्रिय बाबू,

मैं आपको सूचना देने की आवश्यकता अनुभव करता हूँ कि सम्पूर्ण होने से पूर्व वेदभाष्य का अनुवाद अंग्रेज़ी के वर्नाक्यूलर (उर्दू) में नहीं करना चाहिए, क्योंकि यदि अंग्रेज़ी या उर्दू में अनुवाद किया गया, तो इससे लोग संस्कृत और भाषा (हिन्दी) के अध्ययन में निरुत्साह हो जाएँगे क्योंकि वे सोचेंगे संस्कृत और भाषा के बिना ही अंग्रेज़ी या उर्दू के द्वारा ही हम अपना उद्देश्य प्राप्त कर लेंगे। ऐसी स्थिति में हमें ग्रंथ के अंग्रेज़ी या उर्दू में अनुवाद करने के प्रयत्न की आवश्यकता नहीं जिससे सुपरिणाम के स्थान पर अन्त में दुष्परिणाम प्राप्त हो। पहले केवल शुद्ध संस्कृत और भाषा में पूर्ण हो जाने दीजिए, पश्चात् अन्य भाषाओं में अनुवाद करना आवश्यक समझा गया, तो आप सब अपनी इच्छानुसार जनहित की दृष्टि से कार्य करने में स्वतंत्र होंगे।"

उर्दू और अंग्रेज़ी भाषाएँ त्यागकर केवल संस्कृत और हिन्दी भाषाएँ अपनानेवाले दयानन्द सरस्वती अपने भाषा सम्बन्धी चिन्तन में स्पष्ट थे—31 जुलाई, 1879 ई. को वेदभाष्य का अंग्रेज़ी अनुवाद न प्रकाशित करने के सम्बन्ध में ऋषि दयानन्द ने मेडेम ब्लेवेटस्की को लिखा—"वेदभाष्य के अंग्रेज़ी अनुवाद करने और आपकी पत्रिका में प्रकाशित करने के आपके विषय में मेरा मत है कि कल्पना कीजिए कि वह प्रबन्ध सफलतापूर्वक कर भी दिया जाए, तो भी सबसे बड़ी बाधा यह है कि भारतवर्ष की आर्य जनता (अंग्रेज़ी के विद्यार्थी) मेरे वेदभाष्य के अंग्रेज़ी अनुवाद के प्रकाशित होने पर संस्कृत और हिन्दी का अध्ययन त्याग देगी। मेरे वेदभाष्य को समझने के लिए संस्कृत और हिन्दी का अध्ययन, जिसको वे कर रहे हैं, और जो मेरा मुख्य उद्देश्य है, नष्ट हो जाएगा, अतः वस्तुतः अंग्रेज़ी अनुवाद प्रधानतया केवल यूरोपीय विद्वानों के लिए लाभप्रद हो सकता है।

...इससे वेदभाष्य के हिन्दी-संस्करण के ग्राहकों की संख्या कम हो जाएगी और हमें प्रकाशन में बड़ी हानि होगी और सम्भवतः इसका यह परिणाम होगा कि हिन्दी अनुवाद सर्वथा बन्द हो जाएगा। यह निधि जहाँ से आप सेवा लेना चाहते हैं, समाप्त हो जाएगी और अन्तिम परिणाम हिन्दी अनुवाद सर्वथा बन्द हो जाएगा। हिन्दी का पूर्ण विनाश होगा और अंग्रेज़ी संस्करण ही अभीष्ट हो जाएगा।"

उन्नीसवीं शताब्दी में भाषा की अवस्था और ज़बान का सूरतेहाल अति विचित्र एवं जटिल परिस्थितियों से त्रस्त था। मानव सभ्यता और इनसानी तहज़ीब-ओ-तमद्दुन (सभ्यता और संस्कृति) एक-दूसरे के आमने-सामने खड़े थे क्योंकि इसका सवाल

उसके होने से जुड़ा हुआ है। उसका यह 'होना' उसकी भाषा में भी बयान होता है। भाषा का सवाल लिपि से जुड़ा हुआ है, लिपि का प्रश्न धर्म से जुड़ जाता है, धर्म सत्ता से गठजोड़ कर लेता है, सत्ता संवेदनशील से संवेदनशील प्रश्न का राजनीतिकरण कर देती है, राजनीति अपनी चाल चलती है। राजनीति को बस सत्ता से सरोकार है, सत्ता धर्म और संस्कृति का मनमाना उपयोग करती है, धर्म भी समाज में सत्ता चाहता है। धर्म संस्कृति का सर्वाधिक प्रयोग करता है। संस्कृति की अभिव्यक्ति अनिवार्य रूप से भाषा से जुड़ी है। अतः सत्ता अपनी मंशानुसार बड़ी कुटिलता से धर्म का भाषा से सम्बन्ध जोड़ सकती है। हालाँकि संस्कृतियाँ राष्ट्र के स्वरूप से बनती हैं, उसे बनाती हैं। एक राष्ट्र में अगर एक से अधिक कई संस्कृतियाँ हों तो भी भाषा एक हो सकती है। विश्व के लगभग सभी देशों में एक से अधिक धर्मों के लोग रहते हैं, किन्तु उन सभी की भाषा एक होने में कोई कठिनाई नहीं रही। भारत में ही मध्यदेश को छोड़कर अन्य सभी प्रान्तों के विभिन्न धर्मावलम्बी एक ही भाषा का प्रयोग करते रहे हैं। तमिलनाडु, महाराष्ट्र और बंगाल आदि में हिन्दू-मुसलमान तमिल, मराठी और बांग्ला का प्रयोग करते हैं, किन्तु मध्यदेश में ऐसी सहज स्थिति न रह पाई। वहाँ हिन्दी हिन्दुओं की उर्दू मुसलमानों की भाषा हो गई। आरम्भ में कूटनीति के तहत चली गई यह चाल पूरी तौर पर नहीं फिर भी बड़ी सीमा तक सफल रही। हिन्दी-उर्दू एक-दूसरे से दूर होती गईं—दोनों में एक-दूसरे से अलग होकर एक प्रकार की निष्प्राणता आई। सन् सत्तावन के संग्राम में अंग्रेज़ों ने हिन्दुओं-मुसलमानों की एकता की जिस ताक़त को पहचानकर भाषा विभेद का यह दुश्चक्र रचा था उस एकता की शक्ति को ख़ुद हिन्दू-मुसलमान नहीं समझ पाए। भाषा का प्रश्न सत्ता का खेल बन गया।

सन् 1882 के हंटर कमीशन ने शिक्षा के माध्यम के निर्धारण के प्रयास में भारत के लगभग सभी क्षेत्रों से विद्वानों, साहित्यकारों और प्रतिष्ठित जनों से राय माँगी। इस राय में हिन्दी का पलड़ा बहुत भारी रहा। नवीनचन्द्र राय, जस्टिस शारदाचरण मित्र, बंकिमचन्द्र चट्टोपाध्याय, केशवचन्द्र सेन, भूदेव मुखर्जी, राजेन्द्र लाल मित्र, अमृतलाल चक्रवर्ती, केशववामन पेठे, मुहम्मद सैयद अमीर अली और दयानन्द सरस्वती हिन्दी के पक्षधर थे। यह सूची अत्यन्त लम्बी थी, किन्तु हिन्दी और उर्दू के साथ धार्मिक आयाम जुड़ जाने के कारण दोनों के बीच के सौहार्द की बड़ी हानि हुई। उस समय का उच्च मुस्लिम समाज का वही अंश हिन्दी के विरोध में अधिक उग्र था जो हिन्दुस्तान में अपनी हुकूमत के दिनों को भुला नहीं पाया था। ऐसे लोग अब तक यह नहीं भूले थे कि वे विदेश से आए हुए लोगों की सन्तान हैं और उनकी मातृभाषा फ़ारसी है जिसका अवशिष्ट रूप उर्दू है। रोचक तथ्य यह है कि यदि किसी हिन्दी समर्थक या हिन्दू लेखक ने इन्हें विदेशी आक्रमणकारी कह दिया तो वह सम्प्रदायवाद से ग्रस्त मान लिया गया, किन्तु स्वयं को शुद्ध रक्त या शुद्ध हड्डी का बतानेवालों, विदेश में अपने पुरखों की दास्तान पर गर्वित होनेवालों, अपनी वंश परम्परा के जुड़े होने का बखान करनेवालों, उनसे अर्थात् कालान्तर से स्वयं को विदेश से आया हुआ बतानेवालों को किसी ने साम्प्रदायिक सौहार्द का पाठ नहीं पढ़ाया।

बीसवीं सदी के उत्तरार्द्ध और इक्कीसवीं सदी में इस तथ्य को झुठलाने का चाहे जितना भी प्रयास किया गया है, किन्तु विदेशी आक्रमणकारी इस्लाम के अनुयायियों की

संख्या एवं रंग-रूप तथा कालान्तर में भारतीय मुसलमानों की संख्या एवं रंग-रूप के आधार पर तार्किक तौर पर यह तथ्य स्थापित करते हैं कि भारतीय हिन्दुओं की बहुत बड़ी संख्या ने इस्लाम ग्रहण किया। इस तरह के भारतीय मुसलमान तथा अपनी शुद्ध हड्डी का आग्रह रखते हुए भी भारतीयता को पूर्णत: स्वीकारनेवाले कई लोगों ने हिन्दी को वरीयता दी। मियाँ हाफ़िज़ मुहम्मद अब्दुल रज़्ज़ाक़, नायब तहसीलदार, फ़तह आबाद, ज़िला हिसार, ने लिखा था, कि उर्दू बोली की अपेक्षा हिन्दी भाषा बहुत सुगम है। जैसी उर्दू छह वर्ष में आती है, वैसी हिन्दी पन्द्रह दिन में आ जाती है। इस देश की मातृभाषा हिन्दी सबको सीखनी चाहिए।

19 अगस्त, 1882 के पायोनियर में प्रकाशित एक संवाद के अनुसार, सर सैयद अहमद ख़ाँ के पुत्र सैयद महमूद (इलाहाबाद हाईकोर्ट के जज) ने शिक्षा आयोग की एक बैठक में कहा कि "हिन्दी और उर्दू का विवाद एक कठिन विषय है। उर्दू की अपेक्षा हिन्दी का प्रचार चाहनेवालों की संख्या बहुत अधिक है। मेरी समझ में उतना झगड़ा उर्दू तथा हिन्दी की भाषाओं का नहीं जितना देवनागरी तथा उर्दू अक्षरों का है। यदि आयोग यह निश्चय करे कि पश्चिमोत्तर प्रान्त के स्कूलों में हिन्दी का अधिक प्रचार हो, तो मैं सच्चे मन से इसका अनुमोदन करूँगा।" (पायोनियर, 19 अगस्त, 1882)

यद्यपि दोनों ही भाषाओं में मेल-मिलाप की कोशिश करवानेवाले लोग भी थे, किन्तु इनकी संख्या बहुत थोड़ी थी। ये लोग हिन्दी-उर्दू को होनेवाले नुकसान को समझ रहे थे। सन् 1901 ई. में हिन्दी मुहावरों और शब्दों के प्रयोग से घृणा पर सैयद अहमद देहलवी फ़ारहंग ने ज़िल्द अव्वल में उर्दू शिक्षित समाज की आलोचना की थी—"...जब से हमने लुग़ात की तहक़ीक़ में क़दम रखकर हिन्दी से वाक़िफ़ियत पैदा की तो देखा कि एक जहालत का पर्दा था जो हमारी आँखों से उठ गया और जान लिया कि दर हक़ीक़त यह जादू भरी ज़बान है, इसका जो गीत और बयान है बड़ा ही 'पुरअसर और ज़ीशान है।'" (गद्यकार बाबू बालमुकुन्द गुप्त : जीवन और साहित्य, नत्थन सिंह, विनोद पुस्तक मन्दिर, आगरा, 1959, पृ. 443)

हिन्दी समर्थकों की सामान्य हिन्दुस्तानी यानी भारत निवासी की आम प्रयोग की एक भाषा होने पर बड़ा बल था। इसे स्वीकृति देते हुए पंजाब के सैयद रमज़ान अली ने कहा—"बड़ा हिस्सा हमारी नित्य की बोलचाल का हिन्दी है। हिन्दी हमारी मातृ भाषा हो गई है—हिन्दुओं से हमारा ऐसा सम्बन्ध है जैसे सगे भाई फिर भी हम उनकी धर्म पुस्तकों और भाषाओं से एकदम कोरे हैं।" (वही, पृ. 443)

उर्दू साहित्य के इतिहासकार एहतेशाम हुसैन ने उर्दू की जन्मभूमि पंजाब और दिल्ली को माना है। उन्होंने अन्य आधुनिक भारतीय भाषाओं के जन्म काल के समान उर्दू के जन्म का समय भी 1000 ई. माना है। जिसके एक ओर हरियाणवी और दूसरी ओर खड़ी बोली थी। इसके पश्चिम में पंजाबी और दक्षिण-पूर्व में ब्रजभाषा थी। उर्दू से अरबी-फ़ारसी भाषा को सीधे जोड़कर उसे धार्मिक रंग देनेवाले भारतवर्ष की अन्य भाषाओं की स्थिति और हिन्दी-उर्दू की साझी सांस्कृतिक विरासत को नहीं देख पा रहे थे—"1000 ई. के बाद से भारतवर्ष में कई नई भाषाएँ दिखाई देने लगती हैं, इस बात का अनुमान लगाना कुछ कठिन नहीं है। 200 वर्ष बीत जाने के बाद जो मुसलमान भारतवर्ष में पैदा हुए होंगे और यहाँ के लोगों में घुल-मिल गए होंगे, उनकी मातृभाषा फ़ारसी

नहीं हो सकती थी, परन्तु धार्मिक और सांस्कृतिक कारणों से फ़ारसी-अरबी शब्दों का प्रयोग अनिवार्य रहा होगा और अनुमानत: वे जिस भाषा के क्षेत्र में रहते होंगे उसी क्षेत्र की भाषा का प्रयोग करते होंगे। सच यह है कि भाषा का कोई धर्म नहीं होता, सामाजिक आवश्यकताएँ उसको प्रचलित करती हैं। यदि हम भारतवर्ष की विभिन्न भाषाओं का इतिहास पढ़ें, तो हमें ज्ञात होगा कि भाषा से काम लेने के सम्बन्ध में हिन्दू-मुसलमान का भेद नहीं था। मुसलमानों ने ब्रजभाषा और अवधी में उसी प्रकार रचनाएँ की हैं, जिस प्रकार हिन्दुओं ने। भारतीय साहित्य के इतिहास में कुतबन, रसखान, जायसी और रहीम के नाम उसी आदर से लिये जाते हैं, जैसे तुलसीदास, सूर और मीरा के। इसलिए उर्दू-साहित्य के इतिहास को इसी दृष्टि से पढ़ना चाहिए, नहीं तो उसका सांस्कृतिक महत्त्व सामने नहीं आ सकेगा।" (उर्दू साहित्य का आलोचनात्मक इतिहास, एहतेशाम हुसैन, लोकभारती प्रकाशन, इलाहाबाद, पृ. 9)

उर्दू साहित्य के प्रसिद्ध इतिहासकार शम्सुर्रहमान फ़ारूक़ी उर्दू के विकास में फ़ारसी लिपि की उपलब्धि को उसका सौभाग्य मानते हैं। उन्होंने यह प्रमाणित करना चाहा है कि जिसे हिन्दी कहा जाता रहा वह असल में उर्दू थी। रहा सवाल उर्दू और उर्दू-ए-मुअल्ला का, तो ये शब्द भाषा के नाम के तौर पर उस समय तक इस्तेमाल में भी न थे। हमारी भाषा (अर्थात् वह भाषा जिसे हम आज उर्दू कहते हैं) का नाम शाहआलम के लिए 'हिन्दी' था और इसे शाहआलम ने क़िले में लाकर अभिजात वर्ग के लिए सम्मानजनक बनाया। वह संस्कृत समेत कई भाषाएँ जानता था। उसे 'हिन्दी' से विशेष लगाव था। वह इसके समर्थकों में था और स्वयं इस भाषा में कविता करता था। इन कारणों से, और इसलिए कि वह इसे दरबार में अनौपचारिक रूप से इस्तेमाल करता होगा, 'हिन्दी' को पूरे उत्तर भारत में सम्मान प्राप्त हुआ। इसमें बहुत कम सन्देह है कि यह 1770 का दशक रहा होगा जब वाक्यांश ज़बाने-उर्दू-ए-मुअल्ला का अर्थ फ़ारसी की बजाय 'हिन्दी' लगाया जाने लगा। मेरा विचार है कि ज़बाने-उर्दू-ए-मुअल्ला को आमतौर पर फ़ारसी की जगह 'हिन्दी' कहलाते-कहलाते 1790-1795 का ज़माना अवश्य आ गया होगा।" (उर्दू का आरम्भिक युग, शम्सुर्रहमान फ़ारूक़ी, राजकमल प्रकाशन, नई दिल्ली, 2007, पृ. 16)

फ़ारूक़ी उर्दू की बात करते-करते फ़ारसी का ज़िक्र करते हैं और यह भी स्पष्ट नहीं होने देते कि इस फ़ारसी बहुल भाषा का मूल ढाँचा किस भाषा का था। हालाँकि उर्दू का पहली बार ज़िक्र 1780 ई. में आया। फ़ारूक़ी मुसहफ़ी के दीवान से उद्धृत करते हैं—"अलबत्ता मुसहफ़ी को है रेख़्ते में दावा यानी कि है। जबाँ दाँ उर्दू की वो ज़बाँ का यहाँ प्रसंगवश उस 'हिन्दुस्तानी' शब्द का भी ज़िक्र कर लेना चाहिए जिसकी आगे चलकर महात्मा गांधी वकालत की।" (वही, पृ. 12) फ़ारूक़ी लिखते हैं—"औपनिवेशिक स्तर पर अठारहवीं शताब्दी के अन्त में अंग्रेज़ों और हिन्दुस्तानियों के बीच जो मामले रहे, उनमें अंग्रेज़ों ने देखा कि 'हिन्दी' ही हिन्दुस्तान की सर्वाधिक लोकप्रिय भाषा है। लेकिन उन्होंने 'हिन्दी'/'हिन्दवी' की जगह इस भाषा को 'हिन्दुस्तानी' नाम देना चाहा। इसके कई कारण थे। एक तो यह कि हिन्दुस्तान की सर्वाधिक लोकप्रिय भाषा का नाम 'हिन्दुस्तानी' ही इन्हें अधिक तर्कसंगत एवं व्याकरण के एतबार से सही मालूम होता होगा, जैसे इंगलिस्तान की मुख्य भाषा का नाम अंग्रेज़ी था, फ्रांस की मुख्यभाषा का फ्रांसीसी, जर्मनी की मुख्य भाषा का नाम जर्मन आदि। दूसरी बात यह थी कि

भाषा के नाम के तौर पर 'हिन्दुस्तानी' पूर्णतया अपरिचित भी न था। (अल्लामा सैयद सुलेमान नदवी ने इस नाम को सोलहवीं और सत्रहवीं की फ़ारसी कृतियों में पाया है)।" (वही, पृ. 17)

एक बार बँट जाने के बाद पुराना सद्भाव फिर नहीं लौटा, दरारें पड़ गईं। कायस्थ फ़ारसी बहुल उर्दू के जानकार होकर पहले फ़ारसी फिर उर्दू के शासन भाषा बनने और टिके रहने के सदा ही हिमायती थे। इसे हिन्दू विरोधी माना गया। इन कायस्थों पर भारतेन्दु हरिश्चन्द्र, प्रतापनारायण मिश्र, श्रीधर पाठक ने टिप्पणियाँ कीं। हिन्दुओं में पढ़ी-लिखी माने जानेवाली इस जाति से 20 अक्टूबर, 1884 के भारत जीवन में यह अनुरोध किया गया कि वे हिन्दी को अपनाकर हिन्दी आन्दोलन को सफल बनाने की चेष्टा करें—"यह प्राय: देखने में आता है कि हिन्दी का सभी हिन्दू मात्र अनुमोदन करते हैं पर कतिपय कायस्थ भ्राता इससे रूठे हैं। वह क्यों जब हिन्दुओं की, हिन्दुस्तानियों की, हिन्दुस्तानवासियों की यह भाषा है तब कायस्थ क्यों विरत होते हैं?...यह जाति हिन्दुओं में प्रधान, सभ्य, विद्वान गिनी जाती है। इनके निकल जाने से अलबत्ता हिन्दुओं का पलड़ा हल्का पड़ जाता है।" (भारत जीवन, 20 अक्टूबर, 1884, पृ. 4)

हिन्दुओं के मेले और पर्वों के लिए फ़ारसी में ही सूचना प्रसारित होने पर 21 अप्रैल, 1884 के भारत जीवन में यह प्रश्न उठाया गया कि यह पर्व हिन्दुओं का है कि मुसलमान व अंग्रेज़ों का है? पत्र लेखक पंडित विजयानन्द ने माँग की कि हिन्दुओं से सम्बद्ध सूचनाओं का प्रकाशन हिन्दी में होना चाहिए—"जब तक हम लोगों की शिक्षा व न्याय हमारी निज भाषा और अक्षर हिन्दी में न किया जाएगा, जब तक हम हिन्दुओं की आत्मा सच्चा सुख कभी नहीं पाएगी, तब तक सरकार का राज्य रामराज्य करके नहीं कहलाएगा।" 28 अप्रैल, 1884 के भारत जीवन में प्रतापनारायण मिश्र की ब्राह्मण से उद्धृत कविता प्रकाशित हुई थी, जिसमें 'उर्दू के आशिक राजा शिवप्रसाद' की हंटर कमीशन के समक्ष हिन्दी विरोधी गवाही पर कटाक्ष किया गया था—

हो के हिन्दू हिन्दी ही के जब नहीं यह यारी साज़,
क्या उमैद इनम है जुज नौ भेदवारी हाय-हाय॥

(वही, पृ. 6)

ब्राह्मण सम्पादक प्रतापनारायण मिश्र ने हिन्दी के समर्थन एवं विकास को समर्पित कर दिया था। उनके अनुसार आर्यावर्त न भी सही तो कम-से-कम 'हिन्दुस्तान' के सभी हिन्दू हिन्दी भाषा को अपनाएँ। उनका 'हिन्दी हिन्दू हिन्दुस्तान' पदबंध मुहावरा ही बन गया—

चहहु जु साँचहु निज कल्यान। तो सब मिलि भारत सन्तान॥
जपौ निरन्तर एक ज़बान। हिन्दी हिन्दू हिन्दुस्तान॥
रीझै अथवा खिझै जहान। मान होय चाहे अपमान॥
पै न तजौ रटिबै की बान। हिन्दी हिन्दू हिस्दुस्तान॥

(प्रतापनारायण ग्रंथावली, प्रथम खंड, सम्पा. विजय शंकर मल्ल, नागरी प्रचारिणी सभा, काशी, 1957, पृ. 349)

प्रतापनारायण मिश्र ने इसमें सभी भारत सन्तानों का आह्वान किया। उन्हें अन्य भाषाभाषियों एवं अंग्रेज़ सरकार से हिन्दी की उन्नति की कोई आशा नहीं थी। इलाहाबाद यूनिवर्सिटी के पाठ्यक्रम से हिन्दी हटाए जाने पर वे अत्यन्त आहत थे—"आज इलाहाबाद यूनिवर्सिटी ने हिन्दी को उठाकर यह सिद्ध कर दिया है कि उसमें हिन्दू जगत की ममता रखनेवाला कोई नहीं है—विदेशी भाषा, विदेशी भाव, विदेशी विचार, विदेशी व्यवहार, विदेशियों की जय-जयकार इत्यादि के ओट में अपनी ओर देखने का अवसर नहीं मिलता।...हिन्दू समुदाय जब तक हिन्दी के स्वादुग्राही, हिन्दी की ममता एवं सहानुभूति में तन-मन-धन से सच्चे उत्साही न होंगे, देशी-विदेशी, प्राचीन-नवीन सुलेखकों के समस्त भाव हिन्दी में न करेंगे तब तक किसी के लिए कुछ न होगा।" (ब्राह्मण, 15 अक्टूबर, 1889, पृ. 6-7)

प्रतापनारायण मिश्र एवं उन जैसे असंख्य हिन्दीभाषियों को इस बात का गहरा दुख था कि किसी भी भाषा के लिए आवश्यक सभी गुणों से सम्पन्न हिन्दी की ऐसी दुर्दशा क्यों है? हिन्दी के विद्वेषी और अन्यायी सरकार की सफलता के पीछे हिन्दी भाषियों का आलस्य और निकम्मापन है—"हिन्दी की भाषा सब भाषाओं से उत्तम है। विशेषत: हिन्दुओं का सच्चा गौरव, सच्चा लौकिक-पारलौकिक सुख सौभाग्य इसी पर निर्भर है—सब देश के मनुष्यों ही की नहीं वरंच जीव-जन्तुओं की भी एक स्वतंत्र बोली होती है और सबको अपनी बोली से ममता भी होती है—खेद है यदि ख़ुशामदी, स्वार्थ तत्पर, हृदयशून्य हिन्दू चिड़ियों से भी बह जाएँ। अन्याय है यदि गवर्नमेंट ऐसे बज्र मूर्खों पर भी दया न करे, जो डर और ख़ुशामद के मारे अपनी मातृभाषा के गले पर छुरी फिरते देखकर भी कुछ न टसक सकें। हे हिन्दुओ! हम जानते हैं कि तुम्हें अपनी भाषा का रत्ती भर मोह नहीं है नहीं तो सारसुधानिधि एवं भारतेन्दु आदि उत्तमोत्तम पत्र बन्द होते।...अपनी जाति का कुछ भी चिह्न बनाए रखना चाहते हो तो शीघ्र इलाहाबाद यूनिवर्सिटी की कुमंत्रणा को रोकने का उपाय करो, नहीं तो याद रखो कि जहाँ वर्तमान काल के वृद्ध और युवक मरे वहीं हिन्दी स्थान में हिन्दूपन की गंध भी न रह जाएगी।" (प्रतापनारायण ग्रंथावली, पृ. 349)

भाषा का प्रश्न कई स्तरों पर उलझा हुआ था। इस देश की भाषा, मातृभाषा, विदेशी भाषा, और सत्ता के प्रश्न एक-दूसरे से टकरा रहे थे। हिन्दी, उर्दू और अंग्रेज़ी के विद्वान, पत्रकार और प्रशासनिक अधिकारी अपनी-अपनी भाषा के पक्ष में संघर्षरत थे। भाषा का युद्ध हार जाने का अर्थ भारतीयों से अधिक और किसको पता होगा। 19 सितम्बर, 1878 के 'भारतमित्र' में मातृभाषा की दुर्दशा की चर्चा की गई। मातृभाषा में अख़बार निकालना हो तो कितनी सारी बाधाओं को पार कर एक सम्पादक कोई पत्र निकाल पाता है—"आजकल हम लोगों की मातृभाषा की जैसी दुरवस्था है और समाचार-पत्र पढ़ने से हम लोगों की समाजस्थ अधिकांश मनुष्यों की जैसी अरुचि है उसको देखके इस पत्र को प्रकाशित करने के पहले हमको यह आशा न थी कि इस हिन्दी भाषा मातृभाषा के सामयिक पत्र को हिन्दुस्तानी लोग आदर से ग्रहण करेंगे और इसी भय से यह पत्र प्रति सप्ताह में प्रकाशित न होके महीने में केवल दो बार प्रकाशित होता था। परन्तु इस पत्र की दो-तीन संख्या प्रकाशित होने पर बहुत से महाशयों ने इस पत्र को आश्रय प्रदान किया और इसके बहुत देर पर आने से अत्यन्त व्यथित हुए और अत्यन्त

उदारता के साथ वे लोग इसको प्रति सप्ताह प्रकाशित करने के लिए बारम्बार अनुरोध करते रहे। इन महाशयों के उदार वाक्यों से और ग्राहकों की वृद्धि होने पर हमारा पूर्वोक्त भय चित्त से दूरीभूत हुआ और उसके बदले में साहस का संचार हुआ। और इस पत्र को साप्ताहिक करने की इच्छा अत्यन्त बलवती हुई, परन्तु कई एक विशेष प्रबन्धकों से आशानुरूप फल लाभ करने में विलम्ब करना पड़ा, परन्तु जगदीश्वर की कृपा से शीघ्र ही उन प्रतिबन्धकों से मुक्ति लाभ हुआ और 'शुभस्य शीघ्रम्' इस महावाक्य को याद करके और देरी लगाना अनुचित मालूम पड़ा। इसलिए आज ही के दिन से यह पत्र प्रति सप्ताह में प्रति गुरुवार को एक बार प्रकाशित हुआ करेगा।" (भारतमित्र, 19 सितम्बर, 1878)

प्रतापनारायण मिश्र ने हिन्दी को 'सर्वगुण आगरी नागरी' कहा जिसका तात्पर्य सभी सद्गुणों से भरपूर होना था। कानपुर में हिन्दी के प्रचार-प्रसार के लिए रसिक समाज की स्थापना पर मिश्र जी ने लिखा—"भाषा की उन्नति के बिना देश की उन्नति सर्वथा असम्भव है और हमारी भाषा हिन्दी है तथा हिन्दी इस बात में अन्य भाषाओं से अधिक श्रेष्ठ है कि एक ही रूप से गद्य और पद्य दोनों का काम नहीं चलाती। गद्य के मैदान में अनवरुद्ध गति से तीक्ष्ण खड्ग की भाँति और पद्य की रंगभूमि में मनोहारिणी चाल से नाट्य कुशला सुन्दरी की नाईं चलने की सामर्थ्य रखती है—देश सुधारने की पहली सीढ़ी सर्वसाधारण के मध्य देश भाषा की रुचि उपजाना है।" (प्रतापनारायण ग्रंथावली, पृ. 113)

हिन्दी के पास अपनी बोलियों की शक्ति थी। ब्रजभाषा और अवधी की शक्ति से सम्पन्न हिन्दी भाषा के पास कविता की लम्बी परम्परा थी। इतने सद्गुणों के होते हुए शासक वर्ग की हिन्दी के प्रति नीयत ठीक नहीं थी—"क्या अभी यह प्रमाणित होने में कसर रह गई है कि नागरी अक्षर से बढ़कर इस लोक में कोई दूसरा अक्षर नहीं है और हिन्दी भाषा से सरल तथा भारतव्यापिनी दूसरी भाषा नहीं है और हम उत्तर-पश्चिमांचलवासियों की यही मातृभाषा है। फिर सिवाय दुर्भाग्य के क्या कहा जाए कि इतने पर भी हिन्दी दुत्कारी और छुछकारी जाती है। हमारे शासनकर्ता चाहते हैं कि इसका एक बेर ही मूलोत्पाटन हो जाए।" (भारतमित्र, 10 मई, 1890, पृ. 3)

बहुत से लेखकों-विचारकों का मत यह था कि हिन्दी और उर्दू दो अलग भाषाएँ नहीं बल्कि एक ही भाषा की दो शैलियाँ हैं। कुछ एक स्थानों को छोड़कर हिन्दी समर्थक लेखकों-पत्रकारों ने शान्ति की नीति अपनाई। भारतमित्र के सम्पादक बालमुकुंद गुप्त जी उस पथ के अनुयायी थे—"गुप्त जी व अन्य हिन्दी साहित्यकार व पत्रकार किसी भाषा का विरोध करने में प्रसन्न नहीं होते थे। आक्रमण-प्रत्याक्रमण को छोड़ दिया जाए तो उनमें से अधिकांश भारत में भाषाओं के शान्तिपूर्ण सहअस्तित्व के समर्थक थे। हिन्दी बरगद का वह पेड़ नहीं थी, जिसकी छाया तले अन्य भाषाओं के अंकुरों को विकसित होने का अवसर ही न मिले, वह तो अन्य भाषाओं की बड़ी बहन की तरह से थी, जो सबको बढ़ने का न केवल अवसर देती थी, बल्कि उसके विकास में सहायक भी थी। और उर्दू के लिए तो वह माँ की तरह थी। और आज उसकी पथभ्रष्ट बेटी अपनी माँ को ही सरे बाज़ार ज़लील करने पर तुली थी। उर्दू हिन्दी रूपी वृक्ष की एक टूटी डाल थी जिसे सरकार और कतिपय उत्साही मुसलमान प्रोत्साहन व संरक्षण का खाद-पानी देकर स्वतंत्र वृक्ष के रूप में खड़ा करना चाहते थे—"जिस भाषा को वे उर्दू कह रहे

हैं, वह हिन्दी से अलग नहीं है। उर्दू के आदि कवियों ने उस भाषा को हिन्दवी कहकर पुकारा है।" (हिन्दी का नवजागरण काल एवं भाषा विवाद, पृ. 140)

नवम्बर 1902 ई. में सरस्वती में हिन्दी-उर्दू के माँ-बेटी के रिश्ते की वकालत की गई। हिन्दी की बेटी उर्दू उससे बुरे बोल बोलती है फिर भी माँ हिन्दी उसे आशीर्वाद ही देती है—

उर्दू : अरी क्यों री चुड़ैल। तू मरकर भी नहीं मरती?

हिन्दी : बेटी! तू जुग-जुग जी, मुझे क्यों मार डाले? मैंने तेरा क्या बिगाड़ा है?

उर्दू : तेरे आछते मुझे राजगद्दी तो नहीं मिलती।

हिन्दी : ठीक है बेटी। कलियुग है न। तुझे इसी दिन के लिए बड़ी साध से जन्माया था। अच्छा, तेरे जी में जो आए सो कह, पर मेरी तो माता की आत्मा ठहरी, मैं तो आसीस ही दूँगी।" (सरस्वती, नवम्बर 1902, पृ. 359)

हिन्दी समर्थक हिन्दी-उर्दू में रिश्ते बनाने की कोशिश कर रहे थे, किन्तु वे एक सचाई को समझ नहीं पा रहे थे कि अंग्रेज़ों के षड्यंत्रों के कारण कुछ हद तक उर्दू भाषा मुसलमानों से जुड़ गई थी। "अधिकतर अहलकार केवल उर्दू जानते थे। नागरी लिपि से अनभिज्ञ थे। यदि उर्दू के बजाय हिन्दी को अपनाया जाता, तो या तो उन्हें हिन्दी सीखनी पड़ती, या नौकरी से हाथ धोना पड़ता। इस प्रकार भाषा के साथ रोज़ी का प्रश्न जुड़ गया। सरकार ने भी सोचा कि व्यावहारिक दृष्टि से इस आपत्ति में तर्क है। उर्दू के शिक्षित समाज ने भी हिन्दी का विरोध किया। उर्दू के अधिकांश समर्थक मुसलमान थे। उनके लिए भाषा का प्रश्न कोरा प्रशासकीय नहीं था। वह भावनोत्पादक तथा एक हद तक धार्मिक भी था। वे चिरकाल से फ़ारसी का प्रयोग कर रहे थे, और उन्हें यह सन्तोष था कि मुस्लिम शासन के चले जाने के बाद भी उसकी विरासत मौजूद है। उर्दू के प्रति उन्हें फ़ारसी के समान प्रेम हो गया था। उर्दू में उनका धार्मिक साहित्य भी लिखा जाने लगा था।

भारत की बहुलतापरक संस्कृति को देखते हुए कलकत्ता के बड़ा बाज़ार से समाचार 'सुधावर्षण' के सम्पादक श्यामसुन्दर सेन 1855 ई. में ही त्रिभाषा का फॉर्मूला सुझा रहे थे। कौम, वतन, राष्ट्र आदि शब्दों के व्यवहारकर्ताओं के साथ एक और दुर्घटना घटी—उनके भाषा सम्बन्धी विचारों को साम्प्रदायिकता का रंग दे दिया गया। पूरी उन्नीसवीं शताब्दी जिस भाषायी आलोड़न और संघर्ष से गुज़र रही थी उसमें हिन्दी-उर्दू को प्रतिगामी ठहरा दिया गया। इसी दौरान अंग्रेज़ी का प्रभुत्व क़ायम किया गया। हिन्दी-नवजागरण के अस्तित्व पर ही प्रश्न उठाया गया किन्तु उसे उसकी सशक्त उपस्थिति के कारण नकार न पाने की स्थिति में उसे पूर्णत: संकीर्णतावादी, जातिवादी, स्त्रीविरोधी, साम्प्रदायिक और पुनरुत्थानवादी प्रमाणित करने का प्रयास किया गया। मजे की बात यह है जिस औपनिवेशिक दृष्टि सम्पन्नता के कारण जिन बुद्धिजीवियों के दृष्टि पटल पर हिन्दी-नवजागरण की कोई भी, कैसी भी सकारात्मक छवि अंकित नहीं हुई उन्हीं के दिशा निर्धारक औपनिवेशिक शासकों को इनसे संकट का अनुभव हुआ था। कितने ही अख़बारों को बन्द किया गया, कितनी ही पुस्तकें निषिद्ध कर दी गईं, पत्रकारों-लेखकों को जेल जाना पड़ा। उनकी सम्पत्तियों की कुर्की हुई। अपनी राष्ट्रीयतावादी सोच के कारण उन्हें भय और आतंक के साये में जीना पड़ा। भारतीय

स्वाधीनता संग्राम में आज़ादी के दीवाने हिन्दी के लेखकों और पत्रकारों को बड़ी सुविधाजनक निर्ममता से भुला दिया गया।

अपनी सदी में बैठकर जब हम पिछली सदियों के सम्बन्ध में सोचते हैं तो झट निर्णायक की भूमिका में आ जाते हैं और किसी लक्ष्य के अन्तर्गत ऐसा वंचित जीवन जीनेवालों के बारे में मान बैठते हैं कि यह तो उनका कर्तव्य था, उन्होंने ऐसा क्यों किया, उन्हें वैसा करना चाहिए था जैसा आज हम उनके बारे में सोचते हैं। उन्नीसवीं सदी के विचारकों, विशेषकर हिन्दी के लेखकों, विचारकों और चिन्तकों पर बात करते समय ऐसे दृष्टिसम्पन्न बुद्धिजीवी उस तटस्थ नीति का पालन नहीं कर पाते जिसकी वे स्वयं वकालत करते हैं। इस सन्दर्भ में प्रोफ़ेसर मैनेजर पांडेय का देउस्कर के सम्बन्ध में किया गया मन्तव्य अत्यन्त महत्त्वपूर्ण है—"साम्राज्यवाद जब किसी देश पर क़ब्ज़ा करता है तब वह उसके भूगोल और इतिहास को ही नहीं वहाँ के लोगों के दिलो-दिमाग़ को भी अपना उपनिवेश बनाता है। यह काम 18वीं-19वीं सदियों के साम्राज्यवाद ने किया था और वही सब कुछ आजकल अमेरिका कर रहा है।" (देश की बात, देउस्कर, पृ. 22)

यहाँ इस रोचक सत्य पर ध्यान देना चाहिए कि हिन्दी-नवजागरण के जिन पुरोधाओं को 'साम्प्रदायिक' और 'देशी' कहकर भारतीय नवजागरण के वृत्त से, बल्कि वृत्त के बहुत बड़े अंश को काटकर छोटे वृत्त को बड़ा वृत्त करने का प्रयास किया जाता है, इन देशी मनीषियों को राजकोप का भाजन साम्प्रदायिक होने के कारण नहीं होना पड़ा था। निश्चय ही अंग्रेज़ इन बुद्धिजीवियों से सहमत न थे, नहीं तो जिन राष्ट्रचिन्तकों और देश-हितैषियों को उन्होंने राजद्रोह के अन्तर्गत दंडित किया उन्हें वे साम्प्रदायिकता के आरोप में दंडित करते।

इस मनोवृत्ति की पृष्ठभूमि में उर्दू अदालती भाषा बन गई। इसके कारण एक बड़ी सीमा तक सरकार का उद्देश्य रद्द हो गया। फ़ारसीदाँ अहलकार, वकील तथा अदालतों के अफ़सर, जो उर्दू लिखते थे, उसमें फ़ारसी के शब्दों की भरमार होती थी। कभी-कभी तो केवल क्रियाएँ, खड़ी बोली की होती थीं और वाक्य के अन्य सभी शब्द फ़ारसी के होते थे। कभी-कभी वाक्य रचना का आधार भी फ़ारसी का व्याकरण होता था। यह स्वाभाविक था, क्योंकि लिपि के साथ सम्बन्धित भाषा अपनी प्रतिभा तथा साज-सज्जा भी लाती है।" (स्वतंत्रता-पूर्व हिन्दी के संघर्ष का इतिहास, पृ. 36)

उर्दू से जुड़े मुस्लिम तथा अन्य धर्मों के लोग सत्ता से भी जुड़े हुए थे। उर्दू के शासन की भाषा न रहने पर उनके भी शासन से अपदस्थ होने का ख़तरा था। पश्चिमोत्तर प्रान्त में 1837 के जनभाषा प्रयोग के अदालती आदेश के पश्चात् भी फ़ारसी लदी उर्दू ही प्रचलन में रही। सन् 1840 में फिर एक आज्ञापत्र जारी किया गया जिसके अनुसार फ़ारसी भारग्रस्त उर्दू न लिखकर वह भाषा लिखी जाए तो फ़ारसी से पूरी तरह अनभिज्ञ हिन्दुस्तानी बोलता है। विचित्र स्थिति यह थी कि अधिकांश अंग्रेज़ अधिकारी यूँ तो इस बात को स्वीकारते थे कि हिन्दी ही इस प्रान्त की प्रशासकीय भाषा होनी चाहिए न कि समझने में अति कठिन फ़ारसी बहुल उर्दू, किन्तु हिन्दी के अदालत आदि के प्रयोग के क्रियान्वयन के समय उनके विचार निर्णय में परिणत नहीं होते थे। 1854 ई. में पुनः सरकारी दफ़्तरों के अफ़सरों को चेतावनी दी गई। इसके 22 वर्षों बाद यह आदेश फिर से दोहराया गया, किन्तु नतीजा वही 'ढाक के तीन पात'। यह तो तब था जब शासक

स्वयं फ़ारसी बहुल उर्दू की कठिनाइयों से परिचित थे। स्वयं अंग्रेज़ विद्वानों ने इस परम्परा की निन्दा की। ग्राउस ने लिखा कि आजकल की कचहरी की भाषा बड़ी कष्टदायक है, क्योंकि एक तो यह विदेशी है, और दूसरे इसे भारतवासियों का अधिकांश भाग नहीं जानता। ऐसे शिक्षित हिन्दुओं का मिलना कठिन नहीं है जो स्वतः इस बात को स्वीकार करेंगे कि कचहरी के मुंशियों की बोली को वे अच्छी तरह नहीं समझ सकते, और उसे लिखने में तो वे निपट असमर्थ हैं। इसका बड़ा भारी प्रमाण यह है कि क़ानूनों और गश्ती चिट्ठियों के सरकारी भाषानुवाद को तब तक कोई भी भलीभाँति नहीं समझ सकता जब तक कोई व्यक्ति अंग्रेज़ी से मिलाकर उन्हें न समझा दे। एक अन्य अंग्रेज़—फेड्रिक पिनकाट—ने भी इसी प्रकार के विचार व्यक्त किए—"जिन भारतवासियों की यह मातृभाषा बताई जाती है, उन्हें इसे अंग्रेज़ी की तरह स्कूलों में सीखना पड़ता है। और भारतवर्ष में यह विचित्र दृश्य दिखलाई देता है कि राजा और प्रजा दोनों अपना व्यवहार ऐसी भाषा द्वारा करते हैं, जो दोनों में से एक की भी मातृभाषा नहीं है।" (वही, पृ. 29)

भाषा के प्रश्न के साथ ही लिपि का प्रश्न जुड़ा है। देवनागरी लिपि की वैज्ञानिकता किसी प्रकार की शंका से परे है फिर भी उसमें खोट निकालने के अद्भुत प्रयास किए गए। स्वाभाविकतः देवनागरी लिपि के पक्षधरों ने आवाज़ उठाई हिन्दी का यह स्वाभाविक अधिकार तो था ही कि उसे सरकारी भाषा के रूप में अपनाया जाए; विभिन्न तर्कों से उसके पक्ष में लिखा गया। उच्चारण के अनुसार लिखित लिपियों में नागरी को सर्वोच्च स्थान प्राप्त है। इस सत्य को यूरोप के विद्वानों ने सराहना के साथ स्वीकार किया। प्रोफ़ेसर मोनियर विलियम्स ने कहा कि—"स्थूल रूप से यह कहा जा सकता है कि देवनागरी अक्षरों से बढ़कर पूर्ण और उत्तम अक्षर नहीं है।" आइजक पिटमैन इस निर्णय पर पहुँचे कि "संसार में यदि कोई सर्वांगपूर्ण अक्षर हैं तो देवनागरी के हैं।"

बम्बई हाईकोर्ट के मुख्य न्यायमूर्ति सर आर्सकिन पेरी ने नोट्स टू ओरियंटल केसेज की भूमिका में लिखा कि "एक लिखित लिपि की सर्वांगपूर्णता इसी से जान पड़ती है कि प्रत्येक शब्द का उच्चारण उसे देखने से ही ज्ञात हो जाए और यह गुण भारत के अन्य अक्षरों की अपेक्षा देवनागरी अक्षरों में अधिक पाया जाता है। इस कारण जिस भाषा का पढ़ना सीखने में यूरोप में कई वर्ष लग जाते हैं वह भारत में बहुधा तीन मास में ही आ जाती है।" (वही, पृ. 29)

इस प्रकार यह स्पष्ट होता है कि हिन्दी-नवजागरण ने जिन प्रश्नों का सर्वाधिक सामना किया उनमें से एक प्रश्न भाषा और लिपि का था। नवजागरण का प्रधान मोर्चा पत्रकारिता ने सँभाला था। 1826 में उदित मार्तंड के शुभारम्भ काल से ही भाषा का प्रश्न उनके चिन्तन का केन्द्रबिन्दु रहा। तत्पश्चात् 'बंगदूत' (1829), समाचार 'सुधावर्षण' (1854-68), भारतमित्र, हरिश्चन्द्र मैगज़ीन (1868), कविवचनसुधा (1873), सारसुधानिधि (1879-1890), उचित वक्ता (1880-1894), भारत जीवन, ब्राह्मण आदि सभी प्रमुख पत्रों में भाषा का प्रश्न छाया रहा। 16 अप्रैल, 1855 के समाचार 'सुधावर्षण' ने 'नागरी सीजन की आवश्यकता' शीर्षक से लिखा—"यह सत्य हम लोग अपनी आँखों से प्रत्यक्ष महाजनों की कोठियों में देखते हैं कि एक की लिखी हुई चिट्ठी दूसरा जल्दी नहीं बाँच सकता। चार-पाँच आदमी लोग इकट्ठे बैठ के ममा टटा काका घघा डडा कहि के फिर 'मिट्टी का घड़ा' बोल के निश्चय करते हैं। क्या दुख की बात है। कहिए तो अपने

पास से द्रव्य ख़र्च करके विद्यादान देने की बात तो दूर रही अपनी विद्या सीखना बड़ा ज़रूरी है। सब अक्षरों से देवनागरी अक्षर अति उत्तम सहज और सर्वदेश में प्रचलित हैं। इसको प्रथम सीखना, अनन्तर अपनी उपजीविका के लिए महाजनी अक्षर का अभ्यास कर लेना जिसके बाद जिस देस में बास करना उसके अक्षर को भी पहिचान रखना ये तीनों हिन्दुस्तानियों के लिए अति आवश्यक है।" (समाचार 'सुधावर्षण', 16 अप्रैल, 1853, सम्पा. श्यामसुन्दर सेन, कलकत्ता सम्पादकीय)

सखाराम गणेश देउस्कर की पुस्तक 'देश की बात' का एक अध्याय है—सम्मोहनः चित्तविजय। इस अध्याय में देउस्कर ने ब्रिटिश औपनिवेशिक सत्ता द्वारा भारतीयों को उनकी संस्कृति, इतिहास, धर्म, शिक्षा और जीवनयापन की शैली पर बड़ी जटिल और बारीक पद्धति से किए गए कार्यों और उसकी उपलब्धियों पर विस्तृत चर्चा की है। मैनेजर पांडेय इस पर टिप्पणी करते हुए कहते हैं—"औपनिवेशिक शासन में रहनेवालों की मानसिकता और उससे मुक्ति की प्रक्रिया का विवेचन 20वीं सदी के उत्तरार्द्ध में फ्रैंज, फैनन, एडवर्ड सईद और न्गूगी थियांगों जैसे विचारकों और लेखकों ने किया है। यह देखकर सुखद आश्चर्य होता है कि देउस्कर 19वीं सदी के अन्त और 20वीं सदी के आरम्भ में ही इस जटिल समस्या के बारे में इतने सजग हैं और उसका इतनी बारीकी से विश्लेषण करते हैं।" (वही, पृ. 22) ऐसा ही सुखद आश्चर्य भारतेन्दु हरिश्चन्द्र, बालमुकुन्द गुप्त, बालकृष्ण भट्ट, राधामोहन गोकुल, अम्बिकादत्त व्यास, दुर्गाप्रसाद मिश्र, अमृतलाल चक्रवर्ती, राधाचरण गोस्वामी आदि अनेक रचनाकारों को पढ़कर होता है। इन रचनाकारों की अपने देश के सम्बन्ध में सुचिन्तित समझ आश्चर्यचकित करती है। जिस साम्प्रदायिकता के लिए इन्हें 'त्याज्य' माना जाता है उसका मुख्य आधार ही सन्देहास्पद है। बीसवीं सदी की जिस साम्प्रदायिक वैमनस्य की भावना से भारत पीड़ित हुआ वह इन विचारकों की नहीं बल्कि अंग्रेज़ों की देन है। सन् 1890 ई. तक भारतवर्ष में हिन्दू-मुस्लिम दंगे नहीं हुए थे। कांग्रेस और मुस्लिम लीग जिस साम्प्रदायिक राजनीति का विषवमन कर रहे थे, उसका पथ प्रदर्शन 19वीं सदी के विचारकों ने नहीं किया था।

आज इक्कीसवीं सदी में धर्मान्तरित भारतीय मुस्लिम और ईसाई समाज की सचाई को स्वीकार कर लिया गया है। उसका सबसे बड़ा प्रमाण इन धार्मिक समुदायों की दलित जातियों द्वारा आरक्षण की माँग है। इस पर तृतीय अध्याय में यथास्थान विस्तृत चर्चा की जाएगी। धर्मान्तरण की यह प्रक्रिया जिस काल में जिनके सामने घटित हो रही थी उनके द्वारा इस विषय में मत प्रकाश किए जाने पर उन्हें साम्प्रदायिक घोषित कर देना अपनी विचारधारा को उन्नीसवीं सदी की वास्तविकता पर लादने की बीसवीं सदी की एक दुराग्रहपूर्ण चेष्टा ही कही जा सकती है। 1893 ई. में तत्कालीन दलित और शोषित हिन्दू समाज किस प्रकार पीड़ित था और ईसाई धर्म में धर्मान्तरित हो रहा था, उसे समझने के लिए 'नागरी नीरद' में प्रकाशित यह पूरा समाचार पढ़ना आवश्यक है, जिसमें सम्पादक का स्पष्ट मत है कि किसी के भी भूखों मरने से अच्छा है कि उसकी जाति चली जाए। समाज अगर अकाल में अन्न नहीं दे पाता तो यह उसकी कमी है। यहाँ यह भी उल्लेखनीय है कि 'नागरी नीरद' ने यह समाचार लखनऊ से प्रकाशित 'हिन्दोस्तानी' अख़बार से लिया था, जिससे पता चलता है कि हिन्दी के पत्रकार बौद्धिक बड़ी संख्या में तद्‌युगीन समस्याओं को सम्बोधित कर रहे थे—"हमारा लखनऊ का

सहयोगी 'हिन्दोस्तानी' लिखता है कि—सनातन धर्मोपदेशक यदि जनसंख्या की पिछली रिपोर्ट पर विचार करे और हिन्दुओं की संख्या को यथावत रखने का कुछ उपाय करे तो अतीव उचित होगा क्योंकि पिछली रिपोर्ट में मिस्टर स्टुअर्ट ने जहाँ और भी बातों पर कुछ-न-कुछ लिखा, वहाँ यह भी लिखा है कि—बस्ती में धर्म के विचार से हिन्दुओं और जैनियों की संख्या में अधिक ह्रास होता जाता है। उन्होंने लेखा करके बतलाया है कि यदि यही दशा रही तो कर्नाल और मलाबार के हिन्दू 126 वर्ष में ईसाई या दूसरा धर्न ग्रहण कर लेंगे क्योंकि मद्रास में ईसाई मत की अति वृद्धि हो रही है। मिस्टर स्टुअर्ट इसका विशेष कारण यह बतलाते हैं कि अकाल के दिनों में (यह प्रत्यक्ष है कि मद्रास में शीघ्र 2 अकाल पड़ता है।) दीन हिन्दू और कृषिकार शीघ्र ईसाई हो जाते हैं, क्योंकि पादरी साहिब उनकी सहायता करते और पका-पकाया भोजन देते हैं। यदि समाज में पुनः सम्मिलन की प्रथा का प्रचार हो जाए तो अवश्य बहुतेरे अकाल के पश्चात् धर्म परिवर्तन कर लें, परन्तु यहाँ तो इस कहावत के अनुसार चलते हैं कि 'एक बार गया तो सदा के लिए गया।' यदि सहयोगी के मत के अनुसार वे पुन: जाति में मिलाए जाएँ, तो कदाचित् दुष्काल के दिनों में उन्हें पादरी साहिब की रोटी भी न मिले, और उन्हें भूखों ही मर जाना पड़े। अत: उनके प्राण जाने के स्थान पर जाति जाना कुछ विशेष हानिकारक नहीं। परन्तु उन्हें अकाल में अन्न देने का उपाय यदि हो सके तो बहुत ही उत्तम हो, अथवा ऐसे लोगों की एक पृथक् जाति हिन्दुओं में भी बना ली जाए, तो हमारी समझ में कोई हानि नहीं है। परन्तु इसमें कुछ सन्देह नहीं कि इस पर विचार होना अत्यावश्यक है।" (नागरी नीरद, साप्ताहिक पत्र, वर्ष 1, मिरजापुर, मि. द्वितीयाषाढ़, शु. गुरुवार, संख्या, 1950 वि., 20 जुलाई, 1893 ई., बिन्दु 45, पृ. 1)

इसी अंक में 'भारत में सिविल परीक्षा' शीर्षक के अन्तर्गत सर सैयद अहमद ख़ाँ द्वारा भारत में सिविल परीक्षा के न होने का समर्थन करने पर उनके 'सदा से राज्य कर्मचारियों के सुर में सुर' मिलाने का उल्लेख है। यहाँ यह उल्लेखनीय है कि हिन्दी के कुछ आलोचकों ने हिन्दी-नवजागरण काल के बौद्धिक साहित्यकारों को जिन बिन्दुओं पर साम्प्रदायिक कहा है उनमें से एक प्रमुख बिन्दु भाषा है, जिसकी अगले अध्याय में विस्तृत चर्चा की जाएगी। भाषा और उसकी सत्ता के संघर्ष में जिन हिन्दी के बौद्धिकों ने सर सैयद अहमद ख़ाँ का विरोध किया, वे सभी साम्प्रदायिक और प्रतिक्रियावादी घोषित कर दिए गए। इस घोषणा में यह चालाकी बरती गई कि कुछ हिन्दी रचनाकारों ने सर सैयद अहमद ख़ाँ को हिन्दी और हिन्दू विरोधी ही नहीं, ग़रीब, निम्नवर्ग के मुस्लिम विरोधी वक्तव्यों को कभी सामने नहीं लाया गया। उन्हें सदा ओट में कर दिया गया। इससे सर सैयद के हिन्दी और हिन्दू विरोधी रूप को ढाँपने के साथ उनके समाज सुधारक रूप को 'महान' बनाने में भी सहायता मिली। मामूली-सी तरकीब थी और हिन्दी-नवजागरण के रचनाकार, साम्प्रदायिक, पुनरुत्थानवादी, पिछड़े हुए, प्रतिक्रियावादी यहाँ तक कि सरकार का विरोध सहनेवाले, कुर्की झेलनेवाले, जेल का भय झेलनेवाले, यहाँ तक कि जेल जानेवाले तक, राष्ट्रभक्त, राजभक्त तक घोषित कर दिए गए। आचार्य रामचन्द्र शुक्ल ने ऐसे कुछ उदाहरणों को सामने रखा तो उन्हें भी उसी कोटि में डाले जाने की कुचेष्टा हुई। क्या असाम्प्रदायिक होने के लिए 'हिन्दी को गँवारों और असभ्यों की भाषा' सुनकर चुप रह जाना श्रेयस्कर था। सर सैयद और उनके अनुयायी तो उर्दू के पक्ष में

खड़े थे, खुलकर खड़े थे। भारतेन्दु हरिश्चन्द्र और उनके समकालीन हिन्दी के पक्ष में खड़े थे और खुलकर खड़े थे। दोनों बौद्धिक समाज अपनी-अपनी भाषायी अस्मिता के लिए संघर्षरत थे। ऐसे में एक समाज मातृभाषा प्रेमी और दूसरा प्रतिक्रियावादी क्योंकर हो गया? भारतेन्दु हरिश्चन्द्र ने उर्दू का स्यापा लिखा। क्यों लिखा? उत्तर आता है कि क्योंकि वे उर्दू के विरोधी थे। यह पूछा जाना चाहिए था कि वे उर्दू के विरोधी क्यों थे? नहीं पूछा गया। बस एक तथ्य भजन की टेक की तरह बार-बार दोहराया गया, भारतेन्दु हरिश्चन्द्र और उनके समकालीन उर्दू विरोधी थे। कभी भी यह नहीं बताया गया कि सर सैयद अहमद ख़ाँ और उनके समर्थक हिन्दी विरोधी थे। भयंकर हिन्दी विरोधी।

किसी भी देश में, किसी भी काल में, किसी के भी द्वारा, किसी की भाषा का विरोध करने पर कोई क्या आशा करता है? जिसका विरोध किया जा रहा है, उस भाषा के लोग चुप बैठें? इसलिए कि चुप न बैठने पर उन्हें साम्प्रदायिक घोषित कर दिया जाएगा?

ऐसे ही विरोध करनेवाले अपनी भाषा के समर्थन में खड़े हैं तो उनका विरोध क्योंकर नहीं होगा? क्योंकर नहीं किया जाना चाहिए? निर्बल से निर्बल भाषा समूह अपनी भाषा की रक्षा के लिए लड़ता है, उसे प्रशंसा मिलती है। उसका सम्मान किया जाना चाहिए किन्तु यही बात हिन्दी पर लागू नहीं होती। जब सर सैयद ने उर्दू के अधिकार के लिए हिन्दी को तिरस्कृत किया तो हिन्दी के पक्ष के बौद्धिक उर्दू को कैसे दुलारते? दुलारना छोड़िए, क्या उन्हें अपनी भाषा के पक्ष में खड़े होने का अधिकार नहीं था?

अपनी भाषा की अस्मिता की रक्षा के लिए एक समूह 'साम्प्रदायिक' और एक समूह 'प्रगतिशील' घोषित कर दिया गया। दोनों विरोधी पक्षों के वक्तव्यों को सामने रखकर विश्लेषण करने की ईमानदारी तक नहीं दिखाई गई। किसी ने प्रयास भी किया तो उसे भी 'साम्प्रदायिक' वाली उसी कोटि में डाल दिया गया जिससे संक्रमित व्यक्ति समाज और देश के धर्मनिरपेक्ष ढाँचे के लिए ख़तरनाक था।

बहरहाल उन्नीसवीं सदी के हिन्दी बौद्धिक भविष्य के इन अन्यायपूर्ण आक्षेपों और श्रेणीबद्धताओं से पूर्णत: अनभिज्ञ अपनी भाषायी अस्मिता के लिए यथाशक्ति संघर्षरत रहे। कहना न होगा कि उनके संघर्षों का ही फल जिससे आज उन्हें साम्प्रदायिक कहनेवाले पूर्णत: लाभान्वित हैं।

उन्नीसवीं शताब्दी में भारतीय समाज निश्चित तौर पर धार्मिक धड़ों में विभाजित था—हिन्दू और मुसलमान दो मुख्य धार्मिक सम्प्रदाय थे। इस सदी की पिछली कई सदियों से मुस्लिम शासकों का आधिपत्य था, हिन्दुओं के मन में उसकी कसक भी थी। विशेषकर उन स्थानों पर जहाँ किसी मुस्लिम शासक ने उनके धर्म पर अत्याचार किया हो। भारत एक धर्मप्रवण देश रहा है। धर्म उसके जीवन के हर क्षेत्र में प्रमुख रहा है, आज इस इक्कीसवीं सदी में भी है। बीसवीं सदी में हिन्दू-मुस्लिम राजनीति में धर्म का जैसा विकृतिकरण किया था, कहें कि धर्म की जैसी राजनीति थी वैसी उन्नीसवीं सदी में नहीं थी। उन्नीसवीं सदी में हिन्दू और मुसलमान दोनों समुदायों के विचारकों ने अपने-अपने सम्प्रदाय की उन्नति चाही। इसमें कोई सन्देह नहीं कि दोनों धर्मों के सुधारकों ने अपने-अपने धर्म में फैली कुरीतियाँ दूर करने का प्रयास किया, उन्हें बदलते समय की आवश्यकताओं और कर्तव्यों से परिचित करवाने का प्रयत्न किया। इस अर्थ में दोनों ही सम्प्रदायों के नेता अवश्य ही साम्प्रदायिक थे, किन्तु बीसवीं सदी के जिस

कलुषतापूर्ण वैमनस्य का सारा ठीकरा उन्नीसवीं सदी पर फोड़ा जाता है। वह कुछ उचित प्रतीत नहीं होता।

1900 ई. तक आते-आते इस भाषायी संघर्ष में हिन्दी को स्थान मिलने लगा। हिन्दी की समृद्धि के लिए हिन्दी-नवजागरण के पुरोधाओं ने अपना सर्वस्व लगा दिया। बिहार हिन्दी और देवनागरी के प्रयोग में प्रथम रहा। बिहार ने हिन्दी का प्रयोग उन्नीसवीं सदी में ही आरम्भ कर दिया। भूदेव मुखर्जी ने हिन्दी के उन्नयन में अप्रतिम भूमिका का निर्वाह किया। कांग्रेस के अस्तित्व में आने के बाद हिन्दी को एक राजनैतिक आश्रय मिला, किन्तु इस भ्रम का निवारण, कि हिन्दी को उसका प्राप्य मिल गया, शिवपूजन सहाय के 1941 में दिए वक्तव्य से हो जाता है। हिन्दी और हिन्दुस्तानी के उलझे प्रश्न पर आचार्य शिवपूजन सहाय हिन्दी और हिन्दुस्तानी शीर्षक से लिखते हैं—"हिन्दी ही भारत की राष्ट्रभाषा है।" यह बात जिन महानुभावों के लिए असह्य हो उठी, उन्हीं सज्जनों ने हिन्दीवालों को चिढ़ाने के लिए 'हिन्दुस्तानी' शब्द की सृष्टि की। जो महाशय हिन्दी को राष्ट्रभाषा के गौरव-मंडित सिंहासन पर आसीन देखकर भीतर ही भीतर कट रहे हैं, वे ही चाहते हैं कि हिन्दी का मुकुट उतारकर हिन्दुस्तानी के सिर पर सजा दें। पर यह काम तब तक होने का नहीं जब तक हिन्दी के करोड़ों पृष्ठ-पोषकों के कानों में 'हिन्दी-हिन्दू-हिन्दुस्तान, सब मिल बोलो एक ज़बान' के समान प्राचीन 'प्रतापी' पद की ध्वनि गूँजती रहेगी। हिन्दी वालों को अपने संख्या बल पर अभिमान नहीं है, उन्हें अभिमान है अपनी भाषा (हिन्दी) के सौन्दर्य का। वे हिन्दी की अनिर्वचनीय शक्तियों का ज्ञान रखते हुए दूसरी भाषा को राष्ट्रभाषा के रूप में कदापि स्वीकृत नहीं कर सकते। जो लोग यह समझ रहे हैं कि भारत के सभी प्रान्तों के निवासियों के समझने योग्य हिन्दी भाषा नहीं है या नहीं हो सकती, वे हिन्दी के अलौकिक गुणों से परिचित नहीं हैं। भारत में केवल हिन्दी ही एक ऐसी भाषा है, जिसे सभी प्रान्तों के निवासी सुगमता से समझ सकते हैं और बोल भी सकते हैं। ऐसी स्थिति में 'हिन्दुस्तानी' नाम धारिणी किसी भाषा की आवश्यकता ही नहीं है। हिन्दी स्वयं इतनी अधिक समर्थ है कि सभी प्रान्तों के निवासियों के विचार-विनिमय का माध्यम बन सके। बंगाल, महाराष्ट्र, गुजरात आदि प्रान्तों की तो कोई बात ही नहीं, हमारे मुसलमान भाइयों के पढ़ने-समझने योग्य हिन्दी भी लिखी जा सकती है और पहले भी लिखी जा चुकी है। अब तक हिन्दी भाषा अरबी, फ़ारसी, तुर्की, अंग्रेज़ी आदि विदेशी भाषाओं के हज़ारों शब्दों को पचाकर पर्याप्त शक्ति अर्जित कर चुकी है। इस प्रकार वह मुसलमान भाइयों के साथ-साथ ईसाई और पारसी भाइयों के लिए भी सुबोध होने की पूरी योग्यता रखती है। जैन, बौद्ध और सिक्ख भाइयों की क्या कथा, उनका तो बहुत कुछ साहित्य हिन्दी में भी है। फिर, यह 'हिन्दुस्तानी' बीच में टाँग अड़ानेवाली कौन?" (राष्ट्रभाषा और हिन्दी, शिवपूजन सहाय, आचार्य शिवपूजन सहाय स्मारक न्यास, पटना, 1993, पृ. 1)

शिवपूजन सहाय हिन्दुस्तानी को हिन्दी के विरुद्ध षडयंत्र मानते हैं। फ़ारसी बहुल उर्दू के बरक्स हिन्दी में संस्कृत शब्दों की भरमार का लांछन लगानेवालों पर वे अत्यन्त कुपित हैं। हिन्दी को उसके स्थान से अपदस्थ करने के लिए हिन्दुस्तानी नाम की गढ़ी गई भाषा की कृत्रिमता पर आचार्य शिवपूजन उसके अस्तित्व को नकारने को कहते हैं—"हिन्दी को अपदस्थ करने के लिए ही 'हिन्दुस्तानी' नाम की एक नई भाषा गढ़ी गई है, जिसमें न मौलिकता है और न स्वाभाविकता। जिस कार्य की सिद्धि का बहाना

करके हिन्दी का रास्ता रोकने के लिए हिन्दुस्तानी खड़ी की गई है, उस कार्य की सिद्धि में स्वयं हिन्दी ही सर्वथा समर्थ है। दूसरी किसी भाषा को कोई अधिकार नहीं कि हिन्दी का ईश्वर-दत्त स्थान छीनने का दुस्साहस करे। अपने देशवासियों को अपने मन की बात समझाने के लिए राष्ट्रपति मौलाना अबुल कलाम आज़ाद साहब और सीमान्त गांधी, अब्दुल गफ़्फ़ार ख़ाँ जिस सरल भाषा का उपयोग करते हैं, वह भी हिन्दी ही है, और अपने गूढ़-गम्भीर समीक्षात्मक विचारों को व्यक्त करने के लिए आचार्य रामचन्द्र शुक्ल जिस प्रौढ़ भाषा का सहारा लेते हैं, वह भी हिन्दी ही है। गहन दार्शनिक विचारों को प्रकट करने के लिए हिन्दी में जितनी क्षमता है, उतनी ही क्षमता ठेठ देहाती किसान को उसके हित की बात सीधी तरह समझाने की भी है। हिन्दी अपने पांडित्य प्रदर्शन से बड़े-बड़े विद्वानों का भी मनोरंजन एवं ज्ञानवर्धन कर सकती है और अपने सारल्य सौरभ से अपढ़ किसान के लिए भी हृदयग्राहिणी बन सकती है—चाहे वह हिन्दू हो या मुसलमान। कोई कारण नहीं कि हिन्दी में ऐसी अनुपम विशेषता रहते हुए 'हिन्दुस्तानी' राष्ट्रभाषा का दम भरे या दम्भ करे। भारतवासियों को यदि अपने विचारों के परस्पर आदान-प्रदान के लिए किसी भाषा की आवश्यकता है तो वह भाषा हिन्दी ही हो सकती है, हिन्दुस्तानी नहीं।" (वही, पृ. 2)

आचार्य शिवपूजन सहाय इस मत पर स्पष्ट हैं कि हिन्दी भाषी लोकभाषा और राष्ट्रभाषा के अन्तर को समझते हैं इसलिए जो लोग लोकभाषा कहकर हिन्दी को गम्भीर भावों के वहन के लिए अभी तक अनुपयुक्त समझते हैं उन पर वे सदय नहीं हैं। वे पूछते हैं कि हिन्दुस्तानी को लोकभाषा मान लेने से क्या हिन्दी को राष्ट्रभाषा मान लिया जाएगा? अगर नहीं तो फिर इस उलझाव की आवश्यकता क्या है? आचार्य शिवपूजन सहाय हिन्दी की शक्ति के प्रति आश्वस्त हैं। वे हिन्दी भाषा के प्रश्न को इस नए नाम से उलझाए जाने का तीव्र विरोध करते हैं—"विदेशी सरकार और स्वदेशी सरकार की सम्मिलित शक्ति का करावलम्बन पाकर ही हिन्दुस्तानी बरबस हिन्दी को घूर रही है। किन्तु प्रत्येक हिन्दी भाषाभिमानी का यह प्रमुख कर्तव्य है कि अपने राष्ट्र के उन्नायक नेताओं में सम्पूर्ण श्रद्धा रखते हुए भी हिन्दी के अधिकार हनन का प्रचंड विरोध करे। साथ ही, अपने संगठित प्रयत्नों द्वारा सरकार को भी यह सुझा दे कि हिन्दुस्तानी हम पर बलपूर्वक लादी नहीं जा सकती, हम बहुत पहले से ही हिन्दी को शिरोधार्य कर चुके हैं। 'हिन्दी' नाम हमें इतना अधिक प्यारा है कि राष्ट्रीयता के नाम पर हम उसे 'हिन्दुस्तानी' से बदल नहीं सकते। सरकार या कांग्रेस जो काम हिन्दुस्तानी से लेना चाहती है, वही काम हिन्दी से क्यों नहीं लेती? हिन्दी तो हिन्दुस्तानी से भी बढ़कर काम कर सकती है। फिर नया नाम चुनने का औचित्य क्या है?

कहा जाता है कि नागरी और फ़ारसी लिपियों में समान रूप से लिखी जाने योग्य एक भाषा की आवश्यकता है और वह भाषा हिन्दी न होकर हिन्दुस्तानी हो सकती है। यह झूठा बहाना है। हिन्दी भी ऐसी शैली में सफलतापूर्वक लिखी जा सकती है कि फ़ारसी लिपि बड़ी सुविधा के साथ उसे अपना सके। फिर, हिन्दुस्तानी को 'दही में मूसर' बनाने का क्या अभिप्राय है? वास्तव में वही पूर्वोक्त अभिप्राय है कि कुछ महाशयों और कुछ साहबों को 'हिन्दी' नाम से चिढ़ है और वे अपनी इस चिढ़ को मिटाने के लिए 'हिन्दुस्तानी' नाम लेकर हिन्दीवालों को चिढ़ाना चाहते हैं। इसलिए, हिन्दुस्तानी

के रूप में हिन्दी के मुखड़े पर 'मिट्टी का चेहरा' बाँधा गया है। पर, यह स्वाँग टिकाऊ न होगा, क्योंकि कृत्रिम है, नैसर्गिक नहीं।" (वही, पृ. 1) हिन्दी का यह सौभाग्य रहा कि उसे आरम्भ से ही संघर्षों का सामना करना पड़ा। पहले उसे फ़ारसी फिर अंग्रेज़ी से जूझना पड़ा। अंग्रेज़ी से अब भी जूझना पड़ रहा है।

फ़ारसी और उर्दू के शासन में प्रभुत्वशाली रहते हुए हिन्दी ने जिन-जिन बाधाओं का सामना किया उससे अधिक बाधाएँ अंग्रेज़ी ने उत्पन्न कीं। अंग्रेज़ी ने उसे इस देश की सरकारी 'राष्ट्रभाषा' होने के गौरव से वंचित ही रखा है। पूरी उन्नीसवीं सदी हिन्दी- उर्दू का सामना करती रही, साथ ही सिर उठाकर पंजे फैलाती अंग्रेज़ी का संकट भी पहचानने लगी। अंग्रेज़ी का जो संकट 1835 में उत्पन्न हुआ उसने बीसवीं सदी में हिन्दी का पीछा न छोड़ा।

उन्नीसवीं सदी के इस भाषायी वातावरण और हिन्दी-उर्दू का यह विशद विवरणों से भरा विश्लेषण गांधी जी की 'राष्ट्रभाषा हिन्दुस्तानी' के उल्लेख के बिना अधूरा रह जाएगा। बीसवीं शताब्दी के आरम्भ में भारत की भाषायी समस्या का रूप गांधी जी के इस कथन से स्पष्ट हो जाता है। शिक्षा शीर्षक से गांधी जी ने 1909 में 'हिन्द स्वराज' में लिखा—"मुझे तो लगता है कि हमें अपनी सभी भाषाओं को उज्ज्वल-शानदार बनाना चाहिए। हमें अपनी भाषा में ही शिक्षा लेनी चाहिए—इसके क्या मायने हैं, इसे ज़्यादा समझाने का यह स्थान नहीं है। जो अंग्रेज़ी पुस्तकें काम की हैं, उनका हमें अपनी भाषा में अनुवाद करना होगा। बहुत से शास्त्र सीखने का दम्भ और वहम हमें छोड़ना होगा। सबसे पहले तो धर्म की शिक्षा या नीति की शिक्षा दी जानी चाहिए। हर एक पढ़े-लिखे हिन्दुस्तानी को अपनी भाषा का, हिन्दू को संस्कृत का, मुसलमान को अरबी का, पारसी को फ़ारसी का और सबको हिन्दी का ज्ञान होना चाहिए। कुछ हिन्दुओं को अरबी और कुछ मुसलमानों और पारसियों को संस्कृत सीखनी चाहिए। उत्तरी और पश्चिमी हिन्दुस्तान के लोगों को तमिल सीखनी चाहिए। सारे हिन्दुस्तान के लिए जो भाषा चाहिए, वह तो हिन्दी ही होनी चाहिए। उसे उर्दू या नागरी लिपि में लिखने की छूट होनी चाहिए। हिन्दू-मुसलमानों के सम्बन्ध ठीक रहें, इसलिए बहुत से हिन्दुस्तानियों का इन दोनों लिपियों को जान लेना ज़रूरी है। ऐसा होने से हम आपस के व्यवहार में अंग्रेज़ी को निकाल सकेंगे।" (हिन्द स्वराज, मोहनदास कर्मचन्द गांधी, नवजीवन ट्रस्ट, वाराणसी, 1909, पृ. 92)

सबसे पहले गांधी जी अपनी भाषाओं पर बल देते हैं। पुस्तकें उपलब्ध न होने का रोना रोनेवालों को अनुवाद का मार्ग सुझाते हैं। और सबको अपने नैतिक बल बढ़ाने को कहते हैं। ध्यान देने योग्य बात यह है कि गांधी सभी को अपने धर्मानुसार भाषा सीखने को कह रहे हैं। भड़ौच में आयोजित दूसरे अधिवेशन में सभापति पद से भाषण देते हुए गांधी जी ने कहा था कि शिक्षा के माध्यम पर विचार के साथ राष्ट्रीय भाषा पर भी विचार करना होगा। फिर वे राष्ट्रीय भाषा (राष्ट्रभाषा) के लक्षणों की बात करते हैं। वे हैं—प्रथमत: वह भाषा अमलदारों के लिए सरल होनी चाहिए। द्वितीयत: समस्त भारतवर्ष उस भाषा द्वारा आपसी धार्मिक, आर्थिक और राजनैतिक व्यवहार कर सके। तृतीयत: भारत का बहुलांश उस भाषा का प्रयोग करता हो। चतुर्थत: राष्ट्र के लिए वह भाषा सरल हो और अन्तत: हमें उस भाषा पर विचार करते समय किसी क्षणिक स्थिति पर बल नहीं देना चाहिए।

गांधी जी कहते हैं कि प्रथम लक्षण को आख़िर में रखना चाहिए था फिर भी उन्होंने सबसे पहले रखा। गांधी जी कहते हैं कि अंग्रेज़ी भी अमलदारों के लिए सरल नहीं है। इस देश से धीरे-धीरे अंग्रेज़ कम होंगे और हिन्दुस्तानियों की संख्या बढ़ेगी। हिन्दुस्तानियों के लिए किसी भी हिन्दुस्तानी भाषा की तुलना में अंग्रेज़ी अधिक कठिन है, इसे हर कोई स्वीकार करेगा—इसके बाद गांधी जी दूसरे, तीसरे, चौथे और पाँचवें लक्षण पर विचार करते हैं—"दूसरे लक्षण पर विचार करने से हमें पता चलता है कि जब तक अंग्रेज़ी भाषा को हमारा जनसमाज बोलने न लग जाए, जब तक यह मुमकिन न हो, तब तक हमारा धार्मिक व्यवहार अंग्रेज़ी में चल ही नहीं सकता। समाज में अंग्रेज़ी का इस हद तक फैल जाना नामुमकिन मालूम होता है।

तीसरा लक्षण अंग्रेज़ी में हो ही नहीं सकता, क्योंकि वह भारतवर्ष के बहुजन समाज की भाषा नहीं।

चौथा लक्षण भी अंग्रेज़ी में नहीं, क्योंकि सारे राष्ट्र के लिए वह इतनी आसान नहीं।

पाँचवें लक्षण का विचार करने से हमें पता चलता है कि आज अंग्रेज़ी भाषा को जो सत्ता प्राप्त है, वह क्षणिक है। चिरस्थायी स्थिति तो यह है कि हिन्दुस्तान में जनता के राष्ट्रीय कामों में अंग्रेज़ी भाषा की ज़रूरत कम ही रहेगी। हाँ, अंग्रेज़ी साम्राज्य के व्यवहार में उसकी ज़रूरत होगी। यह दूसरी बात है कि वह साम्राज्य के राज्य-व्यवहार की भाषा होगी। उस व्यवहार के लिए अंग्रेज़ी की ज़रूरत होगी। हम कहीं भी अंग्रेज़ी भाषा से द्वेष नहीं करते। हमारा आग्रह तो यही है कि हम उसे उसकी मर्यादा से बाहर बढ़ने देना नहीं चाहते। साम्राज्य की भाषा तो अंग्रेज़ी ही रहेगी जिस कारण हम अपने मालवीय जी, शास्त्री जी और बैनर्जी वगैरा को उसे सीखने के लिए बाध्य करते हैं। और यह विश्वास रखेंगे कि वे दूसरे देश में हिन्दुस्तान की कीर्ति फैलाएँगे। किन्तु राष्ट्र की भाषा अंग्रेज़ी हो ही नहीं सकती। अंग्रेज़ी को राष्ट्रभाषा बनाना देश में 'अस्पेरेंटो' को दाख़िल करना है। अंग्रेज़ी को राष्ट्रीय भाषा बनाने की कल्पना हमारी निर्बलता की निशानी है। 'अस्पेरेंटो' (Esperanto) का प्रयास निरे अज्ञान का सूचक होगा।

तो फिर किस भाषा में ये पाँच लक्षण मिलते हैं? हमें यह क़बूल कर ही लेना होगा कि हिन्दी भाषा में ये सब लक्षण हैं।

हिन्दी भाषा मैं उसे कहता हूँ, जिसे उत्तर में हिन्दू और मुसलमान बोलते हैं, और जो देवनागरी और उर्दू लिपि में लिखी जाती है। इस व्याख्या के ख़िलाफ़ थोड़ा विरोध पाया गया है।" (राष्ट्रभाषा हिन्दुस्तानी, गांधी जी, अनु. काशिनाथ त्रिवेदी, नवजीवन प्रकाशन मन्दिर, अहमदाबाद, 1947, पृ. 5)

गांधी जी का स्पष्ट मत है कि यह भाषा केवल हिन्दी हो सकती है। लिपि का प्रश्न वे यह कहकर सुलझाते हैं कि—"अब रहा सवाल लिपि का। फ़िलहाल मुसलमान लड़के ज़रूर ही उर्दू में लिखेंगे। हिन्दू ज़्यादातर देवनागरी में लिखेंगे। 'ज़्यादातर' शब्द का प्रयोग इसलिए कर रहा हूँ कि हज़ारों हिन्दू आज भी अपनी हिन्दी-उर्दू लिपि में लिखते हैं, और कुछ तो ऐसे हैं जो देवनागरी लिपि जानते भी नहीं। आख़िर जब हिन्दुओं और मुसलमानों के बीच शंका की थोड़ी भी दृष्टि न रहेगी, अविश्वास के सब कारण दूर हो चुकेंगे, तब जिस लिपि में शक्ति रहेगी, वह लिपि ज़्यादा लिखी जाएगी और वह राष्ट्रीय लिपि बनेगी। उस बीच जिन मुसलमान और हिन्दू भाइयों को उर्दू लिपि में

अर्ज़ी लिखने की इच्छा होगी, उनकी **अर्ज़ी** राष्ट्र के स्थान में क़बूल की जाएगी—की जानी चाहिए।" (वही, पृ. 6)

उन्नीसवीं सदी की भाषायी वातावरण की धमक बीसवीं सदी पर भी छाई रही। आज 21वीं सदी में भी भारत की राष्ट्रभाषा नहीं है। पहले उर्दू अब अंग्रेज़ी का सामना करती हिन्दी अब भी संघर्षरत है। अपने देश में ही परायी हिन्दी के विदेशों में पढ़ाए जाने के बड़े-बड़े आँकड़ों का क्या अर्थ है, जबकि उसे बड़े-बड़े लोगों का समर्थन मिला? स्वाधीनता सेनानी सुभाषचन्द्र बोस की राजनैतिक समझ हिन्दी के बारे में क्या कहती है उस पर एक दृष्टिपात करना अनुचित न होगा—"यह काम बड़ा दूरदर्शितापूर्ण है और इसका परिणाम बहुत दूर आगे चलकर निकलेगा। प्रान्तीय ईर्ष्या-द्वेष को दूर करने में जिनकी सहायता हमें हिन्दी प्रचार से मिलेगी उतनी दूसरी किसी चीज से नहीं मिल सकती। अपनी प्रान्तीय भाषाओं की भरपूर उन्नति कीजिए। उसमें कोई बाधा नहीं डालना चाहता और न हम किसी की बाधा को सहन ही कर सकते हैं। सभी प्रान्तों की सार्वजनिक भाषा का पद हिन्दी को ही मिला। नेहरू रिपोर्ट में भी इसी की सिफ़ारिश की गई। यदि हम लोगों ने तन-मन से प्रयत्न किया, तो वह दिन दूर नहीं है, जब भारत स्वाधीन होगा और उसकी राष्ट्रभाषा होगी हिन्दी।

"देश की एकता के लिए एक भाषा का होना जितना आवश्यक है उससे अधिक आवश्यक है देश भर के लोगों में देश के प्रति विशुद्ध प्रेम तथा अपनापन होना। अगर आज हिन्दी भाषा अपना ली गई है, तो वह इसलिए नहीं कि वह किसी प्रान्त विशेष की भाषा है, बल्कि इसलिए कि वह अपनी सरलता, व्यापकता तथा क्षमता के कारण सारे देश की भाषा हो सकती है और सारे देश के लोग उसे अपना सकते हैं।" (हिन्दी आन्दोलन, सम्पा. लक्ष्मीकान्त वर्मा, पृ. 32)

हिन्दी को लगभग सभी बड़े चिन्तकों का समर्थन मिला। उसने अपने अस्तित्व को बचाने के लिए संघर्ष में भी कोई कोर-कसर न छोड़ी फिर भी सत्ता प्राप्ति से उसका आँकड़ा सही न बैठा। इसका मुख्य कारण उसका जन-गण की भाषा होना है। जनता की भाषा यदि सत्ता की भाषा बन जाती है तो अभिजात वर्ग संकटग्रस्त हो जाता है। उसका वैशिष्ट्य समाप्त हो जाता है। सत्ता में छाया यह वर्ग नहीं चाहता कि शासन की भाषा हिन्दी बने क्योंकि इससे उसके हाथ का एक अस्त्र—अमोघ अस्त्र छिन जाएगा। मातृभाषा का सहज आत्मविश्वास जनता का आत्मसम्मान बढ़ाएगा। निज भाषा का ज्ञान उसकी सहज, सर्वतोमुखी और सशक्त भागीदारी का शक्तिशाली कारण बनेगा क्योंकि बिना निज भाषा कोई देश कभी उन्नति नहीं कर सकता। सन् 1877 ई. में भारतेन्दु के दिए गए पद्यमय 'हिन्दी के उन्नति' पर व्याख्यान में निज भाषा से जुड़ी प्रत्येक भावना, उन्नति और आवश्यकता को भलीभाँति व्याख्यायित किया। इसकी प्रथम दो पंक्तियाँ तो निज भाषा आन्दोलन का मूल मंत्र बन गईं। भारतेन्दु ने इसमें हिन्दी की आवश्यकता पर अन्य कोणों से भी विचार किया है। हिन्दी को संस्कृत, फ़ारसी और अंग्रेज़ी से अधिक उपयोग प्रमाणित किया है। निज भाषा से जुड़ी इस महत्त्वपूर्ण कविता का भाषा वाला पूरा पाठ देखा जाना चाहिए—

निज भाषा उन्नति अहै सब उन्नति को मूल।
बिन निज भाषा ज्ञान के मिटत न हिय को सूल।

पढ़े संस्कृत जतन करि पंडित भे विख्यात।
पै निज भाषा ज्ञान बिन कहि न सकत एक बात।
पढ़े फ़ारसी बहु बिध तौहू भये ख़राब।
पानी खटिया तर रह्यो पूत मरे बकि आब।
अंग्रेज़ी पढ़ि के जदपि सब गुण होत प्रवीन।
पै निज भाषा ज्ञान बिन रहत हीन के हीन।

(भारतेन्दु समग्र, पृ. 228-29)

अध्याय तीन

वर्ण, धर्म और जाति

जाति पर चर्चा करते समय अधिकांशतः वर्ण का प्रयोग उसके पर्याय के रूप में कर लिया जाता है। वर्ण को जाति के समानार्थक प्रयोग द्वारा हम दो विभिन्न काल की भिन्न व्यवस्थाओं में घालमेल कर देते हैं। वर्ण के दैवीय सिद्धान्त की सुप्रसिद्धि से सभी परिचित हैं—"ऋग्वेद के पुरुष सूक्त में उसकी शुरुआत देखी जा सकती है। मान्यता है कि समाज के ये चार वर्ग 'पुरुष' स्रष्टा, प्रथम अस्तित्व के आत्मबलिदान से उत्पन्न हुए। कहा जाता है कि पुरुष ने स्वयं को इसलिए नष्ट कर दिया ताकि एक उचित सामाजिक व्यवस्था जन्म ले सके। बताया जाता है कि ब्राह्मण उसके सिर अथवा मुख से, क्षत्रिय भुजाओं से, वैश्य जँघाओं से तथा शूद्र चरणों से उत्पन्न हुए। यह अधिक से अधिक चारों वर्णों के पद और कार्यों का प्रतीकात्मक विवरण है। सांस्कृतिक देह-छवि में सिर, भुजाएँ, जंघाएँ तथा पैर अवरोही क्रम में हैं। पारम्परिक व्यवसाय भी इसी क्रम में हैं। ज्ञान की प्राप्ति और उसका प्रचार-प्रसार तथा यज्ञ कराने—ब्राह्मणों के कार्य—को सर्वाधिक प्रतिष्ठा प्राप्त थी। पदक्रम में इसके बाद रक्षा और युद्ध, प्रशासन तथा शासन के कार्य थे जो क्षत्रियों को सौंपे गए थे। पदक्रम में तीसरा स्थान व्यापार, वाणिज्य और कृषि का था जो वैश्य का काम है। अन्तिम है शिल्प तथा श्रम द्वारा दूसरों की सेवा जो शूद्रों का काम था।" (भारतीय समाज श्यामाचरण दुबे, अनुवाद वन्दना मिश्र, नेशनल बुक ट्रस्ट, इंडिया, नई दिल्ली, 2001, पृ. 45)

उपरोक्त उद्धरण का रोचक दार्शनिक सिद्धान्त 'पुरुष ने स्वयं को इसलिए नष्ट कर दिया...' पर व्याख्याकारों का ध्यान कम हो गया। आगे चलकर यह पुरुष 'ब्रह्म' हो गए। सृष्टिकर्ता ब्रह्मा के मुख, भुजा, उदर और पदों से चार वर्णों की सृष्टि मान ली गई। दार्शनिक व्याख्या में जिस स्तम्भाकार विभाजन से कर्म क्षेत्र की भिन्नता और एक वर्ण से दूसरे वर्ण में जा सकने की स्वाधीनता अवमाननामूलक नहीं भी प्रतीत हो सकती थी, किन्तु आगे की समझ और व्याख्या ने 'पैरों' और सेवा को निम्न माना। समाज में अध्ययन-अध्यापन, सैनिक और वाणिज्य के कौशल के अतिरिक्त अन्य सभी शिल्प और कौशल निम्न मान लिये गए। स्वभावतः श्रेणी विभाजन में विश्वास रखनेवाले मानव-मस्तिष्क ने श्रम और शिल्प के इन कार्यों की अवमानना की तथा आर्थिक रूप से वंचित किया। दैवीय सिद्धान्त ने मानव समाज की भयंकर हानि की। ऐसा विश्व की प्रत्येक सभ्यता के साथ हुआ, बस विभाजन के आधार और प्रकार में अन्तर रहा। मनुष्य की श्रेणी विभाजनबद्ध (Hierarchical) मस्तिष्क ने समता के सिद्धान्त का संहार कर दिया।

जाति-प्रश्न पर विचार करते समय "हिन्दू सामाजिक व्यवस्था में वर्ण केवल सन्दर्भ के काम आनेवाला वर्ग है। यह सामाजिक संरचना में सक्रिय इकाई नहीं है। यह सिर्फ़ विभिन्न जातियों की जन्मना प्राप्त प्रस्थिति के बारे में मोटी-मोटी जानकारी देता है। यह वर्गीकरण का काम भी करता है—वर्ण के भीतर समान जन्मना आनुष्ठानिक प्रस्थिति वाली अनेक जातियाँ एक साथ समूहबद्ध होती हैं और उनका स्तर निर्धारित होता है। ऊपरी तीन स्तरों—ब्राह्मण, क्षत्रिय और वैश्य—को द्विज (जिनका जन्म दो बार होना माना जाता है क्योंकि जीवविज्ञान की दृष्टि से भौतिक जन्म लेने के बाद उनका दूसरा जन्म तब होता है जब उनका उपनयन संस्कार होता है।) चौथे स्तर—शूद्र—के अन्तर्गत दस्तकारों और व्यवसाय विशेष में दक्ष जातियाँ आती हैं जो स्वच्छ अर्थात् साफ़-सुथरे व्यवसायों में रत हैं।" (वही, पृ. 43-44) किन्तु स्वच्छ व्यवसायों के अतिरिक्त कुछ कार्यों में लगे समूहों को अपवित्र माना गया। इस समूह को वर्ण व्यवस्था के बाहर रखा गया। एक समझ यह है कि आज स्वयं को दलित कहनेवाली जातियाँ इस वर्णाश्रम व्यवस्था से बाहर हैं। ये अस्पृश्य माने जानेवाले जाति समूहों के रूप में थे। किन्तु यह विभाजन सभी के द्वारा मान्य नहीं हो सका क्योंकि इतने बड़े देश में कोई जाति कहीं वर्णाश्रम व्यवस्था के बाहर थी तो कहीं भीतर तथा ये सभी जातियाँ हिन्दू जाति व्यवस्था के अन्तर्गत थीं। अतः चार वर्णों में ही सभी जातियाँ सिमटी हुई मानी जाती हैं। चौथा वर्ण शूद्र स्पृश्य और अस्पृश्य दोनों तरह की जातियों को समेट लेता है। वर्ण व्यवस्था व्यक्ति के कर्म के अनुसार विभाजन की सरल व्यवस्था थी—"सामाजिक व्यवस्था के कार्य संचालन में 'वर्ण' का उपयोग सीमित है। वे जन्मना प्रस्थिति, सामाजिक जीवन के कुछ क्षेत्रों में विशेषीकृत प्रकार्यों, तथा आचार-व्यवहार के मानदंडों की अपेक्षाओं के स्थूल और तैयार संकेतक ही प्रदान करते हैं। हाल के दशकों में वोट जुटाने के लिए इस वर्ण निष्ठा और हितों का इस्तेमाल करने के प्रयास किए गए हैं लेकिन वास्तव में सक्रिय इकाई जाति, परिवार, वंश और नातेदारी का संजाल ही है।" (वही, पृ. 5)

भारतीय समाज के लिए स्त्री प्रश्न जैसा ही कठिन प्रश्न जाति-प्रश्न रहा है। भारतीय सभ्यता के विकास के साथ ये प्रश्न उत्तरोत्तर और जटिल होते गए हैं। दर्शन के क्षेत्र में अपने श्रेष्ठ सिद्धान्तों के लिए जानी जानेवाली भारतीय संस्कृति जीवन में व्यावाहारिक रूप में इसे बरतने से चूक गई। उसके सिद्धान्त और व्यवहार में भारी अन्तर ने उसके भौतिक विकास को भी अवरुद्ध किया। वर्णाश्रम व्यवस्था जिस सुगमता के विचार का अवलम्बन कर आगे बढ़ी उसी पर टिकी न रह सकी और कालान्तर में अपना मूल स्वरूप गँवा बैठी। इस मूल स्वरूप के परिवर्तन ने निरन्तर ह्रासोन्मुखी विचार को पुष्ट किया। मनुष्य के जीवन की गति का निर्धारण ऐसे कारण से संचालित होने लगा जो उसके नियंत्रण से सर्वथा परे थी—जन्म के आधार पर। जन्म के आधार पर उसकी नियति निर्धारित हो गई। जाति जन्म के आधार पर निश्चित हो गई और इस जाति के तथाकथित रूप से 'उच्च' या 'निम्न' होने के अनुसार व्यक्ति का 'भवितव्य' लगभग तय कर दिया गया। सम्पूर्ण समाज ने यह सुनिश्चित करने में अपनी सम्पूर्ण मेधा और शक्ति झोंक दी कि कोई इस जाति तंत्र से बाहर न निकल पाए। अपने इस 'तंत्र' पर गर्वित समाज ने इसे बनाए रखने के लिए धर्म, इतिहास, संस्कृति और

साहित्य सभी का सहारा लिया। इस अध्याय में उन्नीसवीं सदी के पूर्वार्द्ध में भारतीय समाज की जातिगत धारणा और अवस्थिति पर विचार का प्रयास है।

इस सन्दर्भ में एक बड़ा महत्त्वपूर्ण प्रश्न यह उठता है कि इस जाति सम्बन्धी चिन्तन का आज के दलित विमर्श के साथ क्या कोई संयोजन हो सकता है? या नहीं हो सकता? दलित सम्बन्धी चिन्तन ने जहाँ से अपनी यात्रा आरम्भ की, उसका आज के पड़ाव से कितना साम्य है? क्या यह साम्य इसे आज के दलित विमर्श से जोड़ने के लिए पर्याप्त है? क्या यह बाध्यतामूलक है कि जातियों के संघर्ष की लम्बी यात्रा को आज के मानदंड से ही मापा जाए? क्या भारतीय जाति व्यवस्था के घात-संघात को दलित विमर्श समेटने में सक्षम है? क्या जाति के ही तंत्र में सिमटा दलित विमर्श जाति को एक बाधा मानकर कभी उसके उन्मूलन की ओर बढ़ सकेगा? पिछली दो शताब्दियों के दलित चिन्तन में बड़ा भारी अन्तर रहा है। उन्नीसवीं सदी के दलित सम्बन्धी चिन्तन और व्यवहार से बीसवीं सदी के दलितों का दावा बहुत भिन्न रहा है, यहाँ तक कि बीसवीं सदी के आख़िरी दो दशकों से बीसवीं सदी के पहले आठ दशकों का गुणात्मक अन्तर रहा है और इक्कीसवीं सदी में इस गुणात्मक परिवर्तन ने परिमाण में भी एक उछाल ली है। यह ठीक वैसा ही है जैसे स्त्री सम्बन्धी चिन्ता ने बदलते दशकों के साथ अपने केन्द्र और विस्तार में भारी गुणात्मक परिवर्तन किए हैं। आज के स्त्री-विमर्श के मानदंडों से उन्नीसवीं सदी के स्त्री प्रश्नों को सम्बोधित करना कठिन है। तब प्रश्न उठता है कि तत्कालीन विमर्श की परिधि में उन्नीसवीं सदी के स्त्री और जाति-प्रश्नों की प्रासंगिकता क्या है? विशेषकर जाति-प्रश्नों की।

यह तथ्य बार-बार उभरकर सामने आता है कि इक्कीसवीं सदी में परस्पर विरोधी दिशाओं में बढ़ रहे स्त्री और दलित विमर्श के जन्म-लग्न-काल को यदि खोजना ही पड़े तो वह उन्नीसवीं सदी का काल है जब आधुनिकता ने भारतीय परिदृश्य में प्रवेश कर, यहाँ की सहमति-असहमति के अनुसार राष्ट्र, स्त्री और जाति से सम्बद्ध कुछ प्रश्न उठाए। ये प्रश्न अपने आप में पूरे नहीं थे और न ही पूरी शक्ति से उठाए गए थे। इन प्रश्नों की ध्वनि में लड़खड़ाहट भी थी। इन प्रश्नों के सटीक उत्तर देने के समुचित प्रयास भी नहीं थे, किन्तु ऐसा केवल आधुनिकता के आगमन के समय में ही नहीं था। ये सारी आपत्तियाँ केवल उन्नीसवीं सदी की आधुनिकता नहीं बल्कि बीसवीं सदी की आधुनिकता और बाद में उत्तर आधुनिकता पर भी लागू होती हैं। बाद की आधुनिकता और उत्तर आधुनिकता ही इन सबसे सम्बद्ध सभी प्रश्नों के उत्तर देने में कहाँ पूरी तरह सफल हो पाई? आज से अधिक तीखे शब्दों में तो भक्त कवियों ने जाति से जुड़े प्रश्न उठाए थे। वे जाति को नकारने में सफल थे क्या ये दलित विमर्शकार इस दिशा में सोच भी रहे हैं?

भारत में जाति व्यवस्था की उत्पत्ति पर विचार करते हुए जिन अवधारणाओं ने जन्म लिया उसमें आर्य नस्ल की अवधारणा सर्वप्रमुख है। आर्यों को एक जाति मानकर संसार के विभिन्न हिस्सों में इनकी शाखाएँ पहुँचने की बात मानी गई। भारतवर्ष में भी आर्यों के आक्रमण और यहाँ की मूल जातियों की पराजय की बात बारम्बार कही गई, अब भी कही जाती है। इतिहास की इसी धारणा के कारण ब्राह्मणों ने स्वयं को आर्यों और शूद्रों को अनार्यों से जोड़ दिया। औपनिवेशिक शासकों ने आर्यों की बाहर आने की धारणा

अधिकाधिक स्थापित करने का प्रयास किया। इससे उनके विदेशी होने का बोध कम होता था। भारत में आर्यों के बाहर से आने की पुष्टि संस्कृत मूल की कई भाषाओं का भारोपीय भाषा परिवार की भाषाओं से साझा विकास सम्बन्ध रखने के आधार भी की गई। इसी धारणा के अन्तर्गत मैक्समूलर का मानना था कि "उत्तरोत्तर दौर की साहित्यिक रचनाओं में हम देख सकते हैं कि आर्य संस्कृति का केन्द्र सिन्धुक्षेत्र से बदलकर गंगा और यमुना का क्षेत्र हो गया था। चूँकि नए जीते गए क्षेत्रों में मुख्यत: आदिम कबीलों के लोग थे, जो विजेता आर्यों के आगे पराजय क़बूल कर चुके थे या आर्यों ने उन्हें शूद्र या ग़ुलामों की श्रेणी में रखा था, इसलिए ब्राह्मणवादी आस्थाओं और रीति-रिवाजों को आदिम प्रजा के मूर्तिपूजक रस्मो-रिवाज के दुष्प्रभावों से बचाने के लिए आर्य लोगों और ग़ुलाम जनता के बीच अभेद्य दीवार खड़ी करने का सुझाव ब्राह्मण ग्रंथों में ही दिया गया था। चूँकि इस तरह के वर्ग-विभेद भले ही मुख्यत: धार्मिक हितों के चलते बने हों पर धीरे-धीरे समाज के सभी वर्णों के आपसी सम्बन्धों के निर्धारण का आधार बनते गए और धर्म-सूत्र वाले काल आते-आते इन्होंने नियमों का रूप ले लिया।" (शतपथ ब्राह्मण, अनु. जूलियस एगलिंग, सम्पा. मैक्समूलर, मोतीलाल बनारसीदास, दिल्ली, 1963, पृ. 12-13)

मैक्समूलर ने सन् 1882 में अपनी यह धारणा व्यक्त की थी। आगे के विद्वानों ने इसी धारणा को आगे बढ़ाया। आर्य मूलत:पशु पालक थे जिन्होंने आगे चलकर कृषि कर्म अपनाया। इन आर्यों ने अपने सार्वभौम गाँवों में आदिम कबीलाई या अन्य मिश्रित और अस्पष्ट नस्लों से बहुत मैत्रीपूर्ण व्यवहार नहीं रखा। उन्नीसवीं सदी में आर्यों की बनावट के आधार पर भी उन्हें श्रेष्ठ प्रमाणित करने का प्रयास किया गया। एच.एच. रिज़्ले जैसे शोधकर्ताओं ने तुर्क-ईरानी, भारोपीय, शक-द्रविड़, आर्य-द्रविड़ या हिन्दुस्तानी, मंगोल-द्रविड़ या बंगाली, मंगोल और द्रविड़ श्रेणियाँ निर्धारित कीं जो जाति और नस्ल पर आधारित थीं। इन श्रेणियों द्वारा नस्लों की भौतिक बनावट निर्धारित करने का प्रयास किया गया जिसमें नाक और माथे के आकार और माप को मुख्य आधार बनाया गया। रिज़्ले ने शुद्ध रक्त की अवधारणा को बहुत अधिक मान्यता नहीं दी जबकि आर्य नस्ल का श्रेष्ठता प्रमाणित करने की दिशा में यह एक महत्त्वपूर्ण कारक माना गया। रिज़्ले ने माना कि विजित जातियों की स्त्रियों पर विजेता जाति के विशेष रूप से अधिकार जमाने के कारण एक नए क़िस्म के मेल-मिलाप से भिन्न शारीरिक बनावट के समूह का जन्म हुआ होगा। उच्च माने जानेवाले विजेताओं और निम्न माने जानेवाले विजितों से उत्पन्न सन्तानों का एक अर्द्धवर्ण बना होगा। इनमें आपस में विवाह-सम्बन्धों से एक नई जाति का जन्म हुआ।

आर्य : भारतीय बनाम विदेशी

राहुल सांकृत्यायन और रामविलास शर्मा की इतिहास दृष्टि समन्वयात्मक रही है। इन दोनों ने रूढ़ मार्क्सवाद (Dogmatic Communism) को नहीं अपनाया बल्कि सामान्यत: मार्क्सवादियों द्वारा नकार दी गई कृतियों जैसे ऋग्वेद में तथ्य खोजने का प्रयास किया। राहुल सांकृत्यायन का ऋग्वेद के सम्बन्ध में स्पष्ट मानना था कि—"ऋग्वेद से ही हमारे इतिहास की लिखित सामग्री का आरम्भ होता है। जिस प्रकार ईश्वर झूठ के साथ-साथ महान अनिष्टों का कारण है, पर अनेक देवता सुन्दर कला का आधार होने के कारण

अनमोल और स्पृहणीय हैं; उसी तरह वेद भगवान या दिव्य पुरुषों की वाणी न होने पर भी अपनी सांस्कृतिक, वैज्ञानिक, ऐतिहासिक सामग्री के कारण, हमारी सबसे महान और अनमोल निधि है। जिन्होंने इसको रचाया और जिन्होंने पीढ़ियों तक कंठस्थ करके बड़े प्रयत्न से इसे सुरक्षित रखा वे हमारी हार्दिक कृतज्ञता के पात्र हैं।" (ऋग्वैदिक आर्य ऐतिहासिक और सांस्कृतिक अध्ययन, राहुल सांकृत्यायन, किताब महल, इलाहाबाद, 1956, पृ. 7)

इस पुस्तक की भूमिका की पहली पंक्ति में ही राहुल सांकृत्यायन ने स्पष्ट कर दिया है कि उन्होंने दो वर्ष पहले तक यानी 1954 ई. तक यह सोचा तक नहीं था कि वे ऐसी पुस्तक लिखेंगे, पर चूँकि अपनी या परायी भाषा में इस विषय पर कोई पुस्तक उपलब्ध नहीं है, इसलिए उन्हें यह पुस्तक लिखनी पड़ी। रामविलास शर्मा ने 'पश्चिमी एशिया और ऋग्वेद' (हिन्दी माध्यम कार्यान्वयन निदेशालय, दिल्ली विश्वविद्यालय, दिल्ली) सन् 1994 ई. में लिखी। यानी राहुल सांकृत्यायन की 'ऋग्वैदिक आर्य' से ठीक अड़तीस वर्षों बाद। इस अन्तराल के उल्लेख का मुख्य कारण दोनों विचारकों के दृष्टिकोण का अन्तर है। राहुल सांकृत्यायन मुख्यत: भाषा को आधार बनाकर आर्यों का सम्बन्ध अन्य देशों से जोड़ते हैं—"ऋग्वेद के बारे में निर्णय करते समय यह भी ध्यान रखने की बात है कि ऋग्वेदिक आर्य केवल भारत से ही सम्बन्ध नहीं रखते थे, बल्कि उनकी भाषा और पूज्य भावनाओं के सम्बन्धी भारत से बाहर भी थे। बाहर के सबसे नज़दीक के सम्बन्धी ईरानी थे। सौभाग्य से उनके धार्मिक आचार-विचारों के जानने के लिए अवेस्ता और पारसी धर्म के माननेवाले अब भी मौजूद हैं। तुलनात्मक अध्ययन से मालूम होता है कि वेद और अवेस्ता के माननेवाले अपनी भाषा और धर्म में एक-दूसरे के बहुत नज़दीक थे। ईरानियों के बाद दूसरे जो सबसे नज़दीक थे आर्यों के वे विदेशी सम्बन्धी हैं, वे स्लाव जातियाँ हैं। स्लाव स्कलाव (शक लाव) का ही अपभ्रंश है। रूसी, अक्रइनी, बेलारूसी, बुल्गारी, युगोस्लावी, चेकोस्लावी, पोल-स्लाव जातियाँ शकों की ही सन्तान हैं।" (वही, पृ. 8)

आर्य-अनार्य के विश्लेषण की विशदता यहाँ सम्भव नहीं है फिर भी आर्य भारत के थे या बाहर से आए थे, इस प्रश्न पर संक्षिप्त चर्चा इसलिए आवश्यक है कि आर्यों को विजेता माना गया। विदेशी आक्रमणकारी और विजेता। उन्होंने यहाँ के निवासियों को जीतकर अपना दास बनाया और उन्हें दास के साथ दस्यु भी कहा। ये दास आगे चलकर शूद्रों में सम्मिलित कर दिए गए। शक, पहलव आदि बाहर से आनेवाली जातियाँ भारत में घुल-मिलकर किसी-न-किसी जाति में समंजित हो गईं। शकों की विभिन्न सन्तानों ने "अपने पूर्वजों के धर्म को आज से सात-आठ सौ वर्षों पहले छोड़ दिया। ईसाई धर्म स्वीकार करते समय इनके पूर्वजों को लिपि का ज्ञान नहीं था और न उन्होंने अपने पवित्र विश्वासों और देवताओं के सम्बन्ध में अवेस्ता या वेद जैसे कोई प्राचीन संग्रह बनाए थे। जो भी पुराने साम या गाथाएँ रही होंगी, वे ईसाई धर्म स्वीकार करते ही पुराने विश्वास के साथ नष्ट हो गईं—पेरुन, सूर्य आदि स्लाव देवताओं की मूर्तियों का भी इतना पूरी तरह से ध्वंस हुआ, कि संग्रहालयों में भी उनका पता नहीं मिलता। ईरानियों और शकों के बाद लेत-लिथुवानियों का सम्बन्ध नज़दीक का है। ये दोनों भाषाएँ सगी बहनें एक-दूसरे के बहुत नज़दीक हैं। इनसे भी सहायता मिल सकती थी, यदि पुराने पादरियों की धर्मान्धता ने सर्वसंहार करने का व्रत न ले लिया होता। लिथुवानी सोलहवीं सदी

तक अपने प्राचीन धर्म पर आरूढ़ थे। उनके देवताओं में वैदिक देवताओं की प्रतिध्वनि मिलती है। बाबर-हुमायूँ या विद्यापति-जायसी के समय तक लिथुवानी अभी अपनी पुरानी सांस्कृतिक निधियों को जोगये हुए थे। पर, एक बार ईसाई धर्म स्वीकार कर लेने पर वह अपने पुराने धार्मिक सम्पर्क को नष्ट कर देने के लिए मजबूर थे।" (वही, पृ. ४)

राहुल सांकृत्यायन आर्यों की संस्कृति को ग्राम संस्कृति बताते हैं जिन्हें कृषि और पशुओं से बहुत प्रेम था। यह उस संस्कृति से भिन्न संस्कृति थी जो भारत में पहले से थी, अधिक उन्नत थी और नागरिक संस्कृति थी—"आर्यों के आने के समय भारत में उनसे कहीं बढ़कर उन्नत एक प्राचीन संस्कृति मौजूद थी, जिसके अवशेष मोहनजोदड़ो और हड़प्पा के पहले मिले, और अब वह जमुना-गंगा उपत्यका और सौराष्ट्र तक मिल रहे हैं। सप्तसिन्धु के आर्यों की ग्राम-संस्कृति से यह नागरिक संस्कृति कहीं आगे बढ़ी हुई थी। यदि आर्य अपनी पशुपालन संस्कृति और जीवन से चिपटे रहने का ज़बर्दस्त आग्रह न करते तो वे तुरन्त इस नागरिक संस्कृति के अधिकारी हो सकते थे। पर, अध्ययन करने से उनके जीवन का सम्पर्क इस संस्कृति से भी मालूम होता है। उसकी और भी कितनी ही चीज़ें उन्होंने स्वीकार की होंगी। इस प्रकार ऋग्वेदिक आर्यों के अध्ययन के लिए सिन्धु उपत्यका की संस्कृति सहायक है।" (वही, पृ. 9)

अपनी इस पुस्तक की भूमिका में राहुल सांकृत्यायन सिन्धु उपत्यका में रहनेवाली जातियों के अतिरिक्त हिमालय में बहुत थोड़ी संख्या में बच रही किरात जाति का उल्लेख करते हैं, "सिन्धु संस्कृति वालों के अतिरिक्त एक और जाति सप्तसिन्धु के आर्यों के सम्पर्क और संघर्ष में आई जिसे ऋग्वेद दास और दस्यु के नाम से याद करता है। पर, जो किरए-किरात अथवा किलात-चिलाप के नाम से सम्भवत: उस समय भी प्रसिद्ध थी, और जिसके लोगों और भाषा के अवशेष अब भी हिमालय में मिलते हैं, वह भी वैदिक आर्यों के इतिहास के ऊपर अपनी भाषा और अपने पुरातात्त्विक अवशेषों द्वारा प्रकाश डालने की अधिकारी है। हिमालय में किरात अब थोड़े रह गए हैं, लेकिन वे और उनके साथ रहनेवाले खश अब भी कितनी ही जगहों में ऐसे सांस्कृतिक तल पर मौजूद हैं, कि उनके जीवन और धार्मिक विश्वासों की सहायता से ऋग्वेदिक आर्यों के समझने में आसानी हो सकती है—विशेषकर वैदिक देवताओं का आर्यों के साथ जिस तरह का सम्बन्ध था, वह कितने ही अंशों में अब भी हिमालय की इन जातियों में मौजूद है।" (वही, पृ. 9)

राहुल सांकृत्यायन ऋग्वेद को एक महत्त्वपूर्ण ऐतिहासिक साक्ष्य के रूप में स्वीकार करते हैं। वे तीन हज़ार वर्षों से सँभालकर रखी गई इस कृति की सीमा मानते हैं कि यह दिवोदास और सुदास के युग का इतिहास बताने में असमर्थ है। राहुल सिन्धुवासियों और बाहर से आए आर्यों में स्पष्ट अन्तर मानते हैं, "ताम्र-पीतल युग में होते हुए भी सिन्धुवासी लोग धन-धान्य सम्पन्न भव्य अट्टालिकाओं में स्वच्छंदतापूर्वक रहते थे। नागरिक स्वास्थ्य और सफ़ाई के नियमों के पालन में वे अपने आज के उत्तराधिकारियों से कहीं आगे थे। वे सुन्दर कपास के कपड़े पहनते थे, जबकि उनकी जगह लेनेवाले आर्य गरम देश में भी सदा ऊनी और चमड़े की पोशाक ही पहनते रहे। मोहनजोदड़ो-हड़प्पा (सिन्धु) की सभ्यता का अन्तिम उत्कर्ष काल ई.पू. 2500 माना जाता है। उसके हज़ार वर्ष बाद आर्यों का प्रवेश उनकी भूमि में हुआ और उससे कम-से-कम तीन

सौ वर्ष बाद (1200 ई.पू.) भरद्वाज-वसिष्ठ-विश्वामित्र आदि ने अपनी ऋचाएँ (पद) रचीं। आर्यों और सिन्धु के पुराने निवासियों के संघर्ष का परिचय ऋग्वेद में देवों और असुरों के युद्ध की प्रतिध्वनि के रूप में ही मिलता है। तब से दिवोदास-सुदास के काल (ई.पू. 1200) तक का इतिहास अन्धकारवृत्त है।" (वही, पृ. 2-3)

जैसाकि पहले भी कहा जा चुका है कि राहुल सांकृत्यायन भाषा के सम्बन्धों के आधार पर आर्यों को बाहर से आना सिद्ध करते हैं। सप्त सिन्धु की भूमि हप्त सिन्धु कहलाई क्योंकि आर्यों के पड़ोस के उनके रक्त सम्बन्धी ईरानी 'स' का उच्चारण 'ह' करते थे—"इसलिए सप्त सिन्धु की भूमि में आ बसे अपने भाइयों के देश को वे 'हप्त हिन्दु' कहा करते थे, जिसका ही संक्षेप 'हिन्द' हुआ। पश्चिम के देशों के उस समय के सरताज ग्रीस के निवासी 'ह' का उच्चारण करने में असमर्थ हो उसकी जगह 'अ' बोलते थे, इस प्रकार हिन्दु, इन्दु या इन्द बन गया जो कि हमारे देश का नाम आज सर्वत्र प्रचलित है। ऋग्वेद में 'सप्तसिन्धु' नाम अनेक बार आया है, कहीं वह सात नदियों के अर्थ में और कहीं सातों नदियों की भूमि के लिए।" (वही, पृ. 1) राहुल तर्क देते हैं कि यदि आर्यों का बाहर से आना अस्वीकार कर दिया जाए तो आर्यों की भाषा का जो सम्बन्ध पश्चिम की भाषा से है उन्हें भारत से बाहर गया हुआ मानना होगा। अन्यथा भाषा सम्बन्धी कठिनाइयों का निराकरण अति कठिन होगा। मुख्यत: भाषा को ही आधार बनाकर राहुल सांकृत्यायन लिखते हैं कि आर्यों को बाहर से न आनेवाला मानना यह कि—"यह ख़याल आर्य और हिन्दी-यूरोपीय भाषाओं एवं तत्सम्बन्धी दूसरी सामग्रियों की ओर पर्याप्त ध्यान न देने के कारण ही होता है। उसी के कारण हमारे इतिहासवेत्ता कलियुग और महाभारत काल की धारणा बनाकर इतिहास को हज़ारों वर्ष पीछे ले जाने की कोशिश करते हैं। वस्तुत: क्षुद्र-एशिया में हित्तियों, ग्रीस में यूनानियों और ईरान-आर्यों के प्रवेश के समय पर ध्यान देने से आर्यों का भारत में प्रवेश ई.पू. 1500 से पहले नहीं मालूम होता। और ऋग्वेद के पुरातनतम प्रसिद्ध ऋषि भरद्वाज, वसिष्ठ और विश्वामित्र तो उससे बहुत पीछे, कम-से-कम 300 वर्ष पीछे हुए।" (वही, पृ. 1) इस प्रकार उनके द्वारा रामायण का काल निर्धारण भी हो जाता है।

रामायण का काल आगे बढ़ा देने का मुख्य कारण भी भाषायी है। क्योंकि आर्यों के सर्वप्रमुख ग्रंथ ऋग्वेद की भाषा रूसी, स्लाव और ईरानियों से बहुत भिन्न हो जाती है। भाषा परिवर्तन के लिए समय देना होगा—"काफ़ी काल बीते बिना उनके उच्चारण में वह भारी परिवर्तन नहीं हो सकता, जो कि ऋग्वेद में देखा जाता है। भारती आर्य हिन्दी-यूरोपीय वंश की पूर्वी या शत-शाखा के अन्तर्गत आते हैं, जिसमें ही रूसी आदि स्लाव और ईरानी भी सम्मिलित हैं। ईरानी और स्लाव मूर्धन्य वर्णों (ट वर्ग आदि) का उच्चारण कर नहीं सकते। जबकि ऋग्वेद की प्रथम ऋचा में 'ही' (1/1/1) 'अग्निमीले' में ल आ गया है। आर्यों के मुँह से इन मूर्धन्य वर्णों का उच्चारण सप्त-सिन्धु के पुराने निवासियों—मोहनजोदड़ो, हड़प्पा के लोगों—के घनिष्ठ सम्पर्क के कारण ही हुआ। ईरानी आर्य अपने मूल स्थान 'आर्याना बेइजा' का स्मरण रखते थे, पर भारतीय आर्य उसे भूल गए थे, यह ऋग्वेद के मौन धारण से मालूम होता है।" (वही, पृ. 1-2)

राहुल सांकृत्यायन केवल भाषा के आधार पर अपने निष्कर्ष निकालने के कारण इस महत्त्वपूर्ण तथ्य को अनदेखा कर देते हैं। जब भाषाएँ एक अपरिवार की थीं तो

मूल स्मृतियाँ कैसे विस्मृत हो गईं? यह उन जातियों के लिए तो समझ में आता है जो लिखना नहीं जानती थीं या जिन्होंने ईसाई धर्म ग्रहण कर उसके हाथों अपनी पूरी संस्कृति गँवा दी थी, किन्तु भारत में आ बसे आर्यों के साथ ऐसा नहीं हुआ था। राहुल इसका समाधान सुझाते हैं, "इसमें यह भी कारण हो सकता है कि उनका प्रसार बीच के स्थानों को छोड़कर नहीं हुआ, इसलिए उन्हें मूल-स्थान से निर्वासित होने का ख़याल नहीं हो सकता था। आख़िर ऋग्वेदिक आर्यों के सबसे पश्चिम में रहनेवाले पख्त, भलान आदि जन भारत के पश्चिमी द्वार खैबर और बोलन के काफ़ी पीछे तक बसे हुए थे। उनके भी पश्चिम आर्य जन रहे होंगे पर प्रकरण में न आ सकने के कारण ऋग्वेद के ऋषि उनका नाम-स्मरण नहीं कर सके।" (वही, पृ. 2)

रामविलास शर्मा ऐतिहासिक भाषाविज्ञान के आधार पर आर्यों का भारत में बाहर से आना नकारते हैं। अपनी पुस्तक 'पश्चिमी एशिया और ऋग्वेद की प्रस्तावना' में आर्यों के बाहरी होने के भाषायी आधार को वे काल्पनिक मानते हैं। राहुल सांकृत्यायन आर्यों की मूर्धन्य ध्वनियों को हड़प्पा संस्कृति के साथ लम्बे और गहरे सम्पर्क का परिणाम मानते हैं। रामविलास शर्मा आर्यों की भाषा के निजी वैशिष्ट्य को सामने रखते हैं जो ईरानियों और यूरोपियन भाषाओं में नहीं है। वे आर्यों को बाहर से आया हुआ नहीं मानते और इसे भाषायी आधार पर ही प्रमाणित करते हैं, "आर्यों ने भारत में उत्तर-पश्चिम से प्रवेश किया, यह कल्पना ऐतिहासिक भाषाविज्ञान की है। पुरातत्त्व ने (मार्शल से व्हीलर तक) उसे वहाँ से ग्रहण किया। कल्पना निराधार है। सघोष महाप्राण ध्वनियों वाले भारतीय शब्दों के ईरानी-यूरोपियन प्रतिरूपों में सघोषता और महाप्राणता का संयोग नहीं होता। यह विशेषता केवल भारतीय आर्य भाषाओं की है। यह एक तथ्य भारत पर आर्यों के आक्रमण सिद्धान्त को ध्वस्त करने के लिए काफ़ी है। आक्रमणकारी आर्यों ने हड़प्पा सभ्यता का नाश किया, यह कल्पना भी निराधार है। हड़प्पा सभ्यता का ह्रास 1750 ई.पू. के लगभग होता है।" (पश्चिमी एशिया और ऋग्वेद, पृ. 8) राहुल सांकृत्यायन आर्यों के बाहर से आने की औपनिवेशिक धारणा से सहमत हैं। दोनों ही अपनी-अपनी स्थापनाओं के लिए ऋग्वेद का आश्रय लेते हैं। राहुल तो ऋग्वेद को 'परमप्रमाण' मानते हैं। उनके अनुसार यद्यपि ऋग्वेद के ऋषियों का उद्देश्य इतिहास-लेखन नहीं था, वह तो उनके आराध्य की स्तुति है, उसमें इतिहास और भूगोल सम्बन्धी तथ्य ब्याज से आ जाते हैं—"इसमें शक नहीं, उन्हीं के कारण ऋग्वेद का मूल्य अनर्घ हो जाता है। उसके इस मूल्य की तुलना बाक़ी तीनों वेदों से भी नहीं की जा सकती। महाभारत और पुराण आदि तो इस काल के सम्बन्ध के ज्ञान में अत्यन्त दरिद्र तथा अविश्वसनीय हैं। ऋग्वेद के काल पर ऋग्वेद स्वयं सर्वोपरि प्रमाण है। और कहीं जो भी उस काल के सम्बन्ध की बात ऋग्वेद के विरुद्ध आए, उसे जरा भी देर किए बिना त्याज्य समझना चाहिए। कितने ही आजकल के ऐतिहासिक दोनों का समन्वय करने की कोशिश करते हैं, जिसका परिणाम एक ग़लती के लिए सात ग़लती करना होता है।" (ऋग्वैदिक आर्य, पृ. 2)

आर्यों के भारत के होने न होने में लुप्त हो गई सरस्वती नदी की निर्णायक भूमिका। राहुल सांकृत्यायन बार-बार इस तथ्य को दोहराते हैं कि आर्य मुख्यत: पशुपालक और घुमन्तू थे। अत: उनके जीवन में नदियों का महत्त्व अन्य प्रकार का रहा होगा। इसलिए राहुल 'सप्तस्वसा सरस्वती' (सात बहनें सरस्वती) का उल्लेख तो करते हैं, उसके

सीधे सिन्धु से मिलने की सम्भावना भी मानते हैं, लेकिन उसे अपनी छह बहनों की तरह हिमालय के हिमखंडों (ग्लेशियर) से निकला हुआ नहीं मानते। वे भी मानते हैं कि—"सप्त सिन्धु की भूमि सात बहनों सरस्वती से सींची जानेवाली धरती है। इस प्रकार आर्य जनों की भूमि सरस्वती (अम्बाला ज़िले) से सिन्धु उपत्यका तक फैली हुई थी।" (वही, पृ. 4) अभी तक गंगा महत्त्वपूर्ण नदी नहीं बनी है। राहुल सांकृत्यायन यह उल्लेखनीय मानते हैं कि गंगा सप्त सिन्धु की नदी नहीं थी और "आज की यह सर्वपुनीत नदी अपने अनार्य (सम्भवत: किरात) नाम से प्रसिद्ध है। ऋग्वेद में गंगा का नाम सिर्फ़ एक बार यही नदी सूची में आया है।" (वही, पृ. 4)

रामविलास शर्मा भी सरस्वती नदी को निर्णायक तत्त्व के रूप में प्रस्तुत करते हैं। वे हड़प्पा सभ्यता का ह्रास 1750 ई.पू. के लगभग मानते हैं—"उस समय सरस्वती जलहीन हो रही है, कालीबगाँ के उत्खनन से यह तथ्य सामने आया है। किन्तु ऋग्वेद में सरस्वती जल से भरी शक्तिशाली नदी है। ऋग्वेद ही नहीं, उसके बहुत समय बाद रचे गए यजुर्वेद में भी उसका यही स्वरूप है। इसका अर्थ यह है कि ऋग्वेद की रचना हड़प्पा सभ्यता के ह्रास से, 1750 ई.पू. से, बहुत पहले हुई थी। सरस्वती भारत के प्राचीन इतिहास की काल-विभाजक रेखा है। आर्य आक्रमण सिद्धान्तवादियों के लिए उसे लाँघ पाना सम्भव नहीं है।" (पश्चिमी एशिया और ऋग्वेद, पृ. 8) रामविलास शर्मा भी राहुल सांकृत्यायन की तरह ऋग्वेद को अत्यन्त महत्त्वपूर्ण मानते हैं। वे भारतीय रथ और सुमेरी रथ की तुलना करते हुए भारतीय रथ के दूसरी-तीसरी सहस्राब्दियों में पश्चिमी एशिया से होते हुए पहले मिस्र, फिर यूनान और कालान्तर में लम्बे समय के बाद उत्तरी यूरोप पहुँचने की बात करते हैं। अपनी इस पुस्तक की प्रस्तावना में वे पुस्तक के शीर्षक चुने जाने का कारण बताते हुए कहते हैं, "यह रथ पश्चिमी एशिया से आर्यों के सम्बन्ध का बहुत पुष्ट प्रमाण है। और यह रथ ऋग्वेद में है। ऐतिहासिक भाषाविज्ञान, पुरातत्त्व, देवतंत्र, काव्य साहित्य—विद्वान किसी भी क्षेत्र में काम करें उन्हें अन्तत: ऋग्वेद की ओर लौटना पड़ेगा। इसलिए इस पुस्तक का नाम पश्चिमी एशिया और ऋग्वेद है। और ये क्षेत्र परस्पर सम्बद्ध हैं। पश्चिम की ओर भारतीय रथ की यात्रा का अनुसरण करते हुए हम उस कालखंड का पता लगा सकते हैं और उन भूखंडों को पहचान सकते हैं जब और जहाँ भारतीय प्रभाव से इंडोयूरोपियन भाषा परिवार का निर्माण हुआ था।" (वही, पृ. 18)

इस प्रकार रामविलास शर्मा आर्यों के भारत से बाहर जाने की बात मानते हैं। आर्यों को आक्रमणकारी मानने के पीछे वे एशिया में यूरोपियन साम्राज्यवाद के विस्तार को सही ठहराने की मंशा मानते हैं। अंग्रेज़ आक्रमणकारी थे, बाहरी थे, तो आर्य भी वही थे। आर्यों ने जिस भूमि को आक्रमण और अत्याचार से ध्वस्त किया अंग्रेज़ों ने उस पर शासन कर वहाँ न्याय और विकास को सुदृढ़ किया। अंग्रेज़ आर्यों को द्रविड़ों से अलग करना चाहते थे। रामविलास शर्मा ने अपनी इस पुस्तक के आठ अध्यायों (286 पृष्ठ) में क्रमबद्ध तरीक़े से आर्यों के बाहर से आए होने की धारणा का खंडन करते हैं। इसके लिए वे इतिहास की औपचारिक जानकारी और उसमें हो रहे नए शोधों का प्रयोग करते हैं। रामविलास शर्मा की विश्लेषण पद्धति की सबसे बड़ी विशिष्टता यही है कि वे बिना प्रमाण कोई बात नहीं कहते। जिस सरस्वती नदी को केन्द्र में रखकर ऋग्वेद के

सम्बन्ध में मनमाने निर्णय दिए गए, उसके विपरीत धारणा 'दि हिन्दुस्तान टाइम्स' के 6 मार्च, 1994 के अंक में एन.एस. राजाराम के लेख 'ट्वीलाइट ऑफ़ दि वैदिक एज' (Twilight of the Vedic age) में व्यक्त हुई। इस लेख से रामविलास शर्मा के निष्कर्षों की—"ज़ोरदार पुष्टि होती है। इस लेख से पता चलता है कि फ्रेंच स्पॉट (spot) सैटेलाइट (उपग्रह) से प्राप्त आँकड़ों और इंडो-फ्रेंच फील्ड स्टडी के अध्ययन-निष्कर्षों से यही साबित होता है कि पर्यावरण में परिवर्तन (जो तब एक विश्वव्यापी परिघटना के रूप में घटित हुआ था) के फलस्वरूप सरस्वती नदी ने अपना मार्ग परिवर्तित किया था। इस जलक्षीणता की वजह से ही 2200 ई.पू. में (न कि 1750 ई.पू., जैसाकि अब तक प्राय: माना जाता है) सिन्धु सभ्यता का ह्रास हुआ था। इसी तरह ऋग्वेद की रचना भी 3500 ई.पू. से पहले हुई थी। उसमें इस तिथि से काफ़ी पहले के भौगोलिक परिदृश्य का वर्णन किया गया है। भारत में जो पुरावशेष मिले हैं, उनमें से कई तो 7000 ई.पू. तक के हैं।" (वही, पृ. 14-15)

हिन्दी के वामपंथी खेमे में यह प्रश्न उठना स्वाभाविक था कि अब 'आख़िर में' रामविलास शर्मा ऋग्वेद की ओर क्यों उन्मुख हो रहे हैं? क्या वे पंथभ्रष्ट हो गए? इस प्रश्न का सबसे सटीक उत्तर प्रो. मैनेजर पांडेय, समालोचन पत्रिका के लिए (दिनांक 26.6.2011) अरुण देव को दिए अपने साक्षात्कार 'मैं कहता आँखिन देखी' में देते हैं, "कुछ लोग यह आपत्ति उठाते हैं कि रामविलास जी ऋग्वेद की ओर गए ही क्यों? परम्परा के मूल्यांकन की भूमि पर जो वैचारिक संघर्ष होता है उसका गहरा सम्बन्ध वर्तमान के वैचारिक संघर्ष से होता है—और वह भविष्य की दिशा भी तय करता है—ऋग्वेद पर लिखने और बोलने का एकाधिकार इस देश के पंडितों, पुरोहितों और सन्तों को ही नहीं है—ऋग्वेद एक ग्रंथ है उसका एक ऐतिहासिक और सांस्कृतिक महत्त्व और मूल्य है, इसे हर आदमी जानता है—तब उस पर बात करने और विचार करने का अधिकार रामविलास शर्मा या किसी को क्यों नहीं है—हाँ, रामविलास जी ने वहाँ क्या देखा और उस पर क्या लिखा इस पर विस्तार से चर्चा होनी चाहिए—केवल उनके उधर जाने की आलोचना का कोई मतलब नहीं है—रामविलास जी ने उसमें जनजीवन की विभिन्न स्थितियों, समस्याओं आदि को देखा है—ऐसा तो है नहीं कि जब ऋग्वेद लिखा जा रहा होगा तब वहाँ जनता या जन नहीं होगा—ऋग्वेद में जन भी है, प्रकृति भी है और संस्कृति भी है—इन तीनों की पहचान की कोशिश रामविलास जी ने की है।"

रामविलास जी ने अपनी शैली के अनुरूप उन सभी विचारकों के मत का एक के बाद एक परीक्षण करते हैं जिन्होंने एक एजेंडे के तहत आर्यों के बाहरी होने के सिद्धान्त का प्रतिपादन किया था। इसका आरम्भ 1889 ई. में ऋग्वेद के अनुवादक ग्रिफिथ कर चुके थे। अपनी पाद टिप्पणियों में उन्होंने बार-बार आर्यों को घुमन्तू, पशुपालक, भारत के मूल निवासियों के विध्वंसक और उन्हें लूटनेवाले के रूप में स्थापित किया। राहुल सांकृत्यायन जैसे विद्वान इस मत से पूर्णत: प्रभावित दिखते हैं—"1921 और 1922 में दयाराम साहनी तथा राखालदास बनर्जी ने हड़प्पा और मोहनजोदड़ो दो प्राचीन नगरों का पता लगाया। भारत पर आर्यों ने आक्रमण किया था, इस सिद्धान्त में पुरातात्त्विक खोज से एक नया आयाम जुड़ गया। दर्शनशास्त्र के विवेचक देवीप्रसाद चट्टोपाध्याय के विवरण से ज्ञात होता है कि नया आयाम जोड़ने का यह काम सबसे पहले भारतीय

विद्वान रामप्रसाद चन्द ने 1926 में किया तथा उसे पुष्पित और पल्लवित ब्रिटिश पुरातत्त्वज्ञ मॉर्टिमर व्हीलर ने 1947 में किया था। 1920-21 में दयाराम साहनी ने पंजाब में हड़प्पा नामक स्थान पर एक प्राचीन नगर का पता लगाया; 1921-22 में राखालदास बनर्जी ने सिन्ध में मोहनजोदड़ो नामक स्थान पर एक अन्य प्राचीन नगर का पता लगाया। ये दोनों नगर हड़प्पा और मोहनजोदड़ो नामों से ही जाने जाते हैं, इनका वास्तविक नाम जो भी रहा हो। मोहनजोदड़ो सिन्धु नदी के किनारे है, इसलिए इन नगरों की सभ्यता को सिन्धु घाटी की सभ्यता कहा गया। पर हड़प्पा रावी के तट पर है और उसका पता भी पहले लगा था, इसलिए दोनों नगरों की सभ्यता को हड़प्पा सभ्यता भी कहा गया। इस सभ्यता का जन्म कैसे हुआ, इस बारे में कुछ विद्वानों ने कहा, उसे मूल प्रेरणा इराक की प्राचीन सुमेरी सभ्यता से मिली। उसका अन्त कैसे हुआ, इस बारे में कुछ विद्वानों ने कहा, आर्यों के आक्रमण से उसका अन्त हुआ। दर्शनशास्त्र के विवेचक देवीप्रसाद चट्टोपाध्याय के विवरण से ज्ञात होता है कि सबसे पहले रामप्रसाद चन्द ने 1926 में सिन्धु सभ्यता के विनाश के लिए आक्रमणकारी आर्यों को ज़िम्मेदार ठहराया था।" (पश्चिमी एशिया और ऋग्वेद, पृ. 22)

तत्पश्चात् रामविलास शर्मा ऋग्वेद के उदाहरणों से इस मत को ख़ारिज करते हुए आर्यों के आक्रमण और सिन्धु सभ्यता के अवसान के बीच कई शताब्दियों के अन्तर का प्रश्न उठाते हैं, जिससे रामप्रसाद चन्द ने सम्बोधित ही नहीं किया। यह प्रश्न मार्शल उठाते हैं जिनके अनुसार इन दोनों परिघटनाओं के बीच दो सदियों का अन्तर है। इसे समंजित करने के लिए वे सिन्धु सभ्यता के पतन को नीचे और आर्यों के आक्रमण को ऊपर ले जाते हैं ताकि समय का अन्तराल भरा जा सके—"यही कार्य व्हीलर ने किया। इस खींचतान के बारे में केम्ब्रिज विश्वविद्यालय के पुरातत्त्व प्रोफ़ेसर कौलिन रेंफ्रीव ने लिखा है कि आर्य आक्रमणकारियों के सिद्धान्त के लिए कालक्रम का निर्धारण निस्सन्देह डाँवाँडोल है। सिन्धु घाटी की सभ्यता के ह्रास को अब 1800 ई.पू. के लगभग स्थिर किया जा सकता है। पर हम देख चुके हैं कि बहुत से विद्वान ऋग्वेद का रचनाकाल 1000 ई.पू. के आसपास रखना चाहेंगे। रचनाकाल इससे और पहले था, इसके बारे में आवश्यक तर्क दिया जा सकता है। पर ऐसा करना इसलिए तो उचित नहीं है कि वह काल हड़प्पा और मोहनजोदड़ो के निकट आ जाए जिससे कि फिर यह दावा कर सकें कि इस निकटता से यह संकेत मिलता है कि यह (आर्यों का आक्रमण काल) उस (सिन्धु सभ्यता के अवसान) का कारण है। पर कुछ तर्कों में यही किया गया है।" (वही, पृ. 23-24)

इस सन्दर्भ में व्हीलर के आलेख का प्रकाशन वर्ष अत्यन्त रोचक है। उतना ही रोचक इसका शीर्षक है—"कारण यह है कि उनका यह लेख 1947 में प्रकाशित हुआ था। उस वर्ष यहाँ पाकिस्तान नाम के नए राष्ट्र का जन्म हुआ। जिस धरती पर आर्यों ने अन्याय किया था, उस पर अंग्रेज़ अब न्याय कर रहे थे। इस नए राष्ट्र को ऐतिहासिक विरासत की ज़रूरत थी। उसके लिए वह विरासत व्हीलर ने जुटाई। 1949 में पाकिस्तान क्वार्टरली में उनका लेख छपा 'पाकिस्तान—चार हज़ार साल पहले'। पाकिस्तान बने दो साल न हुए थे, उसका इतिहास हो गया चार हज़ार साल पुराना। 1950 में उनकी पुस्तक छपी—पाकिस्तान के पाँच हज़ार साल एक पुरातात्त्विक रूपरेखा। पाकिस्तान के इतिहास में एक हज़ार साल का इज़ाफ़ा हुआ—एक साल के अन्दर!" (वही, पृ. 27)

इसी की पुष्टि के लिए पाकिस्तान के पुरातत्त्व विभाग ने 1964 ई. में एफ.ए. ख़ान की पुस्तक 'द इंडस वैली एंड अर्ली ईरान' (The Indus Vally and Early Iran) प्रकाशित की। भारत में भी इस दिशा में उत्खनन कार्य होता रहा था। कालीबंगाएँ लोथल और रंगपुर में चल रहे उत्खनन कार्य से 1962 तक विस्तृत सिन्धु सभ्यता का पता लगाया जा चुका था। 1964 ई. में ख़ान की पुस्तक प्रकाशित होने के बाद पाकिस्तान में उत्खनन कार्य से सम्बद्ध रहे डेल्स ने इसकी धारणाओं का खंडन अपने 'मोहनजोदड़ो के हत्याकांड की दंत कथा' (The Mystical Massacre of Mohenjodaro) नामक लेख में किया। व्हीलर डेल्स के तर्कों का उत्तर न दे सके। रामविलास जी मैकाय, वुली और चाइल्ड की धारणाओं को प्रस्तुत करते हुए क्रुक और हाल की पशु पूजा सम्बन्धित आपत्ति सामने रखते हैं। रामविलास जी 'भारत पर आर्यों का आक्रमण' और 'पुरातत्त्व' के उत्खनन में पाए गए गहने, बर्तन, मिट्टी के मोर आदि के माध्यम से सिन्धु सभ्यता को आज के भारत से जोड़ते हैं। रामविलास शर्मा इस अध्याय का अन्त रेनफ्रीव के आर्यों के आक्रमणकारी होने के खंडन से करते हैं, "रेनफ्रीव ने भारत पर आर्यों के आक्रमण सिद्धान्त का खंडन किया, आर्यों को भारत का प्राचीन निवासी माना और इस सम्भावना पर बल दिया कि सिन्धु घाटी में आर्यभाषा बोली जाती थी। भारत के जो इतिहासकार व्हीलर आदि की मान्यताएँ दोहराते चले जाते हैं, उन्हें रेनफ्रीव के तर्कसंगत विवेचन पर ध्यान देना चाहिए। लैंगडन से रेनफ्रीव तक (1931 से 1987 तक) भारतीय पुरातत्त्व के ब्रिटिश विवेचन में एक धारा ऐसी रही है जो भारत पर आर्यों का आक्रमण सिद्धान्त अस्वीकारती है, जो सिन्धु घाटी की सभ्यता को आर्य भाषा बोलनेवालों की सभ्यता मानती है। अन्तर्राष्ट्रीय स्तर पर अन्त में यही धारा विजयी होगी क्योंकि पुरातत्त्व भारत पर आर्यों के आक्रमण की साक्ष्य, रूप कोई भी सामग्री अब तक प्रस्तुत नहीं कर सका।" (वही, पृ. 42)

आर्यों के इसी देश के निवासी होने से यहाँ की विभिन्न जातियों के आपसी समीकरण एक नए आलोक क्षेत्र में आ जाते हैं। औपनिवेशिक शासन 'बाँटो और राज करो' की नीति के अन्तर्गत कई विचारधारात्मक मिथ्या धारणाएँ पहले भी फैलाते रहे थे। आर्यों के बाहर से आकर इस देश के मूल निवासियों पर राज करने, जबकि इस देश के इन निवासियों की सभ्यता-संस्कृति आगे बढ़ी हुई थी और उन्हें शूद्रों में परिणत कर दास बनाने की धारणा से अपने को आर्य समझनेवाले मिथ्याभिमानियों और स्वयं को विजेता समझकर जानेवाले लोगों के बीच की खाई पहले से अधिक चौड़ी हुई। 'मूल निवासी या आदिवासी' के मन में 'विदेशी' के प्रति कटुता बढ़ी, किन्तु यह मान लिया जाता कि आर्य-अनार्य दोनों यहीं के थे, आर्य-द्रविड़ एक विशाल भूमि पर बसे एक ही 'राष्ट्र' के निवासी थे तो जाति प्रथा का पूरा ठीकरा ब्राह्मणों पर नहीं फूटता जिन्होंने आगे बढ़-बढ़कर अपने वर्ण और रक्त को आर्यों से जोड़ा था।

राहुल सांकृत्यायन ने अपनी पुस्तक 'ऋग्वैदिक आर्य' में 'हम और हमारे पूर्वज' के अन्तर्गत पूरे मानव समाज के युग विभाजन को सामने रखा है। उन्होंने भारत में 12000 वर्षों के इस मानव विकास को तालिका में भी प्रस्तुत किया है। उससे पहले उन्होंने तालिका को सूत्र रूप में छोटे-छोटे वाक्यों में प्रस्तुत किया है। वे 1950 ई. से आरम्भ कर 10050 ई. पूर्व तक जाते हैं। इसे उन्होंने पैंतीस भागों में बाँटा है। पैंतीसवाँ

बिन्दु 10050 ई.पू. है। चौंतीसवाँ बिन्दु 3050 ई.पू. है। इन दो बिन्दुओं में राहुल सीधे सात हज़ार वर्ष पीछे लौटते हैं, "(1) हम और सात हज़ार वर्ष पीछे जाते हैं, (2) अब ऊपरी पुरापाषाण-युग में हैं, (3, 4) किरात और निषाद जाति के थोड़े से लोग भारत के जंगलों में जहाँ-तहाँ मिलते हैं, (5) वे अपनी-अपनी भाषा बोलते हैं, जिसका शब्दकोश कुछ सौ शब्दों से अधिक नहीं है, (6) मातृसत्तात्मक व्यवस्था है, सम्पत्ति और श्रम सामूहिक है, (7) छिले हुए पत्थर के हथियार-कुल्हाड़े, छुरे आदि ही परमास्त्र है, (8) मृतकों और भयप्रद वस्तु को सन्तुष्ट करने की मनुष्य कोशिश करता है, (9) केवल शिकार का मांस और जंगल के फल जीविका के साधन हैं, (10) जाड़ों से बचने के लिए आदमी चमड़े और आग का इस्तेमाल करता है। हिंसक जन्तुओं को भगाने में भी अग्नि सहायक है।" (ऋग्वैदिक आर्य, पृ. 19)

यद्यपि बिन्दु चौंतीस और पैंतीस में सात हज़ार वर्षों का अन्तर है और बिन्दु चौंतीस 3050 ई.पू. में भारत नव पाषाण युग में है। इसमें मुंडा जाति और पितृसत्तात्मक व्यवस्था का उल्लेख है। धनुष-बाण आ गए हैं और कृषि भी होने लगी है। जहाँ तक वस्त्रों का प्रश्न है—"वे सिर्फ़ जाड़े के लिए चमड़े का व्यवहार करते हैं नहीं तो स्त्री-पुरुष नंगे रहते हैं।" (वही, पृ. 19)

राहुल सांकृत्यायन ने भारत में 1550 ई.पू. (ताम्र युग) तक माना है कि भारतीय स्त्री-पुरुष केवल जाड़ों में कपड़े पहनते थे अन्यथा निर्वस्त्र रहते थे—"प्राग-द्रविड़ कपास के अन्तर्वासक, उत्तरीय पहनते हैं और किरात चमड़े या ऊन की लम्बी चादरें जाड़ों में पहनते हैं, नहीं तो नंगे रहते हैं।" (वही, पृ. 18)

राहुल 1550 ई.पू. (ताम्र युग) में सिन्धु उपत्यका में द्रविड़ सामन्तों का और हिमालय की पहाड़ियों में प्राग-किरात का शासन मानते हैं। पितृसत्ता आ चुकी है। द्रविड़ सामन्तों की राजधानियाँ मोहनजोदड़ो, हड़प्पा आदि हैं। दास प्रथा आ चुकी है।

राहुल भारत में 1450 ई.पू. में आर्यों को सिन्धु उपत्यका पर अधिकार कर प्राचीन वैदिक भाषा के व्यवहर्ता के रूप में देखते हैं। वे किरातों और द्रविड़ की भाषा को आर्य भाषा मानते हैं, "हिमालय के पहाड़ों में किरात और नीचे प्राचीन द्रविड़ या आर्य भाषा चलती है। हिमालय के किरातों में जन-व्यवस्था और दूसरों में सामन्ती या जन-व्यवस्था है। दासता का अखंड राज्य है। (7) ताम्र-फल वाले तीर और धनुष परमास्त्र हैं। (8) वैदिक और प्राग्-द्रविड़ या किरात देवता अपनी-अपनी जातियों में पूजे जाते हैं। (9) सभी मांसाहारी हैं। भयंकर वर्णभेद का प्रचार है—जहाँ तक आर्यों और अनार्यों का सम्बन्ध है। द्रविड़ों में वर्ण भेद है। (11) पोशाक आर्यों की द्रापि, अन्तर्वासक और उष्णीष स्त्री-पुरुष दोनों की है, जो ऊन और चमड़े की होती है। किरात शायद चमड़े और ऊन की लम्बी चादरें पहनते हैं। प्राग्-द्रविड़ कपास के अन्तर्वासक, उत्तरीय और शायद उष्णीय भी व्यवहार करते हैं। यह है सन् 1450 ई.पू.।" (वही, पृ. 18) 1150 ई. पूर्व आर्य जन व्यवस्था से सामन्ती व्यवस्था में पदार्पण कर चुके हैं तथा—"अनार्य बहुत भारी संख्या में उनके यहाँ दास के तौर पर काम करते हैं।" (वही, पृ. 17)

850 ई. पूर्व (लौह युग) गण और राज दोनों तंत्रों में दास प्रधान सामन्ती व्यवस्था है। आर्यों में वैदिक तथा दूसरों में उनके अपने धर्म का अवलम्बन है—"वर्ण भेद उसी तरह घोर है, जिस तरह दक्षिणी अफ्रीका और दक्षिणी युक्त राष्ट्र अमेरिका में आज

देखा जाता है।" (वही, पृ. 17) इस समय स्त्री-पुरुष की पोशाक एक जैसी है और केश विन्यास में भी भिन्नता नहीं है।

750 ई. पूर्व (लौह युग) में आर्यों में ब्राह्मण धर्म और वैदिक कर्मकांड आरम्भ हो गए हैं। वर्ण का कठोर विचार आ चुका है। आर्य अपने से भिन्न जातियों से विवाह करने के विरुद्ध हैं। स्त्री-पुरुषों की पोशाक में भिन्नता नहीं आई है।

राहुल ने 650 ई.पू. और 550 ई.पू. तक छुआछूत का विचार 'नहीं सा' माना है। विवाह में देश-जाति का नहीं बल्कि वर्ग का ध्यान माना है। 450 ई.पू. में छुआछूत का विचार चांडालों के साथ माना है। अब भी लौह युग है। जैन, बौद्ध अपना प्रसार कर रहे हैं, किन्तु प्रधानता ब्राह्मण धर्म की है। विवाह में अभी भी वर्ग का बन्धन ही प्रमुख है। क्रमशः आगे बढ़ें तो राहुल सांकृत्यायन ने 250 ई.पू., 150 ई.पू., 50 ई.पू., 50 ई. तक विवाह में वर्ग की ही प्रमुखता मानी है। 50 ई. में छूतछात केवल हरिजनों के साथ दर्शाई है। यही नहीं, सौ वर्ष के विभाजन के साथ उन्होंने 850 ई. तक विवाह और छुआछूत की यही स्थिति मानी है।

राहुल सांकृत्यायन जाति-वर्ग के विवाह का आधार बनने की बात 950 ई. मानते हैं, "(1) हम लौह-युग में हैं, (3, 4) कान्यकुब्ज राजधानी में महाराज देवपाल प्रतिहार का शासन है, (5) संस्कृत राजमान्य भाषा है, पर पांचाली (मध्यदेशीया) अपभ्रंश साहित्य और व्यवहार की सारे देश में मान्य भाषा है, (6) सामन्ती शासन और दास-प्रथा चल रही है, (7) तीर-धनुष परमास्त्र है, (8) ब्राह्मण और बौद्ध प्रधान धर्म है, जिनमें शैव और तांत्रिक बौद्ध धर्म मुख्यता रखते हैं। पूर्व में बौद्ध और पश्चिम में पाशुपतों की संख्या अधिक है, (9) अधिकांश मांसाहारी हैं, छुआछूत अछूतों और परधर्मी म्लेच्छों के साथ बरती जाती है। रोटी-बेटी अपने जाति-वर्ग में होती है, (11) चौबन्दी-धोती, सुत्थन पुरुषों की और घाघरा, साड़ी चुनरी, अँगिया स्त्रियों की पोशाक है। यह है सन् 950।" (वही, पृ. 13-14) स्त्री-पुरुष की पोशाक में अन्तर 50 ई.पू. में आ गया था। यद्यपि 1050 ई. में सामन्तवादी व्यवस्था में ब्राह्मण और बौद्ध धर्म प्रमुख हैं और उनमें आपस में रोटी-बेटी का लेन-देन है। छुआछूत और दास प्रथा का प्रचार बढ़ गया है। राहुल 1150 ई. में बौद्ध धर्म को भी हिन्दू धर्म का रूप लिख देते हैं, "संस्कृत राजभाषा है, बौद्धों में हो जाती है।" (वही, पृ. 13) अन्य देश के बौद्ध अछूत नहीं माने जाते तो अपने देश के बौद्ध अछूत माने जाते थे।

1250 ई. में इस्लाम अभी नया-नया है लेकिन अधिकांश लोग अछूत और मुसलमान के हाथ का पानी नहीं पीते। 1350 ई. में मुहम्मद तुगलक दिल्ली का सम्राट है— "(5) राजभाषा फ़ारसी है, (6) सामन्ती शासन और दास-दासियों का खुला क्रय-विक्रय हो रहा है, (7) तीर-धनुष और तलवार-भाला हमारे परमास्त्र हैं, (8) हिन्दू प्रधान धर्म है, मुसलमान भी विशेषकर पंजाब और दिल्ली के आसपास काफ़ी हैं, (9) अधिकांश मांसाहारी हैं, छुआछूत का राज्य है। मुसलमान या अछूत के हाथ का पानी नहीं पिया जा सकता। रोटी-बेटी जाति और प्रान्त के भीतरी ही हो सकती है, (11) मुसलमानों की पोशाक चोगा और पायजामा है। उनकी स्त्रियाँ भी वही पोशाक पहनती हैं। हिन्दुओं के यहाँ सामन्तों में चौबन्दी सुत्थन और चौबन्दी धोती है, स्त्रियों में घाघरा-लुगड़ी या साड़ी।" (वही, पृ. 12-13) 1450 ई. से मुसलमानों की संख्या और छुआछूत बढ़ने लगती

है। यहाँ से भारत में लौह युग पार कर बारूद युग का प्रवेश हो चुका है। 1550 ई. में "(8) हिन्दू और इस्लाम प्रधान धर्म हैं, (9) अधिकांश लोग मांसाहारी हैं। खान-पान में छूतछात का बहुत ज़ोर है। रोटी-बेटी अपनी जाति और प्रदेश में ही हो सकती है।" (वही, पृ. 12) 1650 ई. में छुआछूत भयंकर रूप से बढ़ चुकी है। रोटी-बेटी अपनी ही जाति में ली-दी जा सकती है। यही स्थिति 1750 ई. में है—"हिन्दू-मुसलमान एक-दूसरे के हाथ का पानी भी नहीं पी सकते। रोटी-बेटी जात के भीतर ही चलती है।" (वही, पृ. 12)

1850 ई. को राहुल सांकृत्यायन वाष्प युग मानते हैं। इस समय राजधानी कलकत्ता, इंग्लैंड की रानी विक्टोरिया के गवर्नर जनरल का शासन, राजभाषा अंग्रेज़ी, देश पराधीन और अर्थव्यवस्था पूँजीवादी है। हिन्दू मुसलमान के हाथ का पानी पीते ही अपने धर्म से भ्रष्ट हो जाता है।

राहुल सांकृत्यायन ने अपना यह इतिहास विभाजन या मानव इतिहास 1950 ई. से आरम्भ किया है। (उनकी यह पुस्तक 1956 ई. में प्रकाशित हुई थी।) 1950 ई. का आकलन उन्हीं के शब्दों में देखना रोचक होगा—"(1) अब हम पाषाण, ताम्र, लौह, बारूद, वाष्प के युगों को पार कर परमाणु युग में हैं। वायुमंडल पर हमारा अधिकार है। पाँच-पाँच सौ मील प्रति घंटे की चालवाले विमान उसमें से इधर-उधर दौड़ रहे हैं। रेलों-मोटरों की तो बात ही नहीं करनी है, (3-4) हमारी शासन व्यवस्था गणतंत्र है, हमारे गणराज्य के राष्ट्रपति डॉ. राजेन्द्र प्रसाद राजधानी दिल्ली में रहते हैं, (5) हमारे देश की मुख्य सम्मिलित भाषा हिन्दी है और भिन्न-भिन्न भागों की असमिया, बांग्ला, उड़िया, तेलुगू, तमिल, मलयालम, कन्नड़, मराठी, गुजराती, पंजाबी आदि साहित्यिक भाषाएँ हैं। इनके अतिरिक्त मैथिली, मगही, भोजपुरी, अवधी, ब्रज, मालयी, राजस्थानी, कौरवी, पहाड़ी आदि भाषाएँ भी साहित्यिक भाषाएँ हैं या होने जा रही हैं, (6) हम पूँजीवादी व्यवस्था में हैं, (7) राज्यशक्ति अपने हाथ में रखने के लिए परमास्त्र हमारे युग में लड़ाकू विमान और परमाणु बम हैं, भीषण तोपों, मशीनगनों की बात क्या, (8) हमारे देश के प्रधान धर्म हैं हिन्दू और इस्लाम जिनके प्रति शिक्षित वर्ग की पहले जैसी आस्था नहीं है, (9) शिक्षित वर्ग खान-पान में छूतछात नहीं मानता। ब्याह के लिए भी जाति की मर्यादाएँ टूट रही हैं, (10) हमारे काव्य-गगन में रवीन्द्र और प्रसाद लुप्त हो चुके हैं, हिन्दी के निराला और पंत अब भी देदीप्यमान हैं, (11) हमारी अधिक मान्य पोशाक कोट-पैंट है, यद्यपि अचकन-पायजामा और कुर्ता-धोती भी पहने जाते हैं। स्त्री-जगत पर साड़ी का कभी-कभी सलवार का भी राज्य है। अब भी घाघरा-लगुरी, कुर्ता-पायजामा और प्रादेशिक साड़ियाँ स्त्रियों में चलती हैं। अधिकांश लोग मांसाहारी हैं। यद्यपि अधिकांश को साल में दो-चार ही बार वह मयस्सर होता है। पीढ़ियों के निरामिषहारी पहले अंडे पर पहुँचते हैं, फिर मांस-मछली पर। पुराने काल में मांस-मछली भले ही भक्ष्य समझे जाते हों, लेकिन अंडा अभक्ष्य माना जाता था। सभ्य दुनिया में चीनियों ने इसका पहले-पहल आरम्भ किया, फिर यूरोप और मुस्लिम जगत् ने स्वीकार किया। यह है 1950 ई.।" (वही, पृ. 11)

आज अगर राहुल सांकृत्यायन होते तो अपनी कुछ धारणाएँ पीछे की ओर ले जाते।

ध्यान देने पर राहुल सांकृत्यायन और रामविलास शर्मा (आधुनिक) जातियों के प्रचलन और रोटी-बेटी में जाति की ही प्रधानता को 1350 ई. से स्वीकार करते हैं।

रामविलास शर्मा भी आधुनिक जातियों का गठन इसी के आसपास से मानते हैं। चूँकि वे 1994 ई. में आर्यों को आक्रमणकारी नहीं मानते हैं इसलिए सिन्धु सभ्यता का पतन और उसके बाद आर्य आक्रमण से सम्बद्ध विकसित सभ्यता और जाति व्यवस्था के सिद्धान्त को भी ख़ारिज कर देते हैं। रामविलास शर्मा बल देकर कहते हैं कि व्हीलर ने आकस्मिक संक्रमण की बात कही थी। 1962 ई. में उसने अपनी सिन्धु सभ्यता पर प्रकाशित पुस्तक में आर्यों द्वारा यहाँ के मूल निवासियों के हत्याकांड के चित्र को बहुत विस्तार देकर इन्द्र को दोषी ठहराया था—"पर 1966 में प्रकाशित सिन्धु घाटी और उससे परे की सभ्यताओं पर, पुस्तक के संशोधित-परिवर्धित संस्करण में उन्होंने लिखा, एक विशेष सन्दर्भ में, जिसे दूसरे लेखकों ने बढ़ा-चढ़ा कर दिखाया था अथवा औचित्य से परे उसे हीन बना दिया था। मैंने कभी हल्के-फुल्के ढंग से (I once light heartedly) इस प्रपंच के लिए इन्द्र और उनके आर्यों को दोषी ठहराया था। स्त्रियों, पुरुषों, बच्चों के हत्याकांड की बात हल्के-फुल्के ढंग से न की जा सकती थी। वास्तव में आर्यों के आक्रमण को ऐतिहासिक सत्य सिद्ध करने के लिए व्हीलर ने जो प्रमाण जुटाए थे, वे डेल्स के लेख से असिद्ध हो गए थे। उन्हें स्वीकार करना पड़ा कि आर्यों द्वारा सिन्धु सभ्यता के नष्ट किए जाने का कोई प्रमाण नहीं है।" (पश्चिमी एशिया और ऋग्वेद, पृ. 30)

व्हीलर अपनी बात से पीछे हट गए। डेल्स द्वारा दिए प्रमाणों के आलोक में उनकी स्थापनाएँ निरस्त्र होने पर उन्होंने अपनी धारणा को बाद में अनुमान कहा किन्तु औपनिवेशिक दृष्टि सम्पन्न इतिहासकारों ने इस पर ध्यान नहीं दिया, विशेष भारतीय इतिहासकार लकीर के फ़कीर बने रहे। नए शोधों को परीक्षित करने की उनकी घोर अनिच्छा ने प्राचीन भारत के 'विभाजित' इतिहास का ही पिष्टपेषण जारी रखा। इसके विरोध से उनकी अपनी धारणा के पुनर्मूल्यांकन की आवश्यकता उठ खड़ी होती। किसी भी सिद्धान्त का परीक्षण-पुनर्परीक्षण उस सिद्धान्त के अधिक तथ्यपरक होने की दिशा की ओर प्रयास होता है। कोई भी सिद्धान्त अन्तिम नहीं होता और न ही कोई निष्कर्ष। इसे व्हीलर ने तो माना इसलिए—"जो बात उन्होंने 1962 में दोहराई थी, उसे बहुत पुरानी बात की तरह याद करते हुए उन्होंने लिखा, बरसों पहले मैंने सुझाया था कि उपमहाद्वीप के उत्तर-पश्चिम पर आक्रमण करनेवाले आर्य विनाश के अन्तिम उपादान थे। इसे सिद्ध नहीं किया जा सकता, और सम्भव है, वह बिलकुल ग़लत हो, पर वह असम्भव नहीं है। 1947 में व्हीलर का रुख आक्रामक था, 1966 में वह पीछे हट रहे थे। निस्सन्देह पीछे हटने का कारण डेल्स का लेख था। 1962 तक वह अपनी पुरानी स्थापना पर डटे हुए थे।" (वही, पृ. 30)

रामविलास शर्मा डेल्स के लेख के कारण व्हीलर के पीछे हटने और अपने सिद्धान्त को 'बिलकुल ग़लत किन्तु असम्भव नहीं' जैसी भ्रामक शब्दावली के प्रयोग का अर्थ स्पष्ट करते हैं कि आर्यों द्वारा मोहनजोदड़ो का हत्याकांड केवल अनुमान होने और आर्यों द्वारा उन पर आक्रमण होने का प्रमाण न बनने पर यह बात प्रमाणित हुई कि—"तब उत्तर-पश्चिमी भारत का प्राचीन इतिहास भी शेष भारत के कुछ नज़दीक आ गया। तब इस देश का विभाजन ऐतिहासिक-सांस्कृतिक न होकर, केवल राजनीतिक रह गया और सिन्धु सभ्यता पर केवल पाकिस्तान का नहीं, भारत का अधिकार भी स्वीकृत हुआ। इसके साथ ही सिन्धु सभ्यता को जन्म देने में सुमेर की प्रेरक भूमिका भी प्राय: निरस्त हुई।"

(वही, पृ. 30) एम. व्हीलर इस बात पर विश्वास करते थे कि भारतीय नगरों के निर्माण की विधि और परिकल्पना ईरान और इराक से भारत आई। वे अपनी पुस्तक 'द इंडस सिविलाइजेशन' (The Indus Civilization) में कहते हैं कि भारत को सभ्यता की अवधारणा मेसोपोटामिया और इराक से मिली थी। इससे भिन्न मार्शल के उन विचारों को अधिक नहीं दोहराया गया जिनमें उन्होंने सुमेर संस्कृति को भारतीय संस्कृति का विस्तार माना। उन्होंने माना कि सिन्धु घाटी की सभ्यता से प्रभावित सुमेर संस्कृति ने ही आगे चलकर बेबीलोन आदि की सभ्यता पर प्रभाव डाला। मार्शल यह 1926 ई. में ही कह चुके थे कि सिन्धु घाटी के लोग बाहर से आए थे इसके प्रमाण नहीं थे किन्तु सुमेर के लोग बाहर से आए थे यह बात उनके अभिलेखों से प्रमाणित है। अत: इस बात की पूरी सम्भावना है कि—"सुमेरियों को अपनी सभ्यता की प्रेरणा सिन्धु घाटी से मिली हो। उनकी संस्कृति से मिलती-जुलती यह संस्कृति सिन्धु घाटी में दूर-दूर तक फैली रही होगी और भारत की धरती पर उसे विकसित होने में अकूत शताब्दियाँ लगी होंगी। इसलिए यदि वे विद्वान सही हैं जो सुमेरियों को मेसोपोटामिया में दखलंदाज़ तत्त्व मानते हैं, तो यह सम्भावना स्पष्ट ही सामने आती है कि अन्तत: भारत ही उनकी सभ्यता की पोषक भूमि सिद्ध हो, जो सभ्यता अपनी बारी में बैबिलोन, असीरिया और आमतौर से पश्चिमी एशिया की संस्कृति की आधार भूमि बनी।" (वही, पृ. 31)

रोमिला थापर जैसी समर्थ इतिहासकार 'आर्य' को नस्ल नहीं बल्कि एक भाषिक और सांस्कृतिक समूह मानती हैं। आधुनिक आर्य सम्बन्धी परिभाषा भारोपीय भाषा समूह के रूप में निर्धारित करती हैं। वे माइकल विटज़ेल (Michael Witzel), जया मेनन, काइ फ्राइज़ (Kai Friese) और रज़ीब ख़ान के साथ यह निष्कर्ष निकालती हैं कि आर्य एक घुमन्तू जाति थी। आधुनिक काल में 'स्थानीय' और 'विदेशी' माने जानेवाली जातियाँ (जातीयता या जाति) द्वारा एक-दूसरे पर विजय प्राप्त करने के रूप में देखा गया। यद्यपि रोमिला थापर आर्य शब्द को एक भाषिक पद मानती हैं, किन्तु अन्तत: वे आर्यों को बाहर से आया हुआ मानती हैं, "सबसे अन्त में वे लोग आए, जिन्हें आमतौर पर आर्य कहा जाता है। आर्य वास्तव में एक भाषिक पद है, जिससे भारोपीय मूल के एक भाषा-समूह का बोध होता है—नृवंशीय पद यह नहीं है। अत: आर्यों के आगमन की बात करना त्रुटिपूर्ण है। किन्तु प्राचीन भारत के ऐतिहासिक अध्ययनों में यह त्रुटि इतनी अधिक प्रचलित हो चुकी है कि आर्यों को आर्यभाषी लोग कहना अनुचित रूप से पांडित्य का प्रदर्शन होगा।" (भारत का इतिहास, रोमिला थापर, राजकमल प्रकाशन, नई दिल्ली, 1999, पृ. 22)

रोमिला थापर ने यह पुस्तक मूलत: अंग्रेज़ी में 1966 ई. में लिखी थी। इसका हिन्दी अनुवाद दस वर्षों बाद 1977 ई. में आया। अपने प्राक्कथन में रोमिला थापर स्पष्ट कर देती हैं कि—"यह पुस्तक भारतीय इतिहास के विशेषज्ञ के लिए नहीं है; यही कारण है कि पाद-टिप्पणी सन्दर्भ इसमें नहीं है और उनके स्थान पर विस्तृत ग्रंथ सूची दी गई है जो भारतीय इतिहास के किसी पक्ष विशेष का अध्ययन करने को उत्सुक व्यक्ति के लिए सहायक हो सके। यह पुस्तक उन लोगों के लिए है जिनकी इतिहास में सामान्य रुचि है और जो भारत के प्रारम्भिक इतिहास की प्रमुख घटनाओं से परिचित होना चाहते हैं।" (वही, पृ. 7) रोमिला थापर के इतने सावधान वक्तव्य के उपरान्त भी उनकी आर्य सम्बन्धी धारणा एकदम राहुल सांकृत्यायन जैसी है। आर्य को एक भाषा समूह मानते

हुए भी वे भारतीय आर्यों को ईरान से आया हुआ मानती हैं। उन्हें भी हड़प्पा सभ्यता के अन्त और भारत में आर्यों के आगमन में 200 वर्षों का 'हिसाब' नहीं मिलता। वे हड़प्पा और परवर्ती संस्कृति के बीच राजनैतिक व्यवधान मानती हैं। हड़प्पा की संस्कृति का अवसान हो चुका था—"1700 ई.पू. तक हड़प्पा संस्कृति का ह्रास हो चुका था और 1500 ई.पू. के लगभग ईरान से भारतीय आर्यों के प्रव्रजन के फलस्वरूप उत्तर-पश्चिमी भारत की सांस्कृतिक पृष्ठभूमि में कुछ नई विशेषताओं का समावेश हुआ। उपमहाद्वीप के इस क्षेत्र का सिन्धु नदी तथा हिन्दूकुश पर्वत के उत्तर और पश्चिम क्षेत्रों से सम्पर्क हमेशा बना रहा। कई बार यह उनकी राजनीति में भी आत्मसात् हुआ और उनके सांस्कृतिक मिश्रण का अंग बना। इसी प्रकार पश्चिमी भारत ने फ़ारस की खाड़ी और लाल सागर के पश्चिमी सामुद्रिक प्रदेशों से अपना सम्पर्क क़ायम रखा। फलत: सिन्धु तथा गंगा के मैदानों में जो विकास हुआ वह एक-दूसरे से कटा रहा।" (वही, पृ. 20)

इस प्रकार सिन्धु और गंगा की अलग-अलग संस्कृतियाँ फलीं। यहाँ सिन्धु संस्कृति का अर्थ अब हड़प्पा संस्कृति नहीं है। उसके पतन के पश्चात् यहाँ आर्यों का प्रव्रजन हो चुका है। रोमिला थापर लिखती हैं कि भारत के पूर्वी भाग में गंगा के मैदान में खेती और शिकार के बीच की अवस्था वाली छोटी-छोटी बस्तियाँ थीं—"ये सम्भवत: वही लोग थे जिनसे गंगा घाटी में प्रवेश करने पर इंडो-आर्यों का सामना हुआ था। इस अनुमान का आधार यह तथ्य है कि कई स्थानों पर खुदाई में इंडो-आर्यों से सम्बद्ध (इसकी अभी तक पुष्टि नहीं हुई है) भूरे रंगे बर्तन ऐसे स्तरों पर मिले हैं जिनके नीचे पूर्ववर्ती कपिशवर्ण बर्तनों की तह पाई गई।" (वही, पृ. 20)

इस पर ध्यान दिया जाना चाहिए कि राहुल सांकृत्यायन और रोमिला थापर के विचारों की आर्यों पर पूरी सहमति है। राहुल की पुस्तक 'ऋग्वैदिक आर्य' 1956 ई. में प्रकाशित हुई थी और रोमिला थापर की 'भारत का इतिहास' 1966 में उसके दस वर्षों बाद आई थी। इस बात की पूरी सम्भावना है कि रोमिला थापर ने राहुल की 'ऋग्वैदिक आर्य' पुस्तक देखी हो। रोमिला थापर भी आर्यों का सम्बन्ध पशुपालन के साथ घोड़ों से मानती हैं जिनका हड़प्पा में कोई चिह्न नहीं था। यद्यपि वे भूरे रंग के बर्तनों वाले स्थानों को आर्य संस्कृति का केन्द्र माने जाने का अपुष्ट निष्कर्ष भी मानती चलती हैं। आगे वे गंगा घाटी के आर्यों का दक्षिण की ओर प्रयाण मानती हैं—"ईसा पूर्व की पहली सहस्राब्दी के पूर्वार्द्ध में इसने गंगा घाटी की उत्कृष्ट प्रौद्योगिकी को जन्म दिया, जिसका प्रमाण लोहे और बाद में एक विशेष प्रकार के मिट्टी के बर्तनों—उत्तरी काली पॉलिश के बर्तन—के प्रयोग में मिलता है। ये दोनों चीज़ें गंगा घाटी की आर्य संस्कृति से सम्बद्ध थीं। स्पष्टत: आर्य अब दक्खन की तरफ़ बढ़ने लगे थे और गंगा घाटी तथा दक्खन के बीच सम्पर्क स्थापित हो गया था। भारत के इतिहास में उत्तर और दक्षिण को जोड़नेवाले सेतु के रूप में दक्खन को कई शताब्दियों तक जिस भूमिका का निर्वाह करना पड़ा, उसके लिए वह इन्हीं दिनों तैयार किया जा रहा था। उसने न केवल उत्तर से आर्य संस्कृति के तत्त्वों का ग्रहण किया, बल्कि 300 ई.पू. के आसपास तक दक्खन के निचले भागों का सम्पर्क भारत के धुर दक्षिण की महापाषाण संस्कृति से भी हो गया था। दक्षिण भारत (तमिलनाडु, केरल और मैसूर) की महापाषाण संस्कृति और भूमध्यसागर की महापाषाण संस्कृतियों में घनिष्ठ समानताएँ हैं और सम्भव है कि दक्षिण भारत में यह

संस्कृति पश्चिमी एशिया से ही आई हो।" (वही, पृ. 21) अपनी पुस्तक 'भारत का इतिहास' की 'पूर्वपीठिका' के अन्त में रोमिला थापर भारतीय संस्कृति में उत्तर से आए आर्यों के योगदान के सम्बन्ध में कहती हैं, "भारतीय प्राक्-इतिहास के लोगों और संस्कृतियों की यह पृष्ठभूमि थी जब आर्यभाषी कबीले उत्तर में आए और भारतीय संस्कृति में अपना योगदान किया।" (वही, पृ. 22)

अपनी पुस्तक के द्वितीय अध्याय 'आर्य संस्कृति का प्रभाव' में भी वे ऋग्वेद को प्राचीनतम साहित्यिक स्रोत मानती हैं जिसके कुछ अंशों को 1000 ई.पू. रचित मानती है। राहुल सांकृत्यायन और रोमिला थापर भी रामविलास शर्मा की तरह हमारे इतिहास को समझने का महत्त्वपूर्ण स्रोत मानते हैं। राहुल सांकृत्यायन और रोमिला थापर एकदम एक जैसा मत रखते हैं। वे उन्हीं व्याख्याकारों से पूर्णत: सहमत दिखलाई पड़ते हैं जिनसे 1994 ई. में रामविलास शर्मा असहमति जताते हैं। रोमिला थापर 'आर्य संस्कृति का प्रभाव' अध्याय में पुन: कहती हैं कि—"घटनाओं का ऐतिहासिक क्रम कुछ इस प्रकार से रहा प्रतीत होता है कि सिन्धु घाटी सभ्यता का ह्रास ई.पू. दूसरी सहस्राब्दी में हुआ और जब आर्यों ने भारत के उत्तर-पश्चिम में प्रवेश किया तब (1500 ई.पू.) तक वह लगभग पूरी तरह विघटित हो चुकी थी। आर्य या इंडो-आर्य जो कि इंडो यूरोपीय के वंशज थे, कुछ समय तक वैक्ट्रिया में और उत्तरी ईरानी पठार पर रहे, परन्तु 1500 ई.पू. के आसपास तक वे हिन्दूकुश के दर्रों से होकर उत्तरी भारत में प्रविष्ट हुए। प्रारम्भ में वे चरागाहों की तलाश पंजाब के मैदानों में घूमते रहे, क्योंकि पशुपालन ही उनका मुख्य पेशा था। अन्त में छोटे-छोटे जंगलों को साफ़ करके बनाए गए ग्रामीण समुदायों में बस गए और धीरे-धीरे खेती-बाड़ी का धन्धा अपनाने लगे जो सिन्धु घाटी के प्रारम्भिक लोगों की अर्थव्यवस्था का मुख्य आधार था। यही वह समय था जब ऋग्वेद के मंत्र (वैदिक साहित्य के प्राचीन उदाहरण) कंठस्थ और संगृहीत किए गए।" (वही, पृ. 25)

केवल यही नहीं रोमिला थापर भी राहुल सांकृत्यायन की तरह ऋग्वेद और बाद में पुराणों में वर्णित विषयों के आधार को तार्किक रूप से प्रमाणित न कर पाने पर अनुमान लगाती हैं। राहुल स्मृति के धुँधलाने की बात करते हैं तो रोमिला बेबीलोन की प्रलय की दंतकथा की उस स्मृति की बात करती हैं जब आर्य लोग ईरान के पठारों पर रहते थे और बेबीलोन निवासियों के सम्पर्क में थे, जिनसे उन्होंने प्रलय की बात सुनी होगी या फिर यह दंतकथा उन्हें सिन्धु घाटी के लोगों से प्राप्त हुई होगी जिन्होंने भी इसे बेबीलोन निवासियों से ही सुन रखा होगा।" (वही, पृ. 25)

स्मृति के सम्बन्ध में रोमिला थापर एक और सम्भावना यह जताती हैं कि इन निवासियों के मन में मेसोपोटामिया की बाढ़ की अस्पष्ट स्मृति को ही सिन्धु नदी में आनेवाली बाढ़ों से मिला दिया होगा तथा इस तरह बेबीलोन की कथा भारतीय रूप में ढल गई।

इतिहासकार इरफ़ान हबीब का मानना है कि भाषा शास्त्र ही हमें 'मूल भारोपीयों' के सम्बन्ध में निर्णय करने में कोई सहायता पहुँचा सकता है। तथापि वैदिक काल पर विचार करते हुए हबीब ऋग्वेद की प्राचीनतम रचनाओं की अवधि निर्धारण को कठिन मानते हैं और इस निष्कर्ष पर पहुँचते हैं, "हम सम्भवत: 1500-1000 ई.पू. की अवधि निर्धारित कर सकते हैं जिस दौरान इसकी रचना हुई। इसका क्रम तय हुआ और इसमें

विभिन्न अंश जोड़े गए। पुरातत्त्वशास्त्र से हमें कुछ ज़्यादा भरोसे के साथ न्यूनतम कालखंड तय करने में मदद मिलती है। ऋग्वेद में लोहे का कोई प्रामाणिक सन्दर्भ नहीं मिलता है और खुदाई में मिले लोहे के काल निर्धारण (अध्याय तीन) से पता चलता है कि उत्तरी भारत में इस धातु का प्रसार 1000 ई.पू. के बाद ही हुआ। इसलिए यह उम्मीद की जा सकती है ऋग्वेद के नवीनतम हिस्से भी इसके बाद के नहीं हैं।" (वैदिक काल, भारत का लोक इतिहास-3, इरफ़ान हबीब, विजय कुमार ठाकुर, अनु. कनक, राजकमल प्रकाशन, नई दिल्ली, 2016, पृ. 10)

पुस्तक के भीतर दिए गए उसके शीर्षक में वैदिक काल और लोहे का आगमन (लगभग 1500-700 ई.पू.) लिखा गया है। इरफ़ान हबीब का मानना है कि चूँकि ऋग्वेद में लोहे का कोई प्रामाणिक सन्दर्भ नहीं मिलता इसलिए ऋग्वेद का उपरोक्त काल निर्धारण होगा। राहुल सांकृत्यायन 'लौह युग' का काल 850 ई.पू. मानते हैं। वे ताम्र युग का काल 2550 से 1150 ई.पू. तक का मानते हैं। इरफ़ान हबीब मोटे तौर पर 1000 ई.पू. को एक विभाजक काल मानते हुए ऋग्वेद की रचनाओं का प्रक्षिप्तिकरण इसके बाद का नहीं मानते। रोमिला थापर की ही तरह वे भी मिट्टी के बर्तनों के आधार पर आर्य समुदाय में आनुवंशिक मिश्रण मानते हैं। किन्तु राहुल सांकृत्यायन इससे असहमत दिखाई पड़ते हैं। सरस्वती नदी आर्यों के इस देश के आर्यों के विदेशी होने के सबसे रोचक प्रमाण के रूप में व्यवहृत हुई है। इरफ़ान हबीब ने सरस्वती नदी को 'सरस्वती' ही नहीं माना है। राहुल सांकृत्यायन सरस्वती नदी को सरस्वती ही मानते हैं। वे उसकी उपस्थिति स्वीकारते हैं और किसी भी स्थान पर उनके सिद्धान्त से मेल न खाने पर अनुमान का सहारा लेते हैं। रामविलास शर्मा के लिए सरस्वती नदी भारत के प्राचीन इतिहास की वह मुख्य स्तम्भ है जिसे आर्यों को विदेशी आक्रमणकारी बतानेवालों के लिए हिला पाना सम्भव नहीं है। रामविलास शर्मा की पुस्तक 'पश्चिमी एशिया और ऋग्वेद' की भूमिका में हिन्दी माध्यम कार्यान्वयन निदेशालय, दिल्ली विश्वविद्यालय (प्रकाशन) के सम्पादक श्याम कश्यप लिखते हैं, "ऋग्वेद की प्राचीनता का एक और महत्त्वपूर्ण आधार सरस्वती है, जो अपने विशाल और भरे-पूरे रूप में ऋग्वेद के प्रत्येक मंडल में विद्यमान है। हड़प्पा (सिन्धु) सभ्यता का ह्रास (जो प्राय: 1750 ई.पू. माना जाता है) सरस्वती के जलहीन होने पर हुआ था। यानी, सरस्वती के जलहीन होने से बहुत पहले (क्योंकि अथर्ववेद में भी वह जल से भरी-पूरी है) ऋग्वेद की रचना हो चुकी थी। इसी तरह ऋग्वेद में जल-प्रलय की घटना का कोई उल्लेख नहीं मिलता, किन्तु अथर्ववेद में जल-प्रलय की ओर संकेत हैं। दूसरी सहस्राब्दी ई.पू. में आर्यों के पश्चिमी एशिया की तरफ़ बहिर्गमन के साथ ही जल-प्रलय से सम्बन्धित कहानियाँ भी वहाँ पहुँचीं। डॉ. शर्मा के मतानुसार सरस्वती नदी के किनारे जहाँ भरत जन की बस्तियाँ थीं वहाँ वैदिक संस्कृति का केन्द्र था। उन्होंने इसे सारस्वत प्रदेश और इस सभ्यता को सारस्वत सभ्यता का एकदम सटीक नाम दिया है। इसी क्षेत्र में सरस्वती के किनारे जब जल-प्रलय की घटना हुई तो वैदिक संस्कृति का केन्द्र सारस्वत प्रदेश से खिसककर कुरु-पांचालों के ब्रह्मर्षि प्रदेश पहुँच गया।" (पश्चिमी एशिया और ऋग्वेद, पृ. 6)

आर्यों के हमलावर होने के पहले-पहल संकेत ग्रिफ़िथ ने अपने अनुवाद में ही दे दिए थे। 1926 ई. में इसमें नया आयाम जोड़ा एक भारतीय विद्वान रामप्रसाद चन्द ने

तथा इसे सीधे 1947 ई. में ब्रिटिश पुरातत्त्ववेत्ता मार्टिमर ह्वीलर ने 'पल्लवित-पुष्पित' (वही, पृ. 7) किया। इससे पहले 1931 ई. में मार्शल इसका समर्थन कर चुके थे किन्तु इस अतिरिक्त विचार के साथ आर्य सिन्धु सभ्यता के अवसान के दोषी नहीं थे। ध्यान दिया जाना चाहिए कि राल्फ़ टी.एच. ग्रिफ़िथ (1826-1906) ने 1889 ई. में ऋग्वेद का सम्पादन-अनुवाद कार्य सम्पन्न कर लिया था। ग्रिफ़िथ ने मैक्समूलर द्वारा सम्पादित ऋग्वेद संहिता के आधार पर अनुवाद किया था। गॉर्डन चाइल्ड ने 1934 में आर्यों के आक्रमणकारी होने की अपनी बात 1952 ई. में वापस ले ली थी।

सरस्वती नदी के अस्तित्व के सम्बन्ध में राहुल सांकृत्यायन के विचारों के आलोक में इतिहासकार इरफ़ान हबीब की स्थापनाओं की परख उचित रहेगी। चूँकि ऋग्वेद अति प्राचीन ग्रंथ है इसलिए इतिहासकारों ने अनुमान से ख़ूब काम लिया। सप्त सिन्धु कि—"सातों नदियों को भरद्वाज ने (ऋ 6. 61.10) सप्तस्वसा सरस्वती (सात बहनें सरस्वती) कहा है। सरस्वती घग्घर में मिलकर उसी नाम से कुछ दूर जा राजस्थान के रेगिस्तान में लुप्त हो जाती है। उसकी सूखी धारा का पता बहुत दूर वहाँ तक मिलता है, जहाँ से चिनाब-सतलुज का संगम कुछ ही मील रह जाता है और सिन्धु भी बहुत दूर नहीं रह जाती। हो सकता है, सरस्वती ऋग्वेद के काल में जा के सीधे सिन्धु में मिलती हो, पर वह हिमालय की हिमानियों से निकलनेवाली नदी नहीं है, जैसी कि उसकी दूसरी छह बहनें। घग्घर की तरह उसकी दोनों शाखाएँ मरकंडा और सरस्वती भी शिवालिक की तराई से निकलने.वाली छोटी नदियाँ हैं, जो वर्षा के जल को पाकर ही दो महीने इतरा के चल सकती हैं। ऋग्वेद में तराई से निकलकर रेगिस्तान तक जानेवाली नदी का नाम सरस्वती था।" (ऋग्वैदिक आर्य, पृ. 4) राहुल सांकृत्यायन स्पष्ट कर देते हैं कि सरस्वती नदी घग्घर में मिलकर आगे चलकर राजस्थान के रेगिस्तान में विलुप्त हो गई। वे मानते हैं कि—"आर्य जनों की भूमि सरस्वती (अम्बाला ज़िले) से सिन्धु उपत्यका तक फैली हुई थी। ऋषित्रय में वृद्धतम भरद्वाज ने यमुना का भी नाम लिया है, पर वह सीमान्त की नदी थी। अन्तिम ऋषियों में से एक प्रियमेघ की सन्तान सिन्धुक्षितने (ऋ. 10.75.6) गंगा का नाम भी दिया है, पर न वह सप्त सिन्धु की नदी थी, न उसे उस समय कोई प्रतिष्ठा प्राप्त थी।" (वही, पृ. 4)

इरफ़ान हबीब सरस्वती नदी के सम्बन्ध में भिन्न मत रखते हैं। वे अफ़गानिस्तान और पाकिस्तान को 'आज का अफ़गानिस्तान' या आज का पाकिस्तान कहकर सम्बोधित नहीं करते। इरफ़ान हबीब आर्यों के घोड़े और रथ की सहायता से सिन्धु को पार कर पहले पंजाब में फिर दक्षिण-पूर्व की ओर बढ़ने की बात करते हैं—"ऋग्वेद अपने भूगोल के ज़रिये इस विनाशकारी विस्तार का उल्लेखनीय चरण प्रस्तुत करता है। ऋग्वैदिक ऋषि जिन इलाक़ों से वाक़िफ़ थे उसे तय करने का मुख्य ज़रिया है सूक्त विशेष तौर पर दशम मंडल (75) के नदी-सूक्त में उद्धृत नदियों के नाम। इन ऋचाओं में उन नदियों के नाम का ज़िक्र है।" (वैदिक काल, पृ. 12)

तत्पश्चात् वे 'पाकिस्तान' और 'अफ़गानिस्तान' से निकलनेवाली कई नदियों का उल्लेख करते हैं। ये नदियाँ सिन्धु घाटी की प्रदक्षिणा करती थीं। इनमें सतलुज के पूर्व में, सरस्वती (सरसुती) और दृशद्वती (चौटांग) नदियाँ शिवालिक से निकली हैं और हरियाणा-पंजाब के मैदान से गुज़रती हुई सूख जाती हैं। उन नदियों की सूखी पेटी आज

घग्घर और हाकरा से जुड़ी है। हाकरा पाकिस्तान के बहावलपुर के रेगिस्तानी इलाक़े में गुम हो जाती है। गंगा नदी प्रणाली में से, ऋग्वेद में, सिर्फ़ यमुना और गंगा का उल्लेख है।" (वही, पृ. 12)

यहाँ नदी सरस्वती जो कि इरफ़ान हबीब के अनुसार अवेस्ता की हरखवैती है और सरस्वती जो कि सरसुती है के बीच का अन्तर स्पष्ट नहीं किया गया है। क्या वे दो 'सरस्वती' नामक नदियों की बात कर रहे हैं? या हरखवैती और सरसुती एक ही नदी के दो नाम हैं? इरफ़ान हबीब के अनुसार सरस्वती (सरसुती) और दृशद्वती हरियाणा-पंजाब के मैदान से गुज़रती हुई सूख जाती हैं। वे इन नदियों का उद्गम शिवालिक से मानते हैं। राहुल सांकृत्यायन भी सरस्वती को शिवालिक से निकली हुई मानते हैं। वे कहते हैं कि ऋग्वेद में तराई से निकलकर रेगिस्तान पहुँचनेवाली नदी का नाम सरस्वती था, जो राजस्थान के रेगिस्तान में लुप्त हो गई। रामविलास शर्मा भी सरस्वती का लोप राजस्थान में ही मानते हैं। वे सिन्धु सभ्यता का केन्द्र बताते हुए लिखते हैं—"इस सभ्यता का एक महत्त्वपूर्ण केन्द्र था कालीबंगा और वह राजस्थान में सरस्वती नदी के किनारे बसा हुआ था। इसके उजड़ने का कारण सरस्वती के जलमार्ग में बहुत बड़ा परिवर्तन था। राजस्थान से होकर सिन्ध की ओर बहने के बदले वह पूरब की ओर घूमकर यमुना के जल मार्ग से प्रयाग की ओर बहने लगी। राजस्थान में उसका लोप हो गया। कालीबंगा के ह्रास का मुख्य कारण सरस्वती का यह मार्ग परिवर्तन था।" (पश्चिमी एशिया और ऋग्वेद, पृ. 137)

इरफ़ान हबीब जिस रथ के आधार पर आर्यों का दक्षिण-पूर्व की ओर बढ़ना बताते हैं उन रथों के सुमेरी रथों से भिन्नता की चर्चा रामविलास शर्मा के सन्दर्भ में की जा चुकी है।

आर्यों को इस देश के या विदेशी माननेवाले दोनों मतों के प्रमुख विचारकों की चर्चा अधूरी रह जाएगी यदि मैकॉय की छापामारी की कहानी न सुनी गई। यद्यपि उन्होंने आर्यों के पश्चिमोत्तर के लुटेरे होने की क्षीण सम्भावना व्यक्त की थी, किन्तु मोहनजोदड़ो के क्षेत्र डीके (DK) और जी (G) विभाग में मिलनेवाले अस्थिपंजरों के सम्बन्ध में वे पूरी कथा सुनाते हैं, "नगर के अन्तिम दौर में इस कुएँ वाले कोठे के भीतर एक दुःखद घटना का दृश्य उपस्थित हुआ। सीढ़ियों पर दो व्यक्तियों के अस्थिपंजर थे। अपना आख़िरी ज़ोर लगाकर उन्होंने सीढ़ियाँ चढ़कर गली में आने का विफल प्रयास किया था। अस्थिपंजर और उनके अंश कहाँ किस रूप में पड़े थे, यह बताने के बाद मैकॉय ने लिखा—"इन चार व्यक्तियों की हत्या की गई थी, इसमें सन्देह प्रतीत नहीं होता। पर हत्यारे कौन थे, छापामार (raiders) या लुटेरे, यह कहना कठिन है।" पाद-टिप्पणी में संकेत है कि उनके विचार से वे छापामार ही थे। उसी क्षेत्र के अन्य भाग में नौ अस्थिपंजर मिले जो टेढ़ी-मेढ़ी मुद्राओं में दफ़नाए पड़े थे। इनके बारे में मैकॉय ने लिखा—"ये कैसे मरे, यह कहना कठिन है।...मेरा अनुमान है कि छापा पड़ने के समय एक परिवार ने अपना माल-असबाब लेकर शहर से बच निकलने का प्रयास किया पर छापामारों ने उसे रोका और उसकी हत्या कर दी। ये अवशेष उसी के थे।...जल्दी में खोदे हुए गढ़े में शव बेतरतीब डाल दिए गए। यदि वे खुले छोड़े गए होते तो मांसाहारी पशु-पक्षी उन्हें बिखेर देते।" (पश्चिमी एशिया और ऋग्वेद, पृ. 25)

मैकॉय ने ऐसे छापामारों को बलूचिस्तान की पहाड़ियों से आया हुआ माना है। वे आगे लिखते हैं, "मोहनजोदड़ो के ऊपरी स्तरों के विभिन्न भागों में जो अस्थिपंजर

मिले हैं, पहाड़ी कबायलियों के छापा मारने से उनकी व्याख्या बहुत अच्छी तरह हो जाती है। बच्चों की हत्या से, नौ के समूह में पाँच बच्चे ही थे, लगता है कि छापामार मोहनजोदड़ो के सभी निवासियों से निरन्तर घृणा करते रहे थे। लगता है, उनकी कोशिश यह थी कि सभी का सफ़ाया कर दें। इस मामले में वे उत्तर-पश्चिमी भारतीय सीमान्त के कुछ कबीलों से बदतर नहीं थे। इनके बारे में ज्ञात है कि वे मृत व्यक्तियों का, अपने धर्मावलम्बियों का भी, अंग-भंग कर देते हैं और समान रूप से पुरुषों, स्त्रियों और बच्चों को मार डालते हैं। व्हीलर ने कबायलियों को हटाकर सारा वृत्तान्त आर्य आक्रमणकारियों से जोड़ दिया। यह बात उनसे पहले और किसी को न सूझी थी।" (वही, पृ. 25-26)

ह्वीलर की इस अद्भुत सूझ पर रामविलास शर्मा अपने चिरपरिचित अन्दाज़ में चुटकी लेते हैं, "पुरातत्त्व में होते हैं।" (वही, पृ. 26)

रामविलास शर्मा की 'पश्चिमी एशिया और ऋग्वेद' नामक पुस्तक 1994 ई. में प्रकाशित हुई थी जबकि इरफ़ान हबीब ने 'वैदिक युग' पुस्तक 2003 ई. में लिखी। निश्चय ही उन्होंने रामविलास शर्मा की पुस्तक नहीं देखी होगी अन्यथा कम-से-कम वे रामविलास शर्मा की स्थापनाओं का खंडन करने का प्रयास न करते। यद्यपि रामविलास शर्मा की अनदेखी करना है तो कठिन कार्य फिर भी यह मामला हिन्दी और अंग्रेज़ी की पुस्तकों के बीच की दूरी का हो सकता है? किन्तु इतिहासकार भाषा के आधार पर ऐतिहासिक शोध सामग्री और स्थापना को कैसे छोड़ सकता है। रामविलास शर्मा ने सरस्वती को काल विभाजक मानते हुए 'सरस्वती, भरत और जलप्रलय' शीर्षक का एक अध्याय लिखा है। आलोचक मैनेजर पांडेय ने उनकी इस पुस्तक में इन्द्र की भूमिका के सम्बन्ध में प्रश्न उठाया है किन्तु सरस्वती नदी पर उन्होंने भी कुछ नहीं कहा है। रामविलास जी का यह कथन कि—"1961-69 की अवधि में कालीबंगा नामक स्थल पर जो व्यवस्थित उत्खनन हुआ, उससे सरस्वती का महत्त्व और उजागर हुआ। सरस्वती ऋग्वेद की सबसे पवित्र नदी है। पुरातत्त्व के लिए उसका महत्त्व यह है कि ऋग्वेद में उसे पहाड़ों से निकलकर समुद्र तक बहते बताया गया है।

एका चेतत् सरस्वती नदीनां शुचिर्यती गिरिभ्य आसमुद्रात।
रायश्चेतंती भुवनस्य भूरे घृतं पयो दुदुहे नाहुषाय॥

वह पवित्र है, चेतनायुक्त है, पर्वतों से लेकर समुद्र तक बहती है। धरती पर जो बहुत सा धन है, उसका ज्ञान कराती है, वह नहुषों को घी और दूध देती रही है। (7.95.2)।" (वही, पृ. 138)

वे अपने इस कथन के समर्थन में पुसाल्कर (आर.सी. मजूमदार की पुस्तक 'द वैदिक एज' पृ. 242 से उद्धृत) का तर्क प्रस्तुत करते हैं, "पुसाल्कर का अनुमान बहुत सही है कि सम्भव है, वैदिक काल में सरस्वती उतनी बड़ी रही हो जितनी सतलज थी और वह वास्तव में समुद्र तक पहुँची हो क्योंकि ऋग्वेद (6.61.2, 8; 7.95.2) में उसे समुद्र को जाते बताया गया है। ऋग्वेद में सरस्वती तीव्र प्रवाह की शक्तिशाली नदी है जो अपनी लहरों से पर्वतों के शिखर तोड़ देती है (6.61.20)। वर्तमान काल की छोटी-सी, रेगिस्तान में खो जानेवाली नदी देखकर विद्वानों के लिए सरस्वती को उससे अलग करना स्वाभाविक था। पर उन्नीसवीं सदी के अन्तिम चरण में अनुसन्धानकर्ताओं ने

सरस्वती के पुराने जलमार्ग का पता बहुत कुछ लगा लिया था। आधुनिक शोधकर्ताओं ने उस कार्य को आगे बढ़ाया है और अक्सर पुरानी स्थापनाओं की पुष्टि की है।" (वही, पृ. 138-39)

रामविलास शर्मा का स्पष्ट मानना है कि सरस्वती के काल और प्रवाह मार्ग से ऋग्वेद, हड़प्पा सभ्यता और उसके ह्रास आदि का काल समझा जाना चाहिए। हड़प्पा सभ्यता का ह्रास सरस्वती की जलहीनता से हुआ और ऋग्वेद में सरस्वती अपनी पूरी गरिमा के साथ उपस्थित है। यहाँ तक कि जो दसवाँ मंडल बाद का माना जाता है उसमें भी अन्य नदियों के साथ सरस्वती की स्तुति है। इससे यह प्रमाणित होता है कि हड़प्पा सभ्यता का विनाश आर्यों के आक्रमण से नहीं हुआ और वैदिक आर्य अपने जनपदों में पहले तभी बस गए थे जब सरस्वती जलराशि से भरपूर थी—"सिन्धु सभ्यता के अवसानकाल में सरस्वती ख़ाली है, वैदिककाल में वह भरी है, इसलिए वैदिककाल उससे पहले का है।" (वही, पृ. 142)

अस्तु! इस प्रकरण का समापन इस उद्धरण से किया जा सकता है, "दि हिन्दुस्तान टाइम्स के 6 मार्च, 1994 के अंक में प्रकाशित एन.एस. राजाराम के लेख—'ट्वीलाइट ऑफ़ दि वैदिक एज' से कुछ नई और महत्त्वपूर्ण जानकारियाँ मिलती हैं। इनसे डॉ. शर्मा के उपर्युक्त तमाम निष्कर्षों की ही जोरदार पुष्टि होती है। इस लेख से पता चलता है कि फ्रेंच स्पॉट (Spot) सैटेलाइट (उपग्रह) से प्राप्त आँकड़ों और इंडो-फ्रेंच फील्ड स्टडी के अध्ययन-निष्कर्षों से यही साबित होता है कि पर्यावरण में परिवर्तन (जो तब एक विश्वव्यापी परिघटना के रूप में घटित हुआ था) के फलस्वरूप सरस्वती नदी ने अपना मार्ग परिवर्तित किया था। इस जल-क्षीणता की वजह से ही 2200 ई.पू. (न कि 1750 ई.पू., जैसाकि अब तक प्राय: माना जाता है) सिन्धु सभ्यता का ह्रास हुआ था। इसी तरह ऋग्वेद की रचना भी 3500 ई.पू. से पहले हुई थी। उसमें इस तिथि से काफ़ी पहले के भौगोलिक परिदृश्य का वर्णन किया गया है। भारत में जो पुरावशेष मिले हैं, उनमें से कई तो 7000 ई.पू. तक के हैं।" (वही, पृ. 14-15)

इन इतिहासकारों से भिन्न रामविलास शर्मा दूसरी सहस्राब्दी ई.पू. को बड़े-बड़े जन अभियानों की सहस्राब्दी मानते हुए कहते हैं, "इसी के दौरान भारतीय आर्यों के दल के दल इराक से लेकर तुर्की तक फैल जाते हैं। वे अपनी-अपनी भाषा और संस्कृति की छाप सर्वत्र छोड़ते जाते हैं। पूँजीवादी इतिहासकारों ने उलटी गंगा बहाई है। जो युग आर्यों के बहिर्गमन का है, उसे वे भारत में उनके प्रवेश का युग कहते हैं। इसके साथ वे यह प्रयास भी करते हैं कि पश्चिमी एशिया के वर्तमान निवासियों की आँखों से उनकी प्राचीन संस्कृति का वह पक्ष ओझल रहा जिसका सम्बन्ध भारत से है। सबसे पहले स्वयं भारतवासियों को यह सम्बन्ध समझना है, फिर उसे अपने पड़ोसियों को समझाना है। भुखमरी, अशिक्षा, अन्धविश्वास और नए-नए रोग फैलानेवाली वर्तमान समाज व्यवस्था को बदलना है। इसके लिए भारत और उसके पड़ोसियों का सम्मिलित प्रयास आवश्यक है। यह प्रयास जब भी हो, यह अनिवार्य है कि तब पड़ोसियों से हमारे वर्तमान सम्बन्ध बदलेंगे और उनके बदलने के साथ वे और हम अपने पुराने सम्बन्धों को नए सिरे से पहचानेंगे। अतीत का वैज्ञानिक, वस्तुपरक विवेचन वर्तमान समाज के पुनर्गठन के प्रश्न से जुड़ा है।" (पश्चिमी एशिया और ऋग्वेद, पृ. 20)

'अतीत का वैज्ञानिक वस्तुपरक विवेचन वर्तमान समाज के पुनर्गठन के प्रश्न से जुड़ा है।' रामविलास शर्मा के इस कथन को दोहराते हुए यह समझा जा सकता है कि भारतवर्ष में जाति प्रथा के आरम्भ और विकास के सन्दर्भ में आर्य सम्बन्धी विभिन्न दृष्टिकोणों का विवेचन क्यों आवश्यक है। आर्य अगर बाहरी थे और उन्होंने यहाँ के विजितों को दास और 'पणि' कहकर शूद्र वर्ण बनाया तो जाति की विकास सम्बन्धी धारणा विजेता और विजितों के समीकरण के साथ विश्लेषित की जाएगी और यदि आर्य यहीं के थे, बाहर से नहीं आए थे तो ऋग्वेद के समय वर्ण व्यवस्था के ढीले ढाँचे और स्वाधीनता के साथ विकसित होते समाज में धीरे-धीरे अन्य 'जातीयताओं' के सम्मिलन को पचाते हुए ग्यारहवीं-बारहवीं सदी के बाद आधुनिक जातियों का गठन भिन्न आलोक में विश्लेषित होगा।

अंग्रेज़ों ने भारत की सामाजिक, सांस्कृतिक, ऐतिहासिक, साम्प्रदायिक और कला-शिल्प सम्बन्धी सभी व्यवस्थाओं में अपनी सुविधानुसार परिवर्तन करना चाहे और इसमें वे सफल भी रहे। एक ओर ईसाई धर्म प्रचारक कार्य कर रहे थे, दूसरी ओर ब्रिटिश शोधकर्ता प्राचीन मन्दिरों, संस्कृत ग्रंथों और खुदाई आदि में मिली मूर्तियों के आधार पर इतिहास लिख रहे थे। प्रिंसेप, विल्सन और मैक्समूलर जैसे कई प्राच्य विद्याविदों ने भारत के 'सांस्कृतिक' इतिहास के उद्धार में अनथक परिश्रम किया, किन्तु वे 'इंडिया' के अतीत का पुनरुद्धार कर रहे थे। इधर घनघोर धार्मिक भारतीय जनता 'शास्त्र' के नाम कुछ भी करने को तैयार थी। विल्सन और मैक्समूलर जैसे विद्वानों ने यह माना कि कट्टरपंथियों द्वारा कई स्थानों पर 'शास्त्रों' के नाम अर्थ का अनर्थ किया गया—"ऋग्वेद की वह एक पंक्ति, जिसमें सती होने का आदेश बताया जाता था, जानबूझकर अर्थ भ्रष्ट करती थी। पर यह स्मरण रखना चाहिए कि 1808-30 में पंडितों का बोलबाला था और सरकार जिनसे अभिमत माँगती थी वे धर्म-ग्रंथों के बारे में कोई शंका उठाने को तैयार न थे। कट्टरपंथी और सुधारक दोनों ही अपने विचारों के समर्थन में शास्त्रों की दुहाई देते थे। बुद्धिवादी राममोहन ने भी सती प्रथा के विरुद्ध संघर्ष में शास्त्रों की दुहाई का सहारा लिया था। विद्यासागर ने यह सिद्ध करने का प्रयास किया था कि शास्त्रों में वैधव्य का कोई विधान नहीं, और बम्बई में मांडलिक ने समुद्री यात्रा सहित अन्य कई सुधारों के लिए पंडितों की अनुमति प्राप्त करने का प्रयास किया था। हिन्दू धर्म में शताब्दियों से होती असंख्य और दोषपूर्ण अभिवृद्धियों को निकालने के लिए राममोहन राय वेदों की ओर उन्मुख हुए, और जब दयानन्द सरस्वती ने हिन्दू धर्म में वेदोत्तर अभिवृद्धियों की निन्दा की और 1875 में आर्य समाज की स्थापना की।" (आधुनिक भारत के सामाजिक परिवर्तन, पृ. 79)

इसी तरह प्राचीन भारतवर्ष के इतिहास का अतिरंजित रूप पुराणों में छिपा था किन्तु उसकी वर्णन पद्धति के कारण वह अविश्वसनीय मान लिया गया। ईसा पूर्व और ईसवी के आरम्भिक काल के भारतीय इतिहास के शिलालेखों से प्राप्त सूचनाओं ने कई इतिहासकारों को प्रेरित किया। इनमें केवल काशीप्रसाद जायसवाल (भारतवर्ष का अन्धकारयुगीन इतिहास), सन् 150 ई. से 350 ई. तक का नाम लें तो इतिहास की नितान्त अलग भावभंगिमा दृष्टिगोचर होती है। यह इतिहास विस्तृत इतिहास है। काशीप्रसाद जायसवाल 'शूर' और 'शूद्र' शब्द पर विचार करते हैं। वे 'पौराणिक प्रमाण' शीर्षक से

अपनी पुस्तक में कहते हैं कि 'शूर' शब्द (जिसका अर्थ वीर होता है) 'यौधेय' शब्द का ही अनुवाद और समानार्थक है। और यही यौधेय उनकी प्रसिद्ध और लोक-प्रचलित उपाधि या जातिनाम था। इससे दो सौ वर्ष पहले रुद्रदामन् इस बात का उल्लेख कर गया था कि यौधेय लोग क्षत्रियों में अपनी 'वीर' उपाधि से प्रसिद्ध थे। पुराणों के अनुसार यौधेय लोग अच्छे और पुराने क्षत्रिय थे। मालवों की तरह वे लोग भी पहले पंजाब में रहते थे। यौधेयों और मालवों ने ही सिन्ध की पश्चिमी सीमा पर भी और इधर मथुरा की तरफ़ पूर्वी सीमा पर भी कुशन दृशक्ति को आगे बढ़ने से रोक रखा था।...विष्णुपुराण में कहा है, "सौराष्ट्र, अवन्ती, शूरान् अर्बुद, मरुभूमि, विषयांश्च व्रात्या द्विजा आमीरशूद्र (इसे 'शूर' समझना चाहिए) आद्या: भोक्ष्यन्ति।" विष्णुपुराण में अवन्ती के उपरान्त 'शूद्र' शब्द आया है, परन्तु उसका एक और पाठ 'शूर' भी है और इसका समर्थन स्वयं विष्णुपुराण में ही एक और स्थान पर और हरिवंश में भी होता है। हाँ, शौद्रायणों का भी एक प्रजातंत्र था और यह 'शौद्रायण' शब्द निकला तो 'शूद्र' शब्द से ही है, परन्तु यहाँ 'शूद्र' से शूद्रों की जाति का अभिप्राय नहीं है, बल्कि शूद्र नाम का एक व्यक्ति था, जिसने शौद्रायणों का प्रजातंत्र स्थापित किया था।" (भारतवर्ष का अन्धकारयुगीन इतिहास, काशीप्रसाद जायसवाल, अनुवादक रामचन्द्र वर्मा, नागरी प्रचारिणी सभा, वाराणसी, 1957, पृ. 277-78) अपनी इस पुस्तक में उन्होंने नाग, वाकाटक, मगध, समुद्रगुप्त और दक्षिण भारत के इतिहास पर विस्तार से विचार किया है। पूरी पुस्तक में वे पाद-टिप्पणियों द्वारा अपने कथन को प्रमाणित करते चलते हैं। इस इतिहास में कई जातियों का नामोल्लेख और विवरण मिलता है। जैसे, भार शिव, कुशन (कुषाण), नाग, नवनाग, मालव, वाकाटक, यादव, गुप्त और चन्द्र आदि। काशीप्रसाद जायसवाल 'ल्यूडर्स' सूची संख्या 76 Epigraphia Indica दसवाँ खंड, परिशिष्ट की सन्दर्भ टिप्पणी के साथ कहते हैं, "वासुदेव अन्तिम कुशन सम्राट था और जैसाकि मथुरावाले लेख से प्रकट होता है, उसने कुशन संवत् 98 तक राज्य किया था। या तो वासुदेव के शासन काल के अन्तिम वर्षों में (सन् 165 ई.) और या उसकी मृत्यु (सन् 176 ई.) पर कुशन साम्राज्य का अन्त हो गया था। इस कुशन वंश के शासन के अन्त के साथ ही साथ अश्वमेधी भार-शिवों की शक्ति का उत्थान हुआ था। जिस समय उनका उत्थान हुआ था, उस समय उन्हें सबसे पहले कुशन साम्राज्य का ही मुक़ाबला करना पड़ा था और उसी साम्राज्य को उनसे पड़ा। जब प्राय: सौ वर्षों तक कुशनों का शासन रह चुका, तब उसके बाद भार-शिव वंश का एक हिन्दू राजा गंगा के पवित्र जल से अभिषिक्त होकर हिन्दू सम्राट के पद पर प्रतिष्ठित हुआ था। इस कथन का एक महत्त्वपूर्ण अभिप्राय यह है कि बीच में सौ वर्षों तक हिन्दू साम्राज्य का क्रम भंग रहने के उपरान्त वह भार-शिव राजा फिर से विधिवत अभिषिक्त होकर शासक बना था। इस सम्बन्ध में हम उस पौराणिक वचन का उल्लेख कर देना चाहते हैं। जो भारतवर्ष के तत्कालीन विदेशी राजाओं के विषय में है और जिसका अभिप्राय यह है कि वे लोग अभिषिक्त राजा नहीं होते थे।" (वही, पृ. 1)

इस प्रकार के इतिहास-लेखन की एक दिशा को कामायनीकार जयशंकर प्रसाद के साथ इस प्रकार समझा जा सकता है, "आदिम युग के मनुष्यों के प्रत्येक दल ने ज्ञानोन्मेष के अरुणोदय में जो भावपूर्ण इतिवृत्त संगृहीत किए थे, उन्हें आज गाथा या पौराणिक उपाख्यान कहकर अलग कर दिया जाता है; क्योंकि उन चरित्रों के साथ भावनाओं का

भी बीच-बीच में सम्बन्ध लगा हुआ-सा दीखता है। घटनाएँ कहीं-कहीं अतिरंजित-सी जान पड़ती हैं। तथ्य संग्रहकारिणी तर्कबुद्धि को ऐसी घटनाओं में रूपक का आरोप कर लेने की सुविधा हो जाती है। किन्तु उनमें भी कुछ सत्यांश घटना से सम्बद्ध हैं, ऐसा तो मानना ही पड़ेगा।" (कामायनी, जयशंकर प्रसाद, लोकभारती प्रकाशन, इलाहाबाद, 2017, पृ. V)

यद्यपि प्रसाद को 'कामायनी' को रूपक मान लेने में भी कोई आपत्ति नहीं है किन्तु 'आमुख' में वे आरम्भ में ही स्पष्ट कर देते हैं कि 'आर्य साहित्य में मानवों के आदिपुरुष मनु का इतिहास वेदों से लेकर पुराण और इतिहासों में बिखरा हुआ मिलता है।' प्रसाद 'पुराण' के लिए बहुवचन का प्रयोग नहीं करते लेकिन वे 'इतिहास' न कहकर 'इतिहासों' कहते हैं क्योंकि मानव का इतिहास उसकी स्मृति में कई रूपों में सुरक्षित रहता है। इतिहास लेखक की आधुनिक पद्धति में गाथा और इतिहास को एकदम अलग माना गया। प्रसाद उनमें भी सत्य और इतिहास की उपस्थिति सम्भव मानते हैं क्योंकि सत्य कल्पना में विचित्र होता है। आधुनिक इतिहास-लेखन इतिहास की क्रमबद्धता तिथियों और घटनाओं की क्रमबद्धता से निर्धारित करता है—"आज के मनुष्य के समीप तो उसकी वर्तमान संस्कृति का क्रमपूर्ण इतिहास ही होता है; परन्तु उसके इतिहास की सीमा जहाँ से प्रारम्भ होती है, ठीक उसी से पहले सामूहिक चेतना की दृढ़ और गहरे रंगों की रेखाओं से, बीती हुई और भी पहले की बातों का उल्लेख स्मृति-पटल पर अमिट रहता है; परन्तु कुछ अतिरंजित-सा।" (वही, पृ. 5)

यह अतिरंजना आधुनिक इतिहास-लेखन के स्वभाव से मेल नहीं खाती थी, अतः उसने इसे अस्वीकार कर दिया। बाद की इतिहास-लेखन पद्धति तथ्यों पर आधारित थी। इसके निष्कर्ष तर्काश्रित बता गए। रोमिला थापर ने ऋग्वेद में वर्णित बाढ़ को स्मृतियों की उन नदियों की बाढ़ से जोड़ा था जहाँ वे आर्यों को आया हुआ मानती हैं। जयशंकर प्रसाद सिन्धु में आनेवाली बाढ़ को सिन्धु की बाढ़ ही मानते हैं, "जल प्लावन भारतीय इतिहास में एक ऐसी ही प्राचीन घटना है, जिसने मनु को देवों से विलक्षण मानवों की एक भिन्न संस्कृति प्रतिष्ठित करने का अवसर दिया। वह इतिहास ही है। 'मनवे वै प्रातः' इत्यादि से इस घटना का उल्लेख शतपथ ब्राह्मण के आठवें अध्याय में मिलता है। देवगण के उच्छृंखल स्वभाव, निर्बाध आत्मतुष्टि में अन्तिम अध्याय लगा और मानवीय भाव अर्थात्—श्रद्धा और मनन का समन्वय होकर प्राणी को एक नए युग की सूचना मिली। इस मन्वन्तर के प्रवर्तक मनु हुए। मनु भारतीय इतिहास के आदिपुरुष हैं। राम, कृष्ण और बुद्ध इन्हीं के वंशज हैं। शतपथ ब्राह्मण में उन्हें श्रद्धादेव कहा गया है, 'श्रद्धादेवो वै मनुः' (का. 1 प्र. 1)। भागवत में इन्हीं वैवस्वत मनु और श्रद्धा से मानवीय सृष्टि का प्रारम्भ माना गया है।

ततो मनु : श्राद्धदेवः संज्ञायामास भारत
श्रद्धायां जनयामास दश पुत्रान् स आत्मवान्।

(9.1.11)

"छांदोग्य उपनिषद् में मनु और श्रद्धा की भावमूलक व्याख्या भी मिलती है। 'यदावै श्रद्धधाति अथ मनुते ना श्रद्धधन् मनुते'—यह कुछ निरुक्त की-सी व्याख्या है।" (वही, पृ. 6) इस उद्धरण में आए ग्रंथों के अनुसार हुए इतिहास-लेखन से हम सब का

परिचय तो दूर, अधिकांश को यह भी ज्ञात नहीं कि इस प्रकार का कोई इतिहास-लेखन हुआ भी था। इस तरह एक पद्धति के इतिहास-लेखन से पूर्णत: अपरिचित और दूसरी पद्धति से अति परिचित भारतीय मानस का इतिहासबोध वास्तविक परिस्थितियों से मेल नहीं खाता था।

भारत जैसे कृषि प्रधान देश का निजी ज्ञान और इतिहास था। इससे परिचित किसान की विशेषज्ञता इसलिए नकार दी गई कि वह नए ज्ञान में दीक्षित नहीं था। नई व्यवस्था किसान के लिए अवास्तविक थी। प्राचीन भारत में कृषि भूमि और उसकी कर व्यवस्था का पता वैदिक संहिताओं और ब्राह्मण ग्रंथों से चलता है। इसके साथ स्मृतियाँ और पुराण भी इस कार्य में सहायक सिद्ध होते हैं। इसके साथ 'अर्थशास्त्र' नामक ग्रंथ भी उल्लेखनीय है। 1930 में अपने दिए वक्तव्यों में इतिहासकार यू.एन. घोषाल कहते हैं, "...the resemblance...between the Arthashastra material on law and polity and that of the smritis is so close that we can unhesitatingly take them to be the allied branches of a common system."(The agrarian system in Ancient India, U.N. Ghosal, University of Calcutta, Calcutta, 1986, p. 5)

प्राचीन भारत में कृषि भूमि का स्वामित्व राजा और किसान के बीच बँटा हुआ था। राजा लगान लेता था। उसकी आय का दूसरा स्रोत उसकी अपनी कृषि योग्य भूमि भी होती थी। ब्रिटिश इतिहासकारों जैसे विंसेंट स्मिथ द्वारा भूमि पर राज्याधिकार को अधिक बता जाने पर इतिहासकार काशीप्रसाद जायसवाल ने अपनी पुस्तक 'हिन्दू पॉलिटों' में घोर विरोध किया था। ईसा से पहले भारत आए विदेशी यात्री मेगास्थनीज़ के यात्रा वृत्तान्त में भी इसकी चर्चा मिलती है, "The historical record of Northern India show that along with the land revenue paid by the cultivators, the king derived his income from what may be called his private lands. By the end of the fourth century before Christ it seems the royal forms let out to be cultivators on lease had become so important that according to one version of Megasthanes's description they formed the whole territory of the state." (वही, पृ. 8)

प्रकृति में संस्कृति शब्द मानव समुदाय से जुड़ता है। इस सामान्य तथ्य को धर्म के साथ जाति का अन्तर्सम्बन्ध समझने के लिए दोहराना आवश्यक है। मानव जन्म की प्रक्रिया मनुष्य के नियंत्रण में नहीं है, ठीक वैसे ही जैसे वह मृत्यु पर नियंत्रण नहीं कर पाया। वह किसी की मृत्यु का विधान और उपाय तो कर सकता है किन्तु अपनी मृत्यु टाल नहीं सकता। उसके अधिकार-क्षेत्र से परे जन्म और मृत्यु के बीच के जीवन को वह पूर्णत: निर्देशित और संयोजित करता है। उसकी जीवन पद्धति की शैली उसके समूह के लम्बे अतीत के सुनियोजित जीवन से निर्धारित होती है। एक मानव समाज या समूह जिस निश्चित पद्धति का अनुसरण करता चलता है वह उसकी संस्कृति बन जाती है। सभ्यता इस संस्कृति को जीने हेतु जुटाए गए उपकरणों का नाम है और "संस्कृति उस समुच्चय का नाम है जिसमें ज्ञान, विश्वास, कला, नीति, विधि, रीति-रिवाज तथा अन्य ऐसी क्षमताओं और आदतों का समावेश होता है जिन्हें मनुष्य समाज के सदस्य के रूप में अपनाता है। मानव-विज्ञान की शास्त्रीय दृष्टि से संस्कृति हम उन व्यवहार-प्रकारों की

समक्षता को कहते हैं जिन्हें मानव अपने सामाजिक जीवन में सीखता है। रंग-रूप आदि की भाँति संस्कृति मानव को प्रकृति की देन नहीं है। संस्कृति जैविकीय सम्भावना तथा सामाजिक आवश्यकताओं द्वारा जनित मानव का आविष्कार है। मनुष्य संस्कृति में जन्म लेता है, संस्कृति सहित जन्म नहीं लेता। शारीरिक विशेषताओं की भाँति संस्कृति प्रजनन के माध्यम से व्यक्ति को नहीं मिलती, सामाजिक जीवन में अनिवार्य संस्कृतीकरण की प्रक्रिया से व्यक्ति उसे ग्रहण करता है। समाज की परम्परा संस्कृति को जीवित रखती है। संस्कृति के अन्तर्गत मानव के आविष्कार, निर्माण-कला, संस्था, सामाजिक संगठन, कला, साहित्य, धर्म, विचार आदि विषय आते हैं।" (मानव और संस्कृति श्यामाचरण दुबे, राजकमल प्रकाशन, नई दिल्ली, संस्करण, 1993, पृ. 17)

मानव संसार में कई तरह के धर्म हैं। चूँकि संस्कृतियाँ भिन्न हैं, इसलिए समान धर्मों की संस्कृति भी भिन्न हो सकती है। इसे यूँ कहा जा सकता है कि संस्कृति विशेष धर्म को प्रभावित करती है, जैसे भारतवर्ष में जाति-तंत्र ने उसके प्रत्येक धर्म को प्रभावित किया। इस पर आगे चर्चा की जाएगी। मनुष्य की जिज्ञासा ने उसे निरन्तर नया जानने का उत्साह दिया किन्तु जो उसकी बुद्धि से परे था उसने उसे भयभीत भी किया। अदृष्ट और अज्ञात के प्रति उसकी कल्पना ने अपनी क्षमता अनुसार एक ऐसा लोक रचा जिसे उसने दैवीय शक्तियों के ऊपर निर्भर माना। कल्पनाएँ उसकी थीं, किन्तु शासन ईश्वर और धर्म का था। विशेष तौर पर उसकी विधायिका शक्ति से पूरी घटित होनेवाली घटनाओं को उसने दैवीय शक्तियों द्वारा घटित माना। इन अतीन्द्रिय और दैवीय शक्तियों पर वह अधिकाधिक आश्रित होता गया। इन्हीं अतीन्द्रिय और दैवीय शक्तियों से उसका सम्बन्ध और उसका विधान धर्म बना। धर्म शनैः-शनैः मनुष्य समाज के लिए अत्यावश्यक होता गया क्योंकि "धार्मिक विश्वास और श्रद्धा ही समूह में सुरक्षा और सहयोग की भावना को जन्म देते हैं। समाज की रचनात्मक अभिव्यक्तियों, विशेषकर उसके साहित्य और कला, सामाजिक गतिविधि और क्रिया-कलाप आदि पर धार्मिक विश्वासों की प्रत्यक्ष या परोक्ष छाप अवश्य रहती है।" (वही, पृ. 137)

भारतीय वर्ण व्यवस्था के जातितंत्र में विकसित होने में इस धर्म की अत्यन्त महत्त्वपूर्ण भूमिका रही। जाति को जन्म से जोड़ देने का विचार और उसे ईश्वर द्वारा रचित विधान माना जाना धर्म के माध्यम से क्रियान्वित किया गया। अज्ञात के प्रति भय और सभ्रम धीरे-धीरे श्रद्धा और श्रद्धा अन्धभक्ति में परिणत होते गए। इन सबके मिले-जुले रूप ने धार्मिक क्रियाओं की सृष्टि की। धीरे-धीरे ये धार्मिक विश्वास, मान्यताएँ और अनुभूतियाँ प्रथाओं के जन्म के कारण बनीं। कालान्तर में प्रथा ही धर्म का पर्याय बन गई—मानव को देवत्व की सीमा तक ले जाने के लिए सभी धर्मों द्वारा दी गई शिक्षाएँ एकदम एक जैसी हैं। संसार के सभी धर्म सिद्धान्त मनुष्य को सत्य की ओर प्रेरित करते हैं। किसी भी धर्म की मौलिक शिक्षा में कोई नकारात्मक तत्त्व नहीं है, किन्तु पालन करते समय वह बड़ा विभेदकारी बन जाता है। यह विभेद उन रीतियों-प्रथाओं के कारण है जिसे प्रत्येक धर्म अपने-अपने व्यवहारों और क्रियान्वयनों के अनुरूप अन्तिम सत्य समझता है। ध्यान से देखा जाए तो धार्मिक वैमनस्य वास्तव में धर्म की संस्कृति, उसके रीति-रिवाजों का वैमनस्य है। जहाँ तक भारतवर्ष में विभिन्न धर्मों में जाति तंत्र का प्रश्न है यह शत-प्रतिशत सही है।

काल और इतिहास चक्र का स्थायी नियम परिवर्तन मानव समाज के लिए यथासम्भव सकारात्मक होने का प्रयत्न करता है। आधुनिकता के उदय और विकास ने अपने उत्तर आधुनिक विमर्शों तक यही करने का प्रयास किया है। उन्नीसवीं सदी के जाति-प्रश्न को हम आधुनिकता के उत्तर (बाद का) या उत्तर (जवाब) किसी भी सन्दर्भ से जोड़ें, उसका जन्मकाल यही सदी ठहरती है। इससे पहले के एकलव्य प्रसंग, शम्बूक वध और शबरी की कथा जाति और दलित प्रश्न से जबरन जोड़े गए प्रतीत होते हैं। इन प्रसंगों में बड़ी चतुराई से जनजातियों और आर्थिक श्रेणियों के प्रश्नों को गोल कर दिया गया है। एकलव्य न निम्न जाति का था और न ही निर्धन। उसका अँगूठादान तत्कालीन 'गुरु भक्ति' और 'गुरु दक्षिणा' की अपनी अनूठी अवधारणा का परिणाम था। इसे ठीक-ठीक समझना उसी प्रकार कठिन है जैसाकि सामन्तवादी व्यवस्था के अन्तर्गत 'नमक हलाली' की भावना को आज समझना कठिन है। स्वयं धनुर्विद्या में लगातार अभ्यास कर परम निष्णात होने पर भी एकलव्य की इच्छा 'द्रोणाचार्य का शिष्य' कहलाने की है। द्रोणाचार्य ने जिस प्रकार उसे विद्यादान देने से मना किया था उसी प्रकार प्रथमतः उसे शिष्य रूप में स्वीकार नहीं किया। द्रोणाचार्य का अन्याय उनका नाम पाने को इच्छुक एक विद्यार्थी के शोषण के रूप में है। राजकीय शिक्षक होने के नाते वे एकलव्य तो क्या किसी भी अन्य विद्यार्थी को शिक्षा नहीं दे सकते थे। गुरुभक्ति के उस 'ऑब्सोलीट आइडिया', अप्रचलित, लुप्त विचार से जैसे आज के दलित विमर्श को जोड़ना सटीक प्रतीत नहीं होता, उसी प्रकार उन्नीसवीं सदी के जाति-प्रश्न को भी इससे जोड़ना एक असहज और अवास्तविक स्थिति है।

उन्नीसवीं सदी जातियों के संस्कृतीकरण (Sanskritisation) की सदी है। इसमें नीची जातियों द्वारा अपने को येन-केन-प्रकारेण ऊँची जातियों की ही तरह राम, कृष्ण या ऐसे ही किसी अवतार महापुरुष से जोड़ने का प्रयास है, जबकि दलित विमर्श का आधार ही यह परिभाषा है कि दलित वही है जो निम्न जाति का है। उन्नीसवीं और बीसवीं सदी के बड़े भाग में भी जाति बन्धनों से मुक्ति का प्रयास है जो दलित विमर्श में नहीं है। पिछली सदियाँ नाम-गोत्र को ऊँचा उठाने या उनसे मुक्त होने का प्रयास करती हैं, किन्तु दलित विमर्श जातिगत पहचान पर ही टिका है। उन्नीसवीं सदी का भारतीय समाज राजनैतिक सत्ता के अभाव में अपने सांस्कृतिक परिष्करण और प्रभावीकरण में लगा था तो आज का भारतीय समाज अपनी सम्पूर्ण राजनैतिक सार्वभौमिकता के साथ अपने सांस्कृतिक रथ की उलटी यात्रा में लगा है। दलित विमर्श जातिमुक्त समाज की सम्भावनाएँ समाप्त करता है। उन्नीसवीं सदी के जाति सम्बन्धी प्रश्नों और दलित विमर्श में एक महत्त्वपूर्ण समानता है, जो प्रश्न तब पूछा जाता था, वही प्रश्न अब भी पूछा जाता है, "कौन जात हो?" बस बीच में बच रही बीसवीं सदी में जाति प्रथा उन्मूलन और जाति छिपाने के प्रायः असफल प्रयास दिखते हैं।

इस अध्याय में मुख्यतः इसी परिप्रेक्ष्य में जाति-प्रश्नों पर विचार किया गया है। थोड़ा-सा स्त्री प्रश्न पर भी है जो इससे जुड़ा हुआ है। स्त्री के शोषण का आधार केवल लैंगिक नहीं जातिगत या जातीय भी है। यहाँ यह स्पष्ट करना सर्वथा उचित होगा कि इस सन्दर्भ में 'जातीय' शब्द का अर्थ 'राष्ट्रवाद' नहीं बल्कि जातिगत स्थितियाँ हैं। जातीय शब्द का प्रयोग आवश्यकतानुसार 'जाति' और 'कास्ट' के अर्थ में किया जाता

रहा है। भारतीय संस्कृति ने स्त्री और शूद्र को लगभग एक ही तराजू पर तौला। सभी स्त्रियाँ शूद्र नहीं थीं फिर भी धर्म द्वारा, उनके अधिकार शूद्रों की ही भाँति छीन लिये गए थे। सभी शूद्र पुरुष नहीं थे, उनमें स्त्रियाँ भी थीं, इन शूद्र वर्ण की स्त्रियों को जाति और लिंग की दोहरी मार सहनी पड़ी। जाति के आधार पर ये अन्य वर्णों द्वारा तिरस्कृत थीं तो लिंग के आधार पर अपनी जाति के पुरुषों द्वारा भी उन्हें अपमान, तिरस्कार और अवमानना ही मिलती थी। सबसे दुखद यह है कि जाति पर की गई ब्राह्मणवादी स्थापनाओं से भड़क उठनेवाले निम्न जाति के पुरुष अपनी जाति की स्त्रियों के लिए उन्हीं कथनों, मुहावरों और स्थापनाओं का प्रयोग करते हैं, बिना एक क्षण सोचे कि यह उनके इस 'विरोधी खेमे' की मान्यता है, जिसकी अन्य मान्यताओं से उनका विरोध है। स्त्री चाहे किसी भी जाति की—सवर्ण या अवर्ण हो—उसके लिए तो बाग़बां और सय्याद दोनों ही जल्लाद हैं।

जाति की उत्पत्ति वर्णाश्रम व्यवस्था से मानी जाती है, किन्तु ये दोनों एक नहीं हैं। वर्णाश्रम व्यवस्था ने चार वर्णों के बीच आवाजाही का मार्ग खुला रखा था और वह मात्र जन्मगत आधार पर आश्रित नहीं था। वर्ण कर्म के आधार पर निर्धारित होता था, जातियाँ जन्म से जुड़ गईं—वर्णाश्रम व्यवस्था के जाति व्यवस्था में बदल जाने पर संख्या में सबसे बड़ा वर्ण शूद्र वर्ण ही सबसे अधिक जातियों में बँटा। जाति और गोत्र के गोरखधन्धे में इस बात पर कम ध्यान दिया गया कि ब्राह्मण एक जाति है, इसमें कई जातियाँ नहीं हैं। यही क्षत्रिय और वैश्य जातियों के साथ भी है, किन्तु शूद्र अनेकानेक जातियों में विभाजित हैं। ऊपरी तीन वर्णों में गोत्रानुसार ऊँच-नीच है। जिन ब्राह्मणों ने इस जातिवाद को खाद-पानी दिया वे भी अपने जातिक्रम में ऊँच-नीच के शिकार हुए। उनमें भेद, उपभेद और उसके भी उपभेद बने। क्षत्रियों और वैश्यों में भी 'हमसे नीचे क्षत्रिय' और 'हमसे नीचे बनिया' जैसी अगणित श्रेणियाँ बन गईं—अचम्भे की बात यह रही कि शूद्रों में भी 'हमसे नीची जात के' की अनंत कोटियाँ उपस्थित थीं। इस सन्दर्भ में आचार्य हजारीप्रसाद द्विवेदी का कथन कि 'भारत में प्रत्येक जाति अपनी जाति से एक नीची जाति खोज लेती है' भारतीयों के जातियों में बँटे अन्तहीन क्रम को समझने में सहायक होता है।

जाति शब्द बहुत से अर्थों में प्रयोग किया जाता है। 'जाति' शब्द विशेषत: उन भिन्न-भिन्न सामाजिक समूहों के लिए प्रयुक्त होता है जिनमें विवाह अपने ही समूह में होते हैं। एक अन्तर्विवाही समुदाय एक 'जाति' होता है। सामान्यत: एक 'जाति' के साथ कोई पारम्परिक व्यवसाय जुड़ा होता है। प्रथम तीन तथाकथित उच्चतर वर्णों का उल्लेख उनके मूल नामों से किया जा सकता है। जैसे ब्राह्मण, क्षत्रिय और वैश्य। चौथे वर्ण में आनेवाली 'जातियों' के नाम अलग-अलग होते हैं। इसे यूँ भी कहा जा सकता है कि प्रथम तीन बड़े जाति समूह वर्ण के सम्बोधन से भी पुकारे जा सकते हैं। इन्हें अलग-अलग जातियों के नाम से सम्बोधित किया जाता है।

जब तथाकथित ऊँची जातियाँ अपने से तथाकथित निम्न जाति से विवाह करती हैं तो यह अनुलोम विवाह कहलाता है। अनुलोम विवाह में उच्च समूह निम्न समूहों की कन्या अपने यहाँ विवाह कर ला सकते हैं किन्तु वे अपनी कन्या निम्न समूहों को देना नहीं चाहते। उच्च जाति की कन्या द्वारा निम्न जाति के पुरुष से विवाह प्रतिलोम विवाह कहलाता है।

सबसे रोचक तथाकथित उच्च जातियों के अपने अन्तर्विवाही समूह हैं—"उत्तर भारत के ब्राह्मण अनेक अन्तर्विवाही जातियों में बँटे हैं, जैसे कान्यकुब्ज, सरयूपारीण, गौड़ आदि। महाराष्ट्र में उनका विभाजन देशस्थ, कोंकणस्थ, कहदि तथा सारस्वत में है। तमिलनाडु में उनका मुख्य विभाजन आयंगर और अय्यर के बीच है। इन जातियों के भी उपसमूह हो सकते हैं। उदाहरण के लिए कान्यकुब्जों को एक बीस बिन्दुओं वाले पैमाने पर उनकी जन्मना परिस्थिति के अनुसार बिसवे प्रदान किए जाते हैं। बिसवों की संख्या जितनी अधिक होगी उस बिसवे वाला समूह पदक्रम में उतने ही ऊँचे स्थान पर होगा। सरयूपारीण ब्राह्मणों में विभाजन उनकी आनुष्ठानिक शुचिता के आधार पर होता है। उनमें सर्वोच्च हैं पंक्तिपावन जो कल्पित उच्चतम पवित्रता की पंक्ति निर्मित करते हैं। भोजन के समय ये लोग अलग बैठते हैं। कथित रूप से कम पवित्रता वाले उनके साथ नहीं बैठ सकते यद्यपि वे भी सरयूपारीण हैं।" (भारतीय समाज श्यामाचरण दुबे, अनुवाद वन्दना मिश्र, नेशनल बुक ट्रस्ट इंडिया, नई दिल्ली, पृ. 47)

अन्तर्विवाह समूह इसी प्रकार निम्न जातियों में भी होते हैं। कई बार ऊपरी तौर पर इन्हें एक माना जाता है, किन्तु इनके भीतर विवाह तथा अन्य अनुष्ठानों के लिए अपने-अपने समूह होते हैं। महाराष्ट्र में कुनबियों और गुजरात में पाटीदार और बड़िया के ऐसे ही अन्तर्विवाही समूह हैं—"मध्य प्रदेश के छत्तीसगढ़ क्षेत्र में गड़रिया और कहार समूहों को रावत कहा जाता है लेकिन उनके अन्तर्गत अनेक अन्तर्विवाही जातियाँ हैं जैसे कनोजिया, झेरिया, कोसारिया, ओरिया तथा सम्भवतः अन्य। नाइयों, धोबियों, सुनारों, लोहारों, कुम्हारों तथा अन्य अनेक जाति समूहों में इसी तरह अन्तर्विवाही जातियों के समूह मौजूद हैं।" (वही, पृ. 8)

आनुष्ठानिक पवित्रता जन्म के आधार पर निर्धारित होती है। ठीक जाति की तरह व्यक्ति के जन्म से जुड़ी होने के कारण इस पर व्यक्ति का अपना कोई अधिकार नहीं होता। उच्च जातियाँ 'स्वच्छ' और 'अच्छी आय' वाले व्यवसाय अपनाने के कारण उच्चतर सामजिक और आनुष्ठानिक स्थिति बनाए रखती हैं। निम्न जातियों के संग इससे विपरीत घटित होता है—"जातियों के अस्पृश्य स्तर के भीतर भी अस्पृश्यता की प्रथा है। आन्ध्र प्रदेश में माला स्वयं को मदीगा से श्रेष्ठ मानते हैं। महाराष्ट्र के महार स्वयं को धेड़, माँग तथा अन्य दलित समूहों से श्रेष्ठ मानते हैं। उत्तर प्रदेश और बिहार में चमार अनुसूचित जातियों की ऊँची जाति है।" (वही, पृ. 49)

भारतवर्ष में जाति व्यवस्था के सम्बन्ध में यह निश्चित तौर पर कहा जा सकता है कि यह हमारी सामाजिक व्यवस्था की अनिवार्य शर्त है। यही नहीं यह भारतीय सभ्यता और संस्कृति के प्रत्येक स्तर—मानसिक, भौतिक, आर्थिक, सामाजिक, नैतिक, प्रशासकीय, धार्मिक और शिल्प कला—प्रत्येक क्षेत्र में एक निर्णायक तत्त्व की भाँति उपस्थित है।

जाति की उत्पत्ति

उन्नीसवीं सदी के प्रश्नों को समझने के लिए भारत की जाति व्यवस्था के उद्गम और विकास के मूल सिद्धान्तों की रूपरेखा और व्यावहारिक परिणति को समझना होगा। इस सन्दर्भ में इस बहस से उलझने की आवश्यकता नहीं है कि आर्य यहीं के मूल निवासी थे या बाहर से आए थे। आर्यों ने अपने लिए जो सामाजिक व्यवस्था सुदृढ़ की उसमें

अपने सर्वाधिकार सुरक्षित रखे। उनकी सामाजिक-राजनैतिक व्यवस्था में इसका पूरा प्रतिफलन भी दिखा। आर्य शब्द का अर्थ श्रेष्ठ है, अत: अनार्य, जो आर्यों द्वारा जीते गए, शब्द का अर्थ स्वत: हीन हो गया। आर्यों को विजेता माना गया इस प्रकार अनार्य जाति विजित जाति हो गई।

सामान्यत: जिन चार वर्णों के विभाजन पर आर्य संस्कृति ने अपना विकास किया उसका उदय वैदिक काल से माना जाता है, किन्तु वेदों में सबसे आख़िरी वेद, ऋग्वेद में केवल 'राजन्य' और 'ब्राह्मण' शब्दों का प्रयोग मिलता है, केवल इसके 'पुरुष सूक्त' में, जिसे अधिकांश आधुनिक विद्वानों ने बाद में रचित और ऋग्वेद का प्रक्षिप्त अंश माना है, समाज को मानव शरीर मानते हुए चार वर्णों के अवस्थान को निर्धारित किया है। ऋग्वेद के सूक्त 10.90.112 के अनुसार ब्राह्मण मुख है, राजन भुजाएँ, वैश्य पेट और जंघाएँ तथा शूद्र को पैर माना गया है। रोचक बात यह है कि इस सूक्त के अतिरिक्त पूरे ऋग्वेद में 'वैश्य' और 'शूद्र' शब्दों का प्रयोग नहीं मिलता। दामोदरन जैसे विद्वानों का मानना है कि पुरुष सूक्त बाद में रचा गया और वर्णाश्रम व्यवस्था को अधिक प्राचीन बनाने हेतु इसे ऋग्वेद में सम्मिलित कर दिया गया। इस व्यवस्था में व्यक्ति के वर्ण का विभाजन उसकी योग्यतानुसार था। विद्यार्जन एवं अध्यापन में मस्तिष्क की कुशाग्रता की आवश्यकता थी। अध्ययन-अध्यापन सबके लिए रुचिकर न था और न ही सबमें इसकी योग्यता ही थी। इस योग्यता से सम्पन्न सामाजिक ब्राह्मण कहलाए। सभी मनुष्य शारीरिक बल में एक समान नहीं थे। स्वस्थ शरीर और शारीरिक बल सम्पन्नों को दुर्बलों की रक्षा का भार देकर उन्हें क्षत्रिय कहा गया। इसी प्रकार सामाजिक जीवनोपयोगी वस्तुओं के उत्पादन, वितरण एवं राज्य कोष को सम्पन्न रख सकने योग्य व्यक्तियों को वैश्य पुकारा गया। इन तीन तरह की विशेषताओं से रहित व्यक्तियों को श्रम और सेवा का कार्य दिया गया और ये शूद्र कहलाए। इसकी तुलना एक सीमा तक आज की चयन प्रणाली से की जा सकती है। अध्यापन, सैन्य बल, प्रबन्धन, प्रशासन व्यावसायिक और श्रम क्षेत्रों में नियुक्ति के लिए अलग-अलग प्रकार की परीक्षा पद्धति और प्रशिक्षण से गुज़रना पड़ता है। यह व्यवस्था योग्यता पर आधारित थी एवं एक वर्ण का व्यक्ति दूसरे वर्ण में जा सकता था अर्थात् अपने 'पेशे' में परिवर्तन कर सकता था।

यह सीधी, सच्ची और सरल व्यवस्था आगे जाकर विकृतियों से घिरने लगी। मस्तिष्क वाले ब्राह्मणों ने अपने को श्रम से मुक्त रखा था, चूँकि सभी के लिए विद्याध्ययन सम्भव नहीं था अत: समाज के तीन वर्णों ने अपने श्रम पर अपने बौद्धिक (ब्राह्मणों) को पालना स्वीकार किया। गीता तक आते-आते ब्राह्मण अपने लिए श्रम मुक्त अध्यवसाय या व्यवसाय या पेशे की कठोर व्यवस्था करने में सफल हो चुके थे। ब्राह्मणों ने विद्याध्ययन में अपनी अयोग्य सन्तानों को शूद्र वर्ण या अन्य वर्णों को नहीं सौंपा, उन्हें भी सामाजिक स्तर में उच्चता प्रदान के लिए पेशे को जन्म से जोड़ दिया। वर्णों के बीच भी आवाजाही रुक गई। किसी एक पेशे के गुण उस वर्ण की थाती मान लिए गए जिसमें कोई व्यक्ति जन्म ले रहा था। महाभारतकार वेदव्यास या कृष्ण द्वैपायन ने गीता प्रकरण में श्रीकृष्ण से कहलवाया—'चातुर्वर्ण्य मया सृष्टं गुण कर्म विभागश:' (Classical Accounts of India, Editor, R. C. Majumdar Firma K. L. Mukhopadhyay, Calcutta, 1960, p. 75)

इसी भाव की पुष्टि इसके अठारहवें अध्याय में श्लोक संख्या इकतालीस में की गई—

ब्राह्मण क्षत्रिय विशां शूद्राणां च परन्तप।
कर्माणि प्रविभक्तानि स्वभवप्रभ वैर्गुणैः।

(Ibid, pp. 75-76)

अर्थात् हे परन्तप! ब्राह्मण, क्षत्रिय, वैश्य और शूद्र के कर्म स्वभाव से उत्पन्न गुणों द्वारा विभक्त किए गए हैं।

आगे चलकर स्वभाव जन्म से और जन्म जाति से अत्यधिक रूढ़ रूप से जुड़ गया। यह भयावहता इतनी बढ़ी कि वर्णों में आपसी अन्तरण की कोई गुंजाइश ही नहीं बची, यहाँ तक कि एक वर्ण की अन्य वर्ण के गुणयुक्त मंगलकारी धर्म की स्वीकृति भी निषिद्ध हो गई। जो जिस वर्ण में जन्मा उसे उसके ही गुण-दोष को ग्रहण करना और उसी की रूढ़ियों में जीना-मरना पड़ेगा। मोटे तौर पर जाति की निम्न विशेषताएँ बताई जा सकती हैं—

1. जातियाँ अन्तर्विवाही इकाइयाँ हैं।
2. वे सोपानबद्धता के अनुसार क्रमबद्ध हैं।
3. उनके व्यवसाय निरपवाद रूप से जातिगत होते हैं।
4. विभिन्न इकाइयों के बीच अन्तर्क्रिया धार्मिक शुचिता अथवा अशुचिता के आधार पर निर्धारित होती है।
5. एक जाति के सदस्य सामान्यतः एक समान संस्कृति के साझीदार होते हैं—एक समूह के लोगों की जीवनशैली जिसमें आचार-विचार के परम्परागत सरूप होते हैं। इन सरूपों में विश्वास, मूल्य, आचरण के नियम, आर्थिक, राजनीतिक, धार्मिक एवं सामाजिक संगठन सम्मिलित हैं। ये सरूप एक पीढ़ी से अगली पीढ़ी को जैविक आनुवंशिकता से नहीं मिल जाते बल्कि सीखे जाते हैं।
6. भारत के कई भागों में सामाजिक नियंत्रण तथा संघर्ष समाधान के लिए जातियों के अन्तःग्राम तथा अन्तरग्राम तंत्र हैं।

यह सामान्य तथ्य है कि लोक में जो भौतिक रूप में उपस्थित है उसकी उत्पत्ति अवश्य होती है। जाति की उत्पत्ति भी इसका अपवाद नहीं है और इसके मूल में धर्म है। भारतीय जनजीवन में धर्म की प्रतिष्ठा को महाभारत में पुनः-पुनः धर्म की स्थापना की पुकार से जोड़ा जा सकता है। प्रकृति के अन्य प्राणी अपने जिस धर्म का पालन करते हैं वह धर्म की सामान्य परिभाषा के अनुसार है। उनका आचरण मानव द्वारा व्याख्यायित धर्मानुसार नहीं है। हम सभी जानते हैं कि धर्म का सामान्य अर्थ धारण करना है। 'धृ' धातु से बने धर्म शब्द का व्युत्पत्तिपरक अर्थ है 'धरतीति धर्मः'। मूलतः धर्म केवल मनुष्य नहीं बल्कि प्राणीमात्र के जीवन से जुड़ा हुआ शब्द है। विभिन्न प्रजातियों के पशु-पक्षी अपने-अपने धर्मानुसार अपना जीवन-चक्र व्यतीत करते हैं। किन्तु जटिल होते मानव संसार ने धर्म को प्रकृति तथा अन्य प्राणियों से तोड़कर केवल स्वयं से जोड़ लिया और बाद में तो केवल निर्दिष्ट समूहों से इसका अर्थ सम्पृक्त कर दिया गया। संकीर्णता की परिधि और छोटी होती गई। कहाँ तो यह अर्थ कि जो धारण करने योग्य है वह धर्म है और कहाँ जो सीमित और रूढ़ अर्थों में 'धर्म' स्थापित किया गया वही धारण योग्य हो गया! भारतीय जीवन में राजनीति, कला, क़ानून और संस्कृति के साथ धर्म का गहन

सम्बन्ध और इन सबों पर धर्म के नियंत्रण ने स्त्रियों और शूद्रों के जीवन को भयंकर बन्धन में बाँध दिया। हमारे प्राचीन बौद्धिक ब्राह्मणों ने लोक प्रधान समाज व्यवस्था में राजा को जनता का जनक और जनता को राजा की सन्तान बताया था जिसमें राजा और जनता दोनों के धर्म अलग-अलग व्याख्यायित थे। यह धर्म कर्मानुसार धारण योग्य था। मनुष्य और पशु में आहार, निद्रा, भय और मैथुन ये सभी क्रियाएँ, समान हैं। मनुष्य ने स्वयं को पशु से विवेक के आधार पर अलगाया। यह विवेक धर्म के रूप में परिवर्तित हो गया। अब धारण योग्य कर्म नहीं बल्कि सम्प्रदाय विशेष का आचरण विशेष धर्म हो गया। कहा गया कि धर्म ही प्राणीमात्र को अन्धकार से प्रकाश की ओर, जड़ता से चेतनता की ओर और बाह्य जगत से अन्तर्जगत की ओर ले जाता है। यही पहले पुरुषार्थ के तीन तत्त्वों अर्थ, काम, मोक्ष से जुड़ता है फिर अर्थ, काम और मोक्ष का नियन्ता बन जाता है। पुरुषार्थ का अर्थ—धर्म-अर्थ-काम-मोक्ष ठहराया गया। यही मोक्ष या निर्वाण प्राप्ति का साधन है। मनुष्य के जीवन की सभी शुभ वृत्तियाँ धर्म से संचालित मानी गईं—अशुभ वृत्तियाँ अधर्म कहलाईं। दूसरे को कष्ट पहुँचाना, दूसरे का स्वत्वहरण, असत्य सम्भाषण, स्वैरगम और मूर्च्छा (अज्ञान) अधर्म का परिणाम माने गए हैं। धर्म के नियंत्रण से मनुष्य ऐहिक और पारलौकिक सुखों का भागी माना गया है। यही उसे सुपथमार्गी बनाता है। धर्म की महत्ता महानतम मानी गई। धर्म को सर्वोपरि माना गया। यह धर्म सत्ता से जुड़ गया और इसके विभेद का विस्तार होने लगा। राजा और पुरोहित या पुरोहित और राजा इसी के सहारे सर्वनियन्ता बन बैठे। धर्म का अर्थ रूढ़ हो गया, किन्तु अधिकार क्षेत्र असीमित। धीरे-धीरे जीवन का प्रत्येक अंग धर्म के नियंत्रण में आ गया।

धर्म ने मनुष्यों के वर्गीकरण की श्रेणीबद्ध (Hierarchical) व्यवस्था की। ये श्रेणियाँ मनुष्य के शरीर के उदाहरण से समझाते हुए ब्रह्मा के शरीर से उत्पन्न स्थापित की गई। और इनका कर्म ऊपर से नीचे रखा गया, मनुष्यों की समान श्रेणियों का विचार त्यागकर पुरोहित वर्ग को राजा के समकक्ष नैतिक अधिकार प्रदान किए। पुरोहित अथवा महाधर्माधिकारी (Hierarch) की धर्मतंत्रात्मक श्रेणी व्यवस्था सम्पूर्ण समाज पर लागू की गई। अनुक्रमबद्ध या श्रेणीबद्ध समाज ऊपर से नीचे या नीचे से ऊपर के क्रम को अपनाने के पश्चात् सामाजिक मानदंड कभी भी एक भूमि पर समभाव से विकसित न हो सका। श्रेणीबद्ध सामाजिक व्यवस्था ने शूद्र को सबसे नीचे रखा और पुरुषप्रधान होने के कारण स्त्री को भी उसी के समकक्ष रखा। प्रत्यक्षतः ब्रह्मा के मुख से ब्राह्मण वर्ण के निकलने की बात कही गई जिसमें आधुनिक चिन्तकों को ब्राह्मणी की उत्पत्ति भी वहीं से प्रतीत होती है, किन्तु विभाजनकर्ताओं के मस्तिष्क में ब्राह्मण की स्त्री का जन्मस्थान ब्रह्मा का मुख नहीं था। उसने यह तो नहीं कहा कि ब्राह्मण वर्ण की स्त्रियाँ ब्रह्मा के मुख से, क्षत्रिय वर्ण की स्त्रियाँ उनकी भुजा से वैश्य वर्ण की स्त्रियाँ उनके उदर और जंघाओं से उत्पन्न नहीं हैं, किन्तु कहीं भी विभिन्न वर्णों की स्त्रियों के उत्पत्ति स्थल की बात नहीं कही गई। शूद्र वर्ण की स्त्रियों के सम्बन्ध में भी यही बात रही। चूँकि शूद्र वर्ण के पुरुष ही इस श्रेणीबद्ध (हाइरार्की) व्यवस्था में सबसे नीचे थे अतः इस वर्ण की स्त्रियाँ लैंगिक भेदभाव के आधार पर सबसे निम्न स्तर पर मानी गईं। इसे यूँ भी कहा जा सकता है कि वर्ण व्यवस्था में जिस श्रेणीबद्ध जन्म-क्रम की स्थापना की गई वह केवल और केवल पुरुष केन्द्रित थी।

जैसी कि पहले चर्चा की जा चुकी है स्तम्भाकार वर्ण व्यवस्था में ऊपरी दो वर्णों में सत्ता का संघर्ष चलता रहा। ध्यान से देखने पर ऋग्वेद के बाद मनु आदि स्मृति ग्रंथों में, रामायण-महाभारत जैसे धार्मिक महाकाव्यों में, ब्राह्मण आरण्यक जैसे मीमांसा ग्रंथों में और पुराण जैसे मिश्र ऐतिहासिक ग्रंथों में यही संघर्ष सर्वत्र छाया हुआ है। पुराणों को इतिहास के स्थान पर तथाकथित इतिहास कहना अधिक उपयुक्त है। भारतीय जाति व्यवस्था पर जिस पुस्तक को सबसे अधिक उद्धृत किया गया है वह मनुस्मृति है। इसमें दिए गए विस्तृत विधान लोकव्यवहार में चाहे कभी पूरी तरह लागू न भी किए गए हों पर बार-बार इस पुस्तक का हवाला दिया जाता है। भारत में जाति व्यवस्था के संयोजन की अवधारणा को पहले इस पुस्तक की दृष्टि से देख लेना उचित होगा। वैदिक वर्णाश्रम के लचीलेपन के कुछ उदाहरणों के पश्चात् दिनोंदिन कठोर होती गई जाति व्यवस्था और उससे उठे प्रश्नों पर चर्चा करना उचित रहेगा। वैदिक काल में ब्राह्मण, क्षत्रिय, वैश्य और शूद्र अपने कर्मानुसार अन्य वर्ण में अन्तरित हो सकते थे। ब्राह्मण के अतिरिक्त तीनों वर्णों का कोई भी व्यक्ति अध्ययन-अध्यापन में निष्णात हो जाने पर ब्राह्मण वर्ण का हो जाता था। इसी प्रकार शूद्र से इतर तीनों वर्णों के व्यक्ति अपने लिए निर्धारित योग्यतानुसार कार्य न कर पाने पर शूद्र वर्ण में अन्तरित हो जाते थे। आगे चलकर विजित उच्च वर्ण दास बनाकर शूद्र वर्ण में सम्मिलित कर दिए गए। जिनकी आर्थिक अवस्था दयनीय हो जाती थी वे भी दास प्रथा के अन्तर्गत ख़रीदे-बेचे जाकर शूद्रों में गिने जाते थे। रामायण काल में विश्वामित्र और मिथिला नरेश के क्षत्रिय होते हुए भी ब्राह्मणत्व प्राप्ति का उदाहरण मिलता है। यही नहीं, स्त्रियों के विरुद्ध रचे गए इतने षड्यंत्रों के पीछे की मुख्य कारक शक्ति सन्तान के पिता के नाम से जाने जाने की इच्छा के विरुद्ध माता के नाम से भी पुत्र के जाने जाने का उदाहरण मिलता है। इस सन्दर्भ में पुत्री अनुपस्थित है। छांदोग्य उपनिषद् में सेविका जाबाली के पुत्र सत्यकाम के पिता तथा कुल-गोत्र का पता न होने पर भी आचार्य गौतम ने उसे विधिवत विद्याभ्यास करवा उसका यज्ञोपवीत संस्कार किया। जाबाली पुत्र सत्यकाम को ऋषि गौतम ने अपना शिष्य स्वीकार किया। ऐतरेय ब्राह्मण के रचयिता महिदास अज्ञातनाम आचार्य की शूद्र पत्नी इतरा के पुत्र होने के कारण ऐतरेय कहलाए और उनके द्वारा रचित ग्रंथ ऐतरेय ब्राह्मण के नाम से जाना गया। फिर उस काल की धारणा के अनुसार पिता से ही सन्तान का वंश निर्धारित होता था। भारतीय समाज में आज भी यह प्रथा यथावत् चली आ रही है। वस्तुत: जिन मामलों में ब्राह्मण पिता की पहचान को प्रकट करना उचित नहीं समझा गया, उन मामलों में पुत्र का नाम-गोत्र अवश्य ही माँ के नाम पर रखा गया, माँ के पैतृक गोत्र के आधार पर नहीं रखा गया। उपर्युक्त ऐतरेय नाम इतरा स्त्री से उत्पन्न होने के कारण ही पड़ा। इसी प्रकार कुन्ती पुत्र कर्ण कौन्तेय थे, अर्जुन को भी महाभारत में कुन्ती पुत्र के नाम से पुकारा गया है। वर्ण परिवर्तन की एक अन्य घटना का उल्लेख ऐतरेय ब्राह्मण में भी मिलता है—

ऋषयो वै सरस्वत्यां सत्तमासत ते कवषमैलूषं सोमादनयन,
दास्या: पुत्र: कितयोऽब्राह्मण: कथं नो मध्ये दीक्षिष्टेति।
...स बहिर्धन्वोदूढह पिपासयादित्त एतदपोनप्त्रीयम—
पश्यत्-प्रदेवत्रा ब्राह्मणो गातुरेतु इति॥

—अर्थात् 'ऋषि लोगों ने सरस्वती नदी के तट पर यज्ञ का आयोजन किया। यज्ञ में आए हुए कवष-ऐलूष को यज्ञ में भाग न लेने देने हेतु ऋषियों ने उसे सोम से वंचित कर दिया, यह सोचकर कि यह दासी-पुत्री कपट आचरण वाला अब्राह्मण है, किस प्रकार हमारे मध्य दीक्षित हो गया। (यज्ञ से बाहर निकाल देने पर) वह कवष-ऐलूष प्यास से संतप्त होकर जंगल में चला गया। वहाँ उसने अपोनप्त देवता वाले सूक्त का अर्थ-दर्शन किया। फिर ऋषियों ने वेदार्थ द्रष्टा होने के कारण उसे पुन: अपने मध्य बुला लिया और यज्ञ में दीक्षित कर लिया।' "(Rise of Magadhian Imperialism, Radhakumud Mukherji, in History and culture of the Indian people, Editor, R.C. Majumdar, Bhartiya Vidya Bhawan, Bombay, 1968, p. 32)

इस तरह के अन्तरण की सुविधा केवल ब्राह्मण या ऋषि पुत्रों के लिए ही प्रतीत होती है। ब्राह्मण से उत्पन्न किसी दासी के पुत्र को, उसके गुणों के कारण, ब्राह्मण वर्ण में सम्मिलित कर लिया गया, किन्तु इनमें ऐसा एक भी उदाहरण नहीं है, जिससें यह पता चलता हो, कि दलित शूद्र स्त्री-पुरुष के जोड़े से अथवा शूद्र एवं ब्राह्मण स्त्री के संयोग से उत्पन्न उनकी किसी सन्तान को ब्राह्मण वर्ग में सम्मिलित कर लिया गया हो। ये उदाहरण ब्राह्मणेतर द्विज वर्णों में किसी स्त्री से किसी शूद्र द्वारा उत्पन्न किसी सन्तान को उस स्त्री से सम्बन्धित वर्ण में शामिल किए जाने के नहीं हैं। इन वैदिक ग्रंथों में कहीं-कहीं कोई उल्लेख अपवाद स्वरूप ही मिलता है, सर्वमान्य प्रचलित सिद्धान्त के रूप में नहीं।

मनुस्मृति तक आते-आते ऐसे अपवाद भी नकारे जाने लगे। मनुस्मृति ने विस्तार से जाति व्यवस्था पर चर्चा की। इसे नहीं नकारा जा सकता कि मनुस्मृति में भी कुछ प्रक्षिप्त अंश जोड़े गए हों जैसे इस निम्न श्लोक को बहुत से विद्वानों ने विषयगत, प्रसंगगत, शैलीगत आधारों एवं दृष्टियों से प्रक्षिप्त सिद्ध करने का प्रयास किया है। तथापि यह तो निश्चित है कि भारतीय धर्म-विधि के मानक समझे जानेवाले मनुस्मृति तथा अन्य धर्म-सूत्र ग्रंथों में आए इस प्रकार के क्षिप्त-प्रक्षिप्त श्लोकों से भारत की सबसे रुग्ण प्रथा जाति व्यवस्था का पता चलता है—

अनार्यमार्यकर्मणिमार्य चानार्यकर्मिणम्।
सम्प्रधार्याब्रवीद्धाता न समौनासमाविति॥

(Ibid, p. 33)

अर्थात् मनुस्मृति में स्पष्ट कर दिया गया कि आर्य अर्थात् द्विज (ब्राह्मण, क्षत्रिय व वैश्य) के कर्म करनेवाले शूद्र को द्विज नहीं माना जा सकता और न ही अनार्य अर्थात् शूद्रों के कर्म करनेवाले द्विज को शूद्र की श्रेणी में रखा जा सकता है। इसे यों कहिए कि शूद्र कितना भी गुण सम्पन्न क्यों न हो जाए, कितना ही विद्वान, बलशाली या वाणिज्य कर्म में दक्ष क्यों न हो जाए, वह शूद्र ही रहेगा; उच्च वर्णों का सम्मान प्राप्त नहीं कर सकेगा और दूसरी तरफ़ कोई भी ब्राह्मण, क्षत्रिय या वैश्य वर्ण का व्यक्ति गुणहीन, मूर्ख, शक्तिहीन, नपुंसक या कितना ही अयोग्य क्यों न हो जाए, वह शूद्र वर्ण में परिगणित नहीं, बल्कि ब्राह्मण, क्षत्रिय या वैश्य ही बना रहेगा। ऐसे श्लोक मिल जाएँगे जिनमें ब्राह्मण पुरुष से शूद्र स्त्री में उत्पन्न सन्तान के गुणयुक्त होने पर भी उसे निन्दित योनि (शूद्रा) से उत्पन्न कहकर यज्ञोपवीत संस्कार के योग्य नहीं माना गया है। फिर शूद्र से ब्राह्मण

स्त्री में उत्पन्न है इसलिए उसे अश्रेष्ठ या गुणहीन कह दिया गया कि वह निन्दित बीज (शूद्र पुरुष) से उत्पन्न है और इसलिए उसे यज्ञोपवीत संस्कार के योग्य मानने का प्रश्न ही पैदा नहीं होता। आगे चलकर नियमों की कट्टरता और बढ़ती गई। जाति प्रथा का उद्‌भव भले ही वर्णाश्रम व्यवस्था से होता हो किन्तु आरम्भ में यह वर्ण व्यवस्था लचीली प्रकृति भी थी। फिर भी इतना स्पष्ट है कि यह वैदिक वर्ण व्यवस्था अपने मूल में भले ही कर्मगत रही हो, किन्तु उसके चारों वर्णों में सम भाव की जगह निम्नता के भाव भर दिए गए और यही बात घातक सिद्ध हुई। एक बार जिन लोगों ने समाज में ब्राह्मण जैसी सर्वश्रेष्ठ, सर्वोच्च, सर्वोत्तम वर्णिक प्रतिष्ठा प्राप्त कर ली, वे उसे खोनेवाले नहीं थे, उन्होंने उसे बनाए रखने के लिए जितने हथकंडे अपनाए जा सकते थे, अपनाए। वर्ण व्यवस्था के कर्म की आधारशिला ही बदल दी गई और निश्चिन्त होकर उनके स्थान पर जन्म को रख दिया। अपनी लेखनी के एकाधिकार के बल पर वैदिक स्मृति आदि ग्रंथों में, रामायण-महाभारत जैसे धार्मिक महाकाव्यों में, ब्राह्मण-आरण्यक तथा बाद के पुराण जैसे ग्रंथों में ऐसे तार की तरह उसे गूँथ दिया कि उससे भारतीय समाज पूर्णतः कुंठित हो गया। परिणामतः इस देश की आधुनिकता और अब पुरानी हो चुकी उत्तर आधुनिकता के बाद भी जातिवाद से मुक्ति नहीं मिली है। फिर भी उन उदाहरणों को उपेक्षित नहीं किया जाना चाहिए जिनमें लचीली वर्णाश्रम व्यवस्था का उल्लेख है। इससे कम-से-कम वैदिककालीन संस्कृति जाति प्रथा की प्रवर्तक होने के आरोप से मुक्त हो जाती है। यहाँ तक कि मनुस्मृति (10/65) में भी कहा गया—

शूद्रो ब्राह्मणतां एति ब्राह्मणैश्चति शूद्रताम्।
क्षत्रियाज्जातं एवं तु विद्याद्वैश्यात्तथैव च॥

(श्रीमद्‌भागवत गीता, गीता प्रेस, गोरखपुर, 2012, श्लोक 4/13)

अर्थात् शूद्र ब्राह्मण तथा ब्राह्मण शूद्र हो जाता है यानी ब्राह्मण वर्णीय कर्म करनेवाला व्यक्ति तो ब्राह्मण ही रहता है, पर जो ब्राह्मण क्षत्रिय, वैश्य तथा शूद्र के गुण वाला हो, तो वह क्षत्रिय, वैश्य या शूद्र हो जाता है। वैसे शूद्र भी मूर्ख हो, तो वह शूद्र ही बना रहता है और यदि वह उत्तम गुणयुक्त हो, तो यथायोग्य ब्राह्मण, क्षत्रिय या वैश्य वर्ण में परिवर्तित हो जाता है। आपस्तम्ब धर्म सूत्र में भी इस बात को दोहराया गया है—

धर्मचर्य्यया जघन्यो वर्णः पूर्व पूर्व
वर्णमापद्यते जाति परिवृत्तौ॥
अधर्मचर्य्यया पूर्वो वर्णे जघन्यं-जघन्यं
वर्णमापद्यते जातिपरिवृत्तौ॥

—आ.ध.सू. 1/5/10-11

अर्थात् "धर्माचरण से निकृष्ट वर्ण अपने से उत्तम-उत्तम वर्ण को प्राप्त होता है और वह उसी वर्ण में गिना जावे कि जिस-जिस के योग्य होवे, वैसे ही अधर्माचरण से पूर्ण अर्थात् उत्तम वर्णवाला मनुष्य अपने से नीचे वाले वर्ण को प्राप्त होता है और उसी वर्ण में गिना जावै।" (श्रीमद्‌भागवत गीता, गीता प्रेस, गोरखपुर, 2012, श्लोक 4/13) आश्चर्य का विषय है कि ऐसा विधान होते हुए भी भारतीय समाज में उसका व्यवहारतः अनुपालन

नहीं हुआ बल्कि वर्ण व्यवस्था की लचीली अन्तरण की अवधारणा जन्मगत अवधारणा के रूप में पूरी आक्रामकता से और भी बलवती होती चली गई/चली जा रही है।

यह बहुत दुर्भाग्यपूर्ण रहा कि कर्म-आधारित वैदिक वर्ण व्यवस्था जन्म पर आधारित हो गई। अब कर्म की एक नई व्यवस्था कर दी गई। यह व्यवस्था जन्मगत हो गई—दोनों एक हो गए जन्म या जातिगत। जाति का सम्बन्ध जन्म से ही है इसलिए जाति का अर्थ ही जन्म है। अत: कर्म को जाति से जोड़ दिया गया और जाति को कर्म से। इससे जाति ही कर्म का बोधक हो गई और कर्म ही जाति का द्योतक। दोनों एक हो गए, उनमें कोई भेद नहीं रहा। इस तरह जातिगत कर्म-व्यवस्था का भारत में जन्म हुआ। ब्राह्मण वर्ण ब्राह्मण जाति में, क्षत्रिय वर्ण क्षत्रिय जाति में, वैश्य वर्ण वैश्य जाति में और शूद्र वर्ण शूद्र जाति में बदल गया। इसमें एक बात और हुई कि जहाँ कुछ एक आन्तरिक अपवादों के साथ ब्राह्मणों की एक जाति रही, क्षत्रियों की इसी तरह एक जाति रही, और वैश्यों की भी एक ही जाति रही, वहीं शूद्र वर्ण के अलग-अलग कर्मों ने उन्हें अनेक जातियों में बाँट दिया।

सारी बौद्धिक सत्ता ब्राह्मणों के हाथ थी, उन्होंने इसे अपने पास ही बनाए रखने का प्रबन्ध कर लिया। चातुर्य वर्ण के व्यवस्थापक ब्राह्मण ऋषि ही थे। उन्हीं के हाथ में ग्रंथ-लेखन का कार्य था। इन ब्राह्मणिक ग्रंथों के माध्यम से वे समाज में अपने शीर्षस्थ वर्चस्व को बनाए रखने में सफल रहे। बुद्ध के बाद तो ब्राह्मणिक ग्रंथों में गौ के साथ ब्राह्मण को भी रक्षणीय और पूजनीय भू देवता बना दिया गया। ब्राह्मण ऋषियों के क्रोधजन्य अभिशापों की अनेक कथाएँ गढ़कर समाज में एक मानसिक भय का वातावरण तैयार किया गया। यहाँ तक कि क्षत्रियों का मनोबल गिराने के लिए ही परशुराम द्वारा इस धरती पर से इक्कीस बार उनके संहार की कथा गढ़ी गई। क्षत्रियों के ब्राह्मण ऋषियों से ही पैदा होने के प्रसंग कल्पित किए गए। कुरु वंश के पांडु, धृतराष्ट्र तथा विदुर के गर्भ में आने की बात खुले रूप में महाभारत में आई है। भीष्म पितामह को भी नहीं छोड़ गया है। राजकन्याओं से ब्राह्मण ऋषियों के विवाह सम्बन्धी अनेक प्रसंगों से भारतीय ब्राह्मणिक वाङ्मय भरा पड़ा है। ये समाज में अपने वर्चस्व एवं शीर्षस्थ स्थान को बनाए रखने की कूट योजना के अंग थे। फिर भी ब्राह्मणों के मन में यथार्थत: भय बना रहा और वह भय क्षत्रिय वर्ण के राजन्य वर्ण का ही था, वह ही उनका प्रतिस्पर्धी-प्रतिद्वन्द्वी था। उन्हें पता था कि वे क्षत्रिय वर्ण के राजन्य लोगों के समर्थन के बिना समाज में अपनी स्थिति को यथावत बनाए रखने में अक्षम थे, अत: उन्होंने इस वर्ण से अपना गठजोड़ बनाए रखा।

ब्राह्मण-क्षत्रिय समीकरण

धर्म के आधार पर ब्राह्मणवादी व्यवस्था जिस सामन्तवाद के साथ दृढ़ हुई उसमें भूमि पर उच्च वर्णों का अधिकार था। सारी पृथ्वी ब्राह्मण की थी, जिस पर क्षत्रिय को शासन का अधिकार दिया गया था, किन्तु शूद्र और वैश्य भी नितान्त भूमिहीन नहीं थे। सामन्तवाद की सबसे बड़ी प्रवृत्ति यह है कि वह भूमि की ही तरह मनुष्य पर भी उच्चवर्णीय या उच्चवंशीय मनुष्य का अधिकार मानता है। मनुष्य का मनुष्य पर स्वामित्व उसे अमानवीय प्रवृत्ति की ओर ले जाता है। भारतवर्ष में सामन्तवाद की इस प्रवृत्ति के शिकार होने वाले एवं

वर्णवादी व्यवस्था से लाभान्वित होनेवाले ब्राह्मणों द्वारा मनुस्मृति और ऐसी ही साक्षियों के उपरान्त भी जाति व्यवस्था में केवल ब्राह्मण और क्षत्रिय कभी इतने शक्तिशाली नहीं रहे कि शस्त्र और शास्त्र के बल पर बहुसंख्यक शूद्र समाज से घोर अमानवीय व्यवहार कर पाते। सामन्तवाद जिस अमानवीय दास प्रथा में विश्वास रखता है उसका शिकार हर विजित जाति होती है। फिर भी भारतीय सामन्तवाद और यूरोपीय सामन्तवाद को एक समान समझना भूल होगी। यूरोपीय सामन्तवाद के कुलीन और अभिजात वर्ग जैसी निरंकुशता भारतीय सामन्तवाद में कभी नहीं रही।

भीमराव आंबेडकर से किसी अंग्रेज़ ने पूछा था कि क्या आपके पूर्वज भी भंगी आदि का कार्य किया करते थे तो उन्होंने उत्तर दिया था कि नहीं उनमें कई राजा आदि भी हुए थे। बाबा साहेब का यह कथन बहुतों को अविश्वसनीय लगेगा, विशेषकर अब जब जाति को दूसरे छोर से भुनानेवाले दलित विमर्शकार आंबेडकर के ऐसे कथनों को प्रकाश में लाना नहीं चाहते। वे उस धुँधलके का लाभ उठाना चाहते हैं, जिसे धर्म और विभिन्न वर्णों, जिनमें शूद्र भी सम्मिलित थे, ने मिलकर फैलाया। इस अस्पष्टता को फैलाने का सबसे अधिक दोषी ब्राह्मणों को पाया जाता है, किन्तु दलित विमर्शकारों ने ब्राह्मणों की केवल शूद्र विरोधी स्थापनाओं पर ही विमर्श किया है, उनके द्वारा क्षत्रियों के मान-सम्मान हरण हेतु काल्पनिक कथा-गुच्छों पर ध्यान नहीं दिया। ब्राह्मण परशुराम द्वारा इक्कीस बार पृथ्वी को क्षत्रियविहीन कर देने की कथा किसने नहीं सुनी? प्रश्न यह उठता है कि प्रत्येक बार पृथ्वी के क्षत्रियविहीन होने के बाद फिर क्षत्रिय कहाँ से आए? उत्तर दिया गया कि ब्राह्मणों और क्षत्रियों से उत्पन्न सन्तानें क्षत्रिय कहलाईं। यह कैसे सम्भव है? सन्तानें पिता के वर्ण, गोत्र और नाम से जानी जाती हैं, माता के नाम से जानी गई सन्तानें बहुत कम हैं। फिर पूरा क्षत्रिय वर्ण माता के नाम से कैसे जाना गया? क्षत्रिय जातियों ने ब्राह्मणों द्वारा उन्हें ब्राह्मण सन्तान प्रमाणित किए जाने के इस कुत्सापूर्ण प्रचार पर अधिक ध्यान नहीं दिया। ब्राह्मण क्षत्रिय का यह द्वन्द्व रामायण में परशुराम के राम के समक्ष नत हो जाने पर सध भी गया।

जिस प्रकार ब्राह्मणों को अनंत अधिकारों का स्वामी मान लिया गया, उसी प्रकार शासक या सत्ताधारी को क्षत्रिय मान लिया गया। ज्ञात इतिहास को ध्यान से देखने पर स्पष्ट हो जाता है कि ऐसा नहीं था। इस सम्बन्ध में आर.सी. मजूमदार लिखते हैं, "सिकन्दर के हमले के समय बहुत छोटे-छोटे इलाक़ों का स्वामित्व रखनेवाले क्षत्रिय सरदारों का ज़िक्र भी मिलता है। उस दौर में क्षत्रिय थे पर वे कबीलों के रूप में थे, जाति के रूप में नहीं। पर तब शूद्र और अम्बष्ठ भी कबीले ही थे।" (मनुस्मृति, आर्ष साहित्य प्रचार ट्रस्ट, दिल्ली, 1985, पृ. 859) अन्य इतिहासकारों ने भी मजूमदार के इस कथन की पुष्टि की है। यूनानी और रोमन इतिहास लिखनेवाले भी ऐसा ही मत सामने रखते हैं। ए. एरियन ने लिखा है, "सिकन्दर के साथ तीस पतवारों वाली डोंगियों और व्यापार वाले भांडों, जिनका निर्माण क्षत्रियों ने कराया था, का समूह भी आ गया। स्वतंत्र कबीलों वाले क्षत्रियों ने उससे पराजय स्वीकार कर ली थी।" (वही, पृ. 840)

जब क्षत्रिय और शूद्र दोनों ही कबीले के रूप में रहते थे तो प्रत्यक्ष है कि दोनों कबीलों के अपने-अपने सरदार या प्रमुख होंगे। शूद्रों के कबीलों का सरदार क्षत्रिय तो हो नहीं सकता था। इन्हीं कबीलों और इनके अगले पड़ावों से जातियाँ बननी आरम्भ

होती हैं। और जैसाकि डॉ. रामविलास शर्मा दिखाते हैं जातियों का गठन 1000 ई. से आरम्भ होता है।

केवल क्षत्रियों के राजा होने का मिथक तोड़ने के लिए नन्द वंश और मौर्य वंश के उदाहरण पर्याप्त हैं। महापद्म नन्द और चन्द्रगुप्त मौर्य दोनों ही उच्च वर्ण से सम्बन्धित नहीं थे। दोनों ही बड़े साम्राज्य के अधिकारी थे। बाबा साहब आंबेडकर को यह ऐतिहासिक तथ्य याद रहा। मौर्य वंश का अन्त उसके ब्राह्मण सेनापति ने राजा की हत्या करके किया था। ध्यान देने योग्य बात यह है कि सेनापति ब्राह्मण था और ब्राह्मण होकर शूद्र के अधीन कार्यरत था। नन्द वंश के संस्थापक महापद्म नन्द ने अपने साम्राज्य की स्थापना में क्षत्रियों को बार-बार पराजित किया। इस सम्बन्ध में राधाकुमुद मुखर्जी लिखते हैं—"पुराण नन्द वंश के संस्थापक का अधिक विश्वसनीय विवरण देते हैं जिन्हें वे महापद्म कहते हैं। उन्हें दूसरा परशुराम (पूरी क्षत्रिय जाति का संहारक) कहा गया है और जिन्होंने ख़ुद को इस देश का एकमात्र शासक बनाया और पूरे क्षेत्र को एक छतरी के नीचे ले आए जिसकी सत्ता को चुनौती नहीं दी जा सकती थी। तब जिन क्षत्रिय वंशों की पराजय हुई उनमें इक्ष्वाकु, पांचाल, कासी, हैहय, कलिंग, अस्माक, कुरु, मिथिला, सूरसेन और व्रतिहोत्र शामिल हैं।" (Rise of Magadhian Imperialism, पृ. 842)

महापद्म नन्द द्वारा असंख्य क्षत्रिय रजवाड़ों की समाप्ति इतिहास सम्मत है। इसे सही स्वीकार करने पर साम्राज्य निर्माण के पौराणिक विवरण ऐतिहासिक रूप में सही माने जा सकते हैं। राधाकुमुद मुखर्जी आगे कहते हैं, "इस प्रकार महापद्म नन्द उत्तर भारत का पहला महान ऐतिहासिक सम्राट था। छोटे कुल में उसकी उत्पत्ति के बाद भी उसकी यह सफलता क्षत्रियों की राजनीतिक प्रभुता की पुरानी परम्परा के अन्त की सूचक थी।" (Ibid, पृ. 846)

जाति व्यवस्था के रूढ़ होते जाने के क्रम में उसका विरोध भी हुआ। एक ओर जातियों में वर्चस्व की लड़ाई बढ़ रही थी तो दूसरी ओर उसके विरोध में उठ खड़े हुए बौद्ध और जैन धर्म ने सभी जातियों का अपने-अपने सम्प्रदाय में स्वागत किया, किन्तु विडम्बना यह रही कि कालान्तर में ये भी जाति प्रथा के शिकार हो गए, जिसकी चर्चा आगे चलकर की जाएगी। सनातन धर्म के अनुयायियों के मध्य ऐतिहासिक, पौराणिक शिक्षा हेतु जो धार्मिक साहित्य और कथाएँ मिलती हैं उनका एक अलग पाठ बौद्धों और जैनों के ऐसे साहित्य में भी मिलता है। ब्राह्मण-क्षत्रिय संघर्ष के सन्दर्भ में जैन देवताओं की कथा में 'सुभूम और परशुराम' की बड़ी रोचक कथा मिलती है। अग्नि नामक निःसन्तान ब्राह्मण पुत्र का पालन जमकुलपति ने किया था जिससे वे जमदग्नि कहलाए। इन्हीं जमदग्नि ऋषि को "वैश्वानर और धन्वन्तरि दो देवों ने चकई-चकवा बनकर जमदग्नि ऋषि को यह समझाकर विचलित कर दिया कि अपुत्र की गति नहीं होती। वैश्वानर जैन धन्वन्तरि शैव को जैन साधक पद्मरथ की अविचलिता का दृश्य दिखा चुका था। जमदग्नि की कठोर तपश्चर्या से शैव धन्वन्तरि प्रभावित थे किन्तु उपर्युक्त घटना से जमदग्नि विचलित हो गए और उन्होंने जितशत्रु राजा की एक कन्या विवाह निमित्त माँगी। जितशत्रु ने कहा, जो कन्या आपको चाहेगी—वही भेंट कर दी जाएगी; किन्तु कोई कन्या तैयार न हुई। ऋषि ने सभी को श्राप देकर कुबड़ी बना दिया।" (बालचन्द बत्तीसी, सम्पादक, हरिमोहन मालवीय, हिन्दी साहित्य सम्मेलन, प्रयाग, 1965, पृ. 7-78)

अन्य कन्याओं को कुबड़ी बनाकर जमदग्नि निरत नहीं हुए, उन्होंने सबसे छोटी कन्या रेणुका को फल खिलाने का लालच देकर अपने साथ जाने के लिए तैयार कर लिया—"युवती रेणुका ने जमदग्नि द्वारा साधना से निर्मित दो चरु में से छात्र चरु जो उसकी बहन अनन्तवीर्य की पत्नी के लिए था, सवत अपने पास रख लिया और ब्रह्मा चरु भगिनी के पास भेज दिया। रेणुका के राम तथा बहन के कृतवीर्य पुत्र उत्पन्न हुआ। विद्याधर की सेवा से पार्शवी विद्या सीखकर राम परशु बने।" (वही, पृ. 78)

जैन और बौद्ध धर्म की कथाएँ, दीर्घ नहीं होतीं। चूँकि वे धर्म प्रचार और सम-सामयिकता को भी ध्यान में रखकर लिखी-कही गई हैं, इसलिए पाठक से आशा की जाती है कि वह संकेत या पात्र घटना और स्थान के नामोल्लेख मात्र से पूरी बात समझ जाएगा। यह कहानी सीधे रेणुका के वध के प्रसंग और कारण पर आ जाती है, "रेणुका का अपने हस्तिनापुरवासी बहनोई से अनुचित सम्बन्ध होने के कारण पुत्र हुआ। अतएव लौटने पर राम ने अपनी माँ को मार डाला। अनन्तवीर्य कुपित हुआ, और राम का आश्रम नष्ट कर दिया। राम ने अनन्तवीर्य को मार डाला। अनन्तवीर्य के पुत्र ने जमदग्नि ऋषि को मारकर पिता की हत्या का प्रतिशोध राम से लिया। परशुराम इससे क्षत्रिय पर कुपित हो गया और कृतवीर्य को मार डाला। कृतवीर्य की पत्नी तारा ने वन के एक आश्रम में शरण लेकर सुम्भ को जन्म दिया। एक बार परशुराम उसी आश्रम में आए, किन्तु सुम्भ को कुलपति ने बचा लिया। परशुराम ने जिन क्षत्रिय नरेशों को परास्त किया था उनका दाढ़ निकलवाकर थाल में सजाकर रखा था। और किसी ने परशुराम को बताया था कि दाढ़ से भरा हुआ थाल जिसे निमेष मात्र में खीर से भरा जाएगा और जो तत्क्षण उसे खा जाएगा, उसके हाथ से ही आपकी मृत्यु सम्भावित है। परशुराम ने इसका निर्णय करने के लिए एक दानशाला बनवाई।" (वही, पृ. 78) इस विस्तृत विवरण का कारण यह है कि इस ब्योरे के बिना अन्यथा पहले से ही संक्षिप्त की गई कथा समझ में नहीं आएगी।

मृत्यु से बच गए सुम्भ का विवाह विद्याधर मेघनाद की पुत्री पद्मश्री से हुआ। अपनी माता से परशुराम द्वारा की गई अपने पिता की हत्या ज़ानकर सुम्भ परशुराम को दंडित करने हस्तिनापुर पहुँचा और दाढ़ों से भरे थाल में खीर भरी जाने पर सारी खीर खा गया—"क्षत्रिय-ब्राह्मण युद्ध प्रारम्भ हुआ और प्रथम बार ब्राह्मणों की हत्या से कुपित परशुराम और सुम्भ में युद्ध हुआ और परशुराम धराशायी हो गया। सुम्भ ने भी इक्कीस बार ब्राह्मणों का नाश किया।" (वही, पृ. 8-79)

हिसाब बराबर! इस कथा के अनुसार परशुराम ने क्षत्रियों का इक्कीस बार विनाश किया। सुम्भ ने भी इक्कीस बार ब्राह्मणों का नाश कर दिया।

वर्चस्व की लड़ाई

सम्भवत: मानव स्वभाव के अन्तर्निहित किसी गुण या अवगुण के कारण समूह, समुदाय, जाति और राष्ट्र के बीच निरन्तर एक श्रेणीबद्धता की भावना कार्य करती है। यह श्रेणीबद्धता मनुष्य को स्तम्भाकार रूप में देखती है क्षितिजाकार रूप में नहीं। इस स्तरबद्धता या श्रेणीबद्धता (Hierarchical) के कारण धर्म, अर्थ, रक्त, नस्ल, जाति और लिंग के आधार पर भेदभावपूर्ण संस्कृति का विकास हुआ है। अपनी इस अधिकार लिप्सा को मानव जाति ने योग्य को ही जीवित रहने के अधिकार

(Survival for the fittest) आदि सिद्धान्तों से उचित ठहराने का प्रयास किया। बुद्धि, शक्ति और सृजनशील कोमलता में शक्ति को उच्चतम स्थान दिया गया। इस चयन से उसने स्त्री को पददलित किया। उसने बड़ी धूर्तता से इस सत्य को ओझल कर दिया कि प्रकृति ने जिन्हें सृजन का कार्य सौंपा था, उन्हें शारीरिक बल अपेक्षाकृत कम प्रदान किया क्योंकि मांसपेशियों की जिस दृढ़ता और पशुबल की जिस प्रमुखता पर पुल्लिंग गर्वित था उस शारीरिक संरचना के साथ स्त्रीलिंग के लिए प्राणी को जन्म देना असम्भव था। यद्यपि अन्य प्राणियों की प्रजातियों की मादाएँ इस विकार का शिकार नहीं थीं, क्योंकि वे स्त्रीलिंग की तरह केवल कोमलता के पालन-पोषण (Nurture) के लिए उत्पन्न नहीं हुईं। उन्हें अपनी प्रजाति के नर की तरह ही अपने जीवनयापन की स्वाधीनता है। स्त्रीलिंग और पुल्लिंग की जिस सहभागिता से मानव संतति का नैरन्तर्य बनाए रखना है उसमें संतति को अपनी कुक्षि (कोख) में धारण कर लालन-पालन का कार्य उसकी जननी अर्थात् स्त्री को सौंप दिया गया। प्रकृति ने औरत को जिस कोख को वरदान के रूप में दिया था उसे आदमी की वर्चस्ववादी प्रकृति ने गाली और बोझ बना दिया। उसने इस कोख से जुड़ी गालियाँ बनाईं और औरत के बच्चे पैदा करने की क्षमता को उसकी निर्बलता बना दिया। उस सन्तान जिसे पैदा करने में उसकी भूमिका स्त्री की तरह महती नहीं थी उस पर अपने वर्चस्व के लिए उसने स्त्रियों के विरुद्ध हज़ारों प्रकार के षड्यंत्र रचे। बौद्धिक पुरुष ब्राह्मण ने क्षत्रिय राजन्य की सहायता से धर्म जैसा सुदृढ़ संघ बनाया और उसका सर्वशक्तिमान अधिष्ठाता ईश्वर बना दिया। चूँकि प्रकृति (Nature) स्वयं अत्यधिक शक्तिशाली स्रोत के रूप में पूजित थी अतः ईश्वर बल्कि कहा जाना चाहिए कि ईश्वरों के निर्माण में सभी धर्मों के पुरोहित वर्ग को बड़ी आसानी हुई। जिस शारीरिक बल पर पुरुष ने स्वयं को स्त्री से श्रेष्ठ माना था, उसी शारीरिक बल की न्यूनता होने पर भी ब्राह्मण को अन्य पुरुषों से हीन नहीं माना गया। ब्राह्मण वर्ग ने मनुष्य की आदिम वृत्ति भय का बुरी तरह दोहन किया। कमज़ोर वृत्तियों के मानव समूह (जिसमें स्त्री-पुरुष दोनों थे) को भयभीत कर अपनी स्थापनाओं और फ़तवों को मनवाने में उन्हें तनिक भी कठिनाई नहीं हुई बल्कि डरपोक मानव समाज स्वयं ही इनमें जकड़े जाने के लिए उत्सुक था। पुरोहित वर्ग अन्य जनों और स्वयं को भी इसलिए धर्म की अफ़ीम खिला सका कि खानेवाले स्वयं इसे खाने के लिए अत्यन्त उत्साह के साथ प्रस्तुत थे। मानव समाज के जीवन के कुएँ में धर्म की भाँग पड़ी थी/है। कोई विरला ही इससे बच पाया। जो बच पाया वह सुधारक हो गया। कुछ ऐसे निकले कि उन्होंने अपना अलग कुआँ खोद लिया। सभी पुरुषों ने धर्म के इन कुएँ-बावड़ियों में जमकर डुबकी लगाई। अन्यथा पुरोहित अपनी मनचाही बात शेष समाज से नहीं मनवा पाते।

किसी भी दमनकारी विचारधारा की सफलता तब ही निश्चित होती है जब शोषित और शोषक दोनों इसका वहन करते हैं। लिंग, जाति, नस्ल और रंग के आधार पर किए गए दमन इसलिए भी सफल हो सके कि इनके अन्तर्गत शोषित होनेवालों ने शोषकों द्वारा निर्धारित कोटियों और मान्यताओं को स्वीकार कर लिया तथा उनके चलाए तंत्र और उपकरणों से संचालित हुए। दमनकारी विचारधारा के उन्मेषक अपनी सुरक्षा के प्रति सजग थे। इसलिए वर्चस्व की लड़ाई में ऊपरी दो वर्णों को लम्बे संघर्ष के पश्चात् समझ में आने लगा कि आपसी द्वन्द्व व्यर्थ है। तीसरे वर्ण वैश्य ने अर्थव्यवस्था के

परिवर्तित और शक्तिशाली होते रूप के साथ समझौते कर अपना स्थान सुनिश्चित किया। अन्तिम और चौथे वर्ण शूद्र ने कई बार संख्या और कौशल के बल पर मोल-तोल और समझौता (Negotiate) किया। इस तथ्य को नहीं भुलाया जाना चाहिए कि भारत में शूद्र वर्ण के भी बहुत से राजा हुए और मनु संहिता ने चाहे जितना बलपूर्वक कहा हो कि स्त्री और शूद्र के कानों में वेद मंत्र पड़ जाए तो उनके कानों में पिघला हुआ सीसा डाल देना चाहिए पर ऐसा घटित कभी नहीं हुआ।

वर्चस्व की लड़ाई में सबसे पहले ऊपरी दो वर्णों के कुछ उदाहरण देख लेना ठीक होगा। इस सन्दर्भ में विश्वामित्र का उदाहरण ही सबसे सटीक होगा। वांछित तपोबल के उपरान्त भी विश्वामित्र को क्षत्रिय ऋषि से ब्रह्म ऋषि न बनने देने के पौराणिक कथा-प्रसंगों में यदि कोई तनिक-सी सचाई है, तो वह क्षत्रिय-ब्राह्मण वर्णों के बीच वर्चस्व की इसी लड़ाई का प्रतीक है। एक अर्थ में प्राचीन भारत का इतिहास क्षत्रिय तथा ब्राह्मण के बीच इसी ऊपरी सिरे के स्थान हेतु संघर्ष का इतिहास है। स्वामी विवेकानन्द ने मद्रास में 'भारत के महापुरुष' विषय पर भाषण देते हुए इस तथ्य की तरफ़ किंचित् संकेत दिया है—"केवल धर्म मत पर ही नहीं, सम्भवत: वर्ण के आधार पर भी यह विवाद चलता रहा—हमारे समाज के दो प्रबल अंग ब्राह्मणों तथा क्षत्रियों, राजाओं तथा पुरोहितों के बीच विवाद आरम्भ हुआ था।" पुरोहित वर्ग ने क्षत्रियों को भी 'ब्रह्म' में भागीदारी नहीं दी। इस क्षेत्र में ब्राह्मणों ने अपने सुरक्षित आसन को डिगने न दिया।

सिद्धान्तत: कर्म की दुहाई देनेवाले बुद्धिजीवी लोक-व्यवहार में जन्म-जाति के आधार की व्यवस्था के सशक्तीकरण में जुट गए। मनुस्मृति जैसे ग्रंथों में ब्राह्मणी वर्चस्व के श्लोकों से इसकी पुष्टि होती है—

मशानेष्वपि तेजस्वी पावको नैव दुष्यति।
हूयमानश्च यज्ञेषु भूय एवाभिवर्धते॥
एवं यद्याप्यनिष्टेषु वर्तन्ते सर्वककमसु।
सर्वथा ब्राह्मणा: पूज्या: परमं दैवतं हि तत्॥

—1 (9/318-219) (वही, पृ. 847)

—अर्थात् 'जैसे तेजस्वी अग्नि श्मशान में भी अपवित्र नहीं होती, अपितु यज्ञों में आहुति देने पर और भी अधिक वृद्धि को प्राप्त होती है; उसी प्रकार यद्यपि ब्राह्मण लोग सभी बुरे कामों में प्रवृत्त होते हैं तो भी वे सब स्थितियों में पूज्य ही हैं क्योंकि ब्राह्मण सबसे श्रेष्ठ देवता हैं।'—देवता भी कभी अपूज्य हो सकता है? फिर भी ब्राह्मणों के लिए यह अनुमान लगाना कठिन नहीं था कि बिना राजसत्ता के उनकी बौद्धिक सत्ता टिकी न रह सकेगी। अत: उन्होंने उनसे हाथ मिला लिया और दोनों ने मिलकर समाज में अन्य वर्णों पर अपना प्रभुत्व जमा लिया। इस बात की पुष्टि मनुस्मृति के निम्न तथा ऐसे उन श्लोकों से होती है—

नाब्रह्म क्षत्रमृघ्नोति नाक्षत्रं ब्रह्मा वर्धते।
ब्रह्म क्षत्रं च सम्पृक्तमिह चामुत्र वर्धते॥

2 (9/322) (वही, पृ. 847)

अर्थात् 'ब्राह्मण के बिना क्षत्रिय समृद्धि को नहीं प्राप्त कर सकता और न ही क्षत्रिय के बिना ब्राह्मण वृद्धि को प्राप्त कर सकता है। ब्राह्मण और क्षत्रिय मिलकर ही इस लोक और परलोक में वृद्धि को प्राप्त करते हैं।' यहाँ वैश्य तथा शूद्र की उपेक्षा कर दी गई। उनसे ग्राम, जागीर आदि का दान प्राप्त नहीं हो सकता था और न ही उनके हाथों में शासकीय शस्त्र थे जिनसे ब्राह्मण को रक्षा मिलती है। वैश्य तथा शूद्र वर्णों पर ही उन्हें अपना प्रभुत्व जमाना था। अतः इस आन्तरिक पारस्परिक समझौते के अनुसार जहाँ ब्राह्मण वर्ण ने भारत के बहुसंख्यक जन पर क्षत्रिय वर्ण के राजन्य वर्ग के प्रभुत्व को सुदृढ़ करने में सहयोग दिया, वहीं राजन्य वर्ग ने भी बदले में समाज में ब्राह्मण वर्ण की प्रतिष्ठात्मक स्थिति को यथावत् बनाए रखने तथा उसे और मज़बूत करने के हर सम्भव प्रयास किए। एक-दूसरे के सहयोग से समाज पर बुरी तरह हावी हो गए। अब ब्राह्मण का बेटा मन्दबुद्धि होकर भी ब्राह्मण ही रहा, क्षत्रिय का पुत्र कापुरुष अथवा शारीरिक रूप से अशक्त होने पर भी क्षत्रिय ही रहा।

इस परिदृश्य से यह बहुत साफ़ है कि ब्राह्मण और क्षत्रिय के इस प्रकार के मेल से कर्म के स्थान पर जन्म-जाति को वर्ण व्यवस्था का आधार बने रहने में काफ़ी बल मिलता रहा और जानबूझकर षड्यंत्रकारी रूप से धर्म-शास्त्रों ने इसकी जड़ें सम्पुष्ट की। वर्ण व्यवस्था जाति व्यवस्था में बदलती गई, जाति केवल जन्म से जुड़ गई। जीवनयापन के लिए अर्थोपार्जन की आवश्यकता थी। पहले पेशे का चयन रुचि एवं गुणानुसार हो सकता था, अब पेशा जातिगत हो गया, चूँकि जाति जन्मगत थी अतः पेशा भी जन्मगत हो गया।

किसी जैन कवि ने जीवन की बहत्तर कलाओं में दो कलाओं को सर्वप्रमुख बताया था। अवश्य ही ये कलाएँ, पुरुषों की हैं—

कला बहत्तर पुरुष की तामें वो सरदार।
एक जीव की जीविका एक जीव उद्धार॥

(वर्ण, जाति और धर्म, सिद्धोन्ताचार्य, पं. फूलचन्द शास्त्री,
भारतीय ज्ञानपीठ, नई दिल्ली, 2011, पृ. 51)

ब्राह्मणों ने आत्मोन्नति को ही अपनी जीविका बना लिया। इस प्रकार उनका दोनों प्रमुख कलाओं का लक्ष्य सध गया जबकि अन्य वर्णों को जीने के लिए अलग कला और आत्मोन्नति की कला को अलग साधना था। वैदिक धर्म के विरोध में जिन दो धर्मों—बौद्ध और जैन का उदय हुआ उनमें आत्मोन्नति पर अधिक बल दिया गया। इनकी सर्वोत्तम चिन्ता यह थी कि इन्होंने आजीविका को धर्म से नहीं जोड़ा। जैन मुनि आचार्य जिनसेन ने 'महापुराण' में 'असि' आदि षट्कर्मव्यवस्था का आदिब्रह्मा ऋषभदेव से उपदेश दिलवाया। आचार्य जिनसेन का यह उपदेश 'पद्मपुराण' और 'हरिवंश पुराण' में भी है। वे कहते हैं, ज्ञान मोक्ष का मार्ग है और आजीविका के भिन्न स्रोत हैं—

असिर्मषिः कृषिर्विद्या वाणिज्यं शिल्पमेव च।
कर्माणीमानि षोढा स्युः प्रजाजीवनहेतवः॥
तत्र वृत्तिं प्रजानां स भगवान् मतिकौशलात्।
उपादिक्षत् सरागो हि स तदासीज्जगद् गुरुः॥

(वही, पृ. 52)

अर्थात् असि, मषि, कृषि, विद्या, वाणिज्य और शिल्प ये छह कर्म आजीविका हेतु हैं। प्रजा के लिए भगवान ऋषभदेव ने अपनी बुद्धि की कुशलता से इन्हीं आजीविकाओं को अपनाने का उपदेश दिया। जगद्गुरु भगवान ने इन्हीं छह कर्मों द्वारा वृत्ति चयन के सम्बन्ध में कहा।

मनुस्मृति

मनुस्मृति अब तक परिपुष्ट हो चुकी विचारधारा के सूत्रों और नियम का संकलन है। मनुस्मृति की तो मानो रचना ही स्त्रियों और शूद्र वर्ण को नेस्तनाबूद करने के लिए की गई थी। किसी विशेष विचारधारा की स्थापना हेतु लिखा गया ग्रंथ पक्षपात रहित हो ही नहीं सकता, मनुस्मृति भी इसका अपवाद नहीं है। इसकी रचना वेद, ब्राह्मण, आरण्यक, उपनिषद्, गृह्यसूत्र और श्रौत सूत्र के आधार पर वैदिक धर्म के सांगोपांग प्रतिपादन हेतु हुई। ग्रंथ के आरम्भ में ही महर्षियों ने मनु के पास जाकर यथोचित सम्मानपूर्वक कहा—"हे भगवान! सब वर्णों, ब्राह्मण, क्षत्रिय, वैश्य और शूद्र और अम्बष्ठादि अनुलोमज से सूत आदि प्रतिलोमज तथा भूर्जकंटक आदि संकीर्ण जातियों के यथोचित धर्मों को क्रमशः कहने के आप योग्य हैं। अतः कृपापूर्वक उन्हें कहिए।" (मनुस्मृति, पृ. 5) भगवान मनु से जो पूछा गया उसकी पृष्ठभूमि के रूप में वे "प्रलय काल में यह संसार तम में लीन, अज्ञेय, चिह्नरहित, प्रमाणादि तर्कों से हीन, अविज्ञेय तथा सर्वत्र सुप्त था," (वही, पृ. 5) कहकर भगवान के प्रकट होने, उनके द्वारा जल की सृष्टि, जल में शक्ति रूपी बीज छोड़ा जाना, उस बीज का सहस्त्रों सूर्यों के समान प्रकाशवान स्वर्ण के समान शुद्ध अंडे में बदलने और उसमें से ब्रह्मा जी की उत्पत्ति क्रमानुसार प्रस्तुत करते हैं। जल 'नारा' कहलाया क्योंकि वह नर की सन्तान है, इसलिए परमात्मा नारायण कहलाए क्योंकि उनका प्रथम निवास स्थान जल है। यह स्वर्ण समान अंडा नारायण से उत्पन्न हुआ जिसके भीतर यह लोक और सात द्वीपों वाली पृथ्वी स्थित थी। "वह जो सबका कारण है अत्यन्त प्रसिद्ध नित्य है, सत् तथा असत् स्वरूप है, उससे उत्पन्न पुरुष ब्रह्मा कहा जाता है।" (वही, पृ. 5-6)

ब्रह्मा ने इस अंडे के दो टुकड़े किए जिनसे स्वर्ग, पृथ्वी और इनके बीच आकाश; आठों दिशाओं और समुद्र की सृष्टि हुई। ब्रह्मा ने सम्पूर्ण इन्द्रियों की उत्पत्ति तथा उनके विनाश, मन, मन से पहले 'अहम्' की सृष्टि की। अहम् से पहले आत्मा के उपकारक 'महत्' की रचना की। फिर सत्त्व, रजस् और तमस् से युक्त विषयों, इन विषयों को ग्रहण करनेवाली इन्द्रियों की रचना की। इन इन्द्रियों और विषयों की रचना अहंकार से की फिर अनन्त शक्ति युक्त अहंकार, रूप, रस, गंध, स्पर्श तथा शब्द के सूक्ष्म अवयवों में विकारों को मिलाकर विभिन्न प्राणियों को बनाया। ब्रह्म की मूर्ति को शरीर कहा गया और विनाशरहित एवं सब भूतों के कर्ता उस ब्रह्म से अपने-अपने कर्मों से युक्त पंचमहाभूत आकाश आदि और सूक्ष्म अवयवों के साथ के कारण मन की सृष्टि हुई। फिर यह नश्वर संसार, इसमें सभी प्राणियों के नाम, कर्म और लौकिक व्यवस्था को वेद शब्दों से पहले-पहल समझ पृथक्-पृथक् निर्मित किया। उसी ब्रह्मा ने देव, कर्म स्वभाव, प्राणी, पत्थर, यज्ञ की सिद्धि के लिए अग्नि, वायु और सूर्य उत्पन्न किए। इनसे क्रमशः वेद प्रकट किए। तदन्तर, उन्होंने समय, उनके विभाग, नक्षत्र, ग्रह, नदी, समुद्र,

पर्वत, सम, विषम बनाए। फिर तप, वाणी, रति, इच्छा और क्रोध की भी सृष्टि की। फिर प्रजाओं की सृष्टि हेतु कर्मों की विवेचना के लिए धर्म और अधर्म अलग-अलग समझाए। "पंचमहाभूतों की विनाशशील जो पंचतन्मात्राएँ हैं उन्हीं के साथ पहले कहे गए और आगे कहे जानेवाले सब क्रमश: उत्पन्न हुए।" (वही, पृ. 7)

अब वर्ण व्यवस्था की बारी आती है और जाति व्यवस्था की उत्पत्ति की असली कहानी आरम्भ होती है—"उस ब्रह्मा ने जिसको जिस कर्म में लगाया था, वह बार-बार उसी कर्म को करने लगा। हिंसा, अहिंसा, मृदु, क्रूर, धर्म, अधर्म, सत्य और असत्य की सृष्टि के प्रारम्भ में जो जिस-जिस के लिए बनाया; वह बार-बार उसी को स्वयं ही प्राप्त होने लगा।...इस संसार में जिस जीव का जो कर्म ब्रह्मा ने कहा है, उसे तथा उन जीवों के क्रम को मैं आप लोगों से कहूँगा।" (वही, पृ. 7)

इस प्रकार जन्मगत जाति व्यवस्था, उसके लिए पहले से ही निर्धारित कर्म और उन कर्मों का स्वाभाविक फल सब निर्धारित कर दिए गए। सिद्धान्तकार ब्राह्मणों ने इसे इसी पुस्तकानुसार विस्तृत वर्णन को जनमानस में भरने का कार्य किया। उन्होंने स्त्री से पुरुष उत्पन्न होने के प्रश्न को भी यहीं सुलझा दिया। "...तब ब्रह्मा ने अपने शरीर के दो भागकर आधे भाग से पुरुष तथा आधे भाग से स्त्री उत्पन्न की, और उसी स्त्री से विराट संज्ञक पुरुष की सृष्टि की।" (वही, पृ. 7)

लोक वृद्धि के लिए ब्रह्मा के मुख, बाहु, उरु एवं पैर से क्रमश: ब्राह्मण, क्षत्रिय, वैश्य और शूद्र की सृष्टि का उल्लेख पहले भी किया जा चुका है। आश्चर्य का विषय यह है कि सभी ब्रह्मा से उत्पन्न होते हुए एक-दूसरे के लिए अस्पृश्य कैसे हो गए? वे पैर जिन पर पूरा शरीर खड़ा था, उसी शरीर द्वारा तिरस्कृत क्योंकर हो गए? शरीर के सभी अंग अपना-अपना कार्य करते हुए मिलकर शरीर कहलाते हैं और इस रूप में अपना सम्मान प्राप्त करते हैं, किन्तु जाति व्यवस्था के विभिन्न अंग (जातियाँ) एक ही शरीर का भाग (समाज के अंग) होते हुए भी वह समान सम्मान से वंचित हो गई—यह तो ब्रह्मा का असम्मान था। समस्त सृष्टि के रचयिता का मुख अच्छा पैर बुरा? बाहु अच्छे, उदर और जंघाएँ बुरे? इससे भी अधिक घपला स्त्रियों की एक समान सम्मानजनक उत्पत्ति के उपरान्त भी पुरुषों से उन्हें हीन दिखाने के सन्दर्भ में हुआ। जब वे भी आधे ब्रह्मा से उत्पन्न थीं तो वे कैसे अवगुणों की खान हो गईं और ब्रह्मा के बचे हुए आधे भाग से उत्पन्न पुरुष कैसे सर्वोत्तम हो गए?

मनु संहिता ब्राह्मण के दृष्टिकोण से ब्राह्मण के पक्ष में लिखी गई पुस्तक है। यह पुस्तक घोर स्त्री और शूद्र विरोधी है। जितनी यह शूद्र विरोधी है उससे बहुत अधिक ब्राह्मण की पक्षधर है। यह कहना अनुचित नहीं होगा कि इसकी ब्राह्मणों की पक्षधरता असहनीय है। इस संहिता की पुरुषवादी, ब्राह्मणवादी और वर्चस्ववादी व्यवस्था दर्शन के प्रचलित सिद्धान्तों को पूर्णत: धर्माश्रित बनाती है। काल, वर्ण, विचार और जन्म से ही ईश्वरीय आदेशानुसर ब्राह्मण श्रेष्ठ है—"सत्ययुग में तप, त्रेता में ज्ञान, द्वापर में यज्ञ और कलि में केवल दान को महर्षियों ने मुख्य धर्म कहा है।

"सत्ययुग ब्राह्मण, त्रेता क्षत्रिय, द्वापर वैश्य और कलि को शूद्र कहा गया।

"महातेजस्वी ब्रह्मा ने इस सम्पूर्ण सृष्टि की रक्षा के लिए ब्राह्मण, क्षत्रिय, वैश्य और शूद्र की सृष्टि की है। वेद पढ़ाना, पढ़ना, यज्ञ करना, दान देना और लेना यह कर्म

ब्राह्मणों के लिए बनाया गया है। प्रजा की रक्षा करना, दान देना, यज्ञ करना, पढ़ना, विषय में आसक्ति रखना; इन कर्मों को क्षत्रियों के लिए बनाया गया है।" (वही, पृ. 10) इसके अतिरिक्त अब जो परिश्रम साध्य कार्य बचे जैसे पशुपालन एवं उनकी रक्षा, दान देना, यज्ञ करना, पढ़ना, व्यापार करना, ब्याज लेना और कृषि कर्म वैश्यों के लिए हैं। इन तीनों वर्णों के कर्मों से भी अधिक परिश्रम साध्य कार्य शूद्र वर्ण को सौंपा गया। शूद्र वर्ण को अन्य वर्णों की सेवा का भार सौंपा गया।

ब्राह्मणों की श्रेष्ठता बखानते समय मनु महाराज पुरुषों की श्रेष्ठता पहले बखानते हैं। वे इस बात से सशंकित लगते हैं कि ब्राह्मण वर्ण की स्त्रियाँ (अर्थात् ब्राह्मणियाँ) इस अबाध और निरंकुश सत्ता में भागीदारी करने न आ जाएँ, इसलिए पुरुषों की 'श्रेष्ठता' और 'पवित्रता' सर्वत्र स्थापित करते चलते हैं। वैसे भी पुरुषों के लिए कोई नियमबद्धता नहीं है, अत: उनका किया गया प्रत्येक कार्य पवित्रता की कोटि में आ सकता है विशेषकर ब्राह्मण पुरुष का। अन्य वर्णों के पुरुषों का कर्म तभी पाप की कोटि में माना जाएगा जब वह ब्राह्मण के विरुद्ध किया गया हो। मनुस्मृति पुरुष को अन्य जीवों से श्रेष्ठ बतलाती है—"ब्रह्मा ने पुरुष को अन्य जीवों से श्रेष्ठ बतलाया, उसमें भी पुरुष के नाभि से ऊपर के भाग को पवित्र बतलाया और नाभि से ऊपर के भाग से भी अधिक पवित्र मुखाकृति को बतलाया है।" (वही, पृ. 11)

इसकी अगली ही पंक्ति से विस्तृत रूप में ब्राह्मणों का श्रेष्ठता स्थापित होने लगती है—"ब्रह्मा के मुख से उत्पन्न होने, ज्येष्ठ होने और वेद के धारण करने के कारण ब्राह्मण ही सम्पूर्ण सृष्टि का स्वामी है। उस स्वयम्भू ब्रह्मा ने हव्य (देव-भाग) तथा कव्य (पितृ-भाग) को पहुँचाने के लिए और सम्पूर्ण सृष्टि की रक्षा के लिए तपस्या कर सर्वप्रथम ब्राह्मण को अपने मुख से उत्पन्न किया। जिस ब्राह्मण के मुख से देवता हव्य को, पितर काव्य को ग्रहण करते हैं, उस ब्राह्मण से अधिश्रेष्ठ भला कौन प्राणी होगा?

भूतों में प्राणी श्रेष्ठ हैं, प्राणियों में बुद्धिजीवी श्रेष्ठ हैं, बुद्धिजीवियों में मनुष्य श्रेष्ठ हैं और मनुष्यों में ब्राह्मण। ब्राह्मणों से भी विद्वान श्रेष्ठ हैं, विद्वानों में कृतबुद्धि (शास्त्रोक्त कर्तव्य में बुद्धि रखनेवाले) श्रेष्ठ हैं, कृतबुद्धियों में अनुष्ठान (शास्त्रोक्त कर्तव्य के अनुसार आचरण करनेवाले)। श्रेष्ठ हैं और उनमें ब्रह्मज्ञान—श्रेष्ठतम हैं।" (वही, पृ. 11)

ब्रह्मज्ञानी होने का अधिकार निश्चय ही केवल ब्राह्मण को है और ब्राह्मण को ही रहेगा क्योंकि ब्राह्मण जन्म से बना जा सकता है। जन्म पिछले जन्मों के पुण्यों के परिणाम से होता है। इस जन्म में जो भी ब्राह्मणेतर वर्णों में जन्मे वे सभी पिछले जन्मों में घोर पापी थे। यदि ऐसा न होता तो वे भी ब्राह्मण वर्ण में जन्म लेते। ज्ञान प्राप्त करते और ब्रह्मज्ञानी बनते। इन ब्रह्मज्ञानियों से न कोई बड़ा है न ही इन्हें किसी और की पूजा करनी है। इनका कार्य आपसी पूजन से ही सध जाता है—"तीनों लोकों में कोई भी ब्रह्मज्ञानियों का पूज्य नहीं है। तपोविद्या विशेष से वे आपस में पूजते हैं—ब्रह्मज्ञानियों का पूज्य नहीं है। ब्रह्मज्ञानियों से बड़ा इस संसार में कुछ भी नहीं है। केवल ब्राह्मण की उत्पत्ति ही धर्म की नित्य देह है। धर्म के लिए उत्पन्न ब्राह्मण मोक्ष लाभ के योग्य होता है। ब्राह्मण पृथ्वी पर श्रेष्ठ माना जाता है; क्योंकि वह धर्म की रक्षा में समर्थ होता है। पृथ्वी पर जो कुछ भी है, वह सब ब्राह्मण का है। ब्रह्मा के मुख से उत्पन्न तथा कुलीन होने के कारण यह सब ग्रहण करने का अधिकारी होता है। ब्राह्मण अपना ही

खाता है, अपना ही पहिनता है, अपना ही दान करता है तथा दूसरे व्यक्ति ब्राह्मण की दया से सब भोग करते हैं।" (वही, पृ. 11)

कैसी अद्‌भुत व्यवस्था है! सब कुछ ब्राह्मण का है दूसरे लोग उसकी दया से सब कुछ पाते हैं, घोर परिश्रम करने और कष्ट सहने का अधिकार भी ब्राह्मण कृपा से ही प्राप्त है।

यह व्यवस्था वैसी ही है जैसी पुरुषों ने अपनी तुलना में स्त्रियों के लिए की थी। दमनमूलक विचारधारा अपनी प्रवृत्ति के अनुसार अपने अधिकार क्षेत्र में पड़नेवाले प्रत्येक व्यक्ति को अधिकार वंचित करती चलती है। सत्ता की अबाध लिप्सा उसे उचित-अनुचित का बोध विस्मृत करवा देती है। उस पर अगर धर्मभीरु जनता भेड़-बकरियों के झुंड की तरह हाँकी जा सकती है तो वह न केवल धार्मिक विधानों का पालन करती है बल्कि इसके विरुद्ध उठे किसी भी स्वर को ब्राह्मणों की प्रतिनिधि बन, कुचलने का कार्य करती है। वह ब्राह्मणों द्वारा केवल अधिकारी शिष्यों को पढ़ाए जाने के तंत्र को सहर्ष स्वीकार करती है—"विद्वान ब्राह्मण को यह धर्मशास्त्र यत्नपूर्वक तथा अधिकारी शिष्यों को यथायोग्य पढ़ाना चाहिए। अन्य कोई (क्षत्रियादि तीनों वर्ण) इस शास्त्र को न पढ़ाएँ। इस शास्त्र को पढ़ता हुआ इसके अनुसार नित्य व्रतानुष्ठान करनेवाला ब्राह्मण मानसिक, वाचिक और कायिक कर्मदोषों से लिप्त नहीं होता है। वह ब्राह्मण पंक्ति को अपने कुल में उत्पन्न हुए पिता आदि तथा उत्पन्न होनेवाले पुत्र आदि सात पीढ़ियों तक के वंशजों को पवित्र करता है और सत्पात्र होने से सम्पूर्ण पृथ्वी को भी ग्रहण करने के योग्य होता है।" (वही, पृ. 11)

यह पुनः उल्लेख किया जाना चाहिए कि मनुस्मृति उसके समय तक परिपुष्ट हो चुके विचारों को संहिता के रूप में समेटती है। मनुस्मृति की यह प्रशंसा अवश्य ही की जानी चाहिए कि इसमें ब्राह्मणों के पक्ष में ऐसी अभेद्य और सुविधाजनक व्यवस्था मिलती है जिसमें उसकी सात पीढ़ियों की व्यवस्था कर दी गई है!

ब्राह्मण ही पढ़ाता है, ब्राह्मण ही पढ़ता है। शास्त्रों की सारी व्यवस्था भी ब्राह्मण के पक्ष में हैं, क्योंकि वे उसी के द्वारा लिखे गए हैं। उसी को पढ़ाकर वह सारे दोषों से मुक्त है। कोई दूसरा वर्ण उसे नहीं जानता कि वह क्या पढ़ता है, क्या पढ़ाता है। तीनों वर्ण शास्त्रों के अध्ययन-अध्यापन से दूर रखे गए। गर्भाधान संस्कार से आरम्भ कर अन्त्येष्टि संस्कार तक सारे विधान ब्राह्मणों द्वारा रचित और क्रियान्वित हैं। इन्हीं सोलहों संस्कारों में ब्राह्मणों की सर्वोच्च स्थिति को बनाए रखने हेतु मनुस्मृति की रचना हुई है।

मनुस्मृति कहती है कि ब्राह्मण जन्म से ही देवताओं का भी पूज्य है। मनुष्यों के लिए तो वह प्रमाणस्वरूप ही है और इसका विधान वेद करते हैं अतः ब्रह्महत्या नहीं की जा सकती। यह गो हत्या से भी बड़ा पाप है। जानबूझकर की गई ब्रह्महत्या के पातक को कभी निस्तार नहीं मिल सकता। यदि अनिच्छा और अज्ञानवश ब्राह्मण हत्या हो जाए तो प्रायश्चित्त हो सकता है। इस प्रायश्चित्त में कई विकल्प हैं। प्रथमतः ब्राह्मण के हत्यारे के लिए सर्वोत्तम है कि वह प्राण त्याग करे—"ब्राह्मण का वध करनेवाला मनुष्य अपने पाप की शुद्धि (निवृत्ति) कुटिया बनाकर उस (मृत ब्राह्मण के तथा नहीं मिलने पर दूसरे किसी) के शिर को चिह्न स्वरूप लेकर भिक्षान्न के भोजन को करता हुआ वचन के अनुसार मुंडित मस्तक होकर बारह वर्षों तक वन में निवास करे।

"यह ब्रह्मघाती है, यह जाननेवाले शस्त्रधारियों के (बाण का) स्वेच्छा से (मरने या मरने के समान होने तक का) निशाना बने, या जलती हुई अग्नि में नीचे शिर करके तीन बार अपने को डाले (जिससे मर जाए)।" (वही, पृ. 215) सम्भवत: मनुस्मृति के रचनाकार इस बात को समझते थे कि ब्रह्महत्या जैसा पाप करनेवाला व्यक्ति कोई भीरु या निर्बल नहीं होगा जो सहजता से अपनी मृत्यु को स्वीकार करेगा। अत: और भी कई विकल्प सुझाए गए—"अथवा अश्वमेध यज्ञ करे, तथा स्वर्जित, गोमेध, अभिजित्, विश्वजित्, त्रिवृत् और अग्निष्टुत् : इनमें से कोई एक यज्ञ (अज्ञान से) ब्रह्महत्या करनेवाला द्विजाति करे। अथवा स्वल्पाहार करता हुआ जितेन्द्रिय होकर किसी एक वेद को जपता हुआ ब्रह्महत्या (के दोष) के विनाश के लिए सौ योजन तक गमन करे। अथवा वेदज्ञाता ब्राह्मण के लिए सर्वस्व (समस्त सम्पत्ति) को दे देवे, या उसके जीवनपर्यन्त खाने-पहनने के लिए या सब सामग्रियों के सहित घर को देवे।" (वही, पृ. 216) क्योंकि ब्राह्मण का पेशा उसकी मृत्यु के साथ समाप्त हो गया, उसके घर में ऐसा कोई साधन नहीं बचा जिससे उसका परिवार पल सके किन्तु बिलकुल ऐसा ही दूसरी जातियों के मामले में भी तो है! नहीं उनका जन्म ब्रह्मा के मुख से नहीं हुआ है।

यदि ब्रह्महत्या का पातकी निर्धन हो तो उसके प्रायश्चित्त में धन और सम्पत्ति दान के अतिरिक्त विकल्प हैं। ये विकल्प भी ब्राह्मण की सेवा और सत्ता से जुड़े हैं—"अथवा (नीवार तीनी आदि) हविष्यान्न को खाता हुआ प्रसिद्ध सोते से लेकर (पश्चिम) समुद्र तक (जहाँ तक सरस्वती नदी बहती है वहाँ तक) जावे, अथवा नियमित (अत्यन्त थोड़ा) भोजन करता हुआ वेद संहिता को तीन बार जपे। अथवा मुंडन कराकर गौओं तथा ब्राह्मणों का हित करता हुआ गाँव के पास गोशाला में पवित्र (साधु आदि के) आश्रम में या पेड़ के नीचे निवास करे।

किसी स्थान में रहकर बारह वर्ष तक प्रायश्चित्त करने का नियम लिया हुआ ब्रह्मघाती (मनुष्य, अग्नि, व्याघ्र आदि हिंसक या जल आदि से आक्रान्त) ब्राह्मण या गौ (की रक्षा) के लिए तत्काल प्राण छोड़ दे, अथवा प्राणपण से चेष्टा करता हुआ वह मनुष्य जीकर भी बारह (या अपने वर्ण के अनुसार नियत) वर्ष के समाप्त नहीं होने पर (वह ब्राह्मण रक्षक) ब्रह्महत्या के दोष से छूट जाता है।" (वही, पृ. 216)

मनुस्मृति में गिनवा, पाँच महापातकों में से तीन ब्राह्मण के प्रति अपराध हैं—ब्रह्महत्या, निषिद्ध मद्यपान, ब्राह्मण के स्वर्ण को चुराना, गुरु की पत्नी के साथ संभोग और इनमें से किसी एक पाप को भी करनेवाले के साथ एक वर्ष का संसर्ग। इन महापातकों के अतिरिक्त जाति श्रेष्ठता के लिए मिथ्याभाषण, राजा से दूसरे के लिए मृत्यु का कारण बननेवाली चुगलखोरी और गुरु से असत्य वचन कहना ब्रह्महत्या के समान पाप हैं और ब्रह्महत्या के प्रायश्चित्तों पर हम चर्चा कर आए हैं। जाति जन्मना थी/है अत: उससे मुक्ति पाना असम्भव था/है। एक ही रास्ता बचता था मिथ्याभाषण। जिस जाति को बदला नहीं जा सकता था उसके सम्बन्ध में झूठ बोला जा सकता था। इसे रोकने के लिए इस उपाय को महापातकों में सम्मिलित कर दिया गया। इससे बचने का एक और तरीक़ा खोजा गया कि प्रत्येक जाति ने स्वयं को येन-केन-प्रकारेण 'ऊँची जाति' का प्रमाणित करने के लिए राम और कृष्ण का वंशज प्रमाणित कर छोड़ा। आगे इस सन्दर्भ में यथास्थान चर्चा की जाएगी।

मनुस्मृति उस पितृसत्तात्मक ब्राह्मण और वर्चस्ववादी व्यवस्था की न्याय संहिता है जिसकी रचना और विधान में तीन वर्णों की कोई भूमिका दिखाई नहीं पड़ती। जब तीन वर्णों के पुरुषों की ही कोई पूछ नहीं है तो स्त्री का प्रश्न ही व्यर्थ है! यह सनातन धर्म की वह सामाजिक व्यवस्था है जिसके लिए सैन्य बल की आवश्यकता नहीं पड़ी। सभ्यता के साथ राजा और राजतंत्र परिवर्तित होते रहे। ब्राह्मण समाज में सर्वोच्च स्थान पर रहे, किन्तु यह निस्संकोच कहा जा सकता है कि ब्राह्मण अपने लिए जैसी निरंकुश सत्ता चाहते थे वह उन्हें अक्षरश: कभी उपलब्ध नहीं हुई।

मनुस्मृति में सभी चारों वर्णों के स्त्री-पुरुष सम्पर्क से जन्मी सन्तानों के समूह को जाति का नाम दिया गया है। अनुलोम-प्रतिलोम विवाहों की संख्या अवश्य ही अधिक रही होगी अन्यथा आरम्भ में समूह का बनना कठिन होता, कम-से-कम ब्राह्मणों को प्रत्येक वर्ण की स्त्री से विवाह करने का अधिकार था ही। यद्यपि ब्राह्मण के लिए भी सर्वश्रेष्ठ विवाह अपने ही वर्ण में था, निम्नवर्ण की स्त्री से विवाह करने पर उच्चवर्ण का पुरुष पतित हो जाता था। ब्राह्मण के लिए छह प्रकार के विवाह—ब्रह्म, दैव, आर्य, प्रजापत्य, आसुर और गान्धर्व, क्षत्रिय के लिए पूर्वोक्त अन्तिम चार प्रकार के विवाह और वैश्य तथा शूद्र के लिए आसुर, गान्धर्व, पैशाच और राक्षस विवाह का विधान था। आठ प्रकार के विवाहों में ब्राह्मण के लिए राक्षस और पैशाच विवाह वर्जित था।

पुत्रों की कोटि (प्रकार) व्याख्यायित करने के क्रम में विभिन्न वर्णों के आपसी वैवाहिक सम्पर्क से उत्पन्न जातियों का मनु संहिता विस्तृत परिचय देती है। एक-दो उदाहरण पर्याप्त होंगे—"ब्राह्मण स्व-विवाहिता शूद्रा से जिस पुत्र को उत्पन्न करता है, वह जीता हुआ भी मरे हुए के समान होने से 'पाराशव' पुत्र कहलाता है।" (मनु संहिता, पृ. 183) इससे पहले मनु विधवा या परित्यक्ता के पुनर्विवाह से पुत्र उत्पत्ति का प्रकार भी बतलाते हैं—"पति से छोड़ी गई या विधवा स्त्री अपनी इच्छा से दूसरे को पति बनाकर जिस पुत्र को उत्पन्न करती है उसे 'पौनर्भव' पुत्र कहते हैं।" (वही, पृ. 183)

मनु संहिता के दशम अध्याय में महर्षि भृगु ने स्पष्ट कर दिया है कि ब्राह्मण, क्षत्रिय और वैश्य ये तीन वर्ण द्विज वर्ण हैं और चतुर्थ वर्ण शूद्र वर्ण है, पाँचवाँ वर्ण नहीं है। हिन्दी प्रदेश के बहुत से कायस्थ स्वयं को पाँचवाँ वर्ण बताते हैं। इसी अध्याय में कहा गया है कि ब्राह्मण से विवाहिता वैश्य स्त्री से उत्पन्न पुत्र अम्बष्ठ और शूद्रा से उत्पन्न पुत्र निषाद कहलाता है, जिसे पाराशव भी कहा गया है। "शूद्र से वैश्य, क्षत्रिय तथा ब्राह्मण की कन्या से उत्पन्न पुत्र क्रमश: आयोगव, क्षत्ता और मनुष्यों में नीचतम 'चांडाल' संज्ञक होता है।" (वही, पृ. 198) शूद्र पुरुष और ब्राह्मण स्त्री से उत्पन्न पुत्र चांडाल सबसे नीची जाति का माना गया। ब्राह्मणों ने ब्राह्मण स्त्री को शूद्र से सम्बन्ध स्थापित करने का सबसे कठोरतम दंड दिया, उसकी सन्तान जातिक्रम में 'नीचतम' स्थान पर डाल दी गई। उच्चतम स्थान पर ब्राह्मण पुरुष और ब्राह्मण स्त्री की सन्तान थी।

मनुस्मृति जाति व्यवस्था में अपने ही कथन का विरोध करती दिखाई पड़ती है। ब्राह्मणों-ऋषियों ने जिस संहिता द्वारा इतनी कठोर वर्ण व्यवस्था का निर्माण किया उसी के विरुद्ध उन्हें अन्य जातियों का नामकरण कर उन्हें स्वीकृति देनी पड़ी। निश्चय ही ये 'निषाद', 'चांडाल' और 'उग्र' आदि पुत्रों की बड़ी संख्या रही होगी जिससे ये जातियों

में परिणत हो पाए। आश्चर्यजनक रूप से ब्राह्मण और ब्राह्मणी, ब्राह्मण और शूद्रा एवं इसी तरह के वर्ण विरुद्ध सम्बन्धों से किसी भी 'पुत्री' की उत्पत्ति की चर्चा मनुस्मृति में कहीं नहीं मिलती। जातियों की उत्पत्ति के सम्बन्ध में पुराणों और महाभारत में कई स्थानों पर उल्लेख आता है। किस-किस वर्ण के संगम से कौन-कौन सी जाति बनी इसका स्पष्ट उल्लेख मिलता है। क्षत्रिय पुरुष और ब्राह्मण स्त्री से उत्पन्न पुत्र की जाति सूत होने की पुष्टि मिलती है। इसी प्रकार वैश्य पुरुष और क्षत्रिय कन्या से उत्पन्न पुत्र के वैदेह कहलाने की सूचना मिलती है।

जाति निर्माण के आधार के रूप में जीविका अर्जन के साधन को भी स्वीकार किया जाता है। पेशे के चयन के अनुसार भी जातियाँ बनीं। श्रम विभाजन एवं विभिन्न कार्यों की विशेषज्ञतानुसार जाति निर्माण का सिद्धान्त बहुस्वीकृत है। सबसे पहले जे.सी. नेसफील्ड ने इस विचार को रखा। इसमें एक अच्छी व्यवस्था में आ गई खराबी के रूप में जाति प्रथा को स्वीकार करना अधिक सुविधाजनक था। नेसफील्ड ने प्रमाणित करने का प्रयास किया कि जाति व्यवस्था जीविका हेतु चुने गए श्रम या व्यवसाय पर निर्भर है। सभ्यता के विकास क्रम में जो श्रम या पेशा जिस स्तर या श्रेणी से जुड़ा रहा उससे जुड़े समूहों की जातियों का क्रम भी उसी के अनुसार निर्धारित हुआ। धातु युग से पहले आनेवाली जातियों में उनके पेशे के अनुसार, चमार, मोची, कोरी, तेली और कलाल जातियाँ गिनी गईं—नेसफील्ड के अनुसार यह जातियों की पहली श्रेणी थी। दूसरी श्रेणी में धातु युग के बाद आनेवाली वे जातियाँ हैं जो पत्थर, लकड़ी और धातु की वस्तुएँ तथा औजार बनाती थीं। जातिक्रम में पहली श्रेणी को सबसे नीचा स्थान मिला। यहाँ लुई डुमाँ के जाति सम्बन्धी सिद्धान्त 'होमो-हायरार्किकस ह्यूमन' का संक्षिप्त उल्लेख भी किया जाना चाहिए। डुमाँ मनुष्य मात्र में तीन प्रवृत्तियों—विकर्ष, वर्गीकरण और दास योग्यता की उपस्थिति से जाति निर्धारण का सिद्धान्त तय करते हैं। उनका मानना है कि मनुष्य की ये तीनों प्रवृत्तियाँ एक साथ जुड़ती हैं और जाति व्यवस्था को जन्म देती हैं। डुमाँ इस बात पर बल देते हैं कि आधुनिक मानसिकता से जाति के जन्म के सिद्धान्त और सशक्तीकरण को नहीं समझा जा सकता है। मनुष्य की ऊँच-नीच की प्राकृतिक भावना के कारण जाति व्यवस्था पनपती है। मनुष्य के स्तर पर असमानता की भावना नस्ल और जाति के स्तर पर भी होती है। समान-असमान की यह भावना सामाजिक व्यवस्था में भी प्रतिफलित होती है। डुमाँ इसे एक विचारधारा के रूप में देखते हैं—"कोई भी सामान्य सामाजिक विचारधारा, किसी भी समाज में प्रभुत्व बनानेवाली विचारधारा अपनी प्रकृति में वैश्विक है, सबको समेटनेवाली है। यह बात जाति के दर्शन पर भी लागू होती है, हमारे मुख्यतः आर्थिक, बुनियादी दर्शन पर भी लागू होती है। अक्सर यह स्वीकार किया जाता है कि आधुनिक उदार समाज में कोई एक प्रभावी दर्शन नहीं है लेकिन यह बात कहने का कोई ख़ास मतलब नहीं है क्योंकि इसमें व्यक्ति की निजता, समानता और स्वतंत्रता पर ज़ोर दिया है और आर्थिक कामकाज को सामाजिक गतिविधियों की सबसे प्रमुख शाखा माना जाता है।" (Religion, Politics and History of India in a Fundamental Problem in the Sociology of Caste, Dumant, Moton Publishers, Paris, France, 1970, p. 35) डुमाँ की इस बात से यह अनुमान नहीं लगाया जाना चाहिए कि यह केवल प्राचीन समाजों पर लागू होता है। आधुनिक व्यवस्था

में भी प्रभुत्वशाली विचारधारा उदाहरण सहित उपस्थित है—"उदार समाज सम्भवत: मूल रूप से ऐसा समाज है जिसमें मुख्यत: आर्थिक सोच से चलनेवाले मनुष्य की निजता को बेगलाम छोड़ दिया गया है या उसे अधिकतम सम्भव आज़ादी दी गई है। प्रत्येक चीज़ को प्रभुत्वकारी विचारधारा की भाषा में बताने की प्रवृत्ति आ गई है। जैसे सेजाने नामक पेंटिंग की नीलामी को, उसकी लाखों पाउंड की क़ीमत को आगे करके बताया जाता है। लेकिन ये विचारधाराएँ सिर्फ़ भाषा नहीं हैं क्योंकि अर्थव्यवस्था निश्चित रूप से आधुनिक समाज का एक वज़नदार तथ्य बन गई है।" (Ibid. p. 152)

डुमाँ की यह धारणा सैद्धान्तिक रूप से विकट लगती है कि समाज स्वयं ही वर्गीकरण और श्रेणियों को अपने लिए स्वाभाविक मानता है। किसी भी समाज में सुदृढ़ रूप धारण कर चुकी व्यवस्थाएँ, अपना स्वरूप परिवर्तित करती चलती हैं फिर भी इसे पूर्णत: नकारा नहीं जा सकता। भारत में भी, जहाँ वर्ण व्यवस्था बहुत पक्का रूप ले चुकी है, उसमें बड़ी भारी उथल-पुथल हुई है, पर उन्होंने जो बड़ा राजनीतिक रूप लेकर भी व्यवस्था को प्रभावित करने का प्रयास किया है उसमें सामाजिक वास्तविकताएँ छुप गईं या अनुपस्थित मान ली गईं—जबकि आधुनिक से आधुनिक विचारधारा भी भारत की जाति व्यवस्था के सामने अब भी घुटने टेक देती है। जाति व्यवस्था को पानी पी-पी कर कोसनेवाले बुद्धिजीवी भी ऊँच-नीच के प्रश्न पर अपने से 'नीची' जातियों के बारे में बोल पड़ते हैं। चूँकि प्रत्येक जाति इसलिए ऊँची जाति है कि उससे नीची कोई न कोई जाति उपस्थित है, इसलिए जातिगत स्थितियों का श्रेणीबद्धता का कोई मानवीकृत विवरण उपलब्ध नहीं है। भारतवर्ष में जाति व्यवस्था की व्याख्या में मार्क्सवाद ने अपनी अक्षमता तो स्वीकार नहीं की, किन्तु एक लम्बे समय तक इससे पूरी तरह कतरा के निकलने की उनकी रणनीति यह पोल खोल देती है। केवल आर्थिक आधारों पर समाज को व्याख्यायित करने वाले नक्सल आन्दोलन तथा अन्य मार्क्सवादी आन्दोलनों में भी जातिगत समीकरणों को किसी गैर-मार्क्सवादी की तरह ही भुनाया गया। मार्क्स का आधार और अधिरचना का सिद्धान्त भारतीय स्त्री और जाति के सन्दर्भ में अनुत्तीर्ण हो गया। आर्थिक सम्बन्धों के आधार होते हुए भी जाति व्यवस्था की शाखा-प्रशाखा की अधिरचना भिन्न रूप में पाई गई। संक्षेप में कहा जाए तो भारतीय समाज की रग-रग में बसी जाति व्यवस्था की नब्ज़ मार्क्सवादी चिन्तक नहीं पकड़ पाए। 'वर्ण' की समस्या 'वर्ग' से न सुलझ सकी, न वर्गविहीन समाज का सपना सच हुआ और न वर्णविहीन देश ही बन पाया। हाँ, जाति व्यवस्था प्रत्येक सुधार, क्रान्ति और परिवर्तन की आधुनिक से आधुनिक सोच पर हावी होती गई। अति शीघ्र ही बिहार में जाति के आधार पर जनगणना आरम्भ होनेवाली है।

अपनी पुस्तक हिन्दी साहित्य की भूमिका (1963) में आचार्य हजारीप्रसाद द्विवेदी ने महामहोपाध्याय पंडित हरप्रसाद शास्त्री के सन्दर्भ से मनुस्मृति को ईसा की पाँचवीं शताब्दी के आसपास का बताया है। अब तक पुराण तैयार हो चुके थे। जाति व्यवस्था पर व्यवस्थित रूप से प्रकाश डालनेवाली मनुस्मृति के सन्दर्भ में द्विवेदी जी लिखते हैं—"स्मृतियाँ बता, पुराणकाल में ही अधिकतर लिपिबद्ध हुईं। सन् ईसवी के पहले इस प्रकार की अनेक स्मृतियाँ तैयार हो गई थीं। मानव-धर्मशास्त्र या मनुस्मृति इन्हीं स्मृतियों के निचोड़ का संग्रह है।" (हिन्दी साहित्य की भूमिका, हजारीप्रसाद द्विवेदी, राजकमल प्रकाशन,

नई दिल्ली, 2006, पृ. 148) आचार्य हजारीप्रसाद द्विवेदी प्रो. विंटरनित्ज़ के महाभारत सम्बन्धी विचारों पर चर्चा करते हुए महाभारत के रचनाकाल के सन्दर्भ में कहते हैं "ईसा पूर्व की चौथी शताब्दी से पहले महाभारत-काव्य के अस्तित्व का कोई निश्चित् प्रमाण नहीं पाया जाता। सन् ई. के पूर्व की चौथी शताब्दी से लेकर ई. सन् के बाद की चौथी शताब्दी तक महाभारत बनता और संगृहीत होता रहा। सम्भवतः क्रमशः इसने वर्तमान रूप धारण किया था। ई. सन् की चौथी शताब्दी में महाभारत ने सब मिलाकर यह वर्तमान रूप धारण कर लिया था। बाद की शताब्दियों में भी छोटे-मोटे आख्यान और फुटकर श्लोक कुछ-न-कुछ इसमें मिलते ही रहे।" (वही, पृ. 161-62) मनुस्मृति के साथ महाभारत में भारत की वर्ण व्यवस्था और उससे उपजी जाति व्यवस्था के सम्बन्ध में स्थापनाएँ और उदाहरण मिलते हैं। महाभारत में विभिन्न श्लोकों में शक, यवन, काम्बोज, कोलि, नाग, चोल आदि जातियों के धर्म से बहिष्कृत करने की बात कही गई है। मनुस्मृति में भी इन जातियों का इसी रूप में उल्लेख हुआ है। इसका सीधा सा अर्थ यह है कि इस समय तक शक, यवन, काम्बोज और पारद आदि जातियाँ क्षत्रियत्व से धर्म भ्रष्ट होकर वृषलत्व को प्राप्त हो गई थीं। यदि मनुस्मृति और महाभारत अति प्राचीन प्रागैतिहासिक काल की रचनाएँ होतीं तो उनमें इन जातियों का उल्लेख सम्भव नहीं था। इन रचनाओं के काल को कोलि जाति के उदाहरण से भी समझा जा सकता है। महाभारत के कुछ श्लोकों में कोलि जाति के भी क्षत्रियत्व से निराकृत किए जाने का प्रश्न है—यह कोलि जाति बौद्ध काल में प्रतिष्ठित कोलिय क्षत्रिय जाति ही थी। शाक्यों तथा भगवान् गौतम बुद्ध से तथा वर्द्धमान महावीर स्वामी से सम्बन्धित होने के कारण तत्कालीन अन्य क्षत्रिय जातियों जैसे मौर्य, लिच्छवि, वृज्जि, मल्ल बुलिय आदि जातियों के साथ उसने भी बुद्ध के मार्ग का अनुसरण किया था। इसी कारण इस क्षत्रिय कोलि जाति को भी पुराण-काल में ब्राह्मण धर्म की पुनःस्थापना होने पर क्षत्रियत्व से निराकृत कर दिए जाने की बात समझ में आती है। इसका सीधा अर्थ यह होगा कि महाभारत या उसका यह अंश बौद्ध काल के बाद रचा गया था।

इस प्रश्न को और अच्छी तरह समझने के लिए भारतीय इतिहास के आरम्भिक पृष्ठों पर दृष्टिपात करना उचित होगा। भारत पर यवन, शक और पल्हव आदि विदेशी जातियों के आक्रमण ई.पू. चौथी शताब्दी के पूर्वार्द्ध से ई.पू. प्रथम शताब्दी के मध्य तक के काल में हुए थे और बहुत से प्रदेशों को जीतकर उन्होंने वहाँ अपना शासन भी स्थापित कर लिया था। चन्द्रगुप्त मौर्य 323 ई.पू. के लगभग मगध का सम्राट बना था और उसने 298 ई.पू. तक राज्य किया था। यवन सिकन्दर तथा सैल्यूकश ने क्रमशः चन्द्रगुप्त मौर्य के समय ही भारत पर आक्रमण किए थे। 200 ई.पू. के लगभग सैल्यूकश के वंशज एंटिगोनस ने आक्रमण किया। वैक्ट्रिया के यवन राजा डेगट्रियस (दिमित्र) ने भी इसी समय आक्रमण किया था। ई.पू. दूसरी सदी में उत्तर-पश्चिम भारत और पश्चिमी पंजाब यवनों की अधीनता में आ गए थे। मध्य एशिया में सीर नदी की घाटी के निवासी शकों ने भी इसी काल में आक्रमण कर सिन्धु, दक्षिणापथ तथा उत्तर-पश्चिमी भारत को अपने अधीनस्थ किया। यवन और शकों के समान पल्हव (पार्थियन) लोगों ने भी इस युग में भारत पर आक्रमण कर ई.पू. प्रथम शताब्दी के मध्य गान्धार में अपना एक पृथक् राज्य स्थापित कर लिया था तथा यहीं बस गए थे। कुषाण सम्राट कनिष्क

(78-100 ई.) ने पुष्पपुर (पेशावर) की स्थापना कर उसे अपनी राजधानी बनाया और भारत के विविध प्रदेशों पर शासन करने के लिए उसने अनेक क्षत्रपों की नियुक्ति की।

भारत के सम्पर्क में आकर इन **विदेशी** जातियों ने इस देश के धर्म, भाषा, सभ्यता तथा संस्कृति को अपना लिया **था। बहुत**-से विदेशियों ने तो अपने नाम भी भारतीय रखने प्रारम्भ कर दिए थे। यह ऐतिहासिक तथ्य है कि यवन, शक तथा पल्हव आदि विदेशी जातियों की प्रविष्टि ई.पू. चौथी शताब्दी से पूर्व नहीं हुई थी तथा इनके भारत में बस जाने एवं वर्चस्व प्राप्त कर लेने पर ही इन्हें तत्कालीन ब्राह्मणों ने क्षत्रियत्व प्रदान किया था। अत: आर्यों की रक्त शुद्धता का दम्भ भरने का कोई अर्थ नहीं रह जाता। क्षत्रियों में सबसे अधिक सम्मानित माने जानेवाले राजपूतों का यहाँ कोई उल्लेख नहीं मिलता। इससे राजपूतों के अपेक्षाकृत नूतनत्व का पता चलता है। प्रसिद्ध इतिहासवेत्ता रमेशचन्द्र दत्त अपनी पुस्तक 'सिविलाइज़ेशन ऑफ़ एनशियेंट इंडिया' (Civilization of Ancient India) में लिखते हैं कि—The Rajputs were scarcely reconed among Aryans Hindus before the eight Centuary. We find no mention of their name in the literature of the Country or in the record of foreign travellors and no traces of their previous culture. प्रसिद्ध चीनी यात्री ह्वेनत्सांग ने ईसा की छठी सदी में सम्राट हर्षवर्धन के शासन-काल में इस देश की यात्रा की। इस यात्रा-विवरण में भी इस नाम की जाति का कोई स्पष्ट उल्लेख नहीं मिलता।

भारत के प्रागैतिहासिक में ये यवन, शक तथा पह्लव आदि जातियाँ भारत में उपस्थित नहीं थीं। इससे यह स्पष्ट है कि ये दोनों ही ग्रंथ गौतम बुद्ध के बहुत बाद में लिखे गए थे, क्योंकि तत्कालीन बौद्ध-ग्रंथों में न तो मनुस्मृति का और न ही महाभारत का उल्लेख मिलता है। प्रतीत होता है मनु महाराज के नाम से मनुस्मृति एवं व्यास के नाम से महाभारत किन्हीं बाद के लोगों द्वारा लिखे गए हैं। ये प्रलय-काल के वैवस्वत मनु तथा पाराशर-पुत्र कृष्ण द्वैपायन व्यास नहीं हैं।

ब्राह्मणों द्वारा भ्रष्ट धर्म घोषित की गई जातियाँ अपने तीव्र प्रतिरोध के साथ क्षत्रिय ही बनी रहीं। उन्होंने शूद्र वर्ण में सम्मिलित होना अस्वीकार किया। आक्रमणकारी जातियाँ कभी भी इतनी अधिक संख्या में नहीं आई थीं कि वे संख्या बहुलता के आधार पर स्वयं को स्थापित कर लेतीं। यह भी ध्यातव्य है कि ब्राह्मण, क्षत्रिय यहाँ तक कि वैश्य भी शूद्रों से संख्या में कम थे। अब तक स्पष्ट हो चुके कई आधारों जैसे—दासत्व, आर्थिक, कुछ भ्रष्ट समाज, श्रम विभाजन और पेशे के आधार पर शूद्रों को अलग-अलग अनेक जातियों और उपजातियों में विभाजित कर दिया गया। इनमें कुछ जातियों और उपजातियों में आपसी निकटता अवश्य थी, किन्तु अधिकांश जातियों के बीच की यह दूरी लगभग ब्राह्मण-शूद्र या क्षत्रिय-शूद्र या वैश्य-शूद्र की दूरी जैसी ही थी।

भारतीय बौद्ध, जैन, इस्लाम, सिक्ख और ईसाई धर्म तथा जाति तंत्र

भारतीय दर्शन, सम्प्रदाय और धार्मिक विश्वासों में वैदिक संस्कृति के विरोध में बौद्ध और जैन सम्प्रदायों को विशेष महत्त्व दिया गया है। हम जानते हैं कि बौद्ध और जैन समकालीन सम्प्रदाय (इसे धर्म या पंथ भी कहा जा सकता है।) हैं। भारत में ईसा पूर्व छठी शताब्दी में बौद्ध धर्म की स्थापना हुई। इसकी क्रान्तिकारिता के विषय में सन्देह

नहीं किया जा सकता, किन्तु इस तथ्य पर कम ध्यान दिया गया कि बौद्ध दर्शन आसमान से प्राप्त नहीं हुआ था। इस देश में पहले से उपस्थित दर्शन और जीवनानुभव का बौद्ध सम्प्रदाय में भरपूर उपयोग हुआ। ऐसा ही जैन सम्प्रदाय के साथ हुआ। दोनों ही सम्प्रदायों या धर्मों के उत्थान काल में उनमें प्रगतिशील सुधार के प्रति आग्रह रहा, किन्तु इस आग्रह और उसके पालन का लाभ स्त्री और दास वर्ग को नहीं मिला। दोनों ही बौद्ध और जैन धर्मों द्वारा न स्त्री को मनुष्य होने के योग्य समझा गया और न ही दासों को अपने अपमान से भरे कष्टपूर्ण जीवन से मुक्ति का कोई मार्ग मिला। सनातन धर्म के पास ईश्वर को आधा पुरुष और आधा स्त्री मान उसके अर्द्धनारीश्वर रूप में समाज के सन्तुलन का कम-से-कम दार्शनिक आधार तो था, बौद्ध और जैन धर्म में स्त्री के पास यह स्थान भी नहीं था, बल्कि आरम्भ में दोनों ही धर्मों में स्त्रियों का प्रवेश निषिद्ध था।

स्त्री 'जाति' और 'शूद्र जाति' की स्त्रियाँ दोनों ही इसलिए स्वीकार्य नहीं थीं कि इससे श्रमणों के ध्यान पर दुष्प्रभाव पड़ेगा। गौतम बुद्ध ने जिस पहली स्त्री को अपने संघ में प्रवेश दिया था वह उनकी सगी मौसी और सौतेली माँ दोनों थीं। गौतम बुद्ध के पिता राजा शुद्धोदन ने दोनों सगी बहनों से विवाह किया था। सिद्धार्थ को जन्म देनेवाली कोलिय वंशीय रानी महामाया की मृत्यु पुत्र को जन्म देने के सात दिनों बाद ही हो गई। गौतम का पालन उनकी सगी मौसी (और सौतेली माँ भी) महाप्रजापति गौतमी ने किया था। गौतम बुद्ध के पिता और पुत्र दोनों उनके संघ में दीक्षा ग्रहण कर उनके अनुयायी बने। पिता शुद्धोदन की मृत्यु के बाद महाप्रजापति गौतमी ने संघ की शरण में आने की इच्छा प्रकट की। गौतम बुद्ध इसके पक्ष में नहीं थे। उनकी अनिच्छा की चर्चा बुद्ध साहित्य में मिलती है। आगे चलकर बौद्ध धर्म में घुसी विकृतियों में नारी समागम मुद्रा के नाम पर विकसित मुद्रा, उनकी शंका को सत्य प्रमाणित करती है, किन्तु सनातन धर्म की विकृतियों से लड़ रहे धर्मों में उससे भी अधिक विकृतियों का प्रवेश बौद्ध और जैन धर्म के इसी पृष्ठभूमि के होने की पुष्टि करते हैं।

गौतम बुद्ध (563 ई.पू.-483 ई.पू.) के गुरु विश्वामित्र ने उन्हें वेद, उपनिषदों के ज्ञान के साथ राजकाज और युद्ध विद्या भी सिखाई। सिद्धार्थ (बुद्ध) ने गुरु अलारा और कलम से योग साधना सीखी। उन्हें यह विद्या गुरु उद्याका रामापुत्र से भी मिली। उनसे उन्होंने समाधि लगाना भी सीखा। चूँकि उनके गुरुओं विशेषकर विश्वामित्र के सम्बन्ध में अधिक सूचना नहीं मिलती इसलिए उनका कोई विशेष सम्बन्ध जोड़ा जाना कठिन है किन्तु इतना तो तय है कि वे वैदिक परम्परा के थे।

सभी धर्मों में भक्त या अनुयायी की शरणापन्नता सर्वश्रेष्ठ मानी जाती है श्रीमद्भगवत गीता में श्रीकृष्ण अगर अपनी शरण में आने के लिए कहते हैं तो बौद्ध धर्म भी बुद्ध की शरणागति को ही श्रेयस्कर समझता है :

यो च बुद्धं च धम्मं च संघं च सरणं गतो
चत्तारि अरिय सच्चानि सम्मपञ्ञाय पस्सति

बौद्ध धर्म कहता है कि जो मनुष्य बुद्ध, धर्म और संघ की शरण में आता है, वह सम्यक् ज्ञान से चार आर्य सत्यों को जान लेता है। यहाँ 'आर्य' शब्द द्रष्टव्य है।

बौद्ध धर्म का सबसे क्रान्तिकारी प्रयास जन्म के आधार पर वर्णों की श्रेष्ठता को नकारना था। बौद्ध धर्म ने कहा कि कोई भी कर्म से ब्राह्मण या नीच होता है। चारों वर्ण समान हैं। सनातनियों और बौद्धों में सबसे बड़ी भिन्नता वेद, आत्मा, ईश्वर, वर्ण और यज्ञ के प्रश्न पर है। सनातन धर्म की इन स्थापनाओं को बौद्ध धर्म नकारता है किन्तु गौतम बुद्ध ने भले ही वर्ण व्यवस्था को अस्वीकार किया हो वह पूर्णत: समाप्त नहीं की जा सकी। दास-दासियों का क्रय-विक्रय भी बन्द नहीं हुआ क्योंकि बौद्ध पंथ के प्रायोजक श्रेष्ठि जन थे और इसके विरुद्ध अभियान चलाने पर उनके स्वार्थों को क्षति पहुँचती थी। गौतम बुद्ध शाक्य कुल के थे जिन्हें अपनी श्रेष्ठता पर विश्वास था और इस कुल के लोग आपस में ही विवाह करते थे। कहा जाता है कि गौतम बुद्ध को अपने क्षत्रिय होने पर गर्व था और यह तत्कालीन राजनीति में ब्राह्मणों के स्थान पर क्षत्रियों के वर्चस्व की स्थापना का प्रयास था। बुद्ध ने यज्ञ का विरोध किया जो उपनिषदों की देन है। इसी प्रकार प्रतीकों को न पूजना अद्वैतवादियों से लिया गया। उन्हीं की तरह बौद्धों ने भी संसार को परिवर्तनशील माना। दया, क्षमा, अपरिग्रह, कर्म, धर्म, मुद्रा, तिलक, ध्यान आदि में भी बौद्धों ने वैदिकों से प्रभाव ग्रहण किया। बुद्ध ने जिस सबसे बड़े नियम ध्यान पर बल दिया वह कुंडलिनी जागरण था। वेद और पूजा-पाठ को श्रीमद्‌भगवत गीता में (42-46) कृष्ण ने भी उत्तम कर्म नहीं माना था। उनके लिए जाति भी वर्णाश्रयी नहीं थी। इतिहासकार राघव शरण शर्मा का मानना है कि बौद्ध पंथ परम्परागत पंथ की तुलना में वर्णविहीन और समतामूलक नहीं था।

'ललितविस्तर' (bharatdiscovery.org) में बुद्ध ने पृथ्वी पर जो-जो क्रीड़ाएँ कीं उनका वर्णन है। इसमें कुल सत्ताइस अध्याय हैं जिन्हें 'परिवर्त' कहा जाता है। तिब्बती भाषा में इसका अनुवाद उपलब्ध है। समग्र मूल ग्रंथ का सम्पादन डॉ. एस. लेफ़मान ने किया था। प्रथम अध्याय में रात्रि के व्यतीत होने पर ईश्वर, महेश्वर, देवपुत्र आदि जेतवन में पधारे और भगवान की पादवन्दना कर कहने लगे—"भगवन् ललितविस्तर नामक धर्म पर्याय का व्याकरण करें। भगवान का तुषितलोक में निवास, गर्भावक्रान्ति, जन्म, कौमार्यचर्या, सर्वभारमंडल का विध्वंसन इत्यादि का इस ग्रंथ में वर्णन है। पूर्व के तथागतों ने भी इस ग्रंथ का व्याकरण किया था। भगवान ने देवपुत्रों की प्रार्थना स्वीकार की। तदनंतर अविदूर निदान अर्थात् तुषितलोक से च्युति से लेकर सम्यक् ज्ञान की प्राप्ति तक की कथा से प्रारम्भ कर समग्र बुद्ध चरित का वर्णन सुनाने लगे। बोधिसत्व ने क्षत्रिय कुल में जन्म लेने का निर्णय किया।" (bharatdiscovery.org)

सातवें परिवर्त में बुद्ध और उनके शिष्य तथा भाई आनन्द के संवाद वर्णित हैं जिनका सारांश यही है कि जो बुद्ध की अलौकिकता पर विश्वास नहीं करेगा उसका घोर अनिष्ट होगा। जो बुद्ध की शरण में जाएगा, बुद्ध उसका कल्याण करेंगे। इससे भिन्न पालि भाषा के ग्रंथों में बुद्ध की अलौकिकता या लोकोत्तरता का वर्णन नहीं है। वे इस अर्थ में श्रेष्ठ हैं कि उन्होंने मोक्ष का मार्ग अन्वेषित किया जिससे दूसरे भी निर्वाण प्राप्ति कर सकते हैं। कालान्तर में संसार के अन्य धर्मों और सिद्धान्तों की तरह बौद्ध धर्म भी पहले दो शाखाओं हीनयान-महायान में बँटकर क्रमश: कापालिक-तांत्रिक विद्या आदि को अंगीकार कर पतनोन्मुखी हुआ। विशेषकर भारत में वैदिक धर्म को फीका कर दिया। विदेशों में इसका प्रचार-प्रसार अपने जन्म-स्थान की तुलना में अधिक

स्थायी रहा। भारत में तो बाद के बौद्ध मन्दिरों में हिन्दू देवी-देवताओं की मूर्तियाँ रखी गईं। यहाँ तक बौद्ध तांत्रिक लामा देवी काली को मानते हैं। हिन्दुओं ने बुद्ध को अपने दशावतारों में गिन लिया, यद्यपि बौद्ध पंथ के अनुयायी इसे नहीं मानते। बौद्ध धर्म में बाद में बुद्ध अवतार घोषित कर दिए गए। राजकुमार सिद्धार्थ, पिता शुद्धोदन, माताएँ महामाया और महाप्रजापति, भाई आनन्द और देवदत्त, पत्नी यशोधरा, पुत्र राहुल को छोड़कर जिस सत्य की खोज में निकले थे वह उन्हें पैंतीस वर्ष की आयु (528 ई.पू.) में आज के गया के एक वृक्ष के नीचे प्राप्त हुआ था। सारनाथ में उन्होंने अपना पहला उपदेश दिया। अपने द्वारा प्रवर्तित अष्टमार्ग में उन्होंने अहिंसा पर बल, पशु बलि की निन्दा, प्रेम, करुणा, सेवा, त्याग की प्रमुखता, जाति का विरोध सम्मिलित किया। उनके धर्म में सबका स्वागत था। आरम्भ में स्त्रियाँ अस्वीकार्य थीं, जैसाकि उल्लेख किया जा चुका है। बाद में बुद्ध की माँ के प्रवेश से स्त्रियों के लिए बौद्ध मठों का द्वार खुला। उनके सभी सम्बन्धी पिता, भाई, पुत्र भी उनकी शरण में आ गए। सिद्धार्थ के बुद्ध बनने के बाद भी उनके सभी तथाकथित निकट सम्बन्धी उनसे जा जुड़े सिवाय पत्नी यशोधरा के। यशोधरा के सम्बन्ध में जो सामान्य सूचना उपलब्ध है वह इतनी ही कि वे कोलिय वंश के राजा सुप्पबुद्ध और रानी पमिता की पुत्री थीं। रानी पमिता शुद्धोदन की बहन अत: गौतम बुद्ध की बुआ थीं। गौतम बुद्ध के ससुर उनके फूफा और ममेरे भाई भी लगते थे क्योंकि महाराजा अंजन कोलिय की बहन एवं राजा दंडपाणि की बुआ का विवाह बुद्ध के पिता के साथ हुआ था। कोलिय और शाक्यों को रक्त की शुद्धता पर गर्व था। वे उसकी पवित्रता बनाए रखने के लिए आपस में ही विवाह करते थे। बुद्ध की ही तरह यशोधरा की जन्मभूमि आज के नेपाल (देवदह) में थी। यशोधरा का जीवन काल लगभग बुद्ध जितना (563 ई.पू.-481 ई.पू.) ही था। बुद्ध ने 80 वर्ष की आयु में महापरिनिवार्ण प्राप्त किया तो यशोधरा की 78 वर्ष की आयु में मृत्यु हुई। 29 वर्ष की आयु में माँ बनी यशोधरा ने अपने नवजात शिशु को उसके पिता के पलायन के पश्चात् सम्पूर्ण सात्त्विक जीवन जीते हुए पाल-पोसकर बड़ा किया। बुद्ध द्वारा राहुल को संघ में दीक्षा दिलवाने के पश्चात् यशोधरा संसार से विरक्त हो गई।

कालक्रम में बुद्ध जिस ईश्वर की अवधारणा के विरोधी थे, उन्हें उनके अनुयायियों द्वारा उसी का अवतार मान लिया गया। वज्रयान शाखा के अनुयायी तो कापालिकों से भी गए-बीते हो गए। बुद्ध के पूर्वजन्म-पुनर्जन्म की कथाएँ गढ़ी गईं। इस उद्देश्य की आपूर्ति के लिए एकत्रित कथाएँ, 'जातक कथाएँ', आरम्भ में उपदेश कार्य में प्रयुक्त हुईं। सारी जातक कथाएँ, 29 ई.पू. श्री लंका में चतुर्थ बौद्ध सभा के समय तक लिपिबद्ध की जा चुकी थीं। इन नैतिक जातक कथाओं में बौद्ध धर्म के अनुयायियों की सभी महत्त्वपूर्ण शाखाओं का लेखन सम्मिलित किया गया।

"सबसे रोचक यह है कि जिन बौद्ध जातक कथाओं और उन्हीं की तरह ही जैन धर्म की कहानियों का भी संग्रह किया गया। ये सभी भारतवर्ष में प्राचीनकाल से प्रचलित थीं। इनमें से बहुत-सी लोककथाएँ, भारतवर्ष में पंचतंत्र, हितोपदेश, कथासरित्सागर, शुकसप्तति, सिंहासनद्वात्रिंशतिका, बेताल पंचविंशतिका आदि में पाई जाती हैं।" (दो हज़ार वर्ष पुरानी कहानियाँ, डॉ. जगदीशचन्द्र जैन, भारतीय ज्ञानपीठ, नई दिल्ली, 2003, पृ. 13-14)

बौद्धों और जैनों के समकालीन होने से किसी भी सम्प्रदाय में वर्णित सामाजिक-राजनैतिक परिस्थितियाँ दोनों ही सम्प्रदायों की थीं। दृष्टिकोण की भिन्नता अवश्य थी, किन्तु बौद्धों का पालि साहित्य तथा जैनों का प्राकृत साहित्य धर्म प्रसार की सोद्देश्यता सहित रचा गया। बौद्धों की ही तरह जैनियों में भी धर्म सभा आयोजित हुई। जिस प्रकार सनातन धर्मियों के लिए वैदिक साहित्य (वेद) महत्त्वपूर्ण है उसी प्रकार बौद्धों के लिए त्रिपिटक और जैनों के लिए आगम पवित्रतम संग्रह है—"जैन परम्परा के अनुसार महावीर-निर्वाण (ईसवी सन् के पूर्व 527) के 160 वर्ष पश्चात् (लगभग ईसवी सन् के 367 पूर्व) मगध देश में बहुत भारी दुष्काल पड़ा, जिसके फलस्वरूप जैन भिक्षुओं को अन्यत्र विहार करना पड़ा। दुष्काल समाप्त हो जाने पर जै श्रमण पाटलिपुत्र (पटना) में एकत्रित हुए और वहाँ खंड-खंड करके ग्यारह अंगों का संकलन किया गया, बारहवाँ अंग किसी को स्मरण नहीं था। इसलिए उसका संकलन न किया जा सका। इस सम्मेलन को पाटलिपुत्र-वाचना के नाम से कहा जाता है। कुछ समय पश्चात् जब आगम-साहित्य का फिर विच्छेद होने लगा तो महावीर निर्वाण के 827 या 840 वर्ष बाद (ईसवी सन् 300-313 में) जैन साधुओं के दूसरे सम्मेलन हुए। एक आर्यस्कन्दिल की अध्यक्षता में मथुरा में और दूसरा नागार्जुन सूरि की अध्यक्षता में वल्लभी में। मथुरा के सम्मेलन को माथुरी वाचना के नाम से कहा जाता है। तत्पश्चात् लगभग 150 वर्ष बाद, महावीर-निर्वाण के 980 या 993 वर्ष बाद (ईसवी सन् 453-466 में) वल्लभी में देवर्धिगणि क्षमाश्रमण की अध्यक्षता में साधुओं का चौथा सम्मेलन हुआ, जिसमें सुव्यवस्थित रूप से आगमों का अन्तिम बार संकलन किया गया। इसे वल्लभी वाचना के नाम से कहा जाता है। वर्तमान आगम इसी संकलन का रूप है।" (वही, पृ. 15) जैन पंथ में पंच महाव्रत आदर्श बने—(1) अहिंसा, (2) सत्य, (3) अस्तेय, (4) ब्रह्मचर्य, (5) अपरिग्रह।

विभिन्न भारतीय धार्मिक पंथ एक-दूसरे की मूल स्थापनाओं को चाहे जितने ज़ोरों से नकारते हुए दिखें, वे हैं लगभग एक जैसे ही। वैदिकों और बौद्धों के ईश्वर को जैनों ने नकारा किन्तु वहाँ भी तीर्थंकर मानो ईश्वर हो गए—"जैन मतानुसार जगत स्रष्टा ईश्वर का कोई अस्तित्व नहीं है। उनके स्थान पर वे सिद्धों की आराधना को आवश्यक मानते हैं, क्योंकि ईश्वर के लिए जो गुण आवश्यक समझे जाते हैं, वे सभी तीर्थंकरों में भी हैं। अत: जैन धर्म के अनुसार तीर्थंकर ही मानो ईश्वर हैं।" (बालचन्द बत्तीसी, पृ. 62)

शिव की उपस्थिति यहाँ पर भी है। शिव ही ज्ञानी हैं। अज्ञानी जीव के लिए शिव ही मंगलकारी हैं। मंगल के पर्यायों में क्षेम, कल्याण, भद्र, भावुक, भाषिक, भव्य, श्रेयस—"वोव, सीय और शिव हैं। मोक्ष ही सच्चा सुख है। मोक्ष की प्राप्ति सम्यक् दर्शन, ज्ञान और चरित्र की उपलब्धि द्वारा ही हो सकती है। "जैन दार्शनिक सम्यक् ज्ञान या तत्त्व ज्ञान को अधिक महत्त्व देते हैं। सम्यक् ज्ञान की प्राप्ति पूर्ण ज्ञानी तीर्थंकरों या अन्य मुक्त महात्माओं के उपदेशों के मनन से ही होती है। ज्ञानी वह है जो (1) क्रोध रहित, (2) वैराग्यवन्त, (3) जितेन्द्रिय, (4) क्षमावन्त, (5) दयालु, (6) सर्वप्रिय, (7) निर्लोभी, (8) दातार, (9) भय रहित तथा (10) शोक, चिन्तारहित है।" (वही, पृ. 67)

जैनों के देवों और उनकी अन्तर्कथाओं में सभी मुख्य सनातनी देवादि उपस्थित हैं। इन्द्र तीर्थंकर के भक्तों में श्रेष्ठ हैं—"तीर्थंकर के गर्भ में आने से 66 माह पूर्व ही रत्नों की

वर्षा, जन्म के समय एक सहस्र आठ कलशों से स्नान और केवल ज्ञान से उत्पन्न होने पर समवशरण की रचना इन्द्र की तीर्थंकर भक्ति के ज्वलन्त उदाहरण हैं।" (वही, पृ. 68)

इसी प्रकार 'गयसुकमाल' में 22वें तीर्थंकर भगवान नेमिनाथ देवकी वसुदेव और श्रीकृष्ण के भाई बता गए हैं। स्वर्ग-नर्क की पूर्वजन्म और पुनर्जन्म की अवधारणा सनातनियों जैसी ही है। पार्श्वनाथ की परम्परा वाहक केशीश्रमण की श्रावस्ती के राजा को इस सम्बन्ध में ज्ञान दान की कहानी है। माध्यम मंत्री बना—"मंत्री चित्त ने श्रमण से वेताम्बिका पधारने का आग्रह किया जिससे कि अधार्मिक राजा प्रदेशी प्रबुद्ध होकर प्रजा का पालन करे। केशीश्रमण ने निमंत्रण स्वीकार किया। राजा का घोड़ों की सवारी के बहाने मंत्री चित्त ने मृगवन उद्यान में केशीश्रमण से साक्षात्कार करा दिया। राजा प्रदेश के स्वर्ग, नर्क और पुनर्जन्म सम्बन्धी अज्ञान की केशीश्रमण ने दूर किया। केशीश्रमण से प्रबोध प्राप्त कर राजा प्रदेश श्रमणोपासक बना और श्रावक के 12 व्रत अंगीकार किए। न्यायपूर्वक राजा का पालन किया और अपने अन्तिम समय में समाधिपूर्वक अनशन कर शुभभावों व अध्यवसायों के साथ काल धर्म को प्राप्त होकर सूर्याम नामक विमान में उत्पन्न हुआ।" (वही, पृ. 72) राजा ब्रह्मदत्त के अपने पापों के कारण सातवें नर्क में तैंतीस सागर पर्यन्त भटकने और निकृष्ट योनियों में दुख सहने की कथा है। सम्राट भरत की कथा के उल्लेख के बिना यह चर्चा अधूरी रह जाएगी। उसके साथ एक स्वर्णकार की भी कथा है किन्तु मुख्य कथा भरत की है जिन्हें प्रथम तीर्थंकर ऋषभदेव के सौ पुत्रों में सबसे बड़ा पुत्र बताया गया है।—"सम्राट भरत प्रथम तीर्थंकर ऋषभदेव के सौ पुत्रों में ज्येष्ठ थे। बाद में ऋषभदेव का उत्तराधिकार इन्हीं को मिला था। 98वें भाई बाहुबली द्वारा अधीनता न स्वीकार करने पर युद्ध हुआ और भरत पराजित हुए, किन्तु बाहुबली साधु बन गया। इसी प्रकार 99वें भाइयों ने दीक्षा ग्रहण करके भरत को चक्रवर्ती पद पर निर्विघ्न आसीन होने का मार्ग प्रशस्त किया। शासनासीन होने पर उनका मन विरक्ति की ओर बढ़ा। भगवान ऋषभदेव के अयोध्या पधारने और स्वर्णकार के पूछने पर भरत को मोक्षगामी कहा, क्योंकि वह अल्पारम्भी है। स्वर्णकार ने भगवान ऋषभदेव पर पक्षपात का आरोप लगाया, क्योंकि भरत ने युद्धों में लाखों लोगों का संहार किया था।" (वही, पृ. 73)

न केवल बौद्ध और जैन समसामयिक होने के कारण एक जैसी परिस्थितियों का सामना कर रहे हैं बल्कि पहले से प्रचलित कहानियों के उपयोग से वे अपनी विचारधारा के प्रचार में उन्हीं उपकरणों का प्रयोग कर रहे हैं जो उनके प्रतिद्वन्द्वी न भी कहें तो भी विपक्ष के द्वारा व्यवहृत हैं। ऐसे में बौद्ध और जैन साहित्य का ब्राह्मण और वैदिक परम्परा से नितान्त निस्पृह होना कठिन प्रतीत होता है। यहाँ इन धर्मों द्वारा वैदिक परम्परा से लिए गए विचार, सिद्धान्त और अवधारणाओं की विस्तृत जानकारी प्रस्तुत करना न तो लक्ष्य है और न ही उपादेय किन्तु बौद्ध जातक कथाएँ, जैन कथाओं की ही तरह न तो मौलिक हैं और न परम्परामुक्त हैं—"ईसा के पूर्व लगभग चौथी शताब्दी से लगाकर ईसवी सन् पाँचवीं शताब्दी तक की भारतवर्ष की आर्थिक तथा सामाजिक दशा का चित्रण करनेवाला यह साहित्य अनेक दृष्टियों से महत्त्व का है। आयारंग, सूयगर्ड, उत्तरज्झयण, दसवेयालिय आदि आगम ग्रंथों में जो जैन भिक्षुओं के आचार-विचारों का विस्तृत वर्णन है, यह बौद्धों के धम्मपद, सुत्तनिपात तथा महाभारत (शान्तिपर्व) आदि ग्रंथों से बहुत अंशों में मेल खाता है, और डॉ. विंटरनित्ज़ आदि विद्वानों के कथनानुसार वह श्रमण-

काव्य (Ascetic Poetry) का प्रतीक है, जो ऐतिहासिक दृष्टि से अत्यन्त महत्त्वपूर्ण है। बृहत्कल्पभाष्य, व्यवहारभाष्य, निशीथचूर्णि, आवश्यकचूर्णि, आवश्यकटीका, उत्तराध्ययनटीका आदि टीका-ग्रंथों में पुरातत्त्व-सम्बन्धी विविध सामग्री भरी पड़ी है, जिससे भारत के रीति-रिवाज, मेले-त्योहार, साधु-सम्प्रदाय, दुष्काल, बाढ़, चोर-लुटेरे, सार्थवाह, व्यापार के मार्ग, शिल्प कला, भोजन-वस्त्र, मकान, आभूषण आदि विविध विषयों पर बहुत कुछ प्रकाश पड़ता है। चूर्णि साहित्य में प्राकृत मिश्रित संस्कृत का उपयोग किया गया है, जो भाषाशास्त्र की दृष्टि से विशेष महत्त्व का है, और साथ ही यह उस महत्त्वपूर्ण काल का द्योतक है जब जैन विद्वान प्राकृत का आश्रय छोड़कर संस्कृत भाषा की ओर बढ़ रहे थे।" (दो हज़ार वर्ष पुरानी कहानियाँ, पृ. 15-16-17)

यह समसामयिकता केवल उपदेश, विचार और प्रसार के क्षेत्र में घटित नहीं हो रही थी बल्कि तद्‌युगीन ऐतिहासिक चरित्रों का भी सुगमतापूर्वक अपनी-अपनी सुविधानुसार प्रयोग हो रहा था। किसी एक ही राजा को बौद्धों ने बौद्धों का तो जैनों ने अपना अनुयायी बताया—"महावीर और बुद्ध के समकालीन अनेक राजा, रानियों का उल्लेख प्राकृत और पालि साहित्य में आता है। जैनों ने इन राजाओं को जैन कहा है और बौद्धों ने बौद्ध। वस्तुत: राजाओं का कोई धर्मविशेष नहीं होता। वे प्रत्येक महान् पुरुष की सेवा-उपासना करने में अपना धर्म समझते हैं। इसके अतिरिक्त प्राचीनकाल में साम्प्रदायिकता का वैसा ज़ोर नहीं था जैसा हम उत्तरकाल में समझते हैं। ऐसी दशा में श्रेणिक (बिम्बिसार), कूणिक (अजातशत्रु) और चन्द्रगुप्त आदि राजाओं के विषय में सम्भवत: यह कहना कठिन है कि वे महावीर के विशेष अनुयायी थे या बुद्ध के। जैन ग्रंथों के अनुसार श्रेणिक और उनकी पटरानी चेलन श्रमण भगवान महावीर के परम उपासक थे। कूणिक चेलना का पुत्र था, जो अपने पिता को मारकर गद्दी पर बैठा था। अभयकुमार श्रेणिक का दूसरा पुत्र था जो एक कुशल राजमंत्री था। अभयकुमार की बुद्धिमत्ता की अनेक कहानियाँ जैनग्रंथों में आती हैं। जैन-परम्परा में अभयकुमार ने श्रेणिक की मौजूदगी में महावीर के पास जाकर दीक्षा ली थी। बौद्धों के मूल सर्वास्तिवाद के विनयवस्तु में भी अजातशत्रु को वैदेही चेला का पुत्र बताया गया है। चेला वैशाली के सिंह सेनापति की पुत्री थी और राजा बिम्बिसार इसका अपहरण करके ले गया था। बौद्धों की दूसरी परम्परा में, बिम्बिसार की रानी का नाम कोसलदेवी बताया गया है, जो राजा प्रसेनजित् की बहन थी। पितृघातक अजातशत्रु उसी का पुत्र था, जिसका विस्तृत वर्णन दीर्घनिकाय की अट्टकथा में आता है। विनयवस्तु के अनुसार अभय राजकुमार आम्रपाली गणिका का पुत्र था जो राजा बिम्बिसार से पैदा हुआ था। बौद्धों की दूसरी परम्परा में, अभय राजकुमार को उज्जयिनी की पद्मावती नामक गणिका का पुत्र कहा है। बौद्धों के कथनानुसार पहले वह महावीर का भक्त था, बाद में बुद्ध का अनुयायी हो गया था।" (वही, पृ. 19-20)

डॉ. जगदीशचन्द्र जैन ने ऐसे अनेक उदाहरण दिए हैं—चम्पा के राजा दधिवाहन, कौशाम्बी के राजा उदयन, उज्जयिनी के राजा प्रद्योत का उल्लेख बौद्धों, जैन और ब्राह्मण तीनों के ग्रंथों में आता है। इसी प्रकार "नन्द राजाओं का जिक्र आता है। जैन-परम्परा के अनुसार कूणिक का पुत्र उदायी बिना किसी उत्तराधिकारी के मर गया। उस समय एक नापित पाटलिपुत्र के सिंहासन पर बैठाया गया और यह प्रथम नन्द कहलाया। नन्दों

का नाश कर चाणक्य ने चन्द्रगुप्त को किस प्रकार पाटलिपुत्र के सिंहासन पर बैठाया, इसका विस्तृत वर्णन आवश्यकचूर्णि तथा बौद्धों की महावंश टीका में आता है। कुणाल के अन्धे होने की कथा दिव्यावदान आदि बौद्ध ग्रंथों में भी आती है, जहाँ उसकी सौतेली माँ का नाम तिष्यरक्षिता बताया गया है। तत्पश्चात् उज्जयिनी के राजा गर्दभिल्ल का ज़िक्र आता है। जैन-परम्परा के अनुसार, ईरान के शाहों ने गर्दभिल्ल को हराकर उज्जयिनी में अपना राज्य क़ायम किया। उसके बाद गर्दभिल्ल के पुत्र विक्रमादित्य ने शाहों को हराकर फिर से उज्जयिनी पर अधिकार कर लिया। इसी समय से विक्रम संवत् का आरम्भ हुआ माना जाता है।" (वही, पृ. 20-21)

'दो हज़ार वर्ष पुरानी कहानियाँ' पुस्तक की भूमिका में आचार्य हजारीप्रसाद द्विवेदी कहते हैं, "यद्यपि ये कहानियाँ जैन-परम्परा से ली गई हैं, तथापि वे केवल जैन साहित्य तक सीमित नहीं हैं, ब्राह्मण और बौद्ध ग्रंथों में भी ये कहानियाँ किसी-न-किसी रूप में मिल जाती हैं। सच तो यह है कि ये चिरन्तन भारतीय चित्त की उपज हैं। कहानियों के पढ़नेवाले प्रत्येक सहृदय पाठक को लगेगा कि ये कहानियाँ किसी सम्प्रदाय विशेष की वस्तु नहीं हैं, बल्कि इनके भीतर सार्वभौम मनुष्य का चित्र ही प्रकट हुआ है। बहुत-से देशी और विदेशी विद्वान मानते हैं कि संसार में आज जितनी लोकरंजक कहानियाँ प्रचलित हैं, उनका मूल उद्गम भारतवर्ष ही है।" (वही, पृ. 7)

आचार्य द्विवेदी जिसे सम्प्रदाय निर्विशेष की कथा और चित्त मानने का आग्रह कर रहे हैं वह भारतीय सन्दर्भ है। इसमें संसार के सार्वभौम मनुष्य के साथ यहाँ का मनुष्य और उसकी परिस्थितियाँ हैं। ब्राह्मणों की ही तरह बौद्धों और जैनों ने लोगों को अपने-अपने सम्प्रदाय में दीक्षित करने हेतु समाज में पहले से चली आ रही सरस और शिक्षाप्रद कथाओं का उपयोग किया। प्रसिद्ध जैन कहानियाँ 'वल्कलचीरी', 'जिनदत्त का कौशल', 'राजा का कुंड' बौद्ध जातक कथाओं में भी हैं। कहने का तात्पर्य है कि—'चांडाल-पुत्रों की कहानी' से पता लगता है कि बुद्ध और महावीर के जातिवाद के विरुद्ध घोर प्रचार करने पर भी समाज में शूद्र-अशूद्र की भावना का नाश नहीं हुआ था। स्पष्ट है कि महावीर के धर्म में जाति-पाँति के लिए कोई स्थान नहीं था। द्वैपायन ऋषि की कथा कण्हदीपायन जातक में आती है। 'कपिल मुनि' धार्मिक साहित्य का एक सुन्दर उपाख्यान कहा जा सकता है। 'गंगा की उत्पत्ति' से मालूम होता है कि जैन और ब्राह्मणों के पौराणिक आख्यानों को अपनाकर किस तरह लोकधर्म के साथ आगे बढ़े थे। इसके कुछ भाग की तुलना थेरीगाथा की अट्टकथा की कहानी से की जा सकती है। 'राजीमती की दृढ़ता' एक प्रभावोत्पादक आख्यान है जो स्त्री जाति के चरित्र की उज्ज्वलता का द्योतक है। ऋग्वेद (10, 10) में यम और यमी के संवाद रूप में इस प्रकार का एक आख्यान मिलता है।" (वही, पृ. 22-23)

कहानियों के आधार, उद्देश्य और संवेदना के समान होने पर मोटे तौर पर किसी भी सम्प्रदाय की कहानियों से प्राचीन भारत की सामाजिक, राजनैतिक और सांस्कृतिक अवस्था का परिचय मिलता है। धार्मिक विश्वास के अतिरिक्त इनकी पारिस्थितिक समानता को स्वीकार न करने का कोई कारण दिखाई नहीं पड़ता। कई प्रकार की असंगतियों और कुरीतियों से ग्रस्त वैदिक धर्म के विरोध स्वरूप जन्मे बौद्ध और जैन धर्म ने जाति मुक्त समाज का विकल्प प्रस्तुत किया, किन्तु सम्पूर्ण समाज तो क्या उसका आधा भाग भी

जाति मुक्त नहीं हो पाया। दास-दासियों के क्रय-विक्रय की चर्चा की जा चुकी है। बुद्ध ने एकाधिक स्थान पर क्षत्रियों को उच्च तथा ब्राह्मणों को हीन बताया। 'अंबष्ट सुत्त' जातक कथाओं में 'सोनक जातक' में अरिंदम ने अपने क्षत्रियत्व को पवित्र घोषित किया और ब्राह्मण को हीन। शृंगार जातक में स्वयं बुद्ध ने कहा कि बुद्ध कभी नीच कुल में उत्पन्न नहीं होते। 'नीच कुल' से आशय निश्चय ही ब्राह्मण-क्षत्रिय वर्ण जनित जातियों से भिन्न है। बुद्ध ने नीच कुल छोड़कर श्रेष्ठतम वर्ण क्षत्रिय में जन्म ग्रहण करना स्वीकार किया। बौद्ध धर्म ग्रहण करते ही जातिगत असमानता के दुश्चक्र टूट जाने को सत्य मानना एक प्रकार की आदर्शवादी आकांक्षा है जो उस युग में या उसके बाद कभी सत्य रूप में उपस्थित नहीं रही। बौद्ध और जैन धर्म के प्रचार-प्रसार के समय की सामाजिक परिस्थितियाँ उन्हीं के द्वारा संकलित कहानियों में प्रकट हुई हैं—"उस समय के सामन्त लोग बहुत विलासी होते थे, बहुपत्नीत्व प्रथा का चलन था, कूटनीति के दाँव-पेंच काम में लाए जाते थे, महायुद्ध होते थे, राजा की आज्ञा न पालन करनेवाले को कठोर दंड दिया जाता था, क़ैदियों को बन्दीगृह में कड़ी यातनाएँ भोगनी पड़ती थीं, सामन्त लोग छोटी-छोटी बातों पर लड़ बैठते थे। राजा यथासम्भव क्षत्रियधर्म का पालन करते थे, शरणागत की रक्षा करना परम धर्म समझते थे और निःशस्त्र पर हाथ उठाना क्षत्रियत्व का अपमान समझते थे। राजा और सेठ-साहूकार अतुल धन-सम्पत्ति के स्वामी होते थे। साधारणतया लोग खुशहाल थे, परन्तु दरिद्रता का अभाव नहीं था। दास-प्रथा मौजूद थी, ऋण आदि न चुका सकने के कारण दास वृत्ति अंगीकार करनी पड़ती थी। स्त्रियों की दशा बहुत अच्छी नहीं थी, यद्यपि वे मेले, उत्सव आदि के अवसरों पर स्वतंत्रतापूर्वक बाहर आ-जा सकती थीं। वेश्याएँ, नगर की शोभा मानी जाती थीं, और राजा उनके सत्यबल की प्रशंसा करता था। व्यापार बहुत तरक़्क़ी पर था। व्यापारी लोग दूर-दूर तक अपना माल लेकर बेचने जाते थे।" (वही, पृ. 21-22)

मोटे तौर पर जिसे सामन्तवादी, जातिवादी, पित्तृसत्तात्मक और वर्चस्ववादी विचारधारा कहा जाता है उससे कोई भी धर्म मुक्त नहीं था। शासकों द्वारा पोषित होने के कारण किसी भी धर्म की क्षमता नहीं थी कि वह उसकी विचारधारा के विरुद्ध जाकर अपना अस्तित्व बचा सके। स्त्रियों की दुर्दशा और उनके प्रति अवमानना‌पूर्ण विचार प्रत्येक धर्म सम्प्रदाय और पंथ में प्रचलित थे। किसी भी चिन्तन या आध्यात्मिक विचार और दर्शन में इनकी वंचना या अपमान और शोषण पर सोचने का अवकाश तक न था। सुन्दर स्त्रियाँ पकड़कर वेश्यावृत्ति में धकेल दी जाती थीं। आम्रपाली, शालवती, सामा, काली और सुलसा जैसी रूपसियों की कथा इन्हीं धर्मों के साहित्य से ज्ञात होती है।

बौद्धों और जैनों ने अपनी स्त्री जाति सम्बन्धी संवेदनाएँ भी पूर्णतः इसी समाज और उसके स्त्री विरोधी सिद्धान्तों से ग्रहण की थीं। स्त्री का सौन्दर्य उसका मित्र और उससे अधिक शत्रु था। कुरूप स्त्री और अधिक प्रताड़ित थी, सुरूप स्त्री इससे भी अधिक प्रताड़ित थी। वह पकड़कर वेश्या बना दी जाती थी। यद्यपि भयंकर मानव तस्करी के साथ जी रही इक्कीसवीं सदी को इन पर निर्णय सुनाने का अधिकार नहीं है, फिर भी मानव समाज को जीवन यापन की नीति, आदर्श और पद्धति सिखानेवाले इन सभी धार्मिक सम्प्रदायों के पूज्य और अनुकरणीय ग्रंथों ने पूरी स्त्री जाति के लिए अस्थि-मज्जा तक प्रविष्ट गहरा विद्वेष भाव रखा। वेश्या उसमें भी हाशिए पर हाशिया थी। सम्पूर्णतः पुरुषों

द्वारा बनाई गई व्यवस्था में वह धन के समान निर्जीव और उपभोग की वस्तु थी—कि तया...भुज्यते।—"धन का उपयोग वेश्या के समान उसके सभी लोगों के द्वारा भोगे जाने पर ही है, वधू के समान किसी एक के लिए पर्याप्त तथा किसी अन्य के लिए अभोग्य होने पर ऐसे धन का होना भला किस काम का?" (सम्पूर्ण पंचतंत्र, आचार्य विष्णु शर्मा, व्याख्याकार एवं सम्पादक आचार्य वादरायण, वाणी प्रकाशन, नई दिल्ली, 2014, पृ. 157)

यह उक्ति उस जगतप्रसिद्ध पंचतंत्र की है, जिसका संशोधित एवं संक्षिप्त रूप 'हितोपदेश' है। इसी में 'ज्ञान' का वही विस्तृत भंडार है जो "रामायण, महाभारत और मनुस्मृति आदि भारी-भरकम ग्रंथों में मिलता है।" (सम्पूर्ण हितोपदेश, पंडित नारायण शर्मा, व्याख्याकार एवं सम्पादक आचार्य वादरायण, वाणी प्रकाशन, नई दिल्ली, 2011, पृ. 3)

पंचतंत्र के उद्धरण से यह समझने की भूल कदापि नहीं करनी चाहिए कि वेश्या भले ही भोग्या हो, वधू रूप में तो स्त्री का सम्मान था। वधुओं के लिए हमारी महान संस्कृत भाषा की परम्परा में अंकित असंख्य स्त्री विरोधी मान्यताएँ, स्थापनाएँ और निर्णय कान में पिघला हुआ सीसा घोलती हैं। आज भी लड़कियों को बोझ समझने की स्थापना हमारी संस्कृति की देन है।

जननीमनो हरति जातवती
परिवर्द्धते सहशुचा सुहृदाम्।
परसात्कृतापि कुरुते मलिनं
दुरतिक्रमा दुहितरो विपदरू॥

"जन्म लेते ही कन्या अपनी माता की छाती पर चट्टान जितना भार रख देती है और उसके बड़ा होने पर तो उसके परिजन भी चिन्तित रहने लगते हैं। यहाँ तक कि उसका विवाह हो जाने पर भी माता-पिता चैन की साँस नहीं ले पाते। इस प्रकार कन्या का जन्म ऐसी विपत्ति होता है, जिससे कभी छुटकारा नहीं पाया जा सकता।" (सम्पूर्ण पंचतंत्र, पृ. 64)

पुत्री का जन्म ही चिन्ता का कारण है। आगे चलकर उसके स्त्री बनने पर वह अपनी 'जाति' के अनुरूप विश्वसनीय नहीं रहेगी। उसके लिए वर ढूँढ़ना, ससुराल में उसके सुख की चिन्ता कन्या के पिता का जीवन कष्टकर बनाती है। कन्या पर दोनों कुलों की प्रतिष्ठा का भार है, किन्तु वह उसका निर्वाह नहीं कर पाती।

नद्यश्च नार्य्यश्च सदृक्प्रभावा
स्तुल्यानि कूलानि कुलानि तासाम्।
तोयैक्ष दोषैक्ष निपातयन्ति
नद्यो हि कूलानि कुलानि नार्य्यरू॥

"पुत्रियाँ नदी के समान होती हैं। जैसे नदी के दो किनारे होते हैं, वैसे ही लड़कियों के भी दो परिवार होते हैं। जिस प्रकार नदियाँ अपने प्रवाह से अपने किनारों को बहा ले जाती हैं, उसी प्रकार लड़कियाँ भी अपने दुराचरण से दोनों परिवारों को कलंकित कर देती हैं।" (वही, पृ. 63-64)

लोको कलंकित वह करेगी ही करेगी क्योंकि स्त्रियाँ तभी तक सती हैं जब तक उन्हें कुलटा होने का अवसर प्राप्त नहीं होता और यह तो ब्रह्मा ने नारद से कहा है—

रहो नास्ति क्षणो नास्ति नास्ति प्रार्थयिता नरः।
तेन नारद नारीणां सतीत्वमुपजायते॥

ब्रह्माजी ने भी नारदजी से कहा था कि स्त्रियाँ तब तक ही सती बनी रहती हैं, जब तक उन्हें एकान्त, अवसर तथा आमंत्रण देनेवाला पुरुष नहीं मिल जाता। इन्हें पाते ही स्त्रियाँ अपने वास्तविक रूप को प्रकट कर देती हैं।" (वही, पृ. 43)

स्त्री जाति से संसार के सभी धर्मों की शत्रुता समान है। (विस्तृत विवरण के लिए इस लेखिका की पुस्तक 'औपनिवेशिक शासन उन्नीसवीं शताब्दी और स्त्री प्रश्न', रूपा गुप्ता, राजकमल प्रकाशन, नई दिल्ली, 2019, देखी जा सकती है।)

यह भी उल्लेखनीय है कि उपनिषदों में स्त्री अपनी सन्तान को नाम देने में सक्षम है। उपनिषद् काल में समाज में ऐसे उदाहरण प्राप्त हैं जिनमें माँ के नाम से पुत्र जाना गया। इस सम्बन्ध में सत्यकाम की कथा बहुप्रचलित है। गुरुकुल की निःशुल्क शिक्षा व्यवस्था के अन्तर्गत महर्षि हरिद्रुम के पुत्र गौतम स्वयं प्रसिद्ध आचार्य थे। ऋषि गौतम के आश्रम में पहुँचे बाल ब्रह्मचारी वेश के तेजस्वी बालक के हाथ में "दूसरे ब्रह्मचारियों की तरह न समिधा थी, न कमर में मूँज की मेखला थी, न कंधे पर मृगचर्म था और न कंठ में जनेऊ थी। किन्तु बालक बड़ा होनहार और स्वभाव से विनम्र दिख रहा था। गौतम के समीप जाकर उसने दूर से ही साष्टांग प्रणाम किया और बोला गुरुदेव! मैं आपके गुरुकुल में विद्या सीखने के लिए आया हूँ। मेरी माँ ने मुझे आपके पास भेजा है। मैं ब्रह्मचर्यपूर्वक रहूँगा। परन्तु मेरा अभी तक यज्ञोपवीत संस्कार नहीं हुआ है। भगवन् मैं आपकी शरण में आया हूँ मुझे स्वीकार कीजिए।" (उपनिषदों की कहानियाँ, रामप्रताप त्रिपाठी शास्त्री, लोकभारती प्रकाशन, इलाहाबाद, 2010, पृ. 19)

गुरु गौतम ने जब उसके पिता और गोत्र का नाम पूछा तो उसने इसमें असमर्थता जताई और माँ से पूछकर बताने को कहा। यह विचित्र था। अब तक पितृसत्तात्मक सामाजिक व्यवस्था पूर्णतः अपनी जड़ें जमा चुकी थी। अतः एक शिष्य ने कहा, "भाई! अब सुनो। दुनिया में ऐसे भी लोग होते हैं, जिन्हें अपने पिता और गोत्र का नाम ही नहीं मालूम रहता। तिस पर भी वह वेद पढ़ने के लिए आया है। मालूम होता है कि ब्राह्मण नहीं है।" (वही, पृ. 20) शिष्यों ने गौतम ऋषि से प्रश्न पूछा कि जिनका यज्ञोपवीत संस्कार न हुआ हो क्या वे भी वेद पढ़ सकते हैं? इस पर गौतम का उत्तर व्यवस्था में बनाए गए स्थान का परिचय देता है, "वत्स! जिस छात्र का पिता नहीं है, उसका पिता गुरु है। मुझे ही उसका यज्ञोपवीत कराना चाहिए। तुम जिन बालकों की चर्चा कर रहे हो, यदि उनके भी पिता नहीं हैं तो मैं उन्हें सहर्ष आश्रम में लेने को तैयार हूँ। उनका भी यज्ञोपवीत संस्कार मुझे करना पड़ेगा। तुम उन्हें ला सकते हो।" (वही, पृ. 20)

बालक को उपनयन संस्कार हेतु पिता-गोत्र का नाम पूछने हेतु भेजा गया। गौतम ने अपने शिष्यों को किसी भी तेजस्वी, सरल और होनहार बालक के साथ सगे भाई जैसा व्यवहार करने की सीख दी। लौटकर बालक ने जो उत्तर दिया वह हतप्रभ करनेवाला

था, "हाँ गुरुदेव! माताजी से पूछ आया हूँ। माँ ने कहा है कि मेरे पिताजी का नाम उसे भी मालूम नहीं है। वह अपनी युवावस्था में अनेक साधु-सन्तों की सेवा में लगी रहती थी, उन्हीं दिनों में उसे गर्भ भी रह गया था। जिससे गर्भाधान हुआ था, उसका नाम और गोत्र मेरी माँ को भी मालूम नहीं है। उसने यह कहा है कि गुरुदेव से जाकर ये सब बातें इसी तरह कह देना और यदि माता के नाम-गोत्र से उपवीत संस्कार हो सकता हो तो मेरा नाम बता देना। बस, यही उसने कहा है। अब आपकी जो आज्ञा हो।" (वही, पृ. 21)

गौतम ऋषि ने इस बालक को शिष्य रूप में स्वीकार कर इसका उपनयन संस्कार किया। बालक सत्यकाम अपनी माँ जाबाला का पुत्र होने के कारण जाबाल भी कहलाया।

उपनिषदों की कहानियाँ सनातन धर्म की कठोर शास्त्रीय व्यवस्थाओं के बीच विपरीत परिस्थितियों में धर्म सम्बन्धी आचरणों में शिथिलता का स्थान बनाए रखने का प्रमाण प्रस्तुत करती हैं। 'उषस्ति की कठिनाई' कहानी एक नीच महावत के द्वार पर खड़े उषस्ति और उनकी पत्नी आटि के आयद् धर्म व्यवहार की शिक्षा देती है। सरस्वती नदी के तट पर गुरुकुल चलानेवाले उषस्ति का आश्रम बाढ़ के कारण उजड़ गया था। वे अन्न के एक कण से भी वंचित हो गए। भूख से मरणासन्न अवस्था में जब उन्होंने महावत से कुछ खाने को माँगा तो महावत ने बड़े असमंजस से उत्तर दिया—"महाराज! मैं नीच व्यवसाय करनेवाला हूँ। आप एक सदाचारी विद्वान ब्राह्मण जैसे दिखाई पड़ रहे हैं। अपना जूठा अन्न मैं आपको किस प्रकार खिला सकता हूँ? जो मेरा यह पाप कर्म सुनेंगे वे मुझे क्या कहेंगे? आप थोड़ी देर के लिए रुक जाइए। मैं यहाँ से दो कोस की दूरी पर रहनेवाले अपने एक मित्र के पास जाकर कुछ भोजन सामग्री लाने की भरसक कोशिश करूँगा। पाप-पंक में फँसाकर मेरे दोनों लोकों को व्यर्थ न कीजिए।" (वही, पृ. 32) उषस्ति का उत्तर प्राण रक्षा के लिए धर्म त्याग की अनुमति का परिचय देता है, "भाई! मुझे धर्मशास्त्र की शिक्षा न दो। मनुष्य का सबसे प्रधान धर्म है प्राणों की रक्षा। मुझमें अब थोड़ी देर के लिए भी भोजन की प्रतीक्षा करने की शक्ति बाक़ी नहीं है। तुम्हें कोई भी पाप नहीं लगेगा, वरन् एक जीवन-दान करने का महान पुण्य मिलेगा।" (वही, पृ. 32) महावत का जूठा उड़द खाने के पश्चात् उषस्ति ने महावत का जूठा पानी पीना अस्वीकार किया। इस पर महावत के प्रश्न कि जब जूठे उड़द खा लिये तो जूठा पानी क्यों नहीं पी सकते? इस पर उत्तर दिया—"भाई! यदि मैं तुम्हारे जूठे उड़द को न खाता तो थोड़ी देर में मेरे प्राण-पंक्षी उड़ जाते, किन्तु जल के बिना तो मेरे प्राण रह सकते हैं, उसका कहीं भी अभाव नहीं है। प्राणों को संकट में समझकर ही तुम्हारा जूठा उड़द मैंने खाया है, जल तो कहीं भी पी सकता हूँ। यदि उड़द की तरह तुम्हारे जूठे जल को भी मैं पी लूँ तो वह स्वेच्छाचार होगा, आपद्धर्म नहीं। आपद्धर्म उस धर्म को कहते हैं, जो प्राणों के बचने का कोई दूसरा उपाय न रहने पर किया जाता है। उस दशा में अगर धर्म की मर्यादा कुछ टूट भी जाती है तो दोष नहीं लगता।" (वही, पृ. 33)

उपनिषद् अन्ततः जीवन की रक्षा और उसमें निहित आनन्द तत्त्व को पहचानने का सन्देश देते हैं। उपनिषद् आनन्द को ब्रह्म मानते हैं जिसका न कोई आदि है न अन्त। यह सर्वत्र और सर्वदा है। ऋषि भृगु साधना और तपस्या का अन्तिम फल पिता वरुण के उपदेशानुसार ब्रह्म का स्वरूप आनन्द ही मानते हैं, "सचमुच आनन्द ही ब्रह्म है। वह आनन्द रूपी ब्रह्म परम अन्तर आकाश में स्थित है। हे तात! तुम्हारी तरह

जो भाग्यशाली उसे जान लेता है, वह साक्षात् परम ब्रह्म में स्थित हो जाता है। वह इस संसार में अन्नादि से युक्त होता है, विविध सुख-साधनों से समृद्ध होता है, सन्तान आदि सभी सुखों को प्राप्त करता है, पशुओं से सुख प्राप्त करता है और ब्रह्मतेज द्वारा महान महिमामय होकर अमिट कीर्ति प्राप्त करता है। न उसके बाह्य जगत् में विघ्न-बाधाओं की कोई छाया थी और न अन्तर्जगत में मानसिक आधि-व्याधियों की कोई क्षीण रेखा रहती है।" (वही, पृ. 223)

बुद्ध का प्राण रक्षा हेतु सुजाता की खीर खाना उनके उपनिषद् ज्ञान से भिन्न नहीं है।

ब्राह्मणों के वर्चस्व को चुनौती देकर क्षत्रियों का श्रेष्ठता प्रतिपादन करने को उत्सुक बौद्ध धर्म शासकों का धर्म था किन्तु बाद के समय में इस पर ब्राह्मण चिन्तकों और सिद्धान्तकारों का वर्चस्व बढ़ता गया। इनमें से कुछ प्रमुख के नाम जैसे—सारिपुत्र, पूरण कश्यप, महाकश्यप, नदी कश्यप, गयाकश्यप, असंग, वसुबंधु, नागार्जुन, मोदग्लायन, मोग्गलीपूत आदि हैं। फिर भी बौद्धों और जैनों द्वारा ब्राह्मणों को नीचा दिखाने का कोई अवसर हाथ से जाने नहीं दिया गया। जैन धर्म की कहानियों में ऐसी ही एक कहानी 'सच्चा भक्त' है, जिसमें शिव के एक ब्राह्मण भक्त और एक भील भक्त की तुलना करते हुए भील द्वारा शिव को अपना नेत्र अर्पित कर उसे ब्राह्मण भक्त से श्रेष्ठ प्रमाणित किया गया है। 'पंडित कौन' कहानी में एक नाइन, एक बनिये की लड़की, एक कोली की कन्या क्रमशः पात्र के रूप में आती हैं। इसमें नाइन को चोरों द्वारा एक कलाल के यहाँ बेच देने का उल्लेख है। 'घोड़ों का साईस' कहानी की तरह इसमें भी ममेरे बहन-भाइयों और मौसी-भान्जे के विवाह होने का उल्लेख है। 'चतुर रोहक' कहानी में चतुर रोहक अपनी बुद्धिमत्ता प्रमाणित करते हुए राजा से कहता है, "देखिए, आप न्यायपूर्वक राज करते हैं, इससे आप राजा के पुत्र हैं। दान में आप कुबेर के समान हैं, इसलिए कुबेर के पुत्र हैं। क्रूरता में आप चांडाल के समान हैं, इसलिए आप चांडाल के पुत्र हैं। सब कुछ हरण करने में आप धोबी के समान हैं, अतएव धोबी के पुत्र हैं, और सोते हुए को आप छड़ी के नोक से उठा सकते हैं, अतएव आप बिच्छू के पुत्र हैं।" (दो हज़ार वर्ष पुरानी कहानियाँ, पृ. 53)

इस उद्धरण में जाति उल्लेख के साथ उसके तथाकथित गुणों पर भी टिप्पणी है। 'पुरोहित की नीयत' लोगों का धन हड़प जानेवाले पुरोहित की छोटी-सी कथा है। जैन कहानियों के अधिकांश शीर्षक जाति सूचक जैसे कुँजड़ा, साईस और वणिक आदि हैं। जैन धर्म की ऐतिहासिक कहानियों में 'रानी मृगावती' में यक्षों की जुदाई शक्ति पर विश्वास प्रकट किया गया है। साथ ही रानी मृगावती पर मोहित प्रद्योत से कोई मुक्ति मार्ग न पाकर रानी ने कहा कि—'महावीर के चरणों में बैठकर दीक्षा ले' (वही, पृ. 98) लेने का भी उल्लेख है। इसमें चाणक्य की कूटनीतिक कथा अत्यन्त रोचक है। इसमें चाणक्य के विवाहित और दरिद्र होने का उल्लेख है। अपनी दरिद्रता दूर करने के लिए चाणक्य पाटलिपुत्र के राजा नन्द के यहाँ पहुँचा जो ब्राह्मणों को धन देता था—"वह कार्तिक पूर्णिमा के दिन पाटलिपुत्र पहुँचा और राज-दरबार में राजा के आसन पर बैठ गया। दासी ने उसे दूसरे आसन पर बैठने को कहा, परन्तु चाणक्य ने कोई ध्यान न दिया। दूसरे आसन पर उसने अपनी कुंडी रख दी, तीसरे पर दंड, चौथे पर माला और पाँचवें पर अपना यज्ञोपवीत। राजा के कर्मचारियों ने चाणक्य की यह धृष्टता देखकर उसे बाहर निकाल दिया।" (वही, पृ. 109)

इसी प्रकार की रोचक कहानी 'अशोक का पुत्र कुणाल' है जिसमें इतिहास का अन्य पाठ मिलता है। इसमें पाटलिपुत्र के राजा चन्द्रगुप्त, उसके पुत्र बिन्दुसार फिर उसके पुत्र अशोक और अशोक के पुत्र कुणाल की कथा है जिसने सौतेली माँ के दुश्चक्र के कारण स्वयं को अन्धा कर लिया। उज्जयिनी का राज्य कुणाल से लेकर दूसरे राजकुमार को दे दिया गया। गान विद्या में निपुण कुणाल गाता-बजाता एक दिन पाटलिपुत्र अशोक के दरबार में जा पहुँचा जहाँ उसके राजसभा में पर्दे में गायन कर अशोक का हृदय जीत लिया। अशोक ने गायक कुणाल को वरदान माँगने को कहा जिस पर "गायक ने एक श्लोक द्वारा अपना परिचय देते हुए कहा कि वह सम्राट चन्द्रगुप्त का प्रपौत्र, बिन्दुसार का पौत्र और सम्राट अशोक का नेत्र-विहीन पुत्र कुणाल है, और वह महाराज से काकिणी (एक सिक्का) की याचना करता है। महाराज अशोक को जब यह मालूम हुआ तो उनकी आँखों में आँसुओं का समुद्र उमड़ पड़ा। उसे यह जानकर बहुत दुख हुआ कि कुणाल को एक काकिणी मिलना भी दुर्लभ हो गया है। राजमंत्रियों ने बताया कि महाराज, क्षत्रिय भाषा में काकिणी के बहाने कुणाल राज्य की माँग कर रहा है।" (वही, पृ. 111-12) धार्मिक कहानियों के अन्तर्गत कृष्ण के पुत्र शम्ब की शरारतों का वर्णन है। 'शम्ब का साहस' नामक कथा में पिता कृष्ण और पुत्र शम्ब के बीच युद्ध दिखाया है। 'राजा करकंडु' कहानी में ब्राह्मणों की चांडालों से शत्रुता तथा चांडालों के शुद्धिकरण से ब्राह्मण बनने का उल्लेख है, "जब ब्राह्मणों के पास यह ख़बर पहुँची कि एक चांडाल के पुत्र को राजगद्दी दी जा रही है तो उन्होंने इसका विरोध किया। परन्तु किसी की कुछ न चली। उसने अपने प्रताप से सबको वश में कर लिया, और वाटधानक के चांडालों को शुद्ध करके ब्राह्मण बनाया।" (वही, पृ. 141)

भारतवर्ष में वर्ण और जाति के प्रश्नों पर आरम्भ में क्रान्तिकारी रहे धर्मों में भी वही उत्तर मिलते हैं जिनके विरोध में ये उठ खड़े हुए थे। सिक्ख सम्प्रदाय भी हिन्दुओं की कुरीतियों के कारण अलग पंथ के रूप में संगठित हुआ। किन्तु जाति व्यवस्था ने उसे भी न छोड़ा। इतना कहना ही पड़ेगा कि पवित्र ग्रंथ साहब के उपासक वीर रणबाँकुरे भी सिक्ख पंथ में हिन्दू देवी-देवताओं और जाति विभाजन का प्रवेश नहीं रोक पाए।

धर्म बदला 'धन्धा' नहीं

भारत में इस्लाम और ईसाई धर्मों में जाति के सन्दर्भ में हिन्दू धर्म की इस सर्वग्रासी व्यवस्था के लिए बस इतना ही कहा जाना चाहिए कि 'जहँ-जहँ पाँव पड़े संतन के तहँ-तहँ बंटाधार।' इन धर्मों में धर्मान्तरित हिन्दू अपनी जाति व्यवस्था विशेषकर धन्धे पर आधारित साथ लेते गए। वहाँ भी ब्राह्मण, शेख, कसाई, कुरैशी, जुलाहा, अंसारी बन गया। जो इस्लाम ख़ुदा की इबादत की सफ़ में सबको समान मानता है, भारतवर्ष में आकर जातिवादी हो गया। उच्चवर्ण और वर्ग के मुसलमान अशराफ़ और निम्नवर्ण तथा वर्ग के मुसलमान अजलाफ़ हो गए। सर सैयद अहमद ख़ान के मुस्लिमों के मध्य शिक्षा प्रसार का लक्ष्य अशराफ़ थे अजलाफ़ नहीं। अशराफ़ अपने को उन मुसलमानों से जोड़ते हैं जिन्होंने भारत पर हमला किया था। अजलाफ़ भारत में धर्म परिवर्तन के बाद बने मुसलमान हैं। अजलाफ़ के बाद अरज़ल हैं। अरज़ल वे शूद्र हिन्दू हैं जो धर्मान्तरित होकर इस्लाम में दीक्षित हुए। ये इस्लाम की तलवार की शक्ति के साथ इस प्रलोभन से

भी मुसलमान बने कि इस्लाम में भाईचारा है, वहाँ ख़ुदा का हर बन्दा एक समान है। इसके लिए कोई ऊँचा कोई नीचा नहीं है। इस्लाम हर जाति को हर वर्ग को मस्जिद में प्रवेश की अनुमति दे रहा था जबकि हिन्दुओं के मन्दिरों के द्वार इनके मुँह पर बन्द थे।

भारतीय मुसलानों में अलग-अलग जातियों के अलग-अलग क़ब्रिस्तानों और अलग-अलग मस्जिदों की तत्कालीन अस्थिति पर आगे चर्चा की जाएगी। पहले यहाँ स्पष्ट कर दें कि भारतीय इस्लाम में जाति प्रथा उसके आरम्भ से ही थी, यह वहाँ बाद में पनपनेवाली कुरीति नहीं है, इसीलिए 'भारतीय इस्लाम' (या इस्लाम का जातिकरण) का प्रयोग किया गया है क्योंकि संसार के सभी धर्मों की मूल पुस्तकों और सिद्धान्तों की तरह इस्लाम में भी सभी मनुष्य समान हैं। भारत में चौदहवीं सदी में ज़ियाउद्दीन बरानी की एक पुस्तक की सूचना मिलती है 'फ़तवा जहाँदारी'। इसमें बरानी ने मुसलमानों में तीन समूहों की बात कही है। ये तीनों समूह जाति और नस्ल के आधार पर बने हैं। ज़ियाउद्दीन ने जाति के लिए वर्ण का प्रयोग नहीं किया है। उनके तीन स्पष्ट समूहों में प्रथम समूह अशरफ़ हैं जो अरबी, फ़ारसी, अफ़गानी मूल के मुसलमान और उनके वंशज हैं। दूसरा जाति समूह अजलफ़ है। इसमें उच्च जाति के धर्मान्तरित हिन्दू आते हैं और तीसरी जाति अरज़ल उन शूद्र हिन्दुओं की जिन्होंने अपना धर्म परिवर्तन कर इस्लाम ग्रहण किया था। ये सेवा के लिए बने हुए माने गए। ज़ियाउद्दीन ने मनु की तरह ही इन्हें इनके व्यवसायों से जोड़कर देखा। चमार, चूहड़ा, भंगी, मैग आदि जातियाँ शूद्र मुसलमान हैं। (acmcugeorgetown.edu) जॉर्ज टाउन यूनिवर्सिटी में प्रस्तुत एक प्रपत्र (ACMCU, Prince Alwaleed Bin Talal Center for Muslim—Christian Understanding, George town University) के अनुसार ऐसे मुसलमान मसाली कहलाए। यह प्रस्तुति भारतीय जाति व्यवस्था से आरम्भ कर आंबेडकर से होती हुई पहले भारतीय मुसलमानों और फिर पाकिस्तानी मुसलमानों के भयंकर जातिवाद को सामने रखती है।

जैसाकि कहा जा चुका है कि शूद्र हिन्दू इस्लाम में उनके मूल पेशे के साथ ही स्वीकारे गए, बल्कि कहें कि उन्हें वहाँ भी अपनी पेशागत पहचान से मुक्ति नहीं मिली। हिन्दू किसान, भंगी, कुम्हार, बढ़ई, नाई आदि अब मुसलमान किसान, भंगी, कुम्हार, बढ़ई, नाई आदि हो गया। धर्म बदला 'धन्धा' नहीं। 'धन्धा' न बदलने पर जाति भी नहीं बदली। जाति न बदलने पर समान व्यवहार, खान-पान, शादी-विवाह नहीं। ये सभी अपनी-अपनी जातियों में ही बरकरार रहे। 'छुआछूत' मुसलमानों में भी बरकरार रखी गई। ज़ियाउद्दीन बरानी ने जन्म के आधार पर उच्च कुल (ब्राह्मणों की तरह) में जन्मे मुसलमान को अशरफ़ माने जाने का विवरण दिया था। जाति प्रथा को इस्लाम का अंग माननेवालों में उत्तर भारत विशेषकर उत्तर प्रदेश और बिहार के लोग प्रमुख थे। जाति को इस्लाम का अंग स्वीकार करनेवालों से असहमत दल उसे व्यवहार में क्रियान्वित होने से न रोक सका। 1800 ई. में ईसाई मिशनरियों की धर्मान्तरण की सक्रियता ने बहुत से शूद्र सिक्खों और हिन्दुओं को ईसाई धर्म में दीक्षित किया। इस्लाम के साथ ईसाई धर्म की चर्चा जोड़ लेने पर पंजाब की निम्न जाति चूहड़ा सिक्खों में जाति व्यवस्था की उपस्थिति दर्ज करवाती है। यहाँ ईसाई मिशनरियों ने मुख्यत: जिन्हें उच्च जाति का समझकर धर्मान्तरण का कार्यक्रम चलाया वे मुख्यत: निम्न जाति के चूहड़ा थे। सन् 1930 तक पंजाब के 90 प्रतिशत चूहड़ा ईसाइयत ग्रहण कर चुके थे। बचे हुओं में से

कुछ चूहड़ा चमार, वाल्मीकि, भंगी आदि के साथ इस्लाम में दीक्षित हो गए। इसी तरह उपरोक्त जातियों में से भी लोग ईसाइयत में दीक्षित हुए। चूहड़ा जब हिन्दू थे तब भी शूद्र थे और जब मुसलमान और ईसाई बन गए तब भी शूद्र ही रहे। सिक्खों ने अपने धर्म में दीक्षित हिन्दू शूद्रों को 'मज़ाबी सिक्ख' कहा। वे सिक्ख जो धर्म या पंथ पालन के कारण सिक्ख हैं, जन्म से नहीं, वे मज़ाबी सिक्ख हैं। यह जन्मना सिक्खों और धर्मान्तरित सिक्खों को स्मरण करवाने के लिए था कि ये अछूत सम्प्रदाय के हैं। चमार जाति के अधिकतर इस्लाम पंथ की ओर गए। चूँकि 1947 ई. में भारत विभाजन के बाद पाकिस्तान बनाने के लिए पंजाब का बड़ा हिस्सा दूसरा देश बन गया और जो 'मुसलमानों' के लिए बनाया गया था वहाँ की तो निम्न इस्लामी जातियाँ भी पाकिस्तानी हो गईं—उन जातियों को यह समझते-समझते बहुत देर हो गई कि पाकिस्तान अशराफ़ों द्वारा अशराफ़ों के लिए बना था। सैयद, शेख, अरब, अफ़गान मूल के अशराफ़ों ने अजराफ़ों को ही अस्वीकार कर दिया तो अजलफ़ों की औक़ात ही क्या!

यह जानना अत्यन्त दुखद है कि पाकिस्तान में चूहड़ा मुसलमान सिक्ख और ईसाई वहाँ के सभी रेस्तरां में नहीं जा सकते। यह केवल चूहड़ों के साथ नहीं है। चमार, भंगी आदि सभी धर्मान्तरित शूद्रों के अलग-अलग इलाक़े हैं। रेस्तरां में जाने पर अन्य मुसलमान बेयरे उनके द्वारा प्रयुक्त बर्तनों को छूने को तैयार नहीं होते। वहाँ जाति व्यवस्था पर कोई बात नहीं करता किन्तु ऐसे सभी धर्मान्तरित मुस्लिम, सिक्ख, ईसाई 'नापाक' हैं जो शूद्र हिन्दुओं में से आए हैं। सभी अरज़ाल 'नापाक' हैं। उर्दू में नापाक का अर्थ अपवित्र होता है। यह अपवित्रता आगे बढ़कर रक्त की शुद्धता से जुड़ गई है।

इन नापाकों के साथ पाक पाकिस्तानी शादी-विवाह, खान-पान और उठना-बैठना नहीं करते। ये नापाक सेवा के लिए हैं। इनकी जातियाँ, जो इनके पूर्वजों की थीं, जो धर्मान्तरण के बाद भी नहीं छूटीं, गालियाँ हैं। इन सभी नापाकों को 'भंगी', 'चमार', 'चूहड़ा' शब्द गालियों के रूप में अक्सर ही सुनने पड़ते हैं, चाहे वे हिन्दू हों, मुसलमान हों, सिक्ख हों या ईसाई हों। भारत से पाकिस्तान गए चमड़ा व्यवसाय से जुड़े चर्मकारों ने अपना व्यवसाय नहीं बदला। उन्हें और उन जैसे सभी धर्मान्तरित शूद्र मसाली कहलाते हैं। यह सब कुछ 'बिरादरी' के नाम पर होता है। पाकिस्तान में 'बिरादरी' हिन्दुओं की वर्ण व्यवस्था की प्रतिलिपि है। उच्च जाति का मुसलमान 'बिरादर अर्थात् भाई' अत: सभी को समान नहीं मानता। वह नीची बिरादरियों में शादी नहीं करता क्योंकि वे 'नापाक' हैं। अस्पृश्यता के मामले में वे इस्लाम की सीख याद नहीं रखते। वहाँ के दलितों को इस बात की गहरी पीड़ा है कि उनके मुसलमान भाइयों ने भी उनसे हिन्दुओं की उच्च जातियों की तरह भेदभावपूर्ण व्यवहार किया।

बिरादरी का यह रोग पाकिस्तानी बिरादरी ब्रिटेन भी लेती गई है। वहाँ बसे अशरफ़ पाकिस्तानी भी घोर नापाक अरज़ाल से शादी नहीं करते। उनकी मलिक, सैयद, जट आदि बिरादरी मसालियों से वैवाहिक सम्बन्ध करने के कोई मसाइल ही नहीं पालतीं। मसाली का अर्थ ही होता है थोड़ा कम मुसलमान, मिथ्या या बनावटी (fake) मुसलमान।

उत्तर प्रदेश और बिहार में दलित मुसलमानों के लिए आन्दोलन कर रहे एजाज़ अली ने इन प्रदेशों और उत्तर भारत के सभी मुसलमानों को धर्मान्तरित माना है। अपने द्वारा स्थापित ऑल इंडिया बैकवर्ड मुस्लिम मोर्चा के मंच से उनका वक्तव्य है कि भारतीय

मुसलमान यहीं के धर्मान्तरित स्थानीय लोग थे। इन मुसलमानों में 75 प्रतिशत भारतीय हिन्दू दलित थे। भारत के उच्च जाति के मुसलमान ईद के त्योहार पर इनके साथ खाना नहीं खाते। उनके खाने के स्थान अलग-अलग होते हैं। कुछ मस्जिदों को छोड़कर अन्य मस्जिदों में दुर्भावनापूर्ण व्यवहार नहीं होता। अन्यथा हिन्दुओं और मुसलमानों में जातिगत व्यवहार एक समान है। इस सन्दर्भ में महाराष्ट्र में दलित मुस्लिमों के अख़बार 'दलित वॉयस' और 'दलित मुस्लिम वॉयस' का उल्लेख किया जा सकता है। मुसलमानों में जाति व्यवस्था पर डॉ. मुहम्मद अय्यूब राईन की पुस्तक 'भारत के दलित मुसलमान' का भी उल्लेख किया जाना चाहिए। इस पुस्तक में उन्होंने मुस्लिम जाति व्यवस्था का विश्लेषण किया है। मुसलमानों में 64 जातियों का उल्लेख मिलता है। डॉ. अय्यूब ने पँवरिया मुसलमानों पर अलग से पुस्तक लिखी है।

अय्यूब राईन ने दलित मुसलमानों के अधिकारों की माँग में सबसे बड़ा रोड़ा मुसलमानों की अशराफ़ जातियों को बताया है—"जब भी दलित मुसलमान अपनी माँग उठाता है तो अशराफ़ वर्ग चालाकी से दलित मुसलमानों की माँगों के बीच रुकावट डालने लगता है। इतना ही नहीं, बल्कि वे दलित मुसलमान नेताओं का उपहास भी उड़ाते हैं ताकि वे अपना रास्ता बदलने पर मजबूर हो जाएँ और अशराफ़ समूह के लिए रास्ता बिलकुल साफ़ रहे।...मिस्टर राजेन्द्र सच्चर ने मुसलमानों को किस समूह के हालात को दलित से भी ख़राब बताया ये देखने की ज़रूरत है।...अशराफ़ कही जानेवाली मुस्लिम जातियों का प्रतिशत सिर्फ़ 15 प्रतिशत है जबकि अरज़ाल और अजलाफ़ (OBC और SC/ST) मुसलमानों की संख्या 85 प्रतिशत है। कई छोटी जातियाँ सामाजिक प्रतिष्ठा के कारण ख़ुद को 'शेख' जाति का घोषित कर सकी हैं नहीं तो अशराफ़ जाति का प्रतिशत और भी कम होता। अशराफ़ जातियों में जो ग़रीब और अनपढ़ लोग हैं वे इन्हीं छोटी जातियों के हैं जो ख़ुद को अशराफ़ जातियों में शामिल करते हैं। दूसरी तरफ़ 85 प्रतिशत छोटी जातियों का मुसलमान समूह जो अरज़ाल और अजलाफ़, जिसका 80 प्रतिशत हिस्सा अनपढ़, गँवार, मज़दूर और राजनैतिक रूप से हाशिए के नीचे की ज़िन्दगी गुज़ारनेवाला है।" (भारत के दलित मुसलमान, डॉ. अय्यूब राईन, प्रथम खंड, हेरिटेज़ प्रकाशन, दिल्ली, 2019, द्वितीय खंड, आखर प्रकाशन, दिल्ली, 2019)

इस 80 प्रतिशत मुस्लिम आबादी में कुछ पेशागत जातियाँ तो विलुप्त होने के कगार पर हैं जैसे नालबन्द, मीरासी, चूड़िहारा। इसके अतिरिक्त इनमें मुकरी, बखो, भटियारा, भमरिया, नट, हलालखोर, गद्दी, फ़कीर, मीरशिकार, शिकालगर, दफ़ाली, गोरखन और गधेड़ी जाति के लोग हैं। गधेड़ी जाति गदहों पर सामग्री ढोकर सँकरी गलियों तक पहुँचाती है। सासाराम की गधेड़ी जाति बहुत कष्ट में है। इस्लाम में जाति और उसके कारण मुसलमानों की दुर्दशा और शोषण पर उर्दू अख़बार 'द वायर' (The wire (Urdu) https://yt.orcsnet.com/# the— wire) के उप सम्पादक फ़ैयाज़ अहमद वाजेह को दिए गए साक्षात्कार में डॉ. मुहम्मद अय्यूब राईन ने दलित और पसमांदा मुसलमानों का अन्तर बताया। पसमांदा फ़ारसी शब्द है जिसका अर्थ होता है पीछे रह जानेवाला। अर्थात् पिछड़ा या 'बैकवर्ड'। (हिन्दू जातियों के आज के विभाजन के समान तौर पर पिछड़ी जातियाँ (बैकवर्ड कास्ट) और अति पिछड़ी जातियाँ।) जैसाकि पहले कहा जा चुका है दलित मुसलमान वे हैं जो दलित हिन्दू इस्लाम में धर्मान्तरित हुए। इस

साक्षात्कार में उन्होंने कुछ हृदय विदारक तथ्य दिए जिससे इस्लाम की मूल धारणा, 'मसावत का तसव्वुर' (समता का सिद्धान्त) सिरे से ख़ारिज हो जाता है। वे बखो और नट जातियों में अन्तर बताते हुए कहते हैं कि सामान्यत: बखो जाति के लोग किसी पुल, नाले या गन्दी जगहों के आसपास तम्बू आदि लगाकर रहते हैं। इन तक तबलीगी ज़मात के लोग भी नहीं पहुँचते। इस पूरी जाति में अब तक केवल 12 ग्रेजुएट हैं जिनमें से एक महिला है। किसी के पास नौकरी नहीं है। इसी प्रकार पभरिया जाति के लड़के छठी-सातवीं कक्षा के आगे नहीं बढ़ते क्योंकि उनका जातिगत पेशा बधाई गीत गाना और नाचना है। पढ़ने के बाद नौकरी नहीं मिलती और फिर वे जातिगत पेशा भी नहीं अपनाएँगे, इसलिए उन्हें स्कूल से जल्दी उठा लिया जाता है। अपने इसी साक्षात्कार में डॉ. अय्यूब ने बताया कि मुसलमानों के कई स्थानों पर अलग-अलग क़ब्रिस्तान हैं। अशराफ़ के अलग क़ब्रिस्तान अज़लाफ़ के अलग क़ब्रिस्तान। मस्जिदें भी अलग-अलग हैं। दरभंगा में हज्जाम, मिस्सीकार का अलग क़ब्रिस्तान है। उन्हें अशराफ़ के क़ब्रिस्तान में नहीं दफ़नाया जा सकता। एक बार भयंकर बारिश होने पर उनके क़ब्रिस्तान में इतना अधिक पानी भर गया कि किसी को दफ़नाना सम्भव नहीं था। उसी समय गोरखन जाति की एक छोटी बच्ची की मौत हो गई। वे उसे दफ़नाने के लिए अशराफ़ के क़ब्रिस्तान ले गए लेकिन अशराफ़ों ने उन्हें उस बच्ची की लाश को अपने क़ब्रिस्तान में दफ़नाने नहीं दिया। इसी तरह औरइ में दफ़ाली जाति की मस्जिद अलग है तथा दूसरे मुसलमानों की अलग। एक बार अशराफ़ मुसलमानों की मस्जिद मरम्मत के लिए बन्द की गई तो वे अपने गाँव की दफ़ाली जाति की मस्जिद में नमाज़ पढ़ने नहीं गए। उन्होंने मस्जिद की मरम्मत होने तक बग़ल के गाँव की मस्जिद में जाकर नमाज़ पढ़ी। अन्य सभी धर्मों और सम्प्रदायों की तरह सिक्खों के पवित्र ग्रंथ 'गुरु ग्रंथ साहब' में जाति प्रथा का समर्थन नहीं है। सिक्खों के सभी धर्म गुरुओं ने जाति प्रथा का विरोध किया। फिर भी उनमें भी जाति प्रथा भी है और उसके आधार पर भेदभाव भी। सिक्खों में सबसे प्रमुख जाति जाट है। साठ प्रतिशत सिक्ख इसी जाति के हैं। ये मुख्यत: किसान हैं। व्यापारी जातियों में खत्री, अरोड़ा और कपूर आते हैं।

निम्न जातियों के सिक्खों में मज़ाबी सिक्ख आते हैं, जिनकी चर्चा की जा चुकी है। जिन शूद्र हिन्दुओं ने सिक्ख धर्म अपनाया वे वहाँ भी शूद्र ही रहे और मज़ाबी या मज़हबी सिक्ख कहलाए। इनमें चूहड़ा, भंगी का उल्लेख मुसलमानों में जाति तंत्र के साथ किया जा चुका है। वाल्मीकि जाति से सिक्ख पंथ में आए लोगों ने अंग्रेज़ों के समय सिक्ख खालसा आर्मी और बाद में भारतीय सेना में लम्बी सेवाओं के बाद अपना एक स्थान बना लिया। फिर भी मज़ाबी सिक्खों का समूह गाँवों में अलग-अलग रहता है। उन्नीसवीं सदी में वे गुरुद्वारों में अरदास (प्रार्थना) नहीं कर सकते थे। अभी भी बहुत से स्थानों पर मज़ाबी सिक्खों के श्मशान घाट अलग हैं। सिक्खों में जातिवाद पर बहुत से शोध कार्य और सरकारी रिपोर्ट हैं। राभदासिया या रविदासी सिक्ख हिन्दू चमारों से सिक्ख सम्प्रदाय में गए थे। उन्नीसवीं सदी में मज़ाबी सिक्खों के साथ अंग्रेज़ी राज ने उसी तरह अन्याय किया जैसा शेष भारत के साथ किया था। "The British Raj system of land allocation in the Punjab also worked against the Mazhabis. As land in the new canal colonies was made available for cultivation, the Raj allocated it to people on the basis of the scale of existing land holdings communities such as the Jats received most of the 4,000,000 acres that became available between 1885-1940 while outcastes were excluded entirely." ('Nation-State' and Minority in India; comparative perspective on Muslims and Sikhs Identities, Fazal Tanveer, Routledge, New Delhi, 2014, p. 147)

इस प्रकार जिन सम्प्रदायों ने जाति प्रथा के विरुद्ध आन्दोलन कर अपना अलग अस्तित्व गढ़ा वे इससे कभी मुक्त ही नहीं थे। आरम्भिक काल में सभी धार्मिक पंथों जैसे बौद्ध, जैन और सिक्ख में इसका पूर्णत: अस्वीकार मिलता है, किन्तु वे मानवता की इस शत्रु प्रथा से लड़ते-लड़ते इस मोर्चे पर हार गए। भारतीय ईसाइयों में जाति प्रथा की उपस्थिति की चर्चा चूहाड़ ईसाइयों के सन्दर्भ में की जा चुकी है। भारत में उन्नीसवीं सदी में प्रोटेस्टेंट के आने से पहले सोलहवीं सदी में यूरोपीय ईसाई भारत आ चुके थे। धर्मान्तरण का कार्य तभी आरम्भ किया जा चुका था। भारतवर्ष में ईसाइयों के आगमन का इतिहास यूँ तो प्रथम शताब्दी से जोड़ा जाता है, "The Syrian Christians along the Malabar Coast trace to the legendry visit of St. Thomas the Apostle, early in the Ist century AD. Many of the Syrian Christians were of high birth and after conversion they continued to be accorded a mid rank status by the Hindus society that surrounded them." (https://www.britannica.com/topic/christian-caste)

इस्लाम के दो समूहों शिया और सुन्नी में बँटे होने के साथ उनके 72 फ़िरकों की बात कही जाती है। इसी प्रकार ईसाई धर्म भी दो सम्प्रदायों रोमन कैथलिक और प्रोटेस्टेंट में विभाजित है। इस्लाम और ईसाई धर्म के दोनों ही धड़े आपस में सनातन या हिन्दू धर्म कहलानेवाले धर्म के शैव, शाक्त, वैष्णव आदि से भिन्न हैं। उनमें आपस में 'विश्वास' (अक़ीदा और faith) के प्रश्न पर मतभेद हैं जिन्हें वे अभी तक सुलझा नहीं पाए हैं। ईसाई धर्म के प्रर्वतक ईसा मसीह ने अहिंसा, प्रेम और भाईचारे का सन्देश दिया था। ईसाई समाज उन पर विश्वास करने के कारण ईसाई कहलाता है, "To say that Christianity 'focuses' on Jesus Christ to say that somehow it brings together its beliefs and practices and other traditions in reference to a historical figure. Few Christians, however, would be content to keep this reference merely historical. Although their faith traditions is historical—i.e., they believe that transactions with the divine do not occur in the realm of timeless ideas but among ordinary humans through the ages the vast majority of Christians focus their faith in Jesus Christ as someone who is also present reality. They may include many other references in their tradition and thus may speak of 'God' and 'human nature' or of the 'Church' and the 'world', but they would not be called Christian if they did not bring their attention first and last to Jesus Christ." (Ibid)

जीसस द्वारा प्रवर्तित मानव-मानव को समान समझनेवाले धर्म का ढाँचा देखने में अत्यन्त सरल प्रतीत होता है कि जिसे केवल और केवल ईसा मसीह में विश्वास है वही ईसाई है, लेकिन यह इतना भी सरल नहीं है जितना कि लगता है, "While there is something simple about this focus on Jesus as the central figure, there is also something very complicated. The complexity is revealed by the thousands of separate Churches, sets, and denominations that make up the modern Christian tradition. To project these separate bodies against the background of their development in the nations of the world is to suggest the be wildering variety." (Ibid)

उपरोक्त उद्धरण के आलोक में भारतवर्ष में ईसाई धर्म के प्रचार के साथ धर्मान्तरित समूहों की विस्मित कर देनेवाली अलग पहचान जाति व्यवस्था कही जा सकती है। उन्नीसवीं सदी में बहुत बड़ी संख्या में भारत आए प्रोटेस्टेंट मिशनरियों ने यहाँ धार्मिक सुधार और धर्मान्तरण का जो अभियान चलाया उसमें उन्हें निम्न जातियों में ही अधिक सफलता मिली—"In the 19th Century, protestant Missionaries arrived in India in large numbers. They insisted on social reform along with religious conversion ; the result was the most of their converts were from the lows social classes." (Ibid)

चूँकि भारतवर्ष में निम्नवर्ग का निम्न जातियों से सीधा सम्बन्ध था, अत: ईसाई धर्म में धर्मान्तरित होनेवाली हिन्दू जातियों के सम्पर्क में अनुमान लगाना कठिन नहीं है। जिस प्रकार हिन्दुओं ने अपने मन्दिरों में सभी जातियों को प्रवेश की अनुमति नहीं दी, जिस प्रकार भारतीय मुसलमानों (पाकिस्तानी भी) की कई जातियों को अशराफ़ की मस्जिद में घुसने की इजाज़त नहीं है, उसी प्रकार ईसाइयों के गिरजाघरों ने भी सभी 'जाति' के ईसाइयों को एक साथ बैठने नहीं दिया। संसार भर में आधुनिकता तर्क और विज्ञान की जयपताका फ़हरानेवाले ईसाइयों में भी जातिवाद उसी प्रकार गहरी जड़ें जमाए रहा है जैसे भारतवर्ष के अन्य धार्मिक सम्प्रदायों में। "Caste distinctions among contemporary Indian Christians are breaking down at about the same rate as those among Indians of other faiths. In some instances the old tradition Persist and there are Catholic Churches where members of each caste sit apart for worship." (Ibid)

इस स्थान पर यह कहा जा सकता है कि हिन्दुओं की जाति व्यवस्था हिन्दुस्तान के किसी भी कोने के किसी भी धर्म से न हटाई जा सकी। हिन्दुओं की इस कुरीति की चर्चा स्पष्ट और खुले तौर पर होती रही, बीसवीं सदी के दूसरे-तीसरे दशक से शूद्रों के मन्दिर प्रवेश निषेध के विरुद्ध आन्दोलन हुए, किन्तु भारतीय मुस्लिम और ईसाई धर्मावलम्बियों के बीच इस सुलगती आँच की तपिश बृहत्तर समाज या सामाजिक-राजनैतिक चर्चा में विरले ही आई। इन समुदायों के पीड़ितों ने कभी कोई प्रतिवाद नहीं किया और अगर कभी किया भी हो तो वह सुनी जा सकनेवाली आवाज़ में नहीं किया। उन्हें अपनी और अपने पूर्वजों की उसी जाति व्यवस्था को ढोना पड़ा जिससे वे हिन्दू के रूप में त्रस्त थे। "Christian Caste, in India the social stratification that persists among

Christians, based upon caste membership at the time of an individuals own or of an ancestor's conversion. Indian Christian society is divided into groups geographically and according to denomination but the override factor is one of caste." (Ibid)भारत में हिन्दू और इस्लाम धर्म से ईसाई धर्म में धर्मान्तरित होनेवाली जातियों में मुख्यत: पंजाब की चूहड़ा, उत्तर प्रदेश, बिहार और मध्य प्रदेश की चमार, गुजरात की वांकर और केरल की पुलाया जातियाँ हैं। ये सभी शूद्र जातियाँ मानी जाती हैं। ईसाई धर्म में इन्हें दलित ईसाई कहा गया। अपने प्रपत्र 'दलित क्रिस्चियन्स इन इंडिया : डिस्क्रिमिनेशन', डेवलपमेंट डेफ़सिट एंड द क्वैश्चन फॉर ग्रुप स्पेसिफ़िक पॉलिसीज़ में सॉबिन जॉर्ज लिखते हैं, "There are ample evidences which include caste Hindus, church institutions and in some circumstances Dalit Hindu (Jose, 1990 ; Moss, 1994 ; Louis, 2007 ; Kujur, 2009 ; Patil and Dabhi, 2010 ; Pathare, 2010 ; Pinto, 2010). Scholars have observed that Dalit Christians suffer from same forms of discrimination, atrocities, socio-economic backwardness and deprivations like that of other Dalits. Some studies also pointed out that the forms of discrimination against Dalit Christians range from untouchability practices to denial of equal rights in spheres like buying and selling in markets, employment and access to services as health, drinking water and sanitation. For instance, Jose (1990) highlighted the instances of untouchability faced by Dalit Christians through an empirical study conducted in rural Tamil Nadu. The study showed that the predominant forms of discrimination faced by them also include classical forms of untouchability like prohibition in using common drinking water resources at places like school. The study also drew attention on the deprivation of Dalit converted Christians in terms of facilities available. It showed that for most of the indicators such as access to drinking water, pucca house and education Dalit Christians were worse off than even non-converted Dalits." (Dalit Christians in India : Discrimination, Development. Deficit and the Questions for Group—Specific Policies (working paper, Indians Institute of Dalit Studies, Sobin George, New Delhi, 2012, पृ. 13)

इस चर्चा को यहीं विराम देते हुए कहा जा सकता है हिन्दुओं की जाति व्यवस्था उनके साथ उन धर्मान्तरित समूहों में लगभग उसी भेदभाव और पक्षपातपूर्ण व्यवहार के साथ स्थानान्तरित हुई जिससे बचने के लिए वे दूसरे धर्मों में दीक्षित हुए। यही नहीं ऐसे धर्मान्तरित समूह जहाँ-जहाँ गए वहाँ-वहाँ अपने साथ जाति प्रथा की कुरीति लेते गए। जाति नामक शत्रु से उनका पीछा नहीं छूटा। कभी वे ख़ुद नहीं भूले, कभी औरों ने भूलने नहीं दिया। इस स्थिति पर जो कारुणिक हँसी आती है वह तीव्र रुदन से अधिक हृदय विदारक है।

अध्याय चार

उन्नीसवीं सदी का पूर्वार्द्ध और जाति सम्बन्धी विचार

शास्त्रों के अपौरुषेय होने की बात पूरी उन्नीसवीं सदी में व्याप्त है। व्याप्त तो यह बीसवीं शताब्दी के प्रथमार्द्ध में भी है। सन् 1930 तक ऐसी ही विचारधारा की असंख्य रचनाएँ मिलती हैं। उन्नीसवीं सदी धर्मशास्त्रों की जिस शुचिता पर पूर्ण आस्था रखती है उसकी जड़ें पुरानी हैं। आंबेडकर स्पष्ट कहते हैं कि यह सब फैलाया भले ही ब्राह्मणों द्वारा गया किन्तु उसे सभी हिन्दुओं ने अपनाया। इनमें से जो ब्राह्मणों के अधिक निकट रहे उन्होंने इसका अधिक अनुकरण किया—"जाति निर्माण में अनुकरण नियम किस प्रकार प्रभावकारी होता है इसे समझने के लिए यह जान लेना आवश्यक है कि जाति-संरचना के प्रारम्भ-काल में प्रचलित रीति-रिवाजों को गैर-ब्राह्मण वर्गों का समर्थन प्राप्त था। बाद के इतिहास-काल में बिना किसी वैचारिक समर्थन के ये अनुकरण भाव हिन्दू-मस्तिष्क पर आच्छादित हो गए और आज भी वैसी ही स्थिति है क्योंकि अब इन्हें किसी प्रकार के वैचारिक समर्थन की नहीं वरन् आस्था मात्र की आवश्यकता भर है। वैचारिक समर्थनहीन आस्था का रूप जलाशय में फैली काई के समान होता है और केवल एक ही प्रकार से सती, बाध्य वैधव्य और बालिका विवाह प्रथा के पालन की व्यापकता के अनुरूप हिन्दू समाज में जाति की हैसियत प्रत्यक्षतः बदलती रहती है। इन प्रथाओं का पालन एक जाति को दूसरी जाति से पृथक् करनेवाली 'दूरी' (मैं इस शब्द का प्रयोग टार्डे की परिभाषा के अनुसार कर रहा हूँ) पर निर्भर करता है। ब्राह्मणों के समीपस्थ जातियों ने इन सभी प्रथाओं का अनुकरण किया है। इसमें कोई सन्देह शेष नहीं रहता कि नीचे वालों के द्वारा ऊपर वालों के अनुकरण की प्रक्रिया ही भारत में जाति-संरचना की सम्पूर्ण प्रक्रिया रही है।" (जाति, परम्परा और इतिहास, सम्पा. नीलकान्त, हाथ प्रकाशन, इलाहाबाद, 1999, पृ. 22)

अपने-अपने 'इतिहास' की खोज

उन्नीसवीं सदी में जातियों ने अपनी पहचान स्थापित करने के लिए अपने 'इतिहास' की खोज आरम्भ की। कुछ भाग्यशाली जातियों के अतिरिक्त अधिकांश जातियों के पास अपना इतिहास लिखित रूप में नहीं था। इन जातियों ने मौखिक इतिहास, लोकश्रुतियों और कल्पना के मिश्रण से अपना इतिहास रचा। लगभग सभी जातियों ने अपने पूर्वपुरुष के रूप में किसी देवता या भगवान राम और कृष्ण से अपना सीधा सम्बन्ध जोड़ा। सभी जातियाँ 'सूर्यवंशी' या 'चन्द्रवंशी' हो गईं। अभी के ज्ञात वर्षों से सीधे पौराणिक पात्र या देवताओं तक की छलाँग लगाकर सभी जातियों ने अपनी गौरवशाली वंशावलियाँ तैयार

कीं। यहाँ यह उल्लेख आवश्यक है कि वैश्यों, क्षत्रियों और शूद्रों को उच्चवंशी प्रमाणित करने का यह प्रयास पहले-पहल उन्नीसवीं सदी में नहीं हुआ था। शकों के इस देश पर आक्रमण और फिर यहीं बस जाने पर भारतीय समाज में उन्हें सम्मिलित करने के लिए उनकी एक जातीय व्यवस्था आवश्यक थी। 351-52 ई. के कनखेड़ा के शिलालेख में शक राजकुमार श्रीधर वर्मन को कार्तिकेय से जोड़ा गया था—"इस शिलालेख की स्थापना न्यायपूर्ण विजेता शक नन्द के पुत्र महादंडनायक (क्षत्रप) श्रीधर वर्मन ने कराई जिन्होंने देवताओं के सेनापति महासेन कार्तिकेय की उपासना की, जिनकी सेना कभी परास्त नहीं हुई और जिन्होंने दैवी शक्तियों से सदा जीत हासिल की।" (जाति व्यवस्था, सच्चिदानन्द सिन्हा, राजकमल प्रकाशन, नई दिल्ली, 2006, पृ. 79)

इसी तरह शूद्रों में गिने जानेवाले कायस्थों ने अपने को चित्रगुप्त का वंशज बताया। कायस्थों की उत्पत्ति के सम्बन्ध में गौरवशाली चित्र बहुत पहले से खींचे गए। रीवा का शिलालेख 1048-49 ई. कायस्थों की उत्पत्ति के बारे में बताता है। साथ ही उनका यशोगान भी करता है—"(श्लोक-35) वास्तव में दोषरहित त्रिनेत्र से पवित्र जन्म लेनेवाला कचरा नामक व्यक्ति था—जो ऋषियों में सर्वश्रेष्ठ था और जिसने कुलांचण नगर को तीनों लोक का आभूषण बना दिया था।

"(श्लोक-36) उनसे, जो आत्मज्ञाताओं में श्रेष्ठ थे, चौथे (वर्ण) कुल के एक बालक ने स्वर्ग से आई नदी के किनारे जन्म लिया जो पूरी दुनिया में पूजनीय है।

"(श्लोक-37) पृथ्वी पर ईश्वर जैसे लोगों (ब्राह्मणों) के चरणों की धूल पानेवाले आपको यशस्वी और कर्मठ सन्तान की प्राप्ति हो और यह बालक स्वर्ग के स्वामी के मंत्री बृहस्पति जैसा हो।

"(श्लोक-38) चूँकि आप स्वयं असंख्य गुणों से भरी काया में स्थित हैं इसलिए आप कायस्थ नामक जाति में जाते हैं।" इस शिलालेख में यह कोई भी देख सकता है कि ब्राह्मण किस आसानी से शूद्र कप श्रेणी से कायस्थों को ऊपर उठा सकते थे।" (वही, पृ. 79)

दान-दक्षिणा देनेवालों के प्रति ब्राह्मणों ने ख़ूब उदारता बरती। उन्होंने महावतों, बुनकरों और मोचियों का यशोगान किया। अपने आर्थिक पक्ष को सशक्त करने हेतु ब्राह्मणों ने किसी भी जाति के महिमामंडह में कोई कृपणता नहीं की। 1415 ई. में ब्रह्मदेव के शासन काल में खलारी के शिलालेख में एक मोची द्वारा मन्दिर बनवाने का प्रशस्ति गान है एवं चर्मकार के यश के सूरज-चाँद के रहने तक बने रहने का आशीर्वाद है—

"(श्लोक-9) यहाँ देदीप्यमान हैं देवपाल, जो अपने नाम के अनुरूप यशस्वी पिता शिवदास के पुत्र और जासन नामक चर्मकार के पौत्र हैं और जिनका सौन्दर्य चन्द्रमा के समान है और जिनकी कीर्ति चहुँओर है। जो अपने काम में कुशल हैं, जो अपनी अच्छाई में ब्राह्मणों के अनुगामी हैं और पवित्र कार्यों में जिनकी बहुत रुचि है और जिनका तेज नारायण के स्मरण से और निखरता जाता है।

"(श्लोक-10) अपनी क्षमता और महान भक्ति भावना से उन्होंने कमंडल समेत नारायण का मन्दिर बनवाया। हरि इनकी इहलोक और परलोक की सदा कामनाएँ पूरी करें।

"(श्लोक-11) हरि के कमलनुमा चरणों से टकरानेवाले अमृत के सागर में गोते लगानेवाले दामोदर मिश्र ने इस प्रशस्ति की रचना की जो अन्य कवियों के मस्तिष्क में भी आनन्द का संचार करती है।

"(श्लोक-12) जब तक गंगा सूरज की बेटी यमुना के साथ इस संसार में वाहि है, जब तक सितारों के स्वामी चन्द्रमा के साथ सूरज आसमान में चमक रहा है तब तक चर्मकार देवपाल का यश नारायण के इस मन्दिर के माध्यम से बना रहेगा।" (वही, पृ. 80)

कितने मज़े की बात है जिन ब्राह्मणों ने जाति व्यवस्था को जन्म दिया, उसमें ऊँच-नीच का भेद किया उन्हीं ब्राह्मणों ने तथाकथित निम्न जातियों को तथाकथित उच्च जातियों में परिणत कर दिया। निम्न जातियों का पूरे मन से यशोगान किया। यद्यपि ब्राह्मणों की सर्वोच्च स्थिति अटल बनी रही। निम्न जातियों का यशोगान का अर्थ यह कदापि नहीं लगाना चाहिए कि ब्राह्मणों ने अपनी स्थिति से कोई समझौता किया। 'नासिकेतोपाख्यान' में सदल मिश्र लिखते हैं; "जो देवता गुरु ब्राह्मण को मानते, धर्मशास्त्र को विचारते, सकल प्राणियों में दया करते वो सब की भलाई में दिन-रात लगे रहते हैं; तिनके विलास के लिए धर्मराज की पुरी में पुष्पोदका नाम की नदी को भगवान ने बनाया है जो तीनों लोक में प्रसिद्ध है। न तो वहाँ किसी को कुछ भूख-प्यास कभी लगती, न कोई शोक-संताप होता है, न भय, न दुख, न किसी बात की कुछ चिन्ता और नित्य नया-नया आनन्द विहार करते हैं।" (नासिकेतोपाख्यान, सदल मिश्र, पृ. 37)

एक ब्राह्मण ही द्विज है जो तीनों लोक और चारों धाम का ज्ञाता है। वही तीनों लोक के दर्शन कर वहाँ का वर्णन कर सकता है और घर बैठे चारों धाम का पुण्य कमा सकता है। उसके स्वयं के लिए किसी विधि-विधान की कोई आवश्यकता नहीं। दूसरों को मुक्ति दिलवाने के क्रम में उसे पहले ही मुक्ति का पारपत्र देकर उस परम ब्रह्म ने भेजा है। आरम्भ में क्षत्रिय ब्राह्मणों के निर्देशन में जो यज्ञ करते थे वे आगे चलकर हवन में परिणत हो गए। हिन्दू समाज ब्राह्मणों के निर्देश पर चला अवश्य, किन्तु यह नहीं कहा जा सकता कि ब्राह्मण, ऋषि-मुनि और मुनि आदि कोई तानाशाह थे जिन्होंने इसे अपने बल या अत्याचार से आतंकित कर हिन्दुओं को ऐसा करने के लिए बाध्य किया। आंबेडकर इसे व्याख्यायित करते हैं—"समाज को अपने स्वरूप के अनुरूप ढालना कितना गौरवशाली और कितना कठिन कार्य होता है। ऐसा कार्य करने में किसी को आनन्द प्राप्त हो सकता है और वह इसे प्रशस्ति-कार्य कह सकता है लेकिन वह इसे बहुत आगे तक नहीं ले जा सकता। मेरे आलोचनात्मक आक्रमण की प्रचंडता अनावश्यक प्रतीत हो सकती है किन्तु मैं आपको आश्वस्त करता हूँ कि अकारण नहीं है। कट्टरपंथी हिन्दुओं में ऐसी घोर आस्था व्याप्त है कि हिन्दू समाज येन-केन-प्रकारेण प्रारम्भ से ही जाति-व्यवस्था के अधीन रहा और यह ऐसा संगठन है जिसे शास्त्रों ने सुचित होकर रचा। इतना ही नहीं कि इस प्रकार की आस्था विद्यमान है वरन् इसको इसलिए उपयुक्त बताया जाता है कि इसकी रचना शास्त्रों ने की है, अत: यह लाभकारी होने के अतिरिक्त और कुछ हो ही नहीं सकता।" (जाति, परम्परा और इतिहास, पृ. 22)

असल में किसी प्रचलित प्रथा से टक्कर लेकर नया आविष्कार करना सदैव ही कठिन होता। यह मनोवैज्ञानिक तथ्य है कि अनुकरण सरल है, आविष्कार कठिन। उन्नीसवीं सदी के जाति-प्रश्नों से जूझते विभिन्न जाति समूहों ने भी यह कठिन कार्य नहीं किया। उन्होंने सरल मार्ग चुना। ठीक ब्राह्मणों की तरह स्वयं को दैवीय अंश प्रमाणित करने का प्रयास किया। शूद्र और स्त्रियों के धर्मशास्त्र सम्बन्धी अध्ययन पर रोक की

चर्चा से हम सब अपरिचित हैं, किन्तु शूद्रों के धर्मशास्त्र अध्ययन पर लगी रोक के हटने की सूचना रतन के शिलालेख में 1495-96 ई. के वराह काल में ही मिल जाती है—

"(श्लोक-1) सूत्रधारों में कोकस कुल का छिटकू भी है जो शिल्प-शास्त्रों के ज्ञान और अपने हृदय की करुणा के लिए प्रसिद्ध है।

"(श्लोक-2) ईश्वर और पुरखों की अनुकम्पा से वह पाँच विज्ञानों का सागर है—प्रतिभा, कौशल और सचाई के गुण तो नारायण ने दिए ही हैं।

"(श्लोक-3) सूत्रधार छिटकू काष्ठ और प्रस्तर के साथ ही सोने के काम में भी कुशल है। उसके पास कलपुर्जों के विज्ञान की भी भारी जानकारी है।

"(श्लोक-4) सूत्रधार छिटकू को वाँका और त्रिवाँका का ज्ञान है, वह लताएँ और पत्तियाँ उकेर सकता है। वह त्रिताल और सप्तताल भी जानता है।

"(श्लोक-5) मन्मथ का सुयोग्य पुत्र सूत्रधार छिटकू विज्ञान का पूर्ण ज्ञाता है और उसने अपना हृदय केशव के साथ जोड़ रखा है।

"(श्लोक-6) मंडन उसका अनुज है जो तीन देवी-देवताओं का भक्त है और धर्मग्रंथों का पाठ करता है।

"(श्लोक-7) वह ब्राहमणों का भक्त है। ज्योतिष के ज्ञान समेत मंडन का सारा ज्ञान विश्वकर्मा के आशीर्वाद से ही मिला है।

"(श्लोक-8) इसका लेखक दित्याणा है जो बहुत अनुशासित और अपने भाई के प्रति श्रद्धानत है। वह विज्ञान के उसके ज्ञान और अन्य प्रतिभाओं से भी प्रभावित है।" (जाति व्यवस्था, पृ. 81)

यह स्तुतिगान ब्राह्मणों पर लगे उस कलंक को धो देता है कि उन्होंने सदैव निम्न जातियों की निन्दा की या उन्हें श्राप दिया। "धर्मशास्त्रों के अध्ययन पर प्रतिबन्ध का व्यवहार में कहीं असर न था। निचले वर्ण के लोगों को भी ज्ञान और सम्पत्ति अर्जित करने का अधिकार तो था ही, ब्राह्मणों के सहयोग से वे वर्ण व्यवस्था में ऊपर भी जा सकते थे जैसाकि हमने कायस्थों के मामले में देखा है। यह सब कुछ ब्राह्मणों द्वारा किए जानेवाले स्तुतिगान और घोषित वंशावली से हो सकता था और ब्राह्मण दान-दक्षिणा लेकर यह कर सकते थे।" (वही, पृ. 82)

सामाजिक परिवर्तन का सबसे शक्तिशाली माध्यम सत्ता और राजनीति रहे हैं। अर्थ राजनीति द्वारा ही शक्तिशाली बनता है। उन्नीसवीं सदी से बहुत पहले सत्ता और राजनीति ने तथाकथित अवर्णों को तथाकथित सवर्णों में सम्मिलित किए जाने में एक महत्त्वपूर्ण भूमिका का निर्वाह किया था। ऐसे में सदैव शोषित रहने और उन्हें सत्ता, जाने के प्रचार की राजनीति पर शंका होना स्वाभाविक है। भारतीय नवजागरण और यूरोपीय नवजागरण में जो अन्तर रहे उनमें सर्वप्रमुख 'धर्म बनाम मानवतावादी' के प्रति इन नवजागरणों का रवैया था। यूरोप ने चर्च की सत्ता को चुनौती दी। प्रशासन और धर्म अलग कर दिए गए। चूँकि वहाँ की धार्मिक परिस्थितियाँ इसके अनुकूल थीं अत: धर्म का राजनीति में हस्तक्षेप क्रमश: कम होता गया किन्तु भारतवर्ष की विचित्र स्थिति रही। यहाँ पर न पूरा धार्मिक सुधार हुआ और न ही राजनीति और धर्म का विलगाव ही हुआ। धर्म, धार्मिक विश्वासों और धार्मिक अनुष्ठानों की भी कोई ठोस और स्पष्ट परिभाषा सामने नहीं रही। तैंतीस कोटि (प्रकार) देवी-देवताओं से तैंतीस कोटि (करोड़) देवी-देवता बना लेनेवाली

भारतीय जनता के धार्मिक विश्वासों की तार्किकता से सम्पूर्ण दूरी का पता चल ही जाता है। चूँकि तैंतीस करोड़ एक बड़ी संख्या है अत: इसमें नवनिर्मित देवी-देवताओं को स्थान पाने में कोई कठिनाई नहीं हुई। प्रत्येक जाति के सूर्य और चन्द्रवंशी हो जाने के तर्क को भी कोई ख़तरा नहीं था क्योंकि कभी तो सभी के पूर्वज एक ही थे। प्रत्येक जाति ने अपने कुलदेवता का निर्माण किया। जाति में भी उपजातियों, उपजातियों में प्रान्तियों, प्रान्तियों में संयुक्त परिवारों के अपने-अपने कुलदेवी और कुलदेवता होने लगे। जैसाकि कहा गया है कि संख्या सीमा के निर्धारण या पालन की कोई आवश्यकता नहीं थी। यह क़िस्सा केवल हिन्दी-नवजागरण का नहीं है, बंगाल के अति प्रसिद्ध पाल और सेन राजाओं को भी ऊँचा दर्जा दिया गया। मौर्य, गुप्त, पाल और सेन राजाओं में से कोई भी क्षत्रिय नहीं था। बंगाल में भी अलग-अलग जातियों द्वारा अलग-अलग लोक देव-देवियों का पूजन हिन्दी प्रदेश जैसा ही पाया जाता है। इस सन्दर्भ में तब के बंगाल प्रेसिडेंसी में सम्मिलित बिहार की कुछ जातियाँ और षष्ठी पूजन (छठ पूजा) का उदाहरण पर्याप्त होगा।

फ्रांसिस बुखानन ने 1807 से 1814 के बीच पूर्वी भारत की जातियों की परम्पराओं और स्मारकों का पहला विश्वसनीय ब्योरा तैयार किया। बुखानन ने इस विवरण में बहुत-सी जातियों के उत्थान-पतन के बारे में सूचनाएँ एकत्रित कीं। इसमें से पहला उदाहरण थारू जाति का दिया जा सकता है। ये गोरखपुर के थे और इस जाति ने उत्तर-पूर्वी उत्तर प्रदेश और उत्तर-पश्चिमी बिहार के बड़े क्षेत्र पर शासन किया किन्तु बाद में इस जाति का पतन हो गया। थारू जाति अपने को चित्तौड़ के उन राजपूतों का वंशज बताती है जिन्हें वहाँ से शराब पीने और मांसाहार के कारण भगा दिया गया था। ए.सी. एल. कार्लाइल ने इन्हें शाक्यों का वंशज बताया है। बुखानन ने इसी क्षेत्र के डोमकटारों (डोमां) और भूमिहारों के सम्बन्ध में भी लिखा है। रोचक बात यह है कि भूमिहारों के कई प्रकार और उनके उद्‌भव के सम्बन्ध में अनेक कहानियाँ निकलकर आती हैं।

समाज में प्रमुख विचारधारा के साथ गौण विचारधाराएँ भी विद्यमान रहती हैं। ये गौण विचारधाराएँ प्रमुखता पाने का मार्ग देखती रहती हैं। उन्नीसवीं सदी में ऊँची-नीची जाति की स्पष्ट और प्रमुख विचारधारा के साथ निम्न जातियों द्वारा स्वयं को किसी ऊँची जाति का बताने और उसका इतिहास निर्मित करने की गौण विचारधारा भी सक्रिय थी। अपने वंशानुक्रम को उच्चवंशीय प्रमाणित करनेवाली गौण विचारधाराओं ने अवसर पाते ही मुख्य विचारधारा का रूप धारण कर लिया। उन्नीसवीं सदी में हिन्दी प्रदेश की लगभग सभी जातियों ने अपने इतिहास को खँगाला और अपने उच्च जाति के होने के प्रमाण खोज लाए। ये प्रमाण इतिहास संगत थे और न ही तार्किक, फिर भी अवसर और अनुकूल परिस्थितियाँ पाते ही ये प्रभावी विचारधारा में सम्मिलित हो गए। प्रभावपूर्ण विचारधारा अपने साथ विशालकाय समूह और ढाँचा लेकर चलती है जिसके अभाव में वह मुख्य विचारधारा नहीं हो सकती। इसके ढाँचे को पूरा समूह नहीं समझता जबकि वह इसके साथ होता है। मुख्य विचारधारा का सीधा उपयोग भी समूह का प्रत्येक व्यक्ति नहीं कर पाता। छोटे कबीले समूहों के ढाँचे से उनका प्रत्येक व्यक्ति अपने अनुभव के साथ सीधा जुड़ा होता है। बड़े समूहों में कोई अंश कभी-कभी परिस्थिति का लाभ पाकर उच्च जाति में सम्मिलित हो जाता है। ए.सी.एल. कार्लाइल ने इसे डोमकटारों और भूमिहारों के उदाहरण से समझाया है। डोमकटारों को क्षत्रिय कहा गया जो कि

सन्देहास्पद लगता है। "लगता है कि यह भी उन असंख्य उदाहरणों में से एक है जिनमें छोटे कुल या छोटी जाति के लोगों के शासन में जाने के बाद से राजपूत जाति का दर्जा पाने की प्रवृत्ति देखने में आती है। यह चीज़ हम डोम और डोमकटारों, भर और राजभरों तथा गूजर और बड़गूजरों में देखते हैं। अब डोमकटारों का एक समूह तो राजपूत हो गया जबकि दूसरा डोमकटार भूमिहार बना।

जहाँ तक भूमिहार ब्राह्मणों की बात है, आमतौर पर उनका दावा है कि वे ऐसे ब्राह्मण हैं जिन्होंने पुरोहिती छोड़कर कृषिकर्म को अपना लिया था लेकिन जैसा हर जाति द्वारा उच्च जाति का दर्जा पाने के लिए किए जानेवाले दावों के पक्ष में मिथकीय कहानियाँ पेश करने के मामले में होता है, इस दावे को भी संशय के साथ ही देखना-परखना चाहिए।"

सचिदानन्द सिन्हा भूमिहारों के दावे के विरुद्ध फ्रांसिस बुखानन का तथ्य प्रस्तुत करते हैं कि महानन्द की फ़ौज के योद्धाओं को स्थानीय कबीलों से चुना गया था जिन्होंने क्षत्रियों का विनाश किया था और बाद में सम्राट ने उनको ऊँची जाति का घोषित किया। ये योद्धा अपने को ब्राह्मण बताते थे। भूमिहारों के एक समूह को जेठरिया कहा जाता है और समूह के आदि पुरुष रति राउत इसे बता जाते हैं जो एक ग्वाला अहीर थे। भूमिहारों के एक समूह को एम.ए. शेरिंग कनौजिया कबीले की सरवारिया शाखा से जोड़ते हैं। इसी प्रकार भर, पासी, डोम, चांडाल, भोर, खरवार, दुसाध और भुइयाँ आदि अनेकों जातियों ने अपने इतिहास के वृत्तान्त को सजाया-सँवारा। इन कुछ जातियों के नामोल्लेख का यह अर्थ कदापि नहीं है कि केवल यही जातियाँ संस्कृतीकरण की प्रक्रिया और दौड़ में सम्मिलित थीं। ब्रिटिशकालीन भारत में कमोबेश प्रत्येक जाति का इस सम्बन्ध में उल्लेख किया जा सकता है। कुछ जातियाँ अगर उन्नीसवीं सदी के प्रथमार्द्ध में चूक गईं तो उन्होंने इस सदी के द्वितीयार्द्ध में इस कमी की भरपाई कर ली। यह प्रक्रिया अभी भी चल रही है।

औपनिवेशिककालीन भारतवर्ष की अनेक विडम्बनाओं में ब्रिटिश शासन की देन एक और विडम्बना यह है कि जाति व्यवस्था अपनी पूरी जड़ता को इसी समय प्राप्त करती है। इसके पहले निम्न जातियाँ सत्ता प्राप्ति के प्रयासों और उनमें सफल होने पर ब्राह्मणों-पुरोहितों की सहायता से स्वयं को जाति के ऊँचे पायदान पर चढ़वा लेती थीं पर ब्रिटिशों का शासन हो जाने पर यह सम्भावना समाप्त हो गई। अब ब्रिटिशों को डालियाँ चढ़ाकर राजा, राय, रायबहादुर और सर जैसी उपाधियाँ ख़रीदी जा सकती थीं। अब बड़ी रियासत या जागीर पाने का मार्ग स्थानीय राजाओं और ज़मींदारों के लिए बन्द हो गया। शासन की सारी नीतियाँ भी अंग्रेज़ों द्वारा तय होने लगीं। मुसलमान इस देश में बस गए थे और यहाँ के मामलों में पूरी दिलचस्पी रखते थे किन्तु ब्रिटिशों ने किसी को भी नाराज़ न करने की चालाकी से प्रतिरोध से नाता ही तोड़ लिया आरम्भ में उन्होंने आपराधिक क़ानूनों के मामले में पूरी आबादी के लिए समान क़ानून बनाया जो उनसे पहले के मुस्लिम शासकों की नीतियों का ही अनुसरण था, लेकिन नागरिक क़ानूनों के मामले में उन्होंने हिन्दुओं और मुसलमानों के लिए अलग-अलग क़ानून रखे। भारत के अलग-अलग भागों में अलग-अलग जातियों के बीच विविध तरह के चलन थे। अग्रेंज़ों के विस्तृत अध्ययन से बचते हुए किसी ने भी जटिलता को नहीं न्योता। समानता पर आधारित और सबको समेटते हुए एक साझा क़ानून बना पाना सम्भव नहीं दिखने पर

उन्होंने हिन्दुओं के ब्राह्मणों द्वारा रचित धर्मग्रंथों को क़ानूनी आधार बना दिया। अर्थात् अब हिन्दू समाज सीधे-सीधे अंग्रेज़ों द्वारा ब्राह्मण निर्मित धर्म ग्रंथों के आधार पर बने क़ानून की जकड़ में आ गया। पहली बार ऐसा हुआ कि जब ब्राह्मणों द्वारा बनाए गए पक्षपाती क़ानून पूरे देश पर व्यापक रूप में लागू हुए। न केवल ये क़ानून लागू किए गए वरन् ब्राह्मण पंडित और काजी इसकी व्याख्या के लिए ब्रिटिश सरकार द्वारा नियुक्त किए गए—"1772 में वारेन हेस्टिंग्स द्वारा स्थापित दीवानी अदालत को नागरिक क़ानून लागू करने थे। आपराधिक मामलों के क़ानून से उलट वहाँ हेस्टिंग्स ने व्यवस्था दी कि 'शादी, पैतृक जायदाद लेने के हक़ वगैरह के मामले में मुसलमानों के लिए क़ुरान का क़ानून लागू होगा तो 'गेंटुज' हिन्दुओं के लिए शास्त्रों के नियम।' आपराधिक मामलों में तो सबके लिए मुस्लिम फ़ौजदारी क़ानून ही लागू हुआ। हेस्टिंग्स की योजना सफल रही और जल्दी ही अदालतों में अंग्रेज़ अधिकारियों की मदद के लिए ब्राह्मण पंडित और काजी नियुक्त होने लगे जो धर्मग्रंथों और क़ुरान की व्याख्या करके उनके काम में मदद करते थे।" (India is a Secular State, Donald E, Smith, Princoton University Press, London, 1963, p. 273)

लगभग दो हज़ार वर्षों से भी पहले लिखी गई संहिताओं के निचोड़ के रूप में रचित मनुस्मृति को पहली बार व्यापक सामाजिक और क़ानूनी प्रभाव क्षेत्र मिला। औपनिवेशिक दृष्टि सम्पन्न इतिहासकारों ने अंग्रेज़ों के पहले के भारतवर्ष की किसी भी व्यवस्था और तंत्र पर विश्लेषणात्मक दृष्टिपात ही नहीं किया, बस उसे अन्धकार युग घोषित कर दिया। शिल्प, क़ानून, चिकित्सा, सैन्य, व्यापार, मनोरंजन और शिक्षा आदि किसी भी क्षेत्र का ब्रिटिश शासन से पहले का इतिहास नहीं मिलता। जो मिलता है वह अपर्याप्त रूप में है और पाठ्यक्रमों से बहिष्कृत है। अंग्रेज़ों ने उत्तर भारत के लिए मनुस्मृति और दक्षिण भारत के लिए मिताक्षरा को आधिकारिक हिन्दू कोड घोषित कर दिया।

ईसा से दो सौ वर्ष पूर्व से ईसा के दो सौ वर्षों के बीच रचे गए मनुस्मृति ग्रंथ को पहली बार भारत में अंग्रेज़ों ने वैधता प्रदान की। यह ग्रंथ चर्चा में था, ब्राह्मण इसे उद्धृत करते रहे होंगे, विशेषकर स्त्रियों के दमन और शोषण में इस ग्रंथ की बड़ी 'उपादेय' भूमिका रही किन्तु ब्राह्मणों तथा अन्य जातियों के बीच इसे क़ानूनी दर्ज़ा कभी नहीं मिला था। अब अगलों और पिछड़ों के बीच कड़वाहट बढ़ी। अंग्रेज़ी की 'फूट डालो राज करो' की नीति केवल धार्मिक सम्प्रदायों पर ही नहीं जातीय समूहों पर भी कारगर थी। विभाजित हिन्दू समाज की एकजुटता उनके लिए संकट उत्पन्न कर सकती थी।

जैसाकि पहले ही उल्लेख किया जा चुका है कि उन्नीसवीं सदी में संस्कृतीकरण के नाम पर जातिगत बन्धन और कड़े हुए। एम.एन. श्रीनिवास मानते हैं कि अंग्रेज़ों ने वर्ण व्यवस्था को शक्तिशाली बना दिया—"वर्ण व्यवस्था अंग्रेज़ों के दौर में अनेक तरह की शक्तियों के काम करने से ज़्यादा लोकप्रिय हुई। 1864 तक अदालतों में ब्राह्मण पंडितों की नियुक्ति, हर शहर में ऐसे पश्चिमी शिक्षित वकीलों की उपस्थिति जो अभी हिन्दुओं पर ब्राह्मणवादी क़ानून लागू करते थे, धार्मिक संस्कृत साहित्य के एक बहुत बड़े भाग का अंग्रेज़ी में अनुवाद, हर जगह जाति सभाओं की मौजूदगी जो अपनी जाति के लोगों के जीवन को सुधारने के लिए संस्कृतीकरण की प्रक्रिया चलाते थे और उग्र ब्राह्मण विरोधी आन्दोलन ने वर्ण व्यवस्था को मज़बूती दी। ऐसे आन्दोलन ब्राह्मणों को

सत्ता और प्रभाव के पदों से हटाने की कोशिश थे।" (Social change in Modern India, M. N. Shriniwas, Orient Longman, New Delhi, 1972, p. 61) यह कहा जा सकता है कि संस्कृतीकरण ने भारत में जाति व्यवस्था के बन्धन और कठोर कर दिए। अब समाज की प्रत्येक जाति इस व्यवस्था का अंग बनने के लिए व्याकुल थी। जातियों में अपना स्तर ऊँचा प्रमाणित करने की होड़ लगी जिससे केवल यही लाभ हुआ कि उनमें भी ऊँची जाति का आत्मसम्मान आने लगा जो अब तक नीची जाति कहलाने के कारण उनके जीवन का प्राप्य नहीं था, किन्तु इससे यह भी नहीं समझा जाना चाहिए कि प्रत्येक जाति ऊँचे स्थान पर पहुँचने के उपक्रम में लग गई या ऊँची जाति बनने में सफल हो गई।

अठारहवीं सदी की अत्यल्प उपस्थिति

जाति पर अध्ययन करते समय पुस्तकों तथा अन्य सामग्री संचयन के दौरान यह अनुभव किया गया कि वर्ण और जाति परिवर्तन के उदाहरणों का इतिहास सोलहवी-सत्रहवीं तक उपलब्ध है और फिर यह छलाँग लगाकर उन्नीसवीं-बीसवीं सदी में पहुँच जाता है। बीच में अठारहवीं सदी पर इतिहासकारों ने कम ध्यान दिया है। चूँकि भारत पर शोध आरम्भ करनेवाले अधिकांश बौद्धिक विदेशी थे और वे यदि अपनी सम्पूर्ण सदाशयता से भी कार्य करते तो उनके लिए यहाँ के बहुलतावादी धर्मीय-जातीय सांस्कृतिक ढाँचे को समझना सरल नहीं था। उन्नीसवीं सदी के सभी बौद्धिक ज्ञान की आवश्यकता से पूर्णत: सहमत थे किन्तु यह ज्ञान उनकी परम्परा से आ रहा है या नहीं इस पर उन्होंने चीन की तरह कोई प्रश्न नहीं उठाया। ऐसा प्रतीत होता है कि उन्नीसवीं सदी ने अपनी पिछली सदी को फ़ालतू समझ लिया। यद्यपि अठारहवीं सदी कोई निष्क्रिय सदी नहीं थी। इसकी अपनी हलचलें थीं। हिन्दी साहित्य के इस रीतिकाल में कविताई अपने चरमोत्कर्ष पर थी, किन्तु रीति और शृंगार के घटाटोप में समाज अनुपस्थित था। रीतिकाल में शृंगारेतर समाज ऐसे ढूँढ़ना पड़ता है जैसे भूसे के ढेर में सूई। फिर भी अंबेर के जयसिंह (नक्षत्र विज्ञान), दिल्ली शाह वलीउल्लाह (इस्लामी धर्म और दर्शन)इसी सदी में थे। साहित्य के क्षेत्र में हिन्दी में घनानन्द, उर्दू में मीर, सौदा और नज़ीर और उड़िया में ब्रजनाथ बोड़ाजना उपस्थित थे। यह निस्संकोच कहा जा सकता है कि अठारहवीं सदी के भारत की सांस्कृतिक समझ उसकी निजी समझ थी। संगीत, कला, साहित्य तथा शिल्प-कौशल के क्षेत्रों में उसकी उपलब्धियों पर किसी और की छाया नहीं थी। भारत की यह नितान्त निजी आख़िरी सदी थी जिसकी समाप्ति की ओर एक भिन्न राजनैतिक और सांस्कृतिक शक्ति ने उथल-पुथल मचानी आरम्भ की। तराजू पर बैठकर आए अंग्रेज़ सत्तानशीं हो गए। उन्होंने अपने 'एटिक्विटी' के नज़रिये से इस देश को देखा और लोलुपता से चालित होकर लूटा। उन्होंने प्राचीन भारत को अपने शोध का लक्ष्य बनाया और मध्ययुग को बर्बर और पिछड़ा घोषित कर दिया क्योंकि उनकी सीधी टक्कर इसी युग के शासकों से थी। उन्हें ही अपदस्थ कर उन्होंने अपने को स्थापित किया था। अंग्रेज़ों ने अठारहवीं सदी के राजतंत्र में केवल परिवर्तन ही नहीं किए, उन्हें समाज की स्मृति में भी विलुप्त कर दिया। इस पुस्तक के प्रथम अध्याय में मुग़लकालीन भारत पर एक संक्षिप्त चर्चा है जिसमें अठारहवीं सदी के राजनैतिक ढाँचे को समझने का प्रयास है।

इस तथ्य का पहले भी उल्लेख किया जा चुका है कि भारतीय समाज में आन्तरिक सुधार अनुपस्थित नहीं था। हिन्दी साहित्य का भक्तिकाल उसका जाज्वल्यमान उदाहरण है। सुधार के असंख्य उदाहरण भक्तिकाल से दिए जा सकते हैं।

अठारहवीं सदी के सामाजिक क्षेत्र में कबीर ही नहीं सूर और तुलसी में भी इसके स्पष्ट उदाहरण मिल जाते हैं। रीतिकाल में यह स्वर फीका पड़ता है। फिर भी नज़ीर अकबराबादी (1735-1830) की कविताओं में उनका युगीन यथार्थ पूरी स्पष्टता से आता है। इस यथार्थ में भूख, ग़रीबी, बदलती अर्थव्यवस्था, बनते-बिगड़ते शहर, पेशे और जातियों की स्थिति आती है। हम निस्संकोच कह सकते हैं कि नज़ीर अकबराबादी हिन्दी साहित्य के रीतिकाल के वह अमूल्य कवि हैं जो अपने अन्य समकालीन—वरिष्ठ-कनिष्ठ रीतिकालीन कवियों-शायरों से इतर उस सामाजिक यथार्थ को अपने लेखन का केन्द्र बनाते हैं जो घनानन्द, बिहारी और दाग़, ग़ालिब जैसे हिन्दी-उर्दू के शायरों-कवियों में कभी-कभार संकेतों में ही मिलता है बस। कहने का तात्पर्य यह क़तई नहीं है कि नज़ीर अकबराबादी और उनकी शायरी में सामन्तकालीन समाज की प्रवृत्तियाँ अनुपस्थित हैं, वे भी हैं और बहुतायत में हैं पर साथ में वे जनता की भावनाओं, सुखों-दुखों के भी कवि हैं। आगरे (अकबराबाद) को अपनी जान माननेवाले वली मुहम्मद नज़ीर 'अकबराबादी' (1765-1830) उस भारतीय समाज के सच्चे प्रतिनिधि हैं जिनके लिए 'साम्प्रदायिका' कभी कोई समस्या नहीं बनी। यह अत्यन्त दुखद है कि आज इक्कीसवीं सदी में जाति और सम्प्रदाय के आधार पर विभक्त भारतीय, विशेषकर हिन्दी भाषा-भाषी समाज न कबीर के सिद्धान्तों को अपना सका और न ही नज़ीर की भावना को अपना सका। नज़ीर अकबराबादी पेशे से शिक्षक और प्रवृत्ति से शायर थे। उन्हें बहुत-सी भाषाओं का ज्ञान था। वे अरबी, फ़ारसी, संस्कृत, उर्दू, ब्रजभाषा, हिन्दी, पूर्वी, पंजाबी और मारवाड़ी भाषाएँ जानते थे। नज़ीर की शायरी इन भाषाओं के सुन्दर आत्मसातीकरण का परिणाम है। आगरे की ज़बान तो नज़ीर की शायरी की जान है। कृष्ण-लीला के गवैया नज़ीर ने आगरे की बोली में मिली ब्रजभाषा की मिठास को जिस रवानगी से पेश किया है, उसे आगरे के लोगों की इतनी सराहना मिलना उचित ही है, किन्तु उर्दू शायरी के नफ़ासतपसन्द अरबी-फ़ारसी शब्दों की बहुलता के पैरोकार रचनाकारों और आलोचकों ने नज़ीर के इस दुर्लभ गुण को दाद नहीं दी। नज़ीर के रचनाकाल के साहित्यिक वातावरण पर दृष्टिपात करने पर उनका लोकोन्मुखी काव्य और भी विशिष्ट हो उठता है। नज़ीर का रचना काल हिन्दी साहित्य का रीतिकाल है। उर्दू शायरी का भी रीतिकाल ही है। भक्तिकाल की सहज़ता, सरलता और लोकोन्मुखता साहित्य से विदा हो चुकी थी। अब उसके स्थान पर अलंकार भार से दबी कविता कामिनी दरबारों की बन्दिनी थी। इस काल में नज़ीर की कविता अपवाद है। वे बहुत से सामन्तों और राजाओं के निमंत्रण पर भी उनके दरबार का हिस्सा नहीं बने। स्वाभिमानी, अलमस्त, आज़ाद और फक्कड़ तबीयत के नज़ीर किसी की ख़ुशामद में अक्षम थे, उनकी कविता में राज-प्रशंसा एकदम नहीं मिलती। अपने हृदय की मौज पर उन्होंने जनता के लिए लिखा। लोग उनसे फ़रमाइशें कर-कर के लिखवाते थे, लोग नज़ीर को घेरकर घंटों बैठे रहते। वे कविताएँ सुनाते रहते थे। फेरीवालों, जोगियों, हिजड़ों की आवश्यकतानुसार उनके लिए कविताएँ रच देते थे,

पर जब लखनऊ के नवाब सआदत अली ख़ाँ ने नज़ीर की आर्थिक कठिनाइयों की ख़बर जानकर सहायता भेजी तो नज़ीर ने उसे एक रात रखकर लौटा दिया। रुपये रख लेने की रात उन्हें नींद नहीं आई। सुबह उठकर इस माफ़ीनामे के साथ रुपये वापस भेज दिए। "बादशाह से मेरा सलाम कहना, मेरी तरफ़ से माफ़ी माँगना और अर्ज करना की नज़ीर फ़कीर तो अपनी झोंपड़ी में ही ख़ुश है। शाही महलों में रहना उसकी तकदीर में नहीं।" (नज़ीर अकबराबादी रचनावली, सम्पादक, रूपा गुप्ता, स्वराज प्रकाशन, नई दिल्ली, 2015, भाग-2, पृ. 16)

अपने समय के मेलों और तीज-त्योहारों का जैसा आनन्द नज़ीर उठाते हैं वह दुर्लभ है। इसमें उल्लेखनीय है कि उनकी उत्सवधर्मिता पर धर्म का कोई बन्धन नहीं है। उनकी सहज उल्लासप्रियता उन्हें शेख सलीम चिश्ती के उर्स के साथ बलदेव जी के मेले में भी ले जाती है। शबेबरात, ईद के त्योहार के साथ होली, दीपावली, रक्षाबन्धन के रंग उनके जीवन को और चटख बनाते हैं। नज़ीर का साहित्य उस वास्तविक साझा संस्कृति का ठोस गवाह है जिसके वजूद पर साम्प्रदायिक उन्माद के क्षणों में सन्देह होने लगता है और जो इस मिली-जुली विरासत की याद दिलाकर फिर से साथ रहना सिखाता है। प्रचलित उर्दू शायरी की फ़ारसी की मुँहजोई छोड़ नज़ीर ने अपनी कविता में हिन्दू-मुसलमान के उस सहजीवन विशेषकर आगरे की साझी विरासत पर आगरे की भाषा में लिखा। यद्यपि फ़ारसी में लिखे गए उनके गद्य-पद्य दोनों की ही चर्चा मिलती है। जैसाकि कहा जा चुका है नज़ीर के पहले के कवियों की साहित्यिक परम्परा मूलतः शृंगारिक ही है। आचार्य रामचन्द्र शुक्ल ने रीतिकाल को संवत् 1700 से 1900 तक अर्थात् 1643 ई. से 1843 ई. तक माना है। नज़ीर का समय है 1735 ई. से 1830 ई. तक। उनके लगभग 80 वर्ष के रचनाकाल को थोड़ा आगे-पीछे करके सौ-डेढ़ सौ वर्षों का हिन्दी-उर्दू साहित्य का इतिहास देखें तो बहुत से अत्यन्त महत्त्वपूर्ण नाम सामने आते हैं। रीतिकाल में हिन्दी में नज़ीर के पहले बिहारी और भूषण हो चुके हैं। बिहारी का रचनाकाल 1575 ई. से 1663 ई. है। देव का जन्म हो चुका है। देव का काल सन् 1673 ई.से 1767 ई. तक है। जिस समय नज़ीर का कवि कर्म आरम्भ हो रहा है देव अन्त की ओर हैं। इसी तरह कुछ और उल्लेखनीय नाम हैं—भिखारीदास (1722-1850), पद्माकर (1753-1833), नूर मुहम्मद (1744-1764)। इसके अतिरिक्त बोधा का रचनाकाल 1773 ई. से 1803 ई. तक है। बोधा का जन्म 1747 ई. में हुआ था। इसी तरह दूलह का रचनाकाल 1743 ई.से 1768 ई. है। आचार्य रामचन्द्र शुक्ल ने आगरे के ही एक कवि अली मुहिब ख़ाँ का उल्लेख किया है जिन्होंने 1830 ई. में 'खटमल बाईसी' नामक हास्य रचना भी की थी। आचार्य शुक्ल ने इनके दो कवित्त उद्धृत किए हैं।

उर्दू के शायरों में नज़ीर के काल में मीर तकी 'मीर' (1725-1810) का बोलबाला है, सौदा (1706-1781) और दर्द (1721-1785) उर्दू शायरी की सूक्ष्मता को तरजीह दे रहे हैं और नज़ीर के शागिर्दों में शुमार होनेवाले मिर्ज़ा ग़ालिब (1797-1869) भी जनसाधारण से सीधे इस क़दर जुड़ी शायरी के रचयिता नहीं हैं। ग़ालिब का बचपन आगरे में बीता। उस समय आगरे में दो ही प्रसिद्ध उस्ताद थे—ख़लीफ़ा मुअज़्ज़म और मियाँ नज़ीर। नज़ीर की शायरी का उत्तरार्द्ध ग़ालिब के जीवन का प्रथमार्द्ध है।

नज़ीर हिन्दू-मुसलमानों में समान रूप से लोकप्रिय थे इस तथ्य की बार-बार चर्चा की जानी चाहिए। आख़िर उनकी शायरी में ऐसा क्या था कि मुसलमानों ने काफ़िरों के व्रत-त्योहारों में शामिल होनेवाले यहाँ तक कि उनके देवी-देवताओं की स्तुति लिखनेवाले इस धर्म-भ्रष्ट शायर को इतनी मुहब्बत दी और हिन्दुओं ने इस विधर्मी कवि द्वारा लिखी गई कविताओं को अपने जीवन में ही सम्मिलित नहीं किया बल्कि मन्दिर में उसे आरती रूप में भी गाया। अपने धर्म पर पूरा अक़ीदा रखते हुए नज़ीर सभी धर्मों को समान मानते थे। अठारहवीं-उन्नीसवीं सदी के उस सामन्तवादी परिवेश में यह क्योंकर सम्भव हुआ होगा! आज इक्कीसवीं सदी में यह स्थिति कल्पनातीत लगती है। इस कल्पना को सच में जिया था वली मुहम्मद 'नज़ीर' अकबराबादी ने।

रामविलास शर्मा ने लिखा है कि नज़ीर अकबराबादी, ग़ालिब, ज़ौक, मोमिन से अलग अनोखे शायर हैं। वे आलोचक जो हिन्दी भाषा और साहित्य के विकास को ग़लत ढंग से देखते-समझते हैं, अठारहवीं सदी में नज़ीर की भाषा और विषय का अनूठापन देखकर चकरा उठते हैं, किन्तु सिन्धी, पंजाबी और दकनी में सूफ़ी कवियों ने जो परम्परा चलाई थी, उसी की एक महत्त्वपूर्ण कड़ी नज़ीर हैं। इससे भी आगे बढ़कर कहा जा सकता है कि नज़ीर सूफ़ियों की तरह केवल इश्क़ की बात कहकर (इश्क हक़ीक़ी और इश्क़ मजाज़ी) एकरसता की बात नहीं करते बल्कि उनके लिए जाति, धर्म भेदभाव की चीज़ ही नहीं है। रसखान की तरह वे अपनी धार्मिक पहचान लिये 'हम्द' लिखते हैं। शेख सादी की 'कारीमा' (मसनवी) की तर्ज पर हमारे ख़याल, अनुमान और वहम से परे अल्लाह की प्रशंसा में कसीदे काढ़ते हैं।

नज़ीर की 'इश्क़ अल्लाह', (1, 2), 'ख़ुदा की तारीफ़', 'नान्त हज़रत मुहम्मदर-सूलुल्लाह', 'दरसनाए पैगम्बरे ख़ुदा', 'नान्त हज़रत मुहम्मद', 'मोजिज़ा हज़रत अली अलैहिस्सलाम', 'मन्कबत', 'हज़रत अलीए मन्कबतए अमीरुलमोमिनीन', 'मन्कबत दरशाने अमीरुलमोमिनीन', 'जोरे बाज़ुए अली', 'खैबर की लड़ाई', 'मौजिज़ा', 'हज़रत अब्बास बिन अली', 'तारीफ़ पंजतन पाक', 'मदह हज़रत सलीम चिश्ती' आदि रचनाओं की अन्तर्वस्तु का सहज ही अनुमान किया जा सकता है, किन्तु यह उनके रचना संसार के बोध का केवल एक हिस्सा है।

इसके साथ ही उन्होंने 'गणेश जी की स्तुति', 'हरि की तारीफ़', 'हरि जी का सुमिरन', 'कृष्ण कन्हैया की तारीफ़', 'श्रीकृष्ण जी की तारीफ़ में', 'गुरु नानक शाह', 'तारीफ़ भैरों की', 'दुर्गा जी के दर्शन' आदि रचनाएँ लिखीं। उत्तर आधुनिकता के और भी उत्तर आधुनिक सेक्यूलर समय में भी ये शीर्षक चौंकाते हैं और किसी इस्लाम के अनुयायी शायर की क़लम से निकले होने की सम्भावना को नकारते हैं, तेरह पदों की 'गणेश जी की स्तुति' अपनी भावना और भाषा दोनों की समृद्धि के लिए सुखद आश्चर्य से भर देती है—

इक दन्त को देखा किया ख़ूब है बहार।
इस पै हज़ार चन्द की शोभा को डालूँ वार।
इनके गुणानुवाद का है कुछ नहीं शुमार।
हर वक़्त दिल में आता है अपने यही विचार।

हर आन ध्यान कीजिए सुमिरन गनेश जी।
देवेंगे रिद्धि-सिद्धि और अन-धन गणेश जी।

'हरि की तारीफ़' में वे न केवल अजामिल, रैदास, सुदामा और ध्रुव की चर्चा करते हैं बल्कि लोक में बसे हरि रूप की भी चर्चा करते हैं—

मिली है अटल पदवी उनको जिसने नाम को समझा।
हुआ बैकुंठ वासी आपको जिसने विचारा है।
वही है दिल में बैठा देव आतम, पूज तू घट में।
उसी हरि का यही तू जान दिल ठाकुर दुआरा है।

भारतेन्दु हरिश्चन्द्र ने बिलकुल इसी भाषा में कृष्ण की भक्ति की है—

जहाँ देखो वहीं मौजूद मेरा कृष्ण प्यारा है
उसी का सब है जलवा जो जहाँ में आशकारा है
इसी से नेति-नेति ऐ यार वेदों ने पुकारा है...
गुनह बख़्शी रसाई दो 'रसा' को अपने क़दमों तक।
बुरा है या भला है जैसा है प्यारे तुम्हारा है।

नज़ीर अकबराबादी का जन्म 1735 में और उनकी मृत्यु 1830 ई. में हुई। भारतेन्दु की ऐसी रचनाएँ 1870 के बाद ही हैं। 1873 ई. में 'नई चाल में ढल रही हिन्दी' की जड़ें बहुत पीछे तक जाती हैं—'हरि का सुमिरन' और 'कृष्ण कन्हैया की तारीफ़' में हरि और कृष्ण से जुड़ी कथाओं से भलीभाँति परिचित नज़ीर :

धन्ना का खेत तुख्म बिन क़ुदरत से बो दिया।
दारिद्र एक पल में सुदामा का खो दिया।
जिन मैल दिल से मिर्ज़ा व माधो का धो दिया।
हिन्दू तुरक का भेद दिलो जां से खो दिया।
सब काम छोड़ नाम चतुर्भुज का लीजिए॥

आ द्वारका से द्रौपदी का चीर बढ़ाया।
बैकुंठ से आ ग्राह से गजराज छुड़ाया।
प्रहलाद को जलने से अगन के बीच बचाया।
मेवा को त्याग साग विदुर के यहाँ खाया।
तारीफ़ कहो कृष्ण कन्हैया की क्या लिखूँ॥

नज़ीर अकबराबादी ने कृष्ण से जुड़ी विभिन्न कथाओं पर भी कविताएँ रचीं—'जनम कन्हैया जी', 'बालपन बाँसुरी बजैया का', 'बाँसुरी', 'खेलकूद कन्हैया जी का' (कालिय-दमन), 'कन्हैया जी की रास', 'ब्याह कन्हैया का', 'दसम कथा' (रुकमिनी का ब्याह), 'श्रीकृष्ण व नरसी मेहता', 'सुदामा चरित' आदि में कृष्ण की घटनाओं पर प्रचलित कथाओं की सामाजिक भाषा में भावाभिव्यक्त की। इकतीस पदों में 'जनम कन्हैया जी' की कथा में सिलसिलेवार श्रीकृष्ण जन्म का ब्योरा है—

...फिर आया वां एक वक़्त ऐसा जो आए गर्भ में मनमोहन।
गोपाल, मनोहर, मुरलीधर श्रीकिशन, किशोरन, कँवलनयन।
घनश्याम, मुरारी, बनवारी, गिरधारी, सुन्दर श्याम बरन।
प्रभुनाथ, बिहारी कान्ह लला, सुखदाई, जग के दुख भंजन।
जब साआत प्रकट होने की, वां आई मुकुट धरैया की।
अब आगे बात जनम की है, जै बोलो किशन कन्हैया की।

भादों का महीना था, बुधवार का दिन था, अष्टमी थी, आधी रात को रोहिणी नक्षत्र में शुभ मुहूर्त में—श्रीकृष्ण जन्मे। देवकी और वासुदेव के पहरे पर लगे सभी सिपाही सो गए :

जब आए चौकीदारों में तब वां भी यह सूरत देखी।
सब सोते पाए उस साअत, हर आन जो देते थे चौकी॥
जब सोता देखा उन सबको, हो निरभै निकले वां से भी।
फिर आए जमना तीर ज्यों ही, फिर जमना देखी बहुत चढ़ी॥
यह सोच हुआ मन बीच उन्हें, पैर इस जल में कैसे धरिए।
है रैन अँधेरी संग बालक, इस बिपता में अब क्या करिए॥

'बालपन—बाँसुरी बजैया का' में ऐसी ही सरस और सरल भाषा में कृष्ण की बचपन की हठों, शरारतों और खेल-कूद का वर्णन है। कृष्ण जीवन से जुड़ी सभी घटनाओं का उल्लेख नज़ीर के यहाँ मिलता है। अगर कवि के हिन्दू या मुसलमान होने का तथाकथित भेद छोड़ दिया जाए तो नज़ीर उस भारतीय संस्कृति के कवि हैं जिसमें अपने साथ किसी और के होने पर कोई एतराज़ नहीं है और जिसे किसी शायर ने यूँ बयान किया है—

हम ही हम हैं तो क्या हम हैं।
तुम ही तुम हो तो क्या तुम हो।

आमतौर पर नज़ीर की कविता में आए शब्दों के लिए पाद-टिप्पणी की आवश्यकता नहीं पड़ती। कृष्ण की तारीफ़ ज़रा इस ज़बान में देखी जाए :

तू सबका ख़ुदा सब तुझ पे फ़िदा।
अल्लाहो गनी अल्लाहो गनी।
हे कृष्ण कन्हैया नन्द लला।
अल्लाहो गनी अल्लाहो गनी।
इस हुस्ने अमल के सालिक ने।
इस दस्तो जबल के मालिक ने।
कोहसार लिया उँगली पे उठा
ऐ सल्ले अला
अल्लाहो गनी अल्लाहो गनी।

नज़ीर जब 'तारीफ़ भैरो की' करते हैं तो वह इतनी सटीक बन जाती है कि प्रयोग की वस्तु बन जाती है। आगरा के ताजगंज मोहल्ले के भैरो जी के मन्दिर में नज़ीर की

कविता आरती के रूप में गाई जाती है। चौदह पदों की इस 'आरती' पर एक दृष्टि अवश्य डाली जानी चाहिए :

देखा है जब से मैंने तेरा जमाल भैरो।
रखता हूँ तब से दिल में, तेरा ख़याल भैरो।
दिन-रात है यह मेरा तुझसे सवाल भैरो।
अब दर्दोग़म से आकर मुझको सँभाल भैरो।
तेरी सरन गही है, कर तू निहाल भैरो।
ऐ पर्तपाल देवत मद मस्त काल भैरो।

तू राक्षसों के तन से हर आन सर उखाड़े।
चाहे जिसे बसावे चाहे जिसे उजाड़े।
जो तुझसे दू बदू हो एक आन में लताड़े।
दोनों को चीर डाले दैयत को भी पछाड़े।
तेरी सरन गही है, कर तू निहाल भैरो।
ऐ पर्तपाल देवत मद मस्त काल भैरो।

यह आरती 'हिन्दी हिन्दुओं की उर्दू मुस्लिमों की भाषा' के षड्यंत्र को भी बेपर्दा करती है। उर्दू से आए जमाल, ख़याल, सवात, दर्दोगम और हिन्दी से लिये राक्षस, बसावे, दैयत आदि का एक ही कविता में समुचित प्रयोग उसकी जनस्वीकृति की अलग ही तस्वीर पेश करते हैं। नज़ीर अकबराबादी के जनकवि होने में कोई सन्देह नहीं है। लोगों के बीच में अत्यन्त लोकप्रिय उनकी कविता तत्कालीन समाज की भावनाओं का प्रतिबिम्ब है। भयंकर रूप से जातियों में विभक्त समाज का सामान्य वर्ग भूख की कोई जाति नहीं मानता। नज़ीर की अत्यन्त सशक्त रचना रोटियाँ की चर्चा द्वितीय अध्याय में की जा चुकी है। भूखे को चाँद-सूरज भी रोटी लगते हैं। भटियारिन की जाति नहीं पूछी जाती अगर वह रोटी पकानेवाली हो। जातियों के चाहे जितने हिस्से प्रचलित हों वह सब ऊँची जाति की हुईं। भूख तो ऐसी चीज़ है कि शरीफ़ों ने अपनी जाति तक छिपा ली इसके लिए :

अशराफ़ों ने जो अपनी यह जातें छुपाई हैं।
सच पूछिये, तो अपनी यह शानें बढ़ाई हैं॥
कटिये उन्हीं की रोटियाँ कि किसने खाई हैं।
अशराफ़ सब में कटिये, तो अब नान बाई हैं॥
जिनकी दुकान से हर कहीं जाती हैं रोटियाँ॥

(नज़ीर अकबराबादी, रचनावली, भाग-1, पृ. 286)

अन्तिम पंक्ति बहुत ध्यान देने योग्य हैं। खान-पान में अत्यधिक छुआछूत बरतनेवाला भारतीय हिन्दू-मुसलमान यथास्थान काफ़ी लचीला भी रहा है। नज़ीर की—'पेट की फ़िलासफ़ी' कविता में विभिन्न पेशों की चर्चा है जो उनकी जातियों के भी नाम हैं—

सर्राफ़, खुर्दि से लगा सेठ साहूकार।
दल्लाल जौहरी और किनारी के पेशेवार॥
पंसारियो बजाज अनाजों के कारोबार।
व्यापार लेन देन बनज क़र्ज़ और उधार॥
है सबने ठकठका यह किया पेट के लिए॥

(वही, पृ. 290)

पेट के लिए रोटियाँ ज़रूरी हैं और रोटियों के लाले तब पड़ जाते हैं जब 'मुफ़लिसी' छाई हो। यह निर्धनता जिस पर भी छाई उसे प्रत्येक व्यक्ति ने अपमानित किया, उसकी चाहे जो भी जाति हो :

दरवाज़े पर जनाने बजाते हैं तालियाँ।
और घर में बैठी डोमिनी देती है गालियाँ॥
मालिन गले की हार हो दौड़े ले डालियाँ।
सक्का खड़ा सुनाता है बातें रजालियाँ॥
यह ख्वारी, यह ख़राबी दिखाती है मुफ़लिसी॥

(वही, पृ. 336)

नज़ीर की इस लम्बी कविता मुफ़लिसी की जात से तो इनसान की दो ही जातियाँ समझ में आती हैं, एक ग़रीब दूसरी अमीर :

रखती नहीं किसी की यह गैरत की आन को।
सब ख़ाक में मिलाती है हुर्मत की शान को॥
...अशराफ़ को बनाती है एक आन में हकीर।
क्या-क्या मैं मुफ़लिसी की ख़राबी कहूँ 'नज़ीर'॥
वह जाने जिसके दिल को जलाती है मुफ़लिसी॥

(वही, पृ. 338)

जातीय उच्चता की आकांक्षा में ऊँची जाति के कर्मकांडों और रीति-रिवाजों को अपनाने के कई उदाहरण मिलते हैं। उत्तर प्रदेश में कायस्थ, बिहार में अग्रदानी और गंगापुत्र, बंगाल में कैवर्त नई जातियों के रूप में उभर रहे थे। फ्रांसिस बुकानन दिखाते हैं कि "मैसूर में लिंगायतों ने अपने को शूद्रों से ऊँचा बताया, बंगाल के जोतेफंदों ने वैश्य होने का दावा किया और सुनार तथा कुम्हार यज्ञोपवीत धारण करने लगे। इन लोगों ने विधवा-विवाह बन्द कर दिया।" (A Journey From Madras through the Countries of Massore, Canara and Malabar, Vol. I, Francis Bukanan, Ed. Ferminger, London, 1807, pp. 252, 395)

उन्नीसवीं सदी में जाति का संस्कृतीकरण एक सतत प्रक्रिया रही। इसके साथ ही "जाति सम्बन्धी पेशों में परिवर्तन के उदाहरण भी अनेक हैं। बहुत सारे ब्राह्मण सूरत के कारखानों में कुलियों का काम करते थे, मिथिला में वस्तुतः 68 प्रतिशत ब्राह्मण कृषि कर्म में भाग लेते थे और केवल 12 प्रतिशत पुरोहिताई पर जीते थे। महाराष्ट्र में दर्जियों ने अपना पारम्परिक धन्धा छोड़कर रँगरेजी का काम अपना लिया था।" (औपनिवेशिक

भारत में सांस्कृतिक और विचारधारात्मक संघर्ष, के.एन. पणिक्कर, पृ. 32) (हितोत्सुबाशी जर्नल ऑफ़ इकोनॉमिक्स, पद (1), पृ. 39-44)

उन्नीसवीं सदी के पूर्वार्द्ध में जाति सम्बन्धी धारणाओं और व्यवस्था के विचार में तत्कालीन समाज में फैली अराजकता एक नया कोण देती है। आज सभ्य मानी जानेवाली कुछ जातियों पर इतिहास ने लुटेरा और आततायी होने के आरोप लगाए हैं। ऐसा पूरे विश्व में होता रहा है। भारतवर्ष के आज के हिन्दी प्रदेश पर इस कोण से विचार करने के लिए असंख्य शोध कार्यों की आवश्यकता बनती है। यहाँ पर फैली अराजकता पर अत्यन्त संक्षेप में विचार करने पर एक रोचक तथ्य उभरकर आता है कि कोई एक निश्चित जाति ही आततायी नहीं थी। अंग्रेज़ों के आने के पहले और उनके औपनिवेशिक शासन काल में सत्ता का मार्ग हिंसा का ही मार्ग था। अंग्रेज़ों की उपस्थिति ने इस छल-बल की राजनीति को और जटिल बनाया किन्तु एक सर्वमान्य सामान्य तथ्य यह रहा है कि जनता सदा पीड़ित रही।

मोटे तौर पर जिन्हें क्षत्रिय कहा गया और जिनका सर्वाधिक प्रचलित जाति उपनाम 'सिंह' था, यह एक वृहत श्रेणी थी। इसमें आज के सामान्य, पिछड़े, अति पिछड़े यहाँ तक कि एकाध अनुसूचित जाति समूह के लोग सम्मिलित थे। अंग्रेज़ों को भारत में फैली ठग प्रथा (विशेषकर आज के बनारस और उसके आसपास) के उन्मूलन का श्रेय दिया जाता है। वैसे इसे प्रथा नहीं कहना चाहिए। ठगों के समूह या गिरोह होते थे जो अपने पारम्परिक पेशे को अपनाते थे। इनके उन्मूलन का भार जिन अधिकारियों को सौंपा गया था उनमें से एक थे विलियम हेनरी स्लीमेन (1788-1856)। स्लीमेन ने इस देश के अपने सुदीर्घ प्रशासन काल चालीस वर्षों के अनुभव पर एक डायरी लिखी। स्लीमेन की यह डायरी, पुस्तक रूप में दो भागों में 'स्लीमेन की अवध डायरी' शीर्षक से प्रकाशित है जिसका अनुवाद राजेन्द्र चन्द्रकान्त राय ने किया है। स्लीमेन द्वारा वर्णित घटनाक्रम इस देश की शोषित जनता के चरम कष्ट को सामने रखते हैं। स्लीमेन विदेशी था, उसके लेखन में शासक के पूर्वग्रहों की कोई कमी भी नहीं थी, फिर भी उसकी डायरी से तत्कालीन समाज की अराजकता का एक चित्र तो मिलता ही है।

स्लीमेन की अवध डायरी और उन्नीसवीं सदी के पूर्वार्द्ध की राजनैतिक तथा जातिगत स्थिति

मेजर जनरल सर विलियम हेनरी स्लीमेन का जन्म 8 अगस्त, 1788 ई. में इंग्लैंड के कॉर्नवाल के स्ट्राटन नामक स्थान पर हुआ था। स्लीमेन फ़ौजी बनना चाहते थे। वे फ़ौजी ही बने। स्लीमेन ने अपना प्रशासनिक जीवन छोटे पद से आरम्भ किया था। इक्कीस वर्ष की आयु में वे (सन् 1809) बेंगाल आर्मी में पैदल सैनिक बने। फ़ौज के विभिन्न पदों पर क्रमशः उन्नति करते हुए सन् 1854 में वे मेजर जनरल के पद पर पहुँचे। लम्बे पैंतालीस वर्षों में मेजर जनरल सर डब्ल्यू हेनरी स्लीमेन ने कई महत्त्वपूर्ण दायित्व सँभाले जिनमें से सन् 1816 में नेपाल से युद्ध में जीती गई भूमि के मूल्यांकन का भार स्लीमेन को सौंपा गया। स्लीमेन ने इस सम्बन्ध में 1817 ई. में अपनी रिपोर्ट सौं—"सरकार ने 'योग्य, पक्षपातहीन और सन्तोषजनक' माना। सन् 1820 में उन्हें

सागर में गवर्नर जनरल के एजेंट का सहायक नियुक्त किया गया तथा इसी के साथ ही उन्हें सागर एवं नर्मदा टेरिटरी का सिविल विभाग भी सौंप दिया गया। अस्वस्थता वाले दिनों को छोड़कर वे लगभग चौथाई शताब्दी तक इस इलाक़े में किसी-न-किसी पद पर काम करते रहे। यहाँ पर उन्होंने यह भी सिद्ध कर दिखाया कि अगर वे छोटे पदों पर एक कुशलकर्मी रहे हैं, तो उच्च पदों पर भी एक योग्य प्रशासक के तौर पर अपने हुनर को दिखा सकते हैं। उन्होंने तब बहुत नाम कमाया और ख्याति पाई, जब उन्होंने ठगी के क्रूरतम क्रियाकलापों के उन्मूलन के लिए सक्रियता के साथ काम किया। इसी के चलते सन् 1835 में स्लीमेन को ख़ासतौर पर ठगी विभाग में नियुक्त किया गया। वे सागर एवं नरबदा इलाक़े के ज़िलों में काम करते रहे और लगातार पदोन्नतियाँ पाते रहे। इस दौरान उन्होंने ठगी पर अत्यन्त मूल्यवान टिप्पणियाँ और पर्चे तैयार किए तथा उनको गवर्नर जनरल के सामने प्रस्तुत किया। तब उनका विभाग ख़ास तौर पर ठगी उन्मूलन के काम के लिए ही नहीं चुना गया, बल्कि ख़ुद स्लीमेन ने इस विभाग को संगठित किया और उसके लिए समर्पण भाव से काम भी किया। इसी दौरान गिरते स्वास्थ्य के कारण, सन् 1836 के आखीर में उन्हें मजबूर किया गया कि वे इस विभाग और पद से इस्तीफ़ा दे दें परन्तु जब वे फरवरी, 1839 में अपने कर्तव्य पर दोबारा लौटे, तब उन्हें ठगी उन्मूलन विभाग का कमिश्नर बना दिया गया।" (विलियम हेनरी स्लीमेन, स्लीमेन की अवध डायरी, खंड-1, अनुवाद : राजेन्द्र चन्द्रकान्त राय, विभा प्रकाशन, इलाहाबाद, 2016, पृ. 13-14)

स्लीमेन ने 1842 ई. तक इस पद पर कार्य किया। इसके बाद वे 1844 ई. से 1849 ई. तक ग्वालियर के रेज़िडेंट रहे। यह उनका अतिरिक्त प्रभार था। कर्नल स्लीमेन ने 1849 ई. से 1856 ई. तक लखनऊ के रेज़िडेंट पद पर कार्य किया। यहाँ उल्लेखनीय है कि स्लीमेन ने अंग्रेज़ों द्वारा लखनऊ के हस्तगत किए जाने का प्रत्यक्ष विरोध किया था। कर्नल स्लीमेन से अंग्रेज़ सरकार सदैव प्रसन्न रही, अतः अपने देश और सरकार के प्रति उनकी प्रतिबद्धता पर कोई सन्देह नहीं किया जा सकता। उनका दृष्टिकोण हर हाल में अंग्रेज़ों का ही होगा, वे स्वाभाविक तौर पर औपनिवेशिक हुकूमत के पक्षधर होंगे फिर भी उनके द्वारा लिखी गई अवध डायरी कुछ ऐसे ऐतिहासिक विवरण देती है जिनका परिणाम सावधानीपूर्वक निकालने पर एक सच्चा दस्तावेज़ मिलता है। अपने 67 वर्ष के जीवन में से उन्होंने लम्बे 46 वर्ष भारत में बिताए। स्लीमेन अपने देश नहीं लौट सके। अत्यन्त ख़राब स्वस्थ्य से उबरने के बाद 10 फरवरी, 1856 में कलकत्ता से इंग्लैंड की यात्रा करते समय उनकी मृत्यु हो गई।

इंग्लैंड के सर्वोच्च सम्मान के.सी.बी. से सम्मानित स्लीमेन ने यहाँ की जनता का प्यार और अपयश दोनों ही पाया। स्लीमेन के सम्बन्ध में कहा जा सकता है कि—"न केवल गवर्नर जनरल तथा कम्पनी, बल्कि हिन्दुस्तान के लोगों की राय भी उनके बारे में इतनी ही ऊँची है, जहाँ उन्होंने अपनी उच्चकोटि की योग्यताओं के साथ चालीस सालों से भी अधिक समय तक सेवाएँ दीं। उन्होंने हिन्दुस्तान का आदर और प्यार पाया, जो उन्हें हमेशा ही अपने दोस्त का दर्जा देते रहेंगे और जो उनकी समानता की भावना की गम्भीरतापूर्वक सराहना करते हैं। यहाँ यह बता देना भी उपयुक्त ही होगा, क्योंकि उसका सन्दर्भ भी है कि उनके शब्दों और कार्यों को एक राजदरबार द्वारा विकृत रूप में तथा ग़लत ढंग से प्रस्तुत किए जाने के कारण, उन्हें भद्दे तरीक़े से बदनाम भी किया गया।

इसमें सन्देह नहीं कि स्लीमेन को ऐसे ही व्यवहार की अपेक्षा भी थी और वे इसके लिए मानसिक रूप से तैयार भी थे। बादशाह या उनके इर्द-गिर्द जमा कुछ चाटुकारों और जिस अनपेक्षित व्यक्ति को वे हटा नहीं पाते थे, उसके विरुद्ध कलंक लगाने के तरीक़ों को खोजने में जुटे रहते थे।" (वही, पृ. 16)

स्लीमेन की अवध डायरी उन्नीसवीं सदी के पूर्वार्द्ध के 'हिन्दुस्तान' को समझने का एक बढ़िया माध्यम इसलिए भी हो सकती है कि वे डलहौजी द्वारा अवध के ब्रिटिश राज्य में विलय के विरोधी थे—"अवध को ब्रिटिश प्रभुत्व में शामिल भी कर लिया गया, परन्तु इसका आधार सर विलियम स्लीमेन द्वारा भेजी गई रपटों से उत्पन्न परिस्थितियाँ नहीं थीं। अगर यह माना जाए कि ऐसा उनकी सलाह पर किया गया था, तो इससे बड़ा अन्याय और कोई न होगा। उनकी चिट्ठियाँ तो इसके ठीक उलट प्रमाण उपलब्ध कराती हैं। गवर्नर जनरल लॉर्ड डलहौजी के साथ किए गए पत्र-व्यवहार में उन्होंने स्पष्ट रूप से लिखा है कि अवध राज्य को ब्रिटिश प्रभुत्व में शामिल करना ब्रिटिश राज्य को ऐसे ही दस राज्यों की क़ीमत के बराबर महँगा पड़ेगा तथा एक तरह से सिपाही विद्रोह के लिए उकसावा भी साबित होगा। वे लगातार यही मशवरा देते रहे कि इस सीमान्त राज्य को देशी बादशाह के अन्तर्गत ही रहने दिया जाए और यह भी कि ख़ुद अवध की प्रजा ही अवध के बादशाह की तुलना में कम्पनी शासन के फ़ायदों को परखेगी। वह कम्पनी शासन के विद्वत्तापूर्ण और समानतावादी प्रशासन की तुलना अपने बादशाह के क्रूर तथा दुष्टतापूर्ण निरंकुश शासन से करेगी।" (वही, पृ. 16-17)

स्वाभाविक है कि स्लीमेन की अवध डायरी सत्य-असत्य की विसंगतियों का पुलिंदा हो लेकिन उल्लेखजनक सत्य यह है कि अवध का रेज़िडेंट नियुक्त होते ही उन्होंने पूरे अवध प्रान्त का दौरा किया था। सरकार के लिए उनके द्वारा तैयार की गई रिपोर्ट कोरी रिपोर्ट भर न थी। वास्तव में स्लीमेन साहित्य प्रेमी और अध्येता थे। भारतीय संस्कृति और धर्मों के प्रति उनके मन में गहरा आदर था। यहाँ की परम्पराओं, रीति-रिवाजों और मान्यताओं के प्रति अनुरक्ति थी। ऐसे में रपट, रपट क्रम और एक ऐतिहासिक दस्तावेज ही अधिक होना था। ऐसा दस्तावेज़ जिसमें कथा जैसा प्रवाह, यात्रा-वृत्तान्त जैसा विवरण और समाजशास्त्रियों वाली सजगता मौजूद है।" (वही, पृ. 9)

स्लीमेन ने अपनी डायरी या रिपोर्ट में संस्मरण शैली का प्रयोग किया है। वे प्रतिदिन अपनी 8-10 मील की यात्रा को रात में डायरी में लिख लेते थे। अपनी इस आदत से स्लीमेन ने अवध के लगभग डेढ़ सौ वर्षों का इतिहास प्रस्तुत किया जो ठीक-ठीक इतिहास-लेखन न होते हुए भी अंग्रेज़ों के व्यक्त और भारतीयों के अव्यक्त दृष्टिकोण सहेजता है। स्लीमेन ने अवध की दुर्दशा का जो चित्र खींचा है उसमें तत्कालीन नवाब वाजिद अली शाह की जनता के प्रति घोर लापरवाही का वर्णन उल्लेखनीय है। वाजिद अली शाह के पास जनता की भलाई करने हेतु पर्याप्त अधिकार नहीं थे। अत: इसे सावधानी से देखा जाना चाहिए कि—"स्लीमेन ने अवध की जनता की अपार पीड़ाओं का भयावह चित्रण किया है और बार-बार यह बताते चलते हैं कि बादशाह जनता से उदासीन थे, कि वे हिजड़ों, गवैयों, नचैयों की संगीत में ही रहते थे, कि वे अपने राज-कर्तव्यों की अवहेलना करते थे, कि अवध का शासन तो हिजड़े-गवैये ही चलाया करते थे। अब सवाल यह भी उठता है कि जब बादशाह अवध छोड़कर कलकत्ता के

मटियाबुर्ज चले गए थे तो जब 1857 की गदर हुई तो उसी जनता ने बेगम हज़रत महल के नेतृत्व में अवध की स्वतंत्रता की लड़ाई क्यों लड़ी? अगर अंग्रेज़ों की व्यवस्था, इतनी जन-हितैषी ही थी, तो जनता अवध के मुग़ल शासन के ख़िलाफ़ बग़ावत पर क्यों न उतर पड़ी? न केवल बेगम हज़रत महल बल्कि अन्य बेगमों ने भी अवध के पक्ष में जाँबाज़ी दिखाई थी।" (वही, पृ. 10-11)

इसी के साथ स्लीमेन का अपनी जाति के प्रति मोह और भारतीयों के प्रति पूर्वग्रह ऐसे अनेक लोगों को डकैत और आततायी दिखाने में झलकता है जो अवध के लिए लड़े और उस पर न्योछावर हो गया—"ग़दर के समय बेगम हज़रत महल की सेना के कमांडर जनरल बरकत अहमद थे। 29 जून, 1857 को चिनहट में उन्होंने अंग्रेज़ी फ़ौज को बुरी तरह परास्त किया था। जिन ताल्लुक़ेदारों और सामन्तों ने बेगम के नेतृत्व में अवध के लिए संघर्ष किया था, उनके नाम इस प्रकार हैं—राजा दिग्विजय सिंह, महोना, राना बेनीमाधो सिंह, शंकरपुर, राजा नरपत सिंह, रुय्या, राजा लोनी सिंह, मितौली, चौधरी हसमत अली, संडीला, राजा नवाब अली ख़ाँ, महमूदाबाद, राजा गुरबख़्श सिंह, रामनगर धमेड़ी, राजा देवीबख़्श सिंह, गोंडा, राजा हरदत्त सिंह, बौड़ी, रानी ईश्वर कुमारी, तुलसीपुर, राजा जोत सिंह, चरदा, मोहम्मद हुसैन, नानपारा, राजा बलभद्रसिंह, चहलारी, राजा इन्द्रविक्रम सिंह, धौरहरा, राव रामबख़्श सिंह, डौडियाखेड़ा, राजा उदितप्रकाश सिंह, इकौना, राजा रघुनाथसिंह रेहुआ, राजा शिवदर्शनसिंह, चन्दापुर, ठाकुर गुलाबसिंह, बेरुआ और मुंशी हरप्रसाद नाजिम, खैराबाद। इनमें से अनेक नामों को स्लीमेन की इस डायरी में डकैतों और अत्याचारियों के रूप में दिखाया गया है। तात्पर्य यह है कि स्लीमेन की किताब को निरपेक्ष रूप से पढ़े जाना और निरपेक्षता के साथ ही उसका मूल्यांकन किए जाने की ज़रूरत है। अंग्रेज़ी मानसिकता के साथ लिखी गई रपट में तत्कालीन राजनीति और सामाजिक परिस्थितियों का एक ऐतिहासिक ख़ाका तो मिलता ही है।" (वही, पृ. 11)

स्लीमेन के इस रिपोर्ट-डायरी लेखन या यात्रा-वृत्तान्त को उन्नीसवीं सदी के प्रथमार्द्ध में आज के हिन्दी प्रदेश के उल्लेखनीय भाग अवध के एक ऐतिहासिक ख़ाके भर के रूप में देखा जा सकता है। लॉर्ड डलहौजी ने गवर्नर हाउस से 16 सितम्बर, 1848 ई. में स्लीमेन को लिखे अपने पत्र में उन्हें लखनऊ का रेज़िडेंट नियुक्त किया। इसके साथ ही ठगी मामलों में उनके अधीक्षण के अधिकार बनाए रखते हुए उन्हें उनसे सम्बन्धित मुक़दमों के कार्य से मुक्त कर दिया। पद भार सँभालते ही स्लीमेन ने छानबीन का कार्य आरम्भ किया। "बादशाह (मंत्रियों और कृपापात्रों द्वारा, जिन्हें डर था कि उनके कारनामों की पोल खुल जाएगी। दुष्प्रेरित होकर स्लीमेन ने इस छानबीन को रोक दिया। बादशाह को पता था कि छानबीन के कारण उनकी बुरी प्रशासन-व्यवस्था, दुष्टता और अत्याचारों के विरुद्ध प्रमाण मिल जाएँगे, लेकिन स्लीमेन पूर्व के लोगों के चरित्र से ख़ूब अच्छी तरह से वाक़िफ़ थे और जानते थे कि वे लोग या तो चापलूसी से या फिर डराने-धमकाने से ही काम करते हैं। वे अपने उन सौंपे गए महत्त्वपूर्ण कर्तव्यों का पालन भी इन्हीं दो उपायों से कर सकते थे। उन्होंने विस्तारपूर्वक बताया है कि पूरे अवध में जिस तरह की अराजकता और क़ानूनहीनता का प्रचलन था, उस पर विश्वास करना ही नामुमकिन होता, अगर एक प्रतिष्ठित और ईमानदार अफ़सर ने उनके बारे में न बताया

होता। दृढ़ता और व्यवहार की सौम्यता ही असल में विलियम स्लीमेन के गुण थे, जो एक दरबार में उनके जैसे महत्त्वपूर्ण और ऊँचे ओहदे वाले व्यक्ति के लिए ज़रूरी थे। लोगों की भयानक स्थितियों का अधिक विश्वसनीय चित्रण, बादशाह की फ़ौज और लगान वसूलनेवालों तथा पूरे राज्य में फैले हुए लुटेरों के गिरोहों और क़ानून-विरोधी बदमाशों के द्वारा किया जानेवाला एक जैसा अत्याचार, भयपूर्ण जीवन बिताने की मजबूरी के कारण अच्छे मकानों का नहीं बनाया जाना, ज़मीन का थोड़ा-बहुत कृषिकरण, इसके साथ-साथ अनगिनत प्रकार की क्रूरताएँ तथा नृशंसतापूर्ण की गई हत्याएँ आदि विश्वास को भी मात कर देती हैं। बादशाह अपने हरम में बन्द रहता था, जिसके कारण न्याय की गुहार शायद ही कभी बादशाह के कानों तक पहुँचती रही हो और कभी पहुँच भी जाती रही हो तो कभी-कभार ही उस पर ध्यान दिया जाता था। इस डायरी में यह स्पष्ट रूप से दिखाई देता है कि रेज़िडेंट अपनी अवध-यात्रा के दौरान लोगों से असंख्य याचिकाएँ पाते हैं कि उनकी तकलीफ़ों को दूर किया जाए।" (वही, पृ. 21-22)

स्लीमेन की अवध डायरी में ऐतिहासिक ढाँचे के साथ आए तथ्यों पर थोड़ा-बहुत विश्वास इस आधार पर किया जा सकता है कि उन्होंने अंग्रेज़ों द्वारा की गई लूट को भी सामने रखा। स्लीमेन अवध पर बादशाह के अत्याचारों के सम्बन्ध में व्यक्तिगत पत्रों में भी लिख रहे थे किन्तु वे अवध के ब्रिटिश राज्य में मिलाए जाने के विरुद्ध थे। वे इस सम्बन्ध में लॉर्ड डलहौजी से अलग विचार रखते थे। उनका 1854-55 में 'टाइम्स' को लिखा गया पत्र प्रकाशित भी हुआ था, जिसमें उन्होंने लिखा था, "लॉर्ड डलहौजी और मैं अलग-अलग दृष्टिकोण रखते हैं, ऐसी मुझे आशंका है। अगर वे कुछ करने के बारे में कोई आशंका रखते हैं, तब मैं नहीं सोचता कि यह सही और ईमानदारीपूर्ण होगा, मैं इस्तीफ़ा दे दूँगा। इसे औरों के द्वारा किए जाने के लिए छोड़ दूँगा। मेरी इच्छा है स्थिरता तथा गम्भीर क़िस्म के कामों में, फिर चाहे उससे मुँह सफ़ेद हो या काला। हमें इस बात का कोई अधिकार नहीं है कि हम अवध को अपने राज्य में संयोजित करें अथवा उसे ज़ब्त कर लें, परन्तु 1857 की सन्धि के अन्तर्गत हमें यह अधिकार अवश्य मिला कि हम उसका प्रबन्धन अपने हाथ में ले लें, लेकिन उसके राजस्व को हम अपने लिए चुरा नहीं सकते। हम ऐसा अपने शासन के लिए सम्मान के साथ और लोगों के भले के लिए ही कर सकते हैं। हड़प लेना तो बेईमानी और अनादरपूर्ण ही होगा।...अपने शासन में संयोजित कर लेना भी लोगों को लगभग उतनी ही बुरी सरकार..., जैसी कि उनकी अपनी सरकार है, क्योंकि हम उसके ऊपर अपना स्क्रू (पेंच) रखना चाहेंगे। मेरी स्थिति यहाँ पर अभी और आगे एक असहमत तथा असन्तुष्ट व्यक्ति की ही रहेगी। हमारे पास एक मूर्ख बादशाह है, एक धूर्त मंत्री और दोनों ही एक चतुरों में चतुर तथा बड़े षड्यंत्रकारी के प्रभाव में हैं, जो हिन्दुस्तान में सबसे बड़ा अनैतिक ख़लनायक भी है।" (वही, पृ. 23)

स्लीमेन अपनी अवध डायरी का आरम्भ 'लखनऊ से रवानगी' से करते हैं। 1 दिसम्बर, 1843 ई. को वे दर्ज करते हैं कि "यह रवानगी उन्होंने सम्पूर्ण अवध का भ्रमण करने के लिए ली है और इस यात्रा का उद्देश्य है पूरे राज्य को देखना और यहाँ के लोगों के हालातों को जानना। मेरी यही इच्छा थी, इसलिए मैंने इस बारे में सरकार को पिछले साल की मार्च की 29 तारीख़ को सूचना दे दी थी। सरकार ने भी अपनी स्वीकृति मुझ तक पहुँचा दी है। मुझे इस बारे में सचिव का लिखा हुआ 17 अप्रैल का पत्र मिल

गया था। 16 नवम्बर को मैंने अपनी इस यात्रा के बारे में एक रपट सरकार को दे दी थी और 19 नवम्बर को ठीक यही सूचना बादशाह को भी दे दी है। बादशाह सलामत ने 28 तारीख़ को मोहर्रम का त्योहार ख़त्म होते ही, अगले दिन मुझसे मुलाक़ात करने की इच्छा ज़ाहिर की थी। 29 तारीख़ को सुबह 9 बजे मैं प्रथम सहायक कैप्टेन बर्डर और सीमान्त पुलिस के सुपरिंटेंडेंट ले. वेस्टन के साथ उनसे मिलने गया और फिर आपसी सद्भाव के प्रदर्शन के पश्चात् मैंने उनसे विदा ले ली।" (वही, पृ. 25)

इसमें उन्होंने जिस पहली घटना का उल्लेख किया है वह 2 दिसम्बर, 1849 ई. (ग़ुलाम हज़रत और प्रधानमंत्री पर हमला) को घटी थी। इसका विस्तारपूर्वक वर्णन है। अगली घटना 'पूर्व प्रधानमंत्री के बेटों का अपहरण' है। स्लीमेन ने इस घटना का वर्णन किसी फ़िल्म के सदृश किया है। "2 जून, 1824 को करामात अली, जो कि शिक्षक थे, नहा रहे थे और आगा मीर के दो बड़े लड़के, ग्यारह साल की उम्र का आगा अली और छह साल का निज़ामुद्दौला विद्यालय कक्ष में अपना पाठ पढ़ रहे थे। एक दूसरे सहायक शिक्षक मौलवी अमीन अली उन बच्चों को पढ़ा रहे थे। हालाँकि वह अलस्सुबह का वक़्त था, परन्तु वज़ीर बाहर गए हुए थे, क्योंकि बादशाह उनका इन्तज़ार कर रहे थे। ईसा मीन ने विद्यालय के कमरे में प्रवेश किया और बच्चों के पास पहुँचकर औपचारिक रूप से अपनी शुभकामनाएँ वग़ैरह पेश कीं। उसके पीछे-पीछे छह सशस्त्र लोग भी अन्दर आ चुके थे, उनमें से एक ख़िदमतगार भी था।...इस बीच ख़िदमतगार का इशारा पाकर आठ सशस्त्र लोग भी उसी तरह अन्दर आ गए। उनमें से दो अपने दाएँ हाथ में नंगा ख़ंजर लिये हुए थे। उन लोगों ने बाएँ हाथ से दोनों बच्चों को अपने क़ब्ज़े में ले लिया। फिर वे लोग धमकियाँ देने लगे कि अगर वे ज़्यादा छटपटाए या मदद के लिए शोर मचाया तो पल भर में उन्हें मार दिया जाएगा।...ख़िदमतगार ने, इस दौरान पीने के पानी के दो बड़े घड़े अपने क़ब्ज़े में कर लिये और उन्हें कमरे में ले आया। ये घड़े बाहर रखे हुए थे, क्योंकि मौसम बहुत गर्म था और गिरोह को आशंका थी कि उनकी ज़रूरत पड़ेगी, अगर उसमें ज़हर मिला दिया गया तो वे उसे पी नहीं सकेंगे। तब ईसा मीन ने घोषणा की कि उसने ऐसा हिंसक काम इसलिए किया है, क्योंकि उसकी तवायफ़ को ख़ासमहल में क़ैद करके रखा गया है, उसे तुरन्त ही उसके हवाले कर दिया जाए, अन्यथा वे लोग लड़कों को मार डालेंगे। शिक्षक मौलवी करामात अली ने इधर होनेवाले शोर को जब अपने नहान-घर में सुना तब वह अपनी कमर में मात्र एक अँगोछा बाँधे हुए उस कमरे में भाग चले आए और उन बदमाशों को झिड़कने लगे। उन्हें हथियारविहीन देखकर और उनके शान्तिवादी चरित्र के प्रति आदर-भाव के कारण, उन लोगों ने उन्हें उधर आने और बड़बड़ाने तो दिया, परन्तु वे क्या कह रहे हैं इस पर ज़रा भी ध्यान नहीं दिया।" (वही, पृ. 33-34)

उपरोक्त घटना में बढ़े हुए अपराधीकरण के आतंक में जीते समाज के सम्बन्ध में कुछ उल्लेखनीय तथ्य समझ आते हैं—

(क) यह घटना 1824 ई. की है, इसके पहले भी ऐसी घटनाएँ हो चुकी हैं।
(ख) पिस्तौल का उपयोग या दुरुपयोग बहुत पहले हो चुका था।
(ग) समाज भयंकर षड्यंत्रों का अड्डा बना हुआ है। खाने या पीने की वस्तु में ज़हर मिला देना आम था।

(घ) षड्यंत्र में वह ख़िदमतगार भी सम्मिलित था जिस पर बच्चों का दायित्व था। षड्यंत्र में सभी जाति, धर्म, पेशे और हैसियत (वर्ग) के लोग शामिल थे।

(ङ) बच्चों का अपहरण एक स्त्री के लिए किया गया है, जो पेशे से तवायफ़ है। यह स्त्री ईसा मीन के साथ रहना नहीं चाहती। तवायफ़ बीबाजान पहले ईसा मीन की प्रेमिका थी जो उसकी हिंसा का शिकार होकर वज़ीर के महल में शरणापन्न हुई। ईसा ख़ान ने बीबाजान को वज़ीर से वापस माँगा तो वज़ीर ने कहा, वह अपनी ज़िन्दगी की मालिक है...स्वतंत्रता हो।

(च) लम्बे घटनाक्रम में जब वज़ीर, मौलवी, प्रमुख व्यापारी सेठ गोविन्दलाल, अपहरणकर्ता और उसके दल के साथ बातचीत (निगोसियेशन) में असफल रहते हैं तब कम्पनी रेज़िडेंट की सहायता माँगी जाती है। कहना न होगा कि भारतीय समाज के विभिन्न वर्ग अपने मसले सुलझाने में असफल थे। बिल्लियों के झगड़े में रोटी बन्दर के पास जानी ही थी।

रेज़िडेंट के बीमार होने के कारण उन्होंने मामला सुलझाने के लिए अपने असिस्टेंट कैप्टन लॉकेट को भेजा। अन्य लोगों ने अपराधियों से चार घंटे की बहस की पर मामला किनारे न लगा। कैप्टन लॉकेट ने बहुत कम समय में समझौता किया। अपराधियों ने बच्चों को इस शर्त पर छोड़ दिया कि सैयद मुहम्मद ईसा ख़ान को, उस औरत बीबाजान के साथ कहीं भी जाने की इजाज़त दी जाएगी। वे अपनी मर्ज़ी से जहाँ जाना चाहें जा सकते हैं। उनकी ज़िन्दगी और सम्मान की सुरक्षा की जाएगी। वे अपनी सम्पत्ति और अपना सामान भी अपने साथ रख सकते हैं, उसे वह चाहे बादशाह से प्राप्त करें या वज़ीर साहब से। न तो माननीय कम्पनी और न ही अवध के बादशाह उनकी राह में कोई बाधा डालेंगे, अंग्रेज़ सरकार के अफ़सरों द्वारा भी उनकी राह में कोई रुकावट पैदा नहीं की जाएगी। यह शर्त उन सभी राजाओं के इलाक़ों पर भी लागू होगी, जहाँ के दरबार में अंग्रेज़ रेज़िडेंट हो और आगे यह भी लिखा गया कि जैसी बरेली में सन् 1816 में अड़चनें पैदा हो गई थीं, वैसी अड़चनें भी ब्रिटिश राज की सीमा में नहीं आने दी जाएँगी।

(हस्ताक्षर)

ए. लॉकेट, सहायक रेज़िडेंट (वही, पृ. 38)

सारी शर्तों को एक काग़ज़ पर लिखकर अपहरणकर्ताओं को सौंप दिया गया। इस घटनाक्रम के नाटकीय विकास में ईसा ख़ान ने बीस हज़ार रुपयों और बीबाजान के बदले में बच्चों को रिहा कर दिया। बच्चों के बदले जब बीबाजान को "ईसा मीन के हवाले कर दिया गया और जब वह वहाँ लाई गई, तब वह सोच रही थी कि बच्चों की ज़िन्दगी बचाने के लिए उसे क़ुर्बान किया जा रहा है। वह बहुत घबराहट में थी। उसने कैप्टन लॉकेट से प्रार्थना की कि उसकी ज़िन्दगी की रक्षा की जाए। जब वह ऐसा कह रही थी, तभी वहाँ मौजूद तमाम लोगों ने अचरज के साथ देखा कि ईसा मीन ने एक थैला उठाया जिसमें एक हज़ार रुपये थे। मुस्कुराते हुए उस थैले को उसने लड़की के हाथों में दिया और लड़की से कहा कि वह अब आज़ाद है। वह चाहे तो अपने घर जा सकती है या फिर जहाँ उसकी मर्ज़ी और ख़ुशी हो जाने के लिए स्वतंत्र है। लड़की के द्वारा बात के लिए आनन्द प्रकट किया गया। वे सारे लोग भी, जो इस मंज़र के गवाह

बन चुके थे, अपनी ख़ुशियों का इज़हार कर रहे थे, क्योंकि वे लोग तो ईसा मीन को एक बदमाश आदमी मान चुके थे और उससे इस तरह के व्यवहार की उम्मीद नहीं करते थे।" (वही, पृ. 38-39)

मुक्त करने और होने के बाद ईसा ख़ान को वहाँ से सुरक्षित निकालने की ज़िम्मेदारी कैप्टन लॉकेट पर आई। यह ईसा ख़ान अप्रैल 1816 में हुए बरेली विद्रोह में भी भाग ले चुका था। इस विद्रोह में बहुत-सी जानें गई थीं। "सरकार ने यह निष्कर्ष निकाला कि यही बदमाश उस भयानक विद्रोह का मुखिया और लोगों को भड़कानेवाला प्रमुख व्यक्ति था। यह भी कि अगर उसने पूरी तरह नहीं, तो मुख्य रूप से तो ज़रूर ही उस लोकप्रिय पागलपन को उकसाने में मेहनत की थी और आसपास के हिमायतियों को भी जमा किया था। कि स्थानीय अधिकारियों के प्रयास उस तूफ़ान को टालने में असफल रहे थे। कि वह मि. लेसेस्टर के बेटे की हत्या का अब भी अभियोगी है और यह कि इन्हीं आधारों पर उसे आम माफ़ी से बाहर रखा गया था, जो कि विद्रोहियों को सफलतापूर्वक कुचल डालने के बाद घोषित की गई थी। उसे तो गिरफ़्तार करने के लिए दो हज़ार रुपयों का इनाम भी रखा गया था। कि लिखित करारनामे ने सरकार को असमंजस में डाल दिया है कि वह या तो ब्रिटिश रेज़िडेंट के पब्लिक एक्ट को रद्द कर दे या फिर व्यापक रूप से क्षमादान की योजना घोषित करे। ब्रिटिश सरकार अपनी सीमाओं के अन्दर एक घोषित रूप से ग़ैरक़ानूनी व्यक्ति और एक कुख्यात बाग़ी तथा बेहद ख़तरनाक एवं भड़काऊ माने जानेवाले ऐसे लोगों के विरुद्ध महसूस करती है कि वह लोक-शान्ति की रक्षा करने के प्रति बाध्य है, ताकि आगे फिर कभी कोई ऐसी वारदात न हो। कोई नृशंस और गुनहगार हिंसा को उत्पन्न न करे उस हिस्से को रद्द कर देना जिसके अनुसार ईसा मीन बरेली विद्रोह के लिए अपराधी माना जाता है, इसके लिए उसे क्षमा दान देना—रेज़िडेंट और उसके सहायक के अधिकार-क्षेत्र से बाहर का मामला है और यह भी कि वे अपनी सरकार की ओर से ऐसा कोई वचन-पत्र दें।" (वही, पृ. 40-41)

फिर भी ईसा मीन रिहा हुआ।

छोटी-छोटी रियासतों और ज़मींदारियों में बँटा भारतीय समाज अपनी तरह के सामन्तवादी ढाँचे में अत्यन्त हिंसक तरीक़े से जी रहा था। सत्ता समर्थ के पास थी और समर्थ को कोई दोषी नहीं ठहरा सकता था। अंग्रेज़ इन समर्थों के पक्ष में थे। उन्हें किसी भी जाति या जन से कोई सरोकार नहीं था। ज़मींदारों द्वारा काश्तकारों का भयंकर शोषण बंगाल के 'स्थायी बन्दोबस्त' (Permanent Settlement) द्वारा ही अंग्रेज़ समर्थित था। यह समझौता अंग्रेज़ों और ज़मींदारों के बीच हुआ था। जिसमें अंग्रेज़ों को लगान या कर सीधे ज़मींदारों से लेना था। जिसकी दर वे सुनिश्चित करते थे। रैयत की स्थिति से अंग्रेज़ों का कोई सरोकार न था। उनकी सुरक्षा और उनका जीवन पूरी तरह ज़मींदारों और उनके कर्मचारियों—गुमाश्तों की दया पर निर्भर था। 3 दिसम्बर, 1849 को लिखे गए क़िस्सा कलन्दर बख़्श में किनाली नामक स्थान का वर्णन है। यहाँ एक लूट लिए गए ग़रीब ब्राह्मण, जो स्लीमेन के साथ इस यात्रा में था, की विपत्ति का वर्णन है, "एक ग़रीब ब्राह्मण गंगा सिंह रास्ते में मेरे साथ-साथ रहा, क्योंकि वह अपनी, लम्बे समय से चली आ रही विपत्तियों से छुटकारा पाना चाहता था। उसके दादा हमारी सरकार के अन्तर्गत नौकरी में थे और लॉर्ड लेक के नेतृत्व में सन् 1804 में भरतपुर की पहली

घेराबन्दी अभियान के दौरान मारे गए थे। थोड़ी-बहुत जायदाद के साथ वे अपने पीछे अपना परिवार छोड़ गए। उनका परिवार भू-स्वामी के तौर पर गाँव पुरवा-पंडित में व्यवस्थित हो गया था।" (वही, पृ. 43)

कालान्तर में रियासत भीतवाल कलन्दर बख़्श को दे दी गई। कलन्दर बख़्श ने सरकारी माँग का भुगतान नहीं किया। उन्होंने अपने दो सम्बन्धियों गोदरी और हुसैन बख़्श को अपनी रियासत और उसके आसपास के क्षेत्रों में लूटपाट के कार्य के लिए नियुक्त कर दिया। "इन दो लोगों ने, दो सौ सशस्त्र लोगों को साथ में लेकर, रात के समय गाँव पर हमला कर दिया। इस ब्राह्मण गंगा सिंह का घर लूटने के बाद उन लोगों ने उसकी गर्भवती पत्नी को पकड़ लिया और उससे यह बताने को कहा कि सोने की एक सौ सात मुहरें और दो सौ सत्तर रुपये कहाँ छिपाए गए हैं। उसके शरीर पर जगह-जगह ज़ख़्म किए गए और पूछा गया, पर जब उसने फिर भी कुछ नहीं बताया, तब दोनों भाइयों में से एक ने, उसे अपनी तलवार से काटकर गिरा दिया और मार डाला। कुल मिलाकर ब्राह्मण की दो हज़ार सात सौ पचपन रुपये की सम्पत्ति लूट ली गई। उसने इस आधार पर रेज़िडेंट से प्रार्थना की थी कि चूँकि उसके दादा माननीय कम्पनी की सेवा करते हुए मारे गए थे, इसलिए रेज़िडेंट को उसकी तरफ़ से अवध शासन के साथ मध्यस्थता करनी चाहिए। (वही, पृ. 43-44)

हज़ारों तरह के कारणों से बँटे भारतीयों ने मध्यस्थता के लिए अंग्रेज़ों को चुना। उन्हें साहेब बहादुर की निष्पक्षता और न्याय बुद्धि पर बड़ा विश्वास था। अंग्रेज़ जिसे हरा नहीं पाए उससे समझौता कर लिया।

4 दिसम्बर, 1849 दिनांक को स्लीमेन घाघरा नदी के दाहिनी ओर बसे गनेशगंज-बिरमघाट के सम्बन्ध में बताते हैं कि गाँव तक पहुँचने के क्रम में उन्हें जितने गाँव मिले उनके निवासियों के पास सिवाय मिट्टी की दीवारों के कुछ नहीं है। संख्या में बीस मकानों में से किसी पर भी खपरैल की छत नहीं थी। इस गाँव के लोगों को सबसे अधिक ख़तरा पासी जाति से है। ख़तरा बादशाह की सिपाही टिकड़ियों का भी था किन्तु पासी गाँव के चौकीदार नियुक्त किए गए थे पर "असल में वे पक्के चोर और लुटेरे हैं। टेढ़े क़िस्म के सभी काश्तकार, पासियों के गिरोहों को भाड़े पर रखते हैं, ताकि वे उनकी ओर से लड़ें। लुटेरे उन्हें लूट से प्राप्त होनेवाले माल से भुगतान करते हैं, जो कि उनके मालिकों द्वारा दिए जानेवाला वेतन की तुलना में कम ही होता है। वे सब धनुष-बाणों से लैस होते हैं और रात में अत्यन्त खूँख़्वार हो जाते हैं। वे तथा उनके हठी मालिक इलाक़े को अशान्त और अव्यवस्थित बनाए रखना चाहते हैं। हालाँकि वे लोग खेती करने पर कोई रुकावट नहीं डालते, परन्तु अगर कोई वहाँ क़ब्ज़ा करके अपना घर या बस्ती बनाना चाहे तो वे लोग ऐसा नहीं करने देते। ऐसा नहीं करने देनेवाले वे लोग हैं जिनके पास गँवा देने के लिए कुछ है, और कोई भी ऐसी स्थानीय ताक़त नहीं है, जो उन पर प्रतिबन्ध लगा सके।" (वही, पृ. 45-46)

जाति विभाजन के साथ एक कोण सम्प्रदाय की भिन्नता का भी है। यूँ तो हिन्दू-मुसलमान सदियों से साथ-साथ रह रहे थे फिर भी घनिष्ठता नहीं बढ़ी थी। सभी स्थानों पर नहीं किन्तु कई स्थानों पर सत्ता संघर्ष में सम्प्रदायवाद भी विभाजन का एक महत्त्वपूर्ण कारण था। "कल कुछ चन्देल राजपूत काश्तकार मेरे पास यह कहने के लिए आए थे

कि यह ग़ुलाम हज़रत, अपने सशस्त्र बदमाशों के गिरोह के साथ सभी कमज़ोर पड़ोसी हिन्दुओं की रियासतों पर क़ब्ज़ा करने की नीयत रखता है और शायद जल्दी ही हिन्दुओं को अपनी रियासतों से हाथ धोना पड़ेगा। अगर अंग्रेज़ सरकार हस्तक्षेप करे तो हमारी रक्षा हो सकती है।" (वही, पृ. 46) मुसलमानों द्वारा हिन्दू प्रताड़ित थे तो हिन्दुओं द्वारा मुसलमान भी उसी प्रकार खदेड़े जाते थे। 7 दिसम्बर, 1849 ई. राजागोर बख़्श सिंह शीर्षक से स्लीमेन घाघरा नदी के दूसरी तरफ़ बसे उपजाऊ हिसामपुर का ब्योरा देते हैं, "घाघरा नदी के दूसरी तरफ़ जैसा हमने देखा है, उसकी तुलना में बेहद कम मात्रा में यहाँ खेती की जा रही है, परन्तु यहाँ अच्छे घने बाग़ और बढ़िया क़िस्म के एकल पेड़ ज़रूर हैं तथा जितनी भूमि में भी खेती की जा रही है, उसकी दशा भी बहुत अच्छी है। पर इतनी अच्छी ज़मीन का बड़ा हिस्सा परती पर ही छोड़ दिया गया है, उसका एक कारण यह है कि छेदेवारा के राजपूत ताल्लुक़ेदार, लम्बे समय तक लूटपाट में जुटे रहे हैं और भूमि के सैयद स्वामियों को खदेड़कर उन्होंने ज़मीनों पर क़ब्ज़ा कर लिया है। यह सब उन राजपूतों ने उसी तरीक़े से अंजाम दिया है, जैसाकि मुसलमान लुटेरे, घाघरा के उस तरफ़ राजपूतों के साथ अपनाते हैं और उनकी ज़मीनें हड़प लेते हैं—इन लुटेरों में से तो चार ने अपने को इस लूटमार के काम से अलग कर लिया है, मगर दो पिरथीपत और मिरतोंजी लगातार जुटे हुए हैं।" (वही, पृ. 50)

स्लीमेन की अवध डायरी देशी राजाओं, नवाबों की उस दुनिया को परत-दर-परत खोलती है जिसके सम्बन्ध में इतिहास विषय में कुछ भी नहीं पढ़ाया जाता। यद्यपि उन आपसी युद्धों, षड्यंत्रों, भ्रष्टाचारों के विवरण पाठ्यक्रम में नहीं रखे जा सकते फिर भी उनके दरबार और सैन्य व्यवस्थाओं की जानकारी बिलकुल नहीं दी जाती। उदाहरण स्वरूप समाचार लेखकों के पद को लिया जा सकता है। समाचार विभाग जिस पर बादशाह और उनके मंत्री भरोसा करते थे, एक महाअधीक्षक के नियंत्रण में होता था। कभी-कभी इस काम का ठेका भी दिया जाता था। बादशाह ने 660 समाचार लेखक नियुक्त किए थे जिनका वेतन चार से पाँच रुपये निर्धारित किया गया था। किन्तु भ्रष्टाचार में लिप्त समाज में ये इतना रुपया तो अपने प्रधान को ही भेंट चढ़ा देते थे जो दरबारियों में बँटता था। इस स्रोत से आई हुई लगभग डेढ़ लाख रुपये प्रतिवर्ष की राशि दरबार में बँटती थी। "ऐसे बहुत से, जिनका वेतन प्रत्यक्ष रूप से चार से दस रुपया मासिक है, ऐसा प्रत्येक व्यक्ति उन लोगों से जिन्हें उसने अधिकृत किया है, पाँच सौ रुपये से भी ज़्यादा वसूल करता है और इस रकम का तीन-चौथाई हिस्सा उसे दरबार के चहेते लोगों में बाँटने के लिए भेजना पड़ता है। ऐसा नहीं करने पर वे और उनका प्रधान अपनी जगह पर एक हफ़्ते भी नहीं रह पाएँगे। अवध शासन के यही लोग 'संवाद-प्रेषक' बने हुए हैं, जिनके संवादों के आधार पर बादशाह और उनके वज़ीर रोज़ हुक्म जारी किया करते हैं। उनमें से कुछ, जो इस आमदनी से हिस्सा प्राप्त करते हैं, उनके बारे में कहा जाता है—"सिंहासन के पीछे के ऐसे आदमी, जो सिंहासन से भी ज़्यादा बड़े हैं। अवध के वारिस की माँ इसी स्रोत से बारह हज़ार रुपया सालाना पाती हैं।" (वही, पृ. 82)

गोंडा और बहराइच ज़िलों का भ्रमण : स्लीमेन रघुवर सिंह, पुत्र दर्शन सिंह की क्रूरताएँ 'रघुवर सिंह की क्रूरताएँ' शीर्षक से विस्तार से लिखी हैं। हरे-भरे फल-फूल रहे गोंडा और बहराइच उसकी अधीनता में आने के बाद सूख गए। गाँव के गाँव उजड़

गए। खेत ऊसर हो गए। इस बीच बोंदी रियासत के मालिक राजा हरदत्त और रघुवर सिंह में लगान की राशि को लेकर मतभेद हो गया। रघुवर सिंह ने पाँच हज़ार रुपये अधिक माँगे। न मिलने पर उन लोगों ने बोंदी क़स्बे को लूट लिया और राजा के सभी घरों को गिरा दिया। उनके रिश्तेदारों और आश्रितों के घरों को भी नष्ट कर दिया गया। पास-पड़ोस के अनेक क़स्बों और गाँवों को लूटने के बाद, उन लोगों ने लगभग एक हज़ार स्त्री-पुरुषों और बच्चों को पकड़ा और अपने साथ ले गए। उन लोगों को अपनी तरह से तब तक सताया जाता रहा, जब तक कि उन लोगों ने माँगी गई रकम अदा नहीं कर दी या अदा करने का रुक्का लिखकर नहीं दे दिया। लोगों के साथ-साथ पाँच हज़ार पशुओं को भी हँकाल कर ले आया गया था। ये मवेशी लूट के माल के तौर पर सिपाहियों में बाँट दिए गए।" (वही, पृ. 86)

रघुवर सिंह ने बन्दियों को अमानवीय यातनाएँ दीं। यातना देने के उसके नृशंस तरीक़े के लिए नियुक्त किए गए नामों पर ध्यान देने से उनकी जाति की भिन्नता का पता चलता है, "रघुवर सिंह बोंदी में छह सप्ताह तक रुका रहा, ताकि वह ऐसे नृशंसतापूर्ण अत्याचारों का व्यक्तिगत रूप से निरीक्षण कर सके, फिर वह करम हुसैन को अपना एजेंट नियुक्त करके चला गया। करम हुसैन भाड़ेदारों और राज के अधिकारियों को लगातार यातनाएँ देता रहा और उन सब लोगों को अपने तम्बू में क़ैद करके रखे रहा। यातना देने का उसने एक नायाब तरीक़ा निकाला था। वह उन लोगों की दाढ़ियों में नम गन-पाउडर मलवा देता, सूरज निकलने के साथ-साथ गन-पाउडर सूखने लगता। जब गन-पाउडर पूरी तरह सूख जाता, तब वह दाढ़ियों में आग लगवा देता। उसके अन्य अत्याचारी भी अत्यन्त दुष्ट और पक्के बदमाश थे। वे लोग राजा के चार नौकरों को दंड देने के लिए लगाये गए थे। राजा के नौकरों के नाम हैं—कुंजन सिंह, बस्तीराम, अदमान्त पांडे और भगवन्त राय।" (वही, पृ. 86-87) सत्ता के संघर्ष में आगे हुए ख़ून-ख़राबे का विस्तृत वर्णन है। षड्यंत्र धोखा देना और वचन तोड़ना उस समय की राजनीति का भी स्थायी भाव है। ऐसे ही षड्यंत्र के शिकार किन्हीं महाराज सिंह के सन्दर्भ में स्लीमेन लिखते हैं, "महाराज सिंह ने अपनी पलटन के साथ राजा पर हमला करने की कोशिश भी की, परन्तु उसकी कोशिशें बेकार गईं। दो महीनों तक क़स्बे और गाँव निर्जन पड़े रहे, परन्तु फ़ौजी टुकड़ियाँ ज़मीन पर डटी रहीं और धनुष-बाणधारी पासियों के द्वारा सुरक्षा की जाती रही। पासियों को अक्सर ऐसे कामों के लिए भाड़े पर लिया जाता है।" (वही, पृ. 88)

इस शीर्षक के अन्तर्गत स्लीमेन ने जनता पर होनेवाले अत्याचारों का विस्तृत विवरण दिया है। लूट, आगजनी, हत्या का शिकार होना तो नागरिकों की सामान्य स्थिति थी किन्तु उन्हें क्रूर यातनाएँ भी असहाय भाव से सहनी पड़ती थीं। स्लीमेन लिखते हैं, "सभी लोगों को, जिनमें पुरुष, स्त्रियाँ और बच्चे थे, बीस मील तक खदेड़ते हुए हरहरपुर ज़िले के बसंतपुर तक ले जाया गया, जहाँ बिहारी लाल का मुख्यालय स्थित था। उस यात्रा के दौरान तीन दिनों तक भारी बरसात भी होती रही। गर्भवती स्त्रियों की सिपाहियों ने सोंटों और बन्दूक के पिछले सिरों से, रास्ते भर पिटाई की थी। उनमें से बहुतों ने समय से पहले ही बच्चों को जन्म दे दिया और सड़क पर ही प्राण त्याग दिए। बहुत सारे बच्चों को पशुओं ने रौंद डाला जिससे उनकी मौत हो गई। पशुओं की क़तार

इतनी लम्बी थी कि उसके कारण दस मील की लम्बाई तक का रास्ता पशुओं की भीड़ से भर गया था। रघुवर सिंह के एजेंटों बिहारी लाल, करम हुसैन, महाराज सिंह, प्राग सिंह तथा ऐसे ही अन्य लोगों ने, कई-कई हज़ार उम्दा मवेशियों को चुना और उन्हें अपने घर भिजवा दिया। बचे हुए पशुओं को फ़ौज के सिपाहियों तथा अधिकारियों के लिए छोड़ दिया गया, ताकि वे उन्हें आपस में बाँट लें। इस भारी तादाद में उठा लाए गए पशुओं का मूल्य कम-से-कम एक लाख रुपये तो रहा ही होगा। परन्तु राजा की रियासत के नाज़िम के खाते में बहुत जरा सी रकम ही जमा की गई, केवल एक सौ तीस रुपया।" (वही, पृ. 89-90)

लूट का माल हैसियत के अनुसार बँटता था। आगे की लूट के लिए इकरारनामे लिखवाए जाते थे। जो क़ैदी इन पर दस्तख़त नहीं करते थे उन्हें यातनाएँ दी जाती थीं। यातना देने के लिए दो दल बनाए गए थे—"पहले दल का मुखिया बिहारी लाल था। यह दल लोगों को सुबह तड़के से दोपहर तक यातनाएँ देता था। उन्हें रस्सी से बाँध दिया जाता और फिर कोड़ों से पीटा जाता था। आग में तपाकर गर्म की गईं लोहे की छड़ों से उन्हें दागा जाता, उनकी जीभों को सँड़सी से पकड़कर खींचा जाता और उनमें कीलें घुसा दी जातीं और जब इतनी भीषण यातनाओं से भी कोई फ़ायदा न होता, तो उन लोगों को दूसरे दल के मुखिया करम हुसैन को सौंप दिया जाता। तब करम हुसैन का दल शाम तक यातनाओं का दौर जारी किए रहता। वह वहशी-प्रसन्नता के साथ बैठा रहता, ताकि ऐसी क्रूर यातनाओं का साक्षी बन सके और यातना देने के नए-नए तरीक़े ईजाद कर सके। बसंतपुर में इन यातनाओं और भूख के कारण जो लोग मारे गए, उनमें औरतों और बच्चों को मिलाकर 70 लोग रहे होंगे। मृत शरीरों को कीचड़ में सड़ने के लिए डाल दिया गया था। लाशों से ऐसी भीषण दुर्गंध उठती थी कि उनके मित्र और रिश्तेदार भी लाशों तक जाने में डरा करते। बस्तीराम की लाश को उसके बेटे ने रात में चुरा लिया था और गयादत्त की लाश को सिपाहियों ने उसके परिवार को बेचकर रुपये कमाये थे।" (वही, पृ. 90)

केवल प्रजा ही नहीं वे ज़मींदार भी जो सैन्य शक्ति में दुर्बल थे, मुँहमाँगी रकम नहीं चुका पाते थे तो यातनाओं का शिकार होते थे। "बोंदी के प्रतिष्ठित जागीरदार अप्रील सिंह को तब तक यातनाएँ दी गई थीं जब तक कि वे रुपया चुकाने के लिए अपनी दो लड़कियों को बेचने के लिए तैयार नहीं हो गए। बहुत सारे प्रतिष्ठित परिवारों की स्त्रियाँ, जो बोंदी से बसंतपुर ले आई गई थीं, उनके बारे में फिर कभी कोई जानकारी नहीं मिली। या तो वे मर गई थीं या फिर उन्हें बेच दिया गया। उनके नाते-रिश्तेदार उन्हें खोज पाने में असमर्थ ही रहे। सिपाही तथा दूसरे लोग यातनाएँ देने के लिए नियुक्त किए गए थे, ताकि उन पीड़ितों या उनके रिश्तेदारों से रुपया वसूला जा सके। रिश्तेदार ख़ुद ही अपने लोगों का पता लगाते हुए, उन लोगों के पास पहुँच जाते थे या आसपास के दयालु किसान उनकी मदद करने की ग़रज़ से ख़ुद ही सम्पर्क किया करते थे। पीड़ितों की चीख़-पुकार सुनकर यातना देनेवाले हँसते और मज़ाक़ किया करते थे।" (वही, पृ. 91)

समाज में प्रचलित कथाओं-उपकथाओं में अतिरेक के साथ सामाजिक सत्यता भी रहती है। ऐसी कथाएँ, जाति निर्विशेष भाव से सबमें फैलती हैं। कई बार इनमें अपनी-अपनी जाति के अनुसार परिवर्तन भी किया जाता है, किन्तु अक्सर ये स्थान

विशेष के अनुरूप सभी जातियों में एक जैसी उपस्थित रहती हैं। स्लीमेन ने ऐसी ही एक कथा 'सरयू नदी की क़सम' (दिसम्बर 16, 1849 ई.) में कही है। इसमें नवाबगंज का विवरण है, जिसकी खेती रघुवर सिंह की लूट ने नष्ट कर दी। पहले यहाँ बाग़ों की खेती भी होती थी। ऐसी खेती करनेवाले काछियों को रघुवर ने लूटपाट कर विनष्ट कर दिया। कालान्तर में फ़सल ख़रीदने की क्षमता वाले लोग भी नहीं रहे। रघुवर सिंह की लूट के दूसरे शिकारों के बारे में स्लीमेन को सूचना मिली कि साधारण काश्तकारों का जो सबसे बढ़िया वर्ग है यानी कुर्मी और लोधी, उन्हें भी रघुवर सिंह ने लगभग पूरी तौर पर ज़िले के बाहर खदेड़ दिया है। वास्तविक स्वार्थ स्पष्ट है, यहाँ एक भी बाग़ नहीं है, हालाँकि थोड़े से कुर्मी और लोधी वापस लौट आए हैं, इसी कारण यहाँ खेती की दशा तो ठीक है, मगर बाग़ों की खेती नहीं होती।" (वही, पृ. 31)

इस शीर्षक के अन्तर्गत स्लीमेन ने सवा सौ साल पहले राजा और ज़मींदार के विवाद को सुलझाने में साहूकार रतन पांडे की भूमिका की कहानी कही है—"साहूकार ने अपनी सहमति दे दी, मगर उसने राजा को सरजू नदी की क़सम दिलाई, जो कि नगर के पास से ही होकर बहती है, कि वे ज़मींदार का सौजन्यता से स्वागत करेंगे और उसके सुरक्षित वापस लौटने का बन्दोबस्त भी करेंगे। ज़मींदार ने उस प्रतिष्ठित साहूकार के वचन पर पूरा भरोसा जताया और आ गया। परन्तु राजा तत्काल उस पर अपनी अधीनता स्थापित नहीं कर सका, इसलिए राजा ने उसे मरवा दिया। साहूकार ने देखा कि उसने जो वचन दिया था और राजा ने सरजू नदी की जो क़सम खाई थी, दोनों का भारी अनादर हो गया है, तो ऐसी स्थिति में उन्होंने जीवित रहना उचित नहीं समझा। साहूकार ने भोजन त्याग दिया और इक्कीस दिनों बाद प्राण भी त्याग दिए और इस तरह सरजू नदी से याचना की कि वह ऐसे विश्वासघाती राजा से बदला ज़रूर ले।" (वही, पृ. 131)

नदी ने बदला लिया। साहूकार की सलाह पर राजा की गर्भवती रानी ने उस स्थान का त्यागकर दिया। उसी के लड़के से आगे कलहंस राजपूतों का वंश चला। वंश तो बच गया किन्तु राजा की सभी अगली पीढ़ियों में उत्पन्न होनेवाले पुरुष जन्म से ही अन्धे होते हैं, कम-से-कम वह तो ज़रूर ही, जो राज्याधिकारी होता है, और कहा जाता है कि मौजूदा समय में जो राजा हैं, उनके भी दो अन्धे बच्चे हैं। इस अन्धेपन के बारे में लोगों के बीच में यही धारणा लोकप्रिय है, कि इसका कारण राजा के द्वारा साहूकार को दिए गए वचन और क़सम को तोड़ना है।" (वही, पृ. 132)

राजा के वंश की एक शाखा उसकी एक दासी से भी चली। इस गर्भवती दासी से उत्पन्न पुत्र की सन्तान चेहेदवारा या गोवारिस ज़िलों में कलहंस ताल्लुक़ेदार बनी। रतन पांडे के वंशजों ने भाड़ामुक्त ज़मीनों पर अधिकार जमा लिया और बम्हनी पार अंचल के अचल सिंह के वंशजों के मातहत कार्य करने लगे। पूरे क्षेत्र में साहूकार रतन पांडे की पूजा होती है। प्रत्येक गाँव में उनकी समाधि है जिस पर प्रत्येक विवाह के अवसर पर वर-वधू के लिए आशीर्वाद माँगा जाता है। "एक ऐसी आत्मा से, जिसके वचन का मूल्य इस पूरी धरती पर सबसे ज़्यादा है।" (वही, पृ. 132) इसी के साथ स्लीमेन एक रोचक तथ्य का उल्लेख करते हैं कि कलहंस परिवार की दोनों शाखाएँ साहूकार रतनपांडे की समाधि पर उनकी आत्मा की शान्ति हेतु चढ़ावा चढ़ाती हैं परन्तु गोरखपुर ज़िले में इसी परिवार की एक शाखा मुसलमानों के प्रभाव से इसके विपरित आचरण

करती है। इस परिवार के लोग बहराइच के एक पुराने संत से रतन पांडे के श्राप की मुक्ति हेतु चढ़ावा चढ़ाकर प्रार्थना करते हैं।

वर्ण और जातियों के आपसी संघर्ष केन्द्रीय सत्ता के हस्तक्षेप के अनुसार भी निर्देशित होते थे। 'राजा बख़्तावर सिंह' के सम्बन्ध में स्लीमेन लिखते हैं कि इनके परिवार ने शाही कृपा कर बहुत-सी ज़मीन अपने अधिकार में कर रखी है। बख़्तावर सिंह का परिवार फ़ौजी जातियों में अलोकप्रिय किन्तु काश्तकारों में लोकप्रिय है। अपनी शाही दरबार में पहुँच के कारण ये लोग सुरक्षित हैं अन्यथा इन्होंने जिन राजपूतों की ज़मीनें हथिया रखी हैं वे इन्हें समाप्त कर चुके होते। इनके किसान ख़ुशहाल हैं—"हालाँकि उन्होंने इस भू-सम्पदा को अफ़सरों की बुराइयों, टकरावों और हिंसा के ज़रिये हासिल किया है, परन्तु खेती करनेवाले जोतदारों का उन्हें पूरा भरोसा हासिल है क्योंकि वे इन किसानों को चोरों, लुटेरों और पड़ोसियों की हिंसा से सुरक्षा देते हैं और इससे भी बढ़कर इस कारण से, कि बादशाह की फ़ौजों की लूटपाट से उन्हें बचाते हैं। यह परिवार गाँव वालों को कौशलपूर्ण तथा औद्योगिक जातियों के साथ आपसी सम्बन्ध बेहतर बनाने के लिए बढ़ावा भी देता है। ऐसी हुनरमन्द जातियों में काछी, कुर्मी और लोधी शामिल हैं।" (वही, पृ. 150-51)

इस समृद्ध परिवार का इतिहास वैसा ही है जैसा अवध प्रान्त के अन्य परिवारों का है किन्तु इसे आज के जातिसूचक उपनामों से समझना थोड़ा कठिन है, "बख़्तावर सिंह के पिता पुरन्दर, मंगल नामक ब्राह्मण के पुत्र हैं, जो कि गंगा नदी के दाहिने तट पर बक्सर के जरा नीचे स्थित, भोजपुर के रहनेवाले थे। पुरन्दर की शादी पुलिया के एक प्रतिष्ठित ब्राह्मण, सुधाई मिसिर की बेटी से हुई थी। उन लोगों के पास में थोड़ी-सी ज़मीन भी थी। सुधाई मिसिर ने अपने दामाद को इस बात के लिए उकसाया कि वह अपना घर पुलिया गाँव में ही बना ले। इस गाँव में ही पुरन्दर के पाँच लड़के हुए। (1) राजा बख्तावर सिंह, जो मेरे क्वार्टर मास्टर जनरल हैं। (2) परसन सिंह, ये निःसन्तान ही मर गए। (3) राजा दर्शन सिंह, 1844 में मरे और अपने पीछे अपने तीन बेटे छोड़ गए। (4) इंचा सिंह, अभी जीवित हैं और उनके दो लड़के हैं। (5) देवीसिंह, मर चुके हैं और उनके दो लड़के हैं।" (वही, पृ. 151) ब्राह्मण मंगल का पोता बख़्तावर सिंह। स्लीमेन की अवध डायरी भूमि से जुड़े सभी पक्षों का स्वामित्व, हथियाना-हड़पना, जोतदार-काश्तकार, लगान, ज़मींदार द्वारा चुकाया गया राजस्व आदि का आँकड़ा भी प्रस्तुत करती चलती है। यहाँ तक कि उस समय प्रचलित 'बँटवारे का रिवाज' भी चित्रित करती है। वे 21 दिसम्बर, 1849 ई. को भरतीपुर गाँव, जहाँ के मार्ग में मालियों और अच्छी जातियों के लोग रहते थे, के सन्दर्भ में ज्येष्ठता का नियम बताते हैं। स्मरण रहे कि इस तरह के सभी रीति-रिवाज भारतीय समाज के अपने थे। राजा और ताल्लुक़ेदार जिनके बीच में ज्येष्ठता का नियम लागू है, इन लोगों ने अपनी जागीर को रियासत के तौर पर माना है। जब कोई राजा या ताल्लुक़ेदार अपने जीवन में ही ज़मीन का कोई हिस्सा अपने लड़कों, भाइयों अथवा परिवार के किन्हीं अन्य सदस्यों के नाम करता है, तब उन्हें रियासत से अलग कर दिया जाता है या फिर ज़मीन को पीढ़ी-दर-पीढ़ी वंशजों में उसी तरह बाँट दिया जाता है, जैसाकि साधारण रूप से हिन्दुओं और मुसलमानों में बँटवारे का रिवाज होता है।" (वही, पृ. 168)

बिना बँटवारे की ज़मीन बड़े पुत्र के पास रहती थी। जिसके पुत्र हैं उसकी ज़मीन उनमें बराबर-बराबर बाँट दी जाती थी—"यह नियम अन्य स्थानों की तुलना में अवध के लिए बहुत ही ज़रूरी है, क्योंकि इसी से कोई परिवार अपनी रियासत को पड़ोसियों और सरकारी अफ़सरों से बचा सकता है। जब रियासत का कोई टुकड़ा काटकर किसी सम्बन्धी को दे दिया जाता है और उसके कोई वंशज नहीं होते, तब उस हिस्से को फिर से रियासत में जोड़ लिया जाता है। परिवार का मुखिया ऐसा तुरन्त ही करता है, अन्यथा कोई भी हत्या या क़ैद करके उस ज़मीन पर क़ब्ज़ा कर सकता है।" (वही, पृ. 169)

स्लीमेन का 'अवध के लोगों की पीड़ाएँ' वाला अंश उनकी भाषा की संवेदनशीलता भी सामने रखता है। एक पीड़ित समाज, बड़ा समाज जिसके आँसू पोंछनेवाला कोई नहीं उसके अवध में। अराजकता के वातावरण में जहाँ चारों ओर केवल लूट मची हुई है, निर्धन को मनुष्य की तरह जीने का अधिकार नहीं। उनके विरुद्ध (उस विदेशी की टिप्पणियाँ जिसकी जाति के लोग यहाँ लूट के इरादे से आए हैं, विशेष अर्थ रखती हैं।) होनेवाले अत्याचारों, अनाचारों का कोई प्रतिकार नहीं। वे जीवन के चरम अपमान सहने को बाध्य हैं। जीवित रहने के लिए भिक्षाटन करने को बाध्य हैं। भिक्षाटन से जीवित रहनेवालों में केवल असहाय नहीं बल्कि वे भी हैं जिनसे कोई अपराध हो गया। 22 दिसम्बर, 1849 ई. को स्लीमेन ने लिखा—"कुछ दिनों तक हमने हिन्दू और मुसलमान भिखारियों के बारे में सुना और देखा भी, परन्तु वे अब भी बहुत कम संख्या में ही हैं, विशेष रूप से लँगड़े, अन्धे और असहाय लोग ही मदद माँगते हैं। सबसे ज़्यादा तादाद वाली और अत्यन्त व्यथित श्रेणी ऐसे भिक्षुओं की थी, जो जीवन में कुछ गलत कर डालने के कारण अब प्रायश्चित्त के तौर पर भिक्षा माँग रहे थे। इस बात ने मुझे बहुत व्यथित कर दिया।" (वही, पृ. 171)

स्लीमेन की एक पीड़ा यह भी है कि ऐसे लोगों को उनसे बहुत आशाएँ हैं। ज़मींदारों, नवाबों उनके कर्मचारियों से त्रस्त जन समुदाय अंग्रेज़ों को अपने उद्धारक के रूप में देख रहा था। वह देख रहा था कि रेज़िडेंट की बात मानने के लिए शासक वर्ग बाध्य है या बाध्य किया जा सकता है। वर्तमान शासन व्यवस्था में जनता की पीड़ा की सुनवाई की कोई राह नहीं बची थी। प्रायश्चित्त के तौर पर भीख माँगने की प्रथा का उल्लेख तो प्रेमचन्द की 'मुक्तिमार्ग' कहानी तक में मिलता है। लम्बे समय तक भीख माँगने के बाद भी जिन्हें क्षमा नहीं मिल रही थी—"उनके नाम अब भी उस भीड़ में शामिल हैं" और उनकी भूलें तथा शिकायतें अब भी क्षमा नहीं पा सकी हैं। ऐसा मौजूदा शासन और उसकी हठी प्रशासन-व्यवस्था के चलते हो रहा है। इस तरह की तमाम शिकायतों को सुनना बड़ा दर्दनाक है और उतना ही तकलीफ़देह है उन्हें, उन अफ़सरों के पास भेजना, जो कि ताक़त और उसे बर्दाश्त करने की शक्ति दोनों ही चाहते हैं। ख़ासतौर पर तब, जब वह यह जानते हैं कि लगभग सभी तरह की तकलीफ़ों से छुटकारा पाने की उम्मीद रेज़िडेंट के घर से ही होती है। उनसे उम्मीद की जाती है कि—"वे सभी चेहरों से आँसू पोंछ देंगे।" और यह भी अनुभव किया जाता है कि वे किसी भी मुश्किल के बावजूद आँसू पोंछ सकते हैं। सभी वर्गों के लूटने-खसोटनेवालों के द्वारा धृष्ट अपमान प्रदर्शित करना और अपने द्वारा पीड़ितों के दुखों को बढ़ाना या अन्य किसी भी प्रकार का असन्तोष उत्पन्न करनेवाला कारण क्यों न हो, विलाप योग्य ही होता है। मैं तो रोज़

ही लूटे गए लोगों के द्वारा न जाने कितनी ही दरख़्वास्तें—" 'काँपते होंठों और आँसू भरी आँखों' के साथ एकत्रित करता हूँ।" (वही, पृ. 171-72)

सभी दरख़्वास्तों की दुख भरी दास्तान यही होती है कि उनके प्रियजनों की हत्या कर दी गई, ज़मीन के मालिकों ने उनका घर जला दिया। अत्याचार करनेवाले सम्पन्न होते हैं जो तलवार और रिश्वत के दम पर अपना दबदबा बनाए रखते हैं। इनका हाथ पकड़नेवाला भी नहीं होता क्योंकि समर्थ कभी दोषी नहीं होता। अत्याचारियों को किसी भी स्थिति में अपना प्रभुत्व बनाए रखना है। सत्ता के अतिरिक्त उनका किसी भी प्रकार की नैतिकता से कोई सरोकार नहीं है। "कुछ लोग ऐसा इसलिए करते हैं, क्योंकि वे सम्पत्ति पाना चाहते हैं और उसे अपने क़ब्ज़े में कर लेने की इच्छा बदमाशों के मन में होती है, दूसरे वे लोग, जो ऐसा सोचते हैं कि वे उस ज़मीन पर रहेंगे और मेहनत करेंगे, परन्तु दूसरे लोग ज़मीन की लालच में ऐसे लोगों को ज़मीन पर रहने ही नहीं देते और चाहते हैं कि ज़मीनें परती पड़ी रहें। इस तरह के हमलों के दौरान न तो उम्र का ख़याल किया जाता है, न लिंग का और न ही परिस्थितियों का।" (वही, पृ. 172)

अत्याचारियों के चरम अहंकार में उनकी उच्च जाति या कुल बोध और वृद्धि करता है। सत्ता सम्पन्न और समृद्ध भू स्वामी और प्रशासक वर्ग उच्च जाति या ख़ानदान का होने के कारण स्वयं को ईश्वर-अल्लाह द्वारा सीमाहीन आचरण के लिए शक्तिसम्पन्न मानता है। इस पुस्तक में जातियों के संस्तुतिकरण की जो चर्चा की गई है उसकी पुष्टि (उच्च जाति के सन्दर्भ में) स्लीमेन के इस कथन से होती है, "बदमाशों के ऐसे गिरोहों के मुखिया ज़्यादातर ऐसे भू-स्वामी हैं। ये लोग शेखी बघारते हैं कि उनका अवतरण सूर्य अथवा चन्द्रमा से या फिर गन्धर्वों से हुआ है। इस बात का चित्रण हिन्दुओं के धार्मिक पुराणों में भी मिलता है। ठीक इसी तरह बहुत से कुलीन मुसलमान भी ऐसे गिरोहों के मुखिया हैं। एक भू-स्वामी, फिर वह चाहे जितनी भी भूमि का हो, जो किसी भी कारण से अपने शासन का विरोध करता है वह अपने आपको राज्य के साथ युद्ध में संलग्न मान लेता है, और वह यह भी मान लेता है कि ऐसे युद्ध में वह उन सब चीज़ों को करने के लिए अधिकृत है, जिसे कि उसने शान्ति की स्थापना को कार्यों के लिए भुला दिया है।" (वही, पृ. 172) शक्तिसम्पन्न को मर्यादाबोध नहीं है, जो उस पर नकेल कस सकता है वह रिश्वतख़ोर है, इन सब के ऊपर जो बादशाह बैठा है उसे शासन करने से कोई दिलचस्पी ही नहीं है। "अगर अपराधियों से पीड़ित लोगों को लखनऊ के अधिकारियों के पास राहत के लिए भेजा जाए तो यह और भी ज़्यादा क्रूर मज़ाक़ होगा। मौजूदा बादशाह एक भी शिकायत न तो सुनते हैं और न ही पढ़ते हैं। वे तो पूरी तरह से निजी आनन्द में ही डूबे रहते हैं। उनके मन में इस बात की जरा भी इच्छा नहीं है कि वे जनता के मामलों में किसी भी प्रकार की रुचि लें। इसके साथ-साथ अपने बड़े अफ़सरों की कर्तव्यों तथा ज़िम्मेदारियों के प्रति लापरवाहियों पर भी, उनका कोई ध्यान नहीं है। वे तो मसखरों, हिजड़ों और औरतों की सोहबतों में ही जीवन बिताते हैं। वे ऐसा बचपन से ही कर रहे हैं और अन्तिम समय तक भी ऐसा ही करते रहेंगे। किसी अन्य समुदाय के प्रति उनमें अरुचि ही है और अब तो इस अरुचि ने हठ का स्थान ले लिया है। इसके स्थान पर वे सस्ते साहित्य के उत्पादन में ज़्यादा सहयोग किया करते हैं। उनकी समझ पूरी तरह बाँझ

हो गई है और वे अपने घरेलू तथा प्रजा से सम्बन्धित मामलों को संचालित करने में अयोग्य हो गए हैं।" (वही, पृ. 173)

स्लीमेन ने बादशाह की अयोग्यता, उसकी ख़ुशामदपसन्दी, लापरवाही की इन्तहा आदि पर विस्तार से लिखा है। 'बादशाहत के तौर-तरीक़े' चरम पतन तक पहुँच चुके थे। प्रत्येक कार्य की कुंजी थी रिश्वत। यहाँ तक कि शाही परिवार से सम्बद्ध लोग भी अपनी पेंशन की प्राप्ति बिना कमीशन चुकाए नहीं कर पाते थे। रिश्वतख़ोरों के साहस बढ़े रहने का मुख्य कारण था कि वे अच्छी तरह जानते थे कि उन्हें सज़ा नहीं होगी क्योंकि पीड़ित व्यक्ति के पास उनकी शिकायत करने का न तो कोई साधन है न साहस।

सन् 1757 से लेकर 1857 ई. और उसके बाद अंग्रेज़ों की फ़ौज या नवाबों-ज़मींदारों की फ़ौज में लड़नेवाले सिपाही देशी थे, हिन्दुस्तान के थे। ब्रिटेन से आए अंग्रेज़-आयरिश सैनिकों के बल पर अंग्रेज़ों ने हिन्दुस्तान नहीं जीता था। मुग़लों की सत्ता जाने का मुख्य कारण सेना में फैला भ्रष्टाचार था। 'असली हालत' शीर्षक से स्लीमेन लिखते हैं, "वतर्मान समय में कै. मैग्नस की फ़ौज ज़िले के नाज़िम से सम्बद्ध है। अपनी तोपों, घोड़ों और आग्नेय-अस्त्रों सहित। इस फ़ौज के अलावा नाज़िम के पास नजीबों की, नौ रेज़िमेंट भी हैं। वेतन रजिस्टर के आधार पर पता चलता है कि कुछ सैनिकों की तादाद सात हज़ार सात सौ अठहत्तर है, जिनके लिए सैंतीस हज़ार सात सौ तिरानबे रुपये वेतन-मद में निकाले जाते हैं। इनमें से पन्द्रह सौ आदमी मर चुके हैं, या उजड़ गए हैं, या अनुपस्थित रहते हैं, या फिर अवैतनिक हैं। इन लोगों का वेतन फ़ौज के कमांडरों या दरबारियों के द्वारा हड़प लिया जाता है। इसके अलावा फ़ौज में एक हज़ार पाँच सौ और भी ऐसे लोगों के नाम जुड़े हुए हैं, जो राजधानी में रहते हैं तथा अपने दूसरे काम-धन्धों में लगे हुए हैं। इन लोगों ने अपने नाम किसी प्रभावशाली दरबारी के माध्यम से फ़ौज में जुड़वा लिए हैं और बिना नौकरी किए ही वेतन पा रहे हैं।" (वही, पृ. 184-85)

सिफ़ारिशी सैनिकों की बड़ी संख्या है। फ़ौजियों की वास्तविक संख्या चार हज़ार सात सौ अठहत्तर में एक हज़ार पाँच सौ बानबे अर्थात् एक-तिहाई सिफ़ारिशी सैनिक हैं जो केवल वेतन लेते हैं। बचे हुए दो हज़ार एक सौ चौबीस विपत्ति के समय तुरन्त उपलब्ध नहीं होते। बचे कितने। इससे भी बुरी अवस्था गोला-बारूद की है, "बयालीस तोपों में से तेरह तोपें तो बिलकुल ही बेकार हैं, बची हुई उनतीस तोपों में से केवल पाँच तोपों को ही ले जाने के लिए बैलगाड़ियाँ उपलब्ध हैं। परन्तु इन पाँच के लिए भी गोदाम में बारूद नहीं रहता। नाज़िम को जितने गोले-बारूद की ज़रूरत रहती है, वह बाज़ार से ख़रीद लेता है। पिछले बीस सालों से किसी भी तोपगाड़ी की मरम्मत नहीं हुई है और इनमें से भी जो सबसे मज़बूत हैं, वे भी कुछ चक्रों के बाद टुकड़े-टुकड़े हो जाएँगी। इनमें से बहुत थोड़ी-सी ही ऐसी होंगी, जो अच्छे बारूद के साथ एक चक्र तक खड़ी रहें।"

पाँच से दस सालों के अन्तर से तोपगाड़ी को कसने और तोपों को खींचनेवाले ठेले के लिए पाँच सौ रुपये स्वीकृत किए जाते हैं और इसमें कोई सन्देह नहीं है कि पिछले बीस सालों में यह रुपया प्राप्त तो किया जा रहा है, परन्तु उससे कोई मरम्मत नहीं कराई गई।...अगर यही रुपया लखनऊ में मौजूद, गोला-बारूद प्रभारी के द्वारा प्राप्त कर लिया गया हो तब तोपें और ठेले उसके पास भिजवा दिए जाते हैं। वह उन

पर कभी-कभी पेंट-पुट्टी करवाकर वापस भिजवा देता है। दो लोग लखनऊ में तोप बनानेवाले दो विशाल फ़ौजी-स्थलों के प्रभारी हैं—अंजुमुद्दौला और अंसेजुद्दौला, जो कि असल में सारंगी वादक हैं।" (वही, पृ. 185)

स्लीमेन के इस विवरण को पढ़ने से पहले स्वाधीन भारत के जन्म लग्न से ही भ्रष्ट होने पर अचम्भा था, अब ख़त्म हो गया। भ्रष्टाचार की लम्बी परम्परा में लिथड़ा देश अपनी पुरानी लीक कैसे छोड़ देता। भ्रष्टाचार की विषबेल ने भारतीय मानस को खोखला कर दिया। उन मोहक परजीवी बेलों की तरह जो हटाई न जाए तो पूरा वृक्ष खा जाती है, "परजीवी पौधा जिसे यहाँ बाँदा कहते हैं, महुआ और आम के पेड़ों पर इस तरह लिपटा हुआ है जैसे कि वह पेड़ों का आभूषण हो। कहा जाता है कि यह एक बीमारी है और जब पेड़ पुराना हो जाता है तब यह बीमारी आ जाती है और अगर इसे काटकर न फेंक दिया जाए तो पूरे पेड़ को ही बर्बाद कर देती है। यहाँ के लोग पेड़ों को बहुत ज़्यादा आदर-सम्मान देते हैं, वे इस परजीवी पौधे को काटकर अलग कर देते हैं। हिन्दुओं के बीच इस पौधे को हटाने के विरुद्ध कोई पूर्वग्रह नहीं है। जबकि यही लोग पीपल के पेड़ को काटने का साहस नहीं दिखाते, जबकि वह उनके कुओं, घरों, मन्दिरों और समाधियों को भी यह पेड़ नष्ट कर देता है।" (वही, पृ. 190-91)

स्लीमेन की अवध डायरी उन्नीसवीं सदी के प्रथमार्द्ध में जातियों और उनमें फैली कुरीतियों की विस्तृत चर्चा करती है। स्लीमेन के लेखन को कम परिमाण में भी प्रामाणिक माना जाए, जैसाकि पहले भी कहा जा चुका है तो भी औपनिवेशिक भारत के घटाटोप अन्धकार की भयावहता का अनुमान लगाना कठिन नहीं होगा। भारतवर्ष में कन्या भ्रूण हत्या का सीधा सम्बन्ध यहाँ की सर्वग्रासी दहेज प्रथा से है। स्लीमेन ने इसे राजपूतों के सन्दर्भ में देखा है। 'रीवा के दहेज लोभी राजा' शीर्षक के अन्तर्गत दहेज प्रथा का मुख्य कारण जाति व्यवस्था विश्लेषण करते हैं। बिना दहेज विवाह नहीं हो सकता, विवाह केवल अपनी जाति में हो सकता है। अतः कुछ जातियों ने अपने लड़के के विवाह को व्यवसाय बना लिया है। व्यवसाय इसलिए कि एक पुरुष बहु विवाह कर सकता है। इसका सहारा लेते हुए ऊँची जाति के परिवारों ने अपने लड़के के विवाह से अर्थोपार्जन आरम्भ कर दिया—"भदेरी परिवार अपनी बेटियों की शादियाँ, रीवा के बघेल राजाओं तथा उचेहरा के बघेल राजाओं के साथ की है, जो कि राजपूतों के बीच में ऊँची जाति के राजा कहलाते हैं। अभी ज़्यादा दिन नहीं हुए जब इस परिवार ने रीवा के राजा के एकमात्र पुत्र को अपनी बेटी ब्याहने के एवज में एक लाख रुपये दिए हैं। उन लोगों की ओर से शादी करने की यही एकमात्र शर्त थी। गुलाब सिंह, जो कि प्रतापगढ़ के शिवरतन सिंह के भाई हैं तथा सोमवंशी राजपूत हैं, कहा जाता है कि उन्होंने भी हाल ही में अपनी बेटी की भी शादी उसी व्यक्ति से पचास हज़ार रुपये देकर की है।" (वही, पृ. 14)

उच्च जाति के लोग जाति का स्वर बनाए रखने के लिए अपनी बेटियों के लिए वर क्रय करते थे। स्लीमेन ने धारूपुर के राजपूत राजा हनुमन्त सिंह द्वारा रीवा नरेश को अपनी पुत्री से विवाह करने के अनुरोध, रीवा के राजा द्वारा भारी रकम की माँग, राजा हनुमन्त सिंह द्वारा अपनी 'ग़रीबी' की दुहाई, रीवा के राजा द्वारा अपनी माँग में से पचास हज़ार रुपये घटाने लेकिन बारात के स्वागत के समय पचहत्तर हज़ार रुपये मिल

जाने की घटना का वर्णन करते हुए लिखा है, "जब शादी की सभी तैयारियाँ हो गईं, तब राजा रीवा ने कहा कि गर्मी बहुत है, इसलिए उनका बेटा बारात लेकर नहीं आ सकता। राजा हनुमन्त सिंह ने तब उच्च कोटि के सौ ब्राह्मण जमा किए और रीवा जाकर राजा के दरवाज़े पर धरना देकर बैठ गए। उन लोगों ने अन्न त्याग भी कर दिया और यह घोषणा भी कर दी कि वे सब के सब राजा के दरवाज़ों पर बिना अन्न खाए अपने प्राणों को त्याग देंगे, अन्यथा शादी की रस्में पूरी की जाएँ।" (वही, पृ. 214)

ब्राह्मणों के मृत्यु के भय से आशंकित रीवा के राजा अपने पुत्र की बारात लेकर तो गए किन्तु इस शर्त पर कि उन्हें और पचीस हज़ार रुपये दिए जाएँ। उनकी इस माँग को राजा हनुमन्त सिंह ने पूरा किया। हनुमन्त सिंह ने अपनी अन्य कन्या के विवाह में भी इसी उपाय का उपयोग किया। रोचक तथ्य यह है कि राजा रीवा राजपूतों में कुछ नीची श्रेणी के थे और उन्होंने जो रकम पाँच-छह विवाहों से एकत्रित की वह राजपूताना के उच्च जातीय राजपूत परिवार में अपनी एक बेटी ब्याहने के लिए भी पर्याप्त नहीं थी—"उदयपुर, जोधपुर या जयपुर के राजा के यहाँ, अगर रीवा की बेटी ब्याहना हो तो दस या बारह लाख रुपये ख़र्च करने पड़ते हैं। पूरा मामला सौदेबाज़ी और विक्रय का होता है। जिन लोगों के पास रुपया होता है, उन्हें अपनी प्रतिष्ठा के अनुपात में पैसा ख़र्च करना पड़ता है, तभी उनकी बेटियों की शादी उच्च राजपूत कुलों में होती हैं। इसी तरह उन परिवारों से बेटियाँ लेने के लिए, उन्हें अपनी बेटियाँ छोटी श्रेणी के परिवारों में बेचनी पड़ती हैं।" (वही, पृ. 214-15)

ऐसा केवल राजपूतों में होता हो ऐसा नहीं है। ब्राह्मणों में, कन्नौजी ब्राह्मणों में ऐसा ही प्रचलन रहा है। कान्यकुब्ज ब्राह्मणों की यशगाथा तो महाप्राण निराला ने अपनी स्वर्गीय पुत्री 'सरोज की स्मृति' में लिखी कविता में गाई है। विधवा विवाह के लिए संघर्षरत ईश्वरचन्द्र विद्यासागर ने धन के लिए विवाह करनेवाले ब्राह्मणों के बहुविवाह में एक महापुरुष के 85 से अधिक विवाह का उल्लेख किया है। बंगाल, कन्नौज और मिथिला प्रदेश के धन के लोलुप ब्राह्मण और कुलीन बहुविवाह करते थे। ऐसे पुरुष एक गाँव से दूसरे गाँव केवल विवाह करने हेतु भ्रमण करते थे। ये कभी अपनी पत्नी को विदा नहीं करवाते थे। स्वर्ग जाने के अभिलाषी माता-पिता अपनी छोटी फूल-सी कन्या का विवाह अधेड़ या वृद्ध किन्तु उच्च श्रेणी के ब्राह्मण से कर देते थे। अपने मरने के बाद ये ब्राह्मण और कुलीन बहुत सारी बाल, युवती विधवा छोड़ जाते थे जो सारा जीवन अत्याचार सहते हुए इनके नाम को रोती थी। (इस सम्बन्ध में विस्तार से जानने के लिए लेखिका की पुस्तक 'साहित्य और विचारधारा' यश पब्लिकेशंस, दिल्ली, 2006 देखी जा सकती है।)

आज बिहार में प्रचलित 'जबरिया शादी' जैसी विकृति का सीधा सम्बन्ध उन विकृतियों से जुड़ता है जो उन्नीसवीं सदी में जाति की श्रेष्ठता के नाम पर स्त्री जीवन को नारकीय बना रही थीं। आज की मानव तस्करी (Human Trafficking) का इतिहास यूँ तो बहुत पुराना है, लेकिन भारतवर्ष में केवल जाति में ही विवाह करवाए जाने के पवित्र लक्ष्य की आकांक्षा लगभग पूरे देश में थी—"लड़के-लड़कियों के विक्रय से सम्बन्धित इस तरह का मोलभाव, कमोबेश पूरे हिन्दू समुदाय में किया जाता है और अब तो यही बातें ईसाई देशों में भी अज्ञात नहीं रह गई हैं। अवध में, इसी कारण से युवा लड़कियाँ चुराई जाने लगी हैं, ख़ुद हमारे ज़िलों से कई लड़कियाँ चुराकर ले जाई

जाती हैं। हमारे ज़िलों में कुछ आदमी और औरतें इसी धन्धे में लगे हुए हैं। वे बहाना बनाते हैं कि वे राजपूत जाति के हैं, और लड़कियों को फुसलाकर उनके अभिभावकों से दूर ले जाते हैं, ताकि अवध के राजपूतों में उनकी शादियाँ करा सकें। वे यह झूठ भी बोला करते हैं कि लड़की को उनके अभिभावकों की सहमति से लेकर आए हैं, जो कि उनकी ही बराबर या थोड़ी श्रेष्ठ जाति के हैं और इस तरह वे इस धन्धे से अच्छी रकमें बनाते हैं।" (वही, पृ. 215)

जातियों और श्रेणियों में विभक्त समाज सामन्तवादी मनोभावों के अनुरूप हिंसा को अनिवार्य मानता था। उसे लुटेरा कहलाने में अपना चरित्र-हनन नहीं लगता था। हत्या करने में उसे कोई हिचक नहीं थी। भू-स्वामियों के लिए स्त्रियों और बच्चों की हत्या करना सामान्य कार्य था। स्लीमेन ने कई जातियों का उल्लेख किया है, किन्तु उसकी विशेष जानकारी राजपूतों और पासियों के सन्दर्भ में अधिक है। अपने 13 जनवरी, 1850 ई. के 'नवजात बेटियों की हत्याएँ', शीर्षक अंश में वे ज़मींदार भंगा सिंह के हवाले से लिखते हैं, "दीक्षित और बैस दोनों ही कुलों में नवजात बेटियों को मार डाला जाता है और यही परम्परा यहाँ के कमोबेश सभी राजपूत परिवारों में पाई जाती है, जबकि सेंगर राजपूतों में बेटियों को नहीं मारा जाता। मैंने उनसे पूछा कि क्या ख़ुद उनके परिवार में भी ऐसा ही होता है, तो उन्होंने कहा कि हाँ, जैसाकि थोड़ा-बहुत अन्य परिवारों में होता है। मैंने उनसे कहा कि वे मुझसे विदा लेकर चले जाएँ, क्योंकि मैं ऐसे व्यक्ति के साथ बातचीत नहीं कर सकता जिसके परिवार में इस तरह के क्रूरतापूर्ण अपराध होते हों। मैंने उनसे यह भी कहा कि अपने इस अपराध के लिए वे लोग अगर इस दुनिया में सज़ा पाने से बच गए हैं, तो उस दूसरी दुनिया में उन्हें इसकी सज़ा ज़रूर मिलेगी।" (वही, पृ. 261-62)

स्लीमेन सेंगर राजपूतों के सम्बन्ध में यह उल्लेख करना नहीं भूलते कि अवध के सेंगर परिवार अपनी नवजात कन्या की हत्या नहीं करते जबकि बुंदेलखंड, बघेलखंड, रीवा तथा सागर ज़िलों के सेंगर परिवार उन्हें मार डालते थे।

पारम्परिक हिन्दू समाज का विश्वास था कि पाप करनेवालों को इहलोक और परलोक दोनों ही स्थानों पर अपने किए का दंड भुगतना ही पड़ेगा। राजा बख़्तावर सिंह ने स्लीमेन को बताया कि कन्या हत्या करनेवालों के परिवार में कई बार पुत्र का जन्म ही नहीं होता। अपनी वंश परम्परा आगे बढ़ाने के लिए दूसरे का लड़का गोद लेते थे या निम्न श्रेणी की स्त्री से पुत्र सन्तान के लिए विवाह करते थे। कन्या हत्या के पाप का फल उन्हें कई रूपों में मिलता था—"उन परिवारों जहाँ ऐसा दुष्टतापूर्ण व्यवहार होता है, उस परिवार के मुखिया को कोढ़, अन्धापन, अपंगता, अकाल मृत्यु या फिर भयानक बीमारियों से ग्रस्त होते हुए देखा गया है। शायद ही ऐसे लोगों में से कोई व्यक्ति ऐसा हो, जिसने ख़ुशहाल बुढ़ापा बिताया हो। अगर इनके परिवारों में पुत्र होता है तो ये लोग सामान्यतः युवा अवस्था में ही मर जाते हैं।" (वही, पृ. 262)

भारतवर्ष में हिन्दुओं को अपनी 'रक्त की शुद्धता' और मुसलमानों को 'हड्डी की शुद्धता' पर बड़ा अहंकार रहा है। ऐसे देश में जहाँ अनुलोम-प्रतिलोम विवाह से सन्तान के माता-पिता भिन्न-भिन्न जातियों के रहे हों, सन्तानों में एक से अधिक जातियों का रक्त मिश्रित हो, वहाँ रक्त की शुद्धता के अहंकार का क्या अर्थ है? जैसे जातिवाद के रोग के कारण, दहेज की समस्या दिनोंदिन बढ़ती गई, दहेज के कारण कन्या जन्म लेते

ही मार डाली जाने लगी, कन्याओं का प्रतिशत पुत्रों की तुलना में घटते-घटते इतना घट गया कि बहुएँ कहाँ से आएँ? फिर पुत्र ही उत्पन्न करनेवाली बहुओं की आवश्यकता थी। कहना न होगा कि सन्तान के लिंग निर्धारण में पिता की भूमिका के सम्बन्ध में उस समय के लोगों को जानकारी नहीं थी, लेकिन जब बीसवीं-इक्कीसवीं सदी में यह जानकारी मिल भी गई तो भी परिस्थितियों ने नाटकीय मोड़ नहीं लिया, बल्कि विज्ञान की सहायता से अब कन्या भ्रूण हत्या होने लगी। पहले बेटी जन्म के बाद मारी जाती थी, अब जन्म से पहले मारी जाने लगी। हम कह सकते हैं कि बीसवीं-इक्कीसवीं सदी के कृत्य में पाप कम है। स्लीमेन ने एक ऐसी स्त्री का उल्लेख किया है जिसकी तीन बेटियाँ जन्म लेते ही मार डाली गईं और चौथी सन्तान पुत्र भी मर गया। स्लीमेन ने उस स्त्री से कहा कि—"लड़कियों की हत्या करने के अपराध में ही ईश्वर ने यह सज़ा दी है, इसलिए मैं उसके घर के छप्पर के नीचे खड़ा होकर पानी तक नहीं पियूँगा और यहाँ तक कि अपने हाथ भी नहीं धोऊँगा। जो परिवार ऐसे-ऐसे क्रूर कर्म में शामिल रहते हैं, मैं उनके घर के पानी तक का प्रयोग नहीं करता। ये राजपूतों की एक बुरी परम्परा है, सर। जो लोग अपने ही बच्चों की हत्या कर सकते हैं वे लोग दूसरे आदमियों की हत्या करने में संकोच क्यों करेंगे? इन पर तो ईश्वर का कोप होना ही होना चाहिए।" (वही, पृ. 263)

अपनी जाति पर सर्वाधिक गर्वित जातियों में इस कुप्रथा का प्रचलन अधिक था। कहा जा सकता है कि उच्च कहलानेवाली जातियाँ अपनी शुद्धता के लिए इस कुकृत्य में अधिक लिप्त थीं। अत: विवाह के समय इन्हें अपने लड़कों के लिए छोटी जाति की स्त्रियाँ लानी पड़ती थीं। राजपूतों की गर्वपूर्ण परम्परा में शायद ही कोई ऐसा परिवार हो जहाँ छोटी जाति की स्त्रियाँ विवाह हेतु न लाई गई हों। यहाँ तक क़ि अपनी बेटियों को पवारों तथा अन्य राजपूत परिवारों में देकर, पासी जाति के लोग भी राजपूत बन गए हैं। इन पासियों ने लूट और हत्याओं के ज़रिये धन और ज़मीनें जोड़ी हैं। कासिमगंज के गंगाबख़्श की बहन का विवाह एंटोडिया के राजा से हुआ है, जो महोना के पवार राजपूत हैं, तथा मौजूदा राजा जादेसिंह उन्हीं का पुत्र है। गंगाबख़्श पासी हैं, परन्तु यह परिवार अपने को रावत कहता है और ख़ुद को राजपूतों में गिनता है, जबकि इन लोगों ने हत्या और लूट के ज़रिये अपनी ज़मीनें बनाई हैं। ये लोग हत्या और लूट-पाट करने में आनन्द का अनुभव करते हैं, इन पर ईश्वर का शाप पड़ेगा, क्योंकि इन लोगों ने अपनी मासूम बच्चियों की हत्याएँ की हैं।" (वही, पृ. 262)

ईश्वर का पाप चाहे पड़े न पड़े यहाँ दो बातें उल्लेखनीय हैं। प्रथम, संस्कृतीकरण के अन्तर्गत निम्न जाति से उच्च जाति बनने की प्रक्रिया में 'स्त्री' भी एक माध्यम थी, जैसाकि पासी जाति ने किया। द्वितीय, पुत्र की माँ अगर निम्न जाति की थी तो राजपूतों की रक्त शुद्धता तथाकथित हो गई, किन्तु सन्तान का सब कुछ पिता के 'वीर्य' से निर्दिष्ट माननेवाले विचित्र प्रकार के धर्मभीरु समाज के लिए पिता का वंश चलानेवाला पुत्र उसी से उत्पन्न हो, इतना सुनिश्चित करना ही पर्याप्त था।

हिंसा के द्वारा हासिल की गई ज़मीनों से ज़मींदार बन बैठे व्यक्ति लूट-पाट आदि से संकोच नहीं करते थे बल्कि इसके लिए उन्होंने सड़कों पर लूट-पाट करनेवाले दलों से गठजोड़ भी बना रखे थे। 15 जनवरी, 1850 की डायरी में स्लीमेन ने ऐसी ही हिंसक जाति डोम जाति का वर्णन किया है। स्लीमेन ने इनके सम्बन्ध में लखनऊ के दरबार

की स्थिति को समझाने हेतु लिखा है, "रसूलाबाद ज़िला कुछ सालों तक अवध के सबसे बड़े बदमाश बख़्शअली के पास ठेके पर रहा। वह जाति से डोम था। मैं इसके धनवान होने और प्रभावशाली बनने का वर्णन इसलिए करने जा रहा हूँ, ताकि लखनऊ दरबार और सरकार के तौर-तरीक़ों तथा रिवाजों को समझा जा सके। इस आदमी और उसके नायब मनसबअली दोनों ने ज़िले की ज़मीनों को ऊसर बनाने और गाँवों को मनुष्यविहीन बनाने में कोई कसर नहीं छोड़ी। उसने लोगों से लगान की दरों से कहीं ज़्यादा धन वसूलने और भू-धारकों तथा काश्तकारों के प्रति अपमानजनक व्यवहार के माध्यम से ऐसा किया। जब जनवरी के आख़िर में मैंने अपने पद के कार्यभार को सँभाला, तब तक ये लोग इस बात के आदी हो चुके थे कि रास्ते से अपने माता-पिता या पति के साथ गुज़रनेवाली किसी भी सुन्दर लड़की और युवा महिला को पकड़ लें। पीड़ित इतने निर्धन होते हैं, कि वे दरबार से अपने लिए राहत नहीं ख़रीद सकते हैं। ये लोग स्त्रियों को अपनी दासी या रखैल बना लेते हैं और महल के सारंगीवादकों से प्राप्त सुरक्षा के आश्वासन के कारण अपने को बहुत ताक़तवर समझते हैं, क्योंकि वे भी डोम जाति के ही हैं।" (वही, पृ. 266)

स्त्री का किसी भी रूप में सम्मान नहीं था। स्त्री के जननी रूप का गुणगान कर 'माँएँ, माँ' करनेवाली हिन्दू जाति भविष्य की माँ को इसलिए मार डालती थी/है कि वह अपनी जैसी कन्या न पैदा कर ले। ऐसी प्रथा चन्द्रवंशी, सूर्यवंशी सभी जातियों में थी। इसके लिए विधिवत धार्मिक सामाजिक विधान थे। इन लड़कियों को जन्म लेते ही मार डालने का मुख्य कारण जाति ही थी। एक जाति के दोनों वर्गों (श्रेणियों)—अमीर-ग़रीब में दोनों ही व्यवस्थाओं—जाति और कन्या हत्या के प्रति घनघोर आस्था थी। स्लीमेन लिखते हैं, "इस ज़िले के एक प्रतिष्ठित सोमवंशी ज़मींदार ने मुझसे कहा कि नवजात लड़कियों को मार डालने का रिवाज तो तभी से चालू है, जब उनकी नस्ल को स्थापित करनेवाले पहले संस्थापक ने इसे शुरू किया था, कि एक अमीर आदमी ऐसे गुनाहों के दोषों से मुक्ति पाने के लिए बहुत से ब्राह्मणों को भोज कराता है।" (स्लीमेन की अवध डायरी, भाग-2, पृ. 39)

यह तो हो नहीं सकता कि नवजात बच्ची की हत्या के पश्चात् भोजन करता ब्राह्मण इस तथ्य से अपरिचित हो कि वह किस उपलक्ष्य में भोजन कर रहा है। अगर ये सोमवंशी राजपूत अपनी लड़कियाँ राठौड़ और चौहान के अतिरिक्त किसी अन्य राजपूत परिवार में ब्याह देते तो उन्हें जाति बहिष्कृत होना पड़ता। धनी राजपूत परिवार अपनी पुत्री अगर बच गई तो, का विवाह इन्हीं वंशों में कर स्वयं दरिद्र हो जाते थे। बदले में वे अपने समधियाने से कोई सहायता नहीं ले सकते थे क्योंकि 'कन्यादान' के बाद वहाँ का पानी पीना भी पाप होता है। यद्यपि अत्यन्त दरिद्र सोमवंशियों के लिए थोड़ी छूट रखी गई कि वह चौहानों-राठौड़ों से सहायता प्राप्त कर सकता है और इस पर उसे जाति बहिष्कृत नहीं होना पड़ता, परन्तु वह किसी अन्य राजपूत परिवार में अपनी बेटी को ब्याहकर जाति-बहिष्कृत हुए बिना नहीं रह सकता। यह भी कहा कि निस्सन्देह यह एक प्रकार का दुर्भाग्य ही है—परन्तु बेटियों की हत्या का रिवाज उन लोगों में बहुत पहले से चला आ रहा है और उसे त्यागा भी नहीं जा सकता।" (वही, पृ. 39)

अब हम लोगों को यदि इक्कीसवीं-बाईसवीं सदी तक यह सुनने पर कि 'आख़िर परम्परा भी कोई चीज़ है, हमारी संस्कृति सबसे महान संस्कृति है' आदि-आदि सुनना

पड़े तो कोई आश्चर्य नहीं होना चाहिए। परम्परा को त्यागा नहीं जा सकता, उसका बस पालन किया जा सकता है। फिर तो अभ्यास हो जाता है। अभ्यास दुख कम कर देता है यहाँ तक कि जघन्य कार्य भी अभ्यास से सामान्य हो जाता है। जिन माँओं से उनकी बेटे की ही तरह नौ माह गर्भ में पली बेटी छीनकर मारी जाती थी वे आरम्भ में बड़ा कष्ट पाती थीं। पुत्र जितने ही कष्ट से पुत्री को जन्म देने पर "जब एक पहली नवजात लड़की को उसकी माँ से छीना और मारा जाता है तब वह भारी विलाप करती और रोती है, मगर जब वह दो या तीन बार जन्म दे चुकती है, तब वह भी इस रिवाज की आदी हो जाती है और कहती है—जैसा चाहो, वैसा करो।" (वही, पृ. 39-40) इस जैसा चाहो वैसा करने का विवरण भी स्लीमेन ने दिया है, "नवजात लड़की को उसी कमरे में मारा जाता है, जिस कमरे में उसका जन्म होता है। फिर उसे उसी कमरे में दफ़न कर दिया जाता है। बाद में उस जगह को मिट्टी से छापकर गाय के गोबर से लीप दिया जाता है। उस परिवार का अथवा गाँव का पुरोहित तेरह दिनों तक इसी कमरे में अपने लिए खाना पकाता है और खाता है। पुरोहित को लकड़ी, घी, जौ, चावल और तिली उपलब्ध करा दिए जाते हैं। पुरोहित ताँबा, जस्ता, पीतल और काँसा धातु के मिश्रण से बने बर्तन में चावल, जौ और तिली को पकाता है और जब चावल पक जाता है, तब उसके ऊपर घी डालकर पूरा का पूरा चावल खा लेता है। इसे होम कहते हैं। और जब उस स्थान पर बैठकर पुरोहित भोजन करता है, तब यह मान लिया जाता है कि उसने सम्पूर्ण 'हतिया' (पाप) अपने ऊपर ले लिया है तथा परिवार अब पापरहित हो गया है।" (वही, पृ. 40)

सम्पूर्ण हत्या का भार जब पुरोहित ने अपने ऊपर ले लिया तो परिवार पाप मुक्त हो गया। लड़की मार डालने के दूसरे उपाय भी हैं, "ये लोग नवजात लड़कियों को मारने के लिए मदार नामक पौधे के दूध को बच्ची के मुँह में रख देते हैं और बच्ची के पेट से निकला हुआ पहला मल उसके चेहरे पर थोप देते हैं। इससे लड़की तुरन्त ही मर जाती है।" (वही, पृ. 40)

जाति प्रतिष्ठा में काँटा बननेवाली नवजात कन्या की हत्या के बाद उनका जीवन पूर्ववत् गति से चलता है। हत्या का पाप अपने सिर पर लेने के लिए पुरोहित है ही, जितनी बार आवश्यकता होगी वह दक्षिणा लेगा, भोज करेगा, अनुष्ठान करेगा और प्रायश्चित्त करवाएगा। "प्रायश्चित्त के पश्चात् बच्ची के माता-पिता फिर से उस कमरे का उपयोग करने लगते हैं। वे वहाँ पर अपने परिवारजनों और मित्रों को आमंत्रित करते हैं तथा पहले की तरह गप्पें मारना शुरू कर देते हैं।" (वही, पृ. 40) नवजात बच्ची की हत्या उसकी माँ या प्रसव करवानेवाली दाई नहीं करती थी। स्लीमेन को यह सब बतानेवाले राजा बख़्तावर सिंह ने बताया कि "उन्होंने नवजात बच्चियों को मार डालने की इस पूरी प्रक्रिया को उन दाइयों से सुना है, जो बच्चे का जन्म कराने के लिए वहाँ रहती हैं। जब यह पता चलता है कि पैदा होनेवाला शिशु, एक बच्ची है, तब दाई को बच्ची की माँ के साथ उस कमरे से बाहर भेज दिया जाता है।" (वही, पृ. 40)

स्लीमेन इस अपराध में अपराधियों को दंडित करने के सम्बन्ध में सबसे बड़ी बाधा यह पाते हैं कि इससे अभिभावकों को सज़ा मिलेगी। उनका प्रस्ताव है कि "अगर इस गुनाह को मिटाने के लिए कोई प्रभावी क़ानून हो, तो उसमें यह जोड़ा जाना अनिवार्य होना चाहिए कि पुरोहित को सबसे कठोर सज़ा मिलेगी। इस मामले में मैं सोचता हूँ कि

शायद एक यही आपत्ति आएगी कि जब अभिभावकों पर मुक़दमा चलाया जाएगा, तब महत्त्वपूर्ण गवाहों के अभाव में यह मामला अदालतों में चल नहीं पाएगा, लेकिन जब यह अनिवार्य होगा, तब उसे बादशाह के प्रमाण के तौर पर स्वीकार किया जा सकता है।" (वही पृ. 40)

यद्यपि अंग्रेज़ों के अधिकार-क्षेत्र में नवजात बच्चियों की हत्या का पाप कुछ कम था पर अवध की सरकार ने इस ओर कोई भी प्रयास नहीं किया। स्लीमेन इसका समाधान जाति-गोत्र से मुक्ति बताते हैं, (जो कि सम्भव नहीं था/है।) या फिर इसे अवध में उसी तरह मिटाया जा सकता है, जिस तरह बॉम्बे के मि. विलाघवी ने उन ज़िलों में समाप्त किया था, जिनका प्रभार उनके पास था। उन्होंने इसके लिए यह शर्त रख दी थी कि अगर कोई राजपूत अपनी बेटी की हत्या करेगा, तो उसे आवंटित की गई पूरी ज़मीन रद्द कर दी जाएगी। वे बड़ी कठोरता के साथ इस शर्त का पालन कराते थे।" (वही, पृ. 41)

नवजात कन्याओं की हत्या के अतिरिक्त भी स्त्री के विरुद्ध प्रत्येक प्रकार का अपराध समाज के आन्तरिक ढाँचे में गुँथा हुआ था। जातियों में विभाजित समाज केवल जातिगत श्रेष्ठता ही नहीं बल्कि साम्प्रदायिक और आपराधिक कुकृत्यों के लिए भी उस समुदाय और परिवार की स्त्रियों और बच्चों पर क्रूर अत्याचार करता था, जिन्हें वह लूटना और नष्ट करना चाहता था।

स्लीमेन ने अपनी अवध डायरी में 'भूरी की दुष्टताएँ' शीर्षक से ऐसे कई अत्याचारियों के नाम और कृत्य दर्ज किए हैं। इसमें धर्मान्तरित परिवारों, जो हिन्दू से मुसलमान बने या जबरन बनाए गए, का भी उल्लेख है। भूरी ख़ाँ ख़ानदानी डाकू था। उसका प्रपितामह (परदादा) रुस्तम ख़ाँ मुसलमान एक खूँखार डाकू था। रुस्तम ख़ाँ ने वैसे राजपूतों की देवगाँव रियासत, जिसके अन्तर्गत सैंतीस गाँव आते थे, के ज़मींदारों को अपने बड़े और क्रूर गिरोह के हमले से मार भगाया। लेकिन तीन राजपूतों को जबरन मुसलमान बना दिया। भूरी ख़ाँ के गिरोह ने दोनों ही धर्मों के लोगों पर अत्याचार किए, उनकी ज़मीनें छीनीं, यातनाएँ दीं और क्रूरतापूर्वक मार डाला। औसन उपदिया को लूटने के बाद भूरी ख़ाँ ने उसके लड़कों का अपहरण कर बारह सौ रुपयों की माँग की। "हमले के कारण औसन अपनी तमाम सम्पत्ति गँवा चुका था और इसी कारण अपने रिश्तेदारों और मित्रों से सात सौ रुपयों से ज़्यादा का इन्तजाम नहीं कर सका। इससे भूरी ख़ाँ सन्तुष्ट नहीं हुआ। लड़कों को यातनाएँ देने और भूखा रखने के बारह महीनों बाद तथा सात सौ रुपया लेने के बाद, उन लोगों को वह गायमौ के जंगलों में ले गया। उन लोगों के पैरों में बेड़ी और गले में बाँस का घेरा पड़ा हुआ था। जंगल में उन्हें पेड़ों से बाँधकर, कुछ समय तक उन लोगों को लक्ष्य बनाकर उन पर तीर चलाए गए, फिर तलवार से उनके जिस्मों के दो टुकड़े कर दिए गए और उन लोगों की ज़मीनों पर क़ब्ज़ा कर लिया गया।" (वही, पृ. 226-27)

भूरी ख़ाँ के कारण सभी गाँव वीरान हो गए। उसके क्रूर अत्याचारों का शिकार हिन्दू और मुसलमान दोनों थे। उसने हिन्दुओं को जबरन मुसलमान बनाया, जाति च्युत किया तो मुसलमानों को भी अमानवीय यातनाएँ दीं। इसमें सबसे अधिक दिल दहलाने वाली बात बच्चों को भी जघन्यतम यातनाएँ देना था। अगस्त 1848 में भूरी ख़ाँ ने सरदार ख़ाँ का घर लूटने और जला देने के बाद उसे और उसके तीन लड़कों ख़ुदाबख़्श, अल्लाहबख़्श और अलीबख़्श के साथ अपहृत कर लिया। "उनकी उम्र चौदह, आठ

और सात साल की थी। भूरी ख़ाँ ने उन तीनों लड़कों को यातनाएँ दीं और एक हज़ार नौ सौ रुपये फिरौती माँगी। सरदार ख़ाँ के भाई जहाँगीर ख़ाँ ने यह रुपया उधार लिया और भूरी ख़ाँ को दे दिया। तब सरदार ख़ाँ को रिहा कर दिया गया लेकिन भूरी ख़ाँ ने उसके किसी भी लड़के को रिहा नहीं किया, क्योंकि वह पाँच सौ रुपये और चाहता था। सरदार ख़ाँ इस माँग को पूरा करने में असमर्थ रहा। अप्रैल 1849 में भूरी ख़ाँ ने उसके दो लड़कों ख़ुदाबख़्श और अल्लाहबख़्श को पेड़ों से बँधवाया और अपने गिरोह के मनोरंजन के लिए उन दोनों को तीरों से मरवा दिया। इसके बाद उनके शरीरों पर तलवारों से घाव किए गए और लाशों को एक खाई में फिंकवा दिया। इतना ही नहीं, उसने उनके मित्रों-रिश्तेदारों पर इस बात की पाबन्दी लगा दी कि वे न तो लाशों को खाई से निकाल सकते हैं और न ही उनका मृत्यु संस्कार कर सकते हैं। अपने लड़कों की ऐसी दशा को सुनकर सरदार ख़ाँ कुछ समय तक विक्षिप्त अवस्था में पहुँच गया था।" (वही, पृ. 227)

इसके पहले 1847 में वह मकदूमपुर के भवानीबख़्श ब्राह्मण के पुत्र चैन का अपहरण कर उसे यातनाएँ देकर धर्मभ्रष्ट कर चुका था। चैन से वह पहले भी रुपये वसूल चुका था और चार सौ रुपयों की माँग को चैन पूरा न कर सका। "चैन के पास और रुपया न था। तब उसे गारद के हवाले कर दिया गया और उसे भी यातनाएँ दी जाने लगीं। फिर भी जब वह रुपया चुकाने में अपनी असमर्थता जताता रहा, तब गाय की हड्डियों का हार बनाकर उसके गले में पहना दिया गया और एक हड्डी उसके मुँह में ठूँस दी गई। गाय का ख़ून उसके शरीर पर डाला गया, इसके कारण वह हमेशा के लिए अपनी जाति और धर्म से बहिष्कृत हो गया। चैन ने वे रुपये उन लोगों को दे दिए, जिन्हें भूरी ख़ाँ ने यातना देने के लिए नियुक्त किया था। उन लोगों ने दस रुपये के बदले उसकी जान बख़्श दी। चैन के लड़के ने पाली नामक गाँव में शरण ली। लड़के ने भवानीदीन नाम के एक पासी धनुषधारी को इस बात के लिए राजी किया कि वह उसके पिता के बारे में जानकारी हासिल करे और अगर वह उसके पिता को छुड़ा लाएगा तो उसे नब्बे रुपये दिए जाएँगे। पासी ने अपने आपको भूरी ख़ाँ के पास ज़मानत के तौर पर गिरवी रख दिया तो भूरी ख़ाँ ने उसकी ज़मीनों पर लगी हुई फ़सलों को कटवा लिया। उसने उसके पूर्वजों के द्वारा लगाए गए आम के पाँच पेड़ भी कटवा लिए। चैन ने अपनी बन्दी अवस्था के समय देखा था कि भूरी ख़ाँ ने न जाने कितने स्त्री-पुरुषों को यातनाएँ दीं और उनकी हत्याएँ की थीं।" (वही, पृ. 228-29)

मुसलमानों में उसने सरफ़राज़ की नाक देवगाँव के चमार से कटवा दी। अकबर ख़ाँ के पन्द्रह वर्षीय पुत्र का अपहरण कर उसे लगातार प्रताड़ित किया। इस दिशा में अवध की सरकार पर सभी दरख़्वास्तें व्यर्थ रहीं। भूरी ख़ाँ हिन्दुओं को जाति और धर्मच्युत किए जाने के लिए उन पर अतिरिक्त अत्याचार करता था। पुस्तक में वर्णित कई ब्राह्मणों पर किए गए अमानवीय अत्याचार का परिचय देवगाँव की सोलह बीघा ज़मीन पर खेती करनेवाले परोती अहीर पर हुए निरन्तर और जघन्यतम क्रूर अत्याचारों में ही मिल जाएगा। परोती अहीर सोलह बीघा ज़मीन के लिए बत्तीस रुपया वार्षिक लगान देता था, जिसकी मानसिंह से रियासत पाते ही भूरी ख़ाँ दुगनी रकम वसूलनी आरम्भ कर दी। 1848 ई. में उसने परोती से लगान बढ़ाकर दो सौ पचास रुपये माँगी। रकम वसूलने के लिए उसने परोती को क़ैद कर उसके सोलह गाय-बैल बेच दिए। उसकी

दूसरी सम्पत्ति भी बेच दी। किसी भी प्रकार अपने परिवार को बचाने के लिए परोती ने गोपनीय तरीक़े से उन्हें दो मील दूर दहीपुर भेज दिया, "लेकिन भूरी ख़ाँ ने अपने दो नौकरों बँधीन और बगोलाल को उन्हें खोजने के लिए भेज दिया। उन लोगों ने उसकी दो लड़कियों, एक की उम्र चौदह और दूसरी की दस साल थी, उसके लड़के निहाल की पत्नी और लड़के को जो कि सिर्फ़ चार साल का था, गिरफ़्तार कर लिया। भूरी ख़ाँ ने दोनों लड़कियों के साथ बलात्कार किया, फिर निहाल की पत्नी और लड़के के साथ उन्हें रिहा कर दिया। परोती जब क़ैद में था, तब उसने बख़्तावर और सरफ़राज़ की नाक कटते हुए देखा था। उसने यह भी देखा था कि भूरी ख़ाँ ने नाकों को काटकर, उन्हें एक प्याली में रखकर दीवार के एक आले में रखवा दिया था। मार्च 1848 में परोती यह प्रार्थना करने गया कि उसकी लड़कियों को बलात्कार करने के बाद तो छोड़ा जा सकता है। बाद में यह परिवार मोहली गाँव में रहने के लिए चला गया था। यह गाँव खन्दारा रियासत में है। परोती के परिवार को गाँव से इसलिए भगा दिया गया था कि उसकी बेटियाँ अपवित्र हो चुकी हैं। (वही, पृ. 233)

स्लीमेन की अवध डायरी तत्कालीन हिन्दू समाज को अनजाने में ही स्पष्ट करती चलती है। स्लीमेन के अंग्रेज़ प्रशासक होने के कारण उसके किसी भी लेखन को शंकामुक्त नहीं किया जा सकता फिर भी जैसाकि पहले कहा जा चुका है कि उसके लेखन के अर्द्धांश से अधिक को मिथ्या मान लेने पर तत्कालीन अराजकता का भयावह चित्र सामने आता है।

इतिहास में स्लीमेन की विशेष ख्याति ठगी प्रथा और ठगों के उन्मूलन के लिए है। ठगों के गिरोह जाति, धर्म-श्रेणी और नस्ल का भेदभाव भुलाकर सभी को लूटते थे। वे अंग्रेज़ों और यूरोपियनों को भी लूटने से न डरते थे, न हिचकिचाते थे। स्लीमेन ने इस पेशे का सम्बन्ध पासी जाति से दिखाया है जिसकी पहले भी चर्चा की जा चुकी है। इन गिरोहों को नेस्तनाबूद करने के लिए बड़ा प्रशासनिक बल लगा हुआ था। स्लीमेन लिखते हैं, "राजा गालिबगंज, जिनका पहले भी मैं ज़िक्र कर चुका हूँ, के सिपाहियों की एक टुकड़ी हमें तम्बू के पास ही मिली। उनके साथ मौजूदा पुलिस के सुपरिंटेंडेंट भी हैं। वे कानपुर सड़क पर चोरों के ऐसे गिरोह का पीछा करने निकले हैं, जिसने दस महीने पहले इसी रास्ते पर मेजर स्कॉट को, जब वे लखनऊ से कानपुर जा रहे थे, लूट लिया था। इसके अलावा दो महीने पहले इसी गिरोह ने एक यूरोपियन व्यापारी को भी लूटा था। वह गिरोह संडीला ज़िले में गिरफ़्तार किया गया था और उनके घरों से भारी मात्रा में लूट का सामान बरामद हुआ था। गिरोह के सारे लोग पासी जाति के हैं और मुझे बताया गया कि चोरी करना उनका ख़ानदानी पेशा है। ऐसा माना जाता है कि अवध में पासियों के लगभग एक लाख परिवार निवास करते हैं। इनमें से थोड़े से लोगों को गाँव के पहरेदार के तौर पर रखा जाता है, परन्तु ज़्यादातर चोरी और लूटपाट के ख़ानदानी पेशे से जुड़े हुए हैं। इनमें से बहुत से लोगों ने ज़हरखुरानी का पेशा अपनाया हुआ है तथा इस पेशे को अपनानेवालों की तादाद बड़ी तेज़ी से बढ़ रही थी। अवध सीमान्त पुलिस के सुपरिंटेंडेंट के. हॉलिंग्स ने इन लोगों को बड़ी तादाद में गिरफ़्तार किया, फिर उन पर ठगी के पेशे में लगे होने के आरोप लगाकर मुक़दमा चलाया गया। यह मुक़दमा सन् 1848 के क़ानून के तहत चलाया गया। बाद में उनके उत्तराधिकारी कै. वेस्टन ने

और भी ज़्यादा सफलता के साथ अभियान चलाकर अवध से इस पेशे को ही लगभग मिटा दिया। हालाँकि यह ठगी वाला पेशा अभी भी पूरे हिन्दुस्तान में थोड़ी-बहुत मात्रा में जारी है।" (स्लीमेन की अवध डायरी, भाग-1, पृ. 277)

स्लीमेन ने अपने सुदीर्घ 46 वर्षों के प्रशासनिक दायित्व भार के निर्वहन हेतु अनेक पत्र लिखे। इन प्रश्नों में उनके विवरणात्मक लेखन से इतर पक्ष भी सामने आता है। अपने लगातार यात्रा विवरणों से जो रिपोर्ट उन्होंने तैयार की उसमें वे अपने ऊपर के अधिकारियों को लगातार अवध के बादशाह की प्रशासनिक अनुपयुक्तता को दोहराते रहे। वे बार-बार अपने उच्चाधिकारियों को सूचित करते रहे कि अवध की स्थिति अराजक है। स्लीमेन ने बड़े ज़मींदारों को बादशाह द्वारा अपना शत्रु मानने और अंग्रेज़ों से मदद माँगने के उल्लेख के साथ उनके द्वारा लूटपाट करने और गाँव आदि जलाने, डकैती, हत्या करवाने, साथ ही बादशाह के दरबार में छाई भयंकर अव्यवस्था के सम्बन्ध में रिपोर्ट दी, "बादशाह, जैसाकि मैं अपनी अगली अधिकृत रपट में दिखनेवाला हूँ, प्रशासनिक विषयों से सम्बन्धित कुछ भी कर पाने के लिए पूर्णतः अनुपयुक्त हैं। उन्होंने कभी भी इस बात पर कोई ध्यान नहीं दिया कि अवध में क्या करना है अथवा राज्य कौन-सी परेशानियों से गुज़र रहा है। मेरे पत्रों का भी उन पर कोई असर नहीं पड़ा है। वे अपना पूरा समय संगीतकारों और उन औरतों के साथ गुज़ारते हैं, जो उनका मनोरंजन करती हैं। वे प्रधान संगीतकार रजीउद्दौला, जो अभी हाल तक नाचनेवाले दल में, चार रुपया महीना पर ढोल बजाया करता था, के घर पर सात से आठ घंटे बिताते हैं। ये सभी संगीतकार हिन्दुस्तान की छोटी जातियों में भी सबसे छोटी जाति, डोम जाति के हैं। ये और हिजड़े ही अब अवध के असली बादशाह हैं और तब तक बादशाहत करते रहेंगे, जब तक मौजूदा बादशाह गद्दी पर बने रहेंगे। वज़ीर भी पूरी तरह से इन्हीं पर निर्भर है। इन्हीं लोगों के बीच में कुछ थोड़े से और लोग भी दरबार में हैं, जो बादशाह के द्वारा बाँटी गई प्रत्येक वस्तु को बेच देते हैं।" (वही. पृ. 319)

स्लीमेन ने बादशाह का राजकाज पर ध्यान न देना, वज़ीरों तक का गवैयों-सारंगियों पर निर्भर होना, भ्रष्टाचार, रिश्वत का बोलबाला आदि को अनेक बार दोहराया है। स्लीमेन बादशाह के अधिकारों को परिषद् में स्थानान्तरित करने की सलाह देते हैं, "वे अपने वास्तविक उत्तराधिकारी पुत्र के पक्ष में अपनी बादशाहत त्याग सकते हैं। जब तक वह बालक वयस्क नहीं हो जाता, तब तक यह परिषद् राज्य-प्रतिनिधि-परिषद् के रूप में काम करती रहेगी। अगर उनको ये विकल्प दिए जाते हैं और वे इनमें से पहला विकल्प चुनते हैं, तो उनके सामने यह विकल्प रखा जाए कि अगर उनके दरबारी शासन के कामों में अड़चन डालेंगे, तो उन्हें बाद वाले विकल्प को स्वीकार करना होगा। इस समय तथ्यात्मक रूप से वास्तविकता यह है कि अवध में कोई सरकार है ही नहीं, मंत्री बादशाह से हफ़्ते या पखवारे में कुछ मिनटों के लिए ही मुलाक़ात कर पाते हैं। यह मुलाक़ात अक्सर उसी संगीतकार के घर पर होती है, जिसका नाम मैंने ऊपर दिया है। बादशाह संगीतकारों और हिजड़ों के अलावा अन्य किसी से नहीं मिलते। यहाँ तक कि वे लोगों से जुड़े हुए मामलों के बारे में कुछ जानने का दिखावा तक नहीं करते न ही कोई परवाह ही करते हैं। उनके लड़के भी उन्हीं के संरक्षण में हैं और अपने पिता के ही तौर-तरीक़ों को ग्रहण करते हुए, बड़े हो रहे हैं। बादशाह अपने ही लोगों से पूरी तरह

कट गए हैं और उनके व्यवहार से जनता को बहुत-सी तकलीफ़ों का सामना करना पड़ रहा है। उनसे एक भी व्यक्ति सहानुभूति नहीं रखता, जबकि कुछ लोग उनके अधिकारों का दुरुपयोग करते हुए अमीर हो रहे हैं।" (वही, पृ. 319-20) तत्पश्चात् स्लीमेन ने फ़ौज में सुधार के कई सुझाव दिए हैं। दरबार में छाई रिश्वतख़ोरी के सम्बन्ध में वे कहते हैं कि बादशाह की बचपन की आदतें बदलनेवाली नहीं हैं। वे अपने पिता की अनुमति से बचपन से ही गवैयों की संगति में थे। उनसे किसी भी प्रकार के शासन की अपेक्षा नहीं की जा सकती, "उनकी ओर से कुछ होने की आशा रखना व्यर्थ ही होगा। अतः यही ठीक होगा कि सत्ता उनके हाथों से किन्हीं ज़्यादा सक्षम हाथों में चली जाए। वे जो भी प्राप्त करते हैं, वह सब वे पक्के तौर पर अपने गवैयों और हिजड़ों में बाँट देते हैं, या फिर ख़ुद ही ले लेने के लिए अनुमति दे देते हैं। कोई भी मनुष्य इन लोगों को बड़ी रिश्वत दिए बिना आमदनी वाले किसी पद पर रह ही नहीं सकता। उसे प्रभार ही नहीं मिलता। अगर कोई ठेकेदार ऐसा ज़िला ठेके पर पाना चाहे, जिसकी सालाना आमदनी तीन लाख रुपया हो, तो उसे राजधानी छोड़ने से पहले और अपने प्रभार वाले ज़िले में प्रविष्ट होने से पूर्व ही लगभग पचास हज़ार रुपया देना पड़ता है। यह रकम वह ज़मींदारों से प्रथम भुगतान के तौर पर वसूलता है और इसका लोक-खाते में कोई इन्दराज नहीं किया जाता। अन्य पदों के लिए इसी तरह भुगतान किया जाता है।" (वही, पृ. 325)

पुलिस और न्यायिक व्यवस्था के सुधार के सुझाव देने के बाद स्लीमेन ख़ज़ाने का ज़िक्र करते हैं जो हिन्दुस्तान का सबसे बड़ा ख़ज़ाना है, "यहाँ का ख़ज़ाना हिन्दुस्तान का सबसे बड़ा ख़ज़ाना बन चुका है। मेरा ऐसा विश्वास है कि यह तीन राष्ट्रों के ख़ज़ाने से भी बड़ा होगा।" (वही, पृ. 324) हिन्दुस्तान का यही ख़ज़ाना पाना अंग्रेज़ों का परम ध्येय था। स्लीमेन सुझाव देने के भी अधिकारी थे। ऐसे कई स्थानों पर उन्होंने विनम्रतापूर्ण ढंग से अपने उच्चाधिकारियों को सुझाव दिए हैं तो उनसे असहमति भी जताई है। 22 अगस्त, 1848 ई. को सर एर्सकिन को लिखे अपने पत्र में स्लीमेन ने भारत में दी जा रही शिक्षा से धर्म के सम्बन्ध पर चिन्ता व्यक्त की थी। इसके साथ ही वे श्रेणी के लिए भी चिन्तित हैं, "यह दुर्भाग्यपूर्ण है कि जो शिक्षा हम हिन्दुस्तान में दे रहे हैं, वह लोगों के धर्म से मिश्रित है। जहाँ तक हिन्दुओं का सम्बन्ध है, हम बिना सतर्क रहे, इस मामले में अधिक प्रगति नहीं कर सकते। इस राष्ट्र को हमें वह सारा ज्ञान देना है, जो हमारे पास है। पर जो ज्ञान गैलीलियो और कोपरनिकस के दिनों में यूरोप ने हासिल किया, उसमें हिन्दुस्तान के अधिकतर लोगों को हिस्सेदार बनाना हो तो हमें थोड़ी अथवा धीमी प्रकृति के साथ बढ़ना चाहिए, परन्तु यह तो पक्का है कि ज्ञान की कुछ निश्चित शाखाएँ यहाँ के लोगों के लिए बहुत ही उपयोगी होंगी। ऐसे ज्ञान के माध्यम से ही वे हमारी महानगरीय स्थापनाओं में अपने लिए रास्ता चुन सकते हैं और अच्छा काम भी कर सकते हैं।" (वही, पृ. 300)

स्लीमेन अंग्रेज़ों के ग्रीस पहुँचने से पहले वहाँ होमर के प्रतिष्ठित हो चुकने के उदाहरण से समझाते हैं। वहाँ अंग्रेज़ी साहित्य भी सम्मानजनक स्थिति में था। अतः वैसी धार्मिक समस्या सामने नहीं आई किन्तु हिन्दुस्तान की स्थिति भिन्न है। वे अंग्रेज़ी ज्ञान के प्रति शंकालु हैं। उनके पास अपनी एक जीवन पद्धति है, इसलिए "इन लोगों से यह आशा नहीं की जा सकती कि वे अपने को उस ज्ञान का हिस्सा बनाएँगे या फिर

वे लोग आपको अपनी आस्थाओं से अलग कर सकेंगे और न ही वे किसी दूसरे नस्ल पर भरोसा महसूस कर सकते हैं। वे ऐसा महसूस करते हैं कि वे एक अलग-अलग प्राणी हैं, जो कि अपने विचारों और भावनाओं का खुले तौर पर किसी के साथ भी आदान-प्रदान नहीं कर सकते। मैंने बहुत से सम्माननीय हिन्दुओं को इसी स्तर का देखा है, जबकि उसके पास उच्च प्रकार का दिमाग़ और दूसरी बहुत-सी योग्यताएँ भी होती हैं। ऐसे लोगों के लिए हम समुदायों का निर्माण नहीं कर सकते और न ही वे ख़ुद अपने लिए उनका निर्माण कर सकते हैं।" (वही, पृ. 01)

ये हिन्दू मुसलमानों से जुड़ना नहीं चाहते। अपनी धारणाओं में ये कट्टर हैं। इन पर संसार के सम्पूर्ण साहित्य और विज्ञान का प्रभाव नहीं पड़ता। ये अपने परिवार को आवश्यकतानुसार बहुत थोड़ी स्वाधीनता देते हैं। स्लीमेन 'शिक्षा' और 'सभ्यता' के स्थान पर ज्ञान शब्द के प्रयोग पर बल देते हैं। शब्द परिवर्तन से शिक्षित किए जानेवाले हिन्दू अपनी आस्था के साथ नई आस्था को मिला लेंगे। "सत्य तो यह है कि प्रत्येक हिन्दू को, हमारी भाषा, हमारे साहित्य और विज्ञान में शिक्षित किया जाना चाहिए। वे अपनी घरेलू ज़िन्दगी में थोड़ा या अधिक दुखी हैं, क्योंकि वे अपने परिवार के बारे में अनुभव और विचार नहीं करते। हमें उन लोगों को तैयार करना होगा कि वे अपने परिवार के साथ सोचें और महसूस भी करें। ऐसा ज्ञान जो उन्हें इस बात का सन्तोष दिला सके कि जो कुछ उन्होंने स्वीकार किया है, उस पर उन्हें आस्था है, और जो उन्हें सभी कर्तव्यों, क्रियाकलापों, कामों और आदतों में मार्गदर्शन करें, फिर वे चाहे जितने विशाल और निरर्थक ही क्यों न हों। मैं सोचता हूँ कि अगर हम 'शिक्षा' और 'सभ्यता' जैसे शब्दों को तैयार कर उसके स्थान पर 'ज्ञान' शब्द का प्रयोग करें तो ज़्यादा उपयोगी होगा। इससे बहुत सारे विवाद दूर हो जाएँगे क्योंकि बहुत सारे मतभेद उन शब्दों से ही उत्पन्न होते हैं जो सन्दिग्धता रखते हैं। सभी लोग इस बात से सहमत होंगे कि ज्ञान की निश्चित शाखाएँ निश्चित वर्गों के लिए उपयोगी होती हैं और निश्चित तौर-तरीक़े से उन लोगों को जोड़ने के लिए बेहतर साबित होते हैं। (301 का अन्तिम पैरा)।" (वही, पृ. 300-301)

विलियम हेनरी स्लीमेन द्वारा औपनिवेशिक दृष्टि से लिखी गई यह अवध डायरी अवध प्रदेश के माध्यम से हिन्दुस्तानी समाज के जातिगत ढाँचे का एक परिचय तो प्रस्तुत करती ही है।

स्लीमेन के लेखन में तत्कालीन मुग़ल शासकों की अतिरिक्त निन्दा को पूर्णतः स्वीकार करते हुए भी यह कहने को बाध्य होना पड़ता है कि भारतीय इतिहास का यह काल खंड अत्यन्त उथल-पुथल से भरा है। दिनोंदिन दुर्बल होते मुग़ल शासन में बढ़ती अव्यवस्था और अनीति की पुष्टि अन्य लेखन और शोधकार्यों से भी होती है। रुहेला नवाब हाफ़िज़ रहमत ख़ाँ (1708-1774) के राज्यकाल में शेष भारत में अराजकता फैली हुई थी। दिल्ली का मुग़ल शासन दुर्बल हो गया था और भारत के प्रान्तों पर उसके समस्त अधिकार का अन्त हो गया था। अवध के सआदत अली ख़ाँ ने सन् 1720 ई. में देहली के अधिकार को अस्वीकार कर दिया था। अतः उस अराजकता के समय में दो बातें विचारणीय हैं। प्रथम, रियासतों का दिल्ली के साम्राज्य से स्वतंत्र होने के पश्चात् दिल्ली से राजनैतिक सम्बन्ध और दूसरे, इन प्रान्तों का स्वयं आपसी राजनैतिक सम्बन्ध। जहाँ तक पहली बात का सम्बन्ध है वे अवध के मुग़ल हों या रुहेलखंड के

रुहेला या दूसरे प्रान्तों के राज्य, वे सभी देहली में मुग़ल राज्य का अस्तित्व रखना चाहते थे क्योंकि उस समय भारत में जो भी राजनैतिक गतिविधियाँ होती थीं वे मुग़ल साम्राज्य के नाम पर होती थीं। इस प्रथा के फलस्वरूप जो भी प्रान्तीय राजा या नवाब थे वह मुग़ल सम्राट को अपनी मुट्ठी में बन्द रखने का प्रयास करते थे।" (नवाब ख़ान बहादुर ख़ाँ (1857, रुहेला विरासत के सन्दर्भ में) ए ज़ेबा लतीफ, रामपुर रज़ा लाइब्रेरी, रामपुर, 2004, पृ. 31-32)

चूँकि सिक्का मुग़ल बादशाह के नाम का चलता था, इसलिए अपनी सत्ता चलाने के लिए उनके नाम की आवश्यकता थी। केन्द्रीय शासन दुर्बल होने के कारण सत्ता के कई केन्द्र बन गए थे। ये केन्द्र मुग़ल सम्राट के अमीर-अल-उमरा के हाथों में थे। "अत: प्रान्तीय शासक यह भी करते थे कि वे स्वयं अमीर-उल-उमरा बन जाएँ, उनकी ही बात को मानें या फिर अराजकता के समय में मुग़ल सम्राट को अन्धा करके या कत्ल करके अपने स्वार्थ के लिए बादशाह देहली के सिंहासन पर उसके परिवार के किसी सदस्य को बिठाकर अपने पक्ष में प्रयोग करें। ऐसा करने में कोई हिचकिचाहट नहीं समझता था। इतना ही नहीं, यह भी होता था कि यदि कोई व्यक्ति देहली के मुग़ल सम्राट पर अपना प्रभाव रखता था तो उसकी भी हत्या कर दी जाती थी।" (वही, पृ. 32)

स्लीमेन की अवध डायरी अस्थिर राजनीति के बाद के समय को चित्रित करती है। मुग़ल शासन के अन्तर्गत भ्रष्टाचार की राजनीति के पर्याय बहुत पहले से थे। रुहेलों के ही एक दूसरे नवाब नजीब ख़ाँ द्वारा, जिसने सुन्नी-शिया एकता (सुन्नी दमदार शिया दम पंच) का नारा दिया था, अमादुल मुलक ग़ाज़ीउद्दीन ख़ाँ के मनसूबों पर पानी फेर देने पर ग़ाज़ीउद्दीन ख़ाँ ने "बादशाह अहमद शाह और उसकी माँ कुदसिया बेगम को अन्धा करके बन्दी बना लिया (1754) और औरंगज़ेब के पौत्र अज़ीज़उद्दीन बहादुर शाह को आलमगीर सॉनी की पदवी देकर दिल्ली के सिंहासन पर बैठा दिया। ग़ाज़ीउद्दीन ख़ाँ के अमीर-उल-उमरा बनने के बाद और अहमदशाह दुर्रानी के हाथों मराठों की बार-बार पराजय के पश्चात् ही इतिहास के उस दौर के सिंहावलोकन से स्पष्ट होता है कि उस अराजकता के समय में वही बलवान, राजनीतिज्ञ होता था जिसकी मुट्ठी में दिल्ली का सम्राट हो।" (वही, पृ. 33) ज़ेबा लतीफ़ अपनी अन्य पुस्तक रुहेलखंड 1857 में (रामपुर रज़ा लाइब्रेरी, रामपुर, 2007) में इस अस्थिरता की तिथि के क्रमानुसार, 5 मई, 1858 से 24 मार्च, 1860 तक के घटनाक्रम में रमज़ान के पहले रोज़े, शनिवार की सुबह सात बजकर दस मिनट पर ख़ान बहादुर ख़ान को सार्वजनिक रूप से फाँसी पर लटकाने का उल्लेख करती हैं।

स्लीमेन की अवध डायरी में ईस्ट इंडिया कम्पनी की लूट-खसोट की चर्चा नहीं मिलती जबकि तद्युगीन भारत जो आपसी गुटबन्दी, युद्ध, विश्वासघात, अनैतिकता, किसी भी सन्धि या वचन को न मानना जैसे दुर्गुणों से ग्रस्त था, के शरीर पर यह बहुत बड़ा घाव था। वादा फ़रामोशी में ईस्ट इंडिया कम्पनी भी कम नहीं थी। अवध में फैली अराजकता और ईस्ट इंडिया कम्पनी की लूट का पता रुहेलों के इतिहास से भी चलता है, "अवध शासन के 27 वर्षों में रुहेलखंड और बरेली में कुशासन और निर्धनता फैल गई। दु:शासन का अनुमान केवल इस बात से किया जा सकता है कि रुहेलखंड पर अवध की नवाबी के 27 वर्ष के लघु समय में चौदह सूबेदार और दस फ़ौजदार व तहसीलदार नियुक्त थे। इस समय किसी व्यक्ति का जीवन और उसकी सम्पत्ति सुरक्षित

नहीं थी और किसी समय भी सरकारी अधिकारी उन पर टूट सकते थे। क्योंकि सूबेदारों की कार्यकुशलता का आधार अधिक से अधिक मालगुज़ारी वसूल करना ही था और यदि वह मालगुज़ारी की वसूली में असफल होते थे तो उनको पद से हटा दिया जाता था। यही कारण है कि 27 वर्षों में चौदह सूबेदार नियुक्त किए गए थे। वास्तव में अवध के नवाबों को ईस्ट इंडिया कम्पनी का मुँह अशरफियों से भरना पड़ता था जो वे अपनी प्रजा से अनुचित रूप में वसूल करते थे।" (वही, पृ. 48-49)

सन् 1857 के प्रथम स्वाधीनता संग्राम में रुहेलखंड मुख्य भागीदार था। मुग़लों और अंग्रेज़ों के दु:शासन ने वहाँ की जनता में भारी असन्तोष उत्पन्न कर दिया था। रुहेला युद्ध (1774) में अंग्रेज़ विजयी रहे। उस समय अवध के नवाबों और ईस्ट इंडिया कम्पनी की लूट में "जागीरदार महाजन और ठेकेदार उच्च वर्ग में शामिल थे और यह वर्ग अवसरग्राही तथा स्वार्थी था। इस वर्ग की अवध के नवाबों और ईस्ट इंडिया कम्पनी के अधिकारियों से मित्रता थी और वे उनका पक्षपात करके अपना स्वार्थ पूरा करते थे। दूसरे वर्ग में कृषक, छोटे व्यापारी, श्रमिक और कारीगर शामिल थे और उनकी संख्या बहुत अधिक थी। वह वर्ग बहुत निर्धन था। उसके श्रम का लाभ उच्च वर्ग उठाता था। शोषित वर्ग को रोटी और न्याय दोनों ही नहीं मिल पाता था किन्तु यह आश्चर्य की बात है कि यह वर्ग उच्च वर्ग को ही अपना संरक्षक समझता था जिसके कारण उसके साथ और अन्याय हुआ।" (वही, पृ. 50) ईस्ट इंडिया कम्पनी अपने आदेश अपने मुख्यालय लन्दन से प्राप्त करती थी। भारतवर्ष में उस व्यापार की अनुमति ब्रिटिश संसद से मिली थी। यहाँ कम्पनी के कर्मचारी कार्य करते थे। ये कर्मचारी भारत में धन के मोह में आते थे। उन कर्मचारियों में अधिकतर न तो शिक्षित होते थे और न ही उनमें ईश्वर का भय होता था और न ही वे धार्मिक विचार के होते थे और न ही उनका उच्च कोटि के परिवार से सम्बन्ध होता था। स्वयं वारेन हेस्टिंग्स भी इसी प्रकार का एक साधारण व्यक्ति था जो ईस्ट इंडिया कम्पनी में एक क्लर्क के रूप में भरती हुआ था। अत: वह ईस्ट इंडिया कम्पनी के अधिकारी हों या कर्मचारी, उनका उद्‌देश्य धन कमाना था और क्योंकि वे भी लोभी थे इसलिए उन्होंने भारत में भ्रष्टाचार फैलाया था। ब्रिटेन संसद ने 1773 में रेग्युलेटिंग एक्ट पारित करके ईस्ट इंडिया कम्पनी की कार्यकारिणी में सुधार करने का प्रयास किया परन्तु उससे भी कोई परिवर्तन नहीं हुआ। भारत का धन इंग्लैंड पहुँचता रहा।" (वही, पृ. 79)

असल में दिल्ली का सम्राट स्वयं अंग्रेज़ों से वज़ीफ़ा ले रहा था। प्रथम अध्याय में अंग्रेज़ों की लूट पर विस्तार से चर्चा की जा चुकी है। यहाँ प्रसंगवश उल्लेखनीय है कि इलाहाबाद की 1765 ई. की सन्धि के अनुसार ईस्ट इंडिया कम्पनी ने बंगाल की दीवानी से अपनी आय बढ़ाने के लिए कृषि भूमि की नीलामी की व्यवस्था आरम्भ की। "जो व्यक्ति नीलाम के माध्यम से मालगुज़ारी वसूल करने पर नियुक्त होते थे, उनको ठेकेदार और बनिया कहा जाता था। ये ठेकेदार और बनिये ईस्ट इंडिया कम्पनी को वार्षिक निर्धारित मालगुज़ारी का भुगतान कराते थे और ऐसे भुगतान के पश्चात् जो राशि उनको बचती थी। वह उनका लाभ होता था। अत: इसके फलस्वरूप जहाँ मौरूसी (पैतृक) मालगुज़ारी का अन्त हो गया वहाँ ठेकेदार और बनिये ने कृषकों से मालगुज़ारी के नाम पर लूट-खसोट की और इस प्रकार से कृषक अपनी भूमि छोड़कर भागने लगे। इसके उपरान्त जब स्थायी बन्दोबस्त हो गया और ब्याज की दर भी दोगुना हो गई तो

मालगुज़ारी के वसूल न होने के रूप में भूमि छोड़कर भागने लगे। इसके उपरान्त जब स्थायी बन्दोबस्त हो गया और ब्याज की दर भी दोगुनी हो गई तो मालगुज़ारी की वसूली न होने के रूप में भूमि की नीलामी होने लगी और वहाँ ठेकेदार और बनिये भूमि के मालिक बन गए। वास्तव में यहाँ से ज़मींदारी का प्रारम्भ हुआ। जो कृषक अपनी भूमि छोड़कर भागते थे उनको पकड़कर कारागार में डाल दिया जाता था। और जब कभी कृषक तंग आकर विद्रोह करते थे तो ईस्ट इंडिया कम्पनी की सेना उनको कुचल देती थी।" (वही, पृ. 83)

सदियों पुराना भारतीय कपड़ा उद्योग पूर्णत: नष्ट कर दिया गया। "ईस्ट इंडिया कम्पनी को अपने लाभ से सरोकार था और इंग्लैंड के प्रशासन को अपने देश के कपड़े के उद्योग की चिन्ता थी। भारतीय वस्त्र पर साठ प्रतिशत कर लगाने के उपरान्त इंग्लैंड के कारख़ानों का बना कपड़ा इंग्लैंड के बाज़ार में भारतीय कपड़े से महँगा बिकता था। यही कारण है कि इंग्लैंड का प्रशासन भारतीय कपड़े के आयात को ठीक नहीं समझता था। ईस्ट इंडिया कम्पनी ने कपड़े और रेशम उद्योग पर अपना अधिकार बनाने के लिए रेशम की उपज पर प्रतिबन्ध लगा दिया। ईस्ट इंडिया कम्पनी ने कारख़ाने खोले और कपड़ा बुननेवालों को नौकर रखा और कारख़ानों के बाहर कपड़ा बुनने पर प्रतिबन्ध लगा दिया। उसने कारीगरों को ज़बरदस्ती भरती किया और उनसे औसत से अधिक क़र्ज़ लिया। ये एक प्रकार से बँधुआ मज़दूरों की भाँति हो गए थे। ईस्ट इंडिया कम्पनी की इस नीति से कपड़े का उत्पादन कम हो गया। कपड़ा बुननेवाले कारीगर बेरोज़गार हो गए और उनकी आय कम हो गई। जिसके फलस्वरूप उन्होंने अपना व्यापार छोड़कर दूसरा धन्धा अपनाया। यहाँ यह बात भी कहना महत्त्वपूर्ण होगा कि ईस्ट इंडिया कम्पनी को भारतीय कपड़े पर जो लाभ इंग्लैंड में होता था वह भारत में वापस नहीं आता था, जिसके कारण एक ओर जहाँ भारतीय उद्योग का ख़ून निचोड़ा गया तो दूसरी ओर भारत उस लाभ में साझेदार नहीं बना।" (वही, पृ. 84-85)

प्रशासन के साथ जो जातियाँ सदैव जुड़ी रहीं उनमें कायस्थों का नाम लिया जा सकता है। कायस्थ मुग़लों के शासन काल में मुंशी का कार्य सँभालते थे और फ़ारसी के अच्छे जानकार हुआ करते थे। 1772 ई. में वारेन हेस्टिंग्स ने कलक्टर पद सृजित किया जिस पर केवल अंग्रेज़ ही बैठ सकते थे। भारतीयों के पास छोटे-मोटे पद थे। साथ ही अंग्रेज़ों ने यहाँ की न्याय प्रणाली भी बदल दी। पहले से ही अस्थिरता से जूझ रहे भारतीय समाज के लिए यह न्याय व्यवस्था और अधिक कष्टकर बन गई। "ईस्ट इंडिया कम्पनी के न्यायालय अन्याय, क्रूरता और लालच का माध्यम बन गए। वारेन हेस्टिंग्स ने 1772 ई. में भारत के प्राचीन न्यायालय के प्रशासन का अन्त कर दिया था। कम्पनी ने स्टाम्प पेपर की प्रथा डाली, जिसके कारण भारतीय परम्परा का विपरीत न्याय मुफ़्त मिलना समाप्त हो गया। उससे कम्पनी की आय तो बढ़ी, परन्तु निर्धन जनता पर न्याय बन्द हो गया क्योंकि वह स्टाम्प पेपर का मूल्य नहीं चुका सकती थी। उस समय यातायात के साधन बहुत कम थे। अत: बड़े नगरों के न्यायालय में मुक़दमों के सम्बन्ध में जाना भी कठिनाई का कारण बन गया था। न्यायाधीश अंग्रेज़ होते थे, जिनकी सुविधा के लिए अनुवादक नियुक्त किए जाते थे। वे अनुवादक काग़ज़ों को अंग्रेज़ी में अनुवाद करने के लिए मनमानी फीस लेते थे जो स्टाम्प पेपर की फीस से अधिक होती थी। जितनी

रकम का कोई व्यक्ति दावा करता था, उतनी ही रकम की ज़मानत माँगी जाती थी। और ज़मानत न देने की स्थिति में उसे कारागार भेज दिया जाता था।" (वही, पृ. 86-87)

आज के भारतवर्ष की अदालतों में दशकों से लम्बित पड़े करोड़ों केसों की परम्परा की जड़ें अठारहवीं सदी तक जाती हैं। अदालतों ने अंग्रेज़ों की अनुपम देन अपनी न्याय प्रक्रिया आरम्भ की। जो व्यक्ति ज़मानत नहीं दे पाता था वह कारागार में अपने मुक़दमे के फ़ैसले तक बन्दी रहता था। चूँकि न्यायालयों को अपने निर्णय सुनाने में अधिक समय लगता था, इसलिए जेलों की भीड़ बढ़ती गई। "ईस्ट इंडिया कम्पनी ने ख़ाना तलाशी और हलफ़ लेने की प्रथा भी लागू की थी। ख़ाना तलाशी से लोगों का अनादर होता था और कभी-कभी इस बात पर तलवार भी चल जाती थी। अंग्रेज़ ने अपना ही शहादत (गवाही) का क़ानून लागू किया और न्यायालय में ज़िरह (तर्क) का प्रचलन पड़ा। इससे निर्णय में देर होने लगी और सत्य, असत्य हो गया। झूठे गवाहों और झूठे हलफ़नामों ने न्याय को भ्रष्ट कर दिया। ऐसे मुक़दमे जो पंचायतों में तय हो जाते थे वे भी नगरों के न्यायालय में तय होने लगे। यदि कोई सब जज या डिप्टी कलक्टर या सदर अमीन भारतीय होता था तब भी तो उसको अपने न्यायालय में ईसाइयों के मुक़दमे सुनने और फ़ैसला देने की अनुमति नहीं थी। जब 1827 ई. में ज्यूरी प्रणाली प्रारम्भ हुई तो केवल ईसाई धर्म को माननेवाले ही ज्यूरी होते थे। अंग्रेज़ न्यायाधीश ईस्ट इंडिया कम्पनी के पक्ष में निर्णय देते थे, जिसकी पुष्टि नन्द कुमार को फाँसी देने के निर्णय से होती है। क्योंकि ईस्ट इंडिया कम्पनी के क़ानून में गबन के इल्ज़ाम में फाँसी देने की सज़ा नहीं थी।" (वही, पृ. 87)

सन् सत्तावन के प्रथम स्वाधीनता संग्राम में भारतीय सेनानियों को पराजय का सामना करना पड़ा किन्तु इसने पूरे भारतीय समाज की आन्तरिक संरचना की समान संहति को भी सामने रखा। इस संग्राम में हिन्दू-मुसलमान (शिया और सुन्नी दोनों) और सभी जातियों के लोगों ने भागीदारी की क्योंकि विदेशी शासन के अन्तर्गत उनके दुख एक जैसे थे। 31 मई, 1857 में बरेली की स्थिति इसे स्पष्ट करती है, "बरेली छावनी में सैनिक विद्रोह के पश्चात् बरेली नगर में जनता ने विद्रोह किया। उस समय बरेली में उच्च वर्ग के लोग सैयद, पठान, कायस्थ, महाजन और निम्न वर्गों के सभी लोग आबाद थे।...नगर में नौमहल्ले के सैयदों का बहुत सम्मान होता था और वे पठानों के लिए बहुत आदरणीय थे। कायस्थ अधिकतर मोहल्ला भूड़ में रहते थे। वे शिक्षित थे और उनमें अधिकतर सरकारी कर्मचारी थे। उनका मुसलमानों से बहुत मेलजोल था। बरेली में जब अंग्रेज़ों के विरुद्ध जनता ने विद्रोह किया तो स्वाभाविक रूप से उसका नेतृत्व पठानों ने किया और जिसकी सहायता नौमहल्ला के सैयदों और नगर के कायस्थों ने की। पड़ोस के ग्रामीण और क़स्बों के राजपूत, अहीर, मेवाती और आम लोग भी विद्रोह में शामिल हो गए। उच्च वर्ग के ज़मींदार, महाजन और अधिकारी अपने स्वार्थ के कारण चिन्तित हो गए तथा उन्होंने गुप्त रूप से अंग्रेज़ों की सहायता की। 31 मई, 1857 को बरेली में जो घटनाएँ घटीं उनमें यही जनता के लोग उपस्थित थे।" (Freedom Struggle in Uttar Pradesh, Vol. V, Dr. Athar Abbas Rizvi, Lucknow, 1960, [The Mutiny of the Bengal Army, An Historical Narrative Popularly Known as Red Pamphlet, 1857])

सामान्यत: यह तथ्य कम जाना गया है कि प्रथम स्वाधीनता संग्राम में सेनानियों ने कई रियासतों, सह नगरों को अंग्रेज़ों से स्वाधीन करवा लिया था। बरेली में स्वतंत्र राज्यों की स्थापना के बाद नवाब ख़ान बहादुर ख़ाँ रुहेलखंड के स्वाधीन प्रशासक बनें—"नवाब ख़ान बहादुर ख़ाँ को रुहेलखंड का प्रशासक नियुक्त करने में बख़्त ख़ाँ, मुबारकशाह ख़ाँ, जयमल सिंह राजपूत, निवासी क्यारा, शोभाराम कायस्थ, मदार अली ख़ाँ, मुबारक शाह ख़ाँ, कुतुबशाह नौमहल्ला के सैयद मियाँ ख़ान और सैयद फ़ैज़उल्ला आदि एकमत थे।" (नवाब ख़ान बहादुर ख़ाँ, पृ. 120-21) उपरोक्त उद्धरण में विभिन्न जातियों की संलग्नता का परिचय मिलता है। नवाब ख़ान बहादुर ख़ाँ ने क्रान्तिकारी प्रशासन के संचालन के लिए एक प्रशासनिक और एक क्रान्तिकारी परिषद् की स्थापना की थी। इसमें अंग्रेज़ों के मुलाज़िम रह चुके व्यक्तियों का अधिक ध्यान रखा गया। नवाब ने पीलीभीत, बदायूँ और शाहजहाँपुर की खिलअत में नए नाज़िम नियुक्त किए। उन्होंने "ग्राम बुधेली के ठाकुर रघुनाथ सिंह को राजा का खिताब देकर उनके माथे पर टीका लगाया। क़स्बा फरीदपुर (बरेली) के बिलास सिंह को कमींदान का पद देकर आँवला (बरेली) निवासी तथा अंग्रेज़ों के पक्षपाती हाकिम सआदत अली ख़ाँ के विरुद्ध युद्ध करने के लिए भेजा।" (वही, पृ. 129-30)

अंग्रेज़ों से अच्छे सम्बन्ध रखनेवाले सआदत ख़ाँ का उल्लेख राखालदास बंद्योपाध्याय के ऐतिहासिक उपन्यास 'लुत्फ़ुल्ला' में भी मिलता है। प्रसिद्ध पुरातत्त्ववेत्ता राखालदास ने अपने आठों ऐतिहासिक उपन्यासों में प्रामाणिक ऐतिहासिक सामग्री का उपयोग किया। 'लुत्फ़ुल्ला' में मुहम्मदशाह के काल का वर्णन है। मुग़ल साम्राज्य का जो पतन औरंगज़ेब की मृत्यु से आरम्भ में हुआ, वह किसी के रोके नहीं रुका। उसके बाद बारह बादशाह दिल्ली के तख़्त पर बैठे, किन्तु लगातार हो रहे विघटन, क्षेत्रीय और प्रान्तीय शक्तियों के उभार को कोई नियंत्रित नहीं कर पाया। "विदेशी शक्तियों ने भी इस देश को आक्रान्त किया। स्वयं मुग़लों में चातुर्दिक शंका, सन्देह, छलछद्म, कपट और प्रपंचों का बोलबाला था। मुहम्मदशाह और उसके दरबारियों का चरित्र भी उन्होंने इतिहासानुमोदित रूप में ही चित्रित किया है। जाटों, गुर्जरों, मराठों और हिन्दुओं की अवस्था भी उन्होंने वैसे ही चित्रित की है जैसी हमें इतिहास ग्रंथों में मिलती है।" (लुत्फ़ुल्ला, राखालदास बंद्योपाध्याय, अनुवाद शंभुनाथ वाजपेयी, सूर्यकुमारी पुस्तकमाला-36, नागरी प्रचारिणी सभा, वाराणसी, 1971, पृ. 11-12)

'लुत्फ़ुल्ला' उपन्यास चूँकि बांग्ला भाषा में लिखा गया है अत: इसका नायक आनन्द राम बंगाल का है, जो बंगाल से दिल्ली पहुँचा है जो हर प्रकार का वेश बदलने में अत्यन्त कुशल है। वह पलक झपकते ही फ़क़ीर, मुस्लिम युवक यहाँ तक कि स्त्री रूप धारण कर लेता है। आश्चर्यजनक रूप से यह उपन्यास नादिरशाह के प्रति नरम रवैया रखता है। उसके आक्रमण के समय देश की केन्द्रीय राजनीति के सन्दर्भ में राखालदास लिखते हैं, "वे मुग़ल साम्राज्य की अवनति के दिन थे। तैमूरिया वंश के अन्तिम बादशाह मुहम्मद शाह उस समय मयूर सिंहासन पर विराजमान थे। परन्तु मराठों ने तब तक गुजरात और मालवा पर अधिकार कर लिया था। बीजापुर, गोलकुंडा, अहमद नगर, बुरहानपुर, एलिचपुर और ख़ानदेश प्रथम निज़ामुलमुल्क चीनकिलिच ख़ाँ के अधिकार में आकर स्वतंत्र हो चुके थे। इन्हीं दिनों दैवयोग कुछ ऐसा घटित हुआ कि फ़ारस देश

के प्रबल प्रतापी सम्राट नादिरशाह के कतिपय अफ़ग़ान प्रजाजन पराजित होकर मुग़ल साम्राज्य के काबुल सूबे में आश्रय लेने आए।" (वही, पृ. 14)

सन् 1736 में नादिरशाह ने मुहम्मदशाह के पास अपने दूत भेजकर उन अफ़ग़ानों को शरण न देने का आग्रह किया। मुहम्मद ने अनुरोध मान तो लिया किन्तु वह नूरबाई नामक नर्तकी की कला में डूबे रहने के कारण इसके क्रियान्वयन का आदेश काबुल और गजनी नहीं भिजवा सका। आगे के जोड़-तोड़ में एक वर्ष और बीत जाने पर नादिरशाह ने दिल्ली पर आक्रमण करने की तैयारी आरम्भ कर दी। दिल्ली में "उस समय भी नूरबाई का नृत्य बड़ा सुन्दर होता था। वह एकान्त में बादशाह को प्रेम का पाठ पढ़ाया करती थी। फलतः गोलन्दाज़ लोग तोप चलाना भूलते जा रहे थे। बारूद का निर्माण लगभग बन्द हो चुका था। औरंगज़ेब आलमगीर के व्यवहार के कारण हिन्दू लोग तो बहुत पहले ही मुग़ल राजधानी से भाग खड़े हुए थे। अतः नादिरशाह को अफ़ग़ानिस्तान विजय करने में अधिक समय नहीं लगा।" (वही, पृ. 15)

नादिरशाह ने काबुल से रुपये माँगे जो उसके पास नहीं थे। इधर नादिरशाह लाहौर जीतने के लिए आगे बढ़ा। लाहौर के सूबेदार जकरियाँ ख़ाँ ने शाही वज़ीर का प्रियपात्र न होते हुए भी नादिरशाह को बीस लाख रुपये देकर अपना लाहौर लुटने से बचा लिया। मुहम्मदशाह ने अपने तीन प्रमुख सरदारों को एक करोड़ रुपये देकर दिल्ली बचाने के लिए कहा किन्तु ये लोग दिल्ली को बचाने के लिए दिल्ली से एक महीने तक युद्धक्षेत्र की ओर ही नहीं निकल पाए। मुहम्मदशाह ने राजपूतों यहाँ तक कि—"मुग़लों के चिरशत्रु पेशवा बाजीराव प्रथम तक" (वही, पृ. 16) से सहायता की भीख माँगी किन्तु किसी ने सहायता नहीं की। इस बीच नादिरशाह ने करनाल जीत लिया। नादिरशाह के पास केवल चालीस हज़ार घुड़सवार सैनिक थे लेकिन मुग़ल साम्राज्य में बहुत पहले से तोपों के निर्माण का कार्य बन्द था। मुहम्मदशाह की आठ हज़ार पुरानी तोपें भी उसके पास यथासमय नहीं पहुँच पाईं। इधर सआदत ख़ाँ अयोध्या से निकलते समय अपने अस्त्र-शस्त्र छोड़ गए थे। वे बस उतने ही सैनिक ले गए जो उनकी निजी सम्पत्ति की रक्षा कर सकें। फ़ारस के सैनिकों ने जब उनकी सम्पत्ति लूट ली तो मना किए जाने पर सआदत ख़ाँ युद्ध में कूद पड़े। अपनी सम्पत्ति बचाने के लिए युद्ध में उतरे सआदत ख़ाँ थोड़ी ही देर में बन्दी बना लिए गए। मुहम्मदशाह भी पराजित हुआ। नादिरशाह के मुहम्मदशाह को बन्दी बनाते ही दिल्ली में लूट मचा दी। निर्दोष नागरिक मारे गए। उस समय दिल्ली की रक्षा का भार सूबेदार लुत्फुल्ला ख़ाँ सादिक ने सँभाला। दिल्ली शहर पर पहरा बढ़ा दिया गया—"दिल्ली निवासियों ने सुना कि सआदत ख़ाँ के विश्वासघात के कारण बादशाह नादिरशाह द्वारा बन्दी बना लिए गए हैं। नादिरशाह पचास लाख रुपये मिलने पर करनाल से फ़ारस वापस लौट जाने पर राज़ी था। परन्तु शाही दरबार में निज़ाम का बढ़ता हुआ प्रभाव और सम्मान देख सआदत ख़ाँ ईर्ष्या से बुरी तरह जल रहे थे, अतः उन्होंने नादिरशाह को दिल्ली पर अधिकार जमाने और मुहम्मदशाह को बन्दी बना लेने का परामर्श दिया। तदनुसार नादिरशाह ने मुहम्मदशाह को क़ैद करके दिल्ली की ओर कूच किया।" (वही, पृ. 7-18)

भारतवर्ष की राजनैतिक अस्थिरता का मुख्य कारण सबके अपने-अपने स्वार्थ और उनकी पूर्ति के लिए उनकी चेष्टा थी। विश्वासघाती सआदत ख़ाँ नादिरशाह को दिल्ली

के लिए न्योत कर स्वयं उसके आदेशानुसार दिल्ली के बाहर अपने चार हज़ार सवारों के साथ आ डटा। सआदत ख़ाँ ने नादिरशाह को समझाया था कि दिल्ली में 50 लाख करोड़ की जगह सैकड़ों करोड़ मिलेंगे। इधर दिल्ली की रक्षा को तत्पर लुत्फुल्ला ख़ाँ को भी उसने समझा-बुझा लिया कि नादिरशाह अजेय है—"उन दिनों मुसलमान विश्वासघातक हो उठे थे। मुसलमान कर्मचारी ही मुसलमान बादशाह का सर्वनाश कर रहे थे।...शिया और सुन्नी, हनफी और सूफ़ी सब लोग मिल-जुलकर बादशाहों के बादशाह ईरान नरेश नादिरशाह का दिल्ली में स्वागत करने के लिए उतावले हो उठे।" (वही, पृ. 26-27) किन्तु दिल्ली की 'हिन्दू' आबादी को ये सभी भूल गए। भयभीत हिन्दुओं ने दिल्ली से पलायन आरम्भ कर दिया। शहर की चारदीवारी के भीतर रहनेवाले लोग हथियारबन्द होकर अपनी रक्षा के लिए प्रयत्नशील हुए। जिनके पास आसपास के नगरों—आगरा, मथुरा, धौलपुर, ग्वालियर आदि भागने की सुविधा थी उन्होंने वहाँ जाकर शरण ली। शीघ्र ही पहले बची हुई हिन्दू जनता और बाद में मुसलमान जनता भी मुसलमान लुटेरों का शिकार बनी। दिल्ली हर प्रकार से उजाड़ी जाने लगी—"तब बाध्य होकर फ़ौजदार लुत्फुल्ला ख़ाँ और विश्वासघातक सआदत ख़ाँ ने मुसलमान गुंडों को दबाना आरम्भ किया।" (वही, पृ. 27-28)

आचार्य रामचन्द्र शुक्ल ने राखालदास बंद्योपाध्याय के उपन्यास 'शशांक' का हिन्दी में अनुवाद किया था जो 1921 ई. में ही प्रकाशित हो गया था। यह गुप्तकाल से सम्बद्ध उपन्यास है। राखालदास के गुप्तकाल से सम्बद्ध एक अन्य उपन्यास 'करुणा' का अनुवाद रामचन्द्र वर्मा ने किया था। राखालदास बंद्योपाध्याय इतिहास और पुरातत्त्व के विशेषज्ञ और गम्भीर शोधकर्ता थे। उन्होंने अपनी ऐतिहासिक कृतियाँ लिखने से पहले उनसे सम्बद्ध ऐतिहासिक साक्ष्यों का यथासम्भव संग्रह किया। हिन्दी के ऐसे उपन्यास लेखन के अभाव पर आचार्य रामचन्द्र शुक्ल ने लिखा है, "ऐतिहासिक उपन्यास किस ढंग से लिखा जाना चाहिए, यह प्रसिद्ध पुरातत्त्वविद् श्री राखालदास बंद्योपाध्याय ने अपने 'करुणा', 'शशांक' और 'धर्मपाल' नामक उपन्यासों द्वारा अच्छी तरह दिखा दिया।... खेद है कि इस समीचीन पद्धति पर प्राचीन हिन्दू साम्राज्यकाल के भीतर की कथावस्तु लेकर मौलिक उपन्यास न लिखे गए।" (वही, पृ. 7)

हिन्दी जाति—राखालदास बंद्योपाध्याय के मूल बांग्ला उपन्यास तथा उनके अन्य उपन्यासों के हिन्दी अनुवाद के प्रकाशन की व्यवस्था नागरी प्रचारिणी सभा, काशी की सूर्यकुमारी पुस्तकमाला के अन्तर्गत हुई थी। गुणग्राही पिता राजा अजीत सिंह की पुत्री सूर्यकुमारी अत्यन्त सुशिक्षिता थीं। उनके पिता राजा अजित सिंह जयपुर के शेखावटी प्रान्त में खेतड़ी राज्य के मालिक थे। खेतड़ी के उल्लेख मात्र से स्वामी विवेकानन्द का स्मरण होना बहुत स्वाभाविक होना चाहिए, किन्तु ऐसा नहीं है, क्योंकि अधिकांश लोग इस बात से पूर्णत: अपरिचित हैं कि 'नरेन्द्र' को विवेकानन्द नाम खेतड़ी नरेश ने ही दिया था। खेतड़ी नरेश की ज्येष्ठ सन्तान सूरजकुँवर (सूर्यकुमारी) ने ही स्वामी विवेकानन्द के ग्रंथों, आलेखों और व्याख्यानों का हिन्दी अनुवाद छपवाने की इच्छा और व्यवस्था की थी। उनके जीवन काल में यह सम्भव नहीं हो पाया, लेकिन उनकी स्मृति, उनकी इच्छा पालन के लिए उनके पति राजकुमार श्री उमेद सिंह ने काशी नागरी प्रचारिणी सभा को 20,000 की राशि प्रदान कर सूर्यकुमारी ग्रंथमाला के प्रकाशन की व्यवस्था की। राखालदास का उपन्यास 'लुत्फुल्ला' इसका छत्तीसवाँ प्रकाशन है।

इस प्रकरण के उल्लेख का मुख्य कारण बहु प्रशंसित बांग्ला नवजागरण और उसके मनीषियों से हिन्दी भाषा नवजागरण और उसके विचारकों का गहरा सम्बन्ध है, जिस पर आलोकपात नहीं किया गया, बल्कि ऐसे प्रसंगों को यथासम्भव ओझल कर दिया गया। हिन्दी जाति, उसकी बौद्धिकता के अस्वीकार की सोच-समझकर की गई 'मासूम भूलों' का यह क्रम इतना लम्बा है कि कभी-कभी इसमें षड्यंत्र की बू आती है। ऐसे षड्यंत्र की बू जिसमें अंग्रेज़ीदाँ इतिहासकार, विशेषकर बांग्लाभाषी इतिहासकार तो सम्मिलित थे ही, हिन्दी के आत्महीनता के शिकार, साहित्यकार-इतिहासकार भी कम नहीं थे। इस केवल एक घटना का उल्लेख पर्याप्त होगा। ईश्वरचन्द्र विद्यासागर ने अपने परम मित्र भारतेन्दु हरिश्चन्द्र को अपना सम्पादित ग्रंथ 'अभिज्ञान शाकुन्तलम्' अत्यन्त भाव-विह्वल शब्दावली में समर्पित किया था—"विद्यासागर के दौहित्र तथा 'साहित्य' के सम्पादक स्वर्गीय पंडित सुरेशचन्द्र समाजपति स्वभाषा के प्रसिद्ध समालोचक और साहित्य मर्मज्ञ थे। वे कहते थे कि उनके मातामह अपनी रचित 'शकुन्तला' को भारतेन्दु जी को समर्पित करने के लिए ही काशी गए थे। विद्यासागर जी भी 'शकुन्तला' की भूमिका में भारतेन्दु जी के विषय में उतना लिखकर नहीं रह गए, प्रत्युत उस ग्रंथ को उन्होंने भारतेन्दु जी को समर्पित भी किया था। यह समर्पण उसके प्रथम संस्करण में मौजूद है। बाद के संस्करणों में प्रान्तीयता की बू के कारण प्रकाशकों ने उसे नहीं रहने दिया।" (भारतेन्दु हरिश्चन्द्र, श्री ब्रजरत्नदास, हिन्दुस्तानी एकेडेमी, इलाहाबाद, 1962, पृ. 143)

भारतेन्दु हरिश्चन्द्र ने अपने अतुल्य पुस्तकालय से विभिन्न 'बंगालियों' को मैत्रीपूर्वक जो सामग्री प्रदान की उससे 'बांग्ला जाति' की प्रतिष्ठा में तो चार चाँद लगे किन्तु भारतेन्दु हरिश्चन्द्र और हिन्दी जाति की बौद्धिक समृद्धि को इसका श्रेय नहीं दिया गया। क्या इसे बौद्धिकता के क्षेत्र का जातिवाद कहा जा सकता है। भारतेन्दु से सामग्री पानेवाले ईश्वरचन्द्र विद्यासागर को उन्हें इसका यथोचित्त श्रेय देने में कोई आपत्ति नहीं थी। उन्होंने निस्संकोच कहा कि भारतेन्दु की सहायता के बिना उनके ग्रंथ का प्रकाशन असम्भव था। इस प्रसंग पर भारतेन्दु की प्रामाणिक जीवनी लिखनेवालों में एक बाबू शिवनन्दन सहाय ने लिखा है, "बंगदेशीय सुख्यात पंडित श्रीयुत ईश्वरचन्द्र विद्यासागर ने अपने अभिज्ञान शाकुन्तलम् की भूमिका में इनके विषय में बहुत कुछ लिखा है। हम उसका अविकल अनुवाद ही लिख देते हैं—"फिर हम कार्यवशत: गत फाल्गुनमास में वाराणसी धाम गए थे। इस समय उस नगर के अधिवास श्रीयुत हरिश्चन्द्र बाबू के साथ आलाप (परिचय) हुआ। इन महाशय ने दया करके अपने पुस्तकालय से हमको शाकुन्तल ग्रंथ के तीन मूल, एक टीका और तीन प्राकृत विकृति दी थी।

"इस स्थान में उल्लेख करना आवश्यक है कि वाराणसी निवासी श्रीयुत बाबू हरिश्चन्द्र की कृपा बिना हम किसी प्रकार अभिज्ञान शाकुन्तलम् के प्रकाशित करने का कार्य सम्भव नहीं कर सकते थे।

"हमको अभिज्ञान शाकुन्तलम् की आवश्यकता थी यह बात जानते ही यह सौम्यमूर्ति, असामयिक, निरहंकार, विद्योत्साही, देश हितैषी ने जिस स्नेह और उत्साह के साथ हमारे हाथ में पुस्तकें अर्पण की थी उसे क्या हम किसी काल में भूल सकते हैं।" (हरिश्चन्द्र, बाबू शिवनन्दन सहाय, हिन्दी समिति, उत्तर प्रदेश शासन, लखनऊ, 1975, पृ. 92) यह पुस्तक सन् 1905 में प्रकाशित हुई थी। 1975 में इसका अभिनव संस्करण छपा था। विद्यासागर चाहे

इस बात को न भूले हों, किन्तु उनके बाद के बांग्ला बौद्धिकों ने इसे सप्रयास ओझल कर दिया। यहाँ हमें यह नहीं भूलना चाहिए कि भारतेन्दु हरिश्चन्द्र केवल सामग्री प्रदाता नहीं हैं, वे इन सभी पुस्तकों के अध्येता और उस पर स्पष्ट मत रखनेवाले बुद्धिजीवी थे। कई भाषाओं के जानकार भारतेन्दु ने केवल भाषाएँ नहीं सीखी थीं वरन् उनका साहित्य भी पढ़ा था—"लेखनशक्ति इनकी आश्चर्य की थी, क़लम कभी न रुकती। बातें होती जाती हैं क़लम चली जाती है। डॉ. राजेन्द्रलाल मित्र ने इनकी यह लीला देखकर इनका नाम Writing Machine रखा था।" (भारतेन्दु बाबू हरिश्चन्द्र का जीवन चरित्र, राधाकृष्ण दास, हिन्दी समिति, उत्तर प्रदेश शासन, लखनऊ, 1976, पृ. 76)

भारतेन्दु हरिश्चन्द्र का कलकत्ते की बंगाल एशियाटिक सोसाइटी से भी घनिष्ठ सम्पर्क रहा। एक बुद्धिजीवी और सामग्री प्रदाता—दोनों रूपों में। सोसाइटी की पत्रिकाओं में उनके आलेख छपते थे। भारतेन्दु ने ही एशियाटिक सोसाइटी में भागवत की प्रति उपलब्ध करवा के यह स्थापित किया था कि श्रीमद्भागवत बोपदेव द्वारा लिखित नहीं है। इस स्थान पर राजेन्द्रलाल मित्र ने भारतेन्दु हरिश्चन्द्र से सहायता माँगी थी। एक पत्र में डॉ. राजेन्द्रलाल मित्र ने इन्हें लिखा था कि—"यदि आप मुझे प्राचीन हस्तलिखित भागवत की पुस्तक अपने प्रतिज्ञानुसार भेज दें तो मैं उसके विरोधियों का दाँत खट्टा कर दूँ।" (वही, पृ. 91)

डॉ. राजेन्द्रलाल मित्र भी भारतेन्दु की तरह वैष्णव थे। कैसी मज़े की बात है कि अगर वे वैष्णव थे तो उनकी धार्मिकता उनके बौद्धिक कर्म में बाधा नहीं मानी जाती, बल्कि यदि स्वयं डॉ. राजेन्द्रलाल मित्र की इस सम्बन्ध में स्वीकारोक्ति न होती तो यह तथ्य अनदेखा ही रह जाता किन्तु हिन्दी जाति के लोग भारतेन्दु के वैष्णव होने को उनके अपराध की तरह दिखाते हैं। अस्तु। राजेन्द्रलाल मित्र ने भारतेन्दु को दूसरे पत्र में लिखा—"आप मुझे अपनी हस्तलिखित भागवत की पुस्तक दीजिए। उससे यह बात सिद्ध हो जाएगी कि भागवत कब बना। वैष्णव धर्म के विरोधी कहते हैं कि भागवत बोपदेव का बनाया हुआ है। आप वाले भागवत की तारीख़ से वे लोग झूठे बन जाएँगे और मैं सात पीढ़ी का वैष्णव यह बात सिद्ध करने को उत्कंठित हूँ।" (हरिश्चन्द्र, बाबू शिवनन्दन सहाय, पृ. 91)

उन्नीसवीं सदी के उत्तरार्द्ध में जाति-प्रश्न पर चर्चा करने से पहले 'हिन्दी जाति' पर यह संक्षिप्त चर्चा आवश्यक थी। ऐसे तथ्यों पर एक विशद शोधकार्य की नितान्त आवश्यकता है। 'हिन्दी जाति' को नकारने हेतु बड़ी चालाकी से छिपा लिए गए या जिनकी भ्रामक व्याख्या की गई।

भारतेन्दु हरिश्चन्द्र ने डॉ. मित्र के माध्यम से एशियाटिक सोसाइटी को "गौतम बुद्धदेव तथा उनके शिष्यों का चित्र भेजा था जिसके लिए सोसाइटी से इन्हें अनेक धन्यवाद मिले थे।" (वही, पृ. 91-92)

उपरोक्त उदाहरणों से भारतेन्दु हरिश्चन्द्र को केवल सामग्री संग्राहक के रूप में समझे जाने के संकट को समझते हुए यह उल्लेख आवश्यक है कि "1872 में हिन्दू पेट्रियट के भूतपूर्व सम्पादक बाबू क्रिष्टोदास (कृष्णदास) पाल ने पार्लियामेंट में एक प्रार्थना-पत्र भेजा था। उस कार्य में भी बाबू साहिब ने उनकी बड़ी सहायता की थी।" (वही, पृ. 90) इसी तरह भारतेन्दु ने भारतीय जातियों का इतिहास लिख रहे शेरिंग को उसकी पुस्तक 'Hindu Tribe and caste' के लिए बहुत सहायता दी थी। शेरिंग ने

भारतेन्दु द्वारा लिखित 'अग्रवालों की उत्पत्ति' का अपनी पुस्तक में सन्दर्भ दिया है। शेरिंग ने अपनी पुस्तक में अग्रवालों का संक्षिप्त परिचय दिया है। यहाँ रोचक तथ्य यह है कि इस संक्षिप्त परिचय में भी भारतेन्दु के पूर्वजों का बंगाल से सम्पर्क और बाद में बनारस में बसने का विवरण मिलता है, "It has been remarked already that the Chaudhri, or headman of the Agarwal tribe in Benares, is Babu Harish Chandra. He is of the Sinhala gotra or clan. In the attack on Agroha by Shahab-ud-din many person belonging to this clan were slain. Their widows, who immolated themselves, are still worshiped as sates in the family house in the city. Two of these were wives of his direct ancestors. They are represented by certain figures or images. On quitting Agroha the family resided for many years at Lakhnauti, a village near Delhi; but it was not until the reign of Bahadur Shah, son of Aurangzebe, that any of its members rose to distinction. Under this ruler some of them occupied a high position in the state, and attained to the rank of Raja. Going back thirteen generations from the present time, the lineal ancestor was Balkrishna. One of his son was sent as an ambasasador to the Nawab of Murshidabad, which whom he so much ingratiated himself that, as a token of good-will and confidence, His highness presented him with an estate in Rajmahal, which still in part remains with the family. One of his decendants marraid the doughter of Sahu Ram Chandra, a banker of great reputation in Benares, a hundred years ago, in time of the famous Balwant Sing, raja of Benares. At his death bequeathed his property to his son-in-law, Anu Chandra, who had two brothers and ten sons, beside many daughters. One of brother became a Fakir or Devotee, and founded a math or monartic house at Bhagulpur, Which is still in existence. So great, however, have benn since then the changes of fortune in the family, that its only surviving representatives are Babu Harish Chandra and his brother. Sherring's Hindu Tribe and caste" (वही, पृ. 92-93)

भारतेन्दु एवं उनके मंडल में विभिन्न साहित्यकारों तथा उनसे प्रभावित-अप्रभावित अनेक हिन्दी बौद्धिकों के साथ यह दुर्घटना घटी कि उनके लेखन का सम्यक् विश्लेषण न हो पाया। उनकी चिन्ताओं और अन्तर्विरोधों के साथ उन्हें सन्तुलित रूप में नहीं देखा गया। यह निस्संकोच कहा जा सकता है कि यह अनजाने में घटित नहीं हुआ। इन रचनाकारों के लेखन को उपेक्षित करने का मुख्य कारण हिन्दी जाति और उसके बौद्धिकों का नकार है। जैसाकि पहले भी कहा जा चुका है रामविलास शर्मा ने हिन्दी-नवजागरण को सामन्त और साम्राज्य विरोधी जनजागरण माना है। हिन्दी-नवजागरण और हिन्दी जाति पर बात करनेवाले समर्थ आलोचक रामविलास शर्मा पर प्रो. मैनेजर पांडेय की यह सटीक टिप्पणी हिन्दी-नवजागरण की शक्ति को भी स्पष्ट करती है, "उनके हिन्दी-नवजागरण सम्बन्धी लेखन के फलस्वरूप हिन्दी-नवजागरण को स्वतंत्र विचारणीय

विषय के रूप में मान्यता मिली है, अन्यथा कुछ समय पहले या तो भारतीय नवजागरण की बात होती थी या तो बंगाल के नवजागरण की। पहले हिन्दी-नवजागरण के विचारकों और साहित्यकारों पर बंगाल के नवजागरण के प्रभाव की ही चर्चा अधिक होती थी। ऐसा लगता था कि हिन्दी के साहित्यकार केवल प्रभाव ग्रहण करने के लिए ही बैठे हुए थे, उनका अपना कुछ था ही नहीं। रामविलास शर्मा हिन्दी-नवजागरण और उसके साहित्य की विशेषताओं का सशक्त, स्वतंत्र और प्रामाणिक विवेचन करनेवाले पहले व्यक्ति हैं। उन्होंने हिन्दी-नवजागरण के स्वरूप और उसकी विशेषताओं का विश्लेषण करके हिन्दी वालों की आत्महीनता की भावना को दूर किया है और हिन्दी भाषी जनता को हीन समझनेवालों के स्फीत अहं की फुफकार को भी कम किया है।" (साहित्य और इतिहास दृष्टि, मैनेजर पांडेय, वाणी प्रकाशन, नई दिल्ली, 1981, पृ. 190)

भारतेन्दु के इस संघर्ष को कुछ लोगों ने अनावश्यक रूप से घटाकर दिखाने का प्रयास किया है। बल्कि कहा जाए कि भारतेन्दु को 'अति साधारण' रूप में प्रस्तुत करने का उद्योग किया है तो अत्युक्ति नहीं होगी। और जहाँ उनकी किसी उपलब्धि के प्रति वे ऐसा नहीं कर पाए हैं वहाँ उन्होंने 'आयात' का आरोप लगा दिया है। इस 'आयात' को देखती उनकी दिव्य दृष्टि अन्यों द्वारा किए गए 'आयातों' की ओर एकदम भी नहीं गई। उन्नीसवीं सदी में जब देश एक नए युग में जाने की तैयारियाँ कर रहा था, सभी भारतीय भाषाएँ एक-दूसरे से प्रभाव ग्रहण कर रही थीं। और यह प्रभाव ग्रहण प्रथम बार नहीं हो रहा था। उसकी पहले से ही एक परम्परा उपस्थित थी। बांग्ला भाषा में 'ब्रजबुलि' ब्रजभाषा के गहरे प्रभाव के परिणाम का उदाहरण है, किन्तु ऐसे उदाहरण इनकी दृष्टि से ओझल हैं। हिन्दी भाषा और साहित्य के मूल्यांकन के समय इनकी इस प्रवृत्ति का स्पष्ट पता चलता है। इनकी दृढ़ मान्यता है कि 'हिन्दी में अगर कुछ महान है, मौलिक है तो वह सीधे बांग्ला से आया है।' और अगर किसी चीज़ को वे बांग्ला से आयातित सिद्ध नहीं कर पाते तो उसकी चर्चा ही नहीं करते। चर्चा करनी पड़े तो उसे कहीं और से आयातित दिखाने का प्रयास करने से नहीं चूकते। इसका एक सीधा कारण जो समझ में आता है वह है इनका उच्च ग्रंथि का शिकार आलस्य। ऐसे लोगों ने अपने तर्कों की तार्किक परिणति की परवाह भी नहीं की है—श्री महादेव साहा ऊपर गिनाए गए कार्यों में दक्ष हैं। भारतेन्दु से उन्हें विशिष्ट ईर्ष्या और बैर है। चूँकि भारतेन्दु उनके समकालीन नहीं हैं, इसलिए इस पूर्वग्रह का कोई ठोस कारण भी समझ नहीं आता है। अपने भाषणों में भी भारतेन्दु के प्रति उनकी दृष्टि असंवेदनशील रही है। महादेव साहा अपने सम्पादित ग्रंथ शमशाद सौसन—केशवराम भट्ट द्वारा अनूदित (मूल सुरेन्द्र विनोदिनी (1875), नाटक—उपेन्द्रनाथ दास) की भूमिका में कहते हैं, "हरिश्चन्द्र के पुरखे अमीचन्द ने देश के साथ विश्वासघात किया था। हरिश्चन्द्र की पाँचवीं पीढ़ी ने, ब्रिटिश सरकार की प्रशस्ति जारी रखी। जितनी बार दबी ज़बान में देश के बारे में इनी-गिनी बातें छद्मनाम से कहीं उनसे अधिक बार खुलकर अंग्रेज़ों के गुण गाये, यहाँ तक कि साम्राज्यवादी सरकार के तथाकथित 'राष्ट्रीय गान' गौड सेव...का अनुवाद भी किया। उपेन्द्रनाथ दास ने उनकी तरह मिमियाकर नहीं, सिंह गर्जना कर गोरे शासकों को चुनौती दी और इसके लिए राजदंड भी भोगा (परिशिष्ट देखिए) (शमशाद सौसन, केशवराम भट्ट। अनुवाद। मूल ग्रंथ—सुरेन्द्र विनोदिनी, उपेन्द्रनाथ दास, सम्पा.—महादेव साहा, पृ. ढ)

भारतेन्दु पर श्री साहा ने दो आरोप लगाए हैं। प्रथम उन्होंने अंग्रेज़ों का प्रशस्तिगान किया और द्वितीय देशभक्ति की बहुत कम बातें कहीं और ये बातें मिमियाकर कहीं। यह तो माना जा सकता है कि महादेव साहा को उस प्रेस एक्ट की जानकारी न हो जिसके कारण केवल भारतेन्दु ही नहीं पूरे देश के पत्रकारों को एक रणनीति का उपयोग करना पड़ रहा था, किन्तु यह मानना थोड़ा कठिन है कि उन्होंने भारतेन्दु का समस्त साहित्य पढ़े बिना यह टिप्पणी कर दी हो। भारतेन्दु का छद्म नाम से रचित साहित्य निस्सन्देह उनके वास्तविक नाम के साहित्य से कम है। भारतेन्दु के आरम्भिक कट्टर राजभक्ति साहित्य में भी देश चिन्ता है तथा उनकी यह देश चिन्ता इतनी प्रबल है कि उनके धार्मिक साहित्य तक में प्रकट हुई है। भारतेन्दु की राष्ट्रीय भावना को प्रस्तुत करने के लिए यहाँ केवल एक उद्धरण देना पर्याप्त होगा। भारतेन्दु के प्रसिद्ध नाटक 'अन्धेर नगरी चौपट राजा' का पाचकवाला गाना अंग्रेज़ों के शोषण की स्पष्ट प्रस्तुति है—

हिन्दू चूरन इसका नाम। विलायत पूरन इसका काम।
चूरन जबसे हिन्द में आया। इसका धनबल सभी घटाया।
...चूरन अमले सब जो खावैं। दूनी रिश्वत तुरत पचावैं।
चूरन सभी महाजन खाते। जिससे जमा हजम कर जाते।
...चूरन साहब लोग जो खाता। सारा हिन्द हजम कर जाता।
चूरन पुलिसवाले खाते। सब क़ानून हजम कर जाते॥

(भारतेन्दु समग्र, पृ. 531)

उपरोक्त उद्धरण छद्म नाम से नहीं है। इस तरह के अनेकों उद्धरण हैं। वस्तुत: भारतेन्दु का समस्त साहित्य देश प्रेम से ओत-प्रोत है। उनका परम तन्मयता युक्त भक्ति साहित्य तक। साधक भारतेन्दु ईश्वर स्मरण में भी देश को विस्मृत नहीं करते और श्री साहा को देशभक्ति की 'इनी-गिनी' बातें ही दिखाई देती हैं।

अब परिशिष्ट में श्री महादेव साहा द्वारा दिखाए गए उन प्रमाणों की भी परख कर ली जाए जिसके अनुसार उपेन्द्रनाथ दास ने सिंह गर्जना की थी। परिशिष्ट में श्री महादेव साहा लिखते हैं, "कलकत्ते में गैर पेशेवर मंचों का इतिहास 1830 से शुरू होता है। पेशेवर नाट्य मंच की स्थापना 1872 में ही हो सकी। 1875 में नेशनल थियेटर स्थापित हुआ और उपेन्द्रनाथ इसके डायरेक्टर बनाए गए। यहीं उनके दोनों नाटक 'शरत सरोजनी' और 'सुरेन्द्र विनोदिनी' पहली बार अभिनीत हुए।" (शमशाद सौसन, पृ. 25) इसके बाद श्री साहा ने महारानी विक्टोरिया के पुत्र एडवर्ड (1876 जनवरी में) का कलकत्ता आगमन एवं एक प्रतिष्ठित बंगाली वकील जगदानन्द मुखर्जी द्वारा उनका अपने घर पर स्वागत करने का वर्णन किया है। इसके फलस्वरूप कलकत्ते के बंगाली समाज में एक आन्दोलन खड़ा हो गया। हमारे देश के पहले देशप्रेमी यशस्वी कवि हेमचन्द्र बनर्जी (1838-1903) ने 'बाजीमात्' कविता लिखकर जगदानन्द की ख़ूब ख़बर ली। ग्रेट नेशनल थियेटर ने 'शरत् सरोजिनी' नाटक के साथ 19 फरवरी, 1876 को 'जगदानन्द ओ युवराज' नामक एक प्रहसन भी खेला। एक राजभक्त प्रजा की मानहानि का आरोप लगाकर अभिनय बन्द कर दिया। उपेन्द्रनाथ और उनके सहयोगी समाज और देश के सम्मान की रक्षा की लड़ाई में हार मानने के लिए तैयार नहीं थे। 26 जनवरी से सत्यकृष्ण

सर्वाधिकारी के 'कर्णाट कुमार' नाटक के साथ 'जगदानन्द ओ युवराज' को बदलकर 'हनुमानचरित' के नाम से अभिनय किया। अभिनय के बाद संचालक उपेन्द्रनाथ ने अंग्रेज़ी में एक जोशीला भाषण दिया। पुलिस ने 'कर्णाट कुमार' और 'हनुमानचरित' का अभिनय भी बन्द कर दिया। उपेन्द्रनाथ ने एक बार फिर चुनौती स्वीकार की। 1 मार्च, 1878 को उनकी सहायता के लिए 'द पोलिस ऑफ़ पिग एंड शीप' (The police of pig and sheep) नामक नए प्रहसन के साथ 'सुरेन्द्र विनोदिनी' खेला गया। उस दिन के अभिनय के अन्त में उपेन्द्रनाथ ने Actress (अभिनेत्री) के बारे में अंग्रेज़ी में एक भाषण दिया। ऊपर की घटना के एक ही दिन पहले अर्थात् 29 फरवरी को बड़े लाट नार्थ ब्रुक ने सरकार की अनुमति और नाटकों को सरकार को दिखाए बिना अभिनय पर रोक लगाने के लिए एक अध्यादेश जारी कर दिया था। और इसी के लिए एक क़ानून बनाने की तैयारी कर रहे थे। तीन-तीन बार उपेन्द्रनाथ और उनके सहकर्मियों ने डटकर मुक़ाबला किया। निषिद्ध नाटकों की जगह दूसरे नाटक खेले जाने लगे।" (शमशाद सौसन, पृ. 128)

यहाँ पर श्री महादेव साहा सन् 1876 की बात कर रहे हैं जबकि अभी नाटक सम्बन्धी क़ानून बना नहीं था, बनाने की तैयारी हो रही थी। और उपेन्द्रनाथ पर कोई सरकारी अत्याचार का उल्लेख नहीं है। भारतेन्दु का 'अन्धेर नगरी चौपट राजा' 1881 में अभिनीत हुआ था। 1881 ई. में निस्सन्देह, पहले की तुलना में सरकार के विरुद्ध कुछ कहना अधिक कठिन कार्य रहा होगा। श्री महादेव साहा के इस वक्तव्य का निष्पक्ष परीक्षण करने पर उपेन्द्रनाथ के 'संघर्ष' के निम्न तथ्य सामने आते हैं—

(1) नाटक का नाम बदलकर उसे खेला गया।
(2) नाटक के बाद अंग्रेज़ी में एक जोशीला भाषण दिया गया।
(3) फिर नए प्रहसन की सहायता से नाटक खेला गया।
(4) उस दिन अभिनेत्री के सम्बन्ध में अंग्रेज़ी में भाषण दिया गया।
(5) तीन बार 'डटकर मुक़ाबला' करने के पश्चात् निषिद्ध नाटकों के स्थान पर दूसरे नाटक खेले जाने लगे।

प्रसंगवश यह भी उल्लेख किया जाना चाहिए कि उपेन्द्रनाथ बाद में इंग्लैंड चले गए थे। यहाँ पर सबसे अधिक ध्यान देने योग्य महत्त्वपूर्ण बात यह है कि उपेन्द्रनाथ के तीसरी बार नाटक खेलने के पहले दिन बड़े लाट साहब का अध्यादेश आया। दो बार वे किसी अध्यादेश के कंटक बिना नाटक खेल चुके थे और तीसरी बार भी क़ानून नहीं बना था, अभी बस तैयारी थी। और इस तैयारी के आरम्भ होते ही निषिद्ध नाटक छोड़ दिए गए। श्री महादेव साहा के अनुसार अभी जब क़ानून बनने की तैयारी है तब एक बार प्रतिबन्धित नाटक को खेलना अत्यन्त वीरत्व का कार्य है और प्रेस एक्ट की विकराल छाया में लिखा गया भारतेन्दु का प्रचुर एवं प्रखर साहित्य उन्हें दिखाई नहीं देता। स्वयं उनके द्वारा दिए गए तथ्यों के आलोक में उनकी पक्षपात और दोषपूर्ण प्रवृत्ति स्पष्ट हो जाती है। इस पर और टिप्पणी करना निरर्थक है। बस इतना ही कहा जा सकता है कि प्रो. मैनेजर पांडेय की सुधीर चन्द्र सम्बन्धी टिप्पणी इस सम्बन्ध में भी अत्यन्त सटीक है कि अनेक लेखकों का साहित्य विश्लेषण मुख्यत: साहित्य में व्यक्त सामाजिक चेतना की खोज करता है, सामाजिक यथार्थ की नहीं।...विश्लेषण करनेवाला एक समस्या

लेकर आगे बढ़ता है और वह साहित्य में जो खोजना चाहता है वह पाकर सन्तुष्ट हो जाता है।" (साहित्य के समाजशास्त्र की भूमिका, मैनेजर पांडेय, आधार प्रकाशन, पंचकूला, हरियाणा, 1989, पृ. 7) और श्री साहा की तो 'सामाजिक चेतना' की समझ भी पूर्वग्रह युक्त है।

भारतेन्दु ने स्वजातीय द्वारा शासित होने की इस इच्छा के अभाव को आलस्य से जोड़ा। 'भारत दुर्दशा' में 'आलस्य' कहता है, "काजी जी दुबले क्यों, कहैं शहर के अन्देशे से। अरे 'कोउ नृप होय हमें का हानी, चेरि छाँड़ि नहिं होउब रानी।' आनन्द से जन्म बिताना। 'अजगर करै न चाकरी, पंछी करै न काम। दास मलूका कह गए, सबके दाता राम।' 'जो पढ़तव्यं सो मरतव्यं, जो न पढ़तव्यं सो भी मरतव्यं, तब फिर दंतकटाकट किं कर्तव्यं?' भई जात में ब्राह्मण, धर्म में वैरागी, रोज़गार में सूद और दिल्लगी में गप सबसे अच्छी। घर बैठे जन्म बिताना, न कहीं जाना और न कहीं आना, सब खाना, हगना, मूतना, सोना, बात बनाना, ताना मारना और मस्त रहना। अमीर के सर पर और क्या सुरख़ाब का पर होता है, जो कोई काम न करे वही अमीर। 'तवंगरी बदिलस्त न बमाल।'" (भारतेन्दु समग्र, पृ. 465)

किन्तु इस अविजित साधारण हिन्दू समाज में एक बहुत बड़ा दोष व्याप्त रहा है कि उनमें एकता नहीं रही। वे एकताबल के ज्ञान से शून्य रहे। वे इस बात को अपनी कार्यशैली में न उतार पाए कि प्रत्येक हिन्दू का मंगल लाखों-लाख हिन्दुओं के मंगल से युक्त है। अत: प्रत्येक हिन्दू को दूसरे हिन्दू के बारे में सोचना होगा। भारतेन्दु हरिश्चन्द्र भी यही कह रहे हैं, "भाई हिन्दुओ! तुम भी मत-मतान्तर का आग्रह छोड़ो। आपस में प्रेम बढ़ाओ। इस महामंत्र का जप करो। जो हिन्दुस्तान में रहे, चाहे किसी रंग, किसी जाति का क्यों न हो वह हिन्दू। हिन्दू की सहायता करो। बंगाली, मराठा, पंजाबी, मद्रासी, वैदिक, जैन, ब्राह्मो, मुसलमान सब एक का हाथ पकड़ो।" (भारतेन्दु समग्र, पृ. 1013)

हिन्दू समाज अपने गठन काल में खंड-खंड रूप में बना। ब्राह्मणों ने जो वर्ण व्यवस्था स्थापित की वह भेदभावपूर्ण थी। अत: भारतवर्ष में अभिलषित एकता के स्थान पर जीवन के हर क्षेत्र में भेद उत्पन्न हो गया। एक जातीय प्रतिष्ठा तो हो ही नहीं पाई थी, धर्म में भी भेद पड़ गया और विदेशियों के आक्रमण ने भेदों की रही-सही कसर पूरी कर दी। भारत की भिन्न जातियों की भाषा, वंश, धर्म और निवास की भिन्नता ने एकता के कार्य को कठिन बना दिया। यह कठिनाई प्रत्येक नए विचार और परिवर्तन के क्षेत्र में आई। भारतेन्दु द्वारा समाज में नई सोच लाने के प्रयास का विरोध हुआ। उन्नीसवीं सदी में हिन्दी के बौद्धिकों और साहित्यकारों के अन्य साहसिक कार्य और लेखन की तरह उनके स्त्री सम्बन्धी चिन्तन को भी नकारा गया। भारतेन्दु ने स्त्रियों के लिए 'बालाबोधिनी' नामक पत्रिका निकाली थी। यह अपने आप में अत्यन्त साहसिक कार्य था। अंग्रेज़ों ने उनके देशभक्तिपूर्ण विचारों से कुपित होकर सहायता राशि देनी बन्द कर दी थी। आर्थिक कष्ट के कारण इस पत्रिका को और न निकाल पाने की अक्षमता पर भारतेन्दु ने बहुत दुख के साथ लिखा। (इस सम्बन्ध में विस्तृत जानकारी के लिए लेखिका की पुस्तक औपनिवेशिक शासन उन्नीसवीं शताब्दी और स्त्री प्रश्न, रूपा गुप्ता, राजकमल प्रकाशन, नई दिल्ली, 2019 देखी जा सकती है।) इस पर भारतेन्दु के हिन्दी के लिए कष्ट को शिवनन्दन सहाय ने अपनी पुस्तक हरिश्चन्द्र (पृ. 75) में उद्धृत किया है—"यह तो हुआ। अब नई बात सुनिए। 'बालाबोधिनी' का नाम हिन्दू समाज के सामाजिक मात्र जानते हैं। यह

पत्रिका यहाँ की स्त्रियों को कितनी उपकारिणी थी यह मुझे वक्तव्य नहीं। जग साक्षी है। पर मैं बड़े सोच से लिखता हूँ कि मैंने उसका मुद्रण होना आगे से रहित किया। इसका कारण आप भलीभाँति जानते हैं कि सरकार की सहायता न मिलना मात्र है, क्योंकि स्वयं व्यय देकर मुझे सावकाश नहीं। इसके न चलने का जो दुख है वह कहने के बाहर है, क्योंकि अपने लगाए विष वृक्ष और अपने अंक में लालित कुपुत्र का भी संसार को स्नेह होता है। भला यह तो अमृतलता और प्राणों से भी प्रिय संतति थी। सरकार ने इस नए वर्ष से इसका लेना बन्द किया। इसका कारण हमारी हिन्दी है जो सर्वदा विरोधियों के हृदय में खटकती है। यह सच है कि बड़े को नेत्र नहीं होते हैं। अन्यथा हिन्दी की यह दुर्दशा नहीं होती।"

अध्याय पाँच

सन् सत्तावन का प्रथम स्वाधीनता संग्राम : जातियों का जातीय समीकरण

भारत में विभिन्न जातियों, धर्मों, वर्गों, समूहों और पहचानों की आपसी चिन्ता का सबसे बड़ा प्रमाण सन् सत्तावन के प्रथम स्वाधीनता संग्राम में होता है। फूट, कलह, बैर, ईर्ष्या और अन्धविश्वासों से ग्रस्त विभिन्न जातियों के मतभेद कहीं इतने विषबुझे हो जाते हैं कि वे 'अंग्रेज़ देर से आए और जल्दी चले गए' जैसे मुहावरे गढ़ते हैं तो कहीं सारे आपसी बैर-भाव, असमानता, ऊँच-नीच भुलाकर अपने स्वातंत्र्य के लिए त्याग और वीरता की ऐसी बानगी प्रस्तुत करते हैं जिससे इस देश के 'एक राष्ट्र' होने का सिद्धान्त प्रमाणित होता है। इसके साथ प्रान्तीयताओं और जातीयताओं के अपने समीकरण भी हैं जो एक राष्ट्र के सिद्धान्त के मार्ग में आ खड़े होते हैं। फिर भी उन्नीसवीं सदी के आरम्भ से ब्रिटिशों की ईस्ट इंडिया कम्पनी के आर्थिक शोषण और राजनैतिक अनाचार के विरुद्ध पनप रहे गहरे असन्तोष का जो संगठित लावा सन् सत्तावन के प्रथम स्वाधीनता संग्राम में फूटा, वह देश के बहुत बड़े भू-भाग की राष्ट्रवादी अभिव्यक्ति ही थी। कुछ तात्कालिक कारणों से देश के बाक़ी हिस्सों में जो निष्क्रियता देखने को मिली, बीसवीं सदी आते न आते वह भी तिरोहित हो गई।

उन्नीसवीं सदी के उत्तरार्द्ध के प्रथमार्द्ध में सन् सत्तावन का प्रथम स्वाधीनता संग्राम वह महत्त्वपूर्ण परिघटना है जो भारत के सांस्कृतिक राष्ट्रवाद को भौगोलिक और राजनैतिक रूप में अभिव्यक्त करता है।

सन् 1857 के प्रथम स्वाधीनता संग्राम पर साहित्यकारों, बौद्धिकों और इतिहासकारों के बीच इतने मतभेदों का मुख्य कारण इस देश की जातिगत पहचान की जटिलता है। इस संग्राम पर इतना लिखा जा चुका है कि उस सामग्री को रखने के लिए अच्छा-ख़ासा पुस्तकालय छोटा पड़ जाए! उन्नीसवीं सदी, भारतीय समाज की बड़ी 'सरल जटिलता' को समझने के लिए सन् 1857 का प्रथम स्वाधीनता संग्राम सबसे उपयुक्त परिघटना है।

उन्नीसवीं सदी के उत्तरार्द्ध में भारतीय समाज की गति में तीव्रता आई। नए बन रहे मध्यवर्ग ने भारतीय समाज को आधुनिकता सम्पन्न बनाने के प्रयासों में साहित्य, इतिहास, लोककथाएँ, अख़बार, पत्रिकाएँ, संगीत, लोकसंगीत आदि सभी का आश्रय लिया। उन्नीसवीं सदी के अन्त की ओर अंग्रेज़ी शिक्षा से लैस इस मध्यवर्ग का

आत्मविश्वास बहुत बढ़ा हुआ दिखाई देता है। सदी के प्रथमार्द्ध की औपनिवेशिक शासन के विरुद्ध सुलगन का विस्फोट उत्तरार्द्ध के पहले ही दशक सन् 1857 के प्रथम स्वाधीनता संग्राम के रूप में हो चुका था। भारतीय समाज में दिखनेवाली साम्प्रदायिक और जातिगत फूट ने आपसी असहमतियों को भुलाकर औपनिवेशिक शासन को ज़ोर का धक्का दिया था। यह संगठित होती राष्ट्रवादी शक्तियों के उभार का दुर्भाग्य था कि इस प्रयास में उसकी करारी हार हुई। निर्धन किसान और उसके सिपाही बेटों ने फिरंगी के दुश्चक्र को समझकर उसे देश से निकालने का प्रयास किया। इस प्रयास में उसका साथ देनेवाली रियासतें भी अंग्रेज़ों के दमनचक्र में पिस गईं किन्तु राजा राममोहन राय का वक्तव्य, एक सीमा तक, मिथ्या प्रमाणित कर गईं। सन् सत्तावन का प्रथम स्वाधीनता संग्राम भारत का जातीय संग्राम था। इसके संग्रामियों को बहुत से सुधारवादियों की तरह अंग्रेज़ों की आधुनिकता पर विश्वास नहीं था। ब्रितानी लूट और नृशंसता के विरुद्ध इस संग्राम में हिन्दू ब्राह्मण, शूद्र, अन्य जातियाँ एवं मुसलमान मिलकर लड़े। केवल इस आधार पर कि इसका नायकत्व सामन्तों के हाथों में था, इसे ख़ारिज नहीं किया जा सकता। सन् सत्तावन के संग्राम में युद्ध के दौरान और हार जाने के बाद बड़ी संख्या में भारतीय मारे गए। यह 'बड़ी संख्या' ही यह दर्शाने के पर्याप्त है कि यह किसी एक जाति या धर्म की नहीं थी।

29 मार्च, 1857 में 34वीं पलटन के सिपाही मंगल पांडे ने सन् सत्तावन के प्रथम स्वाधीनता संग्राम का जो बिगुल बजाया था उससे बहुत पहले से अंग्रेज़ी सेना के देशी सिपाहियों में विद्रोह होते रहे थे। रामविलास शर्मा ने अपनी पुस्तक 'सन् सत्तावन की राज्यक्रान्ति और मार्क्सवाद' में, सेना में इस विद्रोह से पहले किए जाने वाले विद्रोहों को ध्यान में रखते हुए आने वाले संकट को भाँप लिया था। हेयरसे ने 11 फरवरी, 1857 को ही सेना के अंग्रेज़ जनरल को लिख दिया था, "लगता है कि यहाँ के सिपाहियों में विद्रोह-भावना बहुत गहरी समा गई है। जब 34वीं पलटन के विद्रोही सिपाहियों को निकालने की बात चली तब कैंनिंग ने आज्ञा दी कि किसी एक धर्म या जाति के ही सिपाही विद्रोही नहीं हैं, इसलिए सभी धर्मों और जातियों के लोगों को सज़ा मिलनी चाहिए। 6 मई को 363 आदमियों को सेना से निकाला गया जिनमें 29 सिक्ख और 49 मुसलमान थे।" ('सन् सत्तावन की राज्यक्रान्ति और मार्क्सवाद', रामविलास शर्मा, लोकभारती प्रकाशन, इलाहाबाद, 1990, पृ. 134)

प्रथम स्वाधीनता संग्राम

मंगल पांडे के साथ जमादार ईसुरी पांडे को भी विद्रोह के अपराध में मृत्यु दंड दिया गया था। अंग्रेज़ भलीभाँति समझ रहे थे कि यह विद्रोह कुछ लोगों को फाँसी पर चढ़ा देने से दबनेवाला नहीं था। रामविलास शर्मा ने सन् सत्तावन की राज्यक्रान्ति के अनुशासित रूप में फैलने का विस्तृत वर्णन किया है। इस संग्राम में केवल दिल्ली, मेरठ, कानपुर और लखनऊ ही सम्मिलित नहीं थे वरन् पंजाब और पेशावर में भी विद्रोह की पूरी तैयारी थी। पंजाब में हिन्दुस्तानी सैनिकों ने लाहौर के क़िले के साथ अमृतसर, फिरोजपुर, फिल्लौर, जालन्धर आदि में विद्रोह की पूरी तैयारी कर ली थी। इस विद्रोह के नेता मियाँ मीर को अंग्रेज़ी तोपख़ाने से घेरकर सिपाहियों के हथियार रखवाए गए। पंजाब

की जनता विद्रोह कर रहे सिपाहियों के साथ थी। शाहजहाँपुर की जनता सिपाहियों से मिल गई थी। आसपास के गाँवों ने भी विद्रोह में भाग लिया। शाहजहाँपुर के निकट नसीराबाद में 28 मई को बंगाल की सेना की पन्द्रहवीं और तीसवीं पलटनों ने विद्रोह का बिगुल बजाया। 'बंगाल सेना' का नाम बंगाल पर था, किन्तु इसमें 'हिन्दुस्तानी' सैनिक अर्थात् देशी सैनिक ही थे। अलीगढ़ में देशी सेना ने 20 मई को और मैनपुरी और इटावा में 23 मई को विद्रोह किया। जसवन्तनगर, बरेली, मुज़फ़्फ़नगर, एटा, रुड़की सभी स्थानों पर अंग्रेज़ी अफ़सरों को चुनौती दी गई। पूरे अवध, सीमान्त प्रदेश अर्थात् भारत के उत्तर-पश्चिम भाग में प्रत्येक स्थान पर अंग्रेज़ी राज को चुनौती दी गई। आजमगढ़, बनारस, रुहेलखंड, नीमच और झाँसी ने अंग्रेज़ों के ख़ात्मे में अपनी पूरी ताकत लगाई।

सन् सत्तावन और उससे पहले से चल रहे औपनिवेशिक शासन के विरुद्ध भारतीय प्रतिशोध को बहुत कम इतिहासकारों ने विस्तार से दर्ज किया है। डॉ. रामविलास शर्मा के इस ओर किए गए असाधारण कार्य को इतिहास न माननेवालों ने सिवाय नकारने के इस ओर कोई इतिहास-लेखन नहीं किया। इतिहास की प्रविधि की कसौटी पर डॉ. शर्मा के इतिहास-लेखन को अस्वीकार करनेवाले समूह ने सन् सत्तावन को अंग्रेज़ इतिहासकारों की तर्ज पर सिपाही विद्रोह, ग़दर आदि कहा। इसके कारणों पर विस्तार से चर्चा नहीं की गई, कहानी मंगल पांडे से आरम्भ कर बैरकपुर पर समाप्त कर दी गई। स्कूली पाठ्यक्रमों से लेकर गम्भीर ऐतिहासिक विमर्शों में इस बात पर चर्चा नहीं की गई सिपाही विद्रोह ही सही, यह हुआ क्यों? उसका चलताऊ कारण कारतूसों में गाय और सूअर की चर्बी का होना बता दिया गया। इसके साथ-साथ भारतीयों के साम्प्रदायिक सौहार्द को काले रंग में पोता गया। इस अनुशासित और पूर्व प्रकल्पित जन क्रान्ति को मुट्ठी भर लोगों का बेवकूफ़ी भरा भावुक विस्फोट बताया गया। जिन इतिहासकारों ने इस लीक पर काम न कर उपलब्ध तथ्यों के आधार पर विवेचना की, उन्हें हिन्दूवादी या 'कम्यूनल' कहा गया। रामविलास शर्मा के लेखन के साथ यह किया जाना सहज प्रमाणित नहीं हुआ। लगभग आधी शताब्दी तक 'हिन्दी जाति' और 'सन् सत्तावन के प्रथम स्वाधीनता संग्राम' पर लिखकर उन्होंने इतिहास को एक बड़ी कमी से बचा लिया। मार्क्सवादी रामविलास शर्मा को साम्प्रदायिक कहना भी कठिन था। डॉ. रामविलास शर्मा ने अपनी पुस्तक 'सन् सत्तावन की राज्यक्रान्ति और मार्क्सवाद' में जैसाकि शीर्षक से ही स्पष्ट है, सन् सत्तावन को मार्क्सवाद के आलोक में देखा-परखा। उन्होंने अंग्रेज़ों के बंगाल प्रवेश के बाद से ही कहानी आरम्भ की। मार्क्स ने दिखलाया है कि अंग्रेज़ों के न्याय से बंगाल में "जनता की हालत न सुधरी; उलटे हालत और गिर गई, जनता और भी सताई गई और समूची कर-व्यवस्था विशृंखल हो गई। किसानों के असन्तोष का मूल कारण अंग्रेज़ों की कर-व्यवस्था थी। किसानों से मनमाना लगान और तरह-तरह के टैक्स वसूल किए गए। नतीजा यह कि किसानों की सामान्य और व्यक्तिगत सम्पत्ति की इस लूट का तात्कालिक फल था, अपने ऊपर लादे हुए टैक्स वसूल करनेवालों ज़मींदारों के ख़िलाफ़ किसानों के विद्रोहों का तांता।" (वही, पृ. 109-10)

अठारहवीं सदी में ही किसान विद्रोह का बिगुल फूँक चुके थे। इस सदी के अन्तिम दशक में रंगपुर और विष्णुपुर के किसानों ने विद्रोह किया। "मिदनापुर, ढाका आदि ज़िलों में भी भारी असन्तोष फैला। बंगाल के पड़ोस में उड़ीसा के जगन्नाथ धल ने किसानों के

साथ अंग्रेज़ों के विरुद्ध छापेमार युद्ध चलाया। अवध में जनता के असन्तोष ने व्यापक रूप लिया।" (वही, पृ. 110) कर्नल हैने ने अवध के नवाब की नौकरी कर किसानों पर मनमाना अत्याचार किया। इसमें उसे नवाब का पूरा संरक्षण मिला हुआ था। गोरखपुर, बस्ती और बहराइच पर तो उसने अपना ही शासन क़ायम कर लिया था। हैने ने स्वयं घाघरा नदी के पूर्व में जनता के सशस्त्र विद्रोह का उल्लेख किया है।

इस समय के मुख्य विद्रोहों में अवध के वज़ीरअली का विद्रोह अपने समय की सभी विशेषताओं से युक्त था। इस विद्रोह को श्री रमेश मजूमदार ने अखिल भारतीय षड्यंत्र से सम्बद्ध बताया है जो स्थानीय और व्यक्तिगत नहीं था। वज़ीरअली को अवध और बिहार के अनेक ज़मींदारों का सहयोग प्राप्त था। नवाब ने जब उसके दमन के लिए फ़ौज भेजी तो सिपाही बड़ी संख्या में वज़ीरअली के साथ मिल गए। एक बड़ी फ़ौज लेकर वज़ीरअली ने गोरखपुर में अंग्रेज़ों का शासन छिन्न-भिन्न कर डाला। वज़ीरअली को किसानों का पूरा समर्थन प्राप्त था। उसे एक हिन्दुस्तानी राजा ने अंग्रेज़ों के हाथों पकड़वा दिया था।

रामविलास शर्मा ने अन्य अनेक विद्रोहों के उल्लेख से यह प्रमाणित किया है कि किसान एक साथ सामन्तवाद और साम्राज्यवाद से संघर्ष कर रहे थे। केवल बरेली, बनारस, हाथरस, शाहजहाँपुर, रामपुर और अलीगढ़ ही नहीं, बुंदेलखंड और उड़ीसा में भी जनता ने खुल्लमखुल्ला सशस्त्र विद्रोह किया। अंग्रेज़ छोटे सामन्तों की तरह किसानों का शोषण करते थे। अत: दोनों में मैत्री स्वाभाविक थी। वारेन हेस्टिंग्स के समय भारतीय किसान का शोषण अपने चरम पर था। "कर्नाटक में अंग्रेज़ महाजनों ने उस प्रदेश की जनता को तबाह कर दिया। ये मुफ़्तख़ोर बड़े ज़मींदार बन बैठे और उन्हें ख़ूब धन बटोरने का अवसर मिला। उन्होंने रैयत को सताया। इन नए अंग्रेज़ ज़मींदारों ने देशी किसानों पर घोर अनैतिक अत्याचार किए। उन्होंने और नवाब ने सारे कर्नाटक को उजाड़ दिया। अंग्रेज़ों ने यहाँ के जुलाहों और बुनकरों के अलावा किसानों पर भी भारी अत्याचार किए। ये अत्याचार सामन्ती क़िस्म के थे, यद्यपि पुराने सामन्तों ने जनता को इस तरह न सताया था। इस उत्पीड़न के फलस्वरूप किसानों ने विद्रोह किए।" (वही, पृ. 109)

इन्हीं उत्पीड़ित और साथ-साथ विद्रोही किसानों के परिवारों के लोग ही सेना में भरती हुए थे। चूँकि सभी किसानों का विद्रोह एक साथ संघटित नहीं था अत: कुचल दिया गया। सन् सत्तावन के प्रथम स्वाधीनता संग्राम के पहले देशी सेना में भी भेदभाव और बुरे बर्ताव के कारण विद्रोह होते रहे थे।

उपरोक्त विवरण से दो बातें स्पष्ट हैं—प्रथमत: कांग्रेस के गठन, उदय और विकास, महात्मा गांधी के आगमन और क्रान्तिकारियों के सशस्त्र विद्रोह के पहले से भारतीय निरन्तर प्रतिरोध करते आ रहे थे। अंग्रेज़ इस देश पर वैसा नि:शंक और प्रगतिशील राज नहीं कर रहे थे जैसाकि उनके इतिहासकारों और उनके चश्मे से देखनेवाले भारतीय इतिहासकारों द्वारा चित्रित किया जाता है। इस सन्दर्भ में यह भी उल्लेखनीय है कि हमारे क्रान्तिकारी सन् सत्तावन के नायक-नायिकाओं से प्रेरित थे। भगत सिंह और उनके साथियों द्वारा इस समय के दस्तावेज़ों और इतिहास पढ़ने और उनके प्रति असीम सम्मान की बात कम जानी गई है। झाँसी की रानी लक्ष्मीबाई, कुँवर सिंह, नाना साहब, और तात्या टोपे को इतिहास से अधिक जनकथाओं और लोकगीतों ने सुरक्षित रखा।

द्वितीयत: इतनी भारी संख्या में, अवध की तो पूरी जनता ही विद्रोह में सम्मिलित थी, विद्रोह में शामिल होनेवाले किसान और सैनिक तथा अन्य लोग केवल एक ही जाति के नहीं हो सकते। अत: एक बड़ा उद्देश्य, अंग्रेज़ों को मार भगाने का,सामने रखकर सभी जातियों ने आपस में सहयोग कर सुचिन्तित प्रयास किया, किन्तु असफल क्रान्ति की।

पत्रिका दलित टुडे, सम्पादक बृजबिहारी, सुरेश पंज्जम, अखिलेन्दु प्रताप सिंह, के अगस्त 2007 के 1857 और दलित के अंक में कुछ महत्त्वपूर्ण तथ्य दिए गए हैं। आरम्भ में इस देश पर अपना नियंत्रण बनाने के लिए ब्राह्मण-शूद्र शत्रुता से परिचित अंग्रेज़ों ने सेना में महार, परिया, बौद्धगोरखा, धुरिया और चमार जाति के लोगों को बड़ी संख्या में भरती किया। यह भारतीय समाज की जातिगत व्यवस्था जनित आपसी फूट ही थी जिसने विदेशियों को इस देश में इतनी गहरी घुसपैठ का अवसर दिया। यह सर्वविदित तथ्य है कि अंग्रेज़ों ने हिन्दुस्तान को देशी सेना की सहायता से ही जीता था। यह भी उतना ही तार्किक है कि सन् सत्तावन का प्रथम स्वाधीनता संग्राम इन विभाजित जातियों ने ही मिलकर लड़ा था, अन्यथा यह इतने बड़े पैमाने पर नहीं फैला होता। "बंगाल में जब आन्दोलन की लहर शुरू हुई तो सबसे पहले भंगी/जमादारों ने लाठी-डंडा उठाया, नगर की गलियों तथा मार्गों की सफ़ाई बन्द कर दी। अंग्रेज़ों ने 76 जमादारों को मार डाला था, 200 जमादारों तथा उनकी औरतों को घुड़सालों में बन्दी बनाकर मारा-पीटा व बेगार करवाई थी। धोबियों ने पंचायत कर कपड़े न धोने का फ़ैसला लिया और विरोध किया था। ब्रिटिश अधिकारियों ने नामशूद्रों व चमारों को बुलाकर अपने जवान बेटों को ब्रिटिश सेना में भरती करा देशी क्रान्तिकारियों के ख़िलाफ़ हथियार उठाने को कहा तो दलपति चमार और नामशूद्र शिवहन ने वहीं विद्रोह कर दिया था कि किसी भी दशा में गोरों का साथ नहीं देंगे। दोनों वहीं मारे गए, औरों ने भागकर जान बचाई और ग़दर में भाग लिया।" (दलित टुडे, पृ. 22)

जब जातियाँ मिलकर स्वाधीनता संग्राम लड़ती थीं तो वे एक थीं, लेकिन जातीय संग्राम की सेना का यह भी कड़वा सच है कि सिपाही बन जाने पर जाति भेद नहीं मिटता था। जिस देश के आज के केन्द्रीय विश्वविद्यालयों में जाति के आधार पर हॉस्टल और मेस हो वह देश ऐसे तथ्यों पर नहीं चौंकता। अंग्रेज़ों ने इस देश की जाति व्यवस्था का लाभ उठाया, किन्तु प्रत्यक्षत: वे इसे दिखाना नहीं चाहते थे इसलिए सन् 1806 ई. में मद्रास आर्मी के चीफ कमांडर जॉन कैरडोक ने एक रेगुलेशन जारी करके सिपाहियों की जातीय पहचान मिटाने के उद्देश्य से एक यूनिफॉर्म लागू की थी, क्योंकि महार, चमार, भंगी, जमादार आदि दलित सिपाहियों की तादाद ज़्यादा थी, इनको सेना में शामिल करना मजबूरी थी, क्योंकि ये बहादुर थे, फिर भी ब्राह्मण, क्षत्रिय सैनिक इनके साथ भेदभाव करते थे, छुआछूत मानते थे। जॉन कैरडोक के आदेश के अनुसार कोई पगड़ी, दाढ़ी, कड़ा और धार्मिक तावीज़, दुर्गा या शंकर आदि का तावीज़ नहीं लगा सकता था।" (वही, पृ. 23)

यूँ तो इतिहास किसी दिनांक विशेष या वर्ष विशेष से व्याख्यायित नहीं किया जा सकता, फिर भी अध्ययन की सुविधा के लिए विशेषकर किसी विशिष्ट घटना के सन्दर्भ में तिथि-तारीख़ का उल्लेख किया जाता है। जाति-प्रश्न के सन्दर्भ में उन्नीसवीं सदी को पूर्वार्द्ध और उत्तरार्द्ध में बाँटकर देखा जाना अध्ययन की इसी सुगमता हेतु है। उत्तरार्द्ध में जाति-प्रश्न से जूझने के लिए सन् 1857 को अलग अध्याय में विश्लेषित करने का प्रयास इसलिए भी है कि यह उन्नीसवीं सदी के पूर्वार्द्ध का प्रतिफलन है और स्वयं

उन्नीसवीं सदी के उत्तरार्द्ध को बल्कि कहें कि बीसवीं सदी के क्रान्तिकारी आन्दोलन पर अपनी गहरी छाप छोड़ता है। यद्यपि भारतीय इतिहास-लेखन में मध्यवर्गीय दृष्टिकोण प्रभावशाली रहा किन्तु बाद में दलित विमर्शकारों द्वारा इस प्रभावी दृष्टिकोण को चुनौती दिए जाने पर संग्राम में भाग लेने वाली जातियों के नाम की खुलकर चर्चा हुई। सन् सत्तावन के प्रथम स्वाधीनता संग्राम पर जाति और दलित कोण से लिखनेवालों ने इसका विश्लेषण जातियों की भागीदारी की संख्या के आधार पर भी किया है। विभिन्न जातियों के आपसी समीकरण के साथ सन् सत्तावन की जातीय जंग में लड़ रही सेना में विभिन्न जातियों की संख्या के आँकड़े भी प्रस्तुत किए—

बंगाल की कुल सेना-7,37,000

युद्ध के बाद बचे कुल सैनिक-7,796
कुल मारे गए सैनिक-7,28,204
कुल हिन्दू ब्राह्मण, क्षत्री, कायस्थ, पिछड़ा वर्ग-4,16,546
कुल मारे गए मुस्लिम-1,96,472
कुल मारे गए दलित-मोची, नामशूद्र,चमार-1,24,982

दिल्ली-बहादुरशाह ज़फ़र (82 वर्षीय) की सेना

कुल हाथी, घोड़े, पैदल सहित-1,40,000
हिन्दू-जाट, राजपूत आदि-8,000
मुस्लिम-3,400
दलित-2,048
अन्य-552

लखनऊ-वाजिद अली शाह

कुल हाथी, घोड़े, पैदल सहित-20,640
हिन्दू-जाट, राजपूत, कुर्मी, यादव-9,000
मुस्लिम-8,000
दलित, रावत, पासी, चमार-8,000
अन्य 640

ऊदादेवी पासी महिला सेनापति 16 नवम्बर, 1857 को सिकन्दराबाद में लड़ती हुई शहीद।

बरेली विद्रोह-नेतृत्व-ख़ान बहादुर

कुल सेना 40,000
जाट, राजपूत, कुर्मी 11,000
मुस्लिम सैनिक 15,400
दलित सैनिक 10,600
अन्य सैनिक 3,000

कालपी-तात्या टोपे

कुल सेना 15,000
हिन्दू-जाट, राजपूत-कुर्मी 8,000
मुस्लिम 2,000

दलित-पासी, रावत, चमार 4,250

अन्य सैनिक 750 (वही, पृ. 28)

दलित विमर्शकारों ने 'मुस्लिम' को केवल धर्म के आधार पर सम्बोधित कर छोड़ दिया। साम्प्रदायिकता के पचड़े में पड़े बिना भारतीय मुस्लिम समाज में व्याप्त जातिप्रथा का उल्लेख नहीं हो सकता।

दलित विमर्शकारों ने निम्नजाति गणना में शहीदों में स्त्री-पुरुष दोनों के विवरण में झलकारी बाई को प्रमुख माना है, इतना प्रमुख कि कुछ दलित चिन्तकों ने झाँसी की रानी लक्ष्मीबाई को हटाकर झलकारी बाई को वह स्थान देने की वकालत की है। झलकारी बाई का उल्लेख अन्य स्थानों पर भी आया है। झलकारी बाई झाँसी के किसान सदोवा सिंह की पुत्री थी जिसका विवाह रानी लक्ष्मीबाई के तोपची पूरन सिंह से हुआ था। झलकारी ने भी अपने क्षेत्र में डाकुओं और पशुओं के अत्याचार के कारण घुड़सवारी और अस्त्र-शस्त्र चलाने की शिक्षा पाई थी। एक बार प्राण रक्षा में उसने केवल लाठी से चीता मार डाला था। रानी लक्ष्मीबाई के क़िले से निकलने में झलकारी ने अपने अप्रतिम साहस और युद्ध कौशल का परिचय दिया था। लक्ष्मीबाई और झलकारी बाई दोनों की क़द-काठी एक-सी होने के कारण अंग्रेज़ों ने झलकारी बाई को लक्ष्मीबाई समझकर पीछा किया। घमासान युद्ध के बीच एक भेदिये ने झलकारी को पहचानकर भेद खोल दिया। उसे शत्रु-सेना ने पकड़ लिया। चीते को लाठियों से मारने वाली वीरांगना अब शस्त्रधारी शत्रु-सेना की गिरफ़्त में थी। जनरल रोज़ ने झलकारी को डपटकर कहा, "तुमने रानी बनकर हमको धोखा दिया है और महारानी लक्ष्मीबाई को यहाँ से निकलने में सहायता की है। तुमने हमारे एक सैनिक की जान भी ली है। मैं भी तुम्हारी जान लूँगा।" यह सुनकर झलकारी ने गर्वपूर्वक कहा, "मुझे गोली मारो, मैं तैयार हूँ।" एक अन्य अंग्रेज़ अफ़सर ने कहा, "मुझे तो यह महिला पगली मालूम देती है।" इसका उत्तर देते हुए जनरल रोज़ ने कहा, "यदि भारत की एक प्रतिशत नारियाँ इसी प्रकार पागल हो जाएँ, तो हम अंग्रेज़ों को सब कुछ छोड़कर यहाँ से जाना होगा।" (सन् सत्तावन के भूले-बिसरे शहीद, भाग-2, डॉ. विश्वमित्र उपाध्याय, प्रकाशन विभाग, नई दिल्ली, 2004, पृ. 15)

इस पुस्तक में सबसे पहले भूले-बिसरे शहीद ईश्वरी पांडे का स्मरण किया गया है। बलिया ज़िले के निवासी ईश्वरी पांडे भी 34वीं रेज़िमेंट कम्पनी नेटिव इन्फेंट्री की एक नम्बर कम्पनी में जमादार थे। उन्होंने दो अंग्रेज़ अफ़सरों—सार्जेंट जेम्स थार्नटन ह्यूसन और लेफ़्टिनेंट वेम्पडे हेनरी वाग से संघर्षरत मंगल पांडे को गिरफ़्तार करने के आदेश का पालन नहीं किया था। अंग्रेज़ों ने ईश्वरी पांडे पर मुक़दमा चलाया। "मुक़दमे की सुनवाई के लिए विशेष रूप से गठित सैनिक न्यायालय का अध्यक्ष जानबूझकर एक ब्राह्मण मेजर जवाहरलाल तिवारी को बनाया गया। तिवारी 43वीं रेज़िमेंट नेटिव लाइट इन्फेंट्री का था। इसमें दुभाषिया 19वीं रेज़िमेंट नेटिव इन्फेंट्री के लेफ़्टिनेंट जे. बोलिगो सहित 16 लोगों को रखा गया। इनमें जानबूझकर केवल दो अंग्रेज़ रखे गए थे। शेष भारतीय सूबेदार और जमादार थे।...जब ईश्वरी पांडे से इस सम्बन्ध में पूछा गया तब उन्होंने दृढ़तापूर्वक कहा, "मैं अपराधी नहीं हूँ।" इस मुक़दमे के गवाह अंग्रेज़ों द्वारा ही खड़े किए गए थे। इनमें कर्नल ह्वीलर के अतिरिक्त सार्जेंट मेजर ह्यूसन, एडजुटेंट वाग, हवलदार शेख पलटू, सिपाही शोभा सिंह, सिपाही आत्मा सिंह, सिपाही मेही लाल,

कैप्टन टुरी और लेफ़्टिनेंट जे. हेरसे शामिल थे। सब कुछ पूर्वनियोजित था ही। इन सबने अपने बयानों में ईश्वरी पांडे को अपराधी ठहराया।" (वही, पृ. 2)

गठित सैनिक न्यायालय और अंग्रेज़ों द्वारा खड़े किए गए गवाहों की भिन्न-भिन्न 'जातियाँ' भारतीय समाज की जाति व्यवस्था के अनुरूप जातियों के व्यवहार के सिद्धान्त को प्रश्नांकित करती है। ईश्वरी पांडे को अंग्रेज़ों ने अपने शाम को फाँसी न देने के नियम को तोड़ते हुए 22 अप्रैल, 1857 को फाँसी पर चढ़ा दिया। 'सन् सत्तावन के भूले-बिसरे शहीद' में भी याद किए स्वतंत्रता सेनानियों की जाति और धर्म की विविधता सहज ही लक्षित की जा सकती है—ईश्वरी पांडे के साथ मौलवी लियाकत अली, शाहमल, झलकारी बाई, विश्वनाथ शाहदेव, गनपत राय, शेख भिखारी, राजा उमराव सिंह, नारायण सिंह, सोना खान, ठाकुर दौलत सिंह, अमरचन्द बांठिया, महाराजा रघुनाथ सिंह और ठाकुर रणमत सिंह के साथ नवाब अब्दुर्रहमान ख़ाँ थे तो हरेकृष्ण सिंह, निशान सिंह, जुल्फिकार अली, ठाकुर परगन सिंह, शेख रजब अली, हरख सिंह, हुलास सिंह, बिहारी सिंह, गोविन्द सिंह, दलजीत सिंह के साथ जगत सेठ रामजी दास गुड़वाला भी थे।

इस ओर बहुत कम ध्यान दिया गया है कि देशी राजाओं और साधारण सेनानियों को युद्ध के लिए वित्तीय सहायता किन लोगों ने दी थी। जगत सेठ रामजी दास गुड़वाला मुग़ल सम्राट के विशेष परिचितों में से थे। दिल्ली में क्रान्तिकारियों के होने के लगभग साढ़े चार महीने के दौरान सेठ रामजी दास ने आर्थिक पक्ष सँभाले रखा।

अंग्रेज़ों को जींद नरेश और महाराजा पटियाला की सिक्ख सेना की सहायता मिलने के बाद अंग्रेज़ सेना 14 सितम्बर, 1857 को कश्मीरी गेट को फतह करती हुई दिल्ली में प्रवेश कर गई। बादशाह बहादुरशाह ज़फ़र को उनके सेनापति बख़्त ख़ाँ ने दिल्ली से निकलकर संग्राम चलाए रखने की सलाह दी किन्तु बहादुरशाह ज़फ़र ने अपने सेनापति की सलाह न सुनकर अंग्रेज़ों के पिट्ठू मिर्ज़ा इलाहीबख़्श की बात मान "सम्राट हुमायूँ के मकबरे में चले गए। इलाहीबख़्श ने भेद खोलकर बादशाह को पकड़वा दिया। कैप्टन हडसन ने बहादुरशाह ज़फ़र को गिरफ़्तार करने के बाद उनके तीनों शाहजादों के सिर काटकर बादशाह के समक्ष पेश किए।" (वही, पृ. 68) बादशाह के बेटों के सिर काटने वाले सेठ रामजी दास को कैसे जाने देते? "सरेआम कुत्ते छोड़कर पहले तो उन्हें कुत्तों से नुचवाया गया और फिर घायलावस्था में चाँदनी चौक में फाँसी पर लटका दिया। इस प्रकार जगतसेठ रामजी दास मातृभूमि की स्वाधीनता के लिए शहीद हो गए। अंग्रेज़ों ने सेठ रामजी दास की करोड़ों रुपयों की असीम सम्पत्ति भी ज़ब्त कर ली और गद्दारों को पुरस्कृत किया।" (वही, पृ. 69)

प्रथमत: सन् सत्तावन के संग्राम को चर्चा में ला खड़ा करने वाली महत्त्वपूर्ण पुस्तक विनायक दामोदर सावरकर की थी। सावरकर ने '1857 का भारतीय स्वातंत्र्य समर' दो भागों में लिखा। तब तक सन् सत्तावन को स्वाधीनता समर कहने वाले लोग अत्यल्प थे। सावरकर ने अपनी पुस्तक में दिल्ली के भीषण नरसंहार और लूट पर लॉर्ड एल्फिंस्टन और जॉन लॉरेंस के हवाले से लिखा, "दिल्ली का घेरा उठा लिए जाने के उपरान्त हमारी सेनाओं ने जो क्रूरता प्रदर्शित की और अत्याचार किए, उनको देखकर तो वास्तव में दिल दहलने लगता है। शत्रु-मित्र में कोई भेद न करते हुए प्रचंड प्रतिशोध की अग्नि दहका दी गई। लूटमार करने में तो हमारी सेनाओं ने नादिरशाह को भी पीछे

छोड़ दिया। जनरल आउटरम तो सम्पूर्ण दिल्ली को ही जला देने के लिए कह रहा था। दिल्ली के चाँदनी चौक में अनेक क्रान्तिकारियों को सरेआम फाँसी पर लटकाया गया। इनमें बल्लभगढ़ के राजा नाहर सिंह, झज्जर के नवाब अब्दुर्रहमान ख़ाँ, फर्रुखनगर के नवाब अहमद अली आदि शामिल थे।" इतिहासकार जान केय के शब्दों में, "आठ छकड़े इस काम के लिए तैनात थे कि गलियों और बाज़ारों में वृक्षों से लटके शवों को उतारकर दूर फेंक आएँ।" लोहारू के नवाब के अनुसार केवल दिल्ली में 26,000 व्यक्ति मारे गए। सैकड़ों देशभक्तों को आजीवन कारावास की सज़ा दी गई। 1857 की क्रान्ति के समय दिल्ली में अनेक समाचार-पत्र प्रकाशित होते थे। इनमें से अनेक सम्पादकों और पत्रकारों ने क्रान्ति का भरपूर समर्थन किया था। इन क्रान्तिवीर पत्रकारों और कई साहित्यकारों को भी फाँसियाँ दी गईं।" (1857 का भारतीय स्वातंत्र्य समर, विनायक दामोदर सावरकर, खंड दो, प्रभात प्रकाशन, दिल्ली, पृ. 322)

सन् 1908 में यह पुस्तक मूलत: मराठी भाषा में '1857 चे स्वातंत्र्य समर' शीर्षक से लिखी गई थी। इस पुस्तक की यात्रा इसके तथा सन् सत्तावन के महत्त्व को दर्शाने के लिए पर्याप्त है, "सावरकर ने 1857 की घटनाओं को भारतीय दृष्टिकोण से देखा। स्वयं एक तेजस्वी नेता व क्रान्तिकारी होते हुए, वे 1857 के शूरवीरों के साहस, वीरता, ज्वलन्त उत्साह व दुर्भाग्य की ओर आकर्षित हुए। उन्होंने इस पूरी घटना को उस समय उपलब्ध साक्ष्यों व पाठ सहित पुनर्व्याख्यायित करने का निश्चय किया। उन्होंने कई महीने इंडिया ऑफ़िस पुस्तकालय में इस विषय पर अध्ययन में बिताए। सावरकर ने पूरी पुस्तक मूलत: मराठी में लिखी व 1908 में पूर्ण की। क्योंकि उस समय इसका भारत में मुद्रण असम्भव था इसलिए इसकी मूल प्रति इन्हें लौटा दी गई। इसका मुद्रण इंग्लैंड व जर्मनी में भी असफल रहा। इंडिया हाउस में रह रहे कुछ छात्रों ने इस पुस्तक का अंग्रेज़ी अनुवाद किया और अन्तत: यह पुस्तक 1909 में हॉलैंड में मुद्रित हुई। इसका शीर्षक था, 'द इंडियन वार ऑफ़ इंडिपेंडेंस-1857'। इस पुस्तक का द्वितीय संस्करण लाला हरदयाल द्वारा ग़दर पार्टी की ओर से अमरीका में निकला और तृतीय संस्करण सरदार भगत सिंह द्वारा निकाला गया। इसका चतुर्थ संस्करण नेताजी सुभाषचन्द्र बोस द्वारा सुदूर-पूर्व में निकाला गया। फिर इस पुस्तक का अनुवाद उर्दू, हिन्दी, पंजाबी व तमिल में किया गया। इसके बाद एक संस्करण गुप्त रूप से भारत में भी द्वितीय विश्वयुद्ध के समाप्त होने के बाद मुद्रित हुआ। इसकी मूल पांडुलिपि मैडम भीकाजी कामा के पास पेरिस में सुरक्षित रखी थी। यह प्रति अभिनव भारत के डॉ. क्यूतिन्हो को प्रथम विश्वयुद्ध के दौरान पैरिसम संकट आने के दौरान सुरक्षित रखी थी। यह प्रति अभिनव भारत के डॉ. क्यूतिन्हो को प्रथम विश्वयुद्ध के दौरान पैरिसम संकट आने के दौरान सौंपी गई। डॉ. क्यूतिन्हो ने इसे किसी पवित्र धार्मिक ग्रंथ की भाँति 40 वर्षों तक सुरक्षित रखा। भारतीय स्वतंत्रता उपरान्त उन्होंने इसे रामलाल वाजपेयी और डॉ. मुंजे को दे दिया, जिन्होंने इसे सावरकर को लौटा दिया। इस पुस्तक पर लगा निषेध अन्तत: मई 1946 में बंबई सरकार द्वारा हटा लिया गया।" (https.//hi.m.wikipedia.org)

इससे अन्य जातियों के सम्मिलित होने की संख्या का विवरण प्राप्त होता है किन्तु 'मुसलमानों' की भागीदारी का पता नहीं चलता। इस पुस्तक के चतुर्थ अध्याय में स्लीमेन की अवध डायरी तथा रुहेलखंड के सन्दर्भ में उनके असन्तोष की विस्तृत चर्चा की जा

चुकी है। भारतवर्ष अंग्रेज़ों की लूट-खसोट, अन्याय-अत्याचार से कराह रहा था इसलिए "सन् सत्तावन के स्वाधीनता-संग्राम को भारत के पूर्व और दक्षिण की जातियों की सहानुभूति प्राप्त थी और वह पूर्ण अर्थ में भारतीय जनता की राष्ट्रीय स्वाधीनता का युद्ध था। इन अधिक विकसित जातियों के साथ वे लोग भी थे जो वनों और पर्वतों में कबीलाई जीवन बिता रहे थे। संथाल-विद्रोह में संथालों ने ग़ैर-संथालों के साथ एका क़ायम किया था। 1857-59 में भी इन आदिम अथवा अर्ध-आदिम समाज-व्यवस्था के लोगों का संघर्ष वृहत्तर स्वाधीनता-संग्राम का महत्त्वपूर्ण अंग था। सिंहभूम के कोल अंग्रेज़ों से लड़े और उनका नेतृत्व पोरहाट के राजा अर्जुनसिंह ने किया। जनवरी 1858 में उन्होंने अंग्रेज़ों को बुरी तरह हराया और एक भी अफ़सर ऐसा न लौटा जो घायल न हुआ हो। 1858 में पूरे साल भर कोलों ने अंग्रेज़ों को युद्ध में उलझाए रखा। जनवरी 1858 में अंग्रेज़ों को आदिवासियों के नेता नीलाम्बर और पीताम्बर तथा अमरसिंह में पत्र-व्यवहार का पता चला। अमरसिंह ने उन्हें सहायता देने की बात लिखी थी। इससे आदिवासियों और बिहार की जनता के संघर्षों के सामान्य उद्देश्य और उनके परस्पर सहयोग का पता चलता है। उत्तर में खरल लोगों के सरदार ने घोषित किया था कि उसे अंग्रेज़ों से लड़ने के लिए दिल्ली के बादशाह से आज्ञा मिली है।" (सन् सत्तावन की राज्य क्रान्ति और मार्क्सवाद, पृ. 284)

अंग्रेज़ों ने उत्तर-पूर्व और मध्यदेश के लोगों को 'हिन्दुस्तानी' कहकर सम्बोधित किया था। बंगाल में उत्तर प्रदेश और बिहार के लोगों के लिए 'हिन्दुस्तानी' शब्द अब भी सुनाई पड़ जाता है। मोटे तौर पर अंग्रेज़ों ने बंगाली, दक्षिण भारतीय, मराठी, गुजराती और पंजाबी से इतर जातियों के लिए हिन्दुस्तानी जाति का प्रयोग किया। इनके कड़े प्रतिरोध के कारण उन्होंने अपनी सरकारी नौकरियों में इन पर प्रतिबंध लगा दिया। अंग्रेज़ों ने सभी जातियों और धर्मों को आपस में लड़ाया। उन्होंने यहाँ के हर भेद, हर फूट से लाभ उठाया। "हिन्दुस्तानियों और पंजाबियों में द्वेष-भाव जाग्रत करने का उनका प्रयत्न इसका प्रमाण है। के ने पठानों, मराठों, बंगालियों आदि पर जो विशेषणों की वर्षा की है, उससे यह देखा जा सकता है कि अंग्रेज़ यहाँ की जातियों के अलगाव के प्रति कितने सचेत थे। उत्तर-पश्चिमी प्रान्तों के बारे में के ने लिखा है कि सारे प्रदेश में एक गठन और एकता है। उसकी समझ में यहाँ के लोग एक ही नस्ल के हैं, उनके चेहरे-मोहरे एक से हैं, भाषा एक ही बोलते हैं और उनके रीति-रिवाज एक से हैं। उसने यहाँ के लोगों को सुन्दर, कसरती और युद्ध-प्रिय लिखा है जिसका कारण ब्रिटिश सेना में यहाँ के लोगों का बड़ी संख्या में भरती होना था। नस्लों आदि के बारे में उसकी बात छोड़ दें तो यह कहना होगा कि उसे मोटे तौर से एक विशाल प्रदेश में एक जाति के अस्तित्व की ख़बर थी। यहाँ भी 'दब्बू और होशियार' बंगालियों का उल्लेख करके दोनों जातियों में द्वेष भावना जगाने से वह नहीं चूका।" (वही, पृ. 286)

अंग्रेज़ों ने अपनी विभिन्न पलटनों में अलग-अलग जाति के सिपाहियों की भरती की। इससे उन्हें भारत की जातिगत फूट का लाभ मिला। अंग्रेज़ों का मानना था कि पूरी पलटन एक ही जाति की होने पर विद्रोह कर सकती है, किन्तु भिन्न-भिन्न जातियों की कम्पनियों से यह आशंका नहीं रहती।

इस प्रसंग में आगे बढ़ने से पहले उन शहीदों की चर्चा आवश्यक है जिनकी 'जाति' केवल शहीद थी। इनमें से अधिकांश के सम्बन्ध में देशवासी जान तक नहीं पाए कि

हमारी आज़ादी की लड़ाई का उन्होंने वह मूल्य चुकाया जिसकी कल्पना तक सिहरा देने वाली है। सन् सत्तावन के प्रथम स्वाधीनता संग्राम की पराजय का मोल केवल राजनैतिक पराधीनता का जारी रहना न था, वह क्रूर दमन भी था जो 'न्यायप्रिय' अंग्रेज़ जाति द्वारा हर विद्रोह के सेनानी का किया गया था। इस स्वाधीनता संग्राम के भागीदारों को मिली क्रूर यातनाओं का कोई जातिगत ब्योरा नहीं रखा जा सकता। अंग्रेज़ों ने भी उन स्वाधीनता सेनानियों को निर्दयतापूर्वक क़त्ल करते समय न उनकी जाति देखी, न प्रान्त और न ही धर्म। "1857 के प्रथम स्वतंत्रता संग्राम की विफलता के पश्चात् देशभक्तों के विरुद्ध जो प्रतिशोधात्मक कार्यवाहियाँ साम्राज्यवादी अंग्रेज़ों ने कीं उनकी तुलना विश्व के इतिहास में कहीं नहीं मिलती है। आज भी इलाहाबाद, कानपुर और अन्य स्थानों में ऐसे पुराने पेड़ हैं और अनेक स्थानों पर ऐसे भवन हैं जो लगभग 128 वर्ष पूर्व के स्वतंत्रता संग्राम की याद दिलाते हैं। इन पुराने पेड़ों पर विदेशी शासकों ने देशभक्तों को लटका दिया था।...अंग्रेज़ों की विदेश सत्ता ने देशभक्त भारतीयों पर जो लोमहर्षक अत्याचार किए वे मानवता के इतिहास को कलंकित करने वाले थे। विजयोन्मत्त साम्राज्यवादी ब्रिटिश शासकों ने प्रतिशोधात्मक भावना से प्रेरित होकर स्वाधीनता प्रेमी देशभक्तों को न केवल हज़ारों की संख्या में अन्धाधुन्ध फाँसी पर लटकाया, तोपों से उनके शरीर के चिथड़े-चिथड़े कर दिए। मृतक शरीरों पर कुत्ते छोड़े गए और उनके निवास स्थानों एवं गाँवों को आग लगाकर फूँक दिया गया। बल्कि हज़ारों देशभक्तों को पशु के समान भरकर जहाज़ों से सैकड़ों मील दूर स्थित अंडमान भी वहीं घुल-घुलकर मरने के लिए भेजा गया।" (यातनाभूमि अंडमान का रोमांचकारी इतिहास, स्वतंत्रता संग्रामों के परवानों की अमरगाथा, साहित्यालंकार प्रो. चिन्तामणि शुक्ल, शुक्ला प्रकाशन, मथुरा, 1985, पृ. 15-16)

'काला पानी' की संज्ञा से अभिहित अंडमान की जेलों में सभी साधारण-राजनैतिक बन्दियों को एक जैसी क्रूर यातनाएँ देने का कार्य डॉ. जे.सी. वाल्कर ने आरम्भ किया था। डॉक्टर नामधारी इस जेल अधीक्षक ने देशभक्तों को अन्धाधुन्ध फाँसी पर चढ़ाया। दी गई यातनाओं का विवरण छोड़ भी दिया जाए तो किसी प्रकार जीवित बचे देशभक्तों का नारकीय जीवन अंग्रेज़ों द्वारा किए गए जघन्यतम अपराधों में से एक था। इन "मृत्यु से बचे हुए स्वातंत्र्य-सेनानियों को बड़े अकथनीय कष्टकारक कार्यों को करना पड़ता था। उन्हें निर्दयी अधिकारी लोग जंगल साफ़ करने का काम देते थे। उनसे भूमि को समतल कराते थे। ये कार्य उन्हें पैरों में बेड़ियाँ पहनकर करना पड़ता था। उनको पहनने को ठीक तरह कपड़े भी नहीं दिए जाते थे। उनका शरीर तो चिथड़ों से ढका रहता था। ये शरीर के चिथड़े भी अंडमान की लगातार वर्षा के कारण गीले होने पर सूख भी नहीं पाते थे। फलस्वरूप मलेरिया के शिकार बनकर उन्हें मृत्यु की गोद में सो जाना पड़ता था। दलदली ज़मीन, ज़हरीले कीड़े, मच्छर, मक्खियाँ और साँप उनको काल-कवलित करने वाले बने हुए थे। उन दुर्भाग्यशाली देशभक्तों के लिए जो ग़ुलामों से बदतर जीवन व्यतीत कर रहे थे श्रम का इतना पैसा भी नहीं दिया जाता था कि वे अपना पेट भर लें। उन्हें तो अर्द्ध भूखे रहकर रात बितानी पड़ती थी।" (वही, पृ. 18)

अगले दिन उसी अवस्था में उन्हें काम में जुट जाना पड़ता था। कोड़ों की मार सहते, पशुओं के समान जीवन बिताते इनमें से कोई भागने का प्रयास करता तो स्थानीय जंगली आदिवासी उनके प्राणों के प्यासे हो जाते थे।

अंडमान की सेल्यूलर जेल में अमानवीय क़ैद काटने लगातार क़ैदी भेजे जाते रहे। भारतवर्ष में अंग्रेज़ों के विरुद्ध हुए विद्रोहों के परिणामस्वरूप यह नर्क फलता-फूलता रहा। क़ैदी कोड़ों, कील लगी बेल्टों से पीटे जाते रहे। सन् सत्तावन के प्रथम स्वतंत्रता संग्राम के कुछ सेनानियों के नामों की सूचना मिलती है जिन्हें अंग्रेज़ों की दयालु सरकार ने अंडमान भेज दिया था। इनमें उत्तर प्रदेश, मध्य प्रदेश, बिहार, गुजरात, आसाम, उड़ीसा के सेनानी थे। एक सेनानी हैदराबाद का भी था। "अलामा फ़ज़लुलहक (उ.प्र.), भीम नायक (म.प्र.), कुरासिंह (उ.प्र.), क़ायम ख़ाँ (म.प्र.), गरबदास (गुजरात), गुलाब ख़ाँ (म.प्र.), जवाहरसिंह (म.प्र.), देवी (म.प्र.), दुतीराम बरुआ (आसाम), दूधनाथ तिवारी (उ.प्र.), नारायण (बिहार), नूरा (म.प्र.), निरंजन सिंह, फुत्ता (म.प्र.), बहादुर गुनवारा (आसाम), बहादुरसिंह (म.प्र.), मधुमलिक (आसाम), मौलवी सैयद अलाउद्दीन (हैदराबाद), महीबुल्ला (म.प्र.), मंजुशाह (म.प्र.), मायाराम (म.प्र.), मीरज़फ़रअली थानेश्वरी (उ.प्र.), लियाकत अली (उ.प्र.), लोनेसिंह (उ.प्र.), बेंकटराव (म.प्र.), शिराजुद्दीन (म.प्र.), शेख फोरमूद अली (आसाम), हरीसिंह (उड़ीसा), हिमनोहलसिंह (उ.प्र.)।" (वही, पृ. 24)

अंडमान में दी जाने वाली नारकीय यातनाओं से देश पहली बार कलकत्ता से प्रकाशित समाचार-पत्र 'बंगाली' (साप्ताहिक) के माध्यम से परिचित हुआ। अंडमान में सज़ा भोग रहे 'स्वराज्य' पत्र के सम्पादक, हरियाणावासी होतीलाल ने किसी तरह एक पत्र 'बंगाली' के स्वामी सुरेन्द्रनाथ बनर्जी तक पहुँचाया था। सुरेन्द्रनाथ बनर्जी ने देश का ध्यान उन अभागों की ओर खींचा जो अपने देश को पराधीनता की बेड़ियों से मुक्त करवाना चाहते थे।

केवल सन् सत्तावन के स्वाधीनता सेनानी ही नहीं बल्कि पंजाब का कूका विद्रोह (1871), पूना का विद्रोह (1889), बंग-भंग आन्दोलन (1905-1912), हार्डिज बम कांड (1912), ग़दर पार्टी (1914), भोपला राष्ट्रीय विप्लव (1921), रम्पा विद्रोह (1922-24), काकोरी कांड (1925), अकाली और बल्बर आन्दोलन (1920-26), भुसावल केस (1929), लाहौर षड्यंत्र केस (1929-30), चटगाँव शस्त्रागार आक्रमण कांड तथा अन्य विद्रोहों के क़ैदियों को अंडमान भेजा जाता रहा। जिन्हें वहाँ नहीं भेजा गया उन्हें क़ैद के स्थान पर फाँसी पर चढ़ा दिया गया।

औपनिवेशिक भारतवर्ष को 'जातियों' के सन्दर्भ में कम-से-कम दो प्रकार से देखा जाना चाहिए। प्रथमत: यह सभी जातियों का सम्मिलित प्रयास था कि उन्हें अंग्रेज़ों की गुलामी से आज़ादी मिले। द्वितीयत: 1857 के प्रथम स्वाधीनता संग्राम और 1947 में स्वतंत्रता मिलने तक ब्रिटिशों के उपनिवेशवाद से लड़े गए लम्बे संग्राम की असफलता से भारतीयों के हृदय में उसके सम्मान के प्रति कोई कमी नहीं आई। सन् सत्तावन के सभी सेनानी रानी लक्ष्मीबाई, कुँवर सिंह, तात्या टोपे, नाना साहब से लेकर बहादुर शाह ज़फ़र तक सभी सेनानी जन स्मृतियों में अमर हो गए। जिन शहीदों की शहादत से पूरा देश परिचित न हो पाया उन्हें भी स्थानीय स्मृति में सुरक्षित रखा गया। सन् सत्तावन की स्वाधीनता की आकांक्षा फिर दमित नहीं हुई। अपने स्वाधीनता संग्राम को एक निश्चित ढाँचे (मॉडल) में पढ़ने के कारण इस संग्राम की गौरवपूर्ण परम्परा से भारतीय इतिहास का विद्यार्थी अपरिचित-सा रहा। इसी संग्राम की स्मृति और गौरव परम्परा में 'ग़दर पार्टी' की स्थापना हुई। "ग़दर पार्टी की स्थापना ब्रिटिश शासन के ख़िलाफ़ विद्रोह

करके देश को आज़ाद कराने की भावना से 1857 के ग़दर की स्मृति में, पंजाब के कुछेक खाँटी किसानों ने सन् 1913 में विदेशी भूमि पर की थी। यह वह समय था जब बंग-भंग से गरमाए देश के माहौल में खुदीराम बोस, कन्हाईलाल दत्त आदि बंगाल के अनेक क्रान्तिकारी शहादत दे चुके थे और चाँदनी चौक, दिल्ली का इतिहास प्रसिद्ध बमकांड सुर्खियों में आ चुका था। उसी संक्रमण काल में, न सिर्फ़ यह कि देश से दूर अमेरिका के सैन फ्रांसिस्को शहर में 'ग़दर आन्दोलन' की दागबेल डाली गई, बल्कि 'दुनिया में जहाँ कहीं भी ग़ुलामी के ख़िलाफ़ लड़ाई चले, उसमें हिस्सा लेना ग़दर पार्टी के सदस्य का पुनीत कर्तव्य ठहराया गया।' कुछ ही महीनों में अमेरिका और कनाडा में पार्टी की 62 शाखाएँ खुल गईं और चीन, जापान, मलाया, फिलिपींस, फिजी, अर्जेंटाइना और यहाँ तक कि हिन्दुस्तान तक ग़दर का सन्देश पहुँचा।" (ग़दर पार्टी के इनक़लाबी, रणधीर सिंह, वाणी प्रकाशन, नई दिल्ली, 1998, पृ. 5-6)

ग़दर पार्टी की स्थापना के पीछे मुख्य उद्देश्य सन् सत्तावन जैसा संगठित सैन्य प्रयास करना था। इस विद्रोह में शहीद हुए, काले पानी में हड्डियाँ गलाने वाले क्रान्तिकारियों को इतिहास ने विस्मृत कर दिया। अपनी जन्मभूमि से दूर, किन्तु आन्तरिक भाव से जुड़े हुए ग़दर पार्टी के कार्यकर्ताओं ने विदेश में प्रत्येक स्थान पर भारतीयों का अपमान देखा-सहा। प्रो. रणधीर सिंह ने इस छोटी-सी पुस्तक में ग़दर पार्टी और उसके आन्दोलन के सम्बन्ध में सभी आवश्यक सूचनाएँ दी हैं और इस बात पर विशेष बल दिया है कि इसके संस्थापक मध्यवर्ग के नहीं अपितु पंजाब के वे किसान थे जो रोज़ी-रोटी की खोज में विदेश गए थे। सन् सत्तावन के स्वाधीनता संग्राम में लड़ने वाले उन्हीं किसानों के बेटे थे जो भयंकर शोषण के शिकार थे।

14 मार्च, 1913 ई. में अस्ट्रोरिया में हुई एक सभा में 'ग़दर पार्टी' की नींव पड़ी। इस सभा में एक प्रस्ताव पारित कर यह निश्चित किया गया कि अंग्रेज़ों के साम्राज्य का अन्त होने पर सम्पूर्ण स्वाधीनता और समानता के आधार पर प्रजातंत्र की स्थापना की जाएगी। ग़दर पार्टी के मुख्य संस्थापक बाबा सोहन सिंह भखना, बाबा ज्वालासिंह, बाबा वसाखासिंह, बाबा सन्तोखसिंह, बाबा करतारसिंह सराबा, केसरसिंह, पृथ्वीसिंह, बाबा करमसिंह चीना, भानसिंह कनैडियन, शेरसिंह, लालसिंह, ऊधमसिंह कसैल, संतसिंह गोविन्द तथा हरनाम सिंह कुंडीलाल थे। ग़दर पार्टी की स्थापना सभा में "ऑरेगन और वाशिंगटन के कारख़ानों के 40 प्रतिनिधियों समेत 120 व्यक्तियों ने उसमें भाग लिया। इस मीटिंग के निर्णयों की पुष्टि करने के लिए 1 नवम्बर, 1913 को सैन फ्रांसिस्को में एक और बड़ी सभा हुई। इन दो मीटिंगों में 15,000 डॉलर जमा किए गए और 'हिन्दी एसोसिएशन' नामक एक सभा स्थापित की गई। यह भी तय किया गया कि 1857 के ग़दर की स्मृति में सभा का 'ग़दर' नाम का पत्र हिन्दी, उर्दू, मराठी और गुरुमुखी में प्रकाशित किया जाए। बाद में इसी पत्र के नाम के कारण सभा का सुप्रसिद्ध नाम 'ग़दर पार्टी' पड़ा।" (वही, पृ. 23) विद्रोह असफल रहा। असंख्य लोग फाँसी पर चढ़ाए गए। यह कांग्रेस में अभी भी ज्ञापन काल ही था। प्रो. रणधीर सिंह ने 'अंडमान के नर्क में' अध्याय में इन स्वाधीनता सेनानियों को दी जाने वाली जिन यातनाओं का विवरण दिया है उसे पढ़ते हुए आत्मा काँप जाती है। उन यातनाओं को सहते हुए कई क़ैदियों ने तैंतीस-तैंतीस वर्ष जेल में बिताए। बीस वर्ष की सज़ा तो सामान्य घटना थी।

भगत सिंह और उनके साथियों तथा अन्य क्रान्तिकारियों ने सन् सत्तावन के प्रथम स्वाधीनता संग्राम और 'ग़दर पार्टी' के अन्यतम त्याग से प्रेरणा ग्रहण की थी।

सन् सत्तावन के प्रथम स्वाधीनता संग्राम के कारणों और परिणामों के सम्बन्ध में इतिहासकारों के निष्कर्षों में मतभेद हो सकता है। अच्छी बात यह है कि इस संग्राम से सम्बन्धित ऐतिहासिक सामग्री प्रचुरता में उपलब्ध है, जिसमें सन् सत्तावन के संग्राम के आँखों देखे विवरण की कुछ महत्त्वपूर्ण पुस्तकें भी हैं। ऐसी ही एक पुस्तक जीवन लाल की 'सरगुज़िश्ते-देहली' है। यह पुस्तक आरम्भ में आगरा के अख़बार 'आफताब आलमताब', (सम्पादक मुंशी गणेशलाल) में क्रमश: 28 अंकों में प्रकाशित हुई थी। सन् सत्तावन के विशेषज्ञ ख़्वाजा हसन निज़ामी ने इस पुस्तक का उर्दू अनुवाद 1926 ई. में 'ग़दर की सुबहो शाम' (अनुवाद, ज़ियाउद्दीन बरनी, देहलवी) के नाम से करवाया था। यह रोज़नामचा इसके लेखक जीवनलाल की अपनी भाषा में है। इसमें 11 मई, 1857 से 14 सितम्बर, 1857 तक का वृत्तान्त है। इस रोज़नामचे को जीवनलाल ने अंग्रेज़ सरकार का कर्मचारी होने के कारण चार्ल्स थियोफ़िब्स मेटकाफ़ को भेजा था। मेटकाफ़ उस समय दिल्ली का ज्वाइंट मजिस्ट्रेट था। उसने बाद में इस रोज़नामचे को अंग्रेज़ी में अनूदित करवा के 'Two Native Narratives of the Mutiny in Delhi (1898)' नाम से प्रकाशित करवाया। उर्दू में 'ग़दर की सुबहो शाम' और 'सरगुज़िश्ते देहली' के पाठ में बहुत अन्तर है जिसे अनुवादिका ने स्थान-स्थान पर स्पष्ट कर दिया है।

उर्दू-फ़ारसी में निष्णात जीवनलाल अंग्रेज़ी भाषा सीखकर अंग्रेज़ों के यहाँ नौकर हुए। सन् सत्तावन के समय वे सर जान मेटकाफ़ के मीर मुंशी थे। बहादुरशाह ज़फ़र के दरबार में उनका महत्त्वपूर्ण स्थान था। जीवनलाल अंग्रेज़ों के मुखबिर थे। 11 मई, 1857 की घटनाओं का विवरण देते समय जीवनलाल लिखते हैं, "...इतने में एक आदमी आया जिसने इत्तिला (सूचना) दी कि बदमाश आपके मुताल्लिक़ (बारे में) यह कह रहे हैं कि आप गवर्नर जनरल के ऐजेंट के मीर मुंशी हैं इसलिए कुशतनी और गर्दन ज़दनी (वध किए जाने योग्य) हैं...मेरे दिल में यह विचार आ रहे थे कि तूने बरसों तक अंग्रेज़ी हुकूमत का नमक खाया है और उसकी फ़लाहो-बहबूद (भलाई व कल्याण) की हमेशा दुआ (प्रार्थना) माँगी है और अब तेरे लिए अपने आक़ाओं (स्वामियों) की ख़िदमत करने का मौक़ा (अवसर) आ गया है। इस पर मैंने शकूर को सर जान मेटकाफ़ और अपने दीगर मुरब्बियों (दूसरे सरपरस्तों) और दोस्तों के पास यह मालूम करने की ग़रज़ से भेजा कि मुझे बताया जाए कि मैं किस तरह आपकी ख़िदमत कर सकता हूँ।

"बागियों की कार्यवाहियों की ख़बरें हासिल करने के इरादे से मैंने दो ब्राह्मणों गिरधारी मिश्रा और हीरा सिंह मिश्रा और दो जाटों की ख़िदमत (सेवाएँ) हासिल की। उनका काम यह था कि वे शहर की और क़िले की तमाम ख़बरें मुझे लाकर दिया करें ताकि मैं सल्तनत के आला अफ़सरों की इत्तेला-दही (सूचना देने) के लिए सच्चे वाक़ेआत को क़लमबन्द कर लिया करूँ।" (सरगुज़िश्ते-देहली, 1857 के आन्दोलन की कहानी जीवनलाल की ज़बानी, अनु. डॉ. दरख़्शाँ ताजवर, रामपुर रज़ा लाइब्रेरी, रामपुर, 2005, पृ. 20-21 XX-XXI)

सरगुज़िश्ते देहली में 11 मई, 1857 से 14 सितम्बर, 1857 तक वर्णित घटनाएँ आगे विवेचित होने वाली पुस्तकों के विवरणों से मेल खाती हैं। चूँकि यह पुस्तक अंग्रेज़ों के कर्मचारी और ख़बरी द्वारा लिखित है, इसलिए इसके 'तथ्य' आधुनिक इतिहासकारों के लिए कम सन्देहास्पद होंगे। सन् 1857 ई. में ईद 1 अगस्त को पड़ी थी। उसके पहले 31 मई को बादशाह बहादुरशाह ज़फ़र ने "पूरे शहर में मुनादी (घोषणा) करा दी कि हिन्दू और मुसलमानों को आपस में लड़ना नहीं चाहिए।" (वही, पृ. XXIII)

19 और 20 मई के विवरण में जामा मस्जिद के मुसलमानों द्वारा जिहाद के ऐलान पर हिन्दुओं के बादशाह से शिकायत करने पर बादशाह द्वारा जिहादियों को चेतावनी दिए जाने का उल्लेख है। "इस क़िस्म की कार्यवाही हिन्दुओं की अलैहदगी (अलगाव) का बाइस (कारण) हो जाएगी।" (वही, पृ. XXIII) बादशाह ने हिन्दुओं को विश्वास दिलाया कि जिहाद केवल अंग्रेज़ों के विरुद्ध है।

इस संग्राम में हिन्दू-मुसलमान दोनों की भागीदारी सुनिश्चित करने के लिए बादशाह बहादुरशाह ज़फ़र ने हिन्दुओं के लिए अत्यन्त संवेदनशील मुद्दे गो हत्या की समस्या पर ध्यान दिया। बादशाह ने गाय की क़ुर्बानी पर रोक लगा दी। 28 जुलाई के रोज़नामचे में जीवनलाल ने लिखा, "शाह देहली ने हुक्म दिया कि दो शिकायत (प्रार्थना-पत्र) एक बनाम जनरल मोहम्मद बख़्त ख़ाँ और दूसरा बनाम अफ़सरान फ़ौज भेजा जाए और उसमें लिखा जाए कि बाबत (वास्ते) त्योहार ईद-उल-जुहा (बकरीद) को कोई शख़्स (व्यक्ति) शहर में गाय ज़िबह न करने पाए और जो कोई मुसलमान ऐसा करेगा वह तोप से उड़ा दिया जाएगा। हिस्बे-मुमानियत शाह देहली (दिल्ली के बादशाह के मना करने पर) जनरल मोहम्मद बख़्त ख़ाँ ने बआवाज़े दुहल ढिंढोरा पीटकर शहर में मुशतहिर (एलान) कराया कि कोई शख़्स गाय की क़ुर्बानी ना करने पाए।" (वही, पृ. XXIII-XXIV)

बहादुरशाह ज़फ़र ने यह भी आदेश दिया कि हिन्दुओं में गाय-बैल पूज्य होने के कारण उन्हें गाड़ियों में न जोता जाए। अंग्रेज़ों ने अपनी नीति के अनुसार हिन्दू-मुसलमानों में फूट डालने की पूरी कोशिश की जिसमें वे असफल रहे। 2 अगस्त, 1857 ई. को कीथ यंग द्वारा अपनी पत्नी को लिखे गए पत्र का मज़मून इस प्रकार था, "कल शहर में भीषण दंगा कराने के लिए हमारी आशाएँ पूरी नहीं हो सकीं...बादशाह ने न केवल गाय वरन् बकरी तक की कुर्बानी की शहर में रोक लगा दी है और इस पर अगर अमल किया गया तो यह अवश्य ही हिन्दुओं को सन्तुष्ट करने के लिए काफ़ी है। इसलिए बजाय इसके कि वह लोग आपस में लड़ते हमारे ख़िलाफ़ एकजुट होकर भरपूर हमला करने के लिए एक हो गए हैं ताकि हमें बर्बाद कर दें और इस ज़मीन से हमारा नामो-निशान भी मिटा डालें।" (वही, पृ. XXV)

युद्ध में अंग्रेज़ विजयी रहे। संग्रामियों का नामोनिशान मिट गया, किन्तु उसका मुख्य कारण मज़हबी फूट नहीं, बल्कि घर के भेदियों द्वारा विश्वासघात था। विभीषणों ने अपना देश अपने देशवासियों से छीनकर अंग्रेज़ों की गोद में डाल दिया। "देश के अवसरवादियों में विशेषकर मौलवी रजब अली, मिर्ज़ा इलाही बख़्श, जीवनलाल, तुराब अली, फ़तेह मोहम्मद, लताफ़त अली, गौरी शंकर, मीर मोहम्मद अली, हरचन्द, मेघराज, कल्लू, उमीचन्द, महबूब ख़ाँ, राजन गूजर, प्रभु, रुस्तम अली, मानसिंह और जवाहर सिंह आदि उल्लेखनीय हैं जिनकी कायरता और भीरुता को अंग्रेज़ों ने वीरता और साहस

का नाम देकर उनकी सराहना की, इन्हीं लोगों की कायरता के कारण आन्दोलनकारी अपनी योजनाओं को गुप्त रखने का प्रयास करने के बावजूद असफल रहे जबकि आन्दोलनकारी अपनी योजनाओं के क्रियान्वयन में बहुत सावधान थे।" (वही, पृ. XI)

बूढ़े बादशाह बहादुरशाह ने फ़ौज का स्वयं निरीक्षण किया, मोर्चों पर अपनी दृष्टि रखी। अपने सिपाहियों को ललकारा और फ़टकारा भी। 5 अगस्त को जीवनलाल के कथनानुसार बहादुरशाह ने बुर्ज के तोपखाने के आदमियों को यह आदेश दिया कि "अंग्रेज़ी कैम्पों में बराबर गोली-बारूद और आग को तेज़तर कर दो और तोपें अंग्रेज़ी मोर्चा की, जिनसे गोले शहर में आते हैं, उनको ख़ामोश करो।" (वही, पृ. XXVII-XXVIII)

जीवनलाल का रोज़नामचा दिन-प्रतिदिन की घटनाओं का विश्वस्त ब्योरा मालूम पड़ता है। यहाँ तक कि 1 अगस्त, 1857 को ईद के दिन बादशाह बहादुरशाह ज़फ़र द्वारा संग्रामियों की हौसला अफ़जाई के लिए लिखे गए 'कतअ' को भी दर्ज़ किया—

लश्करे आदा इलाही आज सारा क़त्ल हो
गोरखा, गोरे से ता गुज़र नसारा क़त्ल हो
आज का दिन ईद कुर्बां का जभी जानेंगे हम
ऐ ज़फ़र तह तैग़ जब क़ातिल तुम्हारा क़त्ल हो।

(वही, पृ. XXVI)

आज़ाद हिन्दुस्तान में सन् सत्तावन पर चर्चा करते समय पता नहीं अनजाने में या जानबूझकर ऐसे विभीषणों को चिह्नित करने से छोड़ दिया गया। शम्सुल इस्लाम इस कमी को पूरा करते हुए '1857 के ग़द्दार राजे-रजवाड़े जिन्होंने आज़ाद हिन्दुस्तान में भी राज किया' शीर्षक से बड़ा उचित प्रश्न पूछते हैं कि भारत जैसे विशाल देश में लगभग प्रत्येक स्थान पर अंग्रेज़ों के विरुद्ध लगातार दो वर्षों तक विद्रोह होते रहे जिसमें अंग्रेज़ों को दाँतों पसीना आ गया फिर भारतीय केवल दस से पन्द्रह हज़ार गोरे सैनिकों से कैसे हार गए? शम्सुल इस्लाम कहते हैं कि अंग्रेज़ों की इस जीत के लिए उनके चाटुकार इतिहासकार उनकी रणकुशलता, हिम्मत, वीरता और उनके अच्छे हथियारों और तोपों का होना मानते हैं। "उदाहरण के लिए भारत के एक प्रसिद्ध इतिहासकार आर.सी. मजूमदार और 1857 के प्रत्यक्षदर्शी सैयद अहमद ख़ान (जिन्हें सर सैयद के तौर पर ज़्यादा जाना जाता है) का कहना था कि 1857 का विद्रोह न तो राष्ट्रीय था, ना ही देश की स्वतंत्रता से इसका कोई सम्बन्ध था और न ही इसे लोगों का समर्थन प्राप्त था। इस तरह अंग्रेज़परस्त विद्वानों और इतिहासकारों की जमात का इस बात पर भी ज़ोर रहता है कि अंग्रेज़ों ने 1857 में और उसके बाद 'विद्रोहियों' पर बहुत आसानी से जीत हासिल कर ली। उसका कारण वह यह बताते हैं कि विद्रोही सेना की हिम्मत पस्त थी, वे असंगठित थे और उनमें रण-कौशल भी नहीं था। वे यह भी कहते नहीं थकते कि इन सैनिकों के पास न हथियार थे और न खुराक। इन हालात में विद्रोही सैनिक लड़ते भी कैसे? यह कितना बड़ा झूठ है, इसका अन्दाज़ा दिल्ली पर हमला बोलने वाली अंग्रेज़ी सेना के एक वरिष्ठ अफ़सर हॉडसन की डायरी में लिखे इस वक्तव्य से होता है—शहर की फ़सीलों (चारदीवारी) पर ज़बरदस्त विरोध का सामना करने के बाद हमारी फ़ौजें शहर में दाख़िल हुईं तो जिस हिम्मत, दृढ़ता और टिककर विद्रोहियों और हथियारबन्द

योद्धाओं ने गलियों और घरों के लिए जंग की, वो सब हमारे लिए सोच से बाहर था। और दूसरी तरफ़ इसी अफ़सर ने अंग्रेज़ी सेना का हाल बयान करते हुए लिखा—हमारे फ़ौजी शराब के नशे में धुत्त और थकान से चूर थे। मैंने अपनी ज़िन्दगी में पहली बार फ़ौजियों को बार-बार अपने अधिकारियों के आदेशों की अवहेलना करते देखा। यही कारण था कि हमें ग्रैवल, जैकब, निकलसन और स्पैक की क़ुर्बानी देनी पड़ी।"
(1857 की हैरतअंगेज़ दास्तानें, शम्सुल इस्लाम, वाणी प्रकाशन, नई दिल्ली, 2008, पृ. 101-02)

शम्सुल इस्लाम ऐसे ग़द्दार घरानों में जिन्होंने सन् सत्तावन के प्रथम स्वाधीनता संग्राम में अंग्रेज़ों का साथ देकर उन्हें इस देश में और नब्बे वर्षों तक टिकाकर देश के पूरी तरह लुटने का प्रबन्ध किया तथा 1947 में स्वाधीनता के पश्चात् स्वतंत्र भारत में भी सत्ता का भरपूर उपभोग किया, ग्वालियर के सिन्धिया, हैदराबाद के निज़ाम, इन्दौर के महाराजा होल्कर, जयपुर के महाराजा रामसिंह, जोधपुर रियासत के महाराजा तख़्त सिंह, नवाब रामपुर, यूसुफ़ अली ख़ान, रीवा रियासत नरेश रघुराज सिंह, रतलाम रियासत के राजा बलवन्त सिंह, टिहरी रियासत के महाराज सुदर्शन शाह, राजस्थान की टोंक रियासत के नवाब मुहम्मद ख़ान, भोपाल रियासत की मुखिया सिकंदर बेगम, पटियाला रियासत के महाराज नरेन्द्र सिंह, जींद के राजा सरूप सिंह, नाभा रियासत के राजा भरपूर सिंह, कपूरथला के राजा रंधीर सिंह, पटौदी के नवाब और जम्मू-कश्मीर के राजा गुलाब सिंह का नाम गिनवाया है। इसके साथ शम्सुल इस्लाम ने प्रत्येक ग़द्दार जाति के उन राजाओं को मिलने वाली उपाधियाँ, सुविधाएँ और वरीयताएँ भी उल्लेखित की हैं। पटौदी के नवाब ने ग़दर को कुचलने में जो अभूतपूर्व योगदान दिया उसके बारे में ब्रिटिश दस्तावेज़ बताते हैं कि—"उन्होंने गुड़गाँव के बहोरा परगना में बग़ावत को दबाने में सक्रिय भूमिका निभाई, जिसे रिवाड़ी के राव तेजसिंह के पौत्र तुला राम ने संगठित किया था। उनके सैन्य दल ने जौरासी के बाहर हुई लड़ाई, जो दो दिन तक चली थी, और जिसमें एक सौ से ज़्यादा जाट, अहीर और ब्राह्मण मारे गए थे, में भी भाग लिया था। पंजाब की स्थानीय रियासतों और राजाओं की वरीयता सूची में पटौदी का सत्तरहवाँ नम्बर है और उन्हें वायसराय से भेंट करने का अधिकार है।" (वही, पृ. 117-118)

कम-से-कम अंग्रेज़ अधिकारियों द्वारा लिपिबद्ध घटनाओं और मन्तव्यों को ऐतिहासिक दस्तावेज़ माना ही गया है। सिराजुद्दौला कभी नहीं हारते यदि मीरजाफ़र जैसा ग़द्दार न होता। टीपू सुल्तान मीर सादिक, मीर ग़ुलाम अली और दीवान पूर्णिया की ग़द्दारी से हारा। "इतिहासकार जॉन विलियम केई, जो उस दौर की घटनाओं का प्रत्यक्षदर्शी था, ने 1868 में छपी अपनी पुस्तक अ हिस्ट्री ऑफ़ सिपॉय वार इन इंडिया में माना कि—सच तो यह है कि हिन्दुस्तान में हमारी सत्ता की पुनर्स्थापना का सेहरा हमारे हिन्दुस्तानी समर्थकों के सर है, जिनकी हिम्मत और बहादुरी ने हिन्दुस्तान को अपने हमवतनों से छीनकर हमारे हवाले कर दिया। विलियम रसल लन्दन से छपने वाले अख़बार 'दि टाइम्स' के युद्ध संवाददाता के तौर पर युद्ध का हाल बताने के लिए हिन्दुस्तान आया था। रसल ने 9 मई, 1857 को भेजी अपनी एक रपट में लिखा—दिल्ली की हमारी घेराबन्दी बिलकुल नामुमकिन होती, अगर पटियाला और जींद के राजा हमारे मित्र नहीं होते।" (वही, पृ. 103)

इतिहास की प्रत्येक महत्त्वपूर्ण घटना को दो कोणों से देखा जाता है—सत्ता और उसके विरोधी—दो परस्पर विरुद्ध ध्रुव होते हैं। सन् सत्तावन के प्रथम स्वाधीनता संग्राम में विभिन्न जातियों की भागीदारी और उनके समीकरणों पर चर्चा करते समय ख़्वाज़ा हसन निज़ामी की पुस्तक 'बेचारे अंग्रेज़ों की विपदा व उनके पत्र' का उल्लेख आवश्यक है। जैसाकि पुस्तक के शीर्षक से ही स्पष्ट है, यह पुस्तक अंग्रेज़ों के प्रति घोर सहानुभूति से भरकर लिखी गई है। उनके द्वारा लिखित पत्रों के संयोजन से इस पुस्तक का ऐतिहासिक महत्त्व बनता है अन्यथा यह पुस्तक, यह संग्राम तेरह कहानियों के माध्यम से प्रस्तुत किया गया है। शैली प्रत्यक्षदर्शी के क़िस्सा बयान करने की अपनाई गई है।

इस पुस्तक का सबसे रोचक तथ्य यह है कि इसमें स्वाधीनता सेनानियों को लगभग सर्वत्र 'उपद्रवकारी' कहकर प्रस्तुत किया गया है। तेरहों कहानियाँ अलग-अलग प्रत्यक्षदर्शी की हैं। इन प्रत्यक्षदर्शियों ने उपदव्रकारियों द्वारा अंग्रेज़ों की निर्मम हत्या, प्रताड़ना और उनके प्राण बचाने के लिए सहे गए असह्य कष्टों का विवरण प्रस्तुत किया है।

आँखों देखा कानों सुना विवरण

पहली कहानी 'आपबीती' 30 नम्बर के रेज़िमेंट के एक अफ़सर की आपबीती है। इसमें मेरठ के 'फसाद' के सम्बन्ध में वर्णन है, "मेरठ के विप्लवकारी सवारों में से क़रीब डेढ़ सौ सवारों ने किश्तियों के पुल पर अधिकार कर लिया है और मेरठ से आते हुए जो अंग्रेज़ उन्हें मिलते हैं, उसे मार डालते हैं।" इस पुस्तक में कई रोचक घटनाएँ और उनसे निकले निष्कर्ष हैं। आते हुए विप्लवकारियों की ख़बर से अंग्रेज़ अफ़सर और उनके भारतीय सैनिक असन्तोष जताते हुए तैयार होने लगे। प्रत्यक्षदर्शी के हवाले से ख़्वाजा हसन निज़ामी लिखते हैं, "मैंने उनसे यह भी कहा, कि मुझे विश्वास है कि यदि आवश्यकता पड़ी, तो तुम सब लड़ोगे और नमक का हक़ अदा करोगे, जिसके जवाब में सिपाहियों ने कहा कि हमने सरकार कम्पनी का नमक खाया है और हर तरह से लड़ने-मरने को तैयार हैं। इनमें से एक हवलदार अधिक हो-हल्ला मचा रहा था; पर बड़ी सावधानी से। यह नहीं कहता था कि हम उपद्रवकारियों से न लड़ेंगे; बल्कि यह कहता था कि यदि कोई राजा बाबू अनीम (शत्रु) आएगा, तो उससे लड़ेंगे।" (बेचारे अंग्रेज़ों की विपदा व उनके पत्र, ख्वाजा हसन निज़ामी, वाणी प्रकाशन, नई दिल्ली, 2002, पृ. 11)

उपरोक्त उद्धरण में विप्लवकारियों के प्रति सैनिकों की सहानुभूति किन्तु देशी राजाओं-रजवाड़ों के प्रति उनकी वितृष्णा का पता चलता है। इस पुस्तक में अंग्रेज़ों, उनके बाल-बच्चों पर हुए अत्याचार का रक्तरंजित वर्णन है। 'उपद्रवकारियों' द्वारा की गई लूटपाट का विस्तृत वर्णन है। निज़ामी अपने इन वर्णनों में दो-तीन जातियों का स्पष्ट उल्लेख करते हैं, "30 जून को रात्रि के समय हिंडन पुल पर उपद्रवकारियों के होश-हवास उड़ गए। बहुत से सिपाहियों ने अपनी तलवारें और बन्दूकें कुएँ में डाल दी थीं और तितर-बितर होकर जंगलों और देहातों की ओर भाग गए थे; क्योंकि उनको विश्वास हो गया था कि अंग्रेज़ फ़ौज उनका पीछा करती चली आती है। यदि उस दिन अंग्रेज़ फ़ौज आ जाती, तो दिल्ली पर उसी दिन क़ब्ज़ा हो जाता; इसलिए यह तितर-

बितर लश्कर फिर दूसरे दिन शहर में वापस आया। उनमें से बहुतेरे सिपाही लापता हो गए। रास्ते में गूजरों ने उनको ख़ूब लूटा।" (वही, पृ. 29)

चौथी कहानी डॉ. एस.एच. हेबटसन साहब की 20-25 दिनों तक जीवन-मृत्यु के बीच संघर्ष की है। निज़ामी की क़िस्सागोई शैली की एक झलक इस वाक्य में देखी जा सकती है, "तीन-चार बार तो ऐसा हुआ कि वह अपने आप को मृत्यु के निकट समझने लगे। यात्रा और भागने के समय जो-जो कष्ट और मुसीबतें उन्होंने सहीं, उनके सम्बन्ध में स्वयं उनका बयान नीचे दर्ज किया जाता है। आशा है, पाठक उसको ध्यानपूर्वक और शौक़ के साथ पढ़ेंगे।" (वही, पृ. 31) इस कहानी में भी टुकड़ी बनाकर लूट रहे जाट और गूजरों का उल्लेख है। साथ ही इसमें हमलावर मुसलमानों और बचाने वाले लुहारों की भी चर्चा है, "वे मेरे पास आए और नंगी तलवारें दिखाकर कहने लगे कि तू फिरंगी है। मैं बहुत ही गिड़गिड़ाकर उनके सामने गिर पड़ा। चूँकि मैं इस्लाम धर्म और हिन्दी भाषा जानता था; इसलिए मैंने पैग़म्बर मुहम्मद की प्रशंसा करनी आरम्भ की और कहा कि यदि तुम्हारा विश्वास है कि इमाम मेहदी न्याय के लिए आएँगे, तो तुम मुझ निरपराध व्यक्ति को न मारो।...उन्होंने मुझे यह कहकर कि यदि तू पैग़म्बरों के नाम पर प्रार्थना न करता, तो तू भी दूसरे काफ़िरों की तरह तलवार की धार उतारा जाता, छोड़ दिया। अब मैं बहुत घबड़ा रहा था, मुझमें खड़े रहने की भी शक्ति न थी; परन्तु चलना तो ज़रूरी था; इसलिए लाचार होकर मैं वहाँ से आगे बढ़ा। एक मील के लगभग चला था कि मुझे बहुत से मुसलमान दीख पड़े। वे सब मेरी ओर भागकर आये और मुझे देखकर कहने लगे कि यह फिरंगी है, काफ़िर को मार डालो और मुझको सम्बोधित करके कहने लगे कि तुम फिरंगियों ने चाहा था कि हम सबको क्रिस्तान कर डालो। यह कहकर मुझको खींचते हुए एक गाँव में ले गए, जो कि एक मील पर या इससे कुछ अधिक दूरी पर था।...रास्ते पर आकर मैं करनाल की ओर भागा; परन्तु रास्ते में मुझको थोड़े-से लोहार, जो मैगज़ीन में नौकर रह चुके थे, मिल गए और उन्होंने मुझको घेर लिया; परन्तु उनमें से एक व्यक्ति ने मुझको पहचान लिया और कहा कि साहब डरो नहीं, मेरे साथ गाँव में चलो। वहाँ पहुँचकर तुम्हारे खाने-पीने की फ़िक्र करूँगा। अगर तुम आगे जाओगे, तो उन मुसलमानों के हाथ से, जो फिरंगियों को लूटने और मारने के अभिप्राय से बाहर निकले हैं, अवश्य मारे जाओगे। उन लोहारों के साथ मैं उनके गाँव गया। उन लोगों ने मेरी बड़ी ख़ातिर की। किसी ने पहनने को धोती दी, किसी ने टोपी। किसी ने दूध पिलाया, किसी ने रोटी दी। मैं यहाँ पहुँचकर यह समझा कि अभी जीवन की कुछ साँसें बाक़ी हैं। मैं इतना घबड़ाया हुआ था कि मुझसे अच्छी तरह बोला भी नहीं जाता था। उन लोगों ने मुझको चारपाई दी। मैं लेट गया; पर मुझको नींद नहीं आई। मैंने उन लोगों से कहा कि मैं डॉक्टर हूँ—यह जानकर उन लोगों ने मेरी और भी ख़ातिर की।" (वही, पृ. 32-33)

यह ख़बर फैलते ही कि मेरठ, अम्बाला और कलकत्ते के सभी अंग्रेज़ क़त्ल कर दिए गए हैं, बादशाह का शासन हो गया है और फिरंगियों को पनाह देने वालों को मारकर उनका घर-गाँव जला दिया जाएगा, डॉक्टर हेबटसन को लुहारों के घर से निकलकर बाग़ की भूसे की कोठरी में छिपना पड़ा। डॉक्टर हेबटसन को हिन्दुस्तानी भाषा और ज्योतिष आती थी। भूसे की कोठरी से निकालकर उसे एक भिखमंगे जोगी-फ़क़ीर के

साथ कर दिया गया। डॉक्टर दूसरे गाँव सेवक दास महन्त कबीरी फ़क़ीर के पास पहुँचा। डॉ. हेबटसन को इस सम्प्रदाय की भी जानकारी थी। डॉक्टर के शब्दों में, "मैं उसके धर्म की भी जानकारी रखता था। उस धर्म की ज्यों ही कुछ किताबें मैंने पढ़ीं, वह मुझ पर दयालु हो गया। उसके पूछने पर मैंने कहा कि मैं कश्मीरी हूँ; परन्तु उसने कहा कि कश्मीरी की आँखें भूरी नहीं होतीं। उसने यह भी कहा कि तुम्हारी भाषा, रहन-सहन, ढंग, कपड़े इत्यादि सब ठीक हैं; पर तुम्हारी आँखें तुमको छिपने नहीं देतीं। तुम ज़रूर फिरंगी हो। मैंने साफ़-साफ़ कह दिया; परन्तु चूँकि कबीर की कुछ साखियाँ मैंने उसके सामने पढ़ी थीं और चूँकि मैं उसको क़सम दे चुका था; इस कारण वह मुझ पर बड़ी दया करता था।" (वही, पृ. 34)

तेरहवीं कहानी जेम्स मोरली साहब की है। उनके प्राण उनके हिन्दुस्तानी नौकर ने बचाए थे। इसमें 'बीभत्स मर्मस्पर्शी दृश्य' शीर्षक के अन्तर्गत अपने प्राण बचाकर भाग रहे जेम्स मोरली ने लिखा है, "अन्त में मैं अपने बाग़ के भीतर आया, तो सन्नाटा-सा छाया हुआ था। मकान के निकट पहुँचा तो कुर्सियाँ और पुस्तकें टूटी-फूटी अस्त-व्यस्त दशा में फैली हुई थीं। कपड़ों के ढेर जल रहे थे, जिधर नौकर रहते थे उधर गया; मगर वहाँ कोई आदमी दिखाई न दिया। पशु-गृह की ओर कुछ रोने का-सा शब्द सुनाई दिया। वहाँ जाकर देखा कि हमारा पुराना धोबी, जिसने बीस बरस तक मेरे पिता की सेवा की थी, पड़ा है। मैंने उसका नाम लेकर पुकारा, तो उसने आँखें खोलीं और मुझको देखकर रो-रोकर कहने लगा कि साहब उन्होंने सबको मार डाला। यह सुनते ही मेरी संज्ञा लुप्त-सी हो गई। मैं अचेत-सा होकर बैठ गया। धोबी से मैंने पानी माँगा। उसने अपने घर से लाकर दिया।" (वही, पृ. 54)

यद्यपि मोरली के प्राण बचाने वाले धोबी का भाई अंग्रेज़ों के विरुद्ध था, किन्तु धोबी ने अपने नमक का हक़ अदा करते हुए अपने मालिक को धोबिन की कुरती और ओढ़नी पहनाकर सुरक्षित स्थान पर पहुँचा दिया। एक संन्यासी ने उसे पहचानकर भी कोई दुख नहीं दिया। इसी तरह 12 मई को मेरठ में एक फ़कीर ने एक अंग्रेज़ बच्चे को पहले डूबने से बचाया और फिर बहुत मार खाकर भी बच्चे को उपद्रवकारियों को नहीं दिया। मेरठ में उस बच्चे को अधिकारियों को सौंपने पर रक्षा के बदले मिल रहे सौ रुपये भी अस्वीकार कर दिए और केवल यही प्रार्थना की कि उसके नाम पर कुआँ बनवा दिया जाए।

सन् सत्तावन के प्रथम स्वाधीनता संग्राम को 'संग्राम' मानने वाले इतिहासकार इसके पीछे सुनियोजित तैयारी और राजनैतिक समझदारी देखते हैं जबकि 'बलवा' मानने वाले इसे अस्वीकार करते हैं। हसन निज़ामी की पुस्तक 'उपद्रवकारियों' की तैयारी, क्षमता और योजनाबद्ध चरणों की पुष्टि करती है। पुस्तक को ऐतिहासिक स्वरूप प्रदान करने के लिए कुछ 'अफ़सरों की चिट्ठियाँ' भी उसके अन्त में दी गई हैं। पत्र संख्या-1 के कुछ अंश बेचारे अंग्रेज़ों की विपदा को स्पष्ट करते हैं। ख़्वाजा हसन निज़ामी ने संकलित पत्रों की संख्या भी तेरह ही रखी है। पहला पत्र सतलज नदी के पश्चिम में स्थित रियासतों के कमिश्नर कार्निक बार्न्स के नाम। कमांडर इन चीफ़ सर हेनरी बर्नार्ड ने 14 जून, 1857 ई. में देहली कैम्प के बाहर की स्थिति का वर्णन करते हुए लिखा था, "मेरे प्यारे बार्न्स, मैं यहाँ से अभी तक देहली की ओर देख रहा हूँ और हर घड़ी मेरी यह आशा प्रबल होती जाती है, कि हमारी तोपें क़िले के दीवारों की तोपों को ख़ामोश

कर सकती हैं और मुझे इस योग्य बना सकती हैं, कि सफलता की कुछ आशा रखकर और समीप पहुँचकर इस स्थान पर अधिकार कर लूँ; किन्तु इन विप्लवकारियों के तोपों की भीषणता मुझे निरुत्साह किए देती हैं। यह ठीक है, कि मुझे किसी बात का भय नहीं है; पर इसके अतिरिक्त और कोई चारा नहीं, कि मैं अचानक और भीषण हमला कर दूँ। पर इन रौशन रातों में यह काम आसान नहीं मालूम होता। मैं केवल 6 तोपों का प्रबन्ध कर सका हूँ पर इनके चलाने वाले अनुभवहीन हैं। ये हैवान (विप्लवकारी) प्राय: हर रोज़ बाहर निकलते हैं और दो बार तो मैंने इन्हें ख़ासी कमी के साथ वापस भेजा है; लेकिन मेरे सिपाही भी नष्ट होते हैं और इसलिए मुझे इन्हें काफ़ी प्रोत्साहित करना पड़ता है।...जब आप घृणात्मक ढंग से देहली के फ़सीलों (क़िले की दीवारों) की चर्चा कर रहे थे, तो मैं नहीं समझ सका कि आख़िर आप लोगों का अभिप्राय क्या था। 24 पाउंड वज़नी गोला फेंकने वाली तोपें विप्लवकारियों के बुर्जों पर हर जगह गड़ी हुई हैं और इनके पीछे लगभग सात हज़ार सिपाही भी मौजूद हैं। ऐसी हालत में, आसानी के साथ प्रवेश नहीं किया जा सकता। मेरे इंजीनियर कहते हैं कि हम नियमानुसार ख़ंदकें खोदकर क़िले तक नहीं पहुँच सकते और मेरे तोपख़ाने वाले भी यह कहते हैं, कि वे इन तोपों को, जो मेरे पास हैं, नहीं चला सकते; अतएव अब मेरे पास केवल एक तदबीर रह गई है और उसकी परीक्षा भी पूरी तरह कर लेना चाहिए। यदि इसमें असफलता हुई तो मेरे पास कोई रक्षक-फ़ौज शेष न बचेगी और यह हमारी तबाही का सूचक होगा। हिन्दुस्तान के लिए कौन सी बात कम हानि पहुँचाने वाली है? या तो सहायक-सेना (सहायता के लिए आनेवाली नई फ़ौज) की प्रतीक्षा में समय नष्ट किया जाए अथवा असफलता का जोखिम उठाया जाए?" (वही, पृ. 60-61)

पत्र संख्या सात में भारत की एक युवा नहीं बल्कि वृद्ध महिला को 'जोन ऑफ़ ऑर्क' बनने से रोकने की घटना का उल्लेख है। इतिहास-लेखन की अपनी सीमाओं और दृष्टि बंधकता ने इतिहास के बड़े भाग को लेखन-क्षेत्र से बाहर रखा और इस प्रकार लुप्त हो जाने दिया। यह पत्र लेफ़्टिनेंट डब्ल्यू.एस.आर. हडसन ने अम्बाला के डिप्टी कमिश्नर जे. डगलस फ़ारसीथ के नाम देहली कैम्प से 29 जुलाई, 1857 को भेजा था, "प्रिय फ़ारसीथ, जो बूढ़ी महिला स्वयं इस पत्र के साथ आ रही है, वह देहली के घेरे की पूर्ण तथा मूर्तिमान कथा है। वह हमारे विरुद्ध शहर में जिहाद की घोषणा करती थी और अपने चमत्कारपूर्ण तथा ओजस्वी भाषण द्वारा आश्चर्यकारी रीति से मुसलमानों के हृदयों में उत्साह उत्पन्न करती थी। अन्त में उनकी असफलता से खिन्न तथा रुष्ट होकर वह स्वयं रणक्षेत्र में अवतरित हो गई और हरित-वस्त्र धारण करके, घोड़े पर सवार हो, तलवार और बन्दूक से सुसज्जित होकर इसने सवारों के एक जत्थे की अध्यक्षता की और 75वीं पैदल सेना पर आक्रमण कर बैठी। सिपाहियों का कथन है कि इस एक का सामना करना 5 योद्धाओं के सामना करने से अधिक घातक था और वे यह भी कहते हैं, कि इसने उनके साथियों में से बहुतों को बन्दूक का निशाना बना दिया। अन्त में वह घायल होकर गिरफ़्तार हो गई। जनरल ने पहले-पहल उसे स्वतंत्र रूप में चले जाने की आज्ञा देनी चाही थी किन्तु मैंने उनसे आग्रहपूर्वक प्रार्थना की कि आप ऐसा न कीजिए, क्योंकि वह पुन: शहर में विजयी रूप में प्रवेश करेगी और हमारे अधिकार से निकल जाने पर पक्षपात का एक तूफ़ान पैदा कर देगी और नि:सन्देह यह प्रकट करेगी, कि

वह अपने चमत्कार के कारण बच गई है और इस प्रकार वह ज़ोन ऑफ़ आर्क का पद प्राप्त कर लेगी।" (वही, पृ. 70-71)

एक अंग्रेज़ अफ़सर के द्वारा लिखे जाने के कारण इस पत्र को सन्दिग्ध या **गौरवगाथा** का मिथ्या निर्माण नहीं कहा जा सकता है। ऐसे किसी अलिखित इतिहास की लोक स्मृतियाँ सुरक्षित रह भी जाएँ तो उसे इतिहास साम्रगी के रूप में बरतने के लिए बड़ी सावधानी की आवश्यकता है। चूँकि इस पुस्तक के लेखक की सहानुभूति अंग्रेज़ों की ओर है, इसलिए सन्देह का अवकाश कम है।

ख़्वाजा हसन निज़ामी (1876-1955) 'बेगमात के आँसू' लिखकर यह सन्देह और कम कर देते हैं। निज़ामी ने 1857 से सम्बन्धित कई पुस्तकें—'ग़दर की सुबह-शाम', 'बेगमात के आँसू', 'बहादुरशाह ज़फ़र व मैटकाफ़ के रोज़नामचे', 'गिरफ़्तारशुदा ख़ुतूत', 'बेचारे अंग्रेज़ों की विपदा और उनके पत्र', 'ग़ालिब का रोज़नामचा' और 'बहादुरशाह पर मुक़दमा' लिखीं। ख़्वाजा हसन निज़ामी ने सन् 1857 की घटनाएँ उनके चश्मदीद गवाह रहे अपने नाना हज़रत ख़्वाजा ग़ुलाम हसन से सुनी थीं जिनके बारे में कहा जाता है कि वे हुमायूँ के मकबरे से अन्तिम मुग़ल बादशाह बहादुरशाह ज़फ़र को अंग्रेज़ों द्वारा क़ैद किए जाते समय उपस्थित थे। ख़्वाजा हसन निज़ामी ने 'सुने हुए' ग़दर पर इस पुस्तक में सबसे पहले 'बहादुरशाह की फ़क़ीरी' ही चित्रित की है। अद्‌भुत शान-ओ-शौकत के मालिक बादशाह को अपने अन्तिम दिन कष्ट और उनके वंशजों को अपना जीवन भयंकर ग़रीबी में बिताना पड़ा। भयंकर रक्तपात, विद्रोहियों के अनियंत्रित और पराजित हो जाने के बाद तीन दिनों के भूखे बादशाह ने दिल्ली का लाल क़िला छोड़ निज़ामुद्दीन की दरगाह में शरण ली। हसन निज़ामी अपने नाना ग़ुलाम हसन से सुनी हुई बातों के आधार पर बहादुरशाह ज़फ़र की बदहाली फिर भी इतिहास के सम्बन्ध में ठीक से सोच सकने की क्षमता के बारे में लिखते हैं, "मैंने तुमसे पहले ही कह दिया था कि ये अभागे विद्रोही सिपाही मनमानी करनेवाले हैं। इन पर विश्वास करना भूल है। स्वयं भी डूबेंगे, और मुझे भी डुबावेंगे। अन्त में वही हुआ। भाग निकले। भाई, यद्यपि मैं एकान्तवासी फ़क़ीर हूँ, तो भी हूँ उस ख़ून का स्मारक, जिसमें अन्तिम साँस तक सामना करने का जोश होता है। मेरे बाप-दादों पर इससे अधिक आड़े समय पड़े, और उन्होंने साहस नहीं छोड़ा। परन्तु मुझे तो होनहार दिखाई दे गई थी। अब इसमें लेश-मात्र भी सन्देह नहीं कि मैं भारतीय गद्‌दी पर मुग़लों का अन्तिम चिह्न हूँ। मुग़ल-शासन के दीपक की साँस टूट रही है, और वह कोई घड़ीभर का मेहमान है। फिर जान-बूझकर वृथा क्यों रक्तपात कराऊँ? इसीलिए क़िला छोड़कर चला आया। देश परमात्मा का है, वह जिसको चाहे, दे। सैकड़ों वर्ष हमारे वंश ने भारत की भूमि में वीरता से सिक्का चलाया। अब दूसरे का समय है। वे शासन करेंगे, मुकुटधारी कहलावेंगे, और हम उनके विजित कहलावेंगे। यह कोई शोक या विषाद की बात नहीं। हमने भी तो दूसरों को मिटाकर अपना घर बसाया था।" (बेगमात के आँसू, ख़्वाजा हसन निज़ामी, स्वर्ण जयन्ती, दिल्ली, 2010, पृ. 13)

सम्राट बहादुरशाह ज़फ़र के मामूली मनुष्य बन जाने और उनकी इस स्वीकारोक्ति को निज़ामी ने 'राजा से रंक और अद्य:पतन' शीर्षक से सामने रखा है। पुस्तक तथा उसमें वर्णित घटनाओं और परिणतियों के शीर्षक मुग़ल साम्राज्य के पतन के बाद उनके वंशजों की बदहाली की पूरी तस्वीर सामने आ जाती है—'राजकुमार का बाज़ार

में घसिटना', 'अनाथ राजकुमार की ठोकरें', 'राजकुमारी की विपत्ति', 'अनाथ राजकुमार की ईद', 'ग़दर के मारे पीर जी घसियारे', 'ठेलेवाला राजकुमार', 'फ़कीर राजकुमार की सम्पत्ति', 'राजकुमारी की शय्या', 'राजकुमार का झाड़ू देना', 'दो राजकुमार जेल में' आदि। 'हरे वस्त्र पहने स्त्री की लड़ाई' शीर्षक घटना का उल्लेख मुईनुद्दीन हसन की पुस्तक में भी मिलता है। सम्पन्न और समर्थ बादशाह का ख़ानदान नेस्तनाबूद हो गया। उनके बेटों के कटे सिर उनके सामने थाल में पेश किए गए। उनके पोते-पोतियाँ दरबदर की ठोकरें खाने को मजबूर हुए। बादशाह के बेटे मिर्ज़ा मुग़ल की आठ वर्षीय बेटी नरगिस नज़र ज़माने भर की ठोकरें खाने के लिए अपनी माँ की गोद से छीन ली गई। संसार के दुखों का सामना करते समय नरगिस नज़र ने उन क्रूर विद्रोहियों को दोष दिया जिनके कारण उसका सुखी बचपन स्वप्न हो गया और जो अभी भी सपने में दिखाई देता था, "परन्तु जब आँख खुलती थी, तो टूटे हुए छप्पर, एक चर्ख़े और तीन खाटों के सिवा घर में कुछ भी न दिखाई पड़ता था। यदि अब कोई मुझसे पूछे कि क्या तुम मिर्ज़ा मुग़ल की पुत्री नरगिस नज़र हो, तो मैं स्पष्ट रूप से कह दूँगी, "नहीं, मैं तो एक दीन घोसिन हूँ, क्योंकि मनुष्य की जाति कर्मानुसार ही होती है।" (वही, पृ. 121)

ख़्वाजा हसन निज़ामी ने अपनी पुस्तक 'बहादुरशाह का मुक़दमा' में अंग्रेज़ सरकार द्वारा दिल्ली के अन्तिम मुग़ल बादशाह बहादुरशाह ज़फ़र पर चलाए गए इक्कीस दिनों के मुक़दमे का ब्योरा दिया है। इस पुस्तक में बहादुरशाह ज़फ़र द्वारा दिया गया बयान भी लिपिबद्ध है। इक्कीस दिनों के चले इस मुक़दमे, बल्कि कहें प्रहसन में गवाह, अदालत, जज और ज्यूरी सब अंग्रेज़ों ने सम्राट पर जो आरोप लगाए उसके केन्द्र में उनके द्वारा बागियों को भड़काया जाना था। पेंशन भोगी होते हुए भी 'ज़फ़र' द्वारा 10 मई से 1 अक्टूबर के बीच उन्होंने 'भारत सरकार की प्रजा' को ब्रिटिश सरकार के विरुद्ध भड़काया। "यह कि इन्होंने (अभियुक्त) ब्रिटिश राज्य की प्रजा होने पर भी, स्वयं राज्य-भक्ति के कर्तव्य का पालन नहीं किया और दिल्ली में 11 मई अथवा उसके लगभग अपने को भारत सम्राट घोषित किया और दिल्ली नगर पर अनुचित अधिकार कर लिया; और 10 मई और 1 अक्टूबर, सन् 1857 के बीच इन्होंने अपने पुत्र मिर्ज़ा मुग़ल तथा तोपख़ाना के सूबेदार मुहम्मद बख़्त ख़ाँ के साथ षड्यंत्र करके विद्रोह का झंडा उठाया। यह ग्रेट ब्रिटेन के विरुद्ध युद्ध करने को तत्पर हुए और ब्रिटिश शासन का तख़्ता उलट देने के अभिप्राय से इन्होंने सशस्त्र सिपाहियों को विद्रोही दिल्ली में एकत्र करके उन्हें उक्त सरकार के विरुद्ध लड़ने के लिए उद्यत किया; 16 मई, 1857 ई. को या उसके आसपास दिल्ली के क़िले के भीतर 49 अंग्रेज़ों का, जिनमें स्त्री और बच्चे भी थे, अभियुक्त ने वध कराया या वध कराने में भाग लिया और 10 मई और 1 अक्टूबर के बीच अंग्रेज़ अफ़सरों और ब्रिटिश प्रजा की, जिनमें स्त्री और बच्चे भी सम्मिलित थे, हत्या कराने में सहायता दी और हत्याकारियों को नौकरी, वेतन-वृद्धि और पद देने का वचन दिया। इसके अतिरिक्त इन्होंने विभिन्न देशी नरेशों के नाम आज्ञा-पत्र निकाले कि वे अपने राज्य में, जहाँ कहीं ईसाइयों को पावें, वध करा दें। सन् 1857 ई. के 16वीं ऐक्ट के अनुसार इस प्रकार का व्यवहार भीषण अपराध है।" (बहादुरशाह का मुक़दमा, ख़्वाजा हसन निज़ामी, स्वर्ण जयन्ती, दिल्ली, 2009, पृ. 12)

अभियोग-पत्र के नीचे मेजर, डिप्टी, जज, एडवोकेट जनरल, सरकारी वकील फ्रेड जे. हेरियट के दस्तख़त थे। अदालत ने बहादुरशाह पर मुक़दमा आरम्भ करते हुए प्रश्न पूछा, आप अपराधी हैं या नहीं? बादशाह ने 'नहीं' में उत्तर दिया। मुक़दमा पूरे इक्कीस दिनों तक चला, जाने हुए परिणाम के अनुसार बादशाह दोषी प्रमाणित हुए।

इससे कम-से-कम सन् सत्तावन के प्रथम स्वाधीनता संग्राम में दिल्ली से लेकर पूर्वी भारत तक इस संग्राम के फैलने की पुष्टि तो होती है।

ऐसी ही सन्देह से परे उर्दू में लिखी गई 'खदंगे ग़दर' नामक पुस्तक का उल्लेख किया जा सकता है। इसके लेखक मोईनुद्दीन हसन ख़ाँ ने चार्ल्स मेटकॉफ़ के कहने पर यह पुस्तक लिखी थी जिसमें 'ग़दर! 1857' का आँखों देखा विवरण है। मोईनुद्दीन हसन ख़ाँ ने 'खदंगे ग़दर' लिखना तब स्वीकार किया जब उन्हें विश्वास हो गया कि सरकार सब कुछ सच लिखवाना चाहती है। "तो उन्होंने पूर्ण रूप से जो कुछ आँखों से देखा था और कानों से सुना था छान-फटककर किताब में सम्मिलित किया।" (ग़दर 1857 (आँखों देखा विवरण), मोईनुद्दीन हसन, अनुवाद अब्दुल हक़, हिन्दी माध्यम कार्यान्वयन निदेशालय, दिल्ली विश्वविद्यालय, दिल्ली, 1999, पृ. XII)

यह पुस्तक मोईनुद्दीन हसन की शर्त के अनुसार उनके देहान्त दिनांक 1 फरवरी, 1885 के बाद प्रकाशित हुई। अंग्रेज़ों ने इसका अंग्रेज़ी में अनुवाद करवाया था। मेटकॉफ़ ने इसका अनुवाद अपने जीवन-काल में करवा लिया था किन्तु पुस्तक का प्रकाशन उसकी मृत्यु के बाद सन् 1898 ई. में इंग्लैंड में हुआ।

मोईनुद्दीन हसन वल्द नवाब शरफ़ुद्दौला क़ुदरतुल्लाह बेग ख़ान बहादुर ग़ालिबे-जंग दिल्ली थाने में अंग्रेज़ों की सरकार के कोतवाल थे। 11 मई, 1857 को आरम्भ होने वाले विद्रोह में उन्होंने सर थोफिलिस जॉन मेटकॉफ़ की जान बचाई थी। ये और बात है कि "अंग्रेज़ी की विजय के बाद स्वयं उनका घर, सामान, नकद और पूरी गृहस्थी लुट चुकी थी और उनके सर का भी दाम लग चुका था। वह जान बचाकर दिल्ली से मुम्बई और मुम्बई से मक्का शरीफ़ चले गए। भारत लौटने पर उन पर अंग्रेज़-दुश्मनी और ग़द्दारी का इल्ज़ाम लगाया गया। छानबीन हुई, मुक़दमा चला परन्तु वह मेटकॉफ़ के प्रयत्नों से छूट गए।" (वही, पृ. XI) मेटकॉफ़ ने अपनी जान बचाने का एहसान तो मोईनुद्दीन को लौटा दिया लेकिन उन्हें पुस्तक लेखन का भार देकर भी उन पर पूरा विश्वास नहीं कर सके। यद्यपि पुस्तक सशर्त लिखी गई थी कि वह लेखक की मृत्यु के उपरान्त ही छपेगी और सन्देह तथा आरोप से भी वह बरी हो चुका था। "फिर भी अंग्रेज़ों के दिल में लेखक के बारे में जो सन्देह पैदा हो चुका था वह पूर्ण रूप से समाप्त नहीं हुआ था। मेटकॉफ़ ने अपनी भूमिका में लिखा है, इसमें शक नहीं कि मोईनुद्दीन हसन ख़ाँ ने इस बगावत में पूरे जोश और कार्य कुशलता के साथ भाग लिया जो मुसलमानों की विशेषता रही है। उसकी दिली आकांक्षा रही कि मुग़ल राज फिर से स्थापित हो जाए। तत्पश्चात् उसके कार्यक्रम में अंग्रेज़ों की कृतज्ञता के कारण नरमी पैदा हुई।" (वही, पृ. XII)

सन् सत्तावन के प्रथम स्वाधीनता संग्राम हेतु उष्णता बढ़ाने वाली घटनाओं में सबसे मुख्य घटना के रूप में अवध का ब्रिटिश ईस्ट इंडिया कम्पनी के राज्य में विलय माने जाने को लेकर कई प्रकार के मत सामने आते हैं। मेटकॉफ़ ने यह माना था कि सन् सत्तावन की क्रान्ति की ज्वाला इतनी प्रचंड न होती अगर अंग्रेज़ों द्वारा अवध न छीन

लिया जाता। स्लीमेन और दूसरे इतिहासकारों ने वाजिद अली शाह को एकदम नाकारा और व्यर्थ शासक के रूप में चित्रित किया है। अवध एक अशान्त प्रान्त था, इसके पर्याप्त प्रमाण हैं किन्तु यह पुस्तक वाजिद अली शाह के शासन के आरम्भिक काल में उनके कुशल प्रशासक होने का रोचक तथ्य सामने रखती है। "मोईनुद्दीन ख़ाँ ने भी विद्रोह की कहानी को अवध के अपहरण से आरम्भ किया है। वह लिखते हैं पहले वाजिद अली शाह को सेना संगठन और राज्य के आर्थिक और राजनीतिक व्यवस्था को संगठित करने की बड़ी चेष्टा थी। उन्होंने प्रतिदिन की आदत बनाई थी कि प्रात:काल की नमाज़ के बाद 5 बजे फ़ौजी वर्दी पहनकर परेड के लिए जाते, चार-पाँच घंटे स्वयं परेड कराते। इसके पश्चात् स्नान करके खान-पान करते। इसके बाद राजनीतिक कार्यों को देखते, मुक़दमों का फ़ैसला करते और इस प्रकार कार्यक्रम अपनाते कि आज का काम कल के लिए नहीं रखते। सैनिकों के साथ यह आदेश भी जारी किया था कि बिना किसी कारण के वह परेड में देर से आएँगे तो हज़ार रुपया दंड सैनिकों को देंगे। और यदि सैनिक परेड में देर से आएँगे तो उन्हें हज़ार रुपये जुर्माना देना होगा। जब ऐसी कार्यकुशलता से प्रतिदिन की सैनिक कार्रवाई की चर्चा हुई तो साहब रेज़िडेंट बहादुर ने भी स्वयं देखा तो उन्हें सन्देह और शंका पैदा हुई। उसने वाजिद अली शाह से पत्राचार किया कि हजूर (मान्यवर) स्वयं बादशाह होकर इस प्रकार के परिश्रम और मेहनत से अपने शरीर को क्यों दुख देते हैं? यह सेना संगठन तो अंग्रेज़ी सरकार की ज़िम्मेदारी है। इस सरकार को आप अपना ही स्वीकार करें। आप सुख-चैन से जीवन बसर करें।" (वही, पृ. XII-XIII)

इस पुस्तक में सन् सत्तावन के प्रथम स्वाधीनता संग्राम में देश के विभिन्न भागों में भारतीयों और अंग्रेज़ी फ़ौज के बीच हुए युद्धों का विवरण है। पुस्तक ने 11 मई, 1857 से अपना आँखों देखा विवरण आरम्भ किया है। उल्लेखनीय है कि मोईनुद्दीन हसन अवध के बादशाह मुहम्मद अली के शासनकाल में लखनऊ में सरकारी नौकर हुए थे। इसके बाद वे कुछ दिनों तक नवाब वाजिद अली शाह के शासन काल में भी लखनऊ रहे। तत्पश्चात् वहाँ की नौकरी छोड़कर वे दिल्ली वापस चले आए और सन् 1848 में अंग्रेज़ सरकार के कोतवाल हो गए। सर्वप्रथम 'भारत की शासक महारानी की प्रशंसा' करने के पश्चात् वे 'किताब लिखने का कारण' और फिर 'विद्रोह का आरम्भ और कारण स्पष्ट करते हैं।' इन कारणों में मुख्य कारण वाजिद अली शाह द्वारा अंग्रेज़ रेज़िडेंट की सलाह मानकर या क्रुद्ध होकर राजकाज छोड़ यह घोषणा कर कि "हम अब दूसरे कार्य करेंगे और भोग-विलास में डूब जाना था। यही नहीं, वे स्वयं भी नाच रंग में रात-दिन भाग लेने लगे। डोम, डारी और वेश्याओं की संगत होने लगी। नौबत यहाँ तक पहुँची की डोमों को बड़ी-बड़ी उपाधियाँ मिलीं और प्रशासनिक कर्मचारियों से उनको उच्च सम्मान मिले। अमीनुद्दौला इमदाद हुसैन ख़ाँ पूर्व मंत्री निकाले गए। अली नकी ख़ाँ जो कि ख़ानदानी आदमी थे को मंत्री बनाया गया। इनकी एक भतीजी बादशाह के निकाह में पहले ही से थी जिसे 'मुखर्दिर उजमा ख़ास महल' का खिताब मिला था। अली नकी ख़ाँ के मंत्री बनाए जाने के बाद उनकी बेटी से भी बादशाह ने निकाह किया और उसको अख़्तर महल का ख़िताब दिया। इसके बाद रियासत का कुल कामकाज अली नकी ख़ाँ पर छोड़कर बादशाह बिलकुल निश्चिन्त हो गए। मंत्री जी भी भोग-विलास में डूब

गए। प्रशासनिक कर्मचारी, ज़िलेदार वग़ैरह स्वयं ही प्रशासनिक बन बैठे। ताल्लुक़ेदारों ने विद्रोह किया, प्रजा बर्बाद होने लगी, हर तरफ़ अव्यवस्था फैल गई।" (वही, पृ. 6-7)

यहाँ पर मोईनुद्दीन हसन और स्लीमेन आदि की भाषा में कोई अन्तर नहीं मिलता। इसी प्रकरण में हसन विद्रोह के आरम्भ और कारण का 'मुस्लिम' पक्ष प्रस्तुत करते हुए राजा बख़्तावर सिंह और राजा दर्शन सिंह की ज़मींदारी का फैलाव और बड़े ताल्लुक़े का मालिक बनने और इस क्रम में फ़ैज़ाबाद के निकट हनुमानगढ़ी के उनके अधिकार में चले जाने का उल्लेख करते हैं। इस हनुमानगढ़ी में एक शिवालय और उसके पास एक मसजिद थी। "राजा दर्शन सिंह ने गढ़ी शिवालय और मसजिद को एक अहाते में कर दिया। दर्शन सिंह के दोनों बेटों हनुमान दत्त और मानसिंह को भी राजा की पदवियाँ मिलीं। इन सबमें ही धार्मिक पक्षपात अत्यधिक था। मसजिद जो कि हनुमानगढ़ी के अहाते में आ चुकी थी उसमें कभी-कभी कोई मुसलमान नमाज़ तो पढ़ लेता था परन्तु अज़ान नहीं दे सकता था। यह ध्यान देने की बात है कि एक मुस्लिम राज्य में बादशाह और उसके मंत्री की लापरवाही के कारण एक पुरानी मसजिद में अजान पर मनाही हो। भाग्यवश एक यात्री फ़क़ीर हुसैन शाह नामक वहाँ आया और नमाज़ पढ़ने से पहले अनभिज्ञता के कारण बुलन्द आवाज़ से अज़ान दे दी। इस पर हनुमानगढ़ी के मन्दिर में रहने वाले पुजारी अज़ान की आवाज़ सुनकर मसजिद में आ घुसे और हुसैन शाह को मारा-पीटा। उससे 'क़ुरान मजीद' छीनकर जला दिया और उसे मसजिद से निकाल दिया। वह बेचारा वहाँ से लखनऊ आया और मुहल्ला-मुहल्ला जाकर हर मुसलमान को अपनी आपबीती सुनाई और इस मामले में मदद माँगी परन्तु किसी ने उसकी सहायता नहीं की।" (वही, पृ. 7)

हुसैन शाह की मदद की पुकार हैदर ख़ाँ ने सुनी जो गोमती पार मुहल्ला हैदराबाद, जो उसके नाम पर ही बसा था, में अपने चार भाइयों के साथ रहता था। यह मामला बहुत से पात्रों के साथ नवाब अली नबी द्वारा कर्नल बारलो को मौलवी साहब को हनुमानगढ़ी पहुँचने से रोकने और मौलवी साहब के अपने ग्यारह सौ साथियों के साथ शहीद होने पर समाप्त हुआ। मोईनुद्दीन हसन इसे संग्राम मानते हुए इसकी तुलना कर्बला की घटना से करते हैं, "यह तो एक बड़ा संग्राम था। इसके अतिरिक्त दूसरी बहुत सी बुरी घटनाएँ एवं विद्रोह अवध के क्षेत्र में होने लगे जिससे अवध में कुशासन व्याप्त हो गया। विचारणीय बात यह है कि मुस्लिम शासन में मसजिद के झगड़े का मुक़दमा ऐसा उलटा, अफरान व कर्मचारियों की लापरवाही और वादी की सुनवाई व जाँच के बिना निर्णीत हो। इसके अतिरिक्त उस तमाम क्षेत्र में भाँति-भाँति का कुप्रबन्ध फैल गया। उस समय रेज़िडेंसी के अधिकारियों ने बादशाह को बिलकुल अचेत और प्रशासन में अकुशल समझकर जनता के आराम को ध्यान में रखते हुए अवध की ज़ब्ती की रिपोर्ट बड़े अधिकारियों अर्थात् गवर्नमेंट ऑफ़ इंडिया को कर दी। उस रिपोर्ट में कहा गया कि प्रजा की ओर से सैकड़ों शिकायती-पत्र बादशाह एवं उसके मंत्री के विरुद्ध रेज़िडेंट साहब बहादुर के समक्ष प्रस्तुत किए गए हैं जबकि बादशाह और मंत्री दोनों ही ग़ाफ़िल हैं। अन्तत: लखनऊ की ज़ब्ती का सरकार से आदेश हुआ और 7 फरवरी, 1856 ई. को लखनऊ ज़ब्त हो गया और अंग्रेज़ी शासन लागू हो गया।" (वही, पृ. 9-10) अंग्रेज़ी शासन लागू होते ही सिक्खों और पंजाबियों की सेना में भारी संख्या में भरती होने लगी।

अवध के लोगों को यह अपने अधिकार का हनन लगा। 'पूर्वी सेना' अवध पर अंग्रेज़ों के अधिकार के कारण पहले से ही असन्तुष्ट थी, क्योंकि "इस प्रकार भारत का एक भाग जिससे रोजी-रोटी जुड़ी थी ज़ब्त हो गया। इसी अवसर पर पूर्वी सेना जिसमें कि इस क्षेत्र के अधिकतर लोग सेवारत थे को भी बड़ा दुख हुआ। पूर्वी सेना की बददिली का यह भी एक विशेष कारण था क्योंकि पूर्वी सेना के अधिकतर लोग अंग्रेज़ी सरकार को नांइसाफ़ समझते थे और इसी कष्ट को झेल रहे थे। चाहे सरकार की ओर से नाइंसाफी हुई हो या ना हुई हो परन्तु उन लोगों के दिलों में एक तरह से दुश्मनी पैदा हो गई थी और बीज पड़ चुका था।" (वही, पृ. 10)

इस पुस्तक में लगभग उन सभी स्थानों को समेटने का प्रयास किया है जहाँ-जहाँ पर युद्ध हुआ। 'विद्रोह की घटनाएँ', 'विद्रोह के दिन से दिल्ली पर विजय होने तक की घटनाएँ' के विस्तृत वर्णन के बाद 'ज़िला बुलन्दशहर व बालागढ़ के फसाद तथा नवाब अलीदाद ख़ाँ', 'उपद्रव कानपुर छावनी व नाना राव पुत्र बाजीराव का विद्रोह व अंग्रेज़ों की हत्या तथा कानपुर का युद्ध व विजय', 'उपद्रव फ़ैज़ाबाद व मियाँ अहमदुल्ला शाह की वास्तविकता', 'लखनऊ उपद्रव की घटनाएँ एवं बेलीगारद युद्ध', 'शिमला व पंजाब की घटनाएँ', शीर्षक के अन्तर्गत मंसूरी पर्वत, नैनीताल की घटनाएँ, पंजाब की घटनाएँ, फ़ीरोज़पुर पंजाब, रोहनी ज़िला पंजाब की घटनाएँ, देवगढ़ उपद्रव, पेशावर की घटनाएँ, सियालकोट पंजाब, पंजाब के मुख्यालय लाहौर की घटनाएँ, जालन्धर पंजाब की घटनाएँ, झेलम छावनी की घटनाएँ, अम्बाला, ज़िला सहारनपुर, ज़िला हिसार की घटनाएँ, सिरसा नगर की घटनाएँ, झाँसी की घटनाएँ वर्णित हैं। इसी भाग में 'बंगाल राज्य में अंग्रेज़ी राजधानी कलकत्ता की घटनाएँ' संक्षेप में उल्लिखित हैं, "मारक पुबाजानक स्थान, जो कलकत्ते से छह मील दूर है, के अधिकारीगण 13 जून दिन शनिवार को कलकत्ता में एकत्रित हुए। मालूम हुआ कि भारतीय सेना उपद्रव करने वाली है। इस सम्बन्ध में कलकत्ता के अधिकारियों से परामर्श करके यह निश्चित हुआ कि सेना से शस्त्र ले लिया जाए। दूसरे दिन रविवार को कुल भारतीय एवं गोरी सेना की परेड जमाई गई और भारतीय सेना से शस्त्र माँगा गया। उन्होंने तुरन्त ही शस्त्र ले लिए और सभी को बन्दूक का लौह गज़ थमा दिया गया कि इसी से सेवा कार्य करो। इस समय भारतीय सेना के विद्रोह की आशंका से तुम्हारे शस्त्र ले लिये गए हैं। बाद में वापस कर दिए जाएँगे। इसके बाद अवध के राजा वाजिद अली शाह के नौकरों से हथियार लेकर बादशाह को क़िले में लाकर नज़रबन्द कर दिया और सुरक्षा व्यवस्था कर दी। बादशाह की ओर से कुछ सन्देह हो गया था परन्तु सन्देह समाप्त हो जाने पर उन्हें नज़रबन्द से मुक्त कर दिया और वह अपने स्थान मटिया बुर्ज में चले गए।" (वही, पृ. 91)

उपरोक्त शीर्षक से बस उद्धृत अंश ही लिखा गया है। तत्पश्चात् 'शिमला व पंजाब की घटनाएँ' के अन्तर्गत 'दीनापुर' (दानापुर) छावनी एवं 'बामीपुर की घटनाएँ', 'जौनपुर की घटनाएँ', 'आजमगढ़ की घटनाएँ', 'हमीरपुर की घटनाएँ', 'बनारस की घटनाएँ' हैं। ये सभी अत्यन्त संक्षिप्त रूप में लिखी गई हैं, मानो केवल नाम गिनवाकर खानापूर्ति करनी हो।

भारत की विभिन्न 'जातीय पहचानों' ने इतिहास में अधिकांश स्थानों पर एकता का परिचय नहीं दिया। विदेशी आक्रमणकारियों ने इसका सदैव लाभ उठाया। अंग्रेज़ों के

पहले आने वाले बहुत-से विदेशी आक्रमणकारी यहीं रच-बस गए इतने अधिक कि यहाँ की जाति व्यवस्था या तो स्वीकार कर ली या उसी में घुल-मिल गए। सन् सत्तावन के प्रथम स्वाधीनता संग्राम में अंग्रेज़ों ने विशेष तौर पर भारतीय जातियों का एक-दूसरे के विरुद्ध उपयोग किया। 'बनारस की घटनाएँ' में अंग्रेज़ों की ओर से लिखी गई इस पुस्तक में यह तथ्य उभरकर सामने आता है। मोईनुद्दीन हसन स्पष्ट कहते हैं कि बनारस में सेना नहीं, बल्कि अधिकारियों की अनुचित कार्य प्रणाली के कारण उपद्रव हुआ। अंग्रेज़ अधिकारियों ने भारतीय रेज़िमेंट को अँधेरे में रखकर उनसे शस्त्र रखवा लिए तथा सिक्ख रेज़िमेंट को गुप्त रूप से सशस्त्र रहने का आदेश दिया जो उनके अधिक विश्वसनीय थे। "दिनांक 14 जून, 1857 ई. को तीन बजे दिन के बाद भारतीय रेज़िमेंट को यह आदेश पहुँचा कि रेज़िमेंट नं. 17 को मालूम हो कि सिक्ख रेज़िमेंट नं. 17 भारतीय ने पूर्व की भाँति सिखों के सन्देह में स्वत: सशस्त्र होना आरम्भ कर दिया। इसी बीच 17 एवं 13 नं. रेज़िमेंटों के तीन अधिकारी अपनी लेन में पहुँचे और तैयारी का बिगुल बजाया। उनकी रेज़िमेंट तुरन्त ही कुर्ता पहनकर बिना पजामा पहने सशस्त्र होकर आ गई। रेज़िमेंट नं. 17 को आदेश हुआ कि वर्दी का नीला पजामा पहन आओ। उन्होंने आदेश का पालन किया। इसके बाद आदेश हुआ कि अपने शस्त्र बेल के कोठे पर रख आओ। उन्होंने शस्त्र तुरन्त रख दिए। उन शस्त्रों को बेल में बन्द कर ताला डाल दिया गया। उक्त रेज़िमेंट बिना शस्त्र ही अपने अधिकारियों के साथ चल पड़ी। परेड तक नहीं पहुँची थी कि देखा गोरी रेज़िमेंट सशस्त्र तोपख़ाने सहित चली आ रही है। चूँकि प्रत्येक जगह से यह समाचार आ रहा था कि अधिकारियों ने गोरी रेज़िमेंट की सहायता से भारतीय रेज़िमेंटों के शस्त्र छीनकर उन्हें उड़ा दिया। इस कारण पूरी रेज़िमेंट को सन्देह हुआ। वह भयभीत हुई जल्दबाज़ी में अपनी-अपनी लेन की ओर वापस गई। बेल कोठी का ताला तोड़कर शस्त्र ले लिया। सरकार के निकट यह अपराध था जो उन पर सिद्ध हो गया। गोरों ने आते ही गोली चलाई।" (वही, पृ. 96) प्रत्युत्तर में अब तक हथियार बन्द हो चुकी रेज़िमेंट ने भी गोलियाँ चलाईं। गोरी फ़ौज के तोपख़ाने के कमांडर ने देशी रेज़िमेंट की लेन में आग लगा दी जिसमें बहुत से सिपाही आग और सामने आती गोलियों से मारे गए। फँसी हुई रेज़िमेंट के सिपाहियों को बिखरना पड़ा। बाहर निकलकर इन्होंने अंग्रेज़ों के बँगले लूटे और उन्हें मार डाला किन्तु "मेमों एवं बच्चों को छोड़ दिया। ख़ज़ाना लूटने पर भी ध्यान नहीं दिया परन्तु नगर के बदमाश लोग जो इस उपद्रव में सम्मिलित हो गए थे, उन्होंने जी भरकर अंग्रेज़ों का सामान लूटा।" (वही, पृ. 97)

रेज़िमेंट लड़ने के बाद अपनी लेन का ख़ज़ाना लेकर अवध राज्य की ओर कूच कर गई। उनके निकल जाने के बाद लगे 'सैनिक क़ानून' से शान्ति तो छा ही गई अंग्रेज़ों को अपनी मनमानी का अवसर मिल गया। "जो भी सन्देह में पकड़ा गया बिना छानबीन के मारा गया। इस क़ानून की आड़ में अधिकारियों ने भी अपने दिल की भड़ास निकाली। बनारस हिन्दुओं का पूज्य तीर्थ-स्थल है। लगाई-बुझाई करने वाले और झगड़ालू तो यहाँ बहुतेरे हैं परन्तु शस्त्रों से लड़ने वाले उपद्रवी कोई नहीं।" (वही, पृ. 97)

उपद्रवी भले न हों किन्तु समाज की आपसी फूट और वैमनस्य उसे स्थिर नहीं रहने देती। अपनी योग्यताओं और तैयारियों के उपरान्त भी जब-जब भारतीय हारे उसका मुख्य कारण यही आपसी फूट और बैर-भाव थे। भारतेन्दु और दूसरे अनेक साहित्यकारों ने

इस पर बहुत कुछ लिखा है। मोईनुद्दीन हसन भी लिखते हैं, "भारतीयों ने जो आपसी शत्रुता थी उसको लेकर एक-दूसरे को विद्रोही बताकर दंड दिलवाते रहे।" (वही, पृ. 97) चूँकि सभी सन्देह के आरोप में मारे जा रहे थे, छानबीन करने की कोई इच्छा नहीं थी, इसलिए निर्दोष नगरवासी बड़ी संख्या में मारे गए किन्तु सरकार के सहायक काशी नरेश को 'ईश्वर ने हर प्रकार से सुरक्षित रखा।' (वही, पृ. 97)

पुस्तक में इसके बाद 'गोपीगंज जो बनारस के निकट है' की घटनाओं का ब्योरा है। ज़िला बनारस के गोपीगंज में कोई सैन्य छावनी नहीं थी, अत: यहाँ कोई उपद्रव नहीं होना चाहिए था, फिर भी हुआ क्योंकि कलक्टरी के दो सवारों ने मजिस्ट्रेट को सूचना दी कि अठारह सशस्त्र सैनिक अलग-अलग दिशाओं में सड़क मार्ग से जा रहे हैं। मजिस्ट्रेट ने उसी समय एक लेफ़्टिनेंट के साथ बीस गोरे सिपाही लेकर उन पर हमला कर दिया। पूछताछ करने पर पता चला कि वे अपनी रेजिमेंट से अनुमति लेकर 'छुट्टी के प्रमाण-पत्रों' के साथ जा रहे हैं। उस समय टकराव टल गया। यह सन् सत्तावन की जुलाई का प्रथम दिन था। पूरा भारत उद्वेलित हो रहा था। "उसी महीने की 30 तारीख़ को किसी उपद्रवी ने पुन: आकर मजिस्ट्रेट साहब को सूचना दी कि छह मील दूर एक गाँव में बहुत से उपद्रवी एवं बदमाश एकत्रित हो रहे हैं। रात में ही मजिस्ट्रेट साहब सूचना देने वाले एवं बारह सैनिकों तथा पन्द्रह चौकीदारों सहित उस गाँव जा पहुँचे परन्तु वहाँ कोई भी उपद्रवी या बदमाश नहीं मिला। सूचना देने वाले व्यक्ति की उस गाँव से कोई शत्रुता थी इसीलिए उसने कहा कि गाँव वालों ने उपद्रवियों एवं बदमाशों को छुपा रखा है। साहब को भी सन्देह हुआ और बिना सोचे तुरन्त ही उस गाँव में आग लगवा दी। सारा गाँव जल गया। ग्रामवासी भागकर जंगलों में चले गए। मजिस्ट्रेट साहब वहाँ से थोड़ी दूरी पर एक नील के कारख़ाने की कोठी पर आए और सवारों एवं चौकीदारों को आदेश दिया कि निकटवर्ती एक दूसरे गाँव में भी जाकर आग लगा दो।" (वही, पृ. 97)

अकारण अपने घर-बार जलते देख ग्रामवासियों ने कोठी घेरकर मजिस्ट्रेट का सिर काटकर उसकी लाश बाहर फेंक दी। उन लोगों ने कोठी में आग लगाकर नील व्यापारी जान साहब और उसके सहायक को भी मौत के घाट उतार दिया। गाँवों में आग लगाने वाले सवार निकल भागे थे। उन्होंने बनारस के निकट गोपीगंज आकर लेफ़्टिनेंट को घटना से सूचित किया। लेफ़्टिनेंट जब गोरी सेना लेकर घटना स्थल पर पहुँचे तो प्रतिरोधी ग्रामवासी वहाँ से जा चुके थे, बस मजिस्ट्रेट की सिर कटी लाश पड़ी थी। उसे देखकर दुखी लेफ़्टिनेंट ने "तुरन्त सैनिक क़ानून लगा दिया और उस समय जो भी मिला उसे मार डाला। उस देहात की ख़ूब तलाशी ली। वास्तविक हत्यारों को नहीं पा सके, परन्तु जो भी बूढ़ा-वृद्ध मिला उसे भी मार दिया।" (वही, पृ. 98)

मोईनुद्दीन हसन ने गोरी फ़ौज द्वारा मार डाले गए बच्चों की चर्चा नहीं की है किन्तु सन् सत्तावन के प्रथम स्वाधीनता संग्राम के दौरान और उसकी विफलता के पश्चात् सात वर्ष के बच्चों से लेकर सत्तर वर्ष के बूढ़ों को मारकर कानपुर से बरेली जाने वाले मार्ग के किनारों पर खड़े वृक्षों से लटका दिया था। यह क्रूर दमन इसलिए किया गया था कि इसके बाद कोई सिर उठाने का साहस न कर सके। अक्सर भारतेन्दु युगीन रचनाकारों पर यह आरोप लगाया जाता है कि उन्होंने सन् सत्तावन के संग्राम के पक्ष में कुछ नहीं लिखा। हमें ध्यान देना चाहिए कि इस क्रूर दमन की कितनी डरावनी स्मृतियाँ और भय जन-मानस

में गहरे पैठ गई होंगी। सन् 1873 के वर्नाक्यूलर प्रेस ऐक्ट के उपरान्त भी भारतेन्दु ने दो पंक्तियों में उस भयास्पद वातावरण की ओर स्पष्ट संकेत फिर भी किया था—

कठिन सिपाही द्रोह-अनल जा जन-बल नासी।
जिन भय सिर न हिलाइ सकत कहुँ भारतवासी॥

(भारतेन्दु समग्र, पृ. 993)

इन दो पंक्तियों में उन्होंने सन् सत्तावन के संघर्ष की कठिनाई अंग्रेज़ों द्वारा उसके दमन के साथ निरपराध निर्दोष भारतवासियों की क्रूरतापूर्ण हत्या और जिसके भय से सहमे हुए भारतवर्ष में ब्रिटेन की महारानी के घोषणा-पत्र से जगी क्षीण आशा के आलोक में अढ़ाई-तीन दशकों के लिए राजनैतिक घटनाओं का पटाक्षेप। सन् सत्तावन के प्रथम स्वाधीनता संग्राम की विफलता पश्चात् बहुत थोड़े समय के लिए राजनैतिक सक्रियता के अभाव में सामाजिक, सांस्कृतिक गतिविधियों से समाज के सुधार का प्रयास भारतीय स्वतंत्रता संग्राम के अगले अध्याय की पृष्ठभूमि की आधारशिला है।

मोईनुद्दीन हसन ने अंग्रेज़ों की ओर से सन् सत्तावन के औपनिवेशिक ऐतिहासिक दस्तावेज़ को तैयार करते हुए भी बहुत अधिक ग़लतबयानी नहीं की। इस पुस्तक का हिन्दी अनुवाद अंग्रेज़ी से नहीं, बल्कि मूल उर्दू पुस्तक से तैयार करने का एक मुख्य कारण स्वयं अनुवादक प्रो. अब्दुल हक़ ने अंग्रेज़ों के अपने 'अंग्रेज़ी साम्राज्य के हितों की रक्षा' (ग़दर 1857, पृ. VIII) बताया है। स्पष्ट है कि उर्दू में लिखी गई पुस्तक के अंग्रेज़ी अनुवाद में फेरबदल की पूरी आशंका है।

डेढ़ सौ पृष्ठों की इस पुस्तक में मोईनुद्दीन हसन बनारस के बाद 'इलाहाबाद या प्रयाग का उपद्रव' लिखते हैं। तत्पश्चात् फ़र्रुखाबाद, फतेहगढ़, मुरादाबाद, रामपुर, बरेली, बुलन्दशहर, अकबराबाद (अलवर की सेना सहित), नसीराबाद, छावनी भरार एवं ग्वालियर, नमुच छावनी, छावनी मो एवं होलकर राज्य का इन्दौर नगर, नौगावाँ, सागर छावनी, राज्य हाड़वती एवं राजकोठा, बाँदा व अजयगढ़, झाँसी, कालपी, ग्वालियर, टोनक, नाबद्वारा आदि की घटनाएँ, परिस्थितियाँ एवं युद्धों के बारे में कहीं संक्षेप में तो कहीं विस्तार से बताते हैं।

'सन् सत्तावन का प्रथम स्वाधीनता संग्राम' शीर्षक में जिन पुस्तकों की हम चर्चा कर रहे हैं उनमें अधिकांश घटनाएँ और आग्रह मेल खाते हैं। जैसे अधिकांश लेखकों का बल इस बात पर है कि स्वाधीनता सेनानियों (जिन्हें उपद्रवकारी भी कहा गया) ने अंग्रेज़ स्त्रियों और बच्चों की हत्याएँ नहीं कीं, जबकि अंग्रेज़ों की सेना ने पूरे गाँव के गाँव जला दिए जिसमें आबाल-वृद्ध-नर-नारी कोई जीवित नहीं बचा। इसी तरह देश में फैली हुई अराजकता और रियासतों के आपसी संघर्ष के तथ्य पर भी सभी लेखक सहमत हैं।

पीरबख़्श के साथ मिलकर प्रायः सभी लेखक इस दौरान हुई भयंकर लूट-पाट पर भी सहमत हैं। सरकारी, सेनानी या उपद्रवकारी, गुंडे-बदमाश जिसका जहाँ वश चला उसी ने गाँव-गाँव, नगर-नगर लूट मचाई। इस बात की पुष्टि मिर्ज़ा हादी 'रुस्वा' के उपन्यास उमराव जान 'अदा' से भी होती है। उपन्यास में शरीफ़ परिवार की अवध की रानी के हुज़ूर में जमादार की बेटी अमीरन, फ़ैज़ाबाद से अपहृत कर लखनऊ पहुँचा दी जाती है। अपहरणकर्ता दिलावर ख़ाँ डकैतों का साथी था जिसे अमीरन के पिता की

गवाही पर क़ैद हुई थी। क़ैद से छूटकर उसने अमीरन का अपहरण कर उसे लखनऊ की शरीफ़ और ख़ानदानी वेश्या, जो दूसरी लड़कियों को ख़रीदकर कोठा चलाती थीं और ये ख़रीदी हुई लड़कियाँ नौचियाँ कहलाती थीं, ख़ानम जान के कोठे पर पहुँचाकर अपना बदला और रुपया वसूला। जीवन के सभी घात-संघात झेलती अमीरन 'उमराव जान' और फिर तालीमयाफ़्ता (शिक्षिता) होने के कारण शेर कहने पर उमराव जान 'अदा' हो गई। परिस्थितियों के कारण उससे लखनऊ छूटा और उन्हीं के कारण वह पुन: लखनऊ लौटी, तब तक 'ग़दर' हो चुका था, "लखनऊ में आकर ख़ानम के मकान पर उतरी। वही चौक, वही कमरा, वही हम। बाहर की दुनिया कुछ बदल गई थी। पुराने आने वालों में कुछ कलकत्ता चले गए थे। कुछ और शहरों में निकल गए थे। शहर में नया इंतज़ाम था, नए क़ानून जारी थे। आसफ़ुद्दौला के इमामबाड़े में क़िला बना हुआ था। मैं दो-चार महीने ख़ानम के मकान में रही। इंक़लाब के साथ ख़ानम की तबीयत भी कुछ बदल गई। मिज़ाज में कुछ बेपरवाही आ गई थी।...ग़दर के दौरान उनका मकान भी लूटा था, मगर फिर भी कुछ कमी न थी।" (उमराव जान 'अदा', मिर्ज़ा हादी 'रुस्वा', राजकमल प्रकाशन, नई दिल्ली, 2007, पृ. 83)

जीवन भर धोखा खाने के लिए अभिशप्त तवायफ़ जीवन से कुछ इतर भाग्य नहीं था। उमराव जान 'अदा' को धोखा उनसे जिन पर पूरा भरोसा किया। अपने तमाम ज़ेवर, अशर्फ़ियाँ और रुपये जिनकी क़ीमत कम-से-कम पन्द्रह हज़ार की थी उसने मीर साहब की बहन के पास रखवाए थे। उन्होंने अमानत में ख़यानत नहीं की, "उन्होंने फ़ैज़ाबाद से लौटने पर वह पिटारी मेरे हवाले कर दी। ग़दर में तमाम दुनिया के घर लुटे, अगर कह देतीं कि लुट गई, तो मैं उनका क्या कर लेती? मगर वाह री बीबी! एक पैसे तक का नुक़सान नहीं किया। ऐसे ही लोगों से ज़मीन-आसमान थमते हैं, नहीं तो कब क़यामत आ जाती। वह दौलत ग़दर में तो न लुटी, मगर मेरे पास भी न रही। ग़दर में लुट जाती, तो इतना अफ़सोस न होता।" (वही, पृ. 83)

दलित विमर्श के उभार के फलस्वरूप सन् सत्तावन के प्रथम स्वाधीनता संग्राम में 'किस जाति के कितने लोगों ने शहादत दी' के स्थान पर प्रत्येक लेखक ने विभिन्न जातियों की अलग-अलग स्थान पर अलग-अलग पक्षधरता को स्पष्ट रूप से दर्शाया है। कहीं राजपूत अंग्रेज़ों के विरुद्ध सिर कटा रहे थे तो कहीं उनके पक्ष में जान दे रहे थे। इसी प्रकार अन्य जातियों जैसे डोम, गूजर आदि के साथ रक्षक होना, लूटपाट में भाग लेने आदि का उल्लेख भी सबने किया है। इन पुस्तकों से यह भी स्पष्ट होता है कि इस स्वाधीनता संग्राम के समय कौन-सा राजा अंग्रेज़ों के साथ तो कौन उनके विरुद्ध था। अंग्रेज़ों का साथ देने वालों में अलवर के राजा बेनी सिंह और ग्वालियर के राजा जयाजी राव सिन्धिया प्रमुख थे। स्वाधीनता सेनानियों की पराजय में इनकी बड़ी भूमिका थी। एक अंग्रेज़ सैन्य अधिकारी ने सिन्धिया को लिखे अपने पत्र में स्वीकार किया था कि यदि ग्वालियर के राजा सिन्धिया ने हमारा साथ न दिया होता तो हम सन् सत्तावन की लड़ाई हार जाते और अंग्रेज़ों को उसी समय भारत छोड़कर जाना पड़ता।

सिन्धिया की तरह अलवर के राजा बेनी सिंह ने भी अंग्रेज़ों को अकबराबाद (आगरा) पहुँचाने के लिए अपने चालीस राजपूत सगे-सम्बन्धियों के साथ मेदाजी चेला और चीमाजी सरदार ठाकुर के नेतृत्व में पन्द्रह सौ सैनिक और एक तोपख़ाना दिया। मार्ग में अन्य

समाचारों को सुनते आ रहे अंग्रेज़ों को महाराज की सेना पर विश्वास नहीं रहा। उन्होंने सेना से अलग होकर अकबराबाद पहुँचने का निर्णय लिया। अंग्रेज़ तो सुरक्षित आगरा पहुँच गए किन्तु चालीस राजपूत सगे-सम्बन्धी विद्रोही सेना के हत्थे चढ़ गए। शस्त्र माँगे जाने पर राजपूतों ने कहा, "शस्त्र देना राजपूतों का धर्म नहीं। तुम्हें अधिकार है हमको जिस प्रकार चाहो रखो। चाहे गोली मार दो चाहे जीवित रखो। हम तुम्हारे क़ैदी हैं अब तुमसे नहीं लड़ सकते। उस समय विद्रोही सेना ने पूछा कि मेदाजी चेला कौन है? जिसने मम्मन अश्वारोही का सिर काटकर उसके मरे मुँह में सूअर का मांस डाल दिया था। किसी ने बता दिया। तुरन्त ही पाँच-सात सिपाहियों ने उसे मार डाला और उसका लिंग काटकर उसके मुँह में रख दिया। एक सूबेदार नीच जाति का जो कि सेना का कमांडर था उसने राजपूतों को गाली देकर शस्त्र रखने को कहा तो राजपूतों में से एक नवयुवक जिसका नाम पंनझी था, ने गाली सुनते ही सूबेदार को झपटकर ऐसी तलवार मारी कि उसका सिर कटकर गिर गया। इस पर सूबेदार के सिपाहियों ने एक साथ बन्दूकों से फ़ायर किया और चालीस राजपूत एक साथ ही मारे गए।" (ग़दर 1857, पृ. 113-14)

अलवर की सेना के शस्त्र रखवा लिए गए थे। विद्रोही सेना जीत रही थी किन्तु शाहगंज के पास उनका तोपची घायल हो गया। उसने अलवर की सेना को ललकारा। अलवर की सेना ने कहा कि हम तुम्हारे क़ैदी हैं, हमारे हथियार भी तुम्हारे पास हैं। "इस पर सूबेदार कमांडर ने शस्त्र एवं तोपें अलवर की सेना को दे दिए और कहा कि जो तुम्हारा धर्म कहता है वह करो। चाहे सहायता करो चाहे विरोध। गोरी सेना दबाती चली आ रही है और युद्ध की स्थिति बिगड़ती जा रही है। अचानक उस रेज़िमेंट विद्रोही ने जो दाएँ से चढ़ी थी पीछे से आक्रमण कर दिया और सरकारी सेना को बीच से फाड़कर दो भागों में कर दिया। अंग्रेज़ी सेना का कमांडर कप्तान बुरी तरह से घायल हो गया। उधर से अलवर की सेना ने तोपों से गोरी सेना के बग़ल में गोलीबारी की। जिससे मैगज़ीन की दो पेटियाँ उड़ गईं और युद्ध की स्थिति पलट गई। कहाँ जीत रहे थे कहाँ अब टिकना कठिन हो गया। अंग्रेज़ी सेना ने चाहा कि लड़ते हुए पीछे हट जाएँ। विद्रोही सेना समझ गई। उन्होंने पीछा करके गोलीबारी की और अन्ततः अंग्रेज़ी सेना के पाँव उखड़ गए और वह क़िले की ओर भागी।" (वही, पृ. 115)

विजय के बाद सेना ने अकबराबाद में दो दिनों तक लूट मचाई। तीसरे दिन मथुरा-भरतपुर मार्ग से दिल्ली की ओर बढ़ गई। मथुरा में अपने पड़ाव के दौरान सेना ने इस नगर को लूटना चाहा। "वहाँ लक्ष्मीचंद ने बचा लिया।" (वही, पृ. 115)

विद्रोहियों ने अकबराबाद में अपना कोई प्रशासक या सैनिक समूह नहीं छोड़ा। इसलिए उनके वहाँ से जाते ही अंग्रेज़ों ने रात में आपस में तय किया कि उच्च नागरिक सेवा पदों पर तैनात भारतीय अधिकारियों को फाँसी दे दी जाए और ऐसा राजनीति के तहत किया जा सकता है। मोईनुद्दीन हसन अंग्रेज़ों के पक्षधर होते हुए भी उनके इस कृत्य को उचित नहीं ठहरा पाते। अंग्रेज़ों को सन्देह लाभ देते हुए वे लिखते हैं, "हो सकता है किसी पर सन्देह भी हुआ हो। उस परामर्श में एक अंग्रेज़ अधिकारी ऐसे भी थे जो बड़े ही दयालु एवं सज्जन थे। उन्हें यह विचार न भाया। उन्होंने इसे अत्याचार समझा और गुप्त रूप से सबको उसी रात सूचित कर दिया कि यहाँ तुम्हारा एक घंटा भी रहना उचित नहीं है। उनमें अधिकांश उनसे और उनके स्वभाव से परिचित थे। केवल

इस सूचना एवं इशारे पर रातोंरात चले गए। सुबह तलाश करने पर कोई नहीं मिला। हाँ, मीर सफ़दर शिकोहाबादी के वकला-ए-नामी (जैसाकि मूल पांडुलिपि में अंकित है) जो कि बेगुनाह थे फाँसी पा गए। शायद किसी और को भी फाँसी दी गई हो। अन्त में हत्या के प्रस्तावकों को उक्त अधिकारी पर सन्देह हुआ। परन्तु सब चुप रहे। उन सब लोगों की जानें बच गईं। वास्तव में उनमें से कोई भी उपद्रवी नहीं था और न ही किसी ने कोई उपद्रव किया था अपितु उनमें से अधिकांश विद्रोह के बाद सरकार के शुभचिन्तक सेवक रहे। वास्तविकता तो यह है कि प्रशंसित साहब की नेकनीयती के कारण कम्पनी के सभी अधिकारी लेफ़्टिनेंट बहादुर सहित खुले हुए अत्याचार एवं निरपराध से बच गए। उधर बेचारे गरीन बच गए। ईश्वर उन्हें सकुशल रखे। यदि ऐसे गम्भीर एवं न्यायप्रिय और बुद्धिमान अधिकारी और भी होते तो यह उपद्रव और भी कम होता।" (वही, पृ. 116)

जातियों का संयुक्त जातीय संघर्ष

भारतीय इतिहास में जातियों की निर्णायक भूमिका रही है। इसे यूँ कहा जा सकता है कि 'जाति', 'जातीयता' और 'साम्प्रदायिकता' ने सदा एक दबाव समूह (Pressure group) की तरह कार्य किया है। सन् सत्तावन के प्रथम स्वाधीनता संग्राम का रक्तरंजित इतिहास भी इसका अपवाद नहीं है। मोईनुद्दीन हसन 'छावनी मुरार एवं ग्वालियर का उपद्रव' शीर्षक में मराठों और ग्वालियर की पुरानी दुश्मनी की चर्चा करते हुए नाना साहब की भूमिका चित्रित की है। नाना राव के सम्बन्ध में उनके विचार साधारण हैं। राव साहब के संघर्ष के वर्णन में मोईनुद्दीन हसन मुसलमानों के सम्बन्ध में उन्हें व्यर्थ ही हानि सहने के लिए बाह्य बताते हैं। इस उपद्रव के दौरान हुई आगजनी के कारण वे सैनिक भी विद्रोह में घसीट लिए गए जो इससे अलग रहना चाहते थे। यह अग्निकांड अप्रत्याशित था पर इससे विप्लवकारियों को अवसर मिल गया। हसन के अनुसार, "जिस रेज़िमेंट में पूर्वी हिन्दू ब्राह्मण अधिक थे उसमें बहुत जल्दी उपद्रव हो गया। जिस रेज़िमेंट में हिन्दू-मुसलमान बराबर थे उसमें देर से उपद्रव हुआ। जिसमें मुसलमान अधिक थे वह उपद्रव से बच गई। सवार रेज़िमेंट केवल अन्य रेज़िमेंटों के दबाव के कारण बिगड़ गई। चर्बी वाले कारतूस पर सबसे अधिक ध्यान पूर्वी क्षेत्र के ब्राह्मणों ने दिया। कानपुर में उपद्रव एवं ख़ून-ख़राबा इसी जाति से हुआ। जबकि सरकार ने इसके विपरीत मुसलमानों को ही अतिवादी एवं उपद्रवी समझा। यद्यपि मेरठ में जो तीसरे रिसाले के तुर्की सवारों को विद्रोही एवं उपद्रवी निश्चित कर लिया गया है, उसमें भी पहले उपद्रवी रेज़िमेंट इन सेठ (जैसाकि मूल पांडुलिपि में अंकित है) हुई है। पलटन के उकसाने पर सवार उठ खड़े हुए। सबसे पहले बैरकपुर में भी रेज़िमेंट नं. 34 ने उपद्रव किया। उपद्रव की ज्वाला इस कारण और भड़कती गई क्योंकि अंग्रेज़ अधिकारी मुसलमानों को दंड देने पर अधिक बल देने लगे।" (वही, पृ. 119) अपराध किया हिन्दुओं ने अपराधी मान लिए गए मुसलमान। सम्भवत: स्वयं अंग्रेज़ सरकार के कोतवाल होने के कारण उन्हें ऐसा लगा जबकि यह संग्राम सच्चे अर्थों में हिन्दुओं और मुसलमानों ने मिलकर लड़ा था। यद्यपि यह प्रयास विफल रहा किन्तु कूटनीतिज्ञ अंग्रेज़ों ने आगे चलकर भाषा, धर्म, रीति-रिवाजों, खान-पान और राजनैतिक अधिकारों के भ्रामक प्रश्नों पर दोनों सम्प्रदायों के बीच की दरार को खाई में बदलने की भरपूर कोशिश की और बहुत हद तक सफल भी रहे। इस दशा में

हिन्दुओं और मुसलमानों के धार्मिक 'विश्वास' और 'अक़ीदे' के मतभेद की दरार को नकारा नहीं जा सकता। एक सम्प्रदाय मूर्तिपूजक तो दूसरा मूर्तिभंजक फिर भी बुतपरस्तों और बुतशिकनों में चाहे रोटी-बेटी का लेन-देन सिफ़र जैसा रहा हो पर उनके बीच दंगे अंग्रेज़ों के लम्बे शासनकाल के बाद ही हुए।

मोईनुद्दीन हसन की इस पुस्तक 'ग़दर 1857 (आँखों देखा विवरण)' में झाँसी की रानी लक्ष्मीबाई और उनके संग्राम का बहुत अवमूल्यनपरक वर्णन मिलता है। 'झाँसी उपद्रव की घटनाएँ' में उन्होंने लक्ष्मीबाई को कायर और डरपोक बताया है जो विप्लवकारियों के धमकाने पर अंग्रेज़ों के विरुद्ध लड़ने को बाध्य हुई। यद्यपि उसकी जनता अंग्रेज़ों के ख़िलाफ़ थी। झाँसी उपद्रव की घटना 5 जून, 1857 ई. को घटी। झाँसी के राजा की मृत्यु हो चुकी और रानी लक्ष्मीबाई पाँच हज़ार रुपये प्रतिमाह पोषण के लिए मिली राशि से क़िले में गुज़ारा कर रही थीं, जिस पर अंग्रेज़ों का नियंत्रण था। पूरी अंग्रेज़ी सेना और युद्ध साम्रगी क़िले में ही थी। क़िले में कुल छोटे-बड़े सत्ताइस अंग्रेज़ अधिकारी थे। 5 जून को अचानक उपद्रव आरम्भ हो गया, परिणामस्वरूप सभी अंग्रेज़ों ने झाँसी के क़िले में शरण ली। अंग्रेज़ों का सामान लूट लिया गया, बँगले जला दिए गए। "रानी साहिबा को धमकाया कि यदि तुम अंग्रेज़ों का साथ दोगी तो हम तुम्हें मार डालेंगे और लूट लेंगे। रानी भयभीत हो गई। सैनिकों ने शस्त्रागार के पास मुहम्मदी झंडा खड़ा किया।" (वही, पृ. 136)

अंग्रेज़ अधिकारियों को अब तक अपने सैनिकों पर विश्वास था कि वे उन्हें नहीं मारेंगे किन्तु सैनिकों ने अचानक अपने अधिकारियों पर आक्रमण कर दिया। कई अधिकारी क़त्ल कर दिए गए, कुछ भाग गए। जेलघर तोड़ दिया गया। बन्दी मुक्त हो गए। भयंकर अराजकता फैल गई। "इसके बाद तीसरे दिन परमिट के चपरासी एवं पुलिस वाले एकत्रित हुए, नगर के द्वार पर आए और धर्म-धर्म पुकारने लगे। जेलघर का दारोगा उनका अधिकारी बना हुआ था। यह सुनते ही अन्दर के सिपाहियों ने समझाने, वचन आदि देने के बाद भी नगर का द्वार खोल दिया। सभी उपद्रवी नगर में प्रवेश कर गए। रानी साहिबा ने अपने महल का द्वार बन्द कर लिया। अपनी ही जाति के सिपाहियों के प्रभावशाली पहरे नियुक्त किए। यद्यपि अंग्रेज़ों ने रानी साहिबा से सहायता माँगी परन्तु उन्होंने उपद्रवियों के भय से कुछ भी सहायता न की। उपद्रवी नगर से होते हुए क़िले की ओर चले। पहरे वालों ने रानी साहबा को भी अपने साथ कर लिया। जब क़िले पर पहुँचे तो वहाँ अंग्रेज़ वीरतापूर्वक लड़े लेकिन विद्रोही क़िले पर विजय न प्राप्त कर सके।" (वही, पृ. 136-37) अंग्रेज़ों ने वेश बदलकर रानी से मिलने का प्रयास किया किन्तु वे पकड़े गए। पकड़कर रानी की ड्योढ़ी पर लाए गए। "रानी साहिबा भयवश अंग्रेज़ों से न मिल सकीं। अन्दर से कहलवाया कि विद्रोही सेना के सेनापति रिसालदार के पास ले जाओ और उसी के आदेशानुसार कार्य करो। मैं स्त्री हूँ और अंग्रेज़ी सैन्य मुक़दमों में हस्तक्षेप नहीं करती। वहीं पकड़ने वाले अंग्रेज़ों को खींचकर रानी साहिबा के घर के बाहर ले गए और हत्या कर दी।" (वही, पृ. 137)

अंग्रेज़ भी क़िले के भीतर से लड़ रहे थे और रानी साहिबा भी क़िले के भीतर थीं। विद्रोहियों ने उन तक ख़बर पहुँचाई कि यदि उनका साथ नहीं दिया तो वे उन्हें मार डालेंगे। "रानी साहिबा को कहला दिया कि यदि तुम हमारा साथ न दोगी तो हम

तुम्हें मार डालेंगे। रानी साहिबा विवश होकर विद्रोहियों के साथ हो गईं। रानी साहिबा ने दो तोपों एवं एक हज़ार सैनिकों की सहायता लेकर क़िले पर गोलाबारी आरम्भ कर दी। क़िले को तोपों से कोई हानि नहीं हुई। वरन् क़िले के बन्दूक से बहुत से विद्रोही मारे गए। क़िले के अन्दर गोरन साहब, कप्तान साहब गोला लगने से परलोक सिधारे।

कुछ भारतीय सैनिक जो अंग्रेज़ों के साथ क़िले में थे वे निष्ठापूर्वक स्वामिभक्ति निभा रहे थे। उसमें से दो-तीन विरोधी हो गए। क़िले की एक खिड़की चुपके से खोल दी जिससे उपद्रवी अन्दर प्रवेश कर गए।" (वही, पृ. 137)

बचे हुए अंग्रेज़ों को वचन देकर भी विद्रोहियों ने मार डाला। झाँसी अंग्रेज़ों से मुक्त हो गई। रानी ने कई महीनों तक शासन चलाया और कर वसूली की। इसी बीच मो छावनी और कलकत्ते से चलकर दो सरकारी सेनाएँ झाँसी पहुँचीं और लम्बी लड़ाई के बाद क़िला जीत लिया। "रानी साहिबा सेना सहित कालपी की ओर भाग गईं। तात्या टोपे एवं बांदो राव झाँसी की लड़ाई की सूचना पाकर सहायतार्थ झाँसी जा रहे थे कि सरकार ने झाँसी पर विजय प्राप्त कर ली। पराजित रानी से भागते हुए मार्ग में भेंट हो गई। राव साहब रानी सहित कालपी वापस चले गए। इसके बाद रानी की पराजित सेना झाँसी से कालपी पहुँची। उधर नवाब अली बहादुर भागकर कालपी पहुँचे। इस प्रकार झाँसी का झगड़ा भी समाप्त हो गया और उक्त तीनों सरदार आपस में विचार-विमर्श करने लगे।" (वही, पृ. 138)

यह झाँसी में पहले संघर्ष का वर्णन था। इसमें यह प्रश्न अनुत्तरित रह जाता है कि यदि रानी लक्ष्मीबाई विद्रोहियों की प्राण हनन की धमकी से डरकर उनके साथ हो गई थीं तो उन्होंने कई महीने राज्य कैसे और क्यों किया? वे अंग्रेज़ों के मासिक भत्ते पर थीं, उन्हें पुन: बुलाकर राज्य सौंप सकती थीं। द्वितीय प्रश्न यह उठता है कि अंग्रेज़ों द्वारा दोबारा क़िला जीतने का संघर्ष क्योंकर हुआ? रानी अगर पहले उन्हें बुलाकर शासन और कर वसूली का भार नहीं सौंप पाई थीं तो अब द्वार पर खड़ी होकर अंग्रेज़ी सेना का पुष्प-दीप से स्वागत कर सकती थीं लेकिन इसमें युद्ध रानी और अंग्रेज़ों के बीच हुआ। फिर जिनसे भयभीत थीं, उन्हीं के साथ कालपी भाग गईं?

वास्तव में रानी का 'स्त्री' होना उनके सम्यक् मूल्यांकन में लेखक के आड़े आता है। लक्ष्मीबाई स्त्री थीं, इसलिए उनकी सैन्य संगठन क्षमता, युद्ध कौशल और कूटनीतिक समझ की अवहेलना किए बिना नहीं रहा जा सकता।

कालपी में बाँदा से नवाब अलीबहादुर भी लक्ष्मीबाई, तात्या टोपे और नाना साहब से आ मिले। नाना राव ने ग्वालियर नरेश से केवल 'मार्ग और रसद' की माँग की। वे युद्ध नहीं चाहते थे। राव साहब के पत्र का उत्तर अस्वीकार में आया। फलत: भारतीय रियासतें आपस में भिड़ गईं। ग्वालियर पर आक्रमण हुआ। ग्वालियर के राजा सिन्धिया युद्ध जीत रहे थे कि विद्रोही पक्ष के कुछ 'मुसलमानों' ने युद्ध का रुख मोड़ दिया। "वह रिसाला जो रहम अली ख़ाँ के साथ बरेली से आया था उसमें अशरफ़ ख़ाँ नामक रिसालदार अपने छह अन्य भाइयों सहित सेना में उपस्थित था। अशरफ़ ख़ाँ ने अपने भाइयों से कहा कि एक दिन तो मरना ही है कहाँ तक भागोगे? चलो आज ही लड़कर मर जाएँ। सभी छह भाई एवं उनके अन्य सहयोगी इस पर तैयार हो गए। और इन आठों व्यक्तियों ने उसी पहाड़ी नाका को कमज़ोर समझा और अचानक अपने

घोड़ों को उसी मोर्चे पर दौड़ा दिया। उधर तोप पर बत्ती पड़ी धमाका हुआ। ये आठों सवार सैन्य कौशल रखते थे, तुरन्त ही बिखर गए और गोला हवा में होता हुआ निकल गया। फिर जो घोड़े दौड़ाए तो दूसरी बार तोप न भरने दी और पहुँच गए। पहले ही हल्ले में पाँच-सात तोपचियों को तलवारों से काटकर रख दिया, शेष गोलन्दाज़ों एवं सिपाहियों ने यह देखकर दीन-दीन पुकारा और अलग खड़े हो गए। तोप बन्द हो गई।" (वही, पृ. 139) ग्वालियर नरेश के साथ लड़ रही पलटन के सिपाही नशे में थे और आपस में ही लड़ने लगे थे। इसी बीच अशरफ़ ख़ाँ अपने साथियों के साथ ग्वालियर की तोपों के पास पहुँचकर उन पर अपना क़ब्ज़ा कर चुके थे। "एक ओर से रानी साहिबा ने अपनी सेना सहित आक्रमण किया और दूसरी ओर से रहम अली ख़ाँ ने उसी रिसाले के साथ आक्रमण किया। महाराज सिन्धिया यह स्थिति देखकर घबरा गए और सोचने लगे कि अब भाग निकलने के अतिरिक्त और कोई उपाय नहीं। घोड़े को वापस फेरा और भागे। उनके पीछे सहयोगी एवं संगी-साथी भी भागे फूलबाग पर आए परन्तु वहाँ भी रुकना उचित न समझा और अकबराबाद की ओर चले। मार्ग में महाराज के सोलह घोड़े मरे और स्वयं वे सुरक्षित अकबराबाद पहुँच गए।" (वही, पृ. 140)

भयभीत 'स्त्री' युद्धक्षेत्र में डटी शत्रुओं पर आक्रमण कर रही थी। दोनों सम्प्रदायों के योद्धा मिलकर लड़ रहे थे। ग्वालियर पर अधिकार करने के बाद राव साहब ने ग्वालियर के राजा के जनानाघरों की विधिवत व्यवस्था की। यथास्थिति रखते हुए कचहरी के कर्मचारी भी नहीं बदले। यही नहीं, सेना में नई भरती आरम्भ की। इस भरती में जाति का कोई बन्धन नहीं था। "प्रत्येक जाति के लोग बिना रोक-टोक नौकर होने लगे। धुनिये, जुलाहे, तेली, तमोली, चमार सभी नई भरती में सम्मिलित थे, उनकी पलटनें तैयार हुईं। मुफ़्त के ख़ज़ाने से व्यय वितरण होने लगा। उन्हीं में से अधिकारी भी नियुक्त हुए। चम्बल नदी के किनारे एवं अकबराबाद मार्ग आदि पर नियुक्ति हुई।" (वही, पृ. 140)

किसी भी जाति के व्यक्ति की सेना में भरती पर लेखक का दुख अगली ही घटना से दूर हो जाता है। बाईस दिनों तक ग्वालियर पर स्वाधीनता सेनानियों का अधिकार रहा। "तेईसवें दिन महाराज सिन्धिया अंग्रेज़ी सेना की सहायता लेकर आ पहुँचे। वह नव भरती सेना जो नाकाबन्दी पर नियुक्त थी अंग्रेज़ी सेना को देखते ही भागी। प्राचीन समय से बिना परिश्रम के खाने वाले होते हैं। चमारों को भागने में क्या लाज है? तात्पर्य यह कि महाराज को आई सहायतार्थ अंग्रेज़ी सेना ने पहले ही दिन फूलबाग पर अपना अधिकार कर लिया।" (वही, पृ. 140-41)

अंग्रेज़ों और सिन्धिया के ग्वालियर पुन: जीत लेने के बाद झाँसी की रानी द्वारा मोर्चे के निरीक्षण पर निकलने और नए घोड़े की घटना का ब्योरा है। एक अंग्रेज़ सैनिक ने रानी को बुरी तरह घायल कर दिया, रानी उसे मौत के घाट उतार वापस लौटीं। "शल्य चिकित्सक आए और घाव सिला गया। रानी ने वीरतापूर्वक टाँके का कष्ट झेला। बातें करती रहीं। रहम अली ख़ाँ से कहने लगीं, "यह भी क्या समय है?" रहम अली ख़ाँ और अन्य सभी सरदार तसल्ली देने लगे। रानी ने मुस्कुराते हुए कहा, "पहर-सवा पहर की और मेहमान हूँ। मुझे क्या समझाते हो?" सभी सरदार दुखी मन से वापस हुए। अन्य सब लोगों को अलग कर दिया। रानी के विशेष सेवक ही वहाँ रह गए। लगभग शाम को रानी का देहान्त हो गया। उनके सहयोगियों ने इस घटना को गुप्त रखा। आधी रात को उनके

पार्थिव शरीर का क़िले की दीवार के नीचे दाह-संस्कार कर दिया गया। इसके बाद रानी की सहेली एवं सहयोगिनी उस बालक को जिसे रानी ने गोद लिया था लेकर रानी के पुराने सेवक कुतुबुद्दीन ख़ाँ रिसालदार के साथ रातोंरात बुंदेलखंड की ओर प्रस्थान कर गई। सुना गया है कि अब वह बालक बुंदेलखंड के किसी गाँव में रहता है और जवान हो गया है। सरकार की ओर से उसके पालन-पोषण हेतु कुछ वृत्ति (वज़ीफ़ा) निर्धारित हो गई।" (वही, पृ. 141) तत्पश्चात् राव साहब के लम्बे संघर्ष को बताते हुए अंग्रेज़ों और गायकवाड़ के साथ वाधर जाति के संघर्ष की चर्चा है। यह जाति बहुत वीरतापूर्वक लड़ी, किन्तु अन्त में पराजित हुई क्योंकि "सरकार ने सुरंग लगाकर द्वारिका का बड़ा मन्दिर जिसमें वाधर छुपकर लड़ रहे थे उड़ा दिया। वाधर कुछ मरे बाक़ी निकल गए। आसपास के क्षेत्रों में बिखरकर काठियावाड़ के क्षेत्र को भयभीत कर दिया। काठियावाड़ के राजाओं से भीषण लड़ाइयाँ हुईं। बहुत गाँव लूटे। एक साल तक इन्होंने लड़ाई-दंगा बनाए रखा। अन्त में अंग्रेज़ी सरकार ने प्रयास करके उनका पीछा किया और उनके आतंक का अन्त कर दिया। उनके योद्धा और आतंकवादी सभी मारे गए। इसके पश्चात् वह बड़ा मन्दिर जिसे सुरंग से उड़ा दिया गया था दोबारा उसे बनाया गया। हिन्दुओं ने इस दुख के कारण एक वर्ष तक दीपावली का दिया नहीं जलाया।" (वही, पृ. 146-47)

इधर एक के बाद एक धोखा खाते राव साहब का जीवन दीपक भी बुझ गया। पहले राजा पृथ्वीसिंह फिर राजगढ़ से हुई लड़ाई में राव साहब और तात्या टोपे को अलग होना पड़ा। तात्या टोपे को कोठा के फसाद में उल्लिखित भोरजी ने धोखे से अंग्रेज़ सरकार के हवाले कर दिया। आश्चर्यजनक तथ्य यह है कि उसके पिता बाग़ी थे। "अंग्रेज़ी सरकार के बागी राजा नरवर सिंह के पुत्र श्री भोरजी तात्या टोपे से सहानुभूति पैदा करके उन्हें बन्दी बनाकर अंग्रेज़ी सरकार के हवाले कर दिया। यह वही भोरजी है जिसका हाल कोठा के फसाद में हो चुका है। इस शुभ चिन्ता में उसके अपराध माफ़ हो गए। तात्या टोपे को ग्वालियर के रूपेरी स्थान पर फाँसी दी गई और भोरजी अपनी इच्छाओं को पाकर भी उससे वंचित रहे कि बहुत कम जीवन काल ने उनका साथ दिया।" (वही, पृ. 147)

राव साहब भी साधु वेश में अपनी पत्नी और एक रसोइये के साथ लाहौर पहुँचे। बीमार पत्नी को लेकर वे मन्दिर में ठहरे। "नमकहराम रसोइये ने धन के लालच में अंग्रेज़ी सरकार को ख़बर देकर इन्हें बन्दी बना दिया। राव साहब अपनी पत्नी के साथ उसी भेष में गिरफ़्तार किए गए और छानबीन के लिए उन्हें कानपुर रवाना किया गया। जब कानपुर पहुँचे तो मुक़दमे की जाँच-पड़ताल आरम्भ हुई। डिप्टी नासिर अली बहुत प्रयास करके गवाह लाए और उन्हीं के प्रयत्न से राव साहब को कानपुर के स्थान पर फाँसी दी गई। उनकी पत्नी इन्दौर चली गई। यह सब कहानी ग़दर की पूरी हुई। ग़दर का भूचाल एक साल दस महीने रहा। अन्ततः दंगा समाप्त हुआ बागियों की गिरफ़्तारी जारी रही।" (वही, पृ. 147)

मोईनुद्दीन हसन की पुस्तक 'ग़दर 1857' का विस्तृत विश्लेषण एक अन्य दृष्टिकोण से भारत के प्रथम स्वाधीनता संग्राम के पुनरीक्षण का ऐतिहासिक आधार प्रस्तुत करता है। यथासम्भव उद्धरणों को छोटा रखते हुए भी कुछ सूचनाओं को साझा करना आवश्यक था। उर्दू में मूल पुस्तक 'खदंगे ग़दर' शीर्षक से छपी थी जिसका अर्थ 'विद्रोह की फाँस' या 'विद्रोह का तीर' होता है। अनुवादक प्रोफ़ेसर अब्दुल हक़ मूल शीर्षक का सटीक अनुवाद न कर पाने की वजह उनका भला न लगना बताते हैं।

उससे भी कम भला लगने वाला उनका रानी लक्ष्मीबाई सम्बन्धी विश्लेषण है। इतिहासकार आर.सी. मजूमदार का मानना है कि सन् सत्तावन का संग्राम वास्तव में थोड़े से सामन्तों द्वारा अंग्रेज़ों के विरुद्ध रचा गया षड्यंत्र था। इन सामन्तों में उन्होंने नाना साहब, तात्या टोपे और झाँसी की रानी लक्ष्मीबाई के नाम गिनवाए हैं। इतिहासकार सुरेन्द्रनाथ सेन लिखते हैं, "1857 की लड़ाई अपने वर्ग स्वार्थों के लिए सामन्तों की लड़ाई थी। ये सामन्त यहाँ पिछड़ी हुई सामाजिक व्यवस्था क़ायम रखना चाहते थे। इसके विपरीत अंग्रेज़ शासक यहाँ प्रगतिशील समता के प्रतिनिधि थे। यदि 1857-58 में भारतीय पक्ष जीतता तो इतिहास की गति उलट जाती और भारत पिछड़ा हुआ देश बना रहता।" (1857, surendranath sen, publication Division, I & B dept., Govt. of India, New Delhi, 1977)

कहना न होगा कि दूसरा पक्ष इसे भारत का प्रथम स्वाधीनता संग्राम मानता है जो अंग्रेज़ों की शोषक और बर्बर नीतियों का परिणाम था। यही नहीं इसमें उस समय की आम जनता, किसान, काश्तकार, कारीगर इत्यादि और हिन्दुस्तानी सिपाहियों ने भाग लिया और अपना बलिदान किया। अंग्रेज़ों की ढोंगपूर्ण कपटभरी नीति को पहचानने वाले इन संग्रामियों ने इसके लिए तैयारी की और अपने सिरों की बाज़ी लगा दी। यह महज़ एकाएक फूट पड़ने वाला सिपाही विद्रोह नहीं था, बल्कि घोर आर्थिक दरिद्रता में घनघोर शारीरिक यंत्रणा सहन करती हुई उस जनता के मन में धधक रहा गहरा असन्तोष था जो अंग्रेज़ों के अत्याचार से त्रस्त थी। अंग्रेज़ों की भद्रता से भरी कपट नीति का विवेचन करते हुए 28 अगस्त, 1857 ई. को मार्क्स ने एक लेख लिखा। इसमें उन्होंने अंग्रेज़ों की राज्य व्यवस्था और किसानों को तरह-तरह की शारीरिक यंत्रणा देकर लगान वसूल करने की पद्धति पर एक बहुत ही मार्के का लेख लिखा। उन्होंने लिखा—"हम यह दिखाना चाहते हैं कि भारत के अंग्रेज़ी शासक दूध के धोए नहीं हैं और वे भारतीय जनता की भलाई करने में नहीं लगे जैसाकि वे सारी दुनिया को जताना चाहते हैं। इसके लिए हम उन सरकारी दस्तावेज़ों का सहारा लेंगे जो भारत में शारीरिक यंत्रणा देने पर हाउस ऑफ़ कॉमन्स के सामने 1856-57 में पेश किए गए थे। ये दस्तावेज़ ऐसे सबूत हैं जिन्हें कोई नकार नहीं सकता। सबसे पहले मद्रास के यंत्रणा-आयोग (Torture Commission) की रिपोर्ट लेते हैं। उस आयोग ने अपना यह विश्वास प्रकट किया है कि मालगुज़ारी वसूल करने के लिए व्यापक रूप से यंत्रणा दी जाती है। उसका कहना है कि प्रतिवर्ष जुर्म करने वालों को इतनी बड़ी संख्या में यंत्रणा नहीं दी जाए जितनी संख्या में लगान न दे पाने वालों को दी जाती है। जिन्हें शिकायत करना है वे लम्बी यात्राएँ करके स्वयं कलक्टर के पास जाएँ, धन और समय ख़र्च करें, यह सम्भव नहीं है। उन्हें भय होता है कि उनकी अर्जियाँ इस आम टिप्पणी के साथ लौटा दी जाएँगी कि तहसीलदार तहक़ीक़ात करे यानी जिस आदमी ने ख़ुद या अपने मातहत पुलिस कर्मचारियों के द्वारा उन्हें यंत्रणा दी है वही तहक़ीक़ात करेगा।" (भारत में अंग्रेज़ी राज और मार्क्सवाद, पृ. 181-82)

बलवन्त दत्तात्रेय ने रानी को पूरी तरह निर्दोष (innocent) दिखाने के लिए उन्हें अपने दरबारियों द्वारा दिग्भ्रमित बताया है। इन लोगों का मानना है कि रानी न केवल अपने दरबारियों, कर्मचारियों और सिपाहियों द्वारा दिग्भ्रमित की गई, बरगलाई गई वरन्

क़िस्मत की मार कि अंग्रेज़ों को भी उनके सम्बन्ध में वहम हो गया। झाँसी में जिन अंग्रेज़ स्त्रियों-बच्चों का क़त्ल हुआ वह वास्तव में 'बलवाइयों' द्वारा किया गया और सारा दोष रानी के सिर आन पड़ा क्योंकि अंग्रेज़ों ने यह किसी भी प्रकार स्वीकार नहीं किया कि रानी का इसमें कोई हाथ नहीं। अत: अंग्रेज़ों ने रानी को 'सबक' सिखाने के लिए झाँसी पर आक्रमण किया, ताकि रानी को समाप्त कर झाँसी को हस्तगत कर वे वहाँ 'सुशासन' क़ायम कर सकें जबकि वास्तव में रानी वहाँ अंग्रेज़ी साम्राज्य की ही देखभाल कर रही थीं—"लक्ष्मीबाई के चतुरता, उदारता, दयालुता आदि गुणों को देखकर यही कहना पड़ता है कि यदि उस भयंकर विद्रोह के समय वे झाँसी की रक्षा न करतीं और क़िले को अपने अधिकार में न लेतीं तो वह प्रान्त विद्रोहियों के हाथ में चला जाता, परन्तु दैवयोग से महारानी लक्ष्मीबाई के शासन का अन्त और उसी के साथ उनकी जीवन-लीला के भी समाप्त होने का समय निकट आ गया। जिस समय अपने मन में वे यह सोच रही थीं कि सन् 1857 के जून महीने में मैंने अंग्रेज़ों की जो सहायता की और अब तक झाँसी प्रान्त की रक्षा के लिए मैंने जो यत्न किया है उसके बदले अंग्रेज़ी सरकार से मुझे कुछ पारितोषिक मिलेगा—जबलपुर के कमिश्नर सेंट्रल इंडिया (मध्य भारत) के पॉलिटिकल एजेंट और आगरे के कमिश्नर आदि बड़े-बड़े अफ़सरों के पास भेजे हुए खरीतों का अच्छा प्रभाव होगा—महाराज गंगाधर राव की मृत्यु समय की अन्तिम इच्छा के अनुसार न्यायी और उदार ब्रिटिश गवर्नमेंट की ओर से बालक दामोदर राव के स्वत्वों का उचित विचार होकर उनको वंश-परम्परागत झाँसी की गद्दी दी जाएगी, ठीक उसी समय दुर्भाग्यवश अंग्रेज़ों के मन में बिना कुछ सोच-विचार के ही यह बात समा गई कि लक्ष्मीबाई बागी हैं और झाँसी सब बागियों का एक बड़ा भारी अड्डा है।" (झाँसी की रानी लक्ष्मीबाई, दत्तात्रेय बलवन्त पारसनीस, पृ. 93)

झाँसी पर आक्रमण के पहले उस पर इल्ज़ाम लगाते हुए कहानी गढ़ना अंग्रेज़ों के लिए कोई नई बात नहीं थी। "भारतीय प्रतिरोध को क्रूरतापूर्वक दबाने के लिए अंग्रेज़ों ने भारत में और भारत से ज़्यादा इंग्लैंड में भारतीय सैनिकों के अमानुषिक कार्यों स्त्रियों और बच्चों के क़त्लेआम की कहानियाँ गढ़कर ख़ूब प्रचार किया था। जो काम वे ख़ुद करते थे, चीन में और अन्य देशों में काफ़ी समय से करते आए थे, उसे देशी सैनिकों पर आरोपित कर रहे थे। उस धुआँधार प्रचार का उद्देश्य यह था कि लोग अंग्रेज़ों की बर्बरता को न्यायपूर्ण ठहाराएँ और रुपये-पैसे से खुलकर उनकी मदद करें।" (भारत में अंग्रेज़ी राज और मार्क्सवाद, पृ. 181) चूँकि पारसनीस की पुस्तक 1894 ई. में प्रकाशित हुई थी अत: उन्हें अंग्रेज़ों को भी निर्दोष सिद्ध करना था। अत: उन्होंने रानी और अंग्रेज़ों के बीच हुई 'मिस अंडरस्टैंडिग' पर बल दिया।

सन् 1932 से वृन्दावनलाल वर्मा ने रानी लक्ष्मीबाई पर अनुसन्धान आरम्भ किया था (और 1946 ई. में उनकी पुस्तक प्रकाशित हुई)। रानी स्वराज्य के लिए लड़ीं या अंग्रेज़ों की ओर से इस प्रश्न ने अनेकों का पीछा किया। आज भी करता है। ऐसे ही सशंकित लोगों में रानी लक्ष्मीबाई का भतीजा भी था। वृन्दावनलाल वर्मा एवं लक्ष्मीबाई के भतीजे दोनों ही इस समस्या पर एकमत थे—"कलक्टरी में कुछ सामग्री मिली। 1858 में लोगों के बयान लिए गए थे। इनको मैंने पढ़ा। इनको पढ़कर मैं अपने विश्वास में और दृढ़ हुआ—रानी 'स्वराज्य' के लिए लड़ी थीं।" (झाँसी की रानी लक्ष्मीबाई, वृन्दावनलाल वर्मा,

पृ. 3) 1908 ई. में सावरकर की पुस्तक आने से पहले हिन्दी लेखन में सन् सत्तावन का या तो अस्वीकार और भर्त्सना है या चुप्पी। क्यों?

अंग्रेज़ों द्वारा सिपाहियों के प्रतिरोध के क्रूरतापूर्ण दमन पर आर.सी. मजूमदार तक को कहना पड़ा—"बनारस का विद्रोह कर्नल नील द्वारा कुचल दिया गया। उसने पहली मद्रास बटालियन की सहायता से पकड़े गए हर विद्रोही को मौत के घाट उतारा। आसपास के क्षेत्रों में गवर्नर जनरल ने मार्शल लॉ लगा दिया। विद्रोही तो विद्रोही वे लोग भी जिन पर अंग्रेज़ों को ज़रा भी सन्देह था यहाँ तक कि गलियों से पकड़े गए आवारा किशोरों तक को अंग्रेज़ों ने काट डाला। इस कृत्य में केवल कुपित अंग्रेज़ अफ़सर ही नहीं वरन् अंग्रेज़ नागरिक भी सम्मिलित थे। इन नागरिकों ने अंग्रेज़ अफ़सरों के साथ मिलकर ऐसे लोगों को फाँसी देने में स्वेच्छापूर्वक जल्लाद की भूमिका निभाई।" (An Advance History of India, p. 769)

भारतेन्दु ने विक्टोरिया को स्मरण करवाते हुए उनके वादों के पूरे होने की आस में बैठी भारतीय जनता का उल्लेख किया—"कभी हिन्दुओं की दशा पर करुणा उत्पन्न होती है, कभी स्नेह कहता है कि हाँ यही अवसर है ख़ूब जी खोलकर जो कुछ हृदय में बहुत काल से भाव और उद्‌गार संचित हैं, उनको प्रकाश करो पर साथ ही राजभक्ति और आपका प्रताप कहता है कि ख़बरदार हद से आगे न बढ़ना, जो कुछ विनती करना बड़ी नम्रता और प्रमाण के साथ।" (भारतेन्दु समग्र, पृ. 224)

किन्तु ज़मीन से जुड़ी जिस भारतीय जनता, किसानों और सिपाहियों ने इस स्वाधीनता संग्राम के लिए बलिदान दिया था उसकी स्मृति से अंग्रेज़ों का कठोर दमन इसे न पोंछ पाया। मध्य देशीय विशेषकर बुंदेलखंडी लोकमानस में इसकी सजीवता बनी रही। हिन्दी प्रदेश की जनता के लोकगीतों, नानी-दादियों की कहानियों और चौपालों के क़िस्सों में रानी लक्ष्मीबाई और उनके जाँबाज़ साथी जीवित रहे। बहुत लम्बे समय तक रानी लक्ष्मीबाई पर शोधकार्य कर उसे उपन्यास रूप में प्रस्तुत करने वाले हिन्दी के प्रसिद्ध ऐतिहासिक उपन्यासकार वृन्दावनलाल वर्मा ने लक्ष्मीबाई की शौर्य गाथाएँ अपनी परदादी और दादी से ही सुनी थीं। हिन्दी में आल्हा की तरह प्रसिद्धि पा चुकीं प्रसिद्ध कवयित्री सुभद्राकुमारी चौहान की उनसे भी अधिक प्रसिद्ध कविता सबसे अधिक इसी तथ्य की पुष्टि करती है—

बुन्देले हरबोलों के मुँह हमने सुनी कहानी थी।
ख़ूब लड़ी मर्दानी वह तो झाँसी वाली रानी थी॥

(सुधा चौहान, सुभद्राकुमारी चौहान, पृ. 80)

कविता इस बात का भी उल्लेख करती है कि कैसे एक के बाद एक राज्य अंग्रेज़ हड़पते गए, कैसे लगातार अपमान सह रहे भारतवासियों के हृदय सुलग रहे थे—

रानी रोईं रनिवासों में बेगम ग़म से थीं बेजार
उनके गहने-कपड़े बिकते थे कलकत्ते के बाज़ार
सरेआम नीलम छापते थे अंग्रेज़ों के अख़बार
'नागपुर के जेवर ले लो, लखनऊ के लो नौ लखहार'

यो परदे की इज़्ज़त परदेशी के हाथ बिकानी थी।
बुन्देले हरबोलों के मुँह हमने सुनी कहानी थी...
कुटियों में थी विषम वेदना, महलों में आहत अपमान,
वीर सैनिकों के मन में था, अपने पुरखों का अभिमान
नाना धुन्धुपंत पेशवा जुटा रहा था सब सामान,
बहिन छबीली ने रणचंडी का कर दिया प्रकट आह्वान
हुआ यज्ञ प्रारम्भ उन्हें तो सोई ज्योति जगानी थी...।

(वही, पृ. 83)

सुलगते हुए इन भारतीय हृदयों में सामन्त और सामान्य जन, किसान और उनके सिपाही बेटे—सभी के हृदय शामिल थे—

महलों ने दी आग, झोंपड़ी ने ज्वाला सुलगाई थी,
यह स्वतंत्रता की चिनगारी अन्तरतम से आई थी,
झाँसी चेती, दिल्ली चेती, लखनऊ लपटें छाई थीं
मेरठ, कानपुर, पटना ने भारी धूम मचाई थी
जबलपुर कोल्हापुर में भी
कुछ हलचल उकसानी थी...
इस स्वतंत्रता महायज्ञ में कई वीरवर आये काम...
भारत के इतिहास गगन में अमर रहेंगे जिनके नाम,
लेकिन आज जुर्म कहलाती
उनकी जो कुरबानी थी।
बुन्देले हरबोलों के मुँह
हमने सुनी कहानी थी।

(वही, पृ. 84)

मध्यवर्ग के बीच में सन् सत्तावन के स्वाधीनता संग्राम को एक प्रकार की 'भूल' और 'अपराध' मानने की प्रवृत्ति को सुभद्रा कुमारी चौहान ने बड़ी ही सूक्ष्मता के साथ पकड़ा है। सामान्य जन सन् सत्तावन के शहीदों को ससम्मान अपनी स्मृति में इस मनोभाव का वहन (Carry) करना नहीं चाहता था। उसे अपनी 'मिन्नत-मजामत' पर जितना विश्वास था उससे अधिक साधारण जनता की बुद्धि पर अविश्वास था। तत्कालीन परिस्थितियों में अब नेतृत्व इसी मध्यवर्ग के पास था। और इस नेतृत्व को ब्रिटिश सरकार की न्यायप्रियता और सत्यनिष्ठता पर विश्वास था। साथ ही यह जो अंग्रेज़ी शिक्षित नया मध्यवर्ग उभर रहा था और जिसके हाथों में उस समय के अख़बार, पत्र-पत्रिकाएँ थे वह किसी-न-किसी रूप में, बहुलांश में, भारतीय समाज के उस अंश से जुड़ा हुआ था जिसने इस देश में अंग्रेज़ों को पनाह दी, उनसे व्यापारिक रिश्ते जोड़े, उनसे सामरिक सन्धियाँ कीं, उनके सामने घुटने टेके, उनके लिए अपने ख़र्च पर सेनाएँ रखीं, संकट में उन्हें आश्रय दिया, उनका क़ीमती सामान सुरक्षित रखा और उनकी स्वार्थ रक्षा के लिए अपने ही देशवासियों के विरुद्ध लड़े। साथ ही उनके मन में सूक्ष्म ही सही यह

अन्तर्भावना काम कर रही थी कि ये अंग्रेज़ मुसलमान शासकों से अच्छे हैं—"जो कुछ हो, मुसलमानों की भाँति उन्होंने हमारी आँख के सामने हमारी देवमूर्तियाँ नहीं तोड़ीं और स्त्रियों को बलात्कार से छीन नहीं लिया, न घास की भाँति सिर काटे गए और न ज़बरदस्ती मुँह में थूककर मुसलमान किए गए। अभागे भारत को यही बहुत है। भारत के कृतघ्न नहीं है। यह सदा मुक्त कंठ से स्वीकार करेगा कि अंग्रेज़ों ने मुसलमानों के कठिन दंड से हमको छुड़ाया और यद्यपि अनेक प्रकार से हमारा धन ले गए किन्तु पेट भरने को भीख माँगने की विद्या भी सिखा जाएगा।" (भारतेन्दु समग्र, पृ. 732)

उन्नीसवीं शताब्दी का पश्चिमोन्मुख हिन्दी उर्दूभाषी अंग्रेज़ी दीक्षित हिन्दू-मुस्लिम बुद्धिजीवी वर्ग सन् सत्तावन के साम्प्रदायिक ऐक्य की जड़ों और उसकी शक्ति को समझने में सम्पूर्णत: असमर्थ रहा। जिस धार्मिक आधार पर अंग्रेज़ों को विधर्मी समझ हिन्दू-मुस्लिम दोनों सिपाहियों ने कारतूस को दाँतों से काटने से इनकार कर दिया था, जिस दीन-ओ-धर्म की रक्षा के लिए हिन्दू-मुसलमान समान रूप से दिल्ली की सल्तनत के तख़्त पर बूढ़े बादशाह बहादुरशाह ज़फ़र को ही आरूढ़ देखना चाहते थे (और संग्राम की अल्पकालीन सफलता के दौरान बादशाह बनाए जाने पर जिस बहादुरशाह ज़फ़र ने पहली घोषणा गो-वध रोकने की—की थी) (वृन्दावनलाल वर्मा, झाँसी की रानी लक्ष्मीबाई, पृ. 252) (मेरठ और दिल्ली की सम्मिलित हिन्दुस्तानी फ़ौज ने दिल्ली के क़िले पर अधिकार कर लिया। बादशाह बहादुरशाह को भारत का सम्राट घोषित किया और 21 तोपों की सलामी दी। बादशाह ने क्रान्ति का नेतृत्व स्वीकार किया और उसने सबसे पहला जो काम किया वह था गो-वध का क़तई बन्द कर देना) ऐसा प्रतीत होता है कि उस समय का प्रभावशाली-इंटेलिजेंसिया 'हिन्दुस्तानी' की ताक़त समझने में या तो पूरी तरह असमर्थ रहा अथवा अनजान बना रहा। बीसवीं शताब्दी में यही असमर्थता राजनीतिक असफलता में बदल गई। अंग्रेज़ों की 'फूट डालो राज करो' की नीति को अमलीजामा आख़िर हिन्दू-मुसलमानों ने ख़ुद पहनाया था।

बहरहाल इन परिस्थितियों की ऐसी मानसिक स्थिति में सन् 1871 के वर्नाक्यूलर प्रेस एक्ट की विकराल छाया में अगर उस समय का इंटेलिजेंसिया अगर चुप्पी साधे है तो क्या आश्चर्य! बल्कि कुछ लोगों ने अंग्रेज़ सरकार का नमकहलाल दिखने के लिए सन् सत्तावन के शहीदों का उपहास तक किया। बांग्ला के ईश्वरचन्द्र गुप्त ने अंग्रेज़ प्रभुओं की तुष्टि के लिए लिखा—

नाना पापे पटु नाना नाहि सुने ना, ना
अधमेर अँधकारे हइयाछे काना
भाल्दोषे भालो तूमि घौटाले प्रोमाद
आगे ते देखे छे घुघु शेषे देख फाँद

(ईश्वरचन्द्र गुप्त ग्रंथावली, पृ. 200, भगवानदास माहौर द्वारा उद्धृत)

अर्थात् नाना जो नाना प्रकार के पापों में दक्ष है वह किसी के समझाने पर नहीं समझता। अधर्म के अँधेरे में उसे दृष्टिदोष हो गया है, वह काना हो गया है। नाना तुम्हारे दुर्भाग्य से तुमने बड़ा ही प्रमाद किया है, आरम्भ में तुम्हें घुघु पक्षी ही दिखा अब उसके पीछे का फन्दा भी देखो।

कवि ईश्वरचन्द्र गुप्त सन् सत्तावन के संग्राम के समय जीवित थे। उन्होंने दिल्ली और कानपुर में लड़े गए युद्धों पर भी ऐसी ही उपहासात्मक कविताएँ लिखीं। यही नहीं, दिल्ली के बादशाह बहादुरशाह ज़फ़र को क़ैद और उनकी आँखों के सामने उनके बेटों की हत्या किए जाने के बाद अपनी 'युद्ध शान्ति' कविता में ईश्वरचन्द्र गुप्त ने लिखा—

भॉय नाइ आर किछु भॉय नाइ आर
शुभो सॉमाचार बॉड़ो शुभो सॉमाचार
पुनर्बार होइयाछे दिल्ली ओधिकार
बादशा बेगाम दोहे भोगे कारागार...
मोरिलो दु जन तार प्राखेर कुमार
छेले मेये आदि करि जॉतो पोरिबार
दीबा निशि कोरितेछे शुधू हाहाकार

(1857 के स्वाधीनता संग्राम का हिन्दी साहित्य पर प्रभाव,
भगवान दास माहौर, अजमेर, 1976, पृ. 200)

(अर्थात् अब भय की कोई बात नहीं है, कोई भय नहीं है अब! शुभ समाचार है बड़ा ही शुभ समाचार है। दिल्ली पर फिर से अधिकार हो गया है। बादशाह और बेगम दोनों कारागार भोग रहे हैं...उनके प्रिय दो कुमार मारे गए हैं। बाल-बच्चों समेत उनका पूरा परिवार अब दिन-रात हाहाकार कर रहा है।)

विवशता की जिस डोर से बँधी हुई सामान्य जनता और बुद्धिजीवी दिखाई देते हैं उस डोर का एक सिरा सन् सत्तावन के संग्रामियों से भी जोड़ा जाता है कि वास्तव में वे अंग्रेज़ों से लड़ना नहीं चाहते थे पर विवश होकर लड़े। हर बिन्दु पर बँटे भारतीय समाज के बहुत से सामन्त अंग्रेज़ों के साथ थे, उनके पक्षधर थे फिर इन लड़ने वालों की ऐसी क्या मजबूरी थी? झाँसी की रानी लक्ष्मीबाई के सन्दर्भ में तो हर कोई उस पसोपेश से जूझता हुआ दिखाई देता है कि रानी मजबूर होकर लड़ीं या 'स्वराज्य' के लिए यह उनका सुचिन्तित संग्राम था। वास्तव में रानी के संग्राम को 'विवश' चित्रित करना उस समय के इतिहासकारों की एक प्रकार की विवशता ही है। वे रानी के शौर्य की प्रशंसा करते हैं किन्तु प्रच्छन्न तरीक़े से। महारानी लक्ष्मीबाई पर लिखी गई पुस्तकों में श्रीयुत दत्तात्रेय बलवन्त पारसनीस की मराठी पुस्तक—'झाँसी की रानी लक्ष्मीबाई' सबसे अधिक प्रामाणिक मानी जाती रही। रायबहादुर पारसनीस की यह पुस्तक रानी की मृत्यु के 37 वर्षों बाद प्रकाशित हुई। अत: पारसनीस की इस 'उलझन' का कारण समझना कोई कठिन कार्य नहीं है। उल्लेखनीय बात यह है कि इतनी उलझनों के पश्चात् भी रानी की प्रशंसा का कोई भी अवसर उन्होंने हाथ से जाने नहीं दिया है। उन्होंने अजमेर के 'राजस्थान' समाचार-पत्र के पूरे वे तीन पृष्ठ उद्धृत किए हैं जिनमें महारानी लक्ष्मीबाई का संक्षिप्त जीवन-चरित्र है—"प्रिय पाठक! दुख-दरिद्रता से पूर्ण हताश भारत की शोचनीय अवस्था में एक बार अपूर्व विषय का चिन्तन करो। कल्पना के सम्मोहन नेत्रों से एक बार उस भयंकरी महाशक्ति की ओर देखो। हृदय में अश्रुतपूर्व अनास्वादित पर्व एक कैसे अनिर्वचनीय रस का संचार होगा...ब्रिटिश सेना के साथ युद्ध होने लगा। लक्ष्मीबाई ने इस संग्राम में किसी प्रकार की कातरता नहीं दिखाई। उसने कई मास तक

असीम साहस से अकुतोभय से अंग्रेज़ों के साथ युद्ध किया। सुदक्ष ब्रिटिश सेनापति कई मास तक उस वीर्यवती वीरांगना के अद्भुत रण कौशल और असामान्य साहस से विस्मित होकर मुक्त कंठ से उसके यशोगान में तत्पर हुआ! प्रथम युद्ध में लक्ष्मीबाई ने अपना असाधारण पराक्रम दिखलाया था। उसके संग्राम-नैपुण्य से ब्रिटिश सेनापति सर ह्यूरोज का सैन्यदल भी विश्रृंखल और हतवीर्य हो गया था।...इस वीरांगना के वीरत्व का यशोगान कौन करेगा?...

संयोगवश सन् सत्तावन का प्रथम स्वाधीनता संग्राम इतने सुदूर इतिहास में घटित नहीं हुआ कि उससे जुड़े साक्ष्य न हों। साथ ही सभी भारतीय भाषाओं और अंग्रेज़ी में उस पर, विशेषकर रानी लक्ष्मीबाई पर काफ़ी कुछ लिखा-पढ़ा गया। इतने सम्माननीय लोगों की उपस्थिति में रानी के मृत पति द्वारा लिए गए पुत्र को ब्रिटिश सत्ता द्वारा अस्वीकार कर झाँसी पर क़ब्ज़ा कर लिया गया। रानी को पाँच हज़ार रुपयों की मासिक वृत्ति, क़िला छोड़ महल में रहने का प्रावधान, नाबालिग दामोदर राव के बालिग होने तक उसके नाम छह लाख रुपयों का जमा रहना, यह बाध्यतामूलक प्रस्ताव स्वीकार करना पड़ा। यह एक साथ धार्मिक, आर्थिक, सामाजिक और सांस्कृतिक आघात था। "जबकि ईस्ट इंडिया कम्पनी को इंग्लैंड के राजा तृतीय जॉर्ज की ओर से जो सनद मिली थी, उसमें लिखा था—उक्त देश के निवासियों के नागरिक (मुल्की) और धार्मिक रीति-रिवाजों का यथोचित आदर करने के हेतु यह क़ायदा बनाया जाए कि कुटुम्बों के पिता और स्वामियों के हक़ और अधिकार उसी प्रकार सुरक्षित रहेंगे जिस तरह वे हिन्दू या मुसलमानों के क़ायदों के अनुसार बरते जाते थे।" (रमेशचन्द्र मजूमदार, पृ. 60)

तत्कालीन राजा और प्रजा अंग्रेज़ों की कथनी और करनी के वैषम्य का नर्क भुगत रहे थे। मेटकॉफ़ ने झाँसी को अंग्रेज़ी राज में मिला लेने की वकालत करते हुए लिखा—"वास्तव में सरकार का इस प्रान्त से कुछ फ़ायदा या लाभ नहीं है; क्योंकि वह बहुत बड़ा राज्य नहीं है और उसकी आय भी थोड़ी-सी है।...यदि झाँसी का राज्य हमारे क़ब्ज़े में आ जाए तो वहाँ की प्रजा का अत्यन्त कल्याण होगा।" (रमेशचन्द्र मजूमदार, पृ. 56)

27 फरवरी, 1854 ई. को डलहौजी ने झाँसी को अंग्रेज़ी राज्य में मिला लेने की आज्ञा दी। इसके बाद भी रानी का लन्दन के कोर्ट ऑव डायरेक्टर्स विलायती सत्यप्रियता और न्यायप्रियता में विश्वास बना रहा—"अतएव उन्होंने लन्दन के कोर्ट ऑव डायरेक्टर्स से इस विषय का निर्णय कराने के लिए उमेशचन्द्र बनर्जी नाम के एक बंगाली वकील और किसी एक यूरोपियन को 60,000 रुपये देकर विलायत भेजा। पर इसका कुछ भी पता नहीं लगता कि इन महाशयों ने वहाँ जाकर क्या काम किया। महारानी के इस उद्योग का कुछ फल न हुआ। तारीख़ 2 अगस्त, 1854 ई. को डायरेक्टरों ने भी झाँसी राज्य को ब्रिटिश राज्य में मिला लेने की आज्ञा दे दी।"

"मैं अपनी झाँसी नहीं दूँगी"—रानी लक्ष्मीबाई की यह ललकार महीनों गूँजती रही। इस बीच न कभी उनका आत्मविश्वास फीका पड़ा न उनकी जिजीविषा। रानी लक्ष्मीबाई अंग्रेज़ों से तभी हारीं जब वे जीवन से हारीं। 17 जून, 1858 में रानी लक्ष्मीबाई की मृत्यु होते ही नाना साहब, तात्या टोपे पस्त से हो गए। आख़िर सन् सत्तावन के प्रथम स्वाधीनता संग्रामियों को क्यों पराजित होना पड़ा? विशेष रूप से तब जब यह किसानों और उनके सैनिक पुत्रों के सहयोग से लड़ा गया। विशेषकर झाँसी के सन्दर्भ में यह

कहा जा सकता है कि इस युद्ध में समाज की सभी जातियों और वर्गों का सहयोग था। अपनी सेना को 'भरती' करने से पहले रानी लक्ष्मीबाई ने सभी जातियों के प्रधान बुलवाए थे और अपनी सेना में सभी जातियों का सन्तुलन बनाया था जनता की स्मृतियों में रानी लक्ष्मीबाई की स्मृतियों के सुरक्षित होने का यह एक महत्त्वपूर्ण कारक है। सन् सत्तावन से जुड़ी पराजय के सन्दर्भ में दो महत्त्वपूर्ण बिन्दुओं की चर्चा किए बिना उन्नीसवीं और बीसवीं शताब्दी के कुछ पेचीदा प्रश्नों को नहीं सुलझाया जा सकता।

पहली बात यह है कि उन्नीसवीं और बीसवीं शताब्दी की साम्प्रदायिकता में अन्तर है। बीसवीं शताब्दी की साम्प्रदायिक समस्या के लिए उन्नीसवीं शताब्दी को दोषी ठहराना उचित नहीं है।" (रूपा गुप्ता, पृ. 298) सन् सत्तावन के संग्राम में हिन्दू-मुस्लिम ऐक्य अद्‌भुत और प्रमाणित है किन्तु बाद के इतिहासकारों, विशेषकर अंग्रेज़ी ज्ञान औपनिवेशिक दृष्टि से लैस अत: एक ख़ास तरह की साम्प्रदायिक दृष्टि से चालित, को उस समय की हिन्दू-मुस्लिम एकता समझ में ही नहीं आई। उन इतिहासकारों की दृष्टि में हिन्दू-मुसलमानों द्वारा अपने-अपने धर्म और दीन का कट्टर पालन 'फूहड़ता' थी। इस 'फूहड़ता' के पश्चात् भी 'रोटी' और 'कमल' ने दो सम्प्रदायों के बीच जिस ऐक्य को संचारित किया उसकी ऊर्जा; संरचना और प्रकृति बीसवीं शताब्दी से नितान्त भिन्न है।

रानी लक्ष्मीबाई के विश्वासपात्रों में हिन्दू-मुसलमान का कोई भेदभाव न था। उनके प्रधान न्यायाधीश नाना भोपटकर थे तो प्रधान तोपची गौस ख़ाँ। रामचन्द्रराव और गुलमुहम्मद ने अन्त तक उनका साथ निभाया। मोतीबाई उतनी ही विश्वस्त थीं जितनी झलकारी बाई। यहाँ तक कि झाँसी के क़िले के पतन का कारण बनने वाले भितरघातियों में एक पीरअली और दूसरा दूल्हा जू था। तत्कालीन भारतीय सामन्तों के आपसी विरोधों और फूट के उल्लेख के बिना तस्वीर पूरी नहीं होगी। देश के बड़े भू-भाग की जनता की स्वातंत्र्य आकांक्षा की पराजय का मूल कारण अधिकांश देशी राजे-रजवाड़ों का अंग्रेज़ों के साथ होना था। अंग्रेज़ों से लड़ती हुई रानी लक्ष्मीबाई को झाँसी छोड़ने के पश्चात् ग्वालियर के राजा जयाजी राव सिन्धिया से लड़ना पड़ा था। गवर्नर जनरल लॉर्ड कैनिंग ने इंग्लैंड तार भेजा था—अगर सिन्धिया विद्रोह में शामिल हो जाता है तो हमें कल ही हिन्दुस्तान छोड़ना पड़ेगा। (If the Scindhia joins the mutiry shall have to pack off tomorrow) (रमेशचन्द्र मजूमदार, पृ. 667) उस समय के बड़े व्यापारी और प्रमुख ज़मींदार अंग्रेज़ों के साथ थे।

सन् सत्तावन के संग्राम के दौरान इलाहाबाद के प्रसिद्ध क़िले को कैप्टन ब्रासर ने सिखों की सहायता से जीता। दिल्ली, कानपुर, लखनऊ में स्वतंत्रता सेनानियों को सफलताएँ मिलीं किन्तु नर्मदा का इलाक़ा असन्तुष्ट और अशान्त होते हुए भी विद्रोहियों के पक्ष में खुलकर न आया।

"पंजाब, विशेषकर इसके प्रधान सिक्ख ज़मींदारों, कश्मीर के गुलाब सिंह, बहुत से ज़मींदार एवं भारतीय अफ़सर कम्पनी के प्रति वफ़ादार बने रहे। कुछ प्रसिद्ध भारतीय राजाओं एवं उनके मंत्रियों ने अंग्रेज़ों की अत्यन्त महत्त्वपूर्ण सेवा की, जैसे सिन्धिया और उसके मंत्री दिनकर राव, हैदराबाद के मंत्री सर सालार जंग, भोपाल बेगम और नेपाल के मंत्री जंग बहादुर इत्यादि ने संग्राम को पूरी तरह रोका। इंस (Innes) के शब्दों में, "सिन्धिया की वफ़ादारी ने ही भारत को अंग्रेज़ों को सौंपा" तथा सन् सत्तावन पर

महत्त्वपूर्ण शोध करने वाले प्रसिद्ध इतिहासकार होम्स ने सर सालार जंग के लिए कहा कि "प्रत्येक अंग्रेज़ को इस व्यक्ति के प्रति सम्मान और कृतज्ञता व्यक्त करनी चाहिए।" (वही) इतिहास का प्रत्येक कालखंड अपनी सहजताओं और जटिलताओं की असंख्य छवियाँ समेटे हुए अपनी घटनाओं के लिए व्याख्याएँ आमंत्रित करता है।

जिस राजमार्ग पर चलकर भारतवर्ष एक गणतांत्रिक देश बना उसके कील-काँटे इसी संग्राम ने हमवार किए। नेताजी सुभाषचन्द्र बोस ने अजीमुल्ला का दिखाया हुआ रास्ता ही चुना। नाना साहब ने अपने विश्वासपात्र अजीमुल्ला ख़ाँ को अर्जी अपील के लिए विलायत भेजा था। अंग्रेज़ सरकार ने किसी दावे को स्वीकार नहीं किया। "उसने सब नामंजूर कर दिया।...अजीमुल्ला देश-विदेश घूमा है। वह इटली गया। तुर्की में रहा। रूस भी पहुँचा और ईरान होकर लौट आया। उसने तुर्की के साथ चिट्ठी-पत्री की है। इटली में इस समय एक प्रबल पुरुष गेरीबाल्डी नाम का है। वह अंग्रेज़ी जहाज़ी बेड़े को अपने जहाज़ी बेड़े से नष्ट कर देगा। रूस से मदद मिलेगी। सब कहते हैं कि अंग्रेज़ हिन्दुस्तान में खुल्लमखुल्ला और आड़े ओट लेकर बहुत निंदनीय काम कर रहे हैं। बहादुरशाह बादशाह ने ईरान के शाह से लिखा-पढ़ी की है। काबुल तो हतोत्साह है, परन्तु शायद ईरान बादशाह कुछ सहायता करे।" (वृन्दावनलाल वर्मा, पृ. 232)

अत: कहा जा सकता है कि उन्नीसवीं सदी के पूर्वार्द्ध और उससे भी पहले से चले आ रहे अंग्रेज़ों के नृशंस शोषण ने भारत की विभिन्न जातीयताओं की 'जातियों' और यहाँ के दो मुख्य धार्मिक सम्प्रदायों को संगठित कर दिया था। सन् सत्तावन के प्रथम स्वाधीनता संग्राम का घटना काल भले ही उन्नीसवीं सदी का उत्तरार्द्ध है किन्तु इसके कारण की जड़ें अठारहवीं सदी तक जाती हैं। मोईनुद्दीन हसन की पुस्तक का विस्तृत विश्लेषण प्रमाणित करता है कि सन् सत्तावन का प्रथम स्वाधीनता संग्राम देश के बहुत बड़े भाग में सत्ता परिवर्तन की प्रचेष्टा थी। हसन ने अपनी पुस्तक में 'पूरबियों' को अति उत्साही माना है।

इतिहास बस उतना नहीं होता जितना और जैसा घटित होता है, इतिहास वह भी होता है उसे लेखक या इतिहासकार जिस प्रकार देखता है। झाँसी की रानी लक्ष्मीबाई एक प्रत्यक्षदर्शी के लिए केवल 'बेचारी स्त्री' है तो डरी हुई सशंकित है तो कहीं दूसरे विमर्शकार के लिए महारानी लक्ष्मीबाई के इतिहास और लोक में प्रभाचक्र को तोड़ना इसलिए आवश्यक है कि उसे अपने विमर्श के लिए किसी और को स्थापित करना है। यद्यपि यह कार्य दोनों के उचित मूल्यांकन से भी सम्पन्न हो सकता था, किन्तु कुछ लोगों की नई प्रतिभा की स्थापना के लिए पुरानी प्रतिभा को तोड़ने का जोखिम उठाते हैं। चूँकि पुरानी प्रतिभा की नींव शक्तिशाली है अत: नई प्रतिभा पूरी तरह न तो उस खाँचे में सही-सही बैठती है और न ही ऐतिहासिक तथ्य उसे पूर्णत: समर्थन देते हैं।

झाँसी की रानी लक्ष्मीबाई देशी रियासत के लोक स्वीकृत एवं सक्षम नेतृत्व का प्रतिनिधित्व करती हैं। इसमें कहीं पर उनका 'स्त्री होना' आड़े आता है तो कहीं यह 'अतिरिक्त गुण' बन जाता है। इस सन्दर्भ में मराठी में लिखी विष्णुभट्ट गोडशे वरसाईकर (1828-1903) पुस्तक 'माझा प्रवास' का संक्षिप्त उल्लेख आवश्यक जान पड़ता है। इस पुस्तक का हिन्दी अनुवाद अमृतलाल नागर जैसे समर्थ लेखक ने किया है। नागर जी ने इसके अनुवाद में मराठीपन का रंग मिलाकर हिन्दी के अत्यन्त विपुल एवं समृद्ध

अनूदित साहित्य को नया आयाम दिया है। नागर जी ने 'प्रस्तावना' में इस पुस्तक के इतिहास सामग्री के रूप में ख़ूब व्यवहृत होने पर भी उसके लेखक को पर्याप्त यश न मिलने की बात कही है। वेद शास्त्र आदि में निपुण निर्धन भिक्षुक ब्राह्मण विष्णुभट्ट शास्त्री पेशे से पुरोहित थे और अपना ऋण चुकाने के लिए ग्वालियर की रानी द्वारा मथुरा में करवाए गए महायज्ञ में ठाणे से इतनी दूर चले आए। इस लम्बी यात्रा में वे सन् सत्तावन के संग्राम के साक्षी बने। इस संघर्ष का अपना आँखों देखा विवरण उन्होंने सुप्रसिद्ध इतिहासकार रायबहादुर चिन्तामणि विनायक के कहने पर लिपिबद्ध किया। लिखने का एक उद्देश्य 'जीवन के घोर प्रसंगों' से आने वाली पीढ़ियों को परिचित करवाना भी था। अमृतलाल नागर ने इस पुस्तक 'माझा प्रवास' के लेखक विष्णुभट्ट शास्त्री गोडशे को किसी प्रतिष्ठित साहित्यकार और इतिहासकार से कम नहीं माना है।

अमृतलाल नागर सन् सत्तावन के संग्राम के सम्बन्ध में अपनी निश्चित राय रखते हैं। वे इसे आज के जनआन्दोलन की तरह नहीं देखते, किन्तु इसके औपनिवेशिक दृष्टि से मूल्यांकन और लेखन से भी असहमति रखते हैं, "हमारे देश का इतिहास विदेश के विद्वानों ने रचा है। देसी आलिम फ़ाज़िलों ने भी ज़्यादातर उन्हीं की नकल करते हुए पोथियाँ लिखी हैं। ग़दर के इतिहास का भी वही हाल है। विष्णुभट्ट गोडशे का 'प्रवास' आम जनता के दृष्टिकोण से सत्तावन के सिपाही विद्रोह को देखता है। बड़े लोगों की बड़ी-बड़ी बातें जनता के कानों तक अफ़वाह बनकर पहुँची थीं। बड़े लोगों की लड़ाई में आम जनता सिर्फ़ मज़बूरी के कारण ही शरीक थी। गोडशे भट्टजी सरीखे प्रजा के आम लोग देश के राजा-नवाबों के साथ इस युद्ध में केवल नुकसान के ही साझीदार थे। लाभ यदि होता भी तो राजा-नवाबों के ख़ज़ाने में ही जमा होता। प्रजा के लिए 'कोउ नृप होय हमैं का हानी' वाली मनोस्थिति ऐसी हालत में अनिवार्य थी। ग़दर के प्रति उस समय की जनता का दृष्टिकोण तटस्थ और स्वतंत्र रूप से बना था। काले लोगों की भलाई-बुराई को भी गोडशे शास्त्री उतने ही बेलाग, बेलौस होकर आंक सके हैं, जितनी कि गोरे लोगों की भलाई-बुराई को। इतना होते हुए भी उनके बखानों से यह ज़ाहिर है कि आम जनता अंग्रेज़ों से भय और घृणा करती थी। भारतीय जनता दिल से चाहती थी कि अंग्रेज़ इस देश से निकाल दिए जाएँ।" (आँखों देखा ग़दर, विष्णुभट्ट गोडशे वरसाईकर (मराठी की चर्चित पुस्तक 'माझा प्रवास') अनु. अमृतलाल नागर, राजपाल, दिल्ली, 2015, पृ. 6-7)

पुस्तक में 'ग़दर की सूचना', 'ग्वालियर-कानपुर-लखनऊ', 'झाँसी', 'कालपी', 'ग्वालियर और मध्य हिन्दुस्तान', 'ग़दर के बाद' अध्याय और उपसंहार है। कुल 101 पृष्ठों की पुस्तक में सबसे बड़ा अध्याय 'झाँसी' है। इसका कारण समझना कठिन नहीं है। रानी लक्ष्मीबाई के झाँसी के राजा से विवाह पूर्व से ही झाँसी का मराठों और पेशवाओं से एक राजनैतिक सम्बन्ध था। सन् सत्तावन के प्रथम स्वाधीनता संग्राम की जातीय बहुलता को समझने पर गोडशे का झाँसी की रानी लक्ष्मीबाई के प्रति एक रुझान समझ आता है, फिर झाँसी द्वारा अंग्रेज़ों से ग्यारह दिनों तक लड़े गए युद्ध के वर्णन में यह आड़े नहीं आता। झाँसी के वैभव से अधिक उन्होंने मोरोपंत ताम्बे की मातृहीना सुन्दरी, सतेज, ग्यारह-बारह वर्ष की आयु में खेलना-कूदना, घुड़सवारी, अध्ययन, तीर चलाना, हाथी पर सवारी, बन्दूक और तलवार चलाना आदि विधाओं में निपुण छबीली के गुणों और सौन्दर्य का वर्णन किया है। छबीली झाँसी की रानी बनकर लक्ष्मीबाई नाम

से विभूषित हुई। साथ ही झाँसी के सौन्दर्य,सामाजिक-राजनैतिक परिपाटी, उत्सवों आदि का भी परिचय दिया गया है। विशेषकर रानी लक्ष्मीबाई का वह समृद्ध पुस्तकालय (जिसे अंग्रेज़ों ने जला दिया था) उन्हें आकर्षित करता है।

राजकाज में दक्ष, सुन्दरी, स्वाभिमानी, उदार और शूर रानी लक्ष्मीबाई को पुत्र गोद लेने की अनुमति न देने के अंग्रेज़ों के कृत्य को उन्होंने अत्यन्त अन्यायपूर्ण माना है। मोईनुद्दीन का अपनी पुस्तक में लक्ष्मीबाई को बेचारी स्त्री कहने का प्रसंग और 'माझा प्रवास' में वर्णित घटनाक्रम अलग दृष्टिकोण की अनुमति देता है। राजनैतिक उठापटक और सैन्य हमलों में अंग्रेज़ों की फ़ौजें जब सारे बुंदेलखंड पर अधिकार जमाकर झाँसी के निकट पहुँच गईं तो कप्तान ने रानी लक्ष्मीबाई के पास एक पत्र भिजवाया। पत्र पर रानी ने अपने चार-पाँच मुसद्दियों के साथ विचार कर उसका उत्तर लिखवाया। "पत्र का मज़मून यह था कि बाई साहब ने ख़ुद अपने साथ लक्ष्मण राव दीवान, लालू बख़्शी, मोरोपंत ताम्बे वग़ैरह आठ नाम लिखे थे, उनको लेकर मुझसे आकर मिलें। इनके अलावा और कोई भी साथ में न हो और सब लोग बिना हथियार के आएँ। अंग्रेज़ों को युद्ध का निमंत्रण देने का निश्चय तो पहले ही हो चुका था। ख़ाली यही सोचना था, कि इस पत्र के जवाब में क्या लिखा जाए? इस पर विचार हो जाने के बाद यह लिखा गया, "क्यों मिलने के लिए बुलाया है, और वहाँ किसी तरह का दंगा तो नहीं होगा, इसका आपके पत्र में खुलासा नहीं दिया गया। राज नियम के अनुसार हथियारबन्द सिपाहियों को लेकर ही दीवान लक्ष्मण राव आपसे मिलने के लिए आएँगे। मैं औरत ज़ात, मेरा आना नहीं हो सकता। इसके ऊपर आपकी मर्ज़ी।" (वही, पृ. 61)

इसके बाद रानी अपनी युद्ध की तैयारी में और ज़ोर-शोर से जुट गईं। दोनों सन्दर्भों को सामने रखकर देखने पर एक स्थान पर रानी लक्ष्मीबाई बेचारी स्त्री और दूसरे स्थान पर कुशल राजनीतिज्ञ प्रतीत होती हैं। अंग्रेज़ों ने भी "झाँसी के अधीन गाँव-गाँव में ज़ाहिरनामा लगा दिया कि झाँसी पर धावा बोला जाएगा। इसलिए सब लोग अपने भले-बुरे से चेत जाएँ। जीतने के बाद तीन दिनों तक अंग्रेज़ सरकार सारे मुल्क का विजन करेगी। और उसका यह नियम है कि पाँच बरस से ऊपर और अस्सी बरस तक के बूढ़ों तक सबको मार डाला जाएगा। इसलिए जंग के दिनों में कोई झाँसी न जाए।" (वही, पृ. 61)

ग्यारह दिनों तक अंग्रेज़ों का सामना करने वाली रानी लक्ष्मीबाई ने एक-एक व्यवस्था का स्वयं निरीक्षण किया। इस युद्ध के आरम्भ होने से पहले कुछ लोग अपनी सम्पत्ति आदि लेकर ग्वालियर चले गए। आसन्न संकट और झाँसी का सूनापन देखकर रानी लक्ष्मीबाई ने युद्ध से पहले महालक्ष्मी का पूजनोत्सव 'हलद कूंकू' स्थापित रीति से मनाया। विष्णुभट्ट गोडशे लिखते हैं, "शुक्रवार का दिन निश्चय करके सवेरे शहर की तमाम स्त्रियों को बुलवा भेजा। ब्राह्मण, क्षत्रिय, वैश्य, मराठे—सब जातियों की स्त्रियों को आमंत्रित किया गया और उन्हें 'हलद कूंकू', सुगन्धित पुष्प, चन्दन लेप, मिठाइयाँ, चाँदी की तश्तरियों में चने, गुलाब, इत्र और पान-सुपारी देकर सन्तुष्ट किया। ऐसे समारम्भ का 'हलद कूंकू' मैंने कहीं भी नहीं देखा और आगे भी देखने की आशा नहीं। दिन के दो बजे से रात के नौ बजे तक सब जातियों की स्त्रियाँ उत्तम प्रकार के वस्त्र और अलंकार से सजकर क़िले में तांता बाँधकर आती रहीं। उसमें सरदार लोगों की स्त्रियाँ मियानो और पालकियों में बैठकर, मालदार, चोबदार सिपाहियों के साथ

शान से आती थीं। स्त्रियों को 'हलद कूंकू' बाँटने के लिए लगभग सौ स्त्रियाँ खड़ी हुई थीं। लाखों फूल और मनों मिठाइयाँ बाँटी गईं।" (वही, पृ. 62)

तत्पश्चात् युद्ध छिड़ जाने पर रानी लक्ष्मीबाई ने ग़रीबों में अन्न वितरण आदि की व्यवस्था की। युद्ध व्यवस्था में अंग्रेज़ों की तोपों की तुलना में झाँसी की तोपों ने रानी का साथ कम दिया। रानी लक्ष्मीबाई आगे के युद्ध के लिए झाँसी से निकल गईं। अंग्रेज़ क़िले में घुस गए। झाँसी पर अधिकार होते ही "गोरे अन्दर आने लगे और विजन करना शुरू किया। पाँच बरस से लगाकर अस्सी बरस तक जो पुरुष भी दीखा, उसे गोली या तलवार से पार उतार दिया। शहर के एक भाग में आग भी लगा दी। आग पहले हलवाईपुरे से लगाई गई। उस समय शहर में ऐसा आर्तनाद फैला कि जिसका पार न था। भेड़िये जब भेड़ों के झुंड पर झपटते हैं, ऐसा। दूसरी ओर गोरे लोग घरों में घुसकर मनुष्यों की हत्या और सोने-चाँदी की लूट करने लगे। उनके घरों में घुसते ही जो दिखाई दिया उस पर सीधी बन्दूक तन जाती थी, यदि उसने चटपट अपना माल-असबाब गोरों के हवाले कर दिया, तब तो भली-भला, नहीं तो प्राण यमलोक में। बहुतों को पैसे का मोह प्राणों से भी अधिक होता है; ऐसों के तो वे बुरे हाल करते थे। कितनों के गले में उन्हीं की धोतियों का फंदा देकर वे उनको ज़ोर-ज़ोर से झटका देते हुए रास्ते में घसीट लाते थे। घर की दीवारें और फ़र्श फोड़कर जो कुछ पैसा मिलता, उसे लेकर फिर उस मनुष्य को भी मार डालते थे।" (वही, पृ. 69)

अंग्रेज़ों द्वारा यह लूटपाट, आगज़नी, हत्याकांड रानी लक्ष्मीबाई के झाँसी से निकलने से पहले ही आरम्भ हो गई थी। बाद में और इत्मीनान तथा तय क़रार के अनुसार विध्वंस किया गया। छिपे हुए लोग खोज-खोज कर मारे गए। "गोरे कहीं दूर से भी दिखाई पड़ते थे, तो जान बचाने के लिए लोग घास के गट्ठरों में छिप जाते थे। गोरे आकर घास में आग लगा देते थे और उन्हें जल-जलकर मरने पर मजबूर करते थे। किसी ने उनके डर से कुएँ में कूदकर अपनी जान बचानी चाही तो वे लोग बन्दूकें ताने कुएँ पर ही आकर जम गए। अब या तो बेचारा बिना साँस लिये पानी में ही घुटकर मर जाए, या सिर निकाले तो गोरों की गोली से अपनी कपाल-क्रिया कराए, कितने ही खेतों में जा छिपे। उन्हें भी ढूँढ़-ढूँढ़कर मारा गया।...इस तरह तीन दिन तक विजन हुआ। शहर में जितना सोना, चाँदी, हीरा, मोती, मूँगा, मानिक मिला, वह सब गोरे लोग ले गए। गोरों को लूट में कम-से-कम करोड़ से ऊपर रुपया तो मिला ही होगा। पुरुषों का भाग्य ही कैसा चमत्कारी होता है। तीसरे दिन अंग्रेज़ लोग शहर की सरकारी हवेली में गए और वहाँ भी बड़ा माल मारा। वहाँ उन्होंने ज़रा-सा चिथड़ा भी नहीं छोड़ा। पोथियों को भी खोलकर ले गए। झाँसी की पुस्तकशाला बहुत बड़ी थी।...मूर्ख अंग्रेज़ सरकार ने पुस्तकों की पुश्त और बेठन खोलकर तीसरी मंज़िल से उन्हें धड़ाधड़ रास्ते में फेंकना शुरू किया। हवा से उन अमूल्य पोथियों के पन्ने-पन्ने उड़ा कर गली-गली में नष्ट हो रहे थे। फ़राशख़ाने से जाजिमें, तोशक-तकिए, तम्बू सब ले जाकर अपने डेरे में रखे। नक्कारख़ाने में जाकर सब नगाड़े फोड़ दिए और उनके ताँबे के मेड़रे बग़ल में दबाकर चल दिए। दुष्टों ने लक्ष्मी जी के मन्दिर तक को नहीं छोड़ा। देवी के अलंकार, वस्त्र आदि सब लूट ले गए। मुझे तो ऐसा लगता है कि महालक्ष्मी स्वयं अपने ही पर क्रुद्ध होकर अपने वैभव से विरक्त हो गई थीं। कल से विजन बन्द हो जाएगा, इसलिए अंग्रेज़

लोग उस दिन बड़े उत्साह और तेज़ी से विजन का काम कर रहे थे। घर के अँधेरे कोनों, तहख़ानों से भी आदमियों को ढूँढ़-ढूँढ़कर मारते थे। धर्मशालाएँ और मन्दिर तक इन महापातकियों के हत्याकांड से भर गए। कोष्ठीपुरे में तो बड़ा ही भयंकर प्राणनाश हुआ। वहाँ तो बेचारी अनेक स्त्रियाँ भी मारी गईं।" (वही, पृ. 75-77)

इतिहास की अन्य किताबों से भिन्न 'आँखों देखा ग़दर' (माझा प्रवास) इस विजन नामक क्रूरता का परिचय देती है। पुस्तक में अगला विजन 'काले मन्दराजी' (मद्रासी) लोगों का है जिन्हें शहर में ताँबे-पीतल की लूट का अधिकार मिला था। चूँकि इन्हें केवल ताँबा-पीतल लूटने का अधिकार मिला था, इसलिए उन लोगों ने शहर के सभी बर्तन लूट लिए। "उन्होंने बताया, विजन के तीन दिनों में सोने-चाँदी की लूट गोरों को बख़्शीश में मिली। अब चार दिन और लूट होगी; लेकिन इसमें किसी की जान को धोखा नहीं होगा। लूट के ये चार दिन हिन्दुस्तान के राजे-रजवाड़ों की तरफ़ से मदद के लिए आई हुई पलटनों और काली पलटनों में बाँट दिए गए। आज हम तांबा-पीतल लूटेंगे, कल सवेरे से बारह बजे तक हैदराबाद वाले लूटने आएँगे।" (वही, पृ. 77)

जिन देशी राजाओं ने अंग्रेज़ों की सहायता की उनकी सेना और मद्रास की टुकड़ी की लूट के बाद हैदराबाद वालों ने झाँसी लूटी। उन्हें वस्त्र लूटने का अधिकार मिला था। वे चिथड़े तक लूटकर ले गए। बड़े-बड़े व्यापारियों को भी लूटा। "तीसरे दिन रियासती पलटनें आईं। वे अनाज लूटने लगीं। वे लोग अपने-अपने साथ बड़े-बड़े बैल लाए थे। दरवाज़ों पर बैलों को खड़ा करके वे घरों से गेहूँ, दाल, चावल, जोंधरी, बाजरा जो मिलता था, उसे ही लाकर लाद लेते थे। अनाज लेकर मटकियाँ फोड़ डालते थे। चौथे दिन पंचमेल लूट शुरू हुई। जिसे जो लेने लायक़ मिला, वही ले गया। कुओं के रहंट, उन पर पड़ी हुई डोरियाँ-दरवाज़े, कुंडी-कुलफ, पेड़ों पर से आम और दूसरे फल, लकड़ियाँ, कुर्सियाँ...कुछ नहीं छोड़ा।" (वही, पृ. 78)

जलते शहर और लड़ते मुर्दों के बीच लोगों के पास भोजन-पानी नहीं था। निर्धनों को राजनीति से कुछ लेना-देना नहीं था। जिन्होंने अंग्रेज़ों का कुछ नहीं बिगाड़ा था वे भी कुचल दिए गए तो राजनीति से जुड़े लोगों को कैसे छोड़ा ज़ाता? लूट के आठवें दिन झाँसी में अंग्रेज़ों ने 'खलक ख़ुदा का मुलक बादशाह का अमल अंग्रेज़ सरकार का' की घोषणा कर लुटी-पिटी जनता को अपने सम्बन्धियों की लाशों के दाह-संस्कार और दफ़न किए जाने का हुक़्म देकर हज़ारों भंगियों से शहर साफ़ करवाया। लावारिस लाशों को घरों में बच रही लकड़ियों-तख़्त, चारपाई, खिड़कियों-दरवाज़ों के पल्ले यहाँ तक कि पालनों की चिता जलाकर फूँका गया। एक छोर से दूसरे छोर तक जलते शहर की आग बुझाई गई। महाश्मशान से दिख रहे शहर में हज़ारों ऊँट, हाथी, घोड़े, बैल, कुत्ते, भैंसे मरे पड़े थे, उन्हें शहर के बाहर गड्ढे खोदकर दबाया गया। लूट का सामान नीलामी में चढ़ाया गया। अंग्रेज़ सरकार की हवेली के सामने सभी प्रकार की वस्तुओं की दुकानें खुलवाई गईं। नीलामी के बाद रानी लक्ष्मीबाई के समर्थकों को ढूँढ़-ढूँढ़ कर फाँसी दे दी गई। "अंग्रेज़ सरकार ने अनंत द्रव्य कमाया। शहर का पैसा तो उन्होंने चूस लिया, यह कहने में ज़रा भी अत्युक्ति नहीं है।...यह ठीक है कि नगरवासियों को निर्भय कर दिया गया था परन्तु जो लोग राजनीति में विशेष भाग ले रहे थे, उनका अनिष्ट अभी टला न था। अंग्रेज़ सरकार ने बाई साहिबा के आश्रित

सरदारों, मुसद्दियों को ढूँढ़ना शुरू किया। जो-जो सरदार ग़दर में शामिल थे और जो पकड़ में आते रहे, उन्हें शहर की सरकारी हवेली के सामने फाँसी दी जाती थी। लड़ाई की ग्यारहवीं रात को बाई साहिब अंग्रेज़ सरकार के लश्कर में से व्यूह तोड़कर गई थीं। उस समय उनके साथ के सवार सरदार और प्यादे विलायती लोग अधिकतर तो मर चुके थे। कुछ लोग इधर-उधर भाग गए थे। उनमें से जो पकड़े गए; उन्हें झाँसी लाकर फाँसी दे दी गई।" (वही, पृ. 80)

रानी लक्ष्मीबाई के घायल पिता को दतिया महाराज ने अंग्रेज़ों को सौंप दिया। अंग्रेज़ वृद्ध ब्राह्मण को पालकी में झाँसी लेकर आए "और सरकारी हवेली के सामने उन्हें फाँसी दे दी गई। इस तरह खोज-खोज कर फाँसियाँ दी जा रही थीं। क़िले में काला जनरैली झंडा गाड़ दिया गया था।" (वही, पृ. 80)

इस काले झंडे की छाया ने पूरे भारत को एक समान ग्रसा। विशेषकर उत्तर भारत में आज का हिन्दी प्रदेश अत्यधिक दुष्प्रभावित हुआ। ऐसे स्थानों पर हम निस्संकोच कह सकते हैं कि इस देश के जातीय समीकरण से इसका सामना किया गया।

इस सन्दर्भ में सैयद नजमुल रज़ा रिज़वी की पुस्तक '1857 का विद्रोही जगत', पूर्वी उत्तर प्रदेश का उल्लेख किए बिना यह चर्चा अधूरी रह जाएगी। इस पुस्तक में पूर्वी उत्तर प्रदेश में 'विद्रोह के शिल्पकार : मौलवी सरफ़राज़ अली' से लेकर, 'गोरखपुर जनपद के प्रमुख नायक', 'डम्मन ख़ाँ : नेपाल तराई का वासी', 'आज़मगढ़, बनारस, जौनपुर, मिर्ज़ापुर और ग़ाज़ीपुर जनपद एवं बाह्य भू-भाग से सम्बद्ध विद्रोही नायक' तक की चर्चा है। पुस्तक का परिशिष्ट अत्यन्त विशिष्ट है। इसमें अब तक प्रकाशित-अप्रकाशित अभिलेखों में पूर्वी उत्तर प्रदेश के विद्रोहियों की सूची के साथ इस संग्राम के शहीदों की भी सूची है। इसमें दंडितों, शहीदों के विवरण के साथ 'पूर्वी उत्तर प्रदेश में अंग्रेज़ों के प्रमुख पक्षधर एवं सहयोगियों की सूची' भी है। शहीदों और लाभान्वितों—दोनों की सूची स्पष्ट रूप से इस संग्राम की 'जाति' से ऊपर उठकर 'जातीयता' को प्रमुखता देने की प्रवृत्ति को स्पष्ट करती है।

यद्यपि सन् सत्तावन के प्रथम स्वाधीनता संग्राम पर सैयद नजमुल रज़ा रिज़वी की यह पुस्तक केवल 'पूर्वी उत्तर प्रदेश' पर केन्द्रित है किन्तु इसका विस्तृत और गहन शोध इसे आन्दोलन के सम्पूर्ण परिप्रेक्ष्य से जोड़ता है।

इस अध्याय में शीर्षक 'सन् सत्तावन के प्रथम स्वाधीनता संग्राम' को जाति और धार्मिक पहचान के सन्दर्भ में परखने का प्रयास है। इस सन्दर्भ में सैयद नजमुल रज़ा रिज़वी की पुस्तक में उद्धृत पीटर हार्डी का कथन अत्यन्त सटीक ठहरता है। "1857 के विद्रोह में हिन्दू और मुसलमानों द्वारा संयुक्त रूप से किए गए बलिदान ने अंग्रेज़ों को यह अनुभव करा दिया कि, उनको देश से कभी भी भगाया जा सकता है। जैसाकि पीटर हार्डी ने लिखा भी है कि "After 1857, the British believed they could be driven from India—and this was never dismissed to impossible—by a union of the 'Twin fanaticisms' of caste and Islam" ('1857 के बाद अंग्रेज़ यह विश्वास करने लगे थे कि उन्हें भारत से कभी भी भगाया जा सकता है और इसे जाति तथा इस्लाम के जुड़वाँ कट्टरपंथ के एक साथ मिल जाने पर—कभी भी असम्भव मानकर ख़ारिज नहीं किया गया।') इसी को रोकने के लिए ब्रिटिश सरकार

ने 'जो नीति अपनाई उसका परिणाम देश-विभाजन' था। किन्तु 1857 के विद्रोह में भारतीयों द्वारा किए गए बलिदान से प्रेरित होकर ही अगली पीढ़ी ने राष्ट्रीय आन्दोलन प्रारम्भ किया जिसमें अहिंसा की नीति अपनाकर स्वतंत्रता प्राप्त करने में वह सफल रही।" (1857 का विद्रोही जगत् पूर्वी उत्तर प्रदेश, सैयद नजमुल रज़ा रिज़वी, ओरियंट ब्लैकस्वॉन, तेलंगाना, 2018, पृ. 233, उपरोक्त उद्धरण में उद्धृत अंश—हार्डी, पीटर, दि मुस्लिम्स ऑफ़ ब्रिटिश इंडिया, कैम्ब्रिज यूनिवर्सिटी प्रेस, नई दिल्ली, 1992, पृ. 89, पुस्तक का है।)

यद्यपि इतिहासकार रिज़वी का मत है कि सन् सत्तावन के संग्राम में विभिन्न क्षेत्र अलग-अलग कारणों से एक साझा शत्रु के विरुद्ध संगठित हुए किन्तु भिन्न दिखने वाले कारण बाह्य थे। आन्तरिक कारण एक ही था—अंग्रेज़ों द्वारा इस देश का विवेकहीन शोषण। चूँकि इस विवेकहीन शोषण से सम्पूर्ण देश त्रस्त था, इसलिए विरोध की अग्नि देश के पूरे भू-भाग में फैली (एकाध अपवाद के साथ)। बंगाल में स्थायी बन्दोबस्त ने किसान को नेस्तनाबूद कर दिया था तो पूर्वी उत्तर प्रदेश को महालवाड़ी बन्दोबस्त ने तहस-नहस कर दिया था। "1801 में अवध के नवाब सआदत अली ख़ाँ ने चकला गोरखपुर और चकला आज़मगढ़ के अन्तर्गत आने वाले भू-भाग को एक संधि द्वारा कम्पनी सरकार को हस्तान्तरित कर दिया जो बनारस सूबे से लगा हुआ था और पूर्वी उत्तर प्रदेश का हिस्सा था। यहाँ महालवाड़ी बन्दोबस्त लागू करने की प्रक्रिया प्रारम्भ की गई जो 1857 के विद्रोह के समय तक पूरी न हो सकी थी। महालवाड़ी बन्दोबस्त के अन्तर्गत लगान की दर ऊँची थी और वह उपज के मूल्य का 66 प्रतिशत या दो-तिहाई थी।" (वही, पृ. 2-3) अधिक नहीं, बस दो-तिहाई!

यद्यपि इस अध्याय में सन् सत्तावन के प्रथम स्वाधीनता आन्दोलन के विस्तृत विश्लेषण से यह स्पष्ट हो गया है कि इस संग्राम में अंग्रेज़ों के विरुद्ध 'कौन लड़ा, कौन नहीं लड़ा'। जिस प्रकार 'हिन्दू समाज' का एक अभिजात वर्ग अंग्रेज़ों का मुखापेक्षी था और अपने स्वार्थों के लिए या तो उनके साथ या कम-से-कम तटस्थ रहने का प्रयास कर रहा था, उसी प्रकार "भारतीय मुसलमानों में राजनीतिक दृष्टि से शक्तिशाली मुसलमानों का एक छोटा-सा समुदाय अंग्रेज़ों से पहले से ही भारत के अभिजात वर्ग का महत्त्वपूर्ण हिस्सा था; मगर अधिकांश मुसलमान, जो निम्न जातियों से धर्म-परिवर्तन करके आए थे, ग़रीब थे और मुसलमान जातियों के सोपान में सबसे नीची सीढ़ी पर थे। अभिजात वर्ग अंग्रेज़ों द्वारा भारत का शासन उनसे छीन लिए जाने के कारण रुष्ट था।" (आधुनिक भारत में सामाजिक परिवर्तन, एम.एन. श्रीनिवास, राजकमल प्रकाशन, 1992, पृ. 73)

पहले-पहल यह 'रुष्ट समाज' भारत के आधुनिकीकरण और पश्चिमीकरण का तीव्र विरोध करता रहा। यहाँ यह कहने का तात्पर्य क़तई नहीं है कि हिन्दुओं में ऐसा वर्ग नहीं था। प्रसिद्ध साहित्यकार राधाचरण गोस्वामी के परिवार में मुँह से अंग्रेज़ी शब्द निकल जाने पर गंगाजल से कुल्ला करना पड़ता था। पश्चिमी उत्तर प्रदेश के बहुत से समृद्ध परिवारों ने अंग्रेज़ी पढ़ने का निर्णय बाद में लिया। यहाँ भारतीय पहचान की संयुक्त शक्ति हिन्दू-मुस्लिम और उनमें भयंकर जाति भेद के अन्तर्विरोधों की चर्चा किए बिना अंग्रेज़ों की विजय के कारणों की समझ अधूरी रह जाएगी। मुस्लिम समुदाय में सबसे पहले आधुनिक शिक्षा और पश्चिमीकरण का अलख सर सैयद अहमद ख़ाँ (1817-1898) ने जगाया था। वे पहले जागरूक मुस्लिम सुधारक

थे किन्तु उन्होंने साम्प्रदायिक सम्प्रीति में कोई योगदान नहीं दिया, बल्कि भाषा और धर्म के आधार पर वे पहले की सी सामन्तवादी विचारधारा का ही पोषण करते रहे। "सैयद ने भारतीय इस्लाम को आधुनिक चिन्तन और प्रगति की पंक्ति में लाने का प्रयास किया। पर इसमें हिन्दुओं से एकता का कोई विचार न था। हिन्दू तो अब भी ऐसे काफ़िरों का समुदाय था जो मूर्तिपूजा और अन्धविश्वासों के शिकार हैं। सैयद के चिन्तन में सहिष्णुता और अलगाव, सह-अस्तित्व और पृथकता एक-दूसरे की टक्कर में मौजूद हैं। हिन्दुओं द्वारा अतिक्रमण और आत्मसात् से बचने के लिए उन्होंने अंग्रेज़ों से सहयोग का उपदेश दिया। जब 1885 में कांग्रेस की स्थापना हुई तो उन्होंने इस आधार पर मुसलमानों से अलग रहने को कहा कि स्वाधीन भारत में बहुमत का राज होगा और हिन्दू संख्या में मुसलमानों से तीन गुने अधिक हैं।" (मुग़लों का संधिकाल, वी. स्वीअर, कैम्ब्रिज, इंग्लैंड, 1951, पृ. 95)

प्रसिद्ध आलोचक नामवर सिंह जब यह शंका व्यक्त करते हैं कि हमारी जातीयता और कौमीयता कहीं एक सिक्के के ही दो पहलू तो नहीं तो वे केवल हिन्दू साम्प्रदायिकता नहीं, बल्कि मुस्लिम साम्प्रदायिकता को भी प्रश्नों के घेरे में समेट लेते हैं। भारत के निरन्तर एक राष्ट्र के रूप में सुगठित होते जाने में भीतर-भीतर कुछ दरक भी रहा था। "सर सैयद अहमद ख़ाँ पहले पश्चिमीकृत मुसलमान थे जिन्होंने पृथकतावादी विचारधारा को अभिव्यक्त किया, जिसे कवि-दार्शनिक सर मुहम्मद इक़बाल ने और भी आगे बढ़ाया। तीक्ष्ण बुद्धि मुहम्मद अली जिन्ना के हाथों उस विचारधारा को पाकिस्तान के रूप में राजनीतिक वास्तविकता का जामा मिला। भारतीय राष्ट्रीय कांग्रेस में भी मुसलमान थे, जिनमें से कुछ अत्यन्त पश्चिमीकृत थे। पर कुल मिलाकर देवबन्द स्कूल के नेताओं जैसे परम्परावादी मुसलमानों ने ही भारतीय राष्ट्रीय आन्दोलन का समर्थन किया।" (आधुनिक भारत में सामाजिक परिवर्तन, पृ. 73)

हम यह नहीं भूल सकते कि सन् सत्तावन का प्रथम स्वाधीनता संग्राम जिसे सभी धर्मों, वर्गों और जातियों ने मिलकर लड़ा था, उसमें वह दीमक कहाँ लगी थी जिसने मात्र नब्बे वर्षों के अन्दर देश के विभाजन की रक्तरंजित भूमि पर स्वतंत्रता पाई।

अध्याय छह

उन्नीसवीं सदी का उत्तरार्द्ध और जाति-प्रश्न

उन्नीसवीं सदी के उत्तरार्द्ध में देश के हिन्दी साहित्य में उठाए गए जाति-प्रश्नों के पहले अन्य भाषाओं और प्रेसिडेंसियों में जाति से जुड़ी हलचल का साधारण 'हालचाल' जानना उपयुक्त होगा। दक्षिण भारत में व्याप्त जाति प्रथा की सांकेतिक चर्चा पहले की जा चुकी है। चतुर्थ अध्याय 'उन्नीसवीं सदी का पूर्वार्द्ध और जाति सम्बन्धी विचार' में 'हिन्दी जाति' की भी यथास्थान चर्चा हो चुकी है। इस अध्याय में हिन्दी जाति के हिन्दी-नवजागरण के अन्तर्गत उन्नीसवीं सदी के जाति-प्रश्नों को सम्बोधित करने से पहले उसके समकालीन नवजागरण की अपनी जातीय (राष्ट्रीय) स्थिति को समझने में सहायक होगा।

सामान्यत: बौद्धिक विमर्श में हिन्दी-नवजागरण के अतिरिक्त बांग्ला और मराठी नवजागरणों का उल्लेख अधिक मिलता है। इस उल्लेख बाहुल्य का लाभ उठाते हुए उन निष्कर्षों के सम्बन्ध में समझा जा सकता है जिनके आधार पर भारत के विभिन्न नवजागरणों को कसा गया। वास्तव में इस पर ध्यान देने की आवश्यकता है कि एक ही कालखंड में लगभग एक ही जैसी राजनैतिक परिस्थितियों में भिन्न भाषाएँ कैसा आचरण कर रही थीं। इनमें व्यवहारगत कितना भेद था और अन्तत: आपस में कितना अन्तर हो सकता था!

साहित्य के ऐतिहासिक सामग्री के रूप में व्यवहृत होने के अधिकाधिक अवसरों के साथ उसके 'पाठ' और उसकी 'व्याख्या' से जुड़ा एक संकट बना रहता है। उन्नीसवीं सदी के साहित्य का 'पाठ' बीसवीं सदी से, बीसवीं सदी के साहित्य का 'पाठ' बीसवीं सदी और इक्कीसवीं सदी के साहित्य में भिन्न रूप ग्रहण करता है। जिस प्रकार बाद की दोनों सदियों के साहित्य के 'पाठ' की व्याख्या को पाठानुसार केन्द्रित करते हुए बदलने पर ध्यान दिया गया, उस प्रकार उन्नीसवीं सदी के साहित्य की व्याख्या करने पर ध्यान दिया जाना चाहिए। पश्चिम के दार्शनिक और सिद्धान्तकार जब प्रभावी इतिहास (Effective history) (नीत्शे) की बात कर रहे थे तब, अनजाने में ही सही, वर्तमान को अतीत पर वरीयता दे रहे थे। इसी तरह फूको इतिहास को वर्तमान की दृष्टि से परखे जाने के पक्षधर हैं। अधिकांशत: इतिहास भविष्य की आलोचनाओं की चिन्ता किए बिना घटित होता है। इस इतिहास का 'वर्तमान' जब अगले युग के लिए इतिहास बनता है तो उसे उस युग के वर्तमान की दृष्टि से देखने पर मीमांसा की पक्षधरता के संकट बढ़ सकते हैं। फूको इस बात का ध्यान रखते हैं

कि वे इतिहासकार को जीवन्त विकास यात्रा के रूप में देखें। यह सावधानी न रखने पर बदलता वर्तमान अपनी आवश्यकतानुसार जब भी इतिहास के पास जाएगा उस पर अपना दृष्टिकोण थोपेगा।

"दो बातें साफ़ उभरकर सामने आती हैं—(1) इतिहास का पाठ या 'अध्ययन' वर्तमान का प्रमुख रखकर, उसके सापेक्ष किया जाना चाहिए, न कि अतीत के किसी कालखंड, पक्ष या छवि को प्रमुख अथवा प्रमाण मानकर और (2) ऐतिहासिक अध्ययनों में सांस्कृतिक दृष्टिकोण को प्रमुखता मिलनी चाहिए। द्रष्टव्य है कि आज के ऐतिहासिक चिन्तनों में 'सांस्कृतिक' शब्द ही प्रमुख है चाहे वह रेमंड विलियम्स (Raymond Williams) का सांस्कृतिक भौतिकतावाद (Cultural Materialism) हो, या नव-ऐतिहासिकतावादी (Neo-historicist) स्टीफ़ेन ग्रीनब्लाट (Stephen Greenblatt) द्वारा अब नया दिया गया नाम सांस्कृतिक काव्यशास्त्र (Cultural poetics)।" (साहित्य अकादेमी संवत्सर व्याख्यान—चौदह, साहित्य के कुछ अन्तर्विषयक सन्दर्भ, कुँवर नारायण, साहित्य अकादेमी, नई दिल्ली, 2012, पृ. 24-25)

उन्नीसवीं सदी में अपनी 'जाति' की उद्धार की भावना और देश प्रेम तथा राष्ट्रभावना में अन्तर का अर्थ आज जैसा नहीं माना गया, बल्कि कहा जा सकता है कि जातीय उत्थान का एक माध्यम और निजी पहचान दोनों के रूप अपनी 'जाति' का बोध सक्रिय है। इस सदी के सभी 'जातियों' के विचारकों और बौद्धिकों जो विशेषतः उच्च वर्णों से सम्बद्ध थे अपनी-अपनी जाति के अवगुणों पर भी विचार किया। साथ ही वे अपनी जाति की 'उच्चता' पर भी गर्वित हैं। मोटे तौर पर यह सर्वभारतीय दृश्य है। यही आगे बढ़कर मराठी, गुजराती, तमिल, बांग्ला और हिन्दी जाति में परिवर्तित होता है और फिर 'हम सब एक हैं', 'विविधता में एकता' आदि रूप में प्रकट होता है। अब इसी को ऊपरी क्रम से नीचे की ओर देखें तो हमारी भारतीय पहचान, आज भी पहले प्रान्तों फिर जातियों, भाषाओं, गाँवों-शहरों, परिवारों, कुल गोत्रों तक पहुँचती है। इस बीच एक शब्द 'अ' या 'ग़ैर' दूसरी पहचानों को हमारी पहचान से अलग करने में भरपूर प्रयुक्त होता है। एक हिन्दी भाषी तमिल भाषी को 'ग़ैर हिन्दी भाषी' कहता है तो एक बंगाली हिन्दी या अन्य किसी भी प्रान्त के व्यक्ति को पहले 'अबंगाली' कहता है, फिर उसके प्रान्त का उल्लेख करता है। यह अन्यीकरण (Otherisation) पहले अपनी 'जाति' या 'प्रान्तीयता' सुनिश्चित करने के बाद घटित होता है। ऐसा ही तब घटित नहीं होता जब हम अपने देश भारत के बाहर के किसी देश की 'नस्ल' या 'जनता' के बारे में चर्चा करते हैं, वह 'अभारतीय' या 'ग़ैर भारतीय' कहकर सम्बोधित किया जाता है। ऐसे समय में यदि प्रत्येक प्रान्त का एक-एक व्यक्ति लेकर उनतीस लोगों का समूह बनाया जाए तो उनमें से प्रत्येक व्यक्ति अलग-अलग और एक साथ दोनों स्थितियों में किसी विदेशी के लिए उपरोक्त पदबंधों का ही उपयोग करेंगे किन्तु यही वे एक-दूसरे के लिए नहीं कहेंगे। यह विश्लेषण अत्यन्त सरलीकृत प्रतीत होता है। किन्तु प्रत्येक देश का नागरिक अपनी पहचान पहले अपने देश तत्पश्चात् उस देश के अपने विभाजनों के अनुरूप करते हैं। कहीं यह अन्ततः राजपरिवार, कुलीनता, अपने पुरखों के देश की पहचान, नस्ल, परिवार, रंग और वर्ग से जुड़ती है तो भारत में प्रान्त और भाषा से होते हुए जाति से जुड़ती है। इसमें आदिवासी पहचान का प्रश्न

भी उठ खड़ा होता है किन्तु वह जाति प्रथा विहीन समाज है उनकी 'पहचानों' की अपनी सरणियाँ हैं।

पहले भी चर्चा की जा चुकी है कि इस प्रकार अपनी जातिगत पहचान को बनाए रखते हुए राष्ट्र के उत्थान हेतु चिन्तन को उसका एक स्वाभाविक अंग माना गया है। उन्नीसवीं सदी में हमारी जाति और धर्म की पहचान राष्ट्रवाद के साथ कोई विरोध नहीं पाती। यहाँ पार्थ चटर्जी की सांस्कृतिक राष्ट्रवाद की अवधारणा की चर्चा किए बिना बात पूरी नहीं हो सकती। 'आधुनिकता' की ओर बढ़ते भारतवर्ष ने जिस साम्राज्यवाद से संघर्ष का पहला प्रयास सांस्कृतिक क्षेत्र में किया उनका मानना है कि उपनिवेश विरोधी राष्ट्रवाद ने संस्कृति का एक स्वायत्त क्षेत्र (domain) तैयार किया। पार्थ चटर्जी की यह 'लाइन ऑफ़ आर्ग्यूमेंट' (The Nation and its Fragments, Partho Chatterjee, Oxford University Press, New Delhi, 1995) राष्ट्रवाद के समझने का नया आयाम देती है। जाति इसका अभिन्न अंग है।

मराठी नवजागरण के सन्दर्भ में जोतिबा और सावित्री फुले के शिक्षा सम्बन्धी विचारों पर चर्चा से पहले मराठों के शासन के समय प्रचलित न्याय-व्यवस्था की चर्चा अनुपयुक्त न होगी। मराठी शासनकाल में पंचायतें शक्तिशाली थीं। चूँकि ये स्थानीय थीं इसलिए वादी-प्रतिवादी को अपने ही गाँव में जल्दी और कम ख़र्च में न्याय मिल जाता था। रामविलास शर्मा अपनी पुस्तक 'सन् सत्तावन की राज्यक्रान्ति' में फोर्ब्स नामक अंग्रेज़ अधिकारी के हवाले उस ज़िले की न्याय व्यवस्था की चर्चा करते हैं जो मराठियों से अंग्रेज़ों ने हस्तगत कर लिया था। फोर्ब्स ने सन् 1780 से 1783 तक वहाँ की शासन व्यवस्था सँभाली। अपने शासन काल में उसने मराठी न्याय व्यवस्था में कोई परिवर्तन नहीं किया। "उसने मराठों के समय की न्याय-व्यवस्था क़ायम रखी थी। उसके साथ चार प्रमुख ब्राह्मण, चार मुसलमान जिनमें एक काज़ी भी रहता था, और विभिन्न बिरादरियों के चौधरी होते थे। इस समुदाय से दो आदमी वादी चुन लेता था। यह पंचायत मुक़दमे का फ़ैसला करती थी। इस पद्धति की जनतांत्रिक विशेषता स्पष्ट है। न्याय का काम सरकार द्वारा नियुक्त जज या कलक्टर के हाथ में केन्द्रित न था। ब्राह्मण, काज़ी, बिरादरी के चौधरी वादी-प्रतिवादी की समस्याओं को जज-मजिस्ट्रेट से ज़्यादा अच्छी तरह समझ सकते थे। वादी और प्रतिवादी एक काफ़ी बड़े समूह से अपने मन के दो-दो आदमी चुन सकते थे।" (सन् सत्तावन की राज्यक्रान्ति, पृ. 87)

रामविलास जी स्पष्ट टिप्पणी करते हैं कि इसे 'आदर्श' व्यवस्था न भी माना जाए तो भी ब्रितानी अदालतों की तुलना में यहाँ न्याय मिलने की सम्भावना अधिक थी। इसके लिए वे ओ मैली (O Mailey) पंचायत के किसी सदस्य को नज़र न दी जाती थी और वकीलों के ऊपर कुछ भी ख़र्च न करना पड़ता था। तीन साल में पंचायत के फ़ैसले के विरुद्ध केवल एक बार अपील हुई थी। अंग्रेज़ों ने इस न्याय व्यवस्था में सुधार करके उसे और भी उन्नत और परिष्कृत नहीं किया; उन्होंने इस लोकप्रिय न्याय-व्यवस्था का नाश ही कर दिया और कचहरी-अदालत, पेशकार-मुहर्रिर-वकील की वह व्यवस्था क़ायम की जिसमें ग़रीब किसानों को बुरी तरह लूटा गया। इसके अलावा वे और कुछ कर भी न सकते थे। उनकी न्याय-व्यवस्था का आधार इस देश पर उनका अन्यायपूर्ण अधिकार था। सामन्ती भारत में गाँवों की जनता अपेक्षाकृत स्वाधीन थी और अकाल

और दुर्भिक्ष में लगान या सूद न दे पाने पर गाय-बैल की कुड़की होने की नौबत न आती थी।" रामविलास जी आगे टिप्पणी करते हैं कि अंग्रेज़ों की अत्यन्त 'सन्तोषप्रद' न्याय प्रणाली से स्वयं अंग्रेज़ घबराते थे।

जोतिबा फुले और जाति-प्रश्न

आंबेडकर के विचार सावित्री बाई फुले से मेल नहीं खाते। जोतिबा फुले के विचारों से प्रेरित सावित्री बाई फुले अंग्रेज़ों को शूद्रों के उद्धारक के रूप में देखती हैं। जोतिबा फुले सत्सार : क्रमांक एक के उपोद्घात में कहते हैं—"अंग्रेज़ बहादुरों के शासन की मेहरबानी से अज्ञानी शूद्रादि-अतिशूद्रों को कुछ-न-कुछ लिखने-पढ़ने की योग्यता प्राप्त हुई है। इसलिए आज हज़ारों साल से धूर्त आर्यों के द्वारा शूद्रादि-अतिशूद्र चारों ओर से लूटे जा रहे हैं। इसीलिए इस सत्सार नाम की छोटी-सी किताब में हर दिन बातचीत के द्वारा दुनिया के लोगों से नफ़रत करनेवाले आर्य ब्राह्मणों को परखने के लिए यह पहला अंक पाठकों के सामने प्रस्तुत किया है।" (महात्मा जोतिबा फुले रचनावली-भाग-2, अनु. एवं सम्पा., एल. जी. मेश्राम, विमल कीर्ति, राधाकृष्ण, दिल्ली, 1994, पृ. 23)

इस क्रमांक एक में सत्यशोधक समाज के एक शूद्र सदस्य और गृहस्थ ब्राह्मण के बीच हुई बातचीत के पहले यह कविता छपी है—

धूर्त आर्यों की अक्ल निकम्मी।
अच्छा हुआ विदुषी रमा का ब्राह्मणी धर्म ठुकराना॥
मद्यपान का निर्बंध टूटा।
दे, अब ब्रांडी की बोतल मुझे॥
ज्ञान खो गया, आँखें निश्चल हुईं।
अब कैसे ऐश्वर्य कुम्हलाया॥
दास तुका के चेले बनते।
शूद्र शिवाजी के गले लगते॥

(वही, पृ. 24)

अंग्रेज़ी शासन के बढ़ते प्रभुत्व ने जातियों का ढाँचा और मज़बूत किया। जातिगत स्थितियाँ और भी जड़ हो गईं—अंग्रेज़ों के पास इस देश की कुरीतियों को सुधारने का न तो कोई कार्यक्रम था और न ही कोई इच्छा। नई शिक्षा व्यवस्था और शासन नीतियों के नाम पर जो कुछ लागू किया गया वास्तव में उससे भारतीय जनता विशेषकर निर्धन वर्ग, जोकि अधिकांशतः निम्न जाति का था, को कोई लाभ नहीं हुआ। फिर भी अंग्रेज़ों द्वारा इस देश की कृषि, उद्योग-धन्धे-व्यवसाय आदि नष्ट कर देने का सबसे कड़ा प्रहार उन जातियों पर अधिक हुआ जो इनसे जुड़ी हुई थीं, इसकी चर्चा प्रथम अध्याय में की जा चुकी है। हाँ, ईसाई मिशनरियों द्वारा किए गए धर्मान्तरण के प्रयासों से कुछ लोगों को अवश्य लाभ हुआ। ईसाइयत में धर्मान्तरित जातियों के आँकड़े और समाजशास्त्र एक अलग और विस्तृत शोध का विषय है।

निम्नवर्ण के निम्नवर्ग के लिए कुछ समाज सुधारक सामने आए। इनके अनथक प्रयासों ने समाज को आगे बढ़ाया। ऐसे ही प्रयासों के अन्तर्गत 1948 में 14 जनवरी,

बुधवार के दिन जोतिबा फुले ने देश की पहली कन्या पाठशाला स्थापित की थी। उनकी पत्नी सावित्री बाई फुले जिन्हें उन्होंने स्वयं पढ़ाया था इस पाठशाला की मुख्य अध्यापिका और देश की पहली शिक्षिका बनीं। उस समय देश के अन्य भागों की तरह महाराष्ट्र की भी यही धारणा थी कि लड़कियों की शिक्षा धर्म विरुद्ध है। स्थानीय लोगों ने सावित्री बाई फुले का उपहास किया, उन पर पत्थर और गोबर फेंका किन्तु वे अडिग भाव से अपना कार्य करती रहीं। सावित्री बाई फुले ने अपनी कविताओं में अंग्रेज़ों को धन्यवाद दिया कि उनके शासन काल में शूद्रों और महिलाओं को पढ़ने का अधिकार मिला। ईसाई मिशनरियों से लाभ पानेवाले भारतीयों के मनोभावों के सन्दर्भ में सावित्री बाई फुले (1831-1897) की कविताएँ सटीक उदाहरण हैं। अपनी 'अंग्रेज़ राज' कविता में वे कहती हैं कि अंग्रेज़ी राज में 'अंग्रेज़ी भाषा का नगाड़ा' गूँजने पर ही स्त्री और शूद्र को पढ़ने का अधिकार मिला—

सभी इनसान
लिखने पढ़ने के हो गए अधिकारी
अंग्रेज़ी सत्ता की घोषणा है क्रान्तिकारी
पढ़ने लिखने के लिए हमारे पास
आँख और बुद्धि है
अब पढ़ने लगी नारी और
सभी शूद्र एक साथ॥

(सावित्री बाई फुले की कविताएँ, अनु. शेखर पवार, फ़ारूक़शाह,
सम्पादन अनिता भारती, स्वराज प्रकाशन, नई दिल्ली, 2015, पृ. 86)

सावित्री बाई फुले ने स्वालम्बन, ज्ञान धन संचय और पशु जैसा विद्याहीन, व्यर्थ, निठल्ला जीवन न बिताने के लिए 'अंग्रेज़ी पढ़ो' का आह्वान किया—

शूद्र-अतिशूद्रों के दुख दूर करने के लिए
मिला है क़ीमती अवसर
अंग्रेज़ी शिक्षा प्राप्त करने का।
अंग्रेज़ी पढ़कर जातिभेद की
दीवारें तोड़ डालो
फेंक दो भट ब्राह्मणों के
षड्यंत्री शास्त्र-पुराणों को।

(वही, पृ. 57)

जोतिबा फुले ने सत्यशोधक समाज की स्थापना की थी। इस समाज की महाराष्ट्र के शूद्रों/अति शूद्रों के उत्थान में महती भूमिका रही। फुले ने भी सत्सार : क्रमांक-एक के 'उपोद्घात' में ठीक इसी प्रकार के विचार व्यक्त किए थे। यहाँ ध्यान दिया जाना चाहिए कि जोतिबा फुले के लिए 'आर्य ब्राह्मण' या ब्राह्मण एक अलग श्रेणी है। ब्राह्मण लुटेरे हैं तो हिन्दू भाई उदार। अब शूद्र समाज विश्लेषण सीख रहा है। उसे हिन्दुओं का

सुधारवाद नहीं चाहिए—"आपके आर्यपूर्वज ब्राह्मणों ने ईरान से हिन्दुस्तान में आने से पहले हम शूद्रादि (अतिशूद्रों) के पूर्वजों को दास (दस्यु) बनाया था; या आर्यों ईरान से हिन्दुस्तान में आते समय हम शूद्रों के पूर्वजों को रास्ते में ही ग़ुलाम बनाकर यहाँ ले आए? या आप आर्य ब्राह्मणों के पूर्वजों ने ईरान से हिन्दुस्तान में आने पर हम शूद्रों के पूर्वजों को दास बनाया? इसमें सत्य क्या है, यह भी एक बार साफ़-साफ़ समझा दीजिए। अब सवाल का जवाब देने में देर क्यों हो रही है? दोस्त! जब आप लोग हम शूद्रों को दास (दस्यु) और अतिशूद्रों को (अन्त्यज) अतिदास बना करके हम सभी को वंश-परम्परा से आज तक अपने पाँवों तले रौंद रहे हो, पैरों तले कुचल रहे हो, तब आपको अपने किए अपराध के लिए लज्जा और शर्म महसूस करनी चाहिए, दुख मनाना चाहिए और सबसे पहले मातंग-महारों (अन्त्यजों) के उचित मानवी अधिकार उन्हें वापस लौटाकर उनसे अपने पूर्वजों द्वारा किए गए नीच व्यवहार की क्षमा-याचना कीजिए। उसके बाद ही हम अज्ञानी शूद्रों के साथ सलाह-मसलहत करने के लिए आने पर आगे उसके बारे में कुछ देखा जा सकता है, सोचा जा सकता है। अब हमें आपका ब्रह्म समाज और प्रार्थना-समाज नहीं चाहिए। बहुत हो गए आपके छक्के-पंजे, अब बस कीजिए।" (महात्मा जोतिबा फुले रचनावली, भाग-2, पृ. 26)

जोतिबा फुले औपनिवेशिक शासकों की इस बात से पूर्णतः सहमत हैं कि आर्य बाहरी आक्रमणकारी थे और इस देश की मूल विजित जाति शूद्र बनी।

अस्तु सावित्री बाई फुले की कविताएँ मुख्यतः शूद्र, अतिशूद्र और स्त्रियों के लिए शिक्षा का आह्वान करती हैं—'शिक्षा के लिए जाग्रत हो जाओ' कविता में वे कहती हैं—

उठो भाइयो, अतिशूद्रो!
जागो, उठ खड़े हो जाओ!
परम्परा की ग़ुलामी ख़त्म करने
भाइयो, शिक्षा के लिए जागृत हो जाओ।
मर खप गए पेशवा,
अंग्रेज़ आ बसे
विद्या के लिए मनु की थी मनाही
अब वह न रही
ज्ञानदाता अंग्रेज़ आ पहुँचे हैं
विद्या ग्रहण कर लीजिए
यह सुअवसर मिला नहीं था
हज़ारों सालों से हमें
शूद्र होने का धब्बा जीवन से मिटाने का
संकल्प करें हम सब
ज्ञान प्राप्त करने का
विद्या संचय करने का
शूद्र होने का धब्बा जीवन से मिटाने का॥

(वही, पृ. 53)

उनकी दृष्टि में अंग्रेज़ों ने पेशवाई राज के अनाचारों को ख़त्म किया। अंग्रेज़ी सत्ता की धाक ने मराठी भाषी अंचल की अनपढ़ जनता को प्रगति और शिक्षा प्राप्त करने का सुनहरा अवसर दिया है—

अंग्रेज़ों की सरकार में
करने लगे नौकरी अशूद्र
और शूद्र स्त्री रहे अशूद्र
भारत में अंग्रेज़ों की सत्ता का उदय हुआ
जनता करने लगी प्रगति
मराठी भाषी अंचल में॥
देखिए गरजता है, गूँजता है
अंग्रेज़ी भाषा का नगाड़ा
और साथ-साथ है अंग्रेज़ी सत्ता की धाक
अनपढ़ों को अंग्रेज़ देते हैं
शिक्षा प्राप्त करने का सुनहरा अवसर
किन्तु है लूट-खसोट, हत्या-ख़ून, चोरी
सभी गुनाहों पर पाबन्दी॥

(वही, पृ. 86-87)

ईसाई पादरियों द्वारा ईसाइयत के प्रचार का वास्तविक उद्देश्य पता नहीं उन्होंने पहचाना था या नहीं, किन्तु उससे होनेवाले बड़े लाभ का वे इस प्रकार उल्लेख करती हैं—

ईसा मसीह के अनुयायी
ईसाई मिशनरी स्कूलों में
प्यार और ममता से पढ़ाते
शूद्र जनता के बच्चों को
ज्ञानी बनता देख भट लोग बरगलाते
देखो, कैसे हाँके ईसा भेड़-बकरियों को
झूठे बढ़ा-चढ़ाकर॥

(वही, पृ. 87)

अपनी 'पेशवा राज' कविता में वे पेशवाओं के राज में शूद्रों पर हुए अत्याचारों का वर्णन करती हैं। पेशवा राज में शूद्रों को अपना थूक मटके में जमा करना पड़ता था। उनके सभी रास्तों पर चलने की पाबन्दी थी, उन्हें धूल भरी पगडंडी पर चलना पड़ता था और उस पर भी कमर में बँधी झाड़ू से अपने पैरों के निशान मिटाते चलना होता था। यहाँ तक कि वे शूद्र स्त्रियों के शील हरण और उनके निर्लज्ज पतियों की बात करती हैं—

बुलावा भेजता बाजीराव पेशवा
भेजते निर्लज्ज पति अपनी पत्नी को
ब्राह्मणों को भी छले

ऐसे लंपट कसाई
कहे सब जल के राख हो जाए
यह पेशवाई।

(वही, पृ. 84)

इस स्थान पर पेशवाओं द्वारा ब्राह्मणों को भी ठगे जाने की बात कहती हैं। इस कविता में सावित्री बाई फुले शूद्र जनता की उस जात-बिरादरी का उल्लेख करती हैं जिसने इस देश को पराधीन करने में अंग्रेज़ों का साथ दिया—

ब्रिटिशों के पक्ष में लड़ाई करने के लिए
जात-बिरादरी की जनता
ख़ुशी-ख़ुशी आगे आई
पराभव अत्याचारी पेशवाई का कर
उसकी जगह शूद्रों ने स्थापित की
सत्ता सयानी अंग्रेज़ों की।

(वही, पृ. 85)

इस कविता से अंग्रेज़ों को हिन्दुओं के जातिगत विभाजन से मिले लाभ का पता चलता है। ध्यातव्य है कि सावित्री बाई फुले ने शिवाजी की प्रशंसा की है। और अपने पुरोधा के रूप में 'महाराज बलि की गौरव गाथा' प्रस्तुत की है। स्मरण रहे कि राजा बलि राजा राम के अकारण शत्रु थे। वे बलिराज के राज्य में सुखी जनता का उल्लेख करती हैं—

सभी कारीगरों का बलि राज्य
पावन दान दैत्य
दानवीर शूरवीर बलिराजा थे
सुखी थे उनके प्रजाजन
हदय से बलि राजा को याद करें
उनका करें गुणगान
पुरखे हमारे बलिराजा
थे शुक्रानन गुरु उनके
उन्हें हर घड़ी याद करें हम वारिस उनके
तुम दानवीर बलिराजा तुम्हारी गौरव गाथा गाते हैं
हम भारत के जन।

(वही, पृ. 65)

सावित्री बाई फुले की इस कविता में 'पावन दानव दैत्य' सहज ही दृष्टि आकर्षित करता है क्योंकि 'आर्यों' की कथाओं में दानव जाति को निरन्तर दुष्प्रचार से जिस बीभत्स रूप में स्थापित किया गया उसका सबसे सजीव उदाहरण वे टी.वी. सीरियल हैं जिनमें उन्हें सदा अट्टहास करते दिखाया जाता है। जिनके सिर पर सींग दिखाए जाते हैं और जिन्हें मानव-भक्षी तक कहा जाता है। सावित्री बाई फुले की कविता इनमें से किसी भी

तथ्य का समर्थन नहीं करती बल्कि दैत्य राज बलि को शूद्रों का पुरोधा बतलाकर पावन और दानवीर बताती है। उनकी कविता संस्कृतीकरण के अन्तर्गत अपने आत्मसम्मान को पाने की सबसे सटीक अभिव्यक्ति है। वे 'शूद्र' शब्द का अर्थ स्पष्ट करती हैं—

शूद्र शब्द का
सही अर्थ है—नेटिव
आक्रामक शासकों ने
शूद्र का ठप्पा लगाया।
पराजित शूद्र हुए ग़ुलाम
ईरानी ब्राह्मणों के
और ब्राह्मण अंग्रेज़ों के
तब बने उग्र शूद्र।
असल में शूद्र ही
स्वामी हैं इंडिया के
नाम उनका था इंडियन।
थे शूर पराक्रमी हमारे पुरखे
उन्हीं प्रतापी वीरों के
हम सब वंशज हैं।

(वही, पृ. 66)

शूद्र सदा ही अत्यधिक पददलित नहीं थे। आंबेडकर से पहले जोतिबा फुले ने शूद्रों के राजा होने की बात कही। बलि तो राजा थे ही। जोतिबा का यह कथन—सत्सार : क्रमांक-एक किताब के अन्तिम पृष्ठ का 'कटाव' शीर्षक से हस्तलिखित में मिला हुआ यह 'कटाव' शीर्षक से महात्मा जोतिबा फुले रचनावली (पृ. 35) में मिलता है—शूद्र राजाओं की (?) मर्ज़ी टूटी।

आर्य-भट्टों के छक्के छूटे ॥1॥
ओतूर गाँव के भाऊ उठ खड़ा हुआ।
जुन्नरवासी शेट्या चढ़ पड़ा ॥2॥
आर्य-भट इसमें जोतिबा फुले को दोष देते।
शुद्ध बरतन ले के भागते ॥3॥
अख़बारों में हाय-तोबा मचाते।
शंकराचार्य चीखते चिल्लाते ॥4॥
जहाँ वहाँ पोथी-पुराण पढ़ते।
अनपढ़ों के मन को बहकाते ॥5॥
ये काशई यमुना माई।
भूखों मर रहा हूँ दाऊ दाई ॥6॥
शिंदे की मेहरबानी हुई।
पेट के लिए ले लो कुछ-न-कुछ भाई।

सम्भवतः कविता में प्रश्नचिह्न सम्पादक द्वारा लगाया गया है।

सावित्री बाई फुले ने जो कन्या पाठशाला खोली थी उसमें प्रथम वर्ष में ही शिक्षा पानेवाली लड़कियों की संख्या पचीस थी जिनमें से दस ब्राह्मण, छह मराठा, दो चमार, दो महार, एक मातंग, एक गड़रिया, एक जुलाहा, एक साली और एक माली की लड़कियाँ थीं। इस कन्या पाठशाला का सर्वाधिक लाभ ब्राह्मण लड़कियों को मिला। यह तथ्य स्पष्ट करता है कि विभिन्न जातियों ने मिले हुए अवसरों का किस प्रकार सदुपयोग किया।

जोतिबा फुले ने 1 मई, 1852 के दिन अस्पृश्य बच्चों के लिए पाठशाला खोली थी, इस पाठशाला की मुख्य अध्यापिका भी सावित्री बाई थीं। "इस पाठशाला के बारे में तत्कालीन 'पुणे ऑब्जर्वर' समाचार-पत्र के 29 मई, 1852 के अंक में निम्नलिखित जानकारी दी गई—"परोपकार की भावना से प्रेरित माली जाति के व्यक्ति ने अपने ख़र्च से अस्पृश्य वर्ग के लिए एक पाठशाला स्थापित की है, यह जानकर भारत के सुधारवादी लोगों को बहुत ख़ुशी होगी। यह पाठशाला वेताल पेठ में होने से यहाँ महार, माँग और पखारी जैसी जातियों के बच्चों को पढ़ाया जाता है।" (भारत की पहली शिक्षिका सावित्री बाई फुले, रजनी तिलक, सेंटर फॉर ऑल्टरनेटिव दलित मीडिया (कदम), नई दिल्ली, 2002, पृ. 18-19)

सावित्री बाई फुले की कविताओं और कार्यों से भारतीय जाति व्यवस्था के दुश्चक्र की छवि स्पष्ट हो जाती है। शोषक और शोषित दोनों जाति बन्धन में बँधे हैं, शोषितों में शोषण के प्रति आक्रोश है, किन्तु जाति बन्धन के अस्वीकार की समझ स्पष्ट नहीं हुई है। यह समझ आज तक विकसित नहीं हुई है। यहाँ यह अवश्य उल्लेख किया जाना चाहिए कि पंडिता रमाबाई ने पारम्परिक सनातनी समाज से क्षुब्द होकर ईसाई धर्म ग्रहण कर लिया था, किन्तु वे ईसाइयत के सिद्धान्तों से भी पूर्णतः सहमत और सन्तुष्ट नहीं थीं। उन्होंने यावज्जीवन हिन्दू विधवाओं विशेषकर बाल विधवाओं की सहायता का कार्य किया।

सामान्यतः भारतीय जाति व्यवस्था और विशेषतः हिन्दी प्रदेश में जातियों की आपसी फूट अत्यन्त गहरी रही है। इसका दुष्परिणाम यह रहा कि राष्ट्रीय हित के कई अत्यन्त महत्त्वपूर्ण प्रश्नों पर जाति के कोण से सोचा गया, राष्ट्रीय दृष्टिकोण गौण हो गया। इससे उलट स्थितियाँ भी देखने को मिलीं। जिन-जिन संकटों का सभी जातियों ने मिलकर समाधान खोजा वे हल हो गए पर जहाँ कहीं भी ऐसा न हो पाया वहाँ भारतीय समाज उसी दलदल में फँसा रहा, भाषा का प्रश्न ऐसा ही प्रश्न है। अंग्रेज़ी शासन को प्रगतिशील या प्रगतिविरोधी मानने के प्रश्न पर भी मतैक्य नहीं रखा। अंग्रेज़ी भाषा की जिस रत्नगर्भामयता से प्रभावित आज भी बहुत से दलित विमर्शकार उसे ही उद्धार की भाषा समझते हैं। वे जातिगत दृष्टिकोण से देखते हैं। अंग्रेज़ों और उनकी भाषा को अपना उद्धारक समझनेवाले भारत की उस शिक्षा व्यवस्था पर बात करना नहीं चाहते जो उनके आने से पहले यहाँ उपस्थित थी। वे या तो जानते नहीं या जानना नहीं चाहते कि अंग्रेज़ शासकों ने भारतीय शिक्षा-संस्थाओं का किस तरह नाश किया था। ब्राइट ने 1853 में हाउस ऑफ़ कॉमन्स में कहा था, "देश में जिस शिक्षण व्यवस्था का इतना प्रसार था कि हर गाँव में अध्यापक वैसे ही नियमित रूप से मिलता था जैसे मुखिया या पटेल, उस व्यवस्था को सरकार ने लगभग समूचा नष्ट कर दिया है। जो रिक्त स्थान बना है, उसकी पूर्ति के लिए या उसकी जगह और अच्छी व्यवस्था क़ायम करने के

लिए उसने कुछ भी नहीं किया। हिन्दुस्तान के लोग निर्धनता और ह्रास की दशा में हैं जिसकी मिसाल इतिहास में वहाँ के देशी राज्य में नहीं मिलती। उनकी निर्धनता से सरकार 2 करोड़ 90 लाख पाउंड की मालगुज़ारी ऐंठती है और शिक्षा के लिए सालाना 66 हज़ार पाउंड वापस कर देती है।" (सन् सत्तावन की राज्यक्रान्ति और मार्क्सवाद, रामविलास शर्मा, लोकभारती प्रकाशन, इलाहाबाद, 1990 पृ. 67)

जोतिबा फुले जैसे समाज सुधारकों ने निस्सन्देह जातीय शोषण से मुक्त किया, लाखों मनुष्य को मनुष्य होने का बोध करवाया। इस क्रम में उन्हें जो उचित लगा उन्होंने किया। यदि अंग्रेज़ों के शासन के पहले के यहाँ के शासकों का जनता के प्रति व्यवहार थोड़ा भी सन्तुलित होता तो विदेशियों और उनके वर्चस्व के अस्त्र उनकी भाषा से भारतीयों का संघर्ष बिखरा न होता और न ही उनकी नीतियों के प्रति इतना विभाजित दृष्टिकोण होता। जॉन ब्राइट के उद्धरण से ही डॉ. रामविलास शर्मा केवल अंग्रेज़ों की दोषपूर्ण शिक्षा नीति ही नहीं बल्कि उनकी धर्म सम्बन्धी-दुर्नीतियों को सामने रखते हैं—"अंग्रेज़ी राज ने यहाँ की शिक्षण-व्यवस्था को मिटाया, हिन्दुस्तानियों से एक रुपया ऐंठा तो उसमें से छदाम शिक्षा पर ख़र्च किया। उस पर भी अनेक इतिहासकार अंग्रेज़ों की उदार नीति पर कैसे बलि-बलि जाते है! यह भी दर्शनीय है कि हिन्दुस्तान में प्रोटेस्टेंट चर्च पर कितना धन व्यय किया जाता था। इसी भाषण में ब्राइट ने आगे कहा था : "भारत में हमारी चर्च-सम्बन्धी व्यवस्था क्या है? तीन बिशप और उनके अनुपात से पादरी जिनके लिए 1 लाख 1 हज़ार पाउंड सालाना से कम ख़र्च नहीं पड़ता। यह केवल 50 से 60 हज़ार यूरोपियनों के लिए है। इसमें लगभग आधे—फ़ौज को मिलाकर—रोमन कैथलिक हैं, सो अलग।" हिन्दुस्तानियों की शिक्षा पर—ब्राइट के अनुसार दस करोड़ हिन्दुस्तानियों में 25 हज़ार विद्यार्थियों को ही शिक्षा दी जाती थी—66 हज़ार पाउंड और मुट्ठीभर बिशप और पादरियों पर एक लाख पाउंड! वह भी लगभग 25 हज़ार प्रोटेस्टेंट यूरोपियनों के लिए! रोमन कैथलिकों के प्रति यहाँ भी भेदभाव की नीति बरती जाती थी। ब्राइट ने इस साम्प्रदायिक नीति की आलोचना करते हुए कहा था कि प्रोटेस्टेंट बिशप को तो दो से तीन हज़ार पाउंड सालाना तनख़्वाह दी जाती है, और रोमन कैथलिक बिशप को ढाई सौ पाउंड सालाना ही में टरका दिया जाता है! यहाँ भी भारत सरकार इंग्लैंड के जनतंत्र का ही अनुसरण कर रही थी। ब्राइट के शब्दों में, "इसमें ईस्ट इंडिया कम्पनी का अधिक दोष नहीं है क्योंकि इस देश में जो हो रहा है, उसी का तो वह अनुकरण करती है।" (वही, पृ. 67)

भारत में और विशेषकर हिन्दी प्रदेश में धार्मिक अन्धविश्वासों, रूढ़ियों और कुरीतियों को ही संस्कार समझ लिया गया था। अपने महान धर्म की महानता में गर्वोन्नत हिन्दू समाज भक्ति आन्दोलन को खा-पचा चुका था। भक्ति आन्दोलन अपने समय में ही सम्पूर्ण समाज सुधार में सफल नहीं था, फिर भी भारतीय समाज में ऐसी शक्तिशाली प्रवृत्ति की उपस्थिति का परिचय दे चुका था जो अपनी आन्तरिक सुधार प्रक्रिया से भविष्य के प्रति आशान्वित हो सकता था। इंग्लैंड का शासक वर्ग केवल भारतीय उपनिवेश का ही शत्रु नहीं था अपनी नीतियों के कारण वह अपने प्रत्येक उपनिवेश यहाँ तक कि अपनी जनता का भी सगा नहीं था। "इंग्लैंड में जिस अभिजात वर्ग का शासन था, उसके प्रतिक्रियावादी रूप का यह भी एक प्रमाण था कि उसका चर्च से इतना घनिष्ठ सम्बन्ध था। उसने जातीय उत्पीड़न के साथ धार्मिक

उत्पीड़न भी किया। यह उत्पीड़न आयरलैंड में था, कनाडा में था, एशिया, अफ्रीका और प्रशान्त महासागर के द्वीपों में था। मिशनरियों ने बहुत जगह बहुत अच्छे काम भी किए। हिन्दुस्तान में उन्होंने प्रेस क़ायम किया, अनेक भाषाओं के कोश और व्याकरण तैयार किए। किन्तु इन सब कार्यों का उद्‌देश्य यहाँ के लोगों की भाषाएँ समझकर उन्हें ईसाई बनाना ही था। आधुनिक संसार में उपनिवेशों की स्वाधीनता की समस्या, इंग्लैंड और यूरोप में मज़दूर वर्ग की मुक्ति की समस्या धर्म से सुलझने वाली न थी। ईसाई राष्ट्र एक-दूसरे से लड़ रहे थे; क्राइमिया की लड़ाई में ईसाई राष्ट्र, इंग्लैंड और फ्रांस इस्लाम धर्मानुयायी राष्ट्र तुर्की की मदद कर रहे थे। धर्म प्रचार के नाम पर ईसाई मिशन इंग्लैंड की साधारण जनता से चन्दा एकत्र करते थे और उपनिवेशों में अंग्रेज़ दस्युओं के कारनामों का भंडाफोड़ करने के बदले अंग्रेज़ जनता को यह आश्वासन देते थे कि उसके धर्म का प्रसार हो रहा है! शासक वर्ग पश्चिमी सभ्यता के प्रसार की बात करता था। दोनों एक-दूसरे के पूरक और समर्थक थे। इसलिए कुल मिलाकर मिशनरियों की भूमिका उपनिवेशवाद के फैलाने में सहायक ही मानी जाएगी। यही कारण है कि एशिया के प्रत्येक देश में स्वाधीनता आन्दोलन की बढ़ती के साथ मिशनरियों की कार्यवाही से भी टक्कर हुई।" (वही, पृ. 66)

देशी शिक्षा और उद्योग को नष्ट कर किसी भी पराजित देश को विचारधारा के स्तर पर पूर्णतः दास बना लेने की अपनी नीति को ब्रिटिशों ने चीन, जापान, अफ्रीका और आयरलैंड—प्रत्येक देश में लागू किया। यह उनकी आज़माई हुई सफल कार्यप्रणाली थी। शिक्षा प्रसार की आड़ में मिशनरियों का जिस शासन के अन्तर्गत धर्म प्रचार के लिए वेतनभोगी पदाधिकारी के रूप में नियुक्तिकरण हो उसकी मंशा समझना क्या इतना ही कठिन है? अगर उनकी मंशा केवल शिक्षा प्रसार से निम्नवर्ग, निम्नवर्ण और शोषितों के उद्धार और सुधार की होती तो वे इन्हें प्रचलित शिक्षा व्यवस्था में सुधार कर उनका स्थान सुनिश्चित करते, लेकिन 'दयालु' अंग्रेज़ों और उनके 'अतिदयालु' धर्माधिकारियों ने ऐसा नहीं किया। उन्होंने यहाँ की शिक्षा व्यवस्था नष्ट कर, यहाँ के विद्यालयों का समूल विनाश किया। यहाँ जो मिशनरी स्कूल खोले गए उन्हें यहीं के लूटे गए पैसों से अधिक साधन सम्पन्न बनाया गया जिसमें अंग्रेज़ अपनी भाषा में अपने धर्म की प्रसार व्यवस्था को निरन्तर शक्तिशाली बना रहे थे।

मिशनरियों के शिक्षा प्रसार का उद्‌देश्य धर्म प्रचार अधिक था। इन मिशनरियों का दूसरा मुख्य काम हिन्दू एवं इस्लाम धर्म की निन्दा था। हिन्दू धर्म की निन्दा में जोतिबा फुले जैसे ईसाई मिशनरियों के समर्थक भी उनका साथ दे रहे थे। यद्यपि वे इन मिशनरियों के भक्त नहीं थे फिर भी ब्राह्मण निन्दा ने इन्हें भी एक वादी के रूप में रखा। अपने इस लक्ष्य के लिए जोतिबा ने तृतीय रत्न (1855) नामक नाटक लिखा। अपने इस प्रथम नाटक में उन्होंने एक स्त्री, ब्राह्मण जोशी विदूषक, ब्राह्मण स्त्री, एक पुरुष, मुसलमान, पादरी आदि पात्र चुने हैं। नाटक का आरम्भ फुले इस प्रकार करते हैं—"माली, कुनबी के घर में उनका बच्चा अपनी माँ की कोख में जैसे-तैसे गर्भ को धारण कर ही रहा होता है कि एकाएक ब्राह्मण जोशी अपनी सवारी ले आता है और वह बड़े-बड़े आश्वासन देकर उस स्त्री को किस तरह भिखारी बना देता है, इसके सम्बन्ध में मैं यहाँ लिखने का प्रयास करूँगा।" (महात्मा जोतिबा फुले रचनावली, भाग-1, पृ. 13)

इसके पश्चात् वे जोशी द्वारा उस स्त्री को बेवकूफ़ बनाने का वर्णन करते हैं। इस नाटक में आगे चलकर एक पुरुष कहता है कि जब वह छुटपन में गाँव के स्कूल में पढ़ने जाता था तो स्कूल का ब्राह्मण पंडित उसे बहुत मारता था, इसलिए उसकी माँ ने उसका स्कूल छुड़वाकर उसे ढोर चराने के लिए भेज दिया। पुरुष पादरी को अपने न पढ़ने का कारण बता रहा है। पादरी समझाता है कि तुम ऊधमी बच्चे रहे होगे। इसलिए पिटते होगे। इस पर पुरुष आपत्ति करता है कि सभी कुनबी-मालियों के बच्चे कैसे ऊधमी हो सकते हैं? पुरुष कहता है कि उसका समाज भी पढ़-लिखकर ओहदेदार बनना चाहता है—"साहब जी! तहसीलदार आदि ब्राह्मण कर्मचारियों का तुम अंग्रेज़ लोगों की तरह शिक्षा पाने से रुतबा बढ़ गया, बड़ी-बड़ी प्रतिष्ठा पानेवाले लोगों को जब हम अपनी आँखों से देखते हैं, तब हमारे मन में पढ़ने की भावना क्या जागती नहीं होगी? नहीं-नहीं, हमेशा हमारे मन में यह आता है कि हमको भी विद्वान होकर तहसीलदार तो होना ही चाहिए, लेकिन यहाँ के ब्राह्मण पंडित जी के षड्यंत्र को आप क्या जानेंगे?" (वही, पृ. 40)

विदूषक पादरी को इस पर सोचने की सलाह देता है तो पादरी बदली हुई स्थितियों की बात करता है, पुरुष इससे सहमत नहीं है, किन्तु पादरी ब्राह्मणों का पक्ष लेता है—

"पादरी : तुम जो कह रहे हो,वह सब सच है, लेकिन अब वैसा कुछ नहीं है; क्योंकि अभी-अभी कृपालु कैंडी साहब ने कई नए अध्यापकों को तैयार करके गाँव-गाँव में भेजना शुरू कर दिया है।

पुरुष : साहब जी, आप अपनी ही खिल्ली उड़ा रहे हैं, ऐसा लगता है। अरे भाई, आपके कंडी साहब ने हाथी के बराबर अध्यापक तैयार करके गाँव-गाँव में पढ़ाने के लिए भेजा है, यह तो मुझे भी मालूम है; लेकिन इससे फ़ायदा क्या है, उस गाँव के सभी ब्राह्मण क्या चुप रहेंगे? कुनबी-मालियों को अपने बच्चों को स्कूल में नहीं भेजना चाहिए, इसलिए अन्दर-ही-अन्दर उनको उपदेश करके या कुलकर्णीपन का डर बताकर उनके बच्चों की पढ़ाई-लिखाई के रास्ते के पत्थर नहीं बन जाएँगे?

पादरी : छीः-छीः! कुनबी भाई, यह तो केवल आप नफ़रत-बुद्धि से कह रहे हैं; क्योंकि अब तो सारे ब्राह्मण लोग हमारे मुँह पर कहते रहते हैं कि तुम सभी लोगों को शिक्षा पानी चाहिए।" (वही, पृ. 6)

विदूषक टिप्पणी करता है कि पादरी भी कुछ दिन पीड़ा सहे, देखे कि कितनी जल्दी सभी कुनबी-मालियों की शिकायत सरकार के पास आएगी। पुरुष पात्र ब्राह्मणों के मुँह देखे व्यवहार की बात करता है। विदूषक कहता है कि ब्राह्मण की कथनी एक है करनी कुछ और है। पादरी की सीधी बात है कि अगर ब्राह्मण ऐसा करते हैं तो इसमें वे लोग क्या कर सकते हैं? विदूषक उन्हें केवल कुछ ब्राह्मणों की बात पर भरोसा कर उनकी नीति पर चलने से मना करता है और पुरुष माली-कुनबी के बच्चे भी पढ़ सकें इसके लिए सुझाव देता है—"मुझे ऐसा लगता है कि सरकारी बोर्ड ऑफ़ एजुकेशन के द्वारा एक ऐसा क़ानून बना लेना चाहिए कि हर देहात के गाँव में माली-कुनबियों के मोहल्लों का अन्दाज़ करके निश्चित संख्या में उनके बच्चे स्कूल में आने चाहिए। यदि गाँव के लोग उतने बच्चे स्कूल में दाख़िल नहीं करें, तो वहाँ के स्कूल को बन्द कर देना चाहिए। फिर देखिए, यही ब्राह्मण लोग, हम माली-कुनबियों को उपदेश करने लग जाएँगे कि भाई रे, अपने बच्चों को स्कूल में अवश्य भेजो। आख़िर में यह भी कहने लगेंगे कि ऐ

माली-कुनबी भाइयो! पिछले शास्त्रों में यह जो कुछ लिखा गया है कि शूद्रों को नहीं पढ़ना चाहिए, वह सब झूठ है।" (वही, पृ. 41)

घटनाक्रम में पादरी न केवल ब्राह्मणों और पुरुष कुनबी-माली के बीच मध्यस्थ बनता है बल्कि ब्राह्मण से न डरने के लिए भी कहता है। वह सच बताने के लिए प्रोत्साहित करता है जिसे वह ज्ञानोदय में छापकर लोगों के सामने लाएगा। विदूषक इस पर टिप्पणी करता है—"वाह! वाह रे अंग्रेज़ लोगो, उनकी बला को भगवान दूर करे जो हमेशा कुनबी-मालियों को अपनी बराबरी में देखना चाहते हैं; और एक यह ब्राह्मण है, जो उनको बर्तन साफ़ करनेवाला बनाना चाहता है।" (वही, पृ. 43)

इस प्रकार भारत की जाति व्यवस्था ने प्रत्येक प्रान्त में सामाजिक समरसता का सर्वनाश किया। सन् सत्तावन के प्रथम स्वाधीनता संग्राम में पराजय का मुख्य कारण विभिन्न जातियों का परस्पर विरोध था और इसी विरोध का लाभ उठाकर ब्रिटिशों ने साम्राज्य हड़प लिया। इसी प्रकार जाति वैमनस्य के कारण ही सदियों से पारम्परिक शिक्षा से वंचित जातियों ने विदेशी धर्म, शिक्षा और भाषा के प्रति अपना रुझान दिखाया, क्योंकि तात्कालिक रूप से ये उनकी मुक्ति का मार्ग खोलते थे।

इस बीच मुसलमान उनके बादशाह द्वारा हिन्दुओं के बुतों को तोड़ने की बात कहकर अलग खड़ा होकर सुनता है। पादरी इस पर कहता है कि उसके बादशाह ने तो बुत तुड़वाए पर हमारे मज़हब के लोगों ने तक़रीर करके हिन्दुओं के हाथों ही बुतों को तुड़वाया। हिन्दुओं ने अपने बुत अर्थात् देवताओं और ईश्वर की मूर्तियों को जातिगत वैमनस्य के आधार पर ही तोड़ा। नाटक में अन्त की ओर पुरुष अंग्रेज़ी राज की प्रशंसा करता है—ऐ पंडत, इस अंग्रेज़ी राज के सामने अब तुम्हारी वह जुल्मी पेशवाई कभी भी टिक नहीं सकेगी। उस पेशवाई में शूद्रों पर, उससे भी भयंकर अति शूद्रों पर जो मातंग-महार हैं, उन पर जो जुल्म-ज़्यादतियाँ हुईं। उसकी तो याद भी अभी बर्दाश्त नहीं होती। इस अंग्रेज़ी राज में हमारे लोगों को शिक्षा पाना अच्छी तरह समझ में आ गया है। अब वे लोग अपने आगे तुम्हारे ब्राह्मण पंडों की एक भी बात चलने नहीं देंगे।" (वही, पृ. 48) नाटक के अन्त में पुरुष स्त्री से जल्दी से भोजन कर सावित्री बाई फुले के रात्रि स्कूल में पढ़ने चलने के लिए कहता है। वह कहता है कि दयालु पादरी के उपदेशों से माली-कुनबी जातियाँ भगवान और धर्म के नाम पर ब्राह्मणों के छल-प्रपंच को समझ गई हैं। अब सयाने स्त्री और पुरुष जोतिराव, गोविन्दराव फुले और सावित्री बाई फुले की पाठशाला में मुफ़्त शिक्षा प्राप्त करने जाएँगे। स्त्री उसका समर्थन करती है और दोनों हाथ में कलम-पाटी लेकर रात्रि पाठशाला के लिए निकलते हैं।

यहाँ ध्यातव्य है कि जोतिबा फुले ने पंडिता रमाबाई के ईसाई धर्म ग्रहण कर लेने का समर्थन किया था। पंडिता रमाबाई का आरम्भ में हिन्दू धर्म की ओर रुझान था, बाद में उन्होंने तुलनात्मक अध्ययन में ईसाई धर्म को अधिक उदार पाया। जोतिबा फुले अपने सत्सार : क्रमांक-एक में सत्यशोधक समाज के एक शूद्र सदस्य और गृहस्थ ब्राह्मण के बीच हुई बातचीत में शूद्र से कहलवाते हैं—"जिस समय विदुषी रमाबाई ने पूना में आकर हिन्दू धर्म के समर्थन में कई व्याख्यान दिए, उस समय मुझे उनके व्याख्यानों की कोई बहुत बड़ी महत्ता महसूस नहीं हुई। चूँकि हिन्दू धर्म के निर्माताओं ने नारी और शूद्रादि-अतिशूद्र जातियों पर किस-किस प्रकार की आग उगली है, उन

पर कितने कठोर प्रतिबन्ध लगाए हैं, उनके सम्बन्ध में कितने प्रकार की जुल्मी बातें लिखकर रखी हैं, यह सब उस बेचारी भोली-भाली विदुषी रमाबाई को क्या मालूम था! किन्तु जब वह इंग्लैंड में गईं और उन्होंने वहाँ हिन्दू धर्म और ईसाई धर्म का तुलनात्मक अध्ययन किया, तब उसके बाद उनको हिन्दू धर्म का घमंडी और पक्षपाती स्वरूप स्पष्ट रूप से समझ में आया। तभी उन्होंने हिन्दू धर्म को धिक्कारते हुए ईसाई धर्म को स्वीकार किया है कि नहीं? इस सम्बन्ध में सभी लोगों को अपनी शंका का समाधान कर लेना चाहिए। इसीलिए आप विदुषी रमाबाई को पुन: हिन्दुस्तान में वापस बुला लेंगे तो बहुत सारे जो धनी लोग हैं, उनकी आँखें खुल जाएँगी। और ऐसी खोजी साध्वी को देखने की कई लोगों की बड़ी इच्छा है।" (वही, पृ. 25) कहना न होगा कि बाद में ईसाई पादरियों की धार्मिक कट्टरता से पंडिता रमाबाई की हताशा के सम्बन्ध में जोतिबा फुले को जानकारी नहीं थी।

हंटर कमीशन के समक्ष दी गई अपनी वक्तृता में जोतिबा फुले ने उच्च शिक्षा पर ब्राह्मणों के वर्चस्व की बात कही थी। अंग्रेज़ों द्वारा शिक्षा के बजट में कटौती होने पर उच्च वर्ण की कोई हानि नहीं होती थी किन्तु भारत में वह वर्ग जिसे अभी तक उच्च शिक्षा की आहट तक नहीं मिली थी और भी वंचित हो जाता। जोतिबा ने अंग्रेज़ों का इस ओर ध्यान खींचने का प्रयास किया—"A taste for education among the higher and Wealthy classes, such as the Brahmins and Purbhoos, especially those classes who live by the pen, has been created and a gradual withdrawal of state aid may be possible so for as these classes are concerned; but in the middle and lower classes, among whom higher education has made no perceptible progress, such a withdrawal would be a great hardship. In the event of such withdrawal, boys will be obliged to have recourse to inefficient and sectarian schools, much against their wish, and the cause of education but cannot be suffer. Nor could any part of such education be entrusted to private agency. For a long time to come the entire educational machinery, both ministerial and executive, must be in the hands of government. Both the higher and primary education require all the fostering care and attention which Government can bestow on it." (वही, पृ. 282)

फुले का मत था कि सरकार के पीछे हट जाने पर उच्च शिक्षा की बहुत हानि होगी। इससे पक्षपात मुक्त समाज का निर्माण नहीं हो पाएगा। भारत में विभिन्न राष्ट्रीयताएँ एवं धार्मिक विश्वासों के प्रति समान न्याय नहीं हो पाएगा। इससे उच्च एवं अमीर वर्गों की आत्मनिर्भरता तो बनी रहेगी, किन्तु शेष समाज शिक्षा से वंचित ही रहेगा। जोतिबा फुले ने सरकारी स्कूल की शिक्षा पद्धति के चरित्र पर भी प्रश्न उठाए—"The character of instruction given in the Government higher schools, is not at all practical, or such as is required for the necessities of ordinary life. It is only good to turn out so mainly clerks and schoolmasters. The Matriculation examination unduly engrosses the attention of the teachers and pupils, and the course of the studies prescribe has no practical element in it so as to fit the pupil for his future career in independent life. Although the number of student presenting for the Entrance examination is not at all large when the diffusion of the knowledge in the country is taken into consideration, it tooks large when the requirements of Government service are concerned of all the number would have been larger still, amd it should be so and I hope it will be so hereafter. The higher education should be so arranged as to be within easy reach of all, and the books on the subjects for the Matriculation examionation should be published in the Government Gazette, as is done in Madras and Bengal." (वही, पृ. 283)

उन्नीसवीं सदी के चौथे दशक में अंग्रेज़ी शिक्षा के बाध्यता मूलक होने के पश्चात् 1882 ई. तक उसकी खामियाँ स्पष्टतः सामने आने लगी थीं। जोतिबा फुले जैसे सजग सामाजिक कार्यकर्ता से इस तथ्य का छिप पाना कठिन था। अपने सुदीर्घ समाज सुधार काल में फुले ने दमितों और शोषितों को आत्मविश्वास से भरपूर स्वर दिया। जोतिबा फुले द्वारा ब्राह्मण निन्दा और समाज सुधार में अंग्रेज़ों को मध्यस्थ बनाए जाना इतिहास की माँग थी। इसे स्वामी दयानन्द सरस्वती (1824-1883) के शब्दों में कहा जा सकता है कि विदेशियों के आर्यावर्त में राजा होने के कारण आपसी फूट, मतभेद, बालविवाह, कुलक्षण वेद विद्या का अप्रचार है। जब दो भाई आपस में लड़ते हैं तो तीसरा पंच बन जाता है।

भारतीय समाज में धर्म और जाति के प्रश्न पर जिसमें बंगाली समाज भी सम्मिलित था, राजा राममोहन राय ने लिखा था, "दुख के साथ कहना पड़ता है कि आज हिन्दू जिस प्रकार के धर्म का अनुसरण कर रहे हैं वह उनके राजनैतिक हित की सिद्धि में सहायक होने लायक़ नहीं है। जाति-भेद तथा असंख्य विभाजनों और उपविभाजनों ने उन्हें देशभक्ति की भावना से वंचित कर दिया है और धार्मिक संस्कारों तथा कर्मकांडों की बहुलता तथा शुद्धता के नियमों ने उन्हें किसी कठिन कार्य को हाथ में लेने के सर्वथा अयोग्य बना दिया है।" (औपनिवेशिक भारत में सांस्कृतिक और विचारधारात्मक संघर्ष, के.एन. पणिक्कर, पृ. 33)

बंगाली जाति तंत्र

बंगाल की चर्चा छिड़ने पर बंगालियों में जाति प्रथा की उपस्थिति की चर्चा अनुचित नहीं होगी। पंडित माधव मिश्र आदि की तरह बंगाली विद्वानों ने भी यूरोपीय पंडितों द्वारा अपने इतिहास के विकृतिकरण का विरोध किया। वेबर जैसे भारतीय संस्कृति के एक व्याख्याकार, फर्गुसन जैसे लोग अनाप-शनाप निष्कर्ष निकाल रहे थे। इनका विरोध केवल हिन्दी नहीं बांग्ला भाषा में भी हो रहा था। क्योंकि ऐसी टिप्पणियाँ पूरे भारतवर्ष के विरुद्ध थीं। उस समय के साहित्यकार जिस बात का सीधे-सीधे विरोध नहीं कर पाते थे वहाँ व्यंग्य का सहारा लेते थे। अपनी भाषा, धर्म, संस्कृति से उनका गहरा जुड़ाव इस प्रकार की टिप्पणियों से उन्हें मर्माहत कर रहा था। संस्कृत पर की गई चोट को बांग्ला से जोड़ते हुए बांग्ला भाषा के प्रति अंग्रेज़ों की अवमानना पर बांग्ला नवजागरण के लेखकों ने हिन्दी-नवजागरण के बौद्धिकों की ही तरह प्रतिक्रिया दी दुख से भरी व्यंग्यात्मक।

बंकिमचन्द्र चट्टोपाध्याय ने अपने डिप्टी मजिस्ट्रेट पद को बचाते हुए यथासम्भव रचना कार्य किया। अपने व्यंग्यपरक निबन्ध 'कोनो स्पेशियालेर पत्र' (किसी विशेषज्ञ का पत्र) में उन्होंने अंग्रेज़ों द्वारा मनमाने विकृतिकरण पर आघात किया। अपने इसी व्यंग्यपरक निबन्ध 'कोनो स्पेशियालेर पत्र' में युवराज के संग आए अनेक 'स्पेशियाल' में से किसी एक द्वारा किसी विलायती समाचार-पत्र को लिखित पत्र में बंकिमचन्द्र ने चुन-चुनकर उन बातों पर चोट की जिनका प्रचार-प्रसार कर अंग्रेज़ विद्वान भारतीयों को हीन सिद्ध करने का प्रयास कर रहे थे। बंकिमचन्द्र ने व्यंग्य किया कि बंगाल अर्थात् बेंगॉल का नामकरण किसी अंग्रेज़ बेंजामिन गॉल द्वारा इसके आविष्कार के कारण उसके नाम के अनुकरण पर हुआ होगा, और 'कालकाटा' (Calcutta) दो पदों काल एवं काटा को मिलाकर बना है। "इस नगरी में काल काटने में कोई कष्ट नहीं है इसीलिए इसका नाम 'कालकाटा' है।" (बंकिम रचनावली, डॉ. विष्णु बसु (भूमिका), कलकत्ता, 1993, पृ. 31)

बंगालियों को मात्र भाषा ही अंग्रेज़ों से प्राप्त नहीं हुई वरन् कपड़े पहनने की बुद्धि भी उनसे मिली। चूँकि सभी बंगाली मैनचेस्टर के बने कपड़े पहनते हैं अत: यह तय पाया गया कि अंग्रेज़ों के आगमन के पूर्व बंगाली नग्नावस्था में रहते थे। बंगाली कपड़े पहनना तो सीख गए, यह निश्चित नहीं कर पाए कि क्या पहनें? इसलिए "कोई-कोई हम लोगों की तरह पतलून पहनता है, कोई-कोई तुर्कों की तरह पायजामा पहनता है, एवं कोई-कोई, किसका अनुसरण करूँ यह स्थिर न कर पाने के कारण केवल कमर में वस्त्र लपेट लेता है।" (वही, पृ. 31) केवल बंगाली ही क्यों इस देश की स्त्रियाँ भी प्राचीनकाल में विवस्त्रावस्था में घूमती थीं। पंडित फर्गुसन द्वारा निकाले गए इस निष्कर्ष पर बंकिमचन्द्र क्रोधित होकर कहते हैं, "इसी जाति के एक पंडित (फर्गुसन साहब) भग्न अट्टालिका के प्राचीर पर कुछ विवस्त्रा स्त्रीमूर्तियाँ देखकर इस सिद्धान्त पर पहुँचे कि प्राचीन भारतवर्ष में स्त्रियाँ कपड़े नहीं पहनती थीं—सीता, सावित्री, द्रौपदी, दमयन्ती इत्यादि श्वसुर-जेठ के सम्मुख नग्नावस्था में विचरण करती थीं। इसलिए कह रहा था—इन सब पंडितों की रचना का पाठ करने से बड़ा महापातक साहित्य संसार में दुर्लभ है।" (वही, पृ. 197) प्राचीन भारतीय सभ्यता बर्बरता और असभ्यता की प्रतिमूर्ति सिद्ध करने के लिए यूरोपीय पंडितों ने द्रौपदी के उदाहरण से यहाँ बहुपतित्व की प्रथा को स्वीकार किया। उन्होंने द्रौपदी जैसा दूसरा उदाहरण प्रस्तुत करने का कष्ट भी नहीं उठाया जबकि "वेद की संहिताओं, ब्राह्मण, आरण्यक, उपनिषद्, गृह्य सूत्र, श्रौत सूत्र, धर्म सूत्र, इन सबके भाष्य, उनकी टीका, उनके भाष्य, पुराण, इतिहास, स्मृति, काव्य, अलंकार, व्याकरण, गणित्, ज्योतिष, अभिधान इत्यादि नानाविध संस्कृत ग्रंथों से आज भी भारतवर्ष समाच्छन्न है। इस लिपिबद्ध अनुत्तरणीय प्राचीन तत्त्व समुद्र में कहीं भी संकेत में भी यह बात नहीं है कि प्राचीन आर्यों में स्त्रियों का बहुविवाह होता था।" (वही, पृ. 197)

उन्नीसवीं सदी के उत्तरार्द्ध में हिन्दी साहित्य में उठाए गए जाति-प्रश्नों पर बात करते समय संक्षेप में उसी समय के बांग्ला और मराठी साहित्य में सम्बोधित जाति-प्रश्नों पर चर्चा करने से जाति व्यवस्था की सर्वभारतीय व्याप्ति को समझने में सुगमता होगी। देश चिन्ता से प्रेरित समस्त भारतीय भाषाओं का नवजागरणकालीन साहित्य कमोबेश एक प्रकार से अपनी आन्तरिक विसंगतियों से लड़ता हुआ अगले पड़ाव की ओर अग्रसर है, हिन्दी साहित्य भी। बंगाल की बात चलते ही वहाँ की जातीय भावना अर्थात् बंगाली

जाति और उसके समृद्ध साहित्य की ही प्रसिद्धि है। बंगाली जातीयता के लिए मान लिया जाता है कि वहाँ जाति व्यवस्था नहीं है जबकि हिन्दी जाति या जातीयता के लिए इसके ठीक विपरीत इसे केवल जातियों (Castes) में विभाजित माना जाता है।

बंकिमचन्द्र चट्टोपाध्याय जैसे विचारकों ने इस बात पर ही बल दिया कि बंगाली जाति की केवल एक ही भाषा है बांग्ला। किन्तु वहाँ धर्म और जाति का प्रश्न उलझ गया। जहाँ तक 'एक भाषा' के प्रश्न के आधार पर हिन्दी जाति की बात है तो यहाँ उर्दू की उपस्थिति हिन्दी प्रदेश को द्विभाषी घोषित कर रही थी। अगर इस द्विभाषीय जटिलता को स्वीकार कर लिया जाए तो 'हिन्दी जाति' के पक्ष में कई तर्क प्रस्तुत किए जा सकते हैं। कहना न होगा कि यह 'हिन्दी' शब्द एक व्यापक अर्थ लिये हुए है। रामविलास जी के ही शब्दों में कहा जा सकता है कि "हिन्दी शब्द का व्यवहार भाषा और मानव समुदाय दोनों के लिए होता रहा है। मीर जैसे उर्दू कवि पहले अपनी भाषा को हिन्दी ही कहते थे और इक़बाल ने मानव समुदाय के लिए हिन्दी शब्द का व्यवहार किया—हिन्दी हैं हम वतन हैं हिन्दोस्ताँ हमारा। यहाँ हिन्दोस्तान सारे देश के लिए इस्तेमाल हुआ है और हिन्दी उसके निवासियों के लिए। हिन्दी और हिन्दोस्तान, दोनों शब्द, व्यापक और सीमित दोनों अर्थों में, इस्तेमाल होते रहे हैं।" (भारतीय साहित्य की भूमिका, रामविलास शर्मा, पृ. 11)

इस प्रकार जातीयता का प्रश्न उलझा हुआ किन्तु अत्यन्त महत्त्वपूर्ण है। जातियों (Castes) में बँटे भारतवर्ष में हिन्दी जाति, बंगाली जाति, मराठी जाति को किस प्रकार और किस आधार पर व्याख्यायित किया जाए। साथ ही देश प्रेम के प्रश्न पर 'भारतीयता' और प्रदेश और भाषायी अस्मिता के साथ 'जातीयता' को 'जाति' के साथ कैसे देखा जाए।

बांग्ला में बंकिमचन्द्र ने अपने इतिहास-लेखन में बंगालियों की उत्पत्ति पर विचार करते हुए सर्वप्रथम यह निर्धारित किया कि बंगाली कौन है? उन्होंने कहा कि जनसंख्या के आधार पर जिन्हें बंगाली कहा जाता है उनमें से आधे मुसलमान हैं और इन मुसलमानों को निकाल देने के बाद जो बचे वे भी बंगाली नहीं हैं। बंकिमचन्द्र कहते हैं कि चलो ठीक है ये मुसलमान भी बंगाली हैं पर "क्या ये भी उसी प्राचीन वैदिक धर्मावलम्बी जाति की संतति हैं? हाड़ि, कौरा, डोम और मोची, कैवर्त, जेले, कोंच, पॉली ये भी उन्हीं की संतति हैं? यदि यह निश्चित नहीं होता तो अनुसन्धान किया जाना चाहिए। बंगाल में केवल ब्राह्मण-कायस्थ ही नहीं हैं, ब्राह्मण-कायस्थ बंगालियों का अल्पभाग हैं। बंगालियों के मध्य जो संख्या में अधिक हैं, उनकी उत्पत्ति अन्धकार में समाच्छन्न है।" (बंकिमचन्द्र चट्टोपाध्याय के निबन्ध एक संकलन, पृ. 148)

उपरोक्त प्रश्न के साथ उन्नीसवीं सदी में आर्य-अनार्य का प्रश्न भी उलझा हुआ है। रोचक तथ्य यह है कि अंग्रेज़ों के यहाँ आकर आधिपत्य जमाने और यहाँ की सभ्यता-संस्कृति की पुनर्व्याख्या करने से पहले इस प्रश्न का कोई अस्तित्व नहीं था कि भारतवर्ष में आर्य बाहर से आए थे कि यहीं के थे? बंकिमचन्द्र चट्टोपाध्याय इसका सहज विवेचन करते हैं—"जिस प्राचीन हिन्दू जाति से स्वयं को उत्पन्न जान हम मन ही मन गर्वित हैं उन्होंने वेद में स्वयं को आर्य कहकर वर्णित किया है। अब तो बहुत दिनों बाद यूरोप से आर्य शब्द आकर पुनः व्यवहृत हो रहा है। प्राचीन हिन्दू आर्य थे; अथवा उन्हीं की सन्तान थे। इसलिए हम आर्यवंशी हैं। किन्तु यह आर्य शब्द और वेद में व्यवहृत आर्य शब्द भिन्न-भिन्न अर्थ में व्यवहृत होते हैं। वैदिक ऋषि कहते हैं; ब्राह्मण,

क्षत्रिय, वैश्य ये तीन आर्य वर्ण हैं। अभी के पाश्चात्य पंडित और उनके अनुवर्ती होते हुए आधुनिक भारतीय भी कहते हैं; अंग्रेज़, फ्रांसीसी, जर्मन, ब्रूस, यवन, फ़ारसी, रोमन हिन्दू सभी आर्य हैं। और भारतवर्ष के सभी अधिवासी इस नाम के अधिकारी नहीं हैं। हिन्दू आर्य नाम से ख्यात हैं, किन्तु कोल, भील, संथाल आर्य नहीं हैं। तब आर्य शब्द का अर्थ क्या है?" (वही, पृ. 149-50)

आर्य शब्द के पुनर्व्यवहार के कारण बंकिमचन्द्र बंगाली की उत्पत्ति पर दोनों दृष्टियों से विचार करते हैं—प्रथमतः आर्य और अनार्य द्वितीयतः जाति विभाजन। बंगाली की उत्पत्ति पर उन्होंने विस्तार से विचार किया। इस पर लिखे गए उनके सात निबन्धों के शीर्षक उनकी जाति सम्बन्धी धारणा को स्पष्ट करते हैं। बंगाली की उत्पत्ति, उसका आर्य-अनार्य और जाति निर्धारण पर उन्होंने निम्नलिखित शीर्षकों से सात निबन्ध लिखे—(i) बंगाली की उत्पत्ति—प्रथम परिच्छेद, (ii) अनार्य—द्वितीय परिच्छेद, (iii) अनार्यों के दो वंश—द्राविड़ी और कोल—तृतीय परिच्छेद, (iv) आर्यीकरण—चतुर्थ परिच्छेद, (v) अनार्य बंगाली जाति—पंचम परिच्छेद, (vi) आर्य शूद्र—षष्ठ परिच्छेद, (vii) स्थूल कथन—सप्तम परिच्छेद।

बंकिमचन्द्र ने बंगाल में ब्राह्मणों के आगमन, उन्हें यहाँ बसाए जाने और फिर यहाँ फलने-फूलने पर भी निबन्ध लिखा—(i) बंग पर ब्राह्मणाधिकार—प्रथम प्रस्ताव, (ii) बंग पर ब्राह्मणाधिकार—द्वितीय प्रस्ताव। दो भागों में लिखे इस निबन्ध में उन्होंने विस्तार से ग्यारह ब्राह्मण परिवारों को कन्नौज से बुलाकर बंगाल में बसाए जाने, फिर उनकी वृद्धि और उनके आर्यत्व को प्रतिपादित किया है। इस पर चर्चा करने से पहले उनके द्वारा लिखे गए सात परिच्छेदों में वस्तुतः एक ही निबन्ध 'बंगाली की उत्पत्ति' पर चर्चा की जानी चाहिए। यह विशेष रूप से ध्यातव्य है क्योंकि इसमें बंगाल से इतर जातियों का भी वर्णन है।

पहले-पहल बंकिमचन्द्र चट्टोपाध्याय भाषा के आधार पर जातियों के आर्यत्व का निर्धारण करते हैं। "भारतवर्ष की संस्कृत एवं संस्कृतमूलक पाली आदि प्राचीन भाषाएँ हैं; बांग्ला, हिन्दी आदि संस्कृतमूलक आधुनिक भाषाएँ और आधुनिक फ़ारसी, प्राचीन ग्रीक और लैटिन; लैटिन बहुल फ्रांसीसी; इतालवी, स्पेनिश आदि रोमन जातीय भाषाएँ, ट्यूयनवंशियों की भाषा, अर्थात् जर्मन, ओलन्दाजी अंग्रेज़ी, स्वीडनी, नार्वेनियन भाषा, रूस आदि की स्लावनिक भाषा—सभी उसी एक प्राचीन भाषा से उत्पन्न हैं; सभी उसी एक वृद्धा माता की दुहिताएँ हैं। इन बहुभाषाओं की जननी वह प्राचीन भाषा अब नहीं है—किन्तु कभी थी। जैसे किसी घर में कुछ मातृहीन भ्राताओं और भगिनियों को वास करते देख अनुमान लगाते हैं कि इनकी एक जननी थी, वैसे ही इन एकवंशीय वृहत्तर भाषाओं को देख लगता है कि इनकी मूल भाषा कोई एक प्राचीन भाषा थी, जो जातियाँ इन भाषाओं का प्रयोग करती थीं वे अब आर्य जाति के नाम से जानी जाती हैं। जिन जातियों की भाषा आर्य भाषा है वे आर्यवंशी नाम से वर्णित हैं। जो आर्यवंशी नहीं हैं वे अनार्यजाति हैं।" (वही, पृ. 152)

बंकिमचन्द्र की आर्य सम्बन्धी धारणा का उल्लेख पिछले अध्याय में भी हो चुका है। उसे इस स्थान से जोड़ते हुए कहा जा सकता है कि वे बंगाली किसे मानते हैं? इस 'बंगाली' में आर्य-अनार्य दोनों हैं, लेकिन जो नहीं है वह है बांग्ला से इतर भाषा बोलने

वाला—"इस गणना से पहले समझना होगा कि बंगाली किसे कह रहे हैं। क्योंकि बांग्ला नाम के कई अर्थ हो सकते हैं। एक अर्थ में पेशोर तक बंगाल के अन्तर्गत आता है। यथा, 'बेंगॉल प्रेसिडेंसी' 'बेंगॉल आर्मी' और एक अर्थ में बंगाल उतना विस्तृत नहीं, मगध, मिथिला, उड़ीसा, पलामू उसके अन्तर्गत हैं—ये सारे प्रदेश बंगाल के लेफ़्टिनेंट गवर्नर के अधीन हैं। इन दोनों ही अर्थों में इस प्रबन्ध में 'बंगाल' शब्द का व्यवहार नहीं कर रहे हैं। जिस देश के लोगों की मातृभाषा बांग्ला है वही बंगाली हैं; हम उसी बंगाली के उत्पत्ति के अनुसन्धान में लगे हैं। जिसकी मातृभाषा बांग्ला है वह बंगाली नहीं है उनका इतिहास नहीं लिखूँगा—संथाल या नागा इस प्रबन्ध के कोई नहीं हैं।" (वही, पृ. 160) 'बंगाली कौन है' के निर्धारण के बाद बंकिमचन्द्र बंगाली आर्य-अनार्य जातियों का विवरण देते हैं, किन्तु इसके लिए बंगाली जातीयता के बाहर जाना होगा। कुछ जातियाँ बंगाल में बाहर से आईं और कुछ बंगाल के बाहर भेजी गईं। अत: ऐसी अवस्था में बंगाल के बाहर दृष्टिपात करना होगा, विशेषकर उन अनार्य जातियों के लिए जो बंगाल से भगा दी गईं।

इन जातियों में "ब्रह्मदेश की उत्तरी सीमा पर दिखाई देते हैं, खामटी, सिंफों, मिशमि, चूलकाटा मिशमि। उसके बाद दूसरी जातियाँ, वे भी अनेक प्रकार की हैं। यथा—पाद्‌म, मिरी, दफ्ला इत्यादि। उसके बाद आसाम प्रदेश के नागा, कूकी, मणिपुरी; कोपयी, इनके अलावा मिकिर, जयन्तिया, खसिया और गारो जाति। आसाम में ब्रह्मपुत्र के किनारे देखते हैं, कत्छाड़ी या बोडो, मेच और घिमालजाति एवं बंगाल में उनके निकट के कुटुम्बी कोच जाति के लोग। उसके बाद उत्तर में हिमालय पर्वत के भीतर वास करने वाले भोट, लेप्चा, लिम्ब्रू, किरान्ती या किराती (प्राचीन किरात)। उसके बाद बंगाल की पूर्व-दक्षिण सीमा पर मौग, लूसाई, कूकी, कारेन, तालाईन आदि जातियाँ। त्रिपुरा के भीतर ही राजवंशी नौआतिया प्रभृति जातियाँ हैं; बंगाल के पश्चिम में कोल, संथाल, खाड़िया, मुंड, कोंड़ाया, उराँव या धांगड़ आदि अनार्य जातियाँ वास करती हैं।" (वही, पृ. 160) तत्पश्चात् बंकिमचन्द्र आर्य-अनार्य निरूपण कर इन अनार्यों की भाषाओं की जातिगत विभिन्नता की बात करते हैं। वे बंगाल की कुछ अनार्य भाषाओं का सम्बन्ध द्राविड़ी भाषा से मानते हैं जबकि कुछ जातियाँ उनसे भिन्न हैं। बंकिमचन्द्र बंगाल से बाहर किन्तु बंगाल के लेफ़्टिनेंट गवर्नर के शासन के अधीन आने वाली संथाल, हो, भूमिज, मुंड, वीरहोड़, कडुआ, कुर या कुर्कु या मुआर्सि, खाड़िया, जुआंग आदि कोल वंशीय जातियाँ गिनवाते हुए इनके निवास की सूचना देते हैं—"जुआंग जाति के लोग उड़ीसा के ढेकाना और क्योंझर प्रदेश में वास करते हैं। कुर या मुआर्सि के साथ इस इतिहास का कोई सम्बन्ध नहीं है। खड़िया सिंहभूम के अतिशय वनाकीर्ण प्रदेश में वास करते हैं। मानभूम के पहाड़ों में भी वे पाए जाते हैं। वीर वीरहोड़ हजारीबाग के जंगलों में रहते हैं। कडुआ सरगुजा, यशपुर और पलामू अंचल में रहते हैं। उनके साथ मिश्रित 'असुर' नामक और एक कोलवंशीय जाति मिलती है। कुर्कु जाति और भी पश्चिम में हैं। संथाल गंगा तट से उड़ीसा की वैतरणी तक, 350 मील तक वास करते हैं—कहीं कम कहीं अधिक जिस प्रदेश को अभी 'संथाल परगना' कहते हैं। उसके अलावा भागलपुर, वीरभूम, बाँकुड़ा, हजारीबाग, मानभूम, मेदिनीपुर, सिंहभूम, बालेश्वर इन जिलों एवं मयूरभंज में भी संथालों का वास है।" (वही, पृ. 162)

अपने चतुर्थ परिच्छेद आर्यीकरण में इन अनार्य जातियों के इतिहास पर विस्तृत विचार करते हुए वे आर्य और अनार्य के निरूपण के प्रधान केवल भाषा मानने के लिए तैयार नहीं हैं। अपनी बात के समर्थन में वे 'Enthology of Bengal' के पृ. 115 को आधार बनाते हुए कहते हैं, "भारतवर्ष में भी अनार्य जातियों के बीच आजकल हम लोगों के सामने ऐसे भाषा परिवर्तन हो रहे हैं। अभी भी बहुत से स्थानों पर अनार्य लगातार अपनी मातृभाषा का परित्याग कर आर्य भाषा ग्रहण कर रहे हैं। डाल्टन का कहना है कि वे 1886 ई. में कोड़ जाति की भाषा के सम्बन्ध में कुछ तत्त्वों का अनुसन्धान करने कोड़वा लोगों की वासभूमि यशपुर राज्य गए थे। उनके अनुसार उन्हें बहुसंख्यक असभ्य कोड़वा आकर घेरकर खड़े हो गए किन्तु उनमें से एक भी कोड़वा भाषा नहीं जानता था। वे भाषा का भी परित्याग कर आए हैं। उदाहरण स्वरूप कर्नल डाल्टन और भी कहते हैं कि चुटीया नागपुर प्रदेश के ओरांवों के जो गाँव हैं उनमें से अनेक ग्रामों के ओरांव जातीय भाषा नहीं जानते, हिन्दू या मुंडों की भाषा में बात करते हैं।" (वही, पृ. 164)

अनार्य जातियों द्वारा आर्य भाषा बोले जाने पर वे आर्य जातियाँ नहीं हो जाएँगी। बंकिमचन्द्र इसे प्रभावित करने के लिए फ्रांस, पुर्तगाल का उदाहरण देते हैं—"इतिहास में ऐसे अनेकों उदाहरण मिलते हैं। फ्रांस की वर्तमान भाषा लैटिन मूल की है; किन्तु फ्रांसीसी जाति की अस्थिमज्जा केल्टीय शोणित से निर्मित है। प्राचीन गॉल रोमनों द्वारा पराजित हो रोमन राज्य में घुल-मिल गए, बाद में इन्होंने रोमन सभ्यता ग्रहण कर ली। जब पश्चिमी रोम साम्राज्य ध्वंस हुआ तब गॉल लोगों में भी लैटिन भाषा बनी। आइविरिया (स्पेन और पुर्तगाल) में भी ऐसा हुआ। अमेरिका के काफ़ी दासों के वंश ने प्रभुओं की भाषा का अवलम्बन किया। जातीय भाषा के स्थान पर अंग्रेज़ी या फ्रांसीसी भाषा का व्यवहार करते हैं। अतएव भाषा के आर्य भाषा होने भर से आर्यवंशीय नहीं कहा जा सकता—अन्य प्रमाण आवश्यक हैं।" (वही, पृ. 164)

जातियों के आर्थिक विकास आदि के लिए भाषा की भूमिका की ओर द्वितीय अध्याय में संकेत किया जा चुका है। विभिन्न जातियों और उपजातियों द्वारा भाषा के ग्रहण-त्याग की परम्परा इनके निर्माण काल से ही बनती-बिगड़ती रही है। कई स्थानों पर लिखित इतिहास की अनुपस्थिति के कारण अनिमानों का आश्रय भी लेना पड़ता है। बंकिमचन्द्र भी कई स्थानों पर ऐसा ही करते हैं। मुख्य विचार यह है कि आर्य विजेता थे, अनार्य विजित। भारतवर्ष के मध्यवर्ग ने विशेषकर स्वयं को विजेता आर्यों से जोड़ा। इसमें धर्म का एक यह विशेष कोण सदैव रहा कि हिन्दू जन्मना होता है। यद्यपि कोई मुसलमान या क्रिस्तान हिन्दू धर्म ग्रहण कर सकता है "किन्तु जिसने हिन्दू के रूप में जन्म नहीं लिया वह हिन्दू धर्म ग्रहण कर हिन्दू बनकर हिन्दू समाज में मिल गए, इस बात पर कोई विश्वास नहीं करेगा।" (वही, पृ. 165)

किन्तु धर्म परिवर्तन के लिए जैसा व्यवहार मुसलमान या क्रिस्तान करते हैं वैसा आचरण वन में बसे अनार्यों द्वारा नहीं भी किया जा सकता है। "विशेषतः वन्य अनार्य जातियों के क्षेत्र में यह आपत्ति नहीं चलेगी। मुसलमान या क्रिस्तान कभी भी हिन्दू नहीं हो सकते क्योंकि पीढ़ियों से हिन्दुओं के आचारों को नष्ट कर वे पतित हो गए हैं। किन्तु इस प्रदेश के वन्य अनार्यों में हिन्दुत्व विनाशी ऐसा कोई आचार-व्यवहार नहीं है जो

हिन्दुओं का अति निकृष्ट जातियों—हाड़ी, डोम, मोची, कोरा आदि जातियों में नहीं पाया जाता।" (वही, पृ. 165) उपरोक्त उद्धरण की अन्तिम पंक्तियों में कुछ जातियों को अति 'निकृष्ट जाति' मानना बंगाल की अस्थिमज्जा में बसी जाति व्यवस्था का प्रमाण है।

संस्कृतीकरण के अन्तर्गत विभिन्न तथाकथित निम्न जातियों द्वारा स्वयं को उच्च जाति घोषित करने की प्रक्रिया का उल्लेख किया जा चुका है। बंकिमचन्द्र हिन्दू धर्म में आने वाली अनार्य जातियों के हिन्दू जाति बनने के क्रम में 'Proselytizing' प्रक्रिया का उल्लेख करते हैं—"पश्चिम के लोगों के बीच एक विवाद है। किसी-किसी का मानना है कि हिन्दू धर्म Proselytizing नहीं है अर्थात् जो जन्म से हिन्दू नहीं है, हिन्दू उसे नहीं मानता। हिन्दू धर्म Proselytizing है, अर्थात् अहिन्दू भी हिन्दू बनता है। इस विवाद का स्थूल मर्म ऊपर समझाया गया है। क्रिस्तानों या मुसलमानों में Proselytism इस तरह है कि वे दूसरों से कहते हैं, "तुम क्रिस्तान या मुसलमान हो जाओ।" आहुत व्यक्ति के क्रिस्तान या मुसलमान हो जाने पर उससे आहार-व्यवहार कन्या आदान-प्रदान आदि सभी सामाजिक कार्य करता है या कर सकता है। हिन्दुओं का proselytization इस प्रकार का नहीं है। हिन्दू किसी को नहीं बुलाते, "तुम स्वधर्म त्यागकर आओ हिन्दू बनो।" यदि कोई स्वेच्छानुसार हिन्दू धर्म ग्रहण करता है उसके साथ आहार-व्यवहार या किसी प्रकार का कोई सामाजिक कार्य नहीं करते किन्तु जिसने हिन्दू धर्म ग्रहण किया उसके वंश का धर्म हिन्दू धर्म बना रहा, उसका नाम भी लुप्त नहीं होगा। एक सम्पूर्ण जाति के इस प्रकार हिन्दू धर्म ग्रहण कर पीढ़ियों तक हिन्दू धर्म का पालन करने से सभी उसे हिन्दू जाति के रूप में स्वीकार करेंगे। हिन्दुओं को Proselytism इसी प्रकार है। यह शब्द मुसलमान या क्रिस्तान के सम्बन्ध में जैसे व्यवहृत होता है हिन्दुओं के सम्बन्ध में उसी अर्थ में व्यवहृत नहीं होता। प्रकृत प्रस्ताव में हिन्दुओं में Proselytism नहीं है एवं तदर्थवाचक किसी भारतीय आर्य भाषा में कोई शब्द नहीं है।" (वही, पृ. 166)

ये अनार्य जातियाँ हिन्दू जाति तो हो जाएँगी, किन्तु आर्य हिन्दू जातियाँ इनसे रोटी-बेटी का सम्बन्ध स्थापित नहीं करेंगी। अपनी पुस्तक 'ऋग्वैदिक आर्य' में राहुल सांकृत्यायन ने इसे महत्त्वपूर्ण कारक के रूप में गिनवाया है। बंकिमचन्द्र ने भी माना है कि ऐसे समूह "हिन्दुओं जैसे आचार-व्यवहार अपनाते हैं। समग्र जाति के इसी प्रकार व्यवहार करते रहने पर कालक्रम में भी हिन्दू नाम धारण कर लेंगे। दूसरे हिन्दू कभी उनका अन्न ग्रहण नहीं करेंगे। उनसे कन्या का आदान-प्रदान नहीं करेंगे अथवा अन्य दूसरे प्रकार से उनसे नहीं घुलेंगे-मिलेंगे—हो सकता है कि उनका स्पर्शित जल तक ग्रहण नहीं करें। अतएव वे भी एक पृथक् हिन्दू जाति के रूप में गिने जाएँगे। वे जिस तरह पहले एक पृथक् जाति थे अभी भी उसी प्रकार एक पृथक् जाति ही रहेंगे; केवल हिन्दुओं के आचार-व्यवहार के अनुकरण को ग्रहण करने के कारण हिन्दू जाति के नाम से ख्यात होंगे।" (वही, पृ. 166)

बंकिमचन्द्र द्वारा जातियों के विशद विवेचन की इस प्रस्तुति का मुख्य कारण बंगाल में भी जाति-प्रथा के प्रचलन के साथ उन्नीसवीं सदी में बेंगॉल प्रेसिडेंसी के अन्तर्गत शासित आज के हिन्दी प्रदेश की जातियों का विवरण देना भी है। बंकिमचन्द्र का जाति निरूपण इस अर्थ में विशेष है कि अनार्य जातियों के हिन्दू धर्म में सम्मिलित होने का विस्तारपूर्वक वर्णन करता है। एक और उदाहरण देखा जाए—"हजारीबाग प्रदेश में

विद्या नामक एक जाति है। विद्या माहात्म्य नाम धारण करते हैं। ये हिन्दी भाषा बोलते हैं एवं हिन्दुओं में गिने जाते हैं; किन्तु ये विद्यागण मुंड जातीय कोल हैं इसमें कोई सन्देह नहीं। चूटीया नागपुर के मुंडों जैसी ही इनकी आकृति है। मुंडों में सर्वत्र पौहन नामक एक पुरोहित या ग्राम्य कर्मचारी होता है, विद्यागणों में भी इसी प्रकार प्रत्येक ग्राम में पौहन हैं। मुंड लोहा बनाने में सुदक्ष हैं वे, उसका व्यवसाय करते हैं। और मुंडों के बीच में किली अर्थात् जातिविभाग है, इनमें भी ठीक उसी प्रकार है। मुंडों में किली के जो-जो नाम हैं; विद्यागणों के किली के भी वही-वही नाम हैं। अतएव एक प्रकार से यह माना जा सकता है कि विद्यागम मुंड कोल हैं किन्तु अब वे हिन्दी भाषा बोलते हैं और हिन्दू धर्म का अवलम्बन करते हैं।" (वही, पृ. 166-67) तत्पश्चात् वे आसाम की चूटीया और काह्वड़ जाति, कूचबिहार की कोंच, त्रिपुरा के पहाड़ी जन, पलामू की पौहेया नामक हिन्दी भाषी जाति, सरगुजा की किसान जाति और 'बूनो' कुलियों का उदाहरण देते हैं। इन जातियों के उदाहरण से वे इस निष्कर्ष पर पहुँचते हैं कि "ऐसे और भी अनेक उदाहरण हैं। जितने उदाहरण दिए गए वे पर्याप्त हैं। उन कुछ उदाहरणों से ही भलीभाँति प्रमाणित होता है कि बंगाल के बाहर ऐसे अनेक अनार्यवंशी मिलते हैं जिन्होंने आर्यभाषा और हिन्दू धर्म ग्रहण किया और हिन्दू रूप में गिने गए। यदि बंगाल के बाहर अनार्य हिन्दू पाए जाते हैं तो बंगाल के भीतर बंगालियों में इस तरह के अनार्य हिन्दूओं की उपस्थिति भी सम्भव है।" (वही, पृ. 168)

अपने 'अनार्य बंगाली जाति' निबन्ध में बंकिमचन्द्र चट्टोपाध्याय भागलपुर ज़िले की वन्य जातियों, (मालेर और मालिया जाति), संथालों में डोम जाति, नेपाल के निकट डूमी नामक अनार्य जाति का उल्लेख करते हैं। बंकिमचन्द्र आर्य-अनार्य के वर्ण (रंग) पर भी ध्यान देते हैं—"भारतवर्ष के एक ही प्रदेश में श्यामवर्ण आर्य एवं मसिवर्ण अनार्य इकट्ठे वास कर रहे हैं। धूप के ताप से थोड़ी कृष्णता उपज सकती है। भारतीय आर्यों में ऐसा होने में कोई सन्देह नहीं है। उनमें कुछ गौर कुछ श्यामल हैं किन्तु विन्ध्य पर्वत के निकट रहने वाली कुछ अनार्य एकदम मसिकृष्ण वर्णी हैं। विष्णुपुराण में इनका वर्णन है। कहा गया है कि वेन राजा के उस देश से दग्ध काष्ठ की भाँति एक पुरुष जन्मा। इस वर्णन में मध्य भारत के कृष्णकाय अनार्य मिलते हैं। यह पुरुष निषाद नाम से जाना गया। इसी के वंश को निषाद वंश कहा गया। इसी से निषाद अनार्य जाति की उत्पत्ति हुई। हरिवंश में वेन के उपाख्यान में इस प्रकार कहकर यह पुरुष निषाद और धीवर जाति के आदिपुरुष के रूप में वर्णित हैं। मनु ने कहा है कि अयोगवि अर्थात् शूद्र से वेश्या उत्पादिता स्त्री के गर्भ से निषाद के औरस मार्गव या दास जन्मे। आर्यावर्त में उन्हें कैवर्त कहते हैं।" (वही, पृ. 171-72)

बंकिमचन्द्र अमरकोष विधान, ऐतरेय ब्राह्मण और महाभारत के उदाहरण से कैवर्त, वास़, धीवर का उल्लेख करते हैं जो वस्तुतः एक ही जाति है। बंगाल में भी इन जातियों की उपस्थिति है—"पहले ही दिखाया गया है कि ऋग्वेद में दास नामक अनार्य जाति मिलती है। दास, धीवर, कैवर्त तीनों एक ही हैं। यदि दास और धीवर अनार्य हुए तो कैवर्त भी अनार्य जाति है। अभी बंगाल के कैवर्तों में कुछ कैवर्त; कुछ जेले कैवर्त हैं। पहले सभी मत्स्य व्यवसायी धीवर थे इसमें सन्देह नहीं है। उनकी संख्या में वृद्धि होने पर कुछ ने कृषि व्यवसाय अपना लिया, वे ही किसान (चाषा) कैवर्त हैं। इसी प्रकार

खेती कर रहे कुछ धोबियों की चाषाधोबी नामक पृथक् जाति है।" (वही, पृ. 172) भारत के भीतर की ही नहीं बाहर की भी कुछ जातियों का उल्लेख है। बंगाल में निम्न मानी जाने वाली पुन्ड्र या पौन्ड्र जाति अति प्राचीन है तो यवन और पहलव भारतवर्ष के बाहर की जातियाँ हैं। पौन्ड्रों के विवेचन में तो बंकिमचन्द्र चट्टोपाध्याय विल्सन से होते हुए रामायण तक आते-जाते हैं, "विल्सन साहब ने इस स्थान पर यह भी लिखा है कि रामायण के किष्किंधा कांड में एकचत्वाविंशत अध्याय के द्वादश श्लोक में पुन्ड्र दाक्षिणात्य में हैं। इस श्लोक को हम उद्धृत कर रहे हैं—

नदीं गोदावरीं चैव सत्वमेवानुपश्यतः।
तथैवान्ध्रांश्च पुन्ड्राश्च चोलान् पान्ड्रांश्च करेलान्॥

अतएव देखा जा सकता है कि ब्राह्मण, इतिहास, स्मृति इन सभी के काल अर्थात् अति प्राचीन काल से दशकुमार चरित और ह्वेनसांग के समय तक पुन्ड्र नामक एक प्रबल जाति बंगाल में पश्चिमी अंश में वास करती थी। अभी बंगाल या बंगाल के निकट या भारतवर्ष के किसी भी प्रदेश में पुन्ड्र नामक कोई जाति नहीं है। तब यह पुन्ड्र जाति कहाँ गई?" (वही, पृ. 174) पुन्ड्र शब्द परिवर्तित होते-होते पूँड़ो हो गया जो बंगाल में एक संख्या बहुल जाति है।

बंकिमचन्द्र द्वारा लिखित 'आर्य शूद्र' प्रबन्ध और भी रोचक है। इसमें पाश्चात्य विद्वानों द्वारा बंगाल की बाग्दी जाति को अनार्य मानने का उल्लेख है। बंकिमचन्द्र भी इससे सहमत हैं। आर्य-अनार्य निरूपण के.दो आधार हैं—एक भाषा और दूसरा आकार। चूँकि बंगाल में सभी "शूद्र आर्य भाषा का व्यवहार करते हैं। तब आकार ही एकमात्र सहायक रह जाता है। किन्तु यह अवश्य ही स्वीकार करना होगा कि कायस्थ जैसे अनेक शूद्रों का आकार आर्यों जैसा है।" (वही, पृ. 177)

न केवल कायस्थ शूद्र हैं बल्कि बंगाल में कुछ वैश्य भी शूद्र हैं—"कुछ शूद्र जातियाँ प्राचीन काल से आर्य जाति के रूप में गिनी जाती हैं किन्तु आधुनिक बंगाल में वे शूद्र के रूप में जानी जाती हैं; यथा वर्णिक। वर्णिक वैश्य हैं; प्राचीन संस्कृत ग्रंथों में इसके पर्याप्त परिमाण मिलते हैं। प्रतीत होता है कोई भी उनके वैश्यत्व को अस्वीकार नहीं करेगा। बंगाल में शूद्रों में जो वैश्य हैं उसका यही एक अखंडनीय प्रमाण है।" (वही, पृ. 179)

बंकिमचन्द्र के लिए भाषा अत्यन्त महत्त्वपूर्ण तत्त्व है, चूँकि बांग्ला भाषा आर्य भाषा है अतः बंगाली आर्य जाति हैं। बंगाल में इतनी सारी अनार्य एवं शूद्र जातियाँ गिनवाकर वे बंगाली जाति को आर्य वंशीय घोषित करते हैं क्योंकि यहाँ की सभी जातियाँ बांग्ला भाषा बोलती हैं और बांग्ला भाषा आर्य भाषा है। हाँ, इसमें शूद्र आर्य या अभिश्रित आर्य केवल ब्राह्मण हैं क्योंकि उन्हीं में संकरत्व सम्भव नहीं है। और शूद्र जिनमें संकरत्व सर्वाधिक सम्भव है उनकी संख्या बहुत बड़ी है। बंकिमचन्द्र कहते हैं, "सन् 71 की जनगणना में स्थिर किया गया कि बंगाल के जिस हिस्से में बांग्ला भाषा प्रचलित है उसमें 30,600000 लोग निवास करते हैं—उसमें केवल 11 लाख ब्राह्मण हैं।" (बंकिम रचनावली, पृ. 362) इस तरह बंकिमचन्द्र बंगाली जाति का निर्धारण करते-करते ब्राह्मणों की शुद्धता तक पहुँचते हैं और बंगाली जाति के आर्यत्व के सम्बन्ध में निर्णय देते हैं, "अंग्रेज़ एक जाति है! बंगाली बहुजातीय हैं। अभी जिन्हें हम वास्तविक बंगाली

कहते हैं उनमें चार प्रकार के बंगाली हैं। एक आर्य, द्वितीय अनार्य हिन्दू, तृतीय आर्यानार्य हिन्दू और इन तीनों के बाहर एक चतुर्थ जाति बंगाली मुसलमान। चारों भाग एक-दूसरे के पृथक् रहते हैं। बंगाली समाज में निम्न स्तर पर ही बंगाली अनार्य अथवा मिश्रित आर्य और बंगाली मुसलमान हैं, ऊपर के स्तर पर प्रायः केवल आर्य हैं। इसीलिए दूर से देखने पर बंगाली जाति अमिश्रित आर्य जाति लगती है एवं बंगाल का इतिहास एक आर्यवंशीय जाति का इतिहास कहकर लिखा जाता है।" (वही, पृ. 363) (चूँकि बंगाली वही है जिसकी भाषा बांग्ला है इसलिए पाँच पीढ़ियों से बंगाल में रह रहे हिन्दी भाषी अभी भी अबंगाली या नॉनबंगाली ही कहलाते हैं।)

भारतेन्दु आर्य-अनार्य के इस विवरण में न जाकर समस्त आर्यावर्त की बात करते हैं। इतिहास-लेखन में वे पूरे भारतवर्ष के इतिहास की चिन्ता करते हैं। महाराष्ट्र, राजस्थान, बिहार और अन्य अनेक स्थानों का इतिहास लिखते समय उनके दृष्टिपथ में केवल आर्यावर्त के गौरव की चिन्ता है। भारतेन्दु के इतिहास-लेखन की चिन्ता उनकी दृष्टि की व्यापकता को दर्शाती है। भारतेन्दु एक समान रूप से काशी, पश्चिमोत्तर प्रदेश एवं समस्त आर्यावर्त पर गर्व करते हैं। बंकिमचन्द्र जब इस बात पर विचार करते हैं कि आर्य बंगाल कैसे पहुँचे तब उनके मूल निवास की खोज करते हैं, किन्तु भारतेन्दु सामान्य रूप से इस बात पर विचार करते हैं कि आर्य हिन्दुस्तान में कहाँ से आए थे। भारतेन्दु विजेता आर्य जाति का स्मरण करवाते हैं बंकिमचन्द्र विजेता बंगाली आर्य का।

चूँकि बंकिमचन्द्र चट्टोपाध्याय अंग्रेज़ सरकार में डिप्टी मजिस्ट्रेट थे अतः बहुत से बिन्दुओं पर खुलकर नहीं बोल सकते थे। अतः उन्होंने अफ़ीम के नशे में डूबा हुआ एक ऐसा पात्र चुना जो सब की भाषा जानता है, कीट-पतंगादि की भी। बंकिमचन्द्र के साहित्य में उनके कमलाकान्ती निबन्धों में व्यंग्य का अद्भुत चमत्कार देखने को मिलता है। कमलाकान्त अंग्रेज़ी-संस्कृत जानने वाला सुशिक्षित ब्राह्मण है किन्तु उसे दिव्य दृष्टि केवल अफीम के नशे में ही मिलती है। अंग्रेज़ों द्वारा स्थापित न्याय व्यवस्था की असफलता पर तद्युगीन अन्य लेखकों की तरह बंकिमचन्द्र ने भी 'कमलाकान्त की ज़बानबन्दी' में गवाहों को जिरह करते समय खिलाई जाने वाली शपथ के प्रहसन पर लिखा : वकील ने पूछा—तुम्हारी जाति क्या है?

कमलाकान्त—मैं क्या एक जाति हूँ?

वकील—तुम किस जाति के हो?

कमला—हिन्दू जाति।

वकील—ओ हो! कौन-सा वर्ग?

कमला—गहरा कृष्ण वर्ग।

वकील—दूर हट। ऐसा गवाह भी कोई लाता है। पूछ रहा हूँ तुम्हारी कोई जाति है?

हाकिम ने देखा वकील से नहीं होगा। बोले—ब्राह्मण, कायस्थ, कैवर्त, हिन्दुओं में नाना प्रकार की जातियाँ हैं। जानते हो तुम इनमें से किस जाति के हो?

कमला—धर्मावतार! यह वकील की ही धृष्टता है! देख रहे हैं मेरे गले में यज्ञोपवीत है, नाम में चक्रवर्ती लगा है—इससे भी वे नहीं समझे कि मैं ब्राह्मण हूँ, यह मैं कैसे समझूँगा? हाकिम ने लिखा—जाति ब्राह्मण। (बंकिमचन्द्र के हिन्दी में अप्रकाशित निबन्ध, अनुवाद रूपा गुप्ता, प्रकाशन विभाग, सूचना व प्रसारण मंत्रालय, भारत सरकार, नई दिल्ली, 2012, पृ. 129)

क्या इसके बाद भी कहा जा सकता है कि बंगाल जाति प्रथा से मुक्त था? बंकिमचन्द्र चट्टोपाध्याय के उपन्यासों में भारत के अन्य प्रान्तों विशेषकर हिन्दी भाषी प्रान्तों की ही तरह बंगाल की जड़ों में गहराई तक समाई जाति व्यवस्था के सैकड़ों उदाहरण बिखरे पड़े हैं।

बंगाल में जाति प्रथा और उसकी सावधान कट्टरता से देखभाल के उदाहरण अगली सदी यानी बीसवीं सदी से न देते हुए इक्कीसवीं सदी के सम्बन्ध में बस इतना ही कहना है कि वैवाहिक विज्ञापनों में 'बंगाली मेट्रीमोनियल' और उसमें जातियों के उल्लेख से जातिमुक्त बांग्ला समाज की धारणा टूटती है।

तो बंगाल में जातिगत भेदभाव की अनुपस्थिति के समझे जाने के पीछे क्या कारण हो सकता है? वह सकरात्मक कारण 'बंगाली जातीयता' है। बंगाली 'जातियों' ने अपनी 'जातीयता' अथवा बंगाली जाति को सामने रखा। बंगाली समाज ने जातियों में बँटे होने पर भी अपनी 'बांग्ला जातीयता' को प्राथमिकता दी—बंगाल में भी, बंगाल के बाहर भी। इस सन्दर्भ में इतिहासकार जटाशंकर झा का यह कथन द्रष्टव्य है, "In the post 857 period, Bengalis in Bihar made a impact on the political life of the province. Despite the fact that the Bengalis in Bihar wielded much political influence they could not became the natural leaders of the people of Bihar owing to their exclusiveness. They could not merge their identity with the Biharies." (Early Revolutionary Movementin Bihar, Aditya Prasad Jha, K.P. Jaiswal, Research Institute, Patna, 1977, pp. 1, 4) जटाशंकर झा अपने कथन की पुष्टि के लिए प्रसिद्ध क्रान्तिकारी शचीन्द्रनाथ सान्याल को उद्धृत करते हैं, "The Bengalis have settled in several Provinces out of Bengal but they do not easily give up their peculiarities of their race. Even after living for three or four (or even more) generation in other Provinces the Bengalis in most such places remain Bengalis. Now they have converted these places into Bengalis Mohallas." (Ibid, p. 4)

उन्नीसवीं सदी के बेंगॉल प्रेसिडेंसी के अन्तर्गत मुख्यतः हिन्दी भाषी समाज में किसी समाज सुधारक की आवश्यकता को दयानंद सरस्वती ने पूरा किया। उनके द्वारा किए गए समाज सुधार के परिमाण की बाहुल्यता अप्रतिम है। इसके मूल्यांकन हेतु असंख्य महत्त्वपूर्ण शोध हुए हैं।

दयानन्द सरस्वती और हिन्दू धर्म

आर्य समाज की विचारधारा से प्रेरित कुछ लेखकों ने स्वामी दयानन्द सरस्वती का सम्बन्ध सन् सत्तावन के प्रथम स्वाधीनता संग्राम से जोड़ा है। इस पर चर्चा न भी करें तो हिन्दू समाज की कुरीतियों के विरुद्ध उनका संघर्ष अप्रतिम हैं। आज सत्यार्थ प्रकाश की बहुत-सी धारणाओं से असहमति होते हुए भी इस तथ्य को नकारा नहीं जा सकता कि आज के हिन्दी प्रदेश को उनके द्वारा स्थापित आर्य समाज ने जड़ता के जाल से मुक्त करने में अत्यन्त महत्त्वपूर्ण भूमिका निभाई। बाद के सभी सुधार आन्दोलनों पर उनकी स्पष्ट छाप रही। प्रेमचन्द जैसे रचनाकारों पर आर्य समाज के प्रभाव का तटस्थ

अध्ययन होना अभी बाक़ी है। अपने सुधार आन्दोलन के लिए स्वामी दयानन्द सरस्वती ने पूरे देश का भ्रमण किया। लोगों ने उन्हें गालियाँ दीं, उनकी निन्दा की किन्तु वे नहीं डिगे। पांडित्य और सत्य से भरी उनकी वार्ताएँ सुनी भी गईं। भारतेन्दु हरिश्चन्द्र स्वामी दयानन्द सरस्वती के मूर्ति पूजा विरोधी होने के कारण उनसे अत्यन्त रुष्ट थे, किन्तु समाज सुधार के लिए उनके द्वारा किए गए कार्यों की सराहना किए बिना वे भी नहीं रह सके। दयानन्द सरस्वती ने वेदों की शुचिता और महिमा स्थापना की। वैदिक परम्परा में घुस आई कुरीतियों के विनाश के लिए उन्होंने पोंगा पंडितों को शास्त्रार्थ के लिए ललकारा। भारतेन्दु हरिश्चन्द्र ने शास्त्रार्थ का मार्ग न अपनाकर उनके प्रश्नों के लिखित उत्तर दूषण मालिका में दिए बल्कि कहा जाना चाहिए कि प्रतिप्रश्न किए। दूषण मालिका का रचनाकाल 1870 ई. है। इससे पता चलता है कि दयानन्द सरस्वती 1870 ई. में काशी आए थे। भारतेन्दु सबसे पहले भूमिका में उनकी जाति पर ही प्रश्न उठाते हैं, "अब दयानन्दनामी क्या जानें कौन जाति वा किस आश्रम के कोई नग्न पुरुष सब देशों में भ्रमण करते हुए सनातन सधर्म रूपी सूर्य को राहु की भाँति ग्रास करते हुए मूर्खों और आलस्य से भरे हुए जीवों के हृदय-वस्त्र को अपने रंग में रँगते हुए इसी बहाने अपना नाम लोगों में विदित करते हुए और अपने वाक्य बना के आडम्बर से साधु लोगों का हृदय दहन करते हुए काशी में आए और दुर्गाकुंड निवासियों के सहवासी हुए और उसने जो व्यर्थ उपद्रव किए वह सब पर विदित है।" (भारतेन्दु समग्र, पृ. 929) दूषण मालिका में भारतेन्दु हरिश्चन्द्र ने दयानन्द सरस्वती के चार प्रश्नों के बदले में चार को चार से चौगुना कर चौंसठ प्रश्न किए हैं और उनसे इन प्रश्नों के उत्तर माँगे हैं। इन चौंसठ प्रश्नों में से प्रथम दो प्रश्न द्रष्टव्य हैं—(1) आपने जो पुस्तक छपवाई है उसमें वेद के मंत्र हैं सो वेद के मंत्र शूद्रों तथा म्लेच्छादिकों के हाथ में देने से आपको दोष हुआ कि नहीं। (2) आप कौन आश्रम और किस जाति के हैं और किस धर्म को मानते हैं जो कहिए कि हम वेद धर्म को मानते हैं तो वेदधर्म को मानना इसमें क्या प्रमाण और ख़्रीष्ट और मुहम्मदी मत को न मानना इसमें क्या प्रमाण। जो कहिए हम उसी कुल में उत्पन्न हैं इससे यही धर्म मानना योग्य है तो आप मूर्ति पूजक के वंश में हो कि नहीं।" (वही, पृ. 929)

भारतेन्दु ने स्वामी दयानन्द सरस्वती और केशवचन्द्र सेन पर स्वर्ग में विचार सभा का अधिवेशन नामक प्रहसन लिखा। उन्होंने यह लिखा तो था दयानन्द सरस्वती पर व्यंग्य करने के लिए किन्तु उनकी समाजोन्मुखी विचारधारा की उदारता ने उन्हें पूर्वग्रह ग्रस्त नहीं होने दिया। अपने प्रहसन में भारतेन्दु ने दिखाया कि दयानन्द सरस्वती और केशवचन्द्र सेन के स्वर्ग जाने पर वहाँ के कंज़रवेटिव' और 'लिबरल' दल में विवाद छिड़ गया। स्वर्ग पहुँचनेवाले दो प्रकार के लोग थे, जिन्होंने अपना शरीर सुखा-सुखा कर तपस्या की वे ऋषि-मुनि कंज़रवेटिव दल के सदस्य थे और जो आत्मोन्नति, समाजोन्नति या भक्ति के कारण स्वर्ग पहुँचे लिबरल दल के सदस्य बने। और रहे वैष्णव तो "वैष्णव दोनों दल के क्या दोनों से ख़ारिज थे, क्योंकि इनके स्थापकगण तो लिबरल दल के थे, किन्तु अब ये लोग 'रेडिकल्स' हो गए हैं। बिचारे बूढ़े व्यासदेव को दोनों दल के लोग पकड़-पकड़कर ले जाते और अपनी-अपनी सभा का चेयरमैन बनाते थे और बेचारे व्यास जी अपने प्राचीन अव्यवस्थित स्वभाव और शील के कारण जिसकी सभा में जाते

थे वैसी ही वक्तृता कर देते थे। कंज़रवेटिवों का दल प्रमुख था: इसका मुख्य कारण यह था कि स्वर्ग का ज़मींदार इन्दु,गणेशप्रभृति भी उनके साथ योग देते थे क्योंकि बंगाल के ज़मींदारों की भाँति उदार लोगों की बढ़ती से उन बेचारों को विविध सर्वोपरि बलि और मान न मिलने का डर था।" (वही, पृ. 930)

भारतेन्दु ने हिन्दू देवी-देवताओं के समक्ष दयानन्द सरस्वती की पेशी की। "स्वर्ग में कई विचार सभाएँ हुईं। दोनों दलों ने इन दोनों पर बहुत-सी वक्तृताएँ दीं। कंज़रवेटिवों को देवताओं का समर्थन मिला तो लिबरलों को मुसलमानी, जैनी और क्रिस्तानी स्वर्ग से पैगम्बर, सिद्ध, मसीह आदि का हिन्दू स्वर्ग में साथ मिला। बैकुंठ में बस यही चर्चा होने लगी। कंज़रवेटिवों ने दयानन्द सरस्वती पर कई आरोप लगाए और कहा छि: दयानन्द कभी स्वर्ग में आने के योग्य नहीं। (1) इसने पुराणों का खंडन किया, (2) मूर्ति पूजा की निन्दा की, (3) वेदों का अर्थ उलटा-पुलटा कर डाला, (4) दश नियोग करने की विधि निकाली, (5) देवताओं का अस्तित्व मिटाना चाहा, (6) और अन्त में संन्यासी होकर अपने को जलवा दिया। नारायण! नारायण! ऐसे मनुष्य की आत्मा को कभी स्वर्ग में स्थान मिल सकता है जिसने ऐसा धर्म विप्लव कर दिया और आर्यावर्त को धर्म बहिर्मुख किया।" (वही, पृ. 983)

ध्यान देने योग्य बात यह है कि भारतेन्दु हरिश्चन्द्र स्वामी दयानन्द सरस्वती को फैंटेसी में भी नर्क नहीं स्वर्ग भेजते हैं और उनके द्वारा किए गए प्रयासों को 'धर्म विप्लव' की संज्ञा देते हैं। आर्यावर्त के धर्म बहिर्मुख होने के उल्लेख से दयानन्द सरस्वती की सक्रियता और लोकप्रियता का अनुमान लगाया जा सकता है। इस धर्म विमुखता का मुख्य कारण मूर्ति पूजा का खंडन है। 'स्वर्ग में विचार सभा का अधिवेशन' में बंगाल के केशवचन्द्र के कार्यों की भी समीक्षा है। उनके कृत्य दयानन्द सरस्वती की ही भाँति प्रचलित धारणा के विरुद्ध हैं, किन्तु भारतेन्दु उनसे विरुद्ध केशवचन्द्र सेन के शराब सेवन को कुरीति नहीं मानते। केशवचन्द्र सेन पर भी भारतवर्ष के सत्यानाश का आरोप लगता है क्योंकि उन्होंने "(1) वेद पुराण सब को मिटाया, (2) क्रिस्तान, मुसलमान सबको हिन्दू बनाया, (3) खाने-पीने का विचार कुछ न बाक़ी रखा, (4) मद्य की तो नदी बहा दी।" (वही, पृ. 983)

स्वर्ग में लिबरल अच्छी-ख़ासी संख्या में थे। सभी लिबरल दयानन्द सरस्वती के पक्ष में नहीं थे। उनके दो दल हो गए। एक दयानन्द के पक्ष में दूसरा केशवचन्द्र के पक्ष में। दयानन्द के पक्षधरों का कहना था, "अहा! धन्य दयानन्द जिसने आर्यावर्त के निन्दित आलसी मूर्खों की मोह निद्रा भंग कर दी। हज़ारों मूर्खों को ब्राह्मण के, जो कंज़रवेटिवों के पादरी और व्यर्थ प्रजा का द्रव्य खानेवाले हैं, फंदे से छुड़ाया। बहुतों को उद्योगी और उत्साही कर दिया। वेद में रेल, तार, कमेटी, कचहरी दिखाकर आर्यों की कटती हुई नाक बचा ली। कोई कहता, धन्य केशव! तुम साक्षात् दूसरे केशव हो। तुमने बंगदेश की मनुष्य नदी के उस वेग को, जो कृश्चन समुद्र में मिल जाने को उच्छलित हो रहा था रोक दिया। ज्ञानकर्म का निरादर करके परमेश्वर का निर्मल भक्ति मार्ग तुमने प्रचलित किया।" (वही, पृ. 983-84) भारतेन्दु ने स्पष्ट रूप से ब्राह्मणों को प्रजा से अकारण ही दान-दक्षिणा पाने की निन्दा की, उनके साथ ही उन्होंने पादरियों को भी समेट लिया।

स्वर्ग में विचारसभा का अधिवेशन

भारतेन्दु की अत्यन्त प्रौढ़ कृति है। इस रचना में अपने विरोधी के गुणों का भी सम्मान करते हुए भारतेन्दु ने उस परिपक्वता का परिचय दिया है जो उन्हें उनकी सदी में हिन्दी का सबसे बड़ा स्वप्नदर्शी चिन्तक बनाती है। यह अधिवेशन उनके अनूठे गद्य लेखन, विशेषत: उनकी मारक व्यंग्य शैली का भी उदाहरण है। दयानन्द सरस्वती और केशवचन्द्र केन्द्रित उनका यह प्रहसन उनकी विचारधारात्मक समझ की स्पष्टता को भी सामने रखता है। उन्होंने 'कंज़रवेटिव' और 'लिबरल' में जिन-जिन लोगों को रखा है उससे उनकी पारम्परिक और आधुनिक अद्यतनता का पता चलता है—"कंज़रवेटिव पार्टी में देवताओं के अतिरिक्त बहुत सारे लोग थे जिनमें, याज्ञवल्क्य प्रभृति कुछ तो पुराने ऋषि थे और कुछ नारायण भट्ट, रघुनन्दन भट्टाचार्य, मंडन मिश्र प्रभृति, स्मृति ग्रंथकार थे। सुना है कि विदेशी स्वर्ग के कुछ 'शीआ' लोगों ने भी इनके साथ योग दिया है।

"लिबरल दल में चैतन्य प्रभृति आचार्य, दादू, नानक, कबीर प्रभृति भक्त और ज्ञानी लोग थे। अद्वैतवादी भाष्यकार आचार्य पंचदशीकार प्रभृति पहले दलमुक्त नहीं होने पाए। मिस्टर ब्रैडला की भाँति इन लोगों पर कंज़रवेटियों ने बड़ा आक्षेप किया, किन्तु अन्त में लिबरलों की उदारता से उनके समाज में इनको स्थान मिला था।" (वही, पृ. 984) यह प्रहसन इस अर्थ में भी विशिष्ट है कि इसमें धर्म में फैले घनघोर भ्रम की स्पष्ट समझ है।

धर्म में घुस आई कुरीतियों पर तो भारतेन्दु ने यत्र-तत्र-सर्वत्र लिखा है। इन कुरीतियों ने ईश्वर की दुर्दशा कर दी है वह अपने अस्तित्व पर छाए संकट से खिन्न है—"ईश्वर ने दोनों दलों के डेप्यूटेशन को बुलाकर कहा, "बाबा अब तो तुम लोगों की 'सेल्फ गवर्नमेंट' है। अब कौन हमको पूछता है, जिसके जी में जो आता करता है। अब चाहे वेद क्या संस्कृत का अक्षर भी स्वप्न में भी न देखा हो पर धर्म विषय पर वाद करने लगते हैं। हम तो केवल अदालत या व्यवहार या स्त्रियों के शपथ खाने को ही मिलाए जाते हैं। किसी को हमारा डर है? कोई भी हमारा सच्चा लायक़ है? भूत-प्रेत ताजिया के इतना भी तो हमारा दरजा नहीं बचा। हमको क्या काम चाहे बैकुंठ में कोई आवे। हम जानते हैं चारों लड़कों, सनक आदि ने पहले ही से चाल बिगाड़ दी है। क्या हम अपने बिचारे जय-विजय को फिर राक्षस बनवावें कि किसी को रोक-टोक करें। चाहे सगुन मानो चाहे निर्गुन, चाहे द्वैत मानो चाहे अद्वैत हम अब न बोलेंगे। तुम जानो स्वर्ग जाने।" (वही, पृ. 984)

ईश्वर नदारद है, केवल धर्म और उसका खोखला आचरण बचा है। वास्तविक ईश्वर की भक्ति और धर्म का आचरण दोनों लुप्त हो चुके हैं, पर नाम तो ईश्वर का ही चलता है। अत: डेप्यूटेशन ईश्वर को क्रोधित करना नहीं चाहता। इस पर निर्णय किया जाना आवश्यक है कि इन दोनों अर्थात् स्वामी दयानन्द सरस्वती और केशवचन्द्र सेन को स्वर्ग में स्थान मिलना चाहिए कि नहीं। इसके लिए धरती पर किए गए इनके कर्मों का लेखा-जोखा आवश्यक है, इस लेखे-जोखे के लिए एक सिलेक्शन कमेटी बनानी पड़ेगी—"डेप्यूटेशन वाले परमेश्वर की ऐसी कुछ खिजलाई हुई बात सुनकर कुछ डर गए। बड़ा निवेदन-सिवेदन किया। कोई प्रकार से परमेश्वर का रोष शान्त हुआ। अन्त में परमेश्वर ने इस विषय के विचार के हेतु एक 'सिलेक्शन कमेटी' स्थापना की। इसमें

राजा राममोहन राय, व्यासदेव, टोडरमल, कबीर, प्रभृति भिन्न-भिन्न मत के लोग चुने गए। मुसलमानी-वर्ग से एक, इमाम क्रिस्तानी से 'लूथर', जैनी से पारसनाथ, बौद्धों से नागार्जुन और अफ्रीका से सिटोवायो के बाप को इस कमेटी का एक्स ऑफीशियो मेम्बर किया। रोम के पुराने हरकुलिस प्रभृति देवता तो अब गृह संन्यास लेकर स्वर्ग ही में रहते हैं और पृथ्वी से अपना सम्बन्ध मात्र छोड़ बैठे हैं, तथा पारसियों के 'जरथ्रुष्टजी' को कॉरेस्पांडिंग तब तक ऑनरेरी मेम्बर नियत किया और आज्ञा दिया कि तुम लोग इस सब काग़ज़-पत्र देखकर हमको रिपोर्ट करो। उनकी ऐसी भी गुप्त आज्ञा थी कि एडिटरों की आत्मागण को तुम्हारी किसी 'कार्यवाही' का समाचार तब तक न मिले जब तक कि रिपोर्ट हम न पढ़ लें नहीं तो व्यर्थ कोई सुनै चाहे कोई न सुनै अपनी टाँय टाँय मचा ही देंगे।" (वही, पृ. 984) स्वर्ग में विचारसभा का अधिवेशन यद्यपि बुलाया गया है। दयानन्द सरस्वती और केशवचन्द्र सेन के स्वर्ग जाने या न जाने के सम्बन्ध में, किन्तु इसमें तत्कालीन शासकीय जाँच प्रणाली और उसमें प्रयुक्त भाषा पर भी गहरा व्यंग्य है। उन सिलेक्शन समितियों और जाँच समितियों के भ्रष्टाचार और उनकी व्यर्थता को आज सहज ही समझा जा सकता है, क्योंकि आज की ऐसी समितियाँ उसी समय की देन हैं।

कमेटी ने अपना अधिवेशन किया। विषय से सम्बद्ध सभी प्रमाण देखे गए। बालशास्त्री जैसे कंज़रवेटिव और द्वारिकानाथ जैसे नव्य लिबरल की गवाहियाँ हुईं। अन्ततः कमेटी ने जो रिपोर्ट दी वह इस प्रकार थी—"हम लोगों की सम्मति में इन दोनों पुरुषों ने प्रभु की मंगलमयी सृष्टि का कुछ विघ्न नहीं किया वरंच उसमें सुख और संतति अधिक हो इसी में परिश्रम किया। जिस चांडाल रूपी आग्रह और कुरीति के कारण मनमाना पुरुष धर्मपूर्वक न पाकर लाखों स्त्री कुमार्ग गामिनी हो जाती हैं लाखों विवाह होने पर भी जन्म भर सुख नहीं भोगने पातीं, लाखों गर्भ नाश होते और लाखों ही बाल हत्या होती हैं, उस पापमयी परम नृशंस रीति को इन लोगों ने उठा देने में अपने शक्तिभर परिश्रम किया। जन्मपत्री के विधि के अनुग्रह से जब तक स्त्री-पुरुष जीएँ एक तीर घाट एक मीर घाट रहैं, बीच में इस वैमनस्य और असन्तोष के कारण स्त्री व्यभिचारिणी पुरुष विषयी हो जाएँ, परस्पर नित्य कलह हो, शान्ति स्वप्न में भी न मिलै, वंश न चलै, यह उपद्रव इन लोगों से नहीं सहे गए।" (वही, पृ. 985)

इसके पश्चात् भारतेन्दु द्वारा व्यक्त मत हिन्दी-नवजागरण की उस प्रगतिकामी आकांक्षा को व्यक्त करता है जिससे इस भाषा के मतावलम्बियों ने धर्म का सामना कर अपने समाज का उद्धार किया। निम्न उद्धरण में भारतेन्दु के विधवा विवाह और हिन्दू विवाह तंत्र पर आधुनिक विचार स्पष्टतः व्यक्त होते हैं। स्त्री और जाति दोनों ही प्रश्नों पर उनकी मानवीयता उनकी धार्मिक भावना से जीतती है—"विधवा गर्भ गिरावैं, पंडित जी या बाबू साहब यह सह लेंगे, वरंच चुपचाप उपाय भी करा देंगे, पाप को नित्य छुपावेंगे, अन्ततोगत्वा निकल ही जाएँ तो सन्तोष करेंगे, इस दोष को दोनों ने निस्सन्देह दूर करना चाहा। सवर्ण पात्र न मिलने से कन्या को वर मूर्ख अन्धा वरंच नपुंसक मिले तथा वर को काली कर्कशा कन्या मिले जिसके आगे बहुत बुरे परिणाम हों, इस दुराग्रह को इन लोगों ने दूर किया। चाहे पढ़े हों चाहे मूर्ख, सुपात्र हों कि कुपात्र, चाहे प्रत्यक्ष व्यभिचार करें या कोई भी बुरा कर्म करें, पर गुरुजी हैं, पंडित जी हैं, इनका दोष मत

कहो, कहोगे तो पतित होगे, इनको दो, इनको राजी रखो : इन सत्यानाश संस्कार को इन्होंने दूर किया। आर्य जाति दिन-दिन ह्रास हो, लोग स्त्री के कारण, धन के वा नौकरी व्यापार आदि के लोभ से, मद्यपान के चसके से, बाद में हार के राजकीय विद्या का अभ्यास करके मुसलमान या क्रिस्तान हो जाएँ, आमदनी एक मनुष्य की भी बाहर से न हो केवल नित्य व्यय हो, अन्त में आर्यों का धर्म और जाति कथाशेष रह जाए, किन्तु जो बिगड़ा सो बिगड़ा फिर जाति में कैसे आवेगा, कोई भी दुष्कर्म किया तो छिपके क्यों नहीं किया, इसी अपराध पर हज़ारों मनुष्य आर्य पंक्ति से हर साल छूटते थे, उसको इन्होंने रोका।" (वही, पृ. 985)

कहने को तो भारतेन्दु दोनों सुधारकों को 'दूषणमालिका' पहनाने निकले थे, किन्तु वे इनके सामाजिक सुधारों की प्रशंसा करते हैं। इनके उन सामाजिक सुधारों की सराहना करते हैं जिनसे भारतीय समाज अधिक मानवीय जीवन जी सके। सबसे महत्त्वपूर्ण है कि भारतेन्दु इनके द्वारा ईश्वर की रची गई सृष्टि में कोई विघ्न नहीं मानते, बल्कि दाम्पत्य कलह, बेमेल विवाह जिसका एक प्रमुख कारण अपनी जाति में ही विवाह करना है, विधवा विवाह, जाति बहिष्कार, चरित्र का दोमुँहापन आदि समस्याओं पर इनके सुधार कार्यों से सहमति जताते हैं। चरम आश्चर्य है कि परम वैष्णव भारतेन्दु मूर्ति पूजा के चरम विरोधी दयानन्द की प्रशंसा करते हैं क्योंकि अन्ततः वे देश का हित कर रहे हैं। वे पतनोन्मुखी समाज के उद्धार के लिए सतत प्रयत्नशील हैं। देश से रूढ़ियों को निकाल फेंकने को सन्नद्ध दयानन्द की वे खुलकर सराहना करते हैं—"सबसे बढ़कर इन्होंने यह कार्य किया, सारा आर्यावर्त जो प्रभु से विमुख हो रहा था, देवता बिचारे तो दूर रहे, भूत-प्रेत-पिशाच-मुरदे, साँप के काटे, बाघ के मारे, आत्महत्या करके मरे, जल, दब या डूबकर मरे लोग, यही नहीं मुसलमानी पीर-पैगंबर-औलिया शहीद वीर ताजिया गाजी मियाँ, जिन्होंने बड़ी मूर्ति तोड़कर और तीर्थ पाटकर आर्य धर्म का विध्वंस किया, उनको मानने और पूजने लग गए थे, विश्वास तो मानो छिनाल का अंग हो रहा था, देखते-सुनते लज्जा आती थी कि हाय ये कैसे आर्य हैं, किससे उत्पन्न हैं, दस दुराचार की ओर से लोगों का अपनी वक्तृताओं के थपेड़े के बल से मुँह फेरकर सारे आर्यावर्त को शुद्ध 'लायल' कर दिया।" (वही, पृ. 985)

ईश्वर के प्रति लॉयल्टी, लज्जास्पद अन्धविश्वासों से मुक्ति ऐसे कार्य हैं जो तद्‌युगीन समाज की आवश्यकता हैं। भारतेन्दु की अन्ततः देश के प्रति लॉयल्टी उन्हें उस दयानन्द सरस्वती की प्रशंसा हेतु बाध्य करती है जिसे उन्होंने स्वयं दूषणमालिका पहनाई थी। इसमें कोई सन्देह नहीं कि भारतीय समाज सुधारकों में 'आधुनिकीकरण' की प्रक्रिया अंग्रेज़ों के सम्पर्क से आई किन्तु उनके विचारों में कोरा 'पश्चिमीकरण' घटित नहीं हुआ। आत्मालोचन की ओर उन्मुख भारतीय बौद्धिकों और समाज सुधारकों ने समकालीन हिन्दू धर्म की कड़ी आलोचना की, किन्तु अपनी परम्परा से वे पूर्णतः विच्छिन्न नहीं हुए। राजा राममोहन राय जैसे विचारक ने 1823 में कलकत्ते में संस्कृत कॉलेज की स्थापना का सचमुच विरोध किया। वे नहीं चाहते थे कि सार्वजनिक धन तनिक भी संस्कृत शिक्षा पर ख़र्च हो, इसके बजाय अंग्रेज़ी शिक्षा पर हो। किन्तु वे स्वयं पारम्परिक शिक्षा की उपज थे और उन्होंने संस्कृत पढ़ना शुरू करने के पहले अरबी और फ़ारसी का अध्ययन किया था। अंग्रेज़ी के अध्ययन का प्रारम्भ तो चौबीस वर्ष की

उम्र में हो पाया। प्रारम्भ में उन पर सूफ़ी मत का प्रभाव पड़ा और बाद में ईसाई धर्म के प्रति उनको अनुराग हुआ—"ईसाई धर्म पर अपनी शोध के लिए उन्होंने हेब्रू और ग्रीक भाषाएँ सीखीं और 1820 में एक पुस्तक लिखी जिसका शीर्षक था 'जीसस के सिद्धान्त' शान्ति और सुख के 'पथ-प्रदर्शक' 1828 में उन्होंने एक आस्तिकतावादी संगठन ब्राह्म समाज की स्थापना की और उपनिषदों तथा वेदान्त सूत्रों का गम्भीर अध्ययन किया, जो उन्हें सूफ़ी मत और ईसाई धर्म से तुलनीय जान पड़े।" राजा राममोहन राय आजीवन हिन्दू समाज के कट्टरतावादी तत्त्वों से लड़ते रहे। बहुत-से तत्कालीन रीति-रिवाजों की उन्होंने यह कहकर निन्दा की कि वे शास्त्रसम्मत नहीं हैं, और उन्होंने तर्कबुद्धि की कसौटी बनाने का अनुरोध किया, जिसके लिए उन्हें उपनिषदों में ही आधार मिला।" (आधुनिक भारत में सामाजिक परिवर्तन, पृ. 75-76)

उपरान्त इसके कि राजा राममोहन राय, ईश्वरचन्द्र विद्यासागर, भारतेन्दु हरिश्चन्द्र जैसे पूरे देश के बौद्धिक हिन्दू धर्म की कुरीतियों का घोर विरोध कर रहे थे किन्तु इन सबका अपनी परम्परा और धर्म के प्रति गहरा लगाव कभी फीका नहीं पड़ा। तत्कालीन भारतीय समाज बाल विवाह, विधवा विवाह निषेध, सती प्रथा, कन्या भ्रूण हत्या, अस्पृश्यता, धार्मिक वेश्यावृत्ति, ठगी, मानव बलि, दहेज प्रथा, पर्दा प्रथा, श्राद्ध आदि पर अनावश्यक ख़र्च और बहु विवाह जैसी असंख्य कुरीतियों से लिथड़ा हुआ था। यहाँ अंग्रेज़ों के आने से पहले अन्य यूरोपीय धर्म प्रचारक पदार्पण कर चुके थे। आने के पश्चात्—"ईसाई धर्म प्रचारक तुरन्त ही हिन्दू धर्म की कुरीतियों पर टूट पड़े थे और उनकी निन्दा करके तुलना में ईसाई धर्म का श्रेष्ठता समझाते थे। ओमैली के अनुसार—"ईसाई धार्मिक प्रकाशन हिन्दू धर्म के दोषों, जाति प्रथा की बुराइयों आदि की ओर ध्यान आकर्षित करते थे और ईसाई धर्म की सत्यता और पश्चिमी ज्ञान-विज्ञान की श्रेष्ठता बताते थे।" सक्रिय ईसाई धर्म-प्रचार को अब उत्तरी भारत में पचीस वर्ष से भी अधिक हो चुके थे, और 1807 में लॉर्ड मिंटो का ध्यान इस बात की ओर गया कि फूहड़ तरीक़ों के कारण उसका प्रभाव यह हो रहा है कि हिन्दू धर्म और इस्लाम दोनों के अनुयायी ईसाई बनने की बजाय विरोधी बनते जा रहे हैं।...हिन्दुओं से आग्रह किया जाता था कि वे 'समूची जाति-व्यवस्था को, अर्थात् अपनी सम्पूर्ण समाज-व्यवस्था को और अपने सबसे प्रिय तथा गहरे जमे हुए धार्मिक सिद्धान्तों को' मिटा दे—श्रद्धास्पद समझे जानेवाले ब्राह्मणों की निन्दा से रोष जाग्रत होता था।" (वही, पृ. 76-77)

उन्नीसवीं सदी में जाति का प्रश्न जीवन के सभी बिन्दुओं से जुड़ा है। वह न केवल हमारे प्रथम स्वाधीनता संग्राम बल्कि स्त्री, धर्म, शिक्षा, रोज़गार, जागरूकता और अन्ततः देश पर छाया हुआ है। जन्म से ही जुड़ी जाति को कोई भला नकार भी कैसे सकता है? अब तक ऐसा कोई क़ानून नहीं बना कि आप अपनी जाति को अस्वीकार कर दें। आप धर्म त्यागकर नास्तिक हो सकते हैं आप अपना देश छोड़कर दूसरे देश के नागरिक हो सकते हैं, यहाँ तक कि इक्कीसवीं सदी में अपना लिंग बदल सकते हैं, किन्तु अपने देश में अपनी धार्मिक धारणा के साथ जातिमुक्त नहीं हो सकते। यह जाति आपको जन्म के साथ मिलती है और केवल मृत्यु तक नहीं, आपके जाने के बाद आपकी स्मृति बने रहने तक आपके साथ रहती है। निश्चय ही भारतीय समाज कभी जाति मुक्त समाज था, लेकिन इसके बनने के बाद क्यों हम लोग जाति को कभी विलग नहीं कर पाए? इसके

इतिहास और वर्तमान पर दृष्टिपात करने से उत्तर नकारात्मक ही मिलता है। यह ऐसी विषबेल है जो मनुष्य के जन्म से उससे लिपट जाती है और अपना फंदा कभी ढीला नहीं करती, कसती भले ही जाए।

जाति की राजनैतिक व्यवस्थाओं के सन्दर्भ में बात करें तो भारत में नौवीं से बारहवीं सदी के बीच सामन्तीय व्यवस्था का बिखरना शुरू हो गया था—नतीजतन नाथों-सिद्धों से लेकर सन्तों और सूफ़ियों तक ऐसी सोच प्रकट होनी आरम्भ हो गई थीं कि हमें सामन्तीय सम्बन्धों को बनाए रखनेवाली जाति और धर्म की व्यवस्थाओं से छुटकारा पाना होगा। मुग़ल साम्राज्य के स्थापित हो जाने के बाद इस चिन्तनधारा का विकास रुक गया। भक्तिवादी सगुणधारा ने तथा सूफ़ियों ने उसी गिरती-ढहती जाति-मज़हब की व्यवस्था को फिर से सहारा देकर खड़ा कर लिया था। अठारहवीं सदी में सामन्तीय सम्बन्ध फिर से बिखरे, तो जाति-धर्म के पार ले जा सकनेवाले नवजागरण के लिए एक भूमिका बनी, परन्तु वह भूमिका ही रह गई। अंग्रेज़ी साम्राज्यवाद के पैर जमा लेने से औपनिवेशिक आधुनिकता के द्वारा जाति उन्मूलन का एक स्वप्न देखा जा सकता था, लेकिन जाति का अलग तरह का विकास हो गया। जाति समाप्त नहीं हुई। मोहनदास करमचन्द गांधी के प्रयासों से अस्पृश्यता जैसी घिनौनी प्रथाएँ तो हटीं पर निर्मूलित नहीं हुईं। जाति उस रक्तबीज की तरह है जो हर हाल में पनपती रही, उसने नई ज़मीनों पर भी दख़ल कर लिया यहाँ तक कि पश्चिम से आयात हो रही नई ग़ुलामी की मानसिकता और भूमंडलीकरण के ज़रिये बाज़ारवाद की आवारा पूँजी, जो बहुराष्ट्रीय कम्पनियों के ज़रिये ज़मीन खोज रही है—उसमें भी 'स्थानीय बहुलता' के दोहन की ज़रूरतों व सरोकारों के साथ वहाँ आगे बढ़ रही है। स्थानीय इकाइयों को आत्मनिर्भर बनाने की आड़ में यह 'बहुलतावादी अस्मिताओं' को बढ़ावा दे रही है। भारत में पूँजी के असर से अब जातियाँ व धर्म इसी अस्मिता-बहुल ढाँचे के 'डिज़ाइन' के अनुसार टूटने-बिखरने लगे हैं। दलितों में बाल्मीकि, रैदासी, कबीरपंथी, आदिधर्मी, आम्बेडकरवादी, जनजातीय, मूलनिवासी-वादी, सीमान्तीय या वनवासीय जैसे टुकड़े हो रहे हैं तो वैश्यों में जैनों, अग्रवालों, गुप्तों, सूदों, पासियों, महाजनों, आदि की असंख्य उपाधियाँ प्रकट हो रही हैं। जिनका मक़सद बहुराष्ट्रीय स्थानीयताओं से मिलनेवाले मुनाफ़ों में अपनी हिस्सेदारी को बढ़ाना है। ऐसे ही ब्राह्मणों के बहुत से संगठन सत्ता में हिस्सेदारी बढ़ने के लिए अपनी मूल-भूमियों में लौट रहे हैं। फिर आरक्षण का फ़ायदा पाने की जुगत में लगी जातिगत-अस्मिताएँ संगठित हो रही हैं और जो सरकारें बनाने-गिराने की हद तक जाकर पूँजीवादी व्यवहार कर रही हैं। वह परियोजना विफल होती प्रतीत होती है जिसमें राष्ट्र निर्माण के साथ सभी जातियों को लाभ मिलने की बात थी। पंक्ति के आख़िर में खड़े व्यक्ति तक लाभ पहुँचना था और उसे उसका अधिकार देते समय उसकी जाति नहीं पूछी जानी चाहिए थी। मार्क्सवाद ने सोचा था कि जैसे-जैसे इतिहास की द्वन्द्वात्मकता आगे बढ़ेगी वैसे-वैसे उत्पादन में वृद्धि और मुनाफ़े के सम वितरण के साथ जाति, धर्म, समुदाय और जनजाति की संरचनाएँ समाप्त हो जाएँगी। भारतीय मार्क्सवादियों ने स्त्री और जाति के प्रश्न को इस देश के अनुसार कभी सम्बोधित ही नहीं किया, हल क्या करते! वे अपने वर्ग श्रम, सर्वहारा, पूँजी, बुर्जुआ आदि आयातित शब्दजाल में ही उलझकर रह गए। एक समतामूलक समाज की आकांक्षा पोषित की गई। आमूलचूल

परिवर्तन के सपने देखे गए, मगर ऐसा हो न सका। लम्बे समय तक स्वाधीन भारत ने धैर्य बनाए रखा। कोई सपना पूरा नहीं हुआ। समता और न्याय की लम्बी प्रतीक्षा के बाद ही वह धैर्य डगमगाया। जनता जाति के आधार पर पुनः संगठित हुई। लोकतंत्र की प्रक्रिया के अन्तर्गत जातियाँ नई पहचान और पुराने लक्ष्य के साथ उठ खड़ी हुईं। चुनावों में जाति और लिंग का समीकरण पूर्णतः स्पष्ट हो गया। धन और जाति पर टिकी भ्रष्ट राजनीति से स्त्रियाँ बाहर ही रहीं। "जातिगत पहचान और जाति-चेतना के नए विस्फोट को इसी पृष्ठभूमि में देखा जाना चाहिए। न जाने कब से जातिगत-चेतना पर ब्राह्मणवादी ऊँची जातियों की इजारेदारी चली आ रही थी। आज कुछ और ही घटित हो रहा है। जातिप्रथा समेत व्यवस्था से पीड़ित लोग जातिगत पहचान और उससे सम्बन्धित दावों को पेश कर रहे हैं। दरअसल, जिन लोगों से श्रेणीक्रम पर आधारित जातिगत विभाजनों और विषमताओं को ख़त्म करने की कोशिश करने की उम्मीद की जाती थी, उन्होंने ही इनका सबसे ज़्यादा इस्तेमाल करना शुरू कर दिया है, हालाँकि उन्हें अभी भी उम्मीद है कि समाज-व्यवस्था में बुनियादी परिवर्तन के ज़रिये ऊँच-नीच और उत्पीड़न को ख़त्म किया जा सकता है।" (जाति का जंजाल, सम्पा. डॉ. रणजीत, मानवीय समाज प्रकाशन, सहयोगी लोकभारती, इलाहाबाद, 2013, पृ. 102)

'दलित उभार के मायने' समझाते हुए रजनी कोठारी का उपरोक्त कथन जाति की सचाई के प्रति मार्क्सवादियों के आँख मूँद लेने के सन्दर्भ में रखकर देखा जाना चाहिए। आधुनिक भारतीय बुद्धिजीवियों ने उन्नीसवीं सदी के बुद्धिजीवी की जातीय समझ को नकारकर यह मान लिया कि भारत में जाति प्रथा जैसी कोई कुप्रथा है ही नहीं। जाति और उससे जुड़ी अस्मिताओं के संघर्ष को बौद्धिकों ने गम्भीरता से नहीं लिया। भारतीय जाति व्यवस्था के अजीबोग़रीब लगनेवाले तंत्र का विदेशी बुद्धिजीवियों को चकित करना तो समझ में आता है, किन्तु अपने देश के बुद्धिजीवियों का इससे अनजान बने रहना हजम नहीं होता। ऐसे अनजान बुद्धिजीवी जाति के आधार पर हो रहे आलोड़नों को निरपेक्ष होकर या तिरस्कार की दृष्टि से देखते हैं। जाति प्रथा के दंश से दूर आभिजात्य वर्ग और एक सीमा तक उच्च मध्यवर्ग इसके सम्बन्ध में ऐसे बातचीत करता पाया जाता है मानो यह किसी अन्य ग्रह अथवा देश की समस्या हो।

"जाति एक तथ्य है जो ग़ैर भारतीय ही नहीं, भारतीय प्रेक्षकों को भी लगातार चकित करता रहता है। एक सामाजिक परिघटना के रूप में इस देश के वासियों को भी 'जाति-प्रथा' अजीबोग़रीब और पहेली जैसी लगती है, क्योंकि उनके लिए जाति की लम्बी वंशबेलि अस्मिताओं की ही नहीं बल्कि टकराव की स्रोत भी है। उनके लिए जाति आपसी गठजोड़ों का अवसर तो प्रदान करती ही है साथ ही वह ऊँच-नीच के आधार पर होनेवाले शोषण और दमन की प्रतीक भी है। अगर व्यापक जनता की नहीं तो सुशिक्षित मध्यवर्ग की जाति सम्बन्धी समझ तो ऐसी ही है। हुकूमत करनेवाले अभिजन भी जाति को इसी दृष्टि से देखते हैं। चूँकि इस वर्ग को शासन करना है इसलिए अपने सामाजिक प्रभुत्व के क्षेत्र को समझना और उसके यथार्थ को स्वीकार करना उसकी ज़िम्मेदारी होनी चाहिए। लेकिन यह पूरी तरह से भ्रमित दिखाई देता है। इन अभिजनों को अर्थ विषयक और विचारधारात्मक रूप से 'जाति-प्रथा' को साम्प्रदायिकता की कोटि में रखकर देखने का अभ्यास हो गया।" (वही, पृ. 103)

हिन्दी के साहित्यकार एवं जाति-प्रश्न

उपरोक्त कथन में जाति प्रथा को साम्प्रदायिक रंग में देखने के आधुनिक संकट से पहले भी एक अन्य प्रकार का संकट था। इस सन्दर्भ को उन्नीसवीं सदी में ले जाने पर चौधरी पंडित बदरीनारायण उपाध्याय 'प्रेमघन' हिन्दू जातियों के लिए प्रचलित रीति-रिवाजों के टूटने पर, तोड़नेवाले को जाति बहिष्कृत कर देना और इस प्रकार उसका दूसरे धार्मिक सम्प्रदाय में सम्मिलित हो जाने को एक बड़ी समस्या के रूप में देखते हैं। इस ओर पहले भी संकेत किया जा चुका है। 'भारतीय प्रजा में दो दल' शीर्षक अपने निबन्ध में 'प्रेमघन' लिखते हैं, "मुसलमानी राज्य में राजा और प्रजा के दो ही धार्मिक वा जातीय दल थे, जिन दोनों में प्रायः धार्मिक झगड़े होते और कभी-कभी मुसलमान राजा के हाथ पड़कर कुछ प्रजा बलात् मुसलमान बना दी जाती थी, तो भी प्रजा का समूह अति बृहत् होने से यह उसके सामर्थ्य से सर्वथा बाहर था कि वह देश भर के विश्वास के विरुद्ध बल प्रयोग कर सबको अपना धर्म स्वीकार कराता। अवश्य ही द्रव्य के लोभ से वा अनेक बलात् बने मुसलमान अपने नए धार्मिक व्यवहार के करने में बाध्य रहते थे, तथापि उनके उस मार्ग पर चिर दिन पर्यन्त स्थित रहने का मुख्य कारण केवल किसी प्रकार से भी अपने पूर्व धर्म सम्प्रदाय में प्रवेश की निराशा ही थी, जो आज भी लाखों नवीन बने मुसलमानों को उनके पाले धर्म के प्रतिपालन का हेतु है। आज भी यदि कोई मनुष्य एक मुसलमान स्त्री के प्रेम में पड़कर उसके साथ खाना खा ले, तो फिर वह किसी प्रकार हिन्दू नहीं हो सकता। बस इसी एक अड़चन से नित्य हमारी जाति की संख्या घट रही है; जिस कारण सम्भव है कि किसी दिन इसका मूल नाश हो जाए।" (प्रेमघन सर्वस्व, श्री प्रभाकेश्वर प्रसाद उपाध्याय, श्री दिनेश नारायण उपाध्याय, एम.ए. साहित्यरत्न, द्वितीय भाग (2003), हिन्दी साहित्य सम्मेलन, पृ. 219-20)

तत्पश्चात् वे गुरु नानक, गुरुगोविन्द सिंह और राजा राममोहन राय तथा स्वामी दयानन्द सरस्वती सरीखे कुछ उदार एवं दूरदर्शी धर्माचार्यों का उल्लेख करते हैं जिन्होंने इस ओर ध्यान दिया, किन्तु वे अधिक कुछ नहीं कर सके क्योंकि "यहाँ तो लोग उन्हें अस्पृश्य और अभाष्य मान उनसे उपेक्षा ही करते रहे। उन्होंने जैसे अपने वीरदर्प से शत्रुओं की उपेक्षा करते-करते हीनबल हो परवशता की बेड़ी पहन ली, धार्मिक अभिमान से प्रमत्त हो अधर्म के भी प्रवर्तक हुए और धर्मद्रोहियों की इतनी संख्या वृद्धि कर दी, कि नित्य उनके हाथों आज धर्म का संहार देख यद्यपि परवश पड़े रोते, तौ भी मूल कारण का प्रतिकार करने में आनाकानी करते हैं। यह अपने आस्तीनों में साँप पालकर निश्चित पड़े सोते, तौ भी अद्यापि उनके कानों पर जूँ नहीं रेंगते।" (वही, पृ. 220)

इसी लेख में प्रेमघन उन मुसलमानों से अधिक सौहार्द बरतने को कहते हैं जो हिन्दू देवी-देवताओं को भी पूजते हैं और जो मुस्लिम समाज की कई रीतियों से घृणा करते हैं। ऐसे में जब एक विधर्मी सम्प्रदाय देश में भारी संख्या में आ बसा है तो उसके साथ मेल-जोल और भ्रातृभाव बढ़ाया जाना चाहिए। अंग्रेज़ों के आगमन के पहले दोनों के फ़ैसले तलवार के बल पर होते थे पर तीसरे के आ जाने पर, राजसत्ता छिन जाने पर परस्पर बैर का कारण जाता रहा। केवल धार्मिक उत्सव ही हिन्दू-मुसलमान के बीच विवाद का विषय बने रहे अन्यथा "नित्य नैमित्तिक व्यवहार में वे दोनों दूध और चीनी

से मिल चले थे। मुसलमान हिन्दुओं से मिलकर होली खेलने और परस्पर गाली देने, और सुनने, हिन्दू मुहर्रम में रोने और छाती पीटने लगे। मुसलमानों के यहाँ होली और हिन्दुओं के घर मुहर्रम की मजलिसें होने लगीं। वे उनके घर यदि ईद मिलने जाने लगे, तो ये होली और दशमी में उनसे गले मिलने आने लगे। दोनों धर्म वाले अपने भिन्नधर्मी मित्रों की बहू-बेटियों के साथ निज की बहू-बेटियों के समान बुद्धि और व्यवहार रखने लगे। परस्पर विधर्मी भाई, भतीजे, भाभी, दादी और चाची भी बन गई—उनमें ऐसा शुद्ध प्रेम बढ़ा कि केवल श्मश्रु और शिखा के अतिरिक्त और कोई भेद न रहा।" (वही, पृ. 222)

बालमुकुन्द गुप्त भी एक अन्य प्रकार के सौहार्द की माँग करते हैं। वे हिन्दुओं के असम्मान का प्रश्न उठाते हैं। जिसे सुधारना है उसे समझाया जाना चाहिए न कि उसकी अवज्ञा करनी चाहिए—"जिस जाति का सुधार करना है, उसकी आँखों में आदर पाए बिना कोई सुधारक सफल मनोरथ नहीं हो सकता—'हिन्दुस्तानी' में भारत के धर्म और समाज की जिस ढंग से आलोचना होती है, उससे ठीक यही जान पड़ता है कि उसका सम्पादक हिन्दुओं से कुछ सहानुभूति नहीं रखता, और हिन्दुओं के धर्म और समाज के विषय में उसका उतना ही ज्ञान है, जितना भारत में बैठे हुए किसी यूरोपियन का। सब अपने-अपने धर्म की इज़्ज़त करते हैं। सर सैयद अहमद ख़ाँ ने मुसलमान धर्म के विषय में कितने ही ख़याल ज़ाहिर किए, पर मस्जिद की इज़्ज़त उनके कॉलेज में वैसी ही है। मुसलमान सब एक हैं और समय पर एक-दूसरे की हिमायत को तैयार हैं। अंग्रेज़ों में कितने ही लोग कितनी ही तरह का विचार रखते हैं, पर चर्च की इज़्ज़त के समय सब एक हो जाते हैं।...जो लोग समाज में साथ खड़े हो सकते हैं, वही तलवार लेकर भी साथ खड़े हो सकते हैं और वही सब जगह साथ दे सकते हैं। जो धर्म और समाज में साथी नहीं—वह राजनीति में साथी होकर क्या कर सकते हैं?" (बालमुकुन्द गुप्त, स्मारक ग्रंथ, सम्पा.—श्री झाबरमल्ल शर्मा—श्री बनारसीदास चतुर्वेदी, गुप्त स्मारक ग्रंथ, प्रकाशन समिति, कलकत्ता, 1950, पृ. 168)

जाति उन्नीसवीं सदी में सम्पूर्ण समाज द्वारा जीवन पद्धति के रूप स्वीकृत सत्य है। इसे ईश्वर प्रदत्त और धार्मिक विधान के रूप में माना गया है। जाति प्रथा के उन्मूलन की बात इस शताब्दी के मस्तिष्क में दूर-दूर तक नहीं है, किन्तु इस प्रथा से होनेवाले नुकसानों के प्रति सजगता बढ़ रही है। ऊँची जाति वाले अपनी जाति पर गर्वित हैं, नीची जाति वाले अपनी जाति पर खिन्न हैं, किन्तु दोनों ही इस व्यवस्था की समाप्ति की बात नहीं सोचते। ब्राह्मण महाशय पर सभी कुपित हैं किन्तु धार्मिक रीति-रिवाज नहीं छोड़ते। यहाँ तक कि धर्म परिवर्तन कर चुकी जातियों में भी अपने जैसे रीति-रिवाजों के पालन पर उन्हें पुनः अपने धर्म में सम्मिलित, किए जाने की आकांक्षा करते हैं, "हमारे इसी प्रान्त और इसी नगर के दक्षिण पार्श्व में चिन्तामनपुर आदि ग्राम हैं। वहाँ शाही ज़माने के मुसलमान हुए क्षत्री लोग बसते हैं। जो न तो मुसलमानों का हुक्का पीते, न गोवध करते, न गोमांस खाते हैं। ब्याह-शादियों में पंडित से ही पुरोहित का काम लेते और अधिकांश रीति-रस्म उनमें अभी तक पुरानी हिन्दुस्तानी ही बरती जाती है, परन्तु यद्यपि किसी हिन्दू समाज, सनातनी आर्य, सिख, दयानन्दीय समाज या ब्रह्म समाज की ओर से कुछ भी कभी उद्योग न हुआ कि वे किसी प्रकार से तो हिन्दू फिर बना लिये जाते। यहाँ तो 'मद्योच्छिष्टघटम् यथा' त्याज्य कहकर ही लोग सन्तुष्ट होनेवाले

हैं, चाहे उन्हीं के हाथों अपनी कैसी ही नैतिक, सामाजिक और धार्मिक हानि क्यों न उठाएँ।" (वही, पृ. 220-21)

यहाँ तक कि बलात् या लोभवश धर्मान्तरित या समाज से बहिष्कृत मजबूरी में धर्मान्तरण करनेवालों ने भी अपने धर्म और अपनी जाति की सिम्त सुरक्षित रखी। बाद के दिनों में प्रसिद्ध शायर अल्लामा इक़बाल का उदाहरण दिया जा सकता है। जिन्हें अपने पुरखों के शैव होने पर गर्व था।

उन्नीसवीं सदी में मनुष्य नाम से कम, बल्कि नाम से नहीं जाति से पहचाना जाता था। 12 जुलाई, 1855 ई. के समाचार 'सुधावर्षण' में दिल्ली की एक हलालखोरिन के हरामखोरिन हो कसबी का पेशा उठा लेने पर एक समाचार छपा था। इस रूपवती हलालखोरिन पर आशिक होकर एक गोरे चमड़ेवाले साहब ने उसे अपने घर में रख लिया। इस रूपवती हलालखोरिन से हरामखोरिन बन चुकी स्त्री का हलालखोर पति साहब की जान का दुश्मन हो गया। "वह हलालखोर तलवार लेके साहब को मारने के लिए साहब के मकान में घुसा तब साहब दीवानख़ाने से भाग के जनानख़ाने में घुस गया। तब इस मेहतर को पकड़ने के लिए चौकीदार चला आया तो मेहतर ने अपनी तलवार से उस चौकीदार का दो टुकड़ा कर डाला। इसके बाद जब इस मेहतर के सिर पर ख़ून का टोकरा सवार भया तब वह सड़क पर निकलकर उन पाँच आदमियों को अपनी तलवार की झाड़ू से साफ़ कर डाला। तिसके बाद एक कुस्तीबाज़ दरजी ने अपने कपड़ों का टाँकना-टूँकना छोड़कर इस ख़ून चढ़े हुए मेहतर को पकड़ने का बेउत करके इस पर झपटकर झटपट देंचिया पेंच जो बाँधा सो मेहतर ने नीचे से अपनी तलवार की बढ़नी जो हिलाई सो दरजी की जान कोई एक धागे में जाके घुस रही। तिसके बाद मेहतर उसको छोड़ के दौड़कर कूबे में जाके कूद पड़ा। फेर बहुत से सरकारी लोगों ने उसको पकड़ने के लिए आकर उसको फुसला-फुसला के खाने की चीज़ों की लालच देकर उसको आसव पिला के कूबे से निकाल लिया। फिर बिचारपतियों के बिचार से उनको क़ैद का हुकुम भया।" (समाचार सुधावर्षण, 12 जुलाई, 1855)

इसी प्रकार 2 जून, 1883 ई. के उचित वक्ता में 'हम क्या बनें?' छपा था। इसमें पहले पंडित, प्रोफ़ेसर, एडीटर आदि बनने की सलाह दी गई, संग ही संग आपत्तियाँ भी दर्ज की गईं—फिर राजा बनने की सलाह दी गई, न सही राजा ख़िताबी राजा बनने की सलाह दी गई, पर लेखक स्वयं को ख़ुशामद में एम.ए. पास नहीं पाता। तो फिर, "आओ तुम्हें लखपती सेठ जी बनावैं, नहीं-नहीं, रात-दिन बही में सिर मारते और मानसिक पुण्य करते मेरी तोंद लटक जाएगी। आओ तब कायस्थ बने। मैं कितने ही रुपये खरचूँगा पर फिर भी मुझे लोग क्षत्रिय न कहेंगे। अच्छा, कचहरी के पेशकार बनोगे? नहीं आजकल कचहरी में बंगाली वकील बहुत हुए हैं वे न आप रुसवत लेते हैं न हमें लेने देंगे। तो क्या चिन्ता है वकील ही बनो, हाँ हाँ यह तो हमारे भी मन में थी पर एक तो हमें पाजामे पहरने की शौक नहीं दूसरे बहुत काफ गाफ से हमारे गले में दर्द होता है।" (उचित वक्ता, 2, जून, 1883) इस रचना में आगे राजदरबार का सरदार बनने नहीं तो कवि बनने नहीं तो वैष्णव बनने की सलाह है—"अच्छा परम पूज्य रामानुजी वैष्णव बनो। अरे हमसे वह बलवलता न सहा जाएगा। और कड़ा जी करके हम सह भी लें पर शिव, भस्म, रुद्राक्ष, निन्दा औ स्वयम्पा की रसोई हमसे न हो तब क्या श्रीयुत बल्लभ कुल के

गोस्वामी बनोगे? हाँ, आजकल के गोस्वामी बनने में भी आनन्द तो बहुत है। जने-जने से पुजाया...न फिकर गहनों में लड़-भड़ ही हर...गदी पर बैठते, भौंहें ऐंठते, बाल झाड़... चाबऐश में डूबे रहना इनीं को सुलभ...पर हमसे बात-बात में नहाना खड़ाऊ चटाना औ जनानी रीत से रहना न बनैगा। अच्छा इनके शिष्य पुष्टि वैष्णव ही बनो वाह जी वाह। जिनके हमसे भी...आचरण उनकी धोती का धोवन औ चरणामृत पीना औ उनकी जूठ खा रात-दिन...राज जैराज करना मुझसे कब बना।" (वही)

और अन्त में मुसलमान, अंग्रेज़, अख़बार का ग्राहक बनने की सलाह के बाद जो है वही बने रहने की फटकार है—"तो वैष्णव ही बनने से चिढ़ते हो तो मुसलमान बनो। हाँ, बन तो जाऊँ पर निर्दयता कहाँ से लाऊँगा? खैर अंग्रेज़ बनोगे? क्या ख़ूब पोशाक तो बदल डालूँ पर चमड़ा कैसे सुफैद होगा? अच्छा तो अख़बार के ग्राहक बनोगे? ग्राहक तो एक नहीं पचास अख़बार का बनूँ पर पीछे कोई मूल्य न माँगे। तो बस तो फिर कुछ न बनो जो हो सोई बने रहो, योंही अच्छे हो।" (वही)

'उन्नीसवीं सदी का उत्तरार्द्ध और जाति-प्रश्न' पर विचार करते हुए एक तथ्य बार-बार सामने आता है कि इस सदी के हिन्दी बौद्धिकों का जाति व्यवस्था पर विश्वास है, किन्तु इसके साथ ही इस पर अवश्य ध्यान दिया जाना चाहिए कि यह विश्वास उतना ही कठोर नहीं है जैसाकि धर्मशास्त्रों में व्याख्यायित है। राष्ट्रवाद के प्रश्न पर जाति का प्रश्न गौण हो जाता है। देश चिन्ता की प्रमुखता के सामने अन्य किसी प्रश्न को हल करने की प्रवृत्ति ही आगे चलकर आन्दोलन का रूप धारण कर सकी। भारतेन्दु ने लिखा—"भाई हिन्दुओ! तुम भी मतमतान्तर का आग्रह छोड़ो। आपस में प्रेम बढ़ाओ। इस महामंत्र का जाप करो। जो हिन्दुस्तान में रहे, चाहे किसी रंग, किसी जाति का क्यों न हो, वह हिन्दू। हिन्दू की सहायता करो। बंगाली, मरट्ठा, पंजाबी, मद्रासी, वैदिक, जैन, ब्राह्मण, मुसलमान सब एक का हाथ एक पकड़ो।" (भारतेन्दु समग्र, पृ. 1013) जाति प्रथा के आधार पर एक मनुष्य दूसरे मनुष्य से हेय व्यवहार न करे, देश के सामने खड़ी समस्याओं को सभी मिलकर निबटाएँ, "यह समय इन झगड़ों का नहीं। हिन्दू, जैन, मुसलमान सब आपस में मिलिए। जाति में कोई चाहे ऊँचा हो चाहे नीचा हो सबका आदर कीजिए, जो जिस योग्य हो उसको वैसा मानिए। छोटी जाति के लोगों का तिरस्कार करके उनका जी मत तोड़िए। सब लोग आपस में मिलिए।" (वही, पृ. 1013)

विभेद केवल हिन्दुओं से नहीं है, मुसलमान भी अपने घेरों के बन्दी हैं। भारतेन्दु उन्हें भी सलाह देते हैं कि "मुसलमान भाइयों को भी उचित है कि इस हिन्दुस्तान में बस कर वे लोग हिन्दुओं को नीचा समझना छोड़ दें।" (वही, पृ. 1013) पुरानी बातों को दूर करने की समझदारी उन्नीसवीं सदी के उत्तरार्द्ध में विकसित हो रही है। यह निस्संकोच कहा जा सकता है कि जातिगत ढाँचे की कसी हुई परतें ढीली हो रही हैं। उन परतों पर होनेवाले आघात तीखे नहीं हैं क्योंकि कोई भी जाति उन्मूलन नहीं चाहता, खान-पान के बन्धनों में परिवर्तन नहीं चाहता किन्तु इस कुप्रथा के कारणों और दुष्परिणामों पर चर्चा होने लगी है। सुधारों का आह्वान होने लगा है—आह्वान भी क्रान्तिकारी—"उस समय जो-जो बातें तुम्हारे उन्नति पथ में काँटा हों उनकी जड़ खोदकर फेंक दो। कुछ मत डरो। जब तक सौ दो सौ मनुष्य बदनाम न होंगे जात से बाहर न निकाले ज़ाएँगे, दरिद्र न हो जाएँगे क़ैद न होंगे वरंच जान से न मारे जाएँगे तब तक कोई देश भी ना सुधरैगा।" (वही, पृ. 1013)

ध्यातव्य है कि देश सुधार के लिए जाति बहिष्कृत होना स्वीकार्य है। भारतेन्दु का बलिया का यह व्याख्यान भारतवर्ष की उन्नति कैसे हो सकती है उनके चिन्तन का निचोड़ प्रतीत होता है। उनके अनुसार समाज की सारी उन्नति इसलिए अवरुद्ध है क्योंकि हमारा धर्म अवरुद्ध है, जबकि धर्म ही संस्कृति का मूल है। भारतेन्दु धर्म की विकृतियों को दूर कर, राजनीति और धर्म के समागम में अंग्रेज़ों के अनुसरण की सलाह देते हैं—"उन्नतियों का मूल धर्म है। इससे सबके पहले धर्म की ही उन्नति करनी उचित है। देखो अंग्रेज़ों की धर्म नीति और राजनीति परस्पर मिली है, इससे उनकी दिन-दिन कैसी उन्नति है। उनको जाने दो, अपने ही यहाँ देखो! तुम्हारे यहाँ धर्म की आड़ में नाना प्रकार की नीति, समाज-गठन, वैद्यक आदि भरे हुए हैं, दो-एक मिसाल सुनो। यही तुम्हारा बलिया का मेला और यहाँ स्नान क्यों बनाया गया? जिसमें जो लोग कभी आपस में नहीं मिलते, दस-दस पाँच-पाँच कोस से वे लोग साल में एक जगह एकत्र होकर आपस में मिलें। एक-दूसरे का सुख-दुख जानैं। गृहस्थी के काम की वह चीज़ैं जो गाँव में नहीं मिलतीं, वह यहाँ से ले जाएँ। एकादशी का व्रत क्यों रखा है? जिसमें महीने में दो-एक उपवास से शरीर शुद्ध हो जाए। गंगाजी नहाने जाते हो तो पहिले पानी सिर पर चढ़ाकर तब पैर डालने का विधान क्यों है? जिसमें तलुए से गर्मी सिर में चढ़कर विकार न उत्पन्न करे। दीवाली इसी हेतु है कि इसी बहाने साल भर में एक बेर तो सफाई हो जाए। यही तिहवार ही तुम्हारी मानो म्यूनिसिपैलिटी है। ऐसे ही सब हिकमत है। उन लोगों ने धर्मनीति और समाजनीति क़ो दूध-पानी की भाँति मिला दिया था। खराबी जो बीच में भई है वह यह है कि उन लोगों ने ये धर्म क्यों धर्म मानन लिखे थे, इसका लोगों ने मतलब नहीं समझा और इन बातों को वास्तविक धर्म मान लिया। भाइयो, वास्तविक धर्म तो केवल परमेश्वर के चरण कमल का भजन है। ये सब तो समाजधर्म हैं जो देशकाल के अनुसार शोधे और बदले जा सकते हैं।" (वही, पृ. 012)

उन्नीसवीं सदी का हिन्दी बौद्धिक अपने देश-काल वातावरण के अनुरूप स्थापनाओं-व्यवहारों में यथोचित परिवर्तन के लिए आग्रही है। जहाँ परिष्करण से काम चल जाए वहाँ परिवर्तन की आवश्यकता नहीं है। जिन स्थानों पर प्रचलित नियमों का अन्धानुकरण किया गया वहाँ प्रगति थम गई—"दूसरी खराबी यह हुई कि उन्हीं महात्मा बुद्धिमान ऋषियों के वंश के लोगों ने अपने बाप, दादों का मतलब न समझकर बहुत से नए धर्म बनाकर शास्त्र में धर दिए। बस सभी तिथि व्रत और सभी स्थान तीर्थ हो गए। सो इन बातों को अब एक बेर आँखें खोलकर देख और समझ लीजिए कि फलानी बात उन बुद्धिमान ऋषियों ने क्यों बनाई और उनमें देश और काल के जो अनुकूल और उपकारी हो उसको ग्रहण कीजिए। बहुत-सी बात जो समाज-विरुद्ध मानी हैं, किन्तु धर्म-शास्त्रों में जिनका विधान है उनको चलाइए। जैसे जहाज़ का सफ़र, विधवा विवाह आदि। लड़कों को छोटेपन ही में ब्याह करके उनका बल, वीर्य, आयुष्य सब मत घटाइए। आप उनके माँ-बाप हैं या उनके शत्रु हैं। वीर्य उनके शरीर में पुष्ट होने दीजिए, विद्या कुछ पढ़ लेने दीजिए, नोन, तेल, लकड़ी की फिक्र करने की बुद्धि सीख लेने दीजिए, तब उनका पैर काठ में डालिए। कुलीन प्रथा, बहुविवाह को दूर कीजिए।" (वही, पृ. 1012-013) इस उद्धरण में भारतेन्दु स्पष्ट कर देते हैं कि उनके समय की अनेक कुरीतियाँ धर्म सी उत्पन्न नहीं हुई हैं, बल्कि

धर्मशास्त्रों में उन्हें करने का विधान था। यह तो कालान्तरण में समाज की मूढ़ता के कारण रीतियाँ बदलकर कुरीतियाँ बन गईं।

एक साहित्यकार की सामाजिक सजगता का इससे ज्वलन्त प्रमाण और क्या हो सकता है? उसकी व्यक्तिगत जीवन पद्धति उसे एक प्रकार का धर्माचार सिखाती है, किन्तु सबसे बड़े देश धर्म के लिए वह धर्म पर प्रश्न उठाता है। अत्यन्त धार्मिक होते हुए भी भारतेन्दु ने हिन्दू धर्म की विकृतियों का विरोध किया। अपने वैष्णवता और भारतवर्ष निबन्ध में उन्होंने हिन्दुओं का आह्वान किया, कि वे धर्म में घुस आई विकृतियों को दूर करें और उदार बनें। वे धर्म की एकता के रक्षक बनें और धर्म को जाति एक्य का माध्यम बनाएँ—"हिन्दूनामधारी वेद से लेकर तंत्र व रंच भाषा ग्रंथ माननेवाले तब सब एक होकर अब अपना ब्रह्म धर्म यह रखो कि आर्य जाति में एका हो।" (वही, पृ. 976)

भारतेन्दु आर्य जाति में भिन्नता का एक कारण धर्म तत्त्व के मूल ग्रंथों का भाषा में न पाया जाना मानते हैं। यही कारण है कि आर्यों में भिन्नता बहुत बढ़ गई। जिसका जैसा जी चाहा धर्मग्रंथों का वैसा अर्थ लगा लिया गया "अनेक कोटि देवी-देवताओं का माहात्म्य, छोटी-छोटी बातों में ब्रह्महत्या का पाप और मूलधर्म छोड़कर उपधर्मों में आग्रह ने भारतवर्ष से वास्तविक धर्मों का लोप कर दिया। जिस जगत्कर्ता ने हम लोगों को उत्पन्न किया, संसार के सुख दिए, बुरे-भले का ज्ञान दिया और अपना सत्मार्ग दिखलाया उससे यहाँ की प्रजा विमुख होकर धर्मान्तर में फँस गई। यदि प्रथम कर्तव्य उसकी भक्ति के अनन्तर कर्मानुष्ठान में प्रवृत्त होते तो कुछ बाधा नहीं थी। वह न होकर गौण कर्म तो मुख्य हो गए और मुख्य वस्तु गौण हो गई। इसी से सारा भारतवर्ष भगवद्विमुख होकर छिन्न-भिन्न हो गया जो कि इसकी अवनति का मूल कारण हुआ। कभी भगवद्विमुख देश या जाति की उन्नति हो सकती है? धर्म हमारा ऐसा निर्बल और पतला हो गया है कि केवल स्पर्श से वा एक चुल्लू पानी से मर जाता है। कच्चे गले-सड़े सूत या चिउँटी की दशा हमारे धर्म की हो गई है। हाय!!!" (वही, पृ. 877-78)

इससे अधिक सुसंगत और तार्किक धर्म सुधार का आग्रह और क्या हो सकता है? भारतेन्दु ऐसे स्थानों पर जोतिबा फुले और दयानन्द सरस्वती की तरह बुद्धिवादी हो जाते हैं जबकि वे परम वैष्णव भक्त हैं। उनकी विचारधारा में धर्म और देश अलग-अलग नहीं आते। वे भक्ति के तन्मय क्षणों में देश का स्मरण करते हैं और अपनी आस्तिकता को कर्मकांडों के जाल से मुक्त रखते हैं तथा देशवासियों का भी आह्वान करते हैं। भारतेन्दु छुआछूत के विरोधी हैं, छुआछूत धर्मकृत जाति व्यवस्था से जुड़ी है। इस जाति व्यवस्था ने आपसी कलह बढ़ाई है—कृष्णाराधना करते हुए भारतेन्दु ने 'प्रबोधिनी' में भारत के ये दुर्गुण ईश्वर के समक्ष रखे—

गयो राज धन तेज शेष बल ज्ञान नसाई।
बुद्धि वीरता श्री उछाह सूरता बिलाई।
आलस कायरपनो निरुद्यमता अब छाई।
रही मूढ़ता बैर परस्पर कलह लराई।

सब विधि नासी भारत प्रजा कहुँ न रह्यौ अवलम्ब अब।
जागो-जागो करुणायतन फेर जागिहौ नाथ कब।

(वही, पृ. 211)

भारत दुर्दशा 1875 भारतेन्दु का अत्यन्त महत्त्वपूर्ण नाटक है। भारतेन्दु ने इसे नाट्य रासक या लास्य रूपक कहा है। यह रूपक दुखान्त है। इसमें भारतेन्दु ने भारत की दुरवस्था के सभी कारणों को पात्र बनाकर प्रस्तुत किया। यथा निर्लज्जता, भारत दुर्दैव, सत्यानाश फ़ौजदार, रोग, आलस्य, मदिरा, अन्धकार, डिसलायल्टी सरकार द्वारा क़ानून का दुरुपयोग आदि। सभी पात्र बारी-बारी से आकर बताते हैं कि भारत की दुर्दशा करने में उनकी क्या भूमिका रही है तथा उन्हें अभी और क्या-क्या करना है। भारत दुर्दशा नाटक में सत्यानाश फ़ौजदार कहता है—

हमारा नाम है सत्यानाश। आए हैं राजा के हम पास।
धर के हम लाखों ही भेस। किया चौपट यह सारा देस।
बहु हमने फैलाए धर्म। बढ़ाया छुआछूत का कर्म।
होके जयचन्द हमने एक बार। खोल ही दिया हिन्द का द्वार।

(वही, पृ. 262)

देश के जातियों में बँटे होने और उसके आधार पर छुआछूत का विचार करने के कारण इस देश का सत्यानाश हुआ।

सन् सत्तावन के प्रथम स्वाधीनता संग्राम के सन्दर्भ में जिस जातीय फूट की चर्चा हुई है, भारतेन्दु के यहाँ उस आपसी फूट, बैर और कलह की बार-बार निन्दा है, यद्यपि यह निन्दा स्पष्टतः जाति के कारण नहीं की गई है फिर भी इसी अर्थ में प्रयुक्त है। अन्धेर नगरी चौपट राजा में उन्होंने 'फूट' और 'बैर' को 'हिन्दुस्तान का 'मेवा' बताया। विभिन्न जातियों में बँटे हिन्दू समाज में एकता बोध नहीं है। एकता बोध का यह अभाव हिन्दू समाज में फूट के फलने-फूलने का कारण बना। हिन्दू समाज अपनी फूट का ऐसा ग़ुलाम बना कि जयचन्दों ने देश विदेशियों के समक्ष परोस दिया—

काहे तू चौका लगाय जयचँदवा।
अपने स्वारथ भूलि लुभाए
काहे चोटी-कटवा बुलाए जयचँदवा।
अपने हाथ से अपने कुल कै
काहे तैं जड़वा कटाए जयचँदवा।
फूट के फल सब भारत बोए
बैरी के राह खुलाए जयचँदवा।
और नासि तैं आपो बिलाने
निज मुँह कजरी पुताय जयचँदवा।

(वही, पृ. 153)

भारत दुर्दशा का सबसे महत्त्वपूर्ण कारण आपसी फूट है। भाषा, धर्म, चाल, खानपान, व्यवहार में भिन्नता लाने में पहले फूट इत्यादि ने अपना कर्तव्य निभाया—"फूट, डाह, लोभ, भय, उपेक्षा, स्वार्थपरता, पक्षपात, हठ, शोक, अश्रुमार्जन और निर्बलता इन एक दर्जन दूती और दूतों को शत्रुओं की फ़ौज में हिला-मिला कर ऐसा पंचामृत बनाया कि सारे शत्रु बिना मारे घंटा पर के गरुड़ हो गए। फिर अन्त में भिन्नता गई। इसने ऐसा सबको काई की तरह फाड़ा कि भाषा, धर्म, चाल व्यवहार, खाना, पीना, सब एक-एक योजन पर अलग-अलग कर दिया। अब आवें बचा ऐक्य! देखें आही के क्या करते हैं!" (भारतेन्दु समग्र, पृ. 463) इतने भागों में विभाजित समाज में एकता की स्थापना असम्भव नहीं पर कठिन तो अवश्य ही है। और अगर ऐक्य आ भी जाए तो उसके अनेक शत्रु हैं। भारतीयों का मुख्य स्वभाव आलस्य उसकी राह रोके ग़ज़ल गा रहा है—

दुनिया में हाथ-पैर हिलाना नहीं अच्छा।
मर जाना पै उठके कहीं जाना नहीं अच्छा॥

(वही, पृ. 464)

भारतेन्दु जिस भिन्नता की बात कर रहे हैं वह रीति-रिवाजों-संस्कारों की तो है ही, खान-पान की भी है। जिन जातियों ने संस्कृतीकरण के प्रयास किए उन्होंने मांस-मदिरा का त्यागकर दिया था। यह ब्राह्मणों, कुछ क्षत्रियों और वैश्यों का अनुकरण था। ब्राह्मण और वैष्णव धर्मावलम्बी खान-पान में मांस-मदिरादि से दूर रहते थे। गौतम बुद्ध का अहिंसा का मंत्र वैदिकी हिंसा के ही विरुद्ध था। जिन भारतीयों ने संस्कृति के लम्बे अनुभवों के पश्चात् शाकाहार अपनाया, वे मांसाहारियों से घृणा करते थे। मांस भक्षण तांत्रिकों के साथ जुड़ा है, तंत्र विद्या तामसी विद्या है। सत् और रज के उपासकों ने मांसाहार को त्याज्य माना। शाकाहारियों के विरुद्ध तर्क देनेवाले, मानो शाकाहार कोई अपराध है, ऋग्वेद में ब्राह्मणों के गोभक्षण की बात बार-बार उद्धृत करते हैं, किन्तु जब इन्हीं वेदों के हवाले से भारतीयों के विज्ञान में अग्रणी होने का कोई तथ्य प्रस्तुत किया जाता है तो उसे प्रक्षिप्त बताते हैं। किसी का मांस-भक्षी होना उसका अपना चुनाव है तो किसी का शाकाहारी होना उसका भी अपना चुनाव है। भिन्न-भिन्न जातियों और धर्मों ने अपनी मति-गति के अनुसार शाकाहार या मांसाहार का चयन किया। दोनों ही प्रकार के आहारी परस्पर विद्वेष की भावना से ग्रस्त थे।

प्रारम्भ से ही मनुष्य के स्वाभाविक जीवन में गतिरोध उत्पन्न करनेवाली वस्तुओं को समाज सुधारकों ने त्याज्य माना है। बुद्ध से लेकर कबीर तक और कबीर से लेकर गांधी तक सभी ने शराब सेवन और मांस भक्षण का विरोध किया। भारतेन्दु वैष्णव भारतेन्दु मांस भक्षण के विरुद्ध हैं। वैदिकी हिंसा हिंसा न भवति में हाथ में बोतल, गले में माला, माथे पर तिलक लगाए उन्मत्त पुरोहित अत्यन्त तृप्ति भरे स्वर में कहता है—"भगवान करै ऐसी पूजा नित्य हो, अहा! राजा धन्य है कि ऐसा धर्मनिष्ठ है। आज तो मेरा घर मांस-मदिरा से भर गया। अहा! और आज की पूजा की कैसी शोभा थी, एक ओर ब्राह्मण का वेद पढ़ना दूसरी ओर बलिदान वालों का कूद-कूद कर बकरा काटना 'वाचं तै शुंधामि', तीसरी ओर बकरों का तड़पना और चिल्लाना चौथी ओर मदिरा के घड़ों की शोभा और बीच में होम का कुंड, उसमें मांस चटचटाकर जलना और उसमें

से चिर्राहिन की सुगंध का निकलना, वैसा ही लोहू का चारों ओर फैलना और मदिरा की छलक तथा ब्राह्मणों का मद्य पीकर पागल होना, चारों ओर घी और चरबी का बहना, मानो इस मंत्र की पुकार सत्य होती थी।

घृतं घृतपावान: पिबस बसां वसापावान:।"

(वही, पृ. 313)

वैष्णवों द्वारा मांस भक्षण धर्मसम्मत नहीं है। इसलिए इसी प्रहसन में विदूषक के मछली भक्षण के प्रश्न पर बंगाली वैष्णव उत्तर देता है कि नित्यानन्द महाप्रभु (चैतन्य महाप्रभु) के लोग मांस भक्षण कदापि नहीं करते और मछली खाना मांस भक्षण के अन्तर्गत नहीं आता। वेदांती द्वारा प्रमाण माँगे जाने पर बंगाली का तर्क है कि मछली वीर्य और रज से उत्पन्न नहीं है। जल से उत्पन्न होने के कारण फल इत्यादि की तरह इसका भक्षण वर्जित नहीं है।

भारतेन्दु उन लोगों पर विशेष रूप से रुष्ट हैं जो धर्म के हवाले से मदिरा सेवन करते हैं। भारतेन्दु हरिश्चन्द्र ने लेखन के स्तर पर ही नहीं व्यावहारिक रूप में भी शराब के विरुद्ध अभियान चलाया। अपने 'तदीय समाज' से जो सैकड़ों प्रतिज्ञा-पत्र उन्होंने हस्ताक्षरित करवाए उन पर एक ओर मद्यपान निषेध और दूसरी ओर मांस-भक्षण निषेध की प्रतिज्ञा छपी हुई थी। 'भारत दुर्दशा' में मदिरा को उन्होंने भारत सर्वनाश का मुख्य अस्त्र माना। और इस अस्त्र से केवल हिन्दू ही नहीं अन्य धर्मावलम्बी भी घायल हैं। मदिरा स्वयं अपना परिचय देती है—"भगवान सोम की मैं कन्या हूँ। प्रथम वेदों में मधु नाम से मुझे आदर दिया। फिर देवताओं के प्रिय होने से मैं सुरा कहलाई और मेरे प्रचार के हेत श्रौत्रामणी यज्ञ की सृष्टि हुई। स्मृति और पुराणों में भी मेरी प्रवृत्ति नित्य कही गई। तंत्र तो केवल मेरे हेतु बने। संसार में चार मत बहुत प्रबल हैं—हिन्दू, बौद्ध, मुसलमान और क्रिस्तान। इन चारों में मेरी चार पवित्र प्रेम मूर्ति विराजमान हैं। सोमपान, वीराचमन, शराबुनतहरा और बापसैजिग वाइन। भला कोई कहे तो इनको अशुद्ध? यह जो पशु हैं उन्होंने अशुद्ध कहा ही तो क्या हमारे चाहनेवाले के आगे वे लोग बहुत होंगे तो फी सैकड़े दस होंगे, जगत में तो हम व्याप्त हैं।" (वही, पृ. 465)

मदिरा की यह जगत व्याप्ति व्यापक है। मदिरा पान के प्रश्न पर अलग-अलग जातियों के सभी पुरुष आपसी भेद भुला देते हैं। सभी इसके आकर्षण से बँधे हैं। भारतेन्दु ने प्रत्येक जाति और धर्म के व्यक्ति को इसके सम्मोहन में क़ैद पाया—

ब्राह्मण क्षत्री वैश्य अरु, सैयद सेख पठान।
दै बताइ मोहि कौन जो, करत न मदिरापान॥

(वही, पृ. 465)

तथाकथित उच्च और निम्न जाति में समान रूप से फैली इस व्याधि से मुक्ति का प्रश्न बाद के सुधार आन्दोलनों में भी जोड़ा गया। उच्च स्थानीय व्यक्ति के लिए भी मदिरा पान उसका चारित्रिक पतन माना गया। भारतेन्दु ने यद्यपि प्रत्येक धर्म और जाति के व्यक्ति को शराब पीते देखा फिर भी अपनी मुकरी में इससे जाति के लुट जाने की बात कही—

मुँह जब लागै तब नहीं छूटै।
जाति मान धन सब कुछ लूटै।
पागल करि मोंहि करे खराब।
क्यों सखि सज्जन नहीं सराब।

(वही, पृ. 256)

यह तो स्पष्ट है कि भोजन, विशेषकर मांसाहार से जाति का सम्बन्ध है और जातियों की श्रेणीबद्धता में इसका भी हाथ है। यह भी स्पष्ट है कि जातियों की उच्चता और निम्नता के भेद के लिए भारतेन्दु धर्म को उत्तरदायी मानते हैं। धर्म की रूढ़ियों ने इस देश के सत्यानाश में कोई कसर न रख छोड़ी। भारत दुर्दशा का सत्यानाश फ़ौजदार धर्म की भूमिका पर कहता है—महाराज धर्म ने सबसे पहले सेवा की।

जाति अनेकन करी नीच अरु ऊँच बनायो।
खान पान सम्बन्ध सबन सों बरजि छुड़ायो॥
जन्मपत्र विधि मिले ब्याह नहीं होने देत अब।

(वही, पृ. 462)

धर्म ने बताया कि जब ईश्वर ने ही बहुत-सी जातियाँ बनाईं किसी मनुष्य को ऊँचा किसी को नीचा बनाया। धर्म जाति ही नहीं अन्य कुरीतियों का भी कारण है। उसमें समाज की गति को अग्रसर करनेवाले सभी तत्त्वों को चुन-चुन कर निकाल बाहर किया। पारम्परिक गुणों का त्याग किया, यहाँ तक कि उन्हें निषिद्ध कर उससे उलट रीति चलाई—

बालकपन में ब्याहि प्रीति बल नास कियो सब।
करि कुलीन के बहुत ब्याह बल बीरज मार्‌यो।
विधवा ब्याह निषेध कियो विभिचार प्रचार्‌यो।
रोकि विलायत गमन कूपमंडूक बनायो।
औरन को संसर्ग छुड़ाई प्रचार घटायो॥

(वही, पृ. 462)

धर्म ने प्रत्येक ऐसे कार्य पर बन्धन लगा दिया जिससे मनुष्यों का आपसी सौहार्द बढ़ता था। इसके बिना धार्मिक सम्प्रदायों का वर्चस्व स्थापित होना दुष्कर था। इस तरह वास्तविक धर्म लुप्त हो गया। भारतेन्दु आह्वान करते हैं कि धर्म का सच्चा मर्म पहचाना जाए, केवल कोरे कर्मकांडों से कुछ हाथ नहीं आनेवाला—

यारों यह नहिं सच्चा धरम।
छू छू कर या नाक मूँद कर जो कि बढ़ाया भरम।
बन्धन ही में डालेंगे यह बुरे-भले सब करम।
प्राण नहीं सुधरा तौ कोरा बैठे धोओ धरम।

(वही, पृ. 169)

मनुष्य और मनुष्य के बीच इस छुआछूत के लिए भी धर्म ही उतरदायी है—

अपरस सोल्हा छूत रचि, भोजन प्रीति छुड़ाय।
किए तीन तेरह सबै, चौका चौका छाय॥

(वही, पृ. 563)

जाने योग्य धर्म ने सहस और नैसर्गिक गुण अनैतिक बताया। मनुष्य-मनुष्य के बीच प्रत्येक स्तर पर विषम भाव बोकर धर्म ने घोर अधार्मिक कार्य किया।

संस्कृतीकरण और उसकी साहित्यिक प्रस्तुति

प्रमुख सामाजिक मानव वैज्ञानिक मैसूर नरसिंहाचार श्रीनिवास (एम.एन. निवास) ने 1952 ई. में अपनी पुस्तक में 'कुर्गों में धर्म और समाज में प्रथमत: संस्कृतीकरण' की धारणा प्रस्तुत की थी। अपनी पुस्तक में 'आधुनिक भारत में सामाजिक परिवर्तन' के प्रथम अध्याय 'संस्कृतीकरण' में श्रीनिवास लिखते हैं, "आधुनिक भारत में सामाजिक परिवर्तन का विषय बहुत विस्तृत और जटिल है और उसको ठीक-ठीक समझने के लिए आर्थिक, सामाजिक और सांस्कृतिक, इतिहास, क़ानून, राजनीति, शिक्षा, धर्म, जनांकिकी और समाज-विज्ञान जैसे विभिन्न क्षेत्रों के बहुत-से अध्येताओं के दीर्घकालीन सहयोग की आवश्यकता होगी। उसके लिए प्रादेशिक, भाषागत तथा अन्य भिन्नताओं का लेखा-जोखा करना पड़ेगा। संस्कृतीकरण ऐसी सांस्कृतिक और सामाजिक प्रक्रिया है, जो भारत के विभिन्न भागों के हिन्दुओं के बीच व्यापक रूप में पाई जाती है। यह भी सूचना मिली कि वह भील और ओरांव जैसे कुछ जनजाति समूहों में भी सक्रिय है। देश के विभिन्न भागों में होने वाले परिवर्तनों के साथ इन दोनों प्रक्रियाओं के सम्बन्ध को भी ठीक से समझने की आवश्यकता है।" (आधुनिक भारत में सामाजिक परिवर्तन, एम.एन. श्रीनिवास, राजकमल प्रकाश्न, दिल्ली, 1992, पृ. 17-18)

वर्णों की संख्या चार है और वह विभाजन अटल है। यह आश्चर्य का विषय हो सकता है कि कोई भी समाज सदियों तक एक 'अटल व्यवस्था' में किस प्रकार साँस ले पाया किन्तु यह समझ में आते ही कि इन वर्णों के भीतर जाति की कट्टर दिखती व्यवस्था अतीत में उतनी कट्टर नहीं थी जितनी बताई और दिखाई जाती है, "वर्ण आदर्श में किसी जाति-श्रेणी के स्थान के बारे में कोई सन्देह नहीं होता। किन्तु पद-क्रम में स्थान का निश्चित होना जाति मात्र की विशेषता नहीं है। वास्तव में, जाति-व्यवस्था के दोनों छोर भी उतने अचल नहीं हैं जितने बताए जाते हैं। कुछ ब्राह्मण समूहों को इतना नीचा माना जाता कि हरिजन तक उनके हाथ का बना नहीं खाते।" (वही, पृ. 19)

अंग्रेज़ों के आगमन के पहले तक 'जाति निर्णय' के द्वार खुले हुए थे। अपनी जाति की सर्वश्रेष्ठता न सही किन्तु उसकी अपनी या अन्य किसी जाति से श्रेष्ठता के प्रति सचेत रहना 'जाति बोध' का गुण है। "यह स्पष्ट है कि पारस्परिक स्थान के बारे में अस्पष्टता या संशय आकस्मिक या महत्त्वहीन नहीं, बल्कि चालू प्रथा के रूप में जाति की आवश्यक विशेषता है। दो जातियों का एक-दूसरे से श्रेष्ठ होने का दावा करना कोई असाधारण आचरण नहीं, बल्कि एक ऐसी गतिशील व्यवस्था की स्वाभाविक उपज है जिसमें आगे बढ़ने के प्रयास में कुछ धक्कमधक्का होता ही रहता है। अंग्रेज़-पूर्व भारत में जाति के पद-विषयक विवाद बीच-बीच में राजा तक पहुँचते थे, जिसका निर्णय अन्तिम माना जाता था।" (वही, पृ. 19)

अत: यह कहा जा सकता है कि जातियों के अन्तर्गमन की प्रक्रिया सदैव सक्रिय थी। यह अन्तर्गामी चरित्र (Endogamous Character) कई दिशाओं में प्रतिफलित होता था, जैसे कुछ जातियाँ कुछ प्रदेशों में ही पाई जाती थीं/हैं। इन जातियों की देश के विभिन्न हिस्सों में अप्राप्यता इन्हें 'वैशिष्ट्य बोध' प्रदान करती है। वर्ण व्यवस्था के क्रम में ये चाहे जिस सीढ़ी पर खड़े हों किन्तु इससे इनमें हीनता बोध नहीं जागता। इसके साथ-साथ विभिन्न प्रदेशों में विभिन्न पेशों से जुड़ी एक जाति एक जैसा व्यवहार नहीं करती और एक ही अन्तर्गामी समूह का भाग नहीं होती। कहने का तात्पर्य है कि जातियों की प्रादेशिक विशेषताओं का ध्यान रखा जाना भी आवश्यक है। उत्तर प्रदेश, बिहार आदि का उदाहरण लें तो "कुछ जातियाँ—जैसे भड़भूजा, कहार और बारोट अथवा चारण—देश के कुछ ही भागों में पाई जाती हैं, या कि कुछ धन्धों पर आधारित जातियों की स्थिति देश के हर भाग में अलग-अलग, बल्कि यह बात भी ध्यान देने की है कि जाति मुख्यत: एक प्रादेशिक व्यवस्था के रूप में ही मौजूद और कार्यशील है। वास्तव में भारत के समस्त ब्राह्मणों की तो बात ही क्या, एक ही प्रादेशिक भाषा बोलने वाले समस्त ब्राह्मणों का भी एक अन्तर्गामी समूह हो सकता है। इसी तरह, एक छोटे प्रदेश के भीतर भी एक जाति साधारणत: केवल कुछ एक अन्य जातियों के साथ पारस्परिक व्यवहार रखती है, सबके साथ नहीं। औसत किसान के लिए अन्य भाषायी क्षेत्रों में जातियों के नाम सर्वथा अपरिचित होते हैं।" (वही, पृ. 19)

वर्ण में सोपान सुनिश्चित रहने पर भी व्यावहारिक सोपान में जाति का स्थान बदल सकता है। किसी एक पूरी की पूरी जाति या किसी प्रदेश विशेष में किसी एक जाति के समूह द्वारा अपने सोपान परिवर्तन के सामूहिक निर्णय को क्रियान्वित करने से रोकने की क्षमता किसी राजा या राजनैतिक व्यवस्था के पास होनी सम्भव नहीं है। 'संस्कृतीकरण' की इस प्रक्रिया को श्रीनिवास इस प्रकार देखते हैं, "ब्राह्मण विधिकारों ने जाति व्यवस्था के ऐसे आदर्श का प्रतिपादन किया जिसमें वे सर्वोपरि थे और जो उन्हें अन्य जातियों तथा राजा के कर्तव्यों की घोषणा करने का अधिकार देता था। स्वयं ब्राह्मणों द्वारा अपने लिए किए गए दावे और सोपान के विषय में उनके विचार तो समझ में आते हैं, पर यह बात समझ में नहीं आती कि बहुत-से भारतीय तथा विदेशी विद्वानों ने उन्हें ऐतिहासिक सत्य के रूप में कैसे मान लिया है। ग्रामीण भारत की कितनी प्रभु किसान जातियों ने विभिन्न वर्णों के नियमों का नाम भी सुना होगा, अथवा सुना हो तो उनकी ओर कोई ध्यान दिया होगा? और यह बात भी समझ में नहीं आती कि गाँवों में रहने वालों से कैसे इन नियमों का पालन कराया जाता होगा अथवा उनके उल्लंघन के लिए कैसे दंड दिया जाता होगा? आज भी भारत सरकार के समस्त साधनों और सुविधाओं के बावजूद, इस बात का पक्का प्रबन्ध बड़ा कठिन सिद्ध हुआ है कि भारतीय संविधान जो अधिकार हरिजनों को प्रदान करता है उन पर भारत के 5,60,000 गाँवों में सचमुच अमल किया जा सके। तो फिर प्राचीन अथवा मध्ययुगीन भारत में परिस्थिति क्या रही होगी यह निष्कर्ष पाठक स्वयं ही निकाल सकते हैं।" (वही, पृ. 20)

भारतेन्दु द्वारा लिखे गए प्रहसन 'सबै जाति गोपाल की' चर्चा करने से पहले 'संस्कृतीकरण' का अर्थ जान लेना उचित होगा। यद्यपि भारतवर्ष में यही मान्यता और सत्यता भी रही है कि 'जाति' एक ऐसी अटल और कड़वी सचाई रही है जिसे मनुष्य

बदल नहीं सकता, किन्तु कभी-कभी सत्य कल्पना से भी विचित्र होता है। कल्पना से विचित्र सत्य नियम नहीं होता। कई बार नियम विरुद्ध घटनाओं के समय के अन्तराल पर रह-रह कर घटित होने की ओर इतिहासकार और समाजशास्त्रियों का ध्यान कम जाता है। श्रीनिवास द्वारा दिए गए 'संस्कृतीकरण' के इस सिद्धान्त पर बीसवीं सदी के उत्तरार्द्ध में ख़ूब चर्चा हुई, उस चर्चा में उन्नीसवीं सदी को अपेक्षाकृत कम समेटा गया। श्रीनिवास 'संस्कृतीकरण' को स्पष्ट करते हुए कहते हैं, "संस्कृतीकरण वह प्रक्रिया है जिसके द्वारा कोई नीच हिन्दू जाति, या कोई जनजाति अथवा अन्य समूह, किसी उच्च और प्रायः द्विज जाति की दिशा में अपने रीति-रिवाज, कर्मकांड, विचारधारा और जीवन पद्धति को बदलता है। आमतौर पर ऐसे परिवर्तनों के बाद वह जाति, परम्परा से स्थानीय समाज द्वारा सोपान में जो स्थान उसे मिला हुआ है, उससे ऊँचे स्थान का दावा करने लगती है। साधारणतः बहुत दिनों तक, बल्कि वास्तव में एक-दो पीढ़ियों तक, दावा किए जाने के बाद ही उसे स्वीकृति मिलती है। कभी-कभी जाति ऐसे स्थान की माँग करने लगती है जो उसके स्थानीय पड़ोसी मानने के लिए तैयार नहीं होते। याचित और स्वीकृत प्रतिष्ठा के बीच इस प्रकार का असामंजस्य न केवल मतामत के क्षेत्र में, बल्कि संस्थागत व्यवहार के अधिक महत्त्वपूर्ण क्षेत्र में भी होना सम्भव है।" (वही, पृ. 21)

इस प्रक्रिया को स्पष्ट करने के लिए वे दक्षिण भारत की जातियों के जिन उदाहरणों का उपयोग करते हैं, वे विस्मयकारी हैं, "मैसूर में हरिजन में हरिजन जातियाँ दस्तकारों (लुहारों, सुनारों आदि) के हाथ का बना खाना और पीने का पानी नहीं स्वीकार करतीं, जो निश्चय ही स्पृश्य जातियों में हैं और इसलिए हरिजनों से श्रेष्ठतर हैं, चाहे उनका विश्वकर्मा ब्राह्मण होने का दावा भले ही न माना जाए। इसी तरह किसान (ओक्कलिग) और अन्य, जैसे गड़रिए (कुरुब), मार्क ब्राह्मणों का, जो निश्चित ही ब्राह्मणों में शुमार होते हैं, बना हुआ खाना और पानी नहीं स्वीकार करते। मुझे उत्तर कुर्ग में एक लिंगायत से बातचीत की याद है जो कुर्गवासियों को जंगली लोग (कादु जन) कहता था, जबकि कुर्गी अपने सच्चे क्षत्रिय बल्कि आर्य होने का दावा करते हैं।" (वही, पृ. 21)

इस प्रक्रिया से जाति व्यवस्था से मुक्ति नहीं मिल जाती। यह प्रक्रिया अपने आप में यह बताने के लिए पर्याप्त है कि इसमें जातियाँ 'व्यवस्था' से मुक्ति नहीं चाहतीं, केवल अपने सोपान की ऊर्ध्व गतिशीलता चाहती हैं, "सामान्यतः संस्कृतीकरण के साथ-साथ, और प्राय़ः उसके परिणामस्वरूप, सम्बद्ध जाति ऊपर की ओर गतिशील होती है, पर गतिशीलता संस्कृतीकरण के बिना भी, अथवा गतिशीलता के बिना संस्कृतीकरण भी, सम्भव नहीं। किन्तु संस्कृतीकरण से सम्बद्ध गतिशीलता के परिणामस्वरूप व्यवस्था में केवल पदमूलक परिवर्तन ही होते हैं, कोई संरचनामूलक परिवर्तन नहीं। अर्थात् एक जाति अपने आसपास की जातियों से ऊपर उठ जाती है, और दूसरी नीचे आ जाती है, पर यह सब एक मूलतः अचल सोपान में घटित होता है। स्वयं व्यवस्था में कोई परिवर्तन नहीं होता।" (वही, पृ. 21)

जाति-प्रश्न पर हुई अब तक की चर्चा में सभी सुधारकों ने धर्म की भूमिका बार-बार उधेड़ी है। प्रत्येक विचारक ने समाज में फैली इस कुरीति के लिए धर्म को ही मुख्य कारण माना। ब्राह्मणों के जाति के प्रति कठोर व्यवहार के साथ दक्षिणा लेकर सभी

जातियों को उनका मनचाहा स्थान देने की इतिहास सम्मत चर्चा की जा चुकी है। जिस समाज में केवल जाति ही मनुष्यता की पहचान हो और जिस देश में जाति के आधार पर मनुष्य ऊँचा-नीचा होगा उसमें स्वाभाविक रूप से 'नीची' जातियों द्वारा 'ऊँचे' होने का प्रयास होगा। इतिहास के किसी एक काल में शक्तिशाली रही जातियाँ अन्य काल में कमज़ोर भी हुई हैं तथा इसका उलटा भी हुआ है। इस प्रकार की 'निम्न' जातियों को दक्षिणा लेकर 'उच्च' घोषित करनेवाले पंडितों के पाखंड पर भारतेन्दु ने व्यंग्य किया। सबै जाति गोपाल की में पंडित जी दक्षिणा लेकर अपने अद्भुत कौशल से प्रत्येक 'निम्न' जाति को 'उच्च' जाति में परिणत कर देते हैं। आरम्भ में ही पंडित जी स्पष्ट कर देते हैं, "यह तो हिन्दुओं के शास्त्र पनसारी की दुकान है और अक्षर कल्प वृक्ष हैं। इसमें तो सब जात की उत्तमता निकल सकती है पर दक्षिणा आपको बाएँ हाथ से रख देनी पड़ेगी। फिर क्या है फिर तो सबै जाति गोपाल की।" (वही, पृ. 542)

भारतेन्दु का सबै जाति गोपाल की प्रहसन 1873 ई. में छपा था। इस संवादात्मक प्रहसन में दो पात्र हैं एक क्षत्रिय दूसरा ब्राह्मण यानी पंडित जी। क्षत्रिय जातियों का नाम लेता जाता है, पंडित जी उसे ब्राह्मण, क्षत्रिय प्रमाणित करते चलते हैं। क्षत्रिय पंडित जी से पूछता है कि चमार यदि ब्राह्मण बनना चाहे तो क्या वे उसे ब्राह्मण बना देंगे? पंडित जी का उत्तर हाँ में है। अत: सबसे पहले 'निम्न' जातियों में चमार को वे ब्राह्मण सिद्ध करते हैं, "हाँ, चमार तो ब्राह्मण हैं इसमें क्या सन्देह है, ईश्वर के चर्म से इनकी उत्पत्ति है, इनको यह दंड नहीं होता, चर्म का अर्थ ढाल है इससे ये दंड रोक लेते हैं। चमार के तीन अक्षर हैं 'च' चारों वेद, 'म' महाभारत, 'र' रामायण जो इन तीनों को पढ़ावे वह चमार। पद्म पुराण में लिखा है कि इन चर्मकारों ने एक बेर बड़ा यज्ञ किया था, उसी यज्ञ में से चर्मण्ववती निकली है। अब कर्म भ्रष्ट होने से अन्त्यज हो गए हैं नहीं तो असिल में ब्राह्मण, देखो रैदास इनमें कैसे भक्त हुए हैं। लाओ दक्षिणा लाओ। सबै जाति गोपाल की।" (वही, पृ. 542) मनुष्यों की श्रेणी बदलती है। वह जाति के आधार पर ही ऊँचा या नीचा है। चूँकि समाज में ऊँची जातियों की ही प्रतिष्ठा है, इसलिए प्रत्येक जाति ऊँची होना चाहती है। आर्थिक आधार पर समृद्ध होती जातियों ने इस ओर प्रयास किए और सफलता भी पाई। दक्षिणा मिलने पर ब्राह्मण महाशय कोई भी 'घोषणा' कर सकते हैं।

यह आश्चर्य में डालने वाला सत्य है कि जिस हिन्दू धर्म की सहिष्णुता की चर्चा समय-समय पर सभी दार्शनिकों ने की है उसकी यह जाति व्यवस्था समाजोद्धार में बाधा बनी रही। जाति और उसके नियमों को सहज भाव से स्वीकार कर लेने के पीछे श्रीनिवास एक संस्थागत आधार का होना मानते हैं। उन्हें प्रतीत होता है कि इससे धर्म की सहिष्णुता भी निभ जाती है, "जाति व्यवस्था सहिष्णुता के लिए संस्वागत आधार प्रस्तुत करती है। जाति-युक्त समाज में रहना बहुत्ववादी सांस्कृतिक जगत् में रहना है : प्रत्येक जाति के अपने अलग धन्धे, रीति-रिवाज, कर्मकांड, परम्पराएँ और धारणाएँ हैं। जाति की पंचायतें, विशेषकर स्थानीय प्रभु-जाति की पंचायतें इस बहुत्व की संरक्षक होती हैं। क्या सांस्कृतिक बहुत्व की इस बात के साथ संगति है कि प्रदेश की जातियों का सोपान होता है, और उनमें पारस्परिक पद के विषय में गतिशीलता भी होती है और विवाद भी? पहली बात तो यह है कि सोपान की धारणा विभिन्न स्तरों पर आसीन जातियों में सांस्कृतिक

भिन्नताओं को यदि पुष्ट नहीं करती तो उनके अनुकूल तो है ही। दूसरे, सोपान के केवल दोनों छोर ही निश्चित होते हैं, उनके बीच में पारस्परिक पद के लिए बहुत विवाद चलता रहता है। पद के बदलने पर जीवन शैली का संस्कृतीकरण हो जाता है।" (वही, पृ. 74)

बौद्ध धर्म को नितान्त भिन्न और साथ ही हिन्दू धर्म की शाखा मानने वाले दोनों प्रकार के विद्वान और सिद्धान्त मिलते हैं। भारतीय संस्कृति और चिन्तन के प्रसिद्ध अध्येता डॉ. राधाकृष्णन ने हिन्दू धर्म की सहिष्णुता की प्रशंसा की है। उन्होंने धार्मिक विवादों का उदाहरण देते हुए भी इस बात पर बल दिया है कि कोई भी हिन्दू, विशेषकर शिक्षित हिन्दू इस बात को नहीं समझ पाएगा कि कोई कैसे कह सकता है कि बस उसी का धर्म सत्य और श्रेष्ठ है। राधाकृष्णन ने बौद्ध धर्म को हिन्दू धर्म की शाखा के रूप में माना है, "किसी देश और किसी धर्म ने दूसरे धर्मों को समझने और सराहने का यह रवैया ऐसे आग्रह के साथ और संगतिपूर्वक नहीं अपनाया है जैसे भारत में हिन्दू धर्म और उसकी शाखा बौद्ध धर्म ने। मुख्य धारा सहिष्णुता की ही रही है, यद्यपि कभी-कभी धर्मांधता और अन्य धर्मों के लोगों पर अत्याचार के विस्फोट भी हुए हैं। इस भाँति दक्षिण में शैव और वैष्णव सम्प्रदायों के बीच और उनके तथा जैनों के बीच, कु छ असहिष्णुता रही है। पर कुल मिलाकर "हिन्दू धर्म मूलतः सहिष्णु है, और कट्टरतापूर्वक बहिष्कृत करने के बजाय आत्मसात् अधिक करता रहा है।" वास्तव में बहुत से शिक्षित हिन्दुओं को यह समझने में कठिनाई होती है कि कोई कैसे अपने धर्म को ही सत्य और बाक़ी सबको मिथ्या मान सकता है। धर्म प्रचारता उन्हें आक्रामक असहिष्णुता की अभिव्यक्ति जान पड़ती है।" (वही, पृ. 74)

इसी तरह पंडित जी तथाकथित निम्न जातियों डोम, धोबी, कलवार, अहीर, कुम्हार, दूसर, कोल, धरिकार, कुनबी, भर और पासी सभी को ब्राह्मण और क्षत्रिय सिद्ध करते चलते हैं। और इसी क्रम में वे बुद्ध, जैन, ईसाई और मुसलमान को भी रखते हैं। जैनियों के लिए पंडित जी कहते हैं, "बड़े भारी ब्राह्मण हैं। 'अहैन्नित्यपि जैनशासन रता' जैन इनका नाम तब से पड़ा जब से राजा अलर्क की सभा में इन्हें कोई जै न कर सका।" (वही, पृ. 543)

और बौद्ध हुए बुद्धिवाले ब्राह्मण। मुसलमानों और क्रिस्तानों के बारे में पंडित जी का मत है—मियाँ तो चारों वर्णों में हैं। बाल्मीकि रामायण में लिखा है—जो वर्ण रामायण पढ़े मियाँ हो जाए।

पठन् द्विजो वाग ऋषभत्वमीयात्।
ख्यात् क्षत्रियों भूमिपतित्वमीयात्॥

अल्लहोपनिषत् में इनकी बड़ी महिमा लिखी। द्वारका में दो भाँति के ब्राह्मण थे जिनको बलदेव जी(मुशली) मानते थे। उनका नाम मुशलिमान्य हुआ और जिन्हें श्रीकृष्ण मानते थे उनका नाम कृष्णमान्य हुआ। अब इन दोनों का अपभ्रंश मुसलमान और क्रिस्तान हो गया।" (वही, पृ. 542)

यहाँ उल्लेखनीय तथ्य यह है कि भारतेन्दु इस बात पर व्यंग्य कर रहे हैं कि ब्राह्मण दक्षिणा लेकर निम्न जातियों को उच्च बनाए दे रहा है। जातियों का श्रेणी बदलने पर कितनी ही जातियों का 'उद्धार' कर देते हैं। अपनी जिज्ञासा को आगे बढ़ाते हुए क्षत्रिय

पूछता है—"और धोबी—'धोई कवि' : क्षमापति? पंडित—ये शीतल के रज से हुए हैं इससे इनका नाम रजक पड़ा।

क्षत्रिय—और कलवार?

पंडित—क्षत्री हैं, शूद्र शब्द कुलवर है, भट्टी कवि इसी जाति में था।

क्ष. : और महाराज जी कुहार?

पं. : ब्राह्मण, घटखर्प्पर कवि था।

क्ष. : और हाँ, हाँ वैश्य?

पं. : क्षत्रियानी-रामजनी, और कुछ बनियानी अर्थात् वैश्य।

क्ष. : अहीर?

पं. : वैश्य-नन्दादिकों के बालकों का द्विजाति संस्कार होता था। 'कुरू द्विजाति संस्कार स्वस्ति-वाचनापूर्वक' भागवत में लिखा है।

क्ष. : भुइंहार?

पं. : ब्राह्मण?

क्ष. : दूसर?

पं. : ब्राह्मण, भृगुवंश के ज्वालाप्रसाद पंडित शास्त्रार्थ पढ़ लीजिए।

क्ष. : जाठ?

पं. : जाठर क्षत्रिय?

क्ष. : और कोल?

पं. : कोल ब्राह्मण?

क्ष. : धरिकार?

पं. : क्षत्रिय शूद्र शब्द धर्यकार है।

क्ष. : और कुनबी और भर और पासी?

पं. : तीनों ब्राह्मण वंश में हैं, भरद्धाज से भर, कन्व से कुनबी, पराशर से पासी।" (वही, पृ. 543)

ऐसा नहीं है कि केवल निम्न जातियों को उच्च जातियों में बदला जा सकता है, दक्षिणा मिले तो इसका विपरीत भी घटित हो सकता है। बस केवल दक्षिणा देते चलिए।

"पं. : औ\-ऊँच-नीच क्या, सब ब्रह्म है, आप दक्षिणा दिए चलिए सब कुछ होता चलेगा।

क्ष. : दक्षिणा मैं दूँगा, आप इस विषय में भी कुछ परीक्षा दीजिए।

पं. : पूछिए मैं अवश्य कहूँगा।

क्ष. : कहिए अगरवाले और खत्री।

पं. : दोनों बढ़ई हैं, जो बढ़िया अगर चन्दन का काम बनाते थे उनकी संज्ञा अगरवाले हुई और जो खाट बीनते थे वे खत्री हुए वा खेत अगोरनेवाले खत्री कहलाए।

क्ष. : और महाराज नागर गुजराती।

पं. : सपेरे और तेली, नाग पकड़ने से नागर और गुल जलाने से गुजराती।

क्ष. : और महाराज भुंइहार और माटिये और रोड़े।

पं. : तीनों शूद्र भूजा से भुंइहार, मट्टी रखनेवाले मटिये, रोड़ज्ञ ढोनेवाले रोड़े।

क्ष. : हाथ जोड़कर, महाराज आप धन्य हो लक्ष्मी वा सरस्वती जो चाहें सो करैं चलिए दक्षिणा लीजिए।

पं. : चलौ इस सब का फल तो यही था।" (वही, पृ. 543)

यह कहना कि बौद्ध धर्म के बाद भारतवर्ष में कभी अपनी जाति या दूसरी कुरीतियों से लड़ने का प्रयास ही नहीं किया गया, अतिवादी हो जाएगा। यह भक्तिकाल के उस दीर्घ और सश्रम प्रयास को नकारना होगा जो भारतीय सामाजिक व्यवस्था में नवजागरण की तरह घटित होता है। इस भक्तिकाल की अवधि विस्मृत हो जाने पर इसका महत्त्व घट जाता है। साहित्य के इतिहास में भक्तिकाल सवा तीन सौ वर्षों तक अपनी सजग और जीवंत उपस्थिति बनाए रखने में सक्षम रहा। इससे जाति व्यवस्था समाप्त न हुई किन्तु आध्यात्मिक और मानवतावादी दोनों ही प्रकार के मनुष्यों ने इसे अनुचित ठहराया। यह घालमेल-सी स्थिति आज तक चली आती है कि जाति व्यवस्था समाप्त नहीं हुई है, बस यह स्वीकार कर लिया गया है कि जाति के आधार पर कोई ऊँचा या नीचा नहीं होगा। "मध्ययुग के भक्ति आन्दोलन में जाति में निहित असमानता की धारणा के साथ-साथ मोक्ष-प्राप्ति के पारम्परिक मार्गों की बौद्धिकता के भी विरुद्ध विद्रोह समाविष्ट है। इस भाँति उत्तर भारत के मध्ययुगीन संत रामानंद ने असमानता और खान-पान में जातिगत भेदाभेद की धारणा पर प्रहार किया है। हिन्दुओं और समाज पर वैष्णव धर्म के प्रभाव के विषय में एस्टलिन कारपेंटर ने लिखा है : "उसका उद्देश्य था धर्म को ब्राह्मण कर्मकांड की सुरक्षित क्रियाओं से निकालना और उसकी आशाओं और विशेषाधिकारों के द्वार हर पद और जाति के, हर नस्ल और धर्म के स्त्री-पुरुषों के लिए उन्मुक्त कर देना। उसे किसी पुरोहित की आवश्यकता न थी, क्योंकि प्रेम की पूजा के लिए कोई पुरोहिती अनुमति नहीं चाहिए और ईश्वर की कृपा किसी मनुष्य के वश में नहीं।" (वही, पृ. 75) (कारपेंटर का उद्धरण—मध्ययुगीन भारत में ईश्वरवाद, जे. ई. कारपेंटर, लन्दन, 1926, पृ. 448)

धर्म और जाति की कट्टरता की यह तीखी चुभन इससे कम हो जाती है कि सभी जातियों को ब्राह्मणों का भी उपहास करने का अधिकार था। ब्राह्मण की 'मनमानियों' पर टिप्पणी करने का अधिकार था। यह अधिकार कि ब्राह्मणों के दक्षिणा लोभ पर टिप्पणी की जा सके, उन्हीं परिस्थितियों में मिल सकता है जब समाज में एक आन्तरिक 'स्पेस' हो। यह आन्तरिक स्थल इसलिए भी बनता था/है क्योंकि सभी जातियाँ इस मन को सहमति देती थीं।

कविवचनसुधा, 11 दिसम्बर, 1876 में प्रकाशित ज्ञातिविवेकिनी सभा प्रहसन भी इसी प्रवृत्ति को उद्घाटित करता है। ज्ञातिविवेकिनी सभा में पंडित विपिनराम शास्त्री गड़रियों पर ध्यान देते हैं। सदा सत्कर्म में लीन गड़रिये यदि पंडित विपिनराम शास्त्री के होते हुए उच्च वर्ण में दाख़िल न हो पाए तो धिक्कार है पंडित जी को। क्योंकि ये बेचारे पंडित जी को प्रत्येक वर्ष दस-बीस भेड़ा-बकरा, सीधा, पैसा और आसन आदि भेंट चढ़ाते हैं। पंडित जी को इन भक्तिमय और ब्राह्मणमय यजमानों से बड़ी ममता है। पंडित जी का विश्वास है कि "आज की हमारी कल की तुम्हारी। अभी चार दिनों पहले ही उन्होंने निवासी राम कायस्थ की गढ़ंत पर लम्बा-चौड़ा विवरण प्रस्तुत कर दस्तख़त किया है। दस्तख़त अकेले पंडित जी ने नहीं किया, सभा में उपस्थित सभी पंडितों ने

किया है, कोई बाक़ी नहीं है जिसने पंडित विपिनराम शास्त्री के बोलों का मान न रखा हो। विपिनराम शास्त्री पंडित हैं उनका कहा मानना होगा "रह गई पांडित्य सो आजकल कौन पूछता गिनती में नाम अधिक होने चाहिए।

"मैंने कलिपुराण का आकाश खंड और निघंट पुराण का पातालखंड देखा तो मुझे अत्यन्त खेद भया कि यह हमारे यजमान खासे अच्छे क्षत्री अब कालवशात् शूद्र कहलाते हैं। अब देखिए इनके नामार्थ ही से क्षत्रियत्व पाया जाता है। गढ़ारि गढ़ जो क़िला है उसके अरि, तोड़नेवाले, यह काम सिवाय क्षत्री के दूसरे का नहीं है। यदि इसे गूढ़ारि का अपभ्रंश समझें तो यह यह शब्द भी क्षत्रियत्व का सूचक है।

"गूढ़ मत्स्य का नाम है तिनका अरि अर्थ ले तो यह भी ठीक है क्योंकि जल स्थल सबका आखेट करना क्षत्रियों का काम है। सब अर्थ अनुमान मात्र है, मुख्य इनका नाम गरुड़ाई अर्थात् के वंशी वा गरुड़ के भाई जो अरुण हैं उनके वंश में उत्पन्न। इसी से जो पंडित लोग इनका नाम गरलारि अनुमान करते हैं सो भी ठीक क्योंकि गरलारि जो मरकत अथवा गरुड़ मणि है सो गरुड़ जी की कृपा से पूर्वकाल में इनके यहाँ बहुत थे और इनको सर्प नहीं काटता था और ये सर्पविष निवारण में बड़े कुशल थे इसी से गरुड़ार्य कहलाते थे, अब गड़रिया कहलाने लगे हैं। " (वही, पृ. 546-47)

भारतेन्दु हरिश्चन्द्र की भाषा की विशेषता उसकी विषयानुकूलता है। विशेषकर व्यंग्य में उनकी भाषा की छटा देखते ही बनती है। पंडित जी आकाश खंड के दृष्टान्त से गड़रिया जाति का प्रशस्ति गान करते हैं। उनके पुरखों का वर्ण क्षत्री होने के कारण स्वाभाविकत: उन क्षत्री गड़रियों को समर क्षेत्र में जाना पड़ता है। युद्ध संचालन के समय इन्हें व्यूह रचना करनी पड़ती थी और साथ ही अपने योद्धाओं को सदैव सचेत रखने के लिए ललकारना पड़ता था। उन्हें सावधान करने के लिए वे कहते थे—"मत्तोहि-मत्तोहि दृढ़ं-दृढ़ं। अर्थात् मतवाले हो गए हो सँभलो चौकस रहो सो इस वाक्य के अपभ्रंश का लेश अब भी इन लोगों में पाया जाता है। देखो जब ये भेड़ी और बकरियों को डाँटने लगते हैं तो 'द्रहि-द्रहि मतवाही-मतवाही' कहने लगते हैं तो इनके क्षत्री होने में भला कौन सन्देह कर सकता है। क्षत्री का परम धर्म वीरता, शूरता, निर्भयता और प्रजापालन है सो इनमें सहज ही प्राप्त है। सावन-भादों की अँधेरी रात में जंगलों के बीच सिंह के समान गरजते हैं और अपनी प्रजा भेड़ी-बकरी को बड़े भारी शत्रु वृक से बचाते हैं। शिकारी ऐसे होते हैं कि शशप्रभृति बन जन्तुओं को दंडों से पीट लेते हैं। बड़े-बड़े वेगवान आदेशकार—"वान इनकी सेवा करते और इनकी छाग मेषमय सेना की रक्षा में उद्यत रहते हैं। और दुख-सुख की सहनशीलता इन्हीं के बाँटे पड़ी हैं। जेठ की धूप और सावन-भादों की वर्षा और पूस-माघ की तुषार के दुख को सहकर न खेदित होना इन्हीं का काम है।" (वही, पृ. 546)

गड़रियों के पुरखों की इतनी वीरता, पशु विह्वलता, सहनशीलता और ओज आज तक लोगों की दृष्टि में नहीं पड़े। किसी और की क्या कही जाए स्वयं पंडित विपिनराम शास्त्री की दृष्टि चूक गई। इस चूक के कारण बड़े सटीक हैं। अब तक किसी गडरिये की इच्छा नहीं हुई थी कि वह उच्च जाति में गिना जाए, अब आज जिस यजमान की ऐसी इच्छा जागृत हुई है उसने विपिनराम शास्त्री को दक्षिणा दी है जिससे उनका पांडित्य जाग उठा है। जगे हुए पांडित्य के वशीभूत होकर उन्होंने आज ही ज्ञाति जाति विवेकिनी सभा बुलवाई है, ताकि सभी पंडितों के पांडित्य जागरण की व्यवस्था हो सके। शास्त्री जी की

गड़रियों के क्षत्रियत्व के बारे में नई खोज से वे सभी अवगत हो सकें—"पूर्वकाल में बाणों से विद्ध होने पर रण में पीछे का पाँव नहीं देते थे। ऐसे ही जब इनके पाँव में भँदई कुश का डाभा तीव्र चुभ जाता है तो ये उस असह्य व्यथा को सहकर आगे ही बढ़ते हैं। और धरती को सुधारने में तो इनकी प्रत्यक्ष महिमा है कि जिस खेत में दो-तीन रात ये गरुड़वंशी नृपति छागमयी सेना को लेकर निवास करते हैं उस खेत के किसान को ऋद्धि-सिद्धि से पूर्ण कर देते हैं। फिर वह भूमि सबल और विकार रहित हो जाती है और मोटे नाजों की कौन कहे उसमें गोधूम और इक्षुदंड अपरिमित उत्पन्न होता है तो इनसे बढ़कर भूमिपाल और प्रजारक्षक कौन होगा। और यज्ञ करना क्षत्रियों का मुख्य धर्म है सो इनमें इन्हें भलीभाँति पाया जाता है। शरत्कालीन और चैत मासिक नवरात्र में अच्छे हृष्ट-पुष्ट छाग मेषों के बलि प्रदान से भद्रकाली और योगिनीगण को तृप्त करते हैं। और जब इनके यहाँ लोमकर्तनोत्सव होता है तो उस समय सब भाई-बिरादर इकट्ठे होकर खान-पान के साथ परम आनन्द मनाते हैं। व्यवहारकुशल ऐसे होते हैं कि इनकी सेना की कोई वस्तु व्यर्थ नहीं जाती। यहाँ तक कि मल, मूत्र, मांस, चाम, लोम उचित मूल्य से सब बिकता है। और बैरीहंता ऐसे हैं कि सबसे बड़े भारी शत्रु को पहले ही इन्होंने मार डाला है। जैसे कहावत प्रसिद्ध है कि गड़रिया अपनी रिस को मन ही में मार डालता है यदि ऐसा न करते तो इनकी प्रजा की ऐसी वृद्धि काहे को होती। ये ऐसे नीतिज्ञ होते हैं कि मेष छाग की शक्ति के अनुसार हल्की लकड़ी से उनकी ताड़ना करते हैं।" (वही, पृ. 546-47)

अहा! दक्षिणा ने पंडित जी की स्मृति को कैसी धार दी है और वाणी कैसी वेगवान हो उठी है। गड़रियों का चिर संचित पुण्यफल आज पंडित विपिनराम शास्त्री की वाणी में मुखर हो उठा है—"वृक्ष और नदी से बढ़कर परोपकारी साधु कोई नहीं होता सो वहीं इनका रात-दिन निवास रहता है इसलिए ये गरुड़ाय सदैव सज्जनों की संगति में रहते हैं। मनोरंजन तंत्र में लिखा है कि पूर्व काल में यज्ञार्थ संचित पशुओं को राक्षस लोग उठा ले जाते थे तब उनकी रक्षा का संभार ऋषियों ने इन गरुड़वंशी क्षत्रियों को सौंपा तो इन्होंने राक्षसों को जीतकर यज्ञ पशुओं की रक्षा की। तभी से छागमेष की रक्षा इनके कुल में चली आती है।" मैं अति प्रसन्न हुआ कि आप सबने सम्मति से एकता करके मेरी बात रख ली और तंत्र के इन प्रामाणिक वचनों को सच्चा किया।

मेषचारणसंसक्ताः छागपालनतत्पराः।
बभूवुःक्षत्रियादेवि स्वाचारप्रतिर्जनात्॥
कलौपंचसहस्राब्दे किंचिदगतैसति।
क्षत्रियत्वंगमिष्यन्ति बाक्ष्मणानांव्यवस्थया॥

(तदनंतर गरुड़वंशियों के सन्मुख आकर)

"हे गरुड़वंशियो आज इस सभा के ब्राह्मणों ने तुम्हारे पुनः अपने क्षत्रिय के ग्रहण और धारण करने की अभिलाषा को पूर्ण किया। अब सब दक्षिणा लाओ हम सब पंडित जन आपस में बाँट लें और तुम्हारे क्षत्री बनने के कागद पर दस्तख़त कर दें।" (वही, पृ. 546)

है किसी में साहस कि दक्षिणा वेग के कारण दुरत भाव से चलती शास्त्री जी की जिह्वा को विराम दें? पंडित जी को आज मिली दक्षिणा ने पिछली कमियों की भरपाई

कर दी है। यहाँ इस पर ध्यान दिया जाना चाहिए कि क्या गड़रिया समाज के पास इससे पहले दक्षिणा देने के लिए द्रव्य उपलब्ध नहीं था? वास्तव में दक्षिणा तो पंडित समाज का अधिकार था, जिसे वे प्रत्येक अनुष्ठान के बाद यजमान की—श्रद्धा और सामर्थ्यानुसार ग्रहण करते थे। यह ब्राह्मणों किन्तु सभी ब्राह्मणों की नहीं, पुरोहितों की आजीविका थी। असल में इससे पहले निम्न जातियों में उच्च जातिमंडल में सम्मिलित होने की आकांक्षा नहीं जागी थी। इस आकांक्षा ने अपने पेशे में सफल और आर्थिक रूप से सम्पन्न जातियों को पुन: उसी ब्राह्मण समाज की ओर धकेला जिसने उन्हें समान मनुष्य पद से वंचित कर रखा था। जाति का यह दुश्चक्र ब्राह्मण समाज के लिए पहले जितना फलकारी अब भी उतना ही लाभदायक है। उनके पास अध्ययन-अध्यापन का जो पावन दायित्व था उसे संकुचित कर उसने समाज का बहता नीर बाँधकर सड़ा दिया। पहले जिस वाग्जाल से उसने जातियों को नीचा घोषित किया था अब उसी वाग्जाल से उन्हें ऊँचा घोषित कर रहा है, किन्तु यह वाग्जाल ही तो पंडित की सम्पत्ति है। संस्कृत का ज्ञान उसे है गड़रिये या किसी अन्य को नहीं। संस्कृत सत्ता की भाषा थी। ज्ञान सत्ता की भाषा में और प्रभुत्वशाली बन जाता है। अपनी तत्कालीन राजनैतिक परिस्थिति में पंडित विपिनराम शास्त्री सत्ता की भाषा अंग्रेज़ी नहीं जानते, इस अर्थ में वे कलहु की ही तरह वंचित हैं किन्तु राजनैतिक सत्ता की पहुँच के बाहर सामाजिक सत्ता में धर्म की सत्ता सबसे बड़ी है और उसकी भाषा संस्कृत है जो केवल शास्त्रियों को आती है। कलहु दोनों ओर से वंचित है। उसे न ज्ञान सत्ता की भाषा आती है न वह राजसत्ता की ही भाषा जानता है। दोनों सत्ताओं ने ऐसा प्रबन्ध कर रखा है कि कलहु इन्हें सीख न पाए। इस बिन्दु पर दोनों सत्ताओं—राजसत्ता और ज्ञानसत्ता की मिलीभगत है। समाज का विकास कार्य कलहु जैसे सभी वर्णों के श्रम से होता है, इस श्रम का फल उठाते समय दूसरे लोग आ जाते हैं। कलहु लोक सत्ता में आता है। लोक सत्ता कोई निष्क्रिय पदार्थ नहीं फिर भी वह ज्ञान और राज सत्ता के प्रभुत्व तले जीती है। शास्त्रों की सफलता तभी सुनिश्चित होती है जब वे लोकमानस जीत लेते हैं। प्रजातंत्र में भी धार्मिक पुस्तकों की तरह अन्य किसी भी पुस्तक का पूज्य न होना इसी बात का प्रमाण है। संविधान की पुस्तक भी किसी धार्मिक पुस्तक-सी पूज्य नहीं हो पाई जबकि कम-से-कम सैद्धान्तिक रूप में वह भारत के सभी नागरिकों को समान अधिकार देती है और सबके विकास का वादा करती है। जिस समानता का वादा धर्म नहीं करता, संविधान कम-से-कम काग़ज़ों पर वह समता दर्शाता है जिससे मानवता के विकास की आशा बँधती है।

शास्त्रों को लोक ने सत्ता प्रदान की। वैध-अवैध दोनों ही प्रकार की सत्ताएँ। शास्त्र यह अच्छी तरह समझता है कि लोक-स्वीकृति के बिना उसकी सत्ता और शक्ति का कोई अर्थ नहीं। अत: जाति प्रथा जैसी विकृति में भी वह लोक की सहमति प्राप्त करता है और स्त्री विरोध को भी वह लोक मानस का अभिन्न अंग बनाने के षड्यंत्र में सफल होता है। स्त्री और जाति-प्रश्न इतने उलझे हुए न होते अगर लोक ने शास्त्र को सम्मति न दी होती। ऐसे स्थानों पर लोक को अलग से सम्मान दिए जाने का कोई अर्थ नहीं, यह लोक न भोला है और न भला। यह भी उतना ही कपटी, नृशंस और अनैतिक है जितना वह शास्त्र जो ऐसी व्यवस्थाओं का आदेश देता है।

तो कलहु गड़रिया संस्कृत नहीं जानता किन्तु संस्कृत में अपनी महिमा सुनकर अति प्रसन्न भाव से विपिनराम को जो कहा गया उसके पक्के प्रबन्ध की आश्वस्ति चाहता है। कलहु से सीधे संवाद में शास्त्री जी की संस्कृत का कोई काम नहीं। संस्कृत की भूमिका ज्ञान सत्ता का आतंक जमाने तक थी वह पूरी हो गई। अत: दोनों ठेठ बनारसी भाषा पर उतर आते हैं। यहाँ लोक और शास्त्र मिलकर एक हो जाते हैं। दोनों की भाषा एक हो जाती है—

"कलहु—सब महरजवन से मोरी इहै बिनती हौ कि किछु कहा कराना हौ तवन पक्का पाढ़ा कर दिह:। हाँ महरज्जा जिहमा कोऊ दोषै न।

विपिनराम—दोखै का सारे?

कलहु—अरे इहै कि धरम सास्तरवा में होइ तौने एहिमा लिखिह:।

विपिनराम—अरे सरवा धरमसास्तरवा फास्तर का नाम मत लेइ ताइ तोप कै काम चलाउ सास्तर का परमान ढूँढ़ै सरऊ तौ तोहार कतहूँ पता न लागी। अरे फिर आज काल धरमसास्तर को पूछत को है।

कलहु—अरे महरज्जा पोथी-पुरान के अश्लोक-फश्लोक लिख दीहा इहै और का महरज्जा तोहार परजा।

विपिनराम—अरे सरवा परचा का नाँव मत लेइ। अस कहु कि हम क्षत्री हई।

कलहु—अच्छा महरज्जा हम क्षत्री हई। तोहरे सबके पायन परत हई।" (वही, पृ. 547)

पंडित जी से अधिक इस बात को कोई नहीं जानता कि कलहु ने यदि धर्म शास्त्र-वास्त्र का नाम लिया तो उसका पता भी नहीं चलेगा क्योंकि वह शास्त्र में है ही नहीं। अब शास्त्रों में उसका प्रवेश सम्भव भी नहीं है, कलहु यह भी नहीं जानता कि उसकी सामाजिक उपयोगिता और आवश्यकता का शास्त्रों में कोई उल्लेख नहीं। ऐसे स्थानों पर शास्त्रों से लोक ग़ायब है। कैसा अद्‌भुत खेल है!

कलहु की उपयोगिता केवल दक्षिणा देते रहने में है। इस प्रपंच को फैलानेवाले ब्राह्मणों जितना न सही किन्तु इसे मानकर और बढ़ावा देनेवाले लोक का भी लगभग समान दोष तो है। स्त्री और जाति को जैसा शास्त्रों में चित्रित किया गया, वास्तविक जीवन में वे उससे भिन्न थे। अगर इन दोनों श्रेणियों ने अपने आकाओं से शाबाशी पाने के लिए उनके ही निर्देशानुसार कार्य किया तो वह क्षम्य नहीं है। प्रभावी विचारधारा इसी प्रकार कार्य करती है। वह सर्वप्रथम उनके मस्तिष्क का अनुकूलन करती है जिन्हें वह शोषित करना चाहती है। यह लक्षित समुदाय उसकी वाहिनी के रूप में कार्य करता है। इस प्रकार एक स्त्री या जाति का मस्तिष्क उसकी अपनी अवस्थिति के अनुसार न सोचकर शोषक के निर्देशानुसार सोचता है और शेष समाज को उसी ओर उन्मुख और आवश्यकतानुसार बाध्य करता है। इस वांछित स्थिति की प्राप्ति के बाद शोषक समाज इस प्रकार के जुमले गढ़ता है, "स्त्रियाँ ही स्त्रियों की शत्रु होती है", "शूद्र ही शूद्र का दुश्मन है, छोटी जाति के लोग होते ही इस लायक़ हैं", फलां-फलां जात को भगवान ने ही बुद्धि नहीं दी, हम भारतीय मूर्ख और पिछड़े हुए है", आदि-आदि। प्रत्येक देश में शोषकों ने इसी नीति का पालन कर शोषण की असम्भव योजनाओं को सफल बनाया। सत्ता लोक की उपयोगिता पर विशेष ध्यान देती है। कलहु अब क्षत्रिय हो गए हैं। वे

बड़े प्रसन्न हैं। विपिनराम ने उनसे दक्षिणा वसूली है जो उनका अधिकार है अभी कलहु की एक और उपयोगिता का लाभ उठाना शेष है—

"विपिनराम—अच्छा चिरंजूचिरंजू सुखी रहा। अच्छा कलहु तुम दोऊ प्रानी एक विरहा गाइ कै सुनाइ दो तौ हम सब विदा होहिं।

कलहु—बहुत अच्छा महरज्जा (अपनी स्त्री से) आउरे पवरी धीहर।

(दोनों स्त्री-पुरुष मिलकर नाचते-गाते हैं)

आउ मोरी जानी सकल रसखानी।
धरि कंध बहियाँ नाचु मनमानी।
मैं भैलों छतरि तु घन छतरानी।
अब सब छुटि गैरे कुल कै रे कानी॥
घन घन बम्हना लै पोथिया पुरानी।
जिन दियो छतरी बनाई जगजानी॥"

(वही, पृ. 547)

इस प्रकार जातियों में विभाजित भारतीय समाज अपनी इस उठा-पटक में सानन्द जीवनयापन करता है। जाति व्यवस्था पर किसी को रोष नहीं है, यह तो ईश्वर के बनाए विधि-विधान हैं, इनसे द्वेष करके क्या होगा! यह अपने हाथ में तो है नहीं!

उन्नीसवीं सदी का भारतीय समाज, विशेषकर हिन्दी समाज जातियों में विभाजित पूर्णतः धर्माश्रित समाज है। किसी आलोचक ने आचार्य रामचन्द्र शुक्ल की इस बात के लिए आलोचना की थी कि उन्होंने मध्यकालीन कवियों के परिचय में उनकी जातियों का उल्लेख किया है। उन्नीसवीं सदी के उत्तरार्द्ध में जाति-प्रश्नों से जूझते हुए यह परिचय 'स्वाभाविक' मालूम होता है। जिस समाज में व्यक्ति की सबसे बड़ी अस्मिता और कहीं-कहीं उसकी एकमात्र अस्मिता जाति हो, जिस समाज में नाम से पहले जाति पूछी जाती हो, उसमें रचनाकार के नाम के साथ जाति-उल्लेख आपत्तिजनक कैसे हो सकता है? आज भी इस देश का व्यक्ति स्वयं से सम्बद्ध सूचनाओं में जाति का स्थान भरता है कि नहीं? उन्नीसवीं सदी के आख़िरी दशक और बीसवीं सदी के प्रथमार्द्ध में सबसे गुणात्मक परिवर्तन राष्ट्रीय आन्दोलन है जाति उन्मूलन कार्यक्रम नहीं। जाति व्यवस्था की शक्ति को देखते हुए उसके विकार को दूर करने का प्रयास है जाति समाप्ति की कोई सोच नहीं है।

यह स्वीकार करने में कोई संकोच नहीं होना चाहिए कि विभिन्न जातियों ने अपने उत्थान का कार्यक्रम अपनी जाति को आधार बनाकर आरम्भ किया। इस ओर केवल तथाकथित उच्च जातियाँ ही नहीं बल्कि अन्य जातियाँ भी सक्रिय हुईं। इतिहासकार हितेन्द्र पटेल ने बिहार के सन्दर्भ में राघवेन्द्रलाल दास को उद्धृत करते हुए तथाकथित उच्च जातियों के साथ तथाकथित निम्न और मध्य जातियों के विकास के सम्बन्ध में लिखा है, "This coming up of the lower and intermediary castes is a significant development, as a new social equation emerged in Bihar in the late nineteenth century. Yadavs and Kurmis, the strongest of the intermediary castes of Bihar, although they controlled land at the village or local level, came in to prominence only in the late nineteenth and early twenties centuries." (communalism & the Intelligentsia in Bihar, 1870-1930, Hitendra Patel, Orient Black swan, Delhi, 2011, p. 30)

विभिन्न जातियों ने अपने सामाजिक उत्थान हेतु जाति के आधार पर संगठन बनाए, अख़बार पत्र-पत्रिकाएँ निकाले, सुधार कार्यक्रम चलाए। उन्नीसवीं सदी के उत्तरार्द्ध के अन्तिम तीन दशकों में इस कार्य में बड़ी तेज़ी आई और बीसवीं सदी के प्रथमार्द्ध में भी इनकी प्रगति अवरुद्ध नहीं हुई, "In the last three decades of the nineteenth century, different caste sabhns began to organize their members through various programmes under which large numbers of people started attending meetings and conference. The kayasthas started the trend of organizing caste association. Soon other castes followed slit. In 1889, the pradhan Bhumihar Brahman sabha was formed in Patna. It was followed by Surajpuri Brahman sabha (1905), Rajput Sabha (1906), Revani Kahar Sabha (1906), Marwari Youngman's Association (1909), Khatri Youngman's Association (1907), Dusadh Sabha (1911), Gope Jatiya Mahasabha (1912) and other organizations." (Ibid, p. 30)

इन जाति केन्द्रित संस्थाओं के बनने से पहले जाति केन्द्रित अनेक पत्रिकाएँ प्रकाशित हुईं। डॉ. मीरा रानी बल ने अपनी पुस्तक में ऐसी पत्रिकाओं की सूची दी है—"कायस्थ समाचार (1878), सच्चिदानंद सिंह, प्रयाग, क्षत्रिय पत्रिका (1881), बाबू रामदीन सिंह, बाँकीपुर, कायस्थ व्यवहार (1884), बाबूलाल जी, प्रयाग, कुलश्रेष्ठ समाचार (1884), मथुरा, कान्यकुब्ज प्रकाश (1884), पं. बलभद्र मिश्र, लखनऊ, खत्री हितकारी (1888), पं. रामनारायण मथुरा, आगरा, खत्री अधिकारी (1888), हर प्रसाद, मथुरा, कायस्थ पत्रिका (1889), मुंशी देवी प्रसाद, लखनऊ, कायस्थ उपदेश (1889), कायस्थ उपकारक (1889), नारायण प्रसाद, आगरा, श्री कान्यकुब्ज हितकारी (1889), पं. बाजीलाल शुक्ल, इलाहाबाद, जाट समाचार (1889), बाबू कन्हैयालाल सिंह, आगरा, अग्रवाल उपकारक (1889), लाला किशनलाल, आगरा, मिथिला नीतिप्रकाश (1889), मिर्जापुर, कायस्थ पंच (1890), प्रयाग, ब्राह्मण समाचार (1890), प्रतापनारायण मिश्र, मुज़फ़्फ़रनगर, कायस्थ हितैषी, कर्ण कायस्थ जाति, दरभंगा, क्षत्रिय हितोपदेश (1892), ठा. हरनाथ सिंह, आगरा, भट्ट भास्कर (1893), पं. गौरीशंकर भट्ट, पुरकानपुर, कायस्थ कॉन्फ्रेंस प्रकाश (1893), राय देवीप्रसाद पूर्ण, कानपुर, कायस्थ कौमुदी (1894), पं. गोकुलानंद, मुज़फ़्फ़रनगर, सनाढ्योपकारक (1894), पं. देवीप्रसाद दीक्षित, आगरा, माहेश्वरी (1894), बाबू हरशरण दास, हापुड़-अलीगढ़, वैश्य हितकारी (1895), मेरठ, वैश्य सुदशा प्रवर्तक (1895), ब्राह्मण समाचार (1895), इच्छाराम, हरदोई, चतुर्वेदी (1895), हीरालाल, आगरा, चतुर्वेदी पत्रिका (1896), पं. लुकमानीदास मिश्र, आगरा, गौड़ हितकारी (1896), श्री बलदेव प्रसाद, मुरादाबाद, भार्गव पत्रिका (1897), गौरीशंकर भार्गव, अजमेर, मारवाड़ी गजट (1898), बाबू राधाकृष्ण हिवड़ेवाल, कलकत्ता, कान्यकुब्ज हितकारी (1898), गौड़ ब्राह्मण मुखपत्र, राजपूत (1899), कुँवर हनुमंत सिंह राजवंशी, काशी, माथुर वैश्य सुखदायक (1899),

ज्वाला प्रसाद मथुरा, भूमिहार ब्राह्मण (1899), कामेश्वर नारायण सिंह, छपरा।" (राष्ट्रीय नवजागरण और हिन्दी पत्रकारिता, डॉ. मीरा रानी बल, वाणी प्रकाशन, नई दिल्ली, 1994, पृ. 146-47)

एक ओर पुरोहित महाशय दक्षिणा देकर जातियों का हेर-फेर कर रहे थे दूसरी ओर अनेक जाति आधारित संस्थाएं बनीं। जाति केन्द्रित पत्रिकाओं की तरह एक पत्रिका वर्ण केन्द्रित प्रकाशित हुई। 'द्विज पत्रिका' (1889) पाक्षिक पुस्तिका थी। जो 'ब्राह्मण, क्षत्रिय और वैश्य को सुधारने वाली' थी। इसके प्रकाशक खड्ग विलास प्रेस, बाँकीपुर के साहबप्रसाद सिंह थे। चूँकि 'द्विज' वर्ण में शूद्र नहीं आते अत: उनको छोड़कर शेष तीन वर्णों को जगाने हेतु यह पत्रिका प्रकाशित हुई। इसके सम्पादक दीनदयाल सिंह पत्रिका के मुख पृष्ठ पर यह आह्वान छापते थे—

अहो ब्राह्मन क्षत्रिय वैश्य कुलोत्तम आश्रम आपनी दूरि धरी।
कुल देव औ धर्म के प्रेम उमंग मौं एकता के रसरंग भरी॥
जुपै रीति औ नीतिन देखन चाहह मानह चोल हमारी ग्वरी।
अति विद्या विवेक भरी उमंगी द्विज पत्रिका पै अनुराग करो॥

(द्विज पत्रिका, खंड-1, पौष कृष्ण, 15/संख्या 23, पृ. 1)

इस पत्रिका ने 'ग्रामों के साथ हमारा कर्तव्य' नामक एक लेख छापा था जिसमें शहरों में वक्तृता देते फिरने वालों से गाँवों में जाकर देशोन्नति का कार्य करने के लिए कहा गया। परिवर्तित होते भारत का सन्देश ग्रामों तक न पहुँचा तो पूरा देश कैसे उन्नति कर सकेगा? "यहाँ अभी नवीन परिष्कृत रीतियों का समाचार भी बहुत ही स्वल्प पहुँचा है, वहाँ की ओर देशोद्धारकों का ध्यान ही नहीं है! वहाँ के लोगों को उपदेश करने कभी जाते भी हैं तो पादरी साहबों के पारिषद जिनका मुख्य उद्देश्य भारतीय धर्म एवं अस्तित्व को नष्ट कर देना है। क्या देश और शाति का मंगल चाहने वालों का इतना ही मात्र कर्तव्य है कि कपड़े बदल दिए और एक मोहल्ले से दूसरे मोहल्ले रेल पर बैठ के एक नगर से दूसरे नगर में चले गए और अंग्रेज़ों अथवा अरबी चिर्ताम उरदू में लेकचर दे-दे कर ताली पिटवा आए और घर आ बैठे? इस रीति से यदि कुछ प्रभाव होता भी है तो केवल उसी स्वल्प समुदाय पर जिसका आपकी बतलाई हुई बातों में पहले भी अविश्वास था पर इस प्रभाव की उस पर छाप भी देश पर प्रभाव पड़ना नहीं कर सकती क्योंकि कितनों को आप सुधारने का यत्न करते हैं अथवा कुछ सुधार भी दिया है इतना तो देश का चतुर्थांश भी नहीं है।" (वही, पृ. 3)

द्विज पत्रिका में भी भारतेन्दु की रचनाओं का बहुतायत में पुनर्प्रकाशन दिखाई पड़ता है। इसमें सूचनापरक, विशेषकर इतिहास सम्बन्धी, आलेख अधिक छपते थे जैसे 'बंग का भूगोल और इतिहास'। यह लेख क्रमश: कई अंकों में छपा। इसमें उन्होंने 'बेंगॉल प्रेसिडेंसी' के विस्तार और विभाग के अन्तर्गत आने वाले पूरे बंगाल, बिहार, उड़ीसा और छोटानागपुर आदि का भूगोल भी बताया। बंगाल के महत्त्वपूर्ण माने जाने वाले 'राढ़ बांग्ला' और 'गौड़ बांग्ला' का भी परिचय दिया, "बंगाल के पश्चिम विभाग का प्रधान नगर वर्द्धमान है, इससे इस विभाग को बर्दवान का विभाग कहते हैं। बहुत पूर्वकाल के हिन्दू लोग इसे राढ़ देश कहते थे। इसकी पूर्व सीमा भागीरथी वा हुगली नदी है। इस विभाग में पाँच ज़िले हैं जिनमें एक ज़िला हुगली कहलाता है। पश्चिम बंगाल की प्राचीन

राजधानी सप्तग्राम के खँडहर इसी ज़िले के अन्तर्गत हुगली नामक नगर के पास है।" (वही, खंड 2, जेष्ठ शुक्ल, आषाढ़ कृष्ण 15 / संख्या 8-9, पृ. 19-20)

इस लेख में अत्यन्त रोचक टिप्पणियाँ और व्याख्याएँ मिलती हैं। जाति के सम्बन्ध में ऐसी ही एक टिप्पणी द्रष्टव्य है, "जितनी जाति बंगाल में हैं उतनी हिन्दोस्थान भर में कहीं नहीं हैं।" (वही, पृ. 11)

तत्पश्चात् उन जातियों के नाम भी गिनवाए गए हैं। हिन्दू, मुसलमान, धर्मांतरित मुसलमान सभी का उल्लेख है—"यहाँ के निवासी अधिकत: आर्यवंशीय हैं पर निम्न श्रेणी के लोगों में प्राचीन असभ्य जातिवाले भी मिले-जुले हैं बंगाल में ब्राह्मणों के नीचे कायस्थ सर्वप्रधान जाति है। इसकी संख्या भी सबसे अधिक है और दक्षिण-पूर्व में मुसलमान बहुत रहते हैं। इनमें बहुत लोग उन अफ़ग़ानों के वंश के हैं जिन्होने बंग देश को विजय किया था। मुग़ल बहुत थोड़े हैं और उत्तर और हिन्दू आराकानी तथा प्राचीन असभ्य जाति के बहुत से लोग हैं जो अपना धर्म छोड़-छोड़ मुसलमान हो गए हैं।

"निम्न श्रेणी के अधिवासी अधिकत: असभ्य जाति के लोग हैं पर यह लोग आसाम, पूर्वी बंगाल, छोटा नागपुर, उड़ीसा, पूर्वबिहार आदि सभी पर्वतीय देशों में बसते हैं इनके तीन प्रधान भेद हैं—लौहितिक, कौलरियान तथा द्राविड़ियान। आसाम और सिक्किम में आदिम जाति के लोग बहुत हैं यथा—मिसमी, दुफला, गारो, नागा, काछरी, जैंतीय, सुमाई, बूकी-लैपचा जाति। यह सब लौहितिक जाति के भेद हैं, होतपोर सौंताल इत्यादि कोलरियान जाति में से हैं तथा उड़ीसा के खंद राजमहल के पहड़िया आदि द्राविड़ियन जाति के अन्तर्गत है। बंगाल के निवासियों में साढ़े 31 कोटि हिन्दू, 21 कोटि मुसलमान और 14 कोटि जंगली लोग हैं।" (वही, पृ. 11)

यह पत्र पूर्णत: जाति भावना से भरा हुआ पत्र था तथापि इसमें सभी जातियों के सम्मान की सलाह दी गई—"झूठी कठोर गर्वपूर्ण और लज्जा, घृणा तथा अमंगल प्रकाश करनेवाली बातें कभी किसी के प्रति न निकालनी चाहिए। यहाँ तक कि जो लोग जाति और पद आदि में नीच हैं उनसे भी तिरस्कार सूचनार्थ भी सज्जनता ही के साथ बोलना योग्य है विशेषत: जो अवस्था, प्रतिष्ठा, विद्या, अनुभवशीलता, जाति अथच पदवी में अपने से श्रेष्ठ हो। उनके सन्मुख बहुत सँभाल के बातचीत करना चाहिए। नम्रता, स्नेह और आदर से भरी हुई बातें मधुर और गम्भीर स्वर से मुख पर लानी चाहिए। यदि उनका कोई वाक्य अपने विचार के विरुद्ध हो तौ भी हठ न करके उनकी श्रेष्ठता रखे हुए जिज्ञासु की भाँति अपना अभिमत प्रकट करना योग्य है। वे रोष प्रकाश करें तब भी शिष्टता से ही उत्तर देना चाहिए।" (वही, पृ. 10)

संस्कृतीकरण की क्रिया-प्रतिक्रिया के अन्तर्गत सभी जातियाँ अपने-अपने उत्थान के प्रयास हेतु उपलब्ध उपकरण अपना रही थीं। कुछ निम्न जातियाँ स्वयं को सूर्यवंशी-चन्द्रवंशी प्रमाणित करने में लगी थीं तो पहले से ही इन्हीं कुत्तों से सम्बन्ध रखने का दावा करने वाली जातियाँ भी अपनी दुर्दशा पर चिन्तित थीं। छापाख़ाने के प्रसार ने इस ओर सुधार कार्यक्रम चलाए जाने और चिन्तन को सुगम बना दिया था। उन्नीसवीं सदी से ही लगभग प्रत्येक जाति-उपजाति की पत्रिकाओं का जो निकलना आरम्भ हुआ वह आज भी थमा नहीं है। इस परिप्रेक्ष्य में 'क्षत्रिय' पत्रिका (1881) का उल्लेख अवश्य किया जाना चाहिए। यह पत्रिका 'प्रसंगानुसार' समुचित विषय, प्राचीन वा नूतन ग्रंथ, अनुवाद

और नीति आदि से संभूषित होकर प्रति मास प्रकाशित होती थी।' (खंड 1, आषाढ़ शुक्ला दशमी, संख्या 1,2 खड्गविलास छापाख़ाना, पटना (बाँकीपुर) 1882, पृ. 1)

इसी पत्रिका के अंक 3,4, खंड 2, श्रावण, शुक्ला दशमी, संवत् 1939, मुखपृष्ठ, पृ. 17 पर क्षत्रियों को ललकारते हुए उनकी उन्नति हेतु क्षत्रिय पत्रिका के प्रकाशन हेतु का लक्ष्य कवित्त छपा—

विकसित 'क्षत्रिय पत्रिका' भारत सरवर मांह॥
करहिं कृपा या पर सदा जौ क्षत्रिय नरनाह॥1॥
तौ यह थोरहिं दिवस में, सके सकल दुख गेटि।
करै एकता प्रबल पुनि, सब क्षत्रिन समेटि॥2॥
अब पढ़ि पढ़ि यह पत्रिका, करिकरि हिय उत्साह।
बाढ़ो क्षत्री गण बहुरि, निरखि उन्नी राह॥3॥

इसी अंक में अगला लेख गोरखपुर के लाल खड्ग बहादुर मल्ल (पृ. 21-22) का गोवध प्रश्न और हिन्दी भाषा के प्रसार की चिन्ता से जुड़ा था। 'देश हितैषी महाशयों से विशेष निवेदन' करते हुए गोवध समस्या के उल्लेख के पश्चात् मल्ल जी हिन्दी के प्रसार और उसकी राह की बाधाओं और उनसे दूर होने की चर्चा करते हैं, "इनमें एक तो गोवध निवारण है (जो कुछ कठिन है) और इसमें अधिक परिश्रम और बहुत सी बातों की आवश्यकता पड़ेगी। और दूसरा विषय हिन्दी भाषा और अक्षर का प्रचार है (जो उसकी अपेक्षा सहज है)। प्रथम विषय की कठिनता का कारण यह है कि यद्यपि मुझे पूर्ण विश्वास है कि हमारे उचित निवेदन पर गवर्नमेंट अवश्य ही सहायक होगी, पर बहुधा यवन (जिनकी क्रूर प्रकृति सबहीं जानते हैं। अधिक छेड़छाड़ करेंगे, और हमें सभ्यतापूर्वक उत्तर देना पड़ेगा (जिसके लिए हमें बहुत कुछ सामग्री इकट्ठी रखनी चाहिए)। और गवर्नमेंट भी उन अन्यायियों की अपेक्षा इनकी सम्मति को योग्य समझेगी जैसे परम हितैषी मिस्टर सैयद महमूद साहब ने इस विषय में वक्तृता की है (जो आर्य दर्पण द्वारा मुझे ज्ञात है) और चौथे अब हम भावों के भाग्य का सूर्य उदय होता दीखता है, क्योंकि दिन-दिन देश हितैषियों की संख्या बढ़ती जाती है।" (वही, पृ. 21)

इसी अंक में 'हरिश्चन्द्र' के नाम से क्षत्रियों को जगाने के लिए आह्वान करने वाला लम्बा आलेख दो किस्तों में छपा। ये भारतेन्दु हरिश्चन्द्र ही हैं जो वैश्य होते हुए भी क्षत्रियों को उनकी पुरानी गौरव परम्परा का स्मरण करवा रहे हैं, "अपने पुरुषार्थ को भी सोचिए कि अपनी आदि विद्या (धनुर्बाण वा संस्कृत) को क्या किया? अपनी अस्त्र-शस्त्र की चतुराई को कहाँ गँवाया? अपने व्यापार (राज्य या ज़मींदारी) को क्या किया? अपने बान्धव वर्ग को कहाँ स्थान दिया? अपनी जाति या धर्म को कहाँ गँवाया? कहिए क्षत्रियों के लिए कोई पाठशाला (क्षत्रिय पाठशाला) स्थापित हुई है? अपनी विद्या की कोई पुस्तक लिखी गई है? इन सब बातों को आप ही लोग सोचिए कि मैं कहाँ तक झूठ वा सच कहता हूँ हाय! यह वही क्षत्री हैं जिनके वंश में एक से एक धीर-वीर पुरुष हो गए हैं, जिनका यश सारा संसार गा रहा है। उसमें हम लोग ऐसे हो गए कि अब लोग मूर्ख, बलहीन, उजड्ड आदि नामों से पुकारें। सबसे बढ़कर आश्चर्य तो

यह है कि आज तक क्षत्रियों में एक से एक राजे-महाराजे वर्तमान हैं जिनसे सब कुछ हो सकता है। लेकिन इस पर ध्यान देना ही दुर्वट है। जहाँ पर गुणी लोग वा मंत्री लोग अच्छे हैं बेशक वहाँ पर सब कुछ हो रहा है क्योंकि उनको ध्यान ही कौन इन विषयों पर दिला सकता है।" (वही, पृ. 27)

अपनी चिर-परिचित शैली में हरिश्चन्द्र अन्य प्रान्तों तथा जातियों का उदाहरण देकर क्षत्रियों को ललकारते हैं, "कहिए संसार के दुख से बचाने वाले क्षत्री भी कभी जागेंगे और अपने स्वरूप को पहचानेंगे वा ऐसे ही घोर निद्रा के बस सदा सोते रहेंगे। हाय! हाय! बड़ी लज्जा की बात है कि श्रीमन्महाराजाधिराज कुमार लाल खड्ग बहादुर मल्ल की पत्नी को पढ़ के भी आप लोग तनिक ध्यान न दिए इससे अधिक दुख की बात क्या होगी। क्या देखते नहीं हैं कि बंगाली पांचाली बम्बई वासी, मद्रासी, सब लोग अपने उन्नति पथ पर अगुआ हो गए और होते जाते हैं। इधर आप अपने ही सहवासी शूद्रों (कायस्थ जो अब क्षत्री कहलाने लगे हैं) को देखिए कि कहाँ तक उन्नति कर गए। जिस राज्य दरबार में देखिए जुत्थ के जुत्थ यही नज़र आते हैं कहिए कहीं क्षत्री भी देखे जाते हैं? उन्नति दिन पर दिन इनकी होती रहती है। पहले तो शूद्र से रुपया ख़र्च कर क्षत्री कहलाए तब वो तलवार धरें, बान धरें बहादुरी उपाधि भी मिलने लगी। और सब कोई बहादुर कहने लगे और क्यों न कहें? जब गवर्नमेंट में बहादुरी इन्हीं कायस्थ, कलाल, कलवार, बनिये को मिलती है, तो आप लोग इनसे ख़ार खाते हैं। पर यह नहीं सोचते कि इनकी बहादुरी सरकार ही देती है। आपको क्यों न दे तो आप यही कहेंगे। अब कलियुग आ गया, यही कायस्थ-कलवार आदि बड़े बनेंगे और हम लोग नीच गिने जाएँगे। देखिए, यह आप लोगों को केवल कल्पना मात्र है। अगर आप इस पर ध्यान देंगे तो यह निश्चय है कि अब से आप चढ़-बढ़ जाएँगे और सब कोई दब जाएँगे। परन्तु आप लोग तो इसी सुषुप्ति अवस्था में पड़े रहेंगे आपको कौन उठावेगा।" (वही, पृ. 25-26) वे बंगालियों, बम्बई निवासियों और कायस्थों का उदाहरण देकर उनके सोये पुरुषार्थ को जगाने का आह्वान करते हैं। वे ब्राह्मणों की श्रेष्ठता और उनसे क्षत्रियों की समकक्षता का स्मरण करवाते हुए उनके बीच होने वाले वैवाहिक सम्बन्धों का उल्लेख करते हैं। कहाँ ऐसी वीर लड़ाका जाति और कहाँ उसका ऐसा पतन। "मुसलमानों ने तुमको कई कारणों से परास्त किया परन्तु तुम्हारा लोहा माना। अंग्रेज़ों को भी तुम लोगों ने अपनी चमत्कारी दिखाई है, यहाँ तक कि उनकी यह बात निश्चित है कि इस भूमिखंड में क्षत्रियों को छोड़ और कोई लड़ाका नहीं। बड़े-बड़े भारतवर्षीय राजा तुम्हारी ही जाति के हुए हैं। इस समय में भी चतुर्थांस खंड इस पुण्यभूमि का तुम्हारे ही लोगों के अधीन हैं। नेपाल, जयपुर, उदयपुर, जोधपुर आदि तुम्हारे भाई-भ्राता हैं। देखो तुम्हारे पुरषा ऐसे थे और तुम्हारी जाति ऐसी थी परन्तु अब तुम अपना मुख दर्पण में देखो तब तुमको ज्ञात होगा कि क्या थे और क्या हुए। इस सन्देह में कि अब भी साहसी और रक्षक हो क्योंकि द्वारपालता गोड़ैती और महाजनों की बग्गी के आगे दौड़ने का काम करते हो और गुंडापना भी तुम्हीं करते हो। बोली-ठोली भी तुम्हीं मारते हो, सुनसान में लूटते और चाभते भी हो।" (वही, अंक 9-10, पृ. 126-27)

एक बार पतन आरम्भ हुआ तो फिर न रुका। वीर जाति ने केवल गुंडा गर्दी ही नहीं सीखी कुप्रथाओं को पालकर नशे की लत पाल ली। कपड़ों में दिखावा करना

सीख ना लिया, दुर्बल को सताना, सबल से डरना सीख लिया। और तो और यहूदियों की तरह सूद खाना भी सीख लिया, "दयालु और कृपालु भी जैसे प्रधान थे वैसे ही हो क्योंकि बाल हत्या करते हो। सन् 1857 ई. में अपने स्वामी ही को स्त्री और कुमार और कुमारिका पर तुम्हीं ने हाथ फेरा और माना है धर्मकार्य में भी बड़े तत्पर हो क्योंकि संध्या पूजा नित्य करते हो और चमारों-सियारों से मंत्र लेकर एक कंठी गले में बाँध लेते हो पितरों को पिंडा पानी से अति सन्तुष्ट रखते हो। पुरोहित जो पढ़ते जाते हैं और तुम समझना क्या उन शब्दों का उच्चारण भी नहीं कर सकते। संस्कार भी भलीभाँति होता है क्योंकि प्राय: 25 वा 30 वर्ष की अवस्था में सत्यनारायण की पूजा कराकर वा गंगा जी किनारे घाटिया के हाथ से यज्ञोपवीत पहिनते हो, प्रबन्ध भी बचे-बचाए का करते हो क्योंकि अपनी धरती को व्यर्थ व्यय करके महाजनों के हाथ से बचते जाते हो, सुख भी अत्यन्त करते जाते हो क्योंकि गाँजा के लप्पे उड़ाते हो और भाँग की गोलियाँ सायंकाल को छानते हो। जीविका निमित्त जो काम करते हो वह भी अत्यन्त उत्तम है क्योंकि प्राय: बिटैया तारकशी असाढ़ा का काम प्रसन्नतापूर्वक करते हो। लेन-देन का व्यवहार जो करते हो वह अतिउत्तम है क्योंकि उगाही हुंडी के नाम से चलाते हो और यहूदियों के सदृश एक का दो और दो का चार इसमें लेते हो।" (वही, पृ. 127-28)

'क्षत्रिय पत्रिका' पर यह चर्चा अधूरी रह जाएगी यदि श्री राधाचरण गोस्वामी जी के 'नापितस्तोत्र' का उल्लेख नहीं किया गया। गोस्वामी जी ने 'भूमिका' में ही अपना चतुर्मुखी उद्देश्य स्पष्ट कर दिया है, "यह 'नापितस्तोत्र' यद्यपि हास्य प्रधान है, तथापि इससे कई लाभ होंगे। प्रथम जो नापितों को प्रबलता, स्वतंत्रता, हमारी आर्य जाति में इतनी बढ़ गई है, घटै, द्वितीय जो पढ़े-लिखे नापित हो अपना चरित्र सुधारे, तृतीय हमारे बन्धुगणों की श्रद्धा के स्थान में उनके कुचरित्रों में घृणा हो, चतुर्थ हास्य के मिष से भी लोगों को भाषा पुस्तकों के पठन-पाठन में रुचि हो, तो देशोपकार हो।" (वही, खंड 2, संख्या 1-2, 1882, पृ. 1)

जाति को जन्मना माने जाति के साथ-साथ जाति के जन्मना गुणों को भी समाज में पूर्णत: मान्यता प्राप्त है। प्रत्येक जाति के कुछ निजी गुण होते हैं, जो उसे जन्म से प्राप्त होते हैं या घुट्टी में पिलाए जाते हैं, इसी को आधार मानते हुए गोस्वामी जी नापितों के पेशे के अनुसार उनके गुण-दोष का विवेचन स्तोत्र शैली में आरम्भ करते हैं, "हे हमारे उष्णता संतापित शिर को शीतल करने वाले नापित! आपको प्रणाम है। यदि आप न हो तो हमारी बड़ी दुर्दशा हो क्योंकि दाढ़ी बढ़कर हमें बकरा बना दे, सिर के बाल बढ़कर जटा हो जाएँ, प्रेत में और हममें कुछ भी भेद न रहे। लोग न माने तो सन् 1877 में बनारस में नाई और लुहारों का झगड़ा हुआ था, उस समय की तारीख़ देख लें, अतएव हे ब्रह्मा जी के बाल-बगीचे के माली आपको धन्य है।" (वही, पृ. 2)

इन नापितों के बिना सिर के बालों और दाढ़ी-मूँछ का काम नहीं चल सकता और न ही मुंडन का अनुष्ठान इनके बिना पूरा हो सकता है। सोलह संस्कारों में से मुंडन, यज्ञोपवीत, श्राद्ध, जन्म, विवाह किसी में भी नापित के बिना निस्तार नहीं। पुत्र प्राप्ति पर बधाई, विवाह पर निमंत्रण, मृत्यु पर गंगा प्राप्ति की तिथि बताना जैसे कार्य नापित द्वारा ही सम्पन्न हो सकते हैं। इन सभी संस्कारों और अनुष्ठानों में प्रतापी नापितों को टका गिने बिने छुटकारा नहीं है। विवाह सम्बन्ध ठीक करवाने वाले नापित समाज से

कुछ अन्याय भी हो गए, "इस भारतवर्ष में कितनी सुकुमार कन्याओं का तुमने सिर काटा, कितने बड़े आदमियों को लड़कियों से तनक से लोभ में फँसाकर दरिद्रों के यहाँ चक्की पिसवाई, कितनी तरुण कामिनियों को बालकों के सिर मढ़ा, कितनी बालिकाओं को बुड्ढों को चिता की लकड़ी बनाईं, कितनी का अनेक कूल बल से सर्वनाश किया, अतएव हे अदालत के उर्दू काग़ज़ों के माता-पिता! हे महमूद ग़ज़नबी, औरंगज़ेब, नादिर शाह आदि भारत सर्वनाशकों के बड़े भाई! तुम धन्य हो।

"भारतवर्ष की अनेक सधवा, विधवा स्त्रियाँ, नित्य प्रात:काल उठकर तुम्हें हज़ारों गालियाँ देतीं, और अपने घृत समान गर्म अश्रुओं से नित्य तुम्हारे मारने को हृदयाग्नि में होम करतीं, पर तब भी तुम नष्ट नहीं होते, वरन् बढ़ते ही जाते हो, अतएव हे रक्तबीज के सन्तान! हे हमारे पूर्व संचित प्रारब्ध कर्मों के सजातीय! हे देवताओं के समान अजर अमर! तुम्हें धन्य है।" (वही, पृ. 3-4)

यह स्तोत्र यद्यपि हास्य-व्यंग्य शैली में लिखा गया है तथा राधाचरण गोस्वामी ने इसके लेखन का उद्‌देश्य भी स्पष्ट कर दिया है फिर भी ब्याज शैली से इसमें भारतीय हिन्दू समाज में नापित जाति के महत्त्व का पता चलता है। जन्म, मुंडन, कान छेदन, तीर्थ स्थानों में, श्राद्ध, विवाह, अनुष्ठानों में पंखा झलना, पैर दबाना, मसखरापन, निमंत्रण देना आदि सभी कार्यों में नापित के बिना कार्य नहीं हो सकता। उसकी उपस्थिति अनिवार्य है। वह न केवल बड़े आदमियों की सेवा में उनके साथ रहता है बल्कि उनके रास-रंग का भी भागीदार है। उनके वेश्यागमन का राज़दार होने से लेकर किसी के संन्यासी बनने पर उसकी चोटी काटने का पुण्य कार्य नापित के ही हाथों होता है। लोगों के बीच झूठ-सच लगाकर झगड़ा करवा देने का नारद जैसा कार्य भी नापित कर सकते हैं। नापित जाति संगठित होकर शोषण का विरोध करना भी जानती है, "कुछ दिन हुए भरतपुर राजधानी में तुम्हारी ही तूती बज गई थी, और तुम्हारा बड़ा सन्मान था, अतएव हे राज मान्य! तुम धन्य हो! पूना में तुम्हीं ने यह एका किया था कि एक आना हजामत से कम नहीं लेंगे, लाचार ग़रीब ब्राह्मणों ने आपस में एक-दूसरे के क्षौर करने की प्रथा प्रवृत्त की, अतएव हे बदज़ात! हे कलियुग के मंत्री! तुम धन्य हो! कलकत्ते में लाइसेंस के लगने पर तुम्हीं ने अपना दर बढ़ाया था, और यह भी एका किया था कि जो कोई नापित हमारी दर से कम लेगा, उसे ख़ूब मारेंगे, अतएव हे आयरलैंड के लैंड लोगो तुम धन्य हो। रात्रि को अमीरों के पैर दाबते-दाबते अनेकों की चुगली खाते, अनेक प्रकार की झूठ-सच कथा कहकर उनका मनोरंजन करते अतएव हे चुगलख़ोरों के चचा! हे कथा बाँचने वालों के जीविका हारी! तुम धन्य हो।" (वही, पृ. 5-6)

संस्कृतीकरण की रीति से नापित जाति भी अपरिचित नहीं है। अन्य जातियों की तरह नापितों ने स्वयं को उच्च जाति का बताते हुए अपने को 'न्यायी' अर्थात् न्यायकर्ता इस सूत्र से क्षत्रिय ठहराया। "अतएव हे उन्नीसवीं शताब्दी के उन्नतिशाली! हे रिफ़ॉर्मर तुम धन्य हो।" (वही, पृ. 6)

नापितों को पाकशास्त्र का ज्ञान और अधिकार दोनों है। तुकें जोड़ने में भी वे अद्‌भुत हैं। उनके द्वारा समाज के हित की चिन्ता आवश्यक है, तभी व्यवस्था सुचारु रूप से चल सकेगी—"जयपुरादि पश्चिम प्रान्तों में तुम्हीं पाक करते और स्वामी दयानन्द ने भी 'सत्यार्थ प्रकाश' में इसका अनुमोदन किया, अतएव हे अग्निहोत्री!

तुम्हारी महिमा अटल है। ऐ विविध विशेष्य विशेषणास्पदी भूत परम प्रिय नापित! ऐ जहाँ गंगा तहाँ भाऊ। जहाँ बम्हन तहाँ नाऊ इत्यादि गड़बड़ स्मृति प्रतिपादित महादेव! इस स्तोत्र पाठ का यह वर माँगते हैं कि जब हमें क्षौर की आवश्यकता हो, शीघ्र ही मिल जाओ! और हमारे लड़का-लड़कियों के वर-बधू अन्वेषण के समय ठग विद्या न लगाओ! वरन् हमारे परिवार की सच्ची हितैषिता करो। टैक्स घटाओ और—काम, आओ।" (वही, पृ. 6-7)

सन् 1958 के जून महीने में अर्थात् बीसवीं सदी के उत्तरार्द्ध के आरम्भिक दशक के अन्त में डॉ. राममनोहर लोहिया ने 'जाति का विनाश : क्यों और कैसे?' पर विचार करते हुए कहा था—"हिन्दुस्तानी जीवन में जाति सबसे ज़्यादा ले डूबू उपादान है। जो सिद्धान्त में उसे नहीं मानते वे भी व्यापार में उस पर चलते हैं। जाति की सीमा के अन्दर जीवन चलता है, और सुसंस्कृत लोग जातिप्रथा के विरुद्ध हौले-हौले बात करते हैं, जबकि कर्म में उसे नहीं मानना उन्हें सूझता ही नहीं। अगर उनका ध्यान उनके कर्मों की तरफ़ खींचा जाता है, जो कि अविश्वसनीय ढंग पर जाति के अनुरूप होते हैं, तो वे चिढ़कर अपने विचार और अपनी बोली का हवाला देने लगते हैं। वास्तव में जो लोग उनका ध्यान उनके जातिगत व्यवहार की ओर खींचते हैं, उन्हीं के विरुद्ध वे जातिगत मनोवृत्ति का आरोप लगाते हैं। वे कहते हैं कि जबकि वे सिद्धान्तों और व्यापक रूपरेखा के बारे में स्वस्थ बहस करने में लगे हैं, तो उनके आलोचक इस बहस में कर्म का कलुषित अंग घुसेड़कर उसे दूषित कर देते हैं। उनका कहना है कि ये आलोचक ही जाति का वातावरण बनाते हैं। कौन जाने विचार और कर्म के बीच इतना विचित्र अलगाव, जो कि और किसी से अधिक भारतीय संस्कृति की विशिष्टता है, जाति के असर का ही परिणाम हो। जाति का एक ऐसा चौखटा है जिसे बदला नहीं जा सकता। उसमें रहने के लिए बड़ी ज़बरदस्त पटुता,दुहरे, तिहरे या अनेक तरीक़ों से सोचना और काम करना नितान्त आवश्यक है।" (जाति का जंजाल, पृ. 48)

वे कहते हैं कि मनुष्य जीवन की सभी बड़ी मानी जानेवाली घटनाएँ जन्म, मृत्यु, विवाह, भोज एवं अन्य संस्कार जाति के चौखटे में ही घटित होते हैं। इसमें दूसरी जातियों की सहभागिता नहीं होती। स्मरण रहे कि यह वक्तव्य 1958 के भारतवर्ष के लिए दिया गया है। जब एक जाति के मनुष्यों के लिए उनकी जाति ही उनका 'बीमा' है तो स्वाभाविकत: वह अपनी जाति के अनुसार ही निर्देशित और संचालित होगा। ऐसे में राजनैतिक जीवन कैसे अलग हो सकता है?

"जब जीवन की सभी बड़ी और व्यक्तिगत घटनाओं के अवसर पर लगातार मेल-जोल होता है, तब उस चौखट के बाहर अगर राजनीतिक घटनाएँ हों, तो कुछ हास्यास्पद ही होंगी। किसी जाति के लगभग एक ही तरह से वोट देने पर जब लोग हैरान हो जाते हैं तो वे ऐसे बनते हैं जैसे वे और किसी दुनिया से आए हों। कोई एक समुदाय जो एक-दूसरे के साथ ही पैदा है, शादी करता है, मरता है और दावत करता है, उससे और किस बात की आशा करनी चाहिए। अगर जाति की जाति एक साथ वोट नहीं करती, तो यह हैरानी की बात है। मतदान जाति से हटकर 20 प्रतिशत के ऊपर, मुश्किल से, अगर कभी हो तो हो और वह भी तब, जबकि जाति के एवज में कोई और सुरक्षा उपलब्ध हो।" (वही, पृ. 49)

श्री राममनोहर लोहिया विदेशी शक्तियों के सामने भारतीय जनता की पराजय का कारण यहाँ की जनता की कायरता और निष्क्रियता नहीं मानते बल्कि जाति व्यवस्था के कारण नब्बे प्रतिशत आबादी को निरीह और उदासीन दर्शक बनाने का उत्तरदायी ठहराते हैं। स्थितियाँ यथास्थितियों में बदलती जाती हैं। समाज के ठहरे पानी में सीलन और काई जम जाती है। इस समाज में आलोड़न का प्रयास सीमाबद्ध होकर व्यर्थ हो जाता है। आज़ादी के ग्यारह वर्षों बाद समाज जाति से मुक्ति की बात सोच भी नहीं रहा—"परिवर्तन के विरुद्ध और स्थिरता के लिए जातिप्रथा एक भयंकर शक्ति है, ऐसी शक्ति जो मौजूदा टुच्चेपन, कलंक और झूठ को स्थिर करती है। एक अपवित्र डर लगा रहता है कि कहीं कोई टुच्चापन या झूठ चौड़े में आ गया तो पूरा ढाँचा ढेर हो जाएगा। अनेक तात्त्विक रूपों में आज़ाद हिन्दुस्तान ब्रिटिश इंडिया का ही तो सिलसिला है। भारतीय जनता आज भी वंचित है। वह अपने ही देश में विदेशी है। उसकी भाषाएँ कुचली जाती हैं और उससे उसकी रोटी छीन ली जाती है। कहने को कुछ बड़े सिद्धान्तों के लिए यह सब किया जा रहा है। और ये सिद्धान्त जातिप्रथा से गुँथे हुए हैं, कुछ ऊँची जातियों और छोटी जातियों के 40 करोड़ के बीच महान भेद के साथ।" (वही, पृ. 51)

जैसाकि पहले उल्लेख किया गया है कि लोक की सहमति के बिना कोई भी व्यवस्था नहीं चल सकती। डॉ. राममनोहर लोहिया भी भारतीय जाति व्यवस्था पर विचार करते समय ऊँची जातियों के बुने जाल में नीची जातियों के फँसे होने की बात करते हैं। जिस जनता की भाषाएँ अविकसित हैं, जिसके रहन-सहन का स्तर अच्छा नहीं, जिसके मस्तिष्क को किसी बड़े कार्य के लिए अयोग्य बना दिया गया वह जनता भी जाति व्यवस्था में क्यों उलझी हुई है?

"छोटी जातियों का राजनीतिक आचरण विचित्र है। वे रज़ामन्दी से इस साज़िश में क्यों हिस्सा लेती हैं, यह समझ के परे है। एक कारण तो काफ़ी साफ़ है। ऊँची जाति को जाति से जितनी सुरक्षा मिलती है, उससे ज़्यादा छोटी जाति को मिलती है पर, निस्सन्देह जानवर से भी बदतर स्तर की। उनके बिना वे अपने को असहाय अनुभव करेंगे। इन छोटी जातियों के बारे में कई बार ऐसा लगता है कि बाद में जाति भोज और रस्म-रिवाज करने के लिए ही उन्होंने दिनभर मेहनत की। असल चीज़ वे ही हैं और बाक़ी सब छाया। कोई भी चीज़ उनमें हस्तक्षेप करती है तो वह उन्हें बहुत बुरी लगती है। उनके पास ऐसे क़िस्से-कहानियाँ हैं कि जिनसे वे अपनी गिरी हुई हालत का औचित्य बतलाते हैं, और उसे त्याग और ओजस्विता का प्रतीक मानते हैं। कहार, जिन्हें मल्लाह, कैवर्त, नाविक आदि भी कहा जाता है, शायद एक करोड़ से ज़्यादा होंगे। ये लोग अपने पौराणिक पुरखों के क़िस्से बतलाते हैं कि वे कैसे सीधे-सादे, अलोलुप, वीर और उदार थे और क्षत्रियों और अन्य ऊँची जातियों से इसलिए हार गए कि ये ज़्यादा लोलुप, कपटी और धोखेबाज़ थे। ऐसा सोचकर, छोटी जातियों का दरिद्रता का अपना मौजूदा जीवन बड़े सिद्धान्तों की ख़ातिर कभी भी समाप्त न होनेवाले त्याग के काम का सिलसिला प्रतीत होता है।" (वही, पृ. 52)

देखा जाए तो हिन्दुओं के ये शास्त्र और क़िस्से-कहानियों का यह लोक दोनों ही जाति व्यवस्था की स्थापना, स्वीकृति और उसके अस्तित्व के टिके रहने के पुख़्ता प्रबन्ध करते हैं। सन् 1958 में गिरी हुई हालत का औचित्य बतलाते विभिन्न निम्न वर्गों के लोग अपने पूर्वजों की अच्छी आर्थिक अवस्था की स्मृति सँभालकर इसे भविष्य के

लिए प्रयुक्त कर सकें इसकी सम्भावना उच्च जातियों के उच्च वर्गों और निम्न जातियों के निम्न वर्गों में परिवर्तित होने की सतत प्रक्रिया से नष्ट हो जाती है। इस प्रकार अपनी जातिगत अवस्था के कारण निम्न जातियाँ पहले की सदियों में भी आर्थिक संकट और कष्ट झेलती रहीं, स्वाधीन भारत में यहाँ तक कि इक्कीसवीं सदी में भी यह परिदृश्य सन्तोषजनक रूप से नहीं बदला। इसलिए प्रत्यक्षतः जाति उन्मूलन की बातें करती प्रत्येक भारतीय जाति इस व्यवस्था को पुष्ट करती चलती है। प्रत्येक जाति की करनी और कथनी में भयावह अन्तर है। मंच पर जाति के विरुद्ध बोलता हुआ नेता, प्रोफ़ेसर, डॉक्टर, वकील, किसान, मज़दूर, व्यापारी यहाँ तक कि वैज्ञानिक अपने घर लौटकर वैसा ही कट्टर जातिवादी बन जाता है जिसकी वह सार्वजनिक निन्दा करता आया है, इसीलिए शायद हम भारतीय सबसे बड़े हिप्पोक्रेट हैं।

मध्यवर्ग और जाति-प्रश्न

उन्नीसवीं सदी अत्यन्त महत्त्वपूर्ण सदी है। हर सदी में भारतीय इतिहास एक नई मुद्रा अपनाने की अत्यन्त गहन प्रक्रिया की पीड़ा सहता है। हम जिसे सामान्यतः मध्ययुगीन संवेदना से आधुनिक बोध में प्रवेश करना कहते हैं वह उस युग के लिए अपनी परम्परा से निकलकर, उसकी तोड़-फोड़ करते हुए नई संवेदनाओं को अपनाना है। यह प्रत्येक युग में होता है, किन्तु उन्नीसवीं सदी में यह अधिक तीव्रता से हुआ। इस सदी में हिन्दी भाषा ने पत्रकारिता जैसी नवीन विधा को अपनाया, जिससे सामाजिक संवाद की सुगमता और गति का विकास हुआ।

उन्नीसवीं सदी के उत्तरार्द्ध में भारतेन्दु द्वारा सम्पादित हरिश्चन्द्र मैगज़ीन हिन्दी भाषा के नई चाल में ढलने की दृष्टि से ही नहीं, हिन्दी जाति के नई चाल में ढलने की भी महत्त्वपूर्ण परिचायक है। हरिश्चन्द्र मैगज़ीन की सामाजिक-राजनैतिक एवं ऐतिहासिक दृष्टि सम्पन्नता के प्रचुर प्रमाण हैं। भारतेन्दु कालीन साहित्यिक परिदृश्य में पत्रकारिता अत्यन्त महत्त्वपूर्ण भूमिका में दिखाई पड़ती है। इस पत्रकारिता के सूत्र सीधे जनजीवन से जुड़ते हैं। इस सम्बन्ध में रामविलास शर्मा लिखते हैं—"भारतेन्दु युग के एक ओर मध्यकालीन दरबारी संस्कृति थी तो दूसरी ओर आम जनता में एक सामाजिक और राजनीतिक आन्दोलन के लिए वातावरण तैयार करना था। साहित्य में देश के एक बढ़ते असन्तोष को प्रकट करना भर न था, सदियों से चले आते, समाज की हड्डियों में बसे हुए सामन्ती कुसंस्कारों से भी मोर्चा लेना था। यह दूसरा काम कठिन था। जनता के पुराने संस्कारों को छूना उसके धर्म को चुनौती देना था : एक बार हुसकाई जाकर जनता सभी नए विचारों को सन्देह से देखने लगती। परन्तु भारतेन्दु और उसके साथियों ने इसकी चिन्ता न करके दृढ़ता से अपना युद्ध छेड़ दिया (नास्तिक किसान कहे जाने पर भी उन्होंने अपना सुधार का मार्ग न छोड़ा।" (वही, पृ. 14) इस सुधार मार्ग पर चलने के प्रयासों की सराहना करनी ही पड़ती है। यद्यपि स्त्री और जाति सम्बन्धी धारणाओं में कोई बड़ा आमूलचूल परिवर्तन न तो हुआ था और न ही ऐसा हो पाना सम्भव था। भारतेन्दु द्वारा सम्पादित तीन महत्त्वपूर्ण पत्रों—

कविवचनसुधा, हरिश्चन्द्र मैगज़ीन और बालाबोधिनी में से हरिश्चन्द्र मैगज़ीन 15 अक्टूबर, 1873 के अंक में वॉल्यूम-1, नम्बर-1 में अंग्रेज़ी में ए.के.एम. द्वारा

लिखित एक लेख छपा था—'The present state of the middie class men of the N.W.provinces.' इसमें ब्रिटिशकालीन भारत की परिस्थितियों को संक्रमणकालीन परिस्थितियाँ बताया गया तथा सभी वर्गों के मनुष्यों के विकास के लिए समान परिस्थितियों की आवश्यकता बताकर 'मिडिल क्लास' की दुर्दशा का वर्णन किया गया। इस वर्णन में मिडिल क्लास के सभी घटकों का उल्लेख किया गया। पुश्तैनी व्यवसाय छोड़कर नए धन्धे अपनाने की बात भी कही गई—"Let us now enter into details—This class comprises four sects viz, Brahmins, Kshattriyas, Byashayas, Sudras. Before the advent of English into this country, the above sects preserved their heredity occupations and professions to which they strictly adhered. But time has wrought a wonderful, change which we wholly ascribe to the exhaustive labour and concern ohf the British nation in ameliorating the condition of the people of India. Hosts of Brahmins, Kshattriyas, Byashayas and Sudras leaving hereditary profesions are noe entering into occupation, which are quite country to their ancestral ones, and hence occupying a position, new, different, and apart from which they are not likely to be deterred." (हरिश्चन्द्र मैगज़ीन, 15 अक्टूबर, 1873, पृ. 12-13)

ब्रिटिशकालीन भारत में मध्यवर्ग का उदय अत्यन्त महत्त्वपूर्ण घटना है। बंगाल में यह मध्यवर्ग अंग्रेज़ी शिक्षा अधिक परिणाम माना गया जबकि हिन्दी प्रदेश में अंग्रेज़ी शिक्षा में दीक्षित देशी रजवाड़े और उनसे सम्बद्ध जन तथा व्यवसायी घराने भी जुड़े। नौकरियों से जुड़े मध्यवर्ग के पास अंग्रेज़ी शिक्षा के साथ अपनी परम्परा के प्रति सम्मान और देशवासियों के प्रति स्नेह भी था। इस मध्यवर्ग ने देशवासियों के शोषण के विरुद्ध कई मोर्चे खोले, किन्तु इस लेख में उत्तर-पश्चिम प्रान्त के मध्यवर्ग की स्थिति अत्यन्त शोचनीय बताई गई—"Multifarious departments of the state give ample proofs of the rare examples of refined understanding, mature deliberation and high proficiency of the men picked up from the middle class. Who have done and are doing honour and credit to the British rule in India. They have withstood with bold defiance the despotic injunctions of the high aristocratic class and at last succeeded to turn the whole wheel of such imperious and despotic injunctions quite favourable to their own interest. They have sasved and are saving the serfs and agriculturists from the odious taxes and extortions of the opulent land-holders and Zemindars by their unanimous votes and union, what is more delightful to see that they stands as representatives of the whole nation. In short they interfere in every point that concerns the interest of the public. It remains for us to show how our middla class men of these provinces are placed at present with other provinces. Indeed notjing can be more deplorable than to think that the condition of this class in the Northern Western provinces is not so good as in the other provinces of India." (वही, पृ. 13)

इस लेख में मध्यवर्ग पर जातीय दृष्टिकोण से भी विचार किया गया। जातियों के स्पष्ट नामोल्लेख के साथ उनकी स्थिति पर दृष्टिपात किया गया। इसी लेख में विशेषकर ब्राह्मणों के सरकारी नौकरी तथा टैम्पल ऑफ़ फेम में आने से वंचित रह जाने की चिन्ता है—"Brahmins from the majority of population of the Benaras District with a sprinkling of Rajpoots, Mussulmans, Agrawalls, Sudras etc, but none of the Brahmin population have as yet aspired to do anything that tends to their own interest and the interest of public. Even 5 percent of them donot as tey hold any position in the province, nay 10 percent of them have not yet succeeded in securing the high emolument of the state. Sudras, khettrees, Rajpoots, &c. have indeed shown hopeful signs of progress,l and are gradually gaining the ground of liberty, wealth, fame, education and enlightenment. Allahabad has a large portion of Mussulman inhabitants that Benaras, but none of them as yet have made themselves conspicuous in the great theatre of fame, and distinction, through very few have succeeded in reaching the gate of 'Temple of Fame'. Beside the whole of the District of the 1st , 2nd , 3rd, Circle of the North-Western Provinces are replate with rich Zemindars, wealthy ryats who do not in the least take any active step in every thing that concerns their interest more especially the Brahmins. Few institutions of a public character such as Allygurh, Allahabad, and Benares Institutes, Moradabad Associations and other Associations of minor characters which are established under the auspices of the few educated middle class men, do not prove that the middle class have made any considerable progress towards civilization." (वही, पृ. 14)

ऊपर से एक दिखनेवाले इस मध्यवर्ग में भिन्नता ही अधिक थी। समाज के विभिन्न स्तरों के व्यक्ति भिन्न-भिन्न आधारों पर इसका हिस्सा बन रहे थे। अच्छी बात यही थी कि इससे पहले विभिन्न जातियों का ऐसा समूह बनना स्वप्नातीत था। इस मध्यवर्ग की भिन्नता वर्णित करते हुए ए.के.एम. लिखते हैं—"The term middle class is indeed comprehensive and one would be puzzled in the extreme to define it properly. Bur taking its general signification we can so far say that it include besides high aristrocrates, all that are not required to subsist by mental labour. A common shoemaker, hapless chumar, as insignificant Teli, are now seen rising and attaining the position of big aristrocrats and gratly influencing society and hence not only the above four sects who compose the middle class as atated, but even the serft and agriculturists. Hence the middle class has under its category, all sects, all creeds &c. varying greatly in their social manners and customs which their ancestors had maintained with dogged obstinacy evev at the risk of their lives." (वही, पृ. 14)

यद्यपि इस मध्यवर्ग में तथाकथित निम्न जातियों का प्रवेश होना कठिन है तथापि जिसने भी थोड़ी सी अंग्रेज़ी पढ़ ली है वह गवर्नमेंट सर्विस में जाना चाहता है—"But as the distinction of castes is strictly observed inthese Provinces, The admission of the lower class into the middle is not expected to take place soon. The Nirth-Weastrn Provinces have up to this date preserved the purity of their primitive hereditary manners. It is only the ignorant sentimentalists who think that they have lost their original customs by mixing with the conquerors. So far the middle class of the North-Western Provinces has preserved its original habits. But have they given up their ancestral professions? Have they left at all the idea of self-degradation by renouncing their own callings? No not wholly. To this change we particularly direct the attention of the readers. A son of a banker who has once received education in English to qulify himself for any post of honor leave his banking transaction, and enters into a professional life and entrust his banking business to one of his near and dear relatives or to a confidential Gomasta. In short every one who has received but little education in English tries to get a Governmrnt post. This change is general and universal in India. Social reformation or change depends upon the circumstances, time, and the influence of the governing class." (वही, पृ. 14)

अंग्रेज़ी पढ़े-लिखे लोग केवल सरकारी नौकरी ही पाना चाहते हैं। अपना पुश्तैनी कार्य दूसरों को सौंपकर ऐसे लोग एक मध्यवर्ग अवश्य बना रहे हैं, किन्तु जातिगत भेदभाव का उन्मूलन नहीं हुआ है। लेखक आगे लिखता है कि उत्तरी-पश्चिमी प्रान्तों में यद्यपि रोज़गार के सम्बन्ध में जातियाँ भिन्न निर्णय लेने लगी हैं, किन्तु उनकी सामाजिक स्थिति में कोई परिवर्तन नहीं आया है।

हिन्दी-नवजागरण में महत्त्वपूर्ण भूमिका निभानेवाले मध्यवर्ग के सम्बन्ध में इस लेख में अत्यन्त बेबाक़ी से विचार किया गया है।

मध्यवर्ग के उदय के साथ जाति का एक कोण स्पष्ट रूप से जुड़ता है। अंग्रेज़ों की नौकरी या व्यवसाय से जुड़े जिस मध्यवर्ग का उदय हुआ उसमें निम्नवर्ग या वर्ण के लोगों की लगभग अनुपस्थिति ही मानी जानी चाहिए। व्यवसाय से जुड़े शिक्षित व्यक्तियों को क्रिस बेली ने 'मन्दिर और बाज़ार' के परिवेश से आया हुआ समूह बताया है। किन्तु जहाँ तक हिन्दुओं का सवाल है, पारम्परिक जाति सोपान और नए पश्चिमी धन्धों के सोपान के बीच एक बहुत मोटा और सामान्य-सा अन्तर्सम्बन्ध उस समय था, और बहुत सीमित रूप में आज भी मौजूद है। इस भाँति ऊँची जातियों के लोग डॉक्टरी, वकालत जैसे पेशों में, ऊँची सरकारी नौकरियों में, वास्तव में सभी सफ़ेद का काम करते थे। पारम्परिक और आधुनिक के बीच एक प्रकार की निरन्तरता मौजूद थी, ब्राह्मण, वैद्य, कायस्थ और बनियों ने पश्चिमी शिक्षा पाने का प्रयास किया और उसका पुरस्कार भी पाया, जबकि इस्तकार, सेवक और भूमिहीन श्रमिकों की निचली जातियों के लोग

धोबी, नाई, घरेलू नौकर, चपरासी, टोकरी बनानेवाले, तेली, कुम्हार और सब्ज़ी, फल तथा दूध बेचनेवाले बन गए।" (आधुनिक भारत में सामाजिक परिवर्तन, पृ. 66) यद्यपि इसके साथ ही मैसूर नरसिंहाचा श्रीनिवास यह चेतावनी देना नहीं भूलते कि "इस निरन्तरता को अतिरंजित कर लेना बड़ा आसान है। उसमें प्रारम्भ से ही दरारें रही हैं। जैसे-जैसे समय बीतता गया ये दरारें चौड़ी और अधिक महत्त्वपूर्ण होती गई हैं।" (वही, पृ. 66)

हरिश्चन्द्र मैगज़ीन में भारतेन्दु हरिश्चन्द्र ने 'खत्रियों की उत्पत्ति' (विजयते जीवितेश:) पर विचार किया। खत्रियों पर विचार करने के साथ भारतेन्दु ने तत्कालीन उस प्रवृत्ति की ओर संकेत किया जिसके अन्तर्गत सभी जातियाँ अपने-अपने इतिहास को खँगाल रही थीं, खोज रही थीं—"इस समय में प्राय: बहुत जाति के लोग अपनी-अपनी उन्नति दर्शन में प्रवृत्त हुए हैं जैसा ढूसर (जिनके वैश्यत्व में भी सन्देह है क्योंकि उनके यहाँ फिर से कन्या का पति होता है) अपने को कहते हैं कि हम ब्राह्मण हैं। कायस्थ (जो शूद्र धर्म कमलाकर की रीति से संकर शूद्र हैं) कहते हैं कि हम क्षत्रिय हैं और जाट लोगों में भी मेरे मित्र बेसवां के राज श्रीठाकुर गिरिदास सिंह ने निश्चय किया है कि वे क्षत्रिय हैं तो इस दशा में इस आर्य जाति का पुरावृत्त संग्रह होना भी अवश्य है जो मुख्य आर्य जाति के निवास स्थल पंजाब और पश्चिमोत्तर देश में फैली हुई है और जिसमें सर्वदा से अच्छे लोग आए हैं। हमारे पूर्वोत्तर आर्य शब्द के दो बेर के प्रयोग से कोई यह शंका न करे कि देश के पक्षपात से मैंने यह आग्रह से आदर का शब्द रखा है क्योंकि आर्य जाति के निवास का मुख्य यही देश है और यहीं से आर्य जाति के लोग सारे भारतवर्ष में फैले हैं यह अंग्रेज़ी हिन्दुस्तान के इतिहासों के पाठ से स्पष्ट हो जाएगा।" (वही, पृ. 17-18) इस उद्धरण से यह स्पष्ट होता है कि विधवा विवाह निषेध केवल ऊँची जातियों की समस्या थी और कायस्थ जैसी शूद्र जातियाँ संस्कृतीकरण के माध्यम से ऊँची जाति की सूची में प्रविष्टि पाने के उद्योग में सक्रिय थीं। आर्यों के इसी देश का होने की बात भी कही गई है। खत्रियों के बहाने पंजाब और आर्यों के इसी 'देश' में बसने पर भारतेन्दु अपना मन्तव्य प्रकट करते हैं—"हमारे एक मित्र से इस बात का मुझसे बड़ा विवाद उपस्थित हुआ था। वह कहते थे कि पंजाब देश अपवित्र है क्योंकि महाभारत में कर्ण पर्व के आरम्भ में शल्य राजा से कर्ण ने पंजाब देश की बड़ी निन्दा की है और वहाँ के बहुत से बुरे आचरण दिखाए हैं, परन्तु वह निन्दा निन्दा की भाँति गृहीत नहीं होती क्योंकि पश्चिम में गुजराती या मध्य देश के वासियों की भाँति सोला पामरी का प्रचार नहीं है और न ऊपर से वे लोग स्वच्छ रहते हैं, परन्तु यह मैं निस्सन्देह कह सकता हूँ कि यहाँ के काले चित्तवाले मनुष्यों से उनका चित्त कहीं उजला है। इसके अतिरिक्त कर्ण शल्य का शत्रु है इससे शत्रु की की हुई निन्दा निन्दा नहीं कहाती। हाँ, इस बात का हम पूर्ण रूप से प्रमाण देते हैं कि भारतवर्ष में पहले-पहल आर्य लोग केवल पंजाब से लेकर प्रयाग तक बसते थे। श्रीमान जान म्योर साहब ने लाहौर के चीफ़ पंडित राधाकृष्ण को जो पत्र लिखा है उसमें मुक्त कंठ से उन्होंने स्थापन किया है कि जहाँ तक मैंने प्राचीन वेदादिक पुस्तकें पढ़ीं उनसे मुझे पूरा निश्चय है कि आर्य लोग पहले इन्हीं देशों में बसते थे।" (वही, पृ. 18) आर्यों के इस देश के निवासी होने और न होने पर चलनेवाली बहस आज तक समाप्त नहीं हुई है। औपनिवेशिक इतिहासकारों ने आर्यों को बाहर से आया बताया जबकि सभी राष्ट्रवादी चिन्तकों का मानना रहा है

कि आर्य यहीं के निवासी थे, हमारी जन्मभूमि यहीं थी, हम और कहीं से नहीं आए थे। औपनिवेशिक दृष्टि वाले पाठ और पाठ्य पुस्तकों के प्राधान्य बने रहने के कारण आर्यों के बाहर से आगमन के सिद्धान्त को अधिक प्राधान्य मिला। भारतेन्दु आर्यों के इसी देश के निवासी होने के प्रमाण स्वरूप ऋग्वेद को प्रस्तुत करते हैं—ऋग्वेद संहिता दस मंड 05 मू. 5 ऋ. इमं से गंगे यमुने सरस्वति शुतुद्रिस्तोमं सचता परुषाया असिक्न्या मरुद्धधे वितस्तयार्जो की ये अणुहि आसुषो मया 6 मंड. मू. 45 ऋ. अधि वृवुः पर्णानाम् वर्षिष्टे मूर्धत्रस्थात उरुकक्षो न गांग्यः 10 मंड. मू. 5 ऋ. और 5 सं. 2 मू. ऋ. 10 सप्रमे सप्तशाकिन एक से काशताददुः यमुनायामश्रतमुद्राधोगव्यं मृथे निराधो अवश्या मृधेः 3 मंड 33 मू. प्रपर्वता नामु उषती उपस्था दश्वे इव विशितेहा समाने गावेष शुभ्रे मातरारिहाणे विपाट छतुद्री पयसा जवेते 3 मंड 03 मू. 4 ऋ. नित्वादधेवरे रायंआपृथिव्या इवापास्यदे सुनत्वे आन्हास् दृशद्धृत्यां मानुषे आप यायां सरस्वत्याम् रेवदग्ने दिदिहिः मंड 61 ऋ. 2 यंशुष्मेभर्विसखाइवारुजत् सानुगिरीणाम् तविशोभिः रूर्म्मिभिः पारावतघ्नीमवसे सुवृत्तिभिः सरस्वतीणाविवासेमधीतिभिः इत्यादि श्रुतियों में गंगा, यमुना, व्यास, सतलज, सरस्वती इत्यादि नदियों की महिमा कही है और ऋग्वेद में पहले और दूसरे मं. में कई ऋचाओं में सरस्वती की महिमा कही है। यास्क ने अपने निरुक्त में इन ऋचाओं के अर्थ में विश्वामित्र ऋषि के सतलज और व्यास के मुहाने पर यज्ञ करने का और इन नदियों की स्तुति करने का प्रकर्ण लिखा है। और कीकट देश तथा अन्य प्रदेश और इत्यादि प्रदेश और गोमती इत्यादि नदियों के जो कही श्रुतियों में नाम आ गए हैं वे परस्पर विरुद्ध होने के कारण तादृश प्रमाणी भूत नहीं होते। इससे इस बात को तो हम पूर्ण रूप से प्रमाणित कर चुके हैं कि आर्य लोगों के निवास का स्थान पंजाब से लेकर यमुना के किनारे तक के देश हैं तो इससे वहाँ के प्राचीन निवासियों को यदि हम परम आर्य कहें तो क्या हानि है।" (वही, पृ. 18)

उन्नीसवीं सदी में जाति के सम्बन्ध में जिस संस्कृतीकरण की बारम्बार चर्चा हो रही है उसमें सबसे प्रमुख था अपनी जाति का इतिहास लिखना। बिना इतिहास लिखे निम्न जातियों को ऊँची जातियों में नहीं बदला जा सकता था। ऊँची जातियों को भी अपना स्थान बनाए रखने के लिए अपना इतिहास लिखना आत्यावश्यक था। इस इतिहास-लेखन से ही जातियों की वर्णगत स्थिति स्पष्ट की जा सकती थी। इस दिशा में भारतेन्दु हरिश्चन्द्र ने खत्री जाति का इतिहास लिखा। भारतीय समाज की वर्णाश्रम व्यवस्था में खत्रियों की वर्णात्मक अवस्थिति का निर्धारण किए बिना उनकी उत्पत्ति पर बात कैसे की जा सकती है! अतः भारतेन्दु लिखते हैं—"अब इस बात का झगड़ा रहा कि ये कौन वर्ण हैं? तो हम साधारण रूप से कहते हैं कि ये क्षत्री हैं, क्षत्री से खत्री कैसे हुए इसमें बड़ा विवाद है। बहुत लोगों का तो यह सिद्धान्त है कि पंजाब के लोग क्ष का उच्चारण नहीं कर सकते इससे ये क्षत्री से खत्री कहलाए, कोई कहते हैं कि जब परशुराम जी ने निक्षत्र किया तब पंजाब देश में कई बालक कहकर बचा लिये गए थे। ब्राह्मण, वैश्य और शूद्रों के घरों में पले थे और अब उन्हीं से खत्री, अरोड़े, भाटिये इत्यादि अनेक उपजाति बन गईं और उनके आचरण भी अपने-अपने पालकों के अनुसार अलग-अलग हो गए। तीसरे कहते हैं कि क्षत्री और खत्री से भेद राजा चन्द्रगुप्त के समय से हुआ क्योंकि चन्द्रगुप्त शूद्री के पेट से था और जब उसने चाणक्य

के बल से नन्दों को मारा और भारतवर्ष का राजा हुआ तो सब क्षत्रियों से उसने रोटी और बेटी का व्यवहार खोलना चाहा तब से बहुत से क्षत्री अलग होकर हिमालय की नीची श्रेणी में जा छिपे और जब उसने क्षत्रियों का संहार करना आरम्भ किया तब से सब क्षत्री खत्रियों के नाम से बनिये बनकर बच गए, कोई कहते हैं कि ये लोग तो क्षत्री पर कलियुग के प्रभाव से वैश्य हो गए हैं क्योंकि कलियुग के प्रकरण में लिखा है कि 'वैश्य वृत्यातु राजान'।" (भारतेन्दु समग्र, पृ. 696)

उन्नीसवीं सदी में जाति उल्लेख का एक अत्यन्त रोचक उदाहरण 'नीति प्रकाश' (1873) नामक पुस्तक में है उन्नीसवीं सदी के उत्तरार्द्ध की साहित्यिक स्थिति को समझने के लिए भी यह पुस्तक महत्त्वपूर्ण है। नीति प्रकाश मूलत: फ़ारसी में लिखी गई 'गुलिस्ताँ' का अनुवाद थी। इस पुस्तक के लेखक शेख़ सादी (1210-1292) थे। शेख़ सादी ईरान के शीराज़ शहर के होने के कारण शेख़ सादी शीराज़ी के नाम से भी जाने जाते हैं। इसके अनुवादक चौबे बलदेवदास माथुर ब्राह्मण ने अपने ब्रजभाषा पाठ के साथ फ़ारसी पाठ को भी साथ में दिया है। चौबे बलदेवदास ने नवाब कलवेर्ला खाँ के आदेश पर इस पुस्तक का ब्रजभाषा में अनुवाद किया था।

बलदेवदास माथुर अपनी अनूदित पुस्तक 'नीति प्रकाश' के प्रथम दोहे में अपने हिन्दी और फ़ारसी कविता के जानकार होने तथा अपने पूर्वजों के आगरा लुट जाने के बाद आगरा छोड़कर शाहाबाद में बसने का उल्लेख करते हैं। अपने द्वितीय कवित्त में वे शाहाबाद की भौगोलिक स्थिति का वर्णन करते हैं तथा आगरे से उत्तर दिशा की ओर अस्सी कोस, संभल के पूर्व में बीस कोस, बरेली से बीस कोस, पश्चिम में रामपुर से दक्षिण में बारह कोस दूर ब्राह्मण कवि बलदेव रामगंगा के समीप नवाब बहादुर कलवेर्ला ख़ाँ के राज शाहाबाद में सुखपूर्वक रहने की सूचना देते हैं। अगले दोहे में कौन कहाँ बसना चाहता है यह बतलाते हैं—

विद्यावान बसत तहाँ द्विजवर धर्म प्रकाश।
चार वेद षटशास्त्र में पूरण वाग विलास।
माथुर, गौड़, सुसारस्वत और सनाढ्य सुजान।
श्रीहरि जू की भक्तियुत भाषन सदा पुरान।

(नीति प्रकाश अर्थात् फ़ारसी करीमा का उल्था नागरी ब्रजभाषा में चौबे बलदेवदास माथुर कवि, बरेली रुहेलखंड लिटरेरी सोसाइटी का छापाख़ाना, 1873, बरेली, पृ. 1)

जिस ब्राह्मण-क्षत्रिय सत्ता संघर्ष और सन्तुलन के समीकरण की चर्चा तृतीय अध्याय में की गई है वह धार्मिक साहित्य में पुन:-पुन: चर्चा का विषय बना रहा। दोनों ही जातियों ने अपने-अपने ढंग से इसे अपनी स्मृति में बनाए रखा। अपने 'जानकी मंगल' नाटक में शीतला प्रसाद त्रिपाठी ने इस स्मृति से सम्बद्ध प्रसंग को महत्त्व दिया। काशी नरेश के दरबार में सभासद पंडित शीतला प्रसाद त्रिपाठी भारतेन्दु के अच्छे मित्रों में से थे। दोनों मित्रों ने हिन्दी नाटकों के विकास के लिए उनके लेखन और अभिनय दोनों ओर समुत्प्रयास किए। संस्कृत कॉलेज के अध्यापक शीतला प्रसाद त्रिपाठी का 'जानकी मंगल' नाटक रामचरितमानस से उत्प्रेरित है। आधुनिक हिन्दी का "यह नाटक

अपने प्रथम अभिनीत अभिनय के आठ साल बाद प्रयाग के ज्ञान मार्तंड यंत्रालय से संवत् 1933 (1876 ई.) वि. में मुद्रित-प्रकाशित हुआ। पुन: इस नाटक का संशोधित संस्करण खड्ग विलास प्रेस, बाँकीपुर से 1884 ई. में मुद्रित तथा प्रकाशित किया गया था।" (जानकी मंगल नाटक, शीतला प्रसाद त्रिपाठी, सम्पादक धीरेन्द्रनाथ सिंह, नागरी प्रचारिणी सभा, काशी, वाराणसी, 1969, पृ. 3)

इस नाटक के अधिकांश संवाद तुलसीकृत रामचरितमानस के स्वयंवर प्रसंग में धनुषभंग और सीता तथा राम के विवाह प्रसंग का गद्यानुवाद है। धीरेन्द्रनाथ सिंह इस नाटक की प्रेरणास्पद कृति से जुड़े रोचक विवाद की चर्चा करते हुए बनारस से प्रकाशित 'इंडियन मेल एंड मंथली रजिस्टर' 7th May, 1868 में छपे रिव्यू को उद्धृत करते हैं, "BENARAS, April 4,- last night a Hindi drama named 'Janaki mangal' was acted by natives in the Assembly Rooms, by the order of His Highness the Maharaja of Benares. Our enlightened Maharaja who generally takes an interest in all that concerns the improvement of his countrymen, was present on the occasion; he was accompanied by kunwar Sahib and his staff. The principle European and native citizens were invited to witness the performance. A few ladies and many military and civil officers were present, and many rich folks of the city. A native band of music attended the entertainment and played during the intervals of the play. As usual with the Sanskrit drama, first of all Sutrdhar (manager) entered and read a few benedictory verses in Sanskrit. ...After the heroic dead of Ram he was married to sita. Then came Parashram, who became very angry with Ram, and attempted to kill Lakshman but was at last appeased and acknowledged the superiority of Ram, when he could use the bow which Parashram gave him to try his strength. Then ended the entertainment. The play seems to have been taken from the first act of the Sanskrit drama called Hanuman Natak." (pp. 57-58) इस अंश में दो बातें अत्यन्त महत्त्वपूर्ण हैं—प्रथम उस समय हिन्दी नाटकों की प्रसिद्धि बढ़ना तथा उन्हें देखने महिलाओं का भी आना, चाहे अत्यन्त थोड़ी संख्या में एवं द्वितीय अंग्रेज़ी समाचार-पत्र द्वारा उस पर ध्यान दिया जाना चाहे उसे यह पता न हो कि यह नाटक संस्कृत के हनुमाननाटक से प्रेरित नहीं है।

तुलसीदास के युग में 'रामचरितमानस' के आते-आते ब्राह्मणों-क्षत्रियों का सम्बन्ध भले ही अपने-अपने स्थान पर व्यवस्थित हो गया हो किन्तु इस पौराणिक प्रसंग का 'रसास्वादन' उन्नीसवीं सदी और उससे बाद तक चलता रहा है। तुलसीदास ने रामचरितमानस में ब्राह्मण और क्षत्रिय दोनों के महत्त्व को प्रतिपादित किया है। ब्राह्मण परशुराम क्षत्रिय वेश में जनक की सभा में धनुष भंग के पश्चात् क्रोधित होकर जो कहा वह ब्रह्म तेज की प्रस्तुति है—

बोले चितइ परसु की ओरा। रे सठ सुनेहि सुभाउ न मोरा॥
बालकु बोलि बधौं नहि तोहीं। केवल मुनि जड़ जानहि मोहीं॥

बाल ब्रह्मचारी अति कोही। बिस्व बिदित क्षत्रिय कुल द्रोही॥
भुजबल भूमि भूप बिनु कीन्हीं। बिपुल बार महिदेवन्ह दीन्हो॥
सहस बाहु भुज छेदनिहारा। परसु बिलोकु महीप कुमारा॥
मातु पितहिं जनि सोच बस, करसि महीस किसोर।
गर्भन्ह के अर्भक दलन, परसु मोर अति घोर॥272॥

(वही, पृ. 87)

पं. शीतला प्रसाद त्रिपाठी इसका हिन्दी गद्यानुवाद प्रस्तुत करते हैं। इसी तरह लक्ष्मण द्वारा ब्राह्मणों को सिर पर चढ़ाकर रखे जाने की बात कहकर क्षत्रिय बल की प्रतिष्ठा की, "हे भृगुवर, तुम क्या बार-बार मुझे फरसा दिखाते हो। हे नृपद्रोही मैं केवल ब्राह्मण जानकर तुम्हें छोड़ता हूँ, कभी किसी सुभट से रणभूमि में सामना नहीं पड़ा ब्राह्मण और देवता घर ही के बढ़े हुए हैं—

भृगुवर परसु देखाबहु मोही। बिप्र बिचारि बचौं नृप द्रोही॥
मिले न कबहुँ सुभट रन गाढ़े। द्विज देवता घरहि के बाढ़े॥

(वही, पृ. 89)

"अगले ही संवाद में राम लक्ष्मण को बालक बताते हुए परशुराम से उनके ब्राह्मण होने के कारण क्षमा-याचना करते हैं। परशुराम के फिर भी क्रोधित होने पर राम ब्राह्मण-क्षत्रिय की महत्त्वपूर्ण स्थिति के समीकरण में सामंजस्य बिठाते हुए कहते हैं, "हे मुनिराय! विचार के बोलो, आपका क्रोध बहुत बड़ा है और हमारी चूक बहुत थोड़ी है। हमारे छूते ही तो यह पुराना धनुष टूट गया। हम घमंड किस बात का करेंगे। भला सुनिए तो जो हम ब्राह्मण जान के आपका निरादर करते हैं तो फिर संसार में ऐसा कौन सुभट होगा जिससे डरकर सिर झुकावेंगे। और सुनिए ऋषिराय! देवता हो या दैत्य, राजा हो या प्रजा, चाहे हमारे बराबर हो या हमसे बलवान परन्तु जो कोई लड़ाई में हमको ललकारेगा हम अवश्य उसका सामना करेंगे, वह काल क्यों न हो। क्षत्री शरीर धारण करके जो लड़ाई में डरा वह अपने कुल का कलंक है। हम अपने कुल की कुछ प्रशंसा नहीं करते परन्तु स्वभाव कहते हैं कि रघुवंशी युद्ध में काल से भी नहीं डरते। और जो आप यह पूछैं कि हमसे क्यों इतना दबते हो तो इसका कारण यह है कि विप्रवंश की यही प्रभुता है कि जो आपसे डरे वह फिर किसी से न डरै।" (वही, पृ. 94)

संस्कृतीकरण की प्रकिया में अपनी जाति का आदि पुरुष ऋषि, देवता या ईश्वर को बनाया जाना प्राथमिक शर्त है। इस प्रक्रिया में सभी जातियाँ या तो सूर्यवंशी हुईं या चन्द्रवंशी खत्रियों की उत्पत्ति लेख में यह प्रवृत्ति पूर्णतः प्रमाणित होती है—"कोई ऐसा भी निश्चय करते हैं कि किसी समय सारे भारतवर्ष में जैनों का मत फैल गया था तब सब वर्ण के लोग जैन हो गए थे। विशेष करके वैश्य और क्षत्री उनमें से जो क्षत्री आबू के पहाड़ पर ब्राह्मणों ने संस्कार देकर बनाए वे तो क्षत्री हुए और उन लोगों से सैकड़ों वर्ष पीछे जो क्षत्री जैन धर्म छोड़कर हिन्दू हुए वे खत्री कहाए और क्षत्रियों की पंक्ति से न मिले, गुरु गोविन्द सिंह ने अपने ग्रंथ नाटक के दूसरे, तीसरे, चौथे, पाँचवें अध्याय में लिखा है कि "सब खत्री मात्र सूर्यवंशी हैं, रामजी के दो पुत्र लव और कुश ने मद्र देश

के राजा की कन्या से विवाह किया और उसी प्रान्त में दोनों ने दो नगर बसाए। कुश ने कसूर लव ने लहोर (उन दोनों के वंश में कई सौ वर्ष लोग राज्य करते चले आए। एक समय में कुश वंश में कालकेतु नामक राजा हुआ और लव वंश में कलराय। इन दो राजाओं के समय में दोनों वंशों से आपस में बड़ा विरोध उत्पन्न हुआ। कालकेतु राजा बलवान था, उसने सब लववंशी क्षत्रियों को उस प्रान्त से निकाल दिया। राजा कलराय भागकर सनौड देश में गया और वहाँ के राजा की बेटी से विवाह किया और उससे जो पुत्र हुआ उसका नाम सोढ़ीराय रखा; उस सोढ़ीराय के वंश के क्षत्री सोढ़ी कहाए। कुछ काल बीते जब सोढ़ियों ने कुश वंश वालों को जीता तो कुश वंश के राजा भागकर काशी में चले आए और वे लोग यहाँ रहकर वेद पढ़ने लगे और उनमें प्राय: बड़े-बड़े पंडित हुए; बहुत दिनों पीछे जब सोढ़ियों ने सुना कि हमारे दूसरे भाई लोग काशी में वेद पढ़कर पंडित हुए हैं तो उनको काशी से बुलाया और वेद सुनकर अपना सब राज्य उन लोगों को दे दिया जिनकी वेद पढ़ने से बेदी संज्ञा हो गई थी, काल के बल से इन दोनों वंश के राज्य नष्ट हो गए और बेदियों के पास केवल बीस गाँव रह गए और उन्हीं बेदियों के वंश में संवत् 1526 में कालू चोणे के घर बाबा नानक का जन्म हुआ और सोढ़ियों के वंश में गुरु गोविन्द सिंह हुए।" (भारतेन्दु समग्र, पृ. 696-97)

हरिश्चन्द्र मैगज़ीन के पहले वॉल्यूम के नम्बर एक 15 अक्टूबर, 1873 में उत्तरी-पश्चिमी मध्यवर्ग विचार करते हुए किन्हीं ए.के.एम. ने बंगाल के मध्यवर्ग को जाति प्रथा की बुराइयों से मुक्त बताया था, किन्तु इसी अंक में बाबू गदाधर सिंह द्वारा किया गया बांग्ला की कादम्बरी का अनुवाद छपा है। उपक्रमणिका अंश में बांग्ला के बाबू गदाधर सिंह ने क़िस्सा शैली में अत्यन्त रोचक कथा कही है। "श्राजा ने भी उस ओर दृष्टिपात किया तो देखते हैं कि एक वृद्ध मनुष्य और उसके पीछे पिंजरा हाथ में लिये एक बालक और उन दोनों के मध्य में एक परम सुन्दर सुकुमार कन्या आती है। उसका रूपलावण्य ऐसा था कि किसी प्रकार चांडाल कुल की नहीं जान पड़ती थी। राजा उसका अनुपम सौन्दर्य और सुकुमारता देख विस्मित हो बार-बार उसका मुँह देखते थे और मन में कहते थे कि विधाता ने यह अनुमान कर कि लोग इसे हीन जाति समझकर स्पर्श न करेंगे इसको इतना सुन्दर बनाया नहीं तो इतनी क्रान्ति और लावण्य का सम्भव असम्भव है। चांडाल के घर में ऐसी रूपवती कन्या!" (हरिश्चन्द्र मैगज़ीन, 15 अक्टूबर, 1873, पृ. 23)

"जातियों के स्थान और वर्ण निरूपण के क्रम में भारतेन्दु के इतिहास-लेखन से 'अगरवालों की उत्पत्ति' को देखा जा सकता है। 'अगरवालों की उत्पत्ति' लेख 1871 ई. छपा था। कविवचनसुधा में इसका विज्ञापन भी छपा था। अग्रवालों द्वारा स्वयं को वैश्यों में श्रेष्ठ बताने का प्रयास इसकी भूमिका में ही स्पष्ट हो जाता है—"यह वंशावली परम्परा की जनश्रुति और प्राचीन लेखों से संगृहीत हुई है, परन्तु इसका विशेष भाग भविष्य पुराण के उत्तर भाग के श्रीमहालक्ष्मी व्रत की कथा से लिया गया है। इसमें वैश्यों में मुख्य अगरवालों की उत्पत्ति लिखी है। इस बात का महाराज जयसिंह के समय में निर्णय हुआ था कि वैश्यों में मुख्य अगरवाले ही हैं।" (भारतेन्दु समग्र, पृ. 583)

वे अग्रवालों की उत्पत्ति के साथ इनके पहनावे और भोजन का भी उल्लेख करते हैं। दसों संस्कार से युक्त अग्रवालों में विवाह के समय अनावश्यक व्यय अखरनेवाला

है तो "अगरवालों की उत्पत्ति की भूमिका में यह बात लिखनी भी आनन्द देनेवाली होगी कि श्रीनन्दराय जी, जिनके घर साक्षात् श्रीकृष्ण चन्द्र प्रकट हुए वैश्य ही थे और यह बात श्रीमद्भागवतादि ग्रंथों से भी निश्चय की गई है।" (वही, पृ. 584)

भारतेन्दु अग्रवालों की श्रीनन्दराय के वैश्य होने की पुष्टि कर 'वैश्यवंशावतंसाय भगवत श्रीकृष्णचन्द्राय नमः' (वही, पृ. 585) कहकर नन्द स्तुति में यह दोहा कहते हैं—

विमल वैश्य वंशावली, कुमुदबनी हित चन्द।
जयजय गोकुल, गोप, गो, गोपी-पति नँद-नन्द॥

(वही, पृ. 585)

तत्पश्चात् वे हज़ारों बार दोहराए गए वाक्य को दोहराते हैं—"भगवान ने अपने मुख से ब्राह्मण और भुजा से क्षत्री और जाँघ से वैश्य और चरण से शूद्र बनाए थे।" (वही, पृ. 585) इस टेक के पश्चात् वे सीधे वैश्यों के कर्म और इतिहास पर आ जाते हैं—"...वैश्य को चार कर्म का अधिकार दिया—पहला खेती, दूसरा गऊ की रक्षा, तीसरा व्यापार और चौथा ब्याज। जैसे वेद और यज्ञादि का स्वामी ब्राह्मण और राज्य और युद्ध का स्वामी क्षत्री वैसे ही धन का स्वामी वैश्य है और ब्राह्मण-क्षत्री-वैश्य इन तीनों की द्विज संज्ञा है और वर्ण वेद-कर्म के अधिकारी हैं।" (वही, पृ. 585) अग्रवालों का जाति व्यवस्था क्रम में ऊँचा स्थान सुनिश्चित करने के लिए उन्हें ऋषि याज्ञवल्क्य से जोड़ा गया है। इस संक्षिप्त इतिहास में अग्रवाल वैश्यों के शूद्र होने फिर तपोबल से महादेव को प्रसन्न कर उनके उत्थान की चर्चा है। अग्रवालों के आदि पुरुष राजा अग्रसेन का इन्द्र से युद्ध वर्णन है तथा इनके शाकाहारी होने की सूचना है। इस वंश में प्रसिद्ध पुरुषों के रूप में अकबर के दो प्रधान मंत्रियों महाराज टोडरमल और मद्धशाह का उल्लेख है।

भारतेन्दु हरिश्चन्द्र ने 'चरितावली' में कई प्रसिद्ध पुरुषों का 'जीवन चरित' प्रस्तुत किया। उन्होंने विक्रम, कालिदास, श्री रामानुज स्वामी, श्री शंकराचार्य, महाकवि श्री जयदेव, पुष्पदंताचार्य, श्री वल्लभाचार्य, सूरदास, सुकरात, महाराजाधिराज नेपोलियन, महाराज जंगबहादुर, जज्ज द्वारकानाथ मिश्र, श्री राजाराम शास्त्री, लॉर्ड म्यो, लॉर्ड लॉरेंस और महाराजाधिराज जार का जीवन-वृत्तान्त लिखा। ये सभी जीवन-वृत्त संक्षिप्त हैं और सभी में संस्कृतीकरण की प्रक्रिया देखने को मिलती है। 'विक्रम' के वृत्तान्त में वे लिखते हैं—"इस विक्रमादित्य का जन्म चालुक्य नामक क्षत्रीवंश में हुआ था। विल्हण लिखता है कि ब्रह्मा एक बेर अंजलि में जल लेकर अर्घ्य देना चाहते थे कि इन्द्र से अपनी विपत्ति कहने मानक क्षत्रियों का कुल उत्पन्न हुआ।" (वही, पृ. 589)

भारतेन्दु ने पुरावृत्त संग्रह अर्थात् इतिहास सम्बन्धी बात में अकबर और औरंगज़ेब, राजा जनमेजय का दानपत्र, मंगलीश्वर का दानपत्र, मणिकर्णिका, काशी, शिवपुर का द्रौपदी कुंड, पम्पासर का दानपत्र, कन्नौज का दानपत्र, नागमंगला का दानपत्र, चित्रकूट (चित्तौर) स्थित रमा कुंड प्रशस्ति, श्री रमा वर्णन, गोविन्द देव जी के मन्दिर की प्रशस्ति, और प्राचीन काल का संवत् निर्णय लिखा। इनमें से कुछ तो अति संक्षिप्त हैं फिर भी इनमें जाति और धर्म सम्बन्धी महत्त्वपूर्ण सूचनाएँ मिलती हैं। जैसे 'अकबर और औरंगज़ेब' में भारतेन्दु लिखते हैं—"यह टीका राजा रामदास कछवाहे की बनाई

है। अपना वंश उसने यों लिखा है—कुलदेव को क्षेमराज, उनके पुत्र माणिक्य राय फिर क्रम से मोकल राय, घोर राय, नापाराय (उनके पौत्र) पाताल राय, खाना राय, चन्दा राय और उदय राज हुए। इन्हीं उदय राज का पुत्र राम दास हुआ जो सर्वभाव से अकबर का सेवक है।" (वही, पृ. 639) तत्पश्चात् भारतेन्दु उसका वह पूरा श्लोक उद्धृत करते हैं, "जो उसने अकबर के विषय में लिखा था। इसका अर्थ बताने के पश्चात् वे टिप्पणी करते हैं, पाठकगण! अकबर की महिमा सुनी। यह किसी भाटे की बनाई नहीं है, एक कट्टर कछवाहे क्षत्रिय महाराज की बनाई है, इसी से इस पर कौन न विश्वास करैगा। उसने गो-वध बन्द कर दिया था यह कवि परम्परा द्वारा तश्रुत था, अब प्रमाण भी मिल गया। हिन्दूशास्त्रों को वह सुना करता था। यह तो और इतिहासों में लिखा है कि वह आदित्यवार को पवित्र समझता था। देखिए उसके इस कार्य से, गायत्री के देवता सूर्य के आदर से, हिन्दूमात्र उससे कैसे प्रसन्न हुए होंगे। मैं समझता हूँ कि उस समय सूर्यवंशी राजा बहुत थे और सूर्य को यह सम्मान दिखाकर अकबर ने सहज उन लोगों का चित्त वश में कर लिया था।" (वही, पृ. 639)

नाम में क्या रखा है!

भारतेन्दु हरिश्चन्द्र के विस्तृत रचना संसार का और अधिक ब्योरा न देकर यह कहना उचित रहेगा कि उन्नीसवीं सदी के उत्तरार्द्ध के जाति-प्रश्नों से सम्बद्ध सभी प्रवृत्तियाँ उनके लेखन में प्रतिबिम्बित हुई हैं। हिन्दी भाषी समाज की जाति युक्ति पहचान के सभी आयाम केवल उनके ही नहीं वरन् अन्य लेखकों में भी दिखाई देते हैं। वर्तमान के अतीत की पड़ताल करने पर ये सभी 'जातिवादी' दिखाई देते हैं। भारत के त्रिकाल निबन्ध में प्रखर गद्य लेखक बालकृष्ण भट्ट ने भारतवासियों के पुरुषार्थ को जगाने का प्रयास किया। इसमें दर्शनशास्त्र में भारतवर्ष की समुन्नत स्थिति का उल्लेख करते हुए यहाँ शिक्षा, व्यापार, नौकरी आदि के लिए समुचित स्थितियाँ बनाने का आह्वान है, किन्तु तत्कालीन विमर्श इतना 'जातिवादी' (और स्त्री विरोधी भी) रहा है कि सदिच्छा से लिखे गए इस लेख में भारतीय समाज की जाति सम्बन्धी पक्षपातपूर्ण धारणाएँ स्पष्ट हो जाती हैं। बुद्ध, उपनिषद्, गीता की महिमा के पश्चात् ये मनुस्मृति उद्धृत करते हैं कि "जहाँ के आचरण की नक़ल सब लोग करते थे और आचार-विचार रहन-सहन के क्रम को भू-भाग के सब लोग सीखें ऐसा मनु ने अपनी स्मृति में लिख दिया है यथा—

अस्मिन्देशप्रसूतस्य सकाशादग्रजन्मनः।
स्वं स्वं चरित्रं शिक्षेरन् पृथिव्यां सर्व मानवाः॥

(बालकृष्ण भट्ट का श्रेष्ठ निबन्ध, सत्यप्रकाश मिश्र (सम्पा.), लोकभारती प्रकाशन, इलाहाबाद, 1998, पृ. 2)

बालकृष्ण भट्ट के अनुसार ऐसे देश और उसके अनुकरणीय आचरण वाले निवासियों की अब जो अवस्था है उस पर केवल लज्जित ही हुआ जा सकता है—"कहते हुए शर्म और हँसी आती है कि अब उन्हें पादरी साहब मुक्ति का रास्ता दिखलाने और 'मोरालिटी' सिखलाने आए हैं। गँवारू कहावत है 'सत्तर दाँव बसन्ता जानैं तेहका

सिखावैं नक्कू'। उस समय ब्राह्मण तीनों वर्ण के लोगों को अपनी मुट्ठी में किए थे, किसी की सामर्थ्य न थी कि इनसे आँख मिला सके। अब इस समय बनिया-बक्काल भी ब्राह्मण बना चाहते हैं और काछी-कुनबी क्षत्री। सच है 'धोबी के घर धरम दास हैं ब्राह्मण पुत्र मदारी'। धन्य हमें जो भारत की पुण्यभूमि में जन्मे हैं, ऐसा कहते हम अपना भाग्य सराहते, वहीं अब हमें शर्म आती है जब विदेशी हमसे चिनाते हुए हमें नेटिव कहते हैं।" (वही, पृ. 2)

उपरोक्त उद्धरण में जाति अभिमान और जातीय स्वाभिमान दोनों घुले-मिले हैं। यहाँ लेखक को हिन्दू होने का गर्व और आर्य ब्राह्मण हिन्दू होने का गर्व बनाए रखकर देश कल्याण की बात करना ही उचित मार्ग दिख पड़ता है। यद्यपि इस निबन्ध में उन महत्त्वों को पुनः प्राप्त करने के उद्योग का आह्वान है जो अतीत में थे, निरुद्योग बैठे लोगों को जगाने का प्रयास है, किन्तु जहाँ तक जातिगत उच्चता-निम्नता का प्रश्न है वहाँ निबन्धकार उससे सहमत जान पड़ता है। इस सहमति की पुष्टि उनके नाम में नई कल्पना निबन्ध से होती है। पं. बालकृष्ण भट्ट की यह रचना उन्नीसवीं सदी के अन्तिम और बीसवीं सदी के प्रथम दशक ही नहीं बल्कि अब तक नामों के समाजशास्त्र पर अच्छी टिप्पणी है। वे नामों के पीछे के मनोविज्ञान को प्रस्तुत करते हैं कि नामों में अभिनव प्रयोग एवं शिष्टता उस जाति और सम्प्रदाय के वैशिष्ट्य की सूचना देते हैं—"नामकरण भी देश या जाति की तरक़्क़ी की कसौटी है। जिस जाति में तरक़्क़ी रहती है उस जाति में नाम भी उतने ही शिष्ट-सम्प्रदाय के रखे जाते हैं। हम लोग जैसे और बातों में पीछे हटे हैं वैसे ही नाम धराने में भी। नाम के सुनते ही किसी घराने या जाति के बुद्धि वैभव की पूरी परख हो जाती है। बंग देशी भारत के और-और प्रान्तवालों की अपेक्षा कहाँ तक आगे बढ़े हैं और कितना अधिक बुद्धि का विस्तार इनमें है, यह हमें उनके कर्ण-रसायन कोमल पदावली सम्पुटित नामों ही से सूचित होता है।" (वही, पृ. 69)

जातीय चिन्ता से प्रेरित यह निबन्ध जाति भावना से मिलकर अजीब-सा घालमेल उत्पन्न करता है। हिन्दी समाज का मानसिक पतन का सीधा प्रतिबिम्ब नामों पर पड़ा। नाम रखने में नई कल्पना का नितान्त ह्रास हुआ और अच्छे-ख़ासे चल रहे नाम भी प्रचलन में नहीं रहे। नामों के चयन में हमारी दरिद्रता प्रकट होने लगी—"वहीं हम लोग कहाँ तक बुद्धि-विस्तार में दरिद्र हो रहे हैं, यह हम लोग के छुन्ना, मुन्ना, कल्लू, गुड्डू, चिथरू आदि नामों से प्रकट हैं, वरन् इसी बुद्धि की दरिद्रता ने हम लोगों में एक ख़याल पैदा कर रखा है कि घिनौना नाम रखने से बालक चिरंजीवी होता है। इसी बुनियाद पर ननकू, मनकू, नरकू, घसिट्‌ट, मुनमुन, चुलबुल, पटल्लू, सहलू भोंपत, भोंदू, सोंदू, तिनकौड़ी, दमड़ी, छदामी आदि अनर्गल कर्णकटु घिनौने नाम रख दिए जाते हैं। किससे कहैं? अकिल का अजीरन और समझदारी का जौहर तो है। इसी जौहर ने नाम ही की क्या हमारी न जानिए कितनी बातों को अपनी मूठी में कर रखा है।" (वही, पृ. 69)

इसी निबन्ध में स्त्रियों को पढ़ाने-लिखाने पर भी उनके न फलने-फूलने का उल्लेख है। साथ ही इस बात पर भी खेद प्रकट किया गया है कि हम लोग पुराना ढर्रा छोड़ने को तैयार नहीं। हमारे यहाँ और बंगदेश की स्त्रियों के नामों में अन्तर तो देखिए—"स्त्रियों में गंगा, यमुना, पार्वती, लक्ष्मी, तुलसी। छोटे-से-छोटे शहर में एक-एक नाम के हज़ारों पाए जाते हैं। वहीं बंगदेशियों में स्त्रियों के नाम कैसे सरस और मनोज्ञ रखे जाते हैं,

जैसे कामिनी, निस्तारिणी, विश्व-विमोहिनी, कादम्बिनी, मृणालिनी, सरोजिनी, कुमुदनी, नलिनी, क्षीरोदवासिनी, सुकेशी, उर्वशी, शशिमुखी, स्वर्णमयी इत्यादि। हम लोगों में जुग्गो, पम्मो, भग्गो, बतस्सी इत्यादि। फिर गृहस्थिन, कुलवन्ती और वेश्याओं के नाम में कोई अन्तर नहीं रहता। बनारस में जानकी, सरस्वती, लक्ष्मी, कमला आदि नाम वेश्याओं के हैं।" (वही, पृ. 70)

देवियों के नाम पर वेश्याओं के नाम! बालकृष्ण भट्ट इस ओर ध्यान नहीं देते कि देवियों के नाम वाली स्त्रियाँ वेश्याएँ बना दी गईं। इन नामों ने यथोचित न होकर बहुत उथल-पुथल मचाई है, यद्यपि कभी-कभी कार्य-कारण सम्बन्ध भी दिख जाता है—"मारवाड़ी और दिल्ली, आगरा के खत्रियों के नाम में बहुधा मल लगा रहता है। जिनके नाम में मल है तो उनके काम में कहाँ तक मल न होगा? सम्पूर्ण अभिधानावली, बड़ी-बड़ी लुगत और डिक्शनरियों को छान डालो, मिट्ठूमल कहीं न पाओगे। कोई-कोई जिनमें तरहदारी की बू आ गई है, अपने लड़कों का नाम क़ाफ़ियाबन्दी के साथ रखते हैं,जैसे छुन्नू, मुन्नू, साधो, माधो, सोहन, मोहन, रतन, जतन, सद्दू, मद्दू, सोंधू, भोंदू और लड़कियों का नाम रम्मो, सम्मो, मुन्नो, मुन्ने,दुल्लो, मुल्लो इत्यादि। पुराने ढर्रे को छोड़ कोई बात निकालना हमने सीखा ही नहीं, तब नामकरण में नया ढर्रा कहाँ से लावें? चरनदास, रामदास, गनेशदास आदि बहुधा एक ही नाम के एक मुहल्ले में बीसों पाए जाते हैं। न जाने क्यों हमको इन नामों पर ओकलाई आती है। उसमें भी कुछ फ़र्क़ नहीं, नीच जाति तेली-भुँजवा जो नाम रखेंगे, वही ऊँचे जातिवाले ब्राह्मण-क्षत्रिय भी। पुरुषों के नाम में महादेव, नारायण, राम (वही, पृ. 70) मिलते हैं।" ऊँची जातियों द्वारा नीची जातियों के नामों को अपनाना भट्ट जी को नहीं सुहाता। नामों के समाजशास्त्र पर ध्यान दिया जाए तो बालकृष्ण भट्ट से एक असहमति बनती है। निम्न जातियों के नाम की रीति केवल ईश्वर के नामों से ही उच्च जातियों से मेल खाती है अन्यथा उन्हें उनके अवमाननामूलक नामों से स्पष्टतः पहचाना जा सकता है, किन्तु बालकृष्ण भट्ट की खिन्नता अपनी जगह है—"भक्ति की भावना ने भी हम लोगों के नामों की ख़ूब ही ख़ाक उड़ाई है। अपने इष्टदेव के नाम के अन्त में दीन या दास का पद लगा दिया जाता है। न जाने किस जून कैसी सरस्वती मुख से निकल पड़ती है। कहते-कहते अन्त में दीन और दास हो ही तो गए। काम में दास तो नाम में क्यों न हों? महेन्द्र, उपेन्द्र, सुरेन्द्र, ब्रजेन्द्र, नरेन्द्र आदि प्रभुताशाली नाम क्यों रखाए जाएँ। दासत्व तो नस-नस में समाना है। मनु ने दासान्त नाम शूद्र और हीन जाति के लिए कहा है। चारुदत्त, विष्णु, भूरिश्रवा, यज्ञदत, सुमनि, सत्यदेव, कामपाल नाम तो अब सपने के ख़याल हो गए हैं।

धोबी के घर धरमदास हैं ब्राम्हन पूत मदारी।

(वही, पृ. 71)

"गृहस्थों और भले मानुषों को तो कम-से-कम नाम चयन में सावधान होना चाहिए किन्तु वे ही सबसे अधिक असावधान हैं। इस सम्बन्ध में मुसलमानों से कुछ सीखा जा सकता है—मुसलमानों को हम अपने से हेठा समझते हैं पर नाम धराने में वे हमसे कितने अच्छे हैं। फातिमा, आयशा, जैनब, मरियम आदि देवियों के नाम वेश्याओं के न पाओगे। बंगदेशियों की भाँति चन्द्रभामा, विलासिनी, कामिनी, मोहिनी, उन्मादिनी,

स्वर्णलता, मालती, कामधुरा,वसन्तसेना, पिकबैनी, मेनका, तिलोत्तमा आदि रखे जाएँ तो कौन-सी हानि?" (वही, पृ. 70-71)

पंडित बालकृष्ण भट्ट बेतुके नामों पर कुपित हैं, उसमें भी कायस्थों का प्रयोग तो उन्हें बिलकुल स्वीकार नहीं है—"कितने मुखन्नस नाम न जानिए किस उसूल पर रखे जाते हैं, न नर न मादा जैसे राधाकृष्ण, सीताराम, गौरीशंकर इत्यादि। इस तरह के नामवालों को क्या समझें? स्त्री या पुरुष दोनों एक साथ हो नहीं सकते। कितने अपने नाम से आधे हिन्दू हैं आधे मुसलमान जैसे रामग़ुलाम, रामबख़्श, कुँवरबहादुर। कितने जन्मे तो हिन्दू के घर पर नाम से मुसलमान ही रहे, जैसे रायबहादुर, अमीरबहादुर, नवाबबहादुर, बख़्तबहादुर। हमारे कायस्थ महाशयों में इस तरह के यवन-सम्पर्क-दूषित नाम बहुत मिलते हैं।" (वही, पृ. 71)

नाम किसी भी पदार्थ की पहचान करवाता है। उस वेश और समाज की जाति व्यवस्था की पकड़ और जकड़ का सहज ही अनुमान लगाया जा सकता है जो केवल जन्म के साथ जाति निर्धारण से सन्तुष्ट नहीं होती बल्कि उसके साथ सदैव चलनेवाले उसके नाम से भी जुड़ी रहती है। उन्नीसवीं शताब्दी के जटिल जाति-प्रश्नों के कई आयाम हैं। उन्नीसवीं सदी की विचारधारा के विकास में हिन्दी साहित्य और पत्रकारिता का 1900 तक उल्लेखनीय योगदान है। इस काल के हिन्दी साहित्य ने आधुनिक हिन्दी की विभिन्न विधाओं को विकसित ही नहीं किया बल्कि पूरे हिन्दी प्रबुद्ध वर्ग की वैचारिक मनोभूमि भी तैयार की।

इस युग के उपन्यासकारों के लिए जाति का उल्लेख किसी प्रकार की असुविधा पैदा नहीं करता। 1986 में भुवनेश्वर मिश्र ने एक उपन्यास की रचना की जिसे गोपाल राय ने 'प्राक् प्रेमचन्द युग का सर्वोतम उपन्यास' माना है। इस उपन्यास का नाम है 'बलवन्त भूमिहार' जिसमें मुज़फ़्फ़रपुर के दो भूमिहार परिवारों के संघर्ष तथा बलवन्त और यमुना के प्रेम कहानी का चित्रण है। मेहता लज्जाराम शर्मा जैसे लेखक अपने उपन्यास 'आदर्श हिन्दू' (1914) की भूमिका में तीर्थयात्रा के लाभ से एक ब्राह्मण कुटुम्ब में सनातन धर्म का दिग्दर्शन करने को अपना प्रयोजन बनाते हैं। इसी दौर में वैश्य कुल के नायक को लेकर कई उपन्यास लिखे गए हैं। इन उपन्यासों को ध्यान से देखने पर यह साफ़ लगता है कि ब्राह्मणवादी तत्त्वों के साथ बनियावाद हिन्दी साहित्य में उन्नीसवीं सदी के हिन्दी साहित्य में अपनी जड़ें जमा चुका था।

ब्राह्मण, क्षत्रिय और वैश्य के राष्ट्रीय-साहित्यिक गठबन्धन का सबसे अच्छा उदाहरण हमें माधव मिश्र की लेखनी में मिलता है। माधव मिश्र एक प्रतिष्ठित हिन्दी लेखक थे। एक स्थान पर वे लिखते हैं—"सृष्टि के आरम्भ से ब्राह्मण और क्षत्रियों का पवित्र सम्बन्ध चला आता है। यहाँ तक कि ब्राह्मणों ने क्षत्रियों का प्रताप बढ़ाने के लिए कोई बात उठा नहीं रखी और उन्होंने भी भूदेव समझकर इनके चरणों पर सहर्ष प्राण तक न्योछावर कर दिए। कलिकाल के प्रताप से यह सम्बन्ध कुछ शिथिल होने पर भी इतना दुर्बल नहीं हुआ है कि कोई वीर क्षत्रिय ब्राह्मण के अपमान को सहन कर सके। अथवा किसी अच्छे ब्राह्मण के नेत्र में उसके अध:पतन से जल न मर जाए। इन दोनों कुलों का प्रेम कितना अलौकिक और पुण्यमय है।" (माधव मिश्र-निबन्धमाला, प्रथम भाग, द्वारिकाप्रसाद शर्मा, झावरमल्ल शर्मा, इंडियन प्रेस लिमिटेड, प्रयाग, 1935, पृ. 37) साथ

ही उन्होंने एक पुस्तक, स्वार्थान्ध प्रकाशिका की जिसमें ब्राह्मण-राजपूत सम्बन्धों पर वैसी श्रद्धा व्यक्त नहीं हुई थी जैसी माधव मिश्र मानते थे, की निन्दा की है—"इस पुस्तक के असली कर्ता कौन हैं, यह हम नहीं कह सकते पर यह ठाकुर प्रसाद गुप्त के नाम से छपी है। यहाँ एक प्रसिद्ध अग्रवाल बाबू ठाकुरदास गुप्त ब्राह्मणों के कृतज्ञ हैं। उसमें ऐसे कृतघ्न और ब्रह्मद्रोही पुरुष का होना सम्भव नहीं है जो इस समय दुःसमय में सर्व दुखाक्रान्त ब्राह्मण कुल पर आक्रमण कर अपनी राक्षसी बुद्धि का परिचय दें।" (वही, पृ. 37)

उन्नीसवीं सदी में इस तरह के कई उदाहरण अन्य कई लेखकों की रचनाओं में मिलेंगे। ऐसे लेखन की जाति सम्बन्धी समझ किस प्रकार ऐतिहासिक स्मृति में बदलती गई उसका एक नमूना देखा जा सकता है। 'पिंजरापोत शीर्षक' के अन्तर्गत वे लिखते हैं—"एक बार जोधपुर के महाराज से बादशाह अकबर ने पूछा—हिन्दू किसको कहते हैं? जोधपुर महाराज उत्तर न दे सके। उन्होंने अपने एक उदयपुरी सामन्त मित्र से पूछा, उसने हँसकर कहा कि इसका उत्तर तो एक साधारण आदमी भी दे सकता है। मामूली मनुष्य की खोज करी तो एक नाई मिला।" (वही, पृ. 25)

उसने कहा—कि एक घर में आग लगी हो और उसके भीतर एक कुपढ़ ब्राह्मण जो ज़िन्दगी की अन्तिम साँसें ले रहा हो। एक लूली-लँगड़ी बूढ़ी बाँझ गाय और उसका एकमात्र बेटा हो। हिन्दू पहले किसको बचाए? अपने पुत्र को? अपने घर को? ब्राह्मण को? और फिर बूढ़ी बाँझ गाय को? नहीं! माधव मिश्र कहते हैं, "ऐसी कठिन अवस्था में जो वीर पुरुष ख़ुद सम्पत्ति का मोह छोड़ उस अकर्मण्य ब्राह्मण वा बूढ़ी गाय के प्राणों की रक्षा में तत्पर हो, वह श्रेष्ठ हिन्दू है। और साधारण वे हैं जो इन दोनों की पूजा करते हैं। कहते हैं उस दिन से अकबर ने गोवध बन्द कर दिया था।" (वही, पृ. 25)

माधव मिश्र का और एक लेख उल्लेखनीय है—'क्या वैश्य को आर्य नहीं कह सकते?' "आजकल 'ब्राह्मण सर्वस्व' और 'वेद प्रकाश' में इस विषय पर कुछ महाशयों की छेड़ हो रही है कि वैश्य को आर्य कह सकते हैं कि नहीं?...यूरोप के पंडितों ने सबसे पहले यह सिद्धान्त निकाला कि पहले ब्राह्मण और क्षत्रिय दो ही वर्ण थे और दोनों ही आर्य कहलाते थे। पीछे से एक तीसरे वर्ण वैश्य को भी खड़ा किया गया पर उसे आर्य कहलाने का हक़ नहीं दिया। शूद्र को तो इन द्विजातियों ने अपने से एकदम अलग ही रखा। यहाँ तक कि उन्हें अनार्य, दस्यु आदि दूषित नामों से स्मरण किया है। हमारे देश के इतिहास लेखकों ने भी यूरोपवालों का आँख बन्द कर अनुसरण करना शुरू किया और यह न सोचा कि उसका परिणाम आर्य जाति के लिए कितना भयानक है।" (वही, पृ. 14)

माधव मिश्र ब्राह्मण और क्षत्रियेतर वर्णों को आर्यों में सम्मिलित न किए जाने के औपनिवेशिक अनुसरण को घातक मानते हैं। भारतेन्दु की तरह भारत के इतिहास के पुनर्लेखन की आकांक्षा उस युग के कमोबेश सभी साहित्यकारों और सुधारकों में परिलक्षित होती है। उस दौर के साहित्य में जाति के सन्दर्भों का उल्लेख आज भले ही जितना भी अटपटा लगे लेकिन उस दौर में ऐसा करने में कोई असुविधा नहीं थी और बाधा तो खैर थी ही नहीं यहाँ तक कि खड़ी बोली पद्य की हिन्दी में तीन शैलियाँ प्रचलित थीं—ठेठ हिन्दी, मुंशी शैली और पंडित शैली। जाति के आधार पर जहाँ पद्य की शैली निर्धारित हो वहाँ जाति की बात तो की ही जा सकती है।

उन्नीसवीं सदी के उत्तरार्द्ध में वैश्यों को केन्द्र में रखकर लिखे गए उपन्यासों में सामाजिक और आलोचनात्मक स्वर रखना थोड़ा सहज हुआ। लाला श्रीनिवास दास का उपन्यास 'परीक्षा गुरु' का इस सन्दर्भ में नाम लिया जा सकता है। इन बनियावादी पुस्तकों में तर्क, लाभ और बुद्धि को तुलनात्मक रूप से अधिक महत्त्व दिया गया। इनमें धैर्य से सहना और माध्यम भाव से रहना के तर्क को प्रयोज्य बनाया गया। यह देखना रोचक है कि 'परीक्षा गुरु' (1884) में लाला ब्रजकिशोर कहते हैं कि जो लोग पढ़ते हैं वे अपने बाप-दादों के रोज़गार और केवल नौकरी के लिए पढ़ते हैं। यह उपन्यास कई दृष्टियों से अत्यन्त महत्त्वपूर्ण है। इसमें लेखक ने एक तरह से अपने देश में क्या होना चाहिए और देश की स्थिति ख़राब क्यों है, पर विस्तार से 41 प्रकरणों में लिखा है। लेकिन, इन प्रकरणों में कहीं भी जाति की समस्या या इसकी वजह से हुए नुकसानों की ओर संकेत भी नहीं है। जाति के आधार पर सोचना-विचारना उन्नीसवीं सदी के हमारे देश के बुद्धिजीवियों के लिए कोई असामान्य घटना नहीं थी। बल्कि उनका सामाजिक ढाँचे के हर जोड़ में बसी जाति से बचकर किया गया लेखन अस्वाभाविक लगता है। इसीलिए पं. माधव मिश्र ब्राह्मणों पर हो रहे जातिगत आक्रमण के विरोध में अपने ब्राह्मण समाज के बचाव में ब्राह्मणों पर वृथा आक्रमण के विरुद्ध निर्द्वन्द्ध होकर लिखते हैं। यही नहीं वे अपने एक और जातिवादी निबन्ध की भी सूचना देते हैं—"इन दोनों कुलों का प्रेम कितना अलौकिक और पुण्यमय है यह बात हम अपने 'ब्राह्मण और क्षत्रिय' नामक निबन्ध में दिखलावेंगे परन्तु हमें यह देखकर खेद होता है कि किसी-किसी की आँखों में इस सम्बन्ध का दृढ़ बन्धन काँटा-सा खटकता है। 'स्वार्थान्ध प्रकाशित' के लेखक ने भी यह बात की है कि ब्राह्मणों पर भयंकर दोष लगाकर क्षत्रियों का उनसे मन फेरा जाए और गवर्नमेंट को यह दिखाया जाए कि सब फ़सादों की जड़ केवल ब्राह्मण जाति है।" (वही, पृ. 37)

इस पुस्तक के सम्बन्ध में माधवप्रसाद मिश्र के पास यह जानकारी थी कि इसे किसी 'राजा' नामधारी व्यक्ति ने लिखवा के क्षत्रिय महासभा के सदस्यों में इसे वितरित करवाया था। ऐसे समय में जब सभी जातियाँ अपने इतिहास ग्रंथ रचकर अपने उत्थान के प्रयास में लगी थीं तब किसी क्षत्रिय द्वारा ऐसी ब्राह्मण विरोधी पुस्तक की रचना उन्हें सन्देह में डाल रही थी। पुस्तक के वितरण में मथुरा के किन्हीं 'महात्मा' (साधु नहीं) का हाथ था। किसी पवित्र एवं सम्मानित जाति के विरुद्ध ऐसी पुस्तक लिखा जाना स्वाभाविकत: विरोध उत्पन्न का कारण था—"हमको विश्वास नहीं होता कि कोई क्षत्रिय पुरुष ऐसी पुस्तक को लिखावे वा ग्रहण करे जबकि एक पवित्र जाति और गवर्नमेंट की प्रजा के विरुद्ध ऐसी पुस्तक कोई बुद्धिमान ईसाई व मुसलमान भी नहीं लिख सकता है। कारण कि ब्राह्मण जाति ने अपने उन्नत पूर्वाधिकार से च्युत होने पर भी अपना वह स्वत्व नहीं खोया है जो न्यायवान प्रजाप्रिय महाराज सप्तम एडवर्ड की एक साधारण प्रजा का है। इस समय जबकि भारतवर्ष का बड़े से बड़ा राजपुरुष भी किसी जाति विशेष का चित्त दुखित नहीं कर सकता तब हम कैसे विश्वास करें कि उस क्षत्रिय जाति में कि जिसका गो-ब्राह्मण की रक्षा करना परमधर्म है, ऐसे भी लोग उत्पन्न हो जाएँ! हमें आशा है कि ब्रह्मकुल के हितैषी और राजनीति के मर्मज्ञ इस पुस्तक के विषय में यथायोग्य व्यवस्था करेंगे।" (वही, पृ. 38)

पं. माधवप्रसाद मिश्र (1871-1907) के उपरोक्त ब्राह्मण जाति के पक्ष में लिखे गए इस निबन्ध से उनके सम्बन्ध में किसी प्रकार का पूर्वग्रह जन्म न ले इसलिए उनके जीवन की कुछ सूचनाएँ दी जानी आवश्यक हैं। हिसार ज़िले के कूँगड़ ग्राम में सन् 1871 में जन्मे पं. माधवप्रसाद मिश्र पत्रकार, निबन्धकार, सम्पादक, व्यंग्यकार, कहानीकार एवं कवि थे। पं. मदनमोहन मालवीय द्वारा विद्यार्थियों को राजनीति से दूर रहने की सलाह पर मिश्र जी ने उनके नाम खुला पत्र लिखकर विरोध प्रकट किया था। 36 वर्ष की अल्पायु में उन्होंने हिन्दी साहित्य और भाषा की समृद्धि के लिए अनेक उल्लेखनीय कार्य किए। भाषा परिष्कार के लिए किए गए उनके अनथक प्रयासों की सराहना की जाती है। 'उनकी अदालत में नागरी और एक लिपि कैसे हो' जैसे चर्चित निबन्धों ने हिन्दी भाषा आन्दोलन को शक्ति प्रदान की।

1902 तक 'सुदर्शन' के सम्पादक रहे पं. माधवप्रसाद मिश्र ने बांग्ला भाषा के मराठी लेखक पं. सखाराम गणेश देउस्कर की बांग्ला में लिखी गई पुस्तक 'देशेर कथा' का हिन्दी अनुवाद किया था। पं. माधवप्रसाद मिश्र ने तर्कपूर्ण शैली में भावुकता के मिश्रण से प्रभावशाली गद्य रचा। उनके ब्राह्मणों के पक्ष में लिखे गए लेख से यह भ्रम हो जाता है कि वे केवल ब्राह्मणवादी थे, किन्तु वे 'वैश्योपकारक' पत्र के भी अनौपचारिक सम्पादक थे।

उन्नीसवीं सदी के जाति-प्रश्न सभी जातियों की अस्मिता से जुड़कर सामने आ रहे हैं। इन जाति-प्रश्नों में देश की दुर्दशा, धर्म, पर्व-त्योहार, तीर्थ स्थल और परिवर्तित होती परिस्थितियों पर मतैक्य दिखता है। अन्तर का स्थान अपनी-अपनी जाति का 'असरशन' (Assertion) है। छापाख़ाने के विकास और विस्तार तथा मध्यवर्ग के उदय और उसकी सकारात्मक भूमिका ने जाति, धर्म और भाषा के प्रश्नों पर बँटे भारतीय समाज को राष्ट्रचिन्ता की साझेदारी ने आपस में बाँधकर रखा। पंडित माधवप्रसाद मिश्र उस समाज और बुद्धिजीवी वर्ग के प्रतिनिधि के रूप में भी चिह्नित किए जा सकते हैं जो अपने धर्म, दर्शन, संस्कृति, साहित्य और इतिहास में अगाध आस्था रखते हुए अपनी जातीय अस्मिता एवं राष्ट्रहित की रक्षा के लिए सदैव सन्नद्ध रहे। ऐसे रचनाकारों का लेखन सामान्यतः 'जातीय' और 'जाति' अस्मिता का एक साथ निर्वाह करता है। वह सामाजिक असंगतियों और विडम्बनाओं पर एक-सा प्रहार करता है। जाति व्यवस्था उसके लिए ठीक उसी अर्थ में विडम्बनापूर्ण नहीं है जैसी कि बीसवीं सदी के उत्तरार्द्ध में चित्रित की गई। बहुत से इतिहासकारों ने अपने समय की इतिहास-दृष्टि से पूर्णतः संचालित होकर उन्नीसवीं सदी और उसके साहित्यकारों, विशेषकर हिन्दी के साहित्यकारों को वह 'स्पेस' नहीं दिया है जिसके वे सबसे बड़े पैरोकार रहे हैं। ऐसे इतिहासकारों ने उन स्थानों को विशेष रूप से उद्धृत किया है जहाँ उन्नीसवीं सदी के साहित्यकार धर्म और जाति के पक्ष में दिखलाई पड़ते हैं। केवल ऐसे स्थानों को उद्धृत करने की सबसे बड़ी सुविधा यह है कि इन्हें कट्टर जातिवादी और साम्प्रदायिक ठहराया जा सकता है। उन्नीसवीं सदी में भारतीय साहित्य और संस्कृति की खोज में लगे कुछ विदेशी विद्वानों ने भारतवर्ष को नितान्त अपने दृष्टिकोण से समझा और व्याख्यायित किया। इनके पूर्वग्रह ग्रस्त निष्कर्षों को आज जिस तरह हास्यास्पद कहकर ख़ारिज कर दिया जाता है पराधीन भारत के इन

विचारकों के लिए यह सम्भव नहीं था। दूसरी ओर तत्कालीन समाज द्वारा अपने देश की संस्कृति और इतिहास पर की गई मनमानी और विचित्र टिप्पणियों को आज की तरह पचा पाना सहज नहीं था। औपनिवेशिक दृष्टि सम्पन्न भारतीय संस्कृति के विदेशी व्याख्याताओं में वेबर को उस वर्ग के प्रतिनिधि के रूप में सहज ही चुना जा सकता है जिसने भारतीय संस्कृति पर सहज समझदारी और बोध का परिचय न देकर कुछ विचित्र मन्तव्य दिए थे। वेबर के असन्तुलित निष्कर्षों से असन्तुष्ट होकर बहुत लोगों ने उनका खुलकर विरोध किया जिनमें पं. माधवप्रसाद मिश्र और बंकिमचन्द्र चट्टोपाध्याय प्रमुख हैं। इसी तरह एक अन्य प्रमुख आलोचक, ओरियंटल कॉलेज, लाहौर के प्रधानाध्यापक पं. गुरुप्रसाद का नाम भी इस सन्दर्भ में लिया जा सकता है। महामहोपाध्याय गुरुप्रसाद जी ने वेबर के निष्कर्षों पर लिखा—"जहाँ तक मेरी अल्प बुद्धि पहुँच सकती है, वहाँ तक मुझे यों बूझ पड़ता है, जो इस ग्रंथ के कर्ता महाशय वेबर साहब ने बहुत से जक्कड़ अपने देशीय यूरोपियन विद्वानों के अनुरोध से लिख दिया है, 'जैसे महाभारत का वाल्मीकीय रामायण से प्राचीन होना' और बहुत-सी बातें विचार दौर्बल्य की निरंकुशता के कारण हमारे शास्त्र रहस्य से विरुद्ध लिख दी हैं "जैसे सीता को हल से जुती हुई धरती की रेखा और आर्यों की खेती ठहराया है और रामचन्द्र तथा बलराम जी (अर्थात् हलभृत् और सीतापति) को एक ही ठहराकर यह निगमन निकाला है कि लुटेरुओं से प्रजा की खेती कर जो रक्षण बलराम ने किया इसी बात का रूपक बाँधकर रामायण में लिखा।" (वही, पृ. 4)

गुरुप्रसाद सभी पाठकों के मत आमंत्रित कर उसे छापकर इस भ्रामक तथ्य का विरोध करना चाहते थे। जर्मनी के वेबर ही नहीं उनके समान बहुत से यूरोपीय पंडित संस्कृत ग्रंथों विशेषकर रामायण और महाभारत की मनमानी व्याख्या कर रहे थे। इस पर पं. माधव प्रसाद मिश्र ने दुख व्यक्त किया कि बहुत से लोग यूरोपीय विद्वानों की बात आँखें मूँदकर वेदवाक्य मान लेते हैं। इन आँखें मूँदे बैठे विद्वानों में द्विवेदी, त्रिवेदी, चतुर्वेदी और पाठक उपनामधारी व्यक्ति भी हैं, मिश्र जी उनसे वेबर की पुस्तक का ध्यानपूर्वक अनुशील करने हेतु कहते हैं। वे चाहते हैं भारतीय अनुसरणकर्ता इस बात को समझें कि ये यूरोपीय पंडित सभी हिन्दू धर्म के सभी सिद्धान्तों को मिथ्या बता रहे हैं और उनकी दृष्टि में केवल बौद्ध धर्म ग्रंथ आधुनिक हैं। बौद्ध धर्म ग्रंथ भी इसलिए आधुनिक हैं क्योंकि वे हिन्दू धर्म ग्रंथ विरोधी हैं। हिन्दू धर्म ग्रंथों में जो कुछ भी है वह या तो मिथ्या है या कहीं से चोरी किया हुआ है—"कोई महात्मा कहता है कि, रामायण होमर के काव्य का अनुकरण है, कोई कहता है कि भगवद्गीता बाइबिल की छायामात्र है। हिन्दुओं को ज्योतिष चीन वा कालद्वीप से प्राप्त हुआ है। हिन्दुओं को गणित भी दूसरों से मिला है, लिखित अक्षर भी किसी सीमीय जाति से मिले हैं। इन सब बातों को सिद्ध करने के लिए उनकी विचारप्रणाली **का सूत्र यह** है कि भारतवर्षीय ग्रंथों में भारत के पक्ष में जो कुछ पाया जाता है, वह **मिथ्या वा प्रसिद्ध** है और जो भारतवर्ष के विपक्ष में मिलता है, वही सत्य है।

पांडवों के समान वीरचरित्र भारतवर्षीय पुरुषों की कथा मिथ्या है, पांडव कविकल्पना मात्र हैं। किन्तु पांडव पत्नी द्रौपदी के पंचपति सत्य हैं क्योंकि इसके द्वारा सिद्ध होता है कि भारतवर्ष के प्राचीन पुरुष असभ्य जाति के थे। उनमें स्त्रियों का बहुविवाह प्रचलित था।" (वही, पृ. 2-3)

पं. माधव मिश्र को इस बात का अत्यन्त क्षोभ है कि भारत की पढ़ी-लिखी जातियों के लोग भी इसका विरोध न कर अनुसरण कर रहे हैं। ये पढ़े-लिखे लोग यूरोपीय पंडितों को अपना पथ प्रदर्शक मान उन्हें आदरणीय, श्रद्धाभाजन और संस्कृत का प्रकांड पंडित मान रहे हैं।

कहने का तात्पर्य है कि जाति की उपस्थिति केवल मात्र हिन्दी प्रदेश में नहीं है, यह सर्व भारतीय परिदृश्य है। पं. माधवप्रसाद मिश्र द्वारा ब्राह्मणों पर हो रहे हमलों के विरुद्ध खड़े होना जाति के एकांगी दृष्टिकोण से प्रेरित नहीं है। वे स्वयं भी ब्राह्मणों की आलोचना करते हैं, किन्तु ब्राह्मणों को अकारण दोषी ठहराए जाने पर उन्हें आपत्ति है।

स्वार्थान्ध प्रकाशिका पुस्तक के लेखक ठाकुरदास गुप्त ने राजा-महाराजाओं को स्वार्थी ब्राह्मणों से सावधान करते हुए लिखा था, "बहुत काल से इस देश की जो हीनावस्था हो रही है उसके मुख्य कारण वे ही स्वार्थी लोग हैं जिनके विषय में आगे लिखा जाएगा। जब महाभारत के युद्ध में अनेक क्षत्रिय महानुभाव मारे गए तो सारे भारतवर्ष में अविद्यान्धकार फैल गया। उस समय से ही इनको अपने स्वार्थ साधन का समय मिला और ज्यों-ज्यों समय व्यतीत होता गया इनकी स्वार्थान्धता भी बढ़ती चली गई और यवनों के आक्रमण तक इन्होंने यहाँ तक प्रबलता प्राप्त कर ली कि किसी विचारवान पुरुष को भी इनकी कपोलकल्पित बातों के प्रतिवाद करने का साहस न हो सका। मुसलमानी बादशाहत के आरम्भ में जब कुतुबुद्दीन प्रथम बादशाह (दिल्ली) ने अपने सेनापति बख़्तियार खिलजी को बंगाल विजय करने के लिए भेजा तो बंगदेशाधिपति राजा लक्ष्मणसेन के साथ इन स्वार्थियों ने जैसा विश्वासघात किया वह किस इतिहासवेत्ता पर विदित नहीं है। इन लोगों ने राजा लक्ष्मणसेन को परामर्श दिया था कि महाराज यह कलिकाल है यवनों की अवश्य विजय होगी इसलिए उचित है कि सब धन ब्राह्मणों को देकर आप किसी तीर्थ स्थान में जाकर वास कीजिए। राजा ने ब्राह्मणों के वचनों पर विश्वास करके कुछ युद्ध प्रबन्ध न किया, परन्तु ब्राह्मणों को भी विश्वासघात का फल शीघ्र ही मिल गया अर्थात् राजा के राजकोष का द्रव्य जो छल करके लिया था वह यवनों ने छीन लिया और इनकी सब प्रकार दुर्दशा की। परन्तु राजा तो यवन सेना के आ जाने पर भागकर बच गए।" (वही, पृ. 39)

पं. माधवप्रसाद मिश्र किसी ऐतिहासिक परिप्रेक्ष्य को पूर्णतः उद्घाटित न कर उसके लिए ब्राह्मणों को दोषी ठहराने की तुलना किसी रोगी की भयंकर रोग से हुई मृत्यु के लिए उसके चिकित्सक को दोषी ठहराने से करते हैं। महाभारत के युद्ध में तो कोई स्वार्थी ब्राह्मण नहीं था फिर क्षत्रियों ने आपस में लड़कर विनाश क्यों किया? किसी राजा की वीरता या कायरता के लिए उसके ब्राह्मण परामर्शदाता किस प्रकार दोषी ठहराए जा सकते हैं? माधव मिश्र का मानना है कि यह पुस्तक किसी देश विरोधी, ब्राह्मण विद्वेषी व्यक्ति ने लिखी है जो किसी तार्किकता को मानने को तैयार नहीं। उसने जिन घटनाओं के माध्यम से ब्राह्मण जाति को कलंकित करने का प्रयास किया है वह अनुचित है—"भवितव्यता के दोष को निर्दोष ब्राह्मणों पर लगाना बड़ी भारी कृतघ्नता है। लक्ष्मणसेन के पूछने पर अवश्य ही ब्राह्मणों ने भविष्य कह दिया था और उसका तात्पर्य भी यह नहीं था जैसाकि लेखक की अयोग्य लेखनी लिख रही है। क्षत्रिय कुल के एकान्त हितैषी ब्राह्मणों ने सोचा था कि इससे महाराज जी खोलकर क्षात्रधर्म का

पालन करेंगे। यदि लक्ष्मणसेन कायर न होता तो स्त्री के समान पलायन पर न होकर चित्तौड़ के प्रात:स्मरणीय क्षत्रियों की तरह युद्ध में प्राण देकर 'स्वर्गद्वार मपावृतं' का लाभ करता, किन्तु कायर बंगाधिप से भागने के सिवा और कुछ न हो सका। यवनों के विजय का जैसा लक्ष्मणसेन को हुआ था, वैसा ही पंडितों द्वारा महाराणा समरसिंह को भी दृष्टद्वती के तट पर हो गया था पर उस राजर्षि ने नौका में बैठकर लक्ष्मणसेन की तरह भागकर प्राण बचाना न चाहा; पितामह भीष्म के समान शरशैया पर लेटना ही श्रेयस्कर समझा। मुसलमान इतिहास लेखक जो बहुधा हिन्दुओं के भीतरी भेद न जानने के कारण या मात्सर्य्य के कारण ब्राह्मणों पर आक्षेप कर गए हैं उनका हिन्दू इतिहास लेखकों के ग्रंथ देखे बिना उद्धृत करना बड़ा हानिकारक है। लेखक यदि योग्यता से कार्य लेता तो इस बंगाली राजा की अपेक्षा उन बंगाली ब्राह्मणों की प्रशंसा करता जिन्होंने मरने से प्रथम राजकोष का द्रव्य यवनों को नहीं दिया।" (वही, पृ. 40)

जाति प्रथा पर इसके जनक ब्राह्मणों को जितना कोसा गया है, सम्भवत: संसार में इतना किसी और को किसी कार्य के लिए नहीं कोसा गया होगा। ऐसे एकाध अपवाद छोड़कर ब्राह्मणों ने इसके विरोध में कभी कोई मोर्चा खोला हो, इसके प्रमाण भी नहीं मिलते। जिन ठाकुरदास गुप्त ने 'स्वार्थान्ध प्रकाशिका' लिखकर ब्राह्मणों के दुर्गुण गिनवाए हैं उन्हें भी ब्राह्मण जाति से समस्या है, जाति प्रथा से नहीं। भारतेन्दु हरिश्चन्द्र अपने शास्त्रों से अपरिचित कर्मकांडों में उलझकर अपना वास्तविक धर्म भूल बैठे ब्राह्मणों को सुधारने की बात कहते हैं—"आज के भारतेन्दु में प्रथम पत्र आर्य समाजियों के विषय में जो है उसमें मेरी बुद्धि में यह बात आती है कि ब्राह्मणों को एक ही बेर छोड़ देने की अपेक्षा उनको सुधारना उत्तम है।" (भारतेन्दु समग्र, पृ. 082)

उन्नीसवीं सदी के अन्त तक राष्ट्रवाद के साथ जाति-उत्थान की भावना का परस्पर संवर्द्धन स्पष्टत: दिखलाई पड़ने लगता है। भारतीय समाज की सबसे बड़ी सचाई जाति के घेरे में सामाजिक सुधार और देशोद्धार का अभियान चलाने में तत्कालीन समाज को कोई विडम्बना दिखलाई नहीं पड़ती। अभी तक हिन्दी साहित्य में जाति-उल्लेख अस्पृश्य नहीं माना गया है, यह आगे चलकर घटित होता है। 'जाति' भारतीय समाज की प्राण-वायु की तरह कार्य करती है, इससे बहिष्कृत होकर किसी का समाज में रह पाना असम्भव है। अत: देशोद्धार के साथ जातिउद्धार की भावना उन्हें अस्वाभाविक नहीं लगती। इस तरह की रचनाओं के प्रतिनिधि रूप में प्रतापनारायण मिश्र की 'कान्यकुब्जों की ही सबसे हीन दशा क्यों है' को लिया जा सकता है। केवल जाति का नाम बदलकर, यानी अपनी जाति के उल्लेख के साथ इस प्रकार के अनगिनत आलेख लिखे गए जिनमें अपनी जाति के पतन के कारणों को खोजकर उन्हें दूर करने का आह्वान था। ऐसी रचनाओं में जाति के उत्थान और पतन से देश का उत्थान और पतन जुड़ा था। अपनी 'कान्यकुब्जों की ही सबसे हीन दशा क्यों हैं' रचना में प्रतापनारायण मिश्र ने अपनी जाति की अच्छी-ख़ासी ख़बर ली है—"यों तो देश अवनति पर है, परन्तु इसमें कोई सन्देह नहीं कि विचार से देखा जाए तो हमारे कान्यकुब्ज भाई सबसे दीन दशा में मिलेंगे। इस पर भी बड़े खेद का स्थान यह है कि जिन बातों से इनकी दिन-दिन दुर्गति होती जाती है उनका छोड़ना तो जैसा-तैसा, बहुतेरे उन्हीं सत्यानाशी ढंगों को ब्राह्मणत्व (कनबजियांय) समझ बैठे हैं। शास्त्र में लिखा है कि विप्राणां ज्ञानतो ज्यैष्ठयम् अर्थात् ब्राह्मण की बड़ाई

ज्ञान से होती है। पर इन्होंने मिथ्या कुलाभिमान, जिसका वेदशास्त्र पुराण आदि में कहीं कुछ पता ही नहीं मिलता, उसमें ऐसा बड़प्पन मान रखा है जिसका कुछ ओर-छोर ही नहीं। हमारा प्रयोजन यह नहीं कि जातिकुलाभिमान सर्वथा अनुचित ही है। नहीं, यह होना अवश्यमेव चाहिए, पर रीति रीति से। इसमें सन्देह नहीं कि हमारे पूर्वज ऋषि लोग सर्वमान्य थे परन्तु किन कारणों से? विद्या, धर्म, साम, दाम, आस्तिकता आदि सद्‌गुणों से। बस हमको भी उक्त गुणों को ग्रहण करना चाहिए क्योंकि हम भी उनके वंश में हैं। यदि पूर्व पुरुषों के बराबर न हो सके तो कुछ तो उनके ढंग की सी योग्यता प्राप्त करें। यह नहीं कि सीखे चाहे गायत्री मंत्र तक न हों पर 'हम तिरवेदी आहिन'। रौरे त्रिवेदी नहीं चतुर्वेदी सही पर इस झूरे झत्राने से हानि कितनी होती है कि दूसरे ब्राह्मण को कुछ लेखा ही नहीं लगाते।" (प्रतापनारायण ग्रंथावली, प्रथम खंड, सम्पा. विजय शंकर मल्ल, नागरी प्रचारिणी सभा, काशी, 1957, पृ. 38)

मिश्र जी भी अपनी रचना देश की चिन्ता से आरम्भ करते हैं। वे अपनी जाति के बिना पढ़े-लिखे अभिमानी होने पर क्रोधित हैं। कान्यकुब्जों के पूर्वजों में विश्वामित्र आदि महर्षि माने जाते हैं। आज इस जाति के लोग अपने पुरखों का माहात्म्य गिनवाकर सब कुछ साध लेना चाहते हैं। यह समाज सबसे अधिक फूट का शिकार है। फूट का कारण मिथ्याभिमान है—"इसी मिथ्याभिमान के कारण अनैक्य इस जाति में ऐसी हो गई कि एक भाई दूसरे भाई को तुच्छ समझता है। किसी ने सच कहा है 'ब्राह्मण दृष्ट्व—वानवत् घुघुरायते'। यह कहाँ हो सकता है कि मिसिर जी दुबे जी को कुछ समझें। ढूँढ़ने से कुछ नातेदारी भी निकल आवे तो 'होई नाते का नात पनाते का ठयांगरन' कह के मुँह फेर लेंगे। कनौजियों में किसी ने न देखा होगा कि एक ही कुल के पचास घर भी एक-दूसरे के दुख-सुख में साथी हों। जहाँ सुनो यही सुनने में आवैगा कि 'आहीं तो भयाचार पै आवाजाही छूटिगै है।" (वही, पृ. 38-39)

न पूर्वजों की विनम्रता का ध्यान है, न भाई के दुख का। केवल रूढ़ि का पालन है, व्यर्थ के नियम हैं और अपनी अवस्था पर रुदन है—"जहाँ कान्यकुब्ज का अधिक वृन्द है उन गाँवों में यह चाल है कि अपने से बड़ा नाऊ-बारी भी हो तो उसे काका,बाबा, दादा इत्यादि कहते हैं। इससे जान पड़ता है, आगे के पुरुष बड़े मिलनसार होते रहे हैं। पुराणों से भी सिद्ध है कि हमारे ऋषिवरों की किसी राजा के यहाँ कुछ रोक-टोक न थी। सबको घर का सा वास्ता था। पर हाय! हम लोग सगे भाई से भी प्रेम नहीं रखते। जब हम नीच जाति वालों को देखते हैं कि किसी भाई से कुछ ऊँच-नीच बन पड़ी तो पाँच पंच उससे रोटी ले के फिर मिला लेते हैं। यह देखकर बड़ी लज्जा एवं दुख होता है कि हाय, हमारे यहाँ कुछ पूछ ही नहीं है। जो चाहो सो किया करो। कोई कुछ कहनेवाला नहीं। और परमेश्वर न करे किसी का कोई ऐब खुल जाए तो वह इस जन्म अपनों से मिल नहीं सकता। यदि कोई कहे कि इस फूट का कारण निर्धनता है तो हम कहते हैं निर्धनता भी तो इसी मिथ्याभिमान ही से हुई है।" (वही, पृ. 39)

फूट और मिथ्याभिमान के कारण निर्धनता है और निर्धनता सभी कष्टों का कारण है। इस समाज के पास न शिक्षा बची है न अन्य दूसरे साधन। शारीरिक श्रम भूखों मरने की नौबत पर करेंगे यदि व्यवसाय करने को कहो तो दूसरी जाति की अवमानना करेंगे—"कोई धन्धा करने को कहो तो कहेंगे 'का बनिया-बक्काल आहिन'। जब तक

माँगे-जाँचे एक पहर भी खाने को जुड़ता जाए तब तक घर से निकलना जानते ही नहीं। कहीं जब भूखों मरने लगेंगे तब पंखा कुली की नौकरी के लिए म्लेच्छों की खुशामद करेंगे, पर पहले टिर्र के मारे यही कहा करेंगे 'का पुरिखन कै देहरी छाँड़ देन'। गाँव सहाय कहीं कौन बैठा है? यदि हो भी तो यह 'कनबजिया ह्वै कै केह ससुर के आगे अधीनी बतायं'। इससे कोई यह न समझे कि यह रुपये की परवाह नहीं करते। नहीं, रुपये के वास्ते तो जौने धाकर के तलाए का पानी न लेत रहे उसी के यहाँ बेटे का ब्याह करके कच्ची-पक्की खाएँगे, पर कब? जब देखेंगे कि कहीं ठिकाना नहीं रहा। पहिले से अपना हिताहित विचारने की सौगन्ध है।" (वही, पृ. 39)

प्रतापनारायण मिश्र का यह लेख उनके द्वारा सम्पादित 'ब्राह्मण' पत्र के खंड-1, संख्या 8, 15 अक्टूबर, 1883 ई. में छपा था। इसी कड़ी में 'द्विज' और 'क्षत्रिय' आदि पत्रों को जाति उद्धारक प्रयासों के रूप में देखा जा सकता है। 'ब्राह्मण' के खंड-4, संख्या 5, 15 दिसम्बर, 1883 में प्रतापनारायण मिश्र ने बंगाल के ब्राह्मणों तथा अन्य जातियों पर विचार करते हुए 'ऊँच निवास नीच करतूती' लेख लिखा। इसमें भी उन्होंने कान्यकुब्जों की आपसी फूट पर बंगाली ब्राह्मणों के माध्यम से बल दिया। बंगाल में कोई भी ब्राह्मण न होने के कारण मध्यकाल में उत्तर प्रदेश के कन्नौज से ग्यारह ब्राह्मण परिवार आयातित किए गए थे। आज के बंगाल के सभी ब्राह्मण इन्हीं की सन्तानें हैं।" (विस्तार के लिए इस लेखिका द्वारा अनूदित पुस्तक बंकिमचन्द्र चट्टोपाध्याय के निबन्ध : एक संकलन, अनुवाद और सम्पा., रूपा गुप्ता, स्वराज प्रकाशन, नई दिल्ली, 2010 देखी जा सकती है।) बंगाल के लोग उत्तर प्रदेश और बिहार के लोगों को 'हिन्दुस्तानी' और 'खोट्टा' कहकर बुलाते हैं। अब यह प्रवृत्ति कम हो रही है किन्तु उन्नीसवीं-बीसवीं सदी में यह अवमानना मूलक सम्बोधन ही प्रचलित था। इसी सन्दर्भ में प्रतापनारायण मिश्र कान्यकुब्जों की दशा पर दुख प्रकट करते हैं—"बंगाली ब्राह्मण अपने को कान्यकुब्जों का वंश बताते हैं। इससे स्वयंसिद्ध है कि जो लोग आज भी कान्यकुब्ज देश ही के इधर-उधर रहते हैं, वे अधिक श्रेष्ठ हैं। क्योंकि देश, भेष, आचार, व्यवहार, सभी कुछ बना है। भला ये श्रेष्ठ न होंगे तो क्या वे होंगे जिनका नाम भी और हो गया! पर जब हम देखते हैं कि बंगाली माशा (महाशय) एक शूद्र, निर्धन, अविद्य और उदासीन (न मित्र न शत्रु) बंगाली के हितार्थ एतद्देशीय अत्युच्च ब्राह्मण, बड़े भारी अमीर, महापंडित, एवं परम मित्र को कुछ माल नहीं गिनते, बरसों की मित्रता छोड़ नए परिचय की ओर हो जाते हैं, यहाँ तक कि 'हिन्दुस्तानी' शब्द ही को वे अन्तःकरण से तुच्छ समझते हैं पर हमारे रौरे जी (कनौजिया भाई) की अकिल पर ऐसे पाथर पड़े हैं कि दुनिया भर की चाहे लातै खाय आवैं पर अपने को अपना समझें तो शायद पाप हो।" (वही, पृ. 155) यही कारण है कि कान्यकुब्ज ब्राह्मण पीछे रह गए हैं, शेष जातियाँ आगे बढ़ गई हैं। जिस जाति ने बदलते समय के साथ स्वयं को बदला है वह उन्नति करती चलती है। प्रतापनारायण मिश्र कई जातियों का ब्योरा एक साथ दे देते हैं—"इधर क्षत्रियों में देखिए तो हम यह नहीं कह सकते हैं कि खत्री और कायस्थ क्षत्री नहीं हैं, पर डील-डौल, नाम काम, पहिरावे-उढ़ावे में नज़ाकत आ जाने से और यज्ञोपवीत तथा सामयिक राजभाषा के अभ्यास के अतिरिक्त और कोई लक्षण क्षत्रियत्व का देख नहीं पड़ता। पर हमारे ठाकुर साहब के नामों में, चेहरे-मोहरे में एक प्रकार की वीरता आज भी झलकती है। इससे हम क्या एक विदेशी भी कह देगा कि यह

बहादुर कौम है। पर विचार के देखो तो स्वजातिहितान्वेषण के मैदान में जितना मुंशी जी का और खत्री साहब का क़दम आगे बढ़ा हुआ है उतने ही राजपूत महाशय पीछे पड़े हैं! उनमें जाति हितैषियों की संख्या कदाचित् ऊँगलियों पर गिनी जाए। इसी से इनके देखे वे समुन्नत हैं। वैश्यों में हमारे ओमर दोसर जो हम कान्यकुब्जों की हो जिह्वा से नहीं वरंच जगत् के मुख से बनिया ही के नाम से लक्षित हैं, वे फूट का मूलारोपण और फलास्वादन में हमारे मुख्य शिष्य हैं। पर अग्रवाल महोदय, जो समय के फेरफार तथा पश्चिमीय जलवायु के संस्कार से कुछ-कुछ मियाँ भाइयों की लटक पर आ गए हैं, वे अपने चार भाइयों की या सम्पादन करके ऐक्य के मधुर फल को पूर्ण रीति से नहीं तो भी कुछ तो पा ही रहे हैं।...रहे शूद्र, जो सबकी दृष्टि में नीच हैं, पर पाँच पंच का डर, सहायता, स्नेह का पूर्ण सुख भोगते हैं। इसी से कहते हैं कि 'ऊँच निवास नीच करतूती, तेहिते लगी बड़ेन मह छूती'।" (वही, पृ. 155-56)

खड्गविलास प्रेस, बाँकीपुर से छपनेवाली 'द्विज' पत्रिका में ब्राह्मण, क्षत्रिय और वैश्य तीनों सम्मिलित किए गए थे। इसके शीर्षक के साथ छपा रहता था, ब्राह्मण, क्षत्रिय और वैश्य को सुधारनेवाली 'पाक्षिक पुस्तिका।' यह कोई धार्मिक पत्रिका नहीं थी वरन् 'विद्या, धर्म, नीति, व्यवहार, कर्म, इतिहास, प्राचीन प्रणाली, अनुवाद, काव्य, नाटक, परिहास, साहित्य, दर्शन, स्त्री-शिक्षा, पंचप्रपंच, प्रेरितपत्र आदि विविध विषय इसमें छपते थे। पत्रिका का नाम 'जातिवाचक' था, किन्तु अपनी सभ्यता के सभी बिन्दुओं का सम्बोधित करने का प्रयास था, बस इसमें शूद्रों को सम्मिलित नहीं किया गया, इसमें परम्परा का पालन किया गया। चूँकि शूद्र 'द्विज' में नहीं आते थे अत: उन्हें सुधारने का कोई लक्ष्य नहीं रखा गया।

बालकृष्ण भट्ट ने अपने निबन्ध 'कष्टात्कष्टतरंक्षुधा' में जाति पर अलग प्रकार की टिप्पणी की। उन्होंने धूल को अपमान सहनेवाली जाति से अच्छा बताया। धूल जैसी तुच्छ वस्तु अपमान सहकर चुप नहीं बैठती। माघ कवि के उदाहरण से उन्होंने कहा कि "उस मनुष्य से धूलि ही भली जो अपमान सहकर भी निर्विकार जैसे का तैसा बना रहता है। इतना ही होता तो इनकी यह दशा क्यों होती कि इस समय भूमंडल पर कोई जाति नहीं है जो इतने दिनों तक अपमान कैसा वरन् ग़ुलामी की हालत में धौल खाते-खाते जन्म का जन्म बीत गया और चेत न आई। सिर नीचा किए सबर को अपना दीक्षा गुरु मान सब सहते चले जाते हैं।" (बालकृष्ण भट्ट का श्रेष्ठ निबन्ध, पृ. 95)

जिस देश के रक्त में दासता बहने लगी हो उस देश से और आशा भी क्या की जा सकती है? वह जाति तो अपनी स्वामिभक्ति पर ही गर्व कर सकती है। दूसरे देशों में इससे एकदम भिन्न उदाहरण मिलते हैं। पुराने ब्रिटिश रोम की चार सौ वर्षों की ग़ुलामी के बाद संसार की विजेता जाति में परिणत हो सके, किन्तु भारत में तो "दूसरा कोढ़ इनके साथ परिवर्तन विमुखता का लग रहा है! मनु के समय जो दो पहिये का छकड़ा निकला उसमें फिर अब तक कुछ अदल-बदल न हुई। शायद इसके बराबर का ऐसा ही कोई दूसरा पाप होगा कि बाप-दादा के समय की प्रचलित रिवाज में परिवर्तन किया जाए। जो कुछ दोष उसमें आ गया है उसे मिटाकर संशोधन करना मानो अपने लिए नरक का रास्ता साफ़ करना है, उसका यह लोक-परलोक दोनों गया दाख़िल समझो इत्यादि बातों का ख़याल कर क्षुधा को कष्टात्कष्टकर कहना हिन्दुस्तान के लिए सब

भाँति, सत्य और उचित मालूम होता है।" (वही, पृ. 95) बालकृष्ण भट्ट ने यह निबन्ध 1903 ई. में लिखा था।

रामविलास शर्मा का जाति निर्माण सम्बन्धी मत

डॉ. रामविलास शर्मा आधुनिक जातियों के गठन का समय और बाद से मानते हैं। वे अपनी पुस्तक 'भारतीय नवजागरण और यूरोप' में भारत में जातियों के निर्माण की चर्चा करते हैं। उनका मानना है कि सभ्यता के आरम्भ काल से ही उसका बर्बरता से संघर्ष होता रहा है। सभ्यता के पहले भी आदिम समाजों में अन्तर्विरोध थे, किन्तु बहुत क़म। सभ्यता के विकास के साथ ये अन्तर्विरोध बढ़ते गए। रामविलास शर्मा सभ्यता के विकास क्रम को अत्यन्त संक्षेप में समेटते हुए कहते हैं कि—"पहले-पहल मनुष्य कबीलों के रूप में संगठित हुआ, संगठित कबीले के लोग स्वयं को रक्त-सम्बन्धी मानते हैं। दो कबीले या कई कबीले आपस में लड़ते हैं पर कबीले के लोग आपस में भाईचारा निबाहते हैं। मनुष्यों में पुरुष और नारी का भेद प्राकृतिक है। इस भेद से समाज में पहला अन्तर्विरोध पैदा होता है। प्राप्त प्रमाण सामग्री से ऐसा प्रतीत होता है कि आरम्भ में परिवार मातृसत्ताक आधार पर गठित होते हैं, फिर उत्पादन के साधनों में विकास के साथ मातृसत्ताक की जगह पितृसत्ताक परिवार क़ायम होते हैं। कबीले के लोग गोत्र या कुटुम्बों में विभाजित होते हैं। गोत्र और कुटुम्ब के सदस्य आपस में विवाह नहीं करते, मनुष्य के जैविक विकास के लिए शायद ऐसा नियम आवश्यक होता है। कुटुम्ब और गोत्र जीविका के साधन जुटानेवाले घटक होते हैं। सारी सम्पत्ति गोत्र की होती है, गोत्र के अन्तर्गत कुटुम्बों की होती है। जीविका के साधन जुटानेवाले घटक के रूप में कुटुम्ब जितना प्रभावशाली होता है उतना ही गोत्र कमज़ोर होता है। गोत्र की सामूहिक सम्पत्ति के स्थान पर कुटुम्ब की व्यक्तिगत सम्पत्ति स्थापित होती है। व्यक्तिगत सम्पत्ति का उद्भव और विकास पहले कुटुम्ब सम्पत्ति के रूप में होता है।" (भारतीय नवजागरण और यूरोप, रामविलास शर्मा, हिन्दी माध्यम कार्यान्वयन निदेशालय, दिल्ली विश्वविद्यालय, दिल्ली, 1996, पृ. 313)

कुटुम्ब को अपनी सम्पत्ति वृद्धि के लिए आय के साधन चुनने पड़ते हैं। ये साधन समाज में उपलब्ध अवसरों से चुने जाते हैं। गोत्र और कुटुम्ब वाले समाजों में यह किसी विशेष प्रकार के श्रम से जुड़ा था और श्रम का विशेषीकरण कुटुम्ब के आधार पर ही सम्भव होता है, विशेषीकरण से उत्पादन में वृद्धि होती है, उसके साथ विनिमय का विकास होता है। श्रम के विशेषीकरण से अनेक कुटुम्ब एक बिरादरी में संगठित होते हैं, कुटुम्ब सम्पत्ति का चलन होने पर कुछ कुटुम्ब धनवान और प्रभावशाली होते हैं, अन्य निर्धन और प्रभावहीन होते हैं। समाज में ऊँच-नीच का भेद करनेवाली वर्ण व्यवस्था क़ायम होती है। नई बिरादरियाँ धन्धे के अनुसार क़ायम होती हैं पर हर बिरादरी के लोग यह कल्पना कर लेते हैं कि वे आपस में रक्त-सम्बन्धी हैं, किसी आदि पूर्वज की सन्तान हैं। इसी तरह वर्ण के सदस्य अपने रक्त-सम्बन्धों की कल्पना कर लेते हैं।" (वही, पृ. 313)

उत्पादन बढ़ने के साथ विनिमय बढ़ता है जिसके लिए समाज का एक वर्ग विकसित होता है। बढ़ते विनिमय से नगर बसते हैं जो ग्रामों से भिन्न होते हैं। अब वर्ण के अन्तर्विरोध से गाँव और नगर का अन्तर्विरोध भी जुड़ जाता है, उसे सामन्ती व्यवस्था कहते हैं। धीरे-धीरे नगर गाँव से अधिक शक्तिशाली होता जाता है। अधिक उत्पादन

के साथ विनिमय बढ़ता है। इस बढ़ते विनिमय से व्यापारिक पूँजीवाद आरम्भ होता है। रामविलास शर्मा मानते हैं कि "जाति वह मानव-समुदाय है जो व्यापार द्वारा पूँजीवादी सम्बन्धों के प्रसार के साथ गठित होती है। सामाजिक विकास क्रम में मानव समाज पहले जन या गण के रूप में गठित होता है। सामूहिक श्रम और सामूहिक वितरण गण-समाज की विशेषता है और उसके सदस्य आपस में एक-दूसरे से रक्त सम्बन्ध के आधार पर सम्बद्ध माने जाते हैं। इन गण-समाजों के टूटने पर लघु जातियाँ बनती हैं जिनमें उत्पादन छोटे पैमाने पर होता है और न श्रम विभाजन के आधार पर भारतीय वर्ण व्यवस्था जैसी समाज-व्यवस्था का चलन होता है। पूँजीवादी युग में इन्हीं लघु जातियों से आधुनिक जातियों का निर्माण होता है।" (भारतीय साहित्य के इतिहास की समस्याएँ, रामविलास शर्मा, वाणी प्रकाशन, नई दिल्ली, 1986, पृ. 27-28)

रामविलास शर्मा के लेखन की सबसे बड़ी विशेषता यह है कि वे अपने सिद्धान्तों को उदाहरण सहित प्रस्तुत करते हैं। भारतवर्ष की बहुजातीयता और जाति व्यवस्था दोनों ही समस्याग्रस्त रहे हैं इसलिए वे अपनी बात के समर्थन में यूनान का उदाहरण देते हैं—"प्राचीन यूनान में, होमर के महाकाव्यों के युग में, अनेक गण समाज थे। प्लेटो के समय में सामन्ती व्यवस्थावाली लघु जातियाँ थीं। अब यूनान में पूँजीवादी युग की एक जाति रहती है। वैदिक काल में भरत, कुरु, पांचाल आदि अनेक गण-समाज थे। बौद्ध काल में जिन्हें जनपद या महाजनपद कहा जाता था, वे लघु जातियों के प्रदेश थे। ब्रज, अवध, बुंदेलखंड आदि उन्हीं लघु जातियों वाले प्रदेशों के अवशेष हैं और इन्हें अब भी हम जनपद कहते हैं। इन लघु जातियों से आधुनिक हिन्दीभाषी जाति का निर्माण हुआ है। भारत में अब हिन्दी, बांग्ला, मराठी, तमिल, कन्नड़ आदि भाषाएँ बोलनेवाली अनेक जातियाँ रहती हैं।" (वही, पृ. 28)

इस उद्धरण में वे वर्ण व्यवस्था से उत्पन्न मानी जानेवाली 'जाति' के साथ 'भाषायी जाति' को भी जोड़ देते हैं। हिन्दी जाति में बहुत-सी जातियों के लोग हैं या इसे यों कहा जाए कि बहुत-सी जातियों के हिन्दी भाषियों को मिलाकर हिन्दी जाति गठित होती है। भूमि, जाति और भाषा को मिलाकर राष्ट्र बनता है। राष्ट्र शब्द का व्यवहार इन तीनों प्रकार के मानव समाजों के लिए होता रहा है। वैदिक काल में, महाभारत काल में और उसके बाद भी 'राष्ट्र' शब्द का प्रयोग हमारे यहाँ होता आया है और इसमें दो अर्थ गर्भित रहे हैं : वह भूमि जिस पर कोई मानव समुदाय रहता है, और स्वयं वह मानव-समुदाय।

"राष्ट्र के अन्तर्गत एक गण-समाज और उसकी भूमि गिनी जा सकती है, और एक से अधिक गण-समाजों और उनकी संयुक्त भूमि को भी गिना जा सकता है। इस तरह के गण-संघ वैदिक काल में ही बनने लगे थे। इसी तरह राष्ट्र के अन्तर्गत एक जनपद हो सकता है और अनेक जनपद हो सकते हैं। बौद्धकालीन महाजनपद इसी तरह लघु जनपदों को मिलाकर बनाए गए थे। इन समस्त गण-समाजों और लघु जातियों—जनपदों और महाजनपदों—के समुदाय को भी एक राष्ट्र की संज्ञा दी जा सकती है। संस्कृत में 'वर्ष' शब्द का प्रयोग इसी ढंग से होता था। इस देश को भारतवर्ष कहा जाता था। भारतवर्ष के स्थान पर अब केवल भारत शब्द का चलन सामान्य हो गया है। यह भारत एक राष्ट्र है।" (वही, 1986, पृ. 28)

रामविलास शर्मा इस प्रश्न को नहीं भूलते कि भारत को क्या सामन्तकाल से राष्ट्र की संज्ञा दी जा सकती है? वे भारत की विशाल भौगोलिक सीमाओं जिसमें अफ़ग़ानिस्तान, दक्षिण-पूर्वी एशिया के देश और द्वीप सम्मिलित हैं, में राष्ट्रवाद के सांस्कृतिक स्वरूप की बात कहते हैं। वे इस आपत्ति का उत्तर भी देते हैं कि बिना यातायात के साधने के यह कैसे सम्भव हुआ होगा—"यहाँ यह स्मरण रखना चाहिए कि सामन्तकाल में राज्यों की सीमाएँ बनती-बिगड़ती रहती हैं, सांस्कृतिक इकाइयों की सीमाएँ अपेक्षाकृत स्थिर रहती हैं। छोटे-बड़े राज्यों में विभाजित होने से विभिन्न जनपदों के आर्थिक विनिमय और सांस्कृतिक सम्पर्क विच्छिन्न नहीं हो जाते। इसके सिवा सामन्ती व्यवस्था में चक्रवर्तियों के साम्राज्य भी क़ायम होते हैं और कभी-कभी काफ़ी स्थायित्व वाले होते हैं। व्यापार का विकास सामन्ती व्यवस्था के अन्तर्गत ही होता है। व्यापार के लिए यातायात के साधनों का विकास हुआ, विभिन्न प्रदेशों को मिलानेवाले राजमार्गों का निर्माण हुआ। इसके अलावा नदियाँ और समुद्र यातायात के पुराने मार्ग हैं। प्राचीन भारत में स्थल मार्गों से एशिया और यूरोप के देशों से सम्पर्क क़ायम किया गया था। और जलमार्गों द्वारा दक्षिण-पूर्वी एशिया से। ऐसा न होता तो बौद्ध धर्म का प्रसार इतने बड़े पैमाने पर कैसे होता। (यह प्रसार भी तब जब सैनिक अभियान द्वारा न हुआ हो।)" (वही, पृ. 29)

इस राष्ट्र निर्माण के भीतर जाति व्यवस्था भी अपना रूप निर्धारित करती चलती है। जहाँ एक ओर विनिमय, देश की भौगोलिक सीमाएँ लाँघकर एक वृहत्तर भारत को विश्व के अन्य देशों को सम्पर्क में बाँधता है वहीं दूसरी ओर इसके विकास के साथ जाति निर्माण की प्रक्रिया भी आरम्भ होती है—"सामन्ती व्यवस्था के अन्तर्गत विनिमय के विकास के साथ दर्शन विकसित होता है, विनिमय के विकास में जातीय निर्माण की प्रक्रिया आरम्भ होती है। अनेक जनपदों के लोग जब सामान्य व्यापारिक सम्बन्धों में बँध जाते हैं, तब जाति का निर्माण होता है। विनिमय कर्म बहुत पुराना है, वस्तुओं का क्रय-विक्रय बहुत पुराना है। हर तरह के व्यापार को व्यापारिक पूँजीवाद नहीं कहा जा सकता, हर तरह के व्यापार से जाति का निर्माण आरम्भ नहीं हो जाता। सामन्ती व्यवस्था में जनपदों के भीतरी स्थानों पर हाट लगती है, छोटे-छोटे बाज़ार क़ायम होते हैं। जनपदों से बाहर बड़े व्यापारी धनी जनों के लिए विलास-वैभव का सामान जुटाते हैं, इससे जो व्यापारिक सम्बन्ध क़ायम होते हैं, अधिकांश जनता उनसे बाहर रहती है, इस तरह बड़ा घरेलू बाज़ार क़ायम नहीं होता, जनपदों का अलगाव खत्म नहीं होता।" (भारतीय नवजागरण और यूरोप, रामविलास शर्मा, पृ. 324) घरेलू बाज़ार और गाँव-शहर की आम जनता को व्यापारिक घेरे में समेटने के लिए किसी एक भाषा का विकास होता है। यह भाषा विभिन्न जनपदों को जोड़ती है। विभिन्न जनपदों की भाषा आपस में जुड़ती है। रामविलास शर्मा यह भी बताते हैं कि सामन्ती व्यवस्था में छोटे-छोटे राज्य होते हैं। ये आपस में लड़ते रहते हैं जिससे उनकी भौगोलिक सीमाएँ बनती-बिगड़ती रहती हैं, किन्तु "राज्यों की सीमाओं से आर्थिक सम्बन्धों की परिधि बड़ी थी। इस आर्थिक परिधि से सांस्कृतिक सम्बन्धों की परिधि और भी बड़ी थी। जातक साहित्य, कथासरित्सागर, पंचतंत्र आदि में जो लोक-कथाएँ सुरक्षित हैं, उनके अलावा महाकाव्य और पुराण पढ़कर दूसरों को सुनाने और उनका अर्थ समझानेवाले लोग विभिन्न प्रदेशों को एक सूत्र में बाँधते थे। इसके अतिरिक्त शकों, हूणों तथा अन्य बर्बर जातियों का निरन्तर सामना करते

रहने से भारत के विभिन्न जनपदों और महाजनपदों में ऐतिहासिक रूप से एकता की भावना वैसे ही सुदृढ़ हुई जैसे अंग्रेज़ों से मुक्ति पाने के लिए वह पुरातन राष्ट्रीय एकता आधुनिक काल में पुष्ट हुई।" (भारतीय साहित्य के इतिहास की समस्याएँ, रामविलास शर्मा, पृ. 29)

इस प्रकार रामविलास शर्मा सामन्तवाद, उससे पहले जन और गण समाज, आर्थिक सम्बन्ध, बढ़ता व्यापार विनिमय, जातियों और महाजातियों का संगठन, एक राष्ट्र का निर्माण और उसमें विभिन्न जातियों और भाषाओं की भागीदारी का क्रमिक विकास प्रस्तुत करते हैं। उन्नीसवीं सदी के भारतीय नवजागरण की सबसे सशक्त आधारभूमि संस्कृति थी। औपनिवेशिक विचारकों एवं पिछलग्गुओं ने भारत को एक देश या राष्ट्र ही नहीं माना। भारत की 'राष्ट्रीयता' नकारनेवालों को रामविलास शर्मा एक सामान्य-सा तथ्य समझाते हुए राष्ट्रीयता की ऐतिहासिक परम्परा की निरन्तरता की बात कहते हैं—"भारत जैसे देश में राष्ट्रीयता का विकास सुदीर्घ ऐतिहासिक प्रक्रिया का परिणाम है। ऐसा नहीं है कि किसी विशेष संवत्, मास या तिथि, शुभ मुहूर्त देखकर, इस राष्ट्रीयता का जन्म हो गया, फिर वैसे ही किसी विशेष संवत्, मास और तिथि में वह राष्ट्रीयता निर्वाण को प्राप्त हो गई। इस प्रक्रिया के आर्थिक, राजनीतिक, सांस्कृतिक अनेक कारण हैं, और वह प्रक्रिया अभी समाप्त नहीं हुई है।" (वही, पृ. 29)

रामविलास शर्मा भारत का विकास एक राष्ट्र के रूप में देखते हैं जो यूरोप के विपरीत था। संस्कृत भाषा में प्रकट संस्कृति के अखिल भारतीय स्वरूप पर दृष्टिपात करते हुए वे गांधार में पाणिनि, दक्षिण केरल में शंकराचार्य और वाल्मीकि तथा व्यास की बात करते हैं जो आज के हिन्दी प्रदेश के जनपदों के कवि थे। वे कहते हैं कि कालिदास और भवभूति इन्हीं जनपदों से सम्बद्ध थे। रामविलास शर्मा अत्यन्त तार्किक रूप से प्रमाणित करते हैं कि वेद, पुराण, रामायण, महाभारत, षड्दर्शन, कालिदास और भवभूति के नाटक और कविता का सांस्कृतिक इतिहास हिन्दी जाति का सांस्कृतिक इतिहास है। यही नहीं पाली और प्राकृत का अधिकांश एवं अपभ्रंश साहित्य का एक अंश हिन्दी प्रदेश के रचनाकारों का कृतित्व है। वे हिन्दी जाति की सांस्कृतिक विरासत को नकारनेवालों से कहते हैं—"कश्मीर प्राचीन दर्शन और संस्कृत साहित्य का प्रसिद्ध केन्द्र रहा है। इतिहास के विरल ग्रंथों में राजतरंगिणी है जिसमें कश्मीर प्रदेश के राजाओं का इतिहास है। कश्मीर के बुद्धिजीवी राजतरंगिणी तथा अन्य कश्मीरी संस्कृत साहित्य को अपनी जातीय विरासत मानते हैं तो उनका कार्य उचित ही माना जाएगा। नवोदित कश्मीरी जातीय चेतना के प्रसार में उस कश्मीरी-केन्द्रित पुराने संस्कृत साहित्य की भूमिका महत्त्वपूर्ण है। इसी प्रकार यदि केरल के बुद्धिजीवी शंकराचार्य पर जातीय गर्व व्यक्त करते हैं, तो यह उचित है। इसी न्याय से उन प्राचीन जनपदों में, जो अब हिन्दी प्रदेश में है, जो संस्कृत साहित्य रचा गया था, वह हिन्दी जाति के सांस्कृतिक इतिहास का अंग माना जाएगा।" (वही, पृ. 39-40) रामविलास शर्मा का मानना है कि कोई भी जाति पूँजीवादी सम्बन्धों के विस्तार के साथ गठित होती है। भारतीय सामन्तवाद अपने आरम्भिक काल से ही कृषि और उद्योगधन्धों के अलग-अलग अस्तित्व के साथ विकसित हुआ जबकि यूरोप की जातियाँ दोनों के संयुक्त विकास के साथ आगे बढ़ीं। भारतीय सामन्तवाद में चक्रवर्ती सम्राट अशोक से लेकर बादशाह अकबर तक भारत संसार में व्यापार का मध्य केन्द्र रहा। यहाँ व्यापार की बढ़ोतरी के लिए सुविधाजनक

आर्थिक स्थितियाँ थीं। यूरोप के वेनिस के सौदागर पूरब से व्यापार कर धनी बनते हैं। पुर्तगाल, फ्रांस, स्पेन, हॉलैंड और इंग्लैंड भारत से माल ख़रीदने के विनिमय में सोना-चाँदी देते थे। दक्षिणी और उत्तरी यूरोप के व्यापारियों ने ग़ुलामों को बेचने के व्यवसाय और अमरीकी आदिवासियों से लूटा सोना और धन भारतीय माल के विनिमय में व्यय किया। जैसे-जैसे भारत के राजाओं और नवाबों से मिलकर, उन्हें आपस में लड़ाकर वे अपना राज्य विस्तार करने लगे, वैसे-वैसे वे यहाँ के कारीगरों को बाध्य करने लगे कि वे केवल अंग्रेज़ों के लिए माल तैयार करें, और उसे बेचें भी उसी दर पर जो अंग्रेज़ तय करें। इसके बाद जब भारत में उनका राज मज़बूत हो गया, उधर इंग्लैंड में मशीनों से उत्पादन होने लगा, तब उन्हें हिन्दुस्तानी कारीगरों से ज़बरदस्ती माल तैयार कराने की ज़रूरत न रही। वे अपने देश का बना हुआ माल यहाँ बेचने लगे।" (वही, पृ. 49)

इस प्रकार भारत और यूरोप-इंग्लैंड के साथ भारतीय व्यापार-विनिमय के कई चरण हैं। यह सब कुछ एक चरण में घटित नहीं हुआ जैसाकि मान लिया जाता है—"भारत से इंग्लैंड के व्यापार की तीन मंज़िलें हुईं। पहली मंज़िल में वे भारत का बना हुआ माल ख़रीदते हैं, बदले में बेचने लायक़ चीज़ें उनके पास बहुत कम हैं, इसीलिए हिन्दुस्तानी माल की क़ीमत चुकाने के लिए उन्हें सोना-चाँदी देना पड़ता है। दूसरी मंज़िल वह है जब उन्होंने कुछ प्रदेशों में अपना राज्य विस्तार किया है। तब वे कारीगरों को मजबूर करते हैं कि केवल अंग्रेज़ों के लिए माल तैयार करें और उन्हीं के तय किए हुए दामों पर बेचें। तीसरी मंज़िल वह है जब वे भारतीय उद्योग-धन्धों को तबाह कर देते हैं, यहाँ अपना माल बेचते हैं और खेतिहर भारत का कच्चा माल देकर विलायती माल ख़रीदता है। भारत में आधुनिक जातियों का निर्माण इस तीसरी मंज़िल में नहीं होता, उनका निर्माण पहली मंज़िल में होता है जबकि भारत का व्यापार इंग्लैंड की अपेक्षा अधिक विकसित है। सोलहवीं सदी में आधुनिक अंग्रेज़ी जाति का निर्माण होता है। भारत उद्योग-धन्धों और व्यापार दोनों में इंग्लैंड से आगे है। उस समय तक यहाँ आधुनिक जातियों का निर्माण होना स्वाभाविक है। भारतीय जातियों के निर्माण से व्यापार के इस विकास का बड़ा गहरा सम्बन्ध है।" (वही, पृ. 49)

इस अध्याय में अब तक के जाति के उद्भव, विकास और संस्थानीकरण की प्रक्रिया के विश्लेषण और इससे जुड़े प्रश्नों की जटिलता और रूढ़ता का अनुमान लगाया जा सकता है। भारतीय सामाजिक व्यवस्था की आधारभूमि जाति व्यवस्था ही है। यह प्रश्न आज के उत्तर आधुनिक और उत्तर संरचनावादी बल्कि उत्तर आधुनिक और उत्तर संरचनावादी भूमंडलीकृत विश्व बाज़ार में विकसित देशों की पंक्ति में खड़े होने को अति आकुल-व्याकुल भारत के सामने और भी जटिलता भरे परस्पर विरोधी आयामों के साथ मुँह बाये खड़ा है। भारतीय स्वतंत्रता संग्राम के दौरान बलपूर्वक दबाए गए जातिगत अन्तर्विरोध बीसवीं सदी के नब्बे के दशक से एक विस्फोट के साथ इक्कीसवीं सदी को चुनौती दे रहे हैं। जाति व्यवस्था भारतीय समाज के गले में लगी वह रेशमी गाँठ है जिसकी मनोहरता पर लगभग पूरा समाज मुग्ध है। जब-जब गाँठ कसकर दम घोंटती है तो इसे खोलने की चेष्टाएँ होती हैं। इन ऊपरी चेष्टाओं की प्रक्रिया में वह और कस जाती है। और अधिक दमघोंटू बन जाती है। भारतीय समाज इसे फिर भी नहीं छोड़ता, छोड़ नहीं सकता क्योंकि वह इससे जन्म से ही जुड़ा है। भारतीय समाज इस आत्मावलोकन

को तैयार ही नहीं है कि जन्म से जुड़ी चीज़ को स्वीकार कर लेने पर ऊपरी लीपा-पोती से क्या होगा? जिस जाति व्यवस्था को समाज का प्रत्येक वर्ण, वर्ग, लिंग, धर्म और जाति जन्मगत माने बैठा है उसे अच्छे-अच्छे उपदेशों और मीठे-मीठे शब्दों की आड़ में थोड़ी देर छिपाया तो जा सकता है, मिटाया नहीं जा सकता। जिस देश की राजनीति जाति पर टिकी हो, जिस देश का धर्म जाति के अनुसार आचरण बदलता हो, यहाँ तक कि अन्य देशों में जाति मुक्त धार्मिक समाज भी जहाँ जातिग्रस्त हो, जिस देश के समाज-सुधार आन्दोलन और शिक्षा संस्थाओं की नींव जाति के आधार पर टिकी हो उस देश से जाति का उन्मूलन एक काल्पनिक सत्य है। भविष्य में मंगल ग्रह पर कॉलोनी बनने की जो अग्रिम 'बुकिंग' तीस लाख डॉलर की दर पर चल रही है उसमें सफल होने पर भारतवर्ष की भागीदारी के आधार पर 'कोटा' निर्धारित किया जाएगा। फिर इन कोटों के अन्तर्गत आनेवाली जातियों का कोटा तय होगा। अन्य देशों के निवासी केवल तीस लाख डॉलर देकर बुकिंग करा सकेंगे, किन्तु भारतीयों को इन तीस लाख डॉलरों के साथ जाति प्रमाण-पत्र की अतिरिक्त योग्यता भी प्रदर्शित करनी होगी।

भारतवर्ष में अन्य धर्मों के व्यक्तियों के लिए यह कहना ख़तरनाक माना जाता है कि वे उन-उन देशों से नहीं आए थे जहाँ से उनका धर्म आया था। 'धर्मान्तरित भारतीय' शब्द का प्रयोग सामान्य सभा और बातचीत में बहिष्कृत है। भारत में सनातन धर्म के अतिरिक्त अन्य धर्मावलम्बी अपने पूर्वजों के भारतवंशी होने की चर्चा मात्र को नकारते हैं, किन्तु जाति व्यवस्था उनके इस अस्वीकार को ग़लत प्रमाणित कर देती है। भारत में इस्लाम और ईसाई धर्म के फैलने का मुख्य कारण यह था कि इन धर्मों में ऊँची-नीची जातियाँ नहीं थीं। अल्लाह की इबादत और निगाह में सभी इनसान एक ही सफ़ (पंक्ति) में खड़े थे। ईसाई भी ऊँची जाति के दम्भ और नीची जाति की निरीहता से मुक्त थे। सिक्ख धर्म का आविर्भाव भी हिन्दू समाज की जड़ता और धर्म-जाति सम्बन्धी रूढ़िवाद से मुक्ति पाने के लिए हुआ था, और तो और बहुत बड़ी संख्या में बौद्ध धर्म अपनानेवालों तक में जाति बिलकुल उसी तरह एक कड़वी सचाई बनी रही जैसी कि सनातन धर्म में थी और जिससे मुक्ति पाने के लिए समाज का एक बड़ा भाग अन्य धर्मों की शरण में गया था। इन धर्मों में जाति व्यवस्था की उपस्थिति यह स्थापित करती है कि इन धर्मों के अनुयायियों के पुरखे भारतीय ही रहे होंगे। इन पुरखों ने धर्म तो बदला, किन्तु जाति नहीं छोड़ी। जाति के आधार पर ऊँच-नीच की भावना नहीं छोड़ी। इस्लाम के अनुयायियों को मस्जिद में इबादत के समय सभी को समान दर्जा दिया गया, रोटी का सम्बन्ध भी क़ायम हुआ, किन्तु बेटी का सम्बन्ध न हो सका। जाति के आधार पर ऊँच-नीच बनी रही। भारतीय ईसाई 'ऐंग्लो इंडियन' कहलाए, उन्हें न केवल ब्रिटेन आदि के ईसाइयों की तुलना में कमतर माना गया बल्कि वहाँ भी जातिगत आग्रह बना हुआ है।

जाति-प्रश्न की जटिलता पर चर्चा करने के बाद मुख्यतः कुछ स्पष्ट सिद्धान्त निकलकर आते हैं—

1. श्रम पर आधारित वर्ण व्यवस्था जाति व्यवस्था का उद्‌गम है।
2. जाति व्यवस्था जन्मगत है।
3. ऊपर के तीन वर्ण के लोग तथाकथित उच्च जाति के और अन्तिम वर्ण के लोग तथाकथित निम्न जाति के मान लिए गए।

4. सबसे अधिक जातिगत विभाजन शूद्र वर्ण का हुआ।
5. जातियों का आधुनिक रूप व्यापारिक पूँजीवाद के दौर से आरम्भ हुआ।
6. वे आगे चलकर महाजातियों के रूप में गठित हुईं।
7. जातियाँ अपने-अपने संकीर्ण घेरों में सिमटती गईं।
8. भारतवर्ष में प्रत्येक जाति ने अपने से निम्न एक जाति खोज निकाली।
9. इन जातियों में आपस में खान-पान और वैवाहिक सम्बन्ध सामान्यतः नहीं होते।
10. भारतवर्ष के चिन्तक जातिगत आधार पर ऊँच-नीच का विरोध करते आए हैं, किन्तु जाति उन्मूलन की भावना प्रमुख नहीं रही।
11. भारतीय समाज का प्रत्येक घटक संस्कृति, शिल्प, शिक्षा, क़ानून और राजनीति आदि जातिगत समीकरणों और जातिवादी सोच से प्रभावित है।
12. प्रत्येक भारतीय जाति (और इस प्रकार लगभग प्रत्येक भारतीय) जातिवादी ढाँचे में ही सोचती है।

भीमराव आंबेडकर और जाति-प्रश्न

डॉ. भीमराव आंबेडकर ने अपने एक भाषण 'भारत में जातियाँ' में कहा था, " मुझसे अधिक निपुण व्यक्तियों एवं कुशल लेखकों ने जाति सम्बन्धी रहस्यों को उद्घाटित किया है, किन्तु दुर्भाग्यवश यह अब तक यदि अगम्य न भी कहा जाए तब भी, व्याख्याहीन बनी रही है। मैं जाति जैसी पुरातन व्यवस्था की जटिल उलझनों से अवगत हूँ। मैं इतना निराशावादी नहीं कि इसे अबूझ पहेली मान लूँ, क्योंकि मेरा विश्वास है कि इसे समझा जा सकता है। जाति समस्या सैद्धान्तिक और व्यावहारिक दोनों ही रूपों में बहुत व्यापक है। व्यवहारतः यह एक बहुआयामी परिणामों वाली व्यवस्था है। यद्यपि यह एक देशीय समस्या है किन्तु यह व्यापक स्तर पर अपकार कर सकती है।" (जाति, परम्परा और इतिहास, सम्पा. नीलकान्त, हाथ प्रकाशन, इलाहाबाद, 1999, पृ. 9)

तत्पश्चात् आंबेडकर कई विद्वानों द्वारा दी गई जाति की परिभाषाएँ देते हैं। दलित विमर्श के मठाधीशों को यह जान आश्चर्य होगा कि बाबा साहेब भीमराव आंबेडकर 'अन्तर्विवाह को जाति-व्यवस्था के रहस्य की कुंजी' (वही, पृ. 13) मानते हैं। वे कहते हैं, "दुनिया के सभ्य समाज में अतीत के इतने अवशेष उपलब्ध नहीं हैं जितने कि भारतीय समाज में हैं। इसका धर्म मुख्यतः आदिमकालीन है और लम्बा समय गुज़र जाने और सभ्यता के विकास के बाद भी इसके कबीलाई नियम आज भी आदिमकालीन उत्साह से अपनाए जाते हैं। जिस पुरातन अवशेष की ओर मैं आपका ध्यान आकर्षित करना चाहूँगा—वह है बहिर्विवाह, (एक्ज़ोगेमी) का रिवाज। प्राचीन जगत में बहिर्विवाह का प्रचलन इतना सुविज्ञ तथ्य है जिस पर प्रकाश डालना अनावश्यक है। लेकिन समय गुज़रने के साथ बहिर्विवाह का प्रभाव समाप्त हो गया है और निकटवर्ती रक्त सम्बन्धियों के अलावा अन्य के साथ विवाह करने पर सामान्यतः कोई प्रतिबन्ध शेष नहीं रह गया है लेकिन जहाँ तक कि भारतीय जनता का प्रश्न है, उसके बहिर्विवाह सम्बन्धी नियम आज भी निश्चयात्मक प्रतिबन्ध लागू करनेवाले हैं। भारतीय समाज आज भी, जबकि कुल समाप्त हो चुके हैं, कुल परम्परा से मोहित है, और इसे बहिर्विवाह के सिद्धान्त

पर आधारित विवाह-संस्कार सम्बन्धी विधि में सरलतापूर्वक देखा जा सकता है। इसके अनुसार जहाँ सपिंडों का विवाह वर्जित है वहीं 'सगोत्र' विवाहों को भी भ्रष्ट समझा जाता है।" (वही, पृ. 13-14)

जाति के बाहर विवाह न होने, बेटी का सम्बन्ध न होने से रोटी का सम्बन्ध भी नहीं जुड़ता। एक समाज अपने आप को एक सूत्र में बाँधे रखने के लिए अपनी ही जाति में विवाह करता है। जाति प्रथा को बनाए रखने में अन्तर्विवाह एक प्रमुख औज़ार की तरह प्रयुक्त होता है। यह समझ में आते ही भारतीय समाज में विवाह संस्था की पवित्रता पर अत्यधिक बल दिए जाने का कारण भी समझ में आ जाता है। सामान्यत: भारतीय इस बात पर अधिक ध्यान नहीं देते कि क्यों विवाह को दो व्यक्तियों नहीं बल्कि दो परिवारों के बीच का सम्बन्ध बताया जाता है। संयुक्त परिवार या संयुक्त परिवार व्यवस्था के समय यह बात फिर भी तर्कसंगत लगती थी किन्तु संयुक्त परिवारों का ढाँचा टूटने के बाद एकल परिवार के निर्माण के बाद भी यही संवाद दोहराया जाता रहा। अन्तर्जातीय विवाह करनेवाले का सामाजिक बहिष्कार किया गया, उन्हें परिवार से निष्कासित किया गया। आज की 'हॉरर किलिंग' इसी आदिम जाति व्यवस्था को बनाए रखने के आदिम उत्साह की विकृत सनक है। इसी को प्रतिष्ठा से जोड़ दिया गया। लड़की घर की इज़्ज़त बना दी गई। वही लड़की, वही बेचारी लड़की जो जन्म न लेने पाए इसके पुख़्ता प्रबन्ध करनेवालों के लिए घर की इज़्ज़त हो गई जिसे वे जिस-तिस अर्थात् जाति के बाहर किसी सुपात्र के हाथों में भी नहीं सौंप सकते हैं। औद्योगिक पूँजीवादी व्यवस्था के प्रचार-प्रसार के साथ गाँव का क़स्बाईकरण और फिर बढ़ते नगरीकरण के साथ ये जातिगत बन्धनों के टूटने का ख़तरा बढ़ा। शहरों में खान-पान सम्बन्धित शुद्धता का पालन दुष्कर होने लगा। ऐसे में जाति बचाने का आधार विवाह ही बच रहा, उसे सम्मान के प्रश्न से जोड़ दिया गया। उससे पहले वह धार्मिक आस्था से जुड़ा ही हुआ था—"यह कहना अतिरंजना नहीं कि भारतीय लोगों के लिए बहिर्विवाह धार्मिक आस्था के समान है और इसका उल्लंघन करने का कोई साहस नहीं करता; यहाँ तक कि जातियों के अन्दर अन्तर्विवाह का रिवाज होने पर भी बहिर्विवाह का कड़ाई से पालन किया जाता है। तथा बहिर्विवाह का उल्लंघन करनेवालों को अन्तर्विवाह करनेवाले की अपेक्षा कहीं अधिक कड़ा दंड भुगतना पड़ता है। इससे आप सहज ही यह समझेंगे कि बहिर्विवाह एक सामान्य नियम होने के कारण यहाँ जाति नहीं हो सकती क्योंकि बहिर्विवाह का अर्थ है संलयन-एकरूपता ग्रहण करना। लेकिन हमारे यहाँ जातियाँ हैं, परिणामस्वरूप इससे अन्तिम निष्कर्ष निकलता है कि जहाँ तक भारत का सम्बन्ध है, जाति-उत्पत्ति का अर्थ है—अन्तर्विवाह का बहिर्विवाह पर अध्यारोपण।" (वही, पृ. 14)

विवाह जैसे सम्बन्ध को धार्मिक आस्था के समान व्यवहृत किया जाना जाति व्यवस्था की जड़ों को अत्यधिक सशक्त बनाने के रूप में प्रतिफलित हुआ। किसी एक समूह के केवल अन्तर्विवाह के प्रति आग्रही होने पर दूसरा समूह भी ऐसे ही आचरण के लिए स्वत: बाध्य हो जाता है। जब सभी समूह अर्थात् जातियाँ अपने ही समूह में विवाह करते हैं तो उनका समूह के बन्धन या जाति के बन्धन से निकलने का प्रश्न ही नहीं उठता। आपसी खान-पान आरम्भ होने और अस्पृश्यता बन्द हो जाने पर भी जातियों की सीमाएँ रूढ़ रहेंगी। जातियों की सीमा आपसी वैवाहिक सम्बन्धों से ही टूट

सकती है। इसी तकनीक का प्रयोग धार्मिक समूह भी करते हैं। जातियों के अन्तर्विवाही होने में जातियों की उत्पत्ति और उनकी रूढ़िबद्धता छिपी है—"इस भाँति बहिर्विवाह का अन्तर्विवाह पर अध्यारोपण का अर्थ है जाति की उत्पत्ति। लेकिन यह साधारण मामला नहीं है। अब हम ऐसे काल्पनिक ग्रुप पर विचार करें जो अपने को एक जाति का रूप देने की इच्छा रखता हो। ऐसे में वह अन्तर्विवाह-व्यवस्था वाला बनने के लिए किन साधनों का इस्तेमाल करेगा। यदि कोई ग्रुप अपने को अन्तर्विवाही बनाना चाहता है तो बाहरवालों के साथ अन्तर्जातीय विवाह के विरुद्ध औपचारिक आदेश की कोई उपयोगिता न होगी : विशेषकर ऐसे में जबकि अन्तर्विवाह पद्धति अपनाने से पूर्व ग्रुप में बहिर्विवाह प्रचलित रहा हो। इसके अतिरिक्त सभी ग्रुपों की, जो आसपास बसे होने के कारण एक-दूसरे के क़रीबी सम्पर्क में रहते हैं, और उनमें समामेलन तथा आत्मसात् करने की प्रकृति होती है, आपस में घुल-मिल जाने के फलस्वरूप सजातीय (होमोजनस) समाज बन जाता है। यदि जाति निर्माण हेतु इस प्रकार के रुझान का कड़ा विरोध करना हो तो यह नितान्त आवश्यक है कि ऐसा वृत्त खींच दिया जाए जिसकी परिधि के बाहर के लोगों के साथ विवाह न किया जाए।" (वही, पृ. 14-15)

बाबा साहेब भीमराव आंबेडकर के विचारों को यदि उन्नीसवीं और इक्कीसवीं सदी का मध्य बिन्दु मान लिया जाए, जो कि यह है भी तो दोनों ही सदियों में विवाह संस्था की 'पवित्रता' का आग्रह और उसके पीछे की विचारधारा स्पष्ट हो जाती है। उन्नीसवीं शताब्दी में आवागमन और सम्पर्कों के बढ़ते साधनों ने जातियों को और एकजुट होने में सहायता दी। इस एकजुटता का सुपरिणाम नहीं निकला, बल्कि जातियों के अन्दर ही विवाह होने की बाध्यता ने विधवा विवाह में बाधा डाली और सती प्रथा को बढ़ावा दिया। किसी भी समाज में सामान्यत: स्त्री-पुरुष की जनसंख्या का अनुपात थोड़ा-बहुत कम या अधिक होता है। किसी पुरुष के मर जाने से उसकी पत्नी 'अतिरिक्त महिला' हो गई जिसके विवाह के लिए जाति के बाहर के अतिरिक्त पुरुष को खोजा जाना उत्तम होता किन्तु ऐसा नहीं किया गया बल्कि उपाय यह खोजा गया कि "शेष जीवन के लिए उस पर वैधव्य लाद दिया जाए। जहाँ तक कि वास्तविक परिणाम का सम्बन्ध है, वैधव्य लादने की अपेक्षा चिता में भस्म करनेवाला उपाय उत्तम है। विधवा को भस्म कर देने से उससे जुड़े तीनों ख़तरे समाप्त हो जाते हैं। मर जाने पर वह जाति के अन्दर या बाहर विवाह करने की समस्या ही नहीं पैदा करती, लेकिन अनिवार्य वैधव्य व्यवस्था, भस्म करने से अधिक उत्तम है क्योंकि यह अधिक व्यावहारिक है। तुलनात्मक दृष्टि से अधिक मानवोचित होने के अलावा यह भस्म करने के समान ही पुनर्विवाह के अनिष्ट से बचानेवाली है, लेकिन यह ग्रुप की नैतिकता को बचाए रखने में असमर्थ होती है। अनिवार्य वैधव्य व्यवस्था में महिला निस्सन्देह जीवित रहती है और चूँकि इस कारण उसे यह वैध अधिकार प्राप्त नहीं होता कि वह भविष्य में पत्नी बन सके, इस कारण अनैतिक जीवन जीने की प्रेरणा अधिक मिल सकती है, लेकिन यह ऐसी कठिनाई नहीं है जिस पर काबू न पाया जा सके।" (वही, पृ. 16)

आंबेडकर इससे अपरिचित नहीं हैं कि समाज में स्त्रियों की अवस्था पुरुषों की तुलना में हीन है। फिर भी वे अतिरिक्त पुरुष, जिस पुरुष की पत्नी मर जाए, को चिता पर भस्म किए जाने का प्रश्न उठाते हैं। इससे पहले वे जाति निर्माण के सन्दर्भ में स्त्रियों की

स्थिति के सम्बन्ध में कहते हैं—"लेकिन जो ग्रुप जाति का स्वरूप ग्रहण करना चाहता है उसके लिए अतिरिक्त महिला की अपेक्षा अतिरिक्त पुरुष की समस्या अधिक महत्त्व की और अधिक कठिन होती है। अनादिकाल से ही महिलाओं की तुलना में पुरुषों का स्थान ऊँचा रहा है। वह प्रत्येक ग्रुप में प्रभुत्वशाली रहा है और दोनों सैक्सों—लैंगिक दलों में उसकी प्रतिष्ठा सर्वोच्च रही है। महिलाओं के मुक़ाबले पुरुषों की इस पारस्परिक उच्चता के कारण उसकी इच्छाओं को सदैव ध्यान में रखा गया है, जबकि महिला धार्मिक, सामाजिक या आर्थिक सभी प्रकार के अन्यायपूर्ण आदेशों की शिकार रही है। इन आदेशों का प्रणेता होने के कारण पुरुष इनसे मुक्त रहा है। ऐसी स्थिति में आप अतिरिक्त महिला जैसा व्यवहार अतिरिक्त पुरुष के साथ नहीं कर सकते।" (वही, पृ. 16)

महिला और पुरुष के बीच विभेद का एक कारण तो यह है कि वह 'पुरुष' है दूसरा यह कि वह समाज के लिए पूँजी है—"पुरुष को अपनी पत्नी के साथ चिता में भस्म करने की योजना दो प्रकार से अति संकटपूर्ण है: पहली बात तो यह कि यह इसलिए नहीं किया जा सकता क्योंकि वह पुरुष होता है। दूसरी बात यह कि यदि ऐसा किया भी जा सके तो ग्रुप एक दृष्टि से हृष्ट-पुष्ट व्यक्ति से हाथ धो बैठेगा। इस स्थिति में दो ही उपाय शेष रह जाते हैं जिन्हें अपनाकर उसकी अतिरिक्त व्यक्ति की समस्या सुविधापूर्वक हल की जा सकती है। 'सुविधापूर्वक' शब्द प्रयोग इसलिए कर रहा हूँ कि वह पुरुष समाज की पूँजी होता है।" (वही, पृ. 16-17) और स्त्री के मर जाने पर तो समाज न ही एक हृष्ट-पुष्ट व्यक्ति खोता है और न ही वह समाज की पूँजी है।

भीमराव आंबेडकर हिन्दू समाज की पत्नी सम्बन्धी 'तीन असाधारण बातें' (वही, पृ. 18) उसका पति की चिता के साथ भस्म हो जाना, विधवा विवाह निषेध अर्थात् बलपूर्वक लादा गया वैधव्य और बालिका विवाह मानते हैं। आंबेडकर कहते हैं कि इन प्रथाओं की कोई वैज्ञानिक व्याख्या न कर 'फ़िलॉसफ़ी' बघारी गई। अपनी बात के समर्थन में वे दो व्यक्तियों को उद्धृत करते हैं। हमें स्मरण रखना चाहिए कि आंबेडकर द्वारा उद्धृत यह कथन बीसवीं सदी का है। वे कहते हैं—"ब्रिटिश सोशियोलॉजिकल रिव्यू के खंड 6 में प्रकाशित ए.के. कुमार स्वामी के लेख 'सती : ए डिफ़ेंस ऑफ़, द ईस्टर्न वुमन' में कहा गया है कि सती को इसलिए प्रतिष्ठा प्रदान की गई है क्योंकि यह पति और पत्नी के बीच 'शरीर और आत्मा' की पूर्ण एकता का प्रमाण है और मृत्यूपरान्त पति भक्ति का भी प्रमाण है क्योंकि इसमें पतित्व का आदर्श निहित है जिसे उमा के इस कथन में भलीभाँति प्रस्तुत किया गया है कि "पति-भक्ति ही नारी को प्रतिष्ठा प्रदान करती है। यही उसका शाश्वत-स्वर्ग है" और वह अति हृदयस्पर्शी वाणी में कहती है—"हे महेश्वर, यदि तुम मुझसे सन्तुष्ट नहीं हो तो मैं स्वर्ग की भी कामना नहीं करती।" मैं नहीं जानता कि अनिवार्य वैधव्य को प्रतिष्ठा क्यों प्रदान की गई है, और न मैं अभी तक किसी व्यक्ति के सम्पर्क में आया हूँ जिसने इसका गुणगान किया हो लेकिन फिर भी अनेक व्यक्ति हैं जो इसके प्रति आस्थावान हैं।" (वही, पृ. 18-19)

बीसवीं सदी में ग़नीमत है कि आंबेडकर की भेंट किसी सती प्रथा समर्थक या विधवा विवाह विरोधी से नहीं हुई हैं फिर भी वे इस सत्य से भलीभाँति परिचित हैं कि अभी भी इन प्रथाओं के प्रति आस्थावान लोग उपस्थित हैं। इसी प्रकार बालिका विवाह के समर्थकों में से एक डॉ. केतकर को उद्धृत करते हैं। बालिका विवाह के प्रशस्ति-

गान का डॉ. केतकर ने इन शब्दों में वर्णन किया है—"वास्तव में किसी आस्थावान नर या नारी को उसके अतिरिक्त जिससे वे आबद्ध हुए हैं किसी अन्य नारी या नर के प्रति अनुराग प्रदर्शित नहीं करना चाहिए। इस प्रकार का शुद्धाचरण विवाह के बाद ही अनिवार्य नहीं होता वरन् विवाह पूर्व भी होता है। यही सही सतीत्व का आदर्श होता है क्योंकि कोई भी कुमारी यदि जिससे उसका विवाह होनेवाला हो उसके अतिरिक्त किसी अन्य व्यक्ति से प्रेम करती है तो पवित्र नहीं मानी जा सकती। क्योंकि उसे नहीं मालूम रहता कि उसका विवाह किससे होनेवाला है अतः विवाह से पूर्व उसे किसी व्यक्ति के प्रति अनुराग नहीं होना चाहिए। यदि उसे किसी व्यक्ति के प्रति ऐसी प्रतीति होती है तो यह एक पाप कर्म है। इससे पूर्व कि उसमें सेक्स चेतना उत्पन्न हो, यह उत्तम होगा कि वह जान ले कि उसे किससे प्रेम करना चाहिए। इसलिए बालिका विवाह किया जाता है।" (वही, पृ. 19) आंबेडकर ने डॉ. केतकर का हवाला 1909 ई. में लिखी गई पुस्तक 'हिस्ट्री ऑफ़ कास्ट इन इंडिया' से दिया है।

आंबेडकर इन सभी स्त्री विरोधी प्रथाओं को जाति के ढाँचे को बनाए रखने के लिए किए गए 'घृणित और हृदय विदारक' प्रयास बताते हैं। वे कहते हैं इनके प्रयोग के अभाव में अन्तर्विवाह की प्रथा को कट्टरता से लागू नहीं किया जा सकता था और अन्तर्विवाह के बिना जाति शुद्ध नहीं रह पाती।

आंबेडकर जाति संस्था का जनक ब्राह्मणों को मानते हैं जिससे ग़ैर ब्राह्मणों ने अनुकरण द्वारा इसे ग्रहण किया। अपने इस आलेख के तृतीय भाग में आंबेडकर गैर ब्राह्मणों में जाति व्यवस्था के प्रसार पर चर्चा करते हैं। वे इसे अन्य विद्वज्जनों की तरह "किसी स्मृतिकार द्वारा विनम्र भारतीय जनता के बीच एक दैवी प्रसाद के रूप में" बाँटे जाने के सिद्धान्त से असहमत हैं।

यहाँ भीमराव आंबेडकर मनु और उनकी मनुस्मृति के सम्बन्ध में एक चौंकानेवाला वक्तव्य देते हैं। वे मनु को दुस्साहसी व्यक्ति के रूप में देखते हैं—"मैं सर्वप्रथम भारत के स्मृतिकार के सम्बन्ध में कहूँगा। प्रत्येक देश में आपातकाल में अवतार के रूप में स्मृतिकार उत्पन्न होते हैं ताकि पतित समाज को सही दिशा बोध कराया जा सके और न्याय तथा नैतिकता का विधान दिया जा सके। भारत के स्मृतिकार मनु यदि वास्तव में कोई व्यक्ति थे तो निश्चित ही वह अदम्य साहसी थे। यदि यह कथन सही है कि मनु ने जाति-विधान की रचना की थी तो वह अवश्य ही एक दुस्साहसी व्यक्ति रहे होंगे और जिस समाज ने उनके समाज-विभाजन नियम को स्वीकार किया वह अवश्य ही उससे भिन्न रहा होगा जिससे हम अवगत हैं। यह सोचा भी नहीं जा सकता कि जाति विधान कोई प्रदत्त वस्तु थी। यह कहना अतिशयोक्ति न होगी कि मनु ऐसे विधि-निर्माण के बाद जीवित नहीं रह सकते थे क्योंकि ऐसा कौन सा वर्ग हो सकता है जो किसी व्यक्ति द्वारा निर्मित विधान के कारण पतितावस्था को पहुँच पशुवत् जीवन व्यतीत करना स्वीकार कर ले और दूसरा गगनचुम्बी स्थल पर आसीन हो जाए?" (वही, पृ. 21-22)

यह बात तो सहज अवलोकन से ही ज्ञात हो जाती है कि अधिकांश दलित विमर्शकारों ने बाबा साहेब भीमराव आंबेडकर का विधिवत तो क्या सामान्य अध्ययन भी नहीं किया। आंबेडकर की निर्भीकता, वैचारिक स्पष्टता, तार्किकता एवं तटस्थता से अपरिचित विभिन्न जातियाँ जाति व्यवस्था के लिए केवल एक जाति को दोष देती हैं जबकि आंबेडकर

कहते हैं—"मैं आपको एक बात यह बतलाना चाहता हूँ कि जाति-धर्म का नियम मनु द्वारा प्रदत्त नहीं है और न ही वह ऐसा कर ही सकता था। जाति तो मनु के बहुत पहले से ही क़ायम थी। वह इसका समर्थक था इसीलिए उसने उसके विचार-दर्शन की रचना की किन्तु यह निश्चित है कि वह वर्तमान हिन्दू समाज विधान का स्थापक नहीं था और न वह ऐसा कर ही सकता था। जाति-नियमों के संहिताकरण और जाति-धर्म का उपदेश देने के बाद उसका कार्य समाप्त हो गया था। जाति-व्यवस्था का प्रसार और विकास तो एक बहुत विशाल कार्य था जिसको कोई एक व्यक्ति या वर्ग अपनी शक्ति या चातुर्य से पूरा नहीं कर सकता था। ऐसा ही तर्क इस प्रस्थापना पर लागू होता है कि ब्राह्मण वर्ग जाति प्रथा का रचयिता था। मैंने मनु के सम्बन्ध में जितना कुछ कहा है उससे अधिक कहने की कोई आवश्यकता शेष नहीं रहती। मैं इस सम्बन्ध में सिर्फ़ इतना ही इंगित करना चाहता हूँ कि ऐसा मनु के सम्बन्ध में कुछ अधिक कहने का विचार ग़लत होगा और दुर्भावनापूर्ण होगा। ब्राह्मण अनेक ग़लतियाँ करने के दोषी रहे हों—और मैं कह सकता हूँ कि वे ऐसे दोषी थे—लेकिन जाति व्यवस्था को ग़ैर-ब्राह्मणों पर लाद सकने की उनमें क्षमता नहीं थी। उन्होंने अपनी तर्क-पटुता से भले ही इस प्रक्रिया को सहायता प्रदान की हो लेकिन अपनी ऐसी योजना को निश्चित रूप से अपने सीमित क्षेत्र से आगे नहीं बढ़ा सकते थे।" (वही, पृ. 22)

आंबेडकर के इस कथन के आलोक में अठारहवीं सदी के अन्त की ओर से बल्कि उससे कुछ पहले ही आरम्भ हो चुके उस जातिगत संस्कृतीकरण की बात करना उचित होगा जो पूरी उन्नीसवीं और बीसवीं सदी में घटित होता रहा और जिसने आरक्षण लागू होने के बाद अपना दिशा परिवर्तन किया। भारतीय स्वतंत्रता संग्राम के संघर्ष की आड़ में जातियों की स्थिति और सुदृढ़ होती रही, जाति व्यवस्था और शक्तिशाली बनती रही। भारतीय समाज में चले सुधार आन्दोलनों में जहाँ एक ओर जाति की जकड़न से मुक्ति के प्रयास का आह्वान चलता रहा वहीं दूसरी ओर जाति के नामोल्लेख के साथ सभा समितियाँ बनाकर अपनी-अपनी जाति में घुस आई कुरीतियों को दूर करने के सफल प्रयास भी हुए। भारतीय समाज का यह कड़वा सत्य है कि इस देश में बड़े सुधारों और परिवर्तनों को धर्म और जाति के शरणागत होना पड़ा है।

पूरी उन्नीसवीं सदी में जाति व्यक्ति की महत्त्वपूर्ण पहचान बनी रही। बीसवीं सदी के स्वाधीनता संग्राम में जाति ओट में बनी रही किन्तु स्वाधीनता के बाद यह परदेदारी जाती रही। राजनीति में जाति के आधार पर ध्रुवीकरण होते रहे हैं। उत्तर भारत विशेषकर हिन्दी प्रदेश अपने जिस जातिवाद के लिए जितना बदनाम है, तमिलनाडु, केरल और महाराष्ट्र उसी कृत्य में तिनका भर कम नहीं हैं। केरल में तो वामपंथियों ने जातीय और साम्प्रदायिक गठबन्धन किए। कर्नाटक और आन्ध्र प्रदेश में भी यही स्थिति है। सबसे दिलचस्प स्थिति डॉ. आंबेडकर की जाति 'महार' की जातीय संगठन और एकता की है जो आंबेडकर के सिद्धान्तों के अनुरूप नहीं है—"हमें इस तथ्य को भी न भूलना चाहिए कि अपने विकास क्रम की, परिवर्तन-प्रक्रियाओं की, अपने कार्यक्रमों और रणनीतियों की सफलता/असफलता, पूर्णता/अपूर्णता का जायजा लेने के लिए हमें एक विशेष राष्ट्रीय दृष्टि, राष्ट्रीय दर्शन एवं राष्ट्रीय मापदंड भारतीय नवजागरण और स्वतंत्रता संग्राम से भी विरासत में मिले थे। इसी दर्शन के मूल्यों से भारतीय संविधान की रचना

और उसके निर्देशात्मक (डाइरेक्टिव) सिद्धान्तों और मार्गदर्शी नियमों के निर्धारण की भी प्रेरणा मिली थी। आज़ादी के पचास वर्षों के मूल्यांकन में राष्ट्र-निर्माताओं से विरासत में मिले हुए दर्शन और मूल्य तथा संविधान में प्रतिष्ठित सिद्धान्त और नियम हमारे लिए आज के लिए प्रासंगिक प्रतिमानों पर सोच-विचार के लिए एक ठोस आधार प्रस्तुत करते हैं। अवश्य ही बदली हुई परिस्थितियों से पैदा हुए नए आग्रहों और नई प्रेरणाओं के नुकुल इनमें संशोधन भी ज़रूरी है और इसका संवर्द्धन भी। लेकिन नए प्रतिमानों की रचना में नवजागरण से विरासत में मिले दर्शन के ऐसे जीवन्त और मूल्यवान तत्त्वों का समावेश अनिवार्य है, जो प्रबुद्ध वर्ग के चेतना के ही नहीं, जनसाधारण की मानसिकता के भी अंग बन चुके हैं और जिनके द्वारा नवोदित राष्ट्र का व्यापक जनाधार बना है।" (आज़ादी की आधी सदी, पृ. 32-33)

जातियों के संस्कृतीकरण की प्रक्रिया की चर्चा पहले की जा चुकी है। इस संस्कृतीकरण की दो मुख्य प्रवृत्तियाँ थीं—पहली यह कि प्रत्येक जाति ने अपने से ऊँची जाति से सम्बद्ध या ऊँची जाति से पतनशील अवस्था को प्राप्त होना बताया और दूसरी कि प्रत्येक जाति ने जाति व्यवस्था में पूर्ण आस्था व्यक्त की। जातीय एकता के इस प्रयास का भारतीय स्वरूप सामने आया। किसी एक गाँव या क़स्बे या शहर में बसे किसी एक जाति के परिवार या परिवारों ने अपनी पहचान भारत में कहीं भी बसे अपने 'जातिभाई' से जोड़ी। जातियों के राष्ट्रीय और प्रान्तीय संगठन बने। इन संगठनों की शहरी और ग्रामीण शाखाएँ अपनी-अपनी जातियों की महाशाखा से जुड़ी हुई थीं। कहना न होगा कि इन संगठनों का चरित्र पूर्णतः जातिवादी था/है। ऐसे संगठन अपनी माँगें जाति के आधार पर रखते हैं, राष्ट्रीयता या भारतीयता के आधार पर नहीं। 'दलितों' या 'पिछड़ों' की पहचान के लिए चल रहे आन्दोलनों का आधार भी जाति ही है।

जाति है कि जाती नहीं

ऊँच-नीच के आधार पर विभाजित मानव समाज पूरे विश्व का चरित्र रहा है किन्तु भारत जैसी विचित्र स्थिति नहीं मिलती। औपनिवेशिक शासकों ने अपने उपनिवेश के निवासियों का शोषण धन के लिए किया तथा उनके लिए उनके द्वारा विजित देश के सभी प्राणी दास शोषण योग्य थे। जातिगत आधार पर हुए शोषण और उससे भी बढ़कर जीवन के प्रत्येक क्षेत्र में हुए भेदभाव को नस्ल और लिंग के आधार पर हुए अत्याचारों के बाद रखा जा सकता है—"क्या वर्ग और जाति-समस्या सिर्फ़ भारत की है। क्या यूरोप में वर्ण और जाति जैसी चीज़ें नहीं थीं। मेरा ख़याल है कि थी। आर.एस. टोने ने 'रिलीजन एंड द राइज़ ऑफ़ कैपिटलिज़्म' में कहा है कि एक समकालीन परेक्षक को जो वैषम्य पूर्व और पश्चिम में दिखाई देता है, वही वैषम्य एक इतिहासकार को स्वयं यूरोपीय समाज के मध्यकाल और आधुनिक काल में दिखाई देता है। मतलब यह है कि यूरोप के मध्यकाल में वहाँ भी ऐसा समाज था, जिसमें वर्ण और जाति के तत्त्व मिल जाएँगे। वहाँ के क्लर्जी नोबिलिटी और सर्फ़ वर्गों में हमारे यहाँ की सी छुआछूतवाली खाई न भी हो, पर उनके बीच जातियों का सा भेदभाव ज़रूर था। भारतीय जाति प्रथा असमानता पर आधारित समाज का एक बहुत ही विकृत प्रचंड और विचित्र प्रकार का रूप है। यह सामाजिक असमानता को

स्वाभाविक और स्थायी समझने, बनानेवाली एक बन्द व्यवस्था है, जिसमें नीचे से ऊपर की ओर गति (upward mobility) नहीं हो सकती या बहुत मुश्किल से हो सकती है।" (परिवर्तन और विकास के सांस्कृतिक आयाम, पृ. 225) कहा जाता है कि जापान में भी भारत की जाति व्यवस्था से मिलती-जुलती सामाजिक व्यवस्था है, किन्तु जन्म के आधार पर भारत जैसे श्रेणीबद्धता में अटूट विश्वास रखनेवाला समाज शायद ही कहीं हो। औपनिवेशिक भारत में अंग्रेज़ धीरे-धीरे इस देश की सत्ता के अधिकारी बन रहे थे, यद्यपि पूरे भारतवर्ष पर केवल मुसलमानों या केवल हिन्दुओं का अधिकार नहीं था फिर भी मुग़ल साम्राज्य की विशालता के कारण मुसलमान स्वयं को इस देश का शासक मानते थे। स्वाभाविक था कि हिन्दुओं और मुसलमानों ने अंग्रेज़ों द्वारा सत्ता प्राप्ति को मुस्लिम सत्ता का ह्रास माना। हिन्दुओं ने अंग्रेज़ों का नया शासक कहा। यह भी कहा कि यह नई ग़ुलामी पिछली ग़ुलामी से ग़नीमत है। मुसलमानों ने माना कि अंग्रेज़ों के आने के कारण उनके हाथ से सत्ता छिन गई—औपनिवेशिक ब्रिटिश शासन के पहले भारतवर्ष में हिन्दू-मुसलमान भाई-भाई की तरह न भी सही किन्तु 'देवरानी-जिठानी' की तरह रहना सीख गए थे, दोनों का घर पर अधिकार था, दोनों को घर की चिन्ता और सुरक्षा करनी थी पर दोनों का आपसी प्रेम सगी बहनों जैसा नहीं था। विडम्बना यह है कि दोनों की संस्कृति एक थी। प्रगतिशील विचारक जिसे बार-बार गंगा-जमुनी तहज़ीब के नाम से सम्बोधित करता है वह गंगा भी यहीं की थी और यमुना भी। दोनों के दुख-सुख, गर्मी-सर्दी, और भाव-अभाव एक थे बस धर्म अलग था, उसकी पूजा-इबादत की पद्धति अलग थी। धर्म ने असमानता को स्थिर बनाने का कार्य सभी संस्कृतियों में किया। जैसे यूरोप में "इसे जाति नहीं, 'इस्टेटस' एक प्रकार बन्द समाज या पद व्यवस्था है। हमारे यहाँ की वर्ण व्यवस्था में समाज की उपमा जिस प्रकार मानव शरीर से दी गई है कि ब्राह्मण सामाजिक संरचना में सिर की तरह है, क्षत्रिय और वैश्य बीच के अवयवों की तरह है, और शूद्र पैरों के समान है—ऐसी ही उपमा यूरोप में भी मिलती है। कर्मवाद का ऐसा प्रचंड रूप वहाँ न हो, पर जिस 'इस्टेटस' या 'स्ट्राटा', ऊँची या नीची श्रेणी में आदमी पैदा होता था, उसके साथ उच्च श्रेणी के कुछ कर्तव्य और अधिकार ऊँचे-नीचे पद के अनुकूल जुड़े होते थे, क्योंकि वह सामन्ती समाज था और सामन्ती समाज की विशेषता है ऐसी बन्द व्यवस्थाएँ। सामन्ती समाज के इतिहासकार मार्क ब्लाक के अध्ययनों से इन कथनों की पुष्टि होती है।" (वही, पृ. 225) यहाँ तक जैसा समझा जाता है कि केवल हिन्दू जातियों में विभक्त था/है, यह भी भ्रम है। सभी भारतीय जातियों में विभाजित थे। ऊँची जातियाँ स्वयं को पहले से ही नीची जातियों का स्वामी समझती थीं। नीची जातियों के पास जन्म से जुड़े अभिशाप से मुक्त होने का एकमात्र उपाय ऊँची जातियों में सम्मिलित होना था। इन जातियों ने संस्कृतीकरण के अन्तर्गत स्वयं को ऊँची जातियों में दाख़िल करवाने के लिए जो मुहिम चलाई वह अधिक सफल नहीं हुई क्योंकि ब्राह्मणों ने जाति प्रथा के ही माध्यम से इसे लगातार सशक्त बनाए रखने के लिए 'रोटी-बेटी' का सम्बन्ध विच्छिन्न रखा था। ब्राह्मण वर्ण ने अपने अन्तर्विवाह के तंत्र को अगर कभी ढीला किया तो केवल क्षत्रिय वर्ण के लिए, परिणामस्वरूप अन्य वर्णों के दमघोंटू सम्बन्ध तन्तु भी और कसते गए। यह भी विडम्बना थी कि जाति के स्तरीकरण की

वृद्धि के लिए उसे तोड़ने का उपाय न कर उसी के भीतर रहकर सड़न को दूर करने का उपाय सोचा गया। उन्नीसवीं सदी में औपनिवेश भारत अंग्रेज़, मुसलमान, हिन्दू, ऊँची जाति और नीची जाति का श्रेणीबद्ध समाजों में विचित्र प्रकार के आलोड़नों से अवश्य घिरा रहा, किन्तु उसमें सकारात्मक और गुणात्मक परिवर्तन राजनीति में गांधी के प्रवेश के पहले बहुत अधिक परिलक्षित नहीं हुए। उन्नीसवीं सदी के उत्तरार्द्ध के जाति-प्रश्न की सबसे सकारात्मक बात यह रही कि जाति के आधार पर मनुष्य को ऊँचा-नीचा समझने के विरुद्ध एक भावना बलवती हुई किन्तु यह नकारात्मकता बनी रही कि सब कुछ जन्मजात है। धर्म पर भरोसा अटूट बने रहने के कारण यह तथ्य स्थापित नहीं हुआ बल्कि सामाजिक सोच में यही भावना कार्य करती रही कि ऊँच-नीच तो भगवान के यहाँ से ही निर्धारित होती है, अन्यथा वह किसी को ऊँची और किसी को नीची जाति में जन्म क्यों देता?

भारत में मार्क्सवाद भी जाति के प्रश्न को हल नहीं कर पाया—"सवाल उठता है कि जाति समाज के आधार (बेस) की चीज़ है या अधिरचना (सुपर स्ट्रक्चर) की चीज़? जाति को हम न तो पूरी तरह आधार में पाते हैं न पूरी तरह अधिरचना में। वह दोनों से ही सम्बन्धित है। प्रच्छन्न रूप से वह एक वर्ग भी है लेकिन पूरी तरह वर्ग भी नहीं है। वह पूरी तरह आर्थिक वर्ग नहीं है, लेकिन उसे वर्ग से अलग करके देखा भी नहीं जा सकता। मार्क्सवादियों का एक तबका यह मानता है कि भारत में जाति ही वर्ग है। लेकिन ऐसा नहीं है। जाति ही वर्ग होती तो वर्ग-संघर्ष आसान हो जाता। जाति तो वर्ग-संघर्ष तोड़ने या धुँधलानेवाली चीज़ है। वह लोगों को वर्ग के रूप में एक होने से रोकती है। हाँ कहीं-कहीं, जहाँ आर्थिक और सामाजिक वर्गीकरण एक-सा हो जाता है, वहाँ जाति और वर्ग का एक तरह का संगम हो जाता है। जैसे यदि ऊँची जातियों के लोग भूस्वामी हों, मझोली जातियों के लोग किसान हों, और नीची जातियों के लोग खेतिहर मज़दूर हों तो जाति और वर्ग किसी हद तक एक हो जाते हैं। लेकिन जिस तरह सभी ब्राह्मण और ठाकुर भूस्वामी नहीं हैं, उसी तरह सभी भंगी और चमार खेत-मज़दूर नहीं हैं। इसी तरह कोइरी, कुर्मी, ग्वाला, सद्गोप, मंडल जैसी बीच की जातियों में भी किसान और मज़दूर दोनों तरह के लोग मिल जाएँगे। इस अर्थ में जाति और वर्ग एक साथ नहीं चलते।" (वही, पृ. 226-27)

भारतीय समाज की धमनियों में जाति व्यवस्था रक्त बनकर दौड़ती है। हिन्दुओं में आवश्यक सोलह संस्कार जाति (वर्ण) के अनुसार सम्पन्न होते हैं। आपसी सम्बन्धों में जाति सबसे महत्त्वपूर्ण बिन्दु है। यद्यपि मानव स्वभाव समान रुचियों वाले मानव के साथ अधिक आश्वस्त अनुभव करने का है किन्तु जाति का प्रश्न आते ही यह सामान्य नियम भी उलट हो जाता है। जाति में ही वैवाहिक सम्बन्धों की चर्चा तो कई बार हो चुकी है। उन्नीसवीं सदी में हुए सुधार आन्दोलनों का आधार 'जातीय' के साथ 'जाति' भी रही। भारतीय समाज में 'जाति' एक प्रश्नातीत सत्य रही है। जाति व्यवस्था की सबसे बड़ी वास्तविकता यह है कि प्रत्येक जाति इसे बुरा बताती है और प्रत्येक जाति इसमें विश्वास रखती है। कोई भी जाति अपने से ऊँची जाति के सामने जाति व्यवस्था को निकृष्ट बताती है और नीची जाति के सामने इसकी उत्कृष्टता पर व्याख्या देती है। पूरा भारतीय समाज जाति व्यवस्था के दंश से पीड़ित है, सम्पूर्ण भारतीय समाज जाति

व्यवस्था पर गर्वित है। इस व्यवस्था की अवश्यम्भाविता सहज स्वीकार्य है। इसका सबसे अच्छा प्रमाण भाषा में उपलब्ध गालियाँ और मुहावरे हैं। अगर ध्यान से देखा जाए तो प्रत्येक जाति के पास अन्य जातियों की मक्कारी और अपनी बुद्धिमत्ता प्रमाणित करनेवाली कहानियाँ हैं। जातियों पर आधारित लोकोक्तियों और मुहावरों की भरमार है। बहुत प्रचलित कहानियों में से एक कहानी सबकी सुनी हुई होगी। इस कहानी में जिस जाति की निन्दा करनी होती है उसका एक व्यक्ति और साँप साथ-साथ दिखाई दें तो पहले निन्दित जाति के व्यक्ति को मारने की सलाह दी जाती है, बाद में साँप को। निन्दित जाति के व्यक्ति को साँप से अधिक हानिकारक और विषैला बताया जाता है। सभी भाषाओं में गालियों का बहुलांश जातिवाचक या स्त्रीलिंगी है।

"आज का जातिवाद जाति के पुराने सिद्धान्तों के अनुसार नहीं चल रहा है, बल्कि वह उन सिद्धान्तों के विरुद्ध है। यह एक प्रकार से जाति-व्यवस्था के वर्गीय समाज में रूपान्तरण की प्रक्रिया है, जिससे उभरते हुए प्रभुत्वशाली वर्ग अपने लाभ के लिए जाति के नाम पर प्राप्त अधिकारों का तो दावा करते हैं पर अपने कर्तव्यों को स्वीकार नहीं करते।" (वही, पृ. 228)

जाति व्यवस्था ने भारतीय समाज को घृणा करना सिखाया है। प्रथमतः यह प्रेम के निषेध के रूप में है तत्पश्चात् घृणा के रूप में। मानव समाज प्रेम की आवश्यक परिणति विवाह मानता है चूँकि भारतीय समाज केवल जातिगत विवाह की अनुमति देता है इसलिए अगर प्रेम किया जा सकता है तो केवल जाति में। जाति में प्रेम हो जाने पर भी गोत्र, दहेज आदि की समस्या के कारण विवाह नहीं भी हो सकता है। अतः यहाँ विवाह पूर्व प्रेम की अनुमति नहीं है। क़तई नहीं है। यद्यपि ये निर्देश कन्या को दिए गए हैं कि वह विवाह के पश्चात् अपने पति से प्रेम करे किन्तु प्रकारान्तर से लड़के पर भी लागू हो जाते हैं। भारतीय समाज में कोई भी विवाह हो लड़की (और लड़का भी) यह घोषणा तो कर सकती है कि वह किसी से घृणा करती है किन्तु यह घोषणा नहीं कर सकती कि वह किसी से प्रेम कर सकती है। ऐसा सभी भारतीय समाजों में है, प्रत्यक्षतः प्रगतिशील दिखनेवाले समाजों में भी, हाँ, हिन्दी प्रदेश में यह अधिक कठोर रूप में उपस्थित है। जाति व्यवस्था को टिकाये रखने के लिए आधुनिक समाजों ने प्रेम विवाह को अपराध और पाप की श्रेणी में डाल दिया है।

उन्नीसवीं सदी का भारत अपनी धार्मिकता को भी नकारकर जातिवादी है। जैसे कि पहले उल्लेख किया जा चुका है कि धर्म परिवर्तन कर दूसरे सम्प्रदायों में जानेवाले हिन्दू अपने साथ जाति प्रथा लेते गए; इस प्रकार भारत में इस्लाम और ईसाई धर्म का भारतीयकरण था।

गांधी जी के अस्पृश्यता निवारण आन्दोलनों का विरोध मुसलमानों ने भी किया था, यह बात पढ़ने-सुनने में चाहे जितनी विचित्र लगे किन्तु 'अशराफ़' और 'अजलाफ़' में विभाजित भारतीय मुसलमान छुआछूत में विश्वास रखते हैं। जैसा कि इस पुस्तक के तृतीय अध्याय में इस सम्बन्ध में विस्तृत चर्चा की जा चुकी है। अजलाफ़ मुसलमान हिन्दुओं से धर्मान्तरित होकर मुसलमान बने थे—"वे जो निम्न जातियों से धर्मान्तरित होकर मुसलमान बने। अशराफ़ वे भारतीय मुसलमान जो अपने विदेशी मूल का दावा करते हैं और इसलिए जिनकी प्रस्थिति उच्चतर है।" (भारतीय समाज, पृ. 23) ऊँची नस्ल

के ख़ानदानी माने जानेवाले पढ़े-लिखे, सभ्य, सुसंस्कृत, साधन-सम्पन्न मुसलमान अशराफ़ कहलाते हैं। इन्हें चरित्रवान माना जाता है। बड़े धार्मिक संस्थानों में इन्हीं की नियुक्ति होती है। इन अशराफ़ों को छोड़कर बाक़ी सारे मुसलमान अजलाफ़ में विभाजित हैं। उर्दू शब्दकोशों में अजलाफ़ का शाब्दिक अर्थ 'कमीना' और 'घटिया' है, अर्थात् मुस्लिम शूद्र। भारत में 'सैयद' नाम मुस्लिम जाति सबसे ऊँची मानी जाती है। सैयद सादात होते हैं। सादात वे हैं जो सरदार तथा हज़रत, फ़ातमा और हज़रत अली के ख़ानदान की नस्ल से हैं। सैयद का एक अर्थ 'श्री' भी होता है। अगर श्री मोहनदास कर्मचन्द गांधी को सैयद मोहनदास कर्मचन्द गांधी लिखा जाए तो एक ही अर्थ होगा। "अरबी के अख़बार जब कांशीराम या एल.के. आडवाणी के नाम के पहले अल सैयद लगाते हैं, तो उसका सीधा मतलब 'श्री' ही होता है। इस तरह नदवा के मुखपत्रों में एक ही सम्पादक-मंडल के नामों में उर्दू में सैयद लिखा जाना और अरबी में न लिखा जाना इस घपले को साबित करता है,क्योंकि नदवा का अरबी मुखपत्र अरायद भी 'अल रायद' है,लेकिन रायद के अर्थों में ही प्रयुक्त होता है। इस सम्पादक मंडल में अभी मौलाना मुहम्मद राबे हसनी नदवी का नाम उर्दू में छपता है तो मौलाना के बाद 'सैयद' लिखा होता है, लेकिन जब अरबी में लिखा जाता है तो 'सैयद' ग़ायब होता है।" (जाति का जंजाल, पृ. 126)

इस प्रकार भारत में मुसलमानों में सैयद सबसे ऊँची जाति हो गई। इस्लाम के अनुयायियों ने धर्म को धता बताकर जाति व्यवस्था स्वीकार कर ली। सैयद मुसलमानों में ब्राह्मण हो गए। ब्राह्मणों की तरह उन्होंने अपने लिए सभी ऊँचे पद और सुविधाएँ सुरक्षित कर लीं। यहाँ तक कि मुस्लिमों में अंग्रेज़ी शिक्षा के बहाने नई रोशनी फैलानेवाले सर सैयद अहमद ख़ान का भी जाति प्रथा पर विश्वास था। "सर सैयद अहमद ख़ान जात-पाँत की समाजी व्यवस्था के कट्टर समर्थक थे। अशराफ़ और अजलाफ़ के फ़र्क़ को बड़ी प्राथमिकता देते थे। अपने समय में अंग्रेज़ों के घोर समर्थक और विपत्ति में उनकी 'मेमों' को पनाह देनेवाले, "मिस्टर बेक के लेखों और विचारों को अपने नाम से कई वर्षों तक प्रकाशित करनेवाले सर सैयद अहमद ख़ान ने मुसलमानों में वर्ण व्यवस्था क़ायम कर देने में कोई कसर नहीं छोड़ी थी। अलीगढ़ मुस्लिम विश्वविद्यालय के स्वरूप और उससे निकलकर आने को देखने से ही पता चल जाता है कि भारत के किसी ग़रीब और कथित 'नीच कौम' ख़ानदान के किसी छात्र को इस विश्वविद्यालय ने इज़्ज़त की ज़िन्दगी बसर करने लायक़ नहीं बनाया। चन्द नवाबों के आले-औलादों से पनपनेवाले घरानों के बिगड़े फ़रजंद यहाँ पढ़ने जाते थे।" (वही, पृ. 126)

सुहेल वहीद ने अपने इस आलेख में अलीगढ़ मुस्लिम यूनिवर्सिटी में पढ़नेवाली की जाति देखने की सलाह दी है जहाँ बड़े से बड़े वामपंथी प्रोफ़ेसर की जाति और ख़ानदान की पड़ताल आपको नहीं करनी पड़ेगी। अलीगढ़ मुस्लिम यूनिवर्सिटी में 'ओल्ड बॉयज' (गर्ल्स भी) के लिए एक विचित्र आरक्षण चलता है। इस आरक्षण के अन्तर्गत पचास प्रतिशत अंक वाले विद्यार्थी को पचपन प्रतिशत अंक प्राप्त मानकर दाख़िला दे दिया जाता है। अलीगढ़ मुस्लिम यूनिवर्सिटी ऊँची जाति और ऊँचे ख़ानदान के मुसलमानों के लिए राजनीति तथा अन्य उच्च स्थानों पर जाने का सुगम मार्ग रही, बाद में यहाँ से एक मध्यवर्ग भी उभरा। इस विश्वविद्यालय के लिए पिछले साठ-सत्तर वर्षों में हुए दंगों

में मरनेवाले ये ओल्ड बॉयज और उनके लख़्ते जिगर नहीं बल्कि ग़रीब मुसलमान थे जिनके लिए ऐसा विचित्र आरक्षण नहीं था। सुहेल वहीद मेवाती मुसलमानों का उदाहरण देते हुए कहते हैं कि धर्म परिवर्तन कर आए, हिन्दुओं से मुसलमान बनने के लिए लोगों ने इस्लाम धर्म स्वीकार तो कर लिया, किन्तु वर्ण व्यवस्था को नहीं छोड़ा—"भारत में मुसलमानों ने हिन्दुओं के समानान्तर जिस वर्ण व्यवस्था को अपने ऊपर लागू किया, सर सैयद ने उसे न सिर्फ़ परवान चढ़ाया, बल्कि ऐसी शैक्षिक व्यवस्था क़ायम कर दी कि यह नस्ल-दर-नस्ल लोगों के ज़ेहन में आसानी से समाती चली जाए।

"भारत जैसे देश में, जहाँ सती प्रथा के तहत जवान औरतें जला डाली जाती हों और वर्ण व्यवस्था में आदमी-आदमी का भेद इतना गहरा है कि छुआछूत जैसी अमानवीयता लोगों को स्वीकार्य हो, वहाँ मुसलमानों में ख़्वाजा मोईनुद्दीन चिश्ती जैसे लोगों की ज़रूरत थी, सर सैयद जैसे लोगों की नहीं, क्योंकि इस्लाम धर्म का बुनियादी आधार ही समाज सुधार है। लेकिन मुसलमानों ने यहाँ आकर समाज सुधार करने के बजाय यहाँ के बेहूदा रस्मो-रिवाज को पूरी तरह से अपना लिया और इस्लाम का एक भारतीय स्वरूप पैदा किया, जिसमें सैयद, शेख़, पठान नामक जातियाँ पैदा हुईं। सभी जानते हैं कि भारत के अधिकतर मुसलमानों के पूर्वज यहाँ के ग़ैर-मुस्लिम थे। धर्म परिवर्तन के समय वर्ण व्यवस्था के अनुसार ही इस्लाम क़बूल किया गया और कतिपय ऊँची जाति के लोग सैयद, शेख़, पठान बन गए। भारत में जिस तरह का मुस्लिम समाज आज हमारे सामने है, उसमें कोई मुसलमान लगता ही नहीं।" (वही, पृ. 128) पसमांदा मुसलमान इस्लाम की उस समतामूलक संरचना पर करारा आघात है जिसके आधार पर 'इनसानों जैसा सुलूक' पाने के आकांक्षी इसकी शरण में आए थे।

जातियों में बँटकर हिन्दू हिन्दू नहीं लगता, मुसलमान मुसलमान नहीं लगता। ईसाई दलित आरक्षण माँगता है। जातियों की गुटबन्दी गणतंत्र का भविष्य तय करती है। जातियों के आधार पर राजनीति में चलती नाकेबन्दियाँ उन्नीसवीं सदी के जाति-प्रश्नों की आलोचना का अधिकार खो देती हैं। अन्तर्जातीय विवाहों की संख्या में कोई आशाजनक वृद्धि नहीं हुई है बल्कि उन्हें मुँह चिढ़ाते जाति में विवाह के विज्ञापनों की संख्या अधिक बढ़ी है। भारत जैसे अर्धविकसित देश का एक हिस्सा शिक्षित और धनी है, किन्तु परम्पराओं की रूढ़ियों को तोड़ने में उसकी कोई रुचि नहीं है। वह औपनिवेशिक काल से पश्चिमोन्मुखी अधिक रहा। उसे अपनी 'संस्कृति' में सुधार की कोई सम्भावना नहीं दिखती। वह अपनी संस्कृति को या तो नकार देता है या गले में तावीज़ बनाकर टाँग लेता है। देशी मूल्यों के प्रगतिशील विकास में उसकी कोई आस्था नहीं। चूँकि इन मूल्यों को अपनी पराधीनता के परिप्रेक्ष्य में कारण-अकारण पश्चिम के विरोध में खड़ा होना पड़ा तो पूर्णतः पश्चिमोन्मुखी सभ्य समाज ने इन्हें पूर्णतः पिछड़ा हुआ घोषित कर दिया। देशी खान-पान, पोशाक, भाषा, बोली के पक्ष में बोलनेवाला प्रतिक्रियावादी मान लिया गया। उसमें भी राष्ट्र और देश से लगाव की बात करनेवाला विश्व मानवता का विरोधी मान लिया गया। यह आरोप मोहनदास कर्मचन्द गांधी तक को सहना पड़ा। रवीन्द्रनाथ ठाकुर ने गांधी के पश्चिम विरोध पर उनसे प्रश्न पूछा कि क्या उनका पश्चिम का उग्र विरोध विश्व मानवता के सिद्धान्तों के विपरीत नहीं ठहरता? गांधी ने इसके उत्तर में कहा—"मेरा पश्चिमी सभ्यता का विरोध वास्तव में पश्चिमी देशों के उस हेकड़ीपूर्ण

दावे का विरोध है कि एशियाई देशों की नियति केलव पश्चिमी देशों की नकल करना है, उनमें किसी मौलिक चिन्तन या रचना की सामर्थ्य नहीं।"

गांधी जी के पश्चिम विरोध को जब रवि ठाकुर ने पश्चिम से आती हुई खुली हवाओं के प्रवाह को रोकने की कोशिश बताया था, तो इसी का खंडन करते हुए गांधी जी ने रवि ठाकुर से कहा था :

"मैं सोचता हूँ खुली हवा पर मेरा भी उतना ही विश्वास है, जितना रवि ठाकुर का। मैं नहीं चाहता कि मेरा घर चारों ओर प्राचीरों से घिरा हो और मेरी खिड़कियाँ बन्द हों। मैं चाहता हूँ सभी देश की संस्कृतियाँ मेरे घर में स्वतंत्र रूप से प्रवेश करें। लेकिन मैं यह भी नहीं चाहता कि कोई मुझे अपनी जड़ों से ही उखाड़ दे और मैं दूसरों के घरों में बिना अधिकार के भिखारी या दास के रूप में रहने को विवश होऊँ।" (आज़ादी की आधी सदी, पृ. 40)

भारत में, विशेषकर हिन्दी प्रदेश में जाति व्यवस्था के विरुद्ध कोई संगठित आन्दोलन दिखाई नहीं पड़ता। सिवाय महात्मा गांधी के अस्पृश्यता निवारण आन्दोलन के जिसे उन्होंने अपने दम पर अकेले चलाया था। इस आन्दोलन के सम्बन्ध में मस्तराम कपूर लिखते हैं—"लेकिन लगभग दस महीने के इस 'एकला चलो' अभियान में गांधी जी को कितने कष्ट झेलने पड़े, कितना विरोध सहना पड़ा, कितना अपमान पीना पड़ा, इसकी कल्पना कर मन सिहर उठता है। डॉ. आंबेडकर को तो अपने विरोधियों से ही अपमान मिला था और उसके चलते उन्होंने बौद्ध धर्म की शरण लेकर अपनी लड़ाई बन्द कर दी थी। इस पीड़ा को एक महात्मा ही झेल सकता था। कोई आश्चर्य नहीं कि इस अभियान के समाप्त होने के बाद अक्टूबर 1934 में उन्होंने कांग्रेस की चवन्नी सदस्यता भी छोड़ दी। देशवासियों ने तो उनके इस अभियान को नहीं समझा, किन्तु विदेशी विद्वानों ने माना कि यह अद्‌भुत अभियान था उनके एक जीवनी लेखक हेनरी पोलक ने कहा, 'गांधी ने अस्पृश्यता को ऐसा आघात पहुँचाया है कि वह उससे कभी उबर नहीं सकेगी।' उनके एक अन्य प्रशंसक होरेस एलेक्ज़ेंडर ने 35 साल बाद लिखा : "अस्पृश्यता को समाप्त करने में मानवतावादी विचारों और लोकतंत्र का प्रभाव और ईसाई मिशनरियों के प्रभाव को तो निस्सन्देह स्वीकार किया जाएगा, किन्तु मेरे विचार से इसमें सितम्बर 1932 के दिन को निर्णायक माना जाएगा, जब इसके लिए अनशन किया था।" (वही, पृ. 153)

संस्कृतीकरण की प्रक्रिया में ब्राह्मण और अस्पृश्य अपने स्थानों पर बने रहे। थोड़ा-बहुत परिवर्तन बीच की जातियों में आया। अस्पृश्यों के जीवन में गुणात्मक परिवर्तन तभी आया जब अपनी तरह के महात्मा मोहनदास कर्मचन्द गांधी ने अनेक विरोध सहकर भी अस्पृश्यता पर ऐसा आघात किया कि वह उससे कभी उबर नहीं पाई। गांधी जी के दस महीने के अस्पृश्यता निवारण अभियान से कांग्रेस के जवाहरलाल नेहरू, सुभाषचन्द्र बोस आदि सहमत नहीं थे। वे गांधी जी के मन्दिर प्रवेश और अछूतोद्धार कार्यक्रमों से तो असन्तुष्ट थे ही, उनके अहिंसा के सिद्धान्त से भी असहमत थे। गांधी जी कांग्रेस के सोशलिस्ट रुझान वाले कार्यक्रम को देखकर कहा था कि इसमें सुधार का उल्लेख नहीं है।

अपने अस्पृश्यता निवारण आन्दोलन में गांधी जी एकदम अकेले पड़ गए थे। कट्टर हिन्दूवादी तत्त्व उनके ख़ून के प्यासे थे। अपने दौरे में गांधी जी जहाँ-जहाँ जाते

ऐसे लोगों उन्हें काले झंडे दिखाते, उनके विरुद्ध पोस्टर बाँटते थे। बंगाल और पंजाब के सवर्ण हिन्दू विशेष विरोध कर रहे थे। बंगाल के कम्यूनिस्टों ने तो गांधी विरोधी लीग बना ली थी। कट्टर हिन्दू संगठनों जैसे राष्ट्रीय स्वयंसेवक संघ, वर्णाश्रम स्वराजसंघ, हिन्दू महासभा आदि ने 'गांधी बायकाट' समिति बनाई थी।

5 नवम्बर, 1933 से आरम्भ कर 2 अगस्त, 1934 तक चले गांधी के अस्पृश्यता निवारण दौरे का विरोध ब्रिटिश सरकार से लेकर बुद्धिजीवी, कम्यूनिस्ट, दलित, मुस्लिम, कट्टर हिन्दूवादी कांग्रेस के वाम गुट तक ने किया था। इसमें सिहरा देनेवाला तथ्य यह है कि सबसे ठंडी प्रतिक्रिया उस दलित वर्ग की थी जिसके मानवीय अधिकारों के लिए गांधी ने इतना विरोध सहा। उतना ही कष्ट बाद में दलित राजनीति करनेवालों द्वारा गांधी के प्रति कृतघ्न व्यवहार है। जिस गांधी ने अस्पृश्यता के प्रश्न पर भारतीय समाज को न केवल सोचने पर बाध्य किया वरन् अपनी क्षमतानुसार उसके निवारण के लिए भरसक प्रयास किया।

उन्नीसवीं सदी के उत्तरार्द्ध का जाति-प्रश्न ही बीसवीं सदी में प्रवेश करता है। हिन्दी साहित्य में जाति उल्लेख का विलोप ठीक उस समय होता है जब पारम्परिक बुद्धिजीवियों ने उभरते मध्यवर्ग की राष्ट्रीय भावनाओं को आत्मसात् कर उनकी तरह कार्य करना आरम्भ किया। यह मध्यवर्ग आधुनिक था जिसके लिए जाति और उसका उल्लेख अच्छी बात नहीं थी। लगभग एक सदी तक उल्लेख भले ही न किया गया हो किन्तु पिछली सदी के अन्तिम दशक से इक्कीसवीं सदी के दूसरे दशक में हम बहुत अच्छी तरह जानते हैं कि जाति है कि जाती नहीं। अपनी-अपनी जातिगत पहचानों के साथ उन्नीसवीं सदी के साहित्यकार, पत्रकार, समाज सुधारक और बौद्धिक राष्ट्रहित के कार्य में संलग्न दिखाई पड़ते हैं। चूँकि यह चरित्र सर्व भारतीय दीख पड़ता है इसलिए तद्युगीन आवश्यकता के सन्दर्भ में भी समझा जा सकता है। यहाँ तक कि जोतिबा फुले ने भी पहले-पहल अपनी जाति के सन्दर्भ में ही प्रश्न खड़े किए। भारतेन्दु हरिश्चन्द्र वैश्य जाति पर गर्व करने और उनके उत्थान की बात सोचने के लिए उतने ही दोषी हैं जितने भीमराव आंबेडकर महार जाति के उत्थान की चेष्टा के। यहाँ पर वर्ग का प्रश्न दोनों जातियों को सुविधा-प्राप्त और वंचित के बिन्दु पर अलग करता है। यह कहा जा सकता है कि 'जातिवादी' वह है जो अपनी जाति के अतिरिक्त न किसी को कोई स्थान दे और न राष्ट्र की उन्नति के लिए कार्य करे। भारतेन्दु हरिश्चन्द्र और भीमराव आंबेडकर ऐसी पद्धति क़तई नहीं अपनाते। अन्ततः ये दोनों राष्ट्रप्रेम को चुनते हैं।

चिन्तन के इस उदार बिन्दु पर बहुत-सी जातियों ने अपनी देशभक्ति को जाति से बढ़कर माना। बीसवीं सदी में विशेषकर जाति को छोड़कर राष्ट्रप्रेम की पहचान सर्वोपरि बनी। स्वाधीनता प्राप्ति के एक-डेढ़ दशक पहले उसकी ओर बढ़ते देश में इस प्रश्न ने फिर से ज़ोर पकड़ा। यह कितनी बड़ी विडम्बना है कि जिस आंबेडकर को निम्न जातियों ने अपना नायक मानकर जाति विमर्श को अपने-अपने तौर पर समझा है, वे भारत की जाति व्यवस्था को लेकर इस कटु सत्य से परिचित थे। भारत में जाति मुक्त समाज एक दूर की कौड़ी है।

सन्दर्भ ग्रंथ सूची

प्राथमिक स्रोत

1. उपाध्याय, श्री प्रभाकेश्वर प्रसाद—श्री दिनेश नारायण उपाध्याय, (सम्पादक), प्रेमघन सर्वस्व, प्रथम भाग, हिन्दी साहित्य सम्मेलन, प्रयाग, इलाहाबाद, 1939
2. गुप्त, बालमुकुन्द, शिवशम्भु के चिट्ठे, राजकमल प्रकाशन, नई दिल्ली, 1988
3. गुप्ता रूपा (अनुवाद), बंकिमचन्द्र के हिन्दी में अप्रकाशित निबन्ध, प्रकाशन विभाग, सूचना व प्रसारण मंत्रालय, भारत सरकार, नई दिल्ली, 2012
4. गुप्ता रूपा (अनुवाद और सम्पादन), बंकिमचन्द्र चट्टोपाध्याय के निबन्ध एक संकलन, स्वराज प्रकाशन, नई दिल्ली, 2010
5. गुप्ता रूपा (सम्पा.), राधामोहन गोकुल की अप्राप्य रचनाएँ, स्वराज प्रकाशन, नई दिल्ली, 2013
6. गुप्ता रूपा (सम्पा.), नज़ीर अकबराबादी रचनावली, स्वराज प्रकाशन, नई दिल्ली, 2015
7. दास ब्रजरत्न (सम्पा.), भारतेन्दु ग्रंथावली, तीसरा भाग, इलाहाबाद, संवत् 2010 वि.
8. दास, लाला श्रीनिवास, परीक्षा गुरु, लोकभारती, इलाहाबाद, 2002
9. दास श्यामसुन्दर (सम्पा.), कबीर ग्रंथावली, प्रकाशन संस्थान, नई दिल्ली, 2010
10. दास श्यामसुन्दर (सम्पा.), राधाकृष्ण ग्रंथावली, (1.6), इंडियन प्रेस लिमिटेड, प्रयाग, 1939
11. बसु डॉ. विष्णु (भूमिका), बंकिम रचनावली, कलकत्ता, 1993
12. मनुस्मृति, आर्ष साहित्य प्रचार ट्रस्ट, दिल्ली, 1985
13. मल्ल, विजय शंकर (सम्पा.), प्रतापनारायण ग्रंथावली, प्रथम खंड, नागरी प्रचारिणी सभा, काशी, 1957
14. मिश्र, सत्यप्रकाश, (सम्पा.), बालकृष्ण भट्ट का श्रेष्ठ निबन्ध, लोकभारती प्रकाशन, इलाहाबाद, 1998
15. मेश्राम एल.जी., विमल कीर्ति (अनु. एवं सम्पा.), महात्मा जोतिबा फुले रचनावली-भाग-1 एवं भाग-2, राधाकृष्ण, दिल्ली, 1994
16. रुद्र मिश्र शिवप्रसाद (सम्पा.), भारतेन्दु ग्रंथावली (नाटक), वाराणसी, संवत् 2031 वि.
17. वर्मा निहालचन्द्र, बंकिम समग्र, प्रचारक ग्रंथावली परियोजना, वाराणसी, 1989
18. शर्मा, हेमन्त (सम्पा.), भारतेन्दु समग्र, सस्ता प्रकाशन, वाराणसी, 1989
19. शिवपूजन सहाय रचनावली, बिहार राष्ट्रभाषा परिषद, पटना, 1959
20. श्री रामावतार शर्मा निबन्धावली, बिहार राष्ट्रभाषा परिषद, पटना, 1954
21. श्रीमद्भगवद्गीता, गीता प्रेस, गोरखपुर, 2012

पत्र-पत्रिकाएँ

1. उदन्त मार्तंड, युगल किशोर सुकुल, कलकता, 1826
2. उचित वक्ता, दुर्गाप्रसाद मिश्र, कलकत्ता, 1880
3. कविवचनसुधा, भारतेन्दु हरिश्चन्द्र, वाराणसी, 1868
4. तद्भव, अखिलेश, वर्ष-3, अंक-2, अप्रैल 2015
5. दलित टुडे, बृजबिहारी, अगस्त 2007
6. द्विज पत्रिका, दीनदयाल सिंह, बाँकीपुर, आषाढ़, कृष्ण-15, संख्या-23
7. नवोदिता हरिश्चन्द्र चन्द्रिका, भारतेन्दु हरिश्चन्द्र, बनारस, 1884
8. नागरी नीरद, साप्ताहिक पत्र, मिरज़ापुर, 1893
9. पीयूष प्रवाह, अम्बिकादत्त व्यास, 25 दिसम्बर, 1884
10. बंगदूत, राजा राममोहन राय, कलकता, 1829
11. बंगाल मैगज़ीन, कलकत्ता, 1874
12. बालाबोधिनी, भारतेन्दु हरिश्चन्द्र, वाराणसी, 1874
13. ब्राह्मण, प्रतापनारायण मिश्र, कानपुर, 1883
14. बिहार बन्धु, कलकत्ता, मुंशी हसन अली, केशवराम भट्ट, 1872
15. भारत मित्र, छोटूलाल मिश्र, कलकत्ता, 1878
16. मालवा अख़बार, सम्पादकीय, मालवा, 23 जनवरी, 1861,
17. मारवाड़ी गजट, दुर्गा प्रसाद मिश्र, कलकता, 1897
18. समाचार सुधावर्षण, श्यामसुन्दर सेन, कलकता, 1854
19. सरस्वती, महावीर प्रसाद द्विवेदी, नवम्बर, 1902
20. सारसुधानिधि, दुर्गा प्रसाद मिश्र, कलकता, 1879
21. हरिश्चन्द्र, भारतेन्दु, वाराणसी, 1874
22. हरिश्चन्द्र मैगज़ीन, भारतेन्दु हरिश्चन्द्र, वाराणसी, 1873
23. हिन्दी बंगवासी, विष्णु बाबूराव पराड़कर, अमृत चक्रवती, कलकत्ता, 1890
24. हिन्दी प्रदीप, बालकृष्ण भट्ट, इलाहाबाद, 1877
25. क्षत्रिय पत्रिका, रामदीन सिंह, पटना, 1891

अन्य सन्दर्भ ग्रंथ

1. अमीन शाहिद (सम्पा.), पांडेय ज्ञानेन्द्र, निम्नवर्गीय प्रसंग, भाग-1, 2, राजकमल प्रकाशन, नई दिल्ली 1995, 2002
2. आंबेडकर बी. आरण्यशूद्रों की खोज, न्याय मंत्री भारत सरकार, अमृत बुक कम्पनी, नई देहली
3. अनुपम रमेश (सम्पा.), ठाकुर जगमोहन सिंह समग्र, राजकमल प्रकाशन, नई दिल्ली, 2014
4. Ali Athar, Mughal Nobility under Aaurangzeb, Asia publishing house, Bombay, 1966
5. इगल्टन टेरी, इंट्रोडक्शन टू आइडियोलॉजी, लन्दन, 1991
6. इस्लाम शम्सुल, 1857 की हैरतअंगेज़ दास्तानें, वाणी प्रकाशन, नई दिल्ली, 2008
7. उपाध्याय डॉ. विश्वमित्र, सन् सत्तावन के भूले-बिसरे शहीद, भाग-2, प्रकाशन विभाग, नई दिल्ली, 2004
8. कविराज सुदीप्त, द अनहैप्पी कॉन्शसनेस, दिल्ली, 1996

9. कविराज सुदीप्त, द इमेजिनरी इंस्टीट्यूशन ऑव इंडिया, (ऑकेज़नल पेपर्स ऑन हिस्ट्री एंड सोसाइटी, सेकेंड सीरीज़ नं. xiii) नेहरू मेमोरियल म्यूज़ियम एंड लाइब्रेरी, दिल्ली,
10. कस्तूरिया उषा, माथुर उमेश, हिन्दी उपन्यास-कोश (1870 ई.-1980 ई.), भाग-1,2,3 बी.आर. पब्लिशिंग कॉरपोरेशन, दिल्ली, 2001
11. Carr E.H., What is History, University of Cambridge & Penguin Books, United Kingdom, 1996
12. कानोड़िया कमला, भारतेन्दु कालीन साहित्य की सांस्कृतिक पृष्ठभूमि, विश्वविद्यालय प्रकाशन, वाराणसी, 1971
13. कुमार रमेश, नवजागरण और हिन्दी आलोचना, नेहा प्रकाशन, दिल्ली, 2006
14. Kesavan BS, History of Printing and Publishing in India, Vol. III, National Book Trust India, New Delhi, 1997
15. Kohn Hans, Nationalism and Realism:1852-1879, d.Van Nostrand Company, inc, London, 1968
16. गांधी मोहनदास कर्मचन्द, त्रिवेदी काशिनाथ (अनु.),राष्ट्रभाषा हिन्दुस्तानी, नवजीवन प्रकाशन मन्दिर, अहमदाबाद, 1947
17. गांधी मोहनदास कर्मचन्द, हिन्द स्वराज, नवजीवन ट्रस्ट, वाराणसी, 1909
18. गांधी मोहनदास कर्मचन्द, राष्ट्रभाषा हिन्दुस्तानी, अनु. काशिनाथ त्रिवेदी, नवजीवन प्रकाशन मन्दिर, अहमदाबाद, 1947
19. ग्राम्शी अन्तोनियो, कृष्णकान्त मिश्र (अनु.), सांस्कृतिक और राजनीतिक चिन्तन के बुनियादी सरोकार, ग्रंथ शिल्पी, 2002
20. गुप्ता रूपा, साहित्य और विचारधारा, यश पब्लिकेशन, नई दिल्ली, 2006
21. गुप्ता रूपा (सम्पा.), हिन्दी और बांग्ला नवजागरण भारतेन्दु एवं बंकिमचन्द्र के निबन्ध, स्वराज प्रकाशन, नई दिल्ली, 2013
22. गुप्ता रूपा, औपनिवेशिक शासन उन्नीसवीं शताब्दी और स्त्री प्रश्न, राजकमल प्रकाशन, नई दिल्ली, 2019
23. घोष जे.सी., दि इंग्लिश वर्क्स ऑफ़ राजा राममोहन राय, पेटिशन अगेंस्ट प्रेस रेग्युलेशन
24. Chatterjee Partho,The Nation and its Fragments, Oxford University Press, New Delhi, 1995
25. चटर्जी पार्थो, नेशनलिस्ट थॉट एंड कोलोनियल वर्ल्ड, नई दिल्ली, 1982
26. चतुर्वेदी जगदीश्वर (सम्पा.), साम्प्रदायिकता के सवाल, रामजन्मभूमि बाबरी मस्जिद विवाद, न्यूमैन्स, कलकत्ता, 1991
27. चतुर्वेदी नरेशचन्द (सम्पा.), प्रतापनारायण मिश्र कवितावली, हिन्दी साहित्य सम्मेलन, प्रयाग, इलाहाबाद, 1997
28. चन्द्र बिपन, भारतवर्ष में आर्थिक राष्ट्रवाद का उद्‌भव और विकास, अनामिका प्रकाशन, नई दिल्ली, 2008
29. चन्द्र बिपन, भारत का स्वतंत्रता संघर्ष, हिन्दी माध्यम कार्यान्वयन निदेशालय, दिल्ली विश्वविद्यालय, दिल्ली, 1990
30. Chandra Satish, Parties and politics at the Munghal court, Peoples Publishing House,Bombay, 1973
31. Chattopaddhyay Bhaskar, culture of Bengal through the ages some aspect, The University of Burdwan, Burdwan, 1988
32. चन्द्र सुधीर, हिन्दू, हिन्दुत्व, हिन्दुस्तान, राजकमल प्रकाशन, दिल्ली, 2003

33. Chandra Sudhir, The Oppressive present, Oxford University Prees, Delhi, 1992
34. Chandra Sudhir, Communal Elements in Late Nineteenth Century Hindi literature, occasional paper no.15, Nehru Memorial Museum and library, New Delhi, 1981
35. चौबे शिवानी किंकर, भारद्वाज मिलिंद (अनु.), भारत में उपनिवेशवाद, स्वतंत्रता संग्राम और राष्ट्रवाद, ग्रंथ शिल्पी, दिल्ली, 2000
36. चौबे बलदेवदास नीति प्रकाश अर्थात् फ़ारसी करीमा का उल्था नागरी ब्रजभाषा में, माथुर ब्राह्मण कवि, बरेली रुहेलखंड लिटरेरी सोसाइटी का छापाख़ाना, 1873
37. चौधरी रश्मि, भारतीय राष्ट्रवाद का निम्नवर्गीय प्रसंग, प्रकाशन संस्थान, नई दिल्ली, 2012
38. जाफ्रलो क्रिस्तोफ, भीमराव आंबेडकर एक जीवनी, अनु. योगेन्द्र दत्त, राजकमल प्रकाशन, नई दिल्ली, 2019
39. जायसवाल काशीप्रसाद, भारतवर्ष का अन्धकारयुगीन इतिहास, अनुवादक रामचन्द्र वर्मा, नागरी प्रचारिणी सभा, वाराणसी, 1957
40. Jaiswal Kashi Prashad, Aditya Prasad Jha, Early Revolutionary Movement in Bihar, Research Institute, Patna, 1977
41. George Sobin, Dalit Christians in India : Discrimination, Development. Deficit and the Questions for Group – Specific Policies, (working paper, Indians Institute of Dalit Studies, New Delhi, 2012
42. जायसवाल श्रीश, हिन्दी का नवजागरण काल एवं भाषा विवाद, हिन्दी साहित्य सम्मेलन प्रयाग, इलाहाबाद, 2007
43. जैन डॉ. जगदीशचन्द्र, दो हज़ार वर्ष पुरानी कहानियाँ, भारतीय ज्ञानपीठ, नई दिल्ली, 2003
44. जोशी पूरनचन्द्र, परिवर्तन और विकास के सांस्कृतिक आयाम, राजकमल प्रकाशन, नई दिल्ली, 1987
45. डालमिया वसुधा, द नेशनलाइज़ेशन ऑव हिन्दू ट्रेडीशन, भारतेन्दु हरिश्चन्द्र एंड नाइंटीन्थ सेंचुरी, बनारस, दिल्ली, 1997
46. Donald E, India is a Secular State, Smith, Prinscon University Press, London, 1963
47. Dumant, Religion, Politics and History of India in a Fundamental Problem in the Sociology of Caste, Moton Publishers, Paris, France, 1970
48. तलवार वीरभारत, राष्ट्रीय नवजागरण और साहित्य कुछ प्रसंग : कुछ प्रवृत्तियाँ, हिमाचल पुस्तक भंडार, दिल्ली, 1994
49. तलवार वीरभारत, रस्साकशी, सारांश प्रकाशन, दिल्ली, 2004
50. तलवार वीरभारत, 19वीं सदी का नवजागरण और पश्चिमोत्तर प्रान्त, सारांश प्रकाशन, दिल्ली, 2002
51. Tanveer Fazal, Nation-State and Minority in India; comparative perspective on Muslims and Sikhs Identities, Routledge, New Delhi, 2014
52. ताजवर डॉ. दरख़शाँ (अनुवाद), सरगुज़िश्ते-देहली, 1857 के आन्दोलन की कहानी जीवनलाल की ज़बानी, रामपुर रज़ा लाइब्रेरी, रामपुर, 2005

53. तिलक रजनी, भारत की पहली शिक्षिका सावित्री बाई फुले, सेंटर फॉर ऑल्टरनेटिव दलित मीडिया (कदम) नई दिल्ली, 2002
54. तिवारी पारसनाथ, कबीर वाणी, राका प्रकाशन, इलाहाबाद, 1984
55. थरेजा पुष्पा, भारतेन्दु युगीन साहित्य में राष्ट्रीय भावना, दिल्ली, 1978
56. थापर रोमिला, भारत का इतिहास, राजकमल प्रकाशन, नई दिल्ली, 1999
57. Datta Kali Kinkar, A Social History of India, The Macmillan Company of India ltd., New Delhi, 1975
58. दास शिशिर कुमार, द आर्टिस्ट इन चेन्स, नई दिल्ली, 1984
59. दास श्री ब्रजरत्न, भारतेन्दु हरिश्चन्द्र, हिन्दुस्तानी एकेडेमी, इलाहाबाद, 1962
60. दास राधाकृष्ण, भारतेन्दु बाबू हरिश्चन्द्र का जीवन चरित्र, हिन्दी समिति, उत्तर प्रदेश शासन, लखनऊ, 1976
61. द्विवेदी देवनारायण, मैनेजर पांडेय (सम्पा.), देश की बात, स्वराज प्रकाशन, नई दिल्ली, 2012
62. द्विवेदी हजारीप्रसाद, हिन्दी साहित्य की भूमिका, राजकमल प्रकाशन, नई दिल्ली, 2006
63. द्विवेदी हजारीप्रसाद, हिन्दी साहित्य उद्भव और विकास, राजकमल प्रकाशन, नई दिल्ली, 1952
64. दुबे श्यामाचरण, भारतीय समाज, अनुवाद वन्दना मिश्र, नेशनल बुक ट्रस्ट, इंडिया, नई दिल्ली, 2001
65. दुबे श्यामाचरण, मानव और संस्कृति, राजकमल प्रकाशन, नई दिल्ली, संस्करण, 1993
66. दे अमलेन्दु, एसेज इन ऑनर ऑफ़ प्रो. एस.सी. सरकार, रूट्स ऑफ़ सेपरेटिज़्म इन नाइंटीन्थ सेंचुरी बेंगाल
67. देउस्कर, गणेश सखाराम, बाबूराव विष्णु पराड़कर (अनु.), भूमिका और प्रस्तुति मैनेजर पांडेय,नेशनल बुक ट्रस्ट, इंडिया, नई दिल्ली, 2005
68. नगेन्द्र (सम्पा.), हिन्दी साहित्य का इतिहास, नेशनल पब्लिशिंग हाउस, नई दिल्ली, 1989
69. नन्दी आशीष (अनु.), दुबे अभय कुमार, राष्ट्रवाद बनाम देशभक्ति, वाणी प्रकाशन, नई दिल्ली, 2005
70. Nandy Ashis, At the Edge of psychology Essays in politics and culture, Oxford University Press, Delhi, 1980
71. नारायण कुँवर, साहित्य अकादेमी संवत्सर व्याख्यान-चौदह, साहित्य के कुछ अन्तर्विषयक सन्दर्भ, साहित्य अकादेमी, नई दिल्ली, 2012
72. निज़ामी ख़्वाजा हसन, बेचारे अंग्रेज़ों की विपदा व उनके पत्र, वाणी प्रकाशन, नई दिल्ली, 2002
73. निज़ामी ख़्वाजा हसन, बेगमात के आँसू, स्वर्ण जयन्ती, दिल्ली, 2010
74. निज़ामी ख़्वाजा हसन, बहादुरशाह का मुक़दमा, स्वर्ण जयन्ती, दिल्ली, 2009
75. नीलकान्त (सम्पा.), जाति, परम्परा और इतिहास, हाथ प्रकाशन, इलाहाबाद, 1999
76. प्रसाद जयशंकर, कामायनी, लोकभारती प्रकाशन, इलाहाबाद, 2017
77. पटेल, हितेन्द्र, कम्यूनलिज़्म एंड द इंटेलीजेंशिया इन बिहार : 1870-1930 शेपिंग कास्ट, कम्यूनिटी एंड नेशनहुड, ओरियंट ब्लैकस्वान, नई दिल्ली, 2011
78. पवार (अनु.) शेखर, सावित्री बाई फुले की कविताएँ, फ़ारूक़ शाह, सम्पादन अनिता भारती, स्वराज प्रकाशन, नई दिल्ली, 2015
79. पंडित नारायण, नरेन्द्र शर्मा (रूपान्तरकार), हितोपदेश, साधना पॉकेट बुक्स, दिल्ली, 2002

80. पणिक्कर के.एन., आदित्यनारायण सिंह (अनु.), औपनिवेशिक भारत में सांस्कृतिक और विचारधारात्मक संघर्ष, ग्रंथ शिल्पी, 2003
81. परिमलेन्दु रामनिरंजन, भारतेन्दु काल का अल्पज्ञात हिन्दी गद्य-साहित्य, हिन्दी साहित्य सम्मेलन, प्रयाग, इलाहाबाद, 2004
82. पारसनी दत्तात्रेय बलवन्त, झाँसी की रानी लक्ष्मीबाई, पुणे, 1894
83. पांडेय मैनेजर, शब्द और कर्म, वाणी प्रकाशन, नई दिल्ली, 1997
84. पांडेय मैनेजर, साहित्य और इतिहास दृष्टि, वाणी प्रकाशन, नई दिल्ली, 1981
85. पांडेय मैनेजर, साहित्य के समाजशास्त्र की भूमिका, आधार प्रकाशन, पंचकूला, हरियाणा, 1989
86. पांडेय मैनेजर, साहित्य और दलित दृष्टि, सम्पा. सर्वेश कुमार मौर्य, स्वराज प्रकाशन, नई दिल्ली, 2015
87. पोद्दार अरविन्द, रेनेसाँ इन बेंगाल-क्वेस्ट एंड कन्फ्रंटेशन 1800-1860, इंडियन इंस्टिट्यूट ऑफ़ एडवांस स्टडीज़, शिमला, 1970
88. पोद्दार अरविन्द, रेनेसाँ इन बेंगाल सर्च फॉर आइडेंटिटी इंडियन इंस्टिट्यूट ऑफ़ एडवांस स्टडीज, शिमला, 1977
89. फ़ारूक़ शम्सुर्रहमान, उर्दू का आरम्भिक युग, राजकमल प्रकाशन, नई दिल्ली, 2007
90. बल डॉ. मीरा रानी, राष्ट्रीय नवजागरण और हिन्दी पत्रकारिता, वाणी प्रकाशन, नई दिल्ली, 1994
91. बंद्योपाध्याय शेखर, पलासी से विभाजन तक आधुनिक भारत का इतिहास, ओरियंट ब्लैकस्वान, दिल्ली, 2006
92. बंद्योपाध्याय राखालदास, शम्भुनाथ वाजपेयी (अनु.), लुत्फुल्ला, नागरी प्रचारिणी सभा, काशी, 1971
93. बंद्योपाध्याय राखालदास, लुत्फुल्ला, अनुवाद शम्भुनाथ वाजपेयी, सूर्यकुमारी पुस्तकमाला-36, नागरी प्रचारिणी सभा, वाराणसी, 1971
94. बाबू हरिकृष्ण (जौहर), शीरीं फ़रहाद, बनारस, 1899
95. बिलग्रामी मीर अब्दुल वाहिद, हकायके हिन्दी, अनुवाद सैयद अतहर अब्बास रिज़वी, नागरी प्रचारिणी सभा, काशी, 1957
96. Bukanan Francis, Ed. Ferminger, A Journey From Madras through the Countries of Massore, Canara and Malabar, Vol. I, London, 1807
97. भट्ट पंडित केशवराम, सज्जाद सुम्बुल, भारतमित्र यंत्रालय, कलकत्ता, 1904
98. भट्टाचार्य सब्यसाची आधुनिक भारत का आर्थिक इतिहास (1850-1947), दिल्ली, 1997
99. Majumdar R. C., Firma , Mukhopadhyay K. L. (Editor), Classical Accounts of India, Calcutta, 1960
100. Majumdar R. C., Rise of Magadhian Imperialism, Radhakumud Mukherji, in History and culture of the Indian people, Bhartiya Vidya Bhawan, Bombay, 1968
101. मल्ल विजय शंकर (सम्पा.), प्रतापनारायण ग्रंथावली, प्रथम खंड, नागरी प्रचारिणी सभा, काशी, 1957
102. मालवीय हरिमोहन, बालचन्द बत्तीसी, सम्पादक, हिन्दी साहित्य सम्मेलन, प्रयाग, 1965
103. माहौर भगवान दास, 1857 के स्वाधीनता संग्राम का हिन्दी साहित्य पर प्रभाव, अजमेर, 1976

104. 'मानव' विश्वम्भर, उन्नीसवीं शताब्दी के उपन्यासकार, स्मृति प्रकाशन, इलाहाबाद, 1970

105. Major Browne, Memorandum on the Affairs of Delhi, India Office Home Miscellaneous Series, Vol. I, Teen Murti Library, New Delhi

106. मिल जॉन स्टुअर्ट, राजकमल, नई दिल्ली, 2016

107. मिश्र सदल, नासिकेतोपाख्यान, सम्पा. श्यामसुन्दर दास, नागरी प्रचारिणी सभा, काशी, 1950

108. मिश्र कृष्णबिहारी, पत्रकारिता इतिहास और प्रश्न, वाणी प्रकाशन,नई दिल्ली, 1993

109. मिश्र कृष्णबिहारी, हिन्दी पत्रकारिता, लोकभारती प्रकाशन, इलाहाबाद, 1998

110. मिश्र शितिकंठ, खड़ी बोली का आन्दोलन, नागरी प्रचारिणी सभा, काशी, 1956

111. मिश्र माधव प्रसाद, देश की बात, बम्बई, 1908

112. मैक्समूलर, मोतीलाल (सम्पा.), जूलियस एगलिंग (अनु.), शतपथ ब्राह्मण, बनारसी दास, दिल्ली, 1963

113. यायावर भारत (सम्पा.), हिन्दी भाषा, महावीरप्रसाद द्विवेदी, दिवि इंटरनेशनल, नई दिल्ली, 2004

114. रघुवंश, हिन्दी साहित्य की समस्याएँ, हिन्दी साहित्य सम्मेलन, प्रयाग, 1986

115. रणजीत (सम्पा.) डॉ., जाति का जंजाल, मानवीय समाज प्रकाशन, सहयोगी लोकभारती, इलाहाबाद, 2013

116. राजवाड़े विश्वनाथ काशीनाथ, भारतीय विवाह संस्था का इतिहास, वाणी प्रकाशन, नई दिल्ली, 2004

117. राईन डॉक्टर अयूब, भारत के दलित मुसलमान, प्रथम खंड हेरिटेज़ प्रकाशन, दिल्ली, 2019

118. रामगोपाल, स्वतंत्रता-पूर्व हिन्दी के संघर्ष का इतिहास, हिन्दी साहित्य सम्मेलन प्रयाग, प्रयाग, 1964

119. राय गोपाल, हिन्दी उपन्यास कोश, (भाग-1,2), ग्रंथ निकेतन, पटना, 1968

120. Ray Chaudhury Tapan, Europe Reconsidered, Oxford University Press, Delhi,1989

121. राय बाबू गुलाब, अग्रवाल लक्ष्मीनारायण, हिन्दी साहित्य का सुबोध इतिहास, आगरा, 1995

122. राय शिवमंगल, ईस्ट इंडिया कम्पनी की हिन्दी नीति, हिन्दी प्रचारक संस्थान, वाराणसी, 1984

123. रिज़वी सैयद नजमुल रज़ा, 1857 का विद्रोही जगत् पूर्वी उत्तर प्रदेश, ओरियंट ब्लैकस्वॉन, तेलंगाना, 2018

124. रुस्वा मिर्ज़ा हादी, उमराव जान 'अदा', राजकमल प्रकाशन, नई दिल्ली, 2007

125. लक्ष्मीकान्त (संकलनकर्ता), हिन्दी भाषा आन्दोलन, हिन्दी साहित्य सम्मेलन, प्रयाग, 1963

126. लक्ष्मीकान्त (सम्पा.), हिन्दी-आन्दोलन, हिन्दी साहित्य सम्मेलन प्रयाग, 1964

127. लतीफ़ ज़ेबा, नवाब ख़ान बहादुर ख़ाँ (1857), (रुहेला विरासत के सन्दर्भ में) ए रामपुर रज़ा लाइब्रेरी, रामपुर, 2004

128. लतीफ़ ज़ेबा, रुहेलखंड 1857 में, रामपुर रज़ा लाइब्रेरी, रामपुर, 2007

129. लाल, श्रीकृष्ण, (सम्पा.), श्रीनिवास ग्रंथावली, नागरी प्रचारिणी सभा, 1953

130. लाल, श्रीकृष्ण,(सम्पा.), जगमोहन ठाकुर सिंह, नागरी प्रचारिणी सभा, काशी, 1953
131. वरसाईकर, विष्णु भट्ट गोडशे मराठी की चर्चित पुस्तक (माझा प्रवास) अनु. अमृतलाल नागर, राजपाल, दिल्ली, 2015
132. वर्मा, रामकुमार, हिन्दी साहित्य का आलोचनात्मक इतिहास, लोकभारती प्रकाशन, इलाहाबाद, 2010
133. वर्मा (सम्पा.) लक्ष्मीकान्त, हिन्दी आन्दोलन, प्रयाग, 1964
134. वर्मा (प्रधान सम्पा.) धीरेन्द्र, हिन्दी साहित्य कोश, भाग-1, ज्ञानमंडल, वाराणसी, संस्करण-2010
135. वशिष्ठ, बृज किशोर (सम्पा.), बालमुकुन्द गुप्त, उर्दू-हिन्दी समाचार-पत्रों का इतिहास, स्वराज प्रकाशन, नई दिल्ली, 2010
136. वार्ष्णेय, लक्ष्मीसागर, उन्नीसवीं शताब्दी, साहित्य भवन प्रा.लि., इलाहाबाद, 1963
137. विलियम, स्लीमेन हेनरी, राय राजेन्द्र चन्द्रकान्त (अनु.), स्लीमेन की अवध डायरी, विभा प्रकाशन इलाहाबाद, 2016
138. शर्मा, महता लज्जाराम, हिन्दू गृहस्थ, वेंकटेश्वर यंत्रालय, बम्बई,1909
139. शर्मा, रामविलास, भारतेन्दु हरिश्चन्द्र और नवजागरण की समस्याएँ, राजकमल प्रकाशन, दिल्ली, 1953
140. शर्मा, रामविलास, भारत में अंग्रेज़ी राज और मार्क्सवाद, भाग-1-2, राजकमल प्रकाशन नई दिल्ली, 1982
141. शर्मा, रामविलास, भाषा साहित्य और जातीयता, सं. विजय मोहन शर्मा और वेद प्रकाश, किताबघर, नई दिल्ली, 2012
142. शर्मा, रामविलास, भारतेन्दु युग और हिन्दी भाषा की विकास-परम्परा, राजकमल प्रकाशन, नई दिल्ली, संस्करण 1975
143. शर्मा, रामविलास, इतिहास दर्शन, वाणी प्रकाशन, नई दिल्ली, 1995
144. शर्मा, रामविलास, हिन्दी जाति का साहित्य, राजपाल एंड संस, दिल्ली, 1992
145. शर्मा, रामविलास, भारतीय साहित्य के इतिहास की समस्याएँ, वाणी प्रकाशन, नई दिल्ली, 1986
146. शर्मा, रामविलास, प्रेमचन्द और उनका युग, राजकमल प्रकाशन, नई दिल्ली, 1993
147. शर्मा, रामविलास, भारतेन्दु और हिन्दी-नवजागरण की समस्या, राजकमल प्रकाशन, नई दिल्ली,1953
148. शर्मा, रामविलास, प्रेमचन्द, राधाकृष्ण, नई दिल्ली, 1941
149. शर्मा (सम्पा.) श्री झाबरमल्ल, बालमुकुन्द गुप्त स्मारक ग्रंथ—श्री बनारसीदास चतुर्वेदी, गुप्त स्मारक ग्रंथ, प्रकाशन समिति, कलकत्ता, 1950
150. शर्मा, रामविलास, भाषा और समाज, राजकमल प्रकाशन, नई दिल्ली, 1989
151. शर्मा, रामविलास, सन् सत्तावन की राज्यक्रान्ति और मार्क्सवाद, लोकभारती प्रकाशन, इलाहाबाद, 1990
152. शर्मा, रामविलास, भारतीय नवजागरण और यूरोप, हिन्दी माध्यम कार्यान्वयन निदेशालय दिल्ली विश्वविद्यालय, 1996
153. शर्मा, रामविलास, महावीरप्रसाद द्विवेदी और हिन्दी-नवजागरण, राजकमल प्रकाशन, नई दिल्ली, 1977
154. शर्मा, रामविलास, भारतीय साहित्य की भूमिका, राजकमल प्रकाशन, नई दिल्ली, 1996

155. शर्मा, रामविलास, परम्परा का मूल्यांकन, राजकमल प्रकाशक, नई दिल्ली, 1981
156. शर्मा, रामविलास, पश्चिमी एशिया और ऋग्वेद, हिन्दी माध्यम कार्यान्वयन निदेशालय दिल्ली विश्वविद्यालय, 1994
157. शर्मा, रामविलास, भारतीय सौन्दर्यबोध और तुलसीदास, साहित्य अकादमी, नई दिल्ली, 2001
158. शर्मा, रामविलास, मार्क्स त्रोत्स्की और एशियाई समाज, लोकभारती प्रकाशन, इलाहाबाद, 2007
159. शर्मा, रामविलास, संगीत का इतिहास और भारतीय नवजागरण की समस्याएँ, प्रस्तुति—विनय मोहन शर्मा, वाणी प्रकाशन, नई दिल्ली, 2010
160. शर्मा, रामविलास, गांधी, आंबेडकर, लोहिया और भारतीय इतिहास की समस्याएँ, वाणी प्रकाशन, नई दिल्ली, 2017
161. शर्मा, आचार्य विष्णु, सम्पूर्ण पंचतंत्र, व्याख्याकार एवं सम्पादक आचार्य वादरायण, वाणी प्रकाशन, नई दिल्ली, 2014
162. शर्मा, पंडित नारायण, सम्पूर्ण हितोपदेश, व्याख्याकार एवं सम्पादक आचार्य वादरायण, वाणी प्रकाशन, नई दिल्ली, 2011
163. शर्मा, श्रोत्रिय पंडित छोटे लाल, जाति अन्वेषण (प्रथम भाग), फ़र्रुखाबाद, 1914
164. शास्त्री रामप्रताप त्रिपाठी, उपनिषदों की कहानियाँ, लोकभारती प्रकाशन, इलाहाबाद, 2010
165. शास्त्री पं. फूलचन्द, वर्ण, जाति और धर्म, सिद्धान्ताचार्य, भारतीय ज्ञानपीठ, नई दिल्ली, 2011
166. शिशिर कर्मेन्दु (भूमिका), राधाचरण गोस्वामी की चुनी हुई रचनाएँ, परिमल प्रकाशन, इलाहाबाद, 1990
167. शुक्ल आचार्य रामचन्द्र, हिन्दी साहित्य का इतिहास, हरीश प्रकाशन मन्दिर, आगरा, 2005
168. शुक्ल, आचार्य रामचन्द्र, श्री राधाकृष्ण दास, नागरी प्रचारिणी सभा, वाराणसी, 1986
169. शुक्ल प्रो. चिन्तामणि, यातनाभूमि अंडमान का रोमांचकारी इतिहास, स्वतंत्रता संग्रामों के परवानों की अमरगाथा, साहित्यालंकार शुक्ला प्रकाशन, मथुरा, 1985
170. Shriniwas, M. N., Social change in Modern India, Orient Longman, New Delhi, 1972
171. श्रीवास्तव हरिशंकर, मुग़ल शासन प्रणाली, वाणी प्रकाशन, नई दिल्ली, 1978
172. श्रीमद्भगवद्गीता, गीता प्रेस, गोरखपुर, 2012
173. Sarkar Sumit, Modern India, Mcmillan, Delhi, 1983
174. सरकार सुशोभन, नोट्स ऑन बेंगाल रेनेसाँ, कलकत्ता
175. स्नातक विजयेन्द्र, हिन्दी साहित्य का इतिहास, साहित्य अकादेमी, दिल्ली, 1996
176. स्लीमेन विलियम हेनरी, स्लीमेन की अवध डायरी, खंड-1-2, अनुवाद : राजेन्द्र चन्द्रकान्त राय, विभा प्रकाशन, इलाहाबाद, 2016
177. स्वीअर वी., मुग़लों का सन्धिकाल, कैम्ब्रिज, इंग्लैंड, 1951
178. सहाय शिवनन्दन, हरिश्चन्द्र, हिन्दी समिति, लखनऊ, 1975
179. सहाय शिवपूजन, राष्ट्रभाषा और हिन्दी, स्मारक न्यास, पटना, 1993
180. सहादुरराम महोदयान श्री, वर्ण व्यवस्था काशी, 1931
181. सांकृत्यायन राहुल, ऋग्वैदिक आर्य ऐतिहासिक और सांस्कृतिक अध्ययन, किताब महल, इलाहाबाद, 1956

182. सावर (मेरवाड़ा) कुर्मी-जाति-निर्णय, बाबू करुणाशंकर पवार, क्षत्रिय रिसर्च सोसाइटी, दिल्ली, 1933
183. सावरकर विनायक दामोदर, 1857 का भारतीय स्वातंत्र्य समर, खंड दो, प्रभात प्रकाशन, दिल्ली, 1908
184. साहा (सम्पा.) महादेव, शमशाद सौसन, केशवराम भट्ट, अनुवाद—मूल ग्रंथ—सुरेन्द्र विनोदिनी, उपेन्द्रनाथ दास
185. सिंह नत्थन, गद्यकार बाबू बालमुकुन्द गुप्त : जीवन और साहित्य, विनोद पुस्तक मन्दिर, आगरा, 1959
186. सिंह धीरेन्द्रनाथ, आधुनिक हिन्दी के विकास में खड्गविलास प्रेस की भूमिका, बिहार राष्ट्रभाषा परिषद, पटना, 1986
187. सिंह धीरेन्द्रनाथ, हिन्दी पत्रकारिता, विश्वविद्यालय प्रकाशन,वाराणसी, 2003
188. सिंह नामवर (प्र. सम्पा.), नवल नन्दकिशोर (सम्पा.), रामावतार शर्मा प्रतिनिधि संकलन, नेशनल बुक ट्रस्ट, इंडिया, दिल्ली, 1998
189. सिंह रणधीर, ग़दर पार्टी के इनक़लाबी, वाणी प्रकाशन, नई दिल्ली, 1998
190. सिन्हा सच्चिदानन्द, जाति व्यवस्था, राजकमल प्रकाशन, नई दिल्ली, 2006
191. सिंह तेज, आंबेडकरवादी स्त्री चिन्तन, स्वराज प्रकाशन, नई दिल्ली, 2011
192. 'सुमन' क्षेमचन्द्र, हिन्दी के यशस्वी पत्रकार, प्रकाशन विभाग, सूचना और प्रसारण मंत्रालय, भारत सरकार, दिल्ली, 1986
193. सेन आचार्य क्षितिमोहन शास्त्री, भारतवर्ष में जातिभेद, सम्पा. आचार्य हजारीप्रसाद द्विवेदी, साहित्य भवन प्राइवेट लिमिटेड, इलाहाबाद, 2006
194. Sen Surendra Nath,1857, publication Division, I & B dept., Govt. of India, New Delhi, 1977
195. हरिश्चन्द्र (भारतेन्दु), हरिश्चन्द्र मैगज़ीन, हिन्दी साहित्य सम्मेलन, प्रयाग, इलाहाबाद, 2002
196. हबीब, इरफ़ान, नरेश नदीम (अनु.), मध्यकालीन भारत का आर्थिक इतिहास एक सर्वेक्षण, राजकमल प्रकाशन, नई दिल्ली, 2001
197. हबीब, इरफ़ान, इतिहास और विचारधारा, सम्पा. रमेश रावत, दिल्ली, ग्रंथ शिल्पी, 2005
198. हबीब, इरफ़ान, वैदिक काल : भारत का लोक इतिहास, विजय कुमार ठाकुर, राजकमल प्रकाशन, नई दिल्ली, 2016
199. हसन, मोईनुद्दीन, ग़दर 1857 आँखों देखा विवरण, अनु. अब्दुर हक़, हिन्दी माध्यम कार्यान्वयन निदेशालय, दिल्ली, 1999
200. हॉब्सबाम, एरिक, दुनिया को कैसे बदलें, गुप्त रामकिशन (अनु.) ग्रंथ शिल्पी, दिल्ली, 2013
201. हुसैन, एहतेशाम, उर्दू साहित्य का आलोचनात्मक इतिहास, लोकभारती प्रकाशन, इलाहाबाद, 2008
202. त्रिपाठी, गंगानारायण, हिन्दी पत्रकारिता और गद्यशैली का विकास, शान्ति प्रकाशन, इलाहाबाद, 1991
203. त्रिपाठी, शास्त्री रामप्रताप, उपनिषदों की कहानियाँ, लोकभारती प्रकाशन, इलाहाबाद, 2010
204. त्रिपाठी, हरिहरनाथ, भारतीय विचारधारा, नन्दकिशोर एंड संस, वाराणसी, 1961

इंटरनेट सामग्री

1. ACMCU, Prince Alwaleed Bin Talal Center for Muslim–Christian Understanding, George town University
2. https://www.britannica.com/topic/christian-caste
3. The wire (Urdu) https://yt.orcsnet.com/# the wire
4. https./⁄hi.m.wikipedia.org